中国同源有限公司

同根中国 源长天下

“中国同源有限公司”前身为“中国同源公司”，于1987年经国批准，国家工商总局注册成立，隶属于中华全国工商业联合会，是经国家外经贸部批准和授权，国内为数不多的同时具有进出口经营出国举办展览资格、境内对外经济技术展览会主办单位资格的全大型工贸公司之一，也是经批准可以开展对台湾进口业务的公司之公司注册资金1.03亿元人民币。

2006年10月，在国企改革的大潮中，深圳市庆鹏实业集团有限公司控股中国同源公司，给公司注入了新的生命力。

中华文化，源远流长。当今世界，文化、经济和政治相互交融；文力量，已深深熔铸在民族的生命力、创造力和凝聚力之中。

依托中华全国工商业联合会和深圳市庆鹏实业集团的强大实力，后的中国同源有限公司秉承“传承中华文化遗产，弘扬中华文化精理念，斥资1.2亿元在中国丝绸刺绣产业发展中创造佳绩，成为行业。以“苏州刺绣研究所”和“深圳中国丝绸文化产业创意园”为代文化创意项目将中华民族优秀文化遗产和现代文化理念相结合，通进的管理手段，创造了新的文化产业经营模式，在业界产生了重要，得到了政府、行业协会及社会各界的高度认可，取得了良好的市应。同源公司未来将和丝绸业界共同合作，在成都、海口、广州、、西安、天津、桂林等地投资丝绸文化创意主题公园。更值得欣喜苏州刺绣研究所经全国工商联的全力支持下，成功为世博会中国国贵宾厅定制多幅刺绣作品，成为永久性展品，让世界更加了解中国。

3年来，同源公司已由原来仅从事进出口贸易和组织国际展览等业务贸公司，转型为文化资源领域、生态资源领域、新能源领域的投资，以及具有全国进出口经营权，和经营国内外会展、网络传媒及教训等业务的企业集团。

华夏文明“同根中国 源长天下”，同源公司全体员工将不懈努力、众望，充分利用自身平台弘扬和传承中华文化，为中华民族的伟大而奋斗。

领导风采

均瑶集团董事长 -- 王均金

作为均瑶集团的创始人之一，王均金领导均瑶集团在 2005 年明确了建设“ 百年老店 ”的集团战略，坚持“ 创新实现价值 ”的企业理念。在中国民营企业中，均瑶集团最早提出“ 向现代服务业转型 ”，立志用五到十年时间，成为以上海为基地的国际化现代服务业企业集团。

主要社会职务：

全国政协	委员
全国工商联	常委
全国青联	委员
中国光彩事业促进会	理事
上海市工商联	副主席
上海市光彩事业促进会	副会长
上海市浙江商会	执行副会长

主要荣誉：

2005 年	中华慈善奖
2006 年	全国对口支援三峡工程库区移民工作先进个人
2006 年	上海市光彩之星
2007 年	第四届感动中国十大经济人物
2008 年	汶川地震慈善赈灾捐赠突出贡献奖
2009 年	优秀中国特色社会主义事业建设者

证 书

王均金同志：

被评为优秀中国特色社会主义事业建设者。

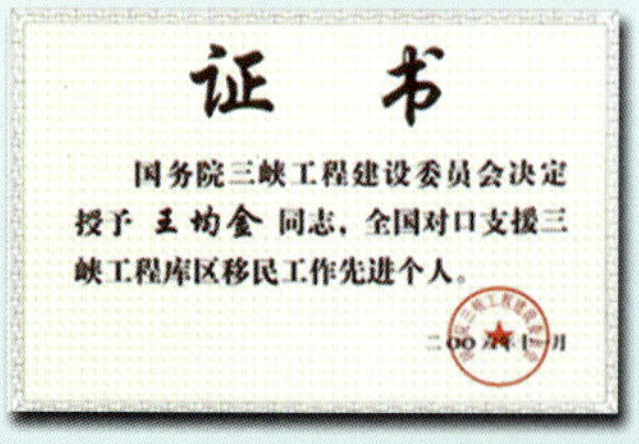

证 书

国务院三峡工程建设委员会决定授予王均金同志，全国对口支援三峡工程库区移民工作先进个人。

服务创造美好生活。

◆社会评价

- 2010 年　均瑶集团为青海玉树地震灾区捐赠人民币 100 万元、捐赠牛奶价值人民币 126 万元。
- 2009 年　上海世博会事务协调局授予均瑶集团“中国 2010 年上海世博会明星赞助企业——实践明星奖”。
- 2009 年　中国企业社会责任同盟授予均瑶集团“最具合作精神奖”。
- 2009 年　均瑶集团吉祥航空荣获“迎世博贡献奖——优质服务贡献奖”。
- 2008 年　中国光彩事业促进会授予均瑶集团“2008 光彩与幸福慈善大使”称号。
- 2008 年　均瑶集团在参与支援四川省灾后重建工作中有突出贡献，被中国企业社会责任同盟授予“抗震救灾英雄集体奖”。
- 2007 年　均瑶集团成为中国 2010 年上海世博会高级赞助商。
- 2007 年　中华全国工商业联合会授予均瑶集团“中国成长百强最具发展潜力奖”。
- 2007 年　上海世博会事务协调局授予均瑶集团“中国 2010 年上海世博会赞助企业——最佳世博资源支持奖”。

集团简介

均瑶集团是以实业投资为主的大型综合性企业集团。集团成立于 1991 年 7 月，目前，以航空运输、营销服务（商业零售、文化传播和食品饮料）为主营业务，并从事高端商业地产及安居房等领域的经营。均瑶集团现有员工 5000 余人，2009 年销售额达 96 亿。在各个领域中，均瑶集团正不断为客户提供超出想象的服务，致力于成为卓越的国际化的现代服务业百年老店。

吉祥航空将首架自购飞机命名为“ 浦东号 ”。

上海均瑶国际广场世博特许产品店是全国首家世博专卖店。

无锡商业大厦是江苏省著名的大型百货零售企业。

◆ 航空运输

航空运输作为集团的主营业务之一，旗下全资的上海吉祥航空有限公司从 2006 年 9 月开航至 2010 年 5 月已引进 16 架全新空客 320 系列飞机，开通了上海往返全国主要城市的 30 多条航线。吉祥航空始终秉承“ 如意到家 ”的服务理念，为公务、商务和商务休闲旅客提供“ 安全、正点、精致 ”的空中体验。

在向现代服务业转型的过程中，均瑶航空运输以现有的航空运输和包机业务为基础，广泛利用电子商务平台，为消费者提供安全、舒心的旅行服务。

◆ 营销服务

商业零售

2004 年底，均瑶集团收购江苏无锡商业大厦集团，控股上市公司。大厦股份（600327）是无锡市首家上市的商贸流通企业，也是无锡市最为著名的大型百货零售企业，公司同时控股“ 百业超市 ”和“ 东方百业网 ”。2006 年 9 月，大厦股份顺利实现股权分置改革，为其继续发展创造新的条件。

服务创造美好生活。

文化传播

2005 年起，均瑶开拓新的产业模式，成为国内外大型文化体育赛事衍生产品的品牌授权特许经营商。2005 年 3 月，成为北京 2008 奥运“ 特许经营商 ”和“ 特许零售商 ”；2007 年 9 月，成为中国 2010 年上海世博会首批“ 高级赞助商 ”。此外，均瑶文化传播还与 NBA、FIFA 等项目有着良好的合作。

食品饮料

1994 年，均瑶集团进入乳制品行业，并逐渐成为这一行业中知名品牌。均瑶食品饮料秉承“ 现代农业，绿色健康 ”的发展理念，创建具有均瑶特色的现代食品行销服务体系，为消费者提供优质健康的食品。

均瑶集团还涉足高端商业地产和安居房等领域：包括温州均瑶宾馆、上海均瑶国际广场、宜昌均瑶国际广场、武汉均瑶房地产开发有限公司等。

◆ 社会责任

均瑶集团坚持可持续发展，客户第一、诚信共赢，以社会和谐为己任。在企业持续稳定发展的同时，先后投入过亿元用于各种公益活动和慈善事业。在三峡库区进行系列投资，解决当地部分移民生态，成为中国光彩事业的案例。均瑶集团也是中国第一批向联合国“ 全球契约 ”组织递交承诺书的企业。集团旗下上海世界外国语小学和上海世界外国语中学，积极融合中西方教育理念、探索开放式的素质教育模式，致力打造“ 百年名校 ”，形成了公益事业的新模式。

上海均瑶国际广场是徐家汇商圈甲级写字楼。

武汉均瑶房地产在当地建造的经济适用房已投入使用。

上海市世界外国语学校

均瑶乳业研发生产的乳品饮料深受消费者喜爱。

江苏红豆集团——让“红豆”走向世界

周海江，1966年2月生于江苏无锡，中共党员，博士研究生学历，高级经济师。1987年12月至1989年10月，就职于无锡太湖针织制衣总厂（红豆集团前身），先后任该厂厂部秘书、副厂长等职；1989年11月至1992年6月，担任红豆集团无锡兴利制衣有限公司总经理；1992年6月至1999年9月，担任红豆集团江苏赤兔马有限公司总经理；1996年至2008年6月江苏红豆实业股份有限公司董事长；2004年至今任红豆集团总裁；2007年至今红豆集团党委书记。2007年6月，当选为十七大代表。先后荣获“第三届全国优秀青年乡镇企业家”、“全国农村青年星火带头人”、“江苏省十大杰出青年”、“江苏新长征突击手”、“全国纺织工业系统劳动模范”称号、“中国服装行业功勋奖章”、“江苏青年五四奖章”、“长三角自主创新青年领军人物”、“优秀中国特色社会主义事业建设者”、“新中国成立60周年‘三农’模范人物”称号、“2009品牌中国十大年度人物”等荣誉。

丢下大学铁饭碗

“1983年父亲接手厂子时，工厂基本上停产。厂子的信誉不好，父亲写了一张个人的担保书给银行，银行给了6500元，刚够买一吨棉纱。因为工厂在外欠钱太多，就找到一家不欠钱的染色厂，染完以后刚把布装到船上，对方的财务就追出来，说染色费没有付，把布全搬回去了。当工人看到船空着回来，一片绝望。父亲发动大家把库存的东西卖出去，将所有干部员工撵到各乡镇摆地摊，自己也同工人一样，挑着上百斤的内衣走村串巷……”当周海江叙述这个故事时，流露出少有的沧桑。

1987年底，摆在22岁的周海江面前有两条路，一条是在今天看来仍是康庄大道的从教之路，一条是在今天看来仍不失坎途的乡企创业之路。但是，从深圳大学经济管理系毕业并已在河海大学任教员的周海江却选择了一个坎途——到父亲所在的乡企创业。虽说当时的企业前景并不乐观，但外柔内刚的周海江却想闯一闯，他甚至敏锐地意识到，只要好好干，乡企一定有前途。就这样，他进入了父亲的工厂，成了厂里第一名大学生。“当时乡镇企业并不受重视，亲戚朋友都对我的选择极为不解，但是我觉得乡镇企业有很大发展潜力，前景不可估量，只是缺乏必要的科学管理，在这里应该可以发挥自己的特长，特别是能在我父亲的手下做事，我觉得能学到很多东西。”后来的成功证明，他看到了大多数年轻人没有看到的机遇。

聚财散财自有道

当时的港下针织厂，年销售额不过1000万元，在周海江到来之前，企业里没有一名大学生，企业技术人员都是从上海请来的“星期天工程师”。在这样的背景下，周海江作为企业惟一的人才，迅速崭露头角，于1989年担任太湖制衣总厂副厂长。在他的建议和倡导下，企业大力引进技术人员，不断进行产品创新，并迅速成长为中国内衣的龙头企业。1991年成立集团公司，正式命名为红豆集团。

1992年，红豆已稳居内衣行业龙头位置。“只有拉长产业链，红豆才能获得更快发展。”周海江这样认为。红豆相继成功开发了西服、衬衫等产品，使产品形成服装系列化。到20世纪90年代后期，红豆成为中国服装产品系列最全、市场综合占有率最高的企业，企业连续多年列为中国服装产业百强榜亚军，在香港、台湾和众多有华人、华侨的地方，他们亲切地称红豆服装为“相思衣”，在日本、欧美地区，人们把“红豆”译为爱的种子，争相购买红豆服装。作为文化人的周海江，深深懂得文化与品牌、文化与企业的水乳交融的亲密关系：“品牌在行业中表现为竞争力，对消费者表现为号召力。一个企业要想创百年企业，靠的是品牌，而品牌的一半是文化。”红豆品牌已当之无愧地站在中国服装品牌最高端。

上演“蛇吞象”壮举

1995年，周海江上演了一场声势浩大的“蛇吞象”壮举，在运筹帷幄下，他成功地跨行业兼并了上海申达摩托车厂，使红豆实现了跨行业发展。随后为给摩托车配套，红豆又进军轮胎行业，但是红豆的竞争机制是“走出车间就是国内市场，走出厂门就是际市场”，集团的厂有权选用任何一家公司的产品。而红豆配套厂生产的轮胎并没有被集团摩托车厂选用。“倒逼机制”使得轮胎厂下大力气降低成本、自主提高质量，最终闯出了大市场。1998年，红豆摩托车轮胎稳居国内头把交椅，2002年红豆

通过发展资金密集型行业，又上马了普通轮胎的更新换代产品——全钢子午线轮胎，把中小企业挡在了竞争门槛之外。现在该企业已被评为省级高新技术企业，2006 年产销 5.7 亿元，2008 年达到 25 亿元。善抓机遇的周海江从 2002 年起又适时地挺进房地产行业，在镇江开发“香江花城”项目，该项目并于 2004 年 8 月获得“中国十大风尚名盘”称号。

“红豆”的“走出去”发展战略

多年来，红豆集团一直保持着快速发展的势头，但是深谋远虑的周海江认为：“以前的红豆是在传统行业里开拓创新，时代的发展要求红豆要更注重发展的潜力和质量”。经过多方考察和论证，红豆决定进军高科技后备产业——通过人工培育红豆衫，掌握红豆杉快繁技术，提炼紫杉醇制成针剂，治疗癌症，从而达到经济增长方式的进一步转变。提炼紫杉醇，使红豆集团站在了全球生物制药领域的最前端。现在，红豆集团共培育红豆杉 3500 万株，紫杉醇提炼厂已投入生产，完全投产后，产销将超过 50 亿元。

发展无止境，成为跨国名企一直是周海江心中不变的目标。2007 年，在国家鼓励企业“走出去”政策的激励下，红豆又迈出了关键一步———到柬埔寨创办占地 11.13 平方公里的经济合作开发区，这也是国家商务部批准的首批八大境外园区之一。该项目受到了中柬两国领导人的高度重视。目前园区正在紧张的建设过程中，计划 2010 年底将有 30 家企业入驻园区。

“下一步企业要加快品牌走出去，使红豆成为真正的国际名牌。”周海江充满信心。

企业简介

红豆集团是江苏省重点企业集团，国务院 120 家深化改革试点企业之一。目前有员工两万多名，拥有大专以上学历员工 2250 多名，外地员工七千多名。“红豆”商标于 1997 年被国家工商局认定为中国驰名商标；主要产品通过 IS09001、IS02000 质量体系认证，拥有多个“中国名牌”产品。多年来，红豆以优异的销售业绩稳居中国服装业百强亚军。2009 年，在金融海啸肆虐全球的背景下，企业逆市上扬，实现销售额 223 亿元。

红豆以创民族品牌为己任，从企业草创的 1957 年，到走出困境的 1983 年，再到目前产业相对多元化，走过了辉煌的创业历程。企业的产品也从最初的针织内衣，发展到服装、轮胎、生物制药等领域。集团有十家子公司，其中一家为上市公司，在柬埔寨建立了 11.13 平方公里的工业园，拥有美国纽约、洛杉矶两个境外分公司，产品出口 20 多个国家和地区。1991 年以来，企业及企业领导人荣获省级以上荣誉 200 多项。1994 年红豆服装被评为“中国十大名牌”；2004 年 4 月，“红豆”被评为“中国十大最具文化价值品牌”；2007 年 3 月，“红豆”荣获中国服装行业最高殊荣——成就大奖。红豆是中国青年最喜爱的品牌之一，国家统计局评选的全国纺织服装制造业“效益十佳企业”，在全国工商联公布的 2009 年 500 家上规模民营企业中位列第 24 位。2008 年 1 月，红豆集团荣获“领袖气质——2007CCTV 年度雇主调查”最具分享精神雇主特别奖。

企业家语录

- 判断一个企业是否是现代化，除了健全体制、机制、还要看企业的关键岗位是如何取得的，如果是靠制度取得的，这个企业的现代化程度就高，反之就低。
- 一个成功的企业家，要善于不断地打破旧的平衡，实现新的平衡，如果习惯于旧的平衡，而不去实现新的平衡，那早晚有一天，你会被抛弃。
- 股份制是红豆的利益共同体，企业文化是红豆的精神利益共同体。
- 一个没有优秀人物的民族是一个落后被欺负的民族。同样，一个没有优秀名牌的经济是一个落后被动的经济。

政府支持

①	②	③
		④

①全国工商联、省、市、区领导出席“中国·太原汽车配件交易会”
②“2009’中国汽车后市场高峰论坛”在蓝海国际汽配城多功能厅举行
③太原市农村信用合作社授予蓝海国际汽配城“信用市场”称号授牌仪式
④山西蓝海国际汽配城信用市场、信用商户挂牌授匾仪式

蓝海（武宿）国际物流港示意图

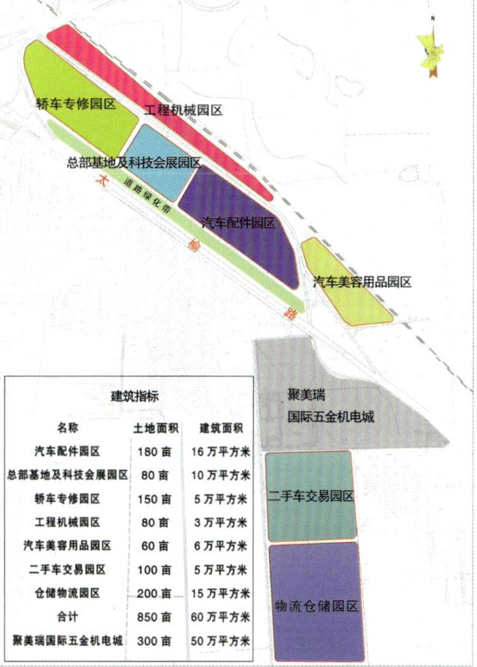

建筑指标

名称	土地面积	建筑面积
汽车配件园区	180 亩	16 万平方米
总部基地及科技会展园区	80 亩	10 万平方米
轿车专修园区	150 亩	5 万平方米
工程机械园区	80 亩	3 万平方米
汽车美容用品园区	60 亩	6 万平方米
二手车交易园区	100 亩	5 万平方米
仓储物流园区	200 亩	15 万平方米
合计	850 亩	60 万平方米
聚美瑞国际五金机电城	300 亩	50 万平方米

电话：0351-7875808/818/699 邮箱：sxlhjt@163.com

开拓长三角珠宝市场的平台

The Best Jewellery Trade Platform In Chang Jiang Delta Of China

珠宝、钻石、珍珠、宝石、玉器、珊瑚、黄金首饰、银首饰、工艺品

Fine Jewellery, Diamond, Pearl, Gemstone, Jade, Coral, Gold&Silver Jewellery, Handicraft

谢瑞麟先生主营 谢氏珠宝金行

台湾珊瑚珠宝龙头台湾绮丽珊瑚珠宝集团

国际著名时尚配饰雅天妮

香港知名品牌百福珠宝

中国珠宝首饰驰名品牌石头记

中国十大银饰品牌琦珂银饰

各地消费者慕名前来，商家店铺人气旺盛

每天上千名游客到访交易中心

2010年4月28日，苏州珠宝国际交易中心盛大营业，各界领导嘉宾齐聚

山水文园集团

THE RIVERSIDEGROUP

山水文园集团于20世纪90年代中期在加拿大英属哥伦比亚省注册成立，其投资项目涉及房地产、金融、旅游、文化产业、传媒广告等多项领域，拥有自主研发的多项产品。山水文园集团以其可持续发展的能力，不断创造出具有生命力的产品，在树立卓越产品品牌的同时，创建永恒的企业品牌。

为提升中国的整体居住品质，山水文园集团进军国内市场，在过去的10年里，山水文园集团秉承“因时因势的创造最适宜人类居住的建筑”这一理念，在全球范围内考察、研发，足迹遍及全世界数十个国家和地区，在建筑、规划、环境、新技术等多方面汲取了大量精华，并成功地实践、运用于项目的开发建设中，以恒久的专业精神与爱心为居住者、为城市奉献了不朽的篇章。

经过10年的发展，山水文园集团取得了卓著的成绩，先后开发了百万平米的山水文园；京城首个城市Townhouse项目华枫公寓；亚奥法式住区山水Lavie；白龙潭皇家森林公园景区；金海湖·京津CRD项目；朝阳港一级土地开发；青岛鲍鱼岛游艇俱乐部等10多个项目。多次荣获国际、国内至高奖项，深受广大消费者及各界人士的尊爱！

2009年，在经历了近一年的全球金融危机后，山水文园集团率先走出困境，于北京房地产市场拔得头筹，同时也创造了自集团成立以来的最佳业绩。

领军人物

李辙　　山水文园集团董事局主席

中华全国工商业联合会	执委
全国工商联房地产商会	副会长、轮执主席
联合国最佳范例指导委员会	执委
中国侨商联合会	副会长
中国人民政治协商会议北京市委员会	委员
中国和平统一促进会	理事
加拿大中华总商会	名誉主席
北京华商会	会长
北京市归国华侨联合会	常委

个人荣誉

2005年住交会	2005年度CIHAF中国房地产十大新锐人物
2006年第二届亚洲人居环境国际峰会	亚洲人居环境建设杰出贡献人物奖
2007年	国际住协(IHA)绿色建筑奖——个人推动奖
2007年	北京房地产开发十大功勋企业家
2009年	全国归国侨眷先进个人

代表项目

山水文园实景拍摄

山水LA VIE实景拍摄

山水广场实景拍摄

国际花园社区全球金奖项目——山水文园

百万平米大盘——山水文园，以世界上最适宜人居住的城市——加拿大温哥华的环境指标为蓝本，在150万平米市政绿化带工程腹地，拓三湖、筑两山、修一河、规划万米清溪的景观园林，罕有的1.36超低容积率，65%左右绿化率，20%左右负氧离子含量，营造出北美、德式、英式、自然现代等风格的健康生态空间。

法式盛装住区——山水LA VIE

法式盛装住区——山水LA　VIE，位于亚奥版块，建筑面积30万平米，法式风格建筑，园区内法式园林中轴对称，向外辐射，成熟生活配套、优秀教育资源、规划坡地上的花园城堡及三万平方米法式风情商街，营造出典型的法兰西风情人文社区。

京城最大巴洛克建筑群——山水广场

山水广场位于中央商务区（CBD）核心区，雄居朝阳门商圈显赫中央，以其高端消费能量，为京城目前规模最宏大的巴洛克建筑群，由国际甲级写字楼、酒店式服务公寓、高端商业街、顶级公馆及会所等组成，为独具国际风采的复合型综合区。

京东国家森林公园核心区——金海湖·京津CRD

山水文园集团在平谷金海湖22平方公里区域范围内进行合理规划和保护性开发，以生态资源的保护和利用为出发点，邀请国际大师尼克劳斯亲手设计大型绿色山地体育公园，并开发建设顶级的水岸别墅，以及上宅文化博物馆、空中观光、水上休闲运动、高尔夫、马术、度假村、滑雪场、狩猎、游艇俱乐部于一体的休闲、旅游、度假圣地。

荣　誉

恪守信念，踏实进取。对于山水文园集团而言，荣誉只是对过去的见证，未来仍待创造。

项目篇

- 2007年山水文园蝉联“国际花园社区”全球金奖，成为继1996年此项大赛成立以来，全球第一个连续两届获金奖的项目。同时还获得最佳范例贡献奖，并作为国际花园社区的样板向全球推广
- 2006年“第二届亚洲人居环境暨城市建筑国际设计大赛”上山水文园获“亚洲绿色生态健康住区科技应用奖”、“亚洲人居环境规划设计创意奖”
- 2006年山水文园荣获国内权威的建筑奖项——精瑞住宅科学技术奖的评选中，获得“绿色生态建筑奖——水环境专项奖”金奖
- 2005年住交会山水文园荣获“2005年度CIHAF中国名盘奖”
- 2004年山水文园被联合国评为“国际生态最佳社区”及“国际生态安全示范社区”
- 2004年度北京首批建设部A级住宅认定项目

企业篇

- 2009年获“HBA·中国范例卓越贡献最佳奖”
- 2008年获评“中国房地产及建筑业500强企业”
- 2007年荣获“中国不动产最具成长力企业称号”
- 2007年被全国工商业联合会授予“中国房地产500强”企业称号
- 2006年获“2006中国房地产百强企业——百强之星”
- 2005年被北京地产百位房地产记者和财经记者评选为“2004年度最具成长性公司”
- 2005年在人民大会堂荣获“第四届全国房地产领先企业”

HBA·中国范例卓越贡献最佳奖

“国际花园社区”全球金奖

“国际花园社区”全球金奖

中国百興集團 CHINA BAIXING GROUP CO.,LTD

集团简介 INTRODUCTION OF THE GROUP

▲百兴集团董事长茹伯兴

▲全国政协主席张怀西参观湖塘纺织城

▲百兴集团向武进慈善总会捐款

百兴集团有限公司（简称百兴集团）是集工业制造、房地产、商贸、金融、物业、物流、酒店等于一体的大型企业集团。公司总占地面积3000多亩，总注册资金达10亿多元，2009年营业总额超220亿人民币。工业企业制造产品主要包括PVC软质、半硬质及硬质胶布、银行信用卡及IC卡卡基材料、PU及PVC箱包面料、涤纶牛津布、环氧增塑剂等，是全国最大的塑料压延制品生产基地。塑料制品的年生产能力达12万吨以上，箱包面料年产量超1亿平方米。集团下属专业市场总占地2500多亩。长江自由贸易中心、江南五金机电城、江苏长江塑料化工交易市场、中国湖塘纺织城、武进横林国际地板家具城、百兴小湖商贸城等都是省内一流的大型专业市场。已建和在建的房地产项目有金百国际、中央花园、嘉苑别墅、百兴商贸区、江都龙川步行街、龙川城市花园、东方广场、宝应商业广场、湖塘中心村、青枫公馆、青枫壹号等。

百兴集团下属公司和控股公司有：常州市江南塑料有限公司、常州市百兴塑胶制品有限公司、中外合资常州江南塑胶制品有限公司、常州市常武橡塑制品有限公司、常州市武进百兴塑胶制品有限公司、常州市百兴纺织有限公司、常州市百兴制衣有限公司、常州百奇生物科技有限公司、常州百佳磁卡有限公司、常州市百兴外贸有限公司、江苏百兴房地产开发集团有限公司、常州百伟房地产开发有限公司、江苏百盛房地产开发有限公司、常州三井一村房地产开发有限公司、扬州苏南投资置业有限公司、常州长江自由贸易中心、常州江南五金机电市场、江苏长江塑料化工交易市场、江苏湖塘纺织城有限公司、常州武进横林国际地板家具城投资发展有限公司、百兴集团江阴小湖商贸城有限公司、常州市嘉丰物业服务有限公司、常州听松楼花园酒店等。

集团自1983年组建以来，在各级政府部门、社会各界的支持下，以人为本，依靠科技进步，加强企业管理，取得了辉煌的业绩，位列2009年中国企业500强第301位，全国民营企业500强排序第41位。历年来被评为世界华人企业100强，中国优秀企业，中国房地产百强企业，中国最具成长性企业，中国房地产先进单位，中国信用企业认证体系五星级示范单位，全国最佳经济效益乡镇企业，中国房地产企业最具综合开发实力企业，全国第一批国际质量信用AAAAA等级企业，江苏省银行系统信贷诚信企业，江苏省明星企业，常州市明星企业，常州市五星级企业等荣誉称号。现为中国民营企业家协会、中国塑料加工工业协会、中国房地产开发商协会、全国纺织品商业协会、江苏省企业家协会、江苏省工商联房地产商会副会长单位。

历史赋予重任，事业点燃激情。中国百兴集团在科学发展中将与时俱进，与您真诚携手，再创美好明天。

证 书

百兴集团有限公司：

在2009年度全国工商联上规模民营企业调研排序中营业收入总额列第34位。

中华全国工商业联合会办公厅

二〇一〇年九月

证 书

百兴集团有限公司：

贵公司 2009 年营业收入 2210347 万元，荣列 2010 中国企业500强第268名。

特颁此证。

二〇一〇年九月

常州总部：江苏省常州市新北区黄河东路88号
电　　话：0519-85160588
传　　真：0519-85160788
邮　　编：213022
武进总部：江苏省常州市武进区礼嘉镇工业园区
电　　话：0519-86233888
传　　真：0519-86231269
邮　　编：213176
网　　址：http://www.cnbaixing.com

GROUP CO.,LTD
纳百川之势，兴恒久伟业
中國百興集團
CHINA BAIXING GROUP CO.,LTD

河北星烁锯业股份有限公司

星烁股份 XINGSHUO GROUP

HEBEIXINGSHUOJUYEGUFENYOUXIANGONGSI

安凤占，1949年10月生，河北省玉田县人，中共党员，高级工程师，进修于包头钢铁学院。自1972年以来，一直从事新产品开发、生产技术和经营管理工作。先后担任刘现庄机械厂技术厂长、刘现庄塑料模具厂厂长、玉田县锦玉制锯厂厂长、河北省玉田县锯业总公司总经理。现任河北星烁锯业股份有限公司董事长、党委书记、法定代表人。安凤占同志以“堂堂正正做人，清清白白做官，踏踏实实办事，勤勤恳恳为民”为座右铭；以“连续性和高质量，创造性和高效益，忠诚和守信”为经营理念，艰苦创业，锐意改革，不断开拓进取，把一个名不见经传的制锯小厂发展成为国家机械大（二）型企业，在国内外制锯行业中享有较高的声誉。

河北星烁锯业股份有限公司是全国乃至亚洲最大的金刚石圆锯片基体生产厂，所产的“星烁”牌系列产品全部采用国际标准，以其质量上乘、价格合理深受广大用户欢迎，产品畅销全国29个省、市、自治区，国内市场占有率达50%以上，并远销欧美及东南亚等一些国家和地区；其中Φ2500-5200mm金刚石圆锯片基体填补了国内空白，可替代进口产品，鉴定专家一致评价其具有国际先进水平，为我国的制锯行业的发展作出了杰出的贡献，促进了石材行业的发展。

安凤占同志始终坚持科技兴企战略，成立了国内第一家省级制锯研究所（河北省制锯研究所），已研制出一大批具有国际先进水平的制锯生产、检测设备。公司被评为河北省百强企业、河北省（四星级）明星企业、河北省优秀星火科技示范企业、河北省民营科技十强企业、河北省高新技术企业等。安凤占同志具有较高的理论水平和丰富的实际经验，是一个懂技术、会经营、善管理、富有创新意识和献身精神的科技型企业家。曾被河北省政府评为劳动模范、河北省优秀星火企业家、河北省优秀企业家、河北省十佳民营科技实业家等，还被国家科委评为“全国星火计划先进工作者”。

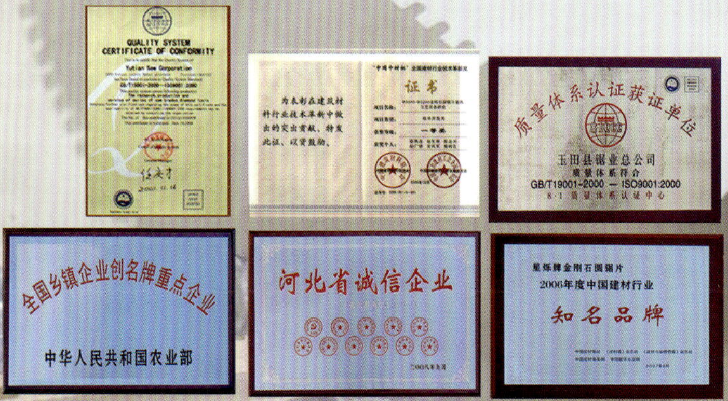

地址：河北省唐山市玉田县鸦鸿桥镇
邮编：064102
电话：0315-6566360 6566371
传真：0315-6565234 6396234
总机：0315-6566358
邮箱：ytsaw28@hotmail.com sdi@yeah.
网址：www.xingshuo.com www.ytsaw.co

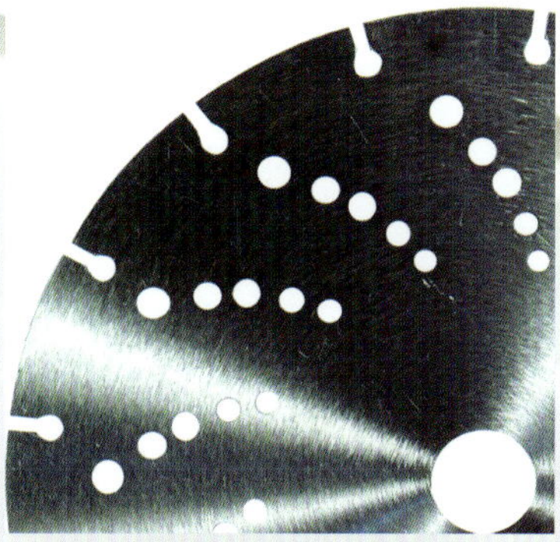

圆孔掏空金刚石基体

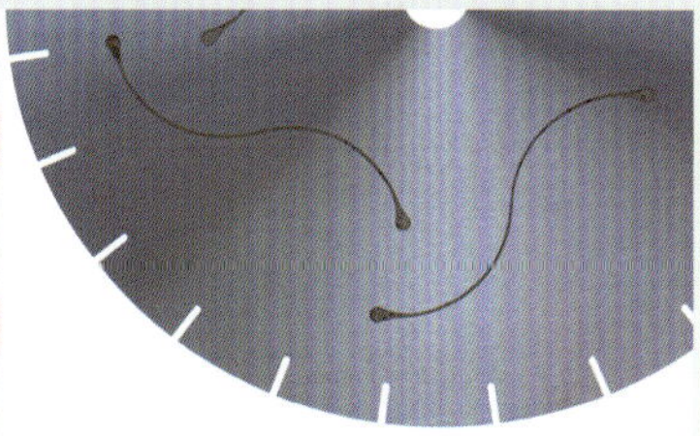

降噪金刚石基体

冶金硬质合金锯片

河北星烁锯业股份有限公司位于河北省玉田县鸦鸿桥镇，坐落于美丽的燕山脚下，渤海之滨，处于京、津、唐城市三角腹地，地理位置优越。公司距京沈高速公路鸦鸿桥出口 2 公里，距 102 国道 18 公里，距玉田县火车站 20 公里，距首都国际机场 140 公里，交通方便快捷。

企业注册资金 2692 万元，现有各类资产 2.5 亿元，2008 年实现销售收入 1.8 亿元，利税 3200 万元。公司占地 16 万平方米，建筑面积 11 万平方米，员工 720 多人，其中各类专业技术人员 178 人，是集科、工、贸为一体的股份制公司，国家机械行业大（二）型企业，亚洲最大的制锯专业生产厂，在国内外制锯行业中享有较高的声誉。

公司下设大锯片厂、小锯片厂、硬质合金锯片厂、金刚石工具厂和琦峰专用设备修造厂，公司下辖成都司塔瑞测控工程有限公司、苏州星烁锯业有限公司、德国 SST 公司三家子公司。

公司多次被评为河北省百强企业、河北省明星企业、河北省质量效益先进企业、河北省民营科技十强企业、河北省优秀星火科技示范企业、唐山市技术创新示范企业等。

公司有先进的生产设备和现代化的办公、服务设施，共有各类设备 800 多台套，其中从德国、法国、瑞士、日本等国引进价值 9500 万元的制锯生产加工设备 120 台套，同时自己研制生产具有国内领先水平的制锯加工专用设备 125 台套。公司有河北省制锯研究所、省级企业技术中心和中国石材商会锯业工程技术中心三家制锯研究机构，在成都设有成都数控刀具产品研发中心，生产工艺先进独特，研发力量雄厚，并通过了 ISO9001：2000 质量管理体系认证，确保了产品的高品质，赢得了国内外用户的深深信赖。

公司生产的“星烁”牌金刚石锯片基体、热切圆锯片、冷切圆锯片、金刚石圆锯片、硬质合金锯和金刚石工具等系列产品是“河北省名牌产品”，“星烁”商标是河北省著名商标，公司的产品以其质量上乘，价格合理，深受广大用户的欢迎，销往全国各省、市、自治区，国内市场占有率在 50% 左右，并远销亚洲、欧洲、美洲、非洲等 50 多个国家和地区。公司年产各种锯片 200 多万片，生产加工技术处于国内领先水平。

董事长安凤占、总经理刘庆芬携全体员工愿以精良的产品与您共享！以优质的服务让您满意！

热切圆锯片

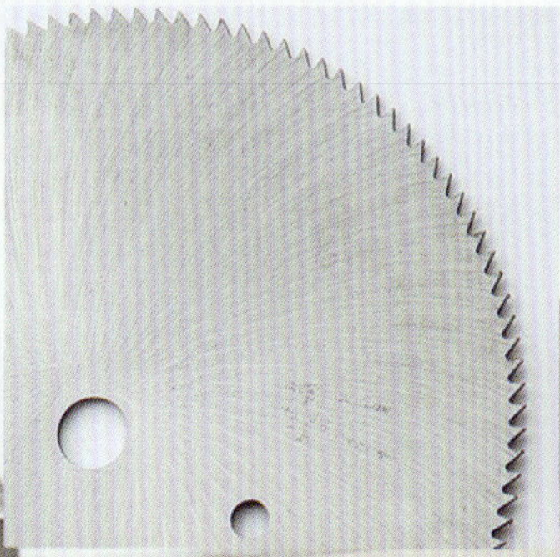

冷切圆锯片

木工硬质合金圆锯片

组锯金刚石基体

广西泰富黄金矿业开发有限公司

GUANGXI TAIFU GOLD MINING DEVELOPMENT CO.,LTD

广西泰富黄金矿业开发有限公司

董事长陈大光“比黄金更坚强的是人心”

企业简介

广西泰富黄金矿业开发有限公司成立于 1993 年 6 月，其前身是南宁泰富房地产开发有限责任公司。公司先后开发建了南宁泰富花园、泰富新村等两个住宅小区和泰富大厦写字楼。其建筑面积共10万平方米，总投资2亿多元。为拓宽业务范围公司 1995 年转入黄金矿业开发。如今公司拥有资产达 40 个亿，员工 5000 多人，是广西唯一具有大型黄金矿业开采实力的龙头企业。现已建设投入生产的黄金矿山有 6 个，矿区储金量 41.6 吨，矿区面积 148 平方公里，生产规模为年处理 0.5以上矿石量 5000 万吨，矿山职工总数 5000 余人。公司开采金矿所拥用的机械设备主要有大型进口挖掘机 76 台、铲车 43 台陕汽自卸汽车 200 多台、柴油发电机组 100 多台；选矿工艺有三种，堆浸、浸池、全泥氰化炭浆厂，配有电解车间、冶炼车间形成露天机械化开采，汽车运输、选矿、冶炼一条龙生产系统，备有完善的供水、供电、运输、环保等生产和生活设施目前是广西境内黄金行业的龙头企业。

企业家简介

陈大光，男，广西泰富黄金矿业开发有限公司董事长。年少时历经磨难，炼就了坚强的意志和敏锐的决策能力。改开放后，他积极把握机遇，取得了非凡的成功。他旗下的金矿，名列全国五大黄金矿山民营企业之一。

因其出色的成绩，陈大光多年被广西黄金管理局评为“ 有突出贡献个人 ”，并被授予“ 全国光彩事业奖章 ”、“ 广西秀社会主义特色事业建设者 ”等荣誉称号，成为第九届、第十届广西壮族自治区政协委员，身兼中国光彩事业促进会副会长广西工商联副会长、全国工商联常委等职。

企业家语录

1、创业是一条很艰辛的路，要创业首先得要有吃苦耐劳、敢闯敢拼的精神，脚踏实地的干劲，真诚守信的品格，并要善于抓住机遇，在逆境中找前进的突破口。

2、从为别人做帮工到自己创业，抓住人生每一个转折点中的发展机遇，勇敢面对竞争和挑战，不断萌发创业激情，拓创新、不懈奋斗，才使得企业不断发展壮大、做大做强。

3. 大学生应该学会用感恩的心去读书，增知识，长能力，为社会服务；要勇敢的面对困境与挫折，善于抓住机会，逆境中求发展；珍惜光阴，多参与社会实践，为创业奠定基础。

电 话： 86-0771-4801942　　传 真： 86-0771-4801942
地 址： 广西南宁市江南区星光大道 7-1 号泰富大厦 3 楼　　邮 编： 530023

业家小传

陈大光出生在一个乡村教师家庭，12 岁失去父亲，14 岁外出打工，苦难的童年励着陈大光养成了比常人更为坚强、果断的性格。从政、下海、做包工头、当矿老板，富的社会阅历练就了他把握机遇的能力。从为别人做帮工到自己创业，从建筑行到做边贸生意到投身房地产再到涉足黄金开采业，无不显露出他敢为人先的进取神和创业热情。

1992 年，通过招商，陈大光以四分之一的股份参与国有公司在广西横县南乡开金矿，成为国有金矿股东之一。从此以后他刻苦学习采矿知识，全身心投入矿山。而两三年过去了，矿厂收入甚微。那时的陈大光才明白，开采金矿，干得好挖到是金，看不准得到的只是石块和泥，风险系数极大。那段日子，他经常彻夜难眠。苦思索：往后的路该怎么走！

面对着失败、风险以及种种困难和压力，他这个硬汉腰不弯、气不馁。他认定矿成败的决定因素是矿的品位和储量。因此，只见他时而专心翻阅有关采矿资料，而带着专家去矿山勘查检测，细心倾听专家和助手们的分析意见。在进一步掌握矿山的地质资料后，他断然决定要继续开发横县南乡金矿，并于 1998 年 4 月以竞中标的形式把该矿的开采权全部拿到手。陈大光大力进行技术整改和加强科学管，重新出台了新的管理规章制度和规则。为加速金矿的开采，他一口气投入了 1 多元的资金，购买了 20 台卡特挖掘机、8 台铲车、140 辆运输车和 17 台 200 千瓦电机组。为了加速金矿的开采，他把 1500 多名员工编到 8 个分矿同时开工，在 426 平方公里的矿山上剥离土，挖矿石，每天平均运矿 2000 吨以上。这段日子，大光日夜奋战在员工们身边，既当指挥官，又当战斗员，对外协调关系，对内加管理，一天工作 16 个小时以上，休息时间还找员工谈心。连员工们都说“ 从未见那么辛苦的老总。”

功夫不负有心人。几个月后，奇迹终于出现了。一堆堆的矿石，经过破碎、喷淋、解、电解、提炼一道道的工序，金子终于在一个云淡风轻的午后，出现了黄灿灿真面目！面对着那一条条金光闪烁的金条，他湿润了双眼，绽放出微笑。

横县金矿取得成功后，资金充裕了，陈大光对自己的事业更加自信。在那之后，又先后用数亿元的资金，收购了广西横县六国岭金矿、云南元江国有金矿、四川武联营金矿甘肃文县（剪子坪、半山金矿），并独资开发了甘肃文县半山金矿、关湾金矿、边地坪金矿等较大规模的金矿，成为了目前的广西泰富黄金矿业开发有公司，到 2009 年底，公司产值已达 40 多亿元，良好的经济效益使公司跻身全国营黄金生产企业前五名，成为广西黄金行业的龙头企业。多次被原国家黄金管理评为先进单位。

陈大光在企业经营过程中，十分注重环境保护和开采矿区植被种植等工作。特对安全生产进行严格化管理，先后投入上千万元的资金，在各个矿山建造了一整行之有效的环保设施和措施，十几年来未发生过大事故，多次得到当地环保部门表扬和奖励，获得了全国安全生产先进典型经验交流会组委会颁发的“ 重视安全理示范单位 ”等多项奖牌。

陈大光是改革开放的受益者。随着企业家的社会地位和影响日渐提高，特别是次受到不同层次的党政领导肯定，他热衷参加政协工作，参与到政治事务中去，考国家、地区的未来发展。

2003 年夏天，正在准备开发平武泰富金矿的陈大光，突然接到一纸通知，让他以优秀民营企业家的身份参加中共中央党校全国第三十三期民营经济理论与实务高级培训班。为期一个月的学习培训，让陈大光受益匪浅。他首次站到了一个前所未有的高度上解读了党和国家有关民营经济的政策，进一步坚定了他参与发展、壮大这项事业的信心。快结业时，这位从社会底层一步一个脚印为自己的人生开拓出一片宽阔天地的汉子，结合自己几十年的创业经历，在中共中央的最高学府里，作了一次肺腑之谈。他说，有一些地方和部门，对发展非公有制经济还认识不足，措施不力，有的甚至阻碍了非公有制经济的发展。他建议在当前，各级应认真贯彻党中央精神，要加强对非公有制经济的领导，制定措施改善软硬环境，促进非公有经济的发展；要给予非公有制经济“ 国民待遇 ”，在政策、管理、信贷等方面，享受与国有经济同等的待遇；要是加大查处“ 三乱 ”的力度，切实减轻经营者的负担；要成立或明确专门的管理机构，以非公有制经济进行引导和管理，避免政府职能部门重复交叉管理，改善对非公有制经济的发展的管理；要改善投资和发展环境，加大基础设施建设，制定更加优惠和透明的鼓励政策，促进非公有制经济的发展；要强化服务工作，简化办证办事程序，积极为非公有制经济的发展排忧解难。

作为第九届、第十届广西政协委员，多年来，他结合民意、民情提出了多项意见和建议，其中许多被当地党和政府部门所采纳。为此，他曾受到“ 广西优秀特色社会主义事业建设者 ”等多种奖项。

陈大光说：“ 我能有今天，首先有赖于党的政策，各级地方政府和社会各界人士的大支持和帮助，所以我要致富思源，回报社会。企业发展了，自己致富了，更要关注员工和贫困人群的温饱。一人富了不算富，大家富了才算富。”

他是这样说的，也是这样做的。陈大光积极参加各项光彩事业组织及活动，把企业的发展与国家的发展紧密地结合起来，主动地承担社会责任，踊跃地回馈社会。这些年来，企业不断壮大，截止 2009 年底，公司历年来共向国家和地方交纳各种税费近亿元。他所经营的 9 个矿山，先后安置了 12000 多人就业，其中安置下岗职工 5000 多人。还先后向建学校、修公路、公益事业和扶贫助残等社会捐资高达数千万元，有力地推动了社会和谐和地方经济的发展。陈大光被授予全国光彩事业奖章等荣誉称号。在公司和各矿部会议室里，挂满了“ 捐资饮水，造福于民 ”、“ 捐款修路，功德无量 ”等锦旗和牌匾，在那一面面一块块的锦旗和牌匾上，饱含和铭刻着陈大光这位“ 金子老板 ”的一片片爱国爱民的深情。

陈大光，是一个敢干敢闯的时代弄潮儿，也是一个在商海中成功的传奇幸运儿。从为别人做帮工到自己创业，从建筑行业到做边贸生意到投身房地产再到涉足黄金开采业，敢为人先的进取精神和创业热情，使他很好的抓住了人生每一个转折点中的发展机遇，勇敢的面对一切竞争和挑战，使自己的企业由小到大。这其中的艰苦历程和丰富的阅历是常人不可想象的。

经营一份事业究竟需要什么样的天份？花费多少的努力？其实没有几个人能够细细的说明。陈大光如今的成就是用当年每天工作十多个小时的努力换取而来的。淘金实在不易，陈大光却从不轻言放弃，甚至他说他要淘到耄耋之年。每个成功的人都有自己的成功法则，对于陈大光而言，成功的原由别无其他，未来的发展也没有技巧而言，是一颗比黄金更坚强的心，支撑着他坚毅前行持续进步！

海汇集团

海汇集团是于 2003 年 10 月经国家工商行政管理机关核准成立的，主要以节能环保机械设备制造、重型机械制造、生物化工、旅游及房产开发、新型建材等于一体，拥有 20 多个子公司、3000 余名员工、总资产 15 亿元、销售收入 15 亿元、利税过亿元的企业集团。企业连续多年被确定为地方重点骨干企业、纳税大户。

海汇集团有限公司是海汇集团的母公司，是国家级高新技术企业、山东省节能环保产业骨干企业，现拥有省级企业技术中心、省级工程中心，市级工程中心各一处，是山东省首批创新型试点企业之一。海汇集团有限公司主导产品主要包括大气污染治理、水污染治理、资源综合利用、矿山建材机械等四大系列。主要产品包括除尘脱硫设备、污水处理设备、污泥处置设备、破碎粉磨设备、工业输送设备等，年生产能力在 15000 台（套）以上。产品除销往国内 20 多个省市和地区外，还销往日、韩、欧、美等多个国家和地区，深受广大客户的青睐。

近年来，集团十分重视技术创新发展战略，在集团内部形成了一套比较规范的管理模式，努力打造特有的海汇企业文化，培养造就了一支爱岗敬业、无私奉献的优秀员工队伍。先后与清华大学、天津大学、山东大学、济南大学、青岛大学、山东省环科院等多所院校和科研机构建立了长期的产学研合作关系，建设了清华大学项目研发基地、济南大学产学研基地和青岛大学阻燃材料中试基地等高新技术产业化项目。集团现有专职研发人员 127 余人，其中，具有高级职称专业研发人员 27 人，并通过产学研合作，建立了一个包含多领域的外部专家网络和内部研发机构。集团自主创新能力和发展后劲不断增强，年申请国家专利达 30 余项，被认定为“中国专利山东明星企业”和“日照市专利示范企业”。

集团在长期的发展过程中，先后被授予“山东省重合同守信用企业”、“山东省厂务公开民主管理先进单位”、“山东省质量管理先进单位”、“山东省富民兴鲁五一劳动奖状”、“山东省管理创新十佳企业”、“山东省 AAA 级标准化良好行为企业”、“山东省文化建设先进单位”、“诚信守法民营企业”、“山东省企校合作先进单位”、“全国优秀建材企业”、“中国建材 500 强企业”、“中国企业职工教育先进单位百强”、“中国百佳创新企业”、“全国五一劳动奖状”等多项荣誉称号。

总经理致辞

抗震救灾“慈心一日捐”

集团总部大门

集团在快速健康发展过程中，不断增强社会责任意识，积极开展各项慈善活动。自 2009 年以来，集团先后吸纳安置亏困、破产、倒闭企业下岗职工及农村富余劳动力 1800 余人，帮助他们解决了就业问题；积极参与县委组织的城乡文明共建活动，无偿捐赠水泥 5000 余吨，帮助 20 余个村修桥、修路、建设村卫生室、文化大院等，为社会主义新农村建设作出积极贡献；先后捐款 15 万元，帮助山区贫困家庭儿童解决上学难问题；先后捐款 20 余万元，帮助 90 余名困难职工解决看病、生活困难等问题。四川汶川、青海玉树大地震发生后，集团广大干部职工发扬“一方有难，八方支援”的社会主义、人道主义精神，先后踊跃捐款 160 余万元，捐衣被 300 余件，积极参加献爱心活动。

荣誉榜

杭州金沙置

杭州金沙置业投资有限公司位于国家级杭州经济技术开发区内，公司成立于1996年，注册资本5千万元，主要经营房地产投资，自有库房、厂房、综合房的租赁、仓储、物流，综合性市场等经营性实业投资。

未来五年，公司将致力于市场开发的建设，积极拓展新的经营领域，实现多元化的经营战略，不断自我完善与提高，力求实现经济与社会效益更上一层楼。

公司于2003年在杭州经济技术开发区出口加工区建成标准厂房3余万平方米，总投资额达四千多万元，并在公司的经营管理下已取得了可观的经济效益。

2006年，公司大手笔投资了建材交易中心和物流、仓储中心。位于杭州经济技术开发区德胜东路两侧的杭州恒大综合建材交易中心占地250余亩，建筑面积约15万平方米，总投资额达7000余万元；位于杭州绕城公路下沙段南侧的物流仓储中心占地100余亩，建筑面积5万余平方，总投资两千余万元，主要用于杭州恒大综合建材交易中心的货物配送。

投資有限公司

2007年公司着重于开发浙江省军区农副业基地的物流仓储工程，工程总用地30万平方米，总投资1.5亿元。该工程投入运营后，将使杭州经济技术开发区的物流仓储业再上一个新台阶。

近年来，公司积极投身于社会公益事业，2006年与教育部门合作，投资建立了一所涵盖小学和初中课程的外来民工子弟学校，每年吸纳招收近千名民工子女就近入学，为创建和谐社会添砖加瓦。

2009年公司联合中国义乌小商品城商业集团鼎立打造杭州义乌小商品联合市场，是浙江最大的商贸物流基地——杭州城东商贸走廊的重要项目，总投资将达8亿元人民币，占地160亩，项目按国际标准规划设计，涵盖国际化专业市场所需先进配套服务体系，由高标准办公楼、商务中心、四星级酒店及专业化交易市场四部分组成，力图打造杭城小商品流通旗舰。

效果图

国瑞地产

Glory Real Estate

北京国瑞兴业地产有限公司于 1999 年进军北京房地产市场，10 年时间的发展成为一家大型综合性多地性企业。公司由一批多年从事地产开发的管理和技术精英组成，对地产项目的策划、开发、施工、销售、招商有着丰富经验，年开发能力达 300 万平方米，年营业额达 80~120 亿元，成为地产界知名企业。公司开发的百万平方米国瑞城、60 万平方米富贵园等几大名盘在京城倍受追捧。2007 年公司相继推出了国瑞花市商业街、沈阳国瑞东方商城，2008 年推出国瑞购物中心、富贵园购物中心等商业项目，受到社会各界的广泛关注，成功铸就了国瑞地产的品牌。公司在沈阳、重庆、石家庄、廊坊、郑州、广东、海南等地设立各项目公司，并开发了一系列商业住宅项目。此外，公司已经发展成为下设国瑞物业公司、国瑞商业管理有限公司等子公司的综合性企业。

公司以“ 变革、规范、发展 ”为发展战略，全面推行规范化管理，理顺管理架构、简化管理流程，提高工作效率。以“ 打造精品社区、树立品牌形象 ”为宗旨，集合品位、个性、多元化为开发理念，把一个个魅力尽显的精品楼盘奉献给消费者。规范的管理，过硬的的产品，加之优秀的服务，使国瑞地产连续荣获“ 中国建筑文化斗拱奖 ”，“ 区域经济推动力国际典范工程 ”，“2007 年中国成长百强企业 ”“2008 北京房地产品牌价值 10 强 ”等殊荣。

在变革中发展，在发展中创新，国瑞地产打下了更加稳固的发展基础，获得了更多的发展机遇，也必将为社会的发展贡献更多的力量。

公司的理念

谋“ 共赢 ”之道，成百年基业

使客户赢得高质量的生活空间；使股东赢得高回报的投资收益；使员工赢得事业和家庭生活的高享受；使社会赢得物质和精神文明的双丰收；使国瑞赢得一份常青的基业和恒久的品牌。

对于一个开放有为的企业而言，首要的是创造价值，同自己的客户与股东实现共赢，并与企业内部员工实现共赢与利益分享。共赢与分享是国瑞一直坚持的理念，无论对于消费者、股东，还是对于内部员工，国瑞地产都非常强调利益关系的一致性，强调诚信的原则，在企业赢得利润的同时，承担一定社会责任，既为消费者创造优质的生活空间，又为社会经济发展做出一定贡献，使国瑞地产保持活力，打好基础、树立品牌，并建立起百年基业。

发展战略

变革是企业发展的动力　是在原来的基础上求新、求变、不断尝试，给企业注入新的活力，使企业时刻与市场接轨。

规范是企业发展的必由之路　只有建立完善的规范管理决策机制，企业发展才能更趋理性，更加科学。

发展是企业的终极目标　企业通过自身的发展壮大，实现作为一个社会成员的意义，对城市建设和社会经济产生积极的影响。

公司的愿景

国瑞旗下的每一位员工，生活殷实，身心舒畅，为国民生活质量的提高添砖加瓦

国瑞旗下的每一项产业，欣欣向荣，蓬勃发展，为国家经济产业的发展推波助澜

公司的核心价值观

务实：立足之本　创新：发展之源　规范：经营之道　卓越：追求之境

国瑞地产的核心价值观是公司全体员工认同，在公司制度中得以体现，并落实到日常工作和行动中，而且在企业的战略思考、战略执行和期望的结果中，核心价值观也已溶入公司的战略管理体系和考核奖惩体系。每项工作本着务实的态度，在不断创新中获得发展的活力，通过规范管理统一步伐、凝聚力量，最终为企业赢得卓越的业绩。

企业荣誉

- □ 连续五年被崇文区政府评为“ 崇文区 30 强企业 ”
- □ 建设部、商务部联合评出中国建筑文化斗拱奖“ 建筑文化领导力卓越贡献人物 ”
- □ 国瑞地产成为“ 中华全国工商联常任理事会员 ”
- □ 国瑞地产董事长张章笋获得“ 中国城市建设杰出人物奖 ”
- □ 全国工商联房地产商会评选国瑞城获得“ 建筑文化奖 ”国瑞购物中心荣获“ 房地产开发创新奖 ”
- □ 由中国房地产报、新浪网、名牌资产评估共同评选出国瑞地产为“2008 北京房地产品牌价值 10 强 ”
- □ 国瑞地产当选 2007 中国成长百强企业
- □ 国瑞地产董事长张章笋先生荣获“ 优秀中国特色社会主义建设者 ”荣誉称号
- □ 国瑞地产董事长张章笋先生荣获“ 中国城市建设卓越人物 ”殊荣
- □ 国瑞地产经“2008 第八届中国房地产发展年会 ”组委会评鉴，荣获“2007-2008 北京最具人气商业地产 ”称号

主要项目

北京国瑞酒店

北京国瑞酒店项目总建筑面积 13 万平方米，位于北京重要的城市中心，二环沿线的人文、商业中心，处在崇文门东大街和崇文门外大街的交叉口，北侧与明城墙遗址公园隔河相望，南望国瑞北路与国瑞购物中心相邻。项目市政道路良好，双地铁交汇，景观条件优越，是不可多得的文化和商业交融区域。

充分利用区域优势，景观特色和文化氛围，创造一个包容 600 套高级客房的超五星级酒店、拥有 800 套住房的酒店式高档公寓、以及大型会议中心、展览中心区相关配套设施等诸多功能的国际一线品牌购物中心。并从城市设计、功能布局、空间形态、交通系统、景观规划等多方面组织建筑群体的布局形式，高效的组织来自地上、地下的人流动线，为崇文商圈注入新的活力，使之成为功能完备的城市新地标。

北京祈年大街项目

总建筑面积近 48 万平方米，位于天坛的中轴线一侧，属文物受控区域，区域范围的建筑高度、风格、色彩、体量都非常适合于中式建筑。国瑞祈年大街项目延续区域文化传统，以传统风格为主，建成集居住、庭院式办公、写字楼、商业文化街于一体的综合性项目。其中含甲级写字楼 17 万平方米，住宅 10 万平方米。

该项目借助旅游区域的优势，欲将天坛每年 600 余万游客资源吸引至此，创造旅游停车条件，以四合院和街巷的形式把特色食府、菜苑、画廊、演艺场、百工坊、名店荟萃、珠宝展示、院落旅社等等风味活动汇集成文化旅游一条街。令其起到吸纳、滞留外地和国外旅游团，达到延续天坛之游的目的，另外，还可以引入庭院式办公、企业会所等文化活动机构。

此外，项目独特的围合式结构，近万米的园林绿化，为居住者提供了一个舒适自由的活动、交往空间，既使前门故都风貌区得到完美的收尾，又创造和发展了旅游业，必将成为崇文门地区的又一名盘。

国瑞东方商城

沈阳国瑞东方商城项目计划投资百亿，总占地面积 1000 亩，规划建筑面积 150 万平方米，市区两级政府重点培育共同打造沈阳东部大型综合商业项目，是集汽车汽配博览中心、五金机电博览中心、建材家居博览中心、小商品服装纺织博览中心、酒店、会展、办公、住宅、公寓于一体的综合集群，是东三省最大的商品交易集散中心。国瑞东方商城将成为立足东北，辐射东北亚的商品交易中心，创造全新商业模式，拉动区域经济长足发展。

海阔天空·国瑞城

海阔天空·国瑞城位于海南省海口市中心区原大英山机场内，基地面积 18.1 公顷，规划建筑面积 105.4 万平方米南临区域主干道国兴大道，西侧与海南省办公群隔路相望，北领现有居住区及成熟商圈。

"海阔天空·国瑞城"地理位置优越，为海口市规划的 CBD 核心区，其中业态集中函盖了五星级假日酒店、5A 甲级写字楼、商务办公、大型 S 时尚主题商业中心、高档公寓、住宅等多种复合业态；是海口市的贸易中心，集产品展示贸易、物质集散、企业跨国交流推广、双边贸易、饮食娱乐、休闲观光等多功能为一体的城市新区。项目规划设计运用国际先进的规划理念，整合独有的环境资源，配置合理完善的功能，使本项目具有高标准、高起点、前瞻性等特征，把本项目建设成为 CBD 核心区标志性的建筑群体，同时健全城市的机能，提升城市的品位，带动整个区域的经济发展。

"海阔天空·国瑞城"是国瑞地产开发的海口市第一个大型地产项目，过硬的楼盘品质和崭新的建筑办公、购物居住观念改变了海口居民原有的生活观念，它的诞生标志着海口社区时代的来临。倡导以人为本，以家为本的办公、居住理念，提供健康、教育、理财、物业及环境五大爱家服务系统，缔造互助和睦的邻里情怀，为业主营造自然舒适的和谐生活。

以上图片均为效果图

精诚合作共图大业，
携手并进再创辉煌
COOPERATION
电话：022-2388888 Tel:022-2388888 E-mail:office@tj-jinlan.com
传真：022-23380942 Fax:022-23380942 邮编：300381 Postcode: 300381
地址：中国天津市卫津南路王兰庄东
ADD: East to Wanglanzhuang Weijin S Rd. Tianjin China

海特集团 HAITE GROUP

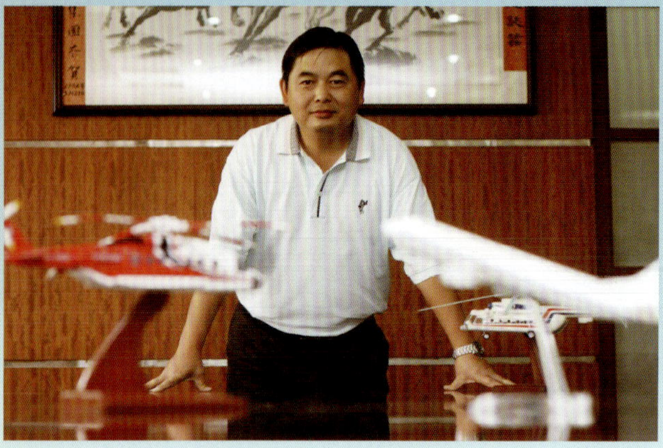

海特集团总裁李飚

海特集团成立于1992年，主要从事航空机载设备检测、维护、修理；支线飞机、直升机、公务机、发动机等中小型发动机的维修；航空技术及软件开发；航空机载设备及航空测试设备的研制和销售、航空培训。业务涉及波音、空客系列及各类支线飞机、通用飞机、直升机、公务机等40多种机型，是我国现代飞机机载设备维修领域规模最大、用户覆盖面最广、维修设备数量最大、维修项目最多的航空维修企业。海特集团旗下的四川海特高新技术股份有限公司是我国第一家航空维修上市公司（2004年7月上市，股票代码：002023），也是四川省和全国航空业的第一支全流通股票。

公司目前占地500余亩，建筑面积10万平方米，拥有各类工程技术人员500余人，拥有各类先进设备1000余台。

海特通过了ISO9001、ISO2000国际质量体系认证、CAAC适航维修许可认证、FAA认证；获得了中国香港民航处、澳门民航局联合维修管理(JMM)认证以及《零部件制造人批准书》。

海特以成都维修基地为中心，先后在上海、天津、武汉、长沙、昆明等地分设基地和工作站，客户涵盖中国国际航空公司、中国南方航空公司、中国东方航空公司、中航集团等国家骨干航空企业，所有地方航空公司、民营航空公司、飞行院校、培训中心（公司）等。

海特高新自上市以来，依据自身的竞争优势，确立了“一站式”航空维修体制发展的企业主导方向；在以发展航空维修板块为主的同时，将航空技术研发板块、航空培训板块、航材维修交换和租赁板块、航空产品制造板块等纳入主营业务，将“以航空维修为主，航空技术为核心，同心多元发展”作为企业经营的总体发展战略，现已进入良好的运行状态之中。

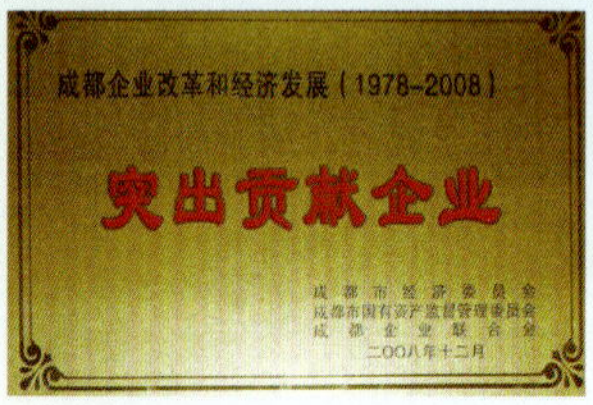

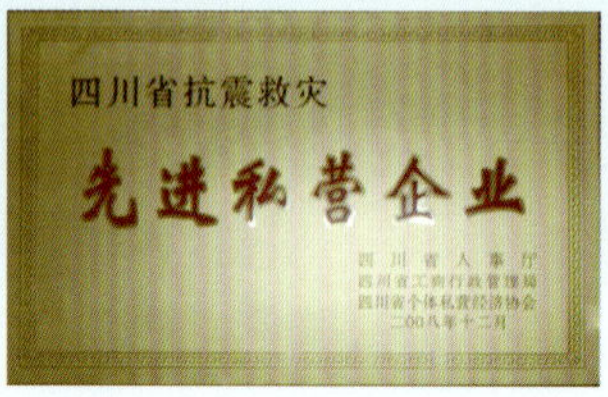

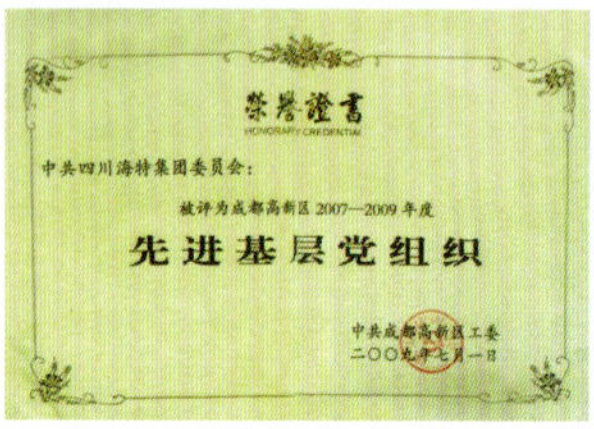

联系电话：028—85154320　网址：www.haitegroup.com
地址：成都市高新区科园南路1号

金广集团

jinguang gruop

四川金广实业（集团）股份有限公司

Sichuan Jinguang Industrial (Group) Co., Ltd.

四川金广实业（集团）股份有限公司创办于1990年3月，是一家集镍、铬、锰矿开采、冶炼及不锈钢制造于一体的资源综合利用型大企业。

经过20年的发展，公司已形成年产不锈钢60万吨、铬铁15万吨、镍金属量1.5万吨、不锈钢基料18万吨、热轧钢板200万吨的生产规模。

公司于2002年全面通过了ISO9001：2000国际质量体系认证，是四川省政府“30家重点联系企业”；省“十一五”规划“百亿”企业；四川省民营企业前20强单位；中国民营企业500强；四川省培育的“大企业大集团迅速做大做强型企业”。

仁本为怀　　共栖共荣

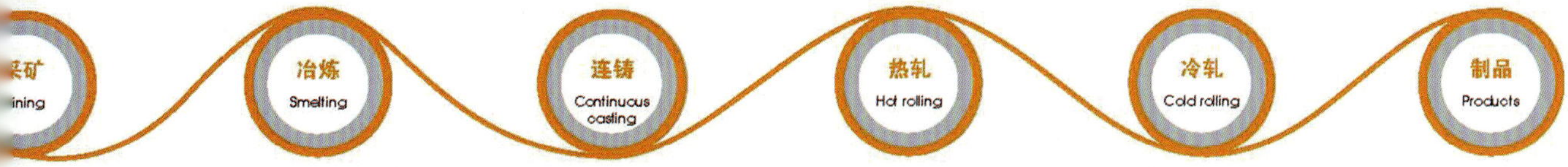

金广产业链

华鸿集团
HUAHONG GROUP

中华全国工商业联合会执行委员
中华全国工商业联合会房地产商会常务理事
哈尔滨工商业联合会房地产商会副会长
华鸿集团董事长：张鸿善

华鸿集团成立于1998年，其前身是黑龙江华鸿投资有限公司。现集团公司下辖北京华鸿基业投资有限责任公司；黑龙江华鸿投资有限公司；哈尔滨华鸿房地产开发有限公司；哈尔滨华鸿名流会酒店管理有限公司；哈尔滨华鸿建筑有限公司；哈尔滨华鸿物业有限公司和哈尔滨华鸿置业有限公司。

集团公司现有高级管理人员中，拥有研究生学历4人，具有高级职称的有40人，具有中级职称的有65人，是具有较强能力的管理团队。

企业价值观： 为社会创造精品，满足人们对美好生活的追求

企业文化： “四个高度”、“两个坚持”

“高度的主人翁精神，高度的超前意识，高度的紧迫感，高度的团结统一”；“坚信我们的事业是拼出来的，而不是等到出来的”坚持我们的事业只有靠全身心的投入才会获得成功”

星级大区共享大堂

集团公司在2005年投资9亿元开发建设了位于哈尔滨南直路和长江路交汇处的“金色莱茵”国际社区。“金色莱茵”哈尔滨市国际社区由9座板式高层信宅、一座会所、一座幼儿园区11栋音体组成，总面积为20万平方米。华鸿集团特聘请德国建筑设计大师艾米尔·瓦珐先生带领世界著名的蔡德勒建筑师事务所的设计团队历时两年半精心设计，采用德国现代主义建筑风格，展现了一个以德莱茵河为主题影观的德国现代主义建筑力作。社区中心为大型莱茵河水系园林景观及豪华私家会所和贵族式幼儿园，建筑形式简约、时尚、现代，在理性与浪漫的交织中塑造了哈尔滨当代超一流国际信宅社区。

实景拍摄

集团荣誉：

●2006年，华鸿集团董事长张鸿善在黑龙江省房地产协会、《哈尔滨日报》报业集团、《英才》杂志、中国房地产创新主流媒体联盟联合主办的“2006年度黑龙江房地产创新评选”活动中，荣获“十大创新人物”专家奖。

●“金色莱茵”荣获2006年度“黑龙江省房地产十大创新名盘”、最佳科技应用奖。

●经第五届中国国际住宅产业博览会组委会评审，授予哈尔滨华鸿地产开发有限公司开发的“金色莱茵”住宅产业贡献金奖。

●“金色莱茵”在2007年被建设部评定为住宅设计金奖及全国最高等级AAA级住宅。

●2008年，获“全国精瑞住宅科学技术奖”。

●2009年，获联合国人居署颁发的“HBA中国范例贡献奖”。

■地址：北京市朝阳区建国路93号万达广场A座2203室
■电话：010-5820 6785　传真：010-58206787

中华全国工商业联合会
All-China Federation Of Industry & Commerce

中华全国工商业联合会直属会员

商会年鉴

2007-2009

中华工商联合出版社

图书在版编目（CIP）数据

中华全国工商业联合会直属会员商会年鉴. 2007～2009／刘红路主编. --北京：中华工商联合出版社，2010.6

ISBN 978－7－80249－315－5

Ⅰ.①中… Ⅱ.①刘… Ⅲ.①中华全国工商业联合会—2007～2009—年鉴 Ⅳ.①D665.4－54

中国版本图书馆CIP数据核字（2010）第107059号

中华全国工商业联合会直属会员商会年鉴（2007～2009）

主　　编： 刘红路
责任编辑： 李红霞　邵桄炜
封面设计： 久品轩
责任审读： 郭敬梅
责任印制： 迈致红
出版发行： 中华工商联合出版社有限责任公司
印　　刷： 三河市华丰印刷厂
版　　次： 2010年10月第1版
印　　次： 2010年10月第1次印刷
开　　本： 880mm×1230mm　1/16
字　　数： 1015千字
印　　张： 41.5
插　　页： 64面
书　　号： ISBN 978－7－80249－315－5
定　　价： 380.00元

服务热线： 010－58301130
销售热线： 010－58302813
地址邮编： 北京市西城区西环广场A座19－20层，100044
http： //www.chgslcbs.cn
E—mail： cicap1202@sina.com（营销中心）
E—mail： gslzbs@sina.com（总编室）

《中华全国工商业联合会直属会员商会年鉴（2007～2009）》编委会

出版前言

《中华全国工商业联合会直属会员商会年鉴》至今已经出版两卷，由于全面地、系统地、客观地记录了全国工商联直属会员商会总体情况、各机构与直属行业商会年度工作，因而得到了各商会和广大会员单位的认可和好评。

在总结三年工作的基础上，全国工商联直属会员商会继续编辑出版了《中华全国工商业联合会直属会员商会年鉴（2007~2009）》。该年鉴在保持前两卷年鉴风格和体例的同时，也进行了创新，如增加了行业商会会标的释义、体现商会换届沿革的往届领导名单等，以达到更全、更好的效果。为便于查阅，年鉴按不同商会进行排列，各商会板块内设商会简介、工作综述、重要活动、重要文献、大事记等条目，同时收录了全国工商联直属会员商会的会员资料。年鉴在各商会提供的资料基础上编纂而成。由于跨度较长，时过境迁，加之人事更迭，部分商会资料不够齐全，特此说明，并致歉意。

本书的组稿、编辑和出版工作一如既往地得到了全国工商联领导的大力支持，得到了全国工商联直属会员商会和各直属行业商会（协会、公会）及广大会员单位的全力配合与协助。在此，特表达我们诚挚的谢意。对于年鉴中仍存在的许多需要规范和改进之处，我们将本着热忱服务的宗旨，在以后的工作中不断改进。同时也希望得到各级领导和商会一如既往的支持与配合。大家共同努力，以使我们的年鉴真正成为展示形象的窗口、查阅资料的宝库、交流合作的平台。

编者

2010 年 6 月

目录

目录

目录

目录

目录

目录

全国工商联直属会员商会

商会简介

重要活动

重要文献

专业机构

商会简介

中华全国工商业联合会直属会员商会（以下简称直属会员商会）是在全国工商联直接领导下，由全国工商联直属会员（企业会员、团体会员、个人会员）和直属行业商会（协会、公会）、有关团体等组成的商会组织。

全国工商联是共产党领导的中国工商界组成的人民团体和商会组织（又称中国民间商会），是党和政府联系非公有制经济人士的桥梁和纽带，政府管理非公有制经济的助手。现有县以上工商联组织3128个，基层组织24722个，行业组织12326个；会员2574494个，其中企业会员1083721个，团体会员24168个，个人会员1466605个。

直属会员商会共有会员419个，其中：企业会员373个、个人会员14个，团体会员32个。下设依法维权办公室、投融资中心、中外商业企业发展促进委员会、企业家健康工程、中韩企业联谊会、高尔夫球会、中外商界名人乒乓球会7个服务机构。商会以全国工商联为依托，整合各方资源优势，为会员提供法律维权、投融资、健康等方面的服务，维护会员的合法权益，帮助会员与国内外的各类金融机构建立联系，为企业家和管理团队提供及时的医疗服务。通过举办形式多样的商务洽谈、项目合作、交流联谊、商务考察、专业培训、高尔夫球和乒乓球赛事等活动，加强会员之间的了解与交流，增进会员和世界各国工商社团及工商经济界人士的联系和友谊，促进经济、技术和贸易合作。

直属会员商会对广大会员进行团结、帮助、引导，为会员做好服务，注重引导他们积极参加国家经济建设，积极参与社会公益事业，推动社会主义市场经济体制的逐步完善；宣传、贯彻党和国家的方针政策，加强思想政治工作，推动企业文化建设，引导会员做中国特色社会主义事业的建设者，培养了一支坚决拥护党的

会长

瞿怀明

副会长

丁立国

马　君

王　平

王均金

甘连舫

刘红路

刘金虎

朱文江

李　扬

苏耀荣

领导、走中国特色社会主义道路的积极分子队伍。

会长、副会长、监事长名单

会长

瞿怀明　全国工商联八届党组副书记、副主席

副会长

丁立国　德龙控股有限公司董事长

马　君　全国工商联会员部副部长

王　平　全国工商联旅游业商会会长

王均金　均瑶集团董事长

甘连舫　北京星牌体育用品集团有限公司董事长

刘红路　全国工商联会员部部长

刘金虎　宁夏金龙集团总裁

朱文江　全国工商联五金机电商会第三届会长

李　扬　北京李扬广告有限公司董事长

苏耀荣　广东长江集团有限公司董事长

杨大陆　四川大陆集团有限公司董事长

杨　涛　山东让古戎投资控股集团有限公司董事长

吴　敏　吴泰集团有限公司董事长

张延军　天津津海集团公司总裁

张征宇　北京恒基伟业电子产品有限公司总裁

张政建　浙江金乌集团有限公司董事长

陈经纬　经纬集团董事局主席

周海江　江苏红豆实业股份有限公司董事长

赵岳仑　全国工商联会员部原副部长

钟　玉　北京康得投资（集团）有限公司董事长

郭宝印　天津市津兰集团董事长

郭丽双　东方美亚投资有限公司董事长

楼忠福　广厦控股投资有限公司董事局主席

熊贤林　深圳市华隆投资集团有限公司董事局主席

霍义光　全国工商联汽车摩托车配件用品业商会名誉会长

监事长

黄锦辉　利安达会计师事务所有限公司董事长

杨大陆

杨　涛

吴　敏

张延军

张征宇

张政建

陈经纬

周海江

赵岳仑

钟　玉

郭宝印

郭丽双

楼忠福

熊贤林

联系方式：
联系人：张立娟
电话：010－65279613，65279313
传真：010－65278112
地址：北京市东城区东安门大街55号王府世纪409室
邮编：100006
网址：www.acfic-members.com.cn
邮箱：ZhangLijuan2000@sina.com

霍义光

监事长

黄锦辉

重要活动

2007年

瞿怀明会长应邀参加“全国农产品及其加工制品进超市高峰论坛暨对接洽谈会”

1月17日，由全国工商联农业产业商会主办，农业部农产品加工局和中国连锁经营协会支持指导，龙大食品集团协办的“全国农产品及其加工制品进超市高峰论坛暨对接洽谈会”在北京召开。

全国工商联直属会员商会会长瞿怀明应邀出席，出席此次活动的还有农业部、中国绿色食品协会、中国农产品市场协会、全国工商联农业产业商会有关领导，以及农产品种植、养殖、生产、加工企业和农业产业化龙头企业，超市（大卖场、连锁店），各地农产品物流配送中心和农产品批发市场的负责人等100多人。

此次会议是为了宣传贯彻国家五部委最新颁布的《零售商供应商公平交易管理办法》，演讲嘉宾从农产品及其加工制品如何进超市、超市如何经营农产品及其加工制品和农产品及其加工制品进超市的政府和商会作为三个方面进行了阐述。会上还颁发了“全国农产品及其加工制品进超市推荐精品”证书。

上海区域直属会员交流活动

1月27日，全国工商联直属会员商会在上海举办主题为“创新、和谐、发展”的研讨会和联谊活动。此次活动由上海沪港审计咨询中心策划、组织和承办。

经纬集团董事长陈经纬、吴泰集团董事长吴敏、均瑶集团董事长王均金、上海沪港审计咨询中心总经理郭康玺等近30位企业家参加了此次活动。

蒋学明董事长以自己企业发展壮大，遇到重大挫折、遭受巨大损失的事例说明企业管理创新的重要性；张周芳董事长认为经营模式的创新保证了其企业的稳步发展；金福音董事长把如何提高农民工待遇、稳定员工队伍作为一项重要工作来做，这是为构建和谐社会作贡献，更是保证企业可持续发展；丁佐宏董事长认为品牌建设是提高产品利润，提高劳动密集型企业员工工资待遇的最好途径，要从又快又好转变成为又好又快，同时提出：和谐并不是妥协，要依法治理，要鼓励勤劳的人致富，要把和谐的积极因素变成生产发展的要素；王均金董事长用均瑶集团转型做航空运输、文化创意等现代服务业的经验讲述创新对企业发展的重要性。

举办2006年度“中国民营经济发展形势分析会暨2007年新春招待会”

1月31日，2006年度“中国民营经济发展形势分析会”在北京国际会议中心举办。全国政协副主席、全国工商联主席黄孟复，全国工商联党组书记、副主席全哲洙，国务院西部开发办公室副主任曹玉书，中国农业发展银行副行长尉士武，全国妇联书记处书记张世平，台盟中央副主席李敏宽，全国工商联副主席张龙之、谢伯阳、孙晓华、辜胜阻、褚平、沈建国、张宏伟、林毅夫、甘国屏等出席会议。中央统战部副部长、全国工商联第一副主席胡德平主持会议。

黄孟复主席用翔实的数据和丰富的事实阐述了"十一五"规划开局之年中国民营经济发展的喜人形势。

举办元宵联谊晚会

3月1日晚，全国工商联直属会员商会元宵联谊晚会在京港澳中心隆重举行。

2007年3月1日晚，全国工商联直属会员商会元宵联谊晚会在京港澳中心隆重举行

九届全国人大副委员长王光英及夫人应伊利，九届全国政协副主席孙孚凌及夫人吴津，全国政协副主席、全国工商联主席黄孟复，全国工商联党组书记、副主席全哲洙，全国工商联党组副书记、副主席张龙之，全国工商联副主席孙晓华、辜胜阻、褚平、沈建国，全国工商联副主席、安徽三联集团总裁金会庆，全国工商联直属会员商会会长瞿怀明，全国政协港澳台侨委员会副主任张道诚，科技部党组成员、《科技日报》社社长张景安，湖北省政协副主席、省工商联会长宋德福，中国（民）私营经济研究会会长保育钧，全国工商联老领导程路、桓玉栅、陈景新，中国和平统一促进会执行副秘书长李路，北京市工商联党组书记吴杰，以及国家发改委、商务部、人事部、版权局等有关部委、相关机构的负责同志，全国工商联机关各工作部门负责人，直属会员商会副会长和部分直属会员，各行业商会会长、副会长，媒体同志近400人参会。

组织会员参加唐山市招商推介会

3月11日，唐山市政府在京举办招商推介会，邀请部分全国工商联政协委员、青联委员、全国工商联直属会员商会会员近50人参加。

全国工商联党组书记、副主席全哲洙，全国工商联党组副书记、副主席张龙之，全国工商联副主席褚平，中共河北省委副书记、省长郭庚茂，中共河北省委常委、唐山市委书记赵勇，唐山市委副书记、市长张国栋等领导出席并讲话。

全哲洙书记考察农业产业商会

3月29日下午，全国工商联党组书记、副主席全哲洙到农业产业商会考察和座谈，会员部部长刘红路，宣教部副部长王尚康陪同前往。农业产业商会会长、大连韩伟集团董事长韩伟，常务副会长、三全集团董事长陈泽民，副会长内蒙古奈伦集团董事长郭占春，均瑶集团副董事长王均豪，河北大洋实业集团公司董事长赵光学，山东中澳集团董事长张洪波，北京同道新文投资有限公司总经理孟祥林，农业产业商会理事、北京博恩农业发展有限公司董事长洪哲夫，秘书长冯平及秘书处的主要负责人参加了座谈。

全哲洙书记就工商联组织存在的必要性，职能怎么发挥，在新农村建设中能起什么作用，农业产业商会存在发展的根据、依据是什么，企业家最需要什么样的服务，非公有制经济企业和代表人士在成长过程中有无亚健康等问题征求了在座企业家的意见。企业家们纷纷发表了自己的意见和看法。

全国工商联直属行业商会年度工作会议在京召开

3月30日上午，全国工商联直属行业商会年度工作会议在北京翠明庄宾馆举行。全国工商联党组书记、副主席全哲洙，全国工商联党组副书记、副主席张龙之，全国工商联直属会员商会会长瞿怀明，各直属行业商会会长、秘书长，《中华工商时报》，中华工商联合出版社及会员部有关同志出席会议。会议由会员部部长刘红路主持。

会议总结了2006年度直属行业商会综合评价考核工作，通报了商会财务审计及有关情况。各直属行业商会会长进行述职，着重汇报2007年商会工作设想与落实办法。全哲洙书记、张龙之副主席对商会工作提出了要求，鼓励大家注重学习、独立思考、勇于创新，共同探索工商联工作的新思路、新方式。会上，大家观摩交流商会网站、会刊与会标，从22家商会网站中评选出了6家优秀网站。

召开“中国民营经济发展双月座谈会”第六次会议

3月31日，由全国工商联直属会员商会、中国社会科学院民营经济研究中心、《中华工商时报》社联合主办的“中国民营经济发展双月座谈会”第六次会议在北京翠明庄宾馆召开。这次会议的主题是：“企业家素质与企业竞争力”。

出席此次会议的有全国政协副秘书长，全国工商联党组副书记、副主席张龙之，全国人大常委、中国社会科学院副院长、经济学部主任、博士生导师陈佳贵，全国工商联直属会员商会会长瞿怀明，国务院综合司副司长刘应杰，中国社会科学院经济学部主任助理、研究员、博士生导师黄群慧，中国社会科学院研究生院院长、民营经济研究中心主任、研究员、博士生导师刘迎秋，国家发改委中小企业司非公企业处处长顾强，全

2007年3月31日，“中国民营经济发展双月座谈会”第六次会议在北京翠明庄宾馆召开

国工商联会员部部长、全国工商联直属会员商会副会长兼秘书长刘红路，《中华工商时报》社总编辑黄文夫，全国工商联会员部副部长、全国工商联直属会员商会副会长马君，直属会员商会部分企业家以及《经济参考报》、《光明日报》、《中华工商时报》的同志。

黄孟复主席会见美国企业成长协会（ACG）前主席李智信

4月18日上午9时，全国政协副主席、全国工商联主席黄孟复会见了美国企业成长协会（ACG）前主席李智信。作为中国国际企业融资洽谈会主办方的代表，李智信简要介绍了他们在美国为洽谈会做的前期筹备工作，介绍了美国企业成长协会的工作模式和每年年会的具体情况。希望与全国工商联建立长期的工作关系，引导更多的美国私募基金进入中国，促进与全国工商联会员的合作，帮助他们引进资金、信息和先进的管理经验，促进中国广大的中小企业健康发展。

黄孟复主席感谢李智信为洽谈会做了大量的工作，表示愿意继续与美国企业成长协会合作。陪同参加会见的有全国工商联会员部部长刘红路，经济部部长欧阳晓明，联络部部长赵宏，并购公会常务理事、中华财务会计咨询有限公司执行董事冯兵。

全国工商联直属会员商会会长会议在京召开

5月17日，全国工商联直属会员商会会长会议在京召开，直属会员商会会长瞿怀明，执行会长丁立国、陈经纬，副会长赵岳仑、马君、张征宇、吴敏、楼忠福、周海江、郭宝印、熊贤林、甘连舫、杨大陆、苏耀荣、李扬、霍义光，监事长黄锦辉，副秘书长刘云莲、江建出席了会议。

会议由丁立国主持，陈经纬做前一段工作总结和下一步工作建议，李扬做2006年财务收支情况报告，黄锦辉做审计报告，熊贤林做2007年经费预算报告，赵岳仑做关于人事和会员调整的说明，马君做副会长职责分工说明。会议推选吴敏、郭宝印为第四任执行会长。

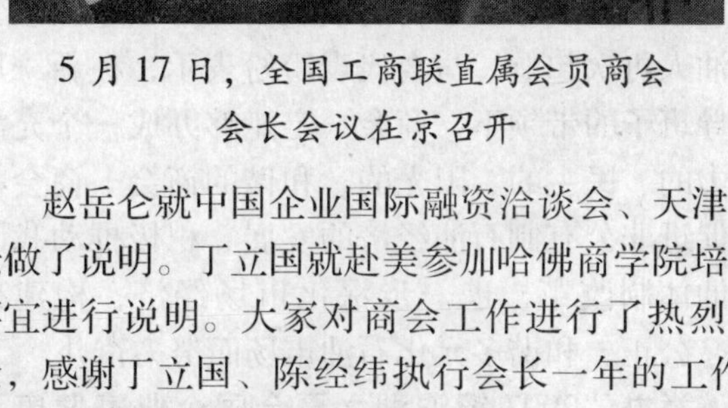

5月17日，全国工商联直属会员商会会长会议在京召开

赵岳仑就中国企业国际融资洽谈会、天津论坛做了说明。丁立国就赴美参加哈佛商学院培训事宜进行说明。大家对商会工作进行了热烈讨论，感谢丁立国、陈经纬执行会长一年的工作。吴敏、郭宝印表示将继续做好下一步工作。瞿怀明会长最后做了总结讲话。

全国工商联城市基础设施商会成立

6月24日，全国工商联城市基础设施商会在

人民大会堂举行成立大会。商会由全国百余家从事城市基础设施建设的民营企业组成，哈尔滨翔鹰集团董事长刘迎霞当选为首任会长。

全国政协副主席、全国工商联主席黄孟复会前亲切会见全体会员代表时发表讲话，并与大家合影留念。中央统战部副部长、全国工商联第一副主席胡德平在成立大会上致贺词，并为商会成立授牌。

全国工商联城市基础设施商会是在全国工商联领导下，非营利性的城市基础设施及相关行业的会员组织，涉及领域包括路桥、港口、码头、燃气、供热、供水等，成员覆盖了国内26个省、市、自治区，具有广泛的代表性。全国工商联直属会员商会会长瞿怀明，国家发改委、建设部等有关部门领导，全国工商联部分直属行业商会的负责人以及有关方面的专家和业内知名企业代表出席成立大会。

全国工商联石油业商会顺利完成换届

6月24日上午，全国工商联石油业商会在北京香山饭店召开了第二次会员代表大会。全国政协委员、全国工商联八届党组副书记、副主席、直属会员商会会长瞿怀明，全国工商联会员部部长刘红路和副处长刘云莲到会祝贺并致辞。全国工商联和兄弟商会向大会发来贺信。

大会经过民主选举，产生新一届商会领导集体。中国·泰地集团有限公司董事局主席张跃被选为新任会长，有26名来自全国各地的民营石油企业家和专家、学者被选举为新任副会长。

下午，第二届会长办公会第一次会议召开，会议对商会下一步的工作进行了具体的部署和安排。此次大会是一次团结的大会、振奋精神的大会，新一届领导班子将肩负重任，带领全国民营石油人再次起航！与会代表纷纷表示，在新一届领导班子的带领下，商会一定能够办成一个充满活力的、民主的、阳光的、和谐的商会。商会将为促进非公有制石油经济的发展、积极推动我国石油体制改革，进一步深化市场经济，构建公平、公正、和谐多元化石油市场而努力奋斗。

举办“2007镜泊湖之夏全国企业家健康活动周”

8月12～15日，中国企业家健康工程在牡丹江举办了首届“2007镜泊湖之夏全国企业家健康活动周”。

中国企业联合会、中国企业家协会执行副会长阎颖、陈光复，中国经济协会会长刘广运，中国企业家健康工程秘书长周敬，中国企业联合会会员部主任胡晓丽，中国医学基金会副秘书长李效兰，全国工商联直属会员商会副秘书长刘云莲和10余位企业负责人参加了此次活动。

牡丹江市副市长梁桥、牡丹江市国家级循环经济试点园区暨对俄经济技术开发区副主任李家纯、吕伟开分别向大家介绍了牡丹江市投资环境和开发区的发展情况，并陪同大家进行了实地的商务考察。

新加坡中华总商会会长蔡天宝一行来京访问

8月22日晚，瞿怀明会长、丁立国副会长在北京宴请了以新加坡中华总商会会长蔡天宝为团长的新加坡企业家考察团，瞿怀明会长介绍了工商联会员组织发展情况和主要工作，丁立国副会长介绍了德龙控股公司的发展情况，欢迎新加坡企业家到中国来投资。大家表示要抓住中国经济迅猛发展带来的商机，进一步加强双方的交流与合作，为促进中新两国经济的发展作出更大的贡献。

成长型企业引进战略投资和私募股权融资培训班在京举办

9月5～6日，美国企业成长协会主席赫利主讲的“成长型企业引进战略投资和私募股权融资培训班”在北京亚太花园酒店举办

9月5～6日，由美国企业成长协会主席赫利（中文名李智信）主讲的“成长型企业引进战略投资和私募股权融资培训班”在北京亚太花园酒店举办。部分企业家、财务负责人近60人参加了此次培训。

全国工商联直属会员商会会长瞿怀明、全国工商联会员部部长刘红路出席了培训班开班仪式，刘红路部长代表瞿怀明会长在开班仪式上讲话。

赫利先生利用两天时间，结合案例讲解了如何融资、企业评估问题，介绍了私募股权基金的概况及如何操作，认真解答大家提出的问题，与大家一起研究讨论。

全国工商联直属会员商会中秋联谊会在京召开

9月21日晚，全国工商联直属会员商会中秋联谊会在北京嘉里中心酒店召开。

出席联谊晚宴的有全国政协副主席、全国工商联主席黄孟复，全国政协原副主席孙孚凌及夫人吴津，全国政协副秘书长、全国工商联党组副书记、副主席张龙之，全国工商联副主席孙晓华、辜胜阻，全国工商联直属会员商会会长瞿怀明，中国民（私）营经济研究会会长保育钧，全国工商联老领导桓玉珊副主席、陈景新副主席。

联谊晚宴由直属会员商会副会长李扬主持，全国政协副主席、全国工商联主席黄孟复在晚宴上讲话，直属会员商会执行会长郭宝印在晚宴上致辞。

“中外商界名人乒乓球会”成立

10月14日，举行“中外商界名人乒乓球会”成立会暨联谊赛

10月14日下午，在北京国家体育总局训练局中国乒乓球队乒乓球训练馆举行了“中外商界名人乒乓球会”成立会暨联谊赛。此会是由全国工商联直属会员商会和中国国际跨国公司研究会共同组建的，旨在倡导健康生活，以乒乓球为媒介，开展各种交流活动，以球会友，以球促商。

中国国际跨国公司研究会副会长田鹤年、张笑宇，全国工商联会员部副部长赵岳仑，乒乓球会理事长、宁波鄞州昌盛粮油公司董事长周建平发表讲话。

出席仪式的还有民政部副部长罗平飞，海军航空兵原司令员马炳芝，全国人大常委会副秘书长刘镇，国家体育总局训练局局长阎世铎，国家乒乓球队领队黄彪，前教练许绍发，北京乒乓球协会秘书长周树森，前世界冠军庄则栋、童玲，全国工商联直属会员商会监事长黄锦辉，闽龙陶瓷总部基地董事长陈进林等领导和嘉宾。

2007年年会在南通隆重召开

12月7~8日，全国工商联直属会员商会2007年年会暨“商业模式创新及跨国经营”论坛在南通隆重召开

12月8日，全国工商联直属会员商会2007年年会暨“商业模式创新及跨国经营”论坛在南通隆重召开。全国工商联主席黄孟复，党组副书记、副主席宋北杉，全国工商联、江苏省工商联、国务院国际合作与社会扶贫司、商务部跨国公司研究中心、商务部国际商报社国际商务交流中心、上海市工商联、中共南通市委、南通市人民政府部分领导，会员企业负责人、相关部门负责人、专家学者近350人出席了此次年会。

7日晚，南通市人民政府设招待酒会，中共南通市委副书记、市长丁大卫致祝酒词；直属会员商会执行会长郭宝印代表商会致答谢词。招待酒会结束后，全体人员乘船游览了濠河夜景，召开了会长办公会议，审议了年会文件，确定年会副会长工作分工。8日上午，举行了“商业模式创新及跨国经营”论坛。下午召开商会2007年年会、南通市民营经济恳谈会，参观考察了南通经济技术开发区、苏通长江大桥、全通商（海门）城。晚上，海门市人民政府设招待晚宴，互相赠送了礼品。12月9日上午，大家参观了张謇纪念馆、城市博物馆。

2008年

全国工商联领导率民营企业家慰问老工商业者及贫困家庭

2008年1月末，全国政协副主席、全国工商联主席黄孟复率领工商联会员企业的代表来到北京市延庆县，慰问当地的老工商业者和贫困家庭，为他们送去温暖和关怀。

在这次慰问中，商会直属会员东方美亚投资有限公司、浙江珍贝有限公司、中港泰富（北京）高科技有限公司、大连万达集团、北京新发地农产品股份有限公司、中海阳北京能源科技有限公司等6家企业共捐赠了价值近30万元的御寒物资和过年用品。

考察中黄孟复指出，延庆县是北京最重要的生态涵养区，经济发展受到一定制约。但值得欣慰的是，许多人在思想上已经真正认识到生态环境问题。延庆人民为“构筑绿色屏障，支持绿色奥运”退耕还林、植树种草、节能减排作出了积极贡献，对此北京市政府和城区的人民没有忘记。我们一定要让这些作出了贡献，但生活尚处于困境的低收入老百姓共同享受到经济发展的成果，把党和政府的关怀送到最需要的地方。

联合举办股权融资研讨会

1月10~11日和4月1日，全国工商联直属会员商会分别与山东省工商联、浙江金华市政府上市办公室举办了股权融资研讨会，邀请数十家企业董事长和资本运作负责人一起参加，共同讨论。山东省工商联主席王乃静，副主席曹元，金华市上市办主任应炳兴，金华市工商联党组书记、常务副主席伊福泉等领导分别出席研讨会并讲话。美国企业成长协会前主席、美国中道资本顾问公司董事总经理赫利先生就企业比较关心的美国私募股权基金的状况和如何与私募基金接触等问题做了详细的介绍。会后赫利先生与企业进行一对一接触，对企业的情况进行梳理评估，提出建议。

参与抗震救灾活动

5月12日四川汶川地区发生特大地震，受灾地区人民生命财产和经济社会发展蒙受了巨大损失，按照党中央、国务院关于抗震救灾工作的总体部署，发扬“一方有难、八方支援”的精神，商会会员踊跃捐款捐物。截至5月30日下午3时，据不完全统计，全国工商联直属会员通过各机构向灾区捐款33亿元，港币2万元，捐赠了价值6515万元的物品。红豆、四川大陆等19家企业获得抗震救灾先进集体称号，东方美亚董事长郭丽双、悦康药业董事长于圣臣等22位企业家获得“抗震救灾先进个人”称号。

参加第二届国际企业融资洽谈会

6月10~12日，全国工商联直属会员商会组织会员参加天津第二届国际企业融资洽谈会，与组委会协调，争取免费参会名额，免费展位，组织了149家企业，近300人参加。

举办“中国人的时代”演讲会

11月15日，海航集团董事长陈峰与和君创业总裁李肃进行主题为“中国人的时代”的演讲

11月15日，邀请海航集团董事长陈峰、和君创业总裁李肃演讲，主题为“中国人的时代”，畅谈他们对当前金融危机、企业文化的认识，鼓励大家坚定信心，共克时艰。

中日经济界高层交流会在京召开

12月3日下午，由全国工商联直属会员商会与中国日本商会共同组织的中日经济界高层交流会在北京知钱俱乐部举行。

中日双方共40余位嘉宾出席此次活动，濑口清之先生和谢义亚局长分别作了《世界金融危机、经济衰退对中国经济的影响》、《三中全会后中国农村发展的变化》的主题演讲。濑口清之从金融危机对世界经济的影响、中国经济现状对今后世界经济发展的展望、中日经济关系等几个方面展开精彩的演讲，谢义亚为到会企业家呈现了很多农村发展变化的图片，让大家更加了解近年来中国农村发展的巨大成就。全国工商联会员部部长刘红路作了总结性发言，会间中日企业家进行了更深一步的交流，交流会取得圆满成功。

2009 年

举办宏观经济形势分析报告会暨迎新春联谊会

1月15日，全国工商联直属会员商会、全国工商联高尔夫球会共同举办宏观经济形势分析报告会暨迎新春联谊会。全国工商联直属会员商会会长瞿怀明，中国西部研究与发展促进会常务副会长程路，中国和平统一促进会执行副秘书长李路，全国工商联直属会员商会副会长及各直属行业商会会长、副会长、秘书长、相关机构负责人和会员企业负责人200余人出席了报告会。

此次报告会是商会内部举办的一个学习会，目的是为了帮助会员了解国际国内的宏观经济形势，解读国家相关的方针政策，谋划好2009年及以后的工作思路和规划。邀请到国家发展和改革委员会宏观经济研究院副院长、博士生导师马晓河，国务院发展研究中心宏观经济研究部副部长魏加宁为大家作了精彩的演讲。

举办企业高管联谊会

2月10日，全国工商联直属会员商会、全国工商联高尔夫球会在比利必利非洲餐吧举办了企业高管联谊会。全国工商联会员部副部长、直属会员商会副会长赵岳仑，全国工商联会员处处长王华鲜、副处长刘云莲，还有来自会员企业和相关机构的近50人出席了此次联谊活动。

赵岳仑副部长首先致辞，他代表商会向出席此次活动的各位嘉宾表示感谢，感谢他们在平时工作中给予的支持和帮助，希望大家以后多沟通、多联系，做工作中的伙伴、生活中的朋友。接下来，出席人员分成四队进行趣味小游戏的比拼，每个小队的队员积极配合，发挥团队精神，在主持人的引导下，把此次联谊活动的气氛推向了高潮。

举办“2009年投资机遇与挑战”小型午餐会

3月6日，中韩企业联谊会与渣打银行（中国）有限公司举办了“2009年投资机遇与挑战”小型午餐会。

渣打私人银行中国区总监陈庆和首席投资总监梁大伟与中韩经济发展协会执行会长、中韩企业联谊会会长权顺基、韩国前内务部长官、北京骁天文化发展有限公司总裁金杞载、宝塔石化公司董事长孙珩超、桑德环境工程公司董事长文一波、嘉寓幕墙集团董事长田家玉、江西永生集团董事长周永生、大洋集团董事长赵光学、晶珠藏药董事长李访瑞、香港益业投资公司董事长刘娟、爱华集团董事长艾学蛟、中马电缆桥架公司董事长周兴国、联合智业董事长陈勇、华永投资公司董事长李勇、先声药业总经济师李家俊、迪信通公司CFO张文凯等10多位企业负责人进行了交流讨论。

召开全国工商联网站建设座谈会

为进一步加强全国工商联网站建设，提高服务会员企业的能力，加强对企业的宣传力度，3月20日下午在全国工商联机关会议室，就全国工商联网站建立会员企业专题栏目召开了小型座谈会，有10个直属会员企业的负责人参加。

座谈会由办公厅副主任马小蔚、信息处处长李山海主持。在会上，来自各个企业的负责人积极踊跃发言，谈论了自己对全国工商联网站的设想，围绕着“怎样能够较好地展示企业形象，准确反映企业动态，符合企业需求”等问题提出了具体意见。

应邀出席“中国发展高层论坛2009年会”

3月21日，“中国发展高层论坛2009年会”在北京钓鱼台国宾馆开幕

3月21日，“中国发展高层论坛2009年会”在北京钓鱼台国宾馆开幕。东方高尔夫国际集团有限公司、康得投资集团有限公司、天津德利得集团、北京悦康药业等部分会员企业负责人应邀出席了下午的活动。活动共分为三个单元：第一单元，国际金融体系变化及对金融机构的影响；第二单元，国际经济危机下企业的应对策略；第三单元，国际贸易发展新趋势。本届论坛的主题

是“国际金融动荡中的中国发展与改革”。

400多名国内外著名企业家、专家学者、国际组织代表和中国政府官员出席了本届年会，聚焦金融危机，关注中国经济发展。中共中央政治局常委、国务院副总理李克强发表了题为《加强合作共克时艰　深化改革推动发展》的开幕式致辞。

召开“金融危机窗口下的知识管理”专题研讨会

4月10日下午，“金融危机窗口下的知识管理”专题研讨会在北京国瑞大厦会议厅召开。邀请知名讲师、全宁科技（北京）有限公司总裁韩圣日为参会人员进行讲解，有近40名企业代表出席了本次研讨会。此次研讨会的目的是为了帮助各会员单位深刻了解知识管理在当前形势下对于企业经营的价值，以及探讨如何能够有效改变企业管理工作的现状。

联合主办香港中国商会筹备座谈会

4月18日，中央人民政府驻香港特别行政区联络办公室、中国高等院校香港校友会联合会、全国工商联联合主办的香港中国商会筹备座谈会在深圳五洲宾馆深圳厅召开。

出席此次筹备座谈会的有全国工商联副主席宋北杉，中央政府驻港联络办副主任黎桂康，中央政府驻港联络办协调部部长王永乐，全国工商联会员部部长刘红路，中央政府驻港联络办教科部高级顾问、香港中国商会筹备处负责人初志农和近90位企业负责人参加。

首先中央政府驻港联络办副主任黎桂康阐述了此次筹备会的目的和中国内地民营企业在港发展等分析报告；全国工商联副主席宋北杉发表了致辞。参会企业家也围绕着如何利用香港这一国际大都市的良好平台进行商务国际化、让中国内地企业在规范的专业服务和信息网络中走向国际市场进行了讨论。

召开全国工商联直属会员商会会长会议

4月18日，直属会员商会会长会议在深圳五洲宾馆召开，全国工商联副主席宋北杉，直属会员商会会长瞿怀明，副会长刘红路、赵岳仑、吴敏、郭宝印、丁立国、刘金虎、张延军、杨大陆、苏耀荣、陈经纬、周海江、郭丽双、霍义光，监事长黄锦辉，均瑶集团代表蔡欣荣、华隆集团代表张华、恒基伟业集团代表李剑，商会秘书处的同志参加了此次会议。

4月18日，直属会员商会会长会议在深圳五洲宾馆召开

副会长赵岳仑传达了全国工商联2009年工作要点，执行会长吴敏做了2008年商会工作总结，执行会长郭宝印向大家汇报了商会2008年财务收支情况，监事长黄锦辉做了2008年商会财务等事项审计报告，副会长刘红路做了2009年商会工作计划和预算。在听取以上报告后，各位副会长纷纷发言，对商会今后的工作提出了建设性意见。会议推选杨大陆副会长、甘连舫副会长为商会第五任执行会长。瞿怀明会长做了讲话，感谢各位副会长在工作上的大力支持。宋北杉副主席对商会的工作给予了肯定，希望商会要为工商联中心工作服务，对商会今后的发展提出了更高的要求。

启动“爱在天空下”慈善活动

5月17日，由全国工商联直属会员商会、全国工商联高尔夫球会、中国西部发展促进会、中韩企业联谊会、中国企业家健康工程、四川省工商联、德阳市人民政府、什邡市人民政府联合举办，宏达集团、大陆集团、豪吉集团、仁和集团特别支持的“爱在天空下”慈善活动在什邡启动。

此次活动是为了帮助什邡灾区的孤残学生、贫困学生顺利完成学业，这是一个非捐赠式的公益活动，希望结合企业和社会的资源优势，与孩子们互动，开展不同类型的活动。在这里，慈善不是简单的捐钱捐物，最重要的是挖掘培养孩子的能力，通过大人的帮助，让他们看到自己的价值，学会自己帮助自己。在这里，慈善是人人可以参与的快乐公益，做慈善可以带来精神上的愉悦和满足。在这里，受捐助者同样可以帮助他人，孩子们的真诚可爱帮助人们洗涤和净化心灵。通过一段时间工作，第一批近50万元捐款已到什邡慈善会的账户，价值100万元的图书已经捐赠给什邡中学。

四川省副省长黄小祥，全国工商联直属会员商会会长瞿怀明，中国西部发展促进会常务副会长程路，全国工商联副主席、宏达集团董事局主席刘沧龙，全国工商联会员部部长刘红路，省统战部副部长、四川省工商联党组书记杨安民，德阳市政协副主席、市工商联主席张志强，什邡市市委书记李成金，市长李卓和100多位中外企业和相关机构负责人参加了启动仪式。

5月16日，中外嘉宾在什邡市领导的陪同下参观了穿心店地震遗址、宏达新村以及北京小学、福利院、人民医院、物华西苑等什邡灾后重建项目的建设工地，对于什邡灾后重建项目的顺利推进，嘉宾们纷纷给予赞许，并表示将尽全力从产业、智力等方面帮助什邡的灾后重建。

5月17日，"爱在天空下"慈善活动在宏达金桥酒店正式启动。活动募集的资金将由什邡市教育局具体安排，全部用于对什邡孤残学生和贫困学生的助学，由四川宏达集团进行全程监督。启动仪式之后，什邡市市长李卓向嘉宾们作什邡灾后重建情况推介讲话。

5月17~18日，中外企业家在成都牧马山高尔夫俱乐部进行了两场高尔夫交流赛。在球场上，中外企业家切磋了球技，增进了交流，加深了彼此间的友谊。

第四届"民营经济发展（天津）论坛"和第三届"中国企业国际融资洽谈会"在津举行

6月9日，由中华全国工商业联合会和天津市人民政府共同主办、市工商联承办的第四届"民营经济发展（天津）论坛"在津召开。论坛主题是"新趋势、新战略、新变革——展望后危机时期民营经济的机遇与挑战"。全国政协副主席、全国工商联主席黄孟复，天津市委副书记、天津市市长黄兴国，天津市委常委、副市长崔津渡，全国工商联副主席、天津市人大常委会副主任、天津市工商联主席张元龙，山东省政协副主席、省工商联主席王乃静，全国工商联副主席、新华联集团董事局主席傅军，全国工商联副主席、哈尔滨翔鹰集团股份有限公司董事长刘迎霞，天津市政协副主席、市委统战部部长刘长喜，天津市政府秘书长李泉山，国家有关部门负责人，部分省、自治区、直辖市工商联领导同志，全国工商联部分行业商会会长和知名民营企业家，国内部分经济、金融界专家学者及天津市企业家近500人出席了论坛。与会人员还参加了6月10日开幕的第三届"中国企业国际融资洽谈会"

"爱在天空下"北京站启动仪式顺利揭幕

8月15日，"爱在天空下"公益计划北京站活动启动仪式在北京环铁艺术区朗朗文化艺术空间举行

8月15日，由全国工商联直属会员商会与中国西部研究与发展促进会共同发起，四川大陆集团赞助，北京朗朗文化传播有限公司承办的"爱在天空下"公益计划北京站活动启动仪式，在北京环铁艺术区朗朗艺术空间举行。全国工商联直属会员商会会长瞿怀明，中国西部研究与发展促进会常务副会长程路，北京市工商联副主席马兰霞，什邡市市长李卓，全国工商联会员部部长刘红路，全国工商联直属会员商会执行会长、四川大陆集团董事长杨大陆，直属会员商会监事长、利安达会计师事务所董事长黄锦辉，直属会员商会副会长、德龙控股公司董事长丁立国，中韩企业联谊会会长权顺基等领导及企业负责人、知名画家、媒体和社会相关人士参加了揭幕仪式。

揭幕展展出了来自四川省什邡市、北京市朝阳区小朋友的美术作品和8位爱心艺术家的作品共120幅，将在朗朗艺术空间展出1个月。揭幕仪式现场展示了由孩子们的绘画元素设计制作的"爱在天空下"创意产品。10名来自四川省什邡市的小朋友看到自己的画变成了可爱的T恤、杯子、靠枕等物的时候，纷纷表示愿意用自己的力量帮助自己和更多的人。各界爱心人士用购买儿童画转换的产品这一特殊的方式表达了对灾区儿童的爱。

举办2009年中秋联谊活动

9月25日晚，全国工商联直属会员商会在北京环铁艺术区朗朗艺术空间举办了庆祝祖国60周年华诞联谊活动。全国政协副秘书长、全国工商联党组副书记、副主席宋北杉，全国工商联直属会员商会会长瞿怀明，全国工商联直属会员商会执行会长、北京星牌体育用品集团有限责任公司董事长甘连舫，全国工商联直属会员商会副会长、德龙控股有限公司董事长丁立国，美中经贸投资总商会会长周荭钐钧和全国工商联各部门负责人，直属会员，直属行业商会会员，有关部委及相关机构负责人近300人出席了此次活动，共同畅谈新中国成立60周年来，民营经济取得的非凡成就。

宋北杉副主席代表全国工商联领导对到会的嘉宾表示了节日的祝贺，回顾了我国民营经济从无到有、从小到大的转变历程，肯定了非公有制经济在社会经济中的重要地位，并对中国特色社会主义事业建设者提出了几点期望，要努力成为与时俱进的先驱、科学发展的楷模，做好做强做大企业，推动经济又好又快发展；要自觉承担社会责任，积极参与社会主义和谐社会建设；要切实加强自身修养，引导和影响广大新的社会阶层人士更加健康成长，促进非公有制经济更加健康发展。甘连舫执行会长在致辞中讲到，作为非公有制经济发展的亲历者、受益者，深刻感触到没有党的好政策，就不会有非公有制经济的发展，更不可能有自己企业的发展。因此民营企业更要也必须要结合企业发展战略，履行社会责任。

商会部分会员获第三届“优秀中国特色社会主义事业建设者”荣誉称号

2009年正值新中国成立60周年，为表彰先进，展示我国发展非公有制经济取得的伟大成就，促进非公有制经济健康发展和非公有制经济人士健康成长，经中央领导同意，中央统战部、工业和信息化部、人力资源和社会保障部、国家工商总局和全国工商联决定在非公有制经济人士中开展第三届“优秀中国特色社会主义事业建设者”评选表彰活动。

经过半年多的评选，王蓓、金卫东、李彦群、王均金、张桂平、陈建华、黄代放、纪少雄、严琦、王健林、李书福、陈志列、秦升益、高德康14名商会会员获得此荣誉称号，并参加了11月6日在京召开的第三届“全国非公有制经济人士优秀中国特色社会主义事业建设者”表彰大会。中共中央政治局常委、全国政协主席贾庆林代表党中央、国务院向获得“优秀建设者”称号的非公有制经济人士和其他新的社会阶层人士表示热烈祝贺。他指出，广大非公有制经济人士要大力弘扬以“爱国、敬业、诚信、守法、贡献”为核心的“优秀建设者”精神，积极服务科学发展，自觉承担社会责任，努力做合格的中国特色社会主义事业建设者。

出席国家发改委召开的关于鼓励和促进民间投资的座谈会

为贯彻落实党中央国务院关于进一步扩大内需促进经济平稳较快发展的一揽子计划，按照国务院要求，国家发展和改革委员会正在牵头抓紧研究制定鼓励和促进民间投资健康发展的政策措施。为切实做好此项工作，充分听取民营企业家意见，11月7日上午发改委副主任穆虹主持召开座谈会。投资司副司长罗国三、社会司司长胡祖才、财金司司长徐林、基础司副司长吴晓、体改司副司长徐善长、综合司副司长郭兰峰、产业司副司长贺燕丽和国家能源局的李刚、浙江吉利控股集团有限公司董事长李书福、均瑶集团有限公司董事长王均金、福耀玻璃工业集团股份有限公司董事长曹德旺、洛娃科技实业集团有限公司董事长胡克勤、中澳控股集团有限公司董事长张洪波、辽宁禾丰牧业股份有限公司董事长金卫东、步步高商业连锁股份有限公司董事长王填、广东威华集团有限公司董事长李建华、上海东方投资监理有限公司董事长印保兴、泰豪集团有限公司和广西梧州中恒集团股份有限公司派代表出席座谈会。

商会部分会员获第三届“全国就业与社会保障先进民营企业”荣誉称号

11月30日，为深入贯彻落实国务院关于加强就业工作的部署和要求，进一步引导和发挥民营企业在促进就业工作中的积极作用，全国工商联、人力资源和社会保障部、全国总工会决定，对在促进就业、参加社会保险和维护职工合法权益方面作出突出贡献的北京市“北京中复电讯设备有限责任公司”等196家民营企业，授予“全国就业与社会保障先进民营企业”荣誉称号，并颁发奖牌和证书。北京亿都川服装集团有限公司、北京苏宁电器有限公司、山西沁新能源集团股份有限公司、辽宁禾丰牧业股份有限公司、吉

11 月 30 日，商会会员北京苏宁电器有限公司等 196 家民营企业被全国工商联、人力资源和社会保障部、全国总工会授予“全国就业与社会保障先进民营企业”荣誉称号

林神华工贸（集团）有限公司、波司登股份有限公司、恒力集团有限公司、浙江正泰电器股份有限公司、海亮集团有限公司、富通集团有限公司、湖南联创投资有限公司、远成集团有限公司、贵州利美康医疗股份有限公司、西安荣华企业集团、上海红星美凯龙企业管理有限公司、山西省灵石通宇实业有限公司、中国人民电器集团有限公司、北京嘉寓门窗幕墙股份有限公司、四川金广实业（集团）股份有限公司、利安达会计师事务所有限责任公司、沈阳协合集团有限公司、京汉置业集团股份有限公司、侨兴集团有限公司、现代新农业企业集团、科瑞集团有限公司、悦康药业集团有限公司、通用钢铁（中国）有限公司、康德实业集团有限公司、德龙钢铁有限公司等 29 家商会会员获得此荣誉称号。

中共中央政治局委员、国务院副总理张德江出席会议并讲话。全国政协副主席、全国工商联主席黄孟复出席会议。张德江在会上强调，要深入贯彻落实科学发展观，继续狠抓政策措施的落实，齐心协力，扎实工作，促进民营企业发展，稳定和扩大就业，完善社会保障体系，为经济社会发展和改善民生作出更大贡献。

举办首届“工商健康杯”乒乓球邀请赛

为了贯彻落实国务院关于开展全民健身活动的指示精神，加强会员企业间的广泛交流。12 月 5 日由全国工商联直属会员商会和中外商界名人乒乓球会联合主办的首届“工商健康杯”乒乓球邀请赛在京举行。共有 26 家全国工商联直属会员企业代表队，140 多位选手参赛。通过比赛，各会员企业间不仅切磋了球艺，还增进了友谊、锻炼了体魄。本次活动得到了北京中和珍贝科技有限公司、大连万达集团股份有限公司、美容化妆品业商会和可口可乐（中国）投资有限公司的支持。

召开中美商会合作发展论坛

12 月 7 日，中华全国工商业联合会和美国全国商会共同主办的中美商会合作发展论坛在北京召开，这是中国与美国工商界之间搭建民间合作交流平台的一次积极尝试。

全国政协副主席、全国工商联主席黄孟复，美国全国商会高级副会长阿瑟·诺斯卡，中国商务部部长助理王超，美国驻中国大使馆公使金瑞柏分别发表了热情洋溢的致辞，对论坛的成功举办表示祝贺，对中美商会搭建民间交流新平台寄予殷切期望。

北京大学民营经济研究院院长厉以宁、全国工商联副主席孙晓华分别在论坛开幕式上发表了主旨演讲。中国大连万达集团、远东控股公司、国家电网以及美国美铝公司、英特尔公司等知名企业、研究机构的 14 位企业家、企业高管和学者在论坛上发表了精彩演讲，并围绕“企业的社会责任项目经验分享”、“企业战略、商业利益与社会责任的关系”、“政府和社会组织、新闻媒体推动企业社会责任的职责与角色”等 3 个议题展开了热烈讨论。90 余位商会企业会员和直属行业商会负责人参加会议。

重要文献

在全国工商联直属会员商会 2007 年会暨“商业模式创新及跨国经营”论坛上的讲话（摘要）

全国政协副主席、全国工商联主席　黄孟复

（2007 年 12 月 8 日）

全国工商联第十次会员代表大会刚刚胜利闭幕，我们大家又相聚在南通。这次活动选择在张謇先生的故乡举行，还要安排大家参观张謇博物馆，很有意义。中国的近代史上有一大批的能人，张謇先生就是其中一个，张謇先生工业发展的理念，教育的理念，城市建设的理念，至今都有很多值得我们学习和借鉴的地方。他是一个伟大的企业家，也是一个伟大的社会活动家，大家可以在南通看到他的许多创举，但是可惜的是，他生活在一个军阀割据的时代，当权者都在争地盘、打天下，对他的这些理念根本就不会重视，最后的结果是可想而知的。

张謇先生所处的时代，中国可谓国弱民穷，受尽欺负，当代中国是以经济建设为中心，在中国共产党的领导下建设一个国强民富、民主文明的国家，所以我们企业家要有时代的自豪感。我们现在需要有一大批像张謇那样的企业家，可惜像他那样有远大理想和抱负，能够在实践中履行自己的理念的企业家还不多。目前，我们国家最缺的就是三种人，一种是懂得市场经济规律的政府官员，第二种是有自主创新能力的科学家，第三种是能够在市场条件下成功运作的企业家。企业家是我们国家的宝贵人才，我们在座的大多数都是跨地区经营、在企业发展过程中有所建树的企业家，但是真正做到像张謇先生那样，大家还需要不断地提高、不断地努力。我相信，在党的发展民营经济方针的指引下，我国的民营企业必将涌现一大批现代的企业家，这也是直属会员商会提倡的企业家理念的一个重要内容。现在全国工商联直属会员入会的一个标准就是跨地区经营，将来还会出现一大批跨国经营的民营企业家。

据统计，我国私营企业已经达到550万户，占全国法人企业的80%以上，已成为我国最大的企业群体，个体私营经济已占全国GDP的40%，是推动经济发展的一个最重要力量。非公有制经济吸纳就业的人数已占到新增就业的70%以上，成为我国社会就业的主渠道，非公有制经济为主体的广大中小企业提供了大约70%的技术创新，65%的发明专利和80%以上的新产品，已经成为我国自主创新的一个重要的源泉。在非公有制经济快速发展过程中涌现出了一些大的私营企业集团，一些企业已经成为我国行业的排头兵，知名品牌的创立者和地方经济飞速发展的领头雁。非公有制经济的蓬勃发展充分证明了非公有制经济是适应社会主义初级阶段发展要求的最具活力的经济形式，推动了改革开放的进程和社会主义市场经济体制的建立，丰富了中国特色社会主义的实践和理论，同时也增强了国家的综合实力。

党的十七大对我国的现代化建设又提出了新的奋斗目标、作出了全面的部署，对非公有制经济的发展也给予了高度的关注，胡锦涛总书记在报告中重申两个毫不动摇的同时，还提出要形成各种所有制经济平等竞争，相互促进的新格局，这些论述是对我国改革开放伟大实践新的总结，充分反映了中国特色社会主义的更高要求。我们广大的民营企业家要认真学习十七大精神，思考怎样在经济和社会发展中充分发挥作用。现在国家对经济发展总的要求是又好又快，那么对非公有制经济来讲，也要又好又快发展。刚才我讲的那些数据，换一个角度说，无论是税收的增长，无论是GDP的增长，无论是就业的增长，民营企业都走在前面，但是，我国经济要真正实现又好又快发展，对民营企业应该有一个新的更高的要求。

第一，要提高企业自主创新能力。中国的企业要在世界的竞争舞台上占据一席之地，就应该在自主创新上多下工夫，这是民营企业在今后提升核心竞争能力的一个非常重要的方面，没有自主创新能力的企业，只会模仿，只会跟着大众走的企业，做不大，也做不持久。2020年我国要建成创新型国家，创新型国家的建立，技术创新是以企业为主体，所以千千万万个企业要在技术创新中发挥自己的聪明才智来推动中国经济的增长，而不是完全依靠物资、能源的消耗来推动经济增长，这是我国经济实现又好又快发展的一个根本要求，希望我们的企业家能够在自主创新方面用不同的方式、不同的方法尽快提高企业的素质。

第二，要做节能减排的排头兵。国家非常重视节能减排工作，无论是胡锦涛总书记还是温家宝总理参加各种国际会议都提出，我们现在受到的最大压力是环境的问题，世界各国现在已经深深地感觉到，环境问题是全世界共同的问题。当然在承担环境责任上，我们是有原则的，坚持发展中国家在发展的不同阶段承担不同的减排责任，发达的国家已经排放了几百年，应该承担更多的责任，这是在国际上的态度。就我们国内而言，要把节能减排作为我国经济实现又好又快发展的一个最重要指标。全国经济工作会议强调指出，各地如果不能够完成节能减排的指标，将实行一票否决，温总理把任务分给各个省，哪个省完不成，书记、省长来负责，省里再分给各个市，市里面再分给各个企事业单位，所以节能减排问题不是国家某些领域的问题，而是全社会的问题，是每一个企业的问题。在实现民营经济又好又快发展的时候，每一个企业家对节能减排的认识要提高，对自己承担的节能减排的义务要履行，要做节能减排的排头兵。

有些事令我很感动，比如一些自驾车协会，组织驾车出去活动，要计算一下碳排量，产生多少二氧化碳，然后就去种树，搞一次自驾游，就得种多少树，通过树来吸收二氧化碳，来减少自驾游造成的污染。社会上很多人对保护环境的意识已经非常强了，国际上也在流行社会责任的一种说法，就是哪个企业如果污染环境，大量消耗能源，将来它的产品就要被列入另类。现在最时髦的说法就是所有的产品的寿命都应该由生产企业来负责，如果生产企业不能负责，就要付出高昂的代价，就是你这个产品生产完以后，要对它的回收负责，生产的时候就要想到这个产品用完以后能不能够回收，如果能回收怎么样来回收，要在产品设计上考虑这个问题。例如，现在的集成电路板，坏了以后里面的金属没办法很好分解出来，所以设计的时候就要考虑到回收，考虑到环保。对中国的企业家来讲，也要提高自身的素质，要把节能减排作为企业自身的责任，在节能减排方面做出努力、贡献。只有全体企业努力，全体的人民努力，我们的国家才能真正在节能环保方面走在前面，虽然现在多花一些钱，损失一些利益，但是从长远来讲，节能环保还是有效益的。

第三，要做促进社会和谐的积极力量。十七大提出“科学发展、社会和谐”，科学发展方面前面已提出要求，社会和谐，作为民营企业家来讲，在社会和谐方面担当了一个重要角色，如果大家都能把自己所在的企业建成一个和谐的企业，那么就是为和谐社会作出了最大贡献。怎样构建和谐企业，大家都有一套比较成熟的经验，很多的民营企业家在企业的发展过程中，创造了一套适合自己的企业文化，把企业的职工、管理者和投资者结合在一起，形成了一个共同的理念，共同的利益。我希望有更多的民营企业加强企业文化建设，用先进的企业文化引导队伍建设，把企业文化的理念落实到企业的各项规章制度之中。

企业技术人才和管理者的待遇是跟市场经济相衔接的，实际上这些人在民营企业中不属于弱势群体，而是属于比较强势的，他们懂技术或有管理能力，很多企业都在挖他们，如果不给他一个市场价格的待遇，他们就被挖走了，所以从这个角度来讲，民营企业家对待这些人应该重视。另一方面，对普通的员工，尤其是普通的劳动者，他们也有市场定价，根据市场劳动供需的情况来决定这些员工的待遇，这也是无可厚非的，大部分企业还是能够按照这个模式来给普通劳动者相应的报酬待遇。现在的问题是我们要促进社会和谐，要消除贫困，要缩小收入差距，现在低收入人群数量还非常大，怎样使他们的收入能够随着国家的发展不断提高，国家现在出台的一系列政策，很多都是围绕这些问题的。

普通劳动者养老保险、医疗保险、工伤保险，包括生育保险等，四险一金逐步在推行，目的是要建立保障劳动者基本生活的社会体系。根据调查，有的企业做得是比较好，有的企业还有欠缺。在构建和谐企业过程中，这些方面的工作，企业家们应该认真地按照国家有关法律来执行。

另外一个重要的问题就是普通员工的工资增长问题。今年的经济工作会议特别强调了农民收入水平提高得比较大，我分析农民收入提高的主要原因是食品类物价上涨。对于农民来讲可能就是个好消息，粮食涨价，油涨价，肉涨价，这次经济工作会议公布的农民收入创了12年以来的最高。但食品类的涨价对城里人来讲就是负担的增加，城里人的收入也要增加。改革开放以来城镇居民收入的增加也是比较快的，这得益于改革发展，全体中国人都能享受到改革发展所带来的成果。对于民营企业来讲，就是要对最基层的员工也应该建立一个正常的工资增长机制。广东多少年以来基层员工就是五六百块钱一个月，但是现在招不到工了，被迫涨到八九百一个月，有的涨到1000多。实际上对于企业来讲，把基层员工稳定在企业里，能够让他们有不断学习不断提高的机会，对企业的稳定和发展是有好处的。

中国的企业不能完全照搬西方企业的工资增长机制，西方工会和企业主是对立的，谈判不成就罢工，法律是允许的。我们要创造这样一个协商机制，全国工商联代表企业的业主，工会代表工人，劳动与社会保障部门代表政府，对于行业今年工资增长的幅度要进行协商，给出一个指导线，然后各个企业按照这个指导线根据企业的营运状况来调整，稳定劳动关系，这是中国特色的工资增长协商机制。对于企业家来讲，应该有这样的理念，把企业增长获得的利润一部分拿出来给最基层的员工分享，如果大家都这样做，我们国家很大一部分群众的生活水平就将有很大的提高，购买力将进一步增强，也将进一步促进企业发展，形成良性循环。我国有13亿人口，但是现在我们的穷人还是太多，每一个企业都应该有这样的一个责任，使自己的员工能够分享到企业发展进步的成果，使中国人的生活水平逐步得到提高，促进中国经济又好又快发展。工商联和行业商会在这个过程中能起到非常重要的作用。现在政府很多管不了，管不好也不能管的事情，就需要通过协会商会组织来做，维护市场秩序，调节市场在发展过程中产生的一些扭曲，用市场的手段来进行调整。需要我们各级的行业商会，包括工商联来共同努力，用行业自律，用市场的规律来解决市场产生的一些问题。用市场手段解决不了的问题，再由政府来调解。现在整个经济发展趋势就是这样，给工商联和行业商会更多的发展机遇，希望大家认真研究这方面问题，促进我国经济真正实现又好又快发展，使一大批民营企业经营水平上一个新台阶，为推动科学发展、促进社会和谐作出新贡献。

在全国工商联直属会员商会2007年年会暨“商业模式创新及跨国经营”论坛上的致辞（摘要）

全国工商联直属会员商会执行会长　吴　敏

（2007年12月8日）

本次年会是在全国各族人民深入学习中共十七大精神，高举中国特色社会主义伟大旗帜，为夺取全面建设小康社会新胜利而奋斗的形势下召开的一次重要会议。中共十七大明确提出要坚持以邓小平理论和“三个代表”重要思想为指导，深入贯彻落实科学发展观，继续解放思想，坚持改革开放，推动科学发展，促进社会和谐，争取全面建设小康社会的新胜利。中共十七大进一步强调要坚持和完善公有制为主体、多种所有制经济共同发展的基本经济制度，毫不动摇地巩固和发展公有制经济，毫不动摇地鼓励、支持、引导非公有制经济发展；明确提出坚持平等保护物权，形成各种所有制经济平等竞争、相互促进新格局。新的发展阶段和形势，为我国经济和社会发展提供了新的历史机遇，也为非公有制经济发展和工商联工作提供了新的空间，必将进一步激发我们非公有制经济人士建设中国特色社会主义的积极性。本次年会我们要以中共十七大精神为指导，按照全国工商联“十大”提出的新任务、新要求，联系商会和企业实际，认真总结过去，研究谋划未来，探讨商会改革发展中的作用，解放思想、开拓创新、求真务实、锐意进取，使工商联直属商会的工作迈上一个新的台阶。我们是有报国理想和充满构建和谐社会责任的企业家和志士仁人。我们要在全国工商联新一届领导带领下，以强国富民为己任，自觉地承担社会责任，不断增强贯彻落实科学发展观的自觉性，把握新的发展机遇，提高自身素质，转变企业发展方式，构建和谐劳动关系，与自然和谐相处，自觉维护市场秩序，努力实现非公有制经济又好又快发展，为国家、为社会作贡献。

本次年会，还将探讨在经济全球化中国企业国际化发展的背景下，民（私）营企业如何破解难题、深层次探求跨越式发展的课题。

我们会员企业无论从事何种行业，处在哪个发展阶段，都不同程度地感受到国际化竞争带来的商机和压力，企业要想在竞争中立于不败之地，企业家必须开阔国际化视野，形成国际化战略意识，创新商业模式，具备国际化经营和管理的能力。我们之所以把论坛定名为：“商业模式创新及跨国经营”是有其前瞻性和现实性的。

这次，我们有幸邀请到国内知名专家学者就企业国际化发展和当前热点问题发表精彩演讲，同时也邀请著名企业就商业模式创新及跨国经营中的经验体会同参会者进行深层次的交流，这必将获得有益的启示。我们真诚希望，通过本次会议能创建一个交流与研讨国际化的平台，加强彼此了解，增进友谊，展望发展前景，共图事业繁荣。

南通是我国近代民族工业和民营经济的发祥地之一，是被共和国领袖提及“不能忘”的中国近代著名实业家张謇先生的故乡。南通是中国长三角地区最有发展潜力和最具有投资价值的一片热土，随着苏通大桥等过江道路的建成通车，南通将全面融入上海一小时都市圈，区位优势更加突出，欢迎大家多看看这个充满魅力的城市。

专业机构

全国工商联高尔夫球会

一、章程

第一条 全国工商联高尔夫球会（以下简称球会）是由全国工商联会员发起成立的具有商会性质的联谊组织。

第二条 球会以“和谐、健康、发展、责任”为理念，以高尔夫球运动为载体，围绕全国工商联中心工作，深入贯彻落实科学发展观，引导会员爱国、敬业、诚信、守法、贡献，帮助企业家健康成长，促进企业健康发展。

第三条 为会员搭建休闲联谊、商务沟通平台，以球会友，以球促商，弘扬勇于创新、励精图治、知难而进的精神，展示新时代企业家的风貌。

第四条 加强与海内外工商社团等各类经济组织、机构的交流，增进与工商界人士的友谊。帮助会员增强自主创新能力，提高核心竞争力和可持续发展能力。

第五条 凡承认球会章程的全国工商联会员，可申请加入球会；

有关专家学者、体育演艺界知名人士等可被邀请为球会会员。秘书处审核入会材料，报理事长批准。

第六条 球会实行会员入会自愿，退会自由的原则。

第七条 会员的义务与权利：

1. 遵守球会章程，执行球会决议；

2. 向球会反映意见、要求和建议，对球会工作提出批评；

3. 享受球会提供的各项服务。

第八条 球会设立理事会。理事会是球会的最高权力机构，理事人数不超过会员总数的二分之一。

第九条 理事的义务与权利：

1. 关心、支持球会的工作；

2. 赞助球会必要的活动费用；

3. 有表决权、选举权和被选举权；

4. 国内外重大赛事的优先邀请权；

5. 享受指定球场的优惠待遇和订场服务。

第十条 理事会选举理事长一名、常务副理事长一至二名、副理事长若干名，每届任期五年。

第十一条 理事长主持球会工作，常务副理事长、副理事长协助理事长工作。定期召开理事长会议，研究决定重要事项。

第十二条 球会聘秘书长一名、副秘书长若干名。秘书长和副秘书长参加理事长会议，负责落实理事长会议的各项决定。

第十三条 根据工作需要，球会聘请总顾问、顾问、名誉理事长若干名。

第十四条 球会设秘书处，负责日常事务。

第十五条 球会经费来源：

1. 理事长、常务副理事长、副理事长、理事按不同标准缴纳的赞助费。

2. 商业赞助。

3. 根据需要，收取部分赛事活动费用。

第十六条 球会设司库、监事，管理和监督球会运营及财务工作。秘书处负责球会经费的具体使用。

第十七条 球会的会徽为全国工商联高尔夫球会英文缩写组成的中国龙图案。

第十八条 本章程的解释权属于全国工商联高尔夫球会理事会。

二、领导机构人员名单

总顾问

黄孟复　全国政协副主席、全国工商联主席

白立忱　全国政协副主席

郑万通　全国政协副主席
胡启立　全国政协原副主席、宋庆龄基金会主席
赵南起　全国政协原副主席、中韩经济发展协会名誉会长
李贵鲜　全国政协原副主席
张思卿　全国政协原副主席
罗豪才　全国政协原副主席

顾问

孙安民　全国工商联副主席
谢伯阳　中国民间商会副会长
孙怀山　全国政协副秘书长
瞿怀明　全国工商联直属会员商会会长
程　路　中国西部研究与发展促进会常务副会长

名誉理事长

卢志强　全国工商联副主席、泛海集团有限公司董事长
刘沧龙　全国工商联副主席、四川宏达（集团）有限公司董事长
吴一坚　全国工商联副主席、金花企业集团总裁
张近东　全国工商联副主席、苏宁电器股份有限公司董事长
王玉锁　中国民间商会副会长、新奥集团股份有限公司董事局主席
张宏伟　中国民间商会副会长、东方集团董事局主席
郑跃文　中国民间商会副会长、科瑞集团有限公司董事长
柳传志　中国民间商会副会长、联想控股有限公司总裁
段永基　中国民间商会副会长、中国民营科技实业家协会理事长
董文标　中国民间商会副会长、中国民生银行股份有限公司董事长
陈　峰　海南省工商联主席、海航集团有限公司董事长
钟　玉　全国工商联直属会员商会高尔夫球会第一任理事长、北京康得投资（集团）公司总裁
李　路　中国统一和平促进会执行副秘书长
吴　杰　北京市工商联第一副主席
刘红路　全国工商联会员部部长、直属会员商会副会长兼秘书长

理事长

甘连舫　中国高尔夫球协会委员、北京星牌体育用品集团有限责任公司董事长

常务副理事长

丁立国　全国工商联直属会员商会第三任执行会长、德龙控股有限公司董事长
潘仲光　东方高尔夫国际集团总裁、执行长

副理事长（按姓氏笔画排序）

邓　伟　亿阳集团股份有限公司董事长
余渐富　安徽南翔（集团）贸易有限公司董事长
张征宇　全国工商联直属会员商会第一任执行会长、北京恒基伟业电子产品有限公司董事长
张春光　北京智安邦科技有限公司董事长
茅永红　百步亭集团董事长
胡成中　德力西集团有限公司董事长
荣　海　海星科技投资控股（集团）有限公司董事长
郭广昌　上海复星高科技（集团）有限公司董事长
熊贤林　深圳华隆投资集团有限公司董事长
王均豪　均瑶集团总裁
严　军　中国高尔夫球协会委员、黄山高尔夫国际商务推广有限公司总经理

理事（按姓氏笔画排序）

张志成　北京中联信业科技发展有限公司副董事长
李　勇　北京伊斯摩利斯投资有限公司董事长
杨风敏　大连泽华房地产开发有限公司董事长
陈达文　万达意有限公司（香港）总裁
肇恒玉　海南恒生企业（集团）有限公司董事长
黎志明　中国和平（北京）投资有限公司董事长
杨大陆　四川大陆集团董事长
赵一飞　南京大惠企业发展有限公司董事长

司库

黄锦辉　利安达会计师事务所有限责任公司

董事长

监事

张　海　北京盛兴伟业投资管理公司董事长

徐　钢　北京金德律师事务所主任

秘书长

李　红　中国高尔夫球协会委员、中国女子职业高尔夫巡回赛总裁

副秘书长

张东威　北京中煌文化艺术传播有限责任公司总经理

王　怡　和讯财经中国高尔夫群英会原秘书长

刘云莲　全国工商联会员处副处长、直属会员商会副秘书长

理事长助理

于丽、景春婷、黄生、刘亚楠

秘书长助理

郭新伟

三、重要活动

2007 年

高尔夫球会盛夏友谊赛成功举办

7 月 12 日，全国工商联直属会员商会高尔夫球会在北京龙熙顺景高尔夫俱乐部举办了高尔夫盛夏友谊赛，近 40 位球会会员参加。

上午召开了球会工作会议，制订下半年的活动安排，与会者一致认为有决心在国内外打出球会自己的品牌，践行“以球会友，以球促商，以球搭建更高的社交平台”的宗旨。下午进行友谊赛，经过四个多小时的竞技，王巍获得了总杆第一名，赵一飞获得了净杆第一名，徐钢获得最远距离奖，刘燕获得了最近洞奖，甘连舫理事长在晚宴上为获奖选手颁发奖杯、纪念品，大家合影留念，场面热闹而温馨。

“东方双鹰”杯明星高尔夫邀请赛成功落下帷幕

9 月 22 ~ 23 日，全国工商联直属会员商会高尔夫球会在北京东方双鹰高尔夫俱乐部和北京龙熙温泉高尔夫俱乐部举办了“东方双鹰”杯明星高尔夫邀请赛。参加比赛的有全国工商联直属会员商会高尔夫球会的会员和北京演艺人协会全明星高尔夫球队的队员。

2007 年 9 月 22 ~ 23 日，“东方双鹰”杯明星高尔夫邀请赛

全国工商联主席黄孟复、全国工商联直属会员商会高尔夫球会理事长甘连舫、北京演艺人协会全明星高尔夫球队代表孙海英、北京“东方双鹰”高尔夫俱乐部董事长王振远分别开了彩球。经过两天的四人最佳球位赛和队际赛的激烈角逐，企业家和演艺明星之间经过相互合作和相互竞技有了很深的感情和友谊。

颁奖晚宴上 7 个赞助单位的代表为个人获奖选手颁发了奖杯、奖品并合影留念，队际赛冠军由全国工商联直属会员商会高尔夫球队获得。瞿怀明会长颁发了奖杯，全体队员上台领奖并合影留念。

应邀参加“泰达杯”国际商界名人高尔夫球邀请赛

11 月 10 ~ 11 日，商会 20 余位企业家应邀参加了由天津经济技术开发区管委会和中国高尔夫球协会在天津经济技术开发区华纳高尔夫球场举办的“泰达杯”国际商界名人高尔夫球邀请赛。

本届“泰达杯”国际商界名人高尔夫球邀请赛参赛选手有美国、日本、韩国、中国香港地区、中国澳门地区、中国台湾地区、阿联酋和中国内地商界知名人士以及部分国家驻华使节等 108 位高尔夫球爱好者。参赛者经过两天的激烈角逐增进了友谊，以高尔夫球搭起了投资与合作的平台。商会 3 位企业家获得了 10 个奖项中 3 个含金量很高的大奖，为组织赢得了荣誉。

2008 年

高尔夫球会会员应邀参加“中国（2008 珠海）高尔夫高峰论坛”

1 月 15 ~ 19 日，全国工商联直属会员商会高

尔夫球会10余位企业家应邀参加了在珠海市珠海度假村举办的“中国（2008珠海）高尔夫高峰论坛”。

全国人大常委、经贸部原副部长佟志广主讲了高尔夫球运动与发展经济；中国美国商会名誉主席约翰·霍尔顿主讲了高尔夫与和谐世界；国际奥委会委员、香港奥委会主席霍震霆主讲了新中国高尔夫的摇篮；日本高尔夫协会代表、日本明治大学教授寺岛善一、首届中国高尔夫协会副主席赵学健两位嘉宾分别主讲了高尔夫运动与中日友好交流；全国政协常委、深圳市委原书记厉有为主讲了高尔夫运动与特区建设；深圳观澜高尔夫俱乐部董事长朱树豪主讲了中国高尔夫与世界杯比赛；国家体育总局小球中心主任、中国高尔夫协会常务副主席兼秘书长张晓宁主讲了中国高尔夫发展现状；英国皇家古老高尔夫俱乐部代表、美国“普利策”新闻奖获得者班安祖主讲了高尔夫运动的起源与发展；全国政协委员、国家土地局原局长邹玉川主讲了高尔夫与环境及荒地改造；中国奥委会名誉主席何振梁主讲了高尔夫与现代奥林匹克运动会。

17~18日参加论坛的100多位领导和嘉宾参加了在珠海国际高尔夫俱乐部和珠海东方高尔夫俱乐部举行的两场高尔夫论坛友谊赛，全国工商联直属会员商会高尔夫球会会员在此次高峰论坛中受益颇深。

迎春开杆赛成功举办

3月20日，全国工商联高尔夫球会在北京叠泉乡村高尔夫俱乐部举办了继2008奥运年以来的第一场赛事——全国工商联高尔夫球会迎春开杆赛。

全国工商联高尔夫球会的20余位企业家参加了此次赛事，下午一点球赛正式开始，在四个半小时的激烈角逐中大家赛出了成绩、加深了沟通、增进了友谊，2008奥运年的第一场赛事取得圆满成功。

全国工商联高尔夫球会揭牌仪式暨“星牌杯”高尔夫球邀请赛成功举办

4月20日，全国工商联高尔夫球会揭牌仪式暨“星牌杯”高尔夫邀请赛在北京龙熙温泉高尔夫俱乐部隆重举行。全国政协副主席、全国工商联主席黄孟复，全国政协原副主席胡启立、李贵鲜、罗豪才，全国工商联副主席孙安民，中国西部研究与发展促进会常务副会长程路，中国民间商会副会长、联想控股有限公司总裁柳传志，中国民营科技实业家协会理事长段永基以及80多位企业家出席了仪式并参加了“星牌杯”高尔夫球邀请赛。球会理事长、星牌集团董事长甘连舫主持仪式，全国政协副主席、全国工商联主席黄孟复为球会揭牌。

全国工商联高尔夫球会是由全国工商联直属会员商会高尔夫球会更名发展而来，是全国工商联会员发起成立的会员联谊组织，旨在搭建中国企业家沟通交流平台，促进中外企业、商会间合作。

“全国工商联行业商会高尔夫球对抗赛及名人邀请赛暨行业领袖论坛”成功举行

9月23日，由全国工商联高尔夫球会主办的“全国工商联行业商会高尔夫球对抗赛及名人邀请赛暨行业领袖论坛”在北京隆重举行。

《第一财经周刊》总编辑何力，中国城乡建设经济研究所所长陈淮，国务院发展研究中心金融研究所副所长巴曙松等著名专家学者参加了上午的论坛，就新商业时代企业和媒体关系，房地产业何去何从，当前宏观经济及金融形势等当前国内的经济热点问题发表了自己的观点，并与参会的企业家进行了积极互动。下午，全国工商联各直属行业商会和在京的有关商会组成20多支代表队进行团体赛。全国政协、全国工商联有关领导出席了活动。此次活动引起了财经界和高尔夫界著名媒体的广泛关注和积极参与。

联合主办“2008中日首届经济界高层高尔夫球邀请赛”

9月27日，全国工商联高尔夫球会、中信国安集团、中国日本商会联合主办的“2008中日经济界高层高尔夫球邀请赛”在河北香河中信国安第一城高尔夫球俱乐部举行。

出席此次活动的中方代表有全国政协副主席、全国工商联主席黄孟复，全国工商联原副主席程路，全国工商联副主席、四川宏达集团董事局主席刘沧龙，中信集团原董事长王军，全国工商联高尔夫球会理事长、北京星牌集团董事长甘连舫，全国工商联高尔夫球会常务副理事长、东方国际高尔夫集团总裁潘仲光等。日方代表有日本国驻中国特命全权大使宫本雄二，中国日本商会会长、三菱商事常务执行役员中原秀人，中国日本商会副会长、三井物产总代表小川真二郎等。

2008 年 8 月 27 日，"2008 中日首届经济界高尔夫球邀请赛"

开球仪式上，赛事主要嘉宾及赛会主席黄孟复致辞，赛会主席王军、宫本雄二分别开彩球，中方代表程路和日方代表中原秀人互换礼物，在欢庆的气氛下随着礼炮声的响起比赛正式开始。四个多小时的角逐，大家切磋了球技，也增进了友谊。

2009 年

参加"中国（2009 海南）高尔夫高峰论坛"

2 月 16～20 日，全国工商联高尔夫球会会员应邀参加在海南省三亚市亚太国际会议中心举办的"中国（2009 海南）高尔夫高峰论坛"。

该论坛是继"中国（2008 珠海）高尔夫高峰论坛"之后在中国内地举办的第二届有关高尔夫发展的最高规格、最具影响力的峰会。论坛以"绿色、友谊、发展"为主题，就政治、经济、文化诸方面对发展高尔夫运动、构建和谐世界的主题展开论述。商会会员代表、数十位政府高层领导、国家和各地方高尔夫协会主席、高尔夫产业投资人、高尔夫产业高级管理人参与了此次论坛。

举办"两会"企业家高尔夫球联谊赛

3 月 8 日，全国工商联高尔夫球会联合金鼎俱乐部在北京龙熙温泉高尔夫俱乐部举办了"两会"企业家高尔夫联谊赛。全国工商联原副主席谢伯阳，全国工商联高尔夫球会理事长、北京星牌集团董事长甘连舫，全国工商联高尔夫球会常务副理事长、德龙控股集团董事长丁立国，全国工商联高尔夫球会副理事长、安徽南翔（集团）贸易有限公司董事长余浙富，相关机构负责人及 10 位"两会"企业家参加了联谊赛。此次联谊赛也是两会企业家首场高尔夫联谊活动，企业家切磋了球技，加深了沟通，增进了友谊，为企业间多元化合作提供了良好基础。

参加"2009 年苍海杯中国企业家与全明星高尔夫球联谊赛"

3 月 29 日，全国工商联高尔夫球会会员应邀参加在云南大理苍海高尔夫俱乐部举办的"2009 年苍海杯中国企业家与全明星高尔夫联谊赛"。

参加此次赛事的有全国工商联高尔夫球会副理事长、北京智安邦科技有限公司董事长张春光，全国工商联高尔夫球会理事、北京和平投资有限公司董事长黎志明，北京千禧年代投资有限公司董事长陈达文，辽宁恒生集团董事长肇恒玉，全国工商联高尔夫球会会员、通达能源股份有限公司执行总裁董红卫。该赛事的举办提供了一个企业家与明星间高球对抗的良好机会，通过对抗大家加深了交流，增进了友谊。

举办"2009 海峡两岸企业家高尔夫邀请赛"

9 月 5 日，全国工商联高尔夫球会主办的"2009 海峡两岸企业家高尔夫邀请赛"在南京钟山国际高尔夫球场圆满落幕。在为期两天的比赛中，来自海峡两岸的 100 多位企业家同场竞技、以球会友，上演了一场精彩的高尔夫友谊赛。江苏省副省长徐鸣、南京市副市长陈刚分别接见了两岸企业家。

全国工商联九届副主席、中国西部研究与发展促进会常务副会长程路，中央统战部原副部长、中国国际跨国公司研究会副会长田鹤年等领导和 100 余位两岸著名企业家、相关机构负责人、媒体朋友出席了本次活动。

2008 年以来，两岸经贸交流快速发展，两岸企业家互相接触的意愿也更加强烈。两岸企业家高尔夫邀请赛的举办，对于加强两岸经贸关系及企业间的交流合作有着十分重要的现实意义。通过高尔夫这座桥梁建立企业经济对话，增进了解，扩大合作，共同推动两岸经贸关系向前发展。

举办“中欣杯”第二届中日企业高尔夫联谊赛

10月17日，全国工商联高尔夫球会、中国日本商会在北京东方天星高尔夫俱乐部举办了“中欣杯”第二届中日企业高尔夫联谊赛

10月17日，全国工商联高尔夫球会、中国日本商会在北京东方天星高尔夫俱乐部举办了“中欣杯”第二届中日企业高尔夫联谊赛。

全国工商联九届副主席、中国西部研究与发展促进会常务副会长程路，全国工商联会员部部长刘红路，全国工商联高尔夫球会常务副理事长、东方高尔夫国际集团有限公司总裁潘仲光，全国工商联高尔夫球会副理事长、北京智安邦科技有限公司董事长张春光，中欣安泰集团董事长徐建胜，北京中和珍贝科技有限公司董事长邱淦清等20余位企业家和中国日本商会会长、三井物产常务执行理事、中国总代表小川真二郎，中国日本商会副会长、丸红常务执行理事、中国总代表清水教博，新日本制铁中国总代表林岳志，全日本空输执行董事、中国统括室长、北京支店长佐藤信之等20余位日本企业家参加了此次活动。

经过5个多小时的比赛，中日两国企业家加深了交流、沟通，增进了彼此友谊，同时搭建了中日两国企业间能够合作的良好平台。“中欣杯”第二届中日企业高尔夫联谊赛取得圆满成功。

全国工商联副主席刘沧龙一行应邀参加两岸四地高尔夫友谊赛

2009年适逢香港中华厂商联合会成立75周年，为了加强全国工商联与香港中华厂商联合会以及澳门中华总商会、台湾工商企业联合会之间的友谊与交往，应香港中华厂商联合会和两岸四地联谊交流委员会邀请，全国工商联副主席刘沧

12月14日，全国工商联副主席刘沧龙率队参加两岸四地高尔夫友谊赛

龙率队参加了12月14日在香港举办的两岸四地高尔夫友谊赛，15日参观了一年一度的“工展会”。

参加球赛的有澳门中华总商会代表队、台湾工商企业联合会代表队、香港中华厂商联合会代表队和全国工商联代表队。商会代表队成员有全国工商联副主席、高尔夫球会名誉理事长、四川宏达集团董事局主席刘沧龙，全国工商联高尔夫球会理事长、北京星牌集团董事长甘连舫，全国工商联高尔夫球会副理事长、北京智安邦科技有限公司董事长张春光，全国工商联高尔夫球会理事、辽宁恒生集团董事长肇恒玉，海特集团董事长李飚，北京迪信通商贸有限公司董事长刘东海，四川宏达集团副董事长刘海龙，北京迪信通商贸有限公司副董事长刘松山。

联系方式：
联系人：郭新伟
电话：010－65279613，010－65279313
传真：010－65278112
地址：北京市东城区东安门大街55号王府世纪409室
邮编：100006
网址：www. acfic-members. com. cn
邮箱：guoxinwei1985@163. com

中国企业家健康工程

大事记

2008年

1月1日，中国企业家健康工程官方网站正式开通。

1月3日，中国企业联合会、中国企业家协会执行副会长，国务院原副秘书长，中国企业家健康工程名誉副主席阎颖同志到工程服务中心视察并慰问工程工作人员。

1月20日，在联合智业企业发展研究院举办第13期健康文化沙龙活动——新春联谊会。

1月28日，中国企业家健康工程健康文化沙龙在雍和宫进行第14期活动——新年祈福，胡雪峰住持与参加活动的近60位会员企业家畅谈健康的人生观。

2月13日下午，中国企业家健康工程2007年工作总结汇报会在中国企联召开，张彦宁、朱培康、阎颖、陈兰通、陈光复、殷子烈等领导出席会议，健康工程秘书长周敬做工作汇报。

2月27日，中国企业家健康工程召开秘书长办公会。中国企业家健康工程秘书长周敬，中国企业联合会、中国企业家协会会员工作部主任胡晓丽，中国医学基金会副秘书长兼财务部主任李效兰，全国工商联直属会员商会副秘书长刘云莲等参加了会议。会议就2008年2月13日在中国企联召开的健康工程年度工作汇报会中，各位主办单位领导的指示和建议落实问题进行讨论，并研究修订了《2008年工作计划》。

3月24日，中国企业家健康工程与《时尚健康》杂志社、北京心理卫生协会、外企人力资源服务有限公司联合主办的大型专业活动“时尚健康心理高峰论坛”在京召开，健康工程秘书长周敬及数十位会员企业家出席活动。

4月12日，健康文化沙龙第16期活动——藏式养生体验，在白玛曲秘藏式养生会馆举行。

5月10日，健康文化沙龙第17期活动——中医看相诊病的奥秘，在中国企联第三会议室举行。

5月15日，中国医学基金会理事长朱培康来到中国企业家健康工程视察工作。

5月20日下午，中国企联常务副会长、中国企业家健康工程主席张彦宁来到工程办公新址视察工作。

6月5日，在中企联召开健康文化沙龙部分会员企业家座谈会，会上首次提出健康文化沙龙向俱乐部模式发展的思路。

6月23日，中国企业家健康工程与韩国保健福利部、韩国国际医疗服务协议会代表在京会晤。

6月30日，中国企业家健康文化沙龙2007年活动纪念册近日编印完成。该册收录了2006～2007年间各期商务活动照片和沙龙活动花絮。

7月13日，健康文化沙龙第18期活动——宗教与心理抚慰，在教育部留学服务中心113会议室举行，慧曼法师主讲。童媛春、陈勇、贾洪雷等企业家还就石油价格、企业管理顾问在企业建设过程中的地位、留学现状等问题进行辅题演讲。

7月14日上午，中国企联会长王忠禹，常务副会长张彦宁、李德成，执行副会长阎颖、陈兰通、陈光复，在中国企联219会议室听取了会员工作部及企业家健康工程工作汇报。健康工程秘书长周敬向王忠禹等领导同志汇报了六年多以来各项工作的发展情况，与会领导对工程工作成果表示肯定并提出要求。

8月17日，健康文化沙龙举行第19期活动——企业家的着装艺术与形象设计，邀请西蔓色彩讲师为企业家讲解，严高明、于海英等企业家还就中兴投资矿产的情况、银行贵宾理财服务的特点等进行辅题演讲。

8月26日上午，中国企业家健康工程主席、卫生部原副部长郭子恒，中国企业家健康工程名誉副主席、中国医学基金会理事长、民革中央原副主席朱培康，中国企业家健康工程副主席、中国医学基金会副主席殷子烈等领导同志视察了北京慈铭健康体检管理集团天津分公司。中国企业家健康工程秘书长周敬，中国医学基金会副秘书长李效兰以及卫生部、天津市卫生局等有关同志陪同参加。

9月19日，《中国企业家健康工程之歌》词曲创作完成。歌曲由中国企业家健康工程秘书长周敬作词，表达当代中国企业家追求健康、创造财富、热心公益、亲近文化的时代特质以及对祖国的忠诚和对社会使命感。作曲为中国交响乐团合唱团、中国电影交响乐团和天津交响乐团的客座指挥、作曲家吕守贵先生。

9月24日下午，韩国保健产业振兴院金法完院长来京参加签署合作备忘录仪式。仪式上，中国医学基金会理事长、中国企业家健康工程名誉副主席朱培康与金法完院长签署了《合作备忘录》。出席签字仪式的中方成员还有中韩经济发展协会执行会长、中韩企业联谊会会长权顺基，中国企业家健康工程秘书长周敬等。

10月25日，健康文化沙龙在中国企联贵宾厅举办了第20期活动——遁甲学在商战中的作用，邀请北京周易研究会常务副会长曌武先生为会员企业家讲解奇门遁甲学的基本原理。

10月29日上午，中国企业家健康工程秘书长办公会在中国企联召开，健康工程秘书长周敬、中国企联会员部主任胡晓丽、中国医学基金会副秘书长兼财务部主任李效兰、卫生部老干部局处长李东岩等秘书处成员出席了会议，会议总结了今年前十个月的工作，并对利用年内剩余时间，全面落实各项工作计划和着重开展一些重点工作进行了讨论。

11月8日上午10点，在中国企联529室召开了时代春秋俱乐部筹委会第一次会议。会议主题围绕俱乐部名称、章程及今年第四季度的工作计划展开讨论，会议初步将组织名称定为“中国企业家健康工程时代春秋俱乐部”，并对章程进行了讨论修改。

11月8日，健康文化沙龙在珍贝大厦举行第21期活动——生死与命运的思考，邀请慧曼老师主讲，邱淦清董事长还为大家讲解了羊绒制品的挑选知识，全国工商联高尔夫球会副秘书长张东威讲解了高尔夫运动与商业的关系。共计70余位企业界的朋友参加。

11月17~23日，中国企业家健康工程派员赴韩，对韩国医疗机构进行第二次考察访问。健康工程部分合作媒体负责人前往。在7天的行程中，访问团对首尔和釜山的5家综合性医院和一所眼科专科医院进行深入考察和交流，同时参加了在首尔由韩国文化体育观光部和韩国保健产业振兴院共同举办的“第三届国际医疗旅游峰会”。

11月30日下午，健康文化沙龙于梧桐会馆举行了第23期活动——冬季养生，邀请卫生部顾问、著名中医专家路志正先生及传人，为大家传授冬季养生秘籍。

12月10日下午两点，“企业人力资源与社会保障（医疗）政策法规研讨会”在中企联第三会议室举办。此次活动，邀请了北京市劳动和社会保障局医保处孙德尧处长与企业人力资源部门人员进行交流。

12月14日，《时尚健康》杂志社在中国大饭店举办“时尚健康国际抗衰老高峰论坛”。受主办方邀请中国企业家健康工程部分会员企业家参加了此活动。

12月23日上午9：00，北奥京体（北京）体育文化有限公司和中国企业家健康工程合作在北奥大厦21层会议室举行了西三旗体育活动中心项目专家研讨会。中国企业家健康工程秘书长周敬，北奥有限责任公司副总经理杜诗文，北奥有限责任公司体育部常务副部长董蕊，北奥京体（北京）体育文化有限公司董事长樊智军，体育运动专家周琴璐、赵之心、张一民、肖淑红、吴向军等出席本次研讨会，会议就中国企业家健康工程与北奥京体公司以西三旗体育活动中心为平台，共同合作建设“体育健康研究中心”的背景，以及共同开展针对企业家及其企业提供专业体育健康服务等构想进行讨论。

2009年

1月5日，中国企业家健康工程于白玛曲秘藏式养生会馆召开了工作汇报会，中国企联名誉会长、中国企业家健康工程主席张彦宁，中国企业家健康工程名誉副主席阎颖，中国企业家健康工程名誉副主席朱培康，中国企业家健康工程副主席殷子烈、张戎，中国企业联合会、中国企业家协会副理事长刘鹏等出席了会议。参加会议的还有健康工程秘书处成员：中国企业家健康工程秘书长周敬，中国企业联合会、中国企业家协会会员部主任胡晓丽，中国医学基金会副秘书长李效兰，卫生部李东岩处长。

1月17日下午，中国企业家健康工程时代春秋俱乐部新春趣味运动联欢会在贵州大厦多功能厅举办，这是中国企业家健康工程旗下“企业家健康文化沙龙”更名为“时代春秋俱乐部”后的第一场活动，同时也是总第25期活动。俱乐部部分在京企业家、专家和合作媒体的70余位朋友参加。

3月8日下午，中国企业家健康工程时代春秋俱乐部在中国企业家协会第一会议厅举办第26期活动，主题为“美丽的半边天”。这是健康工程第一次以女性健康为主题的专场活动。有近百名女企业家和职场女性参加。

4月19日下午，时代春秋俱乐部举办了第

27期活动——居住环境与家居风水，北京周易研究会副会长噩武先生主讲，俱乐部理事会员及部分山水文园高端会员应邀参加。

4月26日，时代春秋俱乐部在北京绿色印象高尔夫俱乐部举办了第28期活动主题为——高尔夫入门体验。

5月9日下午，时代春秋俱乐部筹委会于梧桐会馆召开会议。会议由中国企业家健康工程秘书长周敬主持，会议讨论并确定了俱乐部2009年活动计划，还确定了未来俱乐部会员发展和活动策划以理事为中心的工作思路。

5月23日，由时代春秋俱乐部与《南都周刊》共同主办，在爱斐堡酒庄举办了第30期活动：深品——爱斐堡酒文化体验之夜，活动当天共有100余位企业家和各界嘉宾出席。

6月3日，中国企业家健康工程在北京新兴宾馆举办“企业心理健康专家高端座谈会”，邀请了体育、教育、医疗、心理、企业等行业权威专家代表就北京豪峰科技发展有限公司研发的“快乐芯”心理与心脏管理系统，在企业人力资源领域的应用进行交流和研讨。

6月20～21日，时代春秋俱乐部在华日家居举办第31期活动——企业选将初探，俱乐部理事及部分特邀嘉宾参加，大家参观了华日家居展馆及厂区，北京周易研究会副会长噩武先生授课，还进行了联谊活动。

6月26～27日，中国企业家健康工程为答谢北京各医疗机构举办的两场电影招待会活动在山水文园集团会馆顺利举行。

6月28日，时代春秋俱乐部在山水文园集团会馆举办第32期活动——仲夏电影招待会。此次活动邀请了各理事及嘉宾携家人一同参加，以冷餐会及观赏影片为主要内容，并设有抽奖环节。

8月22日晚18时，时代春秋俱乐部与蓝袜社合作举办第34期活动：Art Your Life —— 时尚晚宴的豪华行头，在798艺术新区DARA大山子旗舰店进行，时代春秋俱乐部众多女企业家应邀出席。

8月23日上午，中国企业家健康工程时代春秋俱乐部在中国企联3号楼306会议室召开理事会全体会议，首批理事全部出席。理事会全票通过《中国企业家健康工程时代春秋俱乐部章程》，并依据章程产生首届常务理事会，常务理事成员为：陈勇、陈燕妮、贾洪雷、卢承前、严高明、周敬、周旭恩。全票通过中国企业家健康工程秘书长周敬为俱乐部常务副理事长，并选举聚晟机构董事长陈燕妮为首任轮值理事长，抽签产生北京唯亿阳光保健品有限公司董事长卢承前担任本届轮值副理事长，任期为2009年10月1日至2010年3月31日。

8月23日下午，时代春秋俱乐部在中国企联一号会议厅举行第33期——心力擂台。

9月15日上午10时，中国企业家健康工程组委会秘书处在北京香山假日会所召开主席办公会议，张彦宁、郭子恒、陈兰通、殷子烈等领导出席了会议。会议由中国企业家健康工程秘书长周敬主持，重点就服务中心医疗保健服务工作和时代春秋俱乐部的组建及会员活动，向到会领导进行了汇报。与会领导对健康工程八年来的工作成效给予了充分的肯定。

9月25日晚，中国企业家健康工程支持单位之一——全国工商联直属会员商会在北京环铁艺术区朗朗艺术空间，举办了一场盛大的会员联谊会，庆祝新中国成立60周年，并迎接中秋佳节的到来，特别邀请了时代春秋俱乐部部分会员参加。

9月26～27日，时代春秋俱乐部在平谷维亿阳光保健品有限公司举行了第35期活动——企业选将再探，北京周易研究会副会长噩武先生进一步深入讲解了企业如何选择人才、如何决断发展契机等关键内容。俱乐部理事及部分特邀嘉宾应邀参加活动。

10月6日，时代春秋俱乐部在梧桐会馆举行第37期活动，共同为祖国庆生，同时也是俱乐部大家庭喜迎中秋佳节的一次团聚。

10月10日，中国企业家健康工程新版官方网站发布，同日，时代春秋俱乐部博客开通。

10月30日下午，时代春秋俱乐部在梧桐会馆举行了第38期活动，主题为纪念尔雅国学讲堂启动三周年的座谈会。座谈会前召开了理事长办公会议，就陈燕妮轮值理事长任职期间工作计划及会刊出刊计划进行了详尽讨论，并提出了切实的修改意见。

11月6～9日，中国企业家健康工程时代春秋俱乐部举办第39期活动，俱乐部部分理事及特邀嘉宾一行十人飞赴海南，与海航集团董事长陈峰一同进行了为期四天的传统文化研修。

11 月 19 ~20 日，2009 全球 CEO 年会近日在北京举行。中国企业家健康工程时代春秋俱乐部部分理事作为中国企联直属会员应邀参加了本次峰会，会上各位理事同与会者进行了充分而深入的交流。

11 月 28 日下午，中国企业家健康工程时代春秋俱乐部第 41 期活动在中国电工大厦举行，邀请全国人大外事委员会主任委员、外交部原部长李肇星同志，就“国际形势与企业发展”为企业家朋友们做专题报告。

12 月 23 日，时代春秋俱乐部在西藏大厦彩虹之约举办了第 42 期活动——新年浪漫之夜，时代春秋俱乐部理事及会员企业家 170 余人参加了活动，活动分文艺演出、游戏互动、冷餐、舞会四个板块。作为中国企业家健康工程及时代春秋俱乐部会歌的《时代春秋之歌》首次亮相，引起热烈反响。

联系方式：
联系人：吴慧洁
电话：010 - 88219589
传真：010 - 88219569
地址：北京市海淀区紫竹院南路 17 号中国企业家协会 1 号楼 527 - 530 室
邮编：100044
网址：http：//www. harc. net. cn/
邮箱：erya@ vip. 163. com

中韩企业联谊会

重要活动

2007 年

“责任与和谐”中韩企业家论坛暨项目推介会

8 月 2 ~4 日，民营企业、民间商会“‘责任与和谐’（哈尔滨）中韩企业家论坛暨项目推介会”在哈尔滨市香格里拉饭店隆重开幕。此会由哈尔滨市工商联、韩中企业联合会、中韩企业联谊会联合主办，全国工商联直属会员商会、黑龙江省工商联支持，黑龙江华鸿投资（集团）公司、EXA E&C 株式会社、哈尔滨市经济合作促进会协办。

哈尔滨市市委书记杜宇新，市长张效廉，市政协副主席、市工商联会长张郑婴，韩国政府前总理李汉东，韩国中小企业中央会原会长朴尚奎，韩国内务部原副部长金荣珍，中韩企业联谊会会长权顺基，国务院研究室原主任、国务院原发言人袁木，全国工商联原副主席、中国民（私）营经济研究会会长保育钧，国家贸易促进会原会长郑鸿业，全国工商联直属会员商会执行会长吴敏，哈尔滨市有关单位负责人，全国工商联直属会员商会和哈尔滨市部分企业家 200 余人参加了活动。

8 月 2 日，黑龙江省、哈尔滨市政府、市政协等主要领导在香格里拉饭店会见了韩国及国内贵宾，杜宇新书记、李汉东原总理在晚宴上致祝酒词，对大家的到来表示热烈的欢迎。8 月 3 日上午举办“责任与和谐”中韩企业家论坛，下午举办了企业推介、交流洽谈和考察活动。

2008 年

第四届中韩企业高尔夫联谊赛

2008 年 7 月 16 日，“第四届中韩企业高尔夫联谊赛”

为加强中韩企业的交流，促进双方的经济合作，中韩企业联谊会联合全国工商联直属会员商会、韩国投资企业协议会，于 7 月 16 日在河北香河第一城国际高尔夫俱乐部举办“第四届中韩企业高尔夫联谊赛”。出席此次活动的中方人员有中韩企业联谊会会长权顺基，全国工商联高尔夫球会理事长、北京星牌体育用品集团有限责任公司董事长甘连舫等 36 位企业家；韩方人员有韩国投资企业协议会会长、北京爱珂公司董事长郑寅五等24位企业家。通过联谊活动，中韩两国企业家加深了交流，增进了彼此友谊，同时搭建了中韩两国企业间良好的合作平台。

应邀参加蔚山广域市海外名誉顾问招待研讨会

8月26~29日，中韩企业联谊会会长权顺基应韩国蔚山广域市政府的邀请，赴韩国蔚山广域市参加“蔚山广域市海外名誉顾问招待研讨会”。本次活动邀请了来自中国、日本、美国、法国、澳大利亚、德国等国家的共10位海外顾问，权顺基会长作为中国唯一的名誉顾问，出席了此次活动，并向韩国蔚山广域市政府及来自其他国家的名誉顾问介绍了中国和北京的经济发展现状，并就韩国蔚山广域市的未来发展及对外交流发表了建议。

唐山市（曹妃甸新区）投资环境暨重点投资项目说明会

11月6日下午，中韩企业联谊会协助唐山市经贸代表团在韩国凯悦酒店举办的“唐山市（曹妃甸新区）投资环境暨重点投资项目说明会”，取得圆满成功。说明会特别邀请了韩国前国务总理李汉东先生等韩国政界和工商界人士200余人参加会议。会上，唐山市代表团和与会韩国各界人士进行了深入交流，许多韩国企业表达了到唐山投资兴业的浓厚兴趣，推动了唐山地区与韩国企业的经济合作。

举办第二届“中韩未来对话论坛”

12月13~14日，中韩企业联谊会在无锡锡州大酒店举办了第二届“中韩未来对话”论坛

12月13~14日，中韩企业联谊会在无锡锡州大酒店举办了由中国社科院亚太研究所和韩国中央日报中国研究所、统一文化研究所共同参加的第二届“中韩未来对话”论坛。中韩两国的专家学者立足当今，围绕“增进互信，加强合作，应对挑战”这一主题，共商两国政府和人民共同关心的重要课题，在消除两国误解，促进交流，加强合作，增进友谊方面取得了良好的成果。

2009年

举办“东方之光——首届中韩当代艺术交流展”活动

7月4~10日，中韩企业联谊会在北京798艺术中心举办“东方之光——首届中韩当代艺术交流展”

为加深中韩两国人民之间的相互理解，提升中韩文化在广度和深度上的交流和融合，7月4~10日中韩企业联谊会在北京798艺术中心举办了“东方之光——首届中韩当代艺术交流展”活动。并在8月26~29日，在韩国首尔世宗文化会馆举办了“东方之光——中韩现代精锐画家大作展”，取得圆满成功。此次画展共邀请了31位知名韩国艺术家和35位中国当代艺术家参展，不仅为中韩当代艺术家提供了学习借鉴、切磋技艺、展示风采的平台，也通过两国艺术家们用他们特有的笔触、色感与手法，对本国的景物、风俗、自然和人物的演绎，加深了两国人民之间的相互了解，增进了两国人民之间的友谊。

举行首届“中韩‘常青杯’高尔夫联谊会”活动

为进一步推进中韩民间友谊交流，中韩企业联谊会成立了由中韩两国部长组成的“中韩‘常青杯’高尔夫联谊会”。10月15~17日，举行了为期3天的首届“中韩‘常青杯’高尔夫联谊活动”，参加活动的领导有全国政协原副主席胡启立、赵南起、武警部队原政委、司法部常务副部长张秀夫等20位部长和韩国前国务总理李汉东、韩国行政自治部原长官金杞载等16位韩国长官。此活动也是中韩两国民间的最高级别交往，增进了中韩高层间的友谊，也推进了两国间的睦邻友好关系。

举办首届“全国朝鲜族政企高层经济论坛”

2009年11月6~8日，首届“全国朝鲜族政企高层经济论坛”

为了推动民族地区的发展和民族经济的振兴，提高民族企业的知名度和影响力，扩大朝鲜族政企人士的凝聚力和向心力，争取社会各界对民族经济和企业发展的关心和支持，由中央人民广播电台民族广播中心和中韩企业联谊会共同主办的首届“全国朝鲜族政企高层经济论坛”，11月6~8日在北京龙熙温泉度假酒店召开。论坛邀请了全国各地的朝鲜族党政领导、企业界代表人士以及部分学者和专家参加。论坛主要内容是企业家介绍企业发展经验和发展思路；政界人士介绍地方经济发展情况；专家学者就如何把握经济复苏时期的机遇，发展民族经济的问题进行讲演。论坛得到国家民委、全国工商联直属会员商会、中国西部发展促进会、中韩经济发展协会的大力支持，也得到中央人民广播电台、中国广播网、国际广播电台、《人民日报》、《光明日报》、《中国民族报》、《北京青年报》、《韩国东亚日报》等多家媒体的跟踪报道。

中韩企业联谊会与吉林经济技术开发区合作签约仪式

为促进地方经济的发展，加大对韩国、日本招商引资的力度，吉林经济技术开发区与中韩企业联谊会于2009年12月22日下午，在北京钓鱼台国宾馆举行了合作签约仪式，“中日韩经济发展协会成立招待晚宴”。协会名誉会长顾秀莲到会，名誉会长邹瑜致辞，日本驻华经济公使片山和之，韩国驻华经济公使李均东分别用流利的中文进行了热情洋溢的讲话。中韩企业联谊会将积极推进长吉图地区经济合作项目，为中日韩企业提供合作发展的机会。

联系方式：
电话：010-58220871
传真：010-58220870
地址：北京市朝阳区曙光西里甲1号东域大厦A座19层
邮编：100028

全国工商联金银珠宝业商会

商会简介

工作综述

重要活动

重要文献

大事记

全国工商联金银珠宝业商会会标设计采用圆形为基本图案，环形中文标示“中华全国工商业联合会金银珠宝业商会”。深蓝色为基本色调，色彩庄重大方，具有国际感。本会名称英文缩写“CCJP”采用金黄色，明亮活泼，具有很强的突出作用。中心用钻石图形表达金银珠宝行业特征，象征凝聚力、珍贵和永恒。

商会简介

中华全国工商业联合会金银珠宝业商会（简称：全国工商联金银珠宝业商会），英文名称：All-China Chamber of Commerce for Jewelry & Precious Metals Industry（缩写为 CCJP），是中华全国工商业联合会领导下非营利性的金银珠宝行业及相关行业的会员组织。

商会成立于 1995 年。2009 年 7 月起为第四届，钟永森先生任商会会长。

商会的最高权力机构是会员代表大会或会员大会；商会的执行机构是理事会和常务理事会；商会的工作由会长领导下的会长会议集体负责。商会的常设工作机构是秘书处，秘书处设在北京。

本商会是由全国金、银等贵金属以及珠宝玉器等产业（包括原料、加工、销售）的企业和业内人士组成，以民营企业为主，是金银珠宝商人之家。

商会的会员分为团体会员、企业会员和个人会员（包括中国香港、中国澳门和中国台湾以及世界华人在中国内地投资的企业和人士）。

在全国工商联直接领导下，商会将代表金银珠宝行业广大企业的共同利益，以促进本行业的健康持续发展为己任，沟通协调，规范自律，维护会员合法权益，为会员服务。商会又是会员与政府之间的纽带和国际交流的桥梁。

商会的主要任务是指导行业团体、企业、个人会员执行国家的政策、法规和方针；反映本行业的要求，协助政府解决本行业发展的根本性问题；组织开展金银珠宝行业基本情况的调查，把握国内外金银珠宝行业的科研、生产、销售和消费趋势；向政府有关部门提出制订我国金银珠宝行业发展规划、技术政策、产品标准、经济立法等方面的建议；促进行业内企业间的协调和联系，增强行业内的自律，维护全行业的根本利益；推动高新技术的研发、应用和交流；培养金

会长

钟永森

副会长

潘庆松

高扬诚

董振信

黄达华

刘　婕

苏　滔

孔　军

李建生

刘建民

程秉海

银珠宝行业的专业人才，提高产品质量、提高本行业企业家素质、提高本行业企业的经营管理水平；促进国内外金银珠宝行业的交流与合作，促进行业健康发展。

本商会将高举中国特色社会主义伟大旗帜，以邓小平理论和“三个代表”重要思想为指导，深入贯彻落实科学发展观，坚持党在社会主义初级阶段的基本路线，遵守我国宪法、法律、法规和政策，遵守社会主义道德风尚；坚持企业家办会、服务立会、诚信兴会，引导和教育会员爱国、敬业、诚信、守法、贡献，加强行业自律，提高会员素质，为促进金银珠宝行业的繁荣和健康发展作出贡献。

第四届会长、副会长、秘书长名单

会长

钟永森　香港宝石集团有限公司董事长

副会长

潘庆松　广州高建控股有限公司董事长

高扬诚　北京玉成阁工艺品有限责任公司总监

董振信　全国工商联金银珠宝业商会珠宝检测研究中心主任

黄达华　香港怡安（集团）有限公司董事长

刘　婕　青岛珠宝商会会长

苏　滔　华艺行珠宝有限公司董事长

孔　军　中国珠宝首饰进出口公司总经理

李建生　新生珠宝公司董事长

刘建民　帝都珠宝国际集团（香港）有限公司董事长

程秉海　上海市工商联黄金珠宝业商会会长

周树立　海南京润珍珠有限公司董事长

苏日明　深圳市爱迪尔珠宝首饰有限公司董事长

周德奋　深圳粤豪珠宝有限公司总经理

李厚霖　北京恒信玺利经贸有限责任公司董事长

李子丰　澳门盛丰珠宝金行董事长

王　蓓　爱家投资控股集团董事长

周宗文　深圳市周大生钻石首饰有限公司董事长

梁晃林　平洲珠宝玉器协会会长

乔　敏　青岛明辉财富投资顾问有限公司董事长

周树立

苏日明

周德奋

李厚霖

李子丰

王　蓓

周宗文

梁晃林

乔　敏

肖　波

马福元

刘月容

徐　巍

唐　庆

肖　波　广州市花都珠宝城有限公司总经理
马福元　青海昆玉实业投资集团有限公司董事长
刘月容　琦宝顾问有限公司总经理
徐　巍　南京宝庆首饰总公司董事长
唐　庆　苏州市龙凤金店有限责任公司董事长
谢文祥　川浩五金饰品厂董事长
郭金池　中国矿业联合会产业文化交流中心主任
郭兰香　新疆锦兰经贸有限公司董事长
秘书长
鲁文晶

附：
第三届会长、副会长名单
会长
万资坤　成迅国际贸易有限公司董事长
第一副会长
潘庆松　广州高建控股有限公司董事长
副会长
林林昌　台湾地区珠宝工业同业公会荣誉理事长
林晓聪　北京东方诚诺珠宝有限公司董事长
郭金池　中国矿业联合会产业文化交流中心主任
周树立　海南京润股份有限公司董事长
高扬诚　北京玉成阁工艺品有限责任公司总监
唐　庆　苏州市龙凤金店有限责任公司董事长
程秉海　上海豫园旅游商城股份有限公司总经理
刘　婕　青岛市珠宝商会会长
钟永森　扬州珠宝城实业有限公司董事长
李子丰　澳门金业同业公会理事长
郑松兴　香港民生珠宝集团主席
周宗文　深圳市周大生钻石首饰有限公司董事长
董振信　全国工商联金银珠宝业商会珠宝检测研究中心主任、总工程师
王盛华　力奇国际集团董事长
谢文祥　川浩五金饰品厂董事长
梁晃林　平洲珠宝玉器协会会长
乔　敏　青岛京华饰品有限公司总经理
黄达华　香港怡安（集团）有限公司董事长

谢文祥

郭金池

郭兰香

秘书长：鲁文晶

李建生　广州市番禺珠宝厂商会会长
孔　军　中国珠宝首饰进出口公司总经理
杨志波　广州市花都珠宝城有限公司总经理

联系方式：
电话：010－62555161
传真：010－84976693
地址：北京市海淀区福缘门1号达园宾馆汇缘阁
邮编：100091
网站：http：//www. ccjp. org. cn
邮箱：zhubao. cn@126. com

全国工商联金银珠宝业商会珠宝检测研究中心简介

全国工商联金银珠宝业商会珠宝检测研究中心成立于2002年8月，是全国工商联金银珠宝业商会的直属分支机构，具独立法人地位，获国家认证、监督管理委员会资质认定及计量认证、中国合格评定国家认可委员会认可，并获国际实验室认可合作组织（ILAC）的认可，属国家级珠宝检测机构。该检测研究中心出具的证书，不仅面向全国各地的珠宝市场，而且获得世界60

多个国家和地区的认同。

副会长董振信教授正在检测
北京奥运会奖牌玉环

该检测研究中心由长期从事珠宝检测工作的教授、研究员、博士及鉴定师进行检测，具有很强的技术力量。拥有先进的检测仪器和良好的检测环境。始终坚持公正、科学、高效及诚信的质量方针，有科学、规范化的管理，注重研究，有解决疑难问题的特殊能力，是质量过硬的一流国家级珠宝检测权威机构。除对所有珠宝玉石都能检测外，玉石检测是他们的优势项目，对和田玉、翡翠、古玉及田黄等玉石检测有独到之处。该珠宝检测研究中心受北京奥组委委托，独家承担了北京2008年奥运会、残奥会奖牌用玉原料质量、质地的检测鉴定，并在奖牌玉环成品加工完成后协助奥组委进行验收工作。该检测研究中心主任董振信教授是奥组委聘请的唯一的一位珠宝玉石检测专家。

一、坚持质量第一方针

检测研究中心坚持把检测质量放在首位，坚持以人为本，积极发挥技术特长，靠技术优势在激烈的检测市场中求发展。坚持科学、公正、规范的检测质量方针及严谨的工作作风，不断提高检测人员的综合素质，加强责任心，使检测结果不受任何金钱、物质及人情影响，保证客观、公正和独立地从事检测活动，确保检测结果的真实性和权威性，保证所出具的证书和报告中数据可靠，定名准确。

二、科学化、规范化的管理

检测研究中心十分重视科学化、规范化管理。不仅有完善的质量管理体系，有实效性很强的质量手册、程序文件及作业指导书等文件规定，有明确的检测岗位责任制、样品交接及保管制度、工资奖金及有关奖惩制度、安全卫生制度及考勤制度，而且在工作实践中，认真实施并加以不断完善。认真执行劳动法，积极缴纳社会保险及医疗保险。积极执行新的会计制度，做到收支规范，账目清楚。严格按照国家税收制度，依法纳税。

三、诚信至上，真诚服务

检测研究中心对客户诚信至上。靠一流的检测质量，诚信、热情、周到地为珠宝企业及社会各界客户服务，赢得了广大海内外客户的信任。

检测研究中心实行了服务承诺制，将检测服务项目、检测依据标准、收费标准及服务质量等公示于众，向客户承诺提供诚信服务，保证检测质量，不虚假定名和定级，接受社会监督，欢迎提出改进意见和建议。不受任何外来干预和金钱诱惑的影响，恪守第三方公正立场，坚守检测数据客观、科学、准确、可靠。

中心十分重视公益性社会活动，开展了“3·15珠宝质量免费检测活动周”活动，真诚回报社会，扩大了社会影响。

四、注重研究，树立权威形象

随着科学技术的迅速发展，合成与仿造技术越来越先进，给合成宝石和仿制品的检测工作带来的难度也越来越大。随着宝玉石开发利用的不断深入和消费者维护个人权益的意识增加，给检测单位提出了更高的要求。面对这种情况，检测中心时刻把科研工作放在首位，不断研究探索宝玉石检测过程中遇到的新问题，对翡翠、田黄、软玉、鸡血石及古玉等玉石的鉴定、鉴别及评价问题做了深入研究，使检测结果准确可靠，成为该检测研究中心的优势检测项目。中心与北京电视台合作举办讲座和现场检测。接受青海电视台及中央电视台记者采访，普及珠宝玉石鉴赏知识，为珠宝玉石收藏爱好者提供了学习珠宝知识的机会，增强了消费者鉴别真假珠宝玉石的能力，为珠宝投资者选定投资方向、准确定位提供了市场信息。对制止以假乱真欺骗消费者的行为、建立规范的珠宝市场、推动珠宝行业的发展、构筑和谐社会氛围起到了积极作用。同时也提高了该检测研究中心的知名度，树立和维护了珠宝检测研究中心的权威形象。

五、北京2008奥运会及残奥会奖牌用玉独家检测单位

北京2008奥运会是世界盛事，奥运奖牌首次突破了单纯用金属制作的传统历史。对于奖牌用玉进行检测，提供用玉的质量保证，任务光荣，责任重大。珠宝商会检测研究中心受北京奥组委的委托，独家承担北京2008年奥运会和残奥会奖牌用玉原料质量、质地的检测鉴定，并在奖牌玉环成品加工完成后协助奥组委完成验收工作。奖牌用玉检测与一般玉石检测不同，检测标准和方法特殊，所用时间长、工作量大。为了保证奥运会奖牌用玉的质量和数量，对青海格尔木供玉公司海拔近5000米的昆仑玉矿区进行了实地考察，采集了标本，对库房中精选出的样品和加工后的玉环进行了室内、外综合检测。除采用常规测定方法外，还运用了偏光显微镜法、电子探针矿物成分分析法及红外光谱分析法等特殊方法，对玉石中的矿物成分进行了精确测定和计算，对加工后的玉环分批进行了检测验收，挑选出了合格的3000件奥运会奖牌玉环。

全国工商联金银珠宝业商会珠宝检测研究中心

总部地址：北京市西城区西直门南大街2号成铭大厦B16G　邮编：100035

电话：010－66169533

传真：010－66168887

深圳检测办事处地址：深圳市罗湖区翠竹路翠竹大厦705室　邮编：518020

电话：0755－82303064

广州检测办事处地址：广州市康王中路华林玉器广场七号地段4楼413室

电话：020－62798900

沈阳检测办事处地址：沈阳市北陵大街29号

电话：024－86232745

工作综述

2007年

2007年，商会满怀希望迎来了党的十七大和全国工商联十大胜利召开；这一年也是金银珠宝商会换届过程中的一年。在全国工商联的关怀、支持下，商会坚持以学习、宣传和贯彻“36条”为核心，坚持以“中华金银珠宝品牌系列工程”为重点，促进组织发展，开展对外交流和会员服务工作；克服困难，保证商会的稳定发展。同时，筹备换届过程中，班子成员思想活跃，在修改章程和研究组织建设的过程中通过大量的交流和学习探讨，使大家对工商联直属行业商会性质、使命、目标和工作任务等问题有了更深刻的理解，对于今后商会的发展建设有着重要的意义。

一、开展换届筹备工作

根据全国工商联《关于2007年上半年，直属行业商会换届工作安排》的意见和要求，商会从2006年11月开始做换届筹备工作。组建成立了换届工作领导小组；召开了两次会长（扩大）会议和多次换届小组会议；完成商会《章程》修改草案；完成了第四届会员换届登记和会员发展工作，第四届理事、常务理事候选人的推荐工作，第四届会长候选人的推荐工作，副会长候选人的选拔、考核工作，第四届秘书长人选的推荐考核工作，并提出召开第四届会员代表大会的方案。换届工作领导小组于2007年3月15日向全国工商联提出《关于召开全国工商联金银珠宝业商会第四届会员代表大会的请示》。

二、开展会务活动

在全国工商联的关怀指导下、依靠商会领导骨干和广大会员的支持，保证了商会的正常运行，并成功开展了多项活动。

1. 学习宣传党和国家鼓励民营经济发展的方针政策，宣传全国工商联的地位职能，坚定会员对商会事业的信心

组织宣传学习了党的十七大、全国工商联十

大的文件，尤其是黄孟复主席、全哲洙书记等领导的重要讲话。我们感到，工商联在民营经济发展中的重要职能正在发生着越来越大的作用和影响。在这个重要改革时期，直属行业商会需要做、应该做和能够做的事情太多太多了。我们自身要在全国工商联的支持下，团结一致，胸怀大志，创新进取，把商会当成事业来做，脚踏实地为会员服务。

2. 持续开展品牌系列工程，取得突破进展

商会自2005年开展“中华珠宝品牌系列工程”活动至今已经进行4年。2007年4月份在人民大会堂举行了对2006年品牌企业的颁牌仪式。在会长、副会长、专家的带领下，秘书处积极工作，2007年品牌工作做到了四个坚持，达到三项增长，实现两个突破，获得一项认可。四个坚持是：坚持评审程序，坚持评审标准，坚持公开公正，坚持严格自律；三项增长是：商会评出的品牌企业推荐为“中国名牌”的，由2006年2家增加到2007年的6家，参与品牌活动的企业总数增加，2007年共评选各类品牌单位40多家；评为名牌的企业健康成长表现良好，综合效益不断增长；两个突破是：2007年突破北京和福建空白，各评选出优秀的品牌企业3家；一项认可是：商会评选的品牌单位推荐为“中国名牌”时，可获得荣誉加分。这是对商会品牌工程的极大肯定和鼓励，提高了商会名牌的含金量，更加增加了坚持搞好品牌工程的信心。

3. 维护市场公平竞争环境，参与提案工作

2007年继续组织提出“改善珠宝市场监督抽查机制”的提案，为工商联汇总并报“两会”提案，得到有关部门的积极回复。为了配合主管部门积极促进提案的落实，我们筹备成立了“珠宝检测专家委员会”，主动做好建立科学抽查管理机制的具体工作，并有计划地做好本行业修订标准、质量检测仲裁、纠纷调解的各项基础准备工作。

4. 组织会员活动

2007年3月在北京两个珠宝市场组织开展了“3·15”诚信座谈会，得到全国工商联领导、研究室和有关部门的支持，通过面对面的沟通研讨，给予商户极大的激励，对诚信商城建设产生很大推动作用。

2007年12月商会与四会市政府举办了“中国四会玉器文化节”。这是商会与当地政府连续共同主办的第四届玉器节。其间继续开展优秀作品评选和拍卖，组织玉器文化艺术交流和商品采购，对支持地方特色经济产业发展起到促进作用。

商会还参加了会员企业举行的各种活动。

5. 开展交流活动

11月，会长带队29人赴台湾参观珠宝展，并与港台珠宝商会和企业进行交流。多次与业界各商会领导人就“两岸三地”合作进行磋商，形成一致意向，并正在不断探讨具体的实施内容。

商会还接待了“两岸三地”的业界组织和国外业界人士的来访。

6. 按要求完成全国工商联2006年鉴稿件编纂报送工作

秘书处继续认真做商会大事记。经整理筛选，向工商联报送了2006年商会活动翔实的资料和图片。商会还参与了商务部《中国品牌发展报告》的编纂。

三、组织发展和内部建设

1. 会员发展情况

在品牌工程的带动下，2007年新增直属会员50多名，理事、常务理事30多名。

2. 秘书处建设和管理

从2006年起，正式整合建立了秘书处办事机构。为了解决人事管理财务管理规范运作的需要，商会成立了珠宝科技研究中心。商会以委托方式将秘书处有关事项以研究中心名义进行管理。

秘书处在员工劳动人事管理方面，建有岗位职责基础上的结构工资制度，签订了劳动合同，参加了职工养老保险、职工医疗保险、职工失业保险及工伤保险等；开展职工关爱活动；继续执行岗位责任制度，对工作人员实行绩效考核；坚持每周例会制度；开展专业能力内部培训。

工作制度方面，坚持和不断完善档案管理制度，坚持和完善数据库动态管理、日常工作流程、办公室和文件物品二级定置图，文件格式范本标准化，联络通信数据库管理，提高工作效率；逐步以科学管理提高秘书处工作的规范性和延续性。

财务管理方面，坚持年度预算制度和项目预算制度，坚持收支两条线，账款分管。支出管理坚持按预算和按级签批。一名常务副会长负责监管。并建立有秘书处负责人和财务人员离职审计等制度。2007年在经费极其紧张的情况下，商会坚持免费为会员赠阅《中华工商时报》，坚持出版《中华珠宝通讯》，完成了商会网站的改版工作。按照“服务为本、积极创收、合理支出、规范管理、保值增值”的指导思想，做到了收支平衡略有盈余。

商会要求秘书处“要坚持维护商会利益，保持正风正气和朴素的工作作风，不断建立和完善规章制度，不断改进内部工作程序，建设一支高素质的团队，优质高效地完成好商会的各项任务，为会员服好务”；强调忠诚、奉献、专业、开拓、成长的精神理念；注意积累、不断增加和充分利用好秘书处的管理资源，有意识地向制度化、程序化、标准化发展。

一年来，商会遇到前所未有的困难，商会工作中也出现了一些思想波动，但是在会员部的指导和广大会员的支持下，商会稳步走过了2007年的历程。

2008年

2008年是大悲大喜之年，正值金银珠宝商会换届工作搁置期间。年初，举办了迎春联谊会，2月份商会召开了商会工作新思路研讨会，此后，万会长等商会领导做了大量调研沟通工作，委托高扬诚副会长和秘书处到全国工商联会员部专题汇报，希望推动尽快换届，以便在奥运之年创造工作新局面。但是，随后我国却发生了许多大事，冰雪、地震……换届也一延再延。

这期间商会工作受到较大影响，资金紧张，秘书处减员，确实面临极大的困难。同时班子成员乃至业界对全国工商联直属行业商会的地位职能、商会的组织机制、会长条件等问题给予热切关注和思考。商会班子成员的思想也非常活跃，大家经常沟通，都是为了早日促进换届，使商会更好地继续发展。现在，随着学习全国工商联关于换届工作的精神和对国家改革的大环境的认识，我们已经有了更冷静的心态。

在这期间克服困难保持商会日常工作、品牌工作、组织发展工作继续得到开展。

一、商会开展的主要活动

1. 举办“中国珠宝首饰品牌风采2008迎春酒会”。

2. 举办“爱家”商城“天天3·15，诚信伴我行”活动。

3. 举办商会工作新思路座谈会。

4. 抗震救灾，组织捐款和多种形式支援灾区活动。

5. 继续深入开展“中华金银珠宝品牌系列工程”。

6. 举办中华珠宝之星大赛（原中华精品首饰精英模特大赛）。

7. 参加第33届世界钻石大会的承办工作。

8. 支持举办中国（四会）翡翠玉器博览会。

9. 做好国内外交流和会员活动的组织、协调和支持工作。

10. 组队参加并赞助全国工商联高尔夫球精英赛。

11. 冠名赞助并合作举办“健兴利杯”全国工商联中外商界名人乒乓球赛和迎新酒会。

二、组织发展

2008年新增直属会员24名，其中理事10名，常务理事12名。协助完成了新疆工商联珠宝商会组建工作。商会还按照全国工商联的规定和商会专业委员会管理办法进行了专业委员会的组建筹备工作。钻石加工专业委员会、检测专家委员会、玉石专业委员会的筹备工作基本成熟。并对东北、河北等地方工商联珠宝业商会的组建做了前期工作，具备了一定的条件，可以在换届后纳入计划展开。

三、秘书处建设和管理

2008年，鲁文晶副秘书长带领秘书处团队经受住了考验，在国家发生地震灾难时，积极坚定地投入赈灾活动的组织宣传，在商会重大活动、完成全国工商联的任务、为会员服务、内部规范管理等方面都做出了一定成绩，得到会员信任和好评。商会的财务运作建立和严格执行一整套财务管理制度，坚持收支两条线，支出要审批后执行。商会每年按地方行政部门要求和全国工商联要求进行审计，每年都获得通过和表扬。

2009 年

2009 年是我国改革发展十分关键的一年，改革开放和社会主义现代化建设取得了重大成就。在过去的一年，商会在全国工商联机关党组和会领导的领导、关怀和爱护下，在商会各位副会长的共同努力和支持下，各项工作取得了新的进展。

一、积极推动商会自身建设，加大会员发展力度

2009 年，商会在全国工商联的领导下，从 2008 年初开始，依托广大会员的支持，经过一年多的筹备，经全国工商联党组批准，于 7 月 18 日正式举行换届，选举产生了第四届理事会。为进一步做好商会工作奠定了基础。

换届后，摆在商会面前的一个中心任务就是要完善商会自身建设。在过去五年多的时间里，万资坤会长带领的第三届商会领导班子，认真学习贯彻党和国家的方针政策，紧紧把握住非公经济发展的大方向和金银珠宝行业的发展大势，团结广大会员，发展组织，建设商会做了大量的工作。新一届商会领导班子，在第三届商会工作的基础上，根据商会发展的需要，经过认真研究，认为：组织发展工作是第四届商会重要工作之一，是做好各项工作的基础，要因地制宜，积极主动做好会员发展工作。要注意吸收金银珠宝行业前景好和经济实力强、就业人数多、素质好、有一定代表性和知名度的企业入会，提高企业会员的质量。同时还要充分考虑我国珠宝商会在各地区发展不平衡，不搞“一刀切”，可以实行多种发展会员模式，探索其特点和规律，积极为愿意参加商会的珠宝企业办理入会登记手续。目前，商会虽然在经济发达的地区有了自己的组织，但还有一些地区的组织发展还是空白，需要抓紧组织发展工作。2009 年，商会主动与相关地区建立了联系，通过广东、平洲、四会、花都、山东等团体会员推荐、爱迪尔推荐加盟商和商会主动邀请的天津市、赤峰市工商联珠宝商会以团体会员身份加入商会等方式，会员数量由去年 7 月登记和审核的 403 家，已发展到今天的 1098 多家，受到广大会员对商会的信赖与支持，形成了会员蓬勃发展的态势。

二、提高服务能力，实施品牌战略

为了落实国务院“鼓励非公有制企业实施品牌发展战略，争创名牌产品”，“培育骨干企业和知名品牌”的精神，根据商会《中华金银珠宝名牌实施办法》、《中华珠宝名店实施办法》，商会自 2009 年 10 月中旬对已到授权期限的 39 家“中华金银珠宝名牌”单位和 43 家“中华珠宝名店”单位进行复评登记和评审。开展复评工作以来，已将复评文件发到所有复评企业手中，并群发短信，多次电话联系和征询意见，又通过山东、南京、青岛等商协会做了大量宣传沟通工作，截至 2009 年 12 月 28 日，同意参与复评的 47 家，其中 37 家填回表格。明确表示不参加的 15 家，未明确态度的 20 家。

品牌建设是一项系统工程。以服务为核心，扶植优秀企业，培育行业名牌，把帮助企业建设品牌作为一项重要的常规工作来抓，是商会做好品牌工作的宗旨。2009 年，品牌工作得到了商会各位副会长的有力领导和各地商协会的大力支持。在广东四会地区，商会与四会市委、市政府建立了打造中华翡翠加工基地的合作，以每年共同举行的“中国四会玉器节”为平台，评选了 20 家“中华翡翠名店”，并先后在北京、广东新评选了数家品牌企业，商会将根据复评情况进行评审和发牌。

实践证明，品牌工程是一项有利于企业品牌建设、增强企业竞争力的活动，是一项有利于促进地方珠宝产业发展的活动，通过这一活动，不仅发挥了商会的职能，而且大大提高了商会在金银珠宝行业的影响力和社会声誉。

三、为会员提供切实、全面的服务

商会换届以后，一方面，商会加强了与会员的沟通渠道，及时了解会员企业的最新发展动态，认真听取会员的意见、建议，尽可能地为他们排忧解难；一方面，做好政府与会员之间的桥梁和纽带作用，提供切实、全面的服务；一方面，通过我们的调研，为国家政策、法令的制定提供准确的依据。

2009 年，商会积极组织会员参加全国工商联活动，使他们迈上更高的交流、学习、宣传自我平台。“优秀中国特色社会主义事业建设者”评选是全国工商联和另外国家四部委联合主办的活动，商会王蓓副会长荣获“优秀建设者”称号，对此殊荣，商会全体会员感到是共同的光荣和骄傲，《中华珠宝通讯》专门将她作为封面人物进行报道。

为了使会员单位举办的有关活动更加成功、产生更大的社会影响力，需要有关领导出席或请商会作为主办单位、承办单位，商会充分利用商会资源，为会员活动给予最大限度支持；换届后商会支持了“苏州珠宝国际交易中心CEO考察”活动，与四会市政府联合主办了2009四会柑橘玉器文化节；先后出席了广州市花都珠宝名人夜、爱迪尔珠宝公司健康酒会等活动；另外，商会的各位副会长也尽可能地参加了会员企业庆典、开业仪式等活动。

为了使会员更好地了解工商联的性质与社会地位，商会为常务理事会成员免费订阅了《中华工商时报》。同时为所有会员免费寄送商会内刊《中华珠宝通讯》，并且在此刊上开辟了会员风采栏目，专门宣传会员先进事迹和重大活动。

四、加大宣传力度，推进网站建设

2009年7月以来，宣传部对商会第四次会员代表大会、苏州会长会、商会喜迁新址、四会玉器节等重大活动，以及商会发展的最新理念进行了广泛的宣传报道，在业内外取得了良好的宣传效果。钟永森会长《增强服务能力　促进行业发展》的专访文章在《宝玉石周刊》、人民网、新浪网等业内外媒体广泛刊登和转载，并在中央统战部宣传办和中华工商时报社共同举办的“与共和国同行——统一战线庆祝新中国成立60周年征文”活动中获一等奖。

8月上旬，商会完成了商会网站的调整和上线工作，9月初根据商会发展的要求进行了网站栏目调整、内容更新；网站上线后，商会积极做好商会网站的日常编辑工作，及时更新内容，适时调整栏目形式；2009年9月、12月，商会还先后编辑、出版了两期《中华珠宝通讯》，对换届后商会的活动及会员企业进行了广泛的宣传，使商会宣传工作有条不紊、循序渐进。

五、充分发挥商会在参政议政和提案工作的作用

提案工作是商会每年进行的重点工作之一，商会作为全国工商联的直属行业商会，积极利用全国工商联参与政治和社会事务的主渠道的平台，号召会员积极提交或撰写反映金银珠宝行业的呼声和制约行业发展的瓶颈中普遍存在的现象的建议。根据2009年全国工商联提案工作交流暨培训会的精神和工作安排，商会在会员内组织了提案征集工作。征集提案建议17项。经商会召开选题座谈会进行研讨筛选，初步确定2009年提案选题为《关于合理调整珠宝行业增值税税率，促进企业持续发展和产业升级的建议》。报全国工商联转全国政协进入2010年“两会”提案。

六、抓紧完成社团登记工作

随着民政部下发《国务院授权全国工商联作为全国性社会团体业务主管单位有关问题的通知》，商会将由全国工商联的直属行业商会改变为独立法人社团，成为一级法人单位。我们将以独立法人社团的身份接受全国工商联的业务指导和民政部的监督管理。为做好在民政部登记注册工作，商会成立了登记注册七人领导小组，根据全国工商联举办的关于商会登记注册的专题培训班的要求，先后四次组织了专题学习，并正在与商务部、国资委、国土资源部联系、沟通登记注册的有关事宜。

七、编纂、出版纪念册、年鉴

为加强机关建设和商会存档工作的需要，商会组织编辑、出版了《第三届理事会纪念册》。《第三届理事会纪念册》记录了商会发展的历史，为档案保存更为鲜活、生动、直观、形象的人物和有关活动的商会史料发挥了重要作用。同时，也是商会开创未来工作的需要，是商会一项重要基本建设工作。该纪念册出版后得到全国工商联和社会有关方面的高度评价，在宣传商会和社会各界建立联谊关系等方面具有一定意义。

按全国工商联的要求，商会还为编辑、出版《中华全国工商业联合会直属会员商会年鉴(2007~2009)》提供了商会有关情况的内容，包括商会介绍、工作综述、重要活动、重要文献、大事记等，做到文图并茂，总字数约4万字。

八、积极缴纳会费，增强主人翁责任感

会费收缴是换届后的一项重要工作，商会四届一次和四届二次会长会议高度重视这项工作，分别就会费问题进行重点讨论。认为：会费是商会目前主要的经费来源，是章程规定的会员应履行的最基本的义务。会员所缴纳会费是用于商会日常办公、召开会议、开展培训、组织商会内部交流和做好会员服务、开展各项服务活动等开支。通过缴纳会费可以培养会员的意识，增强会员的主人翁责任感，激励会员参加商会活动，有利于密切会员与商会组织之间的联系。会员部一定要充分认识会费收缴工作的目的和意义，将会费收缴工作做实、做细。

九、商会的发展和建设始终是商会最重要的工作任务

换届后，商会因工作和发展的需要，根据四届二次会长会议精神，于2009年10月16日将办公驻所搬迁到北京市海淀区福缘门1号达员宾馆汇缘阁。新的办公地址，扩大了办公面积，改善了办公条件，增强了服务能力，促进了行业发展，为会员做好服务和对秘书处的执行能力和工作水平提出了更高的要求。建设一支高素质的团队，优质高效地完成好商会的各项任务，是商会秘书处当前的一项重要工作。目前，秘书处正在逐步进行合理配置岗位人员的工作。下一步秘书处将在建立和完善规章制度，不断改进内部工作程序，建立内部培训制度，建立数据库动态管理，坚持档案管理制度，坚持严格执行财务制度等方面进行管理。秘书处全体人员要心系使命、求真务实，用工作的业绩去赢得会员的信赖拥护，为会员提供更多更好的服务；要体现集体领导，发挥团队精神，构建和谐发展的内部环境，发挥每个人的积极性和创造力；要坚持以服务为主，创收为辅的原则，在服务的前提下为商会的发展开辟经费来源，做好商会工作。

重要活动

2007年

珠宝市场调研暨“3·15”诚信自律座谈会召开

3月12日，为促进珠宝市场诚信自律建设，全国工商联研究室与全国工商联金银珠宝业商会共同主办的“珠宝市场调研暨‘3·15’诚信自律座谈会”分别在北京爱家国际收藏品交流市场和北京国际珠宝交易中心举行。

北京爱家国际收藏品交流市场和北京国际珠宝交易中心一向重视规范自律，狠抓诚信建设，在全国工商联金银珠宝业商会开展的“中华金银珠宝品牌系列工程”活动中荣获2006年度“中华珠宝诚信商城”称号。

2007年3月12日，“3·15”诚信自律座谈会在北京举行

全国政协委员、全国工商联副主席辜胜阻，中央机构编制委员会办公室副司长田玉萍，国务院研究室工交司司长陈全生、副司长刘建生等领导出席了活动。全国工商联研究室主任陈永杰、北京市海淀区和朝阳区政府有关部门领导、珠宝商城负责人和企业、商户代表参加了座谈会。金银珠宝业商会会长万资坤、副会长董振信分别主持了座谈会。

会议以诚信自律为主题，围绕政府、行业组织和企业如何共同研究解决珠宝行业发展中的问题，进一步提升诚信经营的理念，营造公平、有序竞争的珠宝市场氛围，推动金银珠宝业健康有序发展的问题进行座谈，并对目前珠宝市场上存在的以假乱真、以次充好、虚高定价、虚假打折的社会关注问题进行讨论。

2006年度“中华金银珠宝品牌系列工程”颁牌授奖大会召开

4月10日，商会在人民大会堂隆重召开了2006年度“中华金银珠宝品牌系列工程”颁牌授奖大会。

商会自2005年全面启动“中华金银珠宝品牌系列工程”以来，得到了全国各地珠宝企业的积极响应和参与。2006年，商会在企业自愿申报的基础上，遵照公正、公平及公开的原则，按照评审标准，经过调研、初选、专家现场评审、商

会品牌推进委员会审查、会长会议审定及向社会公示等程序，最终评出“中华珠宝名牌之星”3个，“中华珠宝诚信商城”2个，“中华金银珠宝名牌”14个，“中华珠宝名店”29个。

九届全国政协副主席、全国工商联金银珠宝业商会名誉会长孙孚凌、全国工商联直属会员商会会长瞿怀明、全国工商联金银珠宝业商会名誉会长田鹤年、中国黄金协会会长及有关部门的领导出席了会议，并为入选企业颁发牌匾。

获得荣誉称号的企业代表，签订了“中华金银珠宝品牌系列工程”入选企业自律公约，佩戴红花走上主席台，接过了庄重精美的牌匾。

到会的还有来自全国工商联直属行业商会的代表，扬州市、四会市、广州市花都区政府的代表，北京市工商联和地方工商联珠宝商会的代表，全国各地（包括港、澳、台地区）珠宝界商会领导、企业家和专家。

2007年4月10日，全国工商联金银珠宝业商会在北京人民大会堂隆重召开2006年度“中华金银珠宝品牌系列工程”颁牌授奖大会

万资坤会长到广东进行工作调查听取企业意见

商会为了做好服务，支持珠宝特色基地建设再上新台阶，2007年6月15～18日，万资坤会长到广东进行工作调研。15日首先到达“中华珠宝之都”广州市花都区，与花都区区长王中丙以及新华街道、花都珠宝城的领导进行亲切的交谈。就商会进一步与花都亲密合作支持当地珠宝产业发展达成共识，并就今后具体活动的开展达成了一致意见。

潘庆松第一副会长赴澳门出席珠宝业交流会

应澳门特别行政区政府消费者委员会及澳门金业同业公会的邀请，商会第一副会长潘庆松于2007年6月25～26日赴澳门出席“JMA Macau 2008澳门国际珠宝展”之珠宝业交流会。

此次珠宝业交流会主要由香港珠宝制造业厂商会组织内地、中国台湾、香港地区，以及美国、韩国等国家和地区珠宝商界约50人的代表团赴澳，其中包括商会副会长孔军女士。商会潘庆松第一副会长作为澳方的特邀嘉宾，代表商会出席此次活动以表支持。

香港珠宝制造业厂商会黄国和主席一行访问商会

2007年11月1日，香港珠宝制造业厂商会一行在新任主席黄国和先生的带领下到商会进行访问。商会会长万资坤在副会长董振信、常务理事刘月容、副秘书长鲁文晶的陪同下一同与来访的客人进行了座谈交流。

万会长首先对黄主席就任表示祝贺。万会长表示：香港珠宝制造业厂商会在过去的几年中一直与商会有着良好的交流与合作，积极响应和配合商会在香港地区进行“中华金银珠宝品牌系列工程”的推荐和评选工作，一批在香港的优秀企业也通过评选脱颖而出，并被大陆消费者所认识，能够取得如此良好的成绩表示感谢。2007年，希望能够跟香港珠宝制造业厂商会继续配合，通过与香港地区兄弟商会之间的进一步合作加强沟通与协作，协力把“香港制造品牌”知名度打响。

黄国和主席表示，香港在珠宝方面的优势在设计制造方面，并且拥有一个相对开放的市场和平台，作为枢纽站，香港紧密地衔接了国际与国内的珠宝市场，在两块市场中均占有极其重要的地位。近些年随着金银珠宝业商会等相关组织的不断努力推进，逐步加强了中国与国际珠宝业界的交流合作，中国的珠宝业正渐渐被世界所认识。现在，双方正处于一个内外高度关注的时期，我们希望通过与珠宝商会的合作，不但要着力重点打造中国自己的世界品牌并将其进一步推向世界，还要筛选国外的优秀技术与设计理念，把精华的东西引进中国从而使内地的珠宝业真正受益。

座谈中，万会长还介绍了香港客人所关注的有关党的十七大的情况与新的精神。香港厂商会听到国家加大放宽国内外商贸合作的政策后表示很受鼓舞，希望以后更加密切地与珠宝商会合作。

最后，万会长还代表商会向来访客人赠送了珠宝商会水晶纪念牌。

万资坤会长应邀参观上海国际艺术精品展

上海国际艺术精品展览会（SFJAF）于2007年10月12～21日在上海展览中心举行，为期十天的展览首次在中国展示国际艺术精品。Moi名钻坊和豪派画廊、北方画廊一同亮相在艺术品巡展上，Moi名钻坊作为全亚洲唯一珠宝商入选参展。

商会会长万资坤在参观了整个展览后表示，国际艺术精品展来到上海，为中国的观众带来了代表世界水平的艺术盛宴。中国珠宝品牌凭借在艺术珠宝魅力进入到本次展览，让世界各地的收藏家在中国珠宝展位前发出由衷的赞叹，这对塑造真正的具有文化底蕴的世界级珠宝品牌都有着重要的意义。

商会组团参观第十九届台北国际珠宝展

11月24日～12月1日，万资坤会长等一行29人到台湾参观考察，参观了第十九届台北国际珠宝展。潘庆松第一副会长，刘婕、钟永森、董振信、梁晃林副会长与业界进行了友好交流，受到主办单位台湾地区珠宝工业同业公会萧新才理事长、林林昌名誉理事长和在台的香港宝石厂商会创会永远名誉会长黄达华先生、香港金银首饰工商总会苏涛会长以及业界同仁们的热烈欢迎和盛情款待。

2008年

抗震救灾，组织捐款和多种形式支援灾区的活动

“5·12”大地震当天，珠宝企业就开始了捐款行动。在全国工商联的领导下，商会发出倡议并积极组织抗震救灾捐款和各种形式的支援活动。据不完全统计，会员捐款逾454万元，本行业捐款逾1亿元。其中常务理事恒信钻石董事长李厚霖捐款2000万元，并以此建立IDO儿童救助基金，持续帮助受灾儿童，他也被全国工商联评为抗震救灾先进人物。此间出现了大量感人事迹，商会及时进行收集和宣传报道，表达对民营珠宝企业的高尚爱国情操、社会责任感和人文关怀精神的敬佩、感谢和表彰。

检测中心独家承担奥运会金镶玉奖牌检测工作

商会珠宝检测研究中心受奥组委委托，独家承担了北京2008年奥运会、残奥会奖牌用玉原料质量、质地检测鉴定，并在奖牌玉环加工后协助奥组委完成验收工作。副会长董振信教授不辞辛苦，克服种种困难，胜利完成任务。

继续深入开展“中华金银珠宝品牌系列工程”

2008年商会按程序评选出了2007年度“中华珠宝名牌之星”7个、“中华金银珠宝名牌”15个、“中华珠宝名店”29个、“中华珠宝诚信商城”3个。

3月29日在人民大会堂隆重举行“中华金银珠宝品牌系列工程”颁牌仪式。商会名誉会长孙孚凌，全国工商联宋北杉副主席、瞿怀明会长等领导出席大会并为获得荣誉的企业颁牌。来自全国各地（包括港、澳、台地区）珠宝界企业家和专家，商协会的会长和知名人士出席了会议。多家媒体到会采访。活动收到良好的效果，深受会员欢迎。品牌系列工程是在全国工商联的支持和中国名牌战略指导下开展的，经3年来的共同打造，已经成为商会最具影响力和权威性的活动。

举办“中华珠宝之星大赛”（原“中华精品首饰精英模特大赛”）

继2005年首次主办“中华精品首饰精英模特大赛”受到业内外广泛欢迎，2008年改名为“中华珠宝之星大赛”，更加突出弘扬珠宝文化与推广珠宝品牌的特点。经分区选拔，2月份在莆田举行了决赛和颁奖晚会。全国工商联有关领导、当地政府领导和各界人士1000多人观看赛事和演出。同时举办了莆田珠宝展，召开了商会“工作新思路研讨座谈会”。

参加第33届“世界钻石大会”的承办工作

“世界钻石大会”是世界钻石交易所联盟和国际钻石加工协会的官方论坛，两年举办一次。在世界钻石界能获得举办权的城市屈指可数。2008年“世界钻石大会”首次在中国上海举办，这意味着我国钻石业在国际上受到高度的重视。商会钻石专业委员会（筹备组）在本会的支持协助下，配合上海钻交所承担了本次大会的承办工作。

合作举办中国（四会）翡翠玉器博览会

12月举办了中国（四会）玉器节。这是商会与四会市人民政府合作连续第5年举办的中国（四会）玉器节活动。四会市是商会命名的“中华翡翠加工基地”，商会与四会市政府紧密合作，培育和扶持翡翠加工基地的发展，使每年一届的玉器节越办越好。四会玉器业高速发展，做工水平不断提高。

2009年

商会第三届十次会长会议在北京召开

2009年2月28日，商会在北京翠明庄宾馆召开三届十次会长会议

2009年2月28日，商会第三届十次会长会议在北京翠明庄宾馆召开。会长、副会长、换届筹备小组成员等19人出席了会议。全国工商联会员部刘红路部长到会并做了重要讲话。

会议由万资坤会长主持，进行了以下议程：

1. 会议邀请国家税务总局政策法规司丛明研究员做了2009年宏观经济形势和国家经济政策的讲座，并就金融危机对珠宝行业和民营企业的影响及应对与到会会长、副会长进行研讨。会长们针对实际情况，提出了改进珠宝行业现行税收政策的建议，与专家进行了热烈的讨论交流。

2. 会议听取和通过了董振信副会长所做的品牌工作总结，高扬诚常务副会长所做的组织工作和财务工作总结，鲁文晶副秘书长所做的秘书处工作总结和万资坤会长所做2008年商会工作总结和关于工作计划的说明。

3. 会议讨论研究了商会换届筹备工作。

4. 会议对第三届班子工作做出高度评价，并作出聘请万资坤同志为第四届荣誉会长和首席顾问决定。

会议还对为商会作出很大贡献的林林昌、郑松兴、王盛华、杨志波等第三届班子成员表示衷心的感谢，并一致推举他们为名誉会长或顾问。

此次会议对于推进商会2009年尽快落实换届工作，承前启后，开创商会工作新局面有着重要意义。会议充分发扬民主，每个人都以对商会高度负责的态度积极发表意见，通过热烈讨论，最终达成一致。会议以高效率完成各项计划议程，取得圆满成功。

商会第四次会员代表大会召开

2009年7月18日，金银珠宝业商会第四次会员代表大会合影

7月18日，商会第四次会员代表大会在北京隆重召开，大会经过民主程序，选举香港宝石集团董事长钟永森先生担任会长，同时还选举出潘庆松先生等27人为副会长。

全国工商联领导为新当选的会长、副会长和首席顾问颁发了证书。180多位珠宝企业家及代表、业内专家学者、新闻界朋友，以及全国工商联有关部门负责同志参加了本次会议。全国工商联党组副书记、副主席宋北杉发表了重要讲话。

商会第四届二次会长会议在苏州召开

8月28日下午，商会第四届二次会长会议在苏州隆重召开。这是商会换届后，新一届领导班子首次就未来发展的工作目标和重大事项进行讨论研究的重要会议。商会会长、副会长、秘书长共21人参加了会议。首席顾问万资坤先生及特邀代表出席了会议。会议由钟永森会长主持，围绕中心议题讨论研究了本届商会的总体目标和工作思路，以指导今后的工作。

商会喜迁新址

2009年10月16日，乔迁仪式在达园宾馆汇缘阁门口举行，现场摆放的花篮散发着芬香；汇缘阁牌匾上悬挂的红绸迎风飘舞；全国工商联金银珠宝业商会和全国工商联金银珠宝科技研究中心的牌匾分立大门两边，格外醒目。

香港怡安（集团）有限公司、帝都珠宝国际

2009 年 10 月 16 日，全国工商联
金银珠宝业商会喜迁新址

集团（香港）有限公司、中国珠宝首饰进出口公司、广州高建控股有限公司、日照信百泉商贸有限公司、陕西三原百悦钻石广场、北京市工商联收藏品行业商会、爱家国际收藏品交流市场等单位以多种形式对商会迁址工作提供了支持，并赠送花篮表示祝贺。

两岸三地珠宝企业家座谈会畅谈行业未来发展

11 月 4 日下午，来自两岸三地的 20 余名珠宝企业家应邀来到商会新址达园宾馆汇缘阁，参加珠宝企业家座谈会。在欢乐祥和的气氛中，钟永森会长、董振信常务副会长、刘建民常务副会长等商会领导与来宾们一起共叙珠宝同仁友情，畅谈行业未来发展。

来自香港的黄达华常务副会长、台湾的林林昌先生、平洲珠宝玉器协会梁晃林会长、河南珠宝协会刘长秀会长、南京珠宝商会夏德时秘书长以及来自广东四会、平洲、深圳等地的贵宾分别发言，就近年来企业、地区珠宝产业的发展和前景进行交流，并感谢全国工商联金银珠宝业商会为珠宝行业规范和发展所作出的努力，对商会近年来取得的成就表示赞许。钟会长首先对领导来宾的光临表示欢迎，感谢大家对商会工作长期的支持，介绍了近期商会发展的方向与重大举措，并就一些大家关心的问题进行了交流。

商会与四会市人民政府共同主办 2009 中国（四会）柑桔玉器文化节

12 月 17 日，2009 中国（四会）柑桔玉器文化节暨经贸洽谈会（以下简称柑桔玉器节）正式开幕。作为中国著名的玉器加工销售基地，本届柑桔玉器节期间举办了多项活动，旨在促进四会玉器这一富民产业向规模化、产业化、精品化的产业升级方向迈进。

全国政协原副主席张思卿、第九届全国工商联副主席程路、广东省政府副秘书长谢鹏飞等广东省有关部门领导，国家、省有关社会团体负责人，肇庆市委副书记、代市长郭锋等肇庆市领导，四会市委书记梁志强、市长陈清等四会市领导，肇庆市有关领导等出席了开幕式。

商会会长钟永森、常务副会长潘庆松、董振信等商会领导、会员代表 30 余人应邀出席文化节重要活动，并与 2000 多名海内外宾朋和客商欢聚一堂，见证四会发展成就，柑乡再掀招商引资热潮。

重要文献

2007 年

关于完善珠宝市场监督抽查机制的提案

商会通过全国工商联向“两会”提交的提案
（2007 年 3 月）

我国金银珠宝业发展迅速，生产与市场规模越来越大。近 10 多年来，国家和地方有关部门依法相继建立了 10 多个国家级和 100 多个省市级金银珠宝检测机构，为珠宝企业和商家销售出具了大量证书，逐步形成了珠宝首饰市场销售的“一物一证”的模式。国家《质量管理法》、《标准化法》等有关法规和金银珠宝类相关国家标准的制定和实施，特别是国家工商总局在珠宝生产产品和市场商品监督抽查工作中所做的大量卓有成效的工作，为规范金银珠宝市场，推动行业发展起了重要作用。我国珠宝市场总体是好的，但仍大量存在以假乱真、以次充好等商业欺诈行为；珠宝检测市场还不规范，特别是在市场监督抽查机制方面，应改进和完善。当前的主要问题有：

一是珠宝市场监管抽查授权机制不合理。过去，珠宝生产产品及市场商品的监督抽查工作均由国家质检总局负责。2003 年以来，珠宝市场的商品监督抽查工作改为国家工商行政管理部门负责，虽然在监督抽查工作中做了很多改进，但仍采用授权的办法。被授权的行业组织及相关珠宝检测机构不仅决定抽查的场所、商家及珠宝类别，而且由这些机构出具检测证书，包括复检证明。这种机制有失公平、公正，且会为被授权机构的人员搞“暗箱操作”等不正之风留下空当。

二是珠宝检测市场缺乏公平竞争。由于被授权的国家级及省地市级相关检测机构在每年的市场抽查中是固定不变的，由他们出具证书的有关商家一般不会被查或只是象征性查一下，这促使其他商家去被授权单位制作证书。有不少商场怕惹麻烦，也要求商家去被授权的检测单位制作证书，变相寻求保护。这就失去了检测机构之间靠质量、服务、人才和技术优势等进行公平竞争的准则，往往产生被授权机构垄断检测市场的不良后果。

三是珠宝检测市场不规范。被授权的珠宝检测机构，由于长期缺乏市场监督，难以保证检测质量，出现检测证书不合格的现象时有发生。另外，其他个别珠宝检测机构出具的证书有时也有问题，若不合格证书得不到检查纠正，使不合格商品充斥市场，不仅损害消费者权益，也使珠宝市场的不规范局面难以彻底整治。

四是对钻石商家的处罚存在问题。在国际及国内钻石分级标准中，钻石颜色和净度分级的界限模糊，并受检测环境、条件及检测者主观因素影响，问题较多。例如，钻石分级标准中“钻石净度分级”是以十倍放大镜下“极难观察”、“很难观察”、“比较容易观察”等作为级别标准的。实践证明，同一件钻石首饰，不同人员检测，甚至同一人员在不同时间和地点检测，其净度检测结果差一个级别是常见的。但是在市场抽查中，被授权单位有时将“差一个级别”甚至差“半个级别”的钻石判为不合格产品。一旦执法部门以此检测结果进行处罚，便损害了企业的合法权益，也影响了执法部门的权威性和公信力，还会引起一些纠纷。

针对上述问题，应根据珠宝市场监管的特殊性，建立公正、科学、规范的市场抽查机制，改进现有监督抽查管理办法。提案建议如下：

1. 改变不合理的授权委托制。在珠宝市场监督抽查中出现的弊病，重要原因是不应该授权委托个别珠宝检测机构或与检测机构有利益关系的行业组织，进行从抽查——检测——复检全过程的操作。应当改变现行不合理的授权委托制，实行抽查与检测、复检严格分开。充分调动所有检测机构和人员的积极性，共同参与、公平竞争，互相监督和制约。

2. 建立合理的抽样规则。由于珠宝抽查专业性强，可由省市各个珠宝检测机构组成的联合抽查组参与抽查工作。所有珠宝检测机构，应在工商部门统一组织下参加市场抽查工作。现场抽样人员要严格纪律，注意保密，杜绝“暗箱操作”，做到公正执法。在现场抽查工作中，所有商家及相关出具证书的检测单位都应受到监督抽查，确保及时查出有问题的商品。抽样可分为常规普查抽样和暂时针对性抽样两种。对常规普查抽样，应采取合理的随机抽样方法，抽样要有代表性。

3. 建立国家级及省市级珠宝检测专家组。为了适应珠宝市场监督管理工作的特殊需要，便于统一管理，应建立由国家级和省市级珠宝检测机构有关专家分别组成的国家级和省市级珠宝检测专家组。由有关部门拟定入选专家条件要求，建立相关人才库。

4. 实行抽查样品异地检测与复检制度。为了严格将参与抽样工作的检测机构及人员与对抽样进行检测的机构及人员分开，保证监督抽查工作公正性，杜绝地方保护主义的发生，所有市场抽查样品，都应重新编号，制成盲样，送外地市珠宝检测专家组检测。

5. 做好抽样的检测和复检及质量判定工作。承担外省珠宝市场抽查检测任务的专家组，可选择多家检测条件好的珠宝检测机构，作为检测场所。同一样品应由2名以上的专家进行检测，并由2名以上的专家进行复查。对于易受客观条件、人为因素影响的检测项目及检测难度大的样品，实行多个小组检测、分别判定及综合评定等方法，公正、科学地出具检测报告。要搞好抽样质量判断工作，若有疑义，送国家级珠宝检测专家组进行仲裁。

6. 加强对珠宝检测机构的监督管理，对于市场监督抽查工作中发现的有关检测机构的严重问题要严肃处理。检测机构也要加强内部管理，提高珠宝检测人员的综合素质，防止人情检测、虚高定级等违规行为发生，按照有关检测标准，客观公正地出具检测证书。政府部门应加强对珠宝检测机构的监督管理，对于市场监督抽查工作中发现的有关检测机构的严重问题要严肃处理。

以诚信铸造珠宝企业和商城品牌

——在珠宝市场诚信自律调研暨"3·15"座谈会上的讲话（摘要）

全国工商联金银珠宝业

商会会长　万资坤

（2007年3月12日）

北京爱家国际收藏品交流市场和北京国际珠宝交易中心是2006年度珠宝商会开展品牌工程活动中首批评选出的"中华珠宝诚信商城"。我们开展的品牌工程核心内容之一就是倡导诚信。品牌工程重在培育，品牌培育重在诚信，诚信建设重在自律。今天在这两个商城举办以诚信自律为主题的座谈会，目的在于政府、工商联、商会和珠宝商城、企业共同研究如何解决珠宝行业发展中的问题，进一步提升诚信经营的理念，充分认识诚信自律的重要性。总结和推广打造诚信商城和树立诚信企业品牌形象的成功经验，营造公平、有序的珠宝市场氛围，推动金银珠宝业健康有序发展。

诚信是做人、做事、经商的准则，是中华民族的传统美德，也是市场营销中应遵循的法规。诚信是企业经营之道，成功之道。诚信服务是企业赖以生存和发展的基础，是企业增强活力、生命力和竞争力的重要手段，尤其在商品种类、质量、价格相近的情况下，诚信服务就成了企业发展中的关键问题。谁诚信服务好，谁的销售额就大，市场占有率就高。诚信是企业塑造品牌形象，争创名牌的法宝，只要坚持"顾客是上帝"的宗旨，履行承诺，就能在消费者心中树立起企业的良好形象，取得消费者的信誉和赞誉。诚信自律是对整治以假乱真、以次充好、虚假打折等商业欺诈行为的有力手段，是规范珠宝市场、营造良好的市场环境重要举措，也是推动珠宝行业健康持续发展的需要。

我国珠宝行业正在快速发展，形势喜人。但是发展中存在的经营中的弄虚作假现象和不规范行为问题也严重影响着消费者的购买信心，影响着市场公平竞争的环境，阻碍了珠宝行业的健康成长，必须加以高度重视，积极引导、认真纠正和严肃处理。

珠宝市场打假、防伪、杜绝虚假打折是一项系统工作。政府有关部门、行业组织、商城管理机构、企业及消费者要形成合力。让我们携起手来，为增强珠宝企业竞争力，规范珠宝市场秩序，推动珠宝行业的健康发展，构筑和谐社会共同努力！

学习十七大精神　探索商会工作新思路

全国工商联金银珠宝业商会会长　万资坤

（2007年10月）

改革开放以来，民营经济在党和政府的重视与关怀下，得到了空前的发展，相应的各种行业组织也随之破土而生。全国工商联广泛联系全国广大的非公经济企业和人士，直属行业商会涉及的行业越来越广泛，发挥着桥梁、助手和纽带的作用。中共十七大关于发展非公经济和一系列新论述、新要求，为我们深入贯彻落实科学发展观，促进非公经济健康发展和非公经济人士健康成长进一步指明了方向，通过学习和实践，我们更加深刻认识到商会在新时期的任务是艰巨与光荣的。

商协会组织是市场经济不可缺少的重要环节，今年国务院36号文件的发布，充分反映出党和政府对商会、协会组织的重视和期望，要做好商会工作必须提高自身的服务水平，规范自身的管理，完善自身的职能，加强自身的建设，要在实践中不断探索新时期商会工作的新思路、新举措。商会要树立良好的民主会风，充分发挥广大会员的积极性和责任感。同行业的商会、协会组织之间要加强联系与合作，发挥整体优势，共同为行业组织办实事。商会的任务很重，并且遇到的困难很多，它需要自律和把握大方向，同时也需要营造一个宽松的氛围，才能够团结广大会员，和谐发展。

我们希望并相信，在十七大精神指引下，在全国工商联的正确指导下，工商联直属行业商会将会建成具有中国特色的新型商会，更好地履行新时期赋予商会的职责。全国工商联金银珠宝业商会将与各兄弟商会共同努力去完成这一光荣的使命。

在2006年度“中华金银珠宝品牌系列工程”颁牌授奖大会上的发言（摘要）

六福集团代表

（2007年4月10日）

六福集团是一家上市公司，成立于1991年。主要从事各类黄金首饰、黄金装饰品、镶石首饰、宝石及其他饰品。集团具有一支有设计、工艺、采购、加工、销售、行政管理、市场推广、质量检测、客户服务等各方面人才的团队。目前在香港、澳门、台湾地区以及加拿大等地设有20多家零售店，在内地也有几十家零售店。

世界上很多国际珠宝品牌产品出自香港制造，但是真正属于中华民族的国际品牌却寥寥无几。同时国际市场的竞争也越来越激烈。六福集团一向致力于打造自己的国际化品牌。“六福”曾在多项国际会展和评选活动中获得各种荣誉，受到国内外客户的好评，成为消费者认可的著名品牌。

全国工商联金银珠宝业商会、万资坤会长一向注重香港珠宝业界的团结合作与共同发展。我们了解到全国工商联的重要地位和对民营企业的大力帮助。我们非常希望与这个大家庭的关系更亲密。全国工商联金银珠宝业商会和香港珠宝制造业厂商会作为联系两地广大珠宝企业的重要桥梁和纽带，在香港推广“中华金银珠宝品牌系列工程”，并由香港珠宝商会主席联席会议负责香港区评选。这是非营利性质评选活动，采用公平、公正及公开之方式于业界中进行评审，并参照以下八个标准选出得奖机构：企业及其产品于行业内的普遍认同性、产品专利及技术创新、产品特色、去年曾参加世界性行业展览会、经营理念、产品品质、参与其他品牌选举之成绩以及专业管理认证。目的为表扬于珠宝业界获得广泛认同的商号，以及确认其优越产品之专门性地位，并鼓励同业向其学习，借以提高业界的素质及市场竞争力。我们六福集团经过业界商会联系会推举的评审组评选，获得此项荣誉。这不仅仅是一种荣誉，更是一种责任。我们常说的百年品牌，说的就是企业要创造一个名牌，不是一天两天的事，而是一项艰巨的、复杂的、长期的任务。今后我们还要不断努力创新，与业界同仁加强交流，把品牌工程继续推进到更高境界，真正把中华名牌推向世界。

2008年

出席2007年度“中华金银珠宝品牌系列工程”颁牌授奖大会的讲话（摘要）

全国工商联金银珠宝业商会会长　万资坤

品牌工程重在培育，品牌培育重在诚信，诚信经营重在持久。鼓励非公有制企业实施品牌发展战略，争创名牌产品，是全国工商联金银珠宝业商会的一项长期工作。随着品牌工作的深入开展，必将鞭策着商会的进步与发展，促使商会也要不断地学习新知识，思考新问题，树立新观念。在全国工商联的领导下，商会工作也要遵照国务院36号文件精神改革创新，加强自身建设，不断提高服务水平。

全国工商联金银珠宝业商会副会长　董振信

三年来，商会在开展“中华金银珠宝品牌系列工程”培育、评选、监督过程中，积极引导企业提升品牌理念，增强质量、创新和诚信服务意识，使企业做强、做大；在商会进行深入调查研究的基础上，积极反映行业、企业诉求，对珠宝市场的监督问题提出政协提案，得到了国家工商总局和国家质检总局领导的高度重视，为营造一个公平、公正的市场竞争环境提供了有力的保证。

2007年度“中华金银珠宝品牌系列工程”颁牌授奖大会获奖企业代表发言（摘要）

“中华珠宝诚信商城”江苏南京中央商场钟表首饰部党支部书记　王传宪

“人无信不立，商无信不兴。”多年来，我们从事珠宝销售的商家围绕文明诚信这根主线积极推进创建诚信商城的各项工作，目前已经形成了诚信经营的共识，文明礼仪蔚然成风、先进典型不断涌现、诚信品牌层出不穷、文明形象得以巩固、服务水平再上台阶的和谐经营新局面，同时提升了各商家的知名度、美誉度和文明度。

作为诚信商城之一的南京中央商场是具有72

年历史、经营面积6.3万平方米的中华老字号大型综合商场，是南京城市文明建设的一个窗口。多年来，我们始终将文明诚信融入珠宝经营的工作中，严格把好商品质量关和优质服务关，实行多项管理制度，有效地保障了文明诚信落实到位。

我们代表获得“中华珠宝诚信商城”称号的商家，感谢各位领导的关心和支持。我们将始终高举文明诚信的大旗，坚持经营与文明诚信并行，与企业和谐发展相融，和消费者期盼渴望交汇，让文明诚信在我们珠宝行业成为一道风景线。

“中华珠宝名牌之星”湖北金兰首饰集团公司副总经理　潘明

湖北金兰首饰集团有限公司作为中华全国工商业联合会金银珠宝业商会的一员，荣获“中华金银珠宝名牌”和“中华珠宝名牌之星”称号，感到无限的荣光。

湖北金兰首饰集团有限公司自1996年就制订并实施了精品名牌战略，十几年来紧紧围绕“内抓质量，外树品牌”这一工作方针。金兰牌黄金首饰、铂金首饰、金属镀层流行首饰等先后获得了湖北省名牌产品称号，并且每次复评都获通过；继2005年金兰牌金属镀层流行首饰荣获中国名牌产品称号后，2007年金兰牌黄金首饰又荣获了中国名牌称号。这些荣誉的获得也与商会鼓励企业实施品牌发展战略、争创名牌产品有关。

湖北金兰首饰集团有限公司将以荣获“中华金银珠宝名牌”和“中华珠宝名牌之星”为契机，以塑造“百年金兰”为理想，在中华全国工商联金银珠宝业商会的领导下，与行业同仁一道，为金银珠宝业的更加辉煌，为国民经济的持续发展，作出更大的贡献。

“中华金银珠宝名牌”福州市德诚首饰公司董事长　陈德官

我们沐浴着春风，相聚在北京，参加“中华金银珠宝品牌系列工程”颁牌授奖大会，感到非常荣幸。在此，请允许我代表这次获得“中华金银珠宝名牌”的企业，向全国工商联金银珠宝业商会和领导们致以最崇高的敬意！

我们15家企业的品牌获得了“中华金银珠宝名牌”称号，意味着我们的珠宝首饰产品，其生产管理、产品质量和创新、品牌塑造和知名度、销售服务和市场开拓等方面，得到了全国性行业组织的肯定。我们将以此为动力，向中国名牌和世界名牌的方向而努力。

我相信通过我们的努力，势必会形成强大的行业优势，让我们在行业中发挥出更大作用，扮演起更重要的角色。

“中华珠宝名店”德州龙宝金行董事长　付海星

近年来，国内珠宝行业发展迅速，尤其是中国加入世贸组织之后，随着全球市场一体化进程的加快，我们也切实地感受到市场冲击的压力和带来的机遇。打造企业品牌已成为行业的共识和紧迫任务，全国工商联金银珠宝业商会作为本行业的权威组织，在中国名牌战略指引下，应时而动，顺时而起，推出了“中华金银珠宝品牌系列工程”，为培育企业品牌，增强企业市场竞争力和活力，引导企业诚信自律，为营造有序的市场竞争气氛，推动珠宝行业健康发展，起着积极作用。

今天，我们荣获了“中华珠宝名店”称号，是荣誉，也是压力和动力，我们一定会抓住机遇，在商会的正确引导和带动下，不断加强自律，积极进行企业信用建设，在社会上树立良好的行业形象，进一步提升自主创新能力和核心竞争力，使企业做强、做大。

见证奥运“金玉良缘”

——访2008北京奥运会及残奥会奖牌玉环独家检测机构全国工商联金银珠宝业商会珠宝检测研究中心主任董振信教授

2008北京奥运会是世界盛事。奥运奖牌首次突破了单纯用金属制造的传统，创造性地将玉镶嵌其中，这一设计不仅符合国际奥委会的相关规定，也彰显了“玉”的高贵品质，寓示中国传统文化中的“金玉良缘”，体现中国人民对奥林匹克精神的礼赞和对运动员的至尊褒奖。

国际奥委会称“金镶玉”这一设计“是一项非常好的艺术品”。金牌用白玉，银牌用青白玉，铜牌用青玉。这三种玉的颜色分别与奖牌三种金属部分的颜色搭配最合理，反差最大，形成最佳的颜色搭配效果，金、玉异彩，交相辉映。同时，从白玉、青白玉到青玉的价格依次降低，也恰好与金、银、铜牌的奖项由高到低是一致的，这真是金玉完美结合！

对于奖牌所用玉石进行检测，提供用玉的质量保证，是件十分重要的工作。全国工商联珠宝业商会珠宝检测研究中心受奥组委委托，独家承担了2008北京年奥运会、残奥会奖牌用玉原料质量、质地检测鉴定，并在奖牌玉环加工后协助奥组委完成验收工作。该检测研究中心主任董振信教授是奥组委聘请的唯一一位珠宝玉石检测专家。全国工商联珠宝业商会珠宝检测研究中心是国家级珠宝检测机构，玉石检测是他们的优势项目，对和田玉、翡翠、古玉及田黄等玉石检测，有独到之处。中心始终坚持以人为本、质量第一及诚信至上的宗旨，管理规范，注重研究，有解决疑难问题的能力。在社会上树立了良好的检测权威机构形象。

董振信教授负责奖牌用玉原料质量、质地检测鉴定工作，他介绍说：奖牌用玉的质量要求，颜色是奖牌用玉的首要条件。奖牌用玉的颜色要求要均匀，不能出现斑点状、条纹状或条带状等不同颜色分布的状况。奖牌用玉的质地要细腻、韧性强度大、抗撞击的性能强。用作奖牌的闪石玉净度要好，不能含杂质。奖牌的玉环不能有裂纹。另外，加工成的玉环中，尤其是白玉中有时看到脉状、不规则状的粗粒透闪石矿物组成的“石纹”，这种玉环不能用于奖牌中。用作奖牌的白玉越不透明越好，因为透明度高的白玉易见杂质和石纹，而且镶嵌在金属牌上后，会看到里边的缓冲材料垫，达不到美观的效果。

据董振信教授介绍：奖牌用玉的检测与一般性玉石检测不同，检测方法特殊，所用的时间长、工作量较大，任务艰巨，有一定难度。为了保证奖牌用玉的质量及数量，对青海格尔木供玉公司所属的海拔近5000米的昆仑玉矿区进行了实地考察，采集了标本。并对库房内的昆仑玉原料进行了精选；对精选出的样品及加工后的玉环样品，进行了室外及室内的综合性检测；所用检测方法除一般常规的测定方法外，还运用了偏光显微镜法、电子探针矿物成分分析法及红外光谱分析法等特殊的测定方法，对玉石中的矿物成分进行了精确测定和计算；对所加工的玉环分批进行了检测验收，挑选出了3000件质量合格的奖牌玉环。

昆仑玉何以能在与新疆和田玉等的竞争中脱颖而出？这个问题引起了社会广泛关注。董教授说：“实际上，新疆和田玉与青海昆仑玉同产于昆仑山脉，地质环境相似；而且从玉石矿床的成因来看，都属于同一个接触交代型矿床类型；主要矿物成分均为透闪石－阳起石系列矿物；结构也主要为纤维交织结构和毛毡状结构。其物理性质及相关鉴定特征基本相同。从这些方面来看，两个地区产的玉石基本上是一样的。由于青海省政府对奥运奖牌用玉十分重视，有关企业积极申报，无偿捐献。供玉企业不仅有多个矿山、原料充足，白玉、青白玉及青玉皆有，而且还有加工厂及先进的加工设备和技术。同时，青海昆仑玉比新疆和田玉价格低，用昆仑玉符合节约办奥运的原则。实践证明，所加工的奖牌昆仑玉玉环质量完全符合标准要求。”

长期从事玉石研究及鉴定工作的董振信教授对中华玉文化有着深厚的感情，他说：“玉文化是我国传统文化重要组成部分，玉器之绚丽纹样，似乎流淌着我华夏先民之灵性，护符与佩饰之中，蕴涵着纯洁高尚的情怀。中国已有7000年用玉历史，闪石玉是中国玉文化的主要载体。古代留下来的稀世珍品大都是闪石玉制品。闪石玉具有质地细腻、坚韧，光泽柔润，色彩素雅的自然属性。中国人有爱玉、尊玉传统，有以玉比德的价值观，将玉的自然特性比拟为‘仁、义、智、勇、洁’五德。奥运会奖牌镶玉是中华民族精神与奥林匹克精神的结合。奥运奖牌镶玉具有深厚的寓意。玉的五德：‘仁’代表团结、友谊的奥运精神；‘义’代表博大包容的奥运精神；‘智’代表创新进取的奥运精神；“勇”代表坚韧不拔的奥运精神；‘洁’代表高尚纯洁的奥运精神。奥运奖牌镶玉对于传播中国玉文化，加强与世界各国交流合作起着纽带和桥梁作用。对于推动中国玉产业的发展也起着积极作用。”

北京2008奥运会奖牌中国特色浓厚，艺术风格尊贵典雅，和谐地将中国文化与奥林匹克精神结合在一起。其所蕴涵的“以玉比德”的理念充分表达着对奥运成绩优胜者崇高的敬意和礼赞。而将玉创造性地运用于奥运奖牌之上，则再一次完美地表达了东方智慧对奥林匹克精神的独特诠释。2007年年底，北京2008年残奥会奖牌样式也正式公布，其设计创意、造型与北京奥运会奖牌造型一脉相承，完美地诠释了“两个奥运，同样精彩”。

关于贯彻落实全国工商联《关于做好抗震救灾工作的紧急通知》精神，开展为灾区捐款活动的函

各会员单位及业界同仁：

2008年5月12日四川汶川县发生了里氏7.8（后确定为8.0级）级地震，给国家和灾区人民的生命财产造成了重大损失。地震发生后，党中央、国务院高度重视，胡锦涛总书记立即作出重要指示，要求尽快抢救伤员，保证灾区人民生命安全，温家宝总理也迅速赶赴灾区指导救灾工作。当前，抗震救灾工作形势特别紧张，任务特别艰巨。中央号召，全国各地区各部门一定要大力发扬“一方有难、八方支援”的精神，万众一心、众志成城，共同夺取抗震救灾斗争的胜利。

为了响应党中央号召，共同做好抗震救灾工作，中共中央统战部发出《发挥统一战线优势紧急做好抗震救灾工作的通知》，要求各级统战部门切实按照中央精神，把抗震救灾作为当前的重要任务，紧急行动起来，努力夺取抗震救灾斗争的胜利。全国工商联发出了《关于做好抗震救灾工作的紧急通知》。全国工商联会员部13日向各直属行业商会发出《关于开展为地震灾区群众捐款活动的紧急通知》，希望民营企业在天灾面前，要为国家分忧，积极回报社会。号召民营企业关注地震灾情，通过工商联及时捐款，推进全民抗震救灾，救助灾区群众渡过难关，帮助灾区恢复生产、重建家园。

中华全国工商业联合会金银珠宝业商会号召广大会员和业界同仁积极行动起来，向灾区人民伸出援助之手。

一、商会号召本会会长、副会长、常务理事、理事和广大会员，以及品牌荣誉单位，发挥模范到头作用，向灾区人民伸出援助之手，积极捐款捐物，参与到地震灾害紧急救助行动中来，为灾区民众奉献爱心。

二、为了及时反映和宣传民营企业人士的高度的社会责任感和爱心，并更好地统筹、管理、监督善款的有效使用，商会按要求每天向全国工商联统计上报捐款情况（包括通过全国工商联或其他各机构渠道捐献的情况）。请各会员和捐款人给予配合。

三、根据本商会的实际情况，拟于5月24～25日组织开展“一方有难八方支援，珠宝结缘同献爱心”赈灾义卖活动，希望各会员企业积极响应。对于各地会员单位的义卖活动，商会将给予大力支持。义卖的善款要及时通过商会或有关机构捐送到灾区，绝对不允许借义卖活动进行任何欺骗行为和虚假宣传。

灾情如火，心系亲人。让我们行动起来，共同为抗震救灾作出更大贡献！

中华全国工商业联合会金银珠宝业商会

二〇〇八年五月十三日

2009年

全国工商联金银珠宝业商会第四次会员代表大会召开

商会第四次会员代表大会新闻通稿

（2009年7月18日）

7月18日，全国工商联金银珠宝商会第四次会员代表大会在北京隆重召开，大会经过民主程序，选举香港宝石集团董事长钟永森先生担任会长，同时还选举出潘庆松先生等27人为副会长。

大会首先由金银珠宝业商会第三届理事会万资坤会长主持，分别听取并审议通过了商会《第三届理事会工作报告》、《第三届理事会财务报告》、《第四次会员代表大会筹备工作报告》、《章程修改报告》，审议通过了《全国工商联金银珠宝业商会章程（修订草案）》。大会选举产生第四届理事会理事208名。

四届一次理事会会议由高扬诚同志主持。会议按民主程序选举产生了第四届理事会常务理事和会长、副会长。

新产生的第四届商会班子，召开了四届一次会长会议，会议作出聘请万资坤先生为商会首席顾问，聘任鲁文晶同志为商会秘书长，潘庆松、高扬诚、董振信、黄达华、苏涛、李建生、刘婕、刘建民、孔军等9人为常务副会长等项决

议。会议还决定近期召开四届二次会长会议，研究商会新一届的工作，要求各副会长做好准备，号召常务理事、理事和广大会员积极建言献策，共同建设好商会，为行业发展作出贡献。

最后，在四次会员代表大会二次全体会议上，全国工商联领导为新当选的会长、副会长和首席顾问颁发了证书。

180多位珠宝企业家及代表、业内专家学者、新闻界朋友，以及全国工商联有关部门负责同志参加了本次会议。全国工商联党组副书记、副主席宋北杉发表了重要讲话。宋副主席指出，全国工商联是中国共产党领导的中国工商界组成的人民团体和民间商会，是党和政府联系非公有制经济人士的桥梁和纽带，是政府管理非公有制经济的助手。行业商会的建设，是完善社会主义市场经济体系的需要，是工商联的一项重要工作。目前全国工商联已经成立了28家直属行业商会，这次全国工商联被授权作为社团主管单位，直属行业商会将成为社团法人，充分体现了党中央、国务院对工商联工作的重视，对行业商会改革与发展的亲切关怀。我们要以此为契机，以更高的标准和要求，全面加强行业商会的自身建设，通过登记，通过一系列脱胎换骨的工作，使行业商会工作迈上一个新台阶。他要求商会换届后要加强自身建设，要集中精力搞好申请登记工作。一是要加强思想建设，带领广大会员自觉学习党和国家的路线方针政策，深入贯彻落实科学发展观，坚定走中国特色社会主义道路的信念，弘扬“爱国、敬业、诚信、守法、贡献”的精神，不断提高自身的综合素质。二是要加强组织建设，不断壮大会员队伍，完善商会职能、规范管理、增强作用，要扩大商会影响，努力探索中国特色商会发展之路。三是要加强制度建设，要建立和完善以章程为核心的内部管理制度，建立健全法人治理结构和民主管理制度，真正形成自我管理、自我发展、自我约束的运行机制。四是要加强作风建设，树立良好的思想作风、工作作风和领导作风。发挥每个成员的积极性和创造力，建设一个团结、和谐、创新、进取的商会。五是要加强服务平台建设，以服务为宗旨，积极反映行业和会员诉求，从市场和会员需求出发，更好地代表会员合法利益，为广大会员做好事、办实事，充分发挥商会在改善经营环境、引领珠宝行业发展方面的积极作用。

宋北杉在讲话中对商会第三届工作给予了充分肯定，对新当选的新一届领导班子表示祝贺，勉励广大会员团结进取，不断开创珠宝行业工作新局面。

刚刚参加过全国工商联专题培训班的钟永森会长在发表当选感言时表示，新一届班子首先要加强学习，提高认识，要认真按照国务院《社团登记管理条例》和独立社团法人的要求，以更高的标准进一步完善商会章程和各项管理制度，在全国工商联的统一安排下，做好登记注册工作。并要以申请登记为契机，下工夫搞好自身建设，下力气搞好服务平台建设。从市场和会员需求出发，为广大会员做好事、办实事，开拓创新，建立造血机制，依靠广大会员的智慧和努力，建立商会自有资产和发展基金，让珠宝商会拥有“常流水”和“长青树”，经济上步入持续发展的良性循环。

在过去五年多，万资坤会长带领的第三届班子，团结广大会员，建设商会、开展活动，在推进品牌建设、支持地方珠宝特色经济发展、建立与政府部门的沟通、参与建言献策以及海内外交流等方面取得了显著的成绩。

新一届班子有决心加强建设，承上启下，创新服务，为广大会员企业提供更优质服务，为营造更好的经营环境、促进国际交流合作，提升珠宝的文化艺术价值水平，进一步提高中华珠宝行业在世界的地位努力工作，不辱使命，为中华珠宝行业的繁荣发展作出新贡献！

当晚，全国工商联领导和与会代表同来自港、澳、台的珠宝业界名人欢聚一堂，共同庆祝代表大会圆满成功，迎接祖国60华诞。晚会现场气氛热烈，充分体现了珠宝事业的魅力和珠宝人的爱国情怀。

振奋精神，锐意进取，
开创商会工作新局面

——在商会四届二次会长会议上的报告（摘要）

全国工商联金银珠宝业商会会长　钟永森

（2009年8月28日）

全国工商联金银珠宝业商会第四届理事会已

经从第三届理事会手中接过了接力棒，我们本届理事会如何跑好下一段征程，承前启后，继往开来，开创商会工作的新局面，是当前摆在我们面前的首要问题。今天，我们召开会长会议的中心议题就是讨论研究本届商会的总体工作思路，用来指导我们今后的工作。为了开好今天的会议，我们于8月8日在北京专门召开了一次会长办公会议，全国工商联宋北杉副主席亲自出席了我们的会议。现在我代表第二次会长办公会议向本次会长会议作工作报告。我报告的题目是：《振奋精神，锐意进取，开创商会工作的新局面》。请各位会长会议成员审议。

全国工商联金银珠宝业商会是全国工商联直属行业商会，是全国工商联在我国金银珠宝业的组织延伸，是我国金银珠宝业的企业和经营户自我服务、自我管理、自我协调、自谋发展的自治组织。全国工商联金银珠宝业商会第三届理事会在万资坤会长的领导下，以振兴和发展我国金银珠宝业为宗旨，团结带领全体理事和会员，开展了卓有成效的工作，把一个默默无闻的商会建设成了一个在全行业有较大影响力的商会，为商会的发展打下了良好基础，充分体现了上届理事会和万会长团结务实、开拓创新和乐于奉献的精神。这是上届理事会留给我们宝贵的财富，给我们本届理事会树立了学习的榜样。在这里，我首先要向上届理事会和万资坤会长表示崇高的敬意！我们本届理事会要学习上届理事会和万资坤会长的精神，继承和发扬他们的光荣传统和工作作风，振奋精神，锐意进取，开创商会工作的新局面。

商会当前面临的一个重大变化是国务院已经授权全国工商联作为全国性社会团体的业务主管单位，我们商会将由全国工商联的直属行业商会改变为独立法人社团，成为一级法人单位。我们将以独立法人社团的身份接受全国工商联的业务指导和民政部的监督管理，面向社会，服务政府、服务行业和企业。因此，我们商会将会在名称、宗旨、业务范围、组织网络等方面发生一系列的转变。根据民政部的通知，我们商会应向民政部办理登记注册手续，这是我们商会浴火重生的挑战，也给我们商会带来了重大的发展机遇。为了适应这一重大转变，我们本届理事会工作的指导思想是：以邓小平理论和“三个有利于”（有利于国民生产总值的提高，有利于综合国力的增强，有利于人民生活水平的改善）重要思想为指导，依托全国工商联统战性、经济性、民间性的综合优势和非公经济人士参与政治和社会事务的主渠道，充分发挥本届理事会成员和广大会员的积极性和创造性，贯彻落实科学发展观和建设和谐社会的理念，依法建设独立法人社团，充分履行商会职能，努力拓展业务领域，为政府服务、为行业服务、为企业服务，增强商会的凝聚力、影响力和生命力。振奋精神、锐意进取、自律自强、共兴共荣，开创商会工作的新局面，促进我国金银珠宝行业的健康发展。

我们本届理事会的中心工作是：①完成法人社团登记；②完善商会自身建设；③拓展业务领域，做好服务工作。我们要以商会登记注册为契机，搞好商会的组织建设、制度建设和服务平台建设，壮大会员队伍和组织网络，建立和完善以章程为核心的内部管理制度，建立健全法人治理结构，创造条件拓展业务领域，强化服务功能和造血机制。我们工作的总体目标是：把本商会建设成为会员队伍庞大、组织网络健全、管理制度规范、业务领域广泛、服务功能强大、富有凝聚力、影响力、生命力的商会组织，促进本行业的健康发展。我们工作的着力点是：壮大队伍、完善制度、创新机制，强化服务。根据上述指导思想和总体工作目标，我们提出如下工作思路：

一、加强组织建设，夯实商会基础

组织建设工作是商会一切工作的基础。商会的组织基础越扎实，商会的影响力和公信力越大。我们本届理事会应在领导班子建设、职能机构建设、组织网络建设、会员队伍建设四个方面开展组织建设工作。

1. 领导班子建设

商会工作能不能有所作为，关键在于有没有一个强有力领导班子。我们必须依据章程充分履行理事会、常务理事会、会长会议、会长办公会议的职能和会长、副会长的职责，充分调动全体成员的积极性。会长会议是商会的领导核心，领导班子建设的重点是会长会议建设，关键是会长会议成员的思想建设、工作作风建设和履职能力建设。我们全体会长、副会长、秘书长必须认识到，我们工商联系统的商会组织，不仅是经济性组织，还必须体现统战性、经济性、民间性的统一。我们必须把商会建成党和政府联系非公经济人士的桥梁和纽带，政府管理非公经济的助手，会员反映诉求、维护权益的娘家，带领行业发展的火车头。我们在商会担任职务，不只是荣誉，而更是意味着责任和奉献。特别是我们商会在独立法人社团登记之后，我们商会将升格为一级法人社团，我们的社会地位将进一步提高，党和政府对我们的要求，会员对我们的期望也会更高，我们应更加严格地要求自己。我们必须加强自身的学习和培训，不断提高认识，提高思想境界和内在素质，增强自我认识能力、自我激励能力、自我控制能力、履行职责能力，牢固树立立会为公、民主办会的思想意识和走群众路线的工作作风，在会员中间树立起自己的良好形象和威信。

为了充分发挥各位副会长的作用，履行好会长会议的职能，我们将对副会长进行工作分工，既增强副会长的责任意识，又发挥副会长的履职能力，做到事有人管，人有事做。同时，要选派有思想、有能力、有干劲、有奉献精神的理事、常务理事协助副会长的工作，既调动理事、常务理事的积极性，又为商会领导班子培养新生力量和后备力量。我们要在发展会员的基础上发展理事和常务理事，为理事会和常务理事会补充新鲜血液。

2. 职能机构建设

职能机构建设是商会组织建设的重要组成部分。首先，我们要尽快建立和完善顾问委员会和专家委员会，充分发挥顾问和专家的指导作用。同时我们将从两个方面开展职能机构建设工作：一是在会长会议直接领导下的职能分线管理。各项分工的负责人由常务副会长担任，包括组织发展、宣传教育、海外拓展、品牌建设、行业发展、大活动和会展、经济和市场等工作，使会长会议的集体领导和各常务副会长的分工负责有机结合起来。二是建设好秘书长领导下的秘书处职能机构。机构的负责人由秘书长提名，会长办公会议任命。机构的工作人员根据工作需要对外招聘。机构的职能是在秘书长的领导下，执行上级组织机构的决议，分工开展会员、联络、品牌、企划、办公、发展、经济、培训、会展、宣传等工作。我们要改变把秘书处当办公室的原有思维，努力把秘书处建成商会行政和业务的中枢机构，精干高效的办事机构。

3. 组织网络建设

我们作为全国性的商会，必须高度重视组织网络建设。只有把组织网络建大建全，才能扩大我们商会履行职能、服务会员的覆盖面，扩大我们商会的影响力。

我们要在专业性组织网络、地域性组织网络和业务性组织网络三个方面下工夫。专业性组织网络方面：我们要尽快组建钻石、翡翠、白玉、黄金、白银等专业委员会。在商会注册登记后，我们可以根据地方产业特色把专业委员会建到地方去。地域性组织网络方面：我们要充分利用工商联系统的优势，指导帮助地方工商联组建金银珠宝业商会，并使之成为我们商会的团体会员。业务性组织网络方面：我们要根据服务会员、促进产业升级的诉求，在教育培训、检测鉴定、博览会展、专业市场和产业基地建设等业务领域，组建若干个二级法人单位，拓展业务领域。

4. 会员队伍建设

会员是商会的基础，也是商会的服务对象。发展会员的目的是扩大会员的普及性和代表性，扩大商会的覆盖面。我们商会的会员有企业会员、团体会员、个人会员。今后还要增加一类，那就是名誉会员。我们要邀请国际友人、行业名人帮助我们的工作，扩大国际影响力。我们今后在会员队伍建设方面将要采取三个措施：一是任务分解，目标激励。我们要求每位副会长、常务理事、理事努力完成本次会议布置的发展会员的任务。秘书处对发展会员的成绩定期统计和公布，激励先进。二是发展团体会员，扩大商会覆盖面。我们要鼓励企业和个人直接入会，增加会员数量。条件成熟的可以推选为理事、常务理事。同时，我们还要努力发展团体会员，扩大我们商会的覆盖面。三是以北京为大本营，向地方延伸我们商会的触角。我们首先要充分发挥北京的副会长、常务理事和理事的作用，争取更多在北京的商会、机构和经营户入会，打好我们北京大本营的会员基础。同时，要充分发挥地方上的副会长、常务理事、理事的作用，在还没有建立省级工商联金银珠宝业商会的省份建立金银珠宝业商会。地方上的副会长要承担好这项筹建任务，并争取担任会长。在没有副会长的省份，我们要派一名副会长分管一个省份的金银珠宝业商会的筹建工作，条件成熟的省份的金银珠宝业商会的会长可以成为我们商会的副会长。省级和副省级金银珠宝业商会秘书长可以成为我们商会的兼职副秘书长，负责我们商会在地方上的日常工作。我们希望通过以上三大措施，迅速壮大会员队伍，加强上下互动，开启全国业务。

二、加强制度建设，规范商会管理

商会上届理事会和秘书处在制度建设方面已经取得了较大的成就，为我们本届理事会的制度建设工作打下了良好的基础。但由于我们商会将改组成一级法人社团，商会的业务领域将进一步扩大，商会工作将进一步深化，这向我们在制度建设方面提出了更高的要求。我们原有的制度要随之修订，大量新的制度要制定，我们要与时俱进，加强制度建设，规范商会管理。

1. 依法修订商会章程

章程是商会一切制度的核心。我们要把我们商会改造成一级法人社团，我们商会的章程必须依据社团登记管理条例的规定进行修订。会长办公会议已对秘书处起草的章程修订草案进行了审议和修改，现提交会长会议审议。我们修订章程的原则是：在依法规范的前提下体现我们商会的特点，符合注册登记的要求。

2. 建立法人治理结构

我们商会改造成独立法人社团后，必须按照法人的要求建立起法人治理结构，承担独立法人的责任。我们要在全国工商联的业务指导下，在民政部的监督管理下，建立好决策机构，执行机构和监督机构，建立与之相适应的决策机制，执行机制、管理机制和监督机制。这对商会来说是一项全新的工作。我们要认真学习法律知识，虚心学习别人的成功经验，结合商会的实际情况，依法建设有自己特色的一级法人治理结构，规范二级法人单位的建设和运作。特别是要合理规划和科学设计一级法人和二级法人之间的业务范围、经营管理权责、监督激励机制。对此，我们应组织开展专题研究。

3. 建设内部管理体系

商会如同一辆汽车，它是由许多零部件组成几大系统，再由几大系统组成一辆整车的。我们商会必须建立好自己的方向系统、动力系统和制动系统，做到方向明确，驱动有力，令行禁止。但是，商会作为民间组织，行业自治组织，不能照搬政府和企业的管理模式和行事方式。我们应该根据商会的民间性、自治性的特点来建设自己的管理体系。我们应按章程的规定建立民主集中制的决策体系，下级服从上级的行政控制体系，快速反应的业务运作体系，透明公开和规范有序的财务管理体系。会长会议重点建设好决策制度，把握好商会工作的大方向；会长办公会议和秘书处重点建设好行政控制制度，保证下属各部门令行禁止，建设和执行好财务管理制度，自觉接受上级组织机构的监督；各职能部门和分支机构重点建设好业务运作程序、标准和制度，规范业务运作。我们在制度建设时，应坚持规范而不死板，有序而又有效的原则。我们应向会长、副会长、秘书处和各机构负责人明确授权，明确责任，权责挂钩。我们要求秘书处对商会现有的制度进行一次全面的清理，对不符合独立法人社团要求的，不能适应商会发展要求的制度提出修改意见，按民主程序提交审议。我们要按照独立法人社团的规范要求和商会发展的需要制定一套科学合理的管理体系。

4. 建立科学有效的机制

我们在机制建设方面，重点要建设好决策机制、执行机制、管理机制、创新机制、造血机制、激励机制。会员大会或会员代表大会是商会的最高权力机构，在会员大会或会员代表大会、理事会、常务理事会、会长会议、会长办公会议之间，依次形成决策、执行的关系。在决策上要坚持上级组织做宏观决策，下级组织做微观决策，下级组织执行上级组织决策，在民主的基础上集中的原则。但在日常工作中，我们应按会内职务的高低形成上下级的关系，坚持下级服从上级的原则。我们应按这样的原则建立起我们商会的决策机制和执行机制，并据此建立相应的管理机制。

创新是行业和商会发展的动力。我们要以创新的精神建立创新的机制，鼓励和支持企业创新。以工艺技术创新、产品创新和经营管理创新来促进产业升级。我们要鼓励和支持商会工作者在商会工作方面的创新，特别是在服务方式、活动载体、工作平台、运行机制方面的创新，以创新来推动我们商会工作的进步和商会的发展。我们要在行业内树立先进典型，宣传推广他们的经验，增强全体会员和商会工作者创新的精神动力。

商会要维持自己的生存，保障自己的发展，必须培育自己的造血功能，形成长效的造血机制。我们应在拓展业务领域、强化服务功能的同时，为商会活动的开展开辟经费来源。我们希望全体副会长、常务理事和理事、全体商会工作者共同为我们商会的造血平台建设和造血功能培育出点子、想办法、提建议、供资源。

人的潜能是激励出来的。我们要调动全体会员和商会工作者的积极性，必须在精神激励和利益激励两个方面去建立激励机制。我们要通过教育、培训、宣传、评比、表彰等方式，对会员进行精神的激励，要用政府优惠政策和商会优惠政策对会员进行利益的激励。我们对外聘的商会工作者要制定激励政策，把他们工作的绩效和名誉利益挂钩，让他们的劳动在政治上、经济上同时得到承认和尊重，以此吸引优秀人才加盟我们商会工作者队伍。

三、加强服务平台建设，创新商会工作载体

为政府服务、为行业服务、为企业服务是商会的基本职能，我们必须加强服务平台建设，创新服务载体，提高服务水平。

1. 建设信息交流平台，创办一网一报一刊

现代社会已经是信息社会，信息对政府、对行业和企业都是十分重要的。为了搞好信息服务，我们必须舍得在信息平台建设方面的投资，在创办信息媒体方面下工夫。我们要升级改造我们商会的网站，使之成为行业资讯网站；改版现有的《中华珠宝通讯》，使之成为本行业的专业杂志；创办一张报纸，提高信息的即时性。我们要在秘书处成立专门的宣传部门，具体规划、创建和运作好一网一报一刊。我们要利用好自办的信息交流平台，开展宣传和信息交流工作，扩大商会的影响力，为政府和企业提供信息交流服务。

2. 建设教育培训平台，创办专业院校和培训班

现代社会的竞争，归根到底是人才的竞争。人才是一个行业和一个企业的核心竞争力。我们金银珠宝行业从总体上看，企业主和经营者的观念、知识和能力还不能适应产业升级和国际竞争的要求，企业在管理、营销和专业技术方面的人才严重缺乏，制约着我们产业的升级和国际竞争力的提高。我们要通过合作办学、合作办班的形式，为企业主和经营者创造教育培训的机会，为企业培养一批合格的管理人员、营销人员、设计师、雕刻师、工艺美术师。

3. 建设国际交流平台，创建国外联系点、工作站

我们金银珠宝行业现在已经是国内市场国际化、国际市场国内化。国际金银珠宝企业纷纷涌入中国，参与我国国内市场的竞争，而我们中国的金银珠宝企业也开始走出国门参与国际竞争。无论是国内市场还是国际市场，我们所面临的都是国际性的竞争。商场如战场，我们要知己知彼。我们需要国际市场信息，国外企业研发和技术信息，国际贸易的政策信息。我们要为企业走出国门进入国际市场提供服务，要为企业在国内市场增强国际竞争力提供服务。我们很有必要在国外建立联系点和工作站。我们一方面要充分利用全国工商联在国际交往中的优势，另一方面要充分利用全体理事、会员在行业内的人脉关系，与相关国家的政府机构、商会和厂商建立起友好合作的关系，开展国际交流与互动，把我们商会建设成国际交流的主渠道，让更多的企业“走出去”，吸引更多的国际企业走进来。

4. 建设专业技术平台，提供专业技术服务

专业技术服务是企业和商家十分需要的，诸如检测、鉴定、认证、认定、推广、评职、评级等。但由于体制性的原因和我们商会自身能力建设上的问题，我们在这项职能的履行上还是个弱项。我们本届理事会一定要千方百计创造条件，建设好专业技术服务平台，为会员开展专业技术服务。我们要对照各项专业技术服务的资质条件，有计划地开展资质建设工作，争取尽早获得政府的授权。

5. 建设生产营销平台，培育产业基地、专业市场和展会

产业集聚是产业优势培育的重要手段。要促进产业集聚，就必须建设好生产、营销平台，整合产业链的相关环节，整合行业的优势资源，通过各种优势的集聚，培育出行业优势。因此，我们商会要以培育品牌的理念，引导产业的集聚和资源的整合。积极主动地支持和参与产业基地、专业市场和展会的建设和培育，并以此为平台，培育一批有知名度和影响力的基地品牌、市场品牌和展会品牌。

6. 建设名牌孵化平台，培育名企、名店、名城、名品、名人

三流的企业做产品，二流的企业做品牌，一流的企业做标准。我们商会的任务就是要引导和帮助企业从做产品向做品牌做标准进步。我们要努力培育出一批中国名牌和国际名牌。因此我们要总结和学习上届理事会的成功经验，建设名牌孵化平台，在商会内部组织开展创名牌活动，引导和鼓励企业走创名牌之路，支持和帮助企业积累品牌的无形资产，在行业内树立先进典型。我们要通过商会建设的名牌孵化平台，孵化和培育出一批名企、名店、名城、名品，为创中国名牌和驰名商标建设好第二梯队、第三梯队，为企业培育一批大师和名人。

要建设好服务平台，我们首先要开展深入的调研和论证，要进行科学的规划和设计，要建立一支精干高效的团队。我们商会的服务平台建设，要坚持服务为主，造血为辅的原则，在服务的前提下为商会的生存和发展开辟经费来源。

各位副会长、同志们，加强组织建设、制度建设和服务平台建设，是我们围绕本届理事会总体工作目标提出的三大主要工作任务。商会工作千头万绪，我们如果抓好这三大工作任务，就抓住了纲。我们一切工作的目的只有一个，就是服务好政府、行业和企业，促进我国金银珠宝行业的健康发展。商会工作贵在落实。会后我们全体副会长和秘书处工作人员要立即行动起来，分线分块地制订好工作计划，把本次会议精神贯彻落实到行动中去。

当前，我们会长办公会议和秘书处的工作重点是：

1. 商会的注册登记准备工作。我们要做好与全国工商联和民政部的沟通工作，在他们的指导下做好注册登记的工作；要依法修订好章程，准备好相关文件资料；要办理好相关手续。我们必须确保注册登记的成功。

2. 开展宣传工作。我们要整改好我们商会的网站，利用网站开展宣传；要编印好第三届理事会纪念册和第四届理事会和本次会长会议特刊；要利用其他社会媒体开展宣传。我们宣传的重点是：党和国家对商、协会改革发展的指导思想和总体要求；全国工商联和直属行业商会的作用和优势；商会以往所开展的工作、成果和会员风采；本届理事会班子的构成；工作的指导思想、总体目标和主要工作任务。目的是扩大影响，凝聚人心，明确方向，振奋精神，为我们今后的工作开路。

3. 收取会费。目前我们商会还没有其他经费来源，除个别赞助之外，会费是商会唯一的经费来源。

4. 搬迁办公室。商会现在的办公用房租期将于9月中旬到期，而且根据今后工作开展的要求，办公场地面积太小，有必要选租新的办公用房。秘书处要尽快做好办公室搬迁的工作。

5. 招聘工作人员。在办公室搬迁以后，秘书处各项工作要逐步铺开，相关工作岗位的规划和人员招聘工作要提前做好准备。根据工作的需要，工作人员要及时招聘到位。

各位副会长、同志们，我们金银珠宝业商会的前途是光明的，我们设定的目标是远大的，我们面临的工作任务也是光荣而艰巨的。会员们既然选举我们在商会里担任职务，我们就应该对得起会员们的信任，既在其位，就要谋好其政。我们应该精诚团结、同心同德，把自己的智慧和力量奉献给商会，奉献给行业，奉献给社会。我们全体副会长和商会工作者应该发挥模范带头作用，我们会长会议要发挥领导核心作用，带领全体会员，把我们商会工作做好，把金银珠宝行业做大做强。

增强服务能力　促进行业发展

——访全国工商联金银珠宝业商会新任会长钟永森

“改革开放以来，我国金银珠宝行业得到了快速发展，国家十分重视该行业的健康可持续发展，制定了很多优惠的产业政策，使该行业在国际金融危机的大背景下仍然保持着平稳发展。随着我国经济快速发展和人民生活水平的进一步提高，金银珠宝产业在国民经济的作用还将更加扩大。现在，经过会员的推选和主管部门的批准我担任全国工商联金银珠宝业商会会长，这使我感到责任重大，这对我来说是压力但也是挑战，我坚信在国家有关部门的支持和行业同仁的共同努力下，商会和整个行业的发展前景更加广阔。”

——钟永森

全国工商联金银珠宝业商会经过一年多的筹备，经全国工商联党组批准，于7月18日正式举行换届，选举产生了第四届理事会，香港宝石集团董事长钟永森当选为第四届理事会会长。钟永森是一位享誉国内外的知名企业家，他曾获得“全球百佳中华儒商人物”、“中华十大才智人物”、“守信企业家”等殊荣。他对珠宝行业有特殊的感情，对中国珠宝产业的发展历史更是深谙于心。“不为财而立，愿做祈天仁；生来普运道，当担引航君。”这是钟永森为此次当选为会长自写的勉励小诗。

近日，新上任的全国工商联金银珠宝业商会会长钟永森先生接受了本刊记者专访。他像一个演讲家一样，那些流利话语的背后是对整个珠宝行业的用心调研和思考。换届后怎样才能把商会搞好，完善其自身建设？商会怎样才能稳步持续发展？这些问题也随着全国工商联金银珠宝业商会会长的头衔一并来到钟永森身边。新官上任，到底换届后会做什么？怎么做？相信这是大家，尤其是珠宝行业内的人士急切想知道的。在记者的采访中，钟会长详细解说自己上任后的规划。我们似乎已经看到了前景：“潮平两岸阔，风正一帆悬！”

记者：首先祝贺您当选新任的全国工商联金银珠宝业商会会长，希望您在珠宝行业中大展宏图。

钟永森：我当选会长，是全国工商联领导和商会广大会员给予我的信任，我表示衷心的感谢。同时，我更加感受到的是一种重大的责任，是领导和珠宝行业同仁的殷切期望和嘱托。

全国工商联金银珠宝业商会是全国工商联直属行业商会，是党团结和联系我国金银珠宝行业非公经济人士的桥梁和纽带，能被推选为发挥如此重大作用的商会会长，我认为不仅是一个荣誉，更多的意味着责任和奉献。

记者：职能机构建设是商会组织建设的重要组成部分，钟会长请您阐述下自己上任后的规划蓝图。

钟永森：首先，我们结合第三届和前两届商会的工作，要建立和完善顾问委员会和专家委员会，以便充分发挥顾问和专家的作用，带领和指导商会今后的工作。

第二是加强商会的组织建设、制度建设和制订工作计划、活动计划，强化和加大服务职能，为政府和会员做好服务。

记者：商会的最主要职能是服务会员，您认为会员服务重点在哪里？

钟永森：首先要大力发展会员，推动会员的广泛性、代表性，同时在组建方面要实行多渠道和普及性。考虑到全国的调研、商家的互动，我们准备发展全国各省的珠宝业商会会长担任全国工商联金银珠宝业商会的副会长，同时各省级和副省级金银珠宝业商会秘书长可以成为我们商会的兼职副秘书长。这样一来，便于行业沟通、上下互动、便于调研，也便于了解行业和会员诉求。我们的目的，一方面通过了解诉求，解决珠宝行业和珠宝企业在发展中面临的困难和问题；另一方面通过我们的调研，为国家政策、法令的制定提供准确的依据。

我们将在信息交流、教育培训、国际合作、专业技术、生产营销、品牌建设等方面，建立若干个服务平台，为会员提供更好的服务。要建设好服务平台，我们首先要开展深入的调研和论证，要进行科学的规划和设计，要建立一支精干高效的团队。我们商会的服务平台建设，要坚持服务为主，创收为辅的原则，在服务的前提下为商会的生存和发展开辟经费来源。

记者：发展名牌企业是我国珠宝行业发展的必由之路，商会的品牌工程在行业内有很大的影响力，您认为今后如何进一步发展？

钟永森：三流的企业做产品，二流的企业做品牌，一流的企业做标准。我们商会的任务就是要引导和帮助企业从做产品向做品牌做标准进步。我们要努力培育出一批中国名牌和国际名牌。因此我们要总结和学习上届商会的成功经验，建设名牌孵化平台，在商会内部组织开展创名牌活动，引导和鼓励企业走创名牌之路，支持和帮助企业积累品牌的无形资产，在行业内树立先进典型。

名企、名店、名城、名品、名人我们都要大力推广，推动产业发展，树立珠宝行业的正气之风，树立珠宝行业的品牌之风，树立珠宝行业的提高质量和管理之风。

记者：据了解，国务院下发了有关全国工商联直属行业商会可以注册为独立法人社团的文件，这对商会的发展应该是良好的契机。

钟永森：目前，随着国家民政部下发《国务院授权全国工商联作为全国性社会团体业务主管单位有关问题的通知》，我们珠宝商会将由全国工商联的直属行业商会改变为独立法人社团，成为一级法人单位。我们将以独立法人社团的身份接受全国工商联的业务指导和民政部的监督管理，面向社会，服务政府、服务行业和企业。

全国工商联直属行业商会在民政部登记注册，是工商联历史上的大事，也是商会发展历史的大事，是商会发展的一个新起点、新阶段。在此之前，我参加了全国工商联举办的关于商会登记注册的专题培训班，这次培训对我是一次非常重要、非常及时的学习教育。我们要以申请登记为契机，下工夫从思想建设、组织建设、制度建设、作风建设方面加强自身建设，要继续坚持立会为公、民主办会、规范管理、服务兴会，提高自身素质，提高服务能力。

记者：俗话说："21 世纪最宝贵的是什么？是人才。"您认为珠宝行业发展的关键是否是人才的培养和使用？

钟永森：所谓"十年树木，百年树人"，现代社会的竞争，归根到底是人才的竞争，人才是一个行业和一个企业的核心竞争力。珠宝这个大行业，要想提高它的文化，提高它的管理，提高它的品牌，提高产品的质量和企业的知名度，根本还是要靠教育。我们要加大教育与培训力度。计划与各大院校合作，针对行业里设计师、工艺师、鉴定师、管理师的不同需求有针对性地进行培训授课。为了推动行业有更大的发展，首先要提升企业家的素质，从而带动整个企业升级，这样才能把行业做大做强。

记者：商会是开放的平台，不光是珠宝商人之家，也要展现我国珠宝企业整体风貌的形象，您认为商会如何走出去、请进来？

钟永森：商会的活力在于活动，我们要大力推动和开展各项有利于行业发展的活动，特别是要定期举办各种订货会、展览会、交易会，同时也要加大与国际间的交流和沟通是很必要的。要让我们的珠宝商走出去，让我们的珠宝产品走出去，同时也把国外先进的技术引进来。让国外一些优秀的技术专家、设计专家、教育家来给国内的珠宝商上课、培训。今后，我们将会每月派出几个珠宝考察团，到世界各地参观学习，展览交流，通过国际间的交流学习互动，开阔大家的眼界，也便于以后的发展、创新。我们还将在国外建立联络点、工作站，为会员出国提供服务。

记者：听了钟会长满怀激情的介绍，我们对商会新一届的领导班子充满信心，希望在您的带领下全国工商联金银珠宝业商会可以引领珠宝行业同仁快步前行。

钟永森：在过去五年多的时间里，万资坤会长带领的第三届商会班子，团结广大会员，建设商会、开展活动，在推进品牌建设、支持地方珠宝特色经济发展、建立与政府部门的沟通、参与建言献策，以及海内外交流等方面取得了显著的成绩。

商会新一届班子将进一步加强思想建设和组织建设，承上启下，创新服务，为广大会员企业提供更优质服务，为营造更好的经营环境、促进国际交流合作，提升珠宝的文化艺术价值水平。我们工作的目的只有一个，就是服务好政府、行业和企业，促进我国金银珠宝行业健康持续发展，进一步提高中华珠宝行业在世界的地位努力工作。（马志刚）

（摘自《中华珠宝通讯》第 25 期 2009 年 9 月）

富民行业迈向产业升级

——2009 中国（四会）柑桔玉器文化节暨经贸洽谈会隆重举办

12 月 17 日，2009 中国（四会）柑桔玉器文化节暨经贸洽谈会（以下简称柑桔玉器节）正式开幕。作为中国著名的玉器加工销售基地，本届柑桔玉器节期间举办了多项活动，旨在促进四会玉器这一富民产业向规模化、产业化、精品化的产业升级方向迈进。

全国政协原副主席张思卿，第九届全国工商联副主席程路，广东省政府副秘书长谢鹏飞等广东省有关部门领导，国家、省有关社会团体负责人，肇庆市委副书记、代市长郭锋等肇庆市领导，四会市委书记梁志强、市长陈清等四会市领导，肇庆市有关领导等出席了开幕式。

全国工商联珠宝商会会长钟永森、常务副会长潘庆松、董振信等商会领导、会员代表 30 余人应邀出席文化节重要活动，并与2000多名海内外宾朋和客商欢聚一堂，见证四会发展成就，柑乡再掀招商引资热潮。

本届柑桔玉器节是在四会市深入贯彻中央经济工作会议精神，落实《珠三角规划纲要》，大力承接产业转移，促进经济社会又好又快发展的背景下举行的。此次节会共有签约、奠基、剪彩项目64宗，投资总额238亿元，超过前四届的总和。

会上，谢鹏飞代表广东省政府致辞，充分肯定四会今年以来经济社会发展成就，希望四会继续解放思想，采取有力措施，做好“双转移”工作，积极引进重大项目，大力培育产业集群，努力把四会打造成为珠三角的新兴现代化工业城市。

肇庆市政府副市长郑剑戈代表肇庆市委、市政府致贺词，在充分肯定了四会今年以来经济社会发展成绩的同时，寄望四会抢抓新机遇，乘势而上，团结奋进，推动四会经济发展再上新台阶，为肇庆尽快进入GDP超千亿元行列多作贡献，再立新功。

梁志强在会上致辞并作投资推介讲话，他诚邀海内外客商、社会各界人士到四会观光考察、投资兴业。他表示，四会正深入贯彻中央经济工作会议精神，把握广佛肇一体化发展机遇，积极与珠三角核心区在基础设施、产业配套、城市建设、体制机制等方面进行对接，打造“广佛先进制造业对接基地”、“中国金属加工之都”、“珠三角现代物流重要基地”、“岭南文化优雅之城”和“肇庆率先基本实现现代化的示范区”，努力把四会建设成为代表肇庆科学发展成果的先进城市。

全国工商联金银珠宝业商会常务副会长潘庆松发言时指出，四会经过多年的发展，产业规模不断扩大，工艺水平不断提高，形成了以国际玉器城、玉器步行街、玉器天光墟等为主要载体的玉器加工销售产业集群，开创了“他山之石，四会成器”的富民特色产业道路，为我国玉器行业的发展作出了积极的贡献。

当天，江谷生态农业旅游等28个总投资152亿元的项目进行了签约，广东中天四汇金属塑料产业集聚项目等18个奠基项目、大正铝业等18个剪彩项目分别举行了庆典仪式。大会表彰了冼东妹等第11届全运会四会籍获奖运动员及教练员，为四会20家获得“中华翡翠名店”称号的玉器店举行授牌仪式。此外，还举办了全国沙糖桔市场销售研讨会、2009（四会）玉器产业与人才战略高峰论坛、四会玉器十大优秀作品评选、翡翠产品全国订货会及雕刻精品展等活动，四会市政府还与全国工商联金银珠宝业商会签署了国家专业技术人才知识更新培训暨全国金银珠宝行业岗位能力等级考评认证工程战略合作框架协议。

据了解，四会是中国玉器之乡，中华翡翠加工基地，广东省四大玉石市场之一，广东省最大的翡翠玉器批发市场和全国玉器加工和销售的主要集散地。目前四会有各类玉器加工户4000多家，10多万从业大军，年加工玉璞7000吨以上，年产值达到15亿元，年销售额超20亿元，但由于四会玉器产业起步较晚，存在着一些不足，提升四会玉器产品的品质，扩大品牌影响力就成为当务之急。

对此，四会市委副书记李奔表示，四会是中国玉器之乡。玉器产业是四会市委、市人民政府大力扶持和发展的产业。四会的翡翠产业已逐渐成为富民的产业。四会翡翠玉器行业的发展有赖于行业的帮助。（马志刚）

（摘自《中华珠宝通讯》第27期 2010年1月）

大事记

2007年

1月15～28日，商会开展品牌工程现场评审工作。由董振信副会长和秘书处工作人员赴江苏、山东等地组织当地专家对申报珠宝名牌和名店的企业进行现场评审。

1月31日，商会代表参加在北京国际会议中心举办的2006年度中国民营经济发展形势分析会。全国工商联老领导孙孚凌、瞿怀明、桓玉珊、刘敏学、陈景新、王治国、姜永涛，还有来自中央国家机关有关部门的负责同志、专家学者、民营企业家、外国驻华使节和首都新闻记者等共400人出席了招待会。

2月5日，商会在北京汇宾大厦召开第二次换届筹备工作（扩大）会议。

2月9日，商会代表参加全国工商联召开的工商民营企业经济研究会，黄孟复主席、胡德平副主席、辜副主席、孙副主席等均参加了会议。

2月15日，2006年度“中华金银珠宝品牌系列工程”入选企业及单位首批公示名单正式在商会网站公示。

3月12日，为促进珠宝市场诚信自律建设，全国工商联研究室与全国工商联金银珠宝业商会共同主办的“珠宝市场调研暨‘3·15’诚信自律座谈会”分别在北京爱家国际收藏品交流市场和北京国际珠宝交易中心举行。

3月27日，全国工商联举行“巾帼建功”表彰暨座谈会，副会长刘婕获得“全国巾帼建功标兵”荣誉称号。

3月30日，全国工商联直属行业商会年度工作会议在北京翠明庄宾馆举行，万资坤会长、鲁文晶副秘书长出席会议并汇报工作。

4月9日，全国工商联金银珠宝业商会三届九次会长（扩大）会议在京召开，万资坤会长传达了全国工商联直属行业商会年度工作会议和换届工作精神，并结合商会实际工作，明确指出“品牌工作重在培育，品牌培育重在诚信，诚信建设重在自律”。会议还听取了2006年度品牌建设、商会换届筹备以及全年工作计划的情况汇报，与会者进行了认真的研究讨论。全国工商联会员部江建处长出席并讲话。

4月10日，全国工商联金银珠宝业商会在人民大会堂隆重召开了2006年度“中华金银珠宝品牌系列工程”颁牌授奖大会。

5月18日，万资坤会长、鲁文晶副秘书长参加在南京举行的“2007中国黄金珠宝产业创新峰会”。万资坤会长在会上进行演讲。

5月19日，商会郭金池常务副会长、董振信副会长出席北京东方晓鸣玉文化传播中心开业典礼。

5月20日，“第三届中国工业经济年度人物”颁奖大会在北京人民大会堂隆重举行，海南京润珍珠生物技术有限公司董事长周树立被授予“中国工业经济年度优秀人物”荣誉称号，同时获得水晶奖杯一座和“中国企业改革发展贡献奖”奖章一枚。

6月25~26日，应澳门特别行政区政府消费者委员会及澳门金业同业公会的邀请，商会第一副会长潘庆松赴澳出席“JMA Macau 2008澳门国际珠宝展”之珠宝业交流会。

10月12~21日，商会万资坤会长、钟永森副会长参观考察上海国际艺术精品展。万资坤会长、钟永森副会长、鲁文晶副秘书长和胡润先生一同与我国首次参加此国际艺术展的珠宝企业名钻坊进行座谈交流。

11月1日，香港珠宝制造业厂商会一行在新任主席黄国和先生的带领下到商会进行访问。万资坤会长在副会长董振信、常务理事刘月容、副秘书长鲁文晶的陪同下一同与来访的客人进行了座谈交流。

11月18~22日，在阿联酋首都阿布扎比召开了第一届国际珍珠会议。商会会长万资坤应邀出席了此次盛会，并在国际珍珠研讨会上，就中国及包括珍珠在内的整个中国珠宝行业的现状进行了详细的介绍。

11月15日，日本浮世绘艺术珍品展在北京中华世纪坛世界艺术馆举行。商会作为本次展览的后援单位。万资坤会长、鲁文晶副秘书长应邀出席了开幕式。

11月18日，全国工商联第十次代表大会在北京召开。潘庆松第一副会长参加大会。

11月24日~12月1日，由万资坤会长带队，潘庆松第一副会长，刘婕、钟永森、董振信、梁晃林副会长等一行29人到台湾参观考察，参观了第十九届台北国际珠宝展，受到主办单位台湾区珠宝工业同业公会萧新才理事长、林林昌名誉理事长和在台的香港宝石厂商会创会永远名誉会长黄达华先生、香港金银首饰工商总会苏涛会长以及业界同仁们的热烈欢迎和盛情款待。其间与两岸三地珠宝业界进行了友好交流。

12月16日，商会会长、副会长和会员企业多人参加“2007中国（四会）柑桔玉器文化节暨经贸洽谈会”，万资坤会长出席开幕式并致贺词。

2008年

1月，2007年度“中华金银珠宝品牌系列工程”现场评审工作继续进行。

2月2日上午，商会在京召开三届九次会长（扩大）会议。会议组织学习贯彻党的十七大和全国工商联十大精神，深入解读国务院36号文件《国务院办公厅关于加快推进行业协会商会改革和发展的若干意见》；进行2007年工作总结和制订2008年工作计划。下午，商会会长万资坤、第一副会长潘庆松、副会长刘婕、董振信、李子丰等领导领导参观考察北京天雅古玩城。晚上，商会在北京昆仑饭店举行“中国珠宝首饰品牌风采2008新春酒会”。第九届政协副主席、商会第三届名誉会长孙孚凌，全国工商联原副主席程路，全国工商联直属会员商会会长瞿怀明等领导出席。

2月26日上午，福建省莆田市隆重举行第二届“中国（莆田）珠宝节开幕式暨莆田工艺美术城庆典”仪式，商会应邀出席。下午，商会在莆田工艺美术城召开“2008工作新思路研讨会”。晚上，商会与福建省莆田市共同举办的“莆田杯”第二届“中华珠宝之星大赛总决赛暨颁奖晚会”在莆田工艺美术城举行。2月28日，“香港机场国际珠宝展”在亚洲国际博览馆举行，商会率团参观，万资坤会长出席开幕式并剪彩。

3月15日，商会联合爱家国际收藏品交流市场、北京国际珠宝交易中心共同举办诚信商城“天天3·15、诚信伴我行”活动。

3月29日，全国工商联金银珠宝业商会在人民大会堂隆重召开了2007年度“中华金银珠宝品牌系列工程”颁牌授奖大会。

5月12日，四川汶川发生8.0级大地震。商会全体会员及业界同仁立刻行动前起来，为灾区捐款捐物，奉献爱心。

5月12～15日，第43届“世界钻石大会”在上海召开。万资坤会长出席会议。

6月14日，万资坤会长应邀出席JMA澳门国际珠宝展。

7月1日上午，商会副秘书长鲁文晶出席“全国工商联各直属行业商会参与灾后重建工作座谈会”。

7月10日，商会董振信副会长被北京奥组委聘请为2008北京奥运会、残奥会奖牌用玉检测专家，是唯一的奥组委特聘宝玉石专家；商会珠宝检测中心为北京奥运会、残奥会奖牌用玉独家检测机构。

7月17日，第九届北京国际珠宝展览会在北京中国国际贸易中心拉开帷幕，商会第一副会长潘庆松代表商会应邀出席并剪彩。

9月23日，由全国工商联高尔夫球会主办的“全国工商联行业商会高尔夫球对抗赛暨全国工商联名人邀请赛暨行业领袖论坛”在北京龙熙温泉高尔夫俱乐部举行，商会组队参加。

12月7日晚，商会和全国工商联中外商界名人乒乓球会在北京联合举办了“健兴利珠宝杯”中外商界名人乒乓球邀请赛颁奖暨迎新酒会。

12月28日，商会万资坤会长等领导出席“中国（四会）柑橘玉器文化节”。

2009年

2月28日，商会第三届十次会长会议在北京翠明庄宾馆召开。会长、副会长、换届筹备小组成员等19人出席了会议。全国工商联会员部部长刘红路到会并作了重要讲话。

4月28日，苏州明琴缘国际翡翠珠宝旅游城开业典礼隆重举行。中华全国工商联合会金银珠宝业商会会长万资坤应邀出席了开幕式典礼。

7月17日，第十届北京国际珠宝展览会在中国国际贸易中心开幕，商会会长万资坤作为贵宾出席了开幕式相关活动。

7月16～17日，为认真贯彻落实民政部下发《国务院授权全国工商联作为全国性社会团体业务主管单位有关问题的通知》精神，全国工商联在京举办全国工商联行业商会专题培训班。商会会长钟永森代表商会参加了会议。

7月18日，全国工商联金银珠宝业商会第四次会员代表大会在北京隆重召开，大会经过民主程序，选举香港宝石集团董事长钟永森先生担任会长，同时还选举出潘庆松等27人为副会长。

当晚，新产生的第四届商会班子，召开了四届一次会长会议，会议作出聘请万资坤先生为商会首席顾问，聘任鲁文晶同志为商会秘书长，潘庆松、高扬诚、董振信、黄达华、苏滔、李建生、刘婕、刘建民、孔军9人为常务副会长等项决议。

8月8日，商会在北京国际会议中心召开四届二次会长办公会议。全国工商联宋北杉副主席出席会议并做了重要讲话。

8月18～27日，商会会长钟永森参加了由全国工商联副主席孙晓华率领的工商联日韩考察团，对韩国和日本进行了为期10天的商会考察活动。

8月28日下午，中华全国工商联金银珠宝业商会第四届二次会长会议在苏州隆重召开，这是商会换届后，新一届领导班子首次就未来发展的工作目标和重大事项进行讨论研究的重要会议。商会会长、副会长、秘书长共21人参加了会议。首席顾问万资坤先生及特邀代表出席了会议。

9月13日，商会会长钟永森出席了2009年深圳国际珠宝展。

9月14日，全国工商联原主席、中华全国工商业联合会金银珠宝业商会名誉会长经叔平先生因病不幸辞世。商会发唁电表示沉痛哀悼，并参加了遗体告别仪式。

9月16日下午，全国工商联直属行业商会外事工作培训会议在全国工商联机关举行。商会鲁文晶秘书长、会员部商晓军部长参加了此次培训。

9月16日，全国工商联在国谊宾馆召开了提案工作交流暨培训会议。商会副秘书长周嘉生参加了会议。

10月16日，全国工商联金银珠宝业商会因发展需要，根据四届二次会长会议精神，正式将本商会驻所搬迁到北京市海淀区福缘门1号达园宾馆汇缘阁。

10月23日，在《中华工商时报》创刊20周年之际，“中国民营经济2009高端论坛”在北京隆重举办。商会秘书长鲁文晶应邀出席活动，对《中华工商时报》创刊20周年表示热烈祝贺。

11月6日，第三届全国非公有制经济人士优秀中国特色社会主义事业建设者表彰大会在北京隆重举行。商会副会长王蓓作为珠宝界的优秀代表获此殊荣，并代表优秀建设者宣读《推动科学发展　勇担社会责任》倡议书。

11月11日上午，商会在北京达园宾馆汇缘阁举行了“2010年提案选题工作座谈会”。格尔木昆玉工艺制品杨志清经理、北京金玉翠福珠宝公司姚敏庄总经理、中国珠宝首饰进出口公司张嘉玉主任、北京海泉珠宝行孙海霞主任等在京企业代表及有关人员参加了座谈会。

11月23日晚，庆祝香港金银首饰工商总会成立60周年晚宴举办。全国工商联金银珠宝业商会钟永森会长、万资坤首席顾问等应邀出席此次活动。

12月16日，2009（四会）珠宝产业与人才战略高峰论坛在四会举行。四会市人民政府副市长申翰杰、商会会长钟永森、董振信常务副会长等领导贵宾出席活动并发言。

12月17日上午，2009中国（四会）柑桔玉器文化节暨经贸洽谈会正式开幕。全国政协原副主席张思卿，第九届全国工商联副主席程路，广东省有关部门领导，肇庆市委副书记、代市长郭锋，四会市委书记梁志强、市长陈清等四会市领导，肇庆市有关领导等出席了开幕式。

全国工商联金银珠宝业商会会长钟永森、常务副会长潘庆松、董振信等商会领导、会员代表30余人应邀出席柑桔玉器节重要活动，并与2000多名海内外宾朋和客商欢聚一堂，见证四会发展成就，柑乡再掀招商引资热潮。

全国工商联美容化妆品业商会

商会简介

工作综述

大事记

中华全国工商业联合会美容化妆品业商会的Logo整体设计简洁、明快，主要以英文缩写“CBC”为主体，以中国最为醒目的标志性红色为底色，加强视觉上的冲击力。通过渐变的黄色镶边和圆形的设计，象征着美容行业如朝阳一般绚烂。

商会简介

中华全国工商业联合会美容化妆品业商会成立于 1995 年 4 月，是经中华全国工商业联合会批准成立的直属行业商会。商会成立 10 多年来，适应经济社会发展形势的需要，结合非公有制企业会员特点，发挥出越来越重要的行业组织作用。

商会奉行以“坚持以邓小平理论和‘三个代表’重要思想为指导，坚持党的基本路线，遵守宪法、法律、法则和国家政策，遵守社会道德风尚；引导非公有制经济人士健康成长、促进非公有制经济健康发展；全面落实科学发展观，为会员提供服务；维护会员及行业的合法权益和共同经济利益；维护市场秩序和公平竞争，加强行业自律；创建以美容产品及相关服务体系的可持续性发展体系”为宗旨。

商会根据行业特点，建立了稳定的对外宣传窗口，构建了以商会网站、专业网站及大众网站为中心的三级网络系统；以商会会刊、专业杂志、大众媒体为外围的平面系统；以电视为立体的视频系统；加快了信息更新的速度，用无形资产盘活了有形宣传。

商会始终坚持以“服务、创新、开拓、发展”为立会之本，为会员提供战略发展、市场导向、专家技术支持等方面的综合服务。主要任务是指导行业内企业、团体和会员执行政府的方针、政策和法规；行业提案、行业标准的起草；反映本行业的要求，协助政府解决本行业发展的根本性问题；组织开展美容化妆品行业基本情况的调查，把握国内外美容化妆品行业的科研、生产、销售和消费趋势，撰写行业发展报告；向政府有关部门提出制订我国美容化妆品行业发展规划、技术政策、行业标准、经济立法等方面的建议和咨询；促进行业内企业间的联系和协调发展，加强行业自律，维护全行业的根本利益；推动高

会长

马　娅

副会长

陈海佳

陈智诚

程朝晖

杜　斌

葛志平

龚永标

何毅彬

胡兴国

黄喜润

刘有昌

新技术的研究开发、应用和交流；培养美容化妆品行业的专业人才，举办国际国内相关技能赛事，督促从业人员积极进取，为行业选拔优秀人才；建立了行业信息中心、服务中心和主办行业展会。

商会立足于行业的发展，经过10年的探索和开拓，现已发展成为由会长、28位副会长领导下的，拥有常务理事、理事、团体会员、企业会员、个人会员等直属会员1400余人组成的规模组织。根据色彩形象设计、连锁经营、经营管理、经销商、生物美容、祛痘、品牌代理、高科技美容仪器设备、毛发、美甲、文饰、眼部美容与保健、美容美体、抗衰老、医学美容、美容高新技术、中医养生美容、面部年轻化推广、SPA水疗等专业领域进行了划分，成立了相关领域的专业委员会。为了更好地配合专业委员会的工作，商会从全国各地邀请了200余位专家学者，在日用化工、医学、药学、美学、媒体、营销、研发专业等领域积蓄了大量知识力量，以更好服务于商会各级会员及推动行业发展。

第四届会长、副会长、秘书长名单

会长

马　娅　全国工商联美容化妆品业商会

副会长

陈海佳　赛莱拉国际集团有限公司总裁

陈智诚　温州市富诚化妆品有限公司董事长

程朝晖　南京朝晖美容连锁有限公司董事长

杜　斌　北京大宝化妆品有限公司董事长

葛志平　上海维婕娜化妆品有限公司董事长

龚永标　广州市宝宣生物科技有限公司董事长

何毅彬　广州雅兰国际化妆品有限公司董事长

胡兴国　广州环亚化妆品科技有限公司总经理

黄喜润　皇后化妆品（深圳）有限公司董事长

刘有昌　哈尔滨冰城国际展览有限公司董事长

倪佩红　广州肽能基因生物工程有限公司董事长

彭火先　深圳绿馨颜日用化妆品有限公司总裁

孙沭燕　北京邦定保健科技有限公司总经理

谭帮兰　科妍基因生物工程有限公司董事长

万玉华　霸王（广州）有限公司总裁

翁子婷　安婕妤（广州）贸易有限公司总经理

伍新龙　广州市澳大生物美容保健科技开发有限公司董事长

倪佩红

彭火先

孙沭燕

谭帮兰

万玉华

翁子婷

伍新龙

夏　曼

徐新军

杨　涛

姚　利

袁　奇

云文辉

张柏林

夏　曼　湖南摩登漂亮宝贝时尚创意产业发展有限公司总裁
徐新军　天津诗婷商贸有限责任公司董事长
杨　涛　山东让古戎精细化工有限公司董事长
姚　利　上海姚利美容护肤有限公司董事长
袁　奇　安徽丽妍季节美容集团董事长
云文辉　万顺利国际化妆品（北京）有限公司总经理
张柏林　深圳柯诗美实业有限公司总经理
张晓梅　四川西美企业集团董事长
赵胜霞　北京章光101科技股份有限公司执行总裁
郑敏环　广州市慈丹贸易有限公司董事长
周树立　海南京润珍珠生物技术股份有限公司董事长

秘书长
许景权

张晓梅

赵胜霞

郑敏环

周树立

秘书长：许景权

联系方式：
电话：010－82273393　82273351　82271701　82273077
传真：010－82273379
地址：北京市西城区德外新风街2号天成科技大厦B座4011－4013室
邮编：100088
网址：www.chinacbc.org
邮箱：cbcbgs@yahoo.com.cn

工作综述

2007年

在全国工商联的支持和领导、在业界同仁的关注和参与、在商会各级会员的不懈努力下，商会圆满完成了2007年的工作，同时也顺利完成了商会的换届，得到了各界的普遍认可。

一、平稳过渡，建立学习型团队，努力进取，创新发展

根据全国工商联相关文件要求，商会自2006年底即进入换届工作筹备阶段，成立了换届领导工作小组，并配备了换届工作办公室，经过四次领导小组工作会议，对涉及换届的重要人事选拔任命、会议方案流程等方面工作进行决议和部署后，于2007年7月7日在人民大会堂胜利召开了“第四届会员代表大会”，完成了换届工作，由马娅女士出任商会第四届会长。

为了有效延续第三届商会的工作成果，商会秘书处保持了原有的组织架构和人员构成，一切工作有序地继续进行，同时还引进了项目、设计等方面人才，形成了由15人组成，平均年龄在30岁左右的具有高学历和丰富工作经验的秘书处工作团队，并强调了团队精神和谐氛围的重要性，坚持通过定期内训和学习提升团队的整体素质，为商会不断开拓新的工作领域，更好地为服务会员、服务行业、服务社会奠定坚实的基础。

二、全力完成全国工商联交办的工作

1. 圆满完成日常工作

在全国工商联的大力支持和领导下，商会秘书处圆满完成工商联交办的各项日常工作。同时，还配合全国工商联会员部、政策研究室等部门撰写了《2006中华全国工商业联合会直属会员商会年鉴》、《全国工商联美容化妆品业商会发展报告》。

2. 认真学习党的十七大、全国工商联十大会议精神

自党的十七大、全国工商联十大会议召开以来，商会积极响应全国工商联的号召，组织商会秘书处职工认真学习相关文件，并将相关要点汇编成《简报》下发会员，倡导全行业认真学习党的十七大以及全国工商联十大会议精神。

三、发挥商会桥梁作用，加强与政府部门的沟通合作

随着我国社会主义市场经济的日趋完善和政治体制改革的不断深入，政府由管理型向服务型转变，行业商会将承担着由政府转移、分化出的一部分经济管理职能，在实行行业自律、促进公平竞争、提供综合服务等方面发挥举足轻重的作用。商会通过多年的工作与国家商务部、卫生部、工商联、劳动部、消费者协会等有关政府部门形成了紧密的工作关系；在行业标准建设、规范管理、教育培训等方面积极建言献策。

1. 积极促进建立健全行业标准

商会于2005年在国家商务部立项的《美容美发业星级划分标准》（草案）、《美容美发业执行条件》（草案），在2007年的商务部商业改革发展司“关于加快服务业标准体系建设”会议中得到了再次肯定。商会已于2007年5月完成《美容美发业星级划分标准》、《美容美发业执行条件》（草案）第三稿。同时，商会还本着力求行业发展环境不断规范的目标向商务部提出《美容院服务标准》、《美发院服务标准》、《美容院从业会员上岗服务标准》、《化妆品专卖店服务标准》等27个各类服务业的行业标准的立项请求，并主动请求承担相关的起草筹备等工作。目前此项工作正在进展之中。

2. 向政府递交提案，反映行业呼声

在全国工商联会员部、研究室的具体指导下，2007年初商会撰写了以《切实采取措施，鼓励我国本土美容化妆品企业自主科技创新》为主题的提案，递交全国政协十届委员会第五次会议，得到了商务部给予的回复，回复指出：鉴于我国美容化妆品企业在市场上明显处于竞争劣势，在企业规模、市场份额、产品服务等方面与外资企业存在较大差距，特别是研发能力不足、缺乏科技创新的问题比较突出，赞成设立美容化妆品技术创新基金。并将大力支持关于知识产权保护等相关法律法规的体系建设，协助各方力量营造企业公平竞争的市场环境。在商务部和全国工商联研究室的支持指导下，商会与科技部就基金问题进行了沟通交流，取得一定进展。

3. 联手权威部门，共筑行业诚信

商会在不断倡导行业诚信的基础上，经与中国消费者协会多次沟通，达成在行业内联合发起倡议，共同实施《美容化妆品业良好企业保护消费者利益社会责任导则》的共识，目前此项工作已经立项，并将于近期实施。

四、整合行业资源，加强、加快组织网络建设

会员网络的组织体系是商会的立会之本，商会不仅将扩大和完善商会组织网络建设列为第一要务，还为其注入新鲜的发展体制和模式，充分发挥各地副会长、副秘书长积极参与商会组织建设的热情和作用，以点带面地推荐业界优质资源融入商会组织网络，并辅以一定的奖励和监督机制，保证工作的切实开展。

1. 广泛联系、深入走访基层，了解行业需求，扩大商会网络

为扩大网络资源，以把握商会的工作方向和重点，商会会长带队在2007年7～12月亲赴重庆、海南、上海、南京、山西、贵州、沈阳、辽宁、中山、河南、宁夏、北京等地，对当地的会员企业、业界同仁及相关政府部门进行拜访，围绕在行业发展的过程中如何更好地发挥行业商协会的作用，如何更好地体现商会的服务职能等问题与各地各界人士进行了深入的交流。各地反响十分强烈，对于商会能走到行业中来，共同探讨行业的发展大计感到十分振奋，也为商会这种务实求真、有的放矢的工作作风叫好。特别是河南省当地工商联领导与马娅会长进行了亲切交谈，希望与商会建立长期密切的联系，以谋求中国美容化妆品行业的全面振兴，并尽快成立河南省美容化妆品业商会。这一全国范围的考察行动也为商会组织网络的进一步健全打下了基础。

2. 规范专业委员会管理，扩大发展优质组织形式

专业委员会作为商会的重要组织机构形式，这种将行业按领域细分，并遴选出佼佼者带领该

领域的发展、扩大交流的模式得到了业内外人士的一致认可。为了能更好地发挥各专业委员会的积极作用，真正达到设立专业委员会的初衷，商会于2007年8~10月，分两次组织现有专业委员会主任进行述职，结合各自综合情况，对专业委员会进行了年检、清整。

五、加强国际交流，推进民族产业国际化进程

随着越来越多的民族企业和品牌开始涉足国际美容化妆品市场，势不可挡的东方飓风已引起了国际同业的强烈关注，为了让国内外行业发展动态能进行有效及时的交流，商会在搭建国际信息通路和互动平台方面做出了很多努力，不仅分赴马来西亚、中国香港等地与国际CIDESCO协会马来西亚分会、国际斯佳美容协会——圣迪斯哥中国分会结成联盟，以期通过多方位、立体式的紧密合作，加强与其在技术、资讯等方面的资源共享，更采用“走出去、请进来”的模式通过组织国内的优质民族企业和品牌远赴意大利等地参加、参观国际性美容展会，邀请国际同业参加、参观“广州国际美博会”来实现让国际同业了解中国美容化妆品行业在研发、生产、销售等方面的长足进步，也让行业了解国际同业的先进资讯和发展趋势，以帮助民族企业更好地把握未来的发展定位，让其不断完善和提升，逐步拥有决胜国际市场的核心竞争力。

六、团结行业力量，倡导行业共荣

近年来，随着社会经济的迅猛发展，中国美容化妆品行业也迎来了更多的机遇，而亟待突破的瓶颈也日渐凸显，行业商会有责任和义务为行业的发展分忧解难。但是孤掌难鸣，仅凭一己之力很难将此使命圆满完成。为此，商会在团结行业各界力量，共同在行业发展保驾护航方面进行了大胆尝试。7月7日，商会在北京人民大会堂，与中国百货商业协会、中国香料香精化妆品工业协会携手结成中国美容化妆品业战略联盟。来自三个最具号召力的行业商协会领导的手紧紧握在一起的一瞬，便揭开了中国美容化妆品行业自诞生以来最具意义的一次强强联合、高端资源共享的序幕。

12月7日，作为联盟成立后的第一次练兵，由商会与中国百货商业协会共同主办的“科技创新论坛”在人民大会堂成功召开。论坛吸引了来自全国各地近400名业界同仁与行业权威专家、政府官员、行业商协会代表齐聚一堂，共同就“以科技促进行业发展”的主题，从政策法规、产品研发、市场营销等方面进行了深入的剖析，对促进高新技术融入行业及科技成果产业化的发展起到了积极的促进作用，得到了与会人士的一致好评。

七、加强行业诚信建设，树立行业优质标杆

目前，行业的发展已进入“快行线”，任何不和谐的声音都会对其产生无法估量的影响。这其中，最为严重的莫过于社会对行业产生的“信任危机”。多年来，商会致力于行业的“诚信建设”，积极开展以“诚信”为主题的各类公益活动，弘扬行业正气，取得了很好的成效。2007年，商会推出以“呼吁全行业上下一心，合力打造行业诚信长城，谋求行业美好将来”为主题的2007年度中国美容化妆品行业推优活动，更是在业界引起了巨大的反响，一致希望能借此契机真正推出行业各领域的标杆人物，以影响业界产业链的规范运行，肃清不良行为对行业的负面影响。业界同仁纷纷投身本次活动，商会严格秉承活动的初衷，认真负责将活动深入开展并逐年延续下去。随着标杆的不断涌现，困扰行业发展的诚信危机将逐渐淡出，还行业一片纯净、健康的天空！

八、加强行业培训教育，为行业输送高端人才

“入行门槛低，人员素质差”曾一度困扰着中国美容化妆品行业，为了摘掉这顶与当前行业发展状态极不和谐的“帽子”，业界已经进行了多年的努力，各类教育模式层出不穷，但系统、规范、高端的教育项目却始终如凤毛麟角，无法满足行业高端人士提升自我素质的迫切需求。为此，商会于2007年底与清华大学职业经理训练中心达成合作，针对国内高级美容化妆品企业的总裁、高级职业经理推出的特色精品课程。该课程拥有和国际接轨的先进理念、专业实战的师资队伍、专用的核心精品教材、高效的培训模式和严格的质控体系，已于2008年2月全面启动。首期学员超过百人，来自全国各地美容化妆品行业企业的高级管理人员将有幸在中国最高学府——清华大学，接受由全国一流师资力量带来的关于营销策划、实效营销战略、营销团队构建、客户管理、营销实论、国际同业历史及发展现状等方面的集中培训，届时中国美容化妆品行业将是高端理论知识与成功实践经验完美结合者的舞台。

九、大力支持会员活动，强化商会的服务功能

“服务”是商会的第一职能，服务会员又是这一职能的最直接体现。为此，商会始终秉承“服务、务实、创新、发展”的理念，坚持以服务促发展，以服务树形象，以服务聚人心，对各级会员的活动给予多种形式的支持和帮助。2007年，商会支持河南洛阳康城集团，共同举办了“2007 年名品联展暨2007 第二届洛阳美容美发文化节”，发起了“2007 年度百名全国知名美容师——中俄友好使者评选”等活动，既为协助会员企业开拓当地的美容市场起到了一定的促进作用，也为商会建立更为宽广的信息网络系统起到了辅助的作用，这种双赢的服务模式得到了广大会员及业界同仁的一致认同。

2008 年

2008 年，商会在全国工商联的正确领导及大力支持下，在马娅会长、各位副会长、各专业委员会、副秘书长、专家委员会、广大会员、会员单位的大力支持以及秘书处工作人员共同努力下，各方面工作均取得一定的进步，商会各项会员工作稳步健康发展。

一、加大会员发展力度，建立清晰的会员网络

经过近 30 年的发展，美容化妆品行业成为为继房地产、汽车、旅游之后的第 4 大消费热点。美容化妆品业由单一销售发展到现在集美容、美发、浴足、医疗、保健、造型、设计、教育及专业美容化妆品产品研发、生产、销售于一体的生产与服务并行的庞大产业链。美容化妆品作为朝阳产业，形成了向生产企业、服务店铺、物流配送、媒体广告、展览演艺等行业扩张的产业链条，已不再满足单独的销售与生产，逐步向品牌差异化营销的时代迈进。

作为政府与企业、企业与企业之间的桥梁，商会积极投身于会员发展与建设之中，编织起庞大的会员网络。2008 年的商会会员发展工作取得很大成绩，新发展常务理事单位 87 个、理事单位 41 个、专业委员会 6 个、基础会员 232 个，与中国消费者协会共同在行业内发起了诚信自律公约工程，树立了行业自律诚信榜样，推出了 59 家诚信示范单位，在行业里引起强烈反响。

二、提高行业素质水平，创建全新管理模式

2008 年，商会与清华大学继续教育学院职业经理人培训中心合作，成功举办了清华大学美业总裁营销管理高级培训班，至今已开办了三期，在业内引起了不小的反响。“中华美业班”的团队精神以及同学之间建立起来的友谊在行业内广泛流传，使商会在业内树立了行业发展素质教育为先的新形象，营造了良好的口碑，并开创出新的市场空间。素质的提高，也给企业的发展带来了效应。会员既是行业中的竞争者，又是一起生活的同学，彼此间有了更多的了解，大大增加了企业合作的机遇，

三、发扬大爱无疆精神，成就博大爱心事业

“5・12”汶川地震发生后，商会作为行业组织，按照党中央、国务院关于抗震救灾工作的总体部署和全国工商联的号召，在马娅会长的亲自指挥下，迅速启动了“我们和你在一起——汶川地震紧急救援行动”。

震后第 3 天就在京举办了“中华美业情系地震灾区爱心捐赠”活动，现场募得善款 22 万余元。商会还积极派出相关人员与成都市美发美容协会、当地会员企业以及有关部门合作，在当地设立了成都工作站，组织实施了卓有成效的自救援救工程，并得到各级会员的积极响应。

为了把抗震救灾及全行业的公益事业不断深入下去，更好地配合灾区重建，通过严格规范的申请程序，经全国工商联和中国光彩事业基金会的批准，正式成立了中国光彩事业基金会专项基金——中国光彩事业美丽专项基金，现已收到 200 多万元善款。

四、大力表彰先进事迹，树立会员学习榜样

经过半年多的筹备，“纪念改革开放 30 周年——中华美业美丽中国辉煌盛典系列活动”圆满结束。这次盛会是我国改革开放 30 年来美容化妆品行业最大规模的一次会议，会议的主旨是回顾30 年来美容化妆品行业取得的辉煌成就，表彰多年来为行业发展以及商会建设作出突出贡献的先进企业和人物。

2009年，在全国工商联的正确领导下，在各级会员的大力支持下，商会还将不断在行业内推出交流通路，加强行业内的系统培训和再教育，深入为会员企业及单位服务。商会的各项工作及商会建设将努力迈上新的台阶，为开创商会工作新局面奠定更加坚实的基础。

2009年

2009年，在全国工商联正确领导下，在各级会员的大力支持下，商会工作圆满完成。商会也总结了一年的工作，现简述如下：

一、立足行业发展，开创经济建设新局面

2008年，受金融危机影响，国家积极进行整体统筹，通过扩大内需消费、培育新的经济增长点以应对国际国内的经济变化，商会受商务部商贸服务管理司委托，以“加强行业统计管理，提供行业应对措施”为主题在业内进行《中国美容化妆品业典型性调查》。商会领导亲自组成调查组，走访了行业内众多生产企业、代理经销商、美容院经营从业代表；通过多渠道、多层次、多角度的统计，将行业发展的规模、结构、水平及企业经营状况等相关信息搜集、整理对行业存在的问题及时找出应对措施。通过对翔实数据的分析为商务部对美容化妆品行业的发展与调控提供可靠的参考依据。

在2009年上半年提出的“走出去、请进来，纵深了解企业诉求”的服务宗旨的基础上，下半年设立了更为明确的目标。

二、做好政府抓手，谏言行业发展新体系

商会在规范行业管理秩序与企业自律两方面征询了数十位业内专家，以此为基点，撰写完成了《建立行业规范化指导管理体系》的提案。提案指出：为加快我国行政体制改革的步伐，改变原本行政权力在政府部门之间、政府与企业之间、中央和地方之间的辗转反复的状态，国家已将政府管理职能逐步委托给行业（商）协会。发挥商（协会）作为政府与企业，企业与企业之间的桥梁及纽带作用，形成“政府指导商（协）会宏观调控，商（协）会协助政府引导行业发展，企业联手成立网络联盟协同自律”和谐态势。

三、提高员工素质，建立优秀团队新格局

作为行业商会，面向广大会员，一言一行都代表着行业商会的整体形象。商会提出员工要坚持以“人”为本，发展为“人”的理念，2009年6月中旬，商会拟定了“五知”、“五会”制度。即“知专业、知政策、知科技、知市场、知礼仪”、“会统筹、会策划、会协调、会管理、会运营”。一方面提高商会员工队伍建设，另一方面加强商会的制度建设，力求提高会员服务工作的效率，创建人文化、市场化、懂知识、擅运营的综合型商会组织。

为全面建立一支为会员服务优秀团队，商会员工分两批在河北廊坊接受为期两天的“生命重建、同心团队封闭式特训营”。并以严格教育、严格要求、严格监督、严格管理作为商会今后人事管理的重要原则。

培训从实战出发，应用心灵教练技术、NLP神经语言学、体验教育法及潜能激励等理论和原理、以互动体验+西点式训练+工具应用+系统复制为方法。从“人本”与“本我”的角度出发，最终达到调整职业心态，进而激发内在生命能量、心灵洗涤，信念系统调整以提升个人内在精神动力。这次培训有着特殊的意义：一是通过员工的亲身体验，增强商会秘书处团队建设；二是为商会会员培训服务增添新的亮点。

四、增强服务实质，协助会员搭建新平台

1. 将电视媒体真正作为行业发展的窗口

2009年初，商会应中央电视台《时尚创意会》及《时尚中国》栏目的邀请，共推荐30余人参加了节目拍摄，得到了各级会员的大力支持。无论从主题的选定，造型的设计都是个性的彰显。流行与传统、古典与现代、建筑与工程设计元素的完美结合，通过色彩的变化，将时尚潮流的韵味表现得淋漓尽致。我们不但赞叹选手的高超技艺，同时也为中国时尚树立了新的风尚标！

2. 以知识就是力量续写行业发展的科技新篇

商会于7月8日在深圳召开了“中华美业SPA大会暨首届中国美容行业发展年会”，全国工商联美容化妆品业商会会长马娅，国家商务部商贸服务管理司副处长陈泽亚，人力资源及社会保障部中国就业培训技术指导中心处长董立武，商会副会长全国政协委员、中国美容时尚报社长兼主编张晓梅，清华大学阎旭临教授以及来自法国、以色列、新加坡、马来西亚等国以及中国香港和台湾地区的嘉宾与来自国内200余位最具影响力的大型美容企业管理者共聚一堂，共同研讨中国美容行业发展现状、趋势及未来的发展方向。

与会嘉宾肯定了商会为行业发展所作出的贡献，同时提出要立足当前、着眼长远，重点从引导、促进、保障美容业消费与发展三个方面着力推动行业发展的工作要求。同时要引导在职人员系统学习整体健康管理，提高职业化程度，推动行业向“职业化、专业化、标准化、系统化”发展，拓展中国劳动就业新路、协助国家建立行业新职业新岗位标准，加快国家远程培训资源建设等方面提供真实的参考依据。

论坛对行业的发展及未来SPA会所的核心经营问题进行了研讨，使与会者深入了解、认识行业在发展过程中所存在的问题，深入探讨美容化妆品行业的前进方向，也看到了今天国内美容SPA行业所面临的发展机遇，认识到应不断提升自身管理经营水平，不断地学习借鉴，行业才可能持续发展。

是精彩的瞬间也好，是视野前瞻、观点犀利、富有高度、统筹行业发展全局的专家评述也好，这些都写进了2009年的史册。

大事记

2007年

1月，商会成立换届领导小组，将换届工作提上日程。

2~6月，商会分别召开了常务副会长工作会议、三次领导小组工作会议、各副会长述职会议，会议产生第四届提名会长、副会长候选人名单，讨论并通过了第四届换届大会召开方案。4月7~9日，商会与河南洛阳康城集团合作，共同举办了“2007年名品联展暨2007第二届洛阳美容美发文化节活动”，为开拓当地的美容市场，起到了一定的促进作用。

4~5月，商会根据全国工商联会员部等相关部门的要求撰写了《全国工商联美容化妆品业商会发展报告》、《2006中华全国工商业联合会直属会员商会年鉴》美容化妆品业商会篇等。

5月，商会完成《美容美发业星级划分标准》、《美容美发业执行条件》（草案）第三稿，同时商会本着力求行业发展环境不断规范的目标向商务部提出《美容院服务标准》、《美发院服务标准》、《美容院从业会员上岗服务标准》、《化妆品专卖店服务标准》等27个各类服务业的行业标准的立项请求，并主动请求承担相关的起草筹备等工作。

7月6日，经全联厅（员）复〔2007〕13号文件批复，商会第四届领导班子诞生。

7月7日，在人民大会堂，胜利召开第四届会员代表大会，商会圆满完成了换届工作。借此机会商会与中国百货商业协会、中国香料香精化妆品工业协会签订合作意向书，携手结成中国美容化妆品业战略联盟。

7月30日，商会与中国消费者协会联合倡议在行业内推行《良好企业保护消费者社会责任导则》一事已达成合作意向，并以此为主题，发在2007年7月第2期《简报》中。

8月15日，商会召开了在京媒体、在京会员及专家代表见面会，马娅会长就如何更好地发挥商会的指导作用，加强商会宣传工作等问题与大家进行了沟通。

8月11日，商会四届一次专业委员会工作会议在广州召开，第一批提交的13个专业委员会中，有9家通过年检。

9月，商会联合各地商协会在全国行业范围内开展了以树立典型示范单位为主题的推优活动。

9月，商会组织相关人员参加广州美博会，目的是通过展会与更多的企业进行沟通，扩大商会的影响力，加强行业商会的宣传力度。

10月，马娅会长与马来西亚美容师协会兼国际CIDESCO区会主席拿汀·徐高雅女士签订了《结盟书》，旨在友好合作，共同为亚洲美容行业的发展作出贡献。

11月，马娅会长与CICA－国际斯佳美容协会郑明明女士签订了《结盟书》，旨在美容教育领域密切交流，共同合作参与亚洲美容行业的建设。

11月，商会与清华大学职业经理训练中心签订战略联盟，拟开设高级美容化妆品业实效营销研修班。

11月14日，商会专职副秘书长许景权参加山西省美容美发协会主办的“企业星级评定实施办法”推广会，并与山西省美容美发协会建立起密切联系，逐步拓展商会网络建设。

12月5日，黄滢秘书长参加由全国工商联研究室、会员部共同召开的全国工商联政协提案准备会议。会后，根据美容行业情况撰写完成《尽快建立健全美容业服务标准体系实施美容院分等定级服务标准》提案，并已提交。

12月7日，商会在北京人民大会堂举办“全国工商联美容化妆品业商会科技创新论坛”。

12月21日，马娅会长应邀请出席由重庆市商业委员会、重庆工商业联合会和重庆渝中区人民政府联合主办的“美丽重庆”时尚文化节大型活动，并对大赛的规格水平给予了肯定。

2008年

1月11~13日，“2008中国美容化妆品业女性经济创富论坛暨全国工商联美容化妆品业商会2008年年会”在北京金台饭店隆重召开。

1月下旬，湖南、广东、广西三省区遭受严重自然灾害，冰雨冻灾席卷14个省份。商会积极响应全国工商联及各级政府紧急援助救灾的号召，在会员系统内部下发《倡议书》，公布多种捐赠途径。广州创美时美容化妆品有限公司、金仪美美容美发用品有限公司、慧妮美容化妆品有限公司、宝生堂化妆品有限公司、宝宣生物科技有限公司、名仁堂化妆品有限公司、成德日用品有限公司、雅兰国际化妆品有限公司、赛莱拉国际集团、圣丽娜国际美容美发机构、宜海实业（广州）有限公司等近百家企业代表踊跃参加捐助活动。

2月中旬，商会通过全国工商联研究室向第十一届全国人大会议递交了《关于在美容业尽快实施美容院分等定级服务标准》的提案。

3月14日，“中华全国工商业联合会美容化妆品业商会行业规范发展专家指导小组”成立，同期发布了《全国工商联美容化妆品业商会自律公约》。

4月7~12日，与清华大学联手推出的“首届高级美容化妆品业实效营销研修班”正式开班，40余位来自中国美容化妆品行业的总裁、经理人走进了清华大学的校门。

5月15日，全国工商联美容化妆品业商会在北京举行“中华美业情系地震灾区”爱心捐赠活动。现场募得善款22万余元。

5月16日，统计会员企业向灾区捐款的数额，在商会网站公示。经过儿天的工作，商会关于“抗震救灾”的各项活动取得了一定的进展。16日上午，会长助理云文辉、《中华美容化妆品报》执行主编梁洪涛代表商会奔赴四川灾区。

5月18日，商会代表与成都市美发美容协会、当地会员企业及有关部门合作，积极组织行业自救自营，组织四川及全国各地行业同仁继续向灾区伸出热情援手，及时捐赠，帮助灾区人民渡过生活难关。

5月19日，商会和成都市美发美容协会在成都召开新闻发布会，联合启动“中国美容美发化妆品行业自救援救工程”。

6月2日，“清华高级美容化妆品业实效营销研修班”第二期开班。

7月7日，在温州万豪商务大酒店召开了“四届三次会长会议暨2008年工作会议”。

9月11日，许景权被聘任为商会秘书长，主持商会秘书处日常工作。同期增补5名副会长，分别是海南京润珍珠生物科技有限公司董事长周树立、万顺利国际化妆品（北京）有限公司总经理云文辉、上海维婕娜（黛妃）化妆品有限公司总经理葛志平、霸王（广州）有限公司总裁万玉华、诗婷国际美容连锁集团有限公司董事长徐新军，目前共有副会长21人。

9月11日，经过商会负责人的积极努力，由全国工商联办公厅研究决定，同意商会向中国光彩事业基金会申请设立“中国光彩事业基金会美丽专项基金”。

9月24~27日，第29届“广州国际美容美发化妆用品进出口博览会”在中国进出口商品交易会琶洲展馆隆重举行。

9月25日，“中华美业清华同学会”首届广州年会在亚洲大酒店热烈举行。马娅会长莅临指导，《医学美学美容》杂志社辛映继社长等行业嘉宾出席活动现场。

10月4~11日，许景权秘书长随“美容SPA精英考察团”赴台湾考察，走访了当地商协会和台湾美容化妆品生产企业，并与美容机构建立良好的联系，为商会会员赴台参观学习奠定基础。

10月9日，商会副会长、会长助理云文辉代表商会赴陕西汉中和甘肃天水灾区，参加由全国工商联扶贫与社会服务部发起的“民营企业灾区行”活动。

11月1日，“清华高级美容化妆品业实效营销研修班”第三期开班。

12月12日，商会在北京人民大会堂隆重召开“中华美业30年——美丽中国辉煌盛典”。本次活动以“回顾改革开放30年中国美容化妆品行业所取得的辉煌成就，开创中国美容化妆品行业健康持续发展新局面”为主线，展现塑造中国美容化妆品行业的健康形象，表彰了美业30年涌现出来的成就人物、先进企业、机构和个人，并对当前行业热点、难点及发展趋势等问题展开深入探讨。期间还举办了“光彩美丽之夜公益晚会”，宣传推广全国唯一美容化妆品行业基金——中国光彩事业基金会美丽专项基金。

12月13日，商会在北京召开了“全国工商联美容化妆品业商会四届四次会长工作会议及组织工作会议”，总结了2008年秘书处的工作情况，公布了2009年工作计划，部署下一年重要工作。

2009年

1月，商会各专业委员会进行2008年工作总结，并提出了2009年规划。

2月，商会受商务部委托负责“建立商贸服务行业统计体系这一重要的统计调研”中的美容美发化妆品部分，并以此撰写了《2008美容美发化妆品产业发展状况报告》。

3月，商会员工前往广州，参加“第30届广州国际美容美发化妆用品进出口博览会”。

5月，商会协助中央电视台2009 CCTV《时尚创意会》节目的录制工作圆满结束，以“创意，让时尚御风而行”为主题的节目顺利播出。

7月7日，商会在深圳召开“中华美业SPA大会暨首届中国美容院行业发展年会”及“四届六次会长工作会议”。

9月24~26日，商会组织相关人员参加“第31届广州国际美容美发化妆用品进出口博览会”(简称广州国际美博会)。

10月26日，由商会与中央电视台联合主办的“2009CCTV《时尚中国》电视入围评选”在温都水城鸣锣开赛。最终有10名选手参加央视的录制。

11月，以“时尚，让金秋增添无限辉煌”为主题的“2009CCTV《时尚中国》电视入围评选”圆满落幕。

全国工商联水产业商会

商会简介

工作综述

重要活动

重要文献

大事记

中华全国工商业联合会水产业商会会标图案由地球、鱼、海洋、船、锦带组合而成。

地球代表全球；鱼代表水产品；海洋代表水产行业生存发展的水资源；船代表捕捞和运输；锦带代表中国水产业与世界水产业的沟通与交流。

会标含义：通过中华全国工商业联合会水产业商会（APCC）这条纽带，使中国水产业与全球水产业紧密联系，共同发展，乘风破浪，开拓进取，为繁荣水产业而不懈努力。

商会简介

中华全国工商业联合会（简称全国工商联）水产业商会，是全国工商联领导的全国性和海外侨胞及华人中从事水产行业的企业、团体、企业家的会员组织，是中国共产党和政府联系水产企业的桥梁和纽带，是政府管理水产企业的助手。

水产业商会于 1995 年 5 月 18 日成立。其会员分为三种，即团体会员、企业会员和个人会员。团体会员包括：水产行业的地方协会、商会、公会、专业组织及相关单位团体等；企业会员包括：国内水产企业，港澳台侨在大陆投资、联营和股份制的水产企业，国外资本在中国注册的水产企业等，现已涵盖了种苗、淡水捕捞和养殖、海水捕捞和养殖、饲料、粗精加工、水产生物工程、运输、冷冻冷藏、储运保鲜、进出口、包装、零售批发等整个行业产业链各环节；个人会员包括：水产业专家学者、国内外业界的生产加工和商业经营者、个体工商户，从事水产行业相关的科研开发、检测评估、设计创作、工艺技术和律师等相关人士。

商会在发展历程中，始终把增强会员遵守国家法律、法规的意识，坚持“爱国、敬业、守法”，规范行业行为，促进公平竞争作为首要任务；把维护会员合法权益、向政府及有关部门反映会员的意见和建议、协调会员之间的关系、调节会员中出现的经济纠纷作为重要职责；把开展咨询服务、开拓国际市场、向会员提供国内外水产信息、推广先进科技管理经验、组织会员参加展销会、交易会、博览会及出国考察进行商务洽谈等作为主要工作。在会员中宣传、贯彻党和国家的方针、政策，引导水产企业遵守国家法律法规，规范企业行为，促进行业自律；为会员排忧解难，反映会员的意见和诉求；为会员提供水产信息，组织会员进行境内与港、澳、台地区的水产交流及贸易往来，促进与国际间

会长

李 忠

常务副会长

田全海

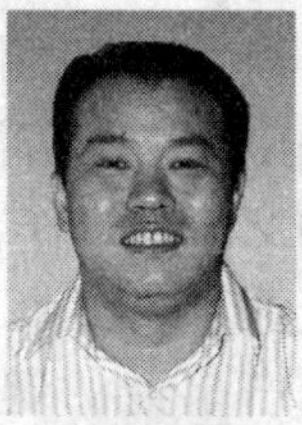

朱长良

苏维平

李建强

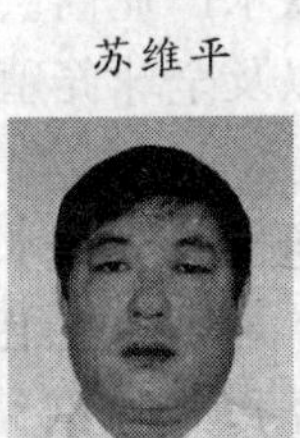

张全桥

张孟江

陈威德

庞春远

翁文斌

黄进忠

水产贸易的交流与合作，树立商会在市场经济中的良好形象。

随着社会主义市场经济体制的不断完善，商会严格坚持市场化原则，逐步建立法律健全、体制完善、结构合理、行为规范的行业商会发展体系，坚持“爱国、敬业、守法”的方针，坚持“紧贴政府，依靠全国工商联，立足国内，面向华商”的宗旨，把无论是公有制还是非公有制水产企业，无论是境内还是港澳台乃至世界华商中水产界的同仁，都作为我们的视野圈和服务圈。

商会在努力做好境内水产界工作的同时，热诚期望扩大与香港、澳门、台湾等地区水产界人士的交流与合作，热诚期望港、澳、台地区的水产企业家、实业家加入本商会，共同努力推动中华水产事业的健康发展；热诚期望与东盟及亚洲、欧盟乃至世界各国水产人士开展积极有效的合作，取长补短，互展优势，促进水产事业的健康发展。

目前，全国工商联水产业商会拥有直属会员和团体会员近2000名，团体会员有广东省工商联水产业商会，北京市工商联水产业商会，山东临沂市工商联水产业商会，以及全球养殖水产联盟（GAA）等。

全国工商联水产业商会通过与全球水产联盟（GAA）的合作，学习和借鉴国际行业组织的先进管理模式，搭构商会平台和国际网络链接，拓展商会与世界各国水产业的交流与合作，加强国际化发展，并通过积极参与GAA等国际机构的事务，在国际水产舞台上扮演越来越重要的角色，为中国水产企业争取更多的权益，让世界客观了解中国水产，让中国水产平稳走向世界。

第四届会长、副会长、秘书长名单

会　长

李　忠　湛江国联水产开发股份有限公司董事长

常务副会长

田全海　湛江绿环水产有限公司董事长

朱长良　良之隆冻品行总裁

苏维平　佛山市高明阳光科农发展有限公司董事长

副会长

马恒泽

王文洲

石元兴

田福安

刘　强

何美光

陈　平

陈振魁

钟　诚

徐联国

翁祖明

符　军

李建强　广东省高要市振业水产有限公司执行董事
张金桥　北京博巨贸易有限公司董事长
张孟江　北京江洋水产有限公司总经理
陈威德　湛江市帼水产食品有限公司总经理
庞春远　北海保通冷冻食品有限公司董事长
翁文斌　上海翁牌冷藏实业有限公司总经理
黄进忠　青山汉联控股有限公司执行总监

副会长

马恒泽　河北农大农副产品综合批发市场书记
王文洲　北京北方渔夫食品有限公司总经理
石元兴　济南市鑫远兴水产有限公司董事长
田福安　天津市安信水产食品有限公司总经理
刘　强　澳大利亚荣天国际股份有限公司董事长兼总经理
何美光　湛江龙威水产实业有限公司总经理
陈　平　湛江市海岸水产有限公司总经理
陈振魁　福建省山东县海魁水产集团有限公司董事长
钟　诚　湛江环球水产有限公司董事长
徐联国　武汉关山梁子湖生态科技园总经理
翁祖明　北京兆协食品有限公司总经理
符　军　北海市万景海产有限公司董事长兼总经理

秘书长

田全海（兼）

联系方式：
电话：8610－62143129　62121256
传真：8610－62149936
地址：北京海淀区北三环西路32号楼恒润国际大厦1509室
邮编：100086
邮箱：chinaapcc@126. com
网址：www. apcc. org. cn

工作综述

2007年

2007年，水产业商会在全国工商联的正确领导下，认真学习贯彻党的十七大精神；贯彻、落实党中央关于建设社会主义新农村的大政方针，努力为全体会员服务，加强参政议政，积极建言献策，对食品安全等行业重大问题紧抓不放，为维护“中国制造”的声誉做了卓有成效的努力。

一、认真学习有关文件，落实会长会议精神

党的十七大在今年顺利召开，深入学习宣传贯彻党的十七大精神，把商会工作人员和广大会员的思想统一到党的十七大精神上来，落实到实际工作中去。全面加强商会自身建设，充分发挥职能作用，努力开创工作新局面，积极推动水产业又好又快发展。认真学习和贯彻落实全国工商联召开的直属行业商会工作会议精神，遵照全哲洙书记、张龙之副主席和刘红路部长、赵岳仑副部长对商会工作提出的要求，围绕独立思考、勇于创新、共同探索商会工作的新思路、新方式而不断努力。

二、依据全国工商联的指示，顺利完成商会换届工作

根据全国工商联的要求，商会今年必须完成换届工作。根据第三届第一次理事会议的决定，第四届换届筹备领导小组会议于2007年3月20日在杭州召开，研究提出候选人，报全国工商联正式批准。并经5月18日在北京人民大会堂召开的第四届会员代表大会，选举产生了新一届会长、名誉会长及副会长人选，直属会员商会由瞿怀明会长为全体新领导成员颁发任命证书，商会会员200余人参加了会议。

三、做好基础工作，完善会员管理

在全国工商联的指导下，及时完成全国工商联下发的各项通知、报表、工作部署等，确保上情下达。

换届后，秘书处对会员档案进行重新编号管理，设立专项档案，重新制作新一届会员证书、会员铜牌。

根据全国工商联统一要求，商会集中精力、集中时间认真做好《中华全国工商业联合会直属会员商会年鉴（2006）》的编辑工作。年鉴集中反映了商会每年的综合发展情况，并发给国家有关部委，同时在新华书店公开发行、出售。

参加制订《全国2007年水产品加工出口计划》草案。经过我们汇总整理，把商会会员单位的宝贵意见汇报给政府主管部门，受到了政府主管部门的重视。

四、发挥参政议政职能，维护会员合法权益

2006年商会收到三份向全国政协提交的议案内容，经与全国工商联研究室共同研究商讨决定，最后提交的是河南四季胖哥实业有限公司向全国政协提交的议案——关于建立保鲜速冻食品运输绿色通道的提案，这是商会历史上第一次通过全国工商联向全国政协提交议案。

2007年6月，商会就水产品出口面临的严峻形势广泛征求会员意见，积极与有关部门反映并请求重视，先后直接致信吴仪副总理、国家质检总局食品安全局、商务部对外贸易司、农业部渔业局等政府主管部门。同时，商会于5月20日，率先公开在全国各大水产网站以及《中国渔业报》上发表声明“关于从中国出口斑点叉尾鮰鱼中发现药残问题的声明”，及时说明事实真相，维护企业合法权益，提出解决问题的办法。

7月份，商务部召开意见征集会，邀请商会领导参加会议详细讲述意见。商会一直在努力寻求各种途径解决行业问题。

2007年10月9日，商会收到交通部文件号为交公路提字〔2007〕54号的答复，对商会提出的议案表示感谢并给予了答复。

五、坚持发展会员队伍

2007年以来商会共召开两次会长会议，一次会长碰头会议，两次理事会会议，一次会员代表大会，秘书处认真逐项落实会议精神。秘书处向全国各地水产企业邮寄会员登记表3000余份，通过展会和信函发放商会宣传材料8000余份，通过全体会员的热情介绍与不断努力，商会会员由第三届的50多名发展到200多名，涵盖水产领域的各个方面。

第四届领导班子的实力得到加强。新增副会长7名，比第三届增加58%，秘书处按照全国工商联要求，对所有新任副会长单位进行了实地走访与考察；商会新增常务理事13名，比第三届增加54%；新产生名誉会长2名、顾问4名。领导班子的加强为商会工作更好地开展提供了坚强的组织保证。

商会换届完成后，全国工商联会员部专门发了简报，对商会换届工作圆满完成进行了表扬，并指出，水产业商会领导班子新成员比例超过2/3，远远高于换届之后商会班子新成员要达到1/3的最低要求。

六、做好对外宣传工作，办好《中华水产》

商会每月定期出版《中华水产》内部刊物，并于2007年重新改版，由原来的32开改为16开版面，着力宣传商会要闻、商会活动、商会动态、会员新闻、会员企业几个方面。每期固定宣传2～3家会员企业单位，及时全面反映会员动态。商会的刊物覆盖全国工商联各有关部门、农业部、商务部、质检总局、国家发改委、财政部等国家部委；30余个驻华使馆；全国各省级工商联、沿海地市级工商联；各兄弟商会；全国主要水产大学、科研院所；各会员外企业。由于覆盖面广，很好地宣传了商会会员企业。

为配合会员单位和商会的活动，商会还为一些企业出版了专刊。2007年春节，商会为在京会员单位出版了覆盖北京市超市、国家机关、大型酒店的特刊。

七、积极主办国际（内）行业论坛与研讨会

商会筹备了“2008中国宁波国际渔业博览会”、“2008中国日照海洋渔业博览会”。8月10～12日，商会在湖北宜昌主办水产生态养殖高层培训班，养殖企业参会人员40名，针对当前养殖方面的安全生产、水质改良、合理用药等一些疑点难点，由专家给予详细指导。商会常务理事徐联国总经理派出4名领导参加培训，对商会工作给予了大力的支持。

8月24~26日，商会作为协办单位参与了广东省（湛江）国际对虾节，并成功主办“中国水产食品安全论坛”。本次论坛共出席400多人，其中商会会员30人，在水产品食品安全方面提出了新的观点，广东省海洋与渔业局给予了高度赞赏，并拨出资金进行支持，商会张金桥、田全海、石元兴副会长以及何文军、李积强、林陈瑜常务理事等会员单位也给予了资金上的全力支持，保证了活动的顺利进行。

八、组织会员参加出境考察及学术活动

商会组织会员单位参加了国际著名的水产品展览会：美国波士顿渔业博览会、布鲁塞尔国际渔业博览会、西班牙国际海洋渔业展览会等，为会员企业开拓国际市场，扩大对外贸易提供了有益的服务，得到了广大会员的好评和行业的认可。

11月6~8日，商会作为协办单位参加了中国国际渔业博览会并设置54平方米的特大展区参示商会风貌，展会期间发放商会简介、活动、会刊等材料1000多份，扩大了商会的影响力。12月，应邹乐平副会长的邀请，商会协办了“2008中国石岛水产品春节采购订货会”，好当家集团、宇王集团等全国著名企业约100多家参加交易。广东黄沙水产批发市场董事长李锦和、舟山水产城、南京水产品中心市场等20余名知名企业参加了会展。

2007年，商会三次组团，副会长邱新航、芦晋太，常务理事朱长良带队，共28人赴台湾地区进行了水产渔业考察。通过多次考察，进一步推动了海峡两岸水产业交流与发展；我们将总结经验，把赴台考察交流办成品牌项目。

12月26日，商会在广州协办了“绿色食品——宝平鱼新闻发布会”。李忠会长到会祝贺并讲话。

九、开展多项座谈

2007年，商会与北京农村商业银行召开金融企业合作座谈会，与北京新发地农产品有限公司及北京东方友谊食品配送公司座谈，分别商讨了在新发地农产品批发市场合作建设水产业商会大厦及奥运食品供应渠道、食品安全方面开展合作的事宜。对外，与印度西孟加拉邦政府就双方水产业的发展进行全面的交流，西孟加拉邦政府邀请商会组团赴印度进行商务考察。

十、积极筹备省市级工商联水产业商会

北京市工商联水产业商会正在积极的筹备过程中，北京市水产业商会成立后，会员单位将达到500家。

山东省工商联水产业商会筹备工作已启动，秘书处多次与山东省工商联会员部取得联系，他们表示了积极的态度，商会将与山东省工商联共同促成此事。

广东省工商联水产业商会筹备工作于11月启动，现有会员发起单位15家。商会会长李忠、名誉会长尹启忠、副会长王印红、副会长莫国权、秘书处吴湘生等到广州专门给予了指导。

十一、积极申办、承办2008年GAA年会

GAA是世界上最大的全球性水产业联合组织，在水产行业的影响力和威望也是最高的。我们积极利用这个机会，通过与GAA的合作与交流，加强我国水产企业在国际水产行业的话语权，提高水产业商会知名度和影响力。

通过承办中国年会，商会可以借此机会请与会的国际水产专家对我们国内的水产养殖和加工技术进行辅导和答疑，也可以通过商会组织相关企业与GAA组织及其国外成员进行针对性的技术交流和研讨活动，跟上世界技术发展的潮流，提高国内水产品的养殖和加工水平。

商会要通过与GAA的年会承办，与各GAA国际会员进行广泛交流和接触，努力为商会成员创造机会加强与GAA其他成员的贸易联系和多种交流，深入了解各国的水产市场和水产资源情况，为我们的出口会员创造新的市场机会，同时也为我们的进口业务会员创造寻找最优的货源供应机会。

2007年，商会成功加入GAA（环球水产联盟），并成为GAA会员，并且正在积极申办2008年GAA年会在中国召开。秘书处配合成立GAA小组，开始启动申办与承办相关事项。

展望2008年，我们要认真学习全国工商联十大文件精神，积极参与北京奥运，不断吸取兄弟商会经验，结合水产行业特点，制订出切实可行的计划，努力开展工作，把水产业商会建设成国际水产行业中的一流商会。

2008 年

2008 年是商会全力以赴发展的一年，商会工作开创了一个前所未有的新局面，全体会员众志成城，为商会发展献计献策，使商会在中国水产行业内以至国际水产界的知名度与权威性达到相当高的程度，已经站在了中国民族水产业的最前沿，为会员乃至中国水产同行呐喊助威、在世界水产领域独领风骚，成为一个水产行业专业性、权威性、服务性强，有一定国际知名度的行业组织机构。主要工作总结如下：

一、积极组织参加相关活动，大力发展一网一刊，会员人数不断增加

1. 积极举办参加各类社会性、行业性活动，大力提高商会知名度

参加第六届中国鱼粉大会、2008 广西对虾论坛、2008 湛江对虾论坛、全国鮰鱼座谈会；代表商会为国家质检总局赠送牌匾，内容为“扬中华民族正气、振中国制造雄风”；参加第十三届中国国际渔业博览会并设展位等一系列活动，并在深圳成功举办“首届中国水产贸易论坛”。

2. 广泛开展宣传工作，大力提升刊物影响力

商会内部刊物《中华水产》每月以 800 册的发行量，总计发行上万册，发送到全国工商联、国家发改委、农业部、商务部、质检总局、各国使馆、有关协会、商会、全国各重要省份的海洋与渔业局、有关省、地、市工商联、各大中型水产企业。商会刊物坚持贯彻党和国家方针政策、广泛宣传会员单位，全力报道商会重大事项与工作部署，让领导机关、各省市主管部门、广大水产企业更有效地了解商会。

《中华水产》在 10 月份“全球水产展望高峰年会”期间，经与《农村》杂志社合作，使得刊物首次拥有正式刊号面向社会公开发行，在“2008 年全球水产养殖展望高峰年会”、2008 年青岛国际渔业博览会和其他途径发行 2000 余册，使我们的发行渠道更畅通，内容更丰富，成为商会对外宣传的主要窗口。

3. 商会门户网站正式创立

商会成立了自己的网站（网址：www.apcc.org.cn）并逐步进行完善，网站汇集行业新闻、商务信息、GAA、市场动态、政策法规、技术中心、境外考察、直销商城、会议展览、人才中心、企业库、图书音像、休闲渔业、美食保健、行业论坛等，现在已正式对外开放，并且会员注册是免费的。与《中华水产》相辅相成，共同为宣传商会、传递行业信息创造一个最直接的平台。

4. 会员人数不断增加

通过刊物和网站的双重运作，通过各种活动的不断提升，商会影响力不断扩大，会员人数现已增加为 2000 多名（含团体会员），规模呈现出新高。通过“2008 全球养殖水产展望高峰年会”的成功召开，国外企业纷纷咨询申请加入商会。

二、承办“2008 全球养殖水产展望高峰年会”

通过一年多的努力，世界水产界的“奥运会”在今年的 10 月 28 ~ 31 日于青岛香格里拉饭店隆重召开。本次水产高峰年会吸引了来自 20 多个国家的 300 多名水产业界的学者、养殖者、加工商、经销商参加。

在本次为期 3 天的水产高峰年会中，来自全国工商联、国家质检部门的领导、GAA 领导、水产商会领导、国内外水产精英、国内外知名水产博士学者和经济学家共 350 余人聚集一堂，对全球水产业可持续发展，全球新标准 BAP 技术推广，食品安全问题，金融危机、自由贸易等议题共同进行了探讨，并对多项产品进行专题研讨等。与会代表们对全世界未来水产业发展产生了新的认识，许多国外企业积极申请成为全国工商联水产业商会（APCC）国际会员。

2008 年 9 月 9 日全球水产养殖联盟与全国工商联水产业商会正式签署长期合作备忘录，10 月 29 日水产高峰年会期间水产业商会与 GAA 双方常务委员对长期合作备忘录内容进行全方面详细深入的探讨，内容涉及绿色水产养殖、水产认证、公平和自由贸易、可持续发展等方面。

全国工商联水产业商会（APCC）历经四代领导班子 13 年的发展，通过不断探索，正式与国际接轨。正如李忠会长对商会的经营理念的理解一样，所有从事水产业同仁聚在商会是“要经营一个产业，而不仅仅是一个企业”。当中国通

过奥运会以她崭新的面貌和深厚的文化底蕴吸引了全世界目光的同时，全国工商联水产业商会也通过承办第十二届全球养殖水产展望高峰年会，使全世界最有影响力的水产精英，共同聆听世界知名专家的独到见解，分享全球最新最准确的水产供求信息。

三、向政府反映行业会员意见，维护会员合法权益

2007年6月，商会就水产品出口面临的严峻形势广泛征求会员意见，积极向有关部门反映并请求重视，先后直接致信温家宝总理、吴仪副总理、国家质检总局进出口食品安全局、商务部对外贸易司、农业部渔业局等政府主管部门。7月份，商务部召开意见征集会，邀请商会领导参加会议详细讲述意见。温家宝总理就此事做了重要批示，要求农业部："制定扶植、支持水产品的有关政策。"农业部根据总理批示开始制定关于扶植、支持水产品的相关政策，并委托商会提出相应的具体建议和意见，在综合采纳了商会的意见后，向李健华局长进行了汇报。这充分表明商会与政府部门良好的工作沟通。

2008年3月21日农业部在福建召开了"全国水产品国际贸易发展工作座谈会"。本次会议是10年来农业部第一次召开的全国性渔业专题会议，商会是所有参会行业协会中唯一一家在会上发言的行业组织，充分体现了商会在行业的重要地位。

四、积极筹备各省级商会

商会一年来积极筹备北京市、山东省、广东省、河北省、天津市工商联水产业商会，把成立地方性行业商会作为发展会员的重要工作。

前期商会向北京各大水产市场发放成立倡议书270多份，积极联系，多方筹备，北京市工商联水产业商会已于2008年4月18日隆重成立，第一届会长为北京耀华水产有限公司总经理徐贺岩先生，会员人数已达500多人。

广东省工商联水产业商会筹备工作于2007年11月份启动，会员发起单位15家。经过广东省筹备组一年来的精心组织，广东省工商联水产业商会于2008年11月28日隆重成立，第一届会长为王扬波先生，会员人数现为100多人。山东临沂市工商联水产业商会在山东省工商联的大力支持下，于11月16日隆重成立，郑成堂先生当选第一届会长，会员人数现为100多人。

山东、河北、天津市、北海市工商联水产业商会筹备组正在积极开展工作，争取尽快成立。各省级商会的成立将使水产业商会的服务传递给更多会员，行业的团结与联合将促进行业的发展，这是商会发展历史上重要的里程碑。

五、开展水产行业名牌产品评选活动

商会公开向社会企业开展"全国水产行业十佳企业评选"、"中国水产业名牌产品评选"两项活动以来，经过企业积极申报，秘书处将评选材料提交评选委员会审议，最后由会长会议通过，于2008年10月份评选出获得相关荣誉企业及产品。

六、成功举办"首届中国水产贸易论坛"

2008年9月17日由商会主办、广东中山水出集团协办、北京国志兴业经济信息中心承办的首届"中国（深圳）水产贸易论坛"，在深圳召开，全国各地水产界同仁百余人到会。

会议期间，与会代表前往中山水出集团淡水鱼无公害养殖基地进行参观。期间，中山水出集团招待了全体代表。中山水出集团董事长助理黄敬秋全程陪同参观，并带队到中山市孙文公园进行游览。

会议期间，代表们与专家学者、政府部门领导、企业家进行了广泛交流。

七、全体会员为社会积极贡献力量

"5·12"四川汶川地震以来，商会会员主动在所在地向红十字基金会、慈善总会捐款捐物。商会也收到会员捐款10.42万元人民币。商会及时上交全国工商联，为灾区奉献一片爱心。商会会员单位在各自地方政府或社会部门捐款200万元。

八、其他活动的开展

为拓展商会的业务范围，商会与印度、厄瓜多尔、秘鲁、越南、澳大利亚、智利、巴西各驻中国大使馆开展密切联系，通过使馆与其国家水产（渔业）商、协会及企业取得联系，为会员创造贸易机会。

2009 年

2009 年，在全国工商联的指导下，在各级部门的大力支持下，水产业商会通过深入贯彻党中央提出的科学发展观精神，认真贯彻全国工商联各项指示精神，团结所有会员、团结全行业广大中小水产企业，推进企业创新、产品创新、品牌创新、制度创新、体制创新，促进水产业更新换代，更加广泛地开展与国内、国外同行之间的交流与合作，在促进社会和谐、推动我国渔业经济又好又快发展进程中，充分发挥了水产业商会的优势。

一年中我们重点做了以下方面工作：

一、积极开展商会各项基础工作

1. 积极筹备社会团体登记工作。

2. 大力开展会员服务：通过商会的一网一刊，针对会员最普遍的需求信息交流和品牌推广等建立会员信息数据网络。

3. 增补了常务副会长，完善了领导班子，通过会长办公会制度及时部署商会的工作。发展了众多会员、重新制作了完善的信息通讯录，为会员之间沟通联系提供了良好的参考工具。

4. 在交流方面，在全国工商联的指导下，与国家质检总局、农业部渔业局、GAA、贸促会、各地渔业协会建立了紧密联系。

5. 参政议政方面，通过《中华水产》杂志向社会广大水产企业公开征集提案，发挥商会作为政府与企业的桥梁纽带作用。

二、继续办好一网一刊，使之作为商会宣传工作的重点

1. 网站的发展和推广

2008 年商会成立了自己的门户网站中华水产网。通过一年多的发展，现有行业新闻、商会新闻、市场动态、商务信息、技术信息、水产视频、行业标准等栏目，通过商会秘书处人员采集整理，通过与 GAA 建立网站资源共享，加大了信息量的发布与更新。为会员提供了必要的行业资讯和商务信息等，同时也实时反映商会动态，与此同时号召会员和团体商会的会员来注册和使用，更好地展示了会员的产品信息和企业情况，也积累了许多网站会员，拓宽了网站信息来源。

2. “《中华水产》采风 7”刊物发挥了重要宣传与指导作用

在邱新航、张孟江、陈威德、田全海、朱长良几位编委主要负责，商会全体会员的大力协助下，“《中华水产》采风 7”在 2009 年 6 月份正式改版作为商会月刊发行，并于 7 月 17 日在广东湛江举行了“《中华水产》采风 7”首发仪式，受到了广大企业界同仁的一致好评。

刊物宗旨为建设水产行业平面媒体平台，促进水产行业可持续发展。发行 4 个月以来得到了全国工商联各位领导、国家质检总局领导、各地渔业部门的肯定，得到了行业媒体的认同，特别是广大会员感觉到了与商会之间更紧密地联系，对外也确实起到了很好的宣传作用，通过刊物想了解商会并入会的会员逐步增多。

一网一刊的发展及大力宣传成为商会对外宣传的重要渠道，同时也成为会员及广大企业了解商会的重要窗口，为商会会员的发展提供了又一潜在平台。

三、大力发展国内外会员，为会员发展创造新契机

通过成功承办 2008 年“全球养殖水产展望高峰年会”，2009 年初，全球水产联盟（GAA）正式申请成为水产业商会的团体会员，GAA 拥有 30 多个国家上千名会员，为商会与国际方面开展更多的合作提供了良好的开端。

四、积极召开举办各类评选活动和会议

召开了 2008 年度年会暨“全国水产行业十佳企业”、“中国水产业名牌产品”表彰大会，召开全国工商联水产业商会成立十四周年庆典年会及四届五次会长会议、四届三次常委会议、四届二次会长办公会议。

五、进一步增强商会与政府部门、各省、市级水产商会的沟通与联系，承担起全国水产行业商会应该承担的责任

2009 年年初应邀参加国家质检总局组织的输俄水产品检验检疫研商会。主要关于俄国先后暂停了我国 10 多家水产企业产品进口，对相关贸易造成重大影响事宜，经质检总局与俄方多次反复磋商后要求尽快恢复我国企业出口，并将具体情况通报了各水产行业商、协会。会后商会将会员在出口俄罗斯过程中的一些详细意见反馈到质检总局，并得到了质检总局的肯定。在日常工作中关于水产品发生的一些问题质检总局都会将情况及时通报给商会秘书处，会员单位在实际动作过程中的相关问题都是及时将情况反馈给质检总局，通过各种方式增进双方的交流。

2009 年 6 月，因为美国 Independent Weekly 等媒体报道，路易斯安那州代表小龙虾主产区的立法者正在制定一则法案，要求零售商和餐馆分别贴出“本产品含有可能危害您健康的中国水产品”、“有报道称中国水产品含可能致癌的物质，食用中国水产品可能危害您的健康”的警告。全国工商联水产业商会获悉后立即致函国家质检总局反映情况，国家质检总局了解事件后致函美国大使馆（《关于路易斯安那州拟制定歧视中国水产品法案有关问题的函》）表示了“严重关切和强烈不满”，并将函件抄送给美国食品药物管理局（FDA）、中国驻美大使馆、中国外交部美大司、中国商务部外贸司、中国农业部渔业局、中华全国工商业联合会水产业商会。随后商会秘书处在国家质检总局指导和李忠会长的指示下代表中国的广大水产企业以商会名义致函美国驻中国大使馆，对此表示严重关切和强烈不满。在此期间，水产商会将始终以维护行业利益、贸易公平为己任。

六、积极参加相关行业活动

1. 组织参观中国国际渔业博览会并参加国联品牌宣言首发仪式

2009 中国国际渔业博览会 2009 年 11 月 3 ~ 5 日在青岛举行，本次博览会期间商会举办了会长座谈会、全体会员招待晚宴，同时商会会员受邀参加了国联水产举办的“健康国联、虾宴天下”品牌宣言首发仪式。

2. 参加上海国际渔业博览会

2009 年 12 月 9 ~ 12 日商会在上海国际渔业博览会上设立专门展位，对商会文化及会员风采等进行宣传，与上海当地协会及相关企业开展交流与合作事宜。

3. 积极宣传普及《中华人民共和国食品安全法》

组织会员企业参加由中国质检报社承办，新浪网、中国质量新闻网提供网络支持的“全国质检系统食品安全法知识竞赛”。此竞赛于 8 月中旬在全国范围内展开，共有 13 万多人参与。会长单位湛江国联水产作为唯一一家获奖水产企业代表参加了颁奖大会。

总结

商会是非公有制经济人士自己的组织，只有广大会员共同参与，活动才能更好地开展；只有广大会员共同努力，商会才会兴旺。我们将进一步发挥商会非公有制经济的助手作用，进一步解放思想、开拓进取，为构建和谐社会，为全国水产业可持续发展作出应有的贡献，共促发展，实现多赢，为不断开创商会工作的新局面而共同努力。通过不断努力扩大全国工商联水产业商会在中国乃至世界的影响力，最终通过商会的力量扩大水产业在中国农业的地位，增强中国水产人的地位，进而提升中国水产业在世界的影响力。

重要活动

2007 年

商会圆满完成换届

根据全国工商联的要求，第四届换届筹备领导小组会议于 3 月 20 日在杭州召开，研究提出候选人，报全国工商联正式批准，并经 5 月 18 日在北京人民大会堂召开的第四届会员代表大会选举产生了新一届会长、名誉会长及副会长人选，由瞿怀明会长为全体新领导成员颁发任命证书，商会会员 200 余人参加了会议。

中国水产食品安全论坛胜利召开

由广东省海洋与渔业局、湛江市人民政府主办，全国工商联水产业商会承办的“2007（湛江）国际对虾节水产食品安全论坛”于2007年8月24日下午在湛江会展中心二楼多功能厅召开。论坛提出了以下几点今后发展的模式为中国水产食品的发展交流提供了良好的交流平台：①高度重视，建立机制；②推行健康养殖模式；③建立健全水产品质量安全保障体系；④不断加强水产品质量安全监控和执法力度；⑤加强宣传培训、提高质量安全意识。

2008年

举办“2008全球养殖水产展望高峰年会”新闻发布会

2008年9月9日，由全国工商联水产业商会承办的“让世界了解中国水产业，让中国水产品走向世界”为主题的“2008全球养殖水产展望高峰年会”新闻发布会在京举行。

全球水产养殖展望高峰年会新闻发布会

本次新闻发布会内容是为2008年10月28～31日由全球水产养殖联盟（英文简称GAA）与全国工商联水产业商会（英文简称APCC）在青岛联合举办的“2008年全球养殖水产展望高峰年会”进行宣传。本次发布会上GAA与APCC正式签署合作协议，将在绿色水产养殖、水产认证、公平和自由贸易等方面展开全面合作。中美两大水产联盟合作共同推广绿色养殖及BAP认证。

首届“中国水产贸易论坛”圆满成功

由全国工商联水产业商会主办、广东中山水出集团协办、北京国志兴业经济信息中心承办的首届中国（深圳）水产贸易大会，于2008年9月17日在深圳大梅沙芭堤雅酒店召开，全国各地水产界同仁70余人到会。会议期间，与会代

2008年9月17日，首届中国（深圳）水产贸易论坛在深圳召开

表前往中山水出集团淡水鱼无公害养殖基地进行参观。

“全球养殖水产展望高峰年会”首次在我国成功举办

由全球养殖水产联盟（英文简称GAA）主办、全国工商联水产业商会（英文简称APCC）承办的“2008全球养殖水产展望高峰年会”从10月28～31日历经会议前双方的交流座谈、开幕式、欢迎酒会、水产高峰年会、庆功晚宴等，在一系列紧密有效的议程安排中圆满结束。本次水产高峰年会吸引了来自20多个国家的300多名水产业界的学者、养殖者、加工商、经销商参加。

2008年10月28～31日，“全球养殖水产展望高峰年会”隆重举办

在本次为期3天的水产高峰年会中，来自国家质检部门的领导、GAA领导、水产商会领导、国内外水产精英、知名水产学者、经济学家共350余位聚集一堂，对全球水产业可持续发展，

全球新标准BAP技术推广，食品安全问题，金融危机，自由贸易等议题共同进行了探讨，并对多项产品进行专题研讨等。

2009年

召开2008年度年会暨“全国水产行业十佳企业”、“中国水产业名牌产品”表彰大会

2009年2月25日，在海南三亚召开2008年度年会暨“全国水产行业十佳企业”、“中国水产业名牌产品表彰大会”；会上参会会员对2008年商会工作给予了肯定，并对2009年下半年工作计划进行了讨论，对获奖企业进行现场表彰，本次会议由常务理事单位三亚香华金鲳鱼深海科技养殖有限公司独家承办。

召开全国工商联水产业商会成立十四周年庆典年会

5月18日，在广西北海隆重召开了全国工商联水产业商会十四周年庆典年会。庆典年会得到了全国工商联、广西壮族自治区工商联、广西水产畜牧兽医局、北海市委、市统战部、北海市水产畜牧兽医局、招商促进局等有关部门，得到了广东省工商联水产业商会、北京市工商联水产业商会、广西水产流通加工协会、山东省临沂市工商联水产业商会的大力支持。大会共有来自全国工商联水产业商会150多位会员及北海、湛江等地数十家嘉宾企业参加会议。

本次系列活动会员就当前水产行业存在的问题作了探讨，内容涉及水产行业标准、出口市场、内销市场分析、食品安全问题，与会人员一致认为要积极帮助会员拓展销售渠道，加强与政府相关部门的紧密联系，进一步加强行业自律，制定行业相关标准。相互交流的同时，商会也对优秀会员进行了现场表彰。

召开四届五次会长会议

2009年2月25日在海南三亚召开2008年度年会暨“全国水产行业十佳企业”、“中国水产业名牌产品表彰大会”，三亚年会期间，同期召开四届五次会长会议，研究并通过了商会副会长增免、顾问的增补，研究了BAP委员会计划、发行《中华水产》杂志，讨论2009年工作计划等各项事宜。

召开四届二次会长办公会议

在湛江召开的四届二次会长办公会议上，全面总结2008年的工作和对2009年的工作作出详细计划，并增补陈威德、朱长良、庞春远3位副会长为常务副会长，研究制定完善的章程制度，研究一网一刊的发展与建设，汇总2008年财务收支，通过了与GAA开展就BAP审验员培训的合作项目等。

召开四届三次会长办公会议

十四周年庆典年会召开期间同期召开四届三次会长办公会议，并确定商会成立15年庆祝大会于2010年在香港召开，由副会长单位青山汉联控股有限公司承办。

重要文献

2007年

中华水产商会第四次会员代表大会
在北京人民大会堂召开

中华全国工商业联合会水产业商会第四次会员代表大会于2007年5月18日上午在北京人民大会堂浙江厅召开。全国政协委员、全国工商联党组副书记、副主席、直属会员商会会长瞿怀明，农业部原副部长、中国渔业协会会长齐景发，中国农业发展银行副行长丁杰，农业部渔业局局长李健华，商务部进出口公平贸易局副局长顾春芳，世界华商商会副会长夏令生，中国渔业经济专业委员会会长林祥金等出席大会。全国工商联、商务部进出口公平贸易局等20余家单位向大会发来贺信、贺电。

大会选举产生了新一届商会领导集体。湛江国联水产开发有限公司董事长李忠被选举为新任会长，有15名全国水产龙头企业的企业家被选为新任副会长。商会会员单位有120个会员代表参加了大会。参加大会的人员有230余人。

商会原会长林绍金在大会致辞中指出：新任会长李忠在全国水产界有很高威望。他所创建并领导的湛江国联水产有限责任公司在企业发展的短短五年里，实现了跨越式的发展，被评为“广东省高新技术企业”、“广东省优秀企业”、“中华全国水产先进企业”、“国家农业产业化龙头企业”。李忠本人被评为“2006 年广东省十大优秀青年企业家”。2006 年，湛江国联水产有限公司出口对虾及各类水产品 2.08 万吨，出口创汇 1.04 亿美元，在对虾出口业务中排名全国第一。同时，为社会捐款 500 万元，位居广东省同行业首位。

李忠会长在大会上指出：商会是在全国工商联领导下成立的全国水产行业第一个民间行业商会组织，是政府联系全国水产业多种经济成分的桥梁和纽带。水产业商会成立于 1995 年 5 月 18 日，至今已经走过了 12 年不平凡的历程。

商会成立以来，始终坚持社会主义市场经济原则，引导、教育会员遵循“爱国、敬业、诚信、守法、贡献”的方针，树立民间商会在市场经济中的良好形象，促进国内、国际间广泛的行业交流，促进国际间的水产品贸易往来，为我国水产品市场的不断规范与健康发展，作出了长期的贡献。

商会在 12 年的发展过程中，会员单位已经涵盖了淡水鱼养殖、深海养殖、水产种苗、水产饲料、水产品加工、水产生物工程、水产品物流、水产品进出口、方便食品、批发市场等产业链。2006 年，商会会员单位水产品出口创汇 38.8 亿元人民币，进口水产品总额 10.8 亿元，内销水产品总额超过 100 亿元，成为中国水产业的重要力量。

他在讲话中指出：新一届水产业商会的领导集体，要继续坚持民主集中制原则，广泛团结港澳台地区和世界各地华人水产企业家，为会员单位服好务。

水产业商会要更加紧密地依靠国家主管部门，按照国家产业化政策，引导和帮助企业推进科技进步、加快产品更新换代、推进公司化改革、推动企业做强做大。商会在认真开展调查研究中，会把行业中存在的突出问题及时提供给国家主管部门，供国家主管部门制定政策参考，商会要充分利用好全国工商联在国家参政议政中的重要作用，及时向全国政协提交议案，随时反映会员单位的诉求。

商会要继续扩大会员单位之间的合作与交流，在企业融资、产业整合、企业并购以及开拓国际市场方面开展更高层次的合作。在不断发展的市场经济中做更大的事情、更有影响力的事情。

水产业商会热诚欢迎全国以及世界各地水产界同仁加入商会，为振兴中国水产事业、推动国际水产品贸易的不断扩大，作出我们应有的贡献。

（摘自中国食品产业网
2007 年 5 月 23 日）

中国水产食品安全论坛隆重召开

由广东省海洋与渔业局、湛江市人民政府主办，全国工商联水产业商会承办的“2007（湛江）国际对虾节水产食品安全论坛”于 2007 年 8 月 24 日下午在湛江会展中心二楼多功能厅召开。

广东省海洋与渔业局局长李珠江、广东省检验检疫局副局长黄伟民、湛江市副市长伍杰忠、全国工商联研究室处长刘檀、上海水产大学教授孙琛、中山大学生命科学学院博士何建国、中国水产科学院珠江水产研究所所长吴淑勤、广东省水产养殖病病害防治中心主任陈文分别在会上发言。

全国知名专家教授，养殖、加工代表约 400 人出席了会议。

首先，伍杰忠副市长在会议上致开幕词，并对到会的领导和代表表示了感谢，向关注水产品安全并身体力行的同行们表示了崇高的敬意。

黄伟民局长就“加强水产食品质量安全管理，规避水产出口技术壁垒”做了精彩的演讲，他指出，要严格贯彻执行温家宝总理的讲话精神，在提高企业自身质量软件硬件管理方面多下工夫。

孙琛教授就“水产品出口形势与食品质量安全的重要性”作了精彩的报告，孙教授指出了当前水产品贸易的地位和结构在发生变化，并具体列举数据阐明，就当前形势形成了结论并提出了解决意见。

何建国博士主讲“对虾抗病品种选育技术”，吴淑勤所长主讲“对虾健康养殖技术”，陈文主任主讲“对虾病害防治体系”。

李珠江局长指出食品安全问题已上升到关系社会和谐和稳定的重要位置，是各级政府高度重视并摆上日常议程的重要工作，并提出五点意见：

1. 高度重视，建立机制；
2. 推行健康养殖模式；
3. 建立健全水产品质量安全保障体系；
4. 不断加强水产品质量安全监控和执法力度；
5. 加强宣传培训，提高质量安全意识。

论坛最后准备了企业家与领导及专家提问环节，最后会议达到圆满成功。

全国工商联水产业商会将进一步关注水产食品安全问题，不断发现问题解决问题，使企业能在养殖、加工出口减少不必要的损失，欢迎社会各界与我们进一步交流与沟通，开展更多的合作，为中国水产行业多做一些实际有效的工作。

（摘自农博网
2007 年 7 月 24 日）

2008 年

在 2008 年全球养殖水产展望高峰年会上的讲话

国家质检总局进出口食品安全局
食品兽医处处长　赵增连
（2008 年 9 月 19 日）

今天我非常高兴能有此机会参加“2008 全球养殖水产展望高峰年会”的新闻发布会，我谨代表中国国家质检总局感谢各位长期以来对我们中国的食品安全工作、对中国国家质检总局的工作、对中国水产品养殖事业的健康发展所给予的大力支持和关心表示衷心的感谢。作为中国政府负责进出口商品质量保证、负责进出口食品安全工作的政府主管部门，中国国家质检总局一直努力并且非常努力地采取一系列的措施，来保障进出口食品的质量、保障进出口食品的安全，政府各有关部门在各级政府也包括我们广大业界的大力支持和关心下，中国国家质检总局本着预防为主，源头控制，全过程管理的这么一个原则，应该说在过去的几年中，为保证进出口产品质量，为保证进出口食品安全，尤其是为我们进出口水产品事业的健康发展，应该说是作出了一定的贡献，身为中国国家质检总局有幸被邀请作为将于 10 月底举行的“2008 全球养殖水产展望高峰年会”协办单位，我们非常乐意协同并支持全球水产养殖联盟及中华全国工商业联合会水产业商会以及其他的协办单位共同做好本次年会的各项准备工作，这次高峰年会的主题是发展绿色养殖、发展最有保障的水产养殖管理方式，作为本次高峰年会的协办单位中国国家质检总局也期待着利用这一平台来和世界的同行和全球的广大业界的同仁们更好地开展科技、法规、养殖技术、食品安全保障等方面的全方位的交流与沟通，我们也期待着以此为契机，取长补短、互通有无、加强合作，来共同促进我们全球养殖水产业的健康发展。备受世界瞩目的北京奥运会刚刚结束，现在正在举办残奥会，我们也期待着“全球养殖水产展望高峰年会”能够成为水产业界的奥林匹克运动会，我们也期待着这一峰会能够给我们政府主管部门，给我们广大的业界，给关注食品安全、关注水产业健康发展的朋友们提供一个更好的交流平台和机遇。各位可能也都注意到了，今天的背板上有这样的两句话，让世界了解中国水产业，让中国水产品走向世界。我呢非常赞同也想补充几个字，让世界客观了解中国水产业、让中国水产品稳健走向世界。

今天上午我有幸在中国国家质检总局和 STEVENS 主席及 ADEW 博士进行了一次非常务实友好的会谈，我到现在还记着 STEVENS 主席说过这么一句话，他当时这么说，GAA 之所以选择在中国举办“2008 全球养殖水产展望高峰年会”就是为了让全球的同行们和朋友们更好地了解中国的水产业，更好地了解中国食品安全状况，作为负责中国进出口食品安全的一位普通的官员，作为一位普通的中国公民，也借此机会非常地感谢STEVENS主席和各位同仁们对中国食品安全事业的理解和支持。我现在还记得当年中国在申办2008奥运会时曾经有这么一句话：给中国一个机会，还世界一个惊喜。我想今天把这句话也送给即将举办的“2008全球养殖水产展望高峰年会”，最后预祝本届高峰年会取得圆满成功。

我国水产品对外贸易发展概况及前景分析

——在首届水产贸易论坛上的讲话

农业部渔业局市场与加工处处长　刘新中

（2008年9月17日）

一、我国水产品对外贸易发展概况

改革开放以来，我国水产品对外贸易快速发展，从1985年到2005年的20年间，我国水产品出口量从12万吨增长到256万吨，原料折合占当年水产品总产量比重从4.3%提高到14.9%；出口额从2.7亿美元增长到78.9亿美元，年均增幅18.4%。出口额增速高于同期农产品出口额增幅12个百分点，高于同期全国出口贸易总额的增长速度（17.6%），水产品出口额占农产品出口总额的比重由4%上升到30%左右，连续七年居我国农产品出口首位。随着出口规模的扩大，我国水产品在国际市场中逐步占据重要位置，据FAO统计，1992～2003年世界水产品出口总额增长45%，同期我国水产品出口额增长300%。从2002年起我国水产品出口额超过泰国、挪威，连续六年居世界水产品出口首位，2002年起出口额占世界水产品出口总额的比例达10%。同时，我国水产品进口量从改革开放初期的5.8万吨增加到346.4万吨，增长了59倍，年均增长17%。我国水产对外贸易的快速发展为拓展我国渔业发展空间，增加就业机会和渔民收入，加快渔业现代化进程，增强我国渔业国际话语权，丰富国内水产品消费市场、促进国内水产品加工和水产饲料产业的发展起到了非常重要的作用。

但是去年以来，由于国内渔业生产成本大幅提高、人民币升值，国际金融和商品市场的波动和风险加大，世界经济发展速度有所减缓，质量安全问题受到越来越多的关注等因素影响，我国水产品出口贸易开始出现波动。特别是去年下半年我国水产品出口快速下滑，出口量、出口额同比分别下降6.1%和4.3%，致使全年水产品出口额增幅仅为4.1%；今年前两个月水产品出口形势依然严峻，出口量、出口额同比分别下降了9.9%和6%，尽管后来经过多方努力，3～4月份出口额止跌回稳，5～6月份又呈现较好的增长势头，但综合整个上半年情况，水产品出口额比上年同期仅增长1.6%，增幅减少13.3个百分点，水产品出口形势不容乐观。今年上半年我国水产品进出口总量325.9万吨，进出口总额71.7亿美元，同比分别增长2%和2.9%。其中出口量139.9万吨，出口额47.5亿美元，同比分别下降5.3%和增长1.6%；进口量186万吨，进口额24.2亿美元，同比分别增长8.3%和5.5%。

二、我国水产品出口面临的困难和挑战

1. 质量安全问题依然是影响水产品出口最突出、最根本的问题

近年来，虽然我国水产品总体质量安全水平逐年提高，但以千家万户分散养殖为主的生产方式，难以实现对生产的全过程质量控制。个别生产者不顾生产基础条件和技术水平而盲目追求高产的养殖模式，造成疾病频繁发生，乱用药现象难以根除。自1997年以来我国水产品出口多次受到发达国家的制裁，其中欧盟自1997年起禁止进口中国双壳贝类产品，至今仍未解除，10余年的封关，对我国贝类产业造成重大影响。2007年先后发生输港贝毒事件和淡水鱼孔雀石绿残留事件、输美河豚鱼中毒事件及4种水产品药残等事件。这些事件以及其他出口产品质量安全事件的发生，一度被部分国外媒体炒作，严重影响了我国出口水产品形象，是导致我国近一段时期以来水产品出口下滑的重要因素。

2. 生产成本逐年增加，产品利润不断压缩

一是企业融资难，即使能够得到贷款，成本也迅速提高，如一年期基准贷款利率在2007年一年内从5.73%上升到7.47%，更多的中小企

业在无法得到国家贷款的情况下只能通过民间信贷，利率更是高达20%甚至100%；二是人民币升值，自2005年7月汇率改革以来，人民币兑美元汇率已经从当时的8.27曾一度升值到6.81，无论是一般贸易出口还是来进料加工出口均遭受巨大损失；三是我国劳动力成本逐年上升，据了解，目前一些加工企业工人工资由过去平均每人每月800元上升到1200～1500元，企业招工也越来越难；四是以燃油为代表的生产资料价格大幅上涨，据统计，今年上半年饲料价格平均涨幅已超过25%，柴油价格上涨超过20%。这些因素直接导致了渔业生产、加工、流通成本的提高，利润的不断压缩。

3. 企业普遍缺乏品牌意识，产品国际竞争力不强

从2002年起我国就成为世界水产品贸易第一大国，但到目前为止还没有几个产品能够在国际市场上打出响亮的品牌，水产品出口的高速增长，主要还是依靠大规模要素投入、数量增长和价格优势，产品国际市场竞争力不强。以原料鱼为基础的粗放型出口多，精深加工和高档品种相对较少，产品附加值低，特别是具有自主知识产权的产品比重很低。当然，价格低廉在最初我国发展贸易、占领国际市场方面曾发挥了重要作用，而且我们的价格低廉也是有理由的，比如我国有大量廉价劳动力、有先进的养殖技术等，但近年来随着我国水产品生产成本的不断提高这些优势也正在逐渐丧失，而且在国际贸易中极易被锁定为劳动密集型产业的专业分工当中，从而丧失技术进步的机会，造成贸易结构不稳定，渔业资源和能源利用不合理。

4. 组织化程度依然较低

从全行业情况看，我国水产品出口总体上还处在单个企业在国际市场单打独斗阶段，以降低价格和扩大规模为主要竞争手段，其结果是既贱卖了资源，又受到进口国的反倾销制裁。十几年前，由于有外贸出口经营权限制，竞相压价、恶性竞争问题并不突出。90年代末期以来，随着外贸管理体制改革，外贸经营权放开，但行业管理机制并没有相应健全和完善，造成一大批获得外贸经营权的股份、民营、个体和“三资”企业纷纷独立涌进国际市场，优势产品一哄而上，相互之间竞相压价，出口竞争无序，企业利润降低，社会效益受损。松散的行业管理也使我国水产出口企业在面对国外贸易壁垒时，难以打赢国际贸易战。

5. 出口市场较为集中，发展中国家同构竞争激烈

我国对外贸易虽然得到快速发展，但出口市场相对集中的情况没有根本改变，据统计，目前我们的出口市场仍然以日韩、美国、欧盟等国家和地区为主，而且我国自产出口的水产品也主要集中于鳗鱼、对虾、罗非鱼等少数几个养殖品种。泰国、印度尼西亚、越南、厄瓜多尔、巴西、智利等发展中国家同样实施出口导向型政策，产业结构相似，部分出口品种相同（如对虾），目标市场一致，造成供给急剧增加，而发达国家需求增长相对缓慢，从而导致贸易价格急剧下降，同构竞争激烈。

三、我国水产品对外贸易发展的潜力和优势

在世界经济贸易大背景下，我国水产品对外贸易在发展过程中形成的一些问题在去年比较集中地表现了出来，于是水产企业界认为：我国的水产品出口进入了寒冬时期。我在这里想说的是，世界经济贸易形势的复杂性决定了水产品贸易的复杂性，我们目前是遇到了一些困难，但是在困难的形势下我们要看到成绩，更要看到我们的发展前景和潜在优势。目前的问题是前进中的问题，是发展中出现的暂时的困难，我想我们有能力、有信心克服这些问题而取得新的发展。从长远来看，我国水产品出口仍有较大的发展空间和潜力。

1. 国际市场水产品需求仍将继续增长

联合国营养组织和粮农组织研究认为，鱼类是人类21世纪最佳动物源性蛋白质，全世界有1/6人口将鱼类作为主要的动物蛋白质来源，随着世界经济的发展、人口的增加以及生活水平的提高，特别是全球性粮食价格快速上涨，水产品需求将持续增长。预计全球水产品消费量将从2005年人均18公斤增加到2030年21公斤，增长16%。美国国际食品政策研究会和世界渔业中心最近发表的《2020年世界渔业展

望》预测，到2020年世界水产品消费量（主要指鱼虾类）将达到12780万吨，比1997年的9080万吨增加3700万吨，增长40%。同时，FAO公布的数据显示，2007年世界谷物消费量将超过谷物产量，全球谷物期末库存将降至4.2亿吨左右，为1983年以来的最低水平。粮食供应短缺，价格大幅度上涨，已致使世界各国纷纷采取措施，限制出口，以保粮食安全，作为水产品生产大国，为世界人民提供优质水产品，保障食物安全既是我们的责任，更是我们的机遇。

2. 发达国家渔业发展速度放缓，进口量将逐年增加

发达国家是水产品消费大国，但随着经济发展、资源变化、科技进步和就业机会的增多，许多发达国家渔业发展速度明显放缓，为满足国内市场需求，不得不大量进口水产品。如日本20世纪80年代鳗鱼生产量为3.6万吨，消费量6万吨，到目前其鳗鱼生产量降为不足3万吨，消费量增至12万多吨，每年进口鳗鱼近10万吨。美国2001年进口罗非鱼5.2万吨，2007年增加到17.4万吨。西欧各国每年要消费淡水螯虾8万~10万吨，80%依赖进口。而且世界各国对进口水产品的需求量还将进一步增加。

3. 国际水产品新增需求主要靠发展养殖业来提供

由于环境污染和过度捕捞，世界渔业资源衰退的趋势将长期存在，新的世界海洋制度变革，促使各国进一步加强渔业资源保护，控制捕捞强度。因此，国际水产品新增需求主要靠发展养殖业来提供，水产养殖产品的国际贸易也将越来越受到国际社会的重视和发展。我国在“以养为主”的产业政策引导下，水产养殖得到快速发展，2007年全国水产品养殖产量3278万吨，占世界水产养殖总产量的69%。2008年6月20日曾因撰写《谁来养活中国》而闻名的著名经济学家莱斯特·布朗在接受《环球时报》采访时认为：随着人们生活水平的提高，人们需要摄取更多的动物蛋白，那么我们就要考虑什么是效率最高的动物蛋白来源？淡水渔业在中国很广泛，这是效率比较高的，可以减少谷物以换取动物蛋白的方法。这是世界上最有效率的技术。应该说我国的养殖业发展在世界上具有举足轻重的地位，同样我们的养殖产品在国际市场上也必然会起到不可替代的作用。

4. 党和国家的“三农”政策为渔业发展提供坚实保障

随着中央扶持“三农”的各项方针政策不断完善，社会主义新农村建设的不断深入，全社会关心农业、关注农村、关爱农民的良好氛围不断形成。渔业作为农业的重要组成部分，在国家“支农、补农、惠农”政策的普照下，发展环境将不断改善和优化，渔业增长方式转变步伐将进一步加快，科技进步与创新能力将不断增强，渔民素质和企业素质将有较大提高。近年来，中央实行“多予少取放活”的方针，加大渔业投入，减免税赋，增加直接补贴，开辟政策性保险等，夯实了渔业发展的基础，保障了我国渔业持续健康快速发展。这些都将从根本上提高我国水产品的国际竞争力，增强企业开拓国际市场能力，促进水产品贸易健康持续发展。

2009年

在全国工商联水产业商会年会暨十四周年庆祝大会上的讲话（摘要）

全国工商联水产业商会会长　李　忠

（2009年5月18日）

今天我们大家再聚一堂，共同回首发展历程，一同展望未来趋势。14年中，我们水产业发展迅猛的同时也带动了相关产业的发展，从水产商会创立时的初具规模，到现在全国沿海城市水产龙头企业已形成规模化、产业化的发展，我们一同经历过风雨过程中的磨炼，共同见证着风雨后的彩虹。

本届商会依据本协会“爱国、敬业、守法、诚信、贡献”章程要求，本着“交流、合作、发展、和谐”的宗旨，不断吸收和借鉴国内外商会的运作模式，积极与国际接轨，为会员提供专业

的信息资讯服务平台，组织全国水产企业特别是商会会员参加有针对性、实用性的活动，为企业带来更大经济效益，发挥了桥梁和纽带的作用，使商会成为会员之家，为会员之间、会员企业与政府及其他社会组织之间搭建了一个良好的交流、沟通、发展的通道，商会会员单位现已涵盖水产淡水养殖、深海养殖、种苗、饲料、加工、水产生物工程、物流、运输、冷藏、保鲜、进出口、方便食品、包装、批发市场等产业链，涌现出一批国家级农业产业化龙头企业。

商会队伍不断发展与壮大，目前全国先后成立了北京市工商联水产业商会、广东省工商联水产业商会、临沂市工商联水产业商会。商会现已有副会长单位 26 家，使商会面貌有了全新的发展，领导集体年轻化，坚持民主集中制原则，广泛听取会员单位意见和建议，为会员单位谋利益、谋政策、谋商机。今后发展各省、市工商联水产业商会也是我们工作的重点，争取与团结更多的水产骨干企业，增强商会在行业中的领导地位，更好地维护全体会员单位的合法权益，使商会成为会员信得过的行业组织，成为水产行业的领袖。

2008 年，中国水产品总产量 4890 万吨，连续 10 年保持世界水产养殖第一大国的位置。2008 年中国水产品进出口总量 684.8 万吨，总额 160.2 亿美元，同比分别增长 4.9% 和 10.7%。其中出口额 106 亿美元，首次突破 100 亿美元，继续位居全国大宗农产品出口首位，占农产品出口总额（405 亿美元）的 26.2%。水产品生产、养殖、加工、内外贸已经成为我国农业生产的重要组成部分，成为引导广大农民致富，建设小康社会，加快建设社会主义新农村的重要内容，成为改善与提高我国城乡居民生活水平的重要产业与重要行业。

在今后的工作中，全力推进与 GAA 全面合作，将双方会员信息及时进行共享，成立 BAP 标准委员会、组织国际大型展览会、建立国际水产贸易中心，将进一步奠定水产业商会与 GAA 及国际行业组织的紧密合作。商会通过不断探索，针对市场变化趋势，积极开展技术与信息交流等多方面工作。正如商会要实现的所有水产业同仁聚在商会是要“经营一个产业，而不仅仅是一个企业”，商会将不断扩大会员单位之间的合作与交流，共同开拓国内外市场。不但在业务上合作，还要在企业融资、产业整合、企业并购等方面寻求新的发展。

水产商会将提高秘书处综合素质和服务质量，加大与国外行业的交往，达到信息的互通，及时掌握全国乃至全球的最新的水产信息，做出分析报告，并最及时地发布，让会员掌握最新信息，使所有人员具备创新精神；水产商会的责任和使命就是引导和规范整个行业向着健康的方向发展，商会不辱使命，商会会员单位将认真贯彻落实党中央、国务院关于加强社会主义新农村建设的方针政策，为丰富人民群众菜篮子，繁荣城乡市场，扩大出口，增加就业，富裕农民、致富地方，推动水产品养殖、生产科技进步，推动水产企业、产业、产品升级换代，提高中国水产业在国际水产贸易中的地位和国际竞争力，加强水产食品安全等方面作出重要的、突出的贡献。

在今后的工作发展中，将认真学习领会全国工商联指示精神，认真贯彻农业部、商务部、国家发改委、国家质检总局等有关部委的指示精神，落实科学发展观，按照国家产业化政策，引导与帮助企业去推进科技进步、加快产品更新换代、推进企业公司化改革与发展、推动企业做大做强，涌现出更多国家级、省市级的农业产业化龙头企业；积极参政议政，及时向工商联提供政协议案，反映会员单位的诉求；充分发挥行业商会的管理协调作用，建立完善的水产品流通体系和与国际接轨的行业标准，特别是在企业准入、产品准入、就业人员准入等方面建立规范有序的市场竞争机制。要通过商会引导全国成千上万会员走产业化、规范化和标准化道路，让中国水产品走出国门，走向国际大市场。

为振兴水产事业，商会热诚欢迎全国以及世界各地水产界同仁加入商会，商会将团结、发展更多行业内企业，壮大商会队伍，引导水产业同仁，加强行业自律，商会将履行使命，加强食品安全工作，肩负发展中国水产业的重任，把商会办成中国一流的行业商会，为中国水产业的发展，作出我们应有的贡献。推动中国水产业走上健康、可持续的发展之路！我相信通过水产商会全体同仁的努力奋斗，不久的将来我们将会引领全球水产业。

中国水产品内销市场供求形势分析

——在全国工商联水产业商会十四周年年会上的讲话

湛江市恒水产食品有限公司总经理 陈威德

（2009年5月18日）

近年来，受海洋资源衰退、国际金融危机、贸易壁垒加剧、劳动力成本大幅度提高等多重因素影响，水产品加工业发展缓慢，加之金融风暴来袭，引发市场疲软等“多米诺”效应，水产品加工企业欲“明哲保身”更不容易。所以这些都给今年水产品市场增加了诸多变数。怎样在如此“山重水复”的复杂环境中探索出一条“柳暗花明”的渔业富民强国之路呢？

一、水产品的需求状况

随着传统饮食结构的变化，以及人们对健康关注度的提高，世界对水产品的需求呈现总体上升之势。据中国食品网报道，中国人均消费量在1973~2003年30年间增长了四倍。联合国粮农组织（FAO）预测，到2015年，世界水产消费将缺口1100万吨。与此同时，国际水产品价格也逐年上升。FAO预测，到2010年，水产品价格将每年上涨3.0%，2011~2015年每年上涨3.2%。

那么，有着13亿人口的中国，对于水产品的需求又是如何呢？对这个问题从四个方面进行分析：

1. 从影响我国水产品市场消费状况进行分析

2008年我国的农产品市场总体走向趋于弱势，多数产品价格增长幅度归零。动物源性产品的生产价格只有水产品在零点以上缓慢下行，几乎归零。水产品生产价格滑翔在较低价位，从2008年第一季度的6.96%降至第三季度的1.8%。但与生产价格不同的是：水产品消费价格在今年2、3、4三个月处于负增长，预计5月份开始回升，到10月份平均指数预计增长率约1%左右。

2. 从低收入家庭消费主要水产品情况进行分析

同1996年相比，我国低收入家庭购买主要副食品中禽类商品增长60.2%，高出中等与高等收入家庭。在购买的五类主要商品中鱼类商品增长幅度102%，排名第一。人均年收入在5000元以下的低收入家庭，对水产品之中的需求也是最大的。因为水产品中的低档次鱼类的可比较价格低于肉类与禽类。相对于其他收入阶层家庭说，对虾是低收入家庭中的奢侈品消费。即便是奢侈品消费，它的增长率也达到8%，仅仅比蛋类商品的增长率低3.9%。

在低收入家庭以外的低收入人群中，也构成了一个庞大的消费人群，很多低收入群体中的团体性消费（员工食堂、民工食堂、大专院校食堂）已经开始尝试用低档次的水产品（如罗非鱼、鲤鱼、鲫鱼、鳙鱼、鲢鱼等）来替代肉类、禽、蛋、蔬菜等产品。因此淡水产品中的鲤鱼、鲫鱼、鳙鱼、鲢鱼、罗非鱼等有了广阔的销路。虽然它们的市场表现也是微利，但总体走向明显超过水产品以外的其他产品。

3. 从城镇居民消费水产品的档次进行分析

城镇居民家庭人均每年消费水产品的支出，2006年为140.98元，2007年上升到142.46元，占家庭消费性支出的3.29%；2008年达到143.96元，占家庭消费性支出的3.12%。

根据统计年鉴资料显示，城镇居民家庭消费水产品的结构基本没有发生什么变化，而且基本保持了这样一个特点，即城镇居民对相对高价值的水产品（黄花鱼、带鱼、虾等）的消费量明显高于低值水产品的消费量，所以供应城镇居民的水产品应该逐渐转向高值的产品。

4. 从农村居民水产品的消费发展态势进行分析

水产品消费在农户家庭食物支出中除了粮食、蔬菜、猪肉、水果之外的第五大支出项目。从全国平均的角度来看，从2000年到2008年，农户消费水产品的支出平均每年递增近3%。

如果考虑水产消费的地区分布，则在东部主产区，水产品在食物消费结构中占有更加重要的地位。东部地区户均消费水产品增加了32%；而在同时期，中部地区户均消费水产品增长了近90%；西部地区增长了98%。从中可以看出，东部地区由于是水产主产区，是传统上消费水产品比较多的地区，因此东部地区对水产品的消费没有太大的增长，而中西部地区随着经济的发展，对水产品的消费呈现出明显强劲的增长态势。经五月到兰州、成都、重庆、昆明、长沙等地考察后。可以判断，水产品的国有消费部分尤其是中西部地区将会继续呈现良好的发展势头。

二、水产品供求在总量上存在着不平衡，中西部地区和农村存在发展空间

中国水产品的生产主要集中在东部地区，如东部占80%，中部地区占18%，而西部地区只占2%；所以水产品生产地域间存在严重的不平衡；加之水产品加工、保鲜技术的落后，导致水产品市场供需的地域性不平衡。同时，我国为保护海洋水产资源，在东海、黄渤海、南海海域施行了伏季休渔制度，海水产品供需也出现了季节性不平衡的问题。但是我国水产品的消费地区也主要集中在沿海和大中城市，中西部地区和农村消费量非常有限，这种消费格局一定程度上缓解了水产品供给地区间不平衡的问题。但也带给水产品在中西部地区和农村消费量无穷的发展潜力。

虽然，当前全球金融危机持续蔓延，世界经济下行的趋势也很明显，但中国是世界第一大人口国家，拥有13亿人口，虽然人均收入水产较低，但消费规模却是世界第一。根据“麦肯锡全球研究院（MGI）”的最新研究表明，到2025年，中国中等收入人群将会达到5.2亿人，将占中国预期城镇总人口的一半以上，其每年的总可支配收入为13.3万亿元人民币，食品等将成为城市消费者的主要支出。

届时，中国的城市家庭将成为全球最大的消费市场之一，每年消费能力达20万多亿元人民币。从以上数据可以看出，食品尤其是水产品依然存在着大量缺口，从而表明供销市场存在着大量机遇。

三、水产品加工业的展望与对策

我们在分析了水产品市场的消费现状、各个消费阶层的消费能力以及水产品供求总量变化之后，有什么信息值得我们关注？有什么新的发展动态可以指导我们今后一段时间内的工作呢？

我总结出以下五点：

1. 低档次、大众化水产品正在起到替换同档次相关食品—禽类、蛋类、肉类等众多动物源性同类产品的作用。低档次水产品仍有强大、潜在的市场消费需求。

2. 中产阶级正在成为水产品市场的主要消费群体。因此，为中产消费阶层提供合适的产品，是当前水产品加工企业所要考虑的主要问题。

3. 营养性需求已经成为消费需求第一需要。低脂肪、低糖、低胆固醇、高蛋白、高热量、高钙食品成为消费者的强烈需求。在水产品市场中，虾蟹类产品之所以能够相对持续旺销，正是迎合了这一消费趋势。

4. 虾类市场继续走强。目前，对虾产品的家庭消费在上升，与10年前比较增长幅度高于肉类、蛋类、禽类。从近两年家庭收入及相关产品的变化看，中等家庭人均消费对虾应该在2公斤水平，与2005年相比则提高了35%，2009年中等家庭消费对虾如果达到人均2.5公斤水平，则要比2005年提高60%。

5. 食品安全成为现今消费者关注的焦点问题。安全需求不仅是高收入群体的消费意识，也开始成为社会的主流消费意识，只有能提供消费者信得过的产品，才算迈入市场的开始，当苏丹红把蛋类产品推向深渊时，当瘦肉精在猪肉市场作祟的时候，当猪流感把家禽类产品做倒行市时候，水产品才会有如今不同寻常的发展。

综上所述，国内水产品内销市场依然存在巨大的供销潜力。随着国家惠农政策的不断落实，渔业生产将继续保持稳定增长，随着人民对优质水产品需求的增长，国内水产品市场将依然是求大于供。

速冻食品行业研究报告
——在全国工商联水产业商会十四周年年会上的讲话（摘要）

河南四季胖哥实业有限公司董事长　邱新航

（2009 年 5 月 18 日）

一谈到速冻食品，现在的人们马上就会联想到速冻饺子和汤圆，回想 20 年前，人们往往想到的是速冻肉类、海产品，速冻食品作为中国传统食品产业化的一个成功典范，在经历 20 多年的发展之后，在政府支持、消费者的购买力的增长和广大生产企业的努力下，已成为一个新兴的“朝阳产业”。

根据统计，中国现有速冻食品企业 1000 多家，生产的速冻食品品种达 100 多个，包括速冻果蔬类、水产类、调理食品以及米面点心类等。从 20 世纪 90 年代末期开始，整个行业的年增长率平均超过 20%。其中，仅速冻米面食品类，2005 年国内产量只有 130.67 万吨，到 2007 年底已经达到了 170.67 万吨，预计 2008 年达到了 230 万吨以上，更是超过了 20% 的增长。相比国际速冻食品市场也在逐年增加，增速为年均 3.6%，增幅远远低于中国的发展。单就美国而言，美国作为世界上速冻食品产量最大、花色品种最多、人均消费量最高的国家，速冻食品的年产量达 2000 万吨，品种近 3000 种，人均年占有量 60 公斤以上。欧洲市场也是世界速冻食品消费的主要市场。目前速冻食品年消费量远远超过 1000 万吨，人均年占有量近 30 公斤。日本是亚洲速冻食品消费的第一大市场，也是世界上速冻食品的三大消费市场，年消费量在 300 万吨左右。中国目前作为全球经济发展最快的国家，拥有 13 亿的人口消费潜力，随着人们消费水平的提高，年人均不足 15 公斤速冻食品的现状将被打破。因此，我们可以充满信心地预测速冻食品行业将成为今后 20 年中国食品行业最具潜力的行业之一。

中国速冻食品行业拥有着自身的行业发展特点，由于产品要求的技术性相对较低，只需原料处理、产品成型、速冻、冷库等简单工艺和设备，进入门槛较低，整体投资也不高，使国内速冻食品发展迅速。同时，由于中国产品的独特性，导致产品工艺和产品形状的特殊，使得国际食品机械行业中的先进技术无法进入，一些产品的设备技术水平不高，造成了高度劳动力密集、自动化程度低、生产效率不高、设备简陋的制造特征。近年来，随着中国速冻食品的发展，也引起了国外机械厂商的关注，加大了自动化设备的研发力度，陆续推出了一些仿手工制作特点的设备，但由于价格较高很难大量推广。

自 2005 年以来，随着速冻食品市场继续走强，特别是速冻米面产品的快速发展，对整个行业形成了极大的刺激，使每年的销量比上一年大幅增长 30% 以上。随着中国经济的持续增长，国民收入的增加以及生活水平的不断提高，速冻食品以其品质的可靠、食用的方便、花色品种的多样将会使速冻行业向深度、广度发展。

目前，中国的速冻食品行业的市场集中在家庭收入较高的一类、二类城市。从消费模式上划分，90% 以上的速冻食品消费集中在家庭消费。购买高档产品的消费者多数在上海、北京、广州、深圳等一类城市。由于受到全球金融风暴的影响，无论是销价还是销量都将受到一定的冲击。然而，购买中低档产品的消费群为一类及二类城市的工薪阶层和广大的农村市场，由于对国际局势动荡的敏感度较低，目前消费量相对稳定，甚至由于到沿海打工人员的返乡，以往习惯了速冻食品消费的人群起着扩大速冻食品需求的作用。

中国的速冻食品经过优胜劣汰的生存竞争，规模化的产业竞争格局已见雏形。中国冷冻与冷藏食品行业经过 10 余年的发展，目前已形成年产量 1500 万吨的规模，并且正以每年 20% ~ 30% 的速度递增。该行业现已形成了一线城市以“龙凤”、“三全”、“思念”等产品，二线城市以“四季胖哥”、“云鹤”、“笑脸”等为代表的一批国内知名品牌。

我们河南四季胖哥实业有限公司是一家国内加工速冻食品企业，位于河南省郑州市。在“十一五”期间，食品工业已发展成第一大支柱产业。截至2006年底，河南省食品工业综合产值已接近2000亿元，目前的国内市场上，每3.5袋方便面中，有1袋是河南生产的；每10根火腿肠中，有5根产自河南；每10个速冻水饺中，有5个来自河南，“天下粮仓”、“国人厨房”的概念正逐步深入人心。河南四季胖哥集团在各级政府的支持和帮助下，结合当地优势，本着“先做人、后做事、人事诚信、厚德载物”的宗旨，尽可能多地服务于大众，配合国家的万村千乡惠民政策的实施，开展了速冻食品下乡活动，使更多国人吃到安全、放心、价廉、美味的食品，同时也使企业得到了较快的发展，真正实现了双赢。

结合对市场的了解和分析，我们充满信心地预测，在未来20年内，速冻食品行业将进入一个高速发展期，逐步完成由新兴行业向成熟行业的转换和过渡，速冻食品必将成为国民餐桌上的主角。

大事记

2007年

1月，商会筹备北京市工商联水产业商会。

3月20日，商会在杭州召开第四届换届筹备小组领导会议。

5月17日，商会在国谊宾馆召开第四届成立大会预备会议。

5月18日，商会在人民大会堂召开第四届成立大会。

7月，商会召开第四届第一次会长会议。

7月，商会与北京农村商业银行在白洋淀召开金融企业合作座谈会。

8月10~12日，商会在湖北宜昌主办水产生态养殖高层培训班。

8月24~26日，商会作为协办单位参与了广东省（湛江）国际对虾节、成功召开中国水产食品安全论坛和第四届第一次理事会议。

11月6~8日，商会作为协办单位参加了中国国际渔业博览会。

12月3日，商会协办了“2008中国石岛水产品春节采购订货会”。

12月6日，商会召开第四届第二次会长会议。

12月26日，商会在广州协办了“绿色食品——宝平鱼新闻发布会”。

2008年

3月，参加“全国水产品国际贸易发展工作座谈会”并积极献策，本次会议是10年来农业部第一次召开的全国性渔业专题会议，商会是所有参会行业协会中唯一一家在会上发言的行业组织。

4月，举办首届中国（浙江）国际渔业博览会，有200家展商参加活动。

5月，全体会员为汶川大地震献爱心，共捐款10.42万元。

5月，召开“2008南美白对虾产业发展暨养殖技术论坛”。

5月，召开四届三次会长会议，总结换届以来的工作，积极研究部署商会各项工作事宜。

8月，商会门户网站中华水产网（www.apcc.org.cn）正式开通。

8月，召开四届四次会长会议，研究落实GAA年会筹备事宜及其他各项工作。

9月，召开全球养殖水产展望高峰年会新闻发布会。

9月，举办首届“中国水产贸易论坛”。

10月，承办“全球养殖水产展望高峰年会”首次在中国召开，本次水产高峰年会吸引了来自20多个国家的300多名水产业界的学者、养殖者、加工商、经销商参加。

11月，组织商会会员企业参加中国国际渔业博览会。

2009年

2009年初，商会应邀参加国家质检总局组织的输俄水产品检验检疫研商会。

2月，在海南三亚召开2008年度年会暨全国水产行业十佳企业、中国水产业名牌产品表彰大会。

2月，召开四届五次会长会议，研究并通过了商会副会长增免、顾问的增补计划，研究了BAP委员会计划、《中华水产》发行，讨论2009年工作计划等各项事宜。

3月，在湛江召开四届二次会长办公会议，通过了与GAA开展就BAP审验员培训的合作项目等。

5月，召开全国工商联水产业商会成立十四周年庆典年会。大会共有来自全国工商联水产业商会150多位会员及北海、湛江等地数十家嘉宾企业参加会议。

5月，召开四届三次会长办公会议，主要研究商会的长期发展方向，并决定商会成立15年庆祝大会将于2010年在香港召开。

7月，在武汉召开四届四次会长办公会议，会议确定了《中华水产》长期办刊方案；秘书长招聘条件和公开招聘的方法；部署全国工商联关于申报社会团体组织工作相关要求等几项内容。

11月，组织会员参观在青岛举行的中国国际渔业博览会并参加湛江国联水产品牌宣言首发仪式。

12月，参加上海国际渔业博览会，商会在上海国际渔业博览会上设立专门展位，对商会文化等业务进行宣传，与上海当地协会及相关企业开展交流与合作事宜。

12月，在上海召开商会四届六次会长会议，商讨商会申请成为全国性社会团体法人后的长期发展规划及规章制度。

全国工商联烘焙业公会

全国工商联烘焙业公会会标以红白两色构成，整体呈圆形。内圆以红色为底色，圆中自上而下以麦穗、公会的英文名称缩写、传统面包花纹构成，寓意全国工商联烘焙业公会是联系烘焙行业各原辅材料生产企业、设备生产企业与终端企业及各从业人员的纽带。外圆由全国工商联烘焙业公会中文全称，与内圆一起构成一轮旭日的形象，寓意中国烘焙业快速发展的良好势头，也寓意中国烘焙行业将在全国工商联烘焙业公会的引领下，健康有序地前进。

商会简介

中华全国工商业联合会烘焙业公会（简称公会）成立于1996年1月28日，是全国工商联领导下的全国性的行业组织。公会名誉会长是全国政协原副主席孙孚凌，会长是香港美心发展（中国）有限公司执行董事兼总经理伍威全。公会会员包括与烘焙业有关的饼房、食品厂、原辅料、包装、设备器具生产企业、科研教育单位、高级主管、技术专家等。

公会奉行中华全国工商业联合会的宗旨，贯彻政府的有关方针政策，团结我国烘焙业企业和热心于烘焙事业的各界人士，致力于中华民族烘焙行业的繁荣与发展，促进与港澳台及世界各国烘焙业界的交流。

公会的主要业务包括：

（一）指导会员执行政府的方针政策和法规；反映本行业的要求，协助政府解决本行业发展的根本性问题。

（二）组织本行业基本情况的调查和研究工作，把握国内外本行业的科研、生产、销售和消费趋势，向政府有关部门提出制定本行业发展规划、技术政策、产品标准、经济立法等方面的建议。

（三）促进业内企业间的联系和协调，增强业内自律，维护行业根本利益。

（四）推动新产品、新技术、新资源的研究开发，组织全行业的中国烘焙展览会，开展技术交流、培训、比赛等活动。

（五）组织国际商务活动，促进与港澳台地区及世界各国烘焙业同行的技术交流与贸易往来。

（六）组织编辑、出版烘焙专业技术刊物。建立信息中心，向会员提供多方位的服务。

迄今为止，公会已经成功举办了13届中国烘焙展览会，该展会是国内最具规模、最上档次的烘焙展览会，为烘焙企业搭建了国内外贸易的

会长

伍威全

副会长

谢拥葵

卢文彬

范蓉梅

池向东

白伟三

陈正文

钟鹏飞

宫　坚

谢　庆

赵光晋

大平台，已成为国内外烘焙信息、技术交流的窗口。

公会出版了行业内刊《中华烘焙》。《中华烘焙》创刊于1996年，是全国工商联烘焙业公会会刊，主要受众为国内外从事烘焙行业专业从业人员。公会拥有自己的专业网站（www.baking-china.com），并出版了以行业资讯为主的《烘焙通讯》。

第三届会长、副会长、秘书长名单

会长

伍威全　美心发展（中国）有限公司执行董事兼总经理

副会长

谢拥葵　广州市宝桃食品有限公司董事

卢文彬　上海早苗食品有限公司董事长

范蓉梅　成都新麦兴食品贸易发展有限公司董事长

池向东　北京稻香村食品有限责任公司常务副总

白伟三　北京航空食品有限公司总经理

陈正文　天津南侨油脂有限公司总经理

钟鹏飞　广东白燕粮油实业有限公司副总经理

宫　坚　沈阳市天天瀛食品原料有限公司总经理

谢　庆　益海嘉里粮油（深圳）有限公司经理

赵光晋　太原双合成食品有限公司董事长

唐树松　广州市赛思达机械设备有限公司董事长

莫华玉　湛江金海面粉有限公司总经理

黄清福　福建漳州乾元实业有限公司董事长

韩　磊　保定市诚和信食品有限公司总经理

刘满潮　广州加益食品有限公司总经理

秘书长

康黎娜

联系方式：

电话：010－59792007

传真：010－87213827

地址：北京市朝阳区广渠路3号竞园38A

邮编：100124

网址：http：//www.baking-china.com

邮箱：baking-office@163.com

唐树松

莫华玉

黄清福

韩　磊

刘满潮

秘书长：康黎娜

工作综述

2007年

一、重要会议及活动的开展

1. 召开第四届会员代表大会

2007年，烘焙业公会迎来了成立以来第四次换届大会，本次大会是一次胜利的大会，在工商联会员部领导下，在会长会部署下，在广大会员代表的大力支持下，本次大会获得了圆满成功，参会人数比往届大幅度增加，会议规模和会议组织的完善，均创下了历史最高水平。大会总结了自第三届会员代表大会以来，公会在工商联领导下，在发挥行业组织的职能，加强自身建设、壮大会员队伍、提高为会员服务质量、推动烘焙行业发展、发挥政府助手作用等方面所付出的努力和取得的成绩。审议和通过新一届理事会人选，选举产生了新一届公会领导班子。

2. 举办第十一届中国烘焙展览会

2007年第十一届中国烘焙展览会展览总面积超过35000平方米，参展商有近600家，其中海外展商30余家；参观商遍布国内31个省市，海外亦有60余个国家和地区来人参观；特装展位占展览总面积的60%以上。首日参观观众达到4万余人次。除了展会的展品一应俱全，展会期间的主题活动也是丰富多彩，有世界杯面包大赛乐斯福杯亚洲区选拔赛，会聚了亚洲地区顶级面包师；第七届烘焙文化与经济论坛作为烘焙业公会的品牌活动，针对目前国内烘焙业界感兴趣的各方面问题，邀请广大生产厂家的相关专家为观众进行讲解；2007年国内外烘焙名家新技术演示更是会聚了国内外名师展示精湛的烘焙制作工艺。中国烘焙展览会，作为国内第一时间召开的烘焙专业展览会，正以其特有的影响力、吸引力和凝聚力，助推烘焙行业快速发展。

3. 世界级大赛——“世界杯面包大赛乐斯福杯亚洲区选拔赛”登陆中国烘焙展

5月12～14日，由乐斯福集团和烘焙业公会联手举办的“世界杯面包大赛乐斯福杯亚洲区选拔赛”在第十一届中国烘焙展览会现场隆重举行。为期3天的比赛吸引了数以千计的观众前来观看，现场气氛十分热烈，这一国际顶尖赛事的成功举办成为我们展会乃至公会年度活动中的一大亮点。

4. 组织“2007中华烘焙明星、特色饼屋”评选活动

连续两届的“中华烘焙特色、明星饼屋”评选活动无论在社会上还是行业内都产生了较为积极的影响。全国各地饼屋踊跃报名，获奖饼房在第十一届中国烘焙展览会开幕式出席了颁奖仪式，同时还通过公会自己的网站和相关媒体进行了强势宣传，使获奖饼屋的知名度得到了很大提升。

本次活动经过初审和复审及评审团专家的综合评审，最终有4家特色饼屋和10家明星饼屋从众多报名饼屋中脱颖而出，分别荣获“2007中华烘焙特色饼屋”和“2007中华烘焙明星饼屋”的荣誉称号。

5. 完善理论体系，编辑出版工具书

《中华烘焙食品大辞典·机械及器具分册》于5月完成编辑工作，交由中国轻工业出版社出版。这一分册的出版发行丰富了《中华烘焙食品大辞典》的基本构架，使行业发展的理论水平提高到了前所未有的高度。目前秘书处已着手展开《中华烘焙食品大辞典》国家优秀图书的申报工作，并已于2007下半年着手《中华烘焙食品大辞典·产品及工艺分册》的编辑工作。

6. 授予广州市“中国月饼之都”荣誉称号

2007年公会授予广州市“中国月饼之都”荣誉称号，并在广州举办了隆重的授匾颁奖大会，公会常务副会长谢拥葵代表公会向广州市授牌。本次活动旨在通过激励和带动广州乃至全国的月饼厂家、烘焙企业，共同推进国内烘焙行业健康、快速、有序发展。活动得到了广州市政府的大力支持以及广州地区众多月饼企业的热烈欢迎和积极响应。这次活动是继2006年授予江西资溪县荣誉称号后的第二次地区性的授牌表彰活动。

7. 组办出国考察团，创建“烘焙之旅”品牌服务

2007年，除了展会期间组织的东南亚地区考察团，公会还成功组织了赴日本考察团和烘焙之旅美国考察团，两个考察团均以参观烘焙业展会为重点，结合与国外烘焙协会业内人士交流，并对餐饮业、糕饼零售业进行了全方位考察，深入了解当地烘焙行业发展情况，参团人员均感到收获颇丰，对公会的此项工作予以肯定和支持。

组织对外考察交流是公会服务会员的重要工作内容之一，创建“烘焙之旅”，旨在建立比以往更加完善和专业化的服务体系，密切结合会员和业内人士的需求，打造高水平的品牌服务。

8. 完善“烘焙文化与经济论坛”

2007年，公会分别策划并组织实施了第七届、第八届“烘焙文化与经济论坛”，以行业内热点问题为议题，结合烘焙业的发展动态，起到了引导行业发展的作用，在业内取得了较好的影响。

考虑到很多对论坛感兴趣的会员或烘焙从业人员集中参加论坛有一定难度，2007 年公会开始逐步以各联络站为地方基础，在不同省份组织论坛首发站。第八届“烘焙文化与经济论坛——中国中小企业健康成长计划走进全国工商联烘焙业公会”在保定成功举办。以河北联络站为基础，吸引了来自河北地区的 300 多家企业参与。

二、服务会员

2007 年，公会在利用展会现场、论坛现场开展工作的同时，利用公会驻各地联络站举办演示会的机会增加了与各地烘焙企业的联系，在新会员吸收的工作上卓见成效。

秘书处运用短信平台向广大会员发送了对公会 2007 年工作满意度调查短信，统计显示共收到回复 88 条，其中对公会服务回复非常满意的占 76%，回复比较满意的占 21%。会员们从公会如何加大宣传提高知名度、丰富杂志内容等方面提出了诸多中肯的意见和建议，对公会的工作给予肯定和信任，表示出了对公会的关心及支持。

三、《中华烘焙》组稿发行工作

2007 年是《中华烘焙》改版月刊后的第二年，经过一年时间的调整，编辑发行工作逐步走上正轨，除了在时尚性、时效性、实用性等方面逐步加强外，增设了“特别策划”栏目，针对当月烘焙行业的热点问题进行深入探讨，“食品安全”、“烘焙培训”、“烘焙机械”等专题的采写都得到业内的好评。

在 2007 年第十一届中国烘焙展成功举行后，秘书处对各省的会员企业进行走访，深入了解会员需求以及当地烘焙行业的发展状况。为开展后续工作搜集了第一手资料，在对会员的走访过程中，加大了对会员企业的报道力度，丰富了《中华烘焙》的内容，使刊物更加贴近企业。

四、完善网站建设

2007 年，随着网络覆盖的突飞猛进，行业内对网站的应用也呈现出快速增长的趋势。在这种情况下，公会对中国烘焙信息网的原有功能进行大规模的更新，使更多的展会信息、会员信息得以在网站上显示，并增加了很多功能性的配置，如会员问题提交，秘书处文件下载等功能都有所完善。

2008 年

一、推动行业发展

1. 成功举办第十二届中国烘焙展览会

2008 年第十二届中国烘焙展览会经受了严峻的考验，遇到前所未有的困难和阻力。但是公会能够上下一心，众志成城，最终战胜困难，使展会如期召开。2008 年第十二届展会总面积近 4 万平方米，2008 年第十二届中国烘焙展览会参展商 497 家，其中海外参展商 23 家；国内 30 个省市的参观商，海外有 30 个国家和地区，参观观众 16742 人次。

展会期间，烘焙同仁纷纷解囊，为四川地震灾区筹款。

2. 直属烘焙培训中心挂牌成立

年初，在各位会长的关心支持下，全国工商联烘焙业公会直属烘焙培训中心挂牌成立。北京吉诺高食品有限公司曹继桐老师被任命为培训中心主任。该培训中心的成立将对随后全国教育培训工作的展开进行统一布置和规划。

3. 开展 2007 年中华烘焙明星、特色饼屋推荐工作

明星、特色饼店推荐项目迄今已进行了四届。2008 年共推荐出明星饼店 21 家、特色饼店 2 家。

在 2008 年的饼店推荐活动中，公会充分利用了媒体的力量，加大了宣传力度，共拟定了 8 期在《中华烘焙》杂志及网站上的宣传计划，系统地有条不紊地配合饼店推荐工作的进度，同时将报名中出现的问题进行总结，在《中华烘焙》杂志上、中国烘焙信息网上与饼店进行沟通与交流；还在明星饼店的推荐中添加了店长管理感言一项，期望借此机会让店长们总结自己的管理经验，梳理细化管理手段，提高管理水平。

4. 组办出国考察团，继续“烘焙之旅”品牌服务

公会“烘焙之旅”项目 2008 年成功完成了两个外团，分别是欧洲 5 国观展团和韩国首尔、济州观展团。欧洲 5 国团除带领行业内人士参观巴黎的世界面点及设备展外，还与法国面包设备

制造商协会及法国粮食进出口协会进行座谈交流，参观饼房等。同时，欧洲之行还带领大家去了卢、比、荷、德等周边国家，一路采风观光，考察不同国家的饼店及中央工厂；韩国首尔、济州观展团，除带领行业内人士参观2008韩国食品展外，还组织团员去了著名的CROWNBAKERY进行参观。由于商务活动安排较为充实，所以受到行业内人士的欢迎和接受。公会也因成功组织了这两个外团而将我们热忱服务于行业的良好形象展示在业内人士面前。

5. "魅力烘焙·2008中国烘焙行业发展年会"顺利召开，圆满结束

2008年，恰逢改革开放的30周年，又值全国工商联烘焙业公会即将迎来第13个发展纪年。12月23日，由全国工商联烘焙业公会主办的"魅力烘焙·2008中国烘焙行业发展年会"在北京嘉里中心落下帷幕。

在22日下午的中国烘焙行业发展高峰会上，赵岳伦副部长对全国工商联烘焙业公会的组织工作予以肯定，并对烘焙行业近年来取得的成就表示高度的赞赏。赵部长表示，30年的改革开放，国内经济水平和人民生活条件发生了根本的变化，十一届三中全会以后，国内民族产业迎来了发展的春天。作为一支富有激情与活力、充满朝阳之气的产业，烘焙行业的发展速度远远超出了同期食品行业发展的平均水平，成为食品业的一支先锋队伍。全国工商联烘焙业公会作为行业发展的先锋组织，要继续保持谦虚、严谨、无私的工作作风，充分发挥协会桥梁纽带和宏观调控作用，加强国内、国际间的交流与合作，积极带领业内优秀企业参政议政，为国家和行业的发展献计献策。

6. "烘焙文化与经济论坛"之年会特别策划——"金融危机下的中国烘焙"

2008年12月22日下午，"烘焙文化与经济论坛"之年会特别策划——"金融危机下的中国烘焙"成功召开。此次论坛主题是眼下整个烘焙业都在关注的，且极具探讨意义的话题。

二、积极发展会员、完善会员服务

1. 2008年会员发展工作

自2008年年初，会员会刊部着手按地区多方与会员及相关单位联系，逐步增加会员服务体系，尽快落实吸取意见。

2. 《中华烘焙》组稿发行工作

2008年《中华烘焙》增加了"特别关注"专题，针对实时政策及事件展开深入报道，加深了杂志型刊物特有的深入分析功能，得到行业读者的认可。

在会刊的整体风格上，经过针对市场的调查，逐步做出调整，在引入市场上时尚杂志元素的同时，针对《中华烘焙》特有的受众，定下以朴实为底调的设计理念，在众多行业刊物中形成了自己的风格，并取得了一些忠实读者。

三、重要会议和活动的开展

1. 2008年1月26日，召开第一次会长办公会议。

2. 2008年4月29日，召开常务副会长电话会议。

3. 2008年5月11日，召开第二次会长办公会议。

4. 召开第十届、第十一届"烘焙文化与经济论坛"。

5. 召开北京地区会员座谈会。

6. 召开2008年12月21～23日的"魅力烘焙·2008中国烘焙行业发展年会"。

四、完成全国工商联交办工作

1. 及时向会员转发全国工商联组织的各项活动通知。

2. 认真学习并贯彻执行《关于办理全国工商联直属行业商会报批事项的有关规定》的通知。

3. 认真落实《关于开展为地震灾区群众捐款活动的通知》。

五、其他

1. 举办首届公会杯高尔夫球赛项目。本次赛事由烘焙公会主办、上海早苗食品有限公司协办。比赛场地选在广州峰景高尔夫球场进行。2008年5月13日下午正式下场开杆，14日中午在展会的新闻中心举行了颁奖仪式。办公室派员全程参与了此项工作。颁奖仪式结束后，公会还组织了向四川汶川地震灾区捐款的慈善活动。

2. 商标申请。2008年7月，经中国商标专利事务所有限公司批准，北京中连鼎和烘焙食品

技术有限公司之“A. C. B. A. 及图”商标成功申请完毕。

3. 员工培训。为更好地服务行业、提升公会对外形象，秘书处每周例会结束都安排对内部工作人员有针对性的培训讲课或讨论，形式灵活多样。这一举措为秘书处的同志更深入了解行业，更好为服务行业奠定了基础。

2009 年

一、推动行业发展

1. 成功举办第十三届中国烘焙展览会

烘焙公会积极响应党中央国务院对于企业扶植号召，毅然决定集多年积累倾力回馈行业，在烘焙展会服务方面提出了近50%的优惠政策回馈给展商及参观观众，本届展览会展出面积达31200平方米，拥有1451个展位，531家企业参展。展位数较2008年增长3%。

2. 展会同期相关活动

展会同期，公会积极策划了响应国家号召，促进、提升行业发展，举办了丰富多彩的行业活动。包括：“中国烘焙行业质量安全承诺”活动、“全国餐饮烘焙创意大赛”、“农村创业馆——面包播种，饼店下乡”活动、“中国月饼OEM企业·精品展示会”、专业烘焙学校联合展示、中国知名烘焙老字号企业展示长廊、展会寻宝和第二届公会杯高尔夫大赛。

3. 组办出国考察团，继续“烘焙之旅”品牌服务

2009年全年，烘焙业公会共完成了6个专业考察团。分别是：烘焙之旅菲律宾考察团、烘焙之旅日本考察团、烘焙之旅台湾考察团、香港考察团、烘焙之旅欧洲考察团、烘焙之旅马来西亚考察团。“烘焙之旅”为烘焙行业同仁提供了国际间行业交流的机会，在这个平台上，大家对国际烘焙技术以及国际烘焙发展动态有了更深的了解。许多国际烘焙行业组织给予了我们大力的支持，并与公会建立了长期友好的合作关系。为我国烘焙行业的进步与发展起到了推动作用。

二、积极发展会员、完善会员服务

1. 行业刊物工作

《中华烘焙》到2009年末已经顺利出刊第94期，是烘焙行业里唯一一本专业月刊，越来越注重为行业企业提供最及时有效的国际、国内行业信息；标杆企业、行业风云人物及行业发展趋势、企业经营管理、人力资源、技术交流等方面的内容，本着可读性、时尚性、专业性的办刊方针，商会为会员提供着更有效的服务。

2. 行业工具书的出版发行

2009年公会同中国轻工业出版社联合出版发行了《中国烘焙食品大辞典——产品及工艺分册》，这是继烘焙原辅料、机械设备之后的第三册行业工具书，也是行业里唯一的行业工具书。

3. 行业门户网站

“中国烘焙信息网”是全国工商联烘焙业公会开创的行业门户网站，此网站囊括了国际、国内烘焙行业的大量信息，在丰富各类行业信息的同时商会更注重信息的更新及维护，保证会员登录网站之后能最快地得到行业第一手信息。秘书处还把公会不同时期开展的各项活动采用前期通知、期间汇报、束后总结的形式向广大会员进行告知，目的是希望更多的会员单位能参与到公会组织的活动中来。

4. 参与制定行业标准

烘焙业公会同中国商业联合会共同起草、参与制定行业标准，2009年完成了《月饼标准的修订草案》并参与了2010年准备完成的《裱花蛋糕的制定草案》。

5. 行业高峰论坛

烘焙业公会根据行业发展期间出现的相关问题，有涉及食品安全方面、企业经营管理方面、人力资源方面、技术交流方面等内容，举办不同规模和形式的行业论坛，此项活动的举办能更真实有效地为不同需求的会员解决不同的问题，并得到了广大会员的一致认可。

6. 行业比赛

烘焙业公会联合国家相关竞赛及比赛主办部门，积极承接了行业技术比赛“中华烘焙大赛”，目的是积极推动行业发展，为行业搭建技术交流的平台，此大赛于2009年12月17日在成都完成了西部地区的第一场赛，随后在东北、华中、华东、华南一直延续到2010年5月份在“2010第十四届中国烘焙展会”上进行总决赛，获得最终的冠军，将代表中国参加2011年1月在法国

里昂举办的“世界面包大赛”。此项行业比赛得到了行业广大同仁的支持与参与。

7. 品牌年会

“魅力烘焙——中国烘焙行业发展年会”是烘焙业公会举办的年度行业高端会议，是对行业的年末盘点及预测下一年行业发展方向，并携手本年度行业知名品牌和行业共同分享成功之道。2009年12月18日，商会在成都成功举办了第二届魅力烘焙年会，近300余行业同仁在一起共论烘焙行业发展的今天和明天。

重要活动

2007年

第四届会员代表大会召开

2007年5月17日，全国工商联烘焙业公会第四届会员代表大会在广州召开

2007年，烘焙业公会迎来了成立以来第4次换届大会，参会人数比往届大幅度增加，会议规模和会议组织的完善，均创下了历史最高水平。

大会总结了自第三届会员代表大会以来，公会在工商联领导下，在发挥行业组织的职能，加强自身建设、壮大会员队伍、提高为会员服务质量、推动烘焙行业发展、发挥政府助手作用等方面所付出的努力和取得的成绩。审议和通过新一届理事会人选，选举产生了新一届公会领导班子。

举办2007年第十一届中国烘焙展览会

2007年展会展览总面积超过35000平方米，参展商近600家，其中海外展商30余家；参观商遍布国内31个省市，海外亦有60余个国家和地区来人参观；特装展位占展览总面积的60%以上。首日参观观众达到4万余人次。展会上，除

2007年5月12～14日，第十一届中国烘焙展览会现场，吸引了数以千计的观众前来参观

了展会的展品一应俱全，展会期间的主题活动也是丰富多彩，有世界杯面包大赛乐斯福杯亚洲区选拔赛，会聚了亚洲地区顶级面包师，第七届烘焙文化与经济论坛作为烘焙业公会的品牌活动，针对目前国内烘焙业界感兴趣的各方面问题，邀请广大生产厂家的相关专家为观众进行讲解，国内外烘焙名家新技术演示更是会聚了国内外名师，展示了精湛的烘焙制作工艺。

联合举办“世界杯”面包大赛“乐斯福杯”亚洲区选拔赛

2007年5月12～14日，“世界杯”面包大赛“乐斯福杯”亚洲区选拔赛登陆中国烘焙展

2007年5月12～14日，由乐斯福集团和全国工商联烘焙业公会联手举办的“世界杯”面包大赛“乐斯福杯”亚洲区选拔赛在第十一届中国烘焙展览会现场隆重举行。为期3天的比赛吸引

了数以千计的观众前来观看，现场气氛十分热烈，这一国际顶尖赛事的成功举办吸引了众多国内外专业人士的关注，博得了高度赞誉，大大提升了公会和展会的知名度和影响力。

举办“烘焙文化与经济”论坛

2007年公会分别策划并组织实施了第七届、第八届“烘焙文化与经济论坛”，以行业内热点问题为议题，起到了引导行业发展的作用，在业内取得了较好的影响。2007年公会开始逐步以各联络站为地方基础，在不同省份组织论坛。首发站第八届“烘焙文化与经济论坛”——中国中小企业健康成长计划走进全国工商联烘焙业公会在保定成功举办。以河北联络站为基础，吸引了来自河北地区的300多家企业参与，会场气氛空前高涨，与会者对这次活动给予高度的赞同。

2007“中华烘焙明星饼屋、特色饼屋”推荐活动

本项推荐活动的开展旨在通过选拔和鼓励各地优秀饼屋，促进当地饼屋整体水平的提升，从而推动国内整个烘焙行业的发展。本次活动经过初审和复审及评审团专家的综合评审，最终有4家特色饼屋和10家明星饼屋从众多报名饼屋中脱颖而出，分别荣获“2007中华烘焙特色饼屋”和“2007中华烘焙明星饼屋”的荣誉称号。

组办出国考察团，创建“烘焙之旅”品牌服务

2007年，公会成功组织了赴东南亚地区考察团、日本考察团和烘焙之旅美国考察团，考察团均以参观烘焙业展会为重点，结合与国外烘焙协会、业内人士交流，并对餐饮业、糕饼零售业进行了全方位考察，深入了解当地烘焙行业发展情况。

美国考察团还成为全国工商联烘焙业公会品牌服务项目“烘焙之旅”首发团。组织对外考察交流是公会服务会员的重要工作内容之一，“烘焙之旅”是继中国烘焙展、《中华烘焙》、“烘焙文化与经济论坛”之后，公会为广大烘焙业同仁提供的又一项品牌服务。

授予广州市“中国月饼之都”荣誉称号

2007年公会授予广州市“中国月饼之都”荣誉称号，并在广州举办了隆重的授匾颁奖大会，公会常务副会长谢拥葵先生代表公会向广州市授牌。本次活动旨在通过激励和带动广州乃至全国的月饼厂家、烘焙企业，共同推进国内烘焙行业健康、快速、有序发展。活动得到了广州市政府的大力支持，以及广州地区众多月饼企业的热烈欢迎和积极响应。这次活动是继2006年授予江西资溪县荣誉称号后的第二次地区性的授牌表彰活动。

2008年

举办2008第十二届中国烘焙展览会

2008年烘焙展览会在广州琶洲展馆内盛大开幕，全国工商联烘焙业公会与来自全球40多个国家和地区的近600家参展商携手为每一位到来的参观观众奉献一个高品质、专业化的展会。

近40000平方米展览面积、新颖独特的展位设计、精彩纷呈的特色展品，新技术、新产品的发布与交流吸引了众多海内外观众，首日专业观众达4万多人次。

举办“烘焙文化与经济论坛”

2008年公会分别策划并组织实施了三届“烘焙文化与经济论坛”。第十届论坛围绕“新原料，新技术，新思维——对2008中秋月饼市场的影响”展开讨论。第十一届论坛首场之“中秋月饼市场经营与管理”在喝彩声中落下帷幕。年末，第十三届论坛之年会特别策划——“金融危机下的中国烘焙”成功召开。

举办“烘焙之旅”品牌活动

2008年由全国工商联烘焙业公会组织的品牌活动“烘焙之旅”一共进行了两次出国考察活动。第一次组织33人参观欧洲最大的烘焙展览会“EVROPAIN2008”。结合与国外烘焙协会，业内人士交流，并对餐饮业、糕饼零售业进行了全方位考察，深入了解当地烘焙行业发展情况，参团人员均感到收获颇丰。第二次是组织国内烘焙业同仁前往韩国进行为期5天的商务考察活动。参观位于韩国首尔KINTEX展馆举办的2008年韩国食品展，还参观了位于首尔、济州岛的面包工厂及饼房。

举办第三届优秀新品推介与展示活动

第三届优秀新品推介与展示活动于2008年4

月底落下了帷幕。本次活动经专家评定后，最终筛选出4家企业的新产品，向业内推介并在第十二届烘焙展览会上进行展示。

烘焙人士为四川募捐

四川地区的大地震牵动着亿万人的心。自2008年5月13日广州的中国烘焙展览会开始，全国工商联烘焙业公会在展会上组织了来自全国四面八方的参展商、参观商进行募捐，现场募捐的人群异常踊跃。展览会现场为四川灾区捐献人民币34898元、5美元和30元港币。

之后，全国各地的烘焙企业也纷纷行动起来，向灾区人民提供各种人力、物力的支持。

举办“魅力烘焙——2008中国烘焙行业发展年会”

2008年，恰逢改革开放的30年，又值全国工商联烘焙业公会即将迎来第13个发展纪年。12月23日，由全国工商联烘焙业公会主办的“魅力烘焙——2008中国烘焙行业发展年会”，在北京嘉里中心落下帷幕。此次年会是一次丰富而又精彩的大会，它总结了2008年的成功与不足，展望了2009年的希望与辉煌，加强与巩固了业内人士的交流。

2009年

2008第十二届中国烘焙展览会

烘焙业公会积极响应党中央国务院对于企业扶植号召，集多年积累倾力回馈行业，在烘焙展会服务方面提出了近50%的优惠政策回馈给本次参会展商及参观观众，作为全国重要的烘焙行业展会之一，本届展会从展会规模、展商数量、参观人数、配套活动等衡量展会是否成功的重要指标上均有所突破。本届展览会展出面积达31200平方米，拥有1451个展位，531家企业参展。展位数较2008年增长3%。中外展商联袂参展，特别值得关注的是马来西亚以展团代表的形式亮相，显示了该地区企业对中国烘焙市场的高度关注和认可。展会参观观众17521人。其中国内观众（来自30个省市494个城市）、海外观众540人（来自58个国家和地区）。

展会同期组织了相关活动，包括：“中国烘焙行业质量安全承诺”活动、“全国餐饮烘焙创意大赛”、“农村创业馆——面包播种，饼店下乡”活动、“中国月饼OEM企业·精品展示会”、专业烘焙学校联合展示、中国知名烘焙老字号企业展示长廊、展会寻宝和第二届“公会杯”高尔夫大赛。

举办“烘焙文化与经济论坛”

烘焙业公会根据行业发展期间出现的相关问题，有涉及食品安全方面、企业经营管理方面、人力资源方面、技术交流方面等内容，举办不同规模和形式的行业论坛，此项活动的举办能更真实有效地为不同需求的会员解决不同的问题，并得到了广大会员的一致认可。

举办中华烘焙大赛

中华烘焙大赛，由全国工商联烘焙业公会主办，是中国烘焙业界级别最高、覆盖面最广、最具号召力的顶尖赛事。大赛联动全国华西、东北、华北、华南、华东五大赛区，精挑细选全国领域的烘焙精英进行现场角逐，在行业内部掀起了“交流、学习、竞争、超越”的积极氛围。中华烘焙大赛为提高烘焙行业技术水平、推广健康先进的烘焙理念起到了有力的推动作用。

举办“魅力烘焙——2008中国烘焙行业发展年会”

“魅力烘焙——中国烘焙行业发展年会”是烘焙公会举办的年度行业高端会议，目的是盘点年末行业情况及预测下一年行业发展方向，并携手本年度行业知名品牌和行业共同分享成功之道。2009年12月18日，公会在成都成功举办了第二届魅力烘焙年会。

重要文献

2007年

“中华烘焙老字号”及“中华特色名点”评选全面展开

为配合全国“振兴老字号工程”的实施，弘

扬民族烘焙文化，推动特色经济发展，全国工商联烘焙业公会决定在全国烘焙行业组织开展“中华烘焙老字号”及“中华特色名点”评选活动，充分发挥烘焙老字号及特色糕点在带动行业发展和引导消费需求方面的重要作用。

另悉，为弘扬烘焙文化，引导行业健康发展，全国工商联烘焙业公会自2005年起组织举办“烘焙文化与经济论坛”，已进行了“营养强化面粉在烘焙产品中的应用”、“营养强化剂在烘焙产品应用中可能遇到的问题”、“烘焙产品营养强化的发展趋势”、“面包店该如何从产品的工艺技术上打造营养健康”、“新出台月饼标准的解读”及“共同迈进QS新门槛”六大主题的研讨，受到普遍好评。

定于5月12～14日在广州召开的“2007第十一届中国烘焙展会”论坛将邀请业内专家学者就“冷冻面团的发展趋势”、“中国连锁饼店运营及饼店装修指导”、“包装——产品制胜之道”进行研讨，为行业带来第一时间、最具操作性的专业指导。（宋冬梅）

（摘自《中国食品质量报》
2007年2月1日）

八万客商共襄烘焙界盛事

民以食为天。烘焙行业可谓见证了中国社会和经济发展的脚步。4月2日，记者从第十一届中国烘焙展览会第二次筹备会上获悉，作为中国最早的烘焙专业展览会，中国烘焙展经历了10年的成长和无数经验的积累，本届烘焙展览会面积达到35000平方米，参展企业近600家，邀请专业观众来自40多个国家，总数预计将超过8万人次。

据了解，本次筹备会除了就展览观众接待、展览现场服务等内容与有关方面交换意见外，还着重就在展会同期举办的相关活动进行了细节讨论，力求让大家在参加展会的同时，享受一场感官盛宴。

全国工商联烘焙业公会代秘书长康黎娜介绍说，本届展会的相关活动涉及了国内烘焙行业发展的方方面面，不仅有专业论坛、各类评比、新品展示与推介，更有世界顶级的烘焙大赛同期举办。其中，如世界杯面包大赛是全球烘焙行业最高水准的国际赛事，始于1992年。2007年亚洲区选拔赛全国工商联烘焙业公会与乐斯福集团再次联手，将有中国、韩国、印尼、菲律宾等国家和地区的面包大师参与角逐。

此外，为积极贯彻落实《月饼强制性国家标准》，中国商业联合会、全国工商联烘焙业公会将继续联手举办月饼、月饼馅料综合评价公示活动，对月饼生产向着健康有序的方向发展起引导作用。（严钰）

（摘自《民营经济报》
2007年4月4日）

添加益生元的面包、月饼今年有望面世

今年，国家公众营养OLIGO（欧力多）益生元将推广到烘焙业，预计今年的中秋月饼、面包等糕点类食品将会出现含OLIGO的新产品。这是记者日前从正在广州举办的第十一届中国烘焙展览会上获得的消息。据国家公众营养与发展中心主任于小冬介绍，在去年我国推出的“十一五”食品发展规划中，面粉、大米等都将成为我国强化食品的重点领域，而在以面粉为主要原材料的烘焙业中推广OLIGO，将有助于提高我国消费者的健康状况。

一、国家倡导面粉添加益生元

据了解，OLIGO项目是国家公众营养与发展中心针对公众微生态失衡而发起的，其主要通过倡导在食物中添加OLIGO益生元以促进人体微生态平衡，提高免疫力。目前，该项目已率先在保健品、乳制品、饮品等行业里应用。而今年，OLIGO项目将会推进到烘焙业。

去年，我国面粉的消耗量达到8850万吨，面粉在我国国民的饮食中占据重要的地位。不过，目前的面粉里，由于大多经过精加工，营养素损失严重。据国家公众营养与发展中心主任于小冬介绍，随着我国经济的发展，国民营养摄入的条件好了，但在营养摄入方面也存在很多干扰，造成摄入的科学性不强，摄入量和种类不平衡，营养缺乏。而营养缺乏与食物有

关，过去的食物很少经过精加工，而现在的食物却精加工到极致，从而造成营养素大量流失。以面粉为例，将纯天然的小麦磨成面粉，微量元素的损失量达到80%，而添加OLIGO或其他营养素，则可恢复它原有的营养性，重建体内良性循环系统。于小冬表示，在烘焙食品里添加OLIGO是国家倡导的，它将有益于提高国民的生活和生命质量。

据悉，为了规范OLIGO项目在国内食品业的推广，国家公众营养与发展中心成立了欧力多（OLIGO）工作联盟，以及公众营养与发展中心低聚糖研发基地，其中在广东江门地区的量子高科生物工程有限公司就定为其中之一的研发基地。

二、借公众营养项目促产业升级

目前国内烘焙业仍处于低级阶段的竞争，表现为企业之间进行恶性循环的低价格竞争，烘焙业亟须产业提升。业内人士认为，借着国家在烘焙业中推行公众营养改善OLLGO项目，将可使烘焙企业从低层次的价格竞争提升到关注健康、关注消费者体质改善的高层次竞争，有助于产业提升。

据全国工商联烘焙业公会副会长谢拥葵介绍，目前烘焙产品的甜味剂主要是蔗糖，蔗糖的摄入量过高会引起肥胖、糖尿病等多种疾病。蔗糖让人感到“口感、健康难两全”，如使用OLIGO烘焙健康糖却能解决这一难题。OLIGO烘焙健康糖其实是一种低聚糖，它有蔗糖的甜味，但与蔗糖不同，不会给人体带来副作用，是公认的第三代保健益生元因子。“国家公众营养改善OLIGO（欧力多）项目将促进烘焙产品的升级换代，为行业带来商机”。

据悉，OLIGO益生元可添加在多种面点里，比如月饼、曲奇、面包、馒头等都可添加使用，而添加OLIGO后，将使这些大众食品变成具有功能性的产品，在质量、技术和价格上均可上一个档次。据透露，目前已有月饼企业尝试在其中使用OLIGO，今年中秋市场，含OLIGO的月饼将会出现。

三、国家正在制定OLIGO标准

此外，据透露，目前国家正在委托中国发酵工业协会制定OLIGO低聚果糖标准，该标准将对OLIGO益生元在保健品、饮料、乳品、月饼、面包等各类食品中的使用量定出参考标准，同时，对于消费者食用低聚糖的每天用量，也会制定出每种低聚糖每天每人的摄入推荐量。（欧志葵）

（摘自《南方日报》
2007年5月17日）

2007“中华烘焙老字号”及“中华特色名点”评选结果公示

2007“中华烘焙老字号”及“中华特色名点”活动于近日在广州国际会议展览中心琶洲展馆第十一届中国烘焙展览会开幕式上举行了盛大的颁奖仪式。全国工商联烘焙业公会副会长谢拥葵为获奖企业颁奖。到场嘉宾和领导都表现出极大的热情，大家希望能够将“中华烘焙老字号”及“中华特色名点”的评选活动继续办下去，将传统烘焙业继续发扬光大。

被授予“中华烘焙老字号”的企业有（排名不分先后）：

北京稻香村食品有限责任公司

太原双合成食品有限公司

广州幸运楼食品有限公司

龙海市特香包食品有限公司

武汉市武昌扬子江乳业有限公司

成都市甜头营养食品有限公司

龙海市漳龙食品有限公司

厦门市阿吉仔食品有限公司

全芳（福建）食品有限公司

南安市水头新义隆饼家

柳州市龙城糕点厂

厦门市中宇双穗食品有限公司

厦门市麦心园食品有限公司

茂名市春怡饼屋有限公司

温州丁源兴食品有限公司

产品被授予“中华特色名点”的企业和产品有（排名不分先后）：

厦门市仁真工贸有限公司

“仁真馅饼系列产品”

"仁真博会饼系列产品"
沈阳康福食品有限公司
"康福月饼"
南昌乔府食品有限公司
"乔家栅果仁酥"
山西秦王食品有限责任公司
"秦王水晶饼"
广东容诚食品有限公司
"老家潮汕潮式月饼"
全芳（福建）食品有限公司
"全芳月饼"
福建福马食品集团有限公司
"福马巧克力派"
厦门市思明区厦浪屿饼家
"鹭浪屿蛋卷"
厦门市思明区陈记鼓龙饼家
"陈记鼓龙麻糍"
南安市水头新义隆饼家
"新义隆馅饼"
洛阳市全福食品有限公司
"盛唐牡丹饼"

（摘自《中国食品质量报》
2007 年 5 月 24 日）

中国烘焙展览会助推行业快速发展

2007 第十一届中国烘焙展览会日前在广州圆满闭幕。该次展会吸引了众多国内外的业界知名企业参展，首日参观人数就超过了 4 万人。

据了解，中国烘焙展览会已成功地举办了 10 届。改革开放以来，烘焙行业呈现出前所未有的欣欣向荣的景象，但流通渠道不畅，产销衔接滞后。寻找销售场所，成为解决流通渠道不畅引起的多种矛盾的有效途径。因此，在全国工商联烘焙业公会成立不久，为了打通销售渠道，筹划举办了首届中国烘焙展览会。

随着中国烘焙展览会影响力的扩大，国内外烘焙业同行和相关单位纷纷以组团的形式参会，在展览会上集中展示企业形象、名优产品、科研成果、高超技艺、烘焙文化。展会已不仅仅是烘焙原料、产品、机械设备的交易场所，也是一块文化阵地。展会发展成为综合性的烘焙文化盛会、烘焙人的盛大节日。展示成绩、内涵嬗变成为这一阶段的主要特征。

烘焙业公会在不断总结中国烘焙展览会的成功经验的同时，还将展会的时间固定在每年的 5 月 12～14 日，并确定展会的目标"为烘焙企业服务、为烘焙行业服务、为全面建设小康社会服务。文化与经贸搭台唱戏，参展与参观各得其所"，从此展览会进入了功能多元化的定型阶段。

目前，中国烘焙展览会已经成为烘焙行业互相交流、切磋技艺、新旧烘焙理念碰撞的盛会。业界人士越来越看重"交流信息"这一功能，通过参加"烘焙文化与经济论坛"、"国内外烘焙名家新技术演示"等活动，了解烘焙市场的现状和发展趋势，学习和借鉴烘焙行业的领先技术。在"吸收"的同时，也希冀利用各种宣传手段扩大自己产品的影响。利用展会收集各类烘焙信息和客户信息，结识新朋友，开辟新渠道，提升自己产品质量和营销水平。（曹婧逸）

（摘自《中华工商时报》
2007 年 5 月 24 日）

馅料安全　一诺千金

——全国工商联烘焙业公会"2007 月饼馅料质量安全承诺"活动启动

6 月 21 日，由全国工商联烘焙业公会制造商联合会发起的"2007 月饼馅料质量安全承诺"活动全面启动，烘焙业公会制造商联合会自 2007 第十一届中国烘焙展览会期间成立后，一直致力于团结广大烘焙行业制造商，为行业发展献计献策。此次，"馅料质量安全承诺"活动主要目的是提高馅料生产厂家的安全意识和社会责任意识，规范行业发展，树立烘焙行业发展的良好形象，在企业自身提高的同时，于引导消费者消费意识上也有着极其重要的意义。

参加本次"承诺"活动的企业名单将在《中华烘焙》、"中国烘焙信息网"进行公示，接受全国工商联烘焙业公会和社会各界的监督。

《月饼馅料质量安全承诺书》从企业主要管

理人员提高食品安全意识，建立健全管理体系，按标准组织生产、相关设备、生产加工过程等九个方面做出要求，内容覆盖了月饼馅料生产的全部工序，只要企业严格按照《承诺书》的内容指导生产，就可以向市场提供保质保量的月饼馅料。

截至记者发稿时，已签订承诺书的企业近20家，地域覆盖华南、华中、华北等各大主要城市，据全国工商联烘焙业公会制造商联合会副秘书长李宽介绍，针对本次“承诺”活动，全国工商联烘焙业公会还将在中秋节前期向烘焙市场进行推广，并及时向企业反馈使用厂家和消费者对产品的各类意见，促进广大厂家更好、更快地发展。（宋冬梅）

（摘自《中国食品质量报》
2007年7月7日）

古老的行业，年轻的公会

——访全国工商联烘焙业公会

当人们品尝法式面包、广式月饼、“稻香村”糕点的时候，很容易接受其制作过程——“烘焙”。其实，它是一个很古老的行业。早在几千年前，我们的祖先就用酵母发馒头，古埃及人也发明面包制作，这个行业源远流长，随着近代工业革命的开始，烘焙业在西方国家得到迅速发展。

一个偶然的机会，记者来到全国工商联烘焙业公会。一进门，就看见大厅办公室有10多个青年人，在那儿伏案埋头工作。迎接记者的是全国工商联烘焙业公会的秘书长康黎娜。“我喜欢这个行业。”第一句话就这样真挚、直白。

目前，她领导着有17名工作人员的秘书处，平均年龄只有28岁，可以说是“古老的行业，年轻的公会”。办公全部实现计算机网络化。

康黎娜介绍说，全国工商联烘焙业公会1996年1月28日在人民大会堂举行成立大会。近年来，他们通过完善会内机构，加大服务力度壮大公会会员队伍。特别是2002年三届会员代表大会后通过开展多种形式的会员活动及会员服务，积极发展各地联络网站，充分利用经销商联合会等会内组织，不断吸纳更多地区会员入会。到2007年4月他们在全国共成立联络站13家，覆盖了河北、天津、云南、广州、福建、四川、河南、山西、湖南、黑龙江、浙江、上海、海南等省市，为公会组织开展各项活动提供了便利条件。

维护行业权益及会员利益。在2005年，他们针对某公司对属于月饼等食品行业的通用名称——“双黄莲蓉”和“双黄白莲蓉”申请注册商标事件，公会为维护烘焙行业的整体利益，号召各地月饼生产厂家联名上书，共同维权，并以行业公会的名义代表烘焙业向国家商标局提出异议。最终该公司放弃该商标的申请，国家工商总局商标局对“双黄莲蓉”及“双黄白莲蓉”商标不予核准注册，发挥了政府的助手作用。公会还参与起草《月饼强制性国家标准》，于2002年3月和12月协助中国商业联合会，组织召开了“月饼标准”起草小组会议，使国家2005年9月2日发布该标准，并于2006年6月1日起正式实施，并组织论坛进行宣传推广活动。

为促进交流、搭建互相学习借鉴的平台，及时了解国际烘焙业最新动态。近年来，他们在接待各国访问团的同时，组织业内人士前往德国、奥地利、意大利、荷兰、新加坡、泰国、日本进行了考察参观。

为了推动烘焙行业发展，公会保持每年举办一次中国烘焙展览会，目前这个展会已经发展成为国内行业展会中的典范。2007年，应广大读者的要求，公会组织编写了《中华烘焙食品大辞典·机械及器具分册》并在第十一届中国烘焙展览会上举行首发式。

回顾起公会的活动，康黎娜心潮起伏：“公会的老一辈创办者给我们指引了道路，我们继往开来，科学发展。以利益为重，以权利为重，这不是我们的追求，我们的宗旨就是为企业服务！”（吕壮）

（摘自《中华工商时报》
2007年10月30日）

低聚糖成功打造人体“益生元”

11月16～17日，由公众营养与发展中心主办，中国食品科技学会功能食品分会、中华预防医学会微生态学学会、中国发酵工业协会，全国工商联烘焙业公会支持的“益生元国际论坛”在北京国宏宾馆召开。此次论坛上，国内外专家学者达成一致共识，低聚糖系列产品将有利于改善我国公众营养状况。

此次论坛主题是针对现阶段我国国民大量存在的微生态营养失衡的状况，通过倡导食品企业在公众摄入的食物中添加OLIGO（低聚糖的英文缩写）益生元，激活与增殖人体内的益生菌群，从而达到促进微生态平衡，改善公众营养健康的目的，将进一步促进对益生元的深入研究、开发和应用，搭建产、学、研沟通结合的高层次平台，使我国益生元产业快速健康发展，从而更加广泛、有效地为人类健康服务。

功能糖，特别是功能性低聚糖（简称低聚糖），作为益生元的一类，在疾病诊断与防治、营养与保健、调节人类微生态平衡及抵御疾病等方面的应用具有较大潜力。它不仅作为医药、保健、饮品、食品生产原料被广泛应用，而且为人们日常餐饮所接受。

我国低聚糖生产著名企业——保龄宝生物股份有限公司，自1997年创建以来，立足于高新技术产业，以“国际跟进，国内领先”的准确定位，在国内首家实现低聚糖的工业化生产，核心技术属自主开发。其制订的《低聚异麦芽糖》、《果葡糖浆》两项企业标准，今年该标准上升为国家标准。今年7月，公司与山东大学等单位共建的“国家糖工程技术研究中心”正式揭牌成立；9月11日，保龄宝生物股份有限公司功能糖产品被评为“中国名牌”称号。

2007年，国家发改委公众营养与发展中心等部门联合启动“公众营养改善OLIGO项目”，针对现阶段我国国民普遍存在微生态失衡的状况，倡导食品企业在公众摄入的食物中添加低聚糖，激活与增殖人体内的益生菌群，从而达到促进微生态平衡，改善公众营养健康的目的。这一项目是继“食盐加碘”、“营养强化面粉”、“酱油加铁”、“食用油加维生素A”之后中国最新推出的公众营养改善项目。其中，保龄宝被确定为中国公众营养改善OLIGO项目的合作伙伴，并推荐“保龄宝牌低聚异麦芽糖（益菌因子）”为“营养健康倡导产品”。

据了解，按照营养发展中心的规划，3年内，低聚糖的应用联盟企业将发展至300家，使3亿人从中受益，而低聚异麦芽糖市场需求总量也将超过100万吨，项目发展前景广阔。（杨海军　王涛　李健）

（摘自《中国食品报》
2007年11月20日）

全国工商联烘焙业公会为行业打造烘焙盛宴

作为全国最早举办的专业烘焙盛会，中国烘焙展览会成功举办了11年，已经成为烘焙行业互相交流、切磋技艺、新旧烘焙理念碰撞的盛会。中国烘焙展览会的发展更是见证了中国烘焙业的发展。全国工商联烘焙业公会也在11年里为行业的发展尽了心、出了力。

10月7日，作为2007年度全球规模最大、最新、最全面的烘焙展览会，IBIE在美国佛罗里达州奥兰多市拉开帷幕。全国工商联烘焙业公会组团参观了这三年一届的烘焙盛会。主打“新思维、新资源、新技术”的IBIE给大家留下了深刻的印象。让参观此次展览的企业代表深有体会的是，展览举办地的选择至关重要。

全国工商联烘焙业公会也将为行业打造烘焙盛宴。2008第十二届中国烘焙展览会将于明年5月12～14日在中国进出口商品交易会琶洲展馆举办，本次展会的主题是“烘焙人自己的满汉全席”。展会将以更大的展览面积，更多的展商、参观商，打造2008年上半年中国最具吸引力、品类最全面的综合烘焙展览会。

2008首届中国（西部）烘焙展举办地成都世纪城新国际会展中心是目前中国西部建筑规模最大、功能配套最完备、设施最先进的多功能会议会展中心。成都作为中国的奥兰多实至名归，立足成都的中国（西部）烘焙展在借鉴国际一流烘焙大展IBIE办展经验的基础上，将努力办出自己的特色，让充满潜力的西部烘焙市场活跃起来。2008年10月21～23日，烘焙公会将与大家相约中国烘焙展览会——2008首届中国（西部）

烘焙展。本次展会的主题是“新产品、新技术、新思维”，旨在办成2008年度西部最新、最具活力、面向新年的精品烘焙展览会。（宋冬梅）

（摘自《中国食品质量报》2007年11月22日）

第八届烘焙文化与经济论坛
——中国中小企业健康成长计划走进全国工商联烘焙业公会

自2005年以来，由全国工商联烘焙业公会主办的“烘焙文化与经济论坛”已经连续举办了七届，根据不同时期行业发展中的热点时事，组织策划，邀请行业的专家、企业等各界人士共同参与，从“弘扬烘焙文化，发展烘焙经济”到“共同迈进QS的新门槛”，每一届论坛都记载了烘焙行业发展的历程，每一届论坛都以其精辟的主题取得了圆满的成功。

伴随着烘焙业的快速发展，一些企业在发展过程中面临着战略方向不明晰、管理流程混乱、人才流失等一些不容忽视的问题，针对这些问题，全国工商联烘焙业公会于2007年11月16日，在全国工商联烘焙业公会驻河北联络站——保定市诚和信食品有限公司及番禺马利食品有限公司、顶益食品（盐城）有限公司、英联马利（北京）有限公司、上海金麦食品有限公司、上海鑫宇食品配料有限公司、蛇口南顺面粉有限公司、山东中粮鲁德食品有限公司等企业的大力支持下，携手中小企业健康成长计划专家团相聚古城保定，召开了第八届烘焙文化与经济论坛——中国中小企业健康成长计划走进全国工商联烘焙业公会保定专场会，希望借此为会员带来新的思路、新的观念，促进烘焙企业健康、有序发展。

中国中小企业健康成长计划得到了国家发改委大力支持与推广，在一支专业团队的带领下，形成了富有特色的师资队伍和相互配合的培训网络，曾为44个地方经济发展作出了贡献。全国工商联烘焙业公会秘书长康黎娜出席了本次论坛。会上，康秘书长代表全国工商联烘焙业公会名誉会长伍沾德，全国工商联烘焙业公会会长伍威全对广大会员一直以来给予烘焙公会的支持表示衷心的感谢，并盘点了2007年烘焙行业发展事件及烘焙业公会为会员开展的一些活动，同时向会员做了2008年服务汇报。

中国中小企业健康成长计划首席专家王鄂生博士在会上呼吁为企业的长远发展，企业家更应关注企业的健康状态，作为中国中小企业健康成长计划的资深专家，高扬博士对“烘焙企业想要做大做强，应从提升经营管理绩效开始”做了详细的讲解。

本次活动吸引了来自河北地区的300多家企业的参与，会场气氛空前高涨，与会者对这次活动给予了高度的赞同，会后意犹未尽，纷纷向主办方咨询企业中所遇到的问题，第八届烘焙论坛取得了圆满的成功。第八届“烘焙文化与经济论坛”——中国中小企业健康成长计划将陆续走进其他省份，我们期待着下一次的相聚，我们相信，在烘焙业公会与会员的共同努力下，每一个烘焙企业都能够健康、有序、快速发展。

（摘自《食品添加剂市场》2007年12月刊）

2008年

国内烘焙业逆境中走向成熟

“在经历原辅料涨价、食品安全升级和现在的全球金融危机，国内的烘焙业在逆境中越发走向成熟。全国工商联烘焙业公会带领行业贯彻国家政策，把行业带到一个新的高度。”在由全国工商联烘焙业公会主办的“魅力烘焙·2008中国烘焙行业发展年会”上，全国工商联烘焙业公会会长伍威全如是说。

伍威全认为，一直以来，中国烘焙行业处在高速增长期，消费者在国家经济快速增长的大环境下也体现出了雄厚的购买力。从长远发展来看，一些没有自身特点、产品附加值低、处在同质化竞争末端的产品和企业将被淘汰，烘焙行业势必经历洗牌。从行业发展角度来看，这是迟早的事情。全球金融危机只是让这一切来得更早一点。（杨雪）

（摘自《中国企业报》2008年12月29日）

中国烘焙展明星企业云集 再塑产业链提速烘焙经济

被业内誉为“中国烘焙经济达沃斯论坛”的第十三届中国烘焙展览会，将于2009年5月21日在广州琶洲展馆隆重开幕。招商时间刚刚过半，近九成展位已宣布告罄。中国烘焙展作为亚洲规模最大、档次最高、最具影响力的专业烘焙展览会，不仅是名企展示自身形象的舞台，也是企业新动态、新产品的集中发布会。同业的交流及巨大的采购商群体为烘焙企业带来了无限商机。

13年来，伴随中国烘焙展成长，众多海内外知名品牌先后加入，在本届展会上，依然能看到他们活跃的身影。其中既有连续10年获得全港销售冠军的香港美心，也有创始于1880年的中华烘焙老字号陶陶居。在食品安全问题饱受质疑的今天，众烘焙名企的负责人郑重承诺，在保证食品安全的前提下，将不遗余力地推出更多有特色的新产品。同时珠江莲蓉、羊城莲蓉、莲香楼、东轩、和记隆、龙江食品、御莲坊、日美、永业、港盛等也表示将在本届中国烘焙展览会上有新动作。知名烘焙企业的参与，也极大地调动了机械、包装、原材料企业的积极性。赛思达、伟隆等食品机械巨头将在展会上隆重推出各自的拳头产品。城百、松川远亿、阳政精机、昌岗、荣麦、三麦、花元、成功、河山、欧华等企业集团也纷纷表示将把最新、最齐全的烘焙食品生产线带到现场。刚奇、美达柯式等知名包装企业在本次展会上将把简约、环保的风格坚持到底。利得统一的高端酵母、南侨和加益的精品油脂、棒师傅的绿色高品质水果原料、先卓模具的专业蛋糕模具等特色产品的集中亮相也将极大地丰富了展会的观赏性及实用性。

据业内人士透露，第十三届中国烘焙展中颇具看点的是全国工商联烘焙业公会首次与相关餐饮、酒店协会强强联合，联手打造中国月饼OEM第一展区。此举将有效地增强了本次展会的参与性。本次活动将是烘焙公会与酒店协会在月饼OEM产业链搭建上的首次纵向联合，开创了烘焙展览会跨行业合作的先河。酒店业多年来一直将月饼的生产交给食品企业，待产品加工完成后再利用自身渠道进行贴牌销售，此举已成为传统。但像如此大规模的酒店与月饼OEM企业的见面会还尚属首次。日美、永业等传统月饼OEM企业负责人纷纷表示，希望通过本次活动，可以与上游大型酒店企业形成更便利的接触，共同为2009年的中秋月饼市场打造一条更加安全、极具特色的月饼产业链。

（摘自《中国食品报》
2008年12月12日）

烘焙业共商市场破局之势

据不完全统计，今年月饼产量接近25万吨，市场销售平淡、销售高峰期缩短、品牌跨区域营销等市场特点日趋明显，众多厂商首尝行业“变局”滋味。而月饼市场仅是整个烘焙行业发展现状的一个缩影。

如何突破烘焙经济发展步伐放缓的困局？2009年的烘焙展览会有望为行业带来全新的发展思路。全国工商联烘焙业公会正在积极筹办定于2009年5月21~23日在广州举办的第十三届中国烘焙展览会，届时全球数百家烘焙知名企业与行业专家们将云集一堂，共同商讨当前烘焙市场的破局之势。

以往在二到三个月的时间里就有200亿元规模的月饼市场，在原材料涨价、能源价格居高不下、全球经济前景不明朗的大背景下，在2008年未能实现预期的市场高增幅。据中国商业联合会不完全统计，2008年的市场中仅有部分知名品牌企业产销量上升，增幅在6%以上，月饼市场销售额在125亿元左右。“目前烘焙行业的竞争态势日趋白热化，这其中有外部大环境的影响，有竞争格局的改变，更重要的是消费需求的升级。”全国工商联烘焙业公会秘书长康黎娜指出。随着外资品牌的强势加入，处在消费升级变革期中的国内企业的发展压力加剧。

据悉，全国工商联烘焙业公会正在积极寻求对策，并将在第十三届中国烘焙展览会上，携手来自全球的烘焙同行们共同商讨产业破局，并呼吁更多的国内烘焙企业参与进来，一起交流经验，维护市场规范，引导行业朝一个更为健康的方向发展，从而实现一个多赢的局面。康秘书长介绍，“我们国内的烘焙行业要实现产业升级的转型，要从单纯的价格竞争、产品竞争向更为精细化、复杂化的品牌竞争、服务竞争转移。为此第十三届中国烘焙展览会将云集数百名国内外知名企业家、政府机构，并将引入欧美等全球性烘焙集团参与其中，共享技术交流，分享品牌经营的经验。”（海燕）

（摘自《中国贸易报》
2008 年 10 月 14 日）

2008“烘焙之旅”
——欧洲、韩国考察篇精心打造品牌，大步走向世界

自 2007 年，“烘焙之旅”正式开启了全球烘焙考察大门。烘焙之旅是继中国烘焙展、《中华烘焙》、烘焙文化经济与论坛之后，全国工商联烘焙业公会为广大烘焙业同仁提供的又一项品牌服务。“烘焙之旅”为广大烘焙人士提供了一个国内外同行交流的良好平台。

2006 年拜访世界最大的、具有烘焙行业“世界杯”之称的德国慕尼黑 IBA 烘焙展览会，开启欧洲之旅；2007 年春节期间，踏入日本之行，参观了两年一届的“日本国际烘焙食品生产设备及原辅料展览会”，对日本的糕饼制造业、餐饮业、糕饼零售业进行全方位的考察，深入了解日本当地的烘焙行业发展情况，日式糕点制作之精细、包装之精美，均让团员觉得此行收获颇丰；五月展会期间，应广大会员企业和各界烘焙人士的需求，组织了台湾、吉隆坡烘焙业考察，参观了亚洲最大的可可制品生产基地、台湾著名的高雄餐饮学院、台湾的烘焙市场及饼屋等；金秋十月，由烘焙业公会秘书长康黎娜带队考察了年度全球规模最大、最新、最全面的美国奥兰多烘焙展览会，让参与的烘焙人士切身感受到了国外烘焙现状和发展情况。此次美国考察团也是全国工商联烘焙业公会品牌服务项目“烘焙之旅”首发团。

2008 年 3 月 27 日 ~4 月 4 日公会组织了国内烘焙业同仁前往欧洲五国进行为期九日的商务考察活动。主要将组织参观法国巴黎的第十七届 EUROPAIN 巴黎世界面点及设备展览会。展会一大亮点即为世界杯面包大赛乐斯福杯总决赛的举办。届时，在第十一届中国烘焙展览会上世界杯面包大赛乐斯福杯亚洲区选拔赛中的冠军选手将与来自世界各地分赛区获胜选手同台竞技，为您呈现精彩赛事，不容错过。同时还安排了与法国烘焙行业协会座谈会，参观当地饼房，参观荷兰贝克马克国际公司位于德国的研发中心，并前往考察卢森堡、比利时、荷兰，了解国外烘焙行业的同时领略美丽的欧洲风情。

2008 年 5 月 14 ~ 18 日，展会期间，组织国内烘焙业同仁前往韩国进行为期五日的商务考察活动。此次活动主要将组织参观位于韩国首尔 KINTEX 展馆举办的 2008 韩国食品展，并分别参观位于首尔、济州岛的面包工厂及饼房，考察韩国烘焙市场。

烘焙公会甄选世界各地烘焙文化，为烘焙同仁量身打造的“烘焙之旅”，经过多次成功的组团已渐入人心，成为国内同行了解国际先进烘焙技术、发展趋势的一个便捷窗口。

（摘自《食品添加剂市场》总第 65 期
2008 年 4 月）

新主题　新热点　新形式
第 12 届中国烘焙展览会做“新”文章

11 年历程　11 年精彩

从第一届展会面积 6000 平方米，到第十一届展会面积超过 36000 平方米；从第一届展会参展单位 86 家，到第十一届展会参展单位近 600 家；从第一届展会专业观众 5000 人次，到第十一届展会首日专业观众就达 40000 多人次；从第一届展会有来自香港、美国的几家企业参展，到第十一届展会就有来自香港、澳门、台湾和亚洲、非洲、北美洲等国家和地区的 30 多家企业参加，中国烘焙展览会走过 11 年的历程。作为国内烘焙业品牌展会，它不断在进取。作为全国最早举办的专业烘焙盛会，

中国烘焙展览会已经成功举办了11年，成为烘焙行业互相交流、切磋技艺、新旧烘焙理念碰撞的盛会。

作为主办方，全国工商联烘焙业公会在国内烘焙行业的协调发展、展会组织管理、活动策划、展商、观众、媒体传播等各个方面积累了丰富的办展经验。历届展会选择在亚洲最大的交易会馆——广州琶洲国际展馆举行，符合烘焙行业国内外交流的需求。

业界人士越来越看重“交流信息”这一功能。利用展会收集各类烘焙信息和客户信息，结识新朋友、开辟新渠道，提升自己的产品质量和营销水平。全国工商联烘焙业公会也在11年里为行业的发展尽心尽力，它主办的中国烘焙展览会更是见证了中国烘焙业的快速发展。

今年5月12日，“第十二届中国（广州）烘焙展览会”即将开幕。全国工商联烘焙业公会继续以服务行业为宗旨，立足专业、真诚的办展方针，携手新老展商，共同打造高品质、高效率的精品展会。展会期间，烘焙公会组织了“第十一届烘焙文化与经济论坛”、“烘焙之旅韩国商务考察”、“中华烘焙老字号”以及“‘中华特色名点’展示”、“2008年第十二届中国烘焙展览会迎奥运概念烘焙展”、“烘焙公会杯高尔夫球赛”、“‘月饼’国标、‘月饼馅料’示范性推介”等丰富多彩的活动。

新主题　新热点　新形式

随着“第十二届中国烘焙展览会”开幕时间的临近，“第十一届烘焙文化与经济论坛”也即将在广州琶洲拉开帷幕。在本次论坛上，为了更全面、更深刻地挖掘2008年月饼市场中存在的热点问题，烘焙业公会利用“第十二届中国烘焙展览会”广阔的交流平台，在展馆内开辟了400余平方米，鼎力策划了“中秋月饼行业发展状况”、“中秋月饼的相关法规”、“2008年月饼市场走势预测”热点话题。

2008年的月饼市场将是不平凡的一年。国家有关月饼的新政策、新标准，月饼市场的新产品、新趋势，都是企业密切关注的焦点。‘月饼’国标、‘月饼馅料’、QS认证体系昭示着食品安全的永恒使命，把脉月饼市场的最新趋势，以期在今年更加激烈的市场竞争中立于不败之地。

在竞争日益激烈的中秋月饼市场，品牌的包装和经营、产品营销和策划是企业可持续的根基。危机公关处理是现阶段大多数烘焙企业急需学习和进修的课程。科学合理地运用经营之道，是企业在竞争中稳占先机、异军突起、冲出重围的有力武器。

近年来，由于消费者在口味和营养上的诉求，传统月饼也开始大做“新”文章，因此话题节选了“新技术”和“营养化”两个方面，诠释2008月饼市场的变化。

论坛借“第十二届中国烘焙展览会”巨大人气，将行业精英纷纷聚拢到一起，共同交流、共同探讨，话题涵盖了月饼市场发展趋势和经营管理方面的各个关键点。论坛邀请了广东省包装技术协会副会长苏明智、中山大学颐园学院博士阎泓、中山咀香园副总经理张延杰、广益食品添加剂实业有限公司工程师何松、刚奇科技有限公司电子商务专家以及国内著名月饼品牌营销专家等参与，倾情打造月饼市场营销顶级盛会。（宋冬梅）

（摘自《中国食品质量报》
2008年4月29日）

2009年

烘焙盛会五月亮相

5月21日，由全国工商联烘焙业公会精心策划组织，广州日报报业集团美食导报全程支持的2009年第十三届中国烘焙展览会将在广州·中国进出口商品交易会琶洲展馆隆重举行。届时，来自内地、香港、台湾、欧美、东南亚等60多个地区的500余家烘焙业企业将集中亮相。

据了解，本届展会依据传统分为机械设备、原材料、月饼及包装3个展馆。参展企业范围囊括烘焙业及与烘焙业相关的各个领域，参展产品涵盖烘焙产业整条产业链。同时，全国工商联烘焙业公会更携手中国商业联合会、中国饭店协会、国际华联烘焙总会、菲华面包糕饼同业公会等国内国际多家行业机构组织，现场开展第十三届烘焙文化与经济论坛、马来西亚展团主题论坛——咖啡文化节发布会、第二届烘焙公会杯高尔夫球赛、烘焙培训教育专业委员会宣传专区、第四届优秀新品评选与推介、“中华烘焙老字号”与“中华特色名点”展示等活动。

全国工商联烘焙业公会秘书长康黎娜表示:“经过一年的精心策划与筹备，第十三届中国烘焙展览会将为广大参展商和参观商创造更多的惊喜和商机，同时也将精准把握烘焙经济脉搏，引领烘焙业在金融危机背景下实现产业升级。”

（摘自《广州日报》
2009 年 5 月 15 日）

授之以鱼，不如授之以渔
——“面包播种，饼店下乡”活动解析

经济危机来袭，欧美发达国家深陷泥潭难以自拔，即使如中国这样全球最健康的经济体，也不可避免地受到经济危机的冲击。广东，作为改革开放的前沿阵地、中国对外开放的窗口、“中国制造”的发源地自然受到了多方积极关注。

在 2008 年危机深重之时，负面消息充斥各大媒体，因为订单锐减，成本增加，大批沿海劳动密集型企业倒闭，农民工返乡潮涌动。经济危机的冲击力极有可能扩散为社会危机。中国政府及时启动 4 万亿经济刺激方案，积极扩大内需，扶持产业振兴，拉动就业、鼓励创业、促进经济复苏。而一系列针对农村、农民工的“家电下乡”、“汽车下乡”等大力支农惠农措施正是在这一背景下出台的。

曾经有“中国 10 亿人口，8 亿在农村”的说法。虽然近年来中国的城市化进程不断加快，但保守估计，中国仍有 9 亿农民，能否把农民工就业问题妥善安置好，把农村的物质生活水平逐步提高，把农村市场作为拉动内需、推动经济复苏的“大后方”，是关系国计民生的大事情。

为配合国家拉动内需，推进连锁经营向农村延伸的经济振兴方案，辅导农民工自主创业及在地就业，全国工商联烘焙业公会在 2009 第十三届中国烘焙展览会上联手打造“面包播种，饼店下乡”大型主题活动。

“家电下乡”、“汽车下乡”等措施是由政府提供补贴，鼓励农民购买消费性产品。而“面包播种，饼店下乡”活动从策划之初，则立意在如何突破“授之以鱼”的模式，实现“授之以渔”，从烘焙业角度为农民自主生产、本地就业提供解决方案，是烘焙业为缩小城乡差距而设定的中长期计划。全国工商联烘焙业公会希望借此次活动将烘焙产业的种子播撒开去，使烘焙产业在县、乡、镇生根，健全并促进国内烘焙业的整体成长。

在全国工商联工商联烘焙业公会的精心策划及大力推动下，本次活动在琶洲展馆第十三届中国烘焙展览会上将会真实呈现。在展会现场一块近 400 平方米的区域内，两座实物模拟饼店应声而起。专业从事饼店开发的工作人员在活动现场将从饼店选址、设备选用、人力资源配制、产品结构设置等相关条件进行现场讲解和分析。并对准备在烘焙行业创业的人员提供各类咨询服务。

本次活动背靠 2009 第十三届中国烘焙展览会巨大的品牌传播影响力，全方位、立体化、多角度地为创业人员传授开一家饼店需要做的各项准备工作。切实体现了全国工商联烘焙业公会作为烘焙行业的领导者，响应国家政策号召，积极引导烘焙行业产业振兴、扎根农村的战略意义。

（摘自《美食导报》
2009 年 5 月 19 日）

权威发布　因势利导，高峰论坛　风景独好
——第十三届烘焙文化与经济论坛

5 月 21 日，2009 第十三届中国烘焙展览会将在广州琶洲展馆盛装开幕。作为历届展会中的重头戏，第十三届烘焙文化与经济论坛将携权威专家、精确数据、精品讲座与您共同深入探讨 2009 中国烘焙业发展前景及解决方案。

2008 年的全球经济危机、食品安全危机，不可避免的对中国烘焙业造成一定的影响。2009 经济渐现复苏迹象，今年中秋月饼生产会遇到怎样的不确定因素？国家对月饼生产包装又有哪些政

策导向？烘焙产业链条中直面消费者的终端环节——饼店，发展过程中需要注意哪些问题？烘焙业多元化发展应该向哪些方面突破？

作为烘焙行业中的重中之重，月饼产业每年贡献产值约200亿元。在本届烘焙文化与经济论坛上，全国工商联烘焙业公会特邀中国商业联合会发展部副部长张丽君，对2009年中秋月饼产业在生产、包装和销售等方面可能出现的问题做出权威分析和解答。5月，是月饼企业紧张备战中秋的开始，张副部长关于《国务院办公厅关于治理商品过度包装工作的通知》的权威解析，将会给予月饼企业在今年月饼生产中更多的指导性意见和建议。

烘焙产业链条中的饼店，是与广大消费者直面的终端环节。随着人们消费水平和物质需求的提高，饼店及饼店连锁这种产业模式日益被消费者接受。饼店经营的成功与否，决定因素不仅仅在于产品，品牌、选址等因素也客观制约着饼店的发展。在本届论坛中，全国工商联烘焙业公会邀请国学专家，从专业角度与饼店投资者共同分享成功饼店经营发展的理念。受邀专家更带来《运用国学易经优化店面选址与装修》专题与会分享。

在高端的西餐厅及休闲场所，烘焙与红酒不可避免地产生激情碰撞。浪漫与美味在此邂逅，温馨与甜蜜糅合在一起。第十三届烘焙文化与经济论坛将会给您诠释全新的烘焙经营理念，烘焙业的多元化发展之路将在此拓宽。

同样是论坛，不一样的是解构的深度。同样是讲座，不一样的是诠释的内涵。

2009第十三届烘焙文化与经济论坛，与您共同分享烘焙业的大事、新事，与您共同畅想烘焙业美好的明天。

（摘自《美食导报》
2009年5月19日）

深入实地　重点考察
——月饼OEM企业参观活动

中国月饼OEM精品展示及洽谈会将于2009年5月21日在第十三届中国烘焙展览会上华丽上演。作为本次洽谈会的重要组成部分——OEM企业参观将于次日全面展开。

主办方全国工商联烘焙业公会将与广州永业食品有限公司、广州市东轩食品有限公司、广州市珠江饼业食品有限公司一道为参会的来自全国各地的酒店企业组织一场规模浩大的参观活动。本次参观活动将从企业形象、生产能力、质量安全、产品品质、企业文化等多个方面对来访酒店类客户进行全方位展示。全国工商联烘焙业公会希望通过借这样一个零距离的接触机会，让OEM企业与参会酒店类客户形成直观、深刻的认识，为以后双方的进一步合作做好铺垫。

本次活动从策划之初便得到了上述三家月饼OEM企业的大力支持。广州永业食品的李宪扬总经理表示：能够一次性把几十家酒店企业月饼项目的负责人集中起来，深入企业进行实地考察，是个非常难得的机会。月饼OEM企业应该牢牢抓住这样的机会，把企业最过硬的产品和核心竞争力表现出来。广州东轩食品有限公司和广州珠江饼业有限公司更是严把质量关，在代表团来访之前便邀请国家加工食品质量监督检验中心（广州）进厂指导，以确保本次活动能够取得圆满成功。

在向酒店类企业传送参观邀请的过程中，月饼OEM企业热情的邀请和严谨的态度给酒店企业留下了深刻的印象。一位来自北京五星级大酒店的总经理对记者说，在接到本次OEM大会邀请函以后，他便着手组织准备前往广州的团队，这次他将带领包括公司副总、西点总厨、采购部经理在内的四人团队前往。针对月饼OEM业务，他表示：酒店类客户在QS标准实施后，确实出现了做与不做的选择，OEM的发展和壮大，给了酒店更多的选择余地。不同的分工创造不同的利润体系和品牌体系。酒店与OEM企业处于月饼生产的上下游，双方需要更多的沟通交流、传情达意，让整个月饼产业链条运转得更加高效便捷、井然有序。而据全国工商联烘焙业公会OEM品牌展区负责人透露，本次活动影响力巨大，亦受到外国友人的青睐。两位来自俄罗斯的星级酒店负责人对本次活动表示了极大的兴趣，通过中国旅行社，他们找到了主办方，要求随酒店参观团一同参观月饼OEM企业。现已通过资格审核，5月22日，他们将携翻译加入酒店参观团登上月饼OEM之旅。

星光璀璨、商机无限。由全国工商联烘焙业公会与中国饭店协会强强联手打造的中国月饼OEM企业精品展示暨月饼洽谈会，将开创搭建供需双方大平台之先河、构建安全质量协作之典范。借首届OEM大会之契机，主办方希望更多的月饼OEM企业和酒店企业能够参与进来，为中秋月饼生产实现安全、高效、快捷而努力。

（摘自《美食导报》
2009年5月19日）

展会寻宝
——寻觅中收获喜悦，互动中锁定商机

“寻宝”，意为将2009第十三届中国烘焙展览会中的优秀新产品比喻为“宝物”，指引参观观众通过参与相关活动找寻到展商赠送的珍贵礼物。“寻宝”线路更是由主办方精心设计，在“寻宝”的同时，参观观众可以在有效的时间内更细致地参观参展企业，避免重复路线，节约参观时间。

作为2009第十三届中国烘焙展览会上一项与观众结合度最紧密的互动活动，展会“寻宝”活动从策划伊始便得到了广大参展商的鼎力支持。广州市加益食品有限公司全程赞助本次活动，上海台新食品机械有限公司、弗朗兹哈斯食品机械（上海）有限公司、广东南海正的烘焙器具厂、龙海市珍味食品有限公司、广州市番禺日美食品有限公司、广州市东轩食品有限公司、艾派集团（中国）公司、广州智佳食品有限公司、Chek Hup Sdn. Bhd.、潮安县彩龙包装有限公司等10余家企业也纷纷将企业产品作为“宝物”“埋藏”在展会的各个寻宝地点。

在5月21～23日展会召开的三天中，参观观众可以凭借手中门票免费获得“寻宝地图”，各件“宝物”的发掘地点在图中均会有明确标识。参观观众可以按图索骥，找寻到展会中的“珍宝”。

根据历年经验，展会“寻宝”活动既是展商赚足人气、观众争相参与的热门项目，同时也是新特产品发布、企业品牌传播的优良途径。“寻宝”的趣味性与展会火暴的人气交织在一起，为展商与客户搭建了最有效的交流平台。

展会“寻宝”，全国工商联烘焙业公会静待您的加入，共同寻找无限烘焙商机。

（摘自《美食导报》
2009年5月19日）

中华烘焙大赛“首映礼”献成都

近日，“中华烘焙大赛西部赛”在成都世纪新城国际会展中心正式鸣鼓开罗，吹响了中华烘焙大赛的集结号。

据悉，此次大赛由个人面包及西点单项赛和团体赛组成。参赛队伍来自四川、重庆、贵州、云南、陕西、广西等六个西部省、自治区、直辖市的绝大多数高端饼店及酒店。

中华烘焙大赛作为2009～2010年重锤打造的又一项品牌项目得到了全行业的认可和支持。经过全方位打造的中华烘焙大赛以打造中国烘焙行业顶端赛事为诉求，加快和促进全国烘焙行业技术探讨与革新。

（摘自《成都晚报》
2009年12月23日）

大事记

2007年

2月1日，“2006中华烘焙特色、明星饼屋”评选结果揭晓。9家特色饼屋和32家明星饼屋分别荣获“2006中华烘焙特色饼屋”和“2006中华烘焙明星饼屋”的荣誉称号。

2月26日，由公会组织的日本考察团A组返回北京，次日，B组返回广州。为期一周的新春日本考察之旅圆满结束。

4月25日，2007“中华烘焙老字号”及“中华特色名点”评选结果公示。

5月11日，公会第四届会员代表大会在广州召开，全国工商联八届副主席、全国工商联直属会员商会会长瞿怀明，全国工商联组织处处长李

兵书出席了会议。

5月11日，公会第四届第一次会长会议在广州成功召开。

5月12日，为增进烘焙业制造商之间的交流，维护制造商的诚信经营权益，促进制造商联合会的内部协调，推动烘焙行业健康有序发展，烘焙制造商联合会在广州展览会开幕式上宣布正式成立。

5月12～14日，2007'第十一届中国烘焙展览会在广州琶洲展馆举办。

5月12～14日，由乐斯福集团和公会联手举办的世界杯面包大赛乐斯福杯亚洲区选拔赛，在第十一届中国烘焙展览会现场隆重举行。

5月12～14日，"2007第十一届中国烘焙展会烘焙文化与经济论坛"在广州琶洲展馆举行。

6月，由公会制造商联合会发起倡导并组织实施的，旨在进一步规范馅料生产企业的生产质量标准体系，提高馅料质量安全生产水平的"2007月饼馅料质量安全承诺"活动正式启动。

6月21日，烘焙业公会为促进烘焙食品原辅料生产企业加强行业自律，确保烘焙食品生产源头的安全。

8月1日，"2007中华烘焙明星、特色饼屋"评选活动全面启动。连续两届的中华烘焙特色、明星饼屋评选活动，无论在社会上还是行业内都产生了较为积极的影响。

9月10日，广州市被全国工商联烘焙业公会授予"中国月饼之都"荣誉称号。

10月4～19日，烘焙业公会秘书长康黎娜带队的烘焙业考察团赴美国进行了为期16天的考察访问。

11月16日，第八届"烘焙文化与经济论坛"——中国中小企业健康成长计划走进全国工商联烘焙业公会在保定成功举办。

2008年

1月18日，全国工商联烘焙业公会直属烘焙培训中心成立。

1月26日，2008年第一次会长会议在成都召开。

4月8日下午，"第十届烘焙文化与经济论坛——新原料、新技术、新思维"对2008中秋月饼市场的影响，在广州市华海大厦四楼会议室召开。

4月30日，第三届优秀新品推介与展示活动落下了帷幕。

5月11日，2008年第二次会长会议在广州海军华海大厦18楼会议室召开。

5月13日上午，2008'第十二届中国烘焙展览会开幕式在广州琶洲展馆内举行。

5月13日，第十一届烘焙文化与经济论坛首场之中秋月饼市场经营与管理在喝彩声中落下帷幕。

5月13～14日。由烘焙公会主办、上海早苗食品有限公司协办的首届烘焙杯高尔夫球赛经过2个多月的筹备，于5月13日，在广州峰景高尔夫球场开球。颁奖仪式于5月14日下午在广州琶洲展馆中国烘焙展览会新闻中心隆重举行。

5月13～15日，全国工商联烘焙业公会在中国烘焙展览会现场，为四川地区受灾群众进行募捐，来自各地的烘焙同仁纷纷慷慨解囊，为四川灾区捐献人民币34898元、5美元和30元港币。

5月14～18日，烘焙之旅组织国内烘焙业同仁前往韩国进行为期五日的商务考察活动。

12月21日下午，全国工商联烘焙业公会第三次会长会议在嘉里中心会议室召开。

12月22日，商会举办"魅力烘焙·2008中国烘焙行业发展年会"。

12月22日，全国工商联烘焙业公会经销商会议同期召开。

12月22日下午，"烘焙文化与经济论坛"之年会特别策划——金融危机下的中国烘焙成功召开。

12月23日，参加年会的全体成员在全国工商联烘焙业公会的带领下，对北京牛氏运昌食品有限公司、北京稻香村食品有限责任公司、北京艾丝碧西食品有限公司和北京航空食品有限公司四大知名企业进行现场参观和拜访。

12月23日，由全国工商联烘焙业公会主办的"魅力烘焙·2008中国烘焙行业发展年会"在北京嘉里中心落下帷幕。

2009年

2月11日，2009年第一次常务副会长会议在广州海军华海大厦召开。伍威全、谢拥葵、卢文彬、范蓉梅、池向东、陈正文、崔忠明代谢庆、康黎娜、单志明、王玉强出席了会议。会议由伍威全会长主持。会议讨论了2009年第十三届展会实施政策之后筹展情况汇报和2010年之后中国烘焙展如何发展。

2月18~22日，应菲华面包糕饼同业公会邀请，"烘焙之旅"组织国内烘焙行业同仁前往菲律宾参观2009烘焙业展览会，本次烘焙之旅考察团一行12人由公会秘书长康黎娜带队，与当地烘焙企业进行了座谈交流。

2月19日，商会成为"国际华联烘焙总商会"姐妹会员。

2月23日~3月2日，"烘焙之旅"考察团组团赴日本参观第21届日本大阪国际烘焙展览会。该团分别从深圳和北京出发，对日本进行了为期8天的考察活动。期间组织团友参观了三年一届的大阪国际烘焙展览会和"白之恋人"朱古力博物馆。

3月16日，2009年第二次常务副会长会议在广州海军华海大厦召开。伍威全、谢拥葵、卢文彬、范蓉梅、池向东、苏嘉莉、崔忠明、康黎娜、张伟出席了会议。此次会议确定了2010年5月中国（广州）烘焙展览会和2010年10月中国（成都）烘焙展览会的相关事宜。

3月16日，由全国工商联烘焙业公会组织编写的《中华烘焙食品大辞典》第三册——《产品及工艺分册》正式出版发行。

4月30日，由全国工商联烘焙业公会组织的"中华烘焙老字号"及"中华特色名点"、2008"中华烘焙特色"、"明星饼店"评选活动圆满落下帷幕。"中华烘焙老字号"活动共评出山西神池自永和食品厂等13家，"中华特色名点"共评选出陕西振彰食品有限公司"蛋黄酥"等5家单位的7种产品。2008"中华烘焙特色"、"明星饼店"共评选出丹东希悦面包坊等14家。

5月19日，2009年第一次会长会议在广州海军华海大厦会议室召开。伍威全、谢拥葵、池向东、卢文彬、范蓉梅、唐树松、韩磊、刘满潮、宫坚、莫华玉、黄清福、苏嘉莉代陈正文、孙寅生代赵光晋、崔忠明代谢庆、霍炳佳代钟鹏飞、康黎娜出席了会议。会议由伍威全会长主持。此次会议讨论了2009年上半年工作总结和下半年工作计划，汇报了2009年3月第二次常务副会长会决议。

5月19日，2009年理事会议在广州海军华海大厦三楼会议室召开。伍威全、谢拥葵、池向东、卢文彬、范蓉梅、唐树松、韩磊、刘满潮、宫坚、莫华玉、黄清福、苏嘉莉代陈正文、孙寅生代赵光晋、崔忠明代谢庆、霍炳佳代钟鹏飞、康黎娜、常务理事单位（14家）、理事单位（26家）出席了会议。会议由伍威全会长主持。此次会议讨论了2008年公会工作总结和2009年工作计划汇报、2008年全国烘焙企业发展状况和2009年行业发展趋势以及各理事单位同公会工作的紧密结合。

5月21~23日，2009第十三届中国烘焙展览会及"烘焙文化与经济"论坛在广州琶洲展馆举行。来自中国内地、香港、台湾及东南亚、欧美超过60个国家和地区的近600家烘焙企业参展本届中国烘焙展览会，至少15万人次专业观众造访本届中国烘焙展览会。

5月22日，第二届"烘焙公会杯"高尔夫球赛在广州九龙湖球场举行。有来自行业内的22人报名参加。下午1：30正式开杆比赛。经过4个多小时的比赛，10个奖项除一杆进洞奖空缺，其余全部决出。

5月23~25日，"烘焙之旅"香港考察团出团。考察团为期3天，共有108名团员。在港期间，重点参观了香港美心发展（中国）有限公司的中央工厂和位于迪士尼游乐园的极富卡通特色的饼店。

5月23~28日，"烘焙之旅"台湾考察团出团。考察团为期8天，共有43名团员。在台期间，除游览参观了宝岛台湾的旖旎风光外，重点参观考察了邱氏鼎食品工厂、郭元益饼店和现代风格的85℃饼店。

8月14日，2009年第二次会长会议在北京翠明庄宾馆召开。伍威全、刘红路、李兵书、池向东、范蓉梅、王义明、白伟三、唐树松、韩磊、刘满潮、黄清福、谢琼瑶代谢拥葵、张亦中代卢文彬、苏嘉莉代陈正文、孙寅生代赵光晋、崔忠明代谢庆、康黎娜出席了会议。会议由伍威全会长主持。本次会议讨论了公会工作的相关事项，学习全哲洙书记、姜力副部长和宋北杉副主席等领导同志的讲话精神，讨论了烘焙业公会2009年上半年工作总结，具体研究了如何做好申请登记工作并形成工作方案。

9月8日，在广州组织召开了“2009年烘焙食品安全年会”，针对《食品安全法》施行后我国烘焙食品安全的现状邀请有关专家、企业、媒体代表共同座谈，特别就面包改良剂使用的相关问题进行探讨，解除媒体与消费者的顾虑。

10月5～16日，“烘焙之旅”欧洲团出团。考察团为期12天，共有40名团员。

11月3～9日，“烘焙之旅”马来西亚团出团。考察团为期7天，共有13名团员。

12月18日，烘焙业公会2009年第三次会长会议在成都新东方千禧大酒店召开。伍威全、谢拥葵、范蓉梅、池向东、宫坚、唐树松、黄清福、韩磊、莫华玉、钱天爵代陈正文、庄仁龙代钟鹏飞、陈穗荣代刘满潮、康黎娜出席了会议。会议由伍威全会长主持。本次会议讨论了2009年工作总结和2010年工作计划。

12月18～19日，“中华烘焙大赛”华西区决赛在成都举行。

12月18～21日，“健康、和谐、共赢——2009魅力烘焙中国烘焙行业发展年会”在成都召开。

全国工商联五金机电商会

商会简介

工作综述

大事记

中华全国工商业联合会五金机电商会会标由图形和汉字两部分组成。会标的上部为“ ”图形，是中国的长城城墙图案，长城是中华民族的骄傲，它是中国的标志，象征“中华”；会标的下部为“ ”图形，是机电产品中的齿轮图案，代表机电产品；上下图中间为主图和文字，是变形的“商”字图案，其中“ ”图形代表五金产品中的螺钉，“ ”代表五金产品中工具类呆扳手的扳头，象征人类繁衍生息离不开的、并伴随人类整个进化史的工具，“ ”代表五金产品中衡器类的秤称，预示公平交易，整个“商”字图案代表从事五金机电业的制造商、流通商。

所有的图形和文字代表意义为：在中国从事五金机电业生产、销售的企业和个人及在国外的华人所办的五金机电业企业和个人，通过中华全国工商业联合会五金机电商会团结在一起，通过公平交易的原则，共同为人类的文明史暨五金机电史作出应有的贡献。

商会简介

中华全国工商业联合会五金机电商会于1999年10月19日成立，是全国工商联领导下的全国性的五金机电及相关行业的会员组织。

商会依照我国宪法、法律法规和相关政策，遵循本会的《章程》开展活动。

商会以“会员办会、服务立会、诚信兴会”为宗旨，以“服务、发展、提升、和谐”为指针，以竭诚为会员服务、加强行业管理、规范企业行为、增进信息交流、推动产业结构和产品结构调整、促进行业的大团结、大联合、大流通、大市场、大发展为己任，是五金机电行业联系政府的桥梁与纽带。

商会成立10年来，在全国工商联正确领导和广大会员积极参与、大力支持下，在组织建设、网络建设、诚信建设、市场建设、联合办展、联谊活动、对外交流等方面，都取得了显著成就；特别在组织和引导各地五金机电商会利用商会组织平台和各种形式活动服务广大会员，为广大会员实现“政治上有位、社会上有名、经济上有利”诉求和“广交朋友、广获信息、广拓渠道、广播信誉、广聚财源”创造条件，扶持小企业做大、大企业做强，使一大批以往名不见经传的民营企业家登上改革开放大舞台，导演出恢弘壮丽历史诗篇，更是功绩卓著。

目前，商会拥有市场委员会、紧固件委员会、餐厨具委员会、建筑五金门窗“幕墙”委员会、刀剪专业委员会等5个专委会和全国五金机电采购联盟；拥有50家团体会员，其中省级五金机电商会23家，地市级五金机电商会27家，各地会员5000多家，会员遍布包括香港、台湾地区在内的全国各地。

自商会成立以来，在全国各地先后帮助筹建大型五金机电市场40多家，已形成东、西、南、北、中的市场大格局，各专业市场均成为当地著名的五金机电产品的集散中心。同时，还先后命

会长

陈　刚

常务副会长

傅森林

陈光吾

赵方奇

陈怀荣

副会长

王政国

王海泉

朱近峰

纪　清

严立森

张金卜

名了若干各具特色的产业基地称号。其中：2001年浙江五金城被命名为“全国工商联五金商会物流中心”；2002年在浙江乐清市打造“中华钻头（建工）产业基地”；2003年成都万贯五金机电城被命名为“中国西部五金机电物流基地”；2004年南宁东博国际五金机电城被命名为“全国工商联五金机电商会东盟五金机电物流中心”；2005年天津津都轻工商贸城“天津北方五金电器市场”被命名为“中国北方五金城”；2005年湖北现代五金机电城被命名为“华中五金机电第一城”；2005年在江苏打造“中国淮海五金机电大市场”；2007年在江苏丹阳市后巷镇打造“中国五金工具之乡”；2007年至2008年在广东阳江先后打造了“中国餐具中心”、“中国刀剪机械制造中心”、“中国烧烤用具中心”、“中国五金美容化妆工具中心”等。商会对这些特色基地进行命名和挂牌，收到了良好的社会效果。

商会从成立后第二年（即2000年）开始在会内大力开展了“诚信经销商”、“诚信制造商”评定表彰活动。这不仅在会内外产生了强烈反响，深得人心，而且对推进名牌战略、打击假冒伪劣、规范行业市场起到了很好的作用。

商会自2001年起与中国五金制品协会共同举办“中国国际五金展览会”，经过多年培育，已成为亚洲第一，仅次于“德国科隆五金展”的世界第二大五金展。与此同时，本会每年在成都参与举办的“中国西部五金机电博览会”，是目前国内最知名的五金机电展会之一。

商会与广东方达集团共同设立的“方达国际五金奖”是经国家科技部批准的国际性五金科技奖项，也是全世界迄今为止唯一针对五金行业设立的奖项，得到了世界五金联合会的高度认可和业内外的普遍好评。

商会为加强与国内外同行的沟通与交流，开通了“商会网站”，并在北京、广州、上海、香港等地分别设立了信息采集中心。本会创办的《中华五金》会刊、编辑出版的《中华五金工具手册》工具书以及特刊《十年辉煌》，均在业内具有重大影响力。

商会还与亚洲、欧洲、北美、非洲等众多国家和地区的五金机电商会或相关组织建立了联系，并组团参加国际相关展览会。商会将不断加强与国际相关组织的交流与合作，积极开拓国际

吴岳瀚

吴宪亮

李明太

李德强

劳健斌

杨春炜

陈清华

麦校勋

罗大铭

林众伟

武春青

赵祥云

胡成平

高学森

市场，共同促进五金机电行业的繁荣，并向五金机电强国的目标迈进。

第四届会长、副会长、秘书长名单

会长

陈　刚　长沙中联机床配件总库董事长

常务副会长

傅森林　统益国晖集团有限公司董事长

陈光吾　大庆五金总汇有限公司董事长

赵方奇　鑫方盛五金集团有限公司董事长

陈怀荣　博深工具股份有限公司董事长

副会长

王政国　辽宁万众五金机电商城有限公司董事长

王海泉　山西省新绛县海泉五交化有限公司董事长

朱近峰　宁波长城精工实业有限公司董事总经理

纪　清　河北同力滑车有限公司董事长

严立森　亿联投资控股集团有限公司董事长

张金卜　北京市尧舜建材总公司董事长

吴岳瀚　贵阳大光五金机电设备有限公司总经理

吴宪亮　山东樱花五金集团有限公司董事长

李明太　新疆天山五交化有限公司董事长

李德强　大同市新同五交化有限责任公司董事长

劳健斌　广东省五金机电商会会长

杨春炜　浙江亿洋工具制造有限公司董事长

陈清华　成都万贯（集团）实业有限公司董事长

麦校勋　广东方达集团有限公司董事长

罗大铭　重庆大禾物资有限责任公司董事长

林众伟　鹰之印五金工具制造有限公司董事长

武春青　兰州青隆五金工具有限责任公司董事长

赵祥云　昆明五金机械有限公司董事长

胡成平　上海东升焊接集团有限公司董事长

高学森　天津市文光集团有限公司总经理

顾雄斌　江苏通润机电集团有限公司董事长

夏锡汉　武汉市实惠五金阀门有限公司董事长

梁　勇　南宁东博国际五金机电城有限公司董事长

顾雄斌

夏锡汉

梁　勇

褚延运

褚延运　临沂英迈工具有限公司董事长

秘书长

赵方奇（兼）

附：

第三届会长、副会长、秘书长名单

会长

朱文江　宁波长城精工实业有限公司董事长

常务副会长

傅森林　香港统益国晖集团有限公司董事长

陈光吾　大庆五金总汇有限公司董事长

赵方奇　鑫方盛五金集团有限公司董事长

陈怀荣　博深工具股份有限公司董事长

副会长

王政国　辽宁万众五金机电商城有限公司董事长

吴宪亮　山东樱花五金集团有限公司董事长

李明太　新疆天山五交化有限公司总经理

陈　刚　长沙中联机床配件总库总经理

陈清华　成都万贯（集团）置业股份有限公司董事长

麦校勋　广东方达集团有限公司董事长

张金卜　北京尧舜建材总公司董事长

罗大铭　重庆大禾物资有限责任公司董事长

赵祥云　昆明五金机械有限公司总经理

顾雄斌　江苏通润机电集团有限公司董事长

高广桦　上海民星劳动工具有限公司总经理

高文光　天津市文光集团有限公司董事长

梁　勇　南宁东博国际五金机电城有限公司董事长
褚延运　临沂英迈工具有限公司董事长
秘书长
吕如顺

联系方式：
电话：010－65911624　010－65913310
传真：010－65913310
邮编：100025
地址：北京市朝阳区慈云寺1号东区国际1号楼206室
网站：http：//www. chmecc. org/
邮箱：qlwjjdsh@126. com

工作综述

2007年

2007年是本届商会工作的第二年，也是商会建设和谐商会、理顺关系、增强凝聚力、夯实基础的关键年。在党和国家各项方针政策的正确指引下，在全国工商联的直接领导下，商会继续秉承“服务、发展、提升、和谐”的工作方针，紧紧团结依靠广大会员，开展了一系列工作，取得了卓有成效的业绩。

一、高举“和谐”旗帜，奠定商会团结和谐的良好局面

换届之初，商会提出了“服务、发展、提升、和谐”的八字工作方针，并且根据当时的实际情况，把“和谐”工作放在了第一位，因为这是大家共同的心声。要做好商会各项工作，首先就是要和谐，家和万事兴。和谐，就是求大同，存小异，团结一切可以团结的力量，充分发挥和调动各方积极性，为商会所用。对内和谐，对外和谐，对上和谐，只有做到全方位的和谐，才能减少牵绊，集中精力专注商会工作，更好地为会员服务。商会和谐，不能光靠几个人，要靠大家的努力，多做有利于商会和谐的事，多说有利于商会团结的话。当然，和谐不是“和稀泥”，无原则，“君子和而不同”，商会要发扬民主，有不同意见存在，是正常的，在争论中求得共识，才是牢固的、持久的，对商会保持活力，始终坚持正确的方向是有益的。2007年，商会倾注了大量精力，奠定了商会和谐的新局面。

1. 加强与各地五金机电商会和会员的交流沟通

2007年，商会拜访了北京、天津、辽宁、黑龙江、吉林、湖南、广东、宁夏、河北、山东、山西、河南、重庆、广西、贵州等地商会和当地的部分会员，进行广泛深入的交流，交换意见，取得共识，巩固和增进了友谊，维护和促进了商会的团结和谐。

2. 补充商会新鲜血液，加强商会领导班子建议

根据商会工作需要，在征求多方意见的基础上，商会于2007年5月19日召开的三届二次常务理事会和2007年10月23日召开的三届三次理事会上，共增补了5位对商会工作热心、工作能力突出的企业家为商会副会长，加强了商会领导班子。

3. 建设团结和谐的商会的同时，建立一个工作扎实高效的秘书处

根据广大会员意见，2007年初，整顿秘书处，精减人员，调整秘书处办公地点，大幅压缩商会日常开支，调整秘书长人选。我们欣喜地看到，调整后的秘书处认真贯彻本届商会工作方针，工作富有成效。

商会要和谐是广大会员的共同心愿，当前，在广大会员的共同努力下，商会团结和谐的局面已经形成，商会内部政通人和，人心思定，人与人之间真诚相待，朋友遍全国。

二、建设商会平台，服务广大会员

现阶段本商会的定位就是：广交朋友，广获信息，使会员得到实惠和发展的平台，凝聚一支力量，发出自己的声音，更好地为会员服务。商会平台的基础是否牢固，取决于商会内部是否团

结和谐，而商会平台的生命力，取决于是否得到广大会员的认可。要得到会员的认可，商会就要专心打造平台，竭诚服务会员。2007年，商会在服务方面做了以下几方面工作：

1. “办展”服务会员

5月，商会与重庆市人民政府、中国五交化商业协会、中国机床总公司，在重庆共同主办“中国（重庆）国际五金机电、机械模具交易会”。

9月，商会在“紧固件之乡”河北永年县与当地政府共同举办大型紧固件专业展览会和论坛。

10月，商会与中国五金制品协会合作主办第七届中国国际五金展。

11月，商会成功地与成都市人民政府、四川省工商联合作主办第三届中国西部五金机电博览会。

2. “促进行业互动”服务会员

2月，商会在石家庄市召开全国工商联机电商会会长联席会。

5月，商会在重庆召开三届二次常务理事会。

7月，商会与长春鸿达高技术公司在长春成功举办“中国指纹产品应用研讨会”。

9月，商会参加山西、山东、河北、北京、天津“三省两市五金机电商会商务联谊会”。

10月，商会在上海召开三届三次理事会。

11月23日，商会在成都召开了全国五金机电商会秘书长联席会，会议加强了各五金机电商会之间的交流、合作与互动，增强了全国五金机电商会是一家思想。

3. 加强与国内外商协会联系，主动寻找商机服务会员

商会与德国国际企业家商会、澳中友好交流协会建立了友好合作关系。

商会与欧洲中国商品调拨中心积极互动，参与相互间的商务活动。

商会组织会员到迪拜进行商务考察。

商会应邀参加意中中小企业合作发展论坛、德国科隆推介等国际商务交流活动。

商会参加香港五金商业总会的庆典活动。

商会与全国工商联兄弟行业商会建立友好关系，交流信息，参加了全国工商联并购公会、家具装饰业、厨具业等商会的各种活动。

商会参加日本神户举行的第九届世界华商大会。

4. “宣传”服务会员

商会提高《中华五金》的办刊质量，加大对会员的宣传报道力度；商会加强《五金机电时讯》报道，对行业资讯动态、会员单位重大活动及时宣传。另外还编辑《商会动态》，供领导参阅；商会重新编辑《会员通讯录》，免费寄发给会员，方便会员之间的相互联系和业务往来。

5. “命名”一批具有特色的五金城镇和企业

为扶持地方五金特色产业发展，商会在认真调研、考察的基础上，2007年命名江苏丹阳后巷镇为“中国五金工具之乡”，上海凤喜搪瓷器皿有限公司为“中国紫砂产品中心”，广东芳龄五金工具有限公司为“中国五金美容工具中心”，广东银鹰实业集团有限公司为“中国餐具中心”。

6. “诚信评选”助力会员开展诚信经营

商会每年一度的“诚信”评选，2007年共评选出117个2006年度诚信单位，其中：56个“诚信制造商”，59个“诚信经销商”，2个“诚信单位”。在这些诚信单位中有11家是商会开展诚信评选五次以来，连续获得此殊荣的单位。通过几年的评选，在会员中营造了“讲诚信，创品牌”的氛围，有力地促进了会员的“诚信”意识。

三、发展会员，壮大组织，形成一支力量

商会发展和调整专业委员会工作已经开始了。锁具、建筑五金门窗、炊具专业委员会的前期摸底、筹备工作，并对已成立的刀剪专业委员会进行整合；配合和支持地方五金机电商会的建立，如协调、配合河南、安徽、江西、黑龙江、吉林等地，探讨筹备省级五金机电商会；大力发展会员，得到了各地的支持。商会经过认真酝酿、研究，广泛征求意见，提出了发展会员的新思路、新方法，相信今后会员一定会大幅增加；为加强商会领导力量，商会2007年增补了副会长5名，常务理事25名，理事14名。

虽然商会在2007年做了一些工作，但与广

大会员的要求和期望相比，还是有许多需要改进和提高的地方：

其一，对外联络、沟通交流还不够，比如要想方设法开展与国外商会的交流互访，学习国外先进商会的办会经验，同时为会员走出去铺好路，搭建平台；

其二，争取政府资源的工作还需进一步加强，如商会争取标准制订权，国家级评优的推荐参与权等；

其三，经济开源方面工作薄弱，商会财力不足；

其四，会员发展建设不快，与全国商会的规模不相适应；

其五，为会员服务还不够全面和深入。

2008 年

2008 年，是全面贯彻落实党的十七大精神和全国工商联十大精神的开局之年，也是商会发展的关键之年。党的十七大描绘了社会和谐和经济发展的宏伟蓝图，为非公经济和民间商会的发展创造了又一次历史机遇。因此，根据 2008 年初的计划，商会 2008 年的工作重点就是抓住机遇，牢牢把握“服务、发展、提升、和谐”这一工作方针，在认真学习贯彻党的十七大精神、巩固团结和谐局面的基础上，把发展和服务作为工作重点，将重心转到商会的经济建设上，在增强商会经济实力和社会影响力的同时，让广大会员真正感受到帮助和实惠。

一、抓住发展的两个关键方面，一心一意谋发展

（一）对内发展

1. 加强商会的组织建设和整合

依靠商会的各种资源，加快会员发展力度。特别是发挥各地五金机电市场（商贸城）的作用，在培育、发展一个市场的同时，发展一批入驻市场的企业成为会员。2008 年，我们通过各地五金机电商会、各骨干会员和五金机电市场的推荐，发展了近 200 名直属会员，创造了自商会成立以来的单年新发展会员之最。

大力支持发展各地五金机电商会。2008 年，商会确立了“只有各地五金机电商会发展了，全国商会才能真正得以发展，只有全国商会发展了，才能团结各地五金机电商会共同发展”的思路，积极鼓励、支持没有建立五金机电商会的地区筹建商会，全力支持各地五金机电商会的建设。通过调动骨干会员的积极性，2008 年 8 月，启动了江西省工商联五金机电商会的筹备工作，目前已获得批准筹备，只待择日成立；云南省工商联五金机电商会已经挂牌成立。

大力发展专业委员会。专业委员会的发展是对行业的细化与深入，2008 年，商会根据 2007 年的计划，分别于 5 月和 7 月成立了餐厨具委员会和建筑五金门窗（幕墙）委员会，新增了一批专业骨干会员。

理顺与各地五金机电商会的关系和会员的会籍体制。长期以来，一直困扰我们的是全国商会与各地商会相互争取会员的问题。原因是各地五金机电商会虽是全国商会的团体会员，其所属的会员也算全国商会的会员，但关键的问题就是为收取维系各自商会生存的会费，而多重收取会费。为解决这一问题，全国商会在 2007 年 11 月在成都召开第二次全国五金机电行业商会秘书长联谊会时与各地商会秘书长就这一问题统一了思想：各地五金机电商会作为全国商会的团体会员，其所属的会员也是全国商会的会员这一思想不变；但各地五金机电商会的会员在全国商会没有担任理事及理事以上职务的，会费只需向当地商会交纳即可；如在全国商会担任了理事及理事以上职务的，会费需按全国商会的会费标准和当地商会的会费标准分别交纳；各地商会有条件较好的会员，可以向全国商会推荐担任理事和理事以上职务。这一思想，在 2008 年 2 月 26 日在苏州召开的全国五金机电行业商会会长联席会上也得到再次统一，在 2008 年的下半年得到了较好的执行。

2008 年，通过不懈努力，在新成立地方五金机电商会，大力发展新会员，理顺与各地五金机电商会的关系和会员会籍体制上取得了一定的成绩，据各地五金机电商会报上来数据统计，商会截至目前，共有企业会员 4747 名。

2. 五金机电市场资源的整合得到进一步深化和加强

五金机电专业市场（商贸城）是连接五金机电制造商和流通商、流通商与用户的重要钮带和流通模式之一，是商会扩大影响、联系业内企业、整合行业资源工作的重点之一。为此，商会加强和充实了市场委员会的人事安排，由商会副会长、五金机电市场专家陈清华担纲五金机电商会市场委员会会长，并于2008年7月在河北邯郸召开市场委员会工作会议，来自各地30多家五金机电市场的主要负责人出席了会议，并交流各自的经验和体会，提出了充分发挥商会在行业中的优势和作用，在互惠互利发展的原则下，指导、扶持一批分布合理、规划科学、具有一定发展潜力的市场，在其融资、建设、招商、培育、管理、营运等方面给予全方位支持，提升市场品牌价值，加强市场之间的协作交流，使五金机电市场成为商会新的亮点和特色。

3. 加大了舆论宣传工作的力度

2008年，商会着重加强宣传党的十七大精神和各项方针政策，宣传各地五金机电商会和商会专业委员会。加大《中华五金》、商会网站、《时讯》这三个商会的媒体的工作力度，配合商会中心工作和阶段性任务，尽可能多地丰富了内容，加大了企业访谈的深度和广度，强化了优秀企业和优秀人才的宣传，新增了会员论坛等内容，加强了编辑水平和版面设计的质量，使这三个媒体的可读性得到了一定提高。

（二）对外发展

1. 与国内外有关社团、商业机构、商协会的联系和关系不断得到加强和加深

加强国际交往。商会2008年与柬埔寨王国经济发展促进会建立友好合作关系；与国家商务部中东中国机电交易中心合作，组织会员到阿联酋迪拜进行商务考察；组织会员考察、访问东盟国家越南的五金机电业；组织会员参加吉尔吉斯斯坦的中亚国际五金交易会和德国科隆五金展；通过商务部中东中国机电产品交易中心为部分会员争取到中国商品出口交易会的展位，等等，这些都为会员探索国际市场，与国际市场接轨提供了有益的帮助。

坚持与国内各有关同业社团单位保持沟通、协商。维护了彼此间良好的关系，保证了与各有关单位的沟通渠道畅通，为商会的发展创造了良好的合作基础。

2. 与各级政府和有关部门的联系与沟通得到加强，进一步深化和发挥商会作为政府与企业的桥梁和助手作用

2008年，商会与广东云浮市政府和新兴县政府加强了联系，携手共同扶持当地的日用五金产业发展；通过联系，与重庆市大足县政府的战略合作关系进一步得到巩固；与国家发改委中小企业对外合作协调中心和国务院发展研究中心企业研究所达成合作关系，他们把商会和五金机电行业作为他们联系、调研和支持的重点；特别是国家发改委中小企业对外合作协调中心同意让商会更多、更具体地参与他们主办的每年一届的“五金特色城市县市论坛”工作，这为商会加强与这些五金特色城市的政府联系，创造了良好的平台和基础。

3. 与国内的大企业、大商家的联系与沟通有所增多，正在为行业发展和企业的业务拓展构筑多层面的渠道

商会在2008年着力与一些大集团联系，目前与正泰集团、人民电器集团等大企业都有着一定的联系。

二、全心全意抓好服务工作

（一）倾力办好商会参与主办的五金机电展览会，为行业企业构建多层次的展示交易平台

——中国国际五金展览会。商会已经参与主办了7年的该展会，已经成为世界第二大五金专业展。2008年9月，第八届中国国际五金展览会在上海举办，展出面积达9万平方米，展位近5000个，参展企业近3000家，专业观众达5万人次，创造了该展会的历届之最。

——中国西部五金机电博览会。2008年11月，商会参与主办的第四届中国西部五金机电博览会在成都成功举办，取得了良好的社会效益，进一步巩固了该博览会的形象和影响力。

——中国（云浮市）不锈钢产品博览会。是商会根据广东云浮市政府的要求，为扶持当地日用五金业发展，而参与主办的展会，2008 年 4 月 21～23 日，在当地政府的高度重视下，这一博览会取得成功，参展企业超过 500 家，广东省委常委、常务副省长黄龙云出席了开幕式，并全程参观了该展会。

（二）逐步加深了与产业链相关协会的联系，为企业之间业务牵线搭桥

商会有些会员企业的业务与其他行业的协会有较密切关联，为帮助这些会员企业拓展业务空间，商会应会员的要求，积极与相关商协会加强了联系，帮助商会部分会员进入相关的其他协会，方便会员开展业务。

（三）坚持大力扶持五金机电特色产业基地和特色企业

为达到有效地扶持五金机电特色产业基地和特色企业，2008 年，商会通过考察，命名了会员单位阳江市粤机械制造有限公司为“中国刀剪机械制造中心”，命名了阳江市华威金属制品有限公司为“中国烧烤用具中心”，为这些特色五金企业的发展起到了重要助推作用。

（四）针对会员企业关心的热点、难点积极开展各种活动

2008 年下半年，美国金融风暴引发的世界经济大幅下滑，使我国经济也面临严峻考验之际，商会响应全国工商联的要求，在时间短、任务重的情况下，组织召开了“全国五金机电企业应对当前经济形势研讨会”，研讨会请来了国务院研究中心企业研究所副所长张文魁研究员为会员分析当前国际、国内经济形势，讲解国务院关于扩大内需的十条措施，和企业应对危机的对策。研讨会取得了良好的效果。

根据会员单位的要求，联系国家发改委中小企业对外合作协调中心，将其主办的每年一次的“中国五金特色城市县市长论坛”引到天津市召开，配合商会会员单位的形象宣传活动。

（五）加大行业调研力度，为政府献计，积极参政议政

商会目前正针对美国金融风暴引起的需求萎缩给五金机电企业带来的影响，积极调研在五金产品出口退税方面的政策，希望通过适宜的渠道，向政府建议扩大退税的面和幅度，支持五金机电企业的持续发展。

2009 年

一、加强商会的组织建设

2009 年，通过秘书处主动联系相关单位、各地五金机电商会和会员企业的推荐，商会发展增补了 68 名会员、理事和常务理事，支持和帮助成立了江西省五金机电商会，发展其成为商会的团体会员单位。

二、做好注册登记的准备工作

商会认真学习和给全体会员传达了全国工商联（关于转发《民政部关于国务院授权全国工商联作为全国性社会团体业务主管单位有关问题的通知》）和《民政部关于国务院授权全国工商联作为全国性社会团体业务主管单位有关问题的通知》的精神，对照了《社会团体登记管理条例》及民政部相关的规定和要求，根据商会的情况，做好了在民政部注册登记的各项准备工作。

三、加强与国内外有关社团、商业机构、商协会的联系和沟通，为会员创造更多的发展机会

1. 加强国际交往，增进商会会员企业与各国企业的交流和沟通，为有意愿“走出去”的会员企业提供力所能及的服务

2009 年 3 月，商会组织会员企业参加了国家商务部领导率领的贸易投资促进团赴美进行工作访问。2009 年，商会与阿联酋哈依马角自由贸易区建立了友好关系，积极推动了商会与阿联酋哈依马角自由贸易区的合作与发展。2009 年 12 月，组织会员参加了由全国工商联、美国全国商会主办的中美商会合作发展论坛。2009 年 12 月，组织会员企业参加了由全国工商联与挪威工商会联合主办的中挪商务网络会议，此间帮助会员企业翻译和完善相关英文材料，推荐及申报 UNGM 供货商资格。秘书处热情接待了来访的各国机构代表，全面介绍商会的各方面情况并根据需要牵线搭桥，推荐会员企业和相关产品。

2. 与国内各社团和有关单位保持友好关系，为商会发展创造良好的外部环境

2009年10月，参加全国工商联并购公会和房地产商会举办的活动，增强了兄弟商会间的了解和友谊。2009年10月，在《中华工商时报》创刊20周年之际，“中国民营经济2009高端论坛”在北京隆重举办，五金机电商会代表出席该活动并在商会媒体上进行了宣传。

四、成功参与主办了2009“中国国际五金展和中国西部五金机电博览会”

1. 2009“中国国际五金展览会”

2009年9月，一年一度的中国国际五金展在上海成功举行。五金机电商会已经参与主办了8年的该展会，已成为世界第二大五金专业展，展出面积达9万平方米，展位近5000个，参展企业近3000家，专业观众达5万人次。

为进一步让更多的中国五金机电行业从业人员，特别是五金机电经销商和采购商了解和参观该展会，商会和中国五金制品协会在展会前，即2009年7月和9月间，分别在长沙、成都、石家庄、济南、天津、北京、上海等地举办了2009“中国国际五金展”的推介活动，各地推介会来宾众多、媒体报道积极、现场气氛热烈。

此外，为方便与国内外供应商、采购商进行交流沟通和业务对接，商会在2009国际五金展中，集中安排了商会和各省级五金机电商会的特装展位。在这个统一特装的大展厅内，为每个省级五金机电商会免费提供了展位，供该省级五金机电商会发放资料、沟通介绍、洽谈交流等使用，该举措很好地展示了商会和各省级五金机电商会的特色与形象。

2. 中国西部五金机电博览会

2009年11月，商会参与主办的第五届“中国西部五金机电博览会”在成都成功举办，取得了良好的社会和经济效益，进一步巩固了该博览会的形象和影响力。该博览会已成为一个翘首西部、影响全国的机电产业国际性行业盛会，为国内外商家及国际采购商搭建了贸易、交流、合作的专业平台。

如今，该博览会已经纳入中国政府七部委与西部十二省市区及新疆生产建设兵团联合主办的“中国西部国际博览会”这一国家级盛会，该博览会不仅升格了，同时也将开启一个新的纪元，进入一个新的里程碑。

五、成功举办商会成立10周年庆典活动

新中国成立60周年恰逢商会成立10周年，10年来，在全国工商联领导下，商会取得了较好的成绩和发展。为激励广大会员更加团结奋进，增进与社会各界的友谊，携手再创辉煌，商会举办了商会成立10周年庆典活动。商会会员充分发扬主人翁精神，为活动慷慨解囊。包括商会会员、社会各界代表等共600多人参加了庆典活动，充分宣传、展示了商会成立10年来的面貌和成绩，激励了士气、鼓舞了信心，增加了商会的凝聚力。

六、商会顺利换届

按照《章程》规定，2009年是商会第三届届满换届之年，商会在广泛征求意见的前提下，秉着公正、公平、公开的原则，认真做好了换届改选的各项准备工作。2009年11月，商会在江西南昌市召开了第四届会员大会及四届一次理事会，通过民主选举产生了第四届会长、副会长、常务理事和理事，形成了团结和谐的新局面，换出了一个会员满意的新领导集体。

七、加强联系与沟通能力，深化商会的桥梁和助手作用，积极开展会员企业活动

2009年2月，在无锡，商会市场委员会的会长会议顺利举行。会议认为市场委应加强专业性，突出服务功能，确定年度工作目标，解放思想，有效整合成员单位的资产、资本、营销三大要素，按自愿、平等、互惠、多赢和市场化运作的原则，盘活资产，用活资本，输出营销，办实事、办好事，力争工作更上一层楼。

2009年4月，商会成功主办了“中国（常州）五金高峰论坛”。在会上，与会代表讨论了世界经济、国内经济动态、本土五金机电市场的发展前景等议题，并在此基础上就企业如何面对困境、走出危机谈了各自的看法。

我国出口受国际金融危机的影响下滑严重，

出口企业的生存与发展面临严峻挑战。为了更有效地帮助会员企业用好、用足政策，降低会员投保成本，商会组织了目前无短期出口信用保险保单的会员企业投保短期出口信用保险，降低企业出口风险，也可以通过开展出口信用保险项下贸易融资，帮助企业解决融资难问题。

2009年1月，欧盟以15票赞成、12票反对通过了对来自中国的螺钉、螺母等紧固件的反倾销制裁。这意味着将对构成倾销的产品征收为期5年平均80%的反倾销税，我国的紧固件行业受到了严重的影响，商会积极向各有关部门反映了这个行业问题。

2009年5月，组织会员企业参加了由国家人力资源和社会保障部、教育部、国务院扶贫办、中华全国总商会、全国工商联在北京全国农展馆联合举办的“2009全国民营企业招聘周活动”。

八、增强商会媒体的影响力和知名度

1. 更新和改版商会的网站内容

商会进一步更新和改版了网站内容，把入会须知和需填写的表格放在更醒目的位置，丰富新入会会员企业介绍内容，增加商会活动图片等内容，突出商会的亮点，增加商会的闪光点，进而达到增强商会社会形象、知名度和宣传商会的作用。

2. 会刊《中华五金》加大工作力度，增强可读性

为配合商会中心工作和10周年庆典等一系列活动，《中华五金》编辑部加大工作力度，丰富了会刊内容，提高了会刊内容的深度和广度，加强了编辑水平和版面设计的质量，增强了可读性，并出版了《十年辉煌》纪念特刊。

九、与全国各地五金机电商会和会员积极互动，增添五金机电行业的活力和凝聚力

商会领导出席了江西五金机电商会成立大会、重庆五金机电商会的10周年庆典活动、贵州五金机电商会的联谊活动、上海五金商会举办的五金同业“工商共荣”联谊会、江苏省工商联五金机电商会二届五次理事会、重庆模具产业园承办的第三届中国（重庆）五金机电、机床工模具交易会、鸿雁电气2009年经销商代表峰会、佛山威力狮工具有限公司10周年庆典、天津新南马路五金城庆典活动等全国各地的活动。

十、参加全国工商联开展的各项活动和承办政府及全国工商联委托交办事项

商会领导参加了全国工商联举办的关于商会将作为独立法人在民政部登记的操作程序的学习班等的多次会议和活动。商会根据全国工商联的要求，及时给全体会员寄发了《关于开展第三届优秀中国特色社会主义事业建设者表彰活动的通知》，并帮助会员企业进行申报。参加了全国工商联举办的秘书长会议等各项会议和活动。

十一、把商会无纸化办公进一步推行开来

商会的无纸化办会是让商会与会员联系更迅捷、提高秘书处工作效率、有利于环保、节省工作经费的现代化办公方式和措施。2009年，商会加大了网站建设和宣传力度，通过发送短信通知的方式告知会员通过网络更快了解和收阅商会的相关信息和文件精神，起到了相当好的效果，商会网站的点击率得到了前所未有的提高。

大事记

2007年

1月26日，商会命名上海凤喜搪瓷器皿有限公司为“中国金属紫砂炊具产品中心”。

1月30～31日，第三届二次会长办公会在北京船舶重工酒店召开，会长朱文江，常务副会长傅森林、陈光吾、赵方奇，全国工商联会员部处长张世芳参加了会议。

4月5日，商会命名江苏省丹阳市后巷镇为“中国五金工具之乡”。

4月17日，经商会会长会议决定，并报全国工商联批准，聘任吕如顺担任商会秘书长。

5月18日，由商会参与主办的“中国（重庆）国际五金机电机械模具交易会”在重庆开幕，由全国工商联五金机电商会扶持、命名的“中国西南五金机电集散基地”——重庆国际五金机电城同期隆重开业。

5月19日，商会三届二次常务理事会在重庆戴斯酒店召开。

5月20日，商会在重庆市大足县与大足县签订了战略合作协议，决定共同培育大足五金综合实力并提升在行业内的知名度和产品竞争力。

5月21日，重庆市总商会五金机电商会第三届会员大会召开，选举产生了新一届理事会人选，全国工商联五金机电商会常务理事、生养弘愿工具（集团）有限公司董事长朱益民当选第三届会长，全国工商联五金机电商会副会长、重庆市总商会五金机电商会创会会长且连续两届担任会长的罗大铭被聘为第三届名誉会长。

7月6日，由商会和长春鸿达高技术集团有限公司共同主办的“中国指纹产品推广及应用研讨会”在长春举办。

7月17日，由商会理事单位河南百思特置业有限公司主办的“2007（郑州）中西部五金机电产业及区域经济发展论坛”在郑州举行。论坛就“中国五金机电产业的历史现状及发展前景”、“现代化大型五金机电专业市场的运营管理方略”和“中西部五金机电产业发展的政策环境需求”进行研讨。

10月19日，商会组团前往香港参加香港五金商业部会成立77周年庆典。

10月23～25日，由商会和中国五金制品协会、德国科隆展览公司共同主办的第七届中国国际五金展在上海浦东新国际博览中心举行。

11月16日，全国工商联五金机电商会命名广东芳龄实业有限公司为”中国五金美容工具中心”。

11月23～26日，由全国工商联五金机电商会、成都市人民政府和四川省工商业联合会主办的第三届中国西部五金机电博览会在成都万贯五金机电城成功举办。

11月23日，第二次全国五金机电商会秘书长联席会议在成都加州花园酒店召开。

2008年

4月11日，商会三届十次会长会议在苏州召开。

4月25日，商会主办的中国（云浮）新兴不锈钢餐厨具制品博览会在广东云浮国际会展中召开。

5月10日，商会朱文江会长由于健康原因，建议由常务副会长傅森林作为代理会长，全国工商联同意商会常务副会长傅森林为代理会长。

5月10日，全国工商联五金机电商会第三届换届领导小组第一次会议在全国工商联会议室召开。

5月22日，代会长傅森林等一行走访北京市工商联五金机电商会及尧舜建材供应站和鑫方盛集团。

6月15日，全国工商联五金机电商会为四川地震灾区共捐款约1200多万元。

7月19日，全国工商联五金机电三届十一次会长会议在京召开。

11月7日，商会三届十三次会长会议在杭州召开。

11月12～14日，全国工商联五金机电商会朱文江会长恢复主持商会工作。

12月19～22日，第四届中国西部国际五金机电博览会隆重举行。

12月20日，全国五金机电企业应对当前国际经济形势研讨会在渝举行。

12月27日，商会两常务副会长单位统益国晖集团有限公司和博深工具股份有限公司荣获改革开放30年“最具成长性民营企业奖”。

2009年

1月21日，经三届十四次会长通讯会议通过，全国工商联会员部批准，陈刚副会长兼任秘书长。

2月25日，全国工商联五金机电商会市场委员会会长会议在无锡召开。

3月，认真学习和传达全国工商联关于转发《民政部关于国务院授权全国工商联作为全国性社会团体业务主管单位有关问题的通知》和《民政部关于国务院授权全国工商联作为全国性社会团体业务主管单位有关问题的通知》的精神，对照了《社会团体登记管理条例》及民政部相关的规定和要求，根据商会的情况，启动在民政部注册登记的各项准备工作。

4月8日，由商会主办的“中国五金高峰论坛”在江苏常州隆重举行。

7月，商会与阿联酋哈依马角自由贸易区建立友好关系。

7月，出版《十年辉煌》特刊，纪念商会成立10周年文献。

7月20日，全国工商联五金机电商会三届十四次会长会议在杭州召开。

7月22日，商会成立10周年庆典活动工作小组全面启动各项工作。

8月5日，经三届十四次会长会议通过，全国工商联会员部批准，陈刚任代会长。

8月21日，常务副会长单位博深工具股份有限公司在深交所上市。

9月16~18日，2009中国国际五金展在上海成功举行。

9月17日，全国工商联五金机电商会成立10周年庆典活动在沪召开。

11月9日，全国工商联五金机电商会三届十五次会长会议在京召开。

11月19~21日，第五届中国西部国际五金机电博览会在成都隆重举行，全国工商联主席黄孟复宣布开幕。

11月29日，全国工商联五金机电商会四次一届会员大会在南昌举行。

11月29日，全国五金机电采购联盟首届优势产品推介联采会在南昌举行。

11月29日，经四届一次会员大会选举通过，全国工商联会员部批准，陈刚任第四届会长。

12月12日，广西工商联五金机电商会举行成立八周年庆典活动。

12月，参加由全国工商联、美国全国商会主办的中美商会合作发展论坛。

12月，参加中挪商务网络会议。

CRECC

全国工商联房地产商会

商会简介

【商会宗旨】

全国工商联房地产商会代表中国房地产业广大非公有制企业的共同利益，以促进房地产业的可持续发展为己任。致力于：引导会员遵守宪法、法律、法规和国家政策，引导会员遵守社会道德风尚；促进非公有制经济健康发展，引导非公有制经济人士健康成长；维护行业与会员的合法权益，协助解决会员共同关心的问题，反映会员诉求，为政府提供政策建议；整合社会资源，搭建行业平台，从信息、技术、商务和国际合作等多层面服务于会员；倡导行业自律，加强行业及会员的社会责任，建立公平竞争的市场环境。

【商会工作】

（一）协助全国工商联参与国家大政方针及政治、经济、社会生活中的重要问题的政治协商，积极参政议政。

（二）密切与会员的联系，举办各类会员活动，表彰宣传先进典型，引导会员学习、贯彻党和国家的方针政策，爱国、敬业、诚信、守法、贡献，当好中国特色社会主义事业建设者。

（三）增强与香港、澳门特别行政区和台湾地区房地产业企业与人士的联系，开展促进经贸合作和促进祖国统一的工作；增进与国外相关社团组织的交往，为国家扩大对外开放、企业走向国际市场服务。

（四）引导会员按照科学发展观的要求转变经济发展方式，加强能源资源节约，重视生态环境保护，建造符合环保节能要求的生态节能型住宅与房地产项目。

（五）研究行业和市场形势及企业发展战略，培育知名品牌，支持行业技术进步和企业结构调整。

（六）引导会员遵守国家的法律、法规，规范经营、照章纳税，建立现代企业制度，维护市场经济秩序；制定行业标准，倡导行业自律，树

会长

聂梅生

轮值主席

林少斌

陈经纬

李　辙

副会长

陈建铭

陈世民

单伟豹

段秀斌

范　伟

冯　仑

立诚信、守法、公平的行业形象。

（七）代表并维护会员的合法权益，反映会员的意见、要求和建议。为会员提供培训、融资、科技、法律、信息咨询等服务，提供对内、对外经贸交流服务，提供公共关系沟通协调服务，帮助会员增强自主创新能力，提高核心竞争力和可持续发展能力。

【组织架构与会员分布】

会员（代表）大会为商会的最高权力机构；理事会是会员（代表）大会闭会期间的执行机构，对会员（代表）大会负责。

商会执行机构有：常务理事会、会长办公会。

截至2009年12月31日，全国工商联房地产商会共有会员4537个，其中理事会员1054个，常务理事会员211个，副会长32位，会长1位。

会员分布的行业包括：房地产金融投资，房地产开发，规划设计，部品生产、集成与配套，建筑施工与装饰装修，咨询、策划与顾问等。

会长、轮值主席、副会长、秘书长名单

会长

聂梅生

轮值主席

林少斌　招商局地产控股股份有限公司总经理

陈经纬　经纬置地集团董事局主席

李　辙　山水文园投资集团董事局主席

副会长（以姓氏拼音为序）

陈建铭　上海三盛宏业投资（集团）有限责任公司董事长

陈世民　陈世民建筑师事务所有限公司董事长

单伟豹　路劲地产集团有限公司主席

段秀斌　中铁置业集团有限公司董事长

范　伟　复地（集团）股份有限公司总裁

冯　仑　北京万通地产股份有限公司董事长

黄怒波　北京中坤投资集团董事长

黄文仔　星河湾地产有限公司董事长

李德福　永泰红磡集团有限公司董事长

李晓东　建银精瑞资产管理有限公司董事长

郦松校　中新集团（控股）有限公司董事局主席

林荣滨　福建三盛房地产开发有限公司董事长

黄怒波

黄文仔

李德福

李晓东

郦松校

林荣滨

卢　铿

潘石屹

钱建蓉

任志强

王健林

王振华

许荣茂

于学文

卢　铿　海尔地产（集团）有限公司董事长兼首席执行官
潘石屹　SOHO 中国有限公司董事长兼联席总裁
钱建蓉　上海中锐地产集团有限公司董事长
任志强　北京市华远地产股份有限公司董事长
王健林　大连万达集团股份有限公司董事长
王振华　江苏新城房地产股份有限公司董事长
许荣茂　世茂集团控股有限公司董事局主席
于学文　北京纪新机电设备工程有限公司董事长
张　剑　远大住宅工业有限公司董事长
张　雷　当代投资集团有限公司董事长、总裁
张　力　广州富力地产股份有限公司联席董事长/总裁
张宝全　今典集团董事长
张章笋　北京国瑞兴业地产有限公司董事长
张志明　裕景地产集团总裁
张桂平　江苏省工商联房地产商会会长
郑志刚　新世界中国地产有限公司执行董事
周泽荣　侨鑫集团董事长
秘书长
钟　彬

联系方式：
地址：北京市海淀区高梁桥斜街 59 号中坤大厦 1001 室
邮编：100044
电话：010－82149899
传真：010－82149901
网站：www. chinahouse. info
邮箱：jianggen@ chinahouse. info

张　剑

张　雷

张　力

张宝全

张章笋

张志明

张桂平

郑志刚

周泽荣

秘书长：钟彬

工作综述

2007年

2007年，在全国工商联等有关部门的支持和领导下，在广大会员的共同努力下，商会按照“提供服务、反映诉求、规范行为”的宗旨，以行业技术引导和产业化为突破口，积极发挥商会的桥梁作用，充分发挥房地产行业与政府沟通的渠道作用，同时在金融创新、行业表彰、国际合作、行业标准、会员发展等方面做了大量工作。

一、组织会员参与各类宣传活动，引导房地产市场健康理性发展

1. 中国—新加坡房地产金融发展高峰论坛

为了搭建企业与海外基金直接交流的平台，拓宽企业直接融资的渠道，由亚洲新闻台、全国工商联房地产商会共同主办的“中国—新加坡房地产金融发展高峰论坛”于1月18日在北京饭店隆重举行。论坛围绕“海外基金的投资模式”、“绿色地产项目成功经验”等主题展开，并安排有关企业、项目与海外基金直接对话、交流、洽谈。

2. 2007中国房地产多元化融资高峰论坛

为促进房地产企业健康稳定地发展，让企业了解到全面而有效的融资渠道，全国工商联房地产商会于4月27日在北京召开主题为“创新发展与开拓多元化融资渠道”的论坛，房地产投资机构、金融机构的专家及高层领导与房地产开发商一同探讨房地产的多元化融资渠道。

3. 中国不动产企业“基业长青”高峰论坛

在行业发生巨大变革的“拐点”时期，中国房地产企业面临着重组、改革，以及如何向现代化企业跃进的重大课题。为此，商会于8月31日举办“中国不动产企业‘基业长青’高峰论坛”，邀请优秀的大型国有企业、正在成长的卓越民族品牌企业以及国际上享有声誉的外国企业代表与中国房地产企业家们分享各自企业基业成长的成功经验。

4. 绿色住区论坛

为适应绿色建筑全球化发展，引进最新绿色建筑理念与技术，推动中国绿色住区建设，在国际住宅协会（IHA）的支持下，商会于9月21日“国际住宅协会（IHA）2007年中会议”期间，在北京召开“绿色住区论坛”，论坛邀请到国内外研究绿色建筑的专家及企业代表约300人参加。国际住宅协会每两年举行一次年中会议，由各成员国申请承办。“国际住宅协会（IHA）2007年中会议”由全国工商联房地产商会承办，有来自美国、俄罗斯、乌克兰、日本、阿尔巴尼亚等成员国代表参加。

5. “博鳌·21世纪房地产论坛”与“2007（博鳌）房地产论坛”

经过连续三年的宏观调控，我国房地产业经历了一轮深刻转型。6月，“博鳌·21世纪房地产论坛”2007届年会与“2007（博鳌）房地产论坛”继续邀请中国地产界、金融界、学术界及传媒机构的首脑人物分别会聚海南三亚与博鳌，共同探讨中国地产的未来变化，找寻地产企业的发展方向。

6. 全国工商联房地产商会2007年度年会

为了总结工作经验，更好地为会员与行业服务，促进行业内的交流与沟通，推动产业链的整合与发展，商会于11月14～18日在福州召开全国工商联房地产商会2007年度年会。

二、成立北京精瑞住宅科技基金会

精瑞住宅科技基金会于5月正式成立，其前身为“精瑞住宅科技奖励基金”，基金会宗旨为：支持住宅产业科技进步，推动住宅产业技术水平提高。

11月，基金会增设科技专项基金，用于支持科技进步；增设慈善专项基金，救助贫困家庭中唇腭裂儿童；增设安居专项基金用于积极推进住房保障体系的政策落实和金融政策突破。

三、举行第四届（2007年度）精瑞住宅科学技术奖活动

第四届（2007年度）精瑞住宅科学技术奖（简称精瑞奖）共收到申报项目293个，经评审委员会初、复两级评审，并由精瑞住宅科学技术奖奖励委员会审定，评出71个获奖企业和项目，白金奖1名，金奖11名，共颁发奖金25万元。

四、"全国绿色生态住宅示范项目"评审

"全国绿色生态住宅示范项目"品牌体系在全国范围内推广生态住宅，促进住宅产业的可持续发展，是全国工商联房地产商会的重要行动计划之一。该计划的执行，得到了国内外科研院所、设计单位和大专院校等单位的可持续建筑专家的大力支持，同时也得到广大开发商、部品供应商的积极响应。在各方积极参与和配合下，生态住宅品牌体系得以建立并开始实施，2007 年相继完成"成都·檀香山花园"项目、四川地鑫房地产开发有限责任公司申报的"燕语林森"、复地（集团）股份有限公司申报的"西绒线 26 号"项目的评审。

五、全国绿色地产万里行活动

全国绿色地产万里行活动在 2006 年 6 月启动以来已经相继走过全国 10 多个省市，在各地方引入绿色建筑的理念。2007 年，绿色建筑万里行陆续走进东北、华北、华南、西南各地。

7 月 25 日，全国绿色地产万里行活动首次走进东北三省，在齐齐哈尔市举行。

9 月 29 日，"中国绿色人居地产西部峰会"在贵阳的山水黔城举办。

10 月 22 日，"中国绿色人居地产峰会暨绿色地产万里行"在杭州举行。

11 月 2 日，"中国绿色人居地产成都峰会"在四川举行。

11 月 29 日，"中国绿色人居地产大连峰会"在大连举行。

六、与金融机构合作，创新金融工具，支持房地产业健康发展

房地产金融在房地产业健康发展的过程中起着举足轻重的作用，为进一步支持房地产业的健康发展，商会支持发起了多只房地产私募股权基金。

七、继续开展"幸福微笑"慈善活动

2006 年 8 月，全国工商联房地产商会与中国人口福利基金会共同开展的"幸福微笑"公益行动，得到了商会众多会员企业家的支持与捐赠，百余名贫困家庭的唇腭裂儿童得到了救治。2007 年，为了更好地促进幸福微笑慈善活动的顺利进行，商会设立北京精瑞住宅科技基金慈善基金专项，募集慈善基金 40 多万元，专款专用于贫困家庭的唇腭裂儿童的救治工作。2007 年，幸福微笑慈善行动在江西、重庆、湖北完成四次活动，为 361 名唇腭裂儿童完成修复手术。

2008 年

一、会员服务体系日趋完善

1.《会员通讯》编辑出版

《会员通讯》作为商会与会员、会员与会员之间直接、快捷、简洁的交流渠道，其及时性尤为重要，经过多次调整，现确定其截稿日期为每月底，次月 10 日前通过邮寄发出。上半年，共计完成 5 期会员通讯的编辑、邮寄，保证了商会与会员企业间信息沟通的畅通。目前会员通讯已经得到地方商会、会员企业的认可，经常会收到来自地方商会和企业的投稿，同时开辟封底广告页，作为常务理事会员专享的服务之一。

2. 专业刊物整理发送

经过多年积累，目前商地定期提供给会员的会员刊物有：

《中国不动产》，月刊，每期 500 本。

《会员通讯》，月刊，每期 1000 本。

《观点》，月刊，每期 1000 本。

《智能玻璃与建筑》，月刊，每期 1000 本。

《亚太地产资讯》，电子版，半月刊。

《中国房地产市场报告》，季度报告，向建设部、全国工商联、央行、证监会、银监会、国务院宏观司、国务院发展研究中心的主要及相关领导，副会长与重要媒体快递印刷版，向常务理事、理事、会员发送电子版。

3. 会员服务体系的整理

2008 年以来，商会一直在建设和完善会员服务体系，目前已经将商会所提供的服务内容整理完成并推出《商会会员服务手册》。

4. 组织沙龙，促进交流与合作

目前，商会已经形成了一系列品牌沙龙活动，有力地促进了商会会员之间的交流与合作。其中包括"月度沙龙"以及各种主题沙龙。

5. 数据库建设

为增强服务能力，2008 商会初步建立了专家信息库，如政策专家、绿建专家、地产（包括住宅、商业、写字楼、酒店等）专家、建筑规划设计专家和其他行业专家信息等，在商会举办品牌宣传或咨询活动时，适人推荐，有效提升活动质量和会员服务效率。

二、品牌推广内容丰富，媒体整合效果显著

1. 整合推广

在 11 月底商会年会期间，中央电视台经济频道深度介入报道。会议现场由央视著名主持人主持，会后央视对年会进行了 50 分钟的专题报道，极大提高了商会影响力和知名度。同时，这也是行业组织年度活动与央视合作的为数不多的典范，开创了商会品牌推广活动的新局面。更为重要的是，通过本次年会，实现了国内主流媒体对房地产行业公正评价和正面报道，对改善行业发展环境意义重大。

2. 自身宣传

（1）中国不动产网每日更新商会最新动态和行业资讯，并刊登相关热点讨论、专题报道和活动形象广告。

（2）监督与管理《中国不动产》杂志，不断提高刊物质量。在《中国不动产》杂志设立了“商会动态”专栏，每期 4 页内容，将商会每月举办的活动和最新动态及时传播给商会会员和杂志读者。

3. 公益活动

（1）抗震救灾

5 月 12 日，四川汶川发生 8.0 级大地震，抗震救灾及灾后重建成为商会上半年一项持续进行的重要工作。大地震发生后，商会第一时间联合基金会向行业发出了三项倡议，得到各方的积极响应；在聂梅生会长的带领下，商会全体员工每人为灾区捐一个月工资；并在会长联席会议上提出了援助四川灾后重建计划；组织论坛，为灾后重建献计献策；还每天统计发布房地产行业企业为地震灾区捐款捐物情况，配合民政部编撰抗震救灾报告。

（2）幸福微笑活动

商会继续与中国人口福利基金会合作，募集 36.8 万元用于贫困唇腭裂儿童的修复手术，使 180 余名孩子重新绽放幸福微笑。

（3）公益宣传

商会在公益事业方面充分发挥资源优势，除做好杂志和网络宣传外，在网站专门设立抗震救灾专题、灾后重建专题等，指导传媒中心出版《地产慈善专刊》，还与民政部中民慈善捐助信息中心合作汇编了《5·12 汶川地震房地产行业捐赠报告》。

4. 活动主办或承办

（1）品牌活动

由商会主办，至今已经形成相当知名度和行业吸引力的活动包括：“中国绿色地产万里行”系列活动、博鳌房地产论坛、商会年会。

（2）行业活动

商会内部开展以及在行业内开展的主要大型会员活动包括：

· 商会新春答谢酒会（2008 年首次组织）。

· 商会会长联席会议。

· “常州——首届太湖流域房地产峰会”。

· “新浪直播间——中国房地产的灾后重建论坛”。

· “2008 博鳌房地产论坛”。

· “博鳌·21 世纪房地产论坛 2008 届年会”。

· “中国建筑文化万里行秦皇岛之旅——海滨城市的建筑风格”。

· “中国建筑文化万里行昆明之旅——旅游度假酒店的设计”。

· “中国建筑文化万里行房山之旅——古村落的维护与建设”。

三、国际合作丰富多彩

1. 4 月 21 日，由联合国人居署、阿联酋迪拜市政府发起主办，商会支持、精瑞住宅科技基金会联合主办的主题为“绿色·人居·可持续发展”的迪拜生态人居国际论坛。

2. 7 月 13 日，由商会与日本冲绳县政府联合主办的“2008 首届中日房地产高峰论坛”。

3. 11 月召开的“第四届世界城市论坛”是 2008 年商会国际交流与合作中最重要的一项工作，商会与联合国人居署合作，联合主办联合国人居署可持续化城市企业贡献奖，并参与第四届世界城市论坛分论坛承办以及展览招商等一系列活动。

四、建言献策行动积极，效果显著

在 2008 年全行业面临严重困难的时期，商会始终站在前列，急行业之所急，积极向各级政府建言献策。其中，由商会提交的《当前房地产市场形势及存在问题》和《关于‘9000 亿保障性住房投资'的分析和建议》两份报告，得以在2008年12月8日国务院"经济工作会议"上提交讨论，在推动政府对行业进行公正评价和出台扶持政策方向作出了巨大贡献。

之前，商会还根据全国大量存在房屋小产权造成很大社会问题等情况，配合"两会"召开起草了《关于解决小产权问题的提案》；7月16日，房地产发展因宏观调控遇到新的问题，又参与起草了《对当前房地产形势的认识与对策建议》；在10月份，又参与起草了提交给国家税务总局等部门的《关于调整房地产税收政策的建议》。

此外，商会还完成了多项全国工商联以及其他管理部门、合作机构交办的工作，包括完成全国工商联直属行业商会年鉴中房地产商会部分的编辑整理工作并提供给中华工商联合出版社；按照全国工商联要求向副会长单位、专家顾问征求《国有资产法》意见并及时反馈上报等工作。

2009年

2009年，在全国工商联各级领导的支持下，房地产商会在组织健全发展、深化为会员服务、政策建议献策、品牌宣传、扩大国际交流等方面做出一定的成绩，在行业和社会上取得了积极的影响。

一、会员服务不断深入

1. 研究工作

除了继续每季度发布由REICO工作室撰写的REICO报告外，商会内部也加强了对行业的研究与分析，并由会员部在《会员通讯》上每月刊登"行业月度简析"，在对房地产数据分析的基础上，就未来市场总体发展做出判断，为会员提供参考。

2. 其他会员活动

如中国绿色地产万里行苏州站活动，中国建筑文化万里行——合肥论坛暨静安睿园品鉴会（4月29日），成都观岭国际社区"新地产时代"论坛（3月6日），房地产开发企业最新税收政策、纳税风险控制培训研讨会议（4月18～19日），联合《经济参考报》举办2009中国国际节能减排和新能源科技博览会之专场论坛，组织参与中国建筑标准设计研究院、中国建筑装饰协会举办的"国家标准《住宅厨房及相关设备基本参数》宣贯会"(6月12日)，中国绿色地产万里行（成都站）暨中粮·御岭湾天籁谷品鉴会（9月5日）等。

二、积极建言献策，促进行业发展

1. 在"两会"召开之际，商会通过全国工商联提交了《积极促进绿色建筑发展》的提案和《关于我国房地产企业开发费用的调研报告（房价为何居高不下?)》的书面发言。其中"房价为何居高不下?"的书面发言在全国引起普遍反响，也引发了地方政府管理部门和国家统计部门、国土资源管理部门高度关注。而商会提交"积极促进绿色建筑发展提案"，由于符合当前国家力推的"节能减排"、建设绿色低碳社会和长远发展战略，不仅受到全国政协领导的高度重视，还得到了国务院和政协领导的亲自批示，这既是对商会和会员企业长期以来积极推进绿色建筑工作和取得成绩的肯定，也是对商会今后更深入推广绿色建筑的鼓舞和鞭策。该提案被全国工商联评为提案一等奖。

2. 商会还配合国务院参事室先后组织了两次讨论会，6月15日在海南三亚召开了"房地产业发展和住房保障"课题研究会议，商会领导及会员企业代表积极参与，建言献策。

3. 应全国工商联要求，商会提交了《关于民营房地产发展与问题》的调查报告，具体分析了当前行业出现的"国进民退"现象，并反映了民营房地产企业在融资、土地供应等方面遇到的困难。从某种意义上说，商会越来越成为政府了解房地产行业的一个重要窗口。

三、站在行业角度说话"立言以促发展"

2009年围绕是否应该救市、房价涨跌、楼市泡沫、通胀预期等热点话题，各方观点在媒体炒作下一时沸沸扬扬，各种言论充斥市场。商会始终站在行业角度说话，通过实地调研，分析研究，撰写文章，发表演讲，宣传商会的观点和判断。例如，在市场不景气时，呼吁政府"动银根才能使房地产业释放能量"；在市场迅速回暖时，又建议采取谨慎态度，"慎言房地产泡沫"；在房价上涨过快时，认为"让房价飙升不可取"，"年底房价涨幅或超15%，刺激政策应退出"；同时，针对高房价，又及时提出行业亟须转型——“绿色地产和地产减碳有助平抑房价”，并呼吁“对流动性和资金的高杠杆率风险要予以重视”等。这些观点和判断因其权威、客观以及预见的正确性而备受业界推崇。

四、品牌推广升级，媒体整合效果显著

1. “2009 中国房地产变革之路”论坛

2009 年初，严峻形势笼罩着陷入低潮的房地产市场。2 月 26 日，北京富力万丽酒店，由商会指导狙房网、北京精瑞住宅科技基金会主办的“2009 中国房地产变革之路”论坛在商会指导下召开，会聚国内不动产业、金融产业、学术界众多著名企业、机构和人士。与会嘉宾围绕“2009 楼市危机应对与展望”等话题进行深入探讨，以期为房地产走出当前困局寻找答案和重树信心。

此次论坛很好地传递了当前行业面临的困境，表达了众多房地产企业家的心声，也从侧面反映了商会对房地产企业生存问题的急切关注。随后，商会还组织了“2009 中国房地产变革之路”成都论坛和苏州论坛，对政府出台积极的救市政策起到了推动作用。

2. 博鳌·21 世纪房地产论坛

博鳌·21 世纪房地产论坛是由商会与《21 世纪经济报道》联合主办，在楼市出现“小阳春”之后的一场行业活动，参会嘉宾 570 人。与会嘉宾对房地产行业展开了“批评与自我批评”，得到了与会企业家的好评，认为非常务实、有效。

3. 精瑞科学技术奖评选活动

在各级领导和业界同仁的支持下，精瑞奖已经成功举办六届。2009 年 5 月，“精瑞住宅科学技术奖”获批更名为“精瑞科学技术奖”，更突出项目的科技含量，同时也进一步提升了其在行业中的地位和影响。

4. 全国工商联房地产商会 2009 年度年会

10 月 29～30 日，商会 2009 年会在宁波召开，由中国宁波国际住宅产品博览会组委会负责承办，600 余人参加了本次会议。

本届年会上，商会围绕绿色建筑和低碳发展组织了“中国房地产绿色低碳发展与低碳竞争力”主题论坛，同时还与数百家优秀企业联合发起“中国房地产绿色低碳行动倡议”，从而正式拉开了房地产“低碳时代”的序幕。在 30 日举办的年会闭门会议上，商会特意邀请了国务院参事陈全生以及全国工商联研究室陈永杰主任为开发商们作了主题报告，受到与会者的热烈欢迎；同时商会还组织会员就如何推广绿色建筑及回复中央领导关于绿色建筑提案进行了深入的探讨。

5. 中国绿色地产万里行

随着绿色地产理念逐渐深入人心，由商会等发起的大型品牌活动“中国绿色地产万里行”在 2009 年取得喜人成绩，先后在苏州、成都、扬州、绍兴、广州等地开展了绿色理念传播和绿色建筑技术服务等活动，得到了更多房地产开发企业的响应和支持，为促进行业可持续发展和“两型社会”形成发挥了积极作用。

6. 中国财经报道论坛——盘点中国楼市

12 月 13 日，以“盘点中国楼市”为主题的“中国财经报道论坛”在海南举行。本次论坛由中央电视台财经频道主办，商会和中国房地产业协会联合主办。

作为年底压轴的行业盛会，本次论坛受到了房地产业界的普遍关注。政府相关部门领导、行业协会专家、研究机构学者、金融机构代表以及诸多知名房地产企业的企业家在论坛中进行了思想碰撞和观点交流，共同盘点了 2009 年的中国楼市，为引导正确的市场预期起到了良好的作用。

五、开展国际交流活动

1. 由联合国人居署主办的第一届“Habitat Business Forum（联合国人居署可持续发展城市化企业战略论坛）”暨“Habitat Business Award 颁奖仪式”于 7 月 7～9 日在印度新德里举行。本次论坛主题是“企业在推进城市可持续发展进程中的作用”，来自印度、中国、美国、欧洲等 10 多个国家的 500 多人参加了包括经济适用住宅、数字城市、城市绿色技术、灾后重建等主题的演讲和对话。本次活动中，商会组织、企业和有关方面的代表出席。

2. 组织国内房地产企业赴台湾地区参加交流考察暨参加“第十七届中华建筑金石奖颁奖典礼”，协助企业办理向国台办等有关部门申报的工作。

3. 鉴于商会在推动绿色建筑方面的作用和影

响，12 月 10 日，联合国人居署世界城市运动（World Urban Campaign，WUC）策划指导委员会主席尼古拉斯·尤来函，正式确认了房地产商会和北京精瑞住宅科技基金会作为 WUC 策划指导委员会合作伙伴的身份，并确定了合作的具体内容，这为商会的国际交流开创了一个全新局面，成为世界城市运动策划指导委员会合作伙伴，商会也将在更广阔的国际舞台上为世界城市可持续发展作出更大贡献。

六、首倡绿色低碳行动，推动行业升级转型

为了在房地产业践行低碳经济战略，推进行业的节能减排，进而促进行业升级转型，商会决定在我国房地产经济领域推广绿色低碳建筑，并制定了一系列绿色低碳行动框架，其中包括发出低碳倡议、制定低碳指标、开展绿碳地产金融创新等活动。

1. 10 月 29 日，商会在宁波年会上发布了“绿色低碳行动”倡议书，数百家房地产企业代表都表达了积极拥护低碳行动的愿望。

2. 11 月 28 日，商会联合精瑞中国不动产研究院、北京精瑞住宅科技基金会等在广州举办的第六届中外绿色地产论坛上正式发布了《中国绿色低碳住区减碳技术评估框架体系》中、英文版，这标志着首个中国房地产低碳建筑减排评估行业标准的诞生，对推动低碳地产发展具有标志性的意义。

3. 在低碳地产金融创新上，商会协助建银精瑞和北京喜神等金融服务机构支持绿色低碳地产发展，促进北京喜神资产管理有限公司联合中国民生银行和美国希尔伍德投资集团筹备成立民生喜神绿碳发展基金与中美绿色低碳城市发展基金，共同推进中国地产金融创新。

4. 商会还积极与中国首个碳交易平台——北京环境交易所探索合作，尝试建立房地产业的碳资产信用积分平台和碳资产交易平台。

5. 为了将绿色低碳地产上升为国家政府支持的一项基本战略，商会在 2009 年“两会”期间提交《关于积极促进绿色建筑发展的提案》的基础上，又形成了《关于积极推广绿色减碳建筑、提高“低碳竞争力”的报告》，已转交给上级有关部门，同时，商会也在积极建议有关部门将“低碳建筑”纳入“十二五”重点规划课题，目前已取得重大进展。

重要活动

2008 年

商会全面启动“精瑞绿色家园”计划

3 月 11 日，在北京星河湾四季会所举办的全国工商联房地产商会（CRECC）2008 新春答谢晚宴上，全国工商联房地产商会秘书长张雪舟正式向媒体宣布，CRECC 全面启动“精瑞绿色家园”（Elite Home）计划，并联合数十家设计、研究、金融等机构组成战略合作同盟，为绿色地产搭建一个“全程和全方位的服务体系”。

首届全国房地产商会秘书长培训班举行

3 月 12～14 日，首届全国房地产商会秘书长培训班在京举行。参加培训的有来自安徽、甘肃、江苏、福建、江西、天津、重庆等 22 个省市的地方房地产商会的秘书长。

2008 年 3 月，在北京举办首届全国房地产商会秘书长培训班

为秘书长们授课的领导专家包括全国工商联原副主席、中国民（私）营经济研究会会长保育钧先生，全国工商联房地产商会会长聂梅生女士，商会轮值主席、副会长李辙先生，国际注册商业房地产投资协会中国分会副主席、对外经贸大学系主任梁蓓教授等。授课专家们分析了目前

我国的经济形势，对目前国内的国家房地产宏观政策做了解读并对2008年的市场前景做了展望。针对“拐点”问题及市场如何应对，秘书长们与专家进行了深入的探讨。来自各地方商会的秘书长还就商会建设、会员服务及日常工作中的热点难点问题进行了讨论。

商会表彰“幸福微笑活动”爱心企业和个人

3月11日，全国工商联房地产商会联合中国人口福利基金会表彰了2007年度为“幸福微笑”公益行动献出爱心的个人与企业。中国人口福利基金会专委会副主任刘鸿茹、商会会长聂梅生向2007年为“幸福微笑”活动捐款的爱心企业和个人颁发捐赠证书。2007年，商会募集到36.8万元善款用于救助贫困家庭的唇腭裂儿童，在江西、重庆、湖北三地为361名患儿实施了免费修复手术，2008年，此项公益行动计划为500名儿童实施免费手术。

为感谢全国工商联房地产商会对“幸福微笑”公益活动的支持和对贫困家庭唇腭裂儿童的帮助，刘鸿茹主任向聂梅生会长赠送了“幸福微笑”剪纸纪念牌。

印度最大房地产公司DLF代表团来商会交流学习

4月7日，全国工商联房地产商会在北京国宾酒店举办了中印交流座谈会，欢迎到访的印度最大的房地产公司DLF Home Developers Limited中国考察团一行20余人，聂梅生会长等商会领导以主人身份参加了本次座谈会。

商会向全行业发出“三项抗震救灾倡议”

“5·12”汶川大地震发生后，全国工商联房地产商会、北京精瑞住宅科技基金会联合商会26家副会长单位及全国30家省（市）工商联房地产商会，向商会会员及全国房地产行业企业迅速发出三项倡议：

1. 伸援手，奉爱心

倡议企业通过北京精瑞住宅科技基金会或相关渠道向地震灾区进行捐款，帮助灾区群众渡过难关，帮助灾区重建家园、恢复生产。

2. 查项目，救危难

倡议此次受灾地区的房地产开发企业自查本企业的开发项目，对受到灾害影响的居民住宅进行危难救助。

3. 献智慧，助重建

倡议商会会员企业、行业上下游企业对灾区灾后的重建，从资金、规划、设计、施工、材料、管理、运营等方面提供一系列的援助。

汶川震灾发生后，全国工商联房地产商会积极响应“一方有难、八方支援”的精神，在聂梅生会长的带领下，发动商会全体员工为震灾捐款，所有员工自愿为灾区人民捐出自己一个月的工资，总计达20万元人民币。

“中国建筑文化万里行”秦皇岛之旅

5月17日，国内外设计师齐聚戴河庭院探讨海滨地产发展趋势。由全国工商联房地产商会主办，秦皇岛蓝色海岸房地产开发有限公司承办的中国（国际）海滨地产建筑文化高峰论坛暨戴河庭院——中国第2代海滨休闲度假产品品鉴会在秦皇岛·戴河庭院隆重开幕。

在本次活动期间，设计企业还重点讨论了如何响应商会倡议、参与抗震救灾行动，并结合设计行业特点，提出了“献谋献策和专业救灾”的倡议。

在京紧急召开2008商会会长联席会议

5月21日，“全国工商联房地产商会会长联席会议”在北京国宾酒店紧急召开，本次联席会议的议题包括市场形势、商会工作与抗震救灾三个部分。

首先，REICO工作室发布了《2008年一季度中国房地产市场报告》，报告认为，2008年一季度，房地产开发企业购置土地面积继续大幅增加，房地产开发投资保持高位增长，各种物业商品房建设总量增幅均有所增加。各位与会会长对当前的市场形势及对策纷纷发表了自己的看法。

会议讨论通过了商会第二届理事会届中增补副会长四位候选人名单；同时确定全国工商联房地产商会2008年度年会将于11月2日在南京召开，届时第四届世界城市论坛将同时在南京举行；通报了商会会员企业5·12汶川地震的赈灾情况，讨论商会通过北京精瑞住宅科技基金会，联合广大会员企业参与灾民安置、灾后重建等工作的可行性计划。

“全国绿色地产万里行”常州站

6月11日，“首届太湖流域房地产峰会”在常州富都商贸饭店举行。本次会议由全国工商联房地产商会与常州市人民政府联合主办，政府领导、商会领导、房地产专家、知名企业家等300名嘉宾出席了本届峰会。

会上，全国工商联房地产商会会长聂梅生、市长王伟成向常州市刚刚通过项目设计评审的生态住宅示范项目——青枫一号进行授牌；全国绿色地产万里行组委会向常州进行授旗。本次峰会与会代表商讨并发布了《绿色地产太湖宣言》，倡议“建设绿色家园、科技住宅和人文地产”。

2008“博鳌房地产论坛”成功举办

6月13~16日，2008博鳌房地产论坛在海南博鳌举行，本次论坛由观点地产机构、全国工商联房地产商会、《第一财经日报》、搜狐网、焦点房地产网联合主办。

与会的嘉宾就论坛主题“改革三十年、大变局下中国房地产新契机”进行了深入探讨。在本次论坛上，聂梅生会长发表了题为《走出房地产迷局，建立新的平衡》的主题演讲，引起媒体和各界的广泛关注。

裕景地产赈灾义拍活动

6月22日，商会副会长单位大连裕景兴业集团于大连中心项目售楼处举行了赈灾义拍活动，并将拍卖善款全部捐给灾区。全国工商联房地产商会聂梅生会长应邀出席了当天的活动。

谈到这次的赈灾义拍，裕景地产集团表示，裕景地产集团并没有忘记一个多月前发生在中国四川的强烈地震并且时刻关注着那里的重建工作。裕景地产集团在灾情发生之后第一时间便进行了企业捐款，今天，裕景地产集团更是积极响应全国工商联房地产商会的号召，携手中华慈善总会一齐发起“灾区重建家园义拍”的公益行动。最终，两套义拍房源分别以186万元和254万元成交。在经过经办手续及公证员进行公证以后，裕景地产集团将拍卖款以支票形式交给中华慈善基金总会，标志着本次义拍活动圆满结束。

“博鳌·21世纪房地产论坛”在三亚圆满召开

6月27~29日，“博鳌·21世纪房地产论坛2008届年会”在三亚亚龙湾举行。本届论坛由21世纪经济报道、全国工商联房地产商会及博鳌·21世纪房地产论坛组委会联合主办。商会会长、副会长及商会会员企业代表参加了本次论坛。

本次论坛发布了四大权威研究报告：2008年以来中国房地产市场报告（REICO工作室）；发钞约束和通货膨胀背景下的房地产趋势分析报告（北师大金融研究中心）；2008中国房地产价格走势研究报告（中国指数研究院）；2008年中国商业地产走势研究报告（ING）。本次会议还特别举办了“中国地产企业公民责任专场”，联合地球物理学家、规划设计业界、建筑业界及地产企业家共同探讨如何用转变我们的行业增长方式来体现出最大的社会责任。

黄文仔等四位企业家新当选为副会长

7月31日，经全国工商联房地产商会常务理事会书面选举通过，星河湾地产有限公司董事长黄文仔、广州富力地产股份有限公司董事长总裁张力、北京国瑞兴业地产有限公司董事长张章笋、新世界中国地产有限公司执行董事郑志刚等四位企业家正式成为全国工商联房地产商会第二届理事会副会长。

商会在昆明举办“中国旅游度假酒店高端论坛”

9月19日，由商会主办，昆明官房建筑设计有限公司承办的“中国旅游度假酒店设计与经营高端论坛”在昆明世纪金源大酒店举行。来自全国各地的建筑设计师和开发商集聚一堂，探讨旅游度假酒店的开发及前景。

商会在成都召开“不动产行业责任与产业发展论坛”

10月26日，第二届“中国西部管理论坛暨（2008·成都）中国绿色地产万里行——行业责任与产业发展论坛”在西南财大光华楼国际会议厅举行。本次论坛由全国工商联房地产商会和西南财经大学共同主办，作为第九届“中国西部国际博览会”的重要组成部分，这次活动也是在国

论坛上，民政部中民慈善捐助信息中心给商会颁发先进集体牌

际金融风暴和我国宏观调控下，对我国房地产发展的一次深入反思。

商会参与主办“第三届环渤不动产论坛”

11 月 1～2 日，中国高端房地产论坛之一“2008（第三届）中国环渤不动产发展论坛暨中国城市可持续发展年会”在唐山召开。论坛致力于地产领袖高峰论坛与土地推介、项目推介和投融资推介务实操作相结合，对话最新市场语境下的中国房地产现状与未来，探索全新的发展模式。全国工商联房地产商会会长聂梅生出席本次活动并发表演讲。

商会召开 2008 年度年会

11 月 29 日～12 月 2 日，全国工商联房地产商会 2008 年度年会在北京举行，将首度与中国中央电视台合作，并与有着“房地产行业第一展会”之称的中国住交会（第 10 届 CIHAF）同期举办。

年会内容主要包括 2008《中国财经报道》不动产论坛、第五届“精瑞住宅科学技术奖”颁奖典礼、精瑞慈善晚宴暨精瑞公益慈善表彰活动等。

在商会与中央电视台联合举办的 2008《中国财经报道》不动产论坛上，与会专家代表将围绕“金融危机下的中国楼市”展开高峰对话，在“精瑞论坛”（地产老总圆桌）环节，嘉宾们将就当前房地产行业形势和对策进行讨论，以实现房地产企业与整个行业的可持续发展。包括聂梅生、李泊溪、巴曙松、武建东、任志强、冯仑、卢铿、张宝全、张力等在内的近 40 位地产界重要领袖和权威专家参加了此次会议，并发表演讲。

2009 年

主办 2009“地产年度风云榜”

1 月 4 日，2009“地产年度风云榜”在北京人民大会堂开幕，本届风云榜盛典由全国工商联房地产商会及《安家》杂志社，北京市工商联房地产商会联合主办，安家传媒独家承办，共有来自政府、地产企业、金融、IT 及其他行业的精英人士约 1500 人出席了本次盛会，更有来自全国各地百余家主流媒体倾力报道。本次活动由凤凰卫视著名主持人胡一虎主持。

召开“中国房地产变革之路”论坛

2 月 26 日，北京富力万丽酒店，一场由狙房网、北京精瑞住宅科技基金会联合主办，中国不动产杂志参与承办的“2009 中国房地产变革之路”论坛在全国工商联房地产商会的指导下，会聚国内不动产业、金融产业、学术界众多著名企业、机构和人士。

与会嘉宾将围绕“2009 楼市危机应对与展望”、“重树信心，扩大投资”、“如何扩大住宅消费”、“房地产商业模式及金融创新”、“房地产企业危机应对与反思”等话题进行深入探讨，以期为房地产走出当前困局寻找答案和重树信心。

召开“中国房地产变革之路”苏州论坛

3 月 25 日，苏州市人民政府和全国工商联房地产商会在苏州国际博览中心举办了“‘2009 中国房地产变革之路’苏州论坛暨中国绿色地产万里行（苏州站）”活动。这是继商会在北京开启“2009 中国房地产变革之路”系列论坛的延续。本次活动有来自市场一线的企业精英、专家学者与政府官员共同就金融危机下行业发展与企业应对等话题进行深入反思与研讨，建设部政策研究中心主任陈淮，房地产商会会长聂梅生，副会长张桂平等都在论坛中发表了对于房地产业如何进行复兴与可持续发展的看法。

召开 2009 开发与设计项目合作座谈会

2009 年 7 月 10～13 日，为搭建开发与设计沟通平台，推进开发企业与设计企业之间紧密合作，值“第四届中国国际设计艺术博览会”（简称设博会）在北京展览馆举办之际，全国工商联房地产商会与设博会组委会于7月12日在北京西苑饭店联合举办了“2009开发与设计项目合作座谈会”，邀请到国内外知名设计师与开发商同台对话，进行思想碰撞与交流，促进设计、开发更好地融合以及房地产业的健康发展。

参加联合国人居署首办的人居企业论坛

由联合国人居署主办的第一届“Habitat Business Forum（人居企业论坛）”暨“Habitat Business Award（人居企业奖）颁奖仪式”于7月7～9日在印度首都新德里召开。

包括联合国副秘书长、联合国人居署执行主任 Anna Tibaijuka、印度旅游部部长 Kumari Selja、联合国人居署执行主任政策高级顾问 Nicholas You 等贵宾出席了本次论坛，并为来自中国的招商地产·金山谷等项目颁发了2009年度 Habitat Business Award 奖牌。本次论坛主题是企业在推进城市可持续发展进程中的作用，来自印度、中国、美国、欧洲等10多个国家的500多人参加了包括经济适用土地及住宅、数字城市、城市绿色技术、灾后重建等主题的演讲和对话。

参加世界华人不动产学会年会

8月20～22日，由中国人民大学主办，纽约市立大学巴鲁克分校、上海财经大学和中山大学岭南学院合办的“世界华人不动产学会2009（首届）年会”在北京北辰洲际酒店隆重召开。本次年会的主题是“后金融危机时代的房地产——机遇与挑战”。来自全球各地从事不动产研究的学者、官员和业内人士共计400余人参加了本次盛会。商会作为两个分论坛的组织方，组织了部分商会会员企业参加，聂梅生会长、钟彬秘书长在“房地产周期”和“REITS在中国”两个论坛上还分别担任了主持人，商会任志强、黄怒波、单伟豹等副会长参与了论坛对话。

举办“绿色地产万里行·成都”活动

9月5日，由全国工商联房地产商会主办、中粮地产（西南区）和成都商报联合承办的“中国绿色地产万里行（成都站）暨中粮·御岭湾天籁谷品鉴会”，在中粮·御岭湾盛大举行。本次论坛汇集了一批致力于绿色建筑课题研究的国内知名专家，对绿色地产新理念和中粮·御岭湾项目进行了研讨。

主办“当代建筑论坛”

9月26日，由都江堰市人民政府、全国工商联房地产商会联合主办的“中国当代建筑与可持续性发展论坛”在四川都江堰市鹤翔山庄召开。来自全国各地的商会会员企业代表及成都当地企业代表共100多人参加了本次活动。

召开房地产商会2009年年会

10月29～30日，商会2009年会在宁波召开，由中国宁波国际住宅产品博览会组委会负责承办，600余人参加了本次会议。

10月29日，商会在宁波召开的2009年度年会上正式发起中国房地产绿色低碳行动倡议，得到数百家企业响应

本届年会，商会围绕绿色建筑和低碳发展组织了“中国房地产绿色低碳发展与低碳竞争力”主题论坛，同时还与数百家优秀企业联合发起“中国房地产绿色低碳行动倡议”，从而正式拉开了房地产“低碳时代”的序幕。在30日举办的年会闭门会议上，商会特意邀请了国务院参事陈全生以及全国工商联研究室陈永杰主任为开发商们作了主题报告，受到参会者的热烈欢迎；同时商会还组织会员就如何推广绿色建筑及回复中央领导关于绿色建筑提案进行了深入的探讨。

举办“绿色地产万里行·低碳发展绿色住区”高峰论坛

10月27日，第六届中外绿色地产论坛新闻发布会暨"绿色地产万里行·低碳发展绿色住区高峰论坛"在"招商·小石城"隆重举办。包括住房和城乡建设部科学技术委员会常务副主任金德钧、全国工商联房地产商会会长聂梅生、清华大学建筑学院生态设计工作室主持人，教授、博导栗德祥在内的多位专家领导、中外学者出席会议，并在论坛上发表主题演讲，就"绿色新城"发展模式展开深入探讨，丰富和发展绿色地产创新内涵，为推动绿色地产未来实践提供理论支持。

发布首个《绿色低碳住区评估体系》中英文全球版

11月28日，第六届中外绿色地产论坛于清华科技园广州创新基地隆重召开。本届论坛主题为"绿色新城·低碳发展"。当天，逾500名中外专家学者、政府相关部门领导、业内人士以及媒体嘉宾等齐聚一堂，就"低碳策略和城市可持续发展"以及"低碳技术运用和绿色开发"两个议题进行了深入的探讨。

除了精彩的演讲和嘉宾对话环节外，商会还首次发布了《中国绿色低碳住区减碳技术评估框架体系》中英文全球版。此前，该体系已经得到业界权威专家的认可，并被认为是目前国内首个"低碳住区标准"。

参与主办"《中国财经报道》——盘点中国楼市"论坛

12月13日，以"盘点中国楼市"为主题的《中国财经报道》论坛在海南举行。本次论坛由中央电视台财经频道主办，商会和中国房地产业协会联合主办。

作为年底压轴的行业盛会，本次论坛受到了房地产业界的普遍关注。政府相关部门领导、行业协会专家、研究机构学者、金融机构代表以及诸多知名房地产企业的企业家在论坛中进行了思想碰撞和观点交流，共同盘点了2009年的中国楼市，为引导正确的市场预期起到了良好的作用。

重要文献

2007年

小产权房的现状调查与建议

（2007年7月）

一、小产权的基本状况

房产权本来不分大小，只有一种定义，但由于我国的一些特色，形成了社会上一些约定俗成的说法，不同情况下对"大产权"和"小产权"有不同解释。

第一种解释：国家发产权证的叫大产权，国家不发产权证的，由乡镇政府发证书的叫小产权。购房人要注意的是乡镇政府发证书的房产实际上没有真正的产权。这种房没有国家发的土地使用证和预售许可证，购房合同国土房管局也不会给予备案。

第二种解释：买的房再转让时不用再交土地出让金的叫"大产权"，再转让时要补缴土地出让金的叫"小产权"。按这种解释普通商品房就是"大产权"房，经济适用房就是"小产权"房，对于这个区别，购房人可从合同第一条土地使用权的取得形式中加以确认。购买"小产权"房必须有当地户口，不能贷款，必须是全额付款。每月要交少量租金给国家。

当前，社会和媒体聚焦的"小产权"房指的是第一种解释，同时也称"乡产权"房屋，它又分为两种，一种是在农村建设用地和可转为建设用地的土地上所建的房屋，一种是在耕地或基本农田上所建的房屋。

二、小产权产生的原因

（一）商品房供应结构不合理，中低档房供不应求是根本

首先，政策保障性住房稀少，无法满足中

低收入家庭与住房特困户的需要；再者，商品房市场中中低档房供不应求，也是重要原因之一。

（二）价格便宜是关键

“小产权”楼盘大多由村、镇开发，土地成本几近于无，且没有缴纳房地产开发相关的各项税费，因此成本较低，售价仅为同区域商品房的40%～60%。相比不断攀升商品房房价，这些价格低廉的“小产权”项目吸引了诸多购房者将目光纷纷转投于此。

（三）政府管理混乱

我国法律规定了城市土地归国家所有，农村和城市郊区土地，属于农民集体所有。法律虽规定“农村宅基地属集体所有，村民对宅基地只有使用权，农民将房屋卖给城市居民的买卖行为不受法律保护”，但它对农民在旧宅基地上盖楼房，把空余的部分卖给城市人的行为没有明确规定。

而对于农村集体土地本身来说，一直没有一个统一的管理部门，国土资源管理部门和农业部门等都有权管理，却又职责不清，各自为政。

（四）城乡二元结构

据了解，我国实行的是二元化的土地制度。城市土地为国家所有，农村土地为农民集体所有。在现行土地制度下，城市建设用地只能使用国有土地，而农村集体土地只有通过国家的征收才能转变为国有土地，也只有转为国有土地之后才能进行商品房开发。

在城市化过程当中，农民进城了，人进城了，土地没有进城。我们看到许多的村庄盖了很多的房子没人住，相反地农民都在城里住，住得很拥挤，条件很差。那么在这个城市化的过程当中，人进城了以后，能不能考虑把农村的宅基地、农民的建设用地变成城市的建设用地。

（五）利益趋动小产权产生

根据国研中心课题组的调查，在目前“合法的”房地产开发过程中，土地增值部分的收益分配，只有20%～30%留在乡以下，其中，农民的补偿款仅占5%～10%；地方政府拿走土地增值的20%～30%；开发商则拿走土地增值收益的大头，占40%～50%。

把土地开发的收益尽量多地留在本村，是农村集体大力开发小产权房的经济诱因。因为小产权房的开发，直接改变了原有房地产开发过程中的土地增值收益分配。最主要的受益者从县市级政府和房地产商，变成了村集体、乡镇政府或农民。

三、商会建议

1. 解决问题的原则

胡锦涛同志在“6·25”讲话中指出：“党的一切奋斗和工作目标都是为了造福人民，要始终把实现好、维护好、发展好最广大人民的根本利益作为党和国家一切工作的出发点和落脚点，做一发展为了人民、发展依靠人民、发展成果由人民共享。”

2. 具体建议

（1）坚决制止违法占用耕地或基本农田进行小产权房开发销售的行为。

（2）加强农村建设用地规划，合理引导农村、农民建房，提高土地的利用效率，有效保护耕地。

（3）完善立法，在立法中应充分考虑各方利益，尤其是农民与村、镇集体的利益。

（4）加强农村房屋建设规划，并考虑纳入廉租房与经济适用房建设体系当中。

（5）对现在已建成或已经售出的小产权房，需要通过法律法规的完善，考虑各方利益，通过一定的经济手段解决其产权问题，并统一进行规划解决其配套问题。

（6）完善城市住宅供应结构，提供足够的政策保障性住房。

2008 年

走出房地产迷局
建立新的平衡（摘要）

全国工商联房地产商会会长　聂梅生

（2008 年 6 月 13～16 日）

房地产在任何一个国家都与国民经济、金融

安全、国计民生密切相关，因此经常会成为焦点，所以当前说是迷局也好，说是变局也罢，都是一个社会关注的焦点。焦点是房地产的走向，我认为取决于以下三个方面：

第一，政策层面：是进一步收紧，还是适机灵活？

第二，市场的观望情绪与消费者的信心：是继续下滑，还是会恢复缓解？

第三，开发商的资金链到底还能绷多久？

2008 年上半年房地产的投资增长是 32% 左右，高出固定资产投资 6 个百分点，房价五月份同比增加了 9.2%，说明还在上涨，比这严重的不是这两条，而是交易量持续下降，有的城市下降已经超过了 50%，如北京这样的大城市已经接近了 50%，这是非常重要的信号。交易量的持续下降比房价的同比上升是更重要的危险信号，总而言之，当前房地产的整个态势可以说是一个“难”字。

房地产政策走向取决于宏观经济调控的结果。从房地产投资和房价因素来看，我判断从紧的货币政策不会放松，现在地产界需要时间消纳 2007 年的“圈地风暴”造成的行业透支，2008 年正在为此付出代价！

最后，我认为今年发生的灾害，有雪灾、震灾、股灾等，但是还没有房灾、楼灾吧？当前房地产虽然可以称之为“险局”，但并不悲观，这是来之不易的，我们要珍惜。

对于房地产的出路问题建议以下几条：

1. 应该建立完善住房保障体系，从而使其平衡发展，形成未来新的支点；

2. 政策的节奏应该适时灵活，在从紧的货币政策下增加直接融资，在投资、消费、财政等层面应当统筹协调；

3. 房地产业要积极消纳 2007 年的透支，同时我们希望企业要安全第一，实施企业升级、及时调整和改变发展策略，度过当前的政策紧缩期，实现长线的发展。

总而言之，国家的利益、企业的利益、人民的利益是联系在一起的，一荣俱荣、一损俱损，应保持和谐和平衡。

2008 年房地产市场迷局探路（摘要）

全国工商联房地产商会会长　聂梅生

（2008 年 6 月 28 日）

当前市场观望情绪已经形成，炒房力量受到重创的同时自住性和改善性需求也下降，市场需求萎缩，房价同比增幅下降，开发商资金链绷紧已成定局。

建议以房地产业稳定平衡发展作为目标：

1. 政策层面上已经到了弹性灵活的适时期

从中央经济政策来讲，是保障经济又好又快的发展。政策要适时弹性灵活，现在这个时候，房地产政策已经到了应该弹性灵活。

现在的情况是全国性的供给上升，需求下降，开发商资金链紧张。是放松供给还是放松需求？如果开发商的资金链紧张，开发贷款拿不到，是否将开发贷款放松？实际上这是不太可能的，房地产的投资增长率还是在 31% ~32%，远远高于固定资产的投资增长，怎能放松。那么放松需求后，大家又都去买房子，是否会促使房价上升，促使环比下降的房价又上升？因此缓解供给和需求两方面似乎都是有问题的。五月底的全国房地产市场几乎都是供给向上，需求下降，当在供大于求成为定局的情况下，就到了两弊相权取其轻的时候，现在是适当调整需求的时候，就是适当地使需求市场恢复理性。

2. 启动 90 平方米以下的普通住宅，使这方面的需求恢复正常

当前的持币观望和交易量下降，造成了开发商资金紧张的同时也造成了空置率的上升。只有通过恢复市场的交易量，使得开发贷款和预售款正常回流，才能缓解开发商的资金链和银行呆账的风险。应该对 90 平方米以下的普通住宅的个人贷款要有激励政策，这样可以减少新房空置率，等于是盘活资产、节约资源、增加交易量、增加了税收，只有中央和地方财政的税收增加了才会继续盖保障性住房。

3. 因地制宜适时调整

以往出台的政策总是全国“一刀切”，建议

就调整的时间结点和调整的政策不“一刀切”，应该有所区别，应该采取时空不对称的方法进行调整，因地制宜。对于房价高涨，有些城市透支了今年和未来的地方，例如深圳，当地的调整政策不能像四川一样，如深圳的问题是防止金融坏账和风险，而北京的情况是需要在恢复正常的自住性需求和防止热钱的涌入干扰中找到平衡。

4. 适时启动税收杠杆

税收杠杆是双向的，应该合理调整，原来总是加税，向下传导的机制很明显，一加税就涨房价传导到买家。实际上减税是刺激需求，尤其是低端的用户。

在以往出台的从紧政策中对于税收和第二套住房的信贷政策中，是否应当考虑进行双向调整，正如股市中适时取消印花税。

总之，稳定压倒一切，不能导致中国经济硬着陆是我们的共同愿望，应该让中国的经济和房地产又好又快发展，这才是我们的目标。

对当前房地产市场形势认识与对策建议（摘要）

商会通过全国工商联向“两会”提交的提案

注：针对2008年持续低迷的市场形势，商会在全面调研房地产市场和房地产企业经营状况的基础上，又通过两次博鳌房地产论坛掌握了更多一线市场的真实情况后，结合聂梅生会长对市场的分析，及时向全国工商联及相关政府部门提交了此份提案。

提案日期：2008年7月3日

提案单位：全国工商联房地产商会

建议事项：适当调整需求，引导正常的交易量，使市场恢复理性，确保房地产以及整个社会经济稳定平衡发展。

一、目前状况及问题

当前市场观望情绪已经形成，炒房力量受到重创的同时自住性和改善性需求也下降，市场需求萎缩，房价同比增幅下降，市场交易量也在持续下降，有的城市下降已经超过了50%，如北京这样的大城市已经接近了50%，这是非常重要的信号。交易量的持续下降比房价的同比上升是更重要的危险信号。

同时，土地交易降温，地价涨幅回落，流标流拍事件持续蔓延，地价正逐步回归理性的态势下，不可避免地使地方政府财政收入受到较大影响。同时，企业利润下降，土地财政萎缩，今年来的两次自然灾害都会影响地方财政收入，进而影响到保障性住房的供给。

开发商资金链绷紧已成定局。当市场需求大幅下滑，交易量急速下降时，对开发商是致命的，同样也会殃及银行。现在业界正在讨论“如果开发商的资金链断裂，开发商和银行谁先死?”的问题，其实，谁都不会把20%左右的资金份额当儿戏，谁都死不起！如果房价像股指那样下滑的话，居民手中的30万亿元的财产性收入，势必也要受到缩水的威胁。

总而言之，当前房地产的整个态势可以说是一个“难”字。

二、具体建议

1. 引导正常的交易量，从控制需求到引导需求，使市场恢复理性；引导需求，尽快恢复90平方米以下住宅正常交易量，减少新房空置率；适时启动税收杠杆，通过减税和调整房贷政策来刺激开发及购房需求。

2. 对不同城市和地区采取时空不对称的方法进行调整，因地制宜。

3. 建立完善的住房保障体系，从而使其平衡发展，形成未来新的支点。

4. 在从紧的货币政策下增加房地产直接融资，在投资、消费、财政等层面应当统筹协调。

5. 建议房地产业要积极消纳2007年的透支，同时我们希望企业要安全第一，实施企业升级、及时调整和改变发展策略，度过当前的政策紧缩期，实现长线的发展。

《当前房地产市场形势分析与对策建议》（摘要）

（2008年9月19日）

注：由于房地产发展形势依然严峻，商会于

2008年9月19日在北京召开了内部座谈会，邀请国家税务总局、全国工商联、国务院研究室等部门领导与国内全国性发展的房地产企业、区域性房地产企业、中小型房地产企业代表就当前房地产市场形势与房地产税收政策问题进行了座谈。根据座谈会内容，商会汇总并编写了《当前房地产市场形势分析与对策建议》，上报给全国工商联及国家有关部门。

一、形势分析

市场低迷，行业景气指数迅速下降凸显行业风险

1. 房价同比增幅下降，个别城市房价同比下降。

2. 全国性现房、期房销售量同比下降。

3. 开发企业资金链紧张。

尽管我国宏观经济景气指数连续处于稳定的绿灯区，但是国房景气指数却快速下滑，而且自2007年以来波动趋势和上证股指密切吻合，说明当前制约房地产业的因素和资本市场是一样的，是管理部门应当注意的危险信号。

房地产在快速上升区间时，表现为积累泡沫，在下行区间时又具有对金融乃至于经济的巨大杀伤力，当前应采取有效措施防止房地产业下行对经济、财政、就业等的负面影响。

二、房地产行业存在的主要问题

1. 税费过重且种类繁多，体系混乱。

2. 税制结构不合理，房地产保有环节税负畸轻而流转环节税负畸重。

3. 融资渠道单一，缺乏风险对抗能力。

4. 房地产行业的平衡发展问题。

5. 调控政策的“全国一刀切”问题。

6. 某些调控政策没有达到预期效果。

三、政策建议

遵从公开公平合理的原则，从实际出发，按市场规律办事。

1. 加快房地产税费制度改革步伐。

2. 适度放松银根，拓宽企业融资渠道。

3. 保障房地产行业不同参与主体的平等地位。

4. 调控政策要充分考虑地区差异，因时因地制宜。

《当前房地产市场形势及存在问题》（摘要）

（2008年12月4日）

注：11月底中央出台了有关拉动经济的一揽子政策，其中包括“十大产业振兴计划”，作为国民经济支柱的房地产业没能入围。对此，12月4日，商会再次向全国工商联和国家有关部门提交了《当前房地产市场形势及存在问题》报告，同时提交的还包括《关于“9000亿保障性住房投资”的分析和建议》，除此以外，商会还准备在2009年“两会”上通过全国工商联提交相关提案。以下是摘要：

一、全国房地产市场加速下滑

二、房地产企业资金链岌岌可危

三、房地产几近全行业亏损

四、房地产开发投资持续降低

五、房地产危机将导致严重的社会问题

六、房地产商会对于政策调整的建议

1. 减免税费，调整征收方式；

2. 根据实际情况调整政策；

3. 切实贯彻适度宽松的货币政策；

4. 开放外资进入我国房地产行业；

5. 统一口径，规范政策；

6. 用客观公正的态度对待房地产开发企业。

关于“9000亿保障性住房投资”的分析和建议（摘要）

一、直接新建保障性住房将产生“挤出效应”

二、单纯的保障性住房建设投资不能有效拉动内需

三、政府单方面投资新建保障性住房有可能难以为继

四、低成本保障性住房不一定适合实际需求

五、对合理使用保障性住房投资的建议

1. 建议支持地方政府将保障性住房投资用于

收购户型和价位都比较合适的普通商品房，这样将收到一举数得的效果：一可缩短建设周期，二可节约土地资源，三可避免重复建设，四可减少商品房空置，五可引导开发商逐步加入保障性住房建设等。

2. 合理使用资金，9000亿中部分资金可以采取对中低收入人群购买普通商品房进行补贴（“补人头”）的方式。

3. 统一政策口径，提高执行效率。

4. 保障性住房、安居工程的范围同样应当进一步明确。保障性住房的范围不宜过于宽泛，重点应在廉租房和棚户区改造上。双限房目前仅在全国少数城市开展，对双限房应持审慎态度。经济适用房和双限房应当是过渡性措施。

5. 尊重市场经济原则，让保障性住房的比例和商品房市场保持平衡。按照历史经验，廉租房比例一般为居民户数的5%左右。

6. 重视区域差别。各地对经济适用房的需求差别很大，是否需要新建或到底新建多大规模的经济适用房需要认真论证，应尽量避免低端的普通商品房和经济适用房产生交叉，浪费社会资源。

2009年

从嬗变到涅槃
——中国房地产的变革之旅（摘要）

全国工商联房地产商会会长　聂梅生

当前住房市场低、中、高端的供需关系都存在一些问题：针对低端需求，缺的是低收入保障性住房（主要是廉租房）这一块，这需要政府加大投资；针对中端需求，大量的既有住房和开发商的存量房已经可以满足今后2年的住房中端市场需求，缺的是一手房和二手房之间的流转机制；针对高端需求，缺的是政策层面的放宽，以及性价比合理，市场适销的产品。

当前房地产体制、机制等制度性障碍凸显，上一轮房改主要是针对住房供给体制的改革，从福利分房到货币购房，但是对于房地产的最根本的命脉——地根和银根等问题却采取了摸着石头过河的办法，边改边看，留待以后解决。当前房地产市场出现的问题已经不是只靠市场本身就能调整过来的了，也不是靠不断出台一些调控新政就能解决问题的。现在应当面对上一轮房改的遗留问题，进行新一轮的体制改革，以使房地产摆脱当前的低潮和迷局并走上长远的健康发展之路。

当前房地产仍处于深度调整阶段，将随着中国经济形势的走向而逐步明朗。中央近期连续出台了几个产业振兴规划，似乎都很顺利，唯独房地产这个规划成了众矢之的，房地产该不该振兴，规划该不该出台都成了问题。如果这次让商品房市场崩盘，面临的至少是两块损失：一块是处理空置房，如果拿2亿平方米的空置面积计算，至少要有5000亿不良资产需要处理，最终还是得政府埋单；另一块是房地产投资的急剧下降，如果今年降低50%，那么年投资将减少1万亿以上，并将带动相关产业投资减少2万亿。这简直是给经济雪上加霜，代价是不是太大了？

总之，房地产和国民经济从来都是一损俱损，一荣俱荣，房地产并非积重难返，困难时期的机遇也最多，难到底了就会生变，中国房地产业已经走上了变革之旅！

调整期中的房地产形势分析（摘要）

全国工商联房地产商会会长　聂梅生
（2009年9月26日）

首先，用“出人意料的五份答卷”来描述当前的市场形势：

1. 出人意料的答卷之一：从适度宽松的货币政策到完全宽松；

2. 出人意料的答卷之二：房地产快速去库存；

3. 出人意料的答卷之三：资金链缓解但房地产投资增长滞后半年；

4. 出人意料的答卷之四：量价齐升超过预期；

5. 出人意料的答卷之五：房地产市场提速直

追股市。

开发商当前的投资主要在买地上，资金沉淀在土地上是不构成对当前实体经济的拉动的。买的地在那里晒，然后钱沉淀在地里，如果供给仍然不足，那么未来楼价会怎么样，我觉得上涨压力还是很大的。

另外，对于当前房屋销售迅速，这与通胀预期有很大关系。当通胀预期开始下降的时候，房价比它跌的还要多；当大家对未来通胀的预期还刚开始，那就开始使劲买房子，所以一定要注意，房价一定是比股市波动滞后，同时它放大了通胀的波动度，正向负向都在放大。

中国用了十大产业要形成新的经济动力，最近也在着急这个事，如果投的钱形成不了动力，形成不了赢利，流动性反过来就变成一只“老虎”，就会被通胀吃掉。现在股市、楼市实际上是“海绵”，但大家不要忘记“海绵”一是会被挤出水来，这是好事，另外一个是莫名其妙“蒸发”了，这就是灾难，就是房地产泡沫，所以这些情况可能都会存在的。

关于振兴房地产市场、促进经济增长的提案（摘要）

商会通过全国工商联向“两会”提交的提案

注：为了应对美国金融危机引起的全球经济下滑，我国政府在出台系列“保增长、促发展”政策的同时，安排4万亿元资金强力启动内需，使得当前扩大国内消费需求成为重中之重。

由于受国内经济形势和购房者观望情绪的影响，房地产行业继续2008年的颓势，市场交易持续低迷，房地产非但没有助力经济增长反而拉了国家产业振兴的后腿，目前亟须信心重建和政策的进一步支持。

一、房地产是拉动消费、刺激经济增长的重要支柱产业

1. 房地产业是国民经济的重要组成部分；

2. 房地产投资有效地促进了全社会固定资产投资增长；

3. 房地产业对经济增长的贡献不断加强；

4. 房地产业对相关产业消费的带动性作用越来越强；

5. 房地产行业提供了大量的就业岗位；

6. 房地产业还起到了促进经济结构优化的作用；

7. 房地产业已经成为财政收入的重要来源。

二、当前房地产业形势分析及影响

1. 供需市场双双下降，市场愈加低迷；

2. 房地产企业普遍缺钱，行业迎来深度调整和变革；

3. 行业不景气，金融风险加剧，有可能造成严重社会问题。

三、房地产税收等相关政策建议

房地产行业的持续衰退已经影响到国家投资拉动和扩大内需的大政策，各级政府纷纷出台刺激房地产市场的各种政策，这些政策虽然在一定程度上解决了短期的市场问题，但是却没有从根本上消除影响房地产业健康、稳定、安全运行的制度障碍，导致房地产开发企业潜在金融风险集中的制度性因素仍然存在。

我们建议，房地产行业政策扶持应立足于促进当前经济增长与行业长期健康发展，从税收制度等根本性制度方面入手进行改革，让房地产行业的发展回归理性和科学发展的轨道，同时也让房地产业为使中国经济走出低谷发挥应有的支柱产业效应。

关于积极促进绿色建筑发展的提案（摘要）

商会通过全国工商联向“两会”提交的提案

承办单位：国家发展和改革委员会、住房和城乡建设部

注：绿色建筑是指在建筑全生命周期的各环节充分体现节约资源与能源、减少环境负荷和创造健康舒适居住环境，与周围生态环境相协调的建筑。其核心内容是节能、节水、节材、节地和环境保护，可概括为“四节一环保”。推广绿色建筑是功在当代、利在长远的战略工程。

一、发展绿色建筑的重要意义

我国建筑发展过多占用各种资源，但能源储量有限，随着人口不断增长，能源的承受能力下降，将会导致产业发展的衰落，因此必须大力提倡绿色生态建筑的发展，做节能、节地、节材、环保的建筑。将绿色生态建筑以可持续发展观融入建筑行业，逐步实现建筑行业向节能化转变，即以最少的资源和环境负荷来创造最大的居住舒适度和生活质量。这是建立可持续发展和节约型社会的重要任务。

1. 地球生存环境目前正面临种种生态危机；

2. 中国建筑行业仍属于高能耗、高物耗、高污染行业；

3. 我国建筑开发面对的资源和环境问题日益突出。

二、存在的问题

在市场经济条件下，绿色建筑首先也是一种商品，它从生产到消费需要多个群体共同支撑，这些群体同时构成一条完整的产业链。作为这一产业链条的不同环节，政府、开发企业、研究机构、设计单位、建设单位、产品供应商、行业协会、消费者、金融机构乃至媒体，都在绿色建筑的发展历程中扮演着不同的角色，成为绿色建筑发展的不同推动力量和影响因素。缺乏统一协调管理机制，不仅会形成不良竞争局面，也会产生各种社会资源的浪费。

1. 存在片面理解绿色建筑现象；

2. 政府部门激励政策与措施力度不够；

3. 缺乏统一协调管理机制。

三、政策建议

今年我国宏观经济环境并不乐观，在当前房地产形势比较困难的情况下，政府优惠政策的实效要等待一定时日才能显现，房地产开发商在拿地、投资新的房地产项目时会相当谨慎，开发建设符合市场需求的绿色建筑产品，契合市场需求和环境的良好发展。

在前两年房地产火暴时，任何房子买了就赚，绿色生态建筑的独有价值被市场遮盖了。今年市场进入调整期，绿色生态建筑的保值增值性才能更突出地体现出来。因此建议：

1. 编制与实施绿色建筑鼓励与支持目录；

2. 在政府有关部门管理下，支持多家机构推广绿色建筑的发展；

3. 关注农村绿色建筑的发展；

4. 加强大型公共建筑的绿色化。

我国房价何以居高不下？

商会通过全国工商联向“两会”提交的提案

注：房地产业是国民经济中的重要支柱产业之一，房地产业对国民经济的快速、稳定发展起到了不可替代的作用，对政府财政收入更是贡献巨大。近年来，由于房价上涨过快，舆论导向以及公众的口诛笔伐，使房地产企业背负着“暴利”的妖魔化形象。在国内宏观调控和国际金融危机的多重打击之下，我国房地产价量双跌，形势极其严峻。为此，全国工商联房地产商会对“房地产企业的开发费用”的结构和分布进行了深入调查和分析研究，希望能找出症结所在和解决办法。

一、调研内容

本次调研从2008年7月份开始直至10月份结束，持续近4个月时间。调查范围涉及北京、上海、广州、深圳、青岛、西安、成都、苏州和呼和浩特9个城市，涵盖处于房地产业发展各个阶段的一线城市和二线、三线城市。选取的调查样本来自这些城市62个不同规模、不同所有制的开发企业的81个不同形态、不同档次的房地产项目。

在数据分析当中，房地产开发费用分解为前期工程成本、土地成本（缴纳给政府的土地出让金）、建安工程成本、市政工程成本、公共配套设施和销售费用、财务费用和开发间接费用等诸多环节和因素，以及上述各个环节当中的成本分布和当前形势下真实的企业剩余。

二、调研结论

1. 开发企业的直接成本中主要为土地成本；

2. 开发项目的总费用支出中，大约一半（49.42%）流向政府；

3. 开发项目的总销售收入中，政府份额

占37.36%；

4. 房地产税费偏高且呈增加趋势。

三、政策建议

综上所述，我国房地产行业目前处在成本和费用结构严重失衡，税费明显偏高且征收不合理阶段。刚性的土地成本导致房价居高不下，商品房市场有价无市，全行业处于亏损边缘。房地产行业的持续衰退已经影响到国家投资拉动和扩大内需的大政策，各级政府纷纷出台刺激房地产市场的各种政策，但这些政策调整没有涉及根本性的制度问题。我们建议，房地产行业政策扶持应当加大力度，从税收制度和土地配给制度上入手进行改革，让房地产行业的发展回归理性和科学发展的轨道。

1. 将房地产税收集中到保有环节；

2. 改革土地招拍挂制度。

关于民营房地产企业发展与问题（摘要）

注：国家改革开放30多年来，市场经济发展20年中民营企业在保民生、增就业、促发展中发挥了重要作用，在房地产行业中亦是如此。世界金融危机的袭来，中国经济发展面临严重的考验，其中资金密集型的房地产业面临更为严重的挑战。

自党中央、国务院推出了大规模增加政府投资和扩大银行信贷等政策后，民营企业充满了渡过难关的希望与信心。但经过半年多的时间，受惠于国家优惠政策，诸如土地、资金供应等方面的民营企业似乎不多。因此我们呼吁为更好发挥民营企业在实现国民经济“保八”的增长目标中的作用，重视民营经济发展，实行公平、公正的优惠政策。

一、国企涌入房地产

今年，全国土地市场上掀起了地王热。除了北京、上海、广州等地产一线城市之外，重庆、天津、温州等地也出现了不少地王，土地价格屡创新高，土地溢价率及竞投次数比之前大幅上升。如今在土地市场，国企成为主力。

国家推出的应对经济危机，保增长、保民生、保稳定的促进经济发展的重大投资主要集中在“铁公基”（指铁路、公路和基础设施）方面，4万亿元计划中包括相当大比例的基建项目和工业投资项目。从项目类型看，所有这些超级大工程几乎无一例外全都是由政府推动的重大基建和工业项目，而项目的所有者、参与者，主要都是国有企业和各级政府。但国企拿到大额投资授信后，并不看好实体经济，或因产能过剩、或因结构不合理，转投房地产图保值增值。因此，“国进民退”不是政府旨意，而是企业保值增值、规避风险的做法。同时国有企业资金成本相对较低，通过子公司投向收益较高的房地产业，以求抵抗通货膨胀预期和把资产的效益增值最大化。

当前国资委分管的136家央企中，近八成企业涉足房地产业。其中以地产为主业的有16家，如中国建筑、保利地产、中铁置业、招商地产等；辅业包括房地产的央企则近90家，其主业原本和地产关系不大，来自钢铁、冶金、医药、农业、粮油、化工等行业，这些企业组成了最新的一支融资和拿地大军。随着2009年银行信贷额度放开，实力强大的央企地产公司融资额就达到831.8亿元。今年央企地产公司拿地的表现突出的原因是：一是因为信贷的增加；二是因为它们可以发债等，融资的渠道和成本与民营企业比起来有很大优势。

二、民企未受惠

国际金融危机以来，党中央、国务院推出了大规模增加政府投资和扩大银行信贷等政策。总体上给房地产行业提供了一个非常好的外部环境。在4万亿元投资中投向廉租住房、棚户区改造等保障性住房为4000亿元，占总投资额的10%。但从所有制角度考察民营企业并没有从现在推行的政策中得到优惠。

我国民营房地产企业存在数量多、资质等级不高、规模小的特点。截至2006年，虽然我国房地产开发企业总数量为5.87万家，其中民营、股份制企业的数量就接近4.8万家，但这些企业很多是拿到地块后成立的单一项目公司，大多数为三、四级或刚刚成立的暂定级资质，一、二级资质企业总数不足5%。

三、政策建议

房地产行业虽未列入十大产业振兴计划，但却成为抵御金融危机的排头兵、先头部队。在战胜金融危机，以及为应对金融危机赢得时间方面，中国房地产行业起到了决定性的作用，是抵御全球金融危机对中国经济的冲击中最强有力的力量，远远超过了政府十大振兴产业中的任何一个。因此建议：

1. 坚持市场主体平等的原则；

2. 针对“国进民退”的现象应及时调整；

3. 以全民创业、应对危机理念引领民营经济发展；

4. 积极改进土地招拍挂制度，弥补制度上的缺陷，真正吸引民企成为发展的中坚力量。

关于积极推广绿色减碳建筑提高“低碳竞争力”的报告（摘要）

注：最近，政协主席和国务院领导对商会提交“两会”的“关于积极促进绿色建筑的发展”的提案做出重要批示，商会就此认真研究并制订了实施计划。自成立之初，商会就将推广和发展我国“绿色建筑”作为立会之本。九年多来，我们进行了深入的探索与实践并形成了案例和数据，积累了一定的经验与知识。

当今世界，发展“低碳经济”已经成为实现社会可持续发展和迈向生态文明的必由之路，“低碳竞争力”已经成为制约国家和社会经济规模的发展权。商会将继续积极进取，希望在政府部门的指导和支持下，应用创新技术与创新机制，在我国房地产经济领域推广绿色低碳建筑。

一、在绿色建筑方面的实践

数年来，商会指导规划和技术集成的绿色建筑示范项目已达45个，工程面积1200多万平方米，遍布17个省，26个城市。在推广绿色建筑的同时，我们也非常重视项目的减碳指标。从商会推广的上海经纬城市绿洲等10个项目来看，平均每年每平方米减碳达到20.1公斤，10个项目年总减碳量达到48362.8吨，每年节省运行费用2418.1万元。

二、对房地产减碳的认识

1. 低碳经济的重要性

面对地球日益恶化的环境，探索低碳发展之路是未来人类发展的重要选择。发展低碳经济模式和低碳生活方式意义重大。

2. 我国减碳形势严峻，房地产减碳潜力巨大

中国碳排放量占到全球排放量的18%，已经超越美国成为世界第一大碳排放国，也是遭受气候变化的恶劣影响最为严重的国家之一，发展低碳经济和节能减排在我国已经成为当务之急。2009年9月22日，胡锦涛总书记在联合国气候变化峰会上明确提出“进一步发展低碳经济已经成为我国可持续发展战略的重要组成部分”。11月3日，温家宝总理也指出我国要“加快构建以低碳排放为特征的工业、建筑、交通体系”。

在我国，房地产行业是国民经济的支柱产业，也是典型的高耗能、高排放行业。房地产业也是节能减排潜力最大的行业。而我国《节能中长期专项规划》已明确规定，到2010年，新建建筑全面执行节能50%设计标准，直辖市及有条件地区实施节能65%标准。这意味着，未来的建筑市场将是节能低碳建筑的天下。

3. 房地产减碳利国利民

房地产处于国民经济各产业链的中游，与20余个产业相关，在房地产领域推广绿色低碳战略，将拉动上游的绿色生产，拉动下游的绿色消费。如采用大量的可再生能源、低碳技术及绿色建材产品，势必带动相关行业的发展，为我国产业结构调整和产能过剩提供一条十分重要的途径。目前中国在住宅太阳能热水器和节能灯的生产和应用方面均已世界领先。可以说，绿色低碳建筑将成为推动能源改革、拉动经济增长、增加就业机会的新动力，有望成为中国经济下一步增长的新引擎。

将绿色低碳建筑作为一项基本战略来执行，对于房地产业自身的转型和市场的健康发展非

常重要，同时也是将房地产资金引向产业结构调整，防止进一步推升资产泡沫和平抑房价的良性平衡策略。政策向实施绿色低碳标准的项目倾斜，以减碳指标来进行金融和土地等资源配置，设置不同的税费征收标准，改变以单纯的“价高者得”的土地出让办法，有利于平抑地价和房价。这样一来，房地产企业也必将更加重视项目的品质，主动应用绿色低碳技术，对于房地产行业本身将是一次革命性的产业结构调整。

三、绿色低碳住区推进计划

为切实推进我国房地产业的绿色低碳战略，商会会同北京精瑞科技基金会、精瑞（中国）不动产研究院，组织了专门团队、聘请了行业专家，联合有关金融机构，制订了具体的推进计划并积极实施，主要工作包括：

1. 加大宣传力度：2009 年 10 月 29 日，一年一度的商会年会发布了中国房地产“绿色低碳行动”倡议书，参会的数百家房地产企业代表都表达了积极拥护低碳行动的愿望。

2. 制定低碳指标：商会将在多年“绿色建筑”实践的经验基础上，制定“中国绿色低碳住区减碳技术评估框架体系”，同时整合技术、产品、资金和国际资源，积极推广低碳技术在全行业的广泛应用。

3. 推广示范项目：支持企业进行绿色低碳示范项目建设，积极发展“绿色低碳住区”。

4. 开展金融创新。

四、希望有关部门提供支持

推广绿色低碳建筑亟待国家政策强力支撑，希望有关部门组织专门力量制定政策层面的低碳建筑发展战略，明确战略思想、清晰战略目标、落实战略措施和战略重点，对房地产领域的低碳事业给予明确的国家鼓励政策支持，并纳入“十二五”规划中。

政府管理部门不仅要在减碳方面有政策与财政方面的支持，还要在节水、节材、节地和环境保护方面有所部署，在土地政策、税收政策、产业政策方面进行改革和倾斜，鼓励绿色减碳建筑顺利开展。

大事记

2007 年

1 月 18 日，在北京饭店举办“中国新加坡房地产融资高峰论坛”。

2 月 7 日，在北京长安俱乐部举办“全国工商联房地产商会新春招待宴会”，商会专家顾问、在京会员企业参加。

3 月 25 日，在安徽省合肥市举办“2007 中国创业·创新·新地产文化论坛”。

4 月 17 日，在天津举行“中国商业地产投资合作论坛”。

4 月 27 日，在北京举办“中国房地产多元化融资圆桌论坛”。

5 月 28 日，精瑞住宅科技基金会成立大会在北京举办。

5 月 29 日，在石家庄主办“第二届中国环渤不动产发展论坛”。

7 月 7 日，在三亚主办“博鳌·21 世纪房地产论坛”2007 届年会。

7 月 25 日，在黑龙江省齐齐哈尔市举办“全国绿色地产万里行齐齐哈尔站活动”。

8 月 8 日，成都“檀香山花园”项目顺利通过“全国绿色生态住宅示范项目”评审。

8 月 17 日，在海南博鳌成功主办“2007 博鳌房地产论坛”，并举行“联信精瑞房地产行业私募股权基金型信托投资计划合作签约仪式”。

8 月 20 日，在北京国宾酒店举行“2007 年度二季度 REICO 报告发布会”。

8 月 21 日，在北京台湾饭店，四川眉山“燕语林森”项目顺利通过“全国绿色生态住宅示范项目”评审。

8 月 24 日，在全国工商联会议室参加由全国工商联组织的“小产权问题座谈会”。

9 月 17 日，北京“西绒线 26 号”项目通过

“全国绿色生态住宅示范项目”评审。

9月21日，在北京饭店成功承办“国际住宅协会2007年中会议”，获得国际住宅协会及成员国的一致认可。

9月21日，在北京饭店举办“国际住宅协会绿色住区论坛”。

11月2日，绿色地产万里行走进成都，在川蜀大地上传播绿色建筑理念。

11月15日，在福州举行“第四届精瑞住宅科学技术奖颁奖典礼”。

11月15日，在福州成功召开“全国工商联房地产商会2007年度年会”。

2008年

1月7日，在北京举行联合国人居署迪拜国际最佳范例奖申报的启动仪式。

1月26日，聂梅生、张雪舟等商会领导出席2008淄博地产峰会。

2月20日，商会组团赴美参加美国奥兰多“IBS 2008国际建筑博览会”。

3月11日，在北京举行全国工商联房地产商会（CRECC）2008新春答谢晚宴。

3月11日，在北京举行全面启动CRECC“精瑞绿色家园”（Elite Home）计划。

3月11日，在北京表彰“幸福微笑”活动爱心企业和个人。

3月13日，在北京举行首届全国房地产商会秘书长培训班。

4月7日，在北京，印度DLF公司代表团来商会交流学习。

4月12日，在北京举行中国房地产管理人才精瑞培训计划启动典礼暨中国房地产增长模式研讨峰会。

4月21日，在阿联酋迪拜召开“2008迪拜生态人居国际论坛”。

5月17日，在河北秦皇岛召开“中国（国际）海滨地产建筑文化高峰论坛”。

5月21日，在北京召开2008商会会长联席会议。

6月11日，在江苏常州召开全国“绿色地产万里行”常州站论坛。

6月14日，在海南博鳌联合主办“2008博鳌房地产论坛”。

6月22日，聂梅生会长出席辽宁大连裕景地产义拍活动。

6月28日，在海南三亚联合主办“博鳌·21世纪房地产论坛”2008届年会。

7月13日，在日本冲绳举办“2008首届中日房地产高峰论坛”。

7月30日，在北京举办商会2008下半年重大品牌活动发布会。

9月6日，聂梅生会长在呼和浩特参加“博鳌论坛草原行”活动。

9月19日，“中国旅游度假酒店高端论坛”在云南昆明召开。

9月19日，在北京国宾酒店举行全国工商联房地产商会座谈会（房地产市场以及房地产税收政策）。

10月22日，在北京国宾酒店举行关于中央统战部“非公经济组织人才队伍建设课题”研讨会。

10月27日，在四川成都召开“中国绿色地产万里行（成都站）暨不动产行业责任与产业发展论坛”。

11月1~2日，在河北唐山举行第三届“中国环渤不动产发展论坛暨中国城市可持续发展年会”。

11月25日，在北京国宾酒店举行房地产市场形势分析报告发布会。

11月29~30日，在北京举行商会2008年度年会。

2009年

1月4日，在北京发布2008~2009第六届“地产年度风云榜”。

2月26日，举办2009“中国房地产变革之路”（北京）论坛。

3月25日，举办2009“中国房地产变革之路”苏州论坛暨“中国绿色地产万里行（苏州站）”。

5月27日，举办2009“联合国绿色人居北京论坛”。

6月13日，参加海南三亚“博鳌·21世纪房地产论坛”2009届年会。

7月7日，参加印度“世界城市建设与人居环境”高峰会。

7月12日，参加2009开发与设计项目合作座谈会。

7月13日，全国工商联房地产商会举办“城市论坛系列”之大连论坛。

7月31日，全国工商联房地产商会会长会议在北京召开。

7月31日，参加在北京召开的美国资产性投资说明暨打造中国城市名片优秀企业发布会。

9月17日，参加上海“厨卫产品与精装住宅”论坛暨精装项目厨卫需求信息发布与洽谈会。

9月19日，中国西部房地产业高峰论坛在西藏召开。

9月26日，“中国当代建筑与可持续性发展论坛”在成都召开。

10月29日，全国工商联房地产商会2009年会在浙江宁波召开。

12月13日，参加在海南三亚召开的《中国财经报道》“盘点中国楼市”论坛。

全国工商联古玩业商会

商会简介

工作综述

重要活动

重要文献

大事记

全国工商联古玩业商会会标为一只红色的凤凰，回眸凝视。凤凰在中国古代被奉为百鸟之王，在西方被称做“不死鸟”。商会取凤凰涅磐、浴火重生之义，象征着“古玩”这一中华文化的瑰宝历经战火、磨难，在新世纪重新焕发出夺目的光芒。凤凰回眸，凝视沧桑。

凤凰颜色为“中国红”，彰显出民族特色。其尾部羽毛为抽象的3个英文大写字母“C”，是商会英文名称China Curio Chamber的缩写。

商会简介

中华全国工商业联合会古玩业商会成立于2002年4月26日。是全国工商联下属的行业公会。商会前身为1996年成立的“全国古玩市场联谊会”。

商会在全国工商联指导下，以维护行业利益、服务广大会员为宗旨，致力于提升中国古玩行业的整体水平和从业人员的整体素质。并通过开展国内外的交流、展销、研讨等活动，使中华千年文明之瑰宝——古玩，在新世纪再度焕发出夺目的光彩。

商会名誉会长为原国家文物局局长吕济民，现任会长是北京古玩城董事长宋建文。

商会日常办公机构为秘书处，下辖办公室、会员部、会员服务中心，部分城市设联络处。

其中：办公室负责商会日常办公性事务；会员部主抓会员的发展、商会的组织建设；会员服务中心为会员及社会上的收藏爱好者提供专家鉴定、图书资料查询及相关的培训服务；为了及时发布商会动态，收集各地古玩市场信息，商会分别在西安、上海、天津、重庆等地设立了商会联络处，为外地古玩市场、民营古玩经销商与北京秘书处之间搭建了沟通的桥梁。

商会现有团体会员54个；个人会员500余名。其中团体会员包括全国各地的古玩市场、各地方古玩业商会、收藏团体、商会下属专业研究会。其中，24个专业研究会作为商会下设研究机构，汇集了同一专项的众多业内精英，由他们自发组织的一系列展览、展示、研讨、交流活动在国内外引起了强烈的反响，收到了良好的社会效果。

商会每年举办春、秋两届“中国古玩艺术品博览会”，春季在各地举行，秋季在北京举行。

会长

宋建文

副会长（以姓氏笔画为序）

代裕明

石庆华

齐学明

李锡江

宋作桐

杨俊炎

邹本柱

张学溥

辛柏祥

郑国政

由商会主办的“北京中国古玩艺术品博览会”始于1996年，至今已成功举办了十届。是国内最早出现的古玩类博览会，也是目前国内规模最大、档次最高的古玩展会，在国内外享有很高的声誉。自2003年商会开始博览会的品牌输出工作，先后在大连、锦州、郑州、天津、重庆与当地政府联合举办了春季古玩博览会，进一步扩大了商会的影响，将北京古玩市场的一枝独秀，发展成为全国收藏业的满园春色。商会还不定期举办各种巡回展览、鉴定、对外交流活动。商会会刊《中华古玩》杂志为季刊。创刊于1999年，是国内最早的古玩收藏类刊物之一。

第二届会长、副会长、秘书长名单

（以姓氏笔画为序）

会长

宋建文　北京古玩城有限公司董事长

副会长

代裕明　武汉文物监管品市场总经理

石庆华　锦州古玩业商会会长

齐学明　吉林古玩城总经理

李锡江　北京际桥科技有限公司董事长

宋作桐　北京古玩城副董事长

杨俊炎　厦门白鹭洲古玩城总经理

邹本柱　大连本柱工美集团董事长

张学溥　河南仁豪实业有限公司董事长

辛柏祥　哈尔滨古玩城总经理

郑国政　中腾集团董事长

殷世全　北京海天润德文化有限责任公司董事长

蒋继明　郑州古玩城董事长

钱岳明　上海云洲古玩艺术市场管理有限公司董事长

喻安城　成都送仙桥艺术城董事长

秘书长

张肃婴

殷世全

蒋继明

钱岳明

喻安城

秘书长：张肃婴

附：

第一届会长、副会长及秘书长名单

（以姓氏笔画为序）

会长

宋建文　北京古玩城有限公司董事长

副会长

代裕明　武汉文物监管品市场总经理

齐学明　吉林古玩城总经理

殷世全　北京琉璃厂海王村古玩商场总经理

李锡江　北京际桥科技有限公司董事长

蒋继明　郑州古玩城董事长

杨俊炎　厦门白鹭洲古玩城总经理

喻安城　成都送仙桥艺术城董事长

宋作桐　北京古玩城副董事长

石庆华　锦州古玩业商会会长

邹本柱　大连古文化市场董事长

张光杰　天津古玩城总经理

张学溥　河南仁豪实业有限公司董事长

沈勇杰　荣宝斋淄博分公司总经理

白剑勇　石家庄古玩城总经理

俞锡山　北京程田古玩城兰亭古玩店经理

辛柏祥　哈尔滨古玩城总经理

钱岳明　上海云洲古玩艺术市场管理有限公司董事长

秘书长

张肃婴

联系方式：

电话：010－59609897　010－59609896

传真：010－59609897

地址：北京朝阳区东三环南路21号北京古玩城办公楼605室

邮编：100021

邮箱：zhonghuaguwan@163.com

工作综述

2007年

一、商会组织建设和会员发展

1. 发展会员

商会在2007年发展个人会员47人，其中常务理事4人。商会并对提出副会长申请的两家企业（上海云洲古玩城、哈尔滨古玩城）进行了考察。

2. 商会团体会员单位的发展继续以“研究会”为重点

1月，商会下属的第14家研究会——“中国青铜研究会”被批准成立。该研究会汇集了贾文忠、金申等国内一批知名的青铜器鉴定、修复专家。

3月，商会批准成立“中国普洱茶（名茶）文化研究会”为下属专业研究会。该研究会以弘扬历史悠久的普洱茶文化为宗旨，并将深入发掘、研究与名茶相关联的书法、古玩等文化内涵。

砚台，作为“文房四宝”之一，有着悠久的历史传统和文化内涵。为发扬中华砚文化，促进藏砚爱好者之间的交流与研讨，繁荣当代砚台交易，11月30日，商会正式批准成立“中国砚研究会”作为商会下属专业研究会。

“唐三彩”是我国唐代具有代表性的彩陶工艺品，在中国美术史和中国文化史上占有重要的地位。其价值不仅体现在造型、色彩及装饰上，而且更为我们探究盛唐帝国的精神风韵和文化取向提供了参考。经张学溥副会长申请，商会于12月25日批准成立“中国唐三彩研究会”以致力于唐三彩文化的研究和继承。

二、商会会务活动的召开

3月22日，商会“第二届换届改选大会”在大连召开。换届筹备组成员宋建文、齐学明、殷世全、喻安城、邹本柱、肖秉侠、张肃婴参加了会议。全国工商联会员部也派曲政同志代表出席。会议主要内容为审议、讨论换届相关文件。

3月4～26日，全国工商联行业商会综合考评活动分阶段展开。古玩业商会在进行秘书处自查后，与其他兄弟商会进行了交叉考评。商会接受了“全国工商联住宅产业商会”的测评，并对“全国工商联女企业家商会”进行了测评。

9月18日，“商会关于举办大型活动座谈会”在上海云洲古玩城召开。与会人员从定位、选址、组织、资源利用、价位等方面全方位、多角度论述了对大型活动的看法，并对目前古玩行业的低谷形势做出了正确评价。大家一致认为应着眼于举办品牌型、经济型、服务型的博览会及其他大型活动。会议气氛活跃、热烈，发言积极踊跃，充分体现了商会领导层的集体智慧，是一次富有成效的会议。

三、商会活动开展

1. 在各地继续春季博览会品牌的输出

3月22～25日，商会与大连市政府联合举办的“第十届（春季）大连中国古玩艺术品博览会”在大连市星海中心举行。

4 月 14～16 日，商会与锦州市政府联合举办的“第二届中国锦州古玩中外古玩艺术品博览会暨第二届中国锦州文化节”在锦州隆重举行。

4 月 20～23 日，商会与天津市商务局联办的“第十届（春季）天津中国古玩艺术品博览会”在天津市古文化街举行。

6 月 10 日，商会与承德市政府联合举办的“首届中国承德古玩博览会”在承德市召开。

2007 年 9 月，为庆祝重庆设立直辖市 10 周年，商会与重庆市渝中区政府联合举办，重庆三峡古玩城承办的“第十届重庆中国古玩艺术品博览会”在重庆市人民广场举行。这也是博览会品牌首次向西南地区的输出。

9 月 3 日，历时四天的“第十届北京中国古玩艺术品博览会”在北京国际贸易中心圆满结束。本次展会共有展位 220 个，有来自 15 个国家和地区的单位参展。组委会首次邀请业内专家在展销过程中穿插举办了专题讲座，反响热烈。展会客流量达到 5 万人次，交易额预计为 2 亿元人民币。

2. 各研究会充分利用资源优势，依托商会举办展览展示活动，引起强烈反响

1 月 23 日，古玩业商会中国寿山石研究会主办的“中国百枚田黄展”在北京工美大厦四层展览厅开幕。展会中标价 2008 万元人民币的天价田黄一时成为京城收藏界的热点话题。

7 月 27～30 日，中国白玉研究会、北京古玩城联合举办的“第二届中国大连玉艺术品特展”在大连古玩城举行。

10 月 9～13 日，古玩业商会中国古玉研究会与河北美术出版社等单位联合举办的“首届中国民间古玉展”在北京中华世纪坛举办。这次展览的规模，藏品数量，历史跨度都堪称新中国成立以来的民间藏玉展之最。

11 月 8～12 日，古玩业商会中国鼻烟壶研究会在北京程田古玩城召开“第三届中国鼻烟壶艺术博览会”。众多来自内地、港台地区及新加坡的鼻烟壶收藏家携精品参展。在博览会开幕的当天，“亚洲中国鼻烟壶联合会”正式成立，宋建文会长任秘书长。

3. 商会的其他活动

4 月 24 日，“中国古玩市场论坛——2007 西湖峰会”在浙江杭州市举行。本次论坛由古玩业商会主办，全国古玩市场联谊会协办，杭州收藏品市场承办。论题为“如何应对当今古玩市场激烈竞争的局面”。商会会长宋建文，副会长宋作桐、齐学明、邹本柱，会长助理肖秉侠，秘书长张肃婴参加了论坛。古玩商会团体会员单位及古玩市场联谊会会员共 20 多家市场负责人参加了本次论坛。原全国工商联副主席程路也应邀出席并做了重要讲话。

11 月，商会与旅游卫视合作，依托“北京古玩城古典家具市场”开办“盛世收藏”栏目，该栏目每周播出一期，主要介绍各地古玩市场及古玩市场行情资讯。

2008 年

2008 年商会发展个人会员 61 人，其中常务理事 6 人；由全国工商联批准，上海云洲古玩城总经理钱岳明、哈尔滨古玩城总经理辛柏祥继任为副会长。

2008 年度“研究会”发展情况：

由商会正式批准相继于 2008 年 5 月成立“中国猛犸象牙研究会”、“中国紫砂壶研究会”、“中国蜜蜡研究会”、“中国琥珀碧玺研究会”；2008 年 6 月成立“中国古陶瓷壶具研究会”、“中国书画研究会”；2008 年 12 月成立“中国文物鉴定评估研究会”。在 2007 年工作的基础上，在全国工商联的指导下以更加细化、更加专业、更加严谨的原则进行古玩专项研究会的发展工作；继续博览会品牌输出，相继举办了“第十一届（春季）大连中国古玩艺术品博览会”、“第二届中国锦州中外古玩艺术品博览会”、“第十一届重庆中国古玩艺术品博览会”、“第十一届（春季）天津中国古玩艺术品博览会”、“第十一届北京中国古玩艺术品博览会”，并首次由商会和上海市徐汇区政府联合举办的“首届中国上海古玩艺术品博览会”于 2008 年 4 月 25～28 日在“上海东亚展览中心”举行。本次展会是商会

2008年在各地举办的春季博览会之一，由上海云洲古玩城、上海中古商展览公司承办。展场面积4300平方米，标准展位200余个，分为古玩区、工艺品区和拍卖预展区。

2008年，继续举办了“中国田黄展”、“中国民间古玉展”、“中国鼻烟壶艺术博览会”，由古玩业商会中国砚研究会举办了首届“中国名砚展”，依托商会下属“研究会”举办了古玩艺术品的专项展览，并加强监管，使展会更加规范。

为了给每一会员单位免费建立网站，实现古玩行业从传统经营模式向现代化信息化经营模式的转变，以整合行业资源为主，全方位多角度地为古玩业界人士提供更方便、更快捷的信息互动、交流交易平台，2008年3月28日，商会和“中国古玩网”在京联合举办了“首期网络联络员培训班”，邀请专业人士进行培训。共有11家团体会员单位的30余人参加了此次培训，并成为首批网络联络员。

2009年

一、召开商会第二次会员代表大会

2009年伊始，商会就开始了“全国工商联古玩业商会第二次会员代表大会”的筹备工作。

经向全国工商联会员部提出申请后，商会按照会员部的相关要求，组成了“换届领导小组”负责换届工作。并于1月20日，在北京国都大酒店召开了会长会议讨论有关换届的问题和程序。最后经过几易其稿，全国工商联于2009年4月23日下发了“关于同意全国工商联古玩业商会召开第二次会员代表大会的批复”。“第二次会员代表大会”于2009年6月7~8日，在“北京亚太花园酒店”成功举行。共有来自全国各地的120余名会员代表出席了此次会议。其中，25个团体会员市场到会，21个研究会代表到会。

全国工商联领导对此次大会高度重视，给予了大力的帮助和指导。会员部李树林副部长和薛魁同志提前进驻会务组，指导、监督换届工作按照程序、符合要求地顺利进行。宋北杉副主席、瞿怀明会长、刘红路部长还出席了6月8日的“第二次全体会议”。

此次会议，选举出了“第二届理事会成员”。选举宋建文为古玩业商会会长；代裕明、石庆华、齐学明、宋作桐、张学溥、李锡江、杨俊炎、辛柏祥、邹本柱、郑国政、殷世全、钱岳明、喻安城、蒋继明为副会长；丁文忠等47人为常务理事。并聘请原国家文物局局长、故宫博物院院长吕济民为商会名誉会长；原全国人大副秘书长冯兰明、中国收藏家协会会长闫振堂、台湾观想艺术有限公司董事长徐政夫、《北京政府志》主编郑理、北京文物鉴定委员会委员曲德龙为古玩业商会顾问。

二、制定行规民约，引导规范运作，报送申请社团法人的相关资料

根据全国工商联关于“对照《社会团体登记管理条例》及民政部相关规定和要求，分析评估本商会是否已具备申请登记的条件”的指示，商会经研究后得出结论：商会已符合行业商会申请社会团体登记的要求，并以“国家文物局”为业务主管单位上报全国工商联。7月16日、17日宋建文会长、张肃婴秘书长参加了“全国工商联行业商会专题培训班”。并按照全国工商联的要求起草了“古玩业商会业务职能范围”。8月8日，商会在哈尔滨市举行“会长会”，传达此次会议的精神，组织副会长集中学习了《民间组织管理政策法规选编》。并由各地副会长搜集、整理、借鉴各地区、各市场历史形成的、近期制订的古玩行业行规、民约，以为日后制订古玩业商会行规民约奠定基础，并讨论了申请“社团法人登记”的相关事宜。2009年8月12日，正式向全国工商联报送了成立“全国工商联古玩业商会社团法人”的申请。

制定了古玩业商会《会员自律手册》、会员《退换货纠纷调解办法》以及会员入会签署的《承诺书》，并由会长办公会审议通过。印制了《中华全国工商业联合会古玩业商会会员手册》发放到会员手中，其内容包括了以上三份文件及

《中华人民共和国文物保护法》、《中华全国工商业联合会古玩业商会章程》。通过阅读《会员手册》并签署《承诺书》，商会会员熟悉了国家相关法律法规，规范了会员的经营活动，了解了古玩业商会的性质及在其经营活动中所起到的作用。使其承诺在商会的监督下，在经营过程中真正地做到了解国家法律合法经营、遵守行规民约有序经营。

三、古玩艺术品博览会及各专项精品展的举行

3 月 22 ~ 26 日，商会与当地联合主办的“第十二届大连（春季）古玩艺术品博览会”在大连市星海展览中心举行。

4 月 18 ~ 20 日，商会与当地联合主办的“第四届中国·锦州古玩文化节”在锦州古玩城落下帷幕。

由商会和上海市徐汇区政府联合举办的“第二届中国上海古玩艺术品博览会”于4 月25 ~28 日在“上海东亚展览中心”举行。本次展会是商会在各地举办的春季博览会之一，由上海云洲古玩城、上海中古商展览公司承办。展场面积4300 平方米，标准展位200 余个，分为古玩区、工艺品区和拍卖预展区。

7 月25 日至8 月2 日，古玩业商会古陶瓷壶具研究会、古玩业商会古陶瓷研究会联合福建建阳市博物馆、北京电视台《天下收藏》栏目组，在北京天雅古玩城举办了“宋代建窑瓷器特展”，展出宋代建窑茶盏精品一百余件。

11 月6 ~9 日，全国工商联批准，北京古玩城市场集团与全国工商联古玩业商会共同主办的“第十二届北京古玩艺术品博览会”在北京国贸中心展览馆举行。此次展会共设展位 90 余个，有来自 11 个国家和地区的国内外古董经销商、文物商店、文物公司、拍卖公司参展。续写了“中国古玩艺术品博览会”这一中国最大古玩艺术品展销会品牌的辉煌。

四、商会组织建设和会员发展

商会在2009 年发展个人会员31 人，其中常务理事2 人。商会并对提出副会长申请的企业中腾集团进行了考察。由全国工商联批准，中腾集团董事长郑国政继任为副会长。

成立了“古玩业商会会员自律委员会”、“纠纷调解小组”以解决会员与会员之间、会员与顾客之间的经营纠纷。

五、完善专业研究会管理

2007 年至 2008 年两年的时间里，商会将专业研究会的发展作为了工作的重点之一，现已有专业研究会 23 个。通过大力发展专业研究会，完成了各古玩专项精英的聚合，使得商会理论层面的研究划分更加细化，各专项研究会根据自身特点，发展方向也更加明确。从某种意义上说，通过这些专业研究会发展的一加一大于二的合力，带动了商会整体的向前发展，也体现了商会发展精英化与专业化的特性。研究会已经成为与市场并列的商会两大基础群体。但研究会在发展过程中存在着发展过快、资格审核不够严格、相关制度不够完善、日常监管力度不够等状况，出现一些比较难控制的问题。商会换届大会之后把对研究会的整顿规范工作提上议事日程，并暂时停止了专业研究会的发展，整顿规范完成、各项管理办法出台后再继续开展。目前已经对所属的各专业研究会进行了逐个调查研究，了解存在的问题，并广泛听取了业内人士及各研究会负责人的意见、建议，制定了研究会管理办法修改草案。2010 年上半年将分期分批召开由研究会负责人参加的座谈会，并开始具体实施整顿规范工作。

重要活动

2007 年

“镇店之宝”评选活动顺利完成

由商会和中央电视台经济频道联合举办的“第二届赛宝大会——镇店之宝”评选活动于

2006年11月在商会团体会员范围内全面展开。各地推荐的百余件藏品在北京“程田古玩城”由40多名专家进行复选。最后共4类16件“镇店之宝”进入最后央视二套的决赛。2007年1月16日、17日、19日，商会部分在京会员单位参加了中央电视台“镇店之宝”节目的录制，该节目正月初一至初七的21：30在央视二套播出。

“天价”田黄揭开神秘“面纱”

2007年1月23日，由古玩业商会中国寿山石研究会主办的“中国百枚田黄展”在北京工美大厦四层展览厅开幕。宋建文会长、张肃婴秘书长到场祝贺，宋建文会长还亲自为价值2008万元的“天价”田黄石揭幕。

大连“春季博览会”召开

2007年3月22～25日，“第十届春季（大连）中国古玩艺术品博览会”在大连星海中心举行。参加换届筹备会的商会部分领导出席了开幕式。

中国普洱茶（名茶）文化研究会成立

2007年3月18日，商会批准成立“中国普洱茶（名茶）文化研究会”为下属专业研究会。该研究会以弘扬历史悠久的中国茶文化为宗旨，并将深入发掘、研究与名茶相关联的书法、古玩等文化内涵。

锦州古玩文化节召开

2007年4月14～16日，由锦州市人民政府和古玩业商会联合举办的“第二届中国·锦州中外古玩艺术品博览会暨第二届中国锦州文化节”于锦州举行。

举行天津博览会

商会和天津市商务委员会、南开区人民政府等单位联合主办的“第十届（春季）天津中国古玩艺术品博览会”于2007年4月20日至23日在天津古文化街旅游区古玩城举行。

武汉2007年全国文物艺术品博览会

由武汉市文物商店和武汉市文物监管品市场于2007年5月27日至29日联合举办“武汉2007年全国文物艺术品博览会”。本次展会旨在丰富、繁荣武汉的文物艺术品市场，发挥国有文物经营单位的主渠道作用。参展单位将以全国文物商店、文物经营单位为主。

召开承德古玩博览会

2007年6月10日，由古玩业商会和承德市政府联合举办的“首届中国承德古玩博览会”在承德市召开。宋作桐副会长、张肃婴秘书长应邀出席了开幕典礼，并代表商会致了贺词。

召开重庆古玩博览会

为庆祝重庆设立直辖市十周年，由全国工商联古玩业商会和重庆渝中区政府联合举办，重庆三峡古玩城承办的“第十届重庆中国古玩艺术品博览会”于2007年6月22～25日在重庆市人民广场举行。宋建文会长、李锡江副会长、会长助理肖秉侠、秘书长张肃婴出席了开幕式。宋建文会长做了筹备工作的报告并致祝词。在举办展会期间，主办方还邀请了故宫博物院的专家为重庆市民进行了现场鉴定和文物讲座。

第十届北京博览会圆满落幕

2007年9月3日，历时四天的“第十届北京中国古玩艺术品博览会”在北京国际贸易中心圆满结束。本次展会共有展位220个，有来自15个国家和地区的单位参展。组委会首次邀请业内专家在展销过程中穿插举办了专题讲座，反响热烈。展会客流量达到5万人次，交易额预计为2亿元人民币。

《首届中国民间古玉展》在世纪坛隆重举行

堪称新中国成立以来最大规模的民间古玉器展览——“首届中国民间古玉展”于2007年10月9～13日在北京中华世纪坛举办。本届展览由全国工商联古玩业商会中国古玉器研究会、河北美术出版社等单位主办。

展览展出了中国古玉器研究会同下属12家中心（即省级古玉器研究中心）以及会员所藏的古玉器藏品达300件；历史跨度从新石器时期到清代达6000多年；覆盖地域范围包括了陕西甘肃地区的齐家文化、东北地区的红山文化以及长江中下游流域的良渚文化这三大块中华新石器时期文明遗存的古玉器。

2008 年

主办第十一届春季（大连）中国古玩艺术品博览会

由大连市人民政府、中华全国工商业联合会古玩业商会、大连中国工艺品旅游品交易市场有限公司主办，大连华艺国际展览有限公司承办的第六届全国工艺品、旅游品、礼品博览会暨第十一届春季（大连）中国古玩艺术品博览会于2008 年3 月20 日在大连星海会展中心隆重开幕，展览会持续至24 日。

2008 年3 月20 日，第十一届春季（大连）中国古玩艺术品博览会在大连隆重开幕

首期网络联络员培训班开课

为了给每一会员单位免费建立网站，实现古玩行业从传统经营模式向现代化信息化经营模式的转变，以整合行业资源为主，全方位多角度地为古玩业界人士提供更方便、更快捷的信息互动、交流交易平台，2008 年3 月28 日，商会和“中国古玩网”在京联合举办了“首期网络联络员培训班”，邀请专业人士进行培训。共有11 家团体会员单位的30 余人参加了此次培训，并成为首批网络联络员。

主办第十一届（春季）天津中国古玩艺术品博览会

商会、天津市商务委等单位主办，天津市古文化街海河楼开发经营有限公司承办的“第十一届（春季）天津中国古玩艺术品博览会”于2008 年4 月18 ~21 日在古文化街商贸区古玩城举行。本届展会参展商约90 家，会场面积5000 平方米（室内3000 平方米、室外2000 平方米）。

举办锦州古玩博览会

由古玩业商会和锦州市人民政府联合举办的“第三届中国·锦州古玩艺术品博览会暨第三届中国锦州古玩文化节”于2008 年4 月19 ~21 日在锦州辽西古玩城举行。有约30 位国外收藏、经营中国古玩艺术品资深知名人士参加，所带展品均来自国外。共有几千件回流文物精品在展会上展示与交流。期间中央电视台《艺术品投资》走进锦州“寻宝”，进行了免费“鉴宝”和专题展等活动。

举办首届中国上海古玩艺术品博览会

由商会和上海市徐汇区政府联合举办的“首届中国上海古玩艺术品博览会”于2008 年4 月25 ~28 日在“上海东亚展览中心”举行。本次展会是商会2008 年在各地举办的春季博览会之一，由上海云洲古玩城、上海中古商展览公司承办。展场面积4300 平方米，标准展位200 余个，分为古玩区、工艺品区和拍卖预展区。

举办第十一届北京博览会

2008 年11 月27 ~30 日，第十一届北京中国古玩艺术品博览会在北京举办

2008 年11 月27 ~30 日，历时四天的“第十一届北京中国古玩艺术品博览会”在北京国际贸易中心圆满结束。本次展会共有展位125 个，有来自15 个国家和地区的单位参展。展会期间开展了“古玩市场现状”为主题的古玩市场论坛，

反响热烈，20多位古玩市场、古玩艺术品媒体资深人士参加了此次讨论。

2009年

召开第十二届大连（春季）古玩艺术品博览会

3月22日至26日，商会与当地联合主办的“第十二届大连（春季）古玩艺术品博览会”在大连市星海展览中心举行。

召开“第四届中国·锦州古玩文化节”

4月18～20日，商会与当地联合主办的“第四届中国·锦州古玩文化节”在锦州古玩城落下帷幕。

召开第二届中国上海古玩艺术品博览会

由商会和上海市徐汇区政府联合举办的“第二届中国上海古玩艺术品博览会”于4月25～28日在“上海东亚展览中心”举行。本次展会是商会在各地举办的春季博览会之一，由上海云洲古玩城、上海中古商展览公司承办。展场面积4300平方米，标准展位200余个，分为古玩区、工艺品区和拍卖预展区。

举办“宋代建窑瓷器特展”

7月25日至8月2日，古玩业商会古陶瓷壶具研究会、古玩业商会古陶瓷研究会联合福建建阳市博物馆、北京电视台《天下收藏》栏目组，在北京天雅古玩城举办了“宋代建窑瓷器特展”，展出宋代建窑茶盏精品一百余件。

“第十二届北京古玩艺术品博览会”在北京国贸中心展览馆举行

11月6～9日，全国工商联批准，北京古玩城市场集团与全国工商联古玩业商会共同主办的“第十二届北京古玩艺术品博览会”在北京国贸中心展览馆举行。此次展会共设展位90余个，有来自11个国家和地区的国内外古董经销商、文物商店、文物公司、拍卖公司参展。续写了“中国古玩艺术品博览会”这一中国最大古玩艺术品展销会品牌的辉煌。

重要文献

2007年

古玩业商会行业发展报告（摘要）

全国工商联古玩业商会

（2007年7月）

随着20世纪80年代文物市场的逐渐开放，古玩行业在20多年的时间里得到了迅猛的发展。综合国力的大幅提升使得人民生活水平逐年提高的同时，也为收藏这一在我国具有悠久传统的文化休闲习惯培育了丰富的土壤。古玩、拍卖业的振兴是国民经济发展的晴雨表，自古就有古玩业“兴在百业后”的谚语。进入新世纪后，全国各地的收藏热潮一浪高过一浪，古玩市场、拍卖公司如雨后春笋般在各地兴起。拍卖行业成交额也逐年提高。收藏似乎已不再是少数富商巨贾的专利，越来越多的人开始从事收藏、涉足古玩行业。以此带来的古玩产业，如收藏书刊、杂志、电视栏目等也得到了长足发展。根据对行业的研究和分析，可以对我国古玩行业今后几年的发展趋势做出以下的预判：

一、“文物回流”趋势将持续下去

改革开放以来，我国的综合国力不断提升。国内外经济专家预测：中国的国民生产总值在以后的几年将继续保持高速增长的势头。自21世纪初，以圆明园生肖兽首被北京保利集团高价买回为标志的文物回流现象开始出现。伴随着一件又一件流失海外的国宝被国内高价购回，世界古董交易的中心逐渐由欧美向中国转移。以雄厚经济实力为后盾的中国藏家开始了新一轮的文物回购热潮。古玩由20世纪八九十年代文物市场刚开放时的向国外流动，到90年代末开始转为向国内回流。同时，中国的藏家和买家也正在走出国门，在国际知名的拍卖会上大显身手。尽管位于5000万港元至1亿港元的艺术品，西方国家的买家居多，而5000万港元以下，尤其是1000万港元至2000万港元的艺术品，中国的买家就占了相当大的份额。这种中国文物集中的“回家”现象，不仅代表着中国经济实力的提升，更是一种国人在历经长年的文化激荡后对中华文化的重新认同。随着经济实力的持续增长和人民生活水平的不断提高，文物回流的趋势将会继续保持下去。

二、建立民间鉴定组织的需求更加迫切

随着全民收藏热潮的涌动，国内各类鉴定活动纷纷攘攘，各类鉴定组织五花八门，鉴定人员水平参差不齐，鉴定纠纷层出不穷。古玩鉴定仍主要依据人的经验和资历，随着众多资深专家的辞世和衰老，古玩业、收藏业迫切需要建立一个具有相应资质及鉴定方法相对科学与完善的民间古玩鉴定系统，通过统一的考试认证、职称评定来选拔组建一支鉴定人才队伍，更好地保证古玩产业、拍卖行业的健康有续发展。

为了充分利用商会鉴定人才的资源优势，服务于社会各界收藏爱好者，商会自2003年就开始进行民间古玩鉴定师评定的研讨工作，但因资质认证问题而未能取得突破性进展。目前，通过换届改选的预备工作，商会又一次对会员中的鉴定人才的资料进行统计、分类，完成了评定的人才储备，并开始着手进行评定程序的制定与论证。

三、同地区的古玩市场的恶性竞争急需解决

近年来，受全民收藏热的直接影响，全国兴起了兴建古玩城、收藏品市场之风。以北京为例，两三年之内就新建了10余家古玩、收藏品市场。据不完全统计，全国现有古玩市场100家左右，而且这些古玩市场大多数为民营企业。但由于有些市场或因为仓促上马、临时转产，市场的软硬件实施都不成熟；或未对市场前景进行科学论证与调研，盲目跟风，最终都导致了古玩市场的夭折。有些地区的古玩市场之间存在着严重的恶性竞争。随着行业整体前景的看好、古玩市场将会越来越多，这是大势所趋，但古玩资源不可再生，市场越多也就意味着每个市场的平均资源越少，假货越多。假货多达到临界，将丧失收藏群体的信赖与追捧，最终将直接导致这个行业的崩溃。因此，如何应对同城、同地区的市场之间的竞争，合理配置资源，达到“共赢”，是今后几年古玩行业要健康、有序发展所必须解决的问题和难题。

四、古玩行业受证券交易市场的影响愈加明显

古玩是一种不可再生的特殊商品，它特殊的价值增值特性决定了它可以作为一种投资的对象。自古就有“盛世古玩、乱世黄金”的说法。古玩这种特殊商品在某种意义上还是经济环境的晴雨表之一，因为古语说它“衰在百业前”。古玩市场与证券交易市场这两个看似无关的市场在近年却显现出令人关注的“互动”。

通过对古玩商的随机了解，每当股市大盘全线飘红之际，古玩行业的生意明显暗淡；但当大盘震荡之时，古玩交易却上升明显。简言之，古玩和股市互为熊牛，古玩业受证券交易市场的影响越来越显著。其原因就是，越来越多的人将古玩作为了一种投资手段，但古玩升值潜力大，速度慢的特点往往受到股市短期收益的冲击，这种影响随着全民收藏的热潮涌动将会愈加明显，值得关注。

大事记

2007年

1月，商会下属的第十四家专业研究会——“中国青铜器研究会”正式成立。该研究会会聚了贾文忠、金中、黄春和等国内一批知名的青铜器鉴定、修复的学者、专家。

1月23日至2月1日，由古玩业商会中国寿山石研究会主办的“中国百枚田黄展”在北京工美大厦展出。

3月4～26日，全国工商联行业商会综合考评活动分阶段展开。商会在进行秘书处自查后，与其他兄弟商会进行了交叉考评。

3月18日，商会批准成立“中国普洱茶（名茶）文化研究会”为下属专业研究会。

3月22～25日，“第十届春季（大连）中国古玩艺术品博览会”在大连星海中心举行。

4月14～16日，由锦州市人民政府和商会联合举办的“第二届中国·锦州中外古玩艺术品博览会暨第二届中国锦州文化节”在锦州举行。

4月20～23日，商会和天津市商务委员会、南开区人民政府等单位联合主办的“第十届（春季）天津中国古玩艺术品博览会”在天津古文化街旅游区古玩城举行。

4月24日，“中国古玩市场论坛——2007西湖峰会”在浙江杭州市举行。本次论坛由商会主办，全国古玩市场联谊会协办，杭州收藏品市场承办。

6月10日，由商会和承德市政府联合举办的“首届中国承德古玩博览会”在承德市召开。宋作桐副会长、张肃婴秘书长应邀出席了开幕典礼，并代表商会致了贺词。

6月22～25日，为庆祝重庆设立直辖市十周年，由商会和重庆渝中区政府联合举办，重庆三峡古玩城承办的“第十届重庆中国古玩艺术品博览会”在重庆市人民广场举行。

9月3日，历时四天的“第十届北京中国古玩艺术品博览会”在北京国际贸易中心圆满结束。

9月18日，“商会关于举办大型活动座谈会”在上海云洲古玩城召开。会长宋建文，副会长戴裕明、齐学明、殷世全、喻安城、邹本柱、张学溥，秘书长张肃婴，古玉研究会会长侯彦成，上海云洲古玩城董事长钱岳明、总经理姚新华、常务副总经理王义荣等参加了会议。

10月9～13日，堪称新中国成立以来最大规模的民间古玉器展览——“首届中国民间古玉展”在北京中华世纪坛举办。

11月30日，商会正式批准成立“中国砚研究会”作为商会下属专业研究会。

2008年

1月30日，批准成立中华全国工商业联合会古玩业商会“中国紫砂壶研究会”为商会下属专业委员会。

4月14日，批准成立中华全国工商业联合会古玩业商会“中国琥珀碧玺研究会”为商会下属专业委员会。

5月6日，批准成立中华全国工商业联合会古玩业商会“中国猛犸象牙研究会”为商会下属专业委员会。

5月8日，批准成立中华全国工商业联合会古玩业商会“中国古陶瓷壶具研究会”为商会下属专业委员会。

5月16日，批准成立中华全国工商业联合会古玩业商会“中国书画研究会”为商会下属专业委员会。

5月20日，批准成立中华全国工商业联合会古玩业商会“中国翡翠研究会”为商会下属专业委员会。

7月27日上午，全国工商联副主席宋北杉前往北京古玩城，考察古玩业商会的工作。

8月，经全国工商联批准古玩业商会副会长、石家庄古玩城总经理白剑勇，北京程田古玩城兰亭古玩店经理俞锡山正式辞去副会长职务，另上海云洲古玩艺术市场管理有限公司董事长钱岳明、哈尔滨古玩城总经理辛柏祥继任副会长。

11月16日，由商会秘书处审核后，经会长办公会讨论通过，批准成立中华全国工商业联合会古玩业商会“中国文物鉴定评估研究会”为商会下属专业委员会。

2009年

2009年新年伊始，开始“全国工商联古玩业商会第二次会员代表大会”的筹备工作。

1月20日，在北京“国都大酒店”召开了

"会长办公会"讨论有关换届的问题和程序。

6月，全国工商联会员部批复了商会上报的关于"副会长人员调整"的请示，同意批准副会长张光杰、沈勇杰的辞职请求，并由郑国政继任。

6月7~8日，第二次会员代表大会在"北京亚太花园酒店"成功举行。共有来自全国各地的120余名会员代表出席了此次会议。其中，25个团体会员市场到会，21个研究会代表到会，此次会议，选举出了"第二届理事会成员"。选举宋建文为古玩业商会会长；选举代裕明、石庆华、齐学明、宋作桐、张学溥、李锡江、杨俊炎、辛柏祥、邹本柱、郑国政、殷世全、钱岳明、喻安城、蒋继明为副会长；选举丁文忠等47人为常务理事。

7月16日、17日，宋建文会长、张肃婴秘书长参加了"全国工商联行业商会专题培训班"，并按照全国工商联的要求起草了"古玩业商会业务职能范围"。

8月8日，商会在哈尔滨市举行会长办公会，组织副会长集中学习了《民间组织管理政策法规选编》。并由各地副会长搜集、整理、借鉴各地区、各市场历史形成的、近期制订的古玩行业行规、民约，以为日后制订古玩业商会行规民约奠定基础，并讨论了申请"社团法人登记"的相关事宜。

8月12日，正式向全国工商联报送了成立"全国工商联古玩业商会社团法人"的申请。

全国工商联汽车摩托车配件用品业商会

商会简介

工作综述

重要文献

大事记

全国工商联汽车摩托车配件用品业商会会标，将中国古代长城和商会英文名称的首字母进行了有机组合（CAMP）。如长城般的“C”代表汽车零部件的齿轮，象征驱动着行业不断发展，C也是中国（CHINA）的第一个字母，代表着商会是全国性的行业组织。AMP为Auto & Motor Bike Parts的简写，表示汽车摩托车和配件用品行业。变形的字母C和其他三个字母的组合，简洁明快，视觉冲击力较强。同时，在标志的设计中，加入了汽车零部件的元素，充分体现出商会是关于汽车摩托车零部件行业的组织。

商会简介

中华全国工商业联合会汽车摩托车配件用品业商会简称“全国工商联汽摩配用品业商会”，系中华全国工商业联合会的直属行业商会，2002年11月18日成立于北京，是中国目前唯一的全国性汽摩配用品行业民间组织。全国工商联汽摩配用品业商会现有300家直属会员，基层会员15000余家，其中包括国内外汽摩配用品行业著名的生产企业、汽摩配专业市场和流通企业以及北京、上海、浙江、广东、吉林、辽宁、河南、湖南、四川、安徽、贵州等20多个省、市的40余家专业团体、行业商会（协会），会员分布国内各地区，影响广泛。

全国工商联汽摩配用品业商会的宗旨是“务实、和谐、创新、服务”，它代表中国汽摩配用品行业广大企业的共同利益，以促进汽摩配用品行业的可持续发展为己任，是沟通会员与政府、会员与会员、会员与用户的桥梁和纽带。致力于振兴中国汽摩配用品行业，维护会员的合法权益和行业的整体利益，协助解决企业共同关心的问题，促进中国汽摩配用品行业的健康发展。

全国工商联汽摩配用品业商会下设分支机构有：专家工作委员会、职业经理人工作委员会、摩托车专业委员会、汽车用品专业委员会、信息化专业委员会、生产专业委员会，办有“一报一刊一网”宣传渠道，即会刊《中国汽摩配》、《中国汽车后市场报》及商会网站（www. auto. gov. cn）。

全国工商联汽摩配用品业商会会员遍及全国，与上百家汽摩配大型专业批发市场及数万家汽摩配用品经销商结成强大的物流网络。商会还与美国、德国、法国、意大利、日本、韩国及东南亚各国和中国港澳台地区的汽摩配同仁都建立了友好往来关系，并与马来西亚电单车总商会缔结为“国际友好商会”。

热诚欢迎国内外同行与全国汽摩配用品业商

会长

刘吉纯

副会长

王茂新

王逢麟

付大庚

刘雪品

孙鲁秦

朱财宝

许尚春

何文杰

吴卫国

张晓平

会携手合作，共创汽摩配用品行业美好的明天。

第二届会长、副会长、秘书长名单

（以姓氏笔画为序）

会长

刘吉纯　山东长城实业集团总公司董事长

副会长

王茂新　山西蓝海集团董事长

王逢麟　福建省大丰集团有限公司常务副总

付大庚　北京西郊汽车配件市场中心总经理

刘雪品　北京市工商联汽配业商会会长

孙鲁秦　海纳集团西安汽车配件市场董事长

朱财宝　浙江宝马汽配集团有限公司董事长

许尚春　浙江海啊进出口集团有限公司董事长

何文杰　湖南省三湘南湖大市场汽配城总经理

吴卫国　常州市中凉亭汽摩配市场华丽摩配商行董事长

张晓平　中国瑞立集团董事长

李安平　全国汽车配件交易会组委会主任

李宝民　辽宁省机械工业设备成套公司总经理

邹忠平　中国五十铃车用零部件商会会长

陈小宏　浙江普通服务市场有限公司副总经理

周成元　成都九峰汽车汽配经营管理有限公司总经理

金勋甲　沈阳辽宁冶金经贸公司总裁

骆联盟　浙江骆氏减震件股份有限公司董事长

骆澜涛　广州永泰和汽车用品有限公司董事长

高仕军　江苏高力集团有限公司董事长

高建设　河南万通控股集团有限公司董事长

曹　伟　长春汽车产业开发区管委会副主任

章宏伟　上海东方汽配城有限公司董事长

程文龙　北京五方天雅汽配城总经理

谢　宇　北京雅森国际展览有限公司总经理

秘书长

代　飞

李安平

李宝民

邹忠平

陈小宏

周成元

金勋甲

骆联盟

骆澜涛

高仕军

高建设

曹　伟

章宏伟

附：

第一届会长、副会长、秘书长名单（以姓氏笔画为序）

会长

霍义光　全国工商联汽摩配用品业商会会长

副会长

王逢麟　福建省大丰集团有限公司常务副总

王嘉善　北京西郊汽车配件市场中心副总经理
刘　杰　中国重型汽车工程机械配件联合会会长
刘雪品　北京市工商联汽配业商会会长
刘吉纯　山东长城实业集团总公司董事长
孙鲁秦　海纳集团西安汽车配件市场董事长
朱财宝　浙江宝马汽配集团有限公司董事长
李安平　中国汽车工业配件销售公司总经理
杨冠兴　辽宁省鞍山市工商业联合会会长
沈季成　江门成威机车用品有限公司总经理
陈小宏　浙江普通服务市场有限公司副总经理
邹忠平　中国五十铃车用零部件商会会长
张晓平　中国瑞立集团董事长
何文杰　湖南省汽车行业协会市场分会理事长
苏　晖　北京亚运村汽车交易市场总经理
金勋甲　沈阳辽宁冶金经贸公司总裁
骆联盟　浙江骆氏实业发展有限公司董事长
骆澜涛　广州市汽车配件用品行业协会会长
高建设　河南万通投资有限公司董事长
章宏伟　上海东方汽配城有限公司董事长
曹　伟　长春汽车产业开发区管委会副主任
秘书长
韩春凤

联系方式：
电话：010－58613508　58613509
58613510　58613511
传真：010－58613512
地址：北京市朝阳区广渠门外大街8号优士阁B座2508
邮编：100022
网站：www. auto. gov. cn
邮箱：auto. gov@ gmail. com

程文龙

谢　宇

秘书长：代飞

工作综述

2007年

中华全国工商业联合会汽车摩托车配件用品业商会在全国工商联的直接领导下，在相关政府部门、行业专家、新闻媒体以及广大会员的热心关怀、积极支持和共同参与下，在秘书处全体同志的共同努力下，商会牢固树立“全心全意为会员服务”的宗旨，认真履行自律、维权、协调、服务的职能，在开展行业自律、维护会员利益、规范市场秩序、提高为会员服务水平等方面做了一些积极的尝试，取得了积极的、卓有成效的进展，在汽配用品业界和社会各界产生了重要的影响，也发挥了重要的作用。

回顾2007年的工作，主要表现在以下方面：

一、不断创新，全心全意为会员服务

商会围绕“创新、发展、务实、高效”的八字工作方针和“全心全意为会员服务”的工作宗旨，把为会员服务作为一切工作的出发点，结合不同会员企业的不同需求，不断创新，务实工作，探索商会运作的全新模式。

1. 联合办学，提高从业人员素质

在广泛调查的基础上，为适应市场发展需要，2006年11月，商会与清华大学联合启动了“中国汽配用品业高级职业经理人（CEO）研修班”。首期研修班于2007年初结业，有20名高层管理者参加学习，本次研修班结合国际先进的管理经验及行业发展模式理论，采用案例教学、师生互动形式，使参加学员从行业发展、企业战略、经营管理等各个层面得到提高。商会还与其他国内外组织联系沟通开发了新的培训项目，如与中德经济文化交流协会开发德国培训考察项目，与北京三星汽修学校探讨基层汽修汽配销售人员的培训及定向就业工作等。目前商会正在与国家劳动保障部合作，探讨对汽车后市场的人才培训和资格考评，提高整个行业的人才素质。

2. 为企业提供务实服务

2007年，商会先后为浙江骆氏实业发展有限公司、中欧汽车电器有限公司、鑫田集团有限公司、立峰集团有限公司、广州市天律汽车滤清器有限公司等会员单位申报中国名牌、驰名商标和国家免检产品等提供支持和证明材料。12月，商会着手2007年名牌产品目录的申报和统计工作，并电话跟踪确保会员企业的及时上报。

商会了解到会员单位浙江飞亚电子有限公司自主研发的摩托车电喷高科技核心技术产品后，向全国工商联做了全面的汇报，全国工商联已将其技术体系推荐参加2007～2008年度国家科学技术进步奖的评选。

6月，商会组织了近20家会员企业参加了在天津举办的“中国企业国际融资洽谈会”，会中这些企业与国外私募投资机构进行了认真的交流，并约定双方进行更深入的洽谈。河南万通控股集团有限公司已与国外6家投资公司进行了深入实质性的洽谈；飞亚电子有限公司从国外筹措1亿元以上资金的洽谈工作即将进入到实质性的阶段。

3. 启动和推广行业“正品防伪标识”

为积极配合国家关于市场经营秩序整顿工作和促进行业规范，保护会员企业合法经营权益，2007年秘书处正式成立品牌与质量保障部，并与海南亚元防伪公司联合建立防伪技术开发与使用研发基地，利用高科技的防伪技术，启动商会“正品防伪标识”。力求实现生产企业出厂产品贴标识、流通企业经销产品有标识、用户购买产品索标识、政府部门监督管理认标识，以提升产品质量的可信度、生产企业的信誉度、用户知情的透明度、监督管理的可控度。正品工程的《章程》、《管理办法》、《评审条件》等相继出台，并向国家工商总局消保局、中消协等有关部门进行了专题汇报和备案，争取各政府相关部门的大力支持和协助，并于6月18日在北京人民大会堂举行了新闻发布会，来自全国工商联、政府、社会各界人士及首批贴标企业45家近200人见证了汽摩配行业这一重要的历史时刻，新华社、中央电视台、《中国汽车报》等给予全程报道。

二、夯实基础建设，提高商会的综合服务能力

商会作为中国汽摩配行业非公经济企业的代言人，深感肩上的重任。为了做好商会工作，真正起到政府的参谋部、行业的联络站和企业服务员的作用，多年来，商会结合汽摩配行业的特点，不断加强和培育商会组织的网络建设，逐步完善组织结构，积极稳妥地发展会员，以商会这个平台，实现行业资源的整合，通过这个平台，广泛联系，广聚资源，增强合力，促进发展。

商会成立以来，先后走访了北京、上海、浙江、广东、河北、河南、湖南、江苏、新疆等五十几个省市的会员企业，积极支持成立了地方商会和各专业委员会等。截至2007年底，发展地方商会（协会）、专业团体53家，直属会员近300名，基层会员达到20000余家；均系国内著名生产企业、省级地方商会（协会）、国内著名汽配市场和国内有实力的汽摩配供应商、经销商，大部分为非公有制经济企业的高层决策者和管理者，其中生产企业约占20%，流通企业约占40%，专业市场约占25%，地方团体会员约占15%，会员遍布全国26个省、直辖市，还有来自日本、德国、韩国等国的几个境外会员。

为加强商会秘书处的工作和服务能力，建立和完善了各项规章制度，对秘书处工作人员进行年度业绩考核；进一步完善财务制度、会议制度等有关管理规定，强化内部激励和约束机制，规范工作人员行为，以提高秘书处工作效率。

三、做好行业研究，当好政府的参谋和助手

商会在承接国家及地方政府部门委托课题的同时，对涉及中国汽摩配用品行业发展战略的重大课题和行业、企业所关心的热点问题积极主动地开展调研和课题研究。

1. 起草行业标准

商会受国家标准化委员会的委托，自2004年开始，负责牵头起草《中国汽车配件营销企业开业条件、等级划分及市场行为要求》的国家标准，后根据行业需要调整为《中国汽配流通企业管理规范》，已通过国家标准化委员会的审批，预计该标准将在近期由国家质量监督检疫总局颁布执行。2006年8月，国家商务部委托商会牵头制定行业标准《中国汽配专业市场经营管理规范》，目前正在起草，预计2008年8月前将上报国家商务部，由国家标准化委员会批准后颁布实施。

2. 反馈商会意见

2007年初，由商会牵头起草的《关于建立我国汽车零部件营销流通统计渠道的提案》、《建议修订〈汽车品牌销售管理办法〉的提案》被全国工商联采纳并提交到2007年3月在京召开的全国“两会”。2007年底商会又有两项提案被全国工商联采纳，将作为全国工商联团体提案提交2008年“两会”。

四、搭建研讨平台，引领会员企业健康发展

2007年，商会成功举办了“2007汽配财富（江苏）论坛”、“中国（宁波）汽车零部件用品全球采购中心信息发布会”、“中国汽配用品行业信息发布会”、“2007中国汽配市场业态模式与创新发展论坛”等活动，取得了一定效果。连续多年来，由商会主办的“全国汽摩配用品行业商会（协会）秘书长联席会议”已成功召开四次，通过专家讲课、经验交流、互动讨论的形式，对提高商会秘书长的工作水平，加强各地间的横向联系，对进一步规范和推进各地方商（协）会组织建设起到积极作用。

五、开展会展工作，积极搭建合作交流平台

7月，经国家商务部批准，商会作为中国国际汽车零部件博览会的协办单位，与组委会联合办公，负责招商。11月29日，中国国际汽车零部件博览会在京隆重召开，97个国家的外商和国内1000余参展企业到会，商会组织北京、天津、河南、新疆、十堰等十余个省市的协会、市场、企业组团到会参观。会上，商会还联合主办了中国—美国、中国—新西兰、中国—亚洲、中国—土耳其等九场国际零部件合作洽谈会，取得了圆满的结果。

为进一步做好会员服务，搭建行业合作交流的平台，商会连续10次主办了每年两届的“全国汽车配件交易会”和“全国摩托车配件交易会”。会间商会多次主办“中国汽车零部件生产商与经销商关系论坛”及“国内汽配及用品行业信息发布会”等。10月，与河南省人民政府联合主办的中国国际汽车后市场展览会暨全国采购大会在郑州召开，这为商会办展积累了一定的经验。

六、利用网刊资源，做好商会及会员的宣传工作

信息是为会员提供服务最直接的渠道，也是商会开展与外界交流合作的重要平台，信息工作贯穿商会工作的各个方面，渗透到为会员服务的每一个角落。连续五年来，为充分发挥商会资源和平台优势，商会利用行业刊物《中国汽摩配》和网站的优势，为会员企业提供全面、实用、权威的行业资讯和信息，最大限度地实现了行业资源的共享和利用。

商会非常重视网站的建设，相继开发了大型数据库，实现了后台式管理，确保行业的各种信息能够在第一时间内发布；同时下发通知，给所有直属会员、地方商会、汽配市场和专业委员会分配了账号和密码，要求每个会员企业指派一名信息员，建立企业自已的二级页面，不仅极大地方便了会员企业动态信息的及时发布，而且在构建全国信息员网络、整合各种信息资源方面，也收到了明显的效果。

2006年初，《中华汽摩配》正式更名为《中国汽摩配》，至2007年共出版了57期，跟踪报道商会活动390余次，采集宣传会员企业各类信息3950余条，刊登会员企业专题文章1570篇，宣传报道会员企业、市场共计1060余次。同时，商会还加强与行业媒体的深入联系与合作，先后与《中国汽车报》、《汽车与配件》、《中国工业报》、《现代司机报》、慧聪网、新浪网等报刊杂志和行业网站进行业务交流和洽谈，及时宣传商会和发布行业的各类信息，至2007年共有近百家新闻媒体发布商会专题报道410余篇，扩大了商会在国内外行业间的影响，也增强了商会在行业中的话语权。

商会2007年编辑出版了《中国汽配市场论文集》第四册，为行业的发展提供了研讨交流和学习平台。商会2007年编辑出版了《中国汽车摩托车配件用品行业年度报告》，并组织汇编了《全国汽配市场质量管理参考资料》，为会员企业了解行业政策法规、数据资料、整体现状及发展趋势提供了较全面和翔实的行业分析材料。

七、加强国际合作，搭建国际交流的平台

在国际交往方面，商会正逐渐承担起越来越多的行业角色，加强与国际同行业间的广泛联系和交流，建立贸易平台，扩大和宣传汽摩配行业在国际上的影响。

1. 国际交往

5月，应香港贸易发展局的邀请，商会组团

赴港参加了“香港汽车零部件展览会”，并与香港汽车零部件协会等组织建立了合作关系。

2. 加强合作

11月，商会与泰国投资委员会和泰国汽车配件行业协会在京举行了“友好合作协议”的签署仪式。

3. 经贸活动

6月，组织会员企业参加了与意大利中小企业的合作洽谈会；11月，商会在中国国际汽车零部件博览会期间，与组委会主办了9场中外汽车零部件经贸洽谈会，许多会员企业到会与外商进行洽谈，取得较好的效果。

八、发挥桥梁纽带作用，做好各项服务工作

商会坚持做好为会员服务、为政府服务、为行业服务的工作，共同推动行业工作的开展与落实。多年来，商会一直主动加强与国家商务部、国家工商管理总局、国家质检总局、国家发改委、国家环保局、中国消费者协会等国家有关部门的联系与沟通，并聘请主要领导担任商会的高级顾问和指导委员，从政府官员和行业专家的角度，听取他们对商会工作和发展的建议与意见，及时改进商会的工作，真正发挥商会的桥梁和纽带作用。

商会2007年的工作主要有如下四个特点：

1. 坚持“服务立会”，增强商会的吸引力和凝聚力

行业商会要做好工作，关键是“服务立会”。商会不断增强全心全意为会员服务意识，在服务思路上，从过去的被动式服务转变为主动式服务。在服务方式上，从单一服务拓展到专业培训、市场咨询、提供信息、专题研讨、维权服务等多方面服务。对会员提出的困难，凡是商会自身能够办的坚决办好，不能办的及时提请有关部门帮助解决，尽力而为，搞好服务。为会员服务，当好会员娘家人，大大增加了商会的吸引力和凝聚力。

全心全意地服务于会员，为其发展策划，为其排忧解难，成为汽摩配商会工作的主旋律。

2. 发扬团结拼搏、艰苦创业精神，开创商会工作新局面

团结拼搏、艰苦创业是我们中华民族的宝贵精神财富，也是商会克服各种困难，努力开创商会工作新局面的不竭动力。建会初期，商会面临无办公场所，无办公经费，人员少等实际困难，但大家并没有被暂时的困难所吓倒，坚信办法总比困难多。商会一直保持和发扬团结拼搏、艰苦创业精神，形成了自己的工作特色。实践让大家明白，无论什么时候，在什么情况下，只有发扬团结拼搏、艰苦创业精神，商会工作才能开创新局面。

3. 坚持积极进取，勇于创新，在强化自身建设上下工夫

行业商会要积极完成行业主管部门和全国工商联交办的各项任务，必须具有积极进取，勇于创新的精神，不断加强班子建设和队伍建设，促使各项工作充满活力，形成为行业和会员企业服务的特色。要积极进取，勇于创新，就一定要解放思想，抓住机遇，围绕行业和会员企业发展中的重大问题不失时机地提出新的举措并付诸实施；就一定要从实际出发，扎扎实实地抓好基础工作，竭尽全力，形成合力，调动一切积极因素，促进商会的自身建设和服务工作迈上新台阶。

4. 积极寻找差距，不断开创商会工作的新局面

回顾2007年的工作历程，商会的所有工作人员清醒地看到虽然取得了一些成绩，但对照中央15号文件（2006年中共中央下发的《关于巩固和壮大新世纪新阶段统一战线的意见》）和商会《章程》赋予的职能要求，同全国工商联和行业及广大会员对商会工作的期望相比还存在着差距。主要在于：一是面对改革开放的新形势，特别是我国已加入世贸组织，行业商会工作如何充分履行职能，如何与时俱进、不断创新，还需要进一步努力。二是为会员服务的领域还不够宽，与会员的要求还存在一定的距离。三是我们的思想观念、工作作风、工作方法还不完全适应飞速发展的非公有制经济的要求，开拓创新还不够。四是工作思路还不宽，服务还不够到位，联络工作的广度和深度有待进一步开拓。这些问题的存在既有主观努力不够，也有客观条件暂不具备的因素。五是人员素质参差不齐，工作能力、业务水平有限，这些还有待不断提高，加强培训，才能适应新形势的要求。

我们一定会以促进会员单位实现共同利益为宗旨，在全国工商联的领导下，承前启后，继往开来，同心同德，携手并进，开创出新时

期商会工作的新局面，谱写新时期商会工作的新篇章！

2008 年

2008 年，是汽摩配用品业商会成立的第六个年头，也是国家“十一五”规划的第三年，汽车工业的高速发展不仅为商会提供了巨大的发展空间，同时也提出了更高更新的要求。今年初商会在北京顺利换届，新一届商会领导机构在全国工商联的领导下，在国家有关部委、业内专家及全体会员的积极支持和共同参与下，重点推进机制建设和会展工作，努力发挥商会组织的桥梁纽带作用，推动了企业和行业健康发展。

一、加强商会队伍建设和组织建设，完善培育商会网络

结合汽摩配用品行业的发展特点和需要，商会始终把不断加强和完善组织网络建设、合理布局会员结构作为一项基础工作常抓不懈。

1. 深入基层走访，支持会员发展

2008 年，商会先后到杭州、长春、哈尔滨、宁波、武汉、成都、温州、台州、天台、玉环、新疆、西藏、内蒙古等多个城市及地区对会员企业进行考察，考察组深入生产企业工厂车间，考察会员企业生产状况，调查了解企业诉求，研究更好地为会员企业服务，加强商会与会员的沟通交流，进一步推动和改善商会的服务功能，加强商会的凝聚力，扩大全国商会的影响力和覆盖面，切实帮助和引导会员企业健康发展。

2. 加强商会专业委员会的管理

2008 年，经过商会秘书处的认真研究，对现存的各专业委员会进行了专题分析，明确下一步的发展方向，完善和修订了《商会专业委员会管理办法》，强化了专业委员会上报审批机制。此外，为了更好地发挥商会在全国汽摩配市场中的指导作用，根据全国汽摩滤清器市场及商务发展的需要，商会正在筹备成立滤清器专业委员会，负责全国汽摩滤清器行业的商务交流和会展工作，预计明年上半年将正式成立。目前，商会有 40 余家省市一级商协会，10 个专业工作委员会，覆盖国内大部分地区的两万余家会员。

3. 积极吸纳优秀企业家，优化会员结构

2008 年，根据商会章程和条件审核，特别是对那些热心行业及有影响的生产企业进行重点沟通和吸纳，近一年来，共吸纳会员 5 家，目前直属会员数为 221 家；新鲜血液的不断补充，增强了商会的战斗力和凝聚力。

二、加强行业研究，参与行业管理，当好政府参谋

2008 年，结合行业发展的现状与需求，商会积极加强与政府各部门的联系与沟通，参与行业发展，反映行业需求，引导行业自律，制定行规行约，真正充当广大企业与政府的桥梁纽带。

1. 加强与政府和行业专家的联系

2008 年初，商会在京召开了高级顾问、指导委员座谈会，有十余位行业资深专家和政府官员到会，围绕商会新一届的工作和发展提出了许多宝贵意见和合理建议。

2. 完成行业标准的起草上报工作

商会受国家标准化委员会的委托，负责牵头起草的国家标准《中国汽配流通企业管理规范》，今年 9 月初已经由国家质检总局、国家标准化委员会颁布，这是我国汽配流通领域的第一部国家标准。今年上半年，国家商务部委托商会牵头制定的行业标准《中国汽配专业市场经营管理规范》也起草完毕，已报送国家商务部审批后实施。

3. 积极引导开展行业自律

近一年来，商会除了积极引导各地会员参与“3·15”活动并及时汇总报道外，还针对广大会员关心的中国名牌产品等工作，认真贯彻执行国家相关文件和精神，与中国名牌战略促进委员会联系，积极协助会员企业做好申报工作。商会继续倡导并大力推进诚信建设工作，2008 年，经过地方商协会和汽配市场的严格把关和推荐，共评选出 432 家“信誉经销商”，通过这些活动的连续开展，为弘扬诚信、规范行业健康发展树立了一大批的优秀流通企业，对汽配行业品牌建设和质量工作起到了推动作用。

三、加强多方合作，定期开展活动，搭建交流平台

2008 年，商会继续加强与国际同行业的交流，坚持定期开展各种会务、会展、考察等一系列活动，组织会员参加各种推介会、交易会，增进会员间的交流与协作，拓展国内外市场，打造行业品牌。

1. 广泛合作，与国际同行业建立经贸合作关系

近一年来，商会先后与美国国际商业协会、澳大利亚国际商会、中美总商会、泰国汽配行业协会的国际商会进行沟通与交流，同时就国际同行业及企业间的经贸合作进行认真的协商、洽谈。此外，商会还先后组织会员赴美国、韩国群山、中国台湾、香港等地参加汽车零部件行业展会，展示国内汽配行业整体形象，建立经贸合作关系。今年，商会与美国中美总商会会长在北京进行会谈，建立全国合作伙伴关系。

2. 借助全国工商联平台，及时向会员传递各方面的政策和信息

2008 年，全国工商联组织了一系列的专题会议和活动，如“齐鲁行”、“吉林长白行”、直属会员商会会长办公会议、秘书长工作会等活动。通过参加这些活动，并有选择地组织会员企业参与，认真领会和学习国家的最新政策、信息，并积极贯彻在日常工作和会员活动中。同时，积极汇总行业发展资料和企业信息，统一编入《2008年全国工商联直属会员商会年鉴》，这是介绍全国工商联各直属行业商会的工具书，将在国内外公开发行。

四、克服困难，积极搭建全国汽配会交流平台

2008 年，商会克服一切困难，面对各种阻力，在全国工商联的指导下，联合一切可以联合的力量，成功举办了第 63、64 届全国汽配交易会，为会员提供了更为广阔的交流平台，积极打造中国规模最大的汽车后市场盛会。

1. 济南全国汽配会备受好评

2008 年 4 月 19 日，第 63 届全国汽车配件交易会在济南市国际会展中心盛大开幕，全国工商联党组副书记、副主席宋北杉等领导和嘉宾出席了开幕式。本届展会得到了全国汽配行业生产和流通企业的积极响应和大力支持，参加本届展会的企业超过 1500 家，有十几个组展单位及地方政府组团参加本届展会，展览面积达到 50000 平方米。中国石油化工股份有限公司润滑油分公司、株洲湘火炬火花塞有限责任公司、中国重汽集团济南卡车股份有限公司等知名企业亮相本届交易会。北京、上海、天津、长春、武汉、广州、瑞安、玉环、天台、佛山、十堰、南京等 50 多家地方商会、协会和北京西郊汽配城、上海东方汽配城、杭州浙江汽配城、武汉万国汽配城等 26 个省、50 余个城市的 100 多家专业汽配市场积极参与本届交易会，商会发挥国内外的资源优势，邀请重点采购客户、团购客户、经销商、维修企业赴济南交易会进行采购，专业观众超过了 8 万人次。

2. 西安全国汽配会招商火暴

济南全国汽车配件交易会以丰硕的展览成果赢得了参展商的普遍赞誉，西安第 64 届全国汽配会受到了广大参展企业的热捧，目前参展企业 1800 个，展位已达 2600 多个，预计专业观众将超过 10 万人次，经过商会和易通全联国际展览有限公司的努力，全国汽车配件交易会已发展成为我国汽配行业最具影响力的权威展会，是目前我国汽配行业展览规模最大、专业观众最多、行业影响最强的品牌专业盛会。

3. 全国汽配会是商会重要的服务平台

汽配业商会代表了我国汽配全行业的利益，“全国汽车配件交易会”则是全国工商联汽摩配商会的一个重要的服务平台，行业的利益和权利应当属于全行业所有，商会资源属于全体会员，属于全国汽配行业，商会代表了全国汽配行业的整体利益，而不像个别企业办会代表自己的利益，商会正是通过全国汽配会这个重要的服务平台为全行业提供更好的服务。

社会主义选择了商会，商会理应在经济全球化的舞台上扮演越来越重要的角色。在改革开放的进程中，行业商（协）会在政策咨询、行业自律、维护企业权益、促进行业发展、推动国际交流等方面所发挥的重要作用是无可替代的。随着我国改革开放的不断深入和发展，相关法律法规的完善，行业商会组织的作用会进一步加强，在配合政府改制中，行业商会分担着政府的部分职能。所以成功权威的各种展会由行业商会主办是大势所趋，势在必行。

企业和行业商会有本质的不同，无论这个企业有何背景和响亮的名称，它只是中国千万家汽配企业中的一员。企业的生存之道就是要获取最大的利益。在改革开放和日新月异的市场经济大潮中，靠计划经济的余惠，对法律和道德的漠视，都不能成为统领全行业共有资源的借口。全国汽车配件交易会只能由行业商会主导主办，这

才能最广泛地代表企业和全行业的利益，为全行业的全体会员提供更好的服务。

相信随着第64届全国汽配交易会在西安的隆重召开，事实将再一次证明：市场经济选择了商会，全国汽配交易会将永远是商会服务全行业的重要平台。

五、推进信息工作，为行业和会员提供优质资讯

2008年，结合行业和会员的需求，商会的信息工作从实际出发，不断提升和创新，从而更好地服务行业、服务企员，实现信息资源最大限度的共享。

1. 加强与行业媒体的交流与合作

2008年，商会加强了与《中华工商时报》、《中国汽车报》、《中国工业报》、《中国交通报》及中国汽车网、慧聪网、新浪网、搜狐网的联系与交流，并建立了长期合作机制，定期进行业务交流，今年，共有近百家新闻媒体及时地宣传和报道了商会工作及全国汽配会信息，有效地扩大了商会的影响力。

2. 准确及时地做好信息宣传工作

一年来《中国汽摩配》杂志根据会员需求，对栏目进行适当调整，共跟踪报道商会活动20余次，采集会员企业各类信息700余条，刊登会员企业专题文章320余篇，宣传报道企业、市场共计170家。

特别是围绕2008年下半年的西安全国汽配交易会，商会网站开设专栏进行宣传的同时，还编辑出版了三期《中国汽配报》，全方位报道汽配会的进展情况，面向全国20多个省市免费发送；为及时全面地报道商会重大活动提供了新的渠道和平台，也为会员企业掌握更多的行业信息拓宽了载体。

2009年

2009年，商会重点推进组织建设和搭建行业服务平台工作，致力于服务基层会员，努力发挥了行业组织的桥梁纽带作用，推动企业和行业健康发展。2009年，商会秉持“务实、和谐、创新、服务”的服务宗旨，扎扎实实开展会员工作，把“为会员服务”作为一切工作的出发点，不断改进工作内容和方式，提高服务品质和效率，积极开拓商会各项工作。

一、加强商会队伍建设和组织建设，完善培育商会网络

结合汽车后市场行业的发展特点和需要，商会始终把不断加强和完善组织网络建设、合理布局会员结构作为一项基础工作常抓不懈。今年在秘书处统一部署下，各部门齐心协力，重点关注汽车用品和后市场服务企业，布局重点省市商协会组织，取得了一定的成绩。

1. 深入基层走访，支持会员发展

2009年，商会领导走访考察了会员企业所在地和国内大型汽车配件生产基地、工厂车间，考察会员企业生产状况，调查了解企业诉求，深入了解2008年经济危机对企业的影响，研究更好地为会员企业服务，加强商会与会员的沟通交流，进一步推动和改善商会的服务功能，加强商会的凝聚力，扩大全国商会的影响力和覆盖面，切实帮助和引导会员企业健康发展。

2. 加强商会专业委员会的管理

经过商会秘书处的认真研究，对现存的各专业委员会进行了专题分析，明确下一步的发展方向，完善和修订了《商会专业委员会管理办法》，强化了专业委员会上报审批机制。此外，为了更好地发挥商会在全国汽车摩托车后市场中的指导作用，经慎重考察，发起成立了信息化专业委员会、职业经理人专业委员会和物流工作专业委员会，改组了摩托车专业委员会，正在筹备成立生产企业专业委员会、汽车改装专业委员会。

3. 积极吸纳优秀企业，优化会员结构

根据商会章程和会籍条件审核，特别是对那些热心行业及有影响的生产企业进行重点沟通和吸纳，商会重点关注汽车用品和后市场服务企业，重点布局省市商协会组织，2009年取得了一定的成绩。商会发展了11家常务理事单位和7家理事单位；发展了15家新汽配市场会员。新鲜血液的不断补充，增强了商会的战斗力和凝聚力。

4. 发挥优势、建好平台、积极服务好会员

根据发展需要，商会下半年修订了《会籍管理制度》，吸纳行业内热心行业活动、有行业影响力的企业和行业组织进行重点沟通、主动吸纳，同时对部分经常不参加活动和不履行会员义

务的企业设立退出机制，从而达到吐故纳新，增加商会活力，完善会员网络结构的目的。为及时掌握会员企业动态，发布商会活动信息，上半年商会在条件成熟的会员企业建立了联络员制度，各地会员企业随时沟通工作，传递信息，方便了商会有关工作的开展。

二、加强行业指导，参与行业管理，当好政府参谋

2009年，结合行业发展的现状与需求，商会积极加强与政府各部门的联系与沟通，参与行业发展，反映行业需求，引导行业自律，制定行规行约，真正充当广大企业与政府的桥梁纽带。

1. 加强与政府和行业专家的联系

2009年1月20日，商会在京召开了高级顾问、专家座谈会，有十余位行业资深专家到会，围绕商会新一届的工作和发展提出了许多宝贵意见和合理建议。倾听行业内呼声，积极为政府建言献策；深入与专家沟通，提升我们的工作素质。

2. 完成行业标准的起草上报工作

商会牵头起草的《中国汽配流通企业管理规范》，2008年9月初已由国家质检总局、国家标准化委员会颁布，这是我国汽配流通领域的第一部行业标准。2009年上半年，国家商务部委托商会牵头制定国家标准《中国汽配专业市场经营管理规范》也起草完毕，正在报送国家商务部，审批后在行业内实施。

3. 积极引导开展行业自律

商会认真贯彻执行国家相关文件和精神，继续倡导并大力推进诚信建设工作，弘扬诚信、规范行业健康发展。

三、加强多方合作，定期开展活动，搭建交流平台

2009年，商会继续加强与国内外同行业的交流，坚持定期开展各种会务、会展、考察等一系列活动，组织会员参加各种推介会、交易会，增进会员间的交流与协作，拓展国内外市场，打造行业品牌。

4月24～26日由商会和宁波市政府主办的"第65届全国汽车配件交易会"在宁波国际会议展览中心圆满举办，本届展会参展企业共计1800余家，参观采购的专业观众达10万人次。同时，组委会还组织了多场内容翔实丰富的论坛和活动，包括"2009中国汽配行业CEO高层论坛"、"中国汽车零部件企业品牌论坛"、"2009欧美汽车零部件市场发展趋势论坛"等，赢得了行业同人及当地政府的一致好评。

10月22～24日商会和郑州市政府主办的"第66届全国汽车配件交易会暨全国汽车配件采购交易会"圆满举办，来自全国各地的2000余家汽配生产企业、近10万名汽配用品采购商到会，盛况空前。会上还组织了"2009年度中华汽车摩托车配件用品行业品牌工程颁奖盛典暨中国汽配市场发展模式高端研讨会"；"汽配售后市场采购团洽谈会暨中外汽配售后流通市场现状和发展趋势高峰论坛"；慧聪汽车配件网主办"第二届中国汽车零部件企业品牌发展论坛"，携最新研究报告向行业发布《2009～2010年中国汽车配件行业发展趋势报告》；长春一汽实业汽车销售有限公司主办的"一汽汽车二级服务系统启动仪式暨一汽备品省级中转库、终端特约维修服务中心项目推介会"等，都在业内引起强烈反响，收效显著。

商会国际部根据国际汽车后市场发展状况，充分了解会员需求，为会员企业提供各种走出去参观考察学习国外同行先进技术经验的机会，拓展业务渠道，加强国际合作。重点选择最有影响力的国际展会如法兰克福中东（迪拜）国际汽车配件博览会、俄罗斯国际汽车暨配件展览会、拉斯维加斯国际汽车零配件售后服务（AAPEX SHOW2009）、汽车改装市场展（SEMA SHOW2009）。以拉斯维加斯展会为例，商会代表团一行9人为期15天的访问为国内汽配用品行业的发展与国外同行进行了深入有益的探索。

2009年3月初汽配市场应对金融危机研讨会在昆明举办；8月18日，商会第6届秘书长联席会议和中国品牌汽车零部件制造与流通市场高峰论坛在上海金山成功举办，今年一些新兴汽配用品市场的开业，也为行业内交流合作，更好地发挥行业组织的作用提供了契机。

四、进一步推进信息工作，为行业和会员提供优质快捷的资讯

为更好地服务行业、服务企员，实现信息资源最大限度地共享，2009年，结合行业和会员的需求，商会的信息工作从实际出发，不断提升和创新，进一步完善"一报一刊一网站一手机平台”的信息服务网络。

1. 加强与行业媒体的交流与合作

2009年，商会加强了与《中华工商时报》、《中国汽车报》、慧聪网、新浪网的联系与交流，并建立了长期合作机制，逐步地扩大了商会的影响力。

2. 准确及时地做好信息宣传工作

2009年，围绕行业和会员企业的现状和发展需求，商会在上半年重新改版了商会网站，扩展了信息容量，下半年完成了升级，增设专栏对商会重要活动、展会、会员进行宣传的同时，全方位及时全面报道行业资讯，政府政策及商会动态等信息，为会员企业掌握更多的行业信息拓宽了载体。

今年，《中国汽配报》出版两期后，更名为《中国汽车后市场报》，至年底已出版了三期；上半年《中国汽摩配》杂志出版了一期，更名为《中华汽摩配》，对栏目进行了较大调整，共出版杂志三期，报刊都尽快寄送给了全国各地会员。

3. 信息化工作专业委员会成立并正式运作，继续扩大行业影响力

五、完善内部管理，提高工作效率

根据全国工商联要求，商会今年组织开展的工作还包括：经济危机情况调查、齐鲁行、商会（副）会长信息采集、第三届优秀中国特色社会主义建设者评选、商会工作培训班及相关座谈会等。特别是在民政部登记注册作为全年重点工作，按照全国工商联要求，及时提交相关文件并积极与各相关方协调沟通，争取早日完成登记注册。根据商会实际工作需求，上半年商会提高了办公网络速度，开发网上传真及邮件服务等项目，提高了办公效率。商会综合服务部负责更新了部分老旧办公设备，购置了新的车辆，改善了办公环境，为工作人员创造了更为舒适整洁的工作氛围。

2009年，根据国家相关要求，全国工商联直属行业商会全部依法在民政部进行登记注册。通过登记注册后，商会将成为具有独立法人地位的民间组织，能够更好地发挥行业服务职能。本项工作是商会年度重要工作之一，商会领导非常重视，除多次参加全国工商联会议学习外，还组织了会长会议进行讨论。经过多次修改，目前已经进入征询行业主管单位意见，与民政部具体程序沟通阶段。希望2010年本项工作能够顺利完成。

重要文献

2008年

全国汽摩配用品商会会长就职讲话（摘要）

全国工商联汽摩配用品业商会会长　刘吉纯

（2008年2月2日）

一直以来，商会作为全国汽车摩托车配件及用品业各企业的行业组织，广泛代表了本行业的工商利益，使商会得到了政府和社会各界的充分肯定和高度信任，在商业舞台上扮演着越来越重要的角色，其影响力不断扩大。而我们现在所面对的，是一个与以往任何时候都不同的环境。要带领全体会员在新经济浪潮中乘风破浪，奋力向前，商会所扮演的角色可谓任重道远，但我们责无旁贷。维护会员企业的合法权益是商会的根本宗旨，建设中国一流的商会我们义不容辞。刚才，宋副主席对商会的工作提出了加强商会自身建设；建设和谐商会；创新服务方式，提高服务意识；加强调查研究，推行行业自律四点工作要求，我完全赞同，并将认真抓好落实。为此，商会将采取积极的措施，努力实现“四个满意”，即政府满意、全国工商联满意、会员满意、行业同人满意，使商会紧跟时代的步伐，实现新的突破。今后，我们将按照全国工商联的要求，认真总结和学习上届理事会、专家、顾问委员会及霍义光会长的工作经验，继续继承和发扬商会服务会员的优良传统，并从以下几个方面加强和开展商会的工作：

第一，商会将继续广招会员，引进新血液，形成更强大更具活力的会员阵容与领导层。

我们决议通过开放的平台与创新的活动，吸引工商界更多有才能、有无私奉献精神和强烈社会责任感的杰出人才加入总商会，为总商会的长

远发展注入新的活力。

第二，进一步提高商会服务水平和质量，保持竞争力。

商会秘书处的全体职员，将在理事会和各委员会的鼓励与指导下，通过自身的专业知识、辛勤努力和无私奉献，使会员和商家享受到高水准的服务。商会的全体同人与职员，必须掌握和充分利用最先进的资讯科技与管理知识，协助会员提升业务，保持竞争力。

第三，商会将更积极协助会员放眼四海，开拓海外新市场，尤其是中国入世后的广阔汽车后市场。

第四，办好展会，将展览会全方位打造成行业发展服务的平台。

完善和提高行业服务、订货交易、信息交流、国际合作等功能。为了行业的发展，我们的平台是开放的，欢迎所有有志于行业发展的人士加入，联合一切可以联合的力量，为政府服务，为行业服务，为生产、流通企业服务，让展会成为为会员及行业同人服务的平台。

我们认为要使汽配行业进入一个新的发展阶段，我们商会要协调好流通企业与生产企业、销售者与使用者、企业与政府间的关系，为企业出谋划策、牵线搭桥，提供产销信息，组织行业活动，分析市场形势，提出引导和发展行业的思路；认真听取并总结出行业的愿望和呼声，并及时向有关部门反映。

借助摩托车国Ⅲ排放法规，推广国产摩托车发动机电喷技术应用的建议

商会通过全国工商联向“两会”提交的提案

建议承办部门：国家环保总局、国家经贸委、公安部、国家工商总局

我国是世界摩托车生产和消费第一大国，目前摩托车年产量 2300 万辆，占全世界总产量的一半以上，全国摩托车保有量达 8200 万辆以上。但我国摩托车制造业“大而不强”的特点比较突出，产品技术水平低、污染重、能耗高，摩托车的使用造成了较为严重的环境污染问题。据测算，我国摩托车每日消耗汽油大约 4000 万升，CO_2 气体的排放量大约为 8400 万千克，其他有害物质排放已占总运输排放量的 10% 左右，是主要的燃油消耗产品和大气污染源。

现行我国摩托车排放的实际污染控制水平还比较低，不仅低于欧美等发达国家和地区的控制水平，而且也低于印度、泰国等发展中国家，与我国世界摩托车大国的地位极不相称。2008 年 7 月 1 日起，我国将要实施较为严格的摩托车国Ⅲ排放法规，这对进一步促进我国摩托车工业的技术发展水平，督促摩托车生产企业不断采用新技术、新材料，降低摩托车的排放以保护环境具有重要意义。

根据国家摩托车技术中心提供的资料，要使各车型摩托车一致性地满足国Ⅲ排放法规的技术必须使用电喷。电喷是当代车辆的核心技术，它关系到车辆的燃油消耗、排放污染和动力性。摩托车的电喷技术不仅能够满足国Ⅲ以及更加严格的法规，而且能够节约燃油 15% 以上，使摩托车的各种动力性能得到明显的改善。

早在 2001 年 9 月，我国在汽车实行国Ⅰ排放标准期间就已经强行规定轿车必须装载电喷系统才能进入市场。在汽车领域，作为发动机核心技术的电喷，我国没有自主的技术体系和品牌，技术（产品）完全依靠国外企业提供。在这种条件下，我国政府仍然开启了通过法令手段一次性淘汰落后技术的先河。与此形成鲜明对比的是，在摩托车领域，尽管用于小排量发动机的电喷系统在世界范围内仍然是一种稀缺资源，但一种先进的、原创性的电喷技术体系——FAI 却在我国诞生。FAI 是我国目前唯一具有自主知识产权的原创性技术体系，处于世界领先水平。然而，2007 年度，FAI 在我国实装车仅 20 多万套，总数只占我国摩托车年产量的 1%，FAI 技术远远没有得到广泛应用。

我国虽是一个摩托车产销大国，但并不是一个摩托车生产强国，产业的集中度和技术的先进性远不如日本，FAI 的诞生无疑为我国发展成摩托车强国创造了十分有利的条件。在这种情况下，借助于严格的摩托车国Ⅲ排放法规，大力推广 FAI 在我国摩托车领域的应用，扶助和发展我国具有自主知识产权的核心技术体系，是实现我国从摩托车大国转向摩托车强国梦想的一个重要而且关键的时机。因此，我们建议：

1. 为达到国家环保节能的总体要求，严格执行摩托车国Ⅲ排放法规，政府有关部门出台刚性

的政策文件，形成具体的加速淘汰化油器类产品的机制，其中包括：对于通过电喷技术达到国Ⅲ标准的车辆实行免检制；对于化油器类相关环保装置增加防拆卸限制等措施。

2. 根据《中华人民共和国科学技术进步法》（中华人民共和国主席令第82号）第25条之精神，在国家采购的警用和邮政用车辆范围内，装备我国具有自主知识产权的核心技术产品。

汽车配件营销企业经营管理规范

Operation and management regulations for enterprises of marketing automobile parts

前　言

本标准由全国物流标准化技术委员会提出并归口。

本标准起草单位：全国工商联汽车摩托车配件用品业商会。

1　范围

本标准提出了汽车配件营销企业的营业条件、经营操作及资质划分。

本标准适用于在我国境内合法设立的以汽车配件销售为主营业务的各类企业，兼营汽车配件销售的企业可参照执行。

2　术语和定义

下列术语和定义适用于本标准。

2.1　汽车配件 automobile parts

用于组装成汽车的各种专用零部件以及汽车运行时所必须使用的各种专用品。

2.2　汽车配件营销企业 the enterprises of marketing automobile parts

以汽车配件批发、零售为主营业务的企业。

3　营业条件

3.1　经营场所

3.1.1　应具备与所经营商品、经营规模相适应的营业店面、办公场所、仓储场所等经营场所。

3.1.2　经营场所的布置应整齐、清洁，便于经营及接待顾客。

3.1.3　经营场所的人流通道、车辆通道、消防通道、电气线路布置、电器容量、控制元件、开关、照明设施均符合相应的安全规定。

3.1.4　经营场所具备符合《中华人民共和国消防法》规定的消防器材、消防设施、消防水源。

3.2　设备设施

3.2.1　应具备经营所需的商品陈列展示用具、仓储保管用品及办公设施等。

3.2.2　应具备与所经营的汽车配件商品特点相配套的长度检测量具、万用表等基本的质检工具。

3.3　资产

应具备经营所需的汽车配件周转商品等流动资产。

3.4　专业人员

应具备能够完成汽车配件销售业务的销售人员、质检人员等专业人员。汽车配件销售人员应取得由劳动部门颁发的“汽车配件销售员”从业资格证书。

4　经营操作

4.1　商品采购

汽车配件营销企业必须选择合法供应商所提供的合格商品，具有相关进货证明。

4.2　进货检验

4.2.1　应检查购进商品的外包装、内包装的完整性，包装要符合商品特性要求。

4.2.2　应核对购进商品所附的产品名称、商标、生产厂名、厂址、合格证明、规格型号、商品质量等级、生产许可证、商品出厂日期和有效期限等证件。同时检查商品的相关特征是否与其所附的相关证件相符。

4.2.3　进口配件还应当核对口岸商检合格证明、海关进口关税单、海关进口商品证明等手续。

4.2.4　对实行强制性认证的产品的强制性认证证书。

4.2.5　应按相关质量标准对购进商品是否存在质量缺陷进行检验。

4.3　仓储保管

4.3.1　应根据汽车配件的特性做好商品的入库、出库、堆码、保养等工作。

4.3.2　汽车配件应进行分类仓储。

4.3.3　在仓储时做好防火、防潮、防腐蚀等措施。

4.3.4　仓储面积与经营所需的周转商品相一致。

4.4 商品销售

4.4.1 在销售中做到商品摆放有序、实行明码标价；

4.4.2 应公示商品的生产厂家、规格型号、技术性能、质量等级、通用性、售后服务及使用、维护、保养等相关信息；

4.4.3 应根据顾客要求，进行与产品规格、安装、使用相关的一般性质量检测；

4.4.4 应妥善处理商品废弃物；

4.4.5 对长期供应或数量较大的汽车配件销售业务，应签订销售合同（协议），内容包含所售商品的详细信息（配件的种类、数量、质量、价格等）、交货的时间和地点、运输方式、杂费的支付、付款方式、售后服务及其他需要双方约定的内容。

4.5 售后服务

4.5.1 应指定专人或设置相应的售后机构负责售后服务工作。与产品供应商签订售后服务协议，明确各自的质量责任、售后服务方式与范围、售后机构的设立等相关事宜。

4.5.2 应建立客户档案，对客户实行售后回访，处理客户的质量投诉与服务建议。

4.5.3 应具备与其售后服务内容相对应的质检条件，向顾客提供应有的技术咨询与服务。

4.5.4 对于收费性质的售后服务，应以客户自愿接受为原则。收费的标准应当按照国家或行业相关规定执行，无具体收费规定的售后服务项目由双方按市场原则自行商定收费金额。

4.6 管理制度

具备与本企业经营规模、业务范围相适应的整套管理制度、业务流程及业务标准，保证企业运转正常，能为客户提供稳定的产品和服务质量。

5 人员素质

5.1 销售人员

应具备专业知识和销售技能，在销售服务的过程中热情细心、有责任感。

5.2 质检人员

应掌握各类汽车配件的基本检测方法，能利用长度检测量具、万用表等基本质检工具作一般性的质量鉴定。

5.3 仓储人员

应根据汽车配件的特点合理安排入库、出库、堆码的工作，并熟知各类汽车配件的储存条件和养护方法。

6 资质划分

6.1 划分原则

根据汽车配件营销企业所应具备的营业条件和经营操作要点，以能够全面客观地反映企业综合实力为原则，从汽车配件营销企业的资产状况、经营能力、管理水平和人员素质四个方面，将企业划分为四个类别，即一类企业、二类企业、三类企业、四类企业。一类企业评定条件最高，依次降低。

6.2 划分指标

具体划分指标见汽车配件营销企业资质评估表（表1）。

表1 汽车配件营销企业资质评估表

评估指标		类别			
		一类	二类	三类	四类
资产状况	总资产*	≥5000万元	≥2000万元	≥500万元	≥100万元
	资产负债率*	≤70%		≤60%	
年汽车配件销售收入*		≥1亿元	≥5000万元	≥1500万元	≥300万元
经营能力	经营年限	≥3年	≥2年		≥1年
	品牌*	有自身的汽配营销品牌	能够为代理商品进行推广、促销		
	销售网络*	全国	跨省市	本地区	本地区
	经营场地*	≥1500m²	≥600m²	≥150m²	≥60m²

（续）

评估指标			类别			
			一类	二类	三类	四类
资产状况	总资产＊		≥5000 万元	≥2000 万元	≥500 万元	≥100 万元
	资产负债率＊		≤70%		≤60%	
管理水平	卖场氛围＊		干净整洁、明码标价、摆放有序			
	质量管理＊		通过 ISO9001－2000 质量管理体系认证			暂不要求
	客户管理＊		能够对客户进行整理、统计、分析		建立客户档案，保持联系沟通	
	仓储管理＊		能利用信息技术优化仓储操作		有完善的仓储操作流程和标准	
	质检人员＊		专职		可兼职	
	售后机构		建立专门的售后机构		有专人负责售后工作	
	电了商务		具有企业宣传网站		能利用网络开展业务宣传	
人员素质	学历水平	A	≥40%	≥30%	≥20%	≥10%
		B	≥50%	≥45%	≥40%	≥35%
	职业能力＊	C	≥60%	≥50%	≥40%	≥30%

注 1：表中标注“＊”的划分指标为企业应达到该资质等级的关键指标，其他为一般指标。

注 2：表中人员素质一栏字母所代表的含义是：A 具有大专以上学历（含大专）的员工占员工总数的比率，B 具有中专或高中学历的员工占员工总数的比率，C 销售人员中取得由劳动部门颁发的“汽车配件销售员”从业资格证书的人员比率。

2009 年

国内汽车配件营销业态及发展趋势

海纳集团西安汽车配件市场董事长　孙鲁秦

一、汽车工业的迅速崛起带给汽配市场巨大的发展潜力

随着汽车市场的崛起，国内汽车保有量在近几年内迅速增长，这为汽车零配件市场的发展提供了发展的空间。随着我国经济的快速发展，国民收入的不断提高，私人购车量呈日益增长态势，上半年，国内汽车销售已超过 600 万辆，汽车保有量已接近 7000 万辆。汽车配件及用品自然成为汽车产业链上一块很诱人的利润“奶酪”。汽车只要一启动，哪怕是刚买的新车，都会有磨损，并随时有可能意外“生病”。一般而言，轿车每行驶 5000 公里就要保养 1 次，这样，每年至少要保养 2～4 次。而各种易损件以及必须定期更换的零件，如三滤的滤芯，每年要更换 2～4 次；电瓶一般两年要更换 1 次。此外，还有轮胎、正时皮带、橡胶件、刹车片、各种电器件、易磨损件以及机油、齿轮油、刹车油等。在汽车的 15 年的使用时间里，发动机大修、汽车大修是在所难免的。这还不包含非正常情况等对汽车零部件的消耗。我国汽车保有量的迅速增长带来的配件市场需求不言而喻。许多国际汽车零部件企业也已经开始涉足我国的配件市场。

二、目前国内的汽车配件及用品的各类流通模式

1. 国内配件供应链

从供应链角度看，国内零配件流通从零配件供应商出发，经过零配件流通商至车辆维修商再到车主。由于零配件产品、车主使用品牌特征或车主选择服务主题等的不同，存在多种不同的流通途径，从大体上划分可以是通过各品牌四位一体专卖店、快修连锁店、汽配城或其他维修站等。

（1）大型零配件批发商（WD）：曾经是进口零配件的主要采购者，其上游采购对象通常为 OE（整车生产销售）厂商，并通过大规模采购向下分销给中小型经销商。目前由于模式的转

化，该部分经销商的采购规模正迅速扩大，并呈现出买断某一品牌或多个品牌的能力，但他们基本都不能直接对用户，而是通过二级流通商（中小规模汽配经销商）再到末端消费者。

（2）中小规模汽配经销商（Jobber）：他们直接或通过维修站、修理厂将配件分销到消费者。目前国内该类群体相当庞大，据不完全统计，国内大约共有这类汽配经销商25万家，主要分布在国内350余家大小汽配城里。目前国内汽车维修用的零部件70%～80%通过汽配城这个平台流通出去。

（3）特约维修站（4S店）：主要是国内轿车、SUV等车型所独有的服务模式，该类业者通常通过厂家封闭或准封闭式的供货渠道进货，并直接在车辆维修、养护过程中将配件销售至终端车主。在其他中小型商用汽车中，往往也存在该类服务模式，但维修站因为生存发展需要，进货渠道也缺乏规范性，其封闭式或准封闭式进货模式已被打破，也在逐步隐秘地实现多元化进货模式以降低维修成本。

2. 国内汽车配件需求格局

从目前国内汽配流通领域现状看，目前国内的主流仍然属于中小规模汽配经销商，尽管在营业额方面看，该类业态的总量与特约维修站相当，但由于数量庞大，而且其产品价格适应我国经济的发展水平，因此往往能够吸引汽车用户。目前中小型汽配经销商主要通过汽配城这个平台将产品分销给各类汽车维修站及末端消费者。

国内汽车维修企业主要包括以下几类：

（1）公司附属维修企业：该类企业往往隶属于原有的国有大中型企业，通常是运输公司、客运公司、大型工厂等。由于存在隶属关系，因此该类维修站往往只维修母公司企业的相关车辆。但由于最近几年内国内企业外包潮流的出现以及大型国有企业的不断改制，这类维修资源将不断被剥离并独立经营，因此该类业态所占比重一直在不断降低。从进货渠道看，该类企业的配件主要以汽配城进货为主，特约维修站进货为辅。

（2）特约维修站（4S店）：特约维修站受限于相应品牌的管理，属于整车厂家售后服务体系中的一员，因此有维护其品牌形象的责任。通常该类企业通过整车厂家的封闭体系或准封闭体系进货。一方面由于运营网络过于庞大和区域布局过于密集，另一方面生产厂家为抢占市场份额将整车的利润损失转嫁给4S店，而使其运营成本居高不下。通常，4S店的维保费用要比普通快修店高出70%以上。一般客户在厂家质保期过后基本都会流失。曾经有人断言4S店将代替汽配城模式，但经过这几年的实践来看，4S店在汽车配件流通行业的生存都是问题，在实际的运作中，为降低成本，减小库存，4S店一部分配件也从汽配城进货。

（3）普通维修企业：该类维修企业通常面向社会经营。该类维修站的配件全部来自汽配城。

（4）小作坊式维修企业：目前国内机动车维修企业总量大约为32万家，其中汽车维修企业大约为22万家，其中有很大一部分比例属于该类业态，通常服务于对价格比较敏感的汽车用户，其进货全部为汽配（城）市场。

（5）快修店或服务店：目前并未占据主流。由于国内关于特许经营方面的法律还有待完善，因而在快速发展中还存在着众多的潜在风险。还有新出现的连锁快修店，属于新兴业态，随着外资的大量涌入，发展迅速，将成为进入汽配行业的生力军。在进货渠道方面，这类企业往往以批量化采购的方式自一级汽配经销商或OE（整车生产销售）厂家处进货。

3. 国内终端用户的需求格局

目前国内汽车配件终端用户大体可以分为以下几类：

（1）商用车用户（含企业级与个体部分）：该类用户以车辆为生产资料，主要从事客运、货运等运输类行业以及部分汽车租赁类行业。由于国内商用车企业大多数并未采用四位一体专卖模式的销售渠道，因此该类车主往往通过独立维修企业进行车辆维修与养护，并最终实现对配件产品的购买。而对于采用专卖店形式的商用车品牌用户而言，由于悬殊的成本差距，厂家特约维修站往往也不是该类车主的主要选择。

（2）政府/企业公务用车用户：该类用户所采购车型往往属于高档或中高档乘用车，该类消费一般为公费支出或大型企业负担，所以较少选择独立维修企业，通常通过厂家的售后服务渠道选择零部件，但随着成本意识的增强，这类用户也在逐渐转向独立维修企业。

（3）私家乘用车用户：国内私家车市场中，

由于大量新品牌的出现使得非独立维修企业缺乏竞争优势，由于价格的差异，在日常护理以及非关键维修问题等方面，该类用户也会选择独立维修企业。

相比国外成熟市场而言，国内车主在维修中的DIY（直接通过一级汽车配件经销商购买部件）比例很低，几乎可以忽略。从前面分析所提到的情况可以看出，目前国内最重要的汽配流通业态是大量中小型配件经销商（Jobber）集中于大中型汽配城的模式。而且随着经济的全球化和一体化进程的不断深入，世界产业结构的调整，我国参与国际合作和国际分工的广度和深度不断加深，跨国公司纷纷将技术和资金不断投入我国市场。我国汽车行业更是跨国公司看好的一个领域，世界上最大的汽车整车企业都纷纷来华合资建厂，推动我国汽车市场一轮又一轮的增长，促使我国汽车保有量快速增长，给汽车零部件业也带来巨大的商机。随着我国市场的不断成熟，虽然国内汽配的利润率在不断降低，但利润额却在成倍地增长。举个简单的例子，一家经营汽车轮胎的商店，以前一个普桑的轮胎可以挣到30～50元，平均一天也就卖出4～6个，现在一个也就挣到5～10元，但每天可以卖出80～100个。虽然新型流通模式不断出现，但汽配城作为我国传统文化和现代经济结合的特色产物，就如我国的特色社会主义市场经济一样，一方面它是市场经济的产物，另一方面深受我国深厚的传统文化影响，但却非常适合我国的现状和实际，具有很强的生命力，虽然会受到新兴模式的冲击，但也有很强的自我调节和适应市场变化的能力，很难被模仿和取代。

三、国内汽车零配件流通领域的发展趋势的预测

我们可以通过与美国和日本的配件流通领域的对比，来对国内汽车零配件流通领域的发展方向进行预测。

1. 与日美相比，国内汽配流通领域行业集中度明显不高，经销商数量庞大，我国的市场容量巨大，地域宽广，经济发展还不平衡，某一单一企业或个人想垄断某一品牌或某一地区配件销售非常困难。

2. 国内汽配领域质量保证体系虽然落后于日美，导致行业口碑较差，但从长远看，随着我国汽车工业的发展，汽车零部件的质量在不断地提升，质量保证体系也在不断地完善。同时品牌化经营在很多领域已经逐步开始成长。

3. 与美国相比，国内DIY（直接通过一级汽车配件经销商购买部件）用户比例很小，而与日本相比，国内独立配件供应商所占比例很大。我国地域幅员辽阔，加之消费习惯和消费观念的差异，使得很多在日美适用的流通模式并不一定适合国内具体情况。

从上述对比出的差异中我们可以预测，国内配件流通领域将出现如下变化：

1. 市场总体容量和规模将进一步不断扩大，给广大汽配流通商带来机遇，同时外部资本将大量涌入，将刺激汽配行业的大规模调整和整合，机遇与挑战并存。

2. 由于国内汽车配件市场所处的特殊阶段，多种业态并存的局面将在很长一段时间得以维系，但在这一过程中将有大量汽配企业成为市场缝隙的填补者，“适者生存”自然法则将会充分得以体现，也就是说只有能够把握市场发展变化规律，并根据这种变化和现实条件，不断调整和改变自己的经营和服务，顺势应时，与时俱进，动态跟进，满足不断变化的市场需求的汽配经销商才能笑到最后。

3. 随着我国经济的飞速发展，汽车已在不断步入普通家庭，它已不再只是运输工具或生产资料或奢侈品，而是提高人们生活质量、扩大人们生活半径的代步工具。轿车、乘用车的配件及用品所占比重将不断快速扩大。

4. 汽配市场将依然是汽车配件的主要流通平台。

汽配城是我国市场经济的独有特色产物，它能把各种车系的配件经销商集聚在一起，作为整体品牌进行推广，发挥“集群效应”。汽配城吸引了大量汽车零部件制造厂家与商家同时入住，为双方增加了挑选余地和接触机会，大大减少了中间环节和成本。此外，由于供方经营成本降低，必然带来商品价格较低；多元供应、品种齐全、采购方便、质量稳定、价格合理；我们国人货比三家的消费习惯和观念也使得汽配城成为消费者的最佳选择。同时汽配市场的管理经营者、中小汽配经销商也具有很强的调节和适应能力，他们也在不断主动作为，适应市场的发展变化。

第三方物流在汽配城的实施（摘要）

五方天雅汽配城执行董事、
常务副总经理　赵　梦

第三方物流指的是以合同方式委托给专业物流服务企业，同时通过信息系统与物流服务企业保持密切联系，以达到对物流全程的管理和控制的一种物流运作与管理方式。因此第三方物流又叫合同制物流（Contract logistics）。从事第三方物流的企业在委托方物流需求的推动下，从简单的存储、运输等单项活动转为提供全面的物流服务，其中包括物流活动的组织、协调和管理、设计建议最优物流方案，物流全程的信息搜集、管理等。物流是流通企业的第三利润源泉，是企业获取竞争优势的重要源泉。

以上是一个概念问题，运用到实际，例如：五方天雅汽配城，我们汽配城处于北京五环路的边界上。北京的交通是限制大车进入市区的，五方天雅汽配城在2004年建立了自己的专业物流，当时我们想通过物流把我们商户的产品和配件运往全国各地。当时很多商户表示，全国各地有很多物流，虽然很方便，通过物流能代收货款当然也很好，但有一个问题是货发出去了，代收的货款不能及时地到商户的手中，这样就出现了会积攒很多货款，比如等到了30万元、40万元资金的时候，物流公司不讲信用就携款逃走了，这个问题怎么解决？

五方天雅汽配城成立了50多家物流公司，这些公司都来自全国各地和兄弟的各个汽配城，如在西安、上海、济南、广州等都有很多汽配市场。我们就和物流公司协商沟通，要以高信誉、高速度、高质量的方式为商户服务，就想到了“代收货款、挂牌服务”。如果物流公司要求代收货款必须通过五方天雅，挂代收货款的牌子，我们允许代收了，你才能在市场代收。我们会实施监管，代收公司会有一定的保证金在我们这里。再就是有第三方的保证人，这个保证人要求必须是北京市户口，而且是有房产的人，出了问题能通过法律程序找到的人，有这样的人做担保，你才能够做代收货款。每个代收货款的公司墙上会挂有“允许代收货款”的牌子。

为保证货款及时到商户手中，五方天雅汽配城会根据路程和运输情况限定要求，如北京到郑州，根据路程3天可以到达，我们限定3天。根据全国各地的路程我们统计物流多长时间能到达目的地，到限定的时间我们要求物流公司必须把货款交到商户的手中。前提是货到达客户手里后，客户通知货款已经交到物流手中，这是一个方式。另外还有物流公司建立自已的网站系统，每收一件货，都会贴上条码，送货的流程中都要扫条码，商户可以从他们的网站系统中通过扫码看到产货品到达什么程度，当商户把款取走，条码就会显示款已交付，商户就能从自己的账户上查到款。现代物流的迅速发展，朱会长也已经宣布了物流专业委员会的成立，希望在座的各位同人能够在物流行业里和汽配专业物流方面给予工作支持。我也是物流专业委员会的副主任，我们也会不断地完善专业物流。

1. 对汽配城招商的影响

物流作为现在企业经营的必需条件，对企业运营产生相当重要的影响，从而成为流通企业选择经营场所的一个重要条件，物流作为汽配城配套设施之一，是汽配城是否适合流通企业经营的评定标准之一，直接影响汽配城招商的商户结构、商户质量及招商速度。市场物流的运送目的地会直接影响到商户发货区域，可到达全国的物流带来的必然是全国区域经营的商户，只覆盖华北一个区域的物流服务是不够的，物流要覆盖的是全国性的，全国各地只有一个五方天雅是不够的。在座的很多的汽配市场的同人，希望下一步我们的物流专业委员会能够得到各个汽配城，各位老板的工作支持，这样在每个物流的进站都会有一个对接，商户收到货的时间才更快，尤其是针对商户的急件。可想而知第三方物流对我们的影响的重要性。

2. 对驻场经营企业稳定性的影响

企业经营是否成功有诸多因素影响，物流从企业运营成本、顾客服务质量及价值链等方面对企业经营利润产生直接的影响，利润是企业是否稳定的重要因素。因为物流便捷了，价格便宜了，利润增长点也就随之增大了。通过第三方物流，商户就不用自己再配人去送货，发货，节省了支出资本。产品和货款的及时到达，既不需要积压太多产品的库存，还能降低资金周转。物流这块我们摸索完善了四年，也得到了各方的大力支持，希望我们的物流专业委员会能更好地为汽配行业的商户提供更多高质量的服务。

有形汽配市场招商和品牌管理的研究

武汉万国汽配城有限公司总经理　王诗平

有形汽配市场是相对于无形汽配市场而言的，是指汽车配件交易的场所，包括汽车4S店、特约维修厂、养护快修连锁店、汽配城及其他有相对固定交易场所的汽车配件市场。其中，汽配城因其规模大、品种全、价格低和服务便捷等特点，而成为有形汽配市场当之无愧的主角。下面，我想以汽配城的发展现状与未来趋势为线索，并结合万国汽配城十余年来的经营体会，谈谈对有形汽配市场招商和品牌管理方面的浅见。

中国有形汽配市场的发展是与国家的改革开放同步进行的，并且随着改革开放的深入、汽车工业的迅猛发展及汽车保有量的巨幅攀升，而逐步完善和发展壮大，其中最具代表性，最具广泛性，也最具中国特色的汽配市场（城），目前所呈现的特点大致有：

1. 投资持续升温，竞争日渐加剧。自1992年第一家汽配城诞生以来，仅仅17年间，全国大大小小的汽配城已经多达七八百家，各大中城市规模不一的汽配城如雨后春笋，竞相登台献艺。汽配行业巨大的市场蛋糕还吸引了诸多汽车行业以外的投资者们在汽配市场一掷千金，争先恐后地上马汽配城项目，准备在汽配市场分食一杯美羹。

2. 市场日趋规范，管理更加完善。为了在激烈的市场竞争中生存下来，各个汽配城便不得不考虑改善市场环境，提升服务层次。比如，打造多位一体的汽配市场格局，升级房屋门面的整体档次，全面提升汽配城硬件设施，改善市场经营环境，等等。在不断加剧的市场竞争中，汽配城的服务水平普遍得到了提升。

3. 蛋糕越来越小，浪费时有发生。从理论上而言，在汽配市场容量相对稳定的前提下，多一个竞争者，现在的汽配城便会少一块市场份额。有些投资者由于前期未进行充分的市场调研与项目论证，盲目追求规模与速度，结果适得其反，商铺入住率与预期目标相距甚远，造成大量的资源浪费。最近的一份调查报告显示，全国40.9%的汽配城年销售额在2亿元以内，58%的汽配城近年的销售增长率低于10%，并有10.5%的汽配城出现了负增长。基于竞争加剧、蛋糕变小等特点，如何务实地开展汽配市场的招商与管理工作，我们的体会是：

首先，应根据所处区域市场特征作出适准的定位，以明确招商对象。每个汽配城由于自己规模大小不一，经营内容不同，所处地理位置有异，因此，所要招的商户肯定也会不太一样。商用车配件市场亟待硬件升级与功能提升，且越来越依赖物流配送这一渠道；而汽车用品市场需求显著扩大并向终端消费靠拢，使得汽配市场在市场格局越来越细分、服务内容与手段力求差异化的今天，更需找准自己的定位，从而锁定目标客户群，为招商赢得先机。

其次，合理划定招商对象的范围。在我国幅员辽阔，区域经济发展极不平衡，各地的汽车行业格局、保有量不尽相同的现状下，有的是属于生产基地型市场，有的是属于中心集散型市场，有的是属于区域服务型市场，还有的是兼有以上几种类型市场共同特征或部分特征，因此在划定招商对象范围上就需要客观地分析自身市场形势，以确定是采取就近为主的本土化招商好，还是采取远近结合的扩散化招商更为合理。

最后，确定招商的具体手段与方式。招商对象明确了，招商范围也确定了，那么，怎样才能将目标商户吸引到自己的市场中来呢？除了进行必要的广泛宣传之外，在汽配市场招商中，更需要推出多层面的招商政策。现在通常的做法是，根据不同商户的诉求，分别提供不同的招商方式，比如，对那些经营资金少、实力小的商户，实行租赁式经营；对具备一定规模的商户，实行产权式经营；此外，还有以租抵购、集资共建等多种形式为补充，总而言之，只要能尽量满足不同的市场需求，吸引广大商户进驻市场，就是真正贴近市场的兴市策略。

在招商成功的基础上，有形汽配市场才能进行品牌管理；而品牌管理反过来也会促进招商。因此，招商与品牌管理是相辅相成、唇齿相依的。汽配市场发展近二十年来，大致经历了这样三个阶段：

1. 初级阶段。在这一阶段，汽配城主要是为商户提供安保、保洁、设备维修等最基本的服务，市场方实际上充当的还仅是一个“物业服务商”的角色。

2. 功能提升阶段。随着市场的发展，商户已不满足于那种只管收租，不管市场的“物业服务”，以规范市场秩序、提升硬件功能为主要内容的市场升级便提上了议事日程。

3. 品牌管理阶段。这是在市场发展到一定阶段之后，将必然出现的趋势，在这一阶段，应着力打造自己的品牌形象，完善自己的服务内容，提升自己的管理水平，以为商户营造一个健康、高效、完善的经营平台。

如今，汽配市场经营模式不仅面临着如4S店、汽配超市、连锁快修等各具特色市场业态的冲击，也面临着国际汽配行业巨头先进管理理念、更具市场化营销渠道的挑战，因此我们汽配市场只有不断适应形势，完善服务，提升功能，拓展理念，才能变挑战为机遇，赢得未来的主动权。我认为，汽配市场未来可以向以下方面发展：

一是在服务功能上，力求细分化、差异化。新型汽配城应成为以传统汽配交易为基础，但又涵盖多种市场功能，多样市场业态的经营复合体，形成可持续发展的长久生命力，彻底改变传统汽配城只做汽配的单一经营状态，不仅可以有效降低汽配城经营风险，彼此之间的功能还将互为补充、相得益彰。

二是品牌扩张，连锁经营。最广泛的渠道资源是零售业态的生命线，网点规模、布局、销售规模是提升连锁渠道价值的关键要素。当然，这是一个相对长期的过程，各个有形汽配市场的决策者们，应该根据自身的资金实力、服务水平，循序渐进地进行品牌拓展，不能一蹴而就，不可急功近利。

三是构建电子商务平台，打造国际采购中心。汽配市场的网络建设必须坚持“小市场、大流通”。比如在汽配城内建成完整的导购系统，客户入城后便能通过触摸式电脑对城内商家布局、产品价格和分类有详细的了解，使购物做到有的放矢，得偿所愿。不过，鉴于汽车配件行业的专业技术性，电子商务目前还主要是在汽车用品市场应用得较多，如果要将其普及整个有形汽配市场，还需要一个过程。

总之，只要与时俱进、因势利导，汽配市场经营模式必将会绽现出新的光彩，并为中国有形汽配市场发展再立新功。

北京地区汽配市场现状及未来的发展

北京西郊汽车配件市场中心总经理　付大庚

一、北京汽配市场的基本情况

（一）2004年6月由北京市商务局组织了北京地区汽配市场整顿小组法则，要求北京地区五环之内不得再兴建和汽车相关的有形市场，对现有的汽配市场进行整顿和规范，从相关文件中可以看出北京市政府认为：1. 北京地区汽配市场偏多；2. 汽配市场缺乏规划；3. 大多数汽配市场还是集贸行的市场，形式比较低端，需要加以规范或者提升。我想其他大中型城市是否也存在这些问题呢？

（二）2009年中，北京地区汽车保有量已经突破4万辆，现在仍以12%～15%的速度递增。北京地区存量汽车车龄超过5年的大概超过50%，快速增长的新车市场以及大量新车从维保期进入维修期，对配件的需求量非常大。我想这是滋生北京汽配市场大量存在的基础。

（三）目前北京地区各类汽车维修企业将近有1万家，其中34000多家综合类汽修企业中一类资质的汽修企业有270余家，二类资质的汽修企业2900家，三类资质的汽修企业超过7000家。作为上述综合类汽修企业的配件部，北京地区的汽配市场和汽修企业形成了长期合作、互相依赖的深层关系。和4S店形成了长期的竞争又互利互惠的关系，汽配市场汽修企业互相合作互补过程中形成了行业生态关系。

（四）从1994年北京汽配市场第一家店出现到现在已经有28家汽配市场，其中主营汽车配件的企业24家，主营汽车用品及装饰的市场4家，具有一定规模的商家有16家，在上述市场中经营汽车配件的市场大概有7300家等。除了上述市场，北京大多数市场出现了供大于求的状态。

（五）北京地区的近万家汽车配件或者是用品的汽车交易中，投资额在100万元的商户大概占到了70%。厂家直营、品牌代理、品牌连锁，授权经销商的比例在5%左右。市场内大多数经销商规模小，小户散户在实际经营中大多缺乏长远打算，缺乏稳定贸易渠道和稳定客户，甚至在经营中出现了不规范的行为，销售假冒伪劣产品，给市场造成了一定影响。做出规模或知名度的经销商多注意自身的商誉或者是不愿意承担以不规范经营带来的风险。因此一个汽配市场能否做大做响，经销商自身的素质具有至关重要的作用。

（六）北京的各类市场中汽配市场的收益是最低的。在2007年，汽车用品和北京市汽配市场协会联合做了一个调查，对北京地区的服饰、电子、家具、建材、小商品、农贸、花卉等共计十类市场，以租金类为取决标准，发现北京市汽配市场的收费是最低的，长期的低标准收费，市场的主办方难以作出投资。这也是北京地区很多汽配市场在经营几年之后出现脏乱差的原因，以上是北京汽配市场的基本情况。

二、目前北京地区汽配市场值得关注的变化

（一）北京地区的汽配行业对周边省市的辐射功能在明显减弱，过去大量的汽车配件通过北京地区中转批发至东三省、内蒙古、山西、河北等地。近几年，随着上述地区汽配市场及经销商的成长壮大，许多商户更希望从厂家或一手批发商处进货，这增加了北京地区汽配经销商和汽配市场的经营难度。

（二）2007年世界金融危机后，北京地区的汽配市场实际上已悄悄开始了重新洗牌，效益的持续下滑，导致商户重新审视过去的经营思路及店铺布局，许多商家采取了收缩的思路，特别是一些实力商户纷纷撤回在二流市场的摊位，向规模市场、规范市场或经营同类商品商户更多的市场集中，这种洗牌的结果一是北京地区的汽配市场强市更强，弱市更弱；二是形成更具专业，更具特色的汽配市场。

（三）北京地区汽配行业显现风险行业特征，首先是经营性风险，原因有二，一是行业的整体赢利能力下降，以西郊汽配城大众系列配件为例，大多数配件的零售市场加价率为10%左右，批发加价率则更低，仅有5%左右，而商户的租金、税金、人工费用总的趋势是涨不是降；二是经营全车型配件的商户尤其是经营非主流全车型配件的商户风险更大，非主流车型在一个城市的保有量很少，车型淘汰得又快，一旦经营的车型退出市场，商家积累的库存配件将成为一堆废铁。其次是政策性风险，汽配行业的产品质量问题和产品高防侵权问题是长期存在的，作为全国的首善之区，北京地区各级政府对汽配行业的关注和监管力度逐年加大，技监、工商每年都会多次在市场内抽检不同的商品质量，对抽检出有问题的商品即使商家的进货渠道、进货程序都是正常合理的，也会受到很重的处罚，对涉及产品侵权问题，执法处罚的力度会更大。对真正造假侵权的处理是应该的，但北京地区的打假活动中出现一种新现象，叫经营主体资格侵权，商家经营的配件没有问题，但商家在没有得到厂家的经营授权或进货渠道有问题时就叫经营主体资格侵权，也在打击处理之列，这就增加了商户经营的难度和风险。建议商会关注此类问题，现在许多整车厂尤其是合资厂对配件实行严格的渠道控制，如果再对未经授权而经营其配件的经销商以经营主体资格侵权论处，将来许多车型的配件在汽配市场内都将采购不到，其结果是消费者只能接受4S店独家服务，形成垄断。

（四）北京地区汽配行业出现特色市场和细分市场。特色市场具体表现为：一是功能上的特色，经过多年的经营和竞争，少数市场形成了批发零售的商业格局，成为业内的龙头，大多数市场仅具零售业务，甚至要靠代客安装、快修保养才能维持生存；二是经营配件品种上的特色，有的市场以经营国产配件为主，有的市场以经营韩系、美系车型为主，同类配件经销商集聚经营，更易产生集聚效应，这里的集聚效应主要包括顾客资源的集聚和销售业务总量的集聚。

细分市场是指市场经营的商品更单一，服务更专业，西郊汽配城和五方汽配城成立的用品及装饰市场，就属细分市场，这些专业市场或细分市场除提供消费者更加丰富的产品和服务以外，市场的业态和传统的汽配市场也有很大的不同，这些新兴市场的业态更像现代百货行业，丰富的商品，分类分区经营，宽敞整洁的环境，现代化的商业设施，细分市场或专业市场应该能代表汽配行业今后发展的一个方向。

三、北京地区汽配市场今后发展过程中应注意的事项

（一）汽配市场作为一种便捷，品种齐全、价廉物美的商品交流平台，已为广大消费者认同，在当今汽车工业快速发展，汽车市场快速升温的情况下，汽配市场应该有很好的发展环境和机会，但是，随着社会法律法规的健全，政府监管力度的加强，消费者消费观念的理性和成熟，以及市场间竞争的加剧，汽配市场必须改变过去粗放式、集贸市场型的管理方式及经营方式，汽配市场应寻求适合时代需求的变革，要在规范市场交易行为，培育实力经销商，改善市场硬环境，提升市场竞争力上多下工夫。

（二）适度及差异化经营。北京地区作为汽车零部件工业不发达地区，其市场功能定位不能和汽车零部件工业高度发达地区或海关口岸高度发达城市相比，后者的汽配市场是辐射全国的，经过发展甚至可以做成出口外向型的汽配集散地，而北京的汽配市场其功能只能是区域零售市场或区域中转批发市场，其业务覆盖范围是受限的，在北京众多汽配市场如要做得更好，要注意适度经营，在完善市场基本功能的情况下，更加注意市场的经营质量，在拓展外埠业务的同时，要更加注重对本地消费者的服务。

北京目前汽车保有量过400万辆，相信4～5年后，北京地区汽车保有量在不受政策限制的情况下，其总量可能突破600万辆大关，如此多的汽车在进入维修期后，其维修配件消耗量是巨大的，以单车年均消耗各类配件3000种来计，一年就可以提供市场180亿元的销售额，所以在北京地区的汽配市场眼光一定要向内。北京在提供汽配市场很好的发展环境的同时，市场之间的竞争也是很激烈的，要想在北京众多的汽配市场中立稳脚跟，市场做出特色，做出差异化，形成自身优势及竞争力是关键，一个低端或同质化的市场，只能越做越萎缩，北京地区效益较好的几家汽配市场其差异化经营特征很明显，这种差异化经营一是减轻了市场之间的恶性竞争，构建了合理的市场生存环境，二是便于形成市场的品牌，迅速提高知名度，三是为消费者提供更加便捷的服务，四是市场更易做大做强。

（三）要注重市场业态的规范和提升。北京地区目前大多数汽配市场还属临建，硬件设施相对简陋，不配套，经营模式处于混业状态，配件、用品、装饰、汽保设备、小修快修大多数未按现代化商业运作规律分类分区经营，市场业态很乱，这是北京地区许多汽配市场亟待解决的问题。

（四）要注重实力经销商的引进及培育。经销商团队的整体素质或实力决定市场的成败，市场一定要增加连锁经销商、授权经销商、各类专项代理商或具备实力的批发商在市场商户群中的比重，通过对市场经销商团队的调整来实现市场销售体制的健全及规范，为市场提供更加丰富配套的汽配产品。

（五）要注重市场仓储能力、物流配送能力的配套。市场仓储能力的提升可提高商家的经营效率，降低经营成本，北京西郊汽配城在市场的三期改造中规划出3万平方米集中式仓储区，解决了商家营业场地和仓库长期分离带来的不便，解决了商家要花费高额的租金在市场租赁大量经营面积作仓库带来的成本负担。物流配送能力也是制衡汽配市场做大做强的另一个“瓶颈”问题，传统汽配市场和经销商就像房东和房客的关系，在业务层面上是分离的，汽配市场应转变这种传统的经营模式，变物业管理型为物业服务型或物业保障型，市场物流配送能力的配置就是市场为商家提供服务或保障的具体行动。

（六）加强电子商务建设，提升市场竞争力。现代社会已进入电子化、信息化、数字化时代，计算机的普及、电子网络的迅速发展，实现了各类资讯的快速传播和共享，汽配市场或汽配经销商要实现二次发展，就必须借助现代资讯手段，实现旧的经营模式的突破。汽配市场应引领经销商在厂家订货、库存管理、商品销售、客户管理、渠道拓展等方面，全面借助电子网络平台，汽配市场自身也要走有型市场+电子商务（模拟市场）相结合的战略发展之路，从而实现提升功能，创新方式，从粗到精，从点到面的全面发展。

从以上北京地区汽配市场基本情况介绍可以看出，北京地区汽配市场目前已到了调整、提升、规范的阶段，意识到这种变革的需求，顺应这种变革的需求，市场将会走得更远，否则只会被快速发展的行业淘汰。

大事记

2007年

1月17日，商会在北京西郊汽配城召开了“推广正品标识（北京地区）座谈会”，全国用户委员会、中国消费者协会、北京市维修行业管理处、北京市质检局及北京地区的汽配厂、商会市场代表50余人出席会议。

1月19日，商会副会长苏晖应邀参加了全国工商联“双月民营经济座谈会”并在会上发言。

2月6日，全国工商联研究室陈永杰主任等一行四人到商会座谈有关上报“两会”提案事宜。

2月9日，商会高级顾问、指导委员座谈会在北京“中国职工之家”宴会厅举行。霍义光会长回顾了2006年商会重点工作，介绍了2007年工作设想，并听取了各位专家就推动商会进一步发展的建议。

2月28日，国家质检总局机关服务局一行四人来商会与韩春凤秘书长、品牌部负责人等就小武基汽配展示厅的合作项目进行座谈，并初步达成合作意向。

3月12日，全国工商联会员部刘云莲副处长到商会进行“全国工商联直属商会2006年度综合评价考核”的秘书长测评工作，商会秘书长韩春凤作了述职报告。

3月24~25日，商会会长、换届领导小组组长霍义光在北京华都饭店主持召开了全国工商联汽车摩托车用品业商会换届工作领导小组第一次会议。

4月6日，商会会长霍义光应长春市人民政府邀请，赴长春市与长春市贸促会、长春汽车产业开发区管委会等有关部门就共同主办“第四届中国长春国际汽车零配件展洽会”事宜进行了工作进度交流。

4月22~25日，商会组团参加了在南京召开的第61届全国汽配交易会，并在会间组织召开了“2007汽配财富（江苏）论坛”、“中国（宁波）汽车零部件（用品）全球采购中心信息发布会”、“全国汽配市场联合会理事工作会”等活动。

4月28~30日，商会会长霍义光及商会部分会员代表出席了“2007年香港国际汽车零部件展会”开幕式，霍义光会长在香港国际展览中心举行的“中国汽车零部件后市场的情况及展望研讨会”上作了专题演讲。

5月8日，商会组团参加了由商会和中国汽销总公司在重庆共同举办的“第27届全国摩托车配件交易会”。

5月17日，商会会长霍义光参加了全国工商联直属会员商会在北京南京大酒店召开的全国工商联直属会员商会会长办公会议。

5月20日，商会与清华大学联合举办的“清华大学首期汽配行业高层管理研修班”结业，在清华大学举行了结业仪式。霍义光会长和清华继续教育学院张忠义副主任出席并为首批学员颁发了结业证书。

6月18日，商会“正品工程”启动仪式新闻发布会在北京人民大会堂重庆厅召开。

6月20日，商会会长霍义光及12名商会常务理事会员单位领导赴澳大利亚参加“2007澳大利亚汽配贸易展览会”并与当地汽配行业人士进行交流、洽谈。

7月14日，商会会长霍义光应邀出席了由中国贸易促进会、中国汽车工业协会，吉林省人民政府、长春市人民政府及中国一汽集团联合主办的“首届中国长春汽车节”活动，并同时出席了第五届中国（长春）国际汽车博览会。

8月10日，商会秘书长韩春凤、调研员吴小冬出席了由全国工商联在北京举行的山东省“2007年投资环境及海内外知名企业家齐鲁行活动”情况的介绍会。

8月21日，由全国工商联研究室主持召开了商会提案工作座谈会，国家商务部市场体系建设司陈跃红处长亲自到会听取意见。

8月22日，商会会长霍义光应邀出席了由中共安徽省省委宣传部、中共芜湖市委、人民日报社经济部、中国汽车报社主办的“中国自主品牌汽车国际化发展战略高峰论坛”。

8月27日，由商务部主办、商会协办的中国国际汽车零部件博览会新闻发布会在四川大厦贵宾室召开。

10月9～11日，商会会长霍义光、调研员吴小冬及相关企业领导应邀参加了由全国工商联与山东省政府联合在山东泰安市举办的“2007海内外知名企业家齐鲁行暨中国泰安投资贸易洽谈会”。

10月16日，商会与河南省人民政府联合举办的“2007中国国际汽车后市场展览会暨全国采购大会”在河南郑州中原国际展览中心隆重召开，河南省人大副主任张以祥、全国商会会长霍义光出席开幕式并致辞。

10月16日下午，由商会主办的“中国汽配用品行业信息发布会”在郑州市河南民航大酒店隆重举行。会长霍义光、副会长朱财宝、高建设、王诗平出席了信息发布会，6个单位在会上作了信息发布。

10月18日，商会组团参加了“第62届全国汽配交易会”；霍义光会长应邀出席慧聪网在全国会现场举办的2007年度《中国行业资讯大全·汽车配件行业卷》首发仪式并致辞。

10月19日，商会会长霍义光赴上海出席了由商会、上海汽车配件流通行业协会、上海会展有限公司共同主办的“2007中国汽车生活展”开幕式并致辞。

10月25日，由无锡市惠山区人民政府、无锡市经贸委共同主办，高力·无锡国际汽车博览会承办的无锡汽车产业高峰论坛暨汽车后市场发展研讨会成功举行，商会荣誉会长霍义光、秘书长韩春风应邀出席会议并致辞。

11月26日，商会会长霍义光及常务理事单位北京鑫全奥商贸有限公司总经理张建国应邀出席了全国工商联和土耳其工商企业家协会在北京饭店举行的“中土合作论坛”的签字仪式。

11月29日至12月1日，由国家商务部举办、中国通用技术集团主办、全国汽摩配用品业商会协办的“中国国际汽车零部件博览会”在北京国际展览中心召开。

11月30日，商会会长霍义光与泰国投资委员会和泰国汽车配件行业协会分别进行了“友好合作协议”的签字仪式。

12月12日，商会会长霍义光出席了全国工商联在江苏省南通市召开的“全国工商联直属会员商会会长会议”及“商业模式创新及跨国经营论坛”。

2008年

1月20日，全国工商联汽摩配用品业商会会长工作会在北京华都饭店举行。

2月3日，商会通过全国工商联向“两会”递交了“关于摩托车国Ⅲ排放法规，推广国产摩托车发动机电喷技术应用”等三项提案。

2月7日，商会在京组织召开了汽配行业专家座谈会，就汽配行业发展的现状和未来趋势进行探讨。

2月28日，商会第二次会员大会在北京国际饭店隆重召开。刘吉纯当选为全国工商联汽车摩托车配件用品业商会第二届会长。全国工商联副主席宋北杉、直属会员商会会长瞿怀明等领导出席会议。

4月17日，商会二届二次会长办公会在济南召开，会中讨论了商会秘书处机构、岗位设置，同时听取了第63届全国汽配交易会组委会的工作汇报。

4月18日，由商会主办的“第63届全国汽配交易会”在济南隆重召开。

4月23日，由商会起草的《中国汽配专业市场经营规范》标准完稿并上报国家商务部。

4月28日，商会会长刘吉纯向国务院发展研究中心中国发展观察课题组提交了“关于与国务院发展研究中心课题组联合在京召开《能源相关领域节能减排专利技术推广实施与产业化发展座谈会》的函”。

5月22日，商会会长刘吉纯向四川地震灾区所属会员企业发去慰问信并要求秘书处发文组织支援灾区募捐活动。截至5月底统计全国会员企业捐款物近6000万元。

6月10日，商会会长刘吉纯赴美考察并和汽车后市场协会进行沟通交流。

7月17日，商会秘书处组织部分会员单位参加了全国工商联在中央财经大学举办的“民营企业风险管理培训班”讲座。

8月6日，商会会长刘吉纯在京会见了中美总商会会长任剑浩先生，双方经过友好交流达成了战略合作意向。

8 月 7 ~ 9 日，商会会长刘吉纯赴华东考察调研，先后在杭州、海宁、萧山、瑞安等地深入基层生产企业和商协会考察金融危机对生产制造企业的影响并会见朱财宝、陈小宏、骆联盟、张晓平、许尚春等副会长和浙江汽摩配商会黄来兴会长、浙江省汽车用品行业协会沈中明会长。商会专职副秘书长陪同考察和调研。

9 月 15 日，商会组织会员企业参加了“2008 海内外知名企业家齐鲁行”活动。

9 月 16 日，全国工商联汽摩配用品业商会第五届秘书长联席会议在浙江宁波召开。刘吉纯会长亲临会议并发表重要讲话，提出打造百年商会的新理念。各地商协会秘书长分别就商协会工作进行了交流和讨论，并组织学习了全国工商联汽摩配用品业商会相关文件和规定。

9 月 28 日至 10 月 4 日，应韩国群山市政府邀请，全国工商联汽摩配用品业商会韩国考察团一行 24 人在商会副会长邹忠平、付大庚及秘书长韩春凤带队下参观考察了韩国群山市 2008 国际汽车展览会、群山第五码头汽车输出基地、首尔长安平汽车配件市场。

10 月 15 ~ 16 日，商会汽配市场联谊会在长沙召开，刘吉纯会长出席会议，孙鲁秦、朱财宝、章宏伟、付大庚等副会长在会上发表重要讲话，肯定商会换届后的各项工作已经步入轨道，寄语秘书处在新形势下更好地为全国会员服务，开创商会工作新局面。

10 月 29 ~ 30 日，商会会长刘吉纯参加了全国工商联在北京召开的组织工作会议。

10 月 31 日，商会二届三次会长办公会在西安唐华宾馆召开，会上审议通过了各项议程、推荐表彰名单、“2008 年度商会工作报告”及“2008 年度商会财务审计工作报告”。

10 月 31 日，全国工商联汽摩配用品业商会二届二次理事会在西安唐华宾馆圆满召开，会上商会会长刘吉纯作了 2008 年度商会工作报告，表彰颁发了 2008 年度“特殊贡献奖”、“优秀团体”、“优秀组织单位”、“优秀秘书长”、“优秀品牌市场”、“最具发展潜力汽车配件市场”及“信誉经销商”等先进个人和集体奖项。

11 月 1 ~ 3 日，第 64 届全国汽车配件交易会在西安曲江国际会展中心成功举行，同期组织了“中国汽配市场回顾与展望成果展”。

11 月 3 日，商会会长刘吉纯、名誉会长霍义光与美国肯塔基州全球领先领导力中心签订了战略合作伙伴框架协议。

11 月 20 日，商会向全国工商联研究室提交了会员企业申报的“组织对汽车电子产品共性关键性技术攻关的提案”、“关于建立我国汽车交强险问题的提案”和“关于建立我国汽车购置附加税过高增加了消费者的经济负担的提案”三份提案。

12 月 9 日，全国工商联汽摩配用品业商会推荐两家在本行业拥有技术专利且科技研发能力强的企业申报了全国工商联“科技进步奖”。

2009 年

1 月 20 日，商会在北京召开了“全国工商联汽摩配用品业商会顾问专家新春座谈会”。刘吉纯会长代表全国工商联汽摩配用品业商会对专家和顾问们致以新春问候。

3 月 26 日，长春市代表团来京开展系列招商和经贸交流合作活动。

4 月 18 日，商会常务副会长付大庚、秘书长代飞参加了全国工商联举办的“全国工商联行业商会专题培训班”，中央统战部副部长、中华全国工商联党组书记、第一副主席全泽洙，国家民政部副部长姜力发表了重要讲话。

4 月 24 ~ 26 日，商会和宁波市政府主办，易通全联（北京）国际展览有限公司承办的“第 65 届全国汽车配件交易会”在宁波国际会议展览中心圆满举办，本届展会共计参展企业 1800 余家，参观采购的专业观众达 10 万人次。

6 月 5 日，商会副会长程文龙、秘书长代飞参加了全国工商联在天津举办的 2009 中国民营经济论坛。

6 月 30 日至 7 月 2 日，由全国工商联汽车摩托车配件用品业商会、中国汽车用品联合会、中国汽车维修行业协会和郑州市人民政府共同主办的“2009 中国国际汽车后市场博览会暨第六届中国汽车用品（郑州）交易会”举办期间，秘书长代飞、常务副秘书长董鸿星等受邀出席各项活动。

8 月 10 日，商会主办的《中国汽摩配》杂志更名为《中华汽摩配》，总第 63 期出版。

8月18日，全国工商联汽车摩托车配件用品业商会和中国汽车零部件工业总公司主办，上海金山卫汽摩配实业发展有限公司承办的“第六届全国汽摩配用品行业商会（协会）秘书长联席会暨中国品牌汽车零部件制造与流通市场高峰论坛”在上海金山成功举办，来自全国各地60多位代表出席会议。

8月26日，商会二届四次会长会议在北京长安戴斯隆重召开，全国工商联党组副书记、副主席宋北杉、会员部部长刘红路、副部长李树林、副处长刘云莲出席会议。会议学习了全国工商联和国家民政部领导的讲话精神，就《商会申请登记注册工作方案》进行了讨论，商会有关工作得到全国工商联领导的肯定。同日，参会的17位副会长一行到北京五方天雅汽配用品城参观指导。

8月28日，商会汽车改装工作专业委员会第一次筹备大会在广州白云国际会议中心成功召开，会议由广州点金传媒有限公司召集并承办，常务副秘书长董鸿星到会致辞。

9月5日，应“湖北信合2009中国十堰（张湾）汽车文化节”组委会邀请，商会副会长、中国瑞立集团董事长张晓平，常务副秘书长董鸿星出席了文化节；常务副秘书长董鸿星主持了“车城人论车”汽车发展高端论坛。

9月15日，由美国南加州政府、全国工商联汽车摩托车配件用品业商会、YK America Group、Inc中华汽配网联合主办的美国南加州投资说明会在京举行，帝王郡经济发展局/经济发展联合会总裁执行长Tim Kelly先生介绍了南加州的投资环境及新能源产业的发展现状。会上，YK America加州特区中心总经理Howard Ting对加州的投资移民政策进行了解读，为投资者提供综合的投资移民解决方案。

10月12日，商会主办的《中国汽配报》更名为《中国汽车后市场报》，由北京五方天雅汽配用品城执行出版。

11月3日下午，澳德巴克斯（中国）汽车用品商业有限公司董事长田岛也寸清、总经理山下裕、副总经理谷昭光、管理部副部长金永浩等一行拜访了商会，就进一步加强和扩大汽车用品领域的合作达成共识。全国工商联汽摩配用品业商会秘书长代飞、常务副秘书长董鸿星出席了会见活动。

11月1～15日，全国工商联汽车摩托车配件用品业商会副会长孙鲁秦为团长，付大庚为副团长的一行8人参观了2009年美国拉斯韦加斯国际汽配展会，并在展会期间与当地汽配同行进行友好交流。

11月6日，甘肃省工商联汽车摩托车配件用品经销业商会经过一年多的精心筹备，在兰州饭店召开成立大会。商会常务副秘书长董鸿星到会祝贺并讲话。

12月1日上午，由全国工商联汽车摩托车配件用品业商会常务理事单位——十堰张湾区主办的“中国汽车后市场形势报告会”在湖北十堰市张湾区邦辉国际大酒店隆重举行。

12月8日下午，由国家商务部、国台办、全国工商联和台湾经济部作为指导单位，海峡两岸经贸交流协会和台湾工商建设研究会主办的“两岸产业合作与发展研讨会”在北京首都大酒店隆重举行。

12月20日，“甘青宁重型汽车配件联合体成立大会”隆重召开，商会常务副秘书长董鸿星、甘肃省工商联汽车摩托车配件用品经销业商会会长陈星等出席大会。

12月21日，中国汽车修理行业协会接受商会邀请，成为全国汽车配件交易会的支持单位。

Chamber of Tourism
All-China Federation of Industry Commerce
中华全国工商业联合会旅游业商会

全国工商联旅游业商会

全国工商联旅游业商会会徽由四只不同颜色、相互连接的中国式风筝图案加中英文“中华全国工商业联合会旅游业商会”字样组成。

具有中国特色的风筝，代表中国民营旅游业朝气蓬勃、兴旺发展。

四只小风筝相连，昂扬奋飞，表示民营旅游业的自律、团结、团队协作，共创美好明天。

四种颜色象征土地、海洋、环境(绿色)与人（生命）。

商会简介

中华全国工商业联合会旅游业商会（简称全国工商联旅游业商会），是由中华全国工商业联合会批准成立，由中国（包括香港、澳门特别行政区）有较大影响力及实力的民营旅游企业发起成立的全国性组织，于 2002 年 12 月 27 日在北京成立。

商会的宗旨是在全国工商联的领导下，为行业服务，为政府服务，在政府和会员之间发挥纽带和桥梁作用，为促进我国非公旅游业的持续、快速、健康发展作出积极贡献。

职责是：组成以全国非公旅游企业和港、澳、台地区的旅游企业为会员的网络组织，整合多种旅游资源，为企业的发展提供平台；维护企业权益，倡导行业自律；通过多种方式，帮助各类旅游企业，特别是西部和少数民族地区中小旅游企业的发展。提供旅游资源规划、开发、推介资源；建立旅游人才培训、交流平台，提升中国旅游管理人才水平，从而整体提高中国旅游业管理、服务水平；与国际和地区旅游组织建立合作关系，维护中国旅游者的合法权益，协助解决国内旅游企业涉外纠纷；促进中国旅游企业与国际旅游界的交流、合作。

第一届会长、副会长及秘书长名单

会长

王　平　北京中华民族博物院院长

副会长

王敏刚　刚毅（集团）有限公司董事长

何超琼　信德集团有限公司董事总经理

张芝庭　贵州神奇集团董事局主席

刘金虎　金龙集团董事局主席

郝续宽　维信（内蒙古）羊绒集团董事长

齐扎拉　云南省迪庆藏族自治州州委书记

吴永建　四川岷山集团有限公司董事长

穆　民　北京鸭王烤鸭店有限公司董事长

会长

王　平

副会长

王敏刚

何超琼

张芝庭

刘金虎

郝续宽

齐扎拉

吴永建

穆　民

吉小冬

兰世立

秘书长：王永强

吉小冬　云南大理州旅游产业开发集团有限责任公司董事长
兰世立　中国东星集团有限公司董事局主席、总裁

秘书长
王永强

联系方式：
电话：010－62063690
传真：010－62063790
地址：北京市朝阳区民族园路一号
邮编：100029
网站：www.tcc.org.cn
邮箱：office@tcc.org.cn

工作综述

2007 年

在全国工商联的领导下，在会长、常务理事、理事和会员、团体会员的支持下，商会2007年以创新的精神和思路开展商会工作，围绕主要职能和中心任务，按照年初会长办公会制定的年度工作，实实在在地为会员单位提供好各方面的服务，在政府和企业之间发挥桥梁纽带作用，做政府的助手，参政议政，充分行使政府赋予民间行业组织的职责。通过商会的工作，商会的凝聚力和影响力都有很大的提升，商会的发展思路日臻成熟，各项工作已取得可喜的成绩。

2007年，商会继续发展会员，巩固会员基础，加强对外交流，为行业管理奠定基础，与国际的联系越来越广泛。今年，与WTTC合作的“9+2”项目也得到进一步发展。在配合国家“走出去”战略上，参与引导商会会员走向非洲、投资非洲，在与非洲旅游联合会ATA签订工作协议后加强联系，在北京进行会谈。甘肃省工商联旅游商会成立和与澳门特别行政区政府消费者委员会联合发起的“优质诚信商号”活动也是2007年的重要工作。总之，2007年是旅游业商会平稳发展的一年，是忙碌充实的一年，是很有成绩的一年。

一、开展“优质诚信商号”项目，建立澳门地区和大陆旅游业的沟通对话机制，并以此为模板，向国际旅游热点城市推广

近年来，在“港澳自由行”政策的促动下，内地赴澳门地区游客呈成倍增长态势。

3月，商会和澳门特别行政区政府消费者委员会在接触中，探讨了共同发起“优质诚信商号”挂牌活动。此项活动旨在为内地游客在澳门地区营造一个放心购物的环境。经商会和澳门特别行政区政府消费者委员会双方批准挂牌的商户，将会受到上述两家组织的共同监督。在挂牌商户购买商品出现问题的顾客，即使回到内地，仍可通过向商会投诉，享受相应的赔偿、退换等售后服务。内地游客可以毫无后顾之忧，放心大胆地在澳门地区消费。

12月17日，商会与澳门特别行政区政府消费者委员会“优质诚信商号”标牌发布正式在北京启动。这是继2007年6月1日，两组织签署《关于在澳门发起“优质诚信商号”活动合作意向书》和6月25日在澳门签署该活动正式协议后，两组织为保障内地赴澳门消费者利益及维护澳门商家信誉，发展澳门旅游城市的消费市场而做的具体工作。

12月19日，第一批“诚信店”商户授牌仪式在澳门文华东方酒店举行。首批50家澳门各类商家代表取得“优质诚信商号”资格。澳门特别行政区政府经济财政司司长谭伯源参加了授牌仪式并向商户授牌。从2008年1月1日起，澳门1800多家商铺中的1300多家将陆续参加到这一活动中来。

“优质诚信商号”项目的开展，在澳门地区和内地旅游间建立了很好的沟通平台来维持秩序。对于澳门来说，挂牌活动的开展，将为内地消费者营造一个放心的购物环境，将大大促进澳门旅游业的健康持续发展，推动澳门地区旅游经济发展；对于内地来说，在澳门旅游的消费者也得到了购物保障，使澳门和内地间的旅游相互保护和促进，使两地区的旅游在良性循环的发展中达到“双赢”。此举对促进内地与澳门的旅游交

流同样有着十分重要的意义。

挂牌活动的成功开展，也具有相当的示范作用。以此为模板，商会将逐步以这个思路和操作模式，首先与国际上的旅游热点城市进行沟通，因地制宜调整思路，与该地区建立旅游间的对话沟通机制，共同促进旅游健康发展。

二、配合全国政协民宗委武陵山地区开发计划，在“9+2”项目内强化培养贵州旅游市场

“9+2”项目是商会与世界旅游旅行理事会（WTTC）很早就开始规划发展的项目之一，通过为旅游资源丰富的“9+2”地区和有实力的外资企业家搭建合作平台，招商引资，进行旅游项目的开发，加快推动地方经济发展。

贵州是旅游资源非常丰富、极具特点的“9+2”省份之一，又成功申请了喀斯特世界文化遗产，所以商会将贵州作为开展“9+2”项目的试点。

11月6~11日，由贵州省人民政府主办、商会和贵州黔南州政府共同组织的2007贵州旅游发展大会在荔波举行。商会20人的代表团参会。

此次大会的举办包括前期的考察得到了当地省委、省政府的高度重视，省委、省政府的领导在考察期间亲自接见了克劳德主席，省委副书记王富玉亲自部署大会工作，在会议期间出席大会并发言。此次旅游发展大会的成功举办对“9+2”项目的顺利开展产生了重大的影响。

4月2~4日，WTTC克劳德主席曾对贵州论坛前的准备工作和项目投资进行了考察。

考察期间，贵州省委副书记王富玉、副省长禄智明共同会见了克劳德主席一行。王平会长、郝续宽副会长、何超琼副会长、代表邓炜璇参加了会见。贵州省旅游局领导陪同会见。

贵州省旅游局主持工作的副局长傅迎春、主管副局长李三旗向克劳德主席介绍了贵州省丰富的自然和人文资源以及“十一五”旅游规划。

让·克劳德·鲍姆加腾主席认真听取介绍，并对一些实质性和重要的问题进行提问。

通过实地考察，克劳德主席对贵州的文化和自然的原生态感到非常满意，同时，希望很快能再次回到贵州。

贵州省政协副主席唐世礼在贵阳会见了克劳德主席。

此次旅游发展大会的成功举办，使得商会深刻地认识到“9+2”项目的顺利开展需要做好以下几方面工作：第一，前期旅游资源考察是论坛成功举办的奠基石，是最终促成政府与企业达成投资意向合作的有效沟通工作。第二，“9+2”项目的定位要高起点、高层次、高效率、高成果、高影响。第三，为达到“五高”的定位，商会应积极与省委、省政府进行沟通，由当地省委、省政府牵头，共同努力促成项目的实施。第四，当地省委、省政府领导的高度重视，亲自部署工作是项目成功的关键。第五，举行政府与投资者面对面的专场座谈会，解答企业家的问题，促成双方的成功合作。

此次旅游发展大会将大大促进贵州旅游的经济发展，商会作为政府助手，在各方面给予了大力支持，不仅带去了投资，还带去了对贵州旅游发展的创新思路、科学理念。通过旅游商会推广的泛旅游的思维，加快推进产业结构的优化升级，实现贵州经济快速、和谐发展。

三、以西部地区为主要发展区域，协调发展覆盖全国的团体会员网络建设

2007年，甘肃省工商联旅游业商会和以民族旅游为主、以乡村旅游为特点的北京工商联民俗旅游业商会正式成立，成为商会省一级的团体会员。迄今为止，商会的省级团体会员有：湖北、四川、内蒙古自治区、甘肃、云南、新疆建设兵团、北京、重庆。还有地区级商会：北京门头沟、北京房山、南京、张家界。经过几年的工作，港澳地区成立旅游业商会的时机基本成熟，将择机建立。青海、宁夏、湖南、江苏及大连旅游业商会的建立正在进一步推动中。商会将进一步快速建立覆盖全国的省级网络系统，通过商会对非公旅游经济的整合和管理，整体提升非公旅游经济的整体性、网络性、活跃性。

6月6日，甘肃省工商联旅游业商会成立。湖北商会和甘肃商会的成立充分证明了发展省级团体会员的思路应该“在省委、省政府的支持下，省工商联与省旅游局密切合作”帮助成立地方工商联旅游商会。这一经验将向全国其他省区推广，为加快扩大地方旅游商会成立提供宝贵的经验和成熟的思路。

丝绸之路旅游经济发展，也是商会成立以来一直十分关注的工作。

商会在大家的努力和支持下，实现了每年的既定目标，扎扎实实地做好基础工作，在自身逐步稳定发展壮大的同时，仍坚持以“服务会员企业，做政府助手、做政府和企业间的友好纽带”为己任。在十七大召开后，商会的工作将提高到新的高度，配合国家新的战略，以构建和谐社会为目标，为全面推进我国非公有制经济健康发展作出应有的贡献。

2008 年

2008 年是中国改革开放三十周年，中国旅游业在短短的 30 年的迅猛发展中，让中国人“看世界”的脚步越走越远，足迹遍布全球，见证了中国人民生活的变化。旅游业作为改革开放最受益的产业之一，逐步成为百姓生活中的重要组成部分，也使世界更加关注和了解中国。据预测：2013 年，中国的旅游及旅游行业实际增长率将达到 10.9%，将成为全世界从未有过的旅游经济大国。加之，2008 年北京奥运会的成功举办，让世界各地的人们更加向往中国，奥运会是一小步，中国旅游向前迈了一大步。中国旅游业借势也将进入跨越式发展期。

在面临机遇的同时，突如其来的“5·12”汶川特大地震给中国旅游业带来了灾难，许多地区，特别像四川这样的旅游大省，受创十分严重。再加上国际金融危机已经在影响着中国的实体经济，中国经济的发展正在经受着严峻考验。但正是在这样的时刻，在刚刚过去的“十一黄金周”，中国旅游逆势上升。据国家假日办统计，全国接待旅游人数和旅游收入实现双增长。全国 119 个重点景区累计接待游客 1829 万人次，比去年同期增加 13%，旅游收入增加 16%。贵州省旅游人数增加 24%，创历年最高。北京市继续奥运效应，旅游接待人数同比日均增幅为 50%。这些数字说明了这样一个事实：旅游业既是非常脆弱的产业，也是最有韧性的产业。在中央提出的进一步拉动内需、抵御经济危机冲击、降低经济损失，保增长、保稳定的实践中，旅游业将大有作为、大有前途。

2008 年，中国旅游业在这样的一个复杂形式下，既面临机遇，又面临挑战。商会在全国工商联的领导下，各位会长的鼎力支持下，基本完成年初制订的工作计划。特别是在“汶川地震”期间，商会将工作重心转移，与会员团结一心，积极开展救灾，帮扶和帮助恢复旅游重建工作。

在组织建设方面，商会成立了全国工商联旅游业商会酒店专业委员会和媒体联盟。青海成立分会的工作有所突破，取得很大进展。

西部和丝绸之路地区的旅游发展仍是商会长期以来关注的工作。“中国西部民族地区旅游人才培训工程”于 12 月 9 日正式开班。主要来自我国西部民族地区主管旅游的干部将参加由培华教育基金会大力支持的学习班。

对外，商会继续与世界最高旅游组织 WTO、WTTC、PATA、ATA 等保持良好工作关系并参与它们组织的活动。2008 年，商会也加强了与英国、澳大利亚、沙特等国家的了解和往来。

2008 年商会工作总的来说是面对机遇与挑战，稳固发展，收获经验，卓有成绩的一年。

一、组织发展

西部省区省级团体会员工作扎实推进。协调发展覆盖全国的团体会员网络建设。酒店专业委员会的成立和管理试点为促进行业内各专项委员会积累宝贵经验。

按照年初制订的组织工作计划，2008 年商会在推进协助西部地区成立旅游业商会工作上做了很多努力。在商会各位会长的努力下，现团体会员有：湖北、四川、内蒙古自治区、甘肃、云南、新疆建设兵团、北京、重庆。还有地区级商会：北京门头沟、北京房山、南京、张家界。经过几年的发展，商会在成立地方商会的思路日臻成熟：发展省级团体会员应该“在省委、省政府的支持下，省工商联与省旅游局密切合作”帮助成立地方工商联旅游商会。

经全国工商联正式批准，商会于 2008 年正式成立了全国工商联旅游业商会酒店专业委员会。作为旅游产业内的酒店行业专业组织，专委会将整合产业资源，搭建交流平台，在促进酒店业，特别是民营、中小旅游酒店业摆脱恶性竞争，持续健康发展中发挥作用。现专委会有会员 400 余家，客房 75 万间。会员分布在全国 29 个省（自治区、直辖市）83 个城市。未来三年内会员规模计划达到 5000 家。旅游业商会副会长吴永建任会长。

委员会门户网站（www.cbhl.cn）已正式运行。内含信息、技术、规划、建设、商务、资本和国际合作等信息，多层面服务于会员企业。与会员单位共享客源的中央预订系统平台也在积极筹备中。

在以发展覆盖全国的团体会员网络建设为主要组织建设工作任务的基础上，发展旅游业内专项委员会，将更加有效地、更加细致地、更加深入地整合旅游业内的各方资源，更具有针对性地推动旅游大产链上的各个行业的健康发展。这也是商会在推进整个非公旅游经济发展的组织战略上的思路。酒店专委会的成立和现运营模式以及运作积累的经验，将加速商会横向网络发展的工作。

二、国内工作

（一）“5·12”汶川特大地震，中国旅游业遭受重创

中国民营旅游企业在灾难中积极生产自救，无私奉献，互相帮扶。在抗震救灾中表现出了民营旅游企业强烈的社会责任感和顽强的生命力。商会团结行业商会的专业力量，积极帮扶受灾企业，为四川地震灾区旅游恢复作贡献。

“5·12”汶川特大地震，至今使中国旅游业损失巨大。旅游业是劳动密集型产业，对吸收就业，稳定社会经济关系重大。特别是四川省损失最为严重，与旅游相关的交通、餐饮、住宿、旅游纪念品等全面停顿，从业人员全部面临失业的危机和企业倒闭的危险。

8月27日，国务院常务会议审议通过了《汶川地震灾后恢复重建总体规划》，标志着抗震救灾工作进入了恢复重建的重要阶段。《总体规划》明确要求重振旅游经济，提出“把旅游业作为恢复重建的先导产业，优先安排恢复重建基金和鼓励各类投资基金等用于旅游基础设施和旅游企业的恢复重建，尽快全面恢复旅游业的发展”。

商会在协助四川省政府恢复四川旅游采取的几项措施：

1. 推出“一加一”旅游振兴活动，吸引境内外入川游客，激活四川旅游

活动分两方面，海外游客入川一个人如果再带一个人，只需要多付一元钱便可获得一间旅馆一晚房间；对境内游客，通过网络程序，也可获得一元一人一晚的旅馆房间。商会会同四川省政府、省工商联和商会的四川分会一同推介这个活动，希望能帮助四川恢复旅游人数增加20%。

2. 景区恢复，采取“一帮一”

计划将灾区内震损的景区，主要是民营这部分，与川外会员景区挂上钩；可以是一个景区帮一个，也可以是多个景区帮一个。以此使景区民营企业减少困难，度过重建期，同时也可采用输出管理方式，让受困景区人员互动。该活动很快初见成效：6月，四川省旅游业商会出资组织了5家骨干旅行社和媒体人士开展“走出盆地，放飞心灵”活动，寻找省外合作伙伴，开辟新的旅游市场。经商会协调和安排，他们与商会常务理事、北京九汉天成有限公司董事长宋军达成一致，到该公司位于内蒙古阿拉善腾格里达来月亮湖景区进行了考察，并迅速达成共识，积极探讨合作，成果显著：一方面，受灾旅游企业通过商会平台找到了出路，开辟了新市场；另一方面，北京九汉天成有限公司将得到更多的客源。商会在其中既帮助了受灾企业，又给另一方带来了利益，商会也得到了会员的拥护。

3. 培训民族地区旅游人才

培训县一级和更基层的旅游管理者、旅游骨干。利用重建期旅游淡季的时间，集中一段时间，到港澳或内地其他地方培训，由商会负责筹措被培训人员的费用。地震旅游的恢复应当利用这次机会，使当地旅游全面提升，提升文化、提升管理、提升服务。在培训之中，还要帮助他们与其他行业商会、组织及大企业家建联系、交朋友，推介这些地区旅游资源开发。

12月9日，由商会倡议举办，香港培华教育基金会鼎力支持的“中国西部民族地区旅游人才培训工程”第一期培训班正式开班，经各地党委、统战部、政府、工商联、旅游局等有关部门推荐，通过评比和严格审核。主要来自西部民族地区的基层旅游管理者开始参加培训。

商会也正在积极探讨与培华的下一步关于针对灾区旅游恢复的“5·12”地震灾后恢复旅游重建人才培训工程和针对丝绸之路沿线地区市长为主的丝绸之路旅游发展培训工程。

4. 吸纳震区旅游企业员工

由于灾区旅游业停顿，许多旅游骨干企业面临流失，这对下一步旅游恢复将是十分危险的，没有有经验的员工，旅游的恢复将更加困难。商会号召会员企业吸纳震区旅游企业闲置员工，让他们暂时到这些企业中来工作，保证收入，待灾区情况稳定后将他们送回。这样可以使宝贵的旅游人才队伍不垮掉。

旅游业的恢复要有战略眼光，资金救助、人员救助、文化救助都很重要。商会将发挥自己的专业优势，尽一切力量为恢复灾区旅游重建作贡献。

值得赞扬的是，此次汶川地震抗震救灾中，商会的很多企业和会员，特别是在四川地区的会员单位，在吴永建会长的带领下，积极生产自救的同时，还尽可能地帮扶受灾群众和企业，帮助他们渡过难关。在抗震救灾和恢复重建过程中的主人翁精神，体现了民营企业家强烈的社会责任感和顽强的生命力，说明民营企业家已是中国经济和社会的中流砥柱。商会特别出版了抗震救灾特辑。

（二）全国工商联旅游业商会、澳门消费者委员会成功实施“优质诚信商号”项目，让内地游客多渠道、就近解决投诉问题

为保障内地赴澳门消费者利益及维护澳门商家信誉，发展澳门旅游城市的消费市场，商会与澳门特别行政区政府消费者委员会共同发起、合作、成功实施并推广了“优质诚信商号”项目。至今，自商会成功实施“优质诚信商号”以来，接到投诉10起，解决投诉9起，1起正在解决中。

为更好地让内地的百姓就近、多渠道、快速地解决投诉问题，“优质诚信商号”已经开始向地区推广，与地方商会进行合作，百姓可就近通过当地团体会员处投诉，解决纠纷，更方便、更快捷。同时，该活动也在向商会企业会员推广，给内地游客带来了更快捷方便的服务。同时，也在加强地方团体会员美誉度和公信度的形象工程上添砖加瓦，对于内地旅游企业，解决了客户投诉却无门解决的尴尬局面，促进内地旅游企业健康发展。

（三）为非公旅游经济搭建平台，参与丝绸之路旅游发展，共同构建持久和平、共同繁荣的新丝绸之路

从商会成立以来，就一直关注和参与丝绸之路旅游发展建设工作，商会受邀参加了9月2日在阿拉木图举办的第三届丝绸之路市长论坛，王敏刚副会长就丝绸之路“文化全球化”和“丝绸之路”精神做了阐述，王平会长就如何构建持久和平、共同繁荣的丝绸之路作了发言。此次是商会第三次参加该论坛，已经在丝绸之路领域有了较好的影响，为非公有制旅游参与丝绸之路发展搭建平台。王敏刚副会长与新亚欧大陆桥国际协调机制办公室和中国国际经济技术交流中心赵永利主任就非公经济参与丝绸之路发展的具体工作和工作重心进行探讨，最后达成一致：拟共同发起成立“（新）丝绸之路城市发展工作办公室”。各方发挥资源优势，共同做好“发展办”的平台建设工作，向世界宣传丝绸之路和谐发展理念，推动中外城市的经济技术合作与文化交流，促进城市的可持续发展。

（四）会员是商会的基石，促进非公旅游经济发展是商会的中心任务，积极支持地方特别是西部地区发展旅游工作是商会工作的重点

商会作为指导单位，重庆市工商联（总商会）、重庆市涪陵区政府主办，重庆市工商联旅游业商会等多家单位承办的“雨台山中国西部旅游创意论坛”在10月24~26日举行，王平会长出席并发言。

为纪念改革开放30年，商会作为发起单位、由酒店专业委员会承办的“中国酒店业30年”庆典12月4日在京召开。今年是我国实行改革开放30周年，酒店业在旅游经济发展中作出了重要贡献，回顾历史总结经验、展望未来共谋发展大计是此次大会的主要内容，为中国改革开放30年献礼。

王平会长在大会上就中国酒店业历史发展、酒店业人才培养和金融危机下面临的问题以及未来酒店业的发展做了发言。酒店业各方专家、学者、职业经理人、企业家以及多家媒体出席大会。其中，经过以网络投票为主、专家严格评选，王敏刚第一副会长与邹敏常务理事作为“影响中国酒店100人”获奖嘉宾出席颁奖晚会，其酒店荣获“中国百佳酒店”称号。

2008年在这样一个复杂的经济环境和形式下，商会在保证完成中心工作任务的同时，紧扣时代脉搏调整商会工作，抓住时机，借势发展。汶川地震对中国旅游业的影响使得商会在面对前所未有的困难下寻求思路，总结经验，商会也更加深刻地认识到作为非公旅游经济的代表发挥政府助手作用和桥梁作用，体现三性的重要性。商会将一如既往地为非公经济的发展尽全力。

（五）2008年是中国的奥运年，在北京奥运会成功召开的背景下，商会结合形势进行了多项外事活动

商会领导参加了由英国奥委会、英国旅游局

举办的多项活动，与英国政要、英国奥委会、英国旅游局、伦敦旅游局及英国各地区旅游局官员、知名人士、企业家等进行探讨、交流，广泛结交“新朋友”，加强相互沟通和合作。

“结交新朋友，不忘老朋友”，奥运会也带来了“老朋友”。在奥运会闭幕式期间，非洲旅游联合会执行主任安迪访问了商会，加强了两组织之间的合作关系。

同时，商会继续深入发展与世界旅游旅行理事会（WTTC）的联系，由王平会长带队的代表团参加了在迪拜召开的第八届峰会。这届峰会是世界旅游旅行理事会（WTTC）历史上峰会规模之最。

1. 借助奥运机遇，发展商会影响力，王平会长应邀赴英参加英奥运会百年庆典

王平会长应英国奥委会邀请，于2008年5月27～30日，参加了由英国女王亲自主持的英国奥运会一百周年庆典宴会。庆典晚宴在温莎城堡举行。英国首相布朗，国际奥委会主席，本届英国奥委会首脑，曾参加英国1908年奥运会的23个国家奥委会代表，以及英国奥运金牌获得者200余贵宾参会。

英国女王、爱丁堡公爵和英国第一公主兼英国奥委会主席安妮公主接见了王平会长，英国奥委会行政总管尼尔·韦斯特先生陪同接见。

英国女王询问了王平会长北京奥运会的相关情况，并对中国汶川地震表示关心和慰问，王平会长向她表示感谢并祝贺英国2012年奥运会申办成功，介绍了商会的有关情况及中国旅游的发展情况和中英发展旅游的前景。在英期间，同时会见了英国奥委会企业关系总监马克、北京2008年奥运会BBC电视台总策划以及几位英国奥委会委员。

2. 发展中英旅游经济、开发奥运旅游，王平会长出席英国旅游同业下午茶会

2008年8月15日下午，由英国驻华大使馆和英国旅游局共同举办的英国旅游同业下午茶会在英国驻华大使官邸举行，王平会长受邀出席。英国驻华大使欧威廉爵士，英国旅游局首席执行官韦德民，伦敦旅游局首席执行官白正明以及英国各地区旅游局官员和中国旅游官员、企业家出席会议。

王平会长介绍了与英国旅游局局长克里斯托弗·罗德斯共同探讨在北京奥运会期间向中国公众传达第三十届英国伦敦奥林匹克运动会的信息，希望在下一个四年中，加强双方旅游市场的相互了解，在适当的时候组织两国的公民进行旅游互访，特别是在2012年英国奥运会期间将组织一定数量的中国公民赴英国旅游的计划。同时，王平会长也谈到了中国旅游者在英国旅游期间的购物保障等服务问题，表达了商会与澳门特别行政区消费者委员会成功推行的“优质诚信商号”活动可借鉴在英国发展类似的项目的意向。欧威廉爵士认为这些计划对加强中英两国公民的相互了解，促进两国旅游业发展和相互影响很有益处，值得推荐，他将全力支持。茶会期间，王平会长就在迪拜召开的世界旅游旅行理事会期间与英国旅游局局长克里斯托弗先生举行的工作会谈情况和以上计划与英国旅游局首席执行官韦德民，伦敦旅游局首席执行官白正明进行了探讨、交流。双方认为在以后的工作中，应建立长期的工作关系，加强相互的沟通和合作，在本届和下届奥运会期间，抓住机遇，促进两国旅游业的大发展。

王平会长在英国旅游推介会上还与英国各地区的旅游局的官员们进行了交流，了解了英国各地区旅游的概况。他们也非常欢迎更多的中国公民到英国参观、访问、旅游。

3. 深入发展与世界旅游旅行理事（WTTC）组织合作，关注世界旅游业发展新方向

商会代表团参加了2008年4月20～21日在阿联酋迪拜举行的世界旅游旅行理事（WTTC）第八届年度峰会。会议的主要目的是在世界经济主要是美国经济陷入明显衰退，能源、粮食的全球紧缺将对旅游业带来的多种不确定因素为世界旅游业发展带来新的挑战，促使旅游界人士需要尽快进行交流和协调行动。同时，大会呼吁旅游界应关注气候变化给全球旅游旅行市场带来的影响，旅游企业家在注重发展的同时用适当的方法解决碳排放和关注旅游业可能对环境的危害。

此次大会，来自中国的代表有60多人。代表全国非公旅游组织的全国工商联旅游业商会代表团是连续第四次参加峰会，也是人数最多的一次。

商会代表团在本届峰会上积极主动介绍中国非公旅游业界和中国旅游发展。王平会长在同各

国代表交流与在接受境外媒体采访时多次强调，面对世界上各种风险和不确定因素的增加，中国政府和中国企业家保持高度关注，同时正在全神贯注发展经济，提高人民的生活水平。她说，中国的稳定和经济发展是对世界的贡献，反之，中国的动荡和经济混乱将是世界的灾难。旅游最重要的功能之一是使人与人交流。通过交流使不同种族、不同文化的人们互相理解、包容，使旅游为世界带来和平。

在迪拜期间，代表团还会见了英国旅游委员会主席克里斯托弗·罗德斯，双方探讨了今后的合作方向，对即将到来的北京奥运会和四年之后的伦敦奥运会双方的“奥运交流”达成多方面共识。

4. 积极拓展海外合作，与丝绸之路沿线国家建立工作关系，成功访问沙特阿拉伯王国

旅游业商会代表团在参加迪拜峰会后成功访问了海上丝绸之路国家沙特阿拉伯王国。代表团在利雅得拜会了沙特金融投资管理局，沙特旅游局。与利雅得最大的旅行社之一 Al Shitaiwi Travel & Tourism 进行了接触，探讨了合作的可能性。参观、考察了具有沙漠特色的八万人现代化足球场和辉煌的王室看台、海湾地区最大的骆驼交易市场，独特的景色和风土人情，使这里成为具有独特资源的旅游市场。

尽管沙特国还不是中国公民的旅游目的地，但自去年开始沙特国已开始接受来自中国的商务考察客人。

5. 发展中非旅游，促进中非友谊，非洲旅游联合会执行主任 Edward J. Bergman 拜访全国工商联旅游业商会领导

非洲旅游联合会执行主任 Edward J. Bergman 于 8 月 22 日中午拜访了商会领导，参加了商会举办的招待午宴。

王平会长在会谈中详细询问了非洲旅游联合会（ATA）组织工作近来的主要工作和促进中非两地区旅游发展的计划，以及非洲地区旅游业的发展情况，并就具体工作进行了探讨。商会计划在明年参加在埃及举办的 ATA 年会，王平会长认为中非关系源远流长，友谊根基坚固，发展中非旅游就是促进中非友谊，商会一直把促进中非旅游作为主要任务之一，商会将组团参加明年埃及的 ATA 年会。

6. 发展中澳旅游事业，大力推广“优质诚信商号”活动成功经验，商会会长与澳大利亚南威尔士旅游局国际部卡梅尔部长举行工作会谈

1 月 21～28 日，王平会长赴澳大利亚访问考察，25 日在悉尼与南威尔士旅游局国际部部长卡梅尔女士就中澳旅游合作进行了工作会谈。

王平会长向卡梅尔部长介绍了中国旅游发展的现状和两国未来旅游发展趋势，并特别提到了关于商会与澳门特别行政区政府消费者委员会开展的“优质诚信商号”活动。卡梅尔部长在听取了王平会长的工作情况后，针对澳洲旅游购物存在的问题作了介绍，表示澳洲一直存在类似的问题，但一直没有寻求出更好的解决方案，她对商会开展的“优质诚信商号”活动取得的成绩表示祝贺，并详细询问了“优质诚信商号”的活动内容、操作方式和合作方式，表示希望能够更多地了解关于该活动的内容，能够在适合的时机与中国旅游业商会开展类似的活动，促进澳洲旅游业的健康发展。

商会一向以立足于发展具有中国特色的非公旅游经济为己任，努力扩大中国非公经济旅游业界和旅游业商会在国际间的影响力。在 2008 年这个特别的年头，商会借助奥运机遇成功地推进了商会外事工作，扩大了商会的国际知名度。为中国非公有制经济走向世界搭建平台，建立快速通道。

2009 年

作为敏感和脆弱的行业，2009 年中国旅游业面临前所未有的困难和挑战。民营旅游企业的发展也遇到了极其严重的困难。在中央提出的保稳定、保增长、促就业的方针指导下，民营旅游企业积极响应，把危机变为机遇。2009 年上半年国内旅游 10 亿人次，同比增长 11.7%，增幅比去年全年提高 5.4 个百分点。

2009 年对旅游业商会来说任务重、机遇好、挑战多，同时也是商会迎来新的大发展的一年。在全国工商联的领导下，各位会长的鼎力支持下，根据 2009 年制定的重点工作安排，商会全面开展各项工作并取得成效。国务院授权全国工商联作为全国性社会团体业务主管单位，给直属行业商会发展铺平道路，商会也迎来新的发展

时期。

2009年11月25日，国务院总理温家宝主持召开国务院常务会议，讨论并原则通过《关于加快发展旅游业的意见》。会议提出把旅游业培育成国民经济的战略性支柱产业和人民群众更加满意的现代服务业。《关于加快发展旅游业的意见》的通过，为我国旅游业的发展指明了前进的方向，商会全面领会并彻底贯彻《意见》的精神，继续全力推动非公经济旅游业的大发展。

一、商会法人注册登记工作已进入实际操作阶段，同时帮助和推进省、地市级、区级等团体会员注册登记工作

全国工商联7月下旬召开为期两天的专题培训会议，就国务院授权全国工商联作为全国性社会团体业务主管单位，全国工商联直属商会民政部法人注册登记等有关事项进行培训。全哲洙书记，宋北杉主席，民政部姜力部长出席并发言。就注册登记问题，商会已按照全国工商联要求和计划部署工作，为注册工作提前做好各项准备，根据民政部社团登记管理条例，商会也进行了自身评估，符合登记条件。

11月20日，商会会员部召开全国工商联直属会员商会社团法人登记工作秘书长会议，全国工商联会员部刘红路部长、李树林副部长、李兵书处长就登记工作开展的步骤及需要注意的问题做详细介绍，商会被批准正式进入开展社团法人登记工作的实操阶段。为登记注册工作，商会已按照全国工商联的要求和部署，积极主动征求主管行业单位意见。王平会长于7月28日拜访国家旅游局邵琪伟局长。

二、西部省区省级团体会员工作扎实推进，协调发展覆盖全国的团体会员网络建设

2009年商会继续推进青海旅游业商会、宁夏旅游业商会成立，西藏地区成立旅游业商会也已较为成熟。年中，辽宁阜新市旅游业商会已加入商会，成为商会东北地区第一家团体会员。为协助解决云南旅游业商会换届、推选商会核心领导问题，商会领导与云南省工商联党组书记张功祥和有关领导座谈。最终会议两方达成共识，共同成立筹备小组，并推举了筹备组组长。

新疆生产建设兵团旅游业商会已于今年11月2日完成换届工作，会员大会产生新一届商会领导班子，商会常务理事黄光权荣任会长，王平会长出席会议并讲话。本届大会是在新疆旅游业遭受“7·5”事件和甲型H1N1流感以及金融危机的巨大影响的背景下召开的。新一届兵团旅游商会表示将立足新疆自身优势资源，有信心团结一致克服目前困难，尽快恢复新疆旅游业并使其有更大的发展。

三、提交中国旅游白皮书，为民营旅游企业争取扶持政策，帮助它们度过危机

民营旅游企业危机中正面临前所未有的困难。为民营企业解忧是商会成立的宗旨，在积极主动帮助民营旅游企业度过危机工作中，商会做了大量而实际的工作，商会与分管旅游的王岐山副总理取得联系，向他报告商会工作并提交旅游白皮书，同时与国家旅游局邵局长座谈时商讨了关于减免旅游企业税收的问题，得到邵局长高度重视。一方面商会争取民营旅游扶持政策；一方面争取行业主管单位的支持，与行业主管单位联合起来为中国旅游企业解忧共同努力。

四、充分利用行业平台作用，积极争取行业主管单位支持，全面推动旅游业商会大发展

7月28日，王平会长拜访国家旅游局领导，就落实国务院、全国工商联、民政部关于商会法人登记的工作安排，主动征求政府行业主管部门意见等问题进行座谈。邵局长表示大力支持民营旅游业发展，商会应发挥联系非公有制企业的特点，培育和扶持出中国国际知名旅游品牌的企业，这是让中国走向旅游强国的重要工作。

五、完善“优质诚信商号”项目，扩大合作领域，积极与香港旅游发展局探讨项目合作

6月23日，澳门特别行政区政府消费者委员会执行委员会代主席黄翰宁率代表团拜访商会。两组织就“优质诚信商号”项目进行工作总结并交换意见，同时，对未来在更宽领域的合作进行讨论。全国工商联宋北杉主席、会员部马君副部长出席会见。宋副主席指出，发展“优质诚信商号”项目是一个很好的方式。全国工商联在这方面对旅游业商会给予大力支持。

“优质诚信商号”在国内已颇具影响力，香港旅游发展局已主动联系商会询问有关该项目的合作和实施情况，商会也积极响应，力推此项目尽快在香港开展。

六、促进非公旅游经济发展是商会的中心任务，积极参与和支持政府旅游发展工作，做政府有力助手，为会员提供平台

6月26日，王平会长、郝续宽副会长应邀参加河北保定市“京保旅游合作座谈会”。并与北京工商联民俗旅游商会，保定市工商联、保定市旅游局签署了《关于促进京保两地旅游事业全面发展的备忘录》。保定市工商联赵桂良主席希望尽快成立起保定市旅游业商会。

七、深入发展与世界旅游旅行理事（WTTC）组织合作，积极开拓新的国际合作途径

3月26日，商会领导陪同WTTC主席文森特先生及夫人在云南大理考察，为计划明年初举办的“大理旅游国际论坛”做前期考察准备。WTTC方面拟请国际知名旅游企业家赴大理参会，同时邀请商会领导赴巴西参加第九届旅游旅行峰会。5月正值甲型流感暴发期，吉小冬会长与商会常务理事共三人赴巴西出席WTTC会议。与德国饭店协会建立工作联系，为会员及非公旅游酒店企业寻求国际合作搭建平台，关注并参与丝绸之路工作。

2009年11月6日，全国工商联旅游业商会与德国饭店协会双方代表在北京举行工作会谈，王平会长出席会议并发言。会上双方代表相互介绍了本国酒店业发展情况，对两国酒店业未来合作发展的机遇和形式等交换意见。全国工商联旅游业商会常务理事邹敏、酒店专业委员会秘书长李德甫等出席会议。

王敏刚会长负责商会丝绸之路发展的有关工作，几年来付出了很大努力，5月27～29日王敏刚会长受邀出席第四届丝绸之路市长论坛，并在大会作主旨发言。9月27～30日王敏刚会长在敦煌召集并主持丝绸之路专家会议。王敏刚会长介绍了设立丝绸之路中心的构想并展示了设计丝绸之路吉祥物的设计实物。王平会长介绍了与王敏刚先生创意的建立丝绸之路的构思。与会的各国专家也分别介绍了他们为丝绸之路活动的创意，认为这次丝绸之路专家会议很有成效，对推进建设丝绸之路中心的创新发展非常重要。

八、孕育基层旅游干部精英

2009年11月10日，“中国西部旅游干部（市长、县长）培训工程”第二期培训班20日圆满结来。35名来自15个省区市主管旅游的管理者和骨干企业家完成在深圳及香港理工大学的共计11天的培训。

第二届培训班的成功举办，再次证明商会做出长期人才战略计划的必要性和重要性。两届培训班已在各学员所在省区市得到有关政府及旅游部门的充分肯定。经过20年的长期培训，受培训的西部旅游管理干部将成为整个西部旅游经济发展的主力军。

九、健全商会秘书处工作职能和制度，改善办公环境，吸纳人才，筹划改版商会网站

商会注重进行自身评估和调整，理顺工作职能和方法，细化规章制度，优化组织能力，新吸收工作人员2名，增加办公设备，正在进行第三版商会网站改版工作，以适应未来发展需要，为商会大发展做好一切准备。

重要活动

2007年

联合主办“中国2008与.travel——揭开旅游世界的新篇章”大型主题活动

4月25日，全国工商联旅游业商会与.Travel集团共同主办大型主题活动“中国2008与.travel——揭开旅游世界的新篇章”，活动在北京中华民族博物院藏族景区大昭寺广场举行。这是全国工商联旅游业商会自成立以来举办的规模较大的国际性主题活动。

王平会长，Tralliance公司.travel项目的负责人RonaldAndruff，国家旅游局信息中心主任唐洪广，旅游联合会（ATA）、亚太旅游组织（PATA）等国际组织代表，中国国家旅游局、旅游组织领导以及旅游企业家分别在大会上发言。

联合国丝绸之路项目负责人侯伟太，中国太平洋经济合作全国委员会秘书长江承宗，全国工商联会员部部长刘红路以及商会第一副会长王敏刚，副会长郝续宽、穆民等出席此次活动。

参加世界旅游旅行理事会第七届年度峰会

商会副会长何超琼、穆民于5月10日赴葡

萄牙里斯本参加了世界旅游旅行理事会（WTTC）第七届年度峰会。

会议期间，何超琼副会长、穆民副会长拜会了世界旅游旅行理事会2007年新上任的主席杰弗里·肯特，代表王平会长向杰弗里·肯特主席表示祝贺。

会后，穆民副会长接受了新华社驻伦敦代表处及搜狐旅游频道记者的采访。

来自世界各地的著名旅游企业家代表参加了此次论坛。何超琼、穆民副会长在活动中也拜会了世界旅游旅行理事会让·克劳德·鲍姆加腾执行主席，并与各方面人士进行了广泛的接触，介绍了商会，介绍了中国非公经济的发展。

非洲旅游联合会执行主任 Edward J. Bergman 访问北京并与商会举行工作会谈

非洲旅游协会（ATA）执行主任 Edward J. Bergman 及中国区总代表王岚，2007年5月15日访问北京，在北京中华民族园拜访了旅游业商会领导，并举行工作会谈。商会会长王平、副会长穆民，以及中非商会项目部副部长王世新、北京市工商联民俗旅游业商会副会长史甫臣等参加了会谈。

Edward J. Bergman 主任介绍了刚刚闭幕的第32届非洲旅游联合会年会的情况，并邀请王平会长和商会领导出席明年第33届年会。王平会长就全国工商联旅游业商会与非洲旅游联合会建立工作关系，开展互利合作的具体事宜与 Edward J. Bergman 先生进行了沟通，认为中非论坛成功举办后，应该在这个黄金时期就发展中非旅游业加快双方步伐，为双方旅游企业家建立交流、投资、合作、发展的快速通道，积极开展实质性合作。

此次会谈，双方达成共识：①旅游业商会将加强与非洲旅游联合会的合作关系，加强双方的紧密联系；②ATA 在一年半之内，在中国举办一次由非洲各国家旅游部长和著名企业家参加的“中非旅游部长级高层论坛”，商会将承办这次活动；③商会将与 ATA 共同研究中国赴非旅游者权益保障事宜，促进中国与非洲国家旅游健康发展；④双方都应加大力度相互推介、促进相互的旅游资源和投资项目的落实。

参加“第二届丝绸之路市长论坛”

7月2~5日，王平会长、王敏刚副会长、王永强秘书长赴兰州参加了“第二届丝绸之路市长论坛”，会长分别在大会发言，就丝绸之路旅游宏观到微观的开发作了报告，新疆建设兵团旅游业商会王念先会长、庞小林常务理事等人一同参加了此次论坛。

参加2007贵州旅游发展大会

由贵州省委、省政府主办，黔南州政府和商会组织的第二届贵州旅游产业发展大会暨首届中国南方喀斯特文化旅游座谈会11月6~11日在贵州荔波举行。商会企业家代表团和商会重要合作伙伴澳门消费者委员会代表团共20人参加了此次活动。期间，商会代表与贵州省政府和业界人士共同研究和讨论了中国南方喀斯特世界自然遗产旅游的发展问题，共谋黔南旅游产业的振兴之路。

6日下午，贵州省委副书记王富玉，省委常委、副省长黄康生，省委常委、宣传部部长谌贻琴，州领导吴廷述、李月成、夏庆丰、蒙院芬等出席了中国南方喀斯特文化旅游座谈会。

商会副会长郝续宽、吴永建，团体会员甘肃省工商联旅游业商会会长安省林、湖北省工商联旅游业商会常务副会长祝胜华，商会常务理事郑添才等企业家代表，澳门特别行政区政府消费者委员会代表黄翰宁等，作为商会代表团成员，受邀出席了此次中国南方喀斯特文化旅游座谈会并参加了其他的相关会议和考察活动。

“优质诚信商号”标牌发布暨活动正式启动

12月17日上午，商会和澳门特别行政区政府消费者委员会“优质诚信商号”标牌发布暨活动正式启动仪式在北京侣松园宾馆举行。

12月19日，第一批“诚信店”商户授牌仪式在澳门文华东方酒店举行。首批50家澳门各类商家代表取得“优质诚信商号”资格。澳门特别行政区政府经济财政司司长谭伯源参加了授牌仪式并向商户授牌。从2008年1月1日起，澳门1800多家商铺中的1300多家也将陆续参加到这一活动中。

2008年

召开2008年会长会议

2008年1月6日，商会在江苏苏州市平江客栈召开2008年会长会议。商会副会长、团体会员代表出席会议。江苏省工商联领导出席了会议。全国工商联党组副书记、副主席宋北杉专程出席大会并作重要讲话。

会议学习传达了全国工商联“十大”精神，全面总结了2007年工作，并部署了2008年重点工作。王平会长传达了贾庆林主席给全国工商联“十大”的贺词和黄孟复主席的工作报告。

全国工商联党组副书记、副主席宋北杉在会上发表重要讲话。江苏省工商联从新中国成立巡视员、王敏刚第一副会长、刘金虎副会长、何超琼副会长、穆民副会长、吴永建副会长、吉小冬副会长，来自香港的马景煊常务理事、北京民俗旅游业商会史甫臣副会长等代表分别发言。全国工商联会员部部长刘红路，江苏省工商联会员部部长胡冬陵参加了会议。

参加世界旅游旅行理事会（WTTC）第八届高峰会议

2008年4月20日，商会代表团参加了在阿联酋迪拜举行的世界旅游旅行理事会年度峰会。会上，商会借奥运之际广泛宣传中国的旅游，受到世界各国旅游业界人士包括主流传媒的瞩目。特别是此次国家旅游局局长邵琪伟带队也出席本次峰会，来自中国代表共有60多人。王平会长、王敏刚第一副会长向邵琪伟局长汇报了旅游业商会目前的发展情况、近年来的成绩和面临的问题，表达了旅游业商会在中国旅游事业发展中贡献力量的想法和做法，受到邵琪伟局长的肯定。会议期间，代表团一行与英国旅游委员会主席克里斯托弗·罗德斯举行了工作会谈，双方探讨了今后的合作方向，并对四年之后伦敦奥运会期间双方的“奥运交流”达成多方面共识。

迪拜峰会后，商会代表团由何超琼副会长亲自带队成功访问海上丝绸之路国家沙特阿拉伯王国，经何超琼副会长多方联络、精心安排，代表团在利雅得拜会了沙特金融投资管理局、沙特旅游局。与利雅得最大的旅行社之一 Al Shitaiwi Travel & Tourism 建立联系，探讨了合作的可能性。参观、考察了沙特具有独特资源的旅游景区和项目。

成立酒店专业委员会

经全国工商联批准，商会于2008年在京正式成立酒店专业委员会。旅游业商会副会长、四川岷山集团有限公司董事长吴永建任会长，中欣安泰投资有限公司董事长徐建胜任常务副会长，李德甫任酒店专业委员会一届理事会秘书长。

酒店专业委员会以促进旅游酒店产业的可持续发展为己任，整合产业资源，搭建交流平台。以信息、技术、规划、建设、商务、资本和国际合作等多层面服务于会员企业，促进旅游酒店企业的发展和提高。

委员会将在规范企业行为，促进行业自律，致力于维护行业、企业的合法权益，促进行业形成良性竞争机制方面多做工作。为会员提供管理、融资、法律法规咨询服务；增进会员与行业间的交流与合作；广泛团结全国民营、股份制等各种所有制形式旅游酒店企业及业界各方面人士，共同促进我国旅游酒店业的新发展；扶助中西部民营酒店企业，特别是中小型民营酒店企业做好酒店资源的整合及推介；促进国有酒店品牌的发展、提高酒店服务质量；广泛联系国际与中国香港特别行政区、澳门特别行政区、台湾地区的商会、同业公会等组织和机构，促进会员与国际旅游酒店界交流与合作；当好政府联系酒店业企业的助手和桥梁。

全国工商联党组副书记、副主席宋北杉来到旅游业商会进行工作调研

2008年7月25日下午，全国工商联党组副书记、副主席宋北杉来到旅游业商会进行工作调研。王平会长、穆民副会长向宋副主席介绍了商会近年来的工作并就调研的问题作了回答，提出了建议。

王平会长首先向宋副主席介绍了全国工商联旅游业商会各项工作开展情况及抗震救灾工作，今年商会的外事活动。

宋副主席强调“行业商会应深入贯彻落实科学发展观，在体现‘三性’、完成好‘五项任务’、促进‘两个健康’中发挥积极作用。全国工商联应为行业商会服务，解决行业商会问题，帮助行业商会发展”。

宋副主席就全国工商联如何在五方面帮助行业商会健康、稳步发展发表了意见。他指出，工商联应该通过自己的媒体渠道来对行业商会直属会员的情况进行宣传，扩大影响。他强调，全国工商联各部门应该加强与28个行业商会的关系。全国工商联会员部副部长赵岳伦、会员部组织处李兵书处长参加了调研。

王平会长出席英国旅游同业下午茶会

2008年8月15日下午，王平会长受邀出席由英国驻华大使馆和英国旅游局共同举办的英国旅游同业下午茶会。英国驻华大使欧威廉爵士，英国旅游局首席执行官韦德民，伦敦旅游局首席执行官白正明以及英国各地区旅游局官员和中国旅游官员、企业家出席会议。

会上，王平会长介绍了与英国旅游局局长克里斯托弗·罗德斯共同探讨的在北京奥运会期间，向中国公众传达第三十届英国伦敦奥林匹克运动会的信息，并在下一个四年中，加强双方旅游市场的相互了解，在适当的时候组织两国的公民进行旅游互访，特别是在2012年英国奥运会期间，将组织一定数量的中国公民赴英国旅游的计划。同时，王平会长也谈到了中国旅游者在英国旅游期间的购物保障等服务问题，表达了我们与澳门特别行政区消费者委员会成功推行的“优质诚信商号”活动，可借鉴在英国发展类似的项目的意向。茶会期间，王平会长与英国旅游局首席执行官韦德民，伦敦旅游局首席执行官白正明进行了探讨、交流。双方认为在以后的工作中，应建立长期的工作关系，加强相互的沟通和合作，在本届和下届奥运会期间，抓住机遇，促进两国旅游业的大发展。

王平会长在英国旅游推介会上，还与英国各地区的旅游局的官员们进行了交流，了解了英国各地区旅游的概况。他们也非常欢迎更多的中国公民到英国本地区参观、访问、旅游。

非洲旅游联合会执行主任 Edward J. Bergman 来访

非洲旅游联合会执行主任 Edward J. Bergman 于8月22日中午拜访了全国工商联旅游业商会领导，参加了商会举办的招待午宴。王平会长、穆民副会长出席午宴。

会见时，王平会长对非洲旅游联合会执行主任 Edward J. Bergman 及其家人表示问候，对他们能够参加北京奥运会闭幕式表示欢迎。Edward J. Bergman 先生也感谢王平会长、穆民副会长百忙之中能够安排会谈，并对北京成功举办奥林匹克运动会表示祝贺，对中国政府和人民办好奥林匹克运动会付出的努力表示赞扬。在谈到两组织的合作发展近况时，王平会长详细询问了非洲旅游联合会（ATA）组织工作近来的主要工作和促进中非两地区旅游发展的计划，以及非洲地区旅游业的发展情况。Edward J. Bergman 先生认为随着北京奥林匹克运动会的成功举办，特别是开幕式的盛况，让世界更多的人知道了北京，并对这个既现代又神秘的古老国度表现出极大的热情，非洲各国也对与中国发展旅游事业充满期待，更多的非洲人民也十分希望来到中国，来到北京进行观光、旅游。在谈到具体工作时，Edward J. Bergman 先生介绍了在明年埃及将举办的 ATA 年会，并诚邀商会领导、企业家出席在埃及的年会。王平会长也表示，中非关系源远流长，友谊根基坚固，发展中非旅游就是促进中非友谊，全国工商联旅游业商会一直把促进中非旅游作为主要任务之一，商会将组团参加明年埃及的 ATA 年会。

王平会长、王敏刚第一副会长受邀出席第三届丝绸之路市长论坛

2008年9月2~4日，由联合国计划开发署、哈萨克斯坦政府旅游体育部共同主办的第三届丝绸之路市长论坛在哈萨克斯坦阿拉木图市举行。全国工商联旅游业商会王平会长、王敏刚第一副会长受邀出席大会并分别就丝绸之路旅游发展问题发表演讲。

此次论坛是继在乌兹别克斯坦塔什干市、中国兰州市举办后召开的第三届丝绸之路市长论坛。本届论坛旨在进一步加强城市间对话，相互交流，促进各区域在旅游、贸易等领域的投资合作；推动丝绸之路沿线经济发展的创新模式；改进人们之间、宗教之间的相互理解。

论坛开幕当日下午，王平会长就如何构建持久和平的、共同繁荣的新丝绸之路提出了丝绸之路旅游发展的创新思路。次日上午，王敏刚第一副会长向与会代表推介了他在丝绸之路区域投资、发展文化酒店和文化旅游的宝贵经验和构想。

来自27个国家、60多个城市的市长以及政府代表、商业企业家代表、专家参加了此次论坛。

出版《四川赈灾特刊》

商会在“5·12”大地震之后，迅速了解灾区会员企业情况，向全体会员发出了捐款号召。灾后多次研究以商会的专业方式为灾区旅游的恢复贡献力量。商会团体会员四川省工商联旅游业商会身在灾区，震后第一时间了解会员受灾情况，在多数会员企业不同程度受灾的情况下，积极组织自救互救，多次组织捐款。又在恢复旅游、恢复旅游秩序方面积极配合政府工作。

2008 年 9 月出版的《四川赈灾特刊》以四川省工商联旅游业商会会员单位及会员单位员工为对象，从不同视角详细介绍了他们在“5·12”汶川特大地震发生后第一时间积极组织生产自救和帮扶群众的感人故事。

召开 2008 年会长会议

2008 年 12 月 8 日，商会在深圳市迎宾馆召开 2008 年会长会议，王平会长作 2008 年工作报告，总结旅游业商会在即将过去的一年的工作成果。各位副会长、各地方团体会员代表，全国工商联会员部代表出席了会议。

会议认为，在当前国际经济大环境出现较多变数的情况下，商会要带领会员坚决贯彻执行党中央国务院关于稳定经济，稳定市场，开辟内需，保持发展的指导思想，坚定信心，根据新的形势，及时调整工作重点；关注会员企业在发展中遇到的新问题，反映他们的心声，帮助他们克服暂时的困难，引导会员企业看到危机当中蕴藏的机会，协调行业的力量度过“寒冬”。

“中国西部旅游干部（市长、县长）培训工程”第一期培训班在深圳开班

由商会倡议举办，香港培华教育基金会鼎力支持的“中国西部旅游干部（市长、县长）培训工程”第一期培训班于 2008 年 12 月 9 日在深圳开班，12 月 19 日在香港中文大学圆满结束。

这届培训班学员共计 35 人，均是来自西部地区及北方地区旅游经济刚刚起步的县的党政领导、县（市）旅游局长及旅游企业管理人员。

商会会长、副会长为培训班学员首先开讲。各位会长凭借自身在旅游行业多年的奋斗经历，以己为鉴，为学员传授旅游知识，注重授课的实用性和可操作性。

香港培华教育基金会是一个为内地经济欠发达地区培养高层公务员的机构。培训以课堂授课为主，以案例分析和小组讨论为主要培训形式。注重理论和实际相结合，重点提高学员对旅游趋势的宏观把握和解决实际问题的能力。培华教育基金会特别安排了香港特别行政区政府旅游发展局官员、香港工商界知名人士与学员见面；伍淑清小姐两次专程看望学员，并嘱咐学员，好好思考如何利用香港为本地区旅游发展服务；王敏刚会长分别在深圳和香港为学员讲课。培训期间，学员们还实地考察了香港海洋公园、湿地公园等。

2009 年

全国工商联旅游业商会访问云南省工商联

3 月 25 日，全国工商联旅游业商会会长王平、副会长吉小冬、秘书长王永强一行赴云南省昆明市云南省工商联，与云南省工商联领导就云南省工商联旅游业商会筹备事宜举行工作会谈。云南省工商联党组书记、第一副主席，云南省统战部副部长张功祥，秘书长夏云东，办公室主任单治光，会员部部长王茹，云南省广西商会会长谭忠文出席会议。

秘书长王永强向张功祥书记介绍了全国工商联旅游业商会近几年来的发展和工作情况，特别介绍了商会团体会员的发展状况和在地区发挥的重要作用。张功祥书记表示旅游产业作为云南省重要的经济产业之一，在促进云南省经济发展中发挥重要作用，特别是非公旅游企业创造的经济和社会价值日益突显，尽快成立云南省工商联旅游业商会是非常有必要的。会长王平认为云南省旅游业近几年较贵州和四川省发展缓慢，应加大力度推动云南省旅游业发展。云南省工商联在促进地区旅游商会成立方面做了大量工作，组织探讨多次云南省旅游业商会筹备组问题。此次商会拜访云南省工商联，希望在成立筹备组和云南省工商联旅游业商会会长人选问题达成共识，尽早推动筹备组的成立。

在双方积极的沟通和努力下，此次会议就成立云南省工商联旅游业商会筹备组事宜达成共识，并推举现任全国工商联旅游业商会副会长吉小冬为筹备组负责人。

王平会长陪同 WTTC 前主席文森特先生及夫人考察大理旅游资源

2009 年 3 月 26～27 日，全国工商联旅游业商会会长王平、秘书长王永强应邀赴云南大理，陪同 WTTC 前主席文森特进行了考察。

在为期两天的考察行程中，代表团先行游览了大理古城和著名的大理三塔，苍山和洱海。初次到访的文森特主席和夫人对大理州甚是喜爱，这里四季如春，环境优美，有绿色的苍山，有蔚蓝的洱海，整个城市古朴而幽静。在代表团夜游古街时，兴奋的文森特夫妇尽管年岁已大，仍手舞足蹈，沉浸在欢乐之中。代表团一行还参观了具有国际接待水平的大理国际会议中心，先进的会议设备和会场的建筑规模，使多次参加过国际会议的代表们十分感叹，让文森特主席对邀请国际代表出席计划举办的大理国际旅游论坛的硬件和接待水平感到十分满意。

在此次考察的安排中，吉小冬会长特意安排了大家参观考察大理学院，目的是将国际旅游教育资源引入大理学院，为大理提升旅游发展的软实力做好人才培养和保证。

王平会长表示大理州的文化和旅游资源十分丰富，旅游作为大理州经济发展的重要支柱产业应加大力度宣传和推广，商会愿意在大理州发展旅游事业中给予大力支持。吉小冬会长与世界旅游旅行理事会文森特主席达成共识，在大理举办国际旅游论坛期间，文森特主席将邀请30名或更多的国际旅游知名企业家赴大理参会并投资考察，同时愿意与大理学院合作，在引进国际旅游智力资源进入大理学院提供平台和支持，这将在推进大理从宣传、投资、提升服务水平进入国际化起到重要作用，大大促进大理州的旅游经济发展。

商会代表出席第九届全球旅游及旅行峰会

2009年5月14～16日，第九届全球旅游及旅行峰会在巴西南部美丽的海岛城市，巴西圣卡塔琳娜州首府弗洛里亚诺波利斯举行。全国工商联旅游业商会吉小冬副会长代表全国工商联旅游业商会出席该届全球旅游及旅行峰会。会上，来自世界各国的近500名政府要员和企业界代表就如何化解经济危机和甲型H1N1流感对世界旅游业的影响进行了深入的讨论。

会议期间，吉小冬副会长向世界旅游旅行理事会主席杰弗瑞·肯特，现总裁让·克劳德·鲍姆加藤，前主席文森特·沃芬顿，转达了王平会长对他们的问候。就全国工商联旅游业商会在中国旅游业面对世界经济危机和流感瘟疫所做的工作和发挥的作用做了介绍，并表示商会愿意与世界旅游旅行理事会以及其他世界各国旅游组织在这个特别时期共同面对危机，为世界旅游业持续发展作贡献。会议期间，吉小冬副会长与多位各国代表进行了广泛交流和讨论。并邀请他们参加大理旅游国际论坛。

本届旅游及旅行峰会的主题是“经济转型和消除障碍”。巴西总统卢拉出席了14日晚的开幕式。在开幕式上卢拉表示，在全球经济危机的背景下，举办这样的会议对于促进巴西旅游业的发展具有重要意义，希望这次峰会的举办能促进巴西旅游业的发展。世界旅游旅行理事会首席总裁让·克劳德·鲍姆加藤在开幕式上发表讲话，希望全球旅游业能尽早从全球经济危机和甲型H1N1流感疫情的阴影中摆脱出来。

澳门特别行政区政府消费者委员会代表团来访商会

6月22日，王平会长、王永强秘书长，北京市门头沟区工商联副主席索登金，北京民俗旅游业商会会长刘增会、副会长史甫臣等陪同澳门代表团赴双龙峡旅游景区及爨底下民俗村进行考察。

6月23日上午，澳门特别行政区政府消费者委员会执行委员会代主席黄翰宁率代表团一行9人拜访全国工商联旅游业商会。两组织就合作一年半以来的“优质诚信商号”项目进行工作总结并交换意见，同时，对未来在更宽领域的合作进行讨论。旅游业商会王平会长、郝续宽副会长、王永强秘书长出席会议。全国工商联党组副书记、副主席宋北杉等全国工商联领导会见了澳方代表。

宋副主席发表讲话，他首先肯定了在“优质诚信商号”工作中两组织的共同努力和合作以来的卓有成效的工作成果，认为在接受投诉、投诉处理和处理结果反馈等环节上工作效率很高，工作效果很好。认为全国工商联旅游业商会为百姓和旅游企业做了一项很实的工作。宋副主席指出，发展“优质诚信商号”项目是一个很好的方式。全国工商联在这方面对旅游业商会给予大力支持。

王平会长对“优质诚信商号”项目合作以来处理投诉的情况进行工作总结，并与澳门代表团各代表充分交换意见。她同时建议，两组织应加大力度扩大“优质诚信商号”的影响力、扩大两组织的合作领域。她认为在适当时机可以与澳门特别行政区政府消费者委员会共同合作举办国际性的有关消费者保障论坛，在谈到未来“优质诚信商号”发展工作时，王平会长指出在双方继续努力保持工作成绩的同时，应进一步完善有关投诉工作，需更多了解消费者需求，提高自身服务。

商会代表团应邀参加“京保旅游事业发展对接座谈会”并考察保定旅游资源

2009年6月26日，京保旅游事业发展对接座谈会在保定市召开。全国工商联旅游业商会、北京市工商联民俗旅游商会与保定市工商联、保定市旅游局签署了《关于促进京保两地旅游事业全面发展的备忘录》。

保定市委统战部部长王惠欣、保定市旅游局局长赵静参加了座谈会。保定市委书记宋太平代表市委、市政府对各界对保定市发展旅游事业的支持表示感谢，他肯定了保定市工商联和保定市旅游局的这一举措。

全国工商联会员部刘红路部长在座谈会上讲话。他对此次座谈会召开表示祝贺。他表示，此次京保旅游事业发展对接活动对于工商联和直属行业商会来说是可以发挥自身作用的一件好事情，对于保定旅游局提出保定市要做“京津花园”的想法他认为非常好，保定和北京市、天津市有地缘优势并历史悠久、人杰地灵，应该成为京津居民休闲旅游的首选目的地。

全国工商联旅游业商会王平会长在座谈会上着重介绍了商会西部旅游人才培训工程和商会推动西部各省在利用独特的资源优势，发展可持续性旅游经济的做法。主持会议的保定市工商联主席赵桂良当场表示非常认同旅游业商会的作法，并会尽快成立保定市旅游业商会。

会后，考察团考察了保定市长城汽车股份有限公司、天威英利新能源有限公司、徐水巨力集团及白洋淀景区、白沟。

王平会长拜访国家旅游局领导

2009年7月28日，王平会长拜访国家旅游局领导，就落实国务院、全国工商联、民政部关于商会法人登记的工作安排主动征求政府行业主管部门的意见。

在听取了王平会长关于全国工商联旅游业商会这几年的工作情况，特别是培养、扶持民营旅游企业做大、做强的工作汇报后，邵琪伟局长非常高兴。他谈到：温家宝总理提出使旅游业成为真正意义上的国民经济的支柱产业，使中国从旅游大国成长为旅游强国。王岐山副总理要求我们，要提高旅游行业的组织化、集约化。目前有49个国际酒店品牌进入中国大陆，但我们自己的旅游企业还没有形成一个国际知名的、本土的民族品牌。从国家旅游局来讲，不论是民营还是国有，关键是这个品牌能不能成为中国本土的知名品牌，能不能走向集约化。国家旅游局要在业务导向上引导这些企业，要选择这样的企业支持他，扶持他。

关于培养、扶持中国大型民族旅游品牌，邵局长说，国家旅游局试图推动这件事，全国工商联旅游业商会作为联系民营企业的桥梁和纽带，能够推荐一些有发展潜力的民营企业，经过若干年的努力，树立中国自己的民族旅游品牌。他特别强调：这是一件大事，光依靠旅游局的力量是做不到的，民营企业发展很快、活力很强，应该发挥更大作用。他对王平会长说：“这件事不是要你们现在交卷，大家共同努力！”

王平会长和王永强秘书长就商会法人登记事项向旅游局有关领导汇报了工作进展，双方就相关问题交换了意见。

召开第十二次会长会议并考察宁夏旅游资源

2009年8月18日，商会在宁夏银川海悦大酒店召开第十二次会长会议，并与宁夏自治区工商联举行会长联席会议。全国工商联会员部部长刘红路，国资委中国民族贸易促进会执行会长刘延宁，宁夏自治区工商联主席刘金虎，罗玉林书记，程学文副主席等有关领导出席有关会议并讲话。宁夏自治区省委常委，统战部部长马金虎在银川特别接见了商会代表团。

会议传达了全国工商联全哲洙书记、宋北杉主席和民政部姜力副部长在全国工商联专题培训班上的讲话精神。根据全国工商联要求，认真讨论并确定了全国工商联旅游业商会进行社团法人登记的工作方案，总结2009年上半年工作，部署下半年工作。王敏刚第一副会长主持会议。

王平会长就商会法人登记的准备工作向各位会长做了报告，讨论并确定了商会申请登记工作的执行方案，她要求把登记工作作为商会下半年工作的重中之重，争取尽早完成法人登记工作，刘红路部长进行了会议总结。

宁夏自治区工商联特别安排了全国工商联旅

游业商会与宁夏自治区工商联会长联席会议。刘红路部长发表讲话，赞扬旅游商会与宁夏自治区工商联的工作对接方式，发挥了各自平台效益。宁夏自治区工商联主席、全国工商联旅游业商会副会长刘金虎主持会议。

会后，宁夏自治区省委常委，统战部部长马金虎百忙之中亲临银川海悦宾馆会议厅特别接见商会代表团。出席接见的领导还有：宁夏自治区工商联副主席、党组书记罗玉林、副主席程学文，副主席孙珩超，副主席郑国祥，副主席梁生科，副主席朱振林，秘书长尤文涛等。

会议期间，商会代表团还考察了宁夏丰富的旅游资源。

举行丝绸之路专家会议

2009 年 9 月 27 ~ 30 日，由丝绸之路文化专家、香港刚毅集团董事长、全国工商联旅游业商会第一副会长、敦煌山庄董事长王敏刚先生召集并主持的丝绸之路专家会议在甘肃敦煌市的敦煌山庄举行。

全国工商联旅游业商会会长王平，秘书长王永强及多位国际专家莅会。

王敏刚会长在会议致辞中指出：这次会议选在敦煌召开很有意义。汉唐时期，为了打通通往波斯的通道，敦煌成为丝绸之路上的重要枢纽。今天，日照市、设拉子市的代表，齐集敦煌，表示这条历史上伟大丝绸之路精神的相融、交汇。

王敏刚会长在会议中介绍了设立丝绸之路中心的构想，这个中心旨在展示各国文化，销售文化产品，可以设立在各城市机场、车站等地。他还展示了设计丝绸之路吉祥物的设计实物，引起与会者兴趣。

王平会长介绍了与王敏刚先生创意的建立丝绸之路节的构思。

与会各方人士都认为这次丝绸之路专家会议的时间虽短，但很有成效。

商会与德国饭店协会举行工作会谈

2009 年 11 月 6 日，全国工商联旅游业商会与德国饭店协会双方代表举行工作会谈，王平会长出席会议并发言。双方代表相互介绍了本国酒店业发展情况，对两国酒店业未来合作发展的机遇和形式等交换意见。全国工商联旅游业商会常务理事邹敏、秘书长李德甫等出席会议。

王平会长在听取了德方代表有关饭店协会组织的介绍和德国酒店业发展情况后，介绍了全国工商联旅游业商会和中国酒店业税收、就业、采购、标准和能源等投资环境方面的情况，并就德国酒店业进入中国，发展合作机遇、方式等问题进行讨论。她认为：德国酒店业发展已有上百年的历史，在各方面都较为成熟，中国酒店业需要向德国学习，引进德国先进的管理经营技术，以促进中国酒店业更好、更健康的发展。

全国工商联旅游业商会常务理事邹敏和酒店专委会秘书长李德甫，分别向德方代表介绍了酒店专业委员会的组织、架构、工作现状和未来发展计划。在目前中国酒店业的酒店形态、经营管理和外资在中国发展环境等方面向德方代表一一作答并给予建议。

德方代表团表示与全国工商联旅游业商会进行工作会谈感到高兴，愿意与全国工商联旅游业商会、酒店专业委员会建立工作关系。会上，德方代表们一致认为与商会建立工作联系可以加速、深入了解中国酒店业情况，寻求到投资机会。德方代表在会上也一一介绍了各自酒店的形态和发展情况。

最后，德方代表表示，希望能够邀请全国工商联旅游业商会王平会长和酒店专业委员会代表团到德国考察访问，以进一步加强相互了解、沟通和合作。

第二期中国西部旅游人才（市长、县长）培训班圆满闭幕

2009 年 11 月 19 日，第二期中国西部旅游人才（市长、县长）培训班圆满闭幕。35 名学员在香港理工大学完成了为期 10 天的学习课程，顺利结业。此次培训班是全国工商联旅游业商会与香港培华教育基金会，自去年开始联合举办培训班后开展的第二次培训工作。

本次培训班学员是主要来自西部 15 个省、市、自治区、直辖市主管旅游的市长、县长、旅游局长及当地骨干企业家。

在赴港前，所有学员在深圳参加了为期一天的由全国工商联旅游业商会会长亲自授课的课程。内容从宏观的中国旅游业当前形式及前景到新兴业态的工业旅游、旅游房地产和精神旅游、从中国酒店业到西部旅游发展提升软实力等。

香港培华教育基金会领导对此次培训班非常重视，香港培华教育基金会常务委员会主席霍震寰设宴欢迎来自西部的学员。基金会常务委员会副主席王敏刚，基金会常务委员会副主席、项目负责人伍淑清，旅游业商会副会长何超琼，香港培华教育基金会常务委员会委员王启达等专程出席欢迎晚宴。

培训班项目负责人伍淑清主席，百忙之中四次出席学习有关活动，她殷切希望大家保护西部地区的自然资源和风土人情，要多动脑筋，发展自己的民族特色，带动当地百姓致富，提高他们的经济和生活水平。同时她还要求大家从作为一个到港游客的角度，为香港发展提建议，完善香港各个方面。

学员们对有这样一次学习的机会表示感激和感谢，这次培训让他们对今后的工作更有信心，思路更加开阔，方向更加明确，是给了他们一把宝贵的打开发展旅游“瓶颈”之门的金钥匙。

重要文献

2007 年

抓住奥运契机，促进经济发展
——由商会承办的大型主题活动“中国 2008 与 . travel——揭开旅游世界的新篇章”在北京中华民族博物院举办

4 月 25 日傍晚时分，伴着藏族高僧大德玄妙的祝福经，一场盛大的主题交流活动“中国 2008 与 . travel——揭开旅游世界的新篇章”在北京中华民族博物院藏族景区大昭寺广场上徐徐拉开帷幕。这是全国工商联旅游业商会自成立以来举办的规模较大的国际性主题活动。豪放的藏族舞蹈、别致的土家族乐器、清新的纳西族无伴奏合唱、热闹的各民族竹竿舞……一串串精彩的少数民族节目异彩纷呈，高潮迭起。不远处，2008 年奥运主场馆——鸟巢在夕阳的映衬下显得更加宏伟壮观。在场嘉宾无不动容，为 2008 年奥运会而祝福，为即将到来的大好商机而激动，为企业的美好前途而振奋。

来自欧美的旅游企业家、各国际旅游组织代表、政府官员以及商会会员企业家等 200 余人出席了活动。央视一套、旅游卫视、人民日报、第一财经、搜狐、新浪等 60 多家媒体对此次活动进行跟踪报道。同时，借助此次活动，. travel 域名宣布正式登陆中国。

2008 年北京奥运会将成为中国旅游业的新纪元，将会带动中国各个产业经济链的跨越式发展。在这样的时机，引入 . travel 这款全新的旅游专业搜索平台，是全面提升我国旅游业专业水平的重要举措。能够大幅度提高中国旅游经济在世界上的影响力，推动旅游经济的跨越式发展。同时，此次活动也向众多面对中国旅游市场摩拳擦掌、跃跃欲试的欧美旅行社敞开了一扇进入中国的大门。对于尚有 80% 未进入中国的国际大型旅游企业来讲，北京奥运会是他们千载难逢的结识中国的机会。

本次活动的会场中华民族博物院是奥运会的一个文化中心，它东临奥体中心，北视奥运主会场鸟巢和游泳中心水立方，处在奥运场馆的包围之中。站在当晚的主会场藏族博物院大昭寺广场上，奥运景区的景观尽收眼底。这里又是中国 56 个民族文化的汇集地，园内建筑风格迥异，特点鲜明，各少数民族的歌舞表演丰富多彩，将一幅幅民族风情图生动地展现在来宾眼前。加上晚宴中川、鲁、粤、沪等各大菜系的特色佳肴，来宾们可以通过视觉、味觉、听觉、触觉、嗅觉全方位地了解中国文化。嘉宾们纷纷表示，才短短几个小时，他们就体会到中国文化的博大精深，资源的丰富多彩，中国的旅游市场真是太广阔了！经验表明，随着奥运会期的临近，国际游客将越来越多，这将成为一个巨大的市场，让有实力、有魄力的企业从中获利。

整晚活动高潮不断，观众们叫好连连，歌声、笑声、掌声、欢呼声连成一片。外国朋友们被原生态的少数民族歌舞表演深深吸引，有的情不自禁地手舞足蹈，有的则一直按动着手中的相机。世界旅行社协会联合会（UFTAA）主席 Joseph Borg Olivier 先生从活动一开始就高举摄像机，一直不忍放下。他说：“我要将这个美好的瞬间永远地保留下来。”对于这些国外的企业家来说，这不仅是一份珍贵的回忆，更是一份宝贵的参考资料，为他们日后了解中国、开辟中国市场奠定了基础。

本次活动的东道主、全国工商联旅游业商会会长、北京中华民族博物院院长王平看到如此众多的国内外旅游人士欢聚一堂的热烈场面十分激动，她在发言中说，对于中国乃至全世界的旅游经济来说，今、明、后三年是至关重要的三年，是经济发展最快的三年。这个时候对我们在座的旅游组织和旅游企业家来说，是机遇、是使命，也是挑战。我们旅游组织就要担负起这个重任，像一根串珍珠的线，将旅游行业里的各个环节贯穿起来，带动整个产业链的高速发展。同时，她表示，作为.travel在中国大陆的认证单位，商会也为会员企业以及国内的私营旅游企业在.travel的注册提供了便利，为中国的民营旅游经济搭建了一个登上世界舞台的阶梯。

短暂的几个小时里，嘉宾们观民族歌舞，尝特色美食，览中国文化，寻发展商机。

Tralliance公司.travel项目的负责人RonaldAndruff，不失时机地和非洲旅游联合会（ATA）、亚太旅游组织（PATA）等国际组织代表，中国国家旅游局、旅游组织领导以及旅游企业家们攀谈，推广.travel在中国的进一步发展，寻求合作机会。

全球性旅行社连锁企业——香港先施集团总裁马景煊，特地从香港赶来参加此次活动。他们的旅行社连锁集团刚好今年开始在内地和香港地区运营，他表示，在这个时机参加这样的活动有利于在更高的平台上推广他们公司的业务。他希望在2008年的时候，能够通过他700多家旅行社将全世界的游客带到中国来旅游，参加我们的奥运会。

亚太地区最大的全球分销系统，Abacus公司的首席执行官DonBirch在中国区总经理翟福华的陪同下，抱着试试看的态度来到这里。参加完这次活动后，他们感慨不已，说这次活动没有白来，虽然很多企业的业务都不相同，但能够找到很多对接点，对企业发展很有帮助。

活动结束时，.travel项目负责人安德夫激动地握住王平会长的手，感谢她让.travel如此隆重地登陆到中国。安德夫的夫人向王平会长竖起大拇指，口中还不断重复着称赞之词。

国家旅游局信息中心主任唐洪广，联合国丝绸之路项目负责人侯伟太，中国太平洋经济合作全国委员会秘书长江承宗，全国工商联会员部部长刘红路以及商会第一副会长王敏刚，副会长郝续宽、穆民等参加了这次活动。

（摘自《世界旅游中国》会刊2007年4月）

承办第二届贵州旅游产业发展大会暨首届中国南方喀斯特文化旅游节

2007年11月6日，由贵州省委省政府主办，黔南州政府和全国工商联旅游业商会组织的第二届贵州旅游产业发展大会暨首届中国南方喀斯特文化旅游座谈会在贵州荔波举行，全国工商联旅游业商会企业家代表团和商会重要合作伙伴澳门消费者委员会代表团共20人参加了此次活动。期间，商会代表与贵州省政府和业界人士共同研究和讨论了中国南方喀斯特世界自然遗产旅游的发展问题，共谋黔南旅游产业的振兴之路。

6日下午，省委副书记王富玉，省委常委、副省长黄康生，省委常委、宣传部部长谌贻琴，州领导吴廷述、李月成、夏庆丰、蒙院芬等出席了中国南方喀斯特文化旅游座谈会。

商会副会长郝续宽、吴永建，团体会员甘肃省工商联旅游业商会会长安省林、湖北省工商联旅游业商会常务副会长祝胜华，商会常务理事郑添才等企业家代表，澳门特别行政区政府消费者委员会代表黄翰宁等，作为全国工商联旅游业商会代表团成员，受到贵州省委省政府的高度重视，受邀出席了此次中国南方喀斯特文化旅游座谈会并参加了其他的相关会议和考察活动。

座谈会上，云集于此的各地喀斯特文化研究专家和商会企业家代表们就中国南方喀斯特世界自然遗产的保护和利用，畅所欲言，集思广益，献计献策。副会长郝续宽做了“世界的多彩贵州——中国南方喀斯特”为主题的发言，就保护喀斯特自然资源和传承文化的基础上，如何利用喀斯特文化申遗成功这一国际品牌打造多彩贵州的高端旅游提出了建议。副会长吴永建从周密策划和务实工作的角度上做了发言，他认为：贵州旅游的自然资源、人文景观是高端的旅游资源，在贵州省委省政府和旅游局等各方旅游人士共同开发喀斯特文化旅游时，除了决心和信心，更重要的是要用高端而周密的计划创造贵州旅游的高起点，在务实工作上更要踏踏实实。甘肃、湖北旅游业商会会长，企业家代表，常务理事郑添才也在会上发表了各自的经验之谈，认为：实施精品战略将是促进贵州省旅游业又好又快发展的根本途径。

此次大会主题为“整合资源，夯实基础，创新机制，加快发展”，全国工商联旅游业商会作为旅游非公经济的代表，承办并积极组织企业家参加此次大会，为企业家和政府提供了平台，让更多的非公经济人士在信息、经验、理念方面与政府交流，互相学习，更是创造更多机会让旅游非公经济参与地区建设，做好政府助手，通过日益强大的非公经济人士的各方资源，体现民营企业家的社会责任，为帮助加强贵州喀斯特世界自然遗产的保护工作，合理有效地发展喀斯特旅游，深入挖掘喀斯特旅游文化，实现世界遗产资源的永续利用，推进中国南方喀斯特地区的可持续发展等方面作出贡献。

与会代表们在随后的几天，兴致勃勃地参加了中国南方喀斯特世界自然遗产展示中心的开馆仪式，并参观了馆内展示的典型的锥状喀斯特、喀斯特森林生态系统和喀斯特生物多样性的荔波喀斯特奇特风光；观看了精彩纷呈的体现贵州喀斯特文化、人民文娱生活，以“荔波荡漾”为主题，黔南民族民间原生态文化为主要内容的贵州规模最大的露天实景剧场文艺演出；企业家们也根据自己的兴趣选择不同的路线考察了贵州神奇的喀斯特景观，体验了多民族文化的和谐，路上与会代表们不约而同地感叹道：“真是多彩的贵州。”

（摘自《世界旅游中国》会刊 2007 年 11 月）

世界的多彩贵州
——中国南方喀斯特
——在“中国南方喀斯特文化旅游座谈会”上的发言

全国工商联旅游业商会副会长、
维信（内蒙古）羊绒集团董事长 郝续宽

（2007 年 11 月 7 日）

首先祝贺“中国南方喀斯特”申请世界自然遗产成功，使之成为中国仅有的第六个世界自然遗产，以贵州荔波为代表的高原和低地过渡地带的峰丛喀斯特是最具有突出普遍价值的喀斯特地貌的强烈发育中心区域，具有海拔相对高、自然环境特殊、多民族文化的特点，形成了内涵丰富的“贵州喀斯特自然与文化”。

喀斯特自然与文化是贵州旅游赖以发展的资源，所以如何通过对这一特殊资源的科学认识，怎样进行生态、文化保护，合理规划、开发，进而产生经济价值，是最应考虑的问题。

一、要先保护，再开发，把生态建设放在首位，才能创造可持续性的旅游经济发展

现在，生态、环境破坏问题十分严重，是国家、世界级的问题，“中国南方喀斯特”世界自然遗产的申请成功，说明这里的资源是保存完好的，还未受到破坏的。国家实施西部大开发战略就是把西部以退耕还林、植树造林等为主的生态建设放在重要位置，对贵州来说意义更加深远。可以说强化贵州的生态建设就等同强化了贵州旅游可持续发展，一旦生态环境破坏，不仅喀斯特的自然景观会受到破坏，和谐的多民族文化也将受到破坏，丰富多彩的喀斯特自然文化就失掉了灵魂，难以形成具有喀斯特文化的鲜明的旅游产品，同时，也将使现有的旅游产品受到破坏，缩短其生命周期。贵州旅游资源以突出的喀斯特自然景观和多民族的和谐文化享誉世界，贵州的旅游可持续发展就是生态建设的强化发展，让喀斯特文化更加突出，更加鲜明。

二、民族文化作为旅游资源不可分割的重要组成部分，保护和传承是与生态保护同等重要的工作

随着中国旅游的迅猛发展，民族文化浓郁的地区是国内旅游人士热选的区域，现在的游客看中的不仅是与众不同的、独特的景致，而且愿意融入、体验一种与自身不同的文化，贵州正是这样难得的地方，独特的喀斯特景色，多民族的文化氛围，将成为海内外人士首选的热点城市。所以在强化生态保护的同时，贵州多民族文化和和谐融洽环境的保护、传承和发扬，也是创造贵州喀斯特旅游产品的重要组成部分。在发展上，首先要树立文化认同观念，在多民族和谐发展的基础上，深刻认识民族文化在喀斯特文化资源中的重要性，贵州的喀斯特是世界上最具有特色的，生活在这个环境中的人们多年来所创造的独特生活方式和文化同样是独具特色的。所以生态建设与文化保护，传承二者共同发展才能真正创造深入人心的国际化旅游产品。

三、发展贵州旅游，要以“中国南方喀斯特世界自然遗产”为品牌，大力宣传其世界级、独特性

“中国南方喀斯特”申遗成功，足以说明现在贵州荔波的喀斯特旅游文化产品是世界级的，是个国际化品牌。贵州喀斯特文化成为世界自然遗产，将在一种国际环境保护下，用国际的发展眼光、国际化的品牌持续发展。申遗成功的国家城市，都是旅游强国和旅游热点城市，这就给我们一个启示：贵州应以世界遗产的品牌，抓住这样的机遇，大力宣传其世界性、独特性，树立国际品牌，增加知名度和“多彩贵州”的美誉度。积极通过申遗成功这一机遇为荔波创建国际化旅游城市创造条件，以“中国南方喀斯特”为金钥匙开启贵州旅游走向国际化的大门。

四、贵州旅游的国际化，不仅仅是产品知名度的国际化，更重要的是要以发展高端旅游的战略眼光进行规划，务实工作

开发得晚或未被开发反而造就了贵州得天独厚的生态旅游，也使其具备了极强的后发优势。但光靠世界遗产的品牌并不能立即吸引游客，所以在具备了如此丰富的旅游资源之后，贵州总体规划的眼光和发展方向是十分重要的。

我认为发展贵州高端旅游是一个方向。首先贵州要把基础打好，把前面提到的第一、第二项工作放在首位来抓；再把投资环境治理好，各种旅游的基础条件要提升，尽量与国际化接待标准相接轨。目前贵州旅游的生态资源基础已经具备，但也存在着旅游的其他服务项目落后的情况，只有解决好这些问题，才能引来更多的投资商共同打造国际化旅游城市的条件：配套建设高档星级宾馆，配备符合地方民族特色的餐饮和旅游商品展示中心。通过每年举办高层次的论坛、会议、学术研讨会等国际性活动，让贵州旅游层次得到整体的提升，让接待设施、旅游者和国际品牌同在一个高层次上，这样才能逐步走向高端旅游，才是贵州旅游发展的方向。

以世界自然遗产的“中国南方喀斯特”品牌和极富特色的旅游资源发展贵州旅游是毫无疑问的，但要真正地提升到城市的旅游国际化还需要走很长的一段路，在生态、文化的保护上要做到可持续发展，在开发旅游产品上要做到整合景区与区域民族文化，按照科学的旅游发展观，因地制宜的开发模式，国际化的投资理念，充分发挥世界自然遗产“中国南方喀斯特”影响力，打造魅力的“多彩贵州”。

保障内地游客放心在澳门购物

“在挂牌商户购买商品出现问题的顾客，即使回到内地，仍可通过向全国工商联旅游业商会投诉，享受相应的赔偿、退换等售后服务。经全国工商联旅游业商会和澳门特别行政区政府消费者委员会双方批准挂牌的商户，将会受到上述两家组织的共同监督。内地游客可以更放心地在澳门购物了。”全国工商联旅游业商会会长王平在京向媒体做出承诺。

2007年12月17日上午，全国工商联旅游业商会、澳门特别行政区政府消费者委员会“优质诚信商号”标牌发布暨活动正式启动仪式在北京侣松园宾馆举行。这是继2007年6月1日，两组织签署《关于在澳门发起“优质诚信商号”活动合作意向书》和同月25日在澳门签署该活动正式协议后，两组织为保障内地赴澳门消费者利益及维护澳门商家信誉，发展澳门旅游城市的消费市场而做的具体工作。

发布会上，王平会长和澳门消费者委员执行委员会何思谦主席共同揭牌发布“优质诚信商号”标识，并分别详细介绍了两组织各自的工作内容和任务。何思谦主席说：“内地游客的投诉最慢在两周内100%都可以得到答复，从购物之日起，投诉的有效期长达5年。‘优质诚信商号’授牌不收取任何费用，每年都要对挂牌商户进行定期、不定期检查和重新审核，并定期对商户进行培训，保证商户产品和服务的质量。”

企业家代表、商会副会长郝续宽认为该活动的开展为两地建立了一个畅通的沟通机制，真正为旅游消费者服务，同时促进澳门旅游业的健康发展。旅游业商会第一副会长王敏刚代表商会向何思谦主席赠送了全国工商联旅游业商会"名誉顾问"琉璃牌，并认为上述措施值得香港旅游部门和消委会借鉴。

全国工商联旅游业商会常务理事、北京青年旅行社副总经理张翮代表旅游业界发言，他认为此次京澳两地的合作为旅游业从业者、游客、商家等几个方面都提供了一个保证，解决了旅游业界长期头疼的游客购物投诉难的问题，他希望这一合作模式能够在更多地区推广。

"优质诚信商号"活动的正式启动，对于澳门来说，为内地消费者营造了一个放心的购物环境，将大大促进澳门旅游业的健康持续发展，推动建设和谐澳门旅游；对于大陆来说，使在澳门旅游的消费者也得到了购物保障。此举对促进内地与澳门的旅游交流同样有着十分重要的意义。

2007年12月19日，第一批"诚信店"商户授牌仪式在澳门文华东方酒店举行。首批50家澳门各类商家代表取得"优质诚信商号"资格。澳门特别行政区政府经济财政司司长谭伯源参加了授牌仪式并向商户授牌。从2008年1月1日起，澳门1800多家商铺中的1300多家将陆续参加到这一活动中。

（摘自《世界旅游中国》会刊
2007年12月）

2008年

抓住奥运机遇，加快发展（摘要）
——在全国工商联旅游业商会 2008年会长会议上的讲话

全国工商联党组副书记、副主席　宋北杉

听了各位的报告，看了一些商会的材料，感觉到旅游业商会工作开展得很积极，做了很多工作，成绩还是很大的。商会的形式很宝贵，很有潜质，大家能够积极参与到商会也是对商会给予很大希望。商会要通过有限的人力精力，做更多的工作，对旅游产业在中国的发展，眼睛要放宽，通过面上的工作起到更大的带动作用；要创出商会自己的品牌，要成为政府的助手，能够协调配合起来，拾遗补阙，成为共同的推动力，促进产业发展。

商会在三个方面应发挥的作用：一、政府和企业之间的桥梁作用，把政府的发展规划和管理，变为企业的投资经营行为，把企业的投资经营行为变为政府发展规划的实施、变为地区发展产业、企业成长的现实，商会要研究在这之间如何起作用。二、企业自律，规范行业。商会怎样通过企业的行业自律，总结出一些规范，来更好地施行国家法律法规，同时又在执行中让企业得到更好的发展。三、与国内外的组织、企业衔接，特别是与国际组织的衔接。沟通国内外旅游产业之间的联系，沟通市场和投资的联系，还要注意与不同国家的管理标准的衔接，引进来的时候会有很多问题，要针对不同客源地的要求，打造国内的一些特定的旅游线路产品来适应。

旅游业商会应抓住奥运机遇大力发展，上新的台阶。商会应把握奥运后带来的机遇。

（摘自《世界旅游中国》会刊
2008年6月）

团结行业商会的专业力量 为四川地震灾区旅游恢复作贡献
——在"全国工商联各直属行业商会参与灾后重建工作抗震救灾座谈会"上的发言

全国工商联旅游业商会会长　王　平
（2008年7月1日）

我很同意宋副主席的讲话，我们作为行业商会对四川地震灾区的恢复可以出钱，更可以出力，出主意，要从长远的发展，从战略上考虑地震灾区的旅游恢复。

地震发生的5月12日下午，我们第一时间与在四川的副会长单位取得了联系，并向当地会员发出了慰问函。同时，我们向全体会员提出倡议，号召会员捐款捐物，投入抗震救灾。

四川省旅游业在地震中损失惨重，到目前已损失650亿元。四川省是我国唯一一个GDP中旅游业占到8%以上的省，已达到了WTO公布的国际标准，说明旅游业在当地国民经济中已经占有非常重要的地位，成为当地经济的支柱产业。旅游业是劳动密集型产业，对吸收就业，稳定社会经济关系重大。但我们现在可以看到四川的主要景区九寨沟，以往每天可达20000人，现在有时每天只有4个人进园区。虽然景区受灾不严重，可是路断了，只能从空中走，从原先每天十几班飞机到现在几天一班飞机。与旅游相关的交通、餐饮、住宿、旅游纪念品等全面停顿，从业人员全部面临失业的危机和企业倒闭的危险。

商会经过研究，拟近期配合四川省政府恢复四川旅游采取几项措施：

一、推出“一加一”旅游振兴活动，意在吸引境内外入川游客，激活四川旅游。这个活动分两方面，海外游客入川一个人如果再带一个人，只需要多付一元钱便可获得一间旅馆一晚房间；对境内游客，通过一定的网络程序，也可获得一元一人一晚的旅馆房间。我们将会同四川省政府、省工商联和我们的四川分会一同推介这个活动，希望能帮助四川恢复旅游人数增加20%。

二、景区恢复，采取“一帮一”。我们计划将震区内震损的景区，主要是民营这部分，与川外我们的会员景区挂上钩；可以是一个景区帮一个，也可以是多个景区帮一个。以此使景区民营企业减少困难，度过重建期，同时也可以采用输出管理方式，让受困景区人员互动。

三、培训民族地区的旅游人才。主要是县一级和更基层的旅游管理者、旅游骨干。利用重建期旅游淡季的时间，集中一段时间，到港澳或内地其他地方培训，由我们负责筹措被培训人员的费用。我们的想法是地震旅游的恢复应当利用这次机会，使当地旅游全面提升，上一个高度，抢回失去的时间，提升文化、提升管理、提升服务，而不是原地踏步。在培训之中，我们还要帮助他们与其他行业商会、组织及大企业家建联系、交朋友，推介这些地区旅游资源开发。在培训之后，我们要有目的地跟踪，了解培训成果，考虑下一步的培训方向。关于这一点，我们已经与香港培华基金会在接触。

四、吸纳震区旅游企业员工。由于灾区旅游业的停顿，许多旅游企业的骨干面临流失，这对下一步旅游恢复将是十分危险的，没有有经验的员工，旅游的恢复将更加困难。我们号召会员企业吸纳震区旅游企业的闲置员工，让他们暂时到这些企业中来工作，保证收入，待灾区情况稳定后将他们送回。这样可以使宝贵的旅游人才队伍不垮掉。

总之，我认为旅游业的恢复要有战略眼光，资金救助、人员救助、文化救助都很重要。我们一个行业商会力量终究有限。政府必须有长远的眼光和周密的规划，商会将发挥自己的优势，尽自己的一切力量。

（摘自《世界旅游中国》会刊抗震救灾专辑 2008年8月）

构建持久和平、共同繁荣的新丝绸之路（摘要）

——在第三届阿拉木图丝绸之路市长论坛上的发言

全国工商联旅游业商会会长　王　平

（2008年9月2日）

第三届丝绸之路市长论坛在哈萨克斯坦美丽的阿拉木图举办，我代表中国非公旅游经济全国团体——全国工商联旅游业商会，向主办国和主办方表示忠心的祝贺。当我们举办这次会议的时候，北京奥运会刚刚结束。在奥运会广受好评的开幕式中，有一个盛大的场景就是表现伟大的连接中国、通往中亚一直到达欧洲的古代丝绸之路。在此之前，奥运会圣火境外传递的第一站就是阿拉木图。

当丝绸之路作为人类最伟大的文明呈现在世人面前的时候，当所有人都以它为骄傲的时候，丝绸之路伟大复兴的历史责任便责无旁贷地落在我们每个有社会责任感的人的肩头。

我有幸受邀参加了三次市长论坛，对每次论坛为丝绸之路带来的影响，特别是在丝绸之路区域合作更加深入，更加务实，内容更加丰富，旅游对于发展丝绸之路经济的重要性的认识，感受颇深。

此次论坛在前两次论坛的成果之上讨论如何改进人们之间、宗教之间的相互理解，进一步加强城市间的对话，推动丝绸之路沿线旅游经济合作发展的创新模式。我仍然认为，丝绸之路的发展首先应该以“泛旅游”的概念来开发旅游资源，以旅游业的发展拉动整个丝绸之路区域的其他产业经济，使之全面发展。其次，“丝绸之路”要树立新的资源观，把“没有被开发就是最好的市场”的思维作为充分发挥资源优势的必要条件；把丝绸之路沿线特色浓郁的地方文化融合到旅游发展中，打造世界“丝绸之路”品牌形象。再次，丝绸之路的开发要强调可持续发展观的观念，摒弃急功近利的缺乏文化内涵的掠夺性开发。这主要是两方面：一是保护生态环境，生态系统，保护自然物种的多样性。二是要保护“丝绸之路”沿线各国各地区多民族的文化多样性和真实性。

谈区域合作离不开国际的大环境。当前，在以发展为主流的国际潮流中，还有许多不确定、不安定因素。因此，新丝绸之路首先应该是“持久和平、共同繁荣”的。这是基于所有合作，所有发展的最根基的问题，同时也应该是各国发展丝绸之路的最终目标。

丝绸之路的经济发展首先需要和平。和平与发展是当代的主题，世界各国人民希望实现持久和平与普遍繁荣的梦想。近年来，随着中亚地区的经济发展，各国面临着新的机遇和挑战，当人们呼唤和平的时候，战争就在我们身边。这切实影响着丝绸之路的安全和稳定。所以，面对丝绸之路发展问题，我认为目前“和平”是发展丝绸之路区域合作的根基问题，是打好区域合作基础，顺利开展区域合作的首要问题。特别是丝绸之路旅游发展，更需要和平环境的支撑。今天的议题中谈到了要加强不同国家、区域人们的交流和不同宗教人们间的相互理解。所以我认为振兴丝绸之路，特别是丝绸之路旅游，应该把促进丝绸之路区域“持久和平”作为长期可持续性区域合作、共同发展丝绸之路经济的共识和首要的任务。

丝绸之路像一条金色的纽带，把丝绸之路上的国家联合起来，把不同的文化、历史、极具特色的旅游资源、不同种族不同民族的人们连接起来，使这里形成了一个和谐的大家庭概念，而正是这种联系才构成了丝绸之路国家区域联合起来、谋图发展的共识和要求，形成了旅游经济合作的前提和基础，使各国真正建立起丝绸之路“大旅游、大市场”的整体战略意识，共谋丝绸之路旅游发展之路。刚才我谈到了“构建持久和平、共同繁荣的丝绸之路”的想法，我认为在务实工作中，各个国家、区域应该考虑以下几方面：

第一，坚持互信、互利、平等的原则。改变当前跨国丝绸之路旅游签证不够便利的状况，研究在维护国家安全的前提下各国便利旅客的签证办法。

第二，丝绸之路沿线各个国家、区域对构建持久和平发展丝绸之路达成共识。也就是促成各国、各地区在“丝绸之路”整体发展的理念下，遵循大旅游、大文化、大经济的思路达成丝绸之路和平共识。

第三，在市长论坛的基础上，开展多方面的专题活动。重视吸引各国企业界的参与，促进各国政府制定对企业界进入的保护扶持条例。使我们的呼吁通过企业的参与获得生机与活力。建议中、哈、俄三国考虑建设连通铁路的可行性。这条铁路将大大便利各国游客沿丝绸之路的旅行，也将为多国提供石油等货物运输便利。

在联合国有关机构下成立由多国企业家为主组成的促进丝绸之路复兴发展的常设组织。吸引各国企业家投资丝绸之路复兴规划，使这条历史文明之路同时也是一条财富之路、交流之路、合作之路。

文化全球化与丝绸之路的精神（摘要）

——在第三届阿拉木图丝绸之路市长论坛上的发言

全国工商联旅游业商会第一副会长　王敏刚

（2008 年 9 月 3 日）

交通旅游越来越方便，通信越来越发达，世界的距离越来越小，21 世纪主调为“全球化”，想想看我们“全球化”了什么？疫症、恐怖活动、战争、环境污染，全都是负面的。“全球化”进程加速，我们要发掘更多正面的全球元素，包括文化经济与环保，“文化”没有“经济”支持只会变了“慈善”，把“文化”转化为“经济”，使这些正面的“全球化”元素更有生命力，是我们需要探讨的。

“奥林匹克运动”、“世界博览会”、“丝绸之路”会议，都是促进正面“全球化”的活动，奥运会为提升人类身体素质，会聚全球精英；世界博览会与各国分享和交流经济成果，促进社会发展；“丝绸之路”见证自古以来东西方全方位交流历史，我们可以从中吸取宝贵经验。

我在中国参与文化产业开发已有15年，主要是探讨“丝绸之路”，其中包括中亚、日本和韩国的文化历史，在这过程中获益不浅，从实践中我感到文化旅游产业的生命力；在2007年“欧亚经济论坛”上，我建议沿“丝绸之路”城市可共同创建一个“丝绸之路”中心，此中心可透过多元活动把“丝绸之路”历史文物向游人启发性、娱乐性、教育性兼而有之地展示，它可以“迪士尼”大型主题公园形式，以一套书库形式甚至“网站”内容形式均可，这建议得到不少人赞同支持；我们可以进一步探讨这一方案。

“世界旅游组织”20世纪90年代的市场资料反映世界主流旅游消费就是文物古迹游，简称“文化旅游”；市场主要是欧、美、日退休人士；因此，在国际享负盛名的“丝绸之路”，本人进行文化旅游产业的投资；围绕着文化主题，透过我们创建的一系列酒店及旅游产业，将中国两千多年历史向外国旅游市场推介；在甘肃敦煌、新疆吐鲁番、青海的湟中县、北京及苏州设有文化旅馆，在乌鲁木齐及北京老城区进行文化景点开发，现在安徽正开发新的文化酒店及文化旅游景点新项目。

甘肃敦煌自2000年前汉武开河西四郡，历史遗迹丰富，享誉世界的“莫高窟”，藏经洞，成为世界文化遗产的重点。在地处边疆的绿洲，敦煌风貌独特，本人筹建了“敦煌山庄”，这是一个综合旅游、文化、教育的大型设施，坐落在2500亩“鸣沙山”绿洲中，宾客可体验“古丝绸之路”中国边疆古城的风貌，汉朝古朴雄浑的建筑，一年四季风景各异，既有文化遗产胜景，也有大漠长河，沙漠绿洲等风貌，为世界著名的旅游点。

1400多年前，唐朝贞观之治广开“丝绸之路”西域到中亚和波斯商道，大唐盛世留给西域的古迹遍地。吐鲁番有当年唐军屯兵的世界文化遗迹“交河古城”，我们结合古胡人聚居地特点，反映异族风情而建的吐鲁番绿洲宾馆，使游客重温盛唐异域的风貌；唐藏和亲结盟的历史，在我们建设的西宁宗喀宾馆的壁画上可以细赏和体验丰富多彩的西藏艺术文化。

700年前元朝蒙古马上民族征服大漠南北，成吉思汗后裔建都北京，及后满清政府沿用。我们的北京胡同四合院充分反映马上民族对中原汉族起居的崇尚，引进了蒙古包斑斓的彩绘，现于四合院内，与宋、明较为清淡的室内布置相比，有明显的时代特色。多年都城风貌，既有皇宫的贵族气派，也有深宅小院的清幽气息，我们经营的北京侣松园让游人体验胡同四合院的原真面貌。

900年前宋朝扩建苏州，明清时期，苏州成为中国文人雅士及退休的官宦隐居之地。苏州的小桥流水人家，黛瓦粉墙，园囿清幽，是丝绸之路上最好丝绸的制造地方。苏州古名平江，今天在我们创建的平江客栈及苑桥别馆可以充分体验当年马可·波罗详细描述的苏杭景貌。平江客栈和苑桥别馆客人除可以体验到明清遗留的建筑外，还有民国建筑，以至“文革”遗迹，以见证历史的变迁。

以上五间文化酒店，跨越两千多年，历汉、唐、宋、元、明、清、民国，可以给旅客体验穿越两千年的历史风貌。

为扩大经营范围，在创建文化旅馆的同时我们兼开发文化景点，大型商场，专门食店，名牌店和娱乐场所融合在以文化历史为卖点的景区内；在2000年创建了乌鲁木齐的二道桥大巴扎，即今天的国际大巴扎；不断收购改造北京四合院，还四合院胡同的真貌，包括南锣鼓巷等地区的建成；在西递，我们正改建原来的明经园及老政府，其中的建筑既有古罗马希腊的元素，也有中亚伊斯兰木雕的柱栏，见证长期以来中原人士曾与西方文化有着不浅关系，西递古村更是传奇性的李唐后人隐居地，实为中国历史一大事，内容仍有待发掘，近年在欧洲对文艺复兴始于中国话题争议正烈，其中部分资料来自安徽黄山黟县地区，这些国内甚至国际重大的文化历史，将会在我们发掘文化产业的同时将原真公诸于世，这是文化产业开发的更深层意义，印证历史。

2009年

为西部旅游培养可持续发展骨干力量

2009年11月19日，第二期中国西部旅游人才（市长、县长）培训班圆满闭幕。35 名学员在香港理工大学完成了为期 10 天的学习课程，顺利结业。此次培训班是全国工商联旅游业商会与香港培华教育基金会，自去年开始联合举办培训班后开展的第二次培训工作。

第二期培训班学员是主要来自西部 15 个省市自治区、直辖市主管旅游的市长、县长、旅游局长及当地骨干企业家。本期班涵盖地区除与第一期相同的贵州、青海、四川、甘肃、西藏、内蒙古、北京外，新增新疆、安徽、云南、湖南、湖北、河北、辽宁地区。

在赴港前，所有学员在深圳参加了为期一天的由全国工商联旅游业商会会长亲自授课的课程。内容从宏观的中国旅游业当前形式及前景到新兴业态的工业旅游、旅游房地产和精神旅游、从中国酒店业到西部旅游发展提升软实力等，都渗透着会长们多年从业经验的智慧。

为支持培训工作，全国工商联旅游业商会的各位会长十分重视，在前期他们就认真准备了有关培训的主题和内容，直至培训的前一天，有的授课文稿还在不断完善。因大雾延误航班，吴永建会长为了准时授课，在机场逗留 5 个多小时，半夜到达深圳。穆民会长当日也从德国考察回来，即刻飞往深圳，后下午又返回，十分辛苦。从第一天起，学员们就感受到了会长们的敬业精神，同时分享着他们多年从业经验中积累的精华，更为会长们为中国旅游业无私奉献的精神而敬佩。

来自辽宁阜新市工商联旅游业商会的夏君文结业时一篇“我的同居男友”和毕业典礼时特意佩戴的环保地球领带让大家印象深刻。北京中华民族博物院常务副院长朱联根认为学习时间虽然短暂但收获非常大。开阔了眼界，拓宽了思路，结识了旅游界的同行和朋友，为自己今后的工作和人生留下了一笔宝贵的财富。希望把这次培训班学到的知识和收获带回到自己工作中去，为旅游事业的发展贡献一份力量，这也成为此次培训班学员们的共同愿望。

重庆地区双桥区副区长曹玲此次培训欣喜地听到了香港旅游界人士对重庆旅游业发展的诚恳建议，“发展会展经济”、“打造美食天堂”。希望学员们能牢记培华之训，把观念的碰撞、思想的提升、文化的交融运用到实践中去，为西部旅游业的振兴尽心尽力，以不辜负培华基金的厚望。

带着感谢与祝福，带着收获与喜悦，带着思考与信心，带着友谊与憧憬，第二期培训班的学员们展开知识的翅膀回到祖国各地，孕育中国旅游未来美好的明天。

（摘自《世界旅游中国》会刊 2010 年 1 月）

大事记

2007 年

2 月 7～9 日，王永强秘书长与全国政协民宗委六局副局长赴黔与贵州省政协、省工商联、省旅游局共同商讨武陵山地区旅游论坛事宜。

4 月 3 日，为配合全国政协武陵山地区经济发展专题，商会邀请世界旅游旅行理事会（WTTC）主席让·克劳德·鲍姆加藤前往贵州考察。

4 月 25 日，商会为支持世界网络中国旅游企业注册，与美国 Tralliance 公司联合在北京举办“中国 2008 与 .travel——揭开旅游世界的新篇章”活动，并在中华民族园大昭寺广场上隆重举办在中国的启动仪式。

5 月 10 日，商会副会长何超琼、穆民代表商会参加在葡萄牙里斯本举办的世界旅游旅行理事会（WTTC）第七届年度峰会。

5 月 15 日，非洲旅游联合会（ATA）执行主任安迪先生拜见商会领导，会长王平、副会长穆民、中非商会项目部副部长王世新、北京市工商联民俗旅游业商会副会长史甫臣等一同在民族园举行了工作会谈。

5 月 19 日，为推动新农村建设，帮助北京郊区农民转向，鼓励农家乐旅游建设，北京市工商联民俗旅游业商会揭牌成立，成为商会团体会员。

6 月 1 日，商会和澳门特别行政区政府消费者委员会在北京中华民族园正式签署合作意向，联合发起“优质诚信商号”挂牌活动。

6月6日，甘肃省工商联旅游业商会在兰州正式成立，成为商会团体会员。

6月23日，穆民副会长在北京展览馆会见阿联酋沙迦旅游局局长诺曼，并对两国的旅游业发展问题，做了进一步的研讨。

6月25日，王平会长，第一副会长王敏刚，副会长何超琼、兰世立，秘书长王永强在澳门文华东方酒店与何思谦主席正式签署合作协议。

7月2~5日，王平会长、王敏刚第一副会长、王永强秘书长赴兰州参加了“第二届丝绸之路市长论坛”，王平会长在大会上发言。

7月6~12日，王平会长陪同黄孟复主席赴兰州参加了全国工商联甘肃考察团。

9月10~11日，王永强秘书长赴山西临汾参加了“第九届环渤海地区民营经济经贸合作洽谈会”，北京工商联民俗旅游业商会史甫臣副会长，甘肃旅游业商会李天豹副秘书长一同参加了此会。

9月14~19日，王平会长随全国工商联主席黄孟复赴日本考察。

9月28日，商会会长王平、秘书长王永强参加了博茨瓦纳大使馆举办的“博茨瓦纳贸易投资洽谈会”，会议在北京希尔顿酒店宴会厅举行。

10月12日，商会会长王平、副会长兰世立、秘书长王永强受第一副会长王敏刚的邀请赴广州参加了在番禺南沙大酒店举行的“香港培华基金会成立25周年中国发展论坛”。

11月5~6日，王平会长参加全国政协武陵山地区民族地区经济社会发展座谈会。

11月6~10日，“第二届贵州旅游产业发展大会暨首届中国南方喀斯特文化旅游节”在贵州荔波举行。

11月8~9日，2007欧亚经济论坛在西安召开，王平会长、王敏刚第一副会长、王永强秘书长受邀参加此次论坛，王平会长做大会发言。

12月7~9日，商会2007年会暨“商业模式创新及跨国经营”论坛在江苏省南通市召开，王平会长、王永强秘书长参加了此次大会。

12月17日，商会与澳门特别行政区政府消费者委员会“优质诚信商号”标牌发布暨活动正式启动仪式在北京侣松园宾馆举行。

12月17日，商会媒体联盟（媒体专业委员会）在京成立。联盟由新华社、《人民日报》、《中国旅游报》等大报；中央人民广播电台、旅游卫视等广播电视台和搜狐、新浪等门户网站的专业人员组成。

12月19日，第一批“诚信店”商户授牌仪式在澳门文华东方酒店举行。

2008年

1月6日，商会在江苏苏州市平江客栈召开2008年会长会议。

1月21~28日，王平会长赴澳大利亚访问考察，25日在悉尼与南威尔士旅游局国际部部长卡梅尔女士就中澳旅游合作进行了工作会谈。

3月28日，商会媒体联盟在北京中华民族园新傣族村举行“春茗晚宴”活动。

4月20~22日，旅游业界内最具影响力的世界旅游旅行理事会（WTTC）第八届高峰会议在迪拜举行，商会组成以王平会长为团长的10人代表团受邀出席此次国际峰会。在迪拜高峰会议后，代表团于4月22~26日顺访沙特阿拉伯王国。

5月27~30日，王平会长应英国奥委会邀请，参加了由英国女王亲自主持的英国奥运会一百周年庆典宴会。

6月11~13日，全国工商联十届一次常委会召开，王平会长出席会议。

6月，为打造我国旅游酒店权威战略合作平台，全面推动我国酒店在品牌、管理、营销、服务等方面的模式创新，促进旅游酒店业健康发展，经全国工商联批准，全国工商联旅游业商会在京正式成立酒店专业委员会。旅游业商会副会长、四川岷山集团有限公司董事长吴永建任会长，中欣安泰投资有限公司董事长徐建胜任常务副会长，李德甫任酒店专业委员会一届理事会秘书长。

7月1日，为贯彻《全国工商联十届一次常委会议关于积极参加抗震救灾和灾后重建工作的决议》精神，在全国工商联机关召开“全国工商联各直属行业商会参与灾后重建工作抗震救灾座谈会”。

7月25日下午，全国工商联党组副书记、副主席宋北杉来到旅游业商会进行工作调研。

8月，商会会刊《世界旅游中国》第六期（总第七期）出版。

8月15日16：00～18：00，由英国驻华大使馆和英国旅游局共同举办的英国旅游同业下午茶会在英国驻华大使官邸举行，王平会长受邀出席。英国驻华大使欧威廉爵士，英国旅游局首席执行官韦德民，伦敦旅游局首席执行官白正明以及英国各地区旅游局官员和中国旅游官员、企业家出席会议。

8月22日中午，非洲旅游联合会执行主任Edward J. Bergman拜访了商会领导，参加了商会举办的招待午宴。王平会长、穆民副会长出席午宴。

9月，出版商会会刊特辑《四川赈灾特刊》。以四川省工商联旅游业商会会员单位及会员单位员工为对象，从不同视角详细介绍了他们在“5·12”汶川特大地震发生后第一时间积极组织生产自救和帮扶群众的感人故事。

9月2～4日，由联合国计划开发署、哈萨克斯坦政府旅游体育部共同主办的第三届丝绸之路市长论坛在哈萨克斯坦阿拉木图市举行。王平会长、王敏刚第一副会长受邀出席大会并分别就丝绸之路旅游发展问题发表演讲。

10月9～15日，全国工商联组织部分直属商会和企业参加赴陕西汉中和甘肃天水灾区开展“民营企业灾区行”活动，旅游业商会秘书长王永强及酒店专业委员会秘书长李德甫赴灾区考察。

10月24～26日，雨台山·中国西部旅游创意论坛在涪陵雨台山隆重举行。

10月29～30日，“全国工商联组织工作会议”召开，国家统战部领导，全国工商联主席、副主席，各地区工商联主席，各直属行业商会会长参加会议，王平会长应邀出席会议。

12月4日，“改革开放30年暨中国酒店业大会”在北京美泉宫饭店隆重举行。全国工商联旅游业商会发起，酒店业专业委员会承办的此次大会，旨在以改革开放三十年为契机，聚集行业专业力量，面对时下金融危机，总结经验，分析现状，寻找出路，寻求机遇，为酒店业平稳度过经济危机，谋求酒店业全面大发展做好准备。

12月8日，商会在深圳市迎宾馆召开2008年会长会议，王平会长做2008年工作报告。

12月9日，由商会倡议举办，香港培华教育基金会鼎力支持的“中国西部旅游干部（市长、县长）培训工程”第一期培训班在深圳开班。于12月19日在香港中文大学圆满结束。

2009年

2月17日，王平会长随由黄孟复主席率领的中华全国工商业联合会代表团赴台北，在台期间，拜访了工业商会、商业总会、工商协进会、中小企业协会、工商建设研究会、青年创业协会总会、港都会等多家单位，并赴新竹科学园区、太子汽车、台湾玻璃等地进行参观考察。

3月25日，王平会长率队访问云南省工商联，会见云南省工商联书记、副会长张功祥等，商谈成立云南省工商联旅游业商会事宜。

3月26日，王平会长，在云南大理会见WTTC前主席文森特先生及夫人，并和吉小冬会长等陪同考察大理旅游资源，为计划于11月召开的“大理旅游论坛”做前期准备。

4月2日，王平会长等商会领导在北京桂公府接待了来访的WTTC前主席文森特先生及夫人一行，双方就如何增进中国旅游领导人与世界旅游高层交流、培养具有世界级管理水平的中国旅游企业干部等进行交流，并初步达成共识。

4月9日，商会秘书长王永强陪同吉林省长白朝鲜族自治县县长郑亨日参观北京中华民族园，就商会赴长白县考察旅游资源达成意向。

4月15日，全国工商联在亚太花园酒店召开各直属行业商会工作（培训）会议，王平会长、王永强秘书长出席会议。宋北杉副主席重点介绍了行业商会将进行民政部门法人登记的有关工作。应邀出席的民政部民间组织管理局李勇副局长就行业商会进行民政法人登记的情况做了全面介绍，登记工作有望今年年底或明年年初开始。

同时，会议对前一阶段工作进行总结，并就今年重点工作进行部署。

5月14~16日，第九届全球旅游及旅行峰会在巴西南部圣卡塔琳娜州首府弗洛里亚诺波利斯举行。商会吉小冬副会长代表全国工商联旅游业商会出席该届全球旅游及旅行峰会。会上，来自世界各国的近500名政府要员和企业界代表就如何化解经济危机和甲型H1N1流感对世界旅游业的影响进行了深入的讨论。

5月27~29日，王敏刚会长受邀出席了第四届丝绸之路市长论坛，并在大会做主旨发言。此次会议由联合国开发计划署（UNDP）、世界旅游组织（UNWTO）与韩国平泽市政府联合主办，在韩国平泽市召开。

6月23日上午，澳门特别行政区政府消费者委员会执行委员会代主席黄翰宁率代表团一行9人拜访商会。两组织就合作一年半以来的“优质诚信商号”项目进行工作总结并交换意见，同时，对未来在更宽领域的合作进行讨论。商会王平会长、郝续宽副会长、王永强秘书长出席会议。全国工商联党组副书记、副主席宋北杉，全国工商联会员部副部长马君，全国工商联会员部代表人士处曲政会见了澳方代表，宋副主席发表讲话。

6月26日，商会代表团参加了在保定市召开的“京保旅游事业发展对接座谈会”。全国工商联旅游业商会、北京市工商联民俗旅游商会与保定市工商联、保定市旅游局签署了《关于促进京保两地旅游事业全面发展的备忘录》。会后，考察团一行赴保定市长城汽车股份有限公司、直隶总督署、天威英利新能源有限公司考察。6月27日，考察团赴巨力集团及白洋淀景区考察当地旅游资源。

6月底，中国西部旅游人才（市长、县长）培训工程第二期学员选拔工作结束，38名学员由有关部门推荐，通过评比和严格审核选拔。学员来自14个省区、直辖市，有贵州、青海、湖北、甘肃、安徽、四川、云南、西藏、新疆、黑龙江、吉林、河北、北京、重庆。其中包括来自国内知名景区——黄果树景区、黄山景区、五大连池景区、四姑娘山景区等。

7月16~17日，全国工商联在北京亚太花园酒店举行“全国工商联行业商会专题培训班”，贯彻落实《民政部关于国务院授权全国工商联作为全国性社会团体业务主管单位有关问题的通知》精神，民政部和全国工商联有关领导将出席并讲话，并由民政部民间组织管理局有关负责同志主讲授课，讲解文件精神，使行业商会负责人和秘书处负责人了解掌握申请登记的相关法规政策精神、具体要求和程序，为行业商会顺利登记、依法办会和更充分地发挥作用打好基础。

7月28日，王平会长拜访国家旅游局领导，讨论落实国务院、全国工商联、民政部关于商会法人登记的工作安排，主动征求政府行业主管部门的意见。邵琪伟局长在谈到他希望全国工商联旅游业商会发挥联系非公有制企业的特点，在培养国家级的、具有世界影响力的旅游企业上提出想法，国家旅游局将“支持他，扶持他”。中国旅游协会秘书长刘志江，国家旅游局办公室副主任李建平，国家旅游局人教司副巡视员周景萍参加了会见。

8月17日，商会领导及商会企业家代表团一行9人赴宁夏进行考察。18日上午，商会在宁夏银川悦海大酒店召开第十二次会长会议，并与宁夏自治区工商联举行会长联席会议。会议期间，代表们参观了贺兰山岩画博物馆，考察了西夏王陵和沙湖景区，并受邀赴宁夏吴忠市出席第二届世界穆斯林回商大会和有关会议活动。

9月15日，黄丽卿董事长拜访商会，商讨如何进一步加强两岸旅游业界联系，促进两岸旅游业界交流共同发展。

9月27~30日，在甘肃敦煌市的敦煌山庄举行丝绸之路专家会议。会议由丝绸之路文化专家、香港刚毅集团董事长、全国工商联旅游业商会第一副会长、敦煌山庄董事长王敏刚先生召集并主持。

11月2日，新疆生产建设兵团旅游业商会换届大会在乌鲁木齐市红山宾馆举行，兵团阿布力孜·尼牙孜秘书长代表兵团党委、兵团到会祝贺。大会通过举手表决的方式产生了新一届商会领导班子，黄光权任会长。王平会长在大会上应邀做报告，从“商会与协会的关系”、“如何突出地区旅游特色”、“当前世界经济的挑战”、“中国旅游业的机遇"、"信心和战略眼光"几方面进行了阐述。

11月6日，商会与德国饭店协会双方代表在北京中华民族博物院贵宾室举行工作会谈，王平会长出席会议并发言。会上双方代表相互介绍了本国酒店业发展情况，对两国酒店业未来合作发展的机遇和形式等交换意见。商会常务理事邹敏、秘书长李德甫等出席会议。

11月19日，第二期中国西部旅游人才（市长、县长）培训班圆满闭幕。35名学员在香港理工大学完成了为期10天的学习课程，顺利结业。此次培训班是商会与香港培华教育基金会自2008年开始联合举办培训班后开展的第二次培训工作。

12月28日，台湾光彩促进会骆宏宾会长一行拜访全国工商联旅游业商会，王平会长会见了台湾客人，双方就筹备并成立台湾光彩旅游业委员会、旅游业商会与台湾光彩促进会共同发起主办两岸经贸活动、共同发起主办海峡两岸"金厦"旅游发展论坛等项工作进行交流。双方表示将为促进台湾与内地旅游业发展，促进两岸民间交流，促进和谐社会贡献力量。

驰名商标　品牌单位介绍

IDEAL®	深圳市爱迪尔珠宝股份有限公司
NEPTUNUS 海王® 健康成就未来	深圳海王集团股份有限公司
	月星集团有限公司
H.L® 恒联	广东恒联食品机械有限公司
章光101 ZHANG GUANG 101	北京章光 101 科技股份有限公司
	北京星牌集团
QM 曲美家具	北京曲美家具集团有限公司

深圳市爱迪尔珠宝首饰股份有限公司

SHENZHEN IDEAL JEWELLRY CO.,LTD

爱迪尔珠宝董事长苏日明先生

爱迪尔品牌形象代言人濮存昕先生

倍放光彩的秘密——爱迪尔炫彩系列

深圳市爱迪尔珠宝股份有限公司自 2002 年 4 月正式运营以来，坚持以“关爱”为注脚、以“非凡”为制高点的文化方向，坚持“以品牌建设为中心，构建科学的管理体系、优秀的共赢团队和优质的市场网络，成为以关爱指导服务的非凡公司”的战略方针。2002 年通过 ISO9001 国际质量体系认证，2003 年成为上海钻石交易所会员，2004~2006 年聘请著名影星蒋雯丽为代言人，2009 年开始，著名表演艺术家濮存昕担任爱迪尔珠宝品牌的代言人。公司先后成为国家、省、市级行业协会常务理事单位，至今，公司总部拥有员工近 500 人，在全国拥有 133 位加盟伙伴，在 158 个城市设立了 237 家爱迪尔珠宝品牌加盟网点。与比利时 Sundiamond、印度 Kavish、SWAROVSKI 等国际公司和深圳航空结成市场战略合作伙伴；与天津商业大学、长春工程学院、无锡商业职业技术学院以及深圳职业技术学院等数家高校联合举办“爱迪尔珠宝班”，结成人才战略合作伙伴；与中国关心下一代工作委员会公益文化中心结成“关爱”文化战略合作伙伴。公司旗下拥有三大品牌，分别是：爱迪尔珠宝 IDEAL、帝尔珠宝 DIER•ER 及由 SWAROVSKI 提供产品支持的 INSONNE 彩宝品牌。

2004 年 5 月，公司被中国人口宣教中心授予“关爱女孩”荣誉单位；2005 年成为“最能代表 25 年改革开放深圳形象企业名片”；2006 年 9 月，IDEAL 荣膺“亚洲 500 最具价值品牌”；2007 年 3 月，公司成为中共中央组织部挂牌试点单位，7 月，IDEAL 被认定为“中国驰名商标”，11 月，IDEAL 品牌珠宝玉石产品获“广东省名牌产品”称号，并成为“深圳时尚品牌最受欢迎品牌”；2008 年 7 月，公司成为深圳航空乘务员指定珠宝首饰顾问，8 月，被中国关心下一代工作委员会授予“支持全国关怀艾滋病致孤儿童夏令营爱心企业”，11 月，IDEAL 成为广东省著名商标。2009 年 5 月，公司获得深圳市“自主创新百强中小企业”称号；8 月 IDEAL 品牌专刊《灵感》杂志获得“中国企业传媒奖一等奖”；11 月 IDEAL 品牌荣获 AAA 信用等级荣誉，并被评为“全国放心示范店”的重要称号。与此同时，公司自行研发设计制作的产品也屡获殊荣：蝉联第 12 及 13 届艺术博览会首饰类金奖，第十三届“中国艺术博览会•盛世光华•金银珠宝艺术展”优秀作品最具时尚奖，第五届国际大溪地珍珠首饰设计比赛亚洲区手镯组冠军，“时尚中国”2005•CCTV 首饰设计电视大赛珍珠系列组铜奖等。

通过不懈努力，在社会各界友好力量的支持下，爱迪尔珠宝公司已发展成为以优秀文化著称的、当今中国最具发展潜力的珠宝企业之一。

指要最舒适的爱——爱迪尔舒适戒臂系列

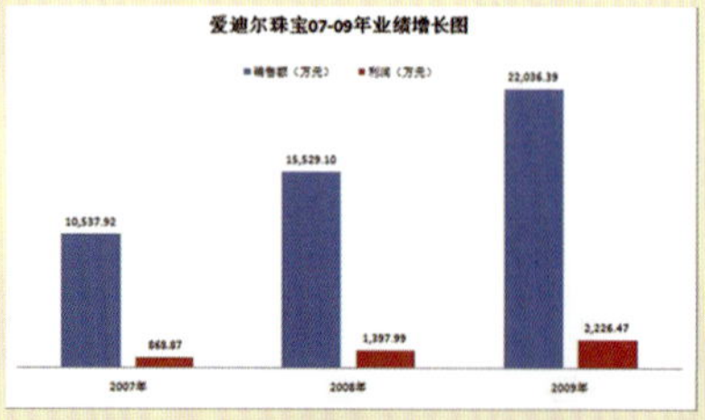

迅猛发展的爱迪尔

爱迪尔非凡钻石文化中心

IDEAL® 爱迪尔珠宝 | 中国驰名商标 亚洲500最具价值品牌

中国总部：深圳市罗湖区东晓路1005号北楼2-3楼 邮编：51802

TEL：0086+755+25635988 FAX：0086+755+2563187

Http://www.idr.com.cn

海王集团创立于1989年，20年来专注医药产业发展，形成了涵盖医药产品研发、医药制造、医药商业流通和连锁零售的完整产业链条，并在品牌、研发、制造、流通、零售等主要环节上，形成了比较明显的竞争优势。是国内医药行业中产业链条完整、竞争优势突出、行业地位领先、国际化程度较高的大型民营医药企业。目前，海王集团的资产规模为105亿元，医药商业销售规模列全国第十位，医药连锁零售销售规模列全国第二位。2009年，海王集团及其下属公司获得“2009广东省企业100强”、“深圳百强企业”、“广东省医药工业综合实力60强企业”、“2008年度中国连锁药店十强”、“中国药品零售连锁百强企业”、“广东省商业服务业改革开放三十周年杰出贡献企业”等荣誉。

品牌价值领先

2004~2009年连续六年，在“中国500最具价值品牌”评定中，海王的品牌价值均列国内医药行业首位，品牌价值达145.72亿元人民币，并当选“中国品牌年度大奖”。

自主创新能力领先

海王国家级企业技术中心位居全国医药行业前三位，拥有国家科技部认定的“国家高技术研究发展计划成果产业化基地”和企业博士后科研工作站，拥有国内水平最高、规模最大的疫苗研发生产基地。06年，海王集团历时七年自主研发的（一类）新药“虎杖苷注射液”被国家药品监督管理局授予新药临床研究批件，标志着海王集团的自主创新能力达到国内领先水平。

NEPTUNUS

高速成长的医药物流事业

海王的医药物流业务覆盖山东、浙江、河南等地区，成长率连续三年排在全国同行业首位，销售规模居全国前十位。

全国首位的医药连锁零售

海王星辰连锁药店目前已覆盖近80多个城市，直营门店3000多家，直营门店数量、纳税额居全国首位。

积极支持社会公益事业，认真履行企业社会责任

多年来，海王集团为社会公益事业提供资助累计达1.23亿元，得到各级政府和社会各界的广泛好评。先后被授予“全国就业和社会保障先进民营企业”、“深圳市最具爱心企业”、“广东省水灾赈灾捐赠突出贡献奖”、“第三届中国优秀企业公民”等光荣称号。

经过20年的发展，海王集团自主技术创新能力不断增强，具备了继续实现跨越式发展的能力和成为世界一流企业的雄厚潜力。目前公司的生物医药产业、医药商业物流产业、连锁零售产业等已逐渐进入高速成长期。未来，海王集团将在党和政府支持民营经济发展政策的鼓励下，坚持全心全意为人民服务的核心理念，以技术创新为核心，以创造自主知识产权品牌为目标，继续保持快速发展，迅速进入中国医药产业的最前列。并将代表民族医药产业与国际先进企业、与世界500强企业在全球市场展开竞争，为民族争光，为国家争光。

月　星　集　团

丁佐宏，男，1962年5月出生于江苏如皋，研究生文化，现任月星集团有限公司董事长兼总裁。1980年他带着半套木工工具到江苏常州创业，1988年用3000元启动资金创立常州茶山月星木器厂，开始涉足家具制造行业；1991年3月－1996年6月任常州月星家俬成套有限公司董事长兼总裁，其间，就读于美国俄亥俄州立大学经济管理专业；1996年7月—2004年11月 任江苏月星家具集团董事长兼总裁；2004年12月至今任月星集团有限公司董事长兼总裁；2006年6月，中欧国际工商学院全球CEO班毕业。

在事业不断发展之际，丁佐宏富而思进，致富思源，积极投身社会公益事业，回报社会，反哺社会，历年来已累计向社会捐赠8000万元。他先后荣获中华慈善事业突出贡献奖、江苏省和上海市劳动模范、上海市优秀中国特色社会主义事业建设者等多项荣誉，担任着全国工商联执委、中国光彩事业促进会理事、中华慈善总会理事、上海市人大代表、江苏省政协委员，还担任全国工商联家具装饰业商会会长、上海市商会副会长、江苏省商会副会长等社会职务。

月星集团创立于1988年，在改革开放经济大潮的推动下，现已发展成为多元经营、多元投资的大型现代企业集团，核心业务包括环球商业、家居广场、家品连锁、家具制造、地产投资等，海外业务已遍及世界38个国家和地区，员工超7000人。

20多年来，月星集团抢抓改革契机，坚持自主创新，已形成工业全球化、商业连锁化、投资多元化、品牌国际化的发展格局。月星环球商业中心标志着集团向大型百货零售业发展的新模式、新理念，开启了集团未来的发展道路。月星工业制造拥有上海、江苏常州、南通等多处现代化大型家具制造基地。家居连锁广场已遍布上海、江苏、浙江、辽宁、吉林、黑龙江、甘肃、宁夏、青海等地，总营业面积超过260万平方米。月星家得乐家品连锁已在长三角地区初具规模，正在向全国各地迅速扩展。

通过月星人不懈的努力和追求，今天的月星已雄踞中国家居行业的前列，跻身中国民营500强企业，成为中国最大的千家企业集团之一。月星是中国家具行业首获“中国名牌产品”称号的企业；2007年，“月星”商标被认定为“中国驰名商标”；2009年，月星集团被授予“中华慈善突出贡献单位”称号。

未来的月星，将紧随现代服务业的发展脉搏而嬗变，以服务生活、扮靓人生为己任，持续保持中国家居行业的前列地位，全力打造“环球商业”的一流品牌，为现代服务业的发展奉献月星人的智慧和汗水。

2010年，月星集团成为上海世博会家具行业项目赞助商，上海世博会中国馆家具荣誉提供商。

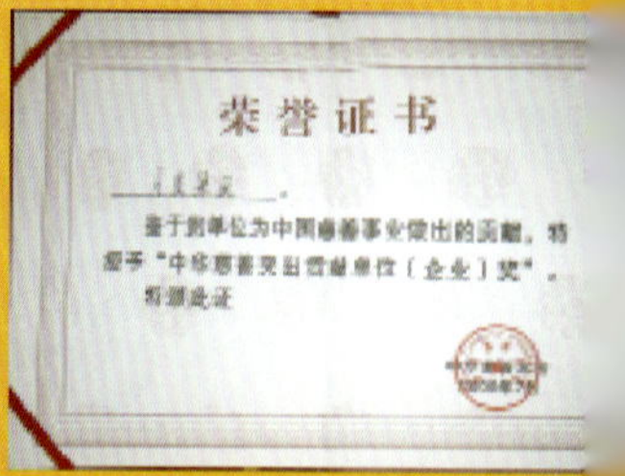

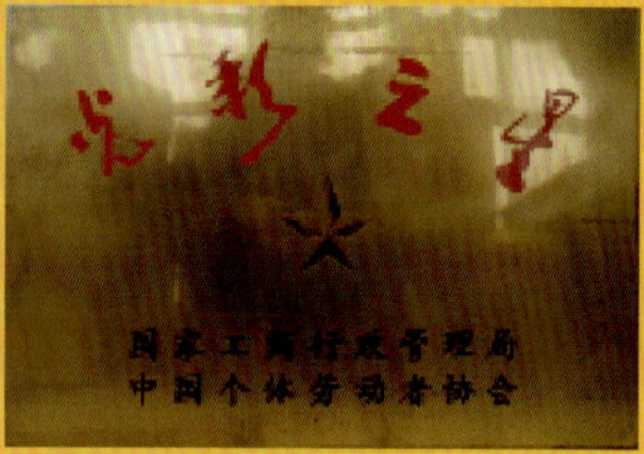

地址：上海市普陀区澳门路168号　　邮编：200060
电话：021-62665266　　传真：021-62665158

广东恒联食品机械有限公司

广东省省长黄华华、青海省省长宋秀岩视察恒联公司
Guangdong Govenor Huang Huahua And Qinghai Govenor Song Xiuyan Inspect Our Company

高品质产品展示厅
High Quality Showroom

数控冲床 Numerical Control Press

数控车床 Numerically Controlled Lathe

卧式加工中心 Horizontal Machining Center

数控车床 Numerically Controlled Lathe

装配车间 roomy workshop

广东恒联食品机械有限公司建于 1976 年，1998 年与青海的机床生产企业联合组建青海华鼎实业股份有限公司，并于 2000 年在上海证券交易所上市（代码 600243），现为青海华鼎实业股份有限公司的全资子公司。公司现有三个厂区，占地面积 15 万平方米，厂房及办公建筑面积 6.5 万平方米；公司拥有各种生产装备 400 余台（套），其中加工中心有 82 台(套),数控设备有 51 台(套),年生产能力为 30 万台(套)。公司主要生产搅拌机、和面机、压面机等小型食品机械和烘炉、开水器等烘焙电热产品，是目前国内最大的食品机械、烘焙设备和电热设备的生产和出口企业，被中华全国工商业联合会评为“ 中国厨具业十强优秀企业之首 ”，产销量居同行业第一名，并被中华全国工商业联合会认定为“ 全国食品机械龙头企业 ”。公司连续 18 年被授予“ 重合同守信用企业 ”、连续多年被广东省国家税务局和广东省地方税务局授予“A 级纳税人 ”。公司生产的“ 恒联牌 ”食品机械被评为“ 中国食品机械十大著名品牌 ”、“ 中国食品机械十大畅销产品 ”、“ 中国食品机械十大用户满意产品 ”，公司生产的烘焙产品设备被中国食品工业协会评为“ 中国烘焙最受欢迎设备品牌 ”。公司现有十大系列 300 多个规格品种的食品机械、烘焙设备、西餐电热设备等产品，销往全球90多个国家和地区，年销售量达到20多万台。公司现有员工800余人，其中研发人员 130 多人，公司 200 多个产品获得欧洲 CE 和 ROHS 认证及美国 UL 认证，拥有国家专利 108 余项，2008 年被认定为首批广东省高新技术企业。

全球生发知名品牌、中国毛发再生行业开辟者和领军企业——章光101

始创于1974年的“章光101”以著名育发专家赵章光先生发明的“章光101”生发、护肤系列产品为主导，以医药业为龙头，多元化发展，涉及房地产、园林工程等多种行业，是一家拥有10多亿固定资产、员工14000多名，2600多家101生发专业连锁咨询服务机构的外向型经济实体。产品包括生发、养发、防脱发和护肤4个系列的20多个品种，除“章光101”系列之外，还开发了以养发为主的子品牌，满足了不同层次、不同类型头发亚健康人士的需求。目前，曾连获11项国际大奖并作为国礼赠送外国元首的“章光101”，已被认定为中国驰名商标，产品行销世界65个国家和地区，在海外设有16个分支机构，已为世界3000多万脱发者解除了痛苦，是全球公认的生发知名品牌、中国毛发行业的开辟者和领军企业。

章光101集团除生产发用类产品外，还涉足制药行业。已通过GMP认证的北京、浙江千岛湖、吉林临江三家101药业公司引进高科技人才和先进的生产萃取设备，不断改进生产工艺，积极发扬祖国医药传统的优势，结合国际最新的高科技技术进行新药的研制。多层次的产品结构既保证了“章光101”品牌在生发、养发、防脱发等同类产品中的优势地位，又立足长远，体现了一专多元的综合化经营理念。

房地产是“章光101”多元化战略的重要组成部分，始于20世纪90年代。目前，集团已在杭州千岛湖、温州、乐清、山东等多地投资布局。2009年，集团以1.428亿元竞得千岛湖临湖商住用地，成为千岛湖新“地王”，受到业界广泛关注。

2009年，章光101控股集团成立，已完成企业股份制改造的“章光101”，开始正式步入上市筹备的快车道。在“以德为魂，悬壶济世，依法治企，产业报国”的企业宗旨的指引下，未来的“章光101”将继续传承和发扬优秀的企业文化，以上市公司的标准和要求规范、推动企业的发展，将“章光101”这个中国民族品牌做强做大，为民族中医药树立自主品牌参与国际竞争的企业典范，使之真正成为领军国际国内毛发行业的企业航母、百年品牌。

QM 曲美家具

曲美现代家具 | 欧洲原创设计

QUMEI MODERN FURNITURE | ORIGINAL DESIGN OF EUROPE

曲美家具集团简介：

1987年，曲美家具品牌在充满着对欧洲自由主义生活态度和西方视觉审美艺术的美好敬意下华丽诞生！在走过的23年岁月里，曲美家具依靠稳健的经营、雄厚的实力、成熟的产品以及星级的服务，已发展成为集设计、生产、销售于一体的大型规范化家具集团。现为中国家具协会副理事单位，拥有“中国名牌”、“中国驰名商标”、“中国环境标志（即十环环保认证）”、2009消费者最喜爱的绿色商标”、政府指定采购品牌等多项国家权威荣誉。

曲美家具集团有限公司拥有在职员工3000多名，拥有6个家具生产基地，80万平米的厂区规模，销售网络覆盖全国拥有近600家专卖店，其中面积在5000平米以上的独立专卖店有40余家。

曲美集团制造系统6个大型制造基地，拥有世界先进的板式家具生产线和实木家具生产线，80%的设备均由德国、意大利等地进口。斥资2000万从丹麦引进国际一流的实木压缩弯曲加工设备和技术，目前，曲美集团是中国唯一拥有此项技术和设备的家具企业。

曲美家具集团总裁：赵瑞海

荣誉：

2001年6月，荣获中国首家“绿色选择家具产品”称号；同年，被认定为“北京市著名商标”，“北京市2000年度外贸出口优秀奖”，并被推选为“中国家具协会副会长”单位；

2002年，荣获“北京第十七届企业管理现代化创新成果一等奖”、“第十六届企业管理现代化创新成果三等奖”等奖项。

2004年，曲美家具荣获“ISO14025环境标志国际标准标识使用许可证”；

2005年，曲美家具产品荣获“中国环境标志产品”，暨“十环”标志；

2005年，“曲美QM”商标荣获“中国驰名商标”；

2006年，曲美家具荣获中国名牌产品称号。

2008年，曲美家具通过“ISO9001质量管理体系认证”和“ISO14001环境管理体系认证”。

2009年1月11日，曲美家具在“第二届（2008）中国家具行业年度总评榜”中被评为“2008中国家具十大时尚品牌”、“2008中国十大板式家具品牌”。

2009年8月28日，曲美家具在北京首届家居装饰建材产品消费者大调查中，喜获“消费者最喜爱的家居品牌”奖。

2009年11月9日，曲美家具获第三届中国商标节“2009消费者最喜爱的绿色商标”荣誉称号。

2009年11月27日，曲美耳朵沙发喜获“中国创新设计金奖”。

客户咨询电话：800-6100256　　WWW.QUMEI.COM

中国政府权威认证标准 选择绿色产品的依据　中国驰名商标　曲美实木家具 中国名牌产品　2009中国消费者 最喜爱的绿色商标

全国工商联家具装饰业商会

商会简介 | 工作综述 | 重要活动 | 大事记

全国工商联家具装饰业商会会标的F（furniture家具）和D（decoration装饰）两个字母组合成圆形的图标里“凤”的图案，百鸟朝凤，代表家具与装饰行业的紧密联合。圆形的图标喻示着国际。

凤是中华民族的标志和象征之一，寓意着商会是中华的，中国的。圆形中的凤的旋转造型，加强了视觉的方向感，体现了商会在家具装饰业中的向心力和凝聚力。

凤有向阳、秉德、兆瑞、崇高、尚洁、示美等的神性。这些神性，可以归结成一个字——“美”。这与家具和装饰行业的企业和企业家所追求的共同的理想和目标是一致的，即为人类创造美好的居家生活。

凤凰代表新生和强大的生命力，寓示商会在激烈的市场化和国际化的趋势下应运而生，商会将展翅翘尾，一飞冲天。

在色彩上采用蓝、绿、橙三色，装饰感强烈，象征着丰富多彩的家具装饰业。蓝色给人以安宁、辽阔、博大、包容之感；绿色则强调家具装饰业的环保、无污染。蓝与绿的搭配象征着天地、阴阳，生生不息，寓示着家具装饰业的无限生机与活力。

商会简介

中华全国工商业联合会家具装饰业商会（简称全国工商联家具装饰业商会，英文：China Furniture & Decoration Chamber of Commerce，CFDCC），是由国内及国际家具、建材、装饰行业一批最具影响力的知名大企业及致力于行业发展的企业发起，并于2002年8月13日获全国工商联正式批准成立；也是中国唯一涵盖家具、装饰建材、装饰装修、橱柜、卫浴、地板、门窗、饰品等整个家居产业链的全国性行业组织。

商会宗旨是服务会员企业，并坚持创新，促进行业持续、健康、快速地发展。目前，已有近万家单位会员、团体会员与个人会员，基本形成了以家具、建材、家装行业龙头企业为核心，以各专业委员会和地方商会为依托，以法律事务中心、中国绿色家居推广中心、传媒中心、培训中心、商务发展部门等全方位、高层次的专业服务团队为基础，具有合作与共赢能力的、立体的网络化交流平台。

商会代表会员企业的共同利益，维护会员企业合法权益、维护家具建材装饰业的行业形象和行业利益；积极推动立法，代表行业和企业向有关部门提出立法建议；商会以服务为立会之本，根据企业需求，积极开展多种形式的信息服务、技术服务和商务服务；商会以引导行业发展为己任，以市场为原则制定有关行业行为规范和技术标准，引导行业有序竞争，引导行业的文化建设；商会以家居商务为龙头，促进产业化、系统化的集成，实现会员企业共同发展。

第三届会长、副会长、秘书长名单

会长

丁佐宏　月星集团有限责任公司董事长

荣誉会长

林常青　香港皇朝家私副董事长

会长

丁佐宏

荣誉会长

林常青

执行会长

翟栋梁

邹文龙

车建新

李凤江

陈中信

顾江生

陈明周

张传喜

执行会长
翟栋梁　金海马集团总裁
邹文龙　吉盛伟邦家具集团董事长
车建新　红星家具集团董事长
李凤江　东方家园总裁
陈中信　佛山市顺德区伦教中信家具制造有限公司董事长
顾江生　浙江顾家工艺沙发制造有限公司总经理
陈明周　好百年家居集团总裁
张传喜　全国工商联家具装饰业商会
副会长
张　林　百安居（中国）执行副总裁
冯东明　美克国际家私制造企业集团董事长
杨俊杰　翡翠藤器有限公司总经理
赵文华　广东嘉宝莉化工有限公司副总裁
王建兵　成都明珠家具有限公司董事长
谭　毅　恒大家具有限公司董事长
林　超　四川创美实业有限公司董事长
董伟钧　中国家具城股份有限公司董事长
黎桂芬　香河彩星经纬总经理
张友全　成都全友家具董事长
蔡　明　博洛尼家居用品（北京）有限公司总经理
管　飞　北京市锦绣投资有限公司董事长
陈　丽　上海新丽装饰有限公司总经理
刘　峰　双叶家具有限公司董事长
尹　勃　蓝景丽家董事长
何循证　深圳市大富豪有限公司总裁
李继和　西安明珠家居集团董事长
张荣平　大公馆家具有限公司总裁
宋启庆　香港兴利集团董事长
徐良喜　武汉欧亚达家居集团董事长
戴云法　亨利戴（香港）有限公司董事长
秘书长
张传喜（兼）

附：
第二届会长、副会长、秘书长名单
会长
翟栋梁　金海马集团总裁
执行会长
丁佐宏　月星集团董事长

副会长

张　林

冯东明

杨俊杰

赵文华

王建兵

谭　毅

林　超

董伟钧

黎桂芬

张友全

蔡　明

管　飞

卫　哲　百安居（中国）区总裁
林常青　香港皇朝家私副董事长
副会长
杨俊杰　翡翠藤器有限公司总经理
罗锦耀　耀邦集团家具集团董事长
顾江生　浙江顾家工艺沙发制造有限公司总经理
傅小燕　蒙特派克家具集团董事长
任良广　黄河家具工业集团有限公司董事长
管　飞　北京市锦绣投资有限公司董事长
杨　劲　北京东易日盛装饰有限责任公司总裁
李建宏　敏华控股有限公司（中国）总裁
黎经纬　香河彩星经纬家居城有限公司总经理
肖文华　武汉文化集团有限公司董事长
谭　毅　恒大家具有限公司董事长
林　超　四川创美实业有限公司董事长
蔡　明　博洛尼家居用品（北京）有限公司总经理
张友全　成都全友家具董事长
王　永　楚星国际集团公司董事长
王建兵　成都明珠家具有限公司董事长
吴雪松　华鹤集团有限公司董事长
梁俊谦　广东华润涂料有限公司董事长
余胜明　深圳市华胜木业有限公司董事长
周炜健　广东美涂士化工有限公司总裁
冯东明　美克国际家私制造企业集团董事长
卢　山　七台河双叶家具实业有限公司董事长
陈中信　中信家具制造有限公司董事长
肖凯旋　武汉金马凯旋集团总裁
黄茂强　汕头市华莎驰家具家饰有限公司董事长
董伟钧　中国家具城股份有限公司董事长
赵文华　广东嘉宝莉化工有限公司副总裁
秘书长
张传喜

联系方式：
电话：010－58673451/52/53
传真：010－58673454
地址：北京市朝阳区东三环南路58号富顿中心写字楼A座707室
邮编：100022
网址：www.cfdcc.com.cn

陈　丽

刘　峰

尹　勃

何循证

李继和

张荣平

宋启庆

徐良喜

戴云法

工作综述

2007年

2007年，在全国工商联领导的关心下，在全体会员的支持和参与下，商会密切围绕着以服务会员，服务行业为本的根本宗旨，抓住机遇，克服困难，积极展开各项推动行业发展的工作，逐渐增强了商会的创造力、开拓力与竞争力。一年来的工作汇报如下：

一、大力推动行业的健康发展

1. 提升行业设计水准，增强行业核心竞争力

为进一步提升家居行业设计水准，增强家居行业核心竞争力，商会在举办2004年、2005年、2006年三届中国家具、橱柜设计大赛的基础上整合国内和国际设计资源，推出2007～2008“中国家居设计大赛”，其中包括家具设计大赛、橱柜设计大赛、卫浴设计大赛、楼体设计大赛、家居饰品设计大赛、整体空间设计大赛，力争用两年的时间打造出具有世界影响力和具有实用价值的中国家居行业顶级的家居产品设计赛事。截至2007年底，各项筹备工作正在紧张的筹备当中。

2007年，商会与团中央中国光华科技基金会共同主办了“2007中国设计业十大杰出青年评选活动”，商会推荐的行业著名设计师杨邦胜被评为“2007中国设计业十大杰出青年”。

2. 加强行业自主品牌建设，推进行业品牌化发展

2007年，商会成立品牌运营中心，全力推动家居业品牌建设和培育中国名牌的工作。先后召开了“中国人造石、楼梯行业表彰大会”、“中国卫浴、天花板行业表彰大会”、“中国橱柜行业表彰大会”和“中国家居饰品行业表彰大会”。通过行业内表彰，一批具有实力和规模的企业脱颖而出，成为引领行业发展的标兵，成为创建“中国名牌”的中坚力量。

2007年，在商会的带领下，经过橱柜行业的共同努力和企业的积极配合，商会争取到向中国名牌战略推进委员会推荐橱柜行业“中国名牌”的权利，并成功推荐六家橱柜企业成为“中国名牌”。12月，商会又积极地开展向名牌战略委员会推荐天花板、人造石、家居饰品和楼梯产品申请名牌的工作，争取培育出中国家居行业更多的“中国名牌”。

3. 设立特色产业区域，推动产业集群发展

商会根据行业发展的特点和阶段，结合当地区域经济发展的特色，在经过严格的审查和评价的基础上，授予福建南平仑苍镇和浙江平湖新埭镇为“中国卫浴名镇”的荣誉称号，授予浙江宁波市为“中国橱柜之乡”的荣誉称号。

二、信息、培训、国际交流、法律咨询等多项服务并进

1. 大力发挥商会传媒中心的作用，加快行业信息交流

现在商会共有《中国家居商报》、商会会刊和各专业委员会会刊杂志各一份、一个商会官方网站、一个家居设计专用网站和即将投入运营的4S家居门户网。通过全国家居媒体网络，使行业、企业的信息可以直接反馈到商会，商会的信息也可以快捷地传向行业与整个社会，以达到逐步解决行业信息不畅的难题。

2. 保障行业可持续发展，加强行业培训工作

人才是限制中国家居业发展的最大“瓶颈”，为有效突破人才难关，创造有利的人才环境，商会培训中心继续与意大利米兰理工大学合作，6月开始，邀请意大利著名专家针对行业内高层管理、设计、运营人员在广州连续举办了具有国际最高水平的“店面设计”培训课程，家居饰品行业在国内是新兴行业，9月份商会邀请国内最顶级的专家教授在上海举办了“家居饰品配饰师”培训课程。培训课程得到了家居业人士的一致认可，并给予了高度的评价。

3. 加强国际交流与合作，融入全球经济一体化

协助会员企业开拓国际市场，引进国外先进的管理经验和技术是商会的重要工作。2007年，商会成功组织了“全国工商联家具装饰业商会赴米兰商务考察高级代表团”，考察团不仅参观了世界最大的“米兰家具展”，还与当地知名的家居企业进行了深入的交流和学习，为中意家居企

业的交流提供很好的经验。

为了促进中外家具行业的交流与合作，提升我国家具行业国际竞争力，商会在北京继续举办了“国际品牌家具企业成功经验和未来走向”的国际交流讲座，再次邀请意大利米兰理工大学教授和家居行业专家及知名企业代表主讲。此次交流使国内企业更加深入地了解国际家具行业，尤其是国际知名品牌企业的发展现状。

三、发挥政府助手的作用

为了提高行业环保水平，商会继续与国家环保总局环境认证中心、国家质检总局中国质量认证中心合作，充分发挥设在商会的“中国环境标志家具行业认证推广办公室”和“质量认证推广办公室”的作用，全面推动中国环境标志、CQC管理体系与产品认证在家居行业的认证推广工作，以规范当前混乱的家居认证市场。

为了深入贯彻党的十七大精神，切实落实《国民经济和社会发展“十一五”规划纲要》和《国家环境保护“十一五”规划》中提出的建设资源节约型、环境友好型社会，保护和发展绿色产业等若干政策要求；同时，为体现“以人为本”的理念，强化经营者的社会责任，做好消费者合法权益保护工作，更好地实现经济、环境、人民生活的协调发展。商会将与国家环保总局环境认证中心、中国消费者协会联合发起“2008绿色安居”主题活动暨“全国百家品牌家居卖场环保消费大行动”年度系列活动。借助“中国环境标志”等力量，突出社会监督、行业自律、市场规范，力争通过系列活动提高消费者在家居产品环保安全方面的维权能力，扶优限劣，促进中国家居业诚信建设和环保、健康水平的提高。其内容包括发布评选2007年度中国家居产品安全重大事件；家居环保消费警示；成立中国家居业环保媒体联盟；在百家以上家居卖场建立环保消费提示服务栏；编辑并免费发放《环保家装手册》；建立环保家居维权平台；举办“绿色安居”主题晚会；倡导家居企业发布诚信自律宣言；展示业内诚信宣言企业等。

2007年，鉴于商会在推动家居行业发展中所作的贡献，商务部政策研究室继续授权商会负责《2007中国品牌发展报告》家居篇的撰写工作。

四、以服务为本，打造具有品牌的行业活动

1. 成功举办第四届“中国家居业总裁（北京）论坛”

中国家居业总裁论坛作为商会标志性的品牌活动，每年举办一次，第一、二、三届分别在博鳌、北京、杭州成功召开。2007年论坛重回北京召开，本次论坛得到了中央电视台的大力支持，并作为主办单位深度参与。此次论坛的规模与影响已突破前三届论坛，作为我国家居业最高层次和最高规格的交流峰会的重要地位得以强化。

各专业委员会根据自身的特点也积极地开展各种形式的交流活动，分别举办“中国家居制造业论坛”、“中国橱柜行业品牌高峰会”、“中国家居饰品行业总裁论坛”、“中国西部家居论坛”和“中国西部橱柜行业高峰论坛”等各具特色的论坛活动。

2. 在全国范围内举办多次大型展会，推动行业发展

2007年4月，商会在上海举办了首届“中国橱柜、楼梯行业进出口交易会”，国内知名橱柜和楼梯企业悉数参展，吸引了众多国外买家。台湾橱柜行业公会组成40人的观展团参加此次展会，并与大陆企业进行了深入的交流，取得了良好的效果。2007年9月，商会在上海与月星集团联合主办了“第四届环球家具展”，展会会聚了全球40多个国家和地区、全国20多个省市的近万款家具品牌参展。2007年12月，商会在北京举办了“中国红木家具展览会”。

五、加强商会管理和建设

1. 大力加强组织建设，拓展商会平台

2007年7月26日，商会在北京成功举行了二届三次理事会，会议对下一年度的工作做了全面的部署。

为使商会的服务更加专业化，商会在现有橱柜专业委员会、流通专业委员会、中国绿色家居专业委员会、设计专业委员会的基础上，2007年，相继成立了楼梯专业委员会、人造石专业委员会、卫浴专业委员会、天花板专业委员会和红木古典专业委员会，并分别在上海、北京召开了成立大会。同时也正在进行家装、地板、五金配件、门窗、木工机械等专业委员会的筹备工作。

在商会的指导下，河北、北京、辽宁、福

建、重庆、云南、汕头等省市的工商联家居业商会，橱柜商会也相继成立，壮大了团体会员队伍。另外，过去已成立的省市级家居行业级组织也纷纷入会，商会现有团体会员35家。同时，商会还在重点地区设立了华南办事处、华东办事处等分支机构，进一步完善了商会全国性网络。

2. 秘书处建设日趋完善

2007年秘书处引进OGSM年度计划管理体系，陆续制定完善了绩效考核制度、员工激励制度、强化执行力与内部竞争力的制度，还改进了考勤制度。

秘书处积极改进工作方式，在开拓信息发布渠道方面，应用了短信群发平台、邮件群发和电子传真系统，以提高效率，扩大影响。秘书处同时加强内部培训与团队文化建设，使团队凝聚力不断提高，工作能力进一步增强。

秘书处积极组织员工学习十七大报告，深刻理解科学发展观和构建和谐社会的要义，积极组织学习全国工商联十大的会议精神，了解和掌握新时期工商联及行业组织的作用，积极学习“劳动合同法”和知识产权法律法规等知识，全面提高秘书处从业人员的综合素质。

2007年，全国工商联家具装饰业商会在会员企业的大力支持下，开展了大量卓有成效的工作，得到了全国工商联领导的肯定和社会各界、新闻媒体的认可和赞扬。同时，商会工作还存在很多的不足，但是我们相信，随着中国家居业的蓬勃发展，在国家大力发展行业商会有利形势下，商会一定会把各项服务于行业的工作做得更好！

2008年

2008年是商会的换届年，在全国工商联领导的关怀下，在广大会员的支持和参与下，商会在精心筹备换届工作的同时积极展开各项推动行业发展的工作，取得了新的进展。

一、商会组织开展的各项重大活动

1. 为了加强行业自律，维护正规商家和消费者的合法权益。商会联合中国消费者协会分别于3月、7月向社会发布了《中国人造石行业消费白皮书》和《中国楼梯行业发展和消费白皮书》。

2. 继推荐六家企业成功获得“中国名牌”后，商会又积极地开展向名牌战略委员会推荐楼梯、家居饰品、人造石和天花板产品申请名牌的工作。

3. 继续举办中国橱柜设计大赛，2008年在长沙、深圳、重庆、天津、上海、福州等大城市召开设计师交流活动。并在“5·12”地震发生后，紧急启动“为汶川设计——2008中国家具设计大赛”方案，集合家居业和设计业智慧，以专业能力为抗震救灾贡献力量。

4. 11月，在国际金融风暴已波及中国实体经济，对家居企业的影响逐步显现时，商会联合月星集团推出国内首个旨在推动市场的“兴市计划”，用切实有效的方法，缓解和解决行业内的急迫问题。

5. 12月23日，商会举办了“融合、共赢2008第五届家具行业发展高峰论坛”，参会企业达成了工厂、卖场、经销商“抱团取暖”，共御“严冬”的多赢局面。

6. 为了做好消费者合法权益保护工作，商会与环境保护部环境认证中心、中国消费者协会联合发起“2008绿色安居”主题活动暨“全国百家品牌家居卖场环保消费大行动”。3月14日召开了主题活动新闻发布会，公布了（2006～2007年度）中国家居产品安全重大事件；发布家居环保消费警示。4月20日，设在北京人民大会堂的主会场与各大区分会场连线直播，举行了盛大的启动仪式。在启动仪式上，家居卖场企业代表宣读并签署了《中国家居流通领域环保诚信倡议书》。

7. 在提高行业环保水平方面，商会继续与国家环保总局环境认证中心、国家质检总局中国质量认证中心合作，全面推动中国环境标志、CQC管理体系与产品认证在家居行业的认证推广工作。这些工作的开展得到了企业的积极响应和认可，提升了商会在环保方面的权威指导能力。

8. 鉴于商会在推动家居行业发展中所作的贡献，商务部政策研究室继续授权商会负责《中国品牌发展报告》家居篇的撰写工作。

9. 成功举办第五届“中国家居业总裁（深圳）论坛”。作为商会标志性的品牌活动的中国家居业总裁论坛，每年举办一次，2008年，第五届论坛在深圳举办，不论从嘉宾邀请还是整体规模上都已突破前四届。

10. 各专业委员会也根据自身的特点积极开展形式多样的活动，分别举办了“中国家居零售商业模式高峰论坛”、“家居产业与房地产未来发展趋势论坛”、“中国橱柜行业总裁论坛”、“首届中国（古镇）顶饰行业发展研讨会”和“北京品牌家装高峰论坛”等各具特色的活动。

二、全国范围内举办多次大型展览会，推动行业发展

1. 2008 年 5 月，商会在上海举办了第二届“中国橱柜、楼梯行业进出口交易会”，国内知名橱柜和楼梯企业都悉数参展，吸引了众多国外买家。

2. 2008 年 9 月，商会在上海与两岸三地协会以及吉盛伟邦集团联合主办了“2008 JSWB 上海家具交易会”，本届交易会会聚了中国最具实力的 375 家家具厂商参展，吸引了近百个国家和地区的 3 万多国内外专业买家亲临现场参观采购。

3. 2008 年 10 月，商会与北京城外诚家居广场、深圳艺展投资联手举办“2008 中国（北京）秋季家居饰品博览会”，数百家国内外知名家居饰品商参加了此次展会。

三、加强行业自主品牌建设，推进行业品牌化发展

2008 年商会先后召开了“中国家居业（2007 ~ 2008）双年总评榜”、“中国橱柜、人造石行业表彰大会”。通过行业内表彰，一批具有实力和规模的企业脱颖而出，成为引领行业发展的标兵。“中国楼梯行业表彰大会”于 2009 年 1 月在北京召开。

四、信息、培训、国际交流等服务并进

1. 完善行业信息沟通平台

现在商会共有《中国家居商报》、商会会刊和各专业委员会会刊杂志各一份、一个商会官方网站、一个家居设计专用网站和一个 4S 家居门户网。12 月初，商会 2009 版会刊（商会成立六周年纪念刊）的筹备工作已经启动，2009 版会刊将以精致翔实的图文记录商会成立六年来走过的历程，并于 2009 年 1 月出版。

2. 加强行业培训工作

2008 年，商会分别在北京、杭州、深圳又举行了四次“室内配饰师”培训。同时根据会员企业需求，商会于 5 月份针对美克美家员工进行了为期两天的专业培训。系列培训得到了家居业人士的一致认可，并给予了高度的评价。第九届“室内配饰师”培训正在筹备过程中。

3. 加强国际交流与合作

商会继续组织会员参加科隆、米兰、拉斯韦加斯、高点等国际知名家具展的考察活动，而且还与当地知名的家居企业进行了深入的学习和交流，促进了中外企业的合作。

五、积极响应全国工商联号召，参与社会公益事业

商会作为全国工商联的直属行业商会之一，积极响应全国工商联的号召，参加全国工商联组织的各项活动，并积极参与慈善事业。2008 年，当南方发生特大雪灾，特别是“5 · 12”汶川地震发生后，商会立即号召会员企业为灾区捐款、捐物及协助灾后重建工作。

六、加强商会管理和建设

1. 成功召开第三次会员代表大会，商成换届工作

8 月，经过秘书处的精心筹备，商会第三次会员代表大会在深圳成功召开。在三届一次理事会上以无记名投票方式选举产生了新一届理事会领导成员。上海月星集团董事长丁佐宏当选新一届商会会长。会议总结了第二届理事会工作，并对新一届的工作做了全面的部署。

2. 继续加强组织建设，拓展商会平台

为使商会的服务更加专业化，商会在原有专业委员会的基础上，2008 年又成立了家装专业委员会，并分别在北京召开了成立大会。同时也正在进行地板、门窗、木工机械等专业委员会的筹备工作。

3. 秘书处建设日趋完善

秘书处陆续完善了绩效考核制度、员工激励制度、强化执行力与内部竞争力的制度。同时加强内部培训与团队文化建设，使团队凝聚力不断提高，工作能力得到进一步增强。积极学习“劳动合同法”和知识产权法律法规等知识，全面提高秘书处从业人员的综合素质。

当前由于全球经济走低、国内外消费需求萎缩，经济形势出现了一系列新的变化，国内产业面临的环境日益严峻。如何应对新的变化和挑战，进一步提升家居企业的竞争力已成为我们行

业的一个重点。我们相信，只要我们坚定信心，一定会把我国家居行业的发展推向新的高度！

2009 年

在全国工商联领导的关心下，在全体会员的支持下，商会密切围绕着以服务会员，服务行业的宗旨，积极开展各项推动行业发展的工作。在这一年多时间里，依据三届一次理事会的工作部署，商会着重开展了以下几方面的工作：

一、大力发展会员企业，吸纳行业精英

会员发展工作是商会核心工作内容，是商会保持活力和持续发展的基础，在坚持注重质量兼顾数量原则的前提下，截至2010年1月新增会员200余家，其中理事以上会员20家，专委会新增会员100余家，进一步增强了商会基础，会员涵盖了家具、建材和流通企业，结构趋于合理。

二、广泛走访家居企业，进行行业调研

为了深入了解金融危机对家居制造业的影响，商会积极走访家具、建材企业及产业基地，特别是顺德、中山、东莞以及西部的成都、西安，沿海的青岛、宁波等地。商会秘书处多次深入企业进行行业调研；同时，与当地政府与龙头企业积极接触，采集相关产业数据，进行专题研究，有针对性地开展活动和服务，协助家居企业应对危机。

三、大力推动家居行业健康持续发展

1. 为应对国际金融危机，3月17日，商会与广东省家具商会、名家具俱乐部在东莞主办了“2009中国家具行业联谊酒会”，用实际行动支持家具生产企业与销售商共御严冬。在经济大环境企稳向好、机遇与挑战并存的时期，商会与广东省家具商会、东莞名家具俱乐部联合主办“第六届中国家具行业发展高峰论坛”、“和谐共赢”大型联谊酒会活动。深入研究中国宏观经济形势、充分交流家具产业发展策略。

2. 5月30日，商会三届三次会长会议在江苏溧阳天目湖隆重召开。针对由于国际金融危机的影响暴露的行业问题，会议进行了重点讨论并提出了应对措施：加强行业规范和自律，制定行业规则，维护行业的良性循环。

3. 6月，商会主办的“2009（中国）家居家饰行业发展系列论坛”在广东顺德罗浮宫召开。论坛深入探讨了家饰企业如何创建与家具企业、流通平台、销售渠道、设计机构渠道的合作平台模式。

4. 7月，商会在广州召开“中国钢木门行业标准启动研讨会”，初步确定了钢木门行业标准的起草单位和专家组成员。并于11月在北京召开首部钢木门全国统一标准专家评审会。

5. 7月9日，商会在广州琶洲展馆举行了“中国人造石行业推行‘纯铝粉标志’新闻发布会”，共15家企业的21个品牌产品获得了使用“纯铝粉标志”的授权。

6. 7月22日，商会在上海召开“中国楼梯制造企业资质等级评定新闻发布会”，首批共40家楼梯企业获得了企业资质等级证书。

7. 10月底11月初，在成都举办西博会期间，商会向成都市政府建议，在成都大力发展西部家具建材集散中心，以商贸拉动制造，实现产业东部向西部转移，沿海向内地转移，商会建议得到成都市领导高度重视，葛红林市长两次专程参加了成都家具建材集散地可行报告的专题会议，并给予充分肯定和高度重视，并责成经委等部门及新都区全力推进项目实施。

8. 12月，商会与广东省家具商会先后多次考查香河市场及香河现代家具产业基地建设情况，与廊坊市、香河县领导就建设香河家具建材集散地及家具产业园进行探讨，商会提出的立足环渤海、建设北方家具建材集散地方案得到香河领导高度重视和肯定，目前，工作正在进一步推进中。

9. 2009年底开始，就家居行业发展中日益突出的零供矛盾以及行业长期存在的设计、生产、流通各环节中突出的问题，商会广泛征求品牌厂商意见，联合行业主流团体，起草了家居流通业和家居制造业自律公约。

四、打造品牌行业活动

1. 积极筹建中国家居品牌联盟与京派家具品牌联盟

2009年，商会与红苹果家具、美的家电、大自然地板、雷士照明、东鹏陶瓷、欧派橱柜联合发起成立“冠军联盟”，并在全国范围内开展活动。为提升区域强势家居品牌，扩大行业和社会影响力。商会筹备成立京派家具品牌联盟。

在整合商会现有的家居各子行业联盟及区域家居品牌联盟的基础上，商会联合广东省家具商会等行业组织，发起并筹备成立中国家居品牌联盟，来实现整个全国家居品牌的强强联合、和谐共赢。

2. 举办“首届中国橱柜节”

2009 年 7 月，在中国（广州）国际建筑装饰博览会期间，商会主办了“乐活中国，风尚厨房——首届中国橱柜节”，橱柜节的举办传播了厨房文化，满足了消费者追求高品质生活的需求。期间，还发布了《中国橱柜行业发展及消费白皮书》和《健康生活指南》手册。

3. 举办专业展览会

3 月和 4 月，商会主办的中国北京楼梯产业展览会和中国上海楼梯产品进出口交易会分别在北京中国国际贸易中心和上海光大会展中心开幕。

2009 年商会在北京先后举办了 5 次“名品家装‘奥特莱斯’特卖会”，有力地促进家装企业开拓市场，并带动建材家具产品的销售。

商会作为亚洲最大的建材展——广州建博会的主办单位之一，7 月，在广州琶洲展览中心隆重举办 2009 广州建博会，无论参观人次及参展规模都突破往届，展会期间，商会也举办了多个大型的行业活动。

五、积极发挥政府助手作用

1. 2009 年初，商会根据商务部要求积极准备在家居行业开展信用评价的工作方案，并引入第三方认证机构进行评价工作。5 月，鉴于商会在家居业所作的贡献和行业公信力，商务部授权商会在家居行业开展信用评价工作。2010 年 1 月，家居行业首批 AAA 级信用企业通过了最终评审，这对今后家居企业融资、贷款及资信评价将起到很重要的作用。

2. 2009 年 6 月底，根据中央统战部、人力资源和社会保障部、全国工商联等政府部门《关于开展第三届优秀中国特色社会主义事业建设者表彰活动的通知》要求，商会积极将通知精神传达到每一位会员，鼓励会员积极参与，认真配合做好此项工作。

六、信息、培训、国际交流等服务项目

1. 信息

（1）2009 年 2 月，商会 2009 版会刊（商会成立六周年纪念刊）出版，2009 版会刊以精致翔实的图文记录商会成立六年来走过的历程。

（2）2009 年 5 月，商会在经过深入调查和求证后，精选出家居饰品各领域内一定数量的最具实力与信誉的优秀企业及其最新产品，推出我国第一本《中国家居饰品采购目录》，填补了国内家居饰品行业工具图书的空白。

（3）2009 年也相继编制各专业委员会会刊以及各专委会的工作简报。

（4）根据商会三届四次会长会议的决议要求，为增强家居行业信息传达的时效性、便捷性、广泛性。商会于 10 月起发行《中国家居商报》网刊，虽然会长会议要求每月一期，但实际做到每周一期，保证信息的新鲜、准确。

2. 行业培训工作

2009 年，商会分别在顺德、上海、北京、石家庄成功举办了 4 次“室内配饰师”培训。

7 月，“逆境赢在终端——国际 · AST 楼梯行业训练营”在上海开课。

3. 国际交流与合作

商会继续组织企业参加德国科隆、意大利米兰等国际家具展考察活动。

七、商会自身建设

4 月，商会在上海成立钢木门专业委员会。

7 月，应全国工商联和民政部要求，商会参加了全国工商联行业商会法人注册登记专题培训班。会后，根据工商联统一部署，秘书处积极准备上报了登记注册的初步资料，并进行下一步工作准备。

9 月，商会三届四次会长会议在东莞厚街嘉华酒店召开。会议重点贯彻落实《民政部关于国务院授权全国工商联作为全国性社会团体业务主管单位有关问题的通知》精神，讨论通过商会到民政部登记注册法人工作的相关事宜。

八、全力筹备 2010 中国家居业（上海）年会

商会根据三届四次会长会议部署，全力筹备 2010 中国家居业（上海）年会。此次年会活动内容丰富、规格高端、规模空前；主要包含了商会三届二次理事会、2010 中国家居业总裁（上海）论坛、全国家装年会、2010 新春团拜会、家居业高尔夫球友谊赛等活动，2010 年全世界的目光将聚焦上海，中国家居业的目光也将聚焦上海。

一年来，商会做了大量的工作，在行业的影响力进一步提高。相信在全国工商联的领导下，在全体会员共同努力下，商会将会不断克服困难，不断完善服务，在新的一年里为会员、为行业做更多实实在在的工作。

重要活动

2007 年

召开中国西部家具产业发展高峰论坛

2007 年 2 月 4 日，由商会主办的中国西部家具产业发展高峰论坛在成都隆重召开，来自东西部的优秀家具企业家、行业专家 200 多人出席了此次盛会，探讨西部，尤其是成都家具产业的崛起之计。

推荐企业获奖

2007 年 3 月 30 日，由商会申报的“家用橱柜类”进入 2007 年《中国名牌产品评价目录》，9 月 11 日，由商会推荐的 6 家企业成为中国橱柜界第一批荣获“中国名牌”的企业，在人民大会堂接受颁奖。

召开“橱柜专委会会长办公会暨海峡两岸橱柜业联谊会”

2007 年 4 月 6 日，商会在上海光大会展中心酒店召开了“橱柜专委会会长办公会暨海峡两岸橱柜业联谊会”，7 日，全国工商联家具装饰业商会人造石专委会和全国工商联家具装饰业商会楼梯专委会在沪成立，同期分别举办“首届中国人造石行业优秀标榜企业表彰大会”和“首届中国楼梯行业优秀标榜企业表彰大会”。同期，“2007 年中国（上海）橱柜出口交易会”隆重开幕。全国工商联领导、各地橱柜企业、经销商、装饰公司等单位代表参加了开幕式。

举办形式多样的培训活动

2007 年 6 月 30 日，由商会举办的“第三届家居配饰师培训”在深圳成功举办，通过几次的培训活动，商会在家居饰品行业的培训方面已经发展得日趋成熟。7 月 2～7 日，商会在广州举办了为期 5 天的“品牌店面设计师工作营”国际专业培训课程。7 月，中国绿色家居专业委员会在成都举办了首届“中国环境标志认证”培训班，取得了非常好的效果。同时商会还联合搜房家居网共同主办了“首届中国家居环保论坛”。

举办“2007 中国橱柜行业年会”

2007 年 11 月 17 日，商会橱柜专委会在深圳举办了“2007 中国橱柜行业年会”，云集了橱柜行业 400 多家企业代表。同期举办了“中国橱柜行业总裁论坛”，论坛嘉宾就“开创橱柜行业新局面”商讨了行业发展所面临的问题。

举办“影响力·首届中国家居饰品行业优秀企业表彰大会”

2007 年 11 月 24 日，商会家居饰品专委会在北京钓鱼台国宾馆举办了“影响力·首届中国家居饰品行业优秀企业表彰大会”。领导及各届有关人士均出席，会上邀请了意大利设计师进行设计趋势的演讲。

2008 年

推荐会员企业申请“中国名牌”

继推荐六家企业成功获得“中国名牌”后，商会又积极地开展向名牌战略委员会推荐楼梯、家居饰品、人造石和天花板产品申请名牌的工作。

举办“2008 中国家具设计大赛”

在“5·12”地震发生后，商会紧急启动“为汶川设计——2008 中国家具设计大赛”方案，集合家居业和设计业智慧，以专业能力为抗震救灾贡献力量。5 月 12 日，在人民大会堂举行“中国橱柜设计大赛”的启动仪式，并分别在广州、深圳、长沙、济南、重庆、天津、上海、福州等 8 大城市召开设计师交流活动。

发起绿色安居活动，倡导环保诚信消费

3 月 14 日，商会和中国消费者协会联合发起召开了“2008 绿色安居”主题活动暨“全国百家品牌家居卖场环保消费大行动”主题活动新闻发布会，公布了“2006、2007 年度中国家居产品安全重大事件”，发布家居环保消费警示。并在 4 月 20 日开展了“2008 绿色安居”主题活动暨“全国百家品牌家居卖场环保消费大行动”。设在北京人民大会堂的主会场与各大区分会场连线直播，举行了盛大的启动仪式。在启动仪式上，家居卖场企业代表宣读并签署了《中国家居流通领域环保诚信倡议书》。

召开第三次会员代表大会

2008 年 8 月 17 日，“全国工商联家具装饰业商会第三次会员代表大会”在深圳成功召开，在三届一次理事会上以无记名投票方式选举产生了新一届理事会领导成员。上海月星集团董事长丁佐宏当选新一届商会会长。

联合主办“2008JSWB 上海家具交易会”

2008 年 9 月，商会在上海与两岸三地协会以及吉盛伟邦集团联合主办了“2008 JSWB 上海家具交易会”。本届交易会会聚了中国最具实力的 375 家家具厂商参展，近百个国家和地区的 3 万多国内外专业买家亲临现场参观采购。

2009 年

开展信用评价工作

2009 年初，商会根据商务部要求积极准备在家居行业开展信用评价的工作方案，并引入第三方认证机构进行评价工作。5 月，鉴于商会在家居业所作的贡献和行业公信力，商务部授权商会在家居行业开展信用评价工作。2010 年 1 月，家居行业首批 AAA 级信用企业通过了终审。

走访产业基地

为了深入了解金融危机对家居制造业的影响，商会积极走访家具、建材企业及产业基地，特别是顺德、中山、东莞以及西部的成都、西安、沿海的青岛、宁波等地。秘书处多次深入企业进行行业调研；同时，与当地政府与龙头企业积极接触，采集相关产业数据，进行专题研究，有针对性地开展活动和服务，协助家居企业应对危机。

举办“2009 中国家具行业联谊酒会”

为应对国际金融危机，3 月 17 日，商会与广东省家具商会、名家具俱乐部在东莞主办了“2009 中国家具行业联谊酒会”，用实际行动支持家具生产企业与销售商共御严冬。在经济大环境企稳向好、机遇与挑战并存的时期，商会与广东省家具商会、东莞名家具俱乐部联合主办“第六届中国家具行业发展高峰论坛”、“和谐共赢”大型联谊酒会活动。深入研究中国宏观经济形势、充分交流家具产业发展策略。

开展“冠军联盟”活动

5 月，商会与红苹果家具、美的家电、大自然地板、雷士照明、东鹏陶瓷、欧派橱柜联合发起成立“冠军联盟”，并在全国范围内开展活动。为提升区域强势家居品牌，扩大行业和社会影响力，商会筹备成立京派家具品牌联盟。

召开“中国钢木门行业标准启动研讨会”

7 月，商会在广州召开“中国钢木门行业标准启动研讨会”，初步确定了钢木门行业标准的起草单位和专家组成员。并于 11 月在北京召开首部钢木门全国统一标准专家评审会。

参加成都家具建材集散地可行性报告会议

10 月底 11 月初，在成都举办西博会期间，商会向成都市政府建议在成都大力发展西部家具建材集散中心，以商贸拉动制造，实现产业东部向西部转移，沿海向内地转移，商会建议得到成都市领导高度重视，葛红林市长两次专程参加了成都家具建材集散地可行性报告的专题会议，并给予充分肯定和高度重视，并责成经委等部门及新都区全力推进项目实施。

起草家居流通业和家居制造业自律公约

2009 年底开始，就家居行业发展中日益突出的需供矛盾，以及行业长期存在的设计、生产、流通各环节中突出的问题，商会广泛征求品牌厂商意见，联合行业主流团体，起草了家居流通业和家居制造业自律公约。

主办“乐活中国，风尚厨房——首届中国橱柜节”

7 月 9 日，在中国（广州）国际建筑装饰博览会期间，商会主办了“乐活中国，风尚厨房——首届中国橱柜节”，橱柜节的举办传播了厨房文化，满足了消费者追求高品质生活的需求。期间，还发布了《中国橱柜行业发展及消费白皮书》和《健康生活指南》手册。

举办“名品家装‘奥特莱斯’特卖会”

2009 年全年，商会在北京先后举办了 5 次“名品家装‘奥特莱斯’特卖会”，有力地促进了家装企业开拓市场，并带动建材家具产品的销售。

举办“室内配饰师”培训

2009 年全年，商会分别在顺德、上海、北京、石家庄成功举办了 4 次“室内配饰师”培训。

大事记

2007 年

3 月 14 日，由商会举办的“2008 绿色安居”主题年度活动启动仪式暨新闻发布会在京隆重召开。

4 月 28 日，清华大学美术学院的师生们在全国工商联家具装饰业商会相关负责人的带领下，来到了位于通州区的北京全福凯旋家具有限公司进行参观。

5 月，商会出了第一本行业目录《中国家居饰品采购目录》。

7 月 27 日，商会成功组织了“美国拉斯维加斯国际家具展览会商务考察团”。

7 月 28 日，在北京成功举办“全国工商联家具装饰业商会第二届三次理事会”及“第四届中国家居业总裁（北京）论坛”。

9 月 12 日，在上海与月星集团联合主办了“第四届环球家具展”。

9 月 28 日，商会成功组织了“全国工商联家具装饰业商会赴美国高点国际家具展商务考察团”。

12 月，商会在北京举办了“中国红木家具展览会”。

12 月，商会与团中央中国光华科技基金会共同主办了“2007 中国设计业十大杰出青年评选活动”。

2008 年

3 月 28 日，中国人造石行业“纯铝粉标志”同盟启动仪式即中国橱柜台面（人造石）消费白皮书发布会在北京召开。

4 月 3 日，在北京、成都两地分别举办为期 4 天的“第五届室内配饰师培训”。

4 月 15 日，商会组织参观了“意大利米兰国际家具展”。

5 月 12 日，在人民大会堂召开“欧派杯 2008 厨房空间设计大赛”开赛新闻发布会。

5 月，商会在上海举办了第二届“中国橱柜、楼梯行业进出口交易会”。

6 月 24 日，“全国工商联家具装饰业商会家装专委会”在北京成立。

8 月 17 日，举办第五届中国家居业总裁（深圳）论坛。

8 月 18 日，全国工商联家具装饰业商会五金配件专业委员会在深圳成立，并举办了中国家居五金配件行业与家居制造业高峰交流会。

10 月 1 日，商会与北京城外诚家居广场、深圳艺展投资联手举办“2008 年中国（北京）秋季家居饰品、用品暨古典艺术家具博览会”及相关配套活动。

12 月 23 日，商会举办了“融合、共赢——2009 第五届家具行业发展高峰论坛”。

2009 年

2 月，商会 2009 版会刊《商会成立六周年纪念刊》出版。

3 月，在北京中国国际贸易中心主办了中国北京楼梯产业展览会。

4 月 3 日，在上海成立钢木门专业委员会。

4 月 4 日，在上海光大会展中心主办了中国上海楼梯产品进出口交易会。

5 月，出版我国第一本《中国家居饰品采购目录》，填补了国内家居饰品行业工具图书空白。

5 月 30 日，商会三届三次会长会议在江苏溧阳天目湖隆重召开。

6 月 6 日，商会主办的“2009（中国）家居家饰行业发展系列论坛”在广东顺德罗浮宫召开。

7 月 9 日，商会在广州琶洲展馆举行了“中国人造石行业推行‘纯铝粉标志’新闻发布会”。

7 月 22 日，在上海召开了楼梯专业委员会 2009 年第三次会长扩大会议暨“中国楼梯制造企业资质等级评定新闻发布会”。

9 月 3 日，商会在东莞厚街嘉华酒店召开了三届四次会长会议。

11 月 29 日，橱柜专委会主办的“魅力宁波——2009年中国橱柜行业年会”在宁波开元名都大酒店胜利召开。

全国工商联民办高等教育协会

商会简介

工作综述

重要活动

重要文献

大事记

全国工商联民办高等教育协会会标中，外圈文字为中华全国工商业联合会民办高等教育协会正式中文名称；CAPIHE为中华全国工商业联合会民办高等教育协会英文名称的缩写；标志整体造型由展开的三本书构成，外轮廓为英文字母“M”，代表中华全国工商业联合会；书代表教育、学习；标志中三本展开的书的造型分别代表知识、能力和素质，通过学习来增长知识，提高素质和能力。会标整体以蓝色为基调，代表民办高等教育的美好未来。

商会简介

中华全国工商业联合会民办高等教育协会（简称全国工商联民办高教协会）于2003年11月23日在北京成立，是全国工商联领导下的全国性的民办高等教育及相关行业的会员组织。其宗旨是严格遵守我国宪法、民办教育促进法等法律、法规和政策，认真贯彻党的教育方针，引导会员牢固树立爱国、敬业、诚信、守法、优质的办学理念，代表会员的利益、维护会员的合法权益、不断提高会员素质，为促进民办高等教育的健康发展提供有效服务。

会长、副会长、秘书长名单

会长

金会庆　中国民间商会副会长、安徽三联学院院长

常务副会长

朱传礼　中国高等教育学会产学研合作教育分会会长

副会长

邵　巍　教育部留学服务中心原副主任

罗晓明　北京吉利大学原副董事长

李金元　天狮职业技术学院董事长

朱德炎　上海邦德职业技术学院董事长

贺惠山　广东岭南职业技术学院董事长

金秋萍　江南大学太湖学院党委书记

李　昌　吉林俄语专修学院院长

张少龙　中央统战部原处长

周继庭　北京科技职业技术学院董事长

黄玉林　江西城市学院董事

孙建中　石家庄外语翻译学院董事长

鲍莉萍　金肯职业技术学院董事长

金妙莲　安徽三联职业技术学院副院长

肖　川　厦门华天涉外职业技术学院董事长

王贤俊　东北大学大连艺术学院董事长

会长

金会庆

常务副会长

朱传礼

副会长

邵　巍

罗晓明

李金元

朱德炎

贺惠山

金秋萍

李　昌

张少龙

秘书长
朱传礼（兼）

联系方式：
电话：010 - 60756525
传真：010 - 60750041
地址：北京市昌平区马池口北京吉利大学校内
邮编：102202
邮箱：mbgx1123@ yahoo. com. cn

周继庭

黄玉林

孙建中

鲍莉萍

金妙莲

肖　川

王贤俊

工作综述

2007 年

2007 年是协会稳步发展、进一步完善的一年，根据 2007 年 1 月 28 日会长会议的工作部署，协会在朱传礼常务副会长、邵巍副会长和罗晓明副会长 3 位协会核心人物的领导下，开展了以下几项工作：

一、召开民办高等院校改革、发展与规范高层论坛

为了进一步推进民办高校的健康发展，交流民办高校的办学经验，研究存在的问题，在全国工商联、教育部高教司的支持下，由全国工商联民办高等教育协会、江苏省工商联民办教育协会和上海市工商联民办教育协会联合举办的“民办高等教育改革、发展与规范高层论坛”于 6 月 5 ~6 日在南京金肯职业技术学院举行。本次会议受到了江苏省教育厅、江苏省工商联的高度重视与支持，江苏省教育厅丁晓昌副厅长和经贵宝副处长、江苏省工商联丛新中国成立书记和胡冬陵处长出席了开幕式并做了讲话。

二、承担教育部课题并通过验收

协会承担的教育部教高司函〔2005〕202 号“民办高职院校两年制改革探索”课题，具体由协会副会长单位广东岭南职业技术学院等 3 所院校共同负责。他们经过 2 年的研究于 2007 年 12 月 28 日在广州通过了专家组验收。验收专家组认为，课题组对国内外高职院校实行两年制教育实施情况做了大量的研究与探索，特别是对广东省高职院校进行两年制试点的情况进行了重点的跟踪调查，对调研的结果进行归纳、对比、分析。该调研资料翔实、全面，研究与分析方法科学，该课题组认为目前国内两年制高职改革只能在部分专业进行试点，应持谨慎态度，不宜搞“一刀切”，其结论实事求是。最后专家组一致同意结题。

三、协会网站建设

根据民办高等教育发展和协会工作的需要，协会于 7 月开始筹备建立网站，得到了副会长单位北京吉利大学的大力支持。协会网站的宗旨是为中国民办高等教育服务，提供良好的交流平台。网站不但建立中文界面，同时增设英文界面，把网站建成民办高等教育信息交流互动的平台和全面宣传中国民办高校的对外窗口与交流平台。

四、积极开展对外联系工作

协会秘书处参加了德国商会举办的中德洽谈会，并与德国联邦教育科研部 Susanne Burger 副部长达成意向性合作协议并开始实施第一步骤，即提供德方校企合作资料。协会还将继续扩大对外交流。

2008年

一、组织论坛，及时了解政府有关非公经济、有关民办教育的法律法规和相关政策，探讨我国民办高校如何在资本市场运作中发展自己

2008年，中国资本市场在经受住全球经济普遍下滑的考验后，诸多企业仍面临金融危机与企业发展壮大的双重压力。学习企业资本运作的规则与技巧，掌握融资的途径与方法，已经成为国内企业民办高校的举办者急需解决的现实问题。为此，协会领导分析当时的形势决定组织民办高校融资与发展论坛会，及时让民办高校的董事长及举办者了解“中国民办高等教育发展的宏观背景和政策走向”和“在当前金融危机的形势下，民办高校如何拓展融资渠道，在资本市场运作中发展自己”。论坛会议于2008年10月18～19日在北京召开，会议邀请了国家教育发展研究中心、北京大学、厦门大学、上海教科院、北京农村商业银行总行、全国工商联并购公会等业界专家和著名投资机构高层进行讲解，参会董事长们对金融危机的形势和未来几年我国适龄上大学人口下滑趋势有了新的认识，提醒民办高校的董事长们要注意风险与法律问题。专家学者们进行了认真而富有分析的讲演，并与参会的董事长们进行互动式讨论，特别是大家对北京科技职业技术学院周继庭董事长在对资本运作与该校发展过程中富有哲理的分析与实践大为赞赏和受益。

二、建言献策，反映会员的合理诉求

作为全国工商联直属行业协会，理应体现全国工商联的统战功能，协助政府共同解决民办高等教育发展过程中所面临的种种问题，促进民办高等教育事业的健康发展。这既符合国家利益、社会利益、受教育者的利益，也符合举办者、出资者的利益。协会根据2007年12月5日全国工商联研究室在京召开的全国工商联政协提案准备会议的要求，向各位会长、副会长及常务理事单位征集反映民办高校所面临的、希望政府待解决问题的政协提案。通过征集收到5份大家提案的题目，经与全国工商联研究室汇报及商议，于2008年1月最后确定采纳北京科技学院和厦门华天涉外学院提出的“增加计划内招生指标”建议。协会办公室根据两个学院的建议草拟了“增加对评估合格的民办普通高校计划内招生指标的建议”政协提案，该项提案草拟稿经过协会领导的反复修改，于2008年1月24日正式提交给全国工商联政研室，最后纳入全国工商联在2008年“两会”上的正式提案。该项提案于去年10月初得到教育部的答复，并及时传真给各位会员单位，取得了会员单位的认可。

三、开展民办高等教育理论与实践研究

如何探索符合国情走出具有民办高校自己特色的创新道路是摆在协会面前的研究课题。在2005年底，协会得到了教育部的大力支持，承担了2项关于民办高等教育方面的研究课题，其中一项为“民办高职院校优质专业与精品课程建设探索”。

该项课题经过2年多的时间，在协会常务副会长兼秘书长朱传礼教授的指导下，由北京吉利大学牵头，由安徽三联学院、广东岭南职业技术学院、上海邦德职业技术学院、石家庄外语翻译职业学院、北京科技职业学院等院校的27名研究人员参加共同完成，该研究利用国家推进优质专业和精品课程的有利契机，加强校际的合作，优化参研学校的资源，借鉴公办院校和其他民办院校的经验，结合高职教育的特点和各校的实际，一边研究，一边参与有关院校进行优质专业和精品课程的建设，边建设、边总结、边探索、边创新。应该说，这种研究模式在全国民办教育研究领域内是不多见的。该项研究课题于2008年7月3日获得验收专家组好评，一致同意通过验收。教育部也同意专家组的意见，通过该课题项目验收。

四、交流合作，增进友谊

为了扩大协会在社会上的影响，协会除了经常与兄弟商会及省市地方民办教育商会进行经常联络，交换信息，交流经验，协调工作，先后共同举办了以民办教育为主题的研讨会、高级论坛之外，2008年我们还积极地与中国对外友好合作服务中心、澳洲商会、德国商会进行联系与接触，商谈双方如何开展有利于民办高校发展的合作项目。目前有的项目正在进展中，如：与中国对外友好合作服务中心合作在少数会长单位试点赴美带薪实习项目等。总之，我们认为协会主动与上述机构进行交流，增进了双方的了解，为今后开展交流合作奠定了基础。

五、为会员单位多做实事，搞好服务

由于协会是民办高等教育行业及相关行业工商联会员自愿组成、非营利性的会员行业组织，它只有为大家服务的职能，而没有任何行政赋予的权力，只有踏踏实实地为会员单位多做实事、搞好服务，才能得到大家的欢迎。协会秘书处本着这种精神在本年度做了如下服务：

1. 提供法律咨询

协会与中咨律师事务所建立了合作伙伴关系，在协会会员遇到法律方面的问题时，可由该律师事务所负责咨询和解答。如协会会员单位福州科技职业技术学院在基建上出现了纠纷，来北京向协会求助。协会通过该所邀请一名经验非常丰富的律师进行了免费咨询与分析。事后该院董事长感到非常满意，他说："这次来京，收获非常大，知道了自己的案例解决方法。我相信协会，因为协会就是我们民办高校的娘家。"

2. 通过协会网站为会员单位及民办高校服务

本年度网站进行了全面改版，建立国内外部分高校网络链接数据库，加大宣传民办高校的力度，同时，增加民办高校所关注的热点问题讨论、法律知识及案例分析，建立了1008所高校[国内613所民办高校（独立院校和民办普通高校）、教育部认可学历的国外22个国家395所]网络链接数据库，这对于考生、家长、学校及政府部门是非常方便和实用的。在招生期间，协会网站点击率直线上升，无形中也加大了宣传我们会员单位的力度，如：2008年秋季招生，协会网站无条件地刊登会员单位的招生广告宣传，解答考生询问上述学校的情况。

3. 信息服务

协会根据对当前民办高等教育的各种信息来源的掌握情况，通过电子邮件及时和快捷地为会员单位免费提供信息服务，使会员单位的董事长们及时了解当前民办高等教育发展的动态情况。如：国内外职业院校的概况、大学排行榜、金融海啸形势等。

六、加强协会自身建设

1. 稳步发展新会员

依靠协会开展的各项活动，特别是召开的论坛会议，使得协会在社会上有了一定的影响力。本年度又有3所民办高校加入了协会成为新会员，分别是中国中医药大学东方学院、青岛飞海职业技术学院和四川国际标榜职业学院。

在目前金融危机的影响下，天津天狮学院由于资金紧张，提出退出协会。协会拟在2009年改选后报全国工商联会员部批准。

2. 提高工作效率

协会办公室虽然只有3名专职人员，但是工作分工明确，责任到人。同时，又做到既有分工又有合作，在协会各位会长们的领导与关心下，形成高效的工作团体。如：除了协会日常工作外，在短时间内完成全国613所民办高校（独立院校和民办普通高校）、教育部认可学历的国外22个国家395所高校网站链接库和英译汉中的翻译任务。

3. 献爱心

2008年5月12日14时28分，四川汶川县发生8级强震，协会在第二天通过自己的网站向全国民办高校发出号召以各种形式伸出援助之手，共同抗震救灾，为灾区人民奉献自己的爱心。建议：民办高校可以对地震灾区严重受灾家庭的学生，采取以工助学，让受灾家庭子女解决生活困难并可给予适当补助，同时也可以按有关文件对受灾家庭学生适当减免学费等多种方式来援助灾区新生。协会全体会员单位和民办高校积极响应国家号召，一方有难，八方支援，通过各自所在省市红十字会捐赠或者通过中国红十字会总会捐赠，也可通过中华全国工商业联合会捐赠，同时，还亲自到灾区资助受灾学生上学等。协会在资金不富裕的情况下，也代表全体会员单位通过全国工商联向四川灾区捐款1万元。另外，协会秘书处全体工作人员个人也向四川灾区捐款。

2009年

一、召开2次会长会议

1. 传达落实全国工商联和民政部领导讲话精神

为了深入领会和贯彻落实全国工商联关于做好直属行业商会在民政部登记的准备工作指示，协会分别于2009年5月8日和8月19日在广西东方外语职业技术学院、北京国二招宾馆召开协会会长会议。传达全国工商联全哲洙书记、民政部姜力副部长和全国工商联宋北杉副主席等领导同志在全国工商联行业商会专题培训班上的讲话精神，以及全国工商联的2009年部署如何将工商联的二级商会（协会）转成具有独立法人的在民政部注册的国家一级商会（协会）的前期准备工作。

参加协会会长会议的会长及代表们认为：授权全国工商联作为全国行业商会社会团体的业务主管单位，是国务院授予全国工商联的一项重要职责，有助于各个行业商会发挥提供服务，反映诉求和规范行为的作用，也有利于维护会员的合法权益，并引领其合法经营，规范自律，从而促进整个国民经济的发展。按照全书记所说的，商会必须强调三性的统一，就是经济性，统战性，民间性，强调三个能力，也就是自我认识的能力，自我激励的能力，自我控制的能力。我们作为工商联28个直属行业商会之一，进行重新规范登记，要变压力为动力，努力做好各方面的准备，充分认识到这是加强自身建设的好机会。此次登记工作对我们协会既是机遇也是转折点。他明确了登记机构是民政部门，业务主管是全国工商联。因此要进行重新选择，符合标准就存在下去而且升级，不符合标准就会取消。因此我们感觉这也是一次重新洗牌。作为全国工商联直属行业商会之一，是一个工商界人士、非公人士的组织，是政协的组成部分，作为这样的一种定位存在。我们的工作范围应和工商联任务相对应。

2. 探讨本协会存在的必要性

虽然有数据说明，自从改革开放以来，各级各类民办教育的发展，显著增加了国家的教育资源总量，极大缓解了“穷国办大教育”的财政压力，开辟了社会资金转化为教育资源的有效途径，为国家经济建设和社会发展提供了有力的智力支持和人力资源保障。但是由于我国教育在积极吸引民间投资方面存在着体制性的障碍，因而也就致使我国民间投资主体对教育投资的严重不足，并制约了我国民办教育事业的发展。

举办民办高等教育要解决经济政策问题、投资环境问题和投入产出条件问题。如何有效地吸引投资者将资金投入教育事业的国家政策、如何改善教育领域的投资环境、如何维护投资者投资于教育领域的合法权益。有必要成立一个教育投资者社团组织，把教育投资者对教育事业发展的积极性引导到科学发展上来，促进教育事业健康可持续发展。据了解，到目前为止还没有一个主要研究教育领域经济规律的社团组织。

3. 探讨协会的未来名称、定位、宗旨

在会长会议上大家认为协会主要会员来自各民办高校的董事长，即教育投资者。作为全国工商联行业商会之一就应该关心教育投资者的合法利益，应利用这次登记工作的时机，有必要对协会的名称和定位重新调整，建议将全国工商联民办高等教育协会更名为中国教育投资者商会，可以整合资源。如果我们把协会改为中国教育投资者商会，这样将有别于别人，比原有的中国民办教育协会更有特点。该商会将继续作为全国工商联的重要组织形式和组织网络建设的有效载体，是全国工商联组织的延伸和工作的拓展，体现其统战性、经济性和民间性。

4. 暂停协会换届等活动，做好筹备登记工作

根据2009年8月5日全国工商联会员部领导关于协会待完成民政部登记后再考虑换届工作和当前协会中心任务是做好登记前的准备工作的指示，协会取消一切大型活动，将原定于2009年下半年进行换届筹备工作以及配套举办第二届民办高校融资与发展论坛会全部暂停；同时，也婉言谢绝澳大利亚国际商会中国代表处邀请共同筹备2010年友好论坛的活动。将协会工作重点转入到协会登记前期准备工作（按照全国工商联会员部领导的要求和指导多次修改协会将登记改为中国教育投资者商会报告等）。

二、拓展信息渠道，享受公益资源

1. 信息服务

为了使协会会员们及时了解有关国家关于民办教育的方针、政策、法律和规章制度以及民办教育机构间的交流与活动的最新信息，协会于2009年2月25日和3月13日分别与北京21世纪教育研究院和北京市中咨律师事务所达成了合作协议，由协会每两周向全体会员免费转发出上述两所合作单位提供的全国民办教育方面和法律方面的最新信息。让会员们享受公益资源的信息渠道，及时排除和解决自己应对国际金融危机带来的招生压力和难以为继的困境等各种不利的影响。

2. 学生就业渠道

（1）全国工商联人保部等5部委于2009年5

月15日上午在北京农展馆召开了民营企业招聘会。在协会得知消息后主动与上述单位联系并得到支持，随即组织北京吉利大学和北京科技职业学院的部分学生参加招聘会。

（2）有的公司直接与协会联系希望招聘学生，如北京中和珍贝科技有限公司。一般我们转给北京的协会会员单位，如北京科技职业学院、北京吉利大学等。

三、为政府提建议，开展问卷调查

在《国家中长期教育改革和发展规划纲要》编制中，关于民办教育出现一种“分类管理”的思路，即把民办学校分为营利性与非营利性两类，营利性民办学校办理企业法人登记，非营利性民办学校办理民办事业单位法人登记。由于此项政策变化涉及民办学校举办者权益的重大调整，根据上海工商联民办教育协会忻福良秘书长的提议，由全国工商联民办高等教育协会、上海市工商联民办教育协会、江苏省工商联民办教育协会和中国民办教育研究院民办高等教育研究中心等4家单位于2009年6月对部分民办学校举办者进行了问卷调查，以了解举办者对分类管理的态度。

问卷调查的结果：关于“将我国民办学校按营利性、非营利性重新分类的可行性”，有20%的被访者认为可行，20%的被访者认为不可行，60%的被访者认为“现在分类，时机不成熟”。但在询问赞成和不赞成分类管理的理由时，有27.6%的人讲述了赞成分类的理由，有72.4%的人讲述了不赞成分类管理的理由，可见不赞成分类的还是占大多数。

四、探讨协会网站创新，为会员单位多做实事

2008年底协会网站进行了全面改版后，协会网站点击率直线上升，同时，无形中也加大了宣传会员单位的影响力。基于协会网站的点击率上升，有一定的影响力，2009年下半年我们提出协会网站如何创新，如何进一步为会员单位服务的课题。经过大家的讨论初步提出一个协会的网站协会会员来办的新型模式，即将协会的网站大部分空间提供给所有的会员单位，让其拥有自己的一个网站黄页和相应的后台管理系统，自主更新和修改黄页内容（如招生、校内活动以及各种宣传等）。协会只宣传和担负其应有的责任。

协会秘书处工作人员经过几个月的时间对协会网站进行了调整和改造，并于2010年1月开始试运行。让会员单位在利用协会提供的网站平台展现自己的特色与风采。

重要活动

2007年

召开2007年第一次会长办公会议

协会于2007年1月28日在北京召开了2007年第一次会长办公会议。会上，对2006年协会工作进行了汇报并讨论了2007年上半年协会换届工作。征求了各位会长、副会长对协会发展的建议且拟定了2007年协会活动计划。

召开民办高等院校改革、发展与规范高层论坛

在全国工商联、教育部高教司的支持下，由协会与江苏省工商联民办教育协会及上海市工商联民办教育协会联合举办的“民办高等教育改革、发展与规范高层论坛”会议于6月5～6日在南京金肯职业技术学院举行。

2007年6月5～6日，民办高等教育改革、发展与规范高层论坛所有人员合影

本次会议达到了3个目的：

1. 对中国民办高等教育持续发展问题有了清晰的了解；

2. 对我国民办高等教育面临的主要问题和风险，提供了解决的思路；

3. 通过民办高校内涵建设的交流，了解如何培养适应市场需求的职业技能人才。

协会网站建设

根据全国工商联和协会领导的要求，协会于7月开始筹备建立协会网站。协会网站的宗旨是为中国民办高校服务，提供良好的交流平台。协会网站设为：

中文网站：在罗晓明副会长和吉利大学的大力支持下，于2007年9月开办了协会中文网站，在10月份完成了网站注册审批工作。2008年进行全面改版，加大民办高校的宣传力度，同时，增加民办高校所关注的热点问题讨论、法律知识及案例分析、国内外办学经验介绍以及教育部认可的国外部分高等院校的中文译名及网站链接等栏目。

英文网站：协会于2008年开辟一个全英文界面网站，让世界了解中国的民办高校。网站内容分三个阶段完善：第一阶段是在英文网站开通时，主要内容为教育部有关法律法规、协会介绍、全国民办高校（包括独立院校）整体介绍、会长和常务理事单位的简介和其标志性的图片介绍；第二阶段增加会员单位和主动提供简介的民办高校（包括独立院校）内容；第三阶段完成所有在教育部或省、自治区、直辖市备案的613所民办高校（包括独立院校）的资料以及全国民办高校发展的动态资料。

教育部课题的调研

由教育部下发教高司函〔2005〕202号和239号文给协会的两项课题（“民办高职院校两年制改革探索”和“民办高职院校优质专业与精品课程建设探索”）分别由协会副会长单位广东岭南职业技术学院和北京吉利大学牵头承担。课题承担单位已经完成了课题调研任务，开始资料的分析和整理。

12月28日，在广东岭南职业技术学院举行教育部课题“民办高职院校两年制改革探索”结题验收会。该项课题由协会副会长单位广东岭南职业技术学院等3所院校负责承担。由广东轻工职业技术学院、顺德职业技术学院、广州工商职业技术学院、广东女子职业技术学院、广东机电职业技术学院的5位专家教授组成的验收专家组，听取了课题组负责人所作的研究报告并进行了答辩。验收专家组认为，课题组对该课题做了大量的研究与探索，调研与调查资料翔实、全面，研究与分析的方法科学，分析结论实事求是，同意结题。协会常务副会长兼秘书长朱传礼教授，广东省教育厅高教处吴念香副处长等领导出席了会议。

积极开展对外联系工作

协会参加德国商会举办的中德洽谈会。会上，李忠泽副秘书长代表协会与德国联邦教育科研部Susanne Burger副部长达成意向性合作协议，即分以下几步骤进行合作：第一，由德国科研部提供德国有关校企合作经验介绍资料，特别是校企合作的案例，在全国工商联民办高教协会网站中国民办高等教育网（www.pedu.org）进行宣传；第二，如果中方民办高校感兴趣，建立双方交流机制；第三，在双方有意向合作的情况下，建立双方的校企、校际之间的互动机制（互派学生、教师及相关人员）。

德方已开始实施第一步骤，提供校企合作资料，并会在协会的网站上登载相关信息，宣传重点是德国在校企结合方面如何培养人才的经验。

商会还与全国工商联并购公会协商2008年下半年联合举办并购知识讲座。

为了扩大协会的知名度和影响力，协会办公室与邮局定制了2008年协会贺卡。以朱传礼常务副会长兼秘书长名义代表协会领导向协会所有会员单位，民办高校（包括独立学院）董事长、校长，政府有关部门，全国工商联及省市级有关部门邮寄贺卡表示祝福。

协会组织建设

增补3名副会长：三联职业技术学院金妙莲副院长、厦门华天涉外职业技术学院肖川董事长和东北大学大连艺术学院王贤俊董事长。增设常务理事，新增了3个会员单位和1名个人会员。

2008年

召开会长扩大会议

2008年1月12日在厦门召开会长扩大会议，会议议题：

1. 全国工商联民办高教协会2007年工作汇报；

2. 讨论2008年协会工作设想；

3. 讨论全国工商联民办高教协会以全国工商联名义提交的“两会”政协提案。

召开民办高校融资与发展论坛

2008 年 10 月 18～19 日，在北京召开民办高校融资与发展论坛，邀请了国家教育发展研究中心、北京大学、厦门大学、上海教科院、北京农村商业银行总行、全国工商联并购公会等业界专家和著名投资机构高层进行讲解，使参会董事长们对金融危机的形势和未来几年我国适龄上大学人口下滑趋势有了新的认识；并对公办高校贷款后出现的债务危机到我国民办高校在融资过程中遇到的问题等进行讲解，提醒民办高校的董事长们要注意风险与法律问题。专家学者们进行了认真而富有分析的讲演，并与参会的董事长们进行互动式讨论，特别是北京科技职业技术学院周继庭董事长对资本运作与该校发展过程富有哲理的分析深受与会者大为赞赏。

提交“增加对评估合格的民办普通高校计划内招生指标的建议”政协提案

协会根据 2007 年 12 月 5 日全国工商联研究室在京召开的全国工商联政协提案准备会议的要求，向各位会长、副会长及常务理事单位征集反映民办高校所面临的、希望政府亟待解决问题的政协提案。于今年 1 月最后确定采纳北京科技学院和厦门华天涉外学院提出的“增加计划内招生指标”建议。该项提案草拟稿经过协会领导的反复修改，于 2008 年 1 月 24 日正式将协会提案提交给全国工商联政策研究室，最后纳入全国工商联在 2008 年“两会”上的正式提案。该项提案于去年 10 月初得到教育部的答复，并及时传真给各位会员单位，取得会员单位的满意。

“民办高职院校优质专业与精品课程建设探索”课题验收合格

该项课题经过 2 年多的时间，在协会常务副会长兼秘书长朱传礼教授的指导下，由北京吉利大学牵头，安徽三联学院、广东岭南职业技术学院、上海邦德职业技术学院、石家庄外语翻译职业学院、北京科技职业学院等 27 名研究人员参加共同完成，该研究利用国家推进优质专业和精品课程的有利契机，加强校际间的合作，优化参研学校的资源，借鉴公办院校和其他民办院校的经验，结合高职教育的特点和各校的实际，一边研究，一边参与有关院校进行优质专业和精品课程的建设，边建设、边总结、边探索、边创新。应该说，这种研究模式在全国民办教育研究领域内是不多见的。该项研究课题于 2008 年 7 月 3 日获得验收专家组好评，一致同意通过验收。教育部也同意专家组的意见，通过该课题项目验收。

献爱心

2008 年 5 月 12 日 14 时 28 分，四川汶川县发生 8.0 级强震，协会在第二天通过自己的网站向全国民办高校发出号召为灾区人民奉献自己的爱心。协会全体会员单位和民办高校积极响应号召，通过各自所在省市红十字会捐赠或者通过中国红十字会总会捐赠，也可通过中华全国工商业联合会捐赠，同时，还亲自到灾区资助受灾学生上学等。协会在资金不富裕的情况下，也代表全体会员单位通过全国工商联向四川灾区捐款 1 万元。

2009 年

召开协会会长会议

2009 年 5 月 8 日，在广西东方外语职业技术学院召开协会会长会议，会议议题为协会 2008 年工作汇报和 2009 年工作计划；传达全国工商联直属行业商会工作（培训）会议精神；讨论今年协会换届工作及推荐会长人选和成立协会换届领导工作小组。

召开协会会长会议

8 月 19 日，在北京国二招宾馆召开协会会长会议，会议议题为：1. 传达全国工商联行业商会专题培训班全国工商联全哲洙书记、民政部姜力副部长和全国工商联宋北杉副主席等领导同志的讲话精神；2. 协会的未来定位、名称、宗旨及业务范围。

达成合作协议

协会于 2009 年 2 月 25 日和 3 月 13 日分别与北京 21 世纪教育研究院和北京市中咨律师事务所达成了合作协议，由协会每两周向全体会员免费转发上述两所合作单位提供的全国民办教育方面和法律方面的最新信息。

开展问卷调查

在《国家中长期教育改革和发展规划纲要》编制中，关于民办教育出现一种“分类管理”的思路，即把民办学校分为营利性与非营利性两类，营利性民办学校办理企业法人登记，非营利性民办学校办理民办事业单位法人登记。由于此项政策变化涉及民办学校举办者权益的重大调整，根据上海工商联民办教育协会忻福良秘书长的提议由全国工商联民办高等教育协会、上海市工商联民办教育协会、江苏省工商联民办教育协会和中国民办教育研究院民办高等教育研究中心等4家单位于2009年6月对部分民办学校举办者进行了问卷调查，以了解举办者对分类管理的态度。问卷调查的结果：关于“将我国民办学校按营利性、非营利性重新分类的可行性”，有20%的被访者认为可行，20%的被访者认为不可行，60%的被访者认为“现在分类，时机不成熟”。但在询问赞成和不赞成分类管理的理由时，有27.6%的人讲述了赞成分类的理由，有72.4%人讲述了不赞成分类管理的理由，可见不赞成分类的还是占大多数。

重要文献

2008年

增加对评估合格的民办普通高校计划内指标的建议

协会通过全国工商联向“两会”提交的提案

（2008年2月）

目前，我国学历教育的民办高校大体分为两类：民办普通高校、民办独立高等院校。根据2006年教育事业统计，民办普通高校278所，在校生达到了133.8万人，民办独立高等院校318所，在校生达到146.7万人。这两块加起来，在校生人数已经超过280万，占公办高校在校生数的19%，民办高校已经成为我国高等教育事业的重要组成部分。应该说民办高等学校的发展为国家培养了各类适用人才。对于国家高等教育进入大众化阶段承担了一定的责任，承担了一定的社会义务，满足了人民群众接受高等教育多样化的需求。同时，在深化高等教育办学体制的改革方面，也起到了积极作用。我国著名教育家潘懋元教授认为：“从民办高等教育发展前景来看，如果方针正确，政策落实，民办高等教育将有相当广阔的发展空间。当高等教育毛入学率达30%～40%，全国高校在校生达到4000万人时，民办高校在校生的比例可能达到1/2以上。”

在展望美好远景的同时，我们应该看到，目前公办高校校均规模8148人，而民办高校校均规模只有4713人（一般校均规模达到7000～8000人是比较适中的）。目前民办高校校均规模与公办高校校均规模差距很大，同时，也与民办高校发展规模目标相差甚远。

民办高校的规模效益是民办高校持续、健康发展的重要基础，也是民办高校稳定和谐进取的重要保障，没有一定的规模，民办高校极易出现如下情况：

1. 影响和谐社会

民办高校的资金来源主要是来自于学费，即生源。可以说生源是民办高校的生命线。目前大部分省、自治区、直辖市民办高校计划内招生指标不足，势必造成部分民办高校为了自己的生存与发展，冒险做虚假广告、不择手段招揽学生。学生到校后感到受了欺骗，引发双方争端，造成不稳定因素，影响社会安定。

2. 教学组织困难，育人为本难以落实

每年民办高校计划内招生指标不足，为了生存与发展就得花大力气招收计划外生源（他们不享受教育部认可的学历教育资格）。学校只好把自主招生的学生与计划内高职学生分设不同班级但并轨实施大同小异的教学计划（有的则完全相同），但经过同样教育的三年毕业后，计划内的学生取得国家承认的学历文凭，而计划外学生则取不到。容易造成学生心理、情感上的不平衡，产生诸多问题。前两年，江西知名的民办高校学生闹事，就含有上述因素，前车之辙不可不鉴。

3. 造成学校硬件设备资源的浪费

民办高校在经过各省、自治区、直辖市教育主管部门批准时，都是按照学校未来的发展规模目标建设的，但是，现在很多学校已经按照其建设规模完成，却得不到教育主管部门按其学校规模下拨的计划内招生指标。如：北京科技职业学院和北京吉利大学都是按照上万学生硬件设备设置的民办高校，可是招生计划指标划拨不足2000名，势必造成学校的硬件设施的闲置与浪费，同时，也造成学校债务危机。类似现象很多。

4. 加大了民办高校办学成本

民办高校计划内招生指标没有相当规模，民办高校为了自己的生存与发展，势必四面出击，招徕生源，这对学校现有资金是一个庞大的损耗，同时也加大了办学成本。一旦生源短缺，学校资金链断裂，学生闹事将影响社会稳定。

我国民办高等教育20多年的发展历程是非常不容易的，是在夹缝中成长起来的，也是在公办高等教育有了很大的发展情况下，顺应社会发展的需要，顺应广大人民群众接受高等教育的愿望而发展起来的。民办高校的发展过程要克服由于现有的法律、法规和政策还不健全的形势下造成的三大困难①自筹资金，不享受国家拨款与资助；②社会对于民办院校的认识存在误区，对民办大学的毕业生存在歧视，影响毕业生的就业和人生价值的实现；③民办高校学生无法享受国家贷款和助学金补助）来发展自己。

为了真正具体体现党和政府对民办高等高校的鼓励与支持，我们建议国家发展改革委员会和教育部增加对教育部评估合格的民办高校计划内招生指标，促进民办高等教育健康发展。具体建议如下：

一是对经过教育部评估合格的民办高校，各省、自治区、直辖市教育主管部门可根据其学校的软硬件条件，增加计划内招生指标。

增加对评估合格的民办普通高校计划内招生指标，既符合《中华人民共和国民办教育促进法》中“国家对民办教育实行积极鼓励、大力支持、正确引导、依法管理的方针”，也是对有能力、有实力的民办高校的鼓励与支持。

二是对有海峡两岸、国外合作项目的民办高校，应根据合作项目的内容适当增加计划内招生指标。

增加计划内招生指标，激励民办高校寻求海峡两岸、国外合作项目，既促进民办高校自身的教学质量，同时也提升民办高校品牌意识。

三是对于校企结合比较好的、毕业生就业率为95%以上的民办高校，应当按学校规模发展目标制定该校的计划内招生指标。

按学校规模发展目标制定该校的计划内招生指标，鼓励民办高校紧密与企业结合，按照企业和市场的需求，培养高技能人才。既达到缓解我国高技能人才的需求，也正确引导和支持民办高校为社会培养合格的高技能人才，促进民办高等教育事业健康发展。

2009年

关于支持民办高校开辟融资渠道的建议

北京科技职业学院

目前，我国独立设置的民办高校是举办者利用非国家财政性经费建校而一般又以学校的学费收入维持继续办学的。然而，在竞争日趋激烈的教育市场运行条件下，没有雄厚的经济实力是不行的，单靠办学收入对高质量的教育教学要求是难以为继的，必须在办学基础奠定之后，有一笔或连续数笔可观资本流的注入，以帮助建设现代化办学条件，支持建成一些教育产品、科技产品的孵化器，建成一些直接给厂家生产配件又能给学生提供实习的车间，建一些与不同专业相接的工艺社、作坊、园艺场，并在存有余资的时候，迅速向社会市场渗透，创办若干兼有教育、文化意义的产业项目，以其经营所得的一部分来反哺教育。唯有这样，学校才能取得长足发展的基础，才能办学有特色，才能吸引生源，吸引投资者，才能在没有国家投资的情况下，走出一条自力更生的发展之路。

全国工商联民办高教协会成员之一的北京科技职业学院已初步确立了上述发展的模式。他们于2008年与美国凯雷、AIG两个基金组织拟定走亦股亦贷的路子，从中各融资5000万美元，共计1亿美元。先用这笔资金来武装现代化的职业技能实验实习条件，并逐步将实训室建成对外能加工生产又能开展技能培训的独立经营实体；后又投资收购了难以为继的两个国内已注册的普通民办高等教育机构，使之走上了初步复兴之路；在仍有余存的情况下，又抓住时机，在延庆大榆树镇建成一个生态农业种植旅游观光园；紧接着，又得到昌平区政府的允许和支持，对昌平区崔村镇八家村的一条浅山谷进行规划开发，旨在建设一个以绿谷生态旅游文化创意为核心内容的实习实训基地。形成一条融资——开发——反哺教育工学结合，校企合作的办学之路。

北京科技职业学院大胆走境外融资之路，运用金融这个经济杠杆取得了以下初步经营效果：

1. 盘活了现有校产，促使固定资产发挥了多元作用和增值效应。

2. 打开了“依靠教育办产业，办了产业反哺教育”的良性循环之路。

3. 有望解决好困扰教育发展的资金短缺这一“瓶颈”问题。

4. 有效解决学校富余人员再就业并拉动毕业生和社会人员就业。

5. 有效解决了学生实验实习的多元需求。

6. 建立了学校开门办学与社会联系的新路子，为推动创建中国特色的民办高等教育提供了新鲜经验。

鉴于诸如北京科技职业学院能从良好的动机出发，在国家民办教育促进法给予的办学自主权范围内，通过融资渠道筹集办学经费，并正确运用法律给予的法人财产权与金融机构实行信贷与股权的博弈，既保证了已批准的教育用地充分发挥办学的全部内涵，又在教育用地之外促成了协办教育的犄角之势，这些做法虽然还在探索试验阶段，但完全符合小平同志提出的“三个有利于”的指示精神，为此，特作如下建议，提请国家在制订相关法规和政策时考虑：

1. 允许民办高等教育机构联系境外基金组织以少量入股的方式参与公司办学。给予外部融资所占股份49%以内的扩充容量，实行“借水行船”的办法，举办民办高等教育事业或在其旗下举办若干产业项目扶助教育。

2. 在政府的支持下，定期举办“教育投融资项目洽谈会”，请允许全国工商联牵头联系海内外投资公司促成若干有价值项目的落实。

3. 政府应重视、支持如北京科技职业学院这样的民办高等教育机构所走的“同心多元发展教育”之路，并给予政策方面具体扶持与奖励。

4. 国家制定相关法律法规，外资进入民办教育机构的，规定明确的退出机制，退出时，应保证教育公益性事业不受损害。

大事记

2007年

1月28日，在北京召开了2007年第一次会长办公会议。

6月5~6日，在南京召开民办高等院校改革、发展与规范高层论坛和2007年全国工商民办高等教育协会会员代表大会。

6月25日，协会完成教育部“民办高职院校两年制改革探索”和“民办高职院校优质专业与精品课程建设探索”两个课题的调研任务，并开始进入资料的分析和整理阶段。

7月1日，协会开始筹备建立中国民办高等教育网站。其宗旨是为中国民办高校服务，提供良好的交流平台。

8月23日，在罗晓明副会长和吉利大学的大力支持下，协会中英文网站中国民办高等教育网正式运行。

9月25日，根据国外院校和驻华商会及外国驻华使馆教育处的建议，协会开始筹备建立英文界面网站。

11月19日，李忠泽副秘书长代表协会参加德国商会举办的中德洽谈会。

12月28日，在广东岭南职业技术学院举行协会承担教育部课题之一“民办高职院校两年制改革探索”结题验收会。

2008年

1月12日，在厦门召开会长扩大会议。

1月24日，政协提案“增加对评估合格的民办普通高校计划内招生指标的建议”纳入全国工商联在2008年“两会”上的正式提案。该项提案于2008年10月初得到教育部的答复。

5月13日，协会通过网站号召全国民办高校以各种形式为地震灾区群众捐款。

7月3日，教育部课题“民办高职院校优质专业与精品课程建设探索”通过验收。

10 月 18～19 日，在北京召开民办高等院校融资与发展论坛。

2009 年

2 月 25 日，与北京 21 世纪教育研究院达成了合作协议。

3 月 13 日，和北京市中咨律师事务所达成了合作协议。

5 月 8 日，在广西东方外语职业技术学院召开协会会长会议。

6 月，协会与上海市工商联民办教育协会、江苏省工商联民办教育协会和中国民办教育研究院民办高等教育研究中心等 3 家单位对部分民办学校举办者进行了问卷调查，以了解举办者对把民办学校分为营利性与非营利性两类进行分类管理的态度。

8 月 19 日，在北京国二招宾馆召开协会会长会议。

全国工商联书业商会

商会简介

工作综述

大事记

商会简介

中华全国工商业联合会书业商会成立于2004年2月，是全国工商联领导下的由一批大型书业知名企业发起成立的非营利性的书业及相关行业的会员组织。企业会员包括全国各地从事图书（含书报刊、音像制品、电子图书、网络出版物等）出版、策划、制作、印刷、发行、营销推广、广告宣传及其他与书业文化相关产业为主的企事业单位和相关机构。团体会员包括全国各省、市成立的本行业的公会、商会、协会等行业组织和各地文化市场或相关社团组织等。

全国工商联书业商会将始终坚持以会员服务为根本，充分发挥商会的资源优势，支持会员企业的发展壮大。我们愿携手广大业界同仁，共同为推动社会主义文化大发展大繁荣而贡献力量！

第二届会长、副会长、秘书长名单

荣誉会长

宋木文　原新闻出版署署长

名誉会长

罗锐韧　北京二十一世纪图书连锁有限公司董事长

胡　丹　九州教育书业有限公司董事长

会长

刘　战　陕西天河企业集团董事长

执行会长

任志鸿　山东世纪天鸿书业有限公司董事长

第一副会长

刘丛星　中华工商联合出版社有限责任公司社长、总经理

副会长（以姓氏笔画为序）

马　扬　内蒙古捷马文化传播有限责任公司总经理

马晓峰　北京紫峰文化发展有限公司董事长

文安平　辽宁圣文书刊发行有限公司总经理

毛文凤　江苏可一出版物发行集团董事长

王　冬　山东三辰文化传播有限公司总经理

荣誉会长

宋木文

名誉会长

罗锐韧

胡　丹

会长

刘　战

执行会长

任志鸿

第一副会长

刘丛星

副会长

马　扬

马晓峰

王笑东　北京新华先锋文化传媒有限公司总经理
乐八一　北京中少金世纪图书有限公司董事长
匡俊英　北京万国经典书城董事长
孙冰文　四川冰文书业有限责任公司董事长
权明月　北京绿岛朗悦文化发展有限公司总经理
吴　迪　东北书局总经理
李志峰　北京泰学新心教育图书有限公司总经理
李朝东　安徽经纶文化传媒集团总裁
杨宝清　北京天地人全图书有限公司总经理
陈东旭　江西金太阳教育集团董事长
侯小强　盛霆信息技术（上海）有限公司CEO
侯耀东　北京中智博文图书发行有限公司董事长
徐登权　重庆五洲文化传媒集团有限公司总经理
耿　雨　必鹤鹏集团董事长
梁学全　学友园教育传媒集团董事长
董佳羽　北京博尔文化发展有限公司总裁
漆峻泓　北京磨铁图书有限公司董事长
薛　海　《学苑新报》社社长
霍小燕　陕西意林文化发展有限公司总经理
秘书长
凌　龙

附：
第一届会长、副会长、秘书长名单
荣誉会长
宋木文　新闻出版署原署长
会长
罗锐韧　北京二十一世纪图书连锁有限公司董事长
执行会长
刘　战　陕西天河企业集团董事长
第一副会长
胡　丹　九州教育书业有限公司董事长
副会长
任志鸿　山东世纪天鸿书业有限公司董事长
吴　迪　东北书局总经理
李朝东　安徽经纶文化传媒集团总裁
乐八一　北京中少金世纪图书有限公司董事长

文安平

毛文凤

王　冬

王笑东

乐八一

匡俊英

孙冰文

权明月

吴　迪

李志峰

李朝东

杨宝清

陈东旭

侯小强

孙冰文　四川冰文书业有限责任公司董事长
李　岿　广东天林华翰图书发行有限公司董事长
王　冬　山东三辰文化传播有限公司总经理
毛文凤　江苏可一实业有限公司总经理
侯耀东　北京中智博文图书发行有限公司董事长
霍小燕　陕西意林文化发展有限公司总经理
陈东旭　江西金太阳教育集团董事长
梁学全　学友园教育传媒集团董事长
耿　雨　必鹤鹏集团董事长
肖海林　原中华工商联合出版社社长
黄国华　《中华工商时报》副社长

秘书长
凌　龙

联系方式：
电话：010－51668298
传真：010－58301223
地址：北京市西城区高梁桥路6号西环广场A座20层
邮编：100044
网址：http：//www.cbpa.cn
邮箱：cbpa2009@163.com

侯耀东

徐登权

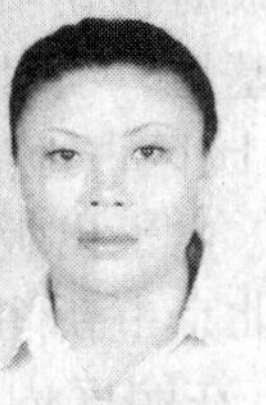
耿　雨

梁学全

董佳羽

漆峻泓

薛　海

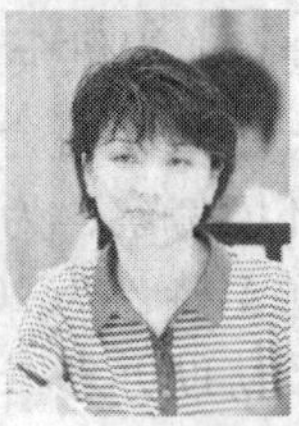
霍小燕

秘书长：凌龙

工作综述

2007年

2007年，商会在认真总结2006年各项工作的基础上，在全国工商联的直接领导下，在广大会员的大力支持下，以“顺应书业时代变革，寻求商会发展机遇”为总体工作思路，在重重困难面前，始终保持昂扬向上、奋发有为的精神状态，认真履行岗位职责，全心全意为会员服务，努力寻求商会发展机遇，现将一年来的工作情况总结如下：

一、加强对书业变革的研究，引导会员应势发展

2007年是中国书业改革历史上的重要年份。兼并重组、上市融资，是2007年中国出版业两个重要的关键词。在这机遇与危机并存的时代，为了使广大会员能应势发展，商会组织会员认真学习了《国家“十一五”时期文化发展规划纲要》和《新闻出版业“十一五”发展规划》，引导有条件的会员以资源、资产、业务为纽带，开展跨媒体经营。6月20日，商会邀请了部分有一定规模和影响力的文化创意产业界企业负责人进行座谈。中国新闻社、中央电视台调查公司、北京人民广播电台、IDG集团、APP集团、《经济观察报》、《第一财经日报》、阳光卫视、光线娱乐、欢乐传媒、航美传媒、星光影视集团、奥美国际等30多家知名的文化传媒企业负责人出席了会议；全国工商联会员部部长刘红路出席了会议并作了重要指示，中宣部网络局领导杨卫方亲临指导。11月9日，商会主办了中国文化创意产业投融资国际论坛。

二、努力搭建更广泛的平台，为会员的发展创造条件

目前商会与北京市朝阳区政府在朝阳区王四营乡共同建立了文化产业发展基地，项目全称为“中华和谐文化创意产业园”，园区占地140亩，以发展包括图书、音像、动漫、电子出版物等在内的文化产业为主。今年初，北京市新闻出版局京新出发〔2008〕85号复函，在园区内设立北京古旧书交易市场。

6月20日，商会与北京通州区政府签署协议，引进商会会员企业深圳朗朗集团，共同建设“北京国际传媒与文化产业城”，该项目占地500亩，预计总投资9.8亿元；同时，商会还与北京市大兴区签署了“全国工商联书业商会与国家新媒体产业基地战略合作协议”，基地管委会承诺为入住的商会企业提供全程的金融服务和项目资金扶持。

一年来，商会多次组织会员到一些地区进行投资环境考察，为多家会员企业通过贷款担保予以金融支持，为20多家企业提供了工商税务注册以及协助办理二级批发资质的支持帮助。

三、充分发挥助手作用，为推动行业发展献计献策

随着科学技术的发展和社会需求的推动，图书、报刊、广播、电影、电视、互联网、手机以及其他不断涌现的传媒形式，正在以各种方式相互渗透、结合和交融。整合、融合和会聚已成为当代媒介形态发展的主流。

在这种大背景下，原来以纸质媒介为主要载体的书业也正在逐步电子化和网络化，数字图书馆、网络资源库等新技术得到了高效的运用。平面媒体、电波媒体、网络媒体的跨媒体融合成为大趋势，随之而来的是人们的阅读形态也发生了新的变化，人们更多地选择通过网络获取信息，甚至通过电脑直接阅读图书，调查显示我国网络阅读量6年增加了6.5倍。

为了应对这一变革，商会充分发挥助手作用，加强行业研究。2007年初，凌龙秘书长带领商会部分会员到我国出版发行企业中第一家上市公司上海新华传媒股份有限公司进行考察，共同探索吸引市场资本参股，实现股权结构多元化，壮大资本实力，将企业做强做大的新思路。一年来，先后考察了中国出版集团、中国少年儿童新闻出版总社、四川出版集团、安徽出版集团等大的出版集团、出版社。组织会员参加了全国工商联举办的“中国民营经济发展双月座谈会”、“中国企业国际融资洽谈会”、第二届中国民营企业家社会公益论坛、全国工商联直属会员商会2007年年会等一系列活动，引导会员积极关注国家的经济建设和政策改革，提高参政议政能力。今年商会通过深入的社会调研和广泛的征集论证，向全国工商联递交了书业相关提案3份，为推动书业发展献计献策。

四、积极响应全国工商联号召，竭力推动“光彩文库”建设

商会成立以来，坚持积极响应全国工商联的倡导，引导广大会员投身光彩事业。尤其是今年以来，商会更是将“光彩文库”建设作为头号工作来抓。为了促成并保证第二届中国民营企业家社会公益论坛暨“光彩文库”启动仪式的圆满召开，商会在资金短缺，人员紧张的情况下，充分发挥能动作用，开拓思路，全力推动工作的开展。商会还广泛联系有关政府部门，多次就有关工作向全国工商联、新闻出版总署的主要领导以及中宣部、文化部、中央文明办等有关部委领导汇报，寻求指导。全国工商联黄孟复主席，张龙之、谢伯阳副主席，国家新闻出版总署柳斌杰署长、孙寿山副署长都对“光彩文库”建设给予了具体的指导。多次与举办地政府及有关部门沟通以寻求支持，广西壮族自治区刘奇葆书记就此次活动做出明确批示“实属义举，表示感谢！建议以党委宣传部名义共同举办”。广西自治区党委常委、宣传部部长沈北海，自治区副主席吴恒、杨道喜，自治区党委常委、秘书长车荣福等都亲自对活动做出批示和具体安排。同时，商会广泛联系多家捐助企业，寻求更多的企业参与“光彩文库”建设。

经过商会的不懈努力，由中华全国工商业联合会、国家新闻出版总署、中国光彩事业促进会主办，商会承办的第二届中国民营企业家社会公益论坛暨“光彩文库”启动仪式于9月27～29日在广西南宁、钦州、百色举行，活动历时3天，内容包括：“光彩文库”启动仪式暨慈善晚会、第二届中国民营企业家社会公益论坛、实地考察光彩图书室和配备有“光彩文库”的农家书屋、种植“全国工商联光彩事业林”、参观红七军军部旧址和百色起义纪念馆、瞻仰百色起义革命烈士纪念碑并向烈士敬献花圈，先后实地考察了钦州中石油1000万吨炼油项目厂址、钦州燃煤电厂、金桂浆纸一体化项目厂址，并现场听取有关部门对钦州港经济开发区规划建设的情况介绍。考察了广西“百企入桂”优秀企业、平果民营十强企业平果亚洲铝业有限公司，中铝广西分公司和百色银海铝业有限公司。

全国政协副主席、全国工商联主席黄孟复及国家新闻出版总署副署长孙寿山以及中宣部、统战部、农业部、国家民委、国务院扶贫办等有关部委领导同志莅临广西出席“光彩文库”启动仪式暨慈善晚会和第二届中国民营企业家社会公益论坛，同时部分国内外相关NGO组织负责人、专家学者和历年来在社会公益事业中作出突出贡献的国内知名企业家等200余人，商会罗锐韧会长率会员40余人参加了整个活动。“光彩文库”启动仪式暨慈善晚会现场募集1.38亿元码洋书刊、教学软件，“光彩”数字院线5套价值100万元、1所“光彩小学”和200台电脑，现金1010.9万元。广西卫视于9月28日晚10时、29日早8时向全国播放了晚会实况，并在广西电视台公共频道、资讯频道、文体频道进行了多次重播。广西电视台对活动进行了跟踪报道。新华社、新华网，《中国新闻出版报》、中国新闻出版网，《中华工商时报》，新浪、搜狐、网易、中华慈善网等众多媒体对此次活动进行了宣传报道。整个活动内容丰富、组织有序、气氛热烈、收效良好。实现了弘扬中华民族扶危济困的传统美德，引导民营企业家参与社会公益事业，推动“光彩文库”建设、宣传民营企业参与社会公益事业的事迹的目标。

借此次活动的东风，商会又于11月14日，在人民大会堂与中华工商联合出版社共同承办了由中华全国工商业联合会和中国光彩事业促进会主办“光彩文库”暨《社会主义新农村建设现代农业实用技术丛书》首发捐赠仪式，向北京、贵州、山东、吉林、河北、四川、江西、甘肃8省市的农家书屋捐赠了84万册图书。全国政协副主席、全国工商联主席黄孟复，新闻出版总署副署长孙寿山等出席捐赠仪式。

11月，商会向内蒙古自治区凉城县捐赠了价值30万元的图书，内蒙古自治区凉城县致函商会表示感谢。

12月，商会向通州区于家务回族乡小学捐赠价值5万元的“光彩文库”图书，通州区政府有关领导，全国工商联各行业商会的秘书长和商会部分会员参加了捐赠仪式。

2008年

商会成立以来组织了一系列大型活动，如“中国文化创意产业投融资国际论坛”、中国书业投资（国际）峰会和“中美书业交流酒会”等，吸引了国内外800多创意传媒企业和投资商出席。2008年初，商会关于《对有条件民营书商给予出版权试点》的提案，作为全国工商联的团体提案提交人大政协会议，受到国家有关部门和媒体的广泛关注。

2007年5月4日，中共中央政治局委员、书记处书记、中宣部部长刘云山亲临商会捐赠的“光彩图书室”视察；2008年12月，中央政治局常委，中央政法委书记，中央综治委主任周永康视察商会在广西百色捐建的“光彩图书室”，均对商会工作予以高度评价。全国政协副主席、全国工商联主席黄孟复和全国工商联历任领导，对商会工作极为关心，多次专门听取商会会长、秘书长的工作汇报，逢有重大活动都亲自出席指导；新闻出版总署署长柳斌杰，副署长邬书林、阎晓宏、孙寿山及新闻出版署原署长、中国出版工作者协会名誉主席宋木文，原署长、中国出版工作者协会主席于友先等领导多次拨冗出席商会主办的各项活动，对商会工作给予关心和指导；此外，中宣部、中央统战部、国家发改委、文化部、广电总局、知识产权局、工商行政管理局、国家民委、中国人民银行、中国社科院、国务院扶贫办，以及北京、天津、上海、四川、河南、贵州、广西等省、市、自治区领导也多次出席商会的相关活动。

多年来，与商会建立友好合作关系的有美国、英国、德国、日本等国的书业行业组织，台湾、香港、澳门等地的书业及文化创意业商（协）会，联合国教科文组织、欧盟教育文化处、国际设计师联盟，美国、英国、德国、意大利、西班牙、希腊驻华使馆等与商会进行过商务交流的国际出版商和发行商达200余家，另有一大批如凯雷投资、IDG、ING等全球知名的风险投资基金也与商会建立了良好的沟通机制。为促进国际交流，商会连续多年组织赴美国、英国、德国和祖国宝岛台湾的商务考察，不仅实现了较高的签证率，而且活动内容丰富多彩，商务洽谈成效卓著，受到业内外广泛赞誉。

截至2009年10月底，全国工商联书业商会已向广西、贵州、四川、河南等地累计捐赠款物超过5800万元，其中现金550万元。

2008年12月5日，商会会员北京万国经典书城总经理匡俊英、江苏可一出版物发行集团董事长毛文凤荣获2008年度“中华慈善奖”最具爱心慈善捐赠个人，受到中共中央总书记、国家主席胡锦涛，中共中央政治局常委、国务院副总理李克强等党和国家领导人的亲切接见和民政部的表彰。同时，商会承办的“光彩文库”工程被评为2008“中华慈善奖项目”。

2009年

2009年，商会在全国工商联的关怀和指导下，在商会各位领导的带领下，在广大会员的鼎力支持下，通过秘书处全体同仁的共同努力，各项工作得到了加强和提高。

2009年4月24日，商会会员北京万国经典书城总经理匡俊英被中华人民共和国民政部评选为“2009中国十大慈善家”；在2009年国庆60周年之际，匡俊英又被列入“影响中华公益的60位慈善家”。商会罗锐韧会长应邀参加了中华人民共和国新中国成立60周年大庆的国庆观礼。

为配合中宣部、文化部、科技部、农业部、卫生部等8部委联合主办的2009年全国文化、科技、卫生“三下乡”活动，商会组织会员赴山西进行了公益文化考察、慰问演出、图书捐赠等系列活动，图书捐赠总价值270多万元。

继与渣打银行签订合作协议后，商会通过多方努力又与民生银行签署了战略合作协议，为广大会员提供金融支持。

多年来，商会始终把促进对外合作与交流，推进中国书业“走出去”作为一项重点工作来抓，2009年9月商会组织的30多人的赴美商务考察团全部通过了签证。

经过广泛征求意见和多次的修改完善，2009年商会《关于鼓励、扶持和引导民营书业发展的若干意见的提案》再次被全国工商联所采纳，作为“两会”提案提交2010年全国人大、政协会议，引起积极的反响。

2009年12月，商会在北京远望楼召开第二次会员大会及二届一次理事会，会议选举出了商会新一届理事会、理事、常务理事。陕西天河文化有限责任公司董事长刘战当选为第二届商会会长，山东世纪天鸿书业有限公司董事长任志鸿当选为执行会长，中华工商联合出版社有限责任公司社长、总经理刘丛星当选为第一副会长。

在全国工商联会员部的指导下，商会向全国工商联递交了注册登记的申请，同时主动与政府业务主管部门国家新闻出版总署联系，向总署有关领导汇报工作情况，为申请登记工作打下了较好的基础。为了保证注册登记各项工作的落实，商会成立了任志鸿执行会长负责，李朝东、霍小燕、侯耀东三位副会长协助的注册登记工作领导小组。

大事记

2007年

1月5日，组织来京参加图书订货会的部分书商召开座谈会。

1月23日，组织会员参观“中华和谐文化创意产业园”。

1月29日至2月7日，组织“2007年台北国际书展”，考察团一行20余人赴祖国的宝岛台湾参观考察。

4月19日，全国政协副主席、全国工商联主席黄孟复在全国工商联机关亲切会见了APP金光纸业副总经理黄强一行，并听取了书业商会关于光彩文库进展情况的汇报。

4月21日，向中央办公厅、中宣部、文化部等有关部门领导汇报“光彩文库”进展情况。

4月28日，商会第一副会长九州教育书业有限公司董事长胡丹被湖北省人民政府授予“优秀中国特色社会主义事业建设者”称号，并获得湖北省人民政府荣誉证书及金质奖章一枚。

6月20日，在全国工商联组织召开文化传媒业座谈会。

9月27～29日，商会承办的由中华全国工商业联合会、国家新闻出版总署、中国光彩事业促进会主办的第二届中国民营企业家社会公益论坛暨“光彩文库”启动仪式在广西举办。

11月9日，在北京主办中国文化创意产业投融资国际论坛。

11月14日，在人民大会堂与中华工商联合出版社共同承办了由中华全国工商业联合会和中国光彩事业促进会主办“光彩文库”暨《社会主义新农村建设现代农业实用技术丛书》首发捐赠仪式。

11月20日，商会向内蒙古自治区凉城县捐赠了价值30万元的图书。

12月25日，商会向通州区于家务回族乡小学捐赠了价值5万元的“光彩文库”图书。

2008年

1月6日，由商会和四川出版集团报刊中心联合主办，由《博客族》杂志社、排行榜网站、学友园教育传媒集团、腾讯网、新浪网联合承办的“中国青春文学作家实力排行榜”在新闻大厦举行。

1月16日，北京市新闻出版局局长冯俊科带领各科室领导共同前往商会组建的中华和谐文化创意产业园，就建立北京市古旧图书市场进行调研，北京必鹤鹏集团董事长耿雨等陪同。

1月31日，商会秘书长凌龙及有关会员单位应邀参加全国工商联宣教部与央视国际共同合作的“复兴讲堂”开办仪式，全国政协副主席、全国工商联主席黄孟复出席仪式并为“复兴讲堂”揭幕。全国工商联副主席孙晓华、中央电视台副总编辑程宏在仪式上致辞，全国工商联副主席王文京、王文彪、卢志强、刘沧龙、吴一坚、张元龙、傅军，中国民间商会副会长尹明善，以及部分全国知名企业家和学者应邀出席本次活动。

2月14日，北京市新闻出版局正式批复在商会创办的中华和谐文化产业园设立北京古旧书交易市场。

4月1日，商会召开2008年工作会议，罗锐韧会长及部分副会长、常务理事、理事，以及聘请的基金专家到会，与会员共同讨论书业商会2008年工作及成立书业投资基金事宜。会议选举出刘战为商会执行会长，新增补必鹤鹏集团董事长耿雨、学友园教育传媒公司董事长梁学全为副会长。

4月9日，商会主办的第三届国际交流与行业商会发展研讨会4月9日在杭州闭幕，凌龙秘书长出席并致辞，来自世界各地12个国家和地区的300多名代表出席。

4月11日，由商会支持创办的中华和谐文化创意产业园举办记者招待会，凌龙秘书长出席并致辞。

5月1~2日，商会秘书长凌龙陪同中宣部、文化部、农业部、中国文联等领导在京郊农村考察，重点对新农村文化基础设施建设进行了调研。

6月18日，商会秘书处与中央电视台国内发行部熊殷经理共同商讨关于2008年奥运会开幕式光盘合作事宜。

7月1日，商会执行会长刘战代表商会会长与凌龙秘书长一起参加全国工商联抗赈救灾会议。

7月2日，商会在召开换届筹备会，会员部刘红路部长参加此次会议，并对商会的工作做出重要指示。

8月28日，书业商会在江西南昌召开组织工作会议，研究讨论换届事宜。

10月24日，书业商会第二次会员代表大会筹备会在西安举行，布署了换届前的一系列工作。

11月22日，商会会长罗锐韧为商会名誉会长宋木文先生贺寿，新闻出版总署副署长邬书林、阎晓宏，北京市新闻出版局局长张晓颖，中宣部等领导都出席了会议。

2009年

1月7日，商会领导与贝塔斯曼亚洲投资基金负责人进行工作会谈。

1月13日，商会领导前往中宣部出版局就书业商会2008年工作和2009年工作设想做了汇报，并就如何进一步促进民营书业发展的若干问题交换了意见。

1月14日，商会领导应邀列席全国政协常委会，国家发改委、教育部、财政部等9部委领导到会通报2009年工作重点和有待研究解决的主要问题。

1月17日，举行名誉会长、新闻出版署原署长宋木文同志80华诞庆祝宴会，新闻出版总署署长柳斌杰敬献了祝寿花篮，副署长邬书林、阎晓宏，中宣部出版局局长张小影，中国出版集团总裁聂振宁及新闻出版署历任署长、副署长等领导出席。

1月19日，全国工商联在京举行中国民营经济发展形势分析会暨新春招待会，全国政协副主席、全国工商联主席黄孟复，全国工商联党组书记全哲洙，工业和信息化部副部长欧新黔和部分驻华使节、业内专家应邀到会，商会执行会长、秘书长出席。

2月9日，商会网站全新改版，推出六大板块及各项活动的照片，同时《中国书业快讯》2009年第1期、第2期出版。

2月11日，全国工商联就商会拟呈报全国两会《关于鼓励、扶持和引导民营书业发展的提案》召开专题审稿会，商会部分会员出席。

2月24日，全国政协副主席、全国工商联主席黄孟复专门约见商会秘书长，听取书业商会工作汇报，黄主席在肯定书业商会历史成绩的同时，殷切希望商会工作能够更上一个台阶。

3月19日，商会部分会员与广西百色市领导座谈，讨论结合百色起义80周年纪念活动，依托商会优势，加大对百色老区的扶持，创建“小平足迹”主题雕塑公园等系列活动。

4月1～7日，商会组织公益文化考察团赴广西考察，中宣部、文化部有关领导亲自带队，商会部分会员参加。考察团在广西行程1000多千米，广西区政府做出精心安排，自治区和相关厅局主要领导亲切接见，所到地市领导全程陪同，取得了一系列丰硕成果。

4月9日，商会领导就书业商会参与公益文化事业的情况向中宣部、中央统战部、文化部等有关领导作了汇报。

4月11～14日，商会组织公益文化考察团赴山西考察，文化部有关领导带队，山西省及有关市县领导陪同考察，考察团就落实中宣部、文化部、科技部、农业部、卫生部等8部委联合主办的2009年全国文化、科技、卫生“三下乡”活动，与当地政府进行了深入的沟通，得到了地方政府的积极支持和全力配合。

4月15～16日，会长和秘书长出席了全国工商联直属行业商会工作（培训）会议。全国工商联党组副书记、副主席宋北杉，副主席孙安民出席会议并发表讲话。此次会议还特别邀请了国家民间组织管理局的有关同志，宣讲了我国行业协会、商会改革与发展问题，全国工商联机关各工作部门的领导与各商会进行了互动交流。

4月22日，山西省山阴县县委常委毕智中、副县长刘守斌来访，协商落实文化、科技、卫生“三下乡”活动和商会组织的图书捐赠等具体事宜。

4月25日，会员匡俊英被评为“2009中国十大慈善家”，商会专此向全国工商联报告。

4月27日，商会全民阅读工作委员会筹备会议在会员单位万国经典书城召开，商会领导及30多位企业界代表出席。

5月12日，商会部分会员及凌秘书长、冯主任与文化部赴山西慰问演出团一行前往山西太原，开始了山西的各项慰问演出及捐赠活动。

5月13～14日，会长办公扩大会议在山西五台县举行，部分会员与文化部慰问演出团一行前往山西娄烦、静乐县进行慰问演出及捐赠活动。

5月15日，会长办公扩大会议与会人员参加了山西五台县的图书捐赠仪式后召开了会长办公扩大会议。

5月16日，部分会员与文化部慰问演出团一行赴山西朔州市，进行慰问演出及捐赠活动。

6月24日，商会秘书长出席全国工商联召开的秘书长会议，会议布置了第三届优秀中国特色社会主义事业建设者评选表彰和行业商会申请登记的有关工作。

7月1日，国家动漫产业综合示范园开工仪式在天津滨海新区中新生态城隆重举行。商会副会长梁学全出席。

8月11日，在北京召开了商会换届领导小组会议、会长会议，全国工商联党组副书记、副主席宋北杉，全国工商联会员部副部长李树林，全国工商联会员部组织处副处长江建出席了会议，会议由罗锐韧会长主持。

10月13日，商会秘书长出席全国工商联直属行业商会秘书长工作会议。

10月24日，商会副会长任志鸿、办公室主任冯肇远出席中华工商时报社为庆祝创刊20周年主办的“2009中国民营企业高端论坛”。

11月22日，商会执行会长刘战，副会长任志鸿、王笑东、马晓峰，秘书长凌龙等出席由中国出版集团公司、北京丰台区人民政府、花乡人民政府、花乡世界名园有限公司联合组办的中国文化出版产业基地启动仪式。

12月13日，商会第二次会员大会等系列会议在北京远望楼宾馆隆重召开。来自全国各地的248名会员参加了会议，全国工商联直属会员商会会长瞿怀明，原国家新闻出版署署长、商会荣誉会长宋木文，全国工商联会员部部长刘红路、副部长李树林等有关领导出席了会议。

全国工商联并购公会

全国工商联并购公会

商会简介

工作综述

重要活动

重要文献

大事记

商会简介

中华全国工商业联合会并购公会（简称全国工商联并购公会）致力于推动中国并购市场的规范与成熟，协助中国企业的全球化进程，其成立于 2004 年 9 月，是在中华全国工商业联合会领导下的非营利性民间行业协会，总部位于北京，在香港、上海、深圳等地设有分支机构。全国工商联并购公会的宗旨是把握产业趋势，反映业界动态，维护行业利益；建设并购交易数据库，打造并购电子交易平台；参与行业发展规划与行业标准的制定，推动并购市场规范化和专业化发展；构建会员群体在并购业务方面的交流与合作平台。

全国工商联并购公会遵循稳健发展会员群体、逐步壮大公会规模、定位高端的会员发展路线，制定了行之有效的会员发展方针与策略，积极、审慎地发展高质量会员。全国工商联并购公会成员均为中国大陆、香港及亚太地区专业从事企业重组改制、私募、融资、上市、并购及产业整合等领域的境内外业界翘楚。与此同时，为了使更多并购爱好者、相关从业人员能够享受真诚服务，利用并购公会这一品牌成就伟业，并购公会也吸纳部分会员。

全国工商联并购公会的最高权力机构是会员大会。理事会是会员大会在闭会期间的执行机构，对会员大会负责并报告工作。理事会选举产生会长、副会长、常务理事。常务理事会选举产生轮值主席。

根据发展的需要，2005 年 1 月，全球并购研究中心加入并购公会并承担并购公会的研究与战略发展职能；2005 年 3 月，正式组建顾问委员会。同时，为了更好地服务社会、服务公会会员，并购公会进行了有关加强并购公会机构化管理：2004 年 9 月，香港分会成立；2005 年 4 月，公会开始实行轮值主席制度；2006 年 4 月，全国工商联并购公会先后设立了业务发展与监督委员会、会员管理委员会、并购标准委员会、会员权益维护委员会与国际合作委员会等五个专业委员会。2007 年 5 月，并购公会轮值主席实行竞选上岗。2007 年 8 月，全国工商联并购公会成立了监事会。2007 年 9 月，并购公会成功实行会长副会长换届竞选，开全国商会治理先河。

荣誉会长

刘　吉

朱　利

会长

王　巍

副会长

葛　明

宫少林

徐耀华

费国平

荣誉会长、会长、副会长、轮值主席名单

荣誉会长

刘　吉　全球并购研究中心理事会主席

朱　利　中国银河证券股份有限公司名誉董事长

会　长

王　巍　万盟并购集团董事长

副会长

葛　明　安永华明会计师事务所董事长

宫少林　招商证券股份有限公司董事长，并购公会第二届（2006年）轮值主席

徐耀华　香港华高金融服务有限公司行政总裁

费国平　国浩律师集团合伙人

第五届（2009年）轮值主席

卢伯卿　德勤中国首席执行官

第四届（2008年）轮值主席

朱云来　中国国际金融有限公司总裁

第三届（2007年）轮值主席

熊　焰　北京产权交易所总裁

联系方式：

电话：010－65171198

传真：010－65171125

地址：北京市朝阳区建国路77号华贸中心3号楼701A

邮编：100025

邮箱：cmaa@ mergers-china. com

工作综述

2007年

2007年是并购公会历史进程中极不寻常的年份，也是并购公会发展成长中具有里程碑意义的一年。在全国工商联的领导下，遵照公会章程和宗旨，并购公会按照既定的工作计划稳步实施，成立监事会，公司化治理进一步加强；顺利实现换届，实现会长、副会长与轮值主席的竞选上岗，开了全国商会选举先河；创办《资本交易》杂志，为会员提供了一个全新的交流展示平台；国际交流与合作进一步加强，与美国企业成长协会（ACG）、EVCA、OECD等组织合作扩大；融洽会、并购年会、十大并购评选以及并购专项奖的评选不仅为会员的沟通交流、形象展示提供了良好的渠道与平台，而且促进了公会业界影响力的日益扩大，在保持公会健康持续发展的同时，对并购市场的规范与成熟起到了有力的推进作用。具体而言，有以下几个方面：

一、充分发挥行业协会桥梁作用，加强并购业界与政府之间的沟通，为经济发展出谋划策

作为全国工商联领导下的非营利性民间行业协会，并购公会不断加强并购业界与政府之间的沟通，积极参与到中国市场经济领域有关并购法律、法规、政策的建议、修改、制定以及宣传推广执行等各项工作中去。与此同时，并购公会还积极响应全国工商联、中国人民银行、商务部、证监会等部委号召，参与各种研讨、座谈、培训、提案等工作，向政府进言献策。除此之外，公会还积极与天津、上海等地方政府沟通合作，为相关政府机构提供专业支持，这些都充分说明并购公会与各级各地政府的沟通与合作不断地得到加强，合作领域也不断得到拓展。

2007年两会期间，由并购公会部分理事联合署名的2007年“两会”提案：“关于建立加入全球化的国家经济安全体系的提案”、“关于完善我国企业并购融资制度的提案”通过全国工商联正式向“两会”提交。并购公会的提案工作受到包括“两会”参会代表、媒体记者在内的社会各界的热切关注。

5月15日，商务部条法司有关领导代表商务部，就《关于建立加入全球化的国家经济安全体系的提案》听取全国工商联和提案发起人的意见。并购公会提出以下建议：吸收民间智慧和力量参与外资并购中的产业安全制度构建和审查体系的完善；关于构建国家安全体系的建议；要发挥国有企业在国家经济安全体系中的战略作用；呼吁和推动三资企业法合并为外商投资法，并通过明确的法律和法律的透明度，对外资并购进行监管。郭京毅代表商务部，对并购公会提出的建议和批评表示欢迎，希望进一步听取大家的意见。

8月2日，国家发改委财政金融司马季华副司长访问并购公会，就《关于完善我国企业并购融资制度的提案》的征询意见。8月9日，提案主牵头人、常务理事宫少林一行回访发改委财政金融司，与马季华副司长对该项提案做进一步探讨。为保证并购公会与政府主管部门的有效沟通与交流，并购公会指定招商证券作为与发改委财政金融司的联络人。

9月，国内首家股权投资基金协会在天津成立，并购公会作为发起人和推动者，推荐商会成员共5名作为发起理事，对股权投资基金协会的创办和发展起到了积极作用。

一年来，并购公会作为政府与并购业界之间的桥梁纽带作用不断得到提升，公会把握产业动态、引领并购潮流、规范市场行为的行业权威性也不断得到加强。今后，并购公会还将继续积极发挥桥梁纽带作用，加强并购业界与政府之间的沟通，积极为政府分忧解难、出谋划策，为国家经济建设尽一份绵薄之力。

二、积极组织举办论坛活动，搭建业界沟通交流平台

2007年，并购公会主办或者参与协办、支持了多次行业研讨、主题论坛等活动，讨论并购热点问题，分析并购形势，预测并购趋势，传播并购公会影响力的同时，为会员提供了业界交流的平台。尤其是融洽会，取得了空前的成功。2007年，公会组织举（协）办的活动如下：

2~4月，首届融洽会系列路演活动；

6月6日，2007中国并购年会；

6月6~8日，2007中国企业国际融资洽谈会；

7月20日，《物权法》学习座谈会；

8月17~19日，2007资本中国年会暨中国证券市场十八年庆典；

8月25~26日，中国企业家论坛第四届深圳高峰会；

9月12日，第十届京台科技论坛——资本论坛；

9月21~22日，股权投资基金国际研讨会；

9月24日，并购公会举行三周年庆典暨中秋联谊会；

12月2日，2007中国金融人才战略高峰论坛暨第六届国际金融中心研讨会；

12月17日，2007北京国际并购论坛。

并购公会通过举办、协办一系列立足于为会员服务，面向并购技术推广和普及的会议、培训及专题研讨会，搭建了多方的沟通平台，促进了会员之间以及会员与其他机构之间的交流，扩大了业务机会，提升了行业素质。

三、办好并购公会品牌性活动“中国并购年会”、“中国十大并购评选活动”及“中国并购专项奖评选活动”

1. 第五届中国并购年会

6月6日，以“全球与中国并购环境”为主题的“2007（第五届）中国并购年会”在天津国际会展中心召开。此次年会作为“中国企业国际融资洽谈会”的重要组成部分，共吸引了1500人次参加，受到参会人员和融洽会组委会的高度好评，是首届融洽会的亮点活动之一。中国并购年会已经成为名至实归的中国经济界的一大盛事。

2. 2007年中国十大并购评选活动

“2007中国十大并购评选活动”自2007年11月1日启动，经过候选提名、增补提名、网络投票、评选委员会专家评选，最后得出“2007年中国十大并购人物”和“2007年中国十大并购事件”，并将于2008年1月7日在北京产权交易所召开评选揭晓新闻发布会。

3. 并购专项奖评选活动

并购公会为了从专业角度总结中国并购发展水平、探讨重组发展趋势，鼓励那些为中国并购业发展作出重大贡献的卓越人士，在公开透明和广泛参与的基础上，推出了中国并购专项奖的评选。2007年4月，首届中国并购专项奖评选启动，评选年度提供优质服务的私募基金、银行机构、财务顾问、承销商、律师、会计师、评估师等，共15位业界精英获得了奖项。

连续五年成功举办的“中国并购年会”，已经成为中国并购业界乃至中国经济领域的年度性盛会，“十大并购”以及“并购专项奖”评选也成为一股推动和帮助中国经济界人士关注并购、了解并购，并熟练地运用并购技术，顺利地融入到全球化竞争当中去的重要力量。二者也成为中国并购业界独一无二的品牌，同样也是并购公会服务社会、服务会员的重要活动。

四、积极发挥行业信息传媒作用，办好公会出版物

1. 创办《资本交易》杂志

《资本交易》杂志由公会主办，内容主要定位为专注并购、基金与产业整合的导航，读者对象为在股权投资、风险投资、产业基金、并购操作、债券交易等资本市场领域具有决策能力的投资人、企业家、政府官员、专家学者和广大股民，商会希望杂志以深入的行业研究、专业的行业观察和敏锐的行业报道，提供中国日新月异的投资并购领域的宏观政策、热点事件、国内外市场趋势、业内主要机构及企业家动向介绍，打造成具有国际影响力的投资高端刊物，成为中国资本交易市场的第一工具书。

杂志从筹划到出版第一期，仅用了二十多天的时间，而且各方面反映良好。每期的发行量达8000多册。无论是内容还是设计均得到了业界人士的高度赞誉，尤其是杂志的封面，每期选用世界名画，给人的印象极为深刻。杂志为公会会员提供了一个全新的交流与展示平台，创刊初期杂志分期刊载了常务理事单位的广告；在每期的相关栏目上安排杂志记者采写会员单位的文章；报道会员单位重大资讯；发布会员单位项目信息等。目前，杂志的网站已经建设完成，读者可以通过 www.chinadealmaker.net 下载杂志电子版，同时也可以在线阅读。

2. 编辑出版中国并购丛书

2007年首届融洽会之后，并购公会组织出版了《中国并购盛典》，并组织出版了《小股东权益保护手册》、《中国产业地图》（2007）日文版以及《2008中国并购报告》等系列丛书，继续记录着中国并购业界正在发生的历史和现实，继续努力把握产业动态、引领并购潮流和规范并购市场行为。

3. 继续办好《中国并购快讯》

《中国并购快讯》电子期刊每半月一期，2007年加大了刊物新闻性和信息量，更加关注业界综合信息和对并购事件综合述评，同时在栏目内容方面进一步拓展，力图使刊物内容能够涉及与并购有关的各个方面。同时，加强了美工制作和排版水平，进一步向杂志商业运作模式靠拢。受到了会员单位和广大客户的欢迎，发行量突破2万。

2007年6月以来，公会继续保持了以往业界技术研发的领先优势，积极发挥行业的信息传媒作用，传播并购经验，提高企业并购操作水平，提升行业素质，服务于社会，服务于会员，引导我国并购市场同国际接轨。

五、以会员利益为出发点，积极为会员服务

1. 推动会员积极参加2007中国企业国际融资洽谈会

作为首届融洽会的协办单位，并购公会推荐3家会员单位作为大会的顾问机构，积极在会员单位中推广融洽会，共有23家会员单位参展。

2. 设立“中国并购专项奖”表彰会员

作为业界首推的“中国并购专项奖”，为表彰并购从业者的杰出成就，提升并购公会的影响力，树立并购中介服务机构的典型，首届获奖者全部是公会会员或会员单位在职人员。并购公会联合知名财经杂志《证券市场周刊》进行重点报道，并且在“中国并购年会”上举办隆重的颁奖仪式。

3. 设立并购公会联络人工作制度

为了更好地服务于并购公会会员群体，建立健全并购公会工作制度，加强并购公会凝聚力，构建顺畅的沟通渠道，及时有效地传递信息，落实并购公会各项工作，特制定联络人工作机制，并于每月最后一个周五举行联络人工作会议。截至目前共举办七次会议，两次联谊活动。

“为会员服务”是我们贯彻始终的办会目标，并购公会在组织各项活动过程中，总是把会员利益放在第一位，在为会员搭建沟通渠道、联络业务机会、宣传推广会员单位等方面落到实处。

六、积极开展对外交流与合作，促进行业的发展

1. 国内合作与交流

2007年，并购公会国内交流与合作成绩显著。公会促成了由全国工商联、天津市人民政府及美国企业成长协会（ACG）共同主办的“首届中国企业国际融资洽谈会”的合作。融洽会于2007年6月6～8日在天津召开，由并购公会和美国企业成长协会共同组织约百家海外基金，与天津市政府和全国工商联共同组织的我国约千家企业当面洽谈投资意向。共有来自17个国家的207家基金类投资机构，与918家国内企业进行

"快速约会"、"资本对接"。参展企业 380 多家，展位 407 个，总参会人数突破 5500 人。

在国内，公会加强了国内各地同业机构的合作，包括：上海国际金融学院、中国钢铁工业协会、国际金融中心协会、股权投资基金协会、国务院国资委研究中心、中外名家研究院等。

2. 国际合作与交流

2007 年也是并购公会开展国际交流与合作成绩显著的一年：与美国企业成长协会（ACG）共同展开"融洽会"合作；赴美国进行"融洽会"路演宣传；韩国 Kotra（大韩贸易投资振兴公社）的交流访问；对摩根士丹利日本公司以及日本投行等进行交流访问；应邀出席美国大使馆主办的慈善晚宴并募捐；受邀访问加拿大、日本、韩国、意大利、法国等多个国家驻华使馆并与相关官员交流；与欧洲风险投资协会建立联系并互约访问。

通过国际国内的广泛合作与交流，提升了并购公会的品牌与影响力，建立了通畅的工作渠道，健全和维护了广泛的业界网络，实现资源和经济利益的共享。

七、并购公会自身建设得到加强

2007 年，并购公会治理结构得到进一步完善。轮值主席竞选，监事会成立，会长、副会长换届工作，建立联络人工作机制等一系列举措，使得公会的运作更加规范、公司化治理理念得到加强，也为各类非营利协会起到一定的借鉴作用。

1. 首次尝试轮值主席竞选

2007 年是轮值主席制度实行的第三年，4 月 16 日，并购公会第三届轮值主席换届选举工作正式启动，按照《全国工商联并购公会章程》、《全国工商联并购公会轮值主席选举试行办法》的规定，经过提名、记名投票两个阶段进行，共有 4 名常务理事报名参选，最终结果在两名竞选者中产生，北京产权交易所总裁熊焰最终以 10 票对 6 票获选。

2. 成立监事会

8 月 7 日，并购公会监事会正式成立，这是并购公会进一步加强公司化治理、规范公会运作的重大举措。监事会对理事会、常务理事会的重大决策和日常工作进行监督，维护广大会员的合法权益，促进公会健康发展。

3. 第二届会长、副会长换届工作圆满完成

8～11 月，根据全国工商联换届工作要求，并购公会成立以来的首次换届工作在换届领导小组的精心组织安排下，在监事会的监督下顺利完成相关程序，最终选出新一届并购公会领导集体。

4. 稳健发展会员群体，逐步壮大公会规模

公会成立至今，一直遵循稳健发展会员群体，逐步壮大公会规模，定位高端的会员发展路线，2007 年共吸收了理事 13 人，截至 2007 年 12 月 31 日，并购公会共有会员 83 人，其中理事会成员 58 人。

5. 在借鉴公司治理原则的基础上，确定各组织机构职责

公会理事会：并购公会战略制定。

常务理事会：决定公会战略的实施方案，决定各专业委员会的设置，树立和维护公会的行业地位和专业权威。

会长办公会议：公会各项事务的组织和执行，决定各专业委员会的负责人人选。

公会秘书处：公会理事和会员的日常联络和维护，公会的其他秘书工作。

轮值主席：并购公会品牌推广与年会组织。

监事会：完善并购公会的治理规则，监督公会治理规则的执行，向有关机构通报和介绍公会的治理运行情况。

2008 年

2008 年，全国工商联并购公会在全国工商联的领导下，依照公会章程和宗旨，按照既定的工作计划稳步实施，保持了稳定健康的发展。在服务会员的同时，公会在业界的影响力日益扩大，权威性显著提高，对并购市场的规范成熟起到了积极的推动作用。

一、发挥行业协会作用，为经济发展出谋划策

1. 连续三年通过全国工商联向"两会"提交提案

2008 年，并购公会连续第三年通过全国工商联向"两会"提交提案——《关于建立健全小

股东权益保障机制的提案》。提案通过对小股东权益受损的现状、原因及解决的建议等进行了全方位的解析。提案甫一提出，立刻引起舆论的热烈反响与广泛关注，受到了广大小股东的热切响应，并引发了一轮关于如何保障小股东权益的讨论热潮，而小股东权益保障委员会等相关机构也于此期间相继产生。随着提案中建议的逐步落实，以及因此所引发的社会普遍关注，关于小股东权益受损的现象得到了有效的缓解，一个健全的保障机制也正在日趋成型。

在并购公会所开展的各项工作中，并购公会组织公会理事通过全国工商联向“两会”提交的提案工作无疑是最受瞩目之一。自2006年起，并购公会已连续三年提交了关于“建立国家经济安全体系”、“完善我国企业并购融资制度”、“建立健全小股东权益保障机制”等相关提案，历次提案均受到“两会”代表、政府相关职能部门、社会公众和新闻媒体在内的社会各界的热切关注，并引发强烈反响。

2. 编制《2008年温州地区民间金融活动调研报告》

2008年12月，并购公会与温州市信用担保行业协会经过历时半月的调研，通过访谈、座谈、宏观调查等各种形式，在获得了大量第一手资料、数据和观点后，合作编制完成了《2008年温州地区民间金融活动调研报告》。这也是国内首次通过全国性行业协会组织和温州地区民间行业协会组织合作，以民间金融活动内部从业人士为重点，对温州民间金融生态进行深入的理性描绘。

《调研报告》真实展示了温州民间金融活动的发展和现状，客观描述了温州民间金融存在的合理性以及与经济发展互动推进的积极作用，简要提出对民间金融未来合法化发展的几点建议。

3. 积极参与抗震救灾和震后重建工作

“5·12”四川汶川特大地震后，为帮助灾民渡过难关，为灾民提供灾后急需的食品、水、药品等基本生活必需品，并购公会积极响应全国工商联及相关部委号召，支援灾区抗震救灾！结合行业协会自身特点，并购公会主要从三个方面积极开展了有针对性的救灾支持工作。

首先，并购公会积极向各会员单位传达全国工商联抗震救灾工作会议的精神，并抽调专人在两小时内完成与各会员单位的联系，向各会员单位传达全国工商联抗震救灾精神，响应国家相关部门发出的号召。其次，并购公会在第一时间向会员单位发出赈灾倡议，动员会员单位通过不同的形式与途径向灾区捐助爱心。截至2008年5月30日，根据统计上来的情况，中金、中化、中信、万盟、埃森哲等17家会员单位已向灾区人民捐款45981196元。再次，并购公会积极开展抗震救灾的宣传支持工作。公会通过《中华工商时报》报道了并购公会会员单位的义举，并通过并购公会自身的网站，报道相关抗震救灾工作，同时还在5月期《资本交易》杂志上，专门制作相关专页，对会员单位的抗震救灾义举进行报道，一方面宣扬公会会员单位的义举，另一方面号召业界与社会上更多的人关注地震灾区，弘扬中华民族“一方有难、八方支援”的传统美德，帮助灾区群众渡过难关！

在积极投入抗震救灾的同时，并购公会还参与震后恢复重建工作。6月28日，应国家发改委邀请，并购公会王巍会长和田溯宁理事奔赴四川灾区，参加了国务院震后恢复调研与筹资工作组，并以专家身份深入已经封闭的灾区考察，包括什邡、北川、都江堰、郫县和绵阳。在两次工作会议上，并购公会提出关心民营企业的恢复和利用市场力量救灾，利用股权基金参与重建等建议，得到与会者高度重视。这个工作组是由发改委牵头，包括人民银行、证监会、银监会、保监会、外管局、民政部几个核心部委，王巍、田溯宁是外部专家。

王巍会长调研回来后，立即给工商联会员部简要报告，得到工商联领导的重视。受全书记委托，孙安民副主席，欧阳晓明部长等领导专门听取了王巍会长的汇报。

2008年10月27日，“第九届中国西部国际博览会”在成都开幕。中共中央政治局常委、国务院副总理李克强出席会议并致辞。在此次会议上，王巍会长代表并购公会作了《灾后重建中的金融创新和产业基金》的主题演讲。

2008年12月，全国工商联授予并购公会等全国198家单位“抗震救灾先进集体”荣誉称号。

二、积极打造品牌活动，搭建业界沟通平台

1. 中国企业国际融资洽谈会

继首届“中国企业国际融资洽谈会”在津成功召开后，根据全国工商联作为主办单位的职责，并购公会承担了部分会务的执行工作，担任了大会的协办单位，并主办了其中平行会议——“并购高峰恳谈会”。

同时，为配合“融洽会”的宣传招商工作，并购公会参与了“融洽会”在京、沪、港、津的路演宣传，并参加了美国企业成长协会（ACG）在美国奥兰多市举办的年会，拜访了美国的多家金融机构。

2008 年 6 月 10 ~ 12 日，由天津市政府、全国工商联、美国企业成长协会（ACG）共同主办的“第二届中国企业国际融资洽谈会”在天津隆重召开。

在主办三方的共同努力下，大会得到了国家有关部门和各地政府的大力支持，以及国内外股权投资基金的热烈响应和各地中小企业的广泛参与。注册参会企业、机构 2520 家，参会总人数达到 6330 人。涉及 20 个国家及香港、台湾地区，国内 31 个省、市、自治区（除西藏外）。其中基金类投资机构 549 家（管理着 15921 亿美元基金），包括国外基金类投资机构 326 家、国内基金类投资机构 223 家；融资工商企业 1639 家（拥有总资产 14751 亿元人民币），其中中国外企业项目 162 个；中介机构 11 类 332 家。大会共设洽谈桌及展台共计 1027 个。会议期间举办各种论坛和推介会 41 场。

“融洽会”业已成为当今国际投融资领域规模最大、层次最高、影响力最大的会议。

2. 中国并购年会

2008 年 6 月 27 日，由中国人民银行上海总部、上海市政府金融服务办公室与全国工商联并购公会共同主办的“2008（第六届）中国并购年会”在上海香格里拉酒店成功召开。本届年会无论在规格、形式等各方面均有突破和创新。

本届年会，既体现了年会高端、专业、权威的传统，也体现了在并购公会全体会员的努力下，并购公会在国内财经领域的影响力日益提高。

3. 中国十大并购评选活动

“中国十大并购”评选活动是由全国工商联并购公会、全球并购研究中心、中国并购交易网联合举办。从 2000 年至今，“中国十大并购”评选活动已连续成功举办了 8 年，几年来，评选将中国经济领域的风云人物和极具震撼力的焦点事件几乎全部网罗其中，事件本身及评选备受并购业界和海内外经济界所关注。经过多年的积累和沉淀，“中国十大并购”评选活动的知名度、影响力与权威性日臻成熟和强大，已成为中国经济界知名的活动品牌。

4. 中国并购专项奖评选活动

由全国工商联并购公会、全球并购研究中心主办，埃森哲公司提供技术支持的“2008 中国并购专项奖”评选结果在 2008（第六届）中国并购年会上正式揭晓。这项评选旨在展现并购业界的高超财技，并树立公开透明的并购典型，来达到表彰先进、建立标准、刻度并购里程的目的。

“2008 中国并购专项奖”奖项包括：最佳并购财务服务奖、最佳并购法律服务奖、最佳并购方案设计奖、最佳并购交易奖、最佳并购财务顾问服务奖、最佳并购整合服务奖、最佳并购媒体传播奖及最佳并购市场创新奖等。同时，还颁布了“并购公会贡献奖”。共有二十余位来自国内并购业界的精英及机构分享了这些殊荣。

三、加强内部交流，实现利益共享

1. 并购公会第二届第一次全体会员代表大会

2008 年 6 月 26 日，全国工商联并购公会第二届第一次全体会员代表大会在上海召开。公会全体会员及代表出席了大会，并特邀全国工商联会员部刘红路部长出席。会议对过去一年的各项工作进行了总结；通报了第四届轮值主席的选举过程并公布了选举结果；对下一年度并购公会的各项工作计划进行了讨论。

2. 成立并购公会上海并购俱乐部

2008 年 6 月 26 日，全国工商联并购公会上海并购俱乐部成立仪式即揭牌酒会在上海滩花园洋房会所举办。该俱乐部将为企业和并购组织、政府监管部门搭建一个并购参与者、金融家、银行家和投资经理等金融专业人士和机构，交流和信息分享的平台。

3. 并购公会四周年庆祝活动

2008 年 9 月 25 日，由并购公会新一届轮值

主席单位中金公司组织的全国工商联并购公会四周年庆祝活动在北京观复博物馆举行。全国工商联直属会员商会会长瞿怀明，全国工商联会员部部长刘红路，中国人民银行参事魏本华，国际著名思想家约翰·奈斯比特，并购公会有会长王巍、副会长葛明、费国平及公会常务理事、理事等出席了当天的庆祝活动。

4. 并购公会成立深圳办事处

为进一步扩大并购公会在华南地区，特别是深圳地区的影响力，推动华南地区并购市场的规范与成熟，加强会员群体在并购业务方面的交流与合作，由招商证券股份有限公司、深圳市信永方略管理咨询有限公司、中科招商创业投资管理有限公司三家会员单位提出申请，共同发起成立全国工商联并购公会深圳办事处。

根据并购公会办事处成立程序，经常务理事会审议通过，批准正式成立全国工商联并购公会深圳办事处。并购公会理事李祥军任深圳办事处主任。2008 年 6 月 23 日在深圳举行了揭牌仪式。深圳证券交易所领导，并购公会会长王巍，副会长宫少林等出席了揭牌仪式。

四、促进国内交流，打造全面合作

1. 协办“长江三角洲地区金融论坛”

2008 年 4 月 20 日，由上海市政府、江苏省人民政府、浙江省人民政府和中国人民银行在南京联合主办了首届长江三角洲地区金融论坛。

受大会组委会的邀请，并购公会参与协办了“股权投资、并购融资与产业整合”论坛。包括人民银行上海总部金融稳定部主任凌涛、高盛高华证券公司董事长方风雷、国家发改委财政金融司副司长曹文炼、博思艾伦金融顾问 Andrew Cainey 等嘉宾做了主题发言，并购公会会长王巍点评并主持了互动讨论环节，到场嘉宾共同探讨了股权基金、商业银行、投资银行以及政府管理部门在企业并购中的角色与作用，讨论了股权投资在企业并购中的作用与参与方式，探讨了不同的融资安排对公司价值的影响，并具体讨论了长三角地区的产业整合及涉及的重大问题。

2. 协办第二届“上市公司并购重组与操作实务研讨会”

2008 年 10 月 10 日，由深圳证券交易所主办，全国工商联并购公会深圳办事处协办的第二届上市公司并购重组与操作实务研讨会在深圳举办。

该研讨会旨在帮助上市公司理解和把握当前并购重组面临的市场、政策、法律环境，鼓励和支持上市公司行业整合和产业升级，提高综合竞争力，来自国内各家上市公司、证券公司、律师事务所、会计师事务所等中介机构的 200 多名相关人士参会。

深交所总经理助理刘慧清女士、全国工商联并购公会副会长宫少林先生分别代表主协办单位在开班仪式上致辞。来自证监会并购处、深交所综合研究所和全国工商联并购公会的十几位专家作为嘉宾出席了本次研讨会。

3. 协办“融洽会——沈阳金融服务外包交易会”

2008 年 10 月 17 日，由全国工商联并购公会支持的“中国企业国际融资洽谈会暨沈阳金融服务外包交易会”成功举办。

开幕式上，苏宁和李英杰还共同为沈阳金融街揭匾。国内相关金融机构、国际私募股权投资机构以及 IT 企业负责人近 500 人参加了会议。开幕式由沈阳市副市长邹大挺主持。

本次交易会对于推进金融机构、IT 企业及私募股权基金等各方交流与合作，搭建金融服务外包与资本的对接平台，将起到积极促进作用。

五、开拓国际交往，提升国际影响

1. 并购公会欧洲并购考察团

2008 年 6 月，由并购公会发起并组织的“全国工商联并购公会欧洲并购考察团”赴英国进行商务考察。考察团在欧洲期间，分别参加了伦敦召开的由并购公会主办的“博鳌亚洲论坛——国际资本峰会”及在利兹召开的“并购全球论坛”。同时，应并购公会邀请，“并购全球论坛”主办方—— AM&AA 的主席 Mike Nall 作为演讲嘉宾出席了第二届“融洽会”及并购公会主办的“并购高峰恳谈会”。并于 6 月 12 日拜访并购公会，就两家机构的合作进行了深层次的探讨。

2. 并购公会台湾并购考察团

2008 年 12 月 6 ~ 10 日，由并购公会王巍会长、李弘秘书长率领的并购公会台湾并购考察团在台湾进行商务访问。访问期间，考察团在并购公会理事单位宝来证券举行了两岸金融产业合作与发展研讨会。会上应邀出席的台湾业界人士包括：宇智咨询公司董事长徐小波、众达国际律师事务所律师黄日灿、勤业众信会计师事务所总裁张日炎、国发基金审议委员杨正秋等。此次访问得到了公会理事单位——台湾宝来证券的大力支持。

六、办好并购刊物，树立杂志品牌

1. 中国并购丛书

《中国并购报告》（2008）继续记录着中国并购业界正在发生的历史和现实，继续努力把握产业动态、引领并购潮流和规范并购市场行为。

《小股东权益保护手册》系统阐述了小股东依法应拥有的基本权益，以及围绕侵权与维权所发生的案例，并建立了国内首个维权指标，使得小股东维权有据可依，对关注小股东利益保护的投资者与市场参与者，都是珍贵的参考资料。

2.《资本交易》杂志

《资本交易》由亚洲商学院和中国企业国际融资洽谈会组委会联合主办，全国工商联并购公会、天津股权投资基金协会协办，是专注并购、基金与产业整合的高端行业杂志，每月月初出版。中国光大集团董事长唐双宁担任杂志理事会理事长。自2007年12月创刊以来，《资本交易》直投量已经达到12000册/月。

《资本交易》杂志本着为会员服务的原则，承担着宣传并购公会和会员单位的使命。在每期的相关栏目上安排杂志记者采写会员单位的文章；报道会员单位重大资讯；发布会员单位项目信息等。杂志曾先后为并购公会25家理事单位分别赠送了一次或多次的广告，并通过多种方式为理事单位提供了更多的宣传机会。

2009年，《资本交易》杂志还将继续为并购公会会员赠送广告，为会员争取更多的利益。

七、稳健发展会员群体，逐步壮大公会规模

公会成立至今，一直遵循稳健发展会员群体，逐步壮大公会规模，定位高端的会员发展路线。2008年至今，共吸收会员单位26家。截至目前，并购公会共有成员101人，其中理事会成员61人。

2009年

2009年，全国工商联并购公会在全国工商联的领导下，依照公会章程和宗旨，按照既定的工作计划稳步实施，保持了稳定健康的发展。在服务会员的同时，公会在业界的影响力日益扩大，权威性显著提高，对并购市场的规范成熟起到了积极的推动作用。

一、发挥行业协会作用，为经济发展出谋划策

1. 连续第四年通过全国工商联向“两会”提交提案

2009年，并购公会再次通过全国工商联向“两会”提交提案——《关于支持国内企业加快实施跨国并购战略的提案》。提案指出，通过跨国并购，采取股权合作的方式，共享其他国家的自然资源、技术、品牌和销售渠道，特别是参股发达国家的技术领先企业、行业龙头企业，是提升中国企业国际竞争力、扭转中国制造业在国际分工链中的不利地位、增强中国制造业可持续发展后劲的有效途径。同时也使我国的巨额外汇储备多了一个安全长久的投资渠道，也必将倒逼国企加快改革步伐，是事关国运的大跨越。

2. 编制《2008年温州地区民间金融活动调研报告》

2008年12月，并购公会与温州市信用担保行业协会，合作编制完成了《2008年温州地区民间金融活动调研报告》。

正是依托此次调研成果，2009年2月10日，在中国企业家年会亚布力论坛的NGO研究成果发布会上，由温州市信用担保行业协会会长郭志超公布了全国工商联并购公会和温州市信用担保行业协会联合署名的《鼓励民间正当金融行为，加快培育中小企业银行》的提案建议书。这份提案已在2009年“两会”上正式提交。

这也是首次将民间金融正式提到“前台”，且引发了社会各界的积极关注。新浪网全文发表了“提案”及《调研报告》；新华社也就此特邀王巍会长参与今年“两会”报道特别节目的录制，并在“两会”期间于人民大会堂会场全天滚动播出。

2009年3月4日，国务院总理温家宝在参加全国政协会议讨论时表示，应对金融危机必须有大规模的政府投入，同时要重视引导社会资金、民间资金投入。

二、积极打造品牌活动，搭建业界沟通平台

1. 中国企业国际融资洽谈会

2009 年 6 月 10 ~ 12 日，第三届“中国企业国际融资洽谈会”（以下简称“融洽会”）在天津举办。融洽会现已成为国际上规模最大、层次最高、交易最多、影响最广的股权投融资年度盛会。根据全国工商联作为主办单位的职责，并购公会承担了部分会务的执行工作，担任了大会的协办单位，并主办了其中的平行会议——并购高峰恳谈会。

2. 中国并购年会

2009 年 6 月 23 日，由全国工商联并购公会、北京市金融工作局和北京市朝阳区人民政府共同主办的 2009（第七届）中国并购年会在北京召开。中国人民银行副行长兼上海总部主任苏宁，北京市委常委、常务副市长吉林，全国工商联副主席孙安民，中国银行业监督管理委员会副主席蔡鄂生等领导出席会议并发言。并购界领袖人物、全球著名企业家和金融家 400 多人参加了本届年会。中国并购年会已经连续成功在北京、天津和上海等地举办了六届，业已成为中国并购界和金融界的权威盛会。

3. 中国十大并购评选活动

2009 年 1 月 7 日，2008 年“中国十大并购”评选揭晓新闻发布会在京举行。“中国十大并购”评选活动由全国工商联并购公会、全球并购研究中心、中国并购交易网举办。几年来，评选将中国经济领域的风云人物和极具震撼力的焦点事件几乎全部网罗其中，事件本身及评选备受并购业界和海内外经济界所关注。经过多年的积累和沉淀，“中国十大并购”评选活动的知名度、影响力与权威性日臻成熟和强大，已成为中国经济界知名的活动品牌。

4. 中国并购专项奖评选活动

由全国工商联并购公会主办的“2009 中国并购专项奖”评选结果在 2009（第七届）中国并购年会上正式揭晓。奖项包括：最佳并购法律服务奖、最佳并购财务服务奖、最佳并购财务顾问奖、最佳股权交易服务奖、最佳并购方案设计奖、最佳并购整合服务奖及最佳并购学术研究奖等。共有十余位来自国内并购业界的精英及机构分享了这些殊荣。

三、加强内部交流，实现利益共享

1. 并购公会第二届第二次全体会员代表大会

2009 年 6 月 22 日，全国工商联并购公会第二届第二次全体会员（代表）大会在北京召开。公会全体会员及代表出席了大会，并特邀全国工商联会员部刘红路部长出席。会议对过去一年的各项工作进行了总结；通报了第五届轮值主席的选举过程并公布了选举结果及对下一年度并购公会的各项工作计划进行了讨论。

2. 北京和上海并购俱乐部正式揭牌成立

2009 年 4 月，北京并购俱乐部、上海并购俱乐部成立。并购俱乐部是并购公会在北京和上海设立的非营利封闭式并购交流和交易促进机构。运用两地的特殊优势和并购、融资资源，促进并购参与者之间的交流和交易，积极参与推动北京和上海成为境内外企业进行并购交易与并购融资的中心。北京市委常委、常务副市长吉林，全国工商联副主席孙安民，上海市政协主席冯国勤与并购公会会长王巍分别为北京和上海并购俱乐部揭牌。

3. 并购公会五周年庆祝活动

2009 年 10 月 28 日晚，并购公会五周年庆典活动在北京天安时间当代艺术中心成功举办。来自全国工商联领导、相关部委及市政府领导、并购公会会员、部分十大并购人物、知名企业家及社会各界人士 150 余人齐聚一堂，共同庆祝全国工商联并购公会成立五周年。

全国政协副主席、全国工商联主席黄孟复发表了热情洋溢的讲话，高度赞扬了并购公会成立五年来取得的成绩，对并购公会在服务会员、为政府建言献策等方面所做的努力进行了充分肯定，对公会未来的发展提出了殷切期望。

4. 举办迎新联谊暨西藏历史、文化和宗教座谈会

12 月 23 日，并购公会迎新联谊暨“西藏历史、文化和宗教”座谈会在本届轮值主席单位德勤华永会计师事务所举办。座谈会特邀光大银行董事俞二牛先生作为主讲嘉宾。

四、促进国内交流，打造全面合作

1. 协办“长江三角洲地区金融论坛”

由浙、沪、苏两省一市与中国人民银行共同举办的第二届长三角地区金融论坛4月27日在杭州召开。受大会组委会的邀请，全国工商联并购公会此次参与协办了“并购融资与产业整合”专题论坛。

2. 连续在三地举办“中国并购贷款与融资研讨会”

2009年2月，在银监会出台《商业银行并购贷款风险管理指引》后，并购公会在第一时间组织编撰了《并购贷款图解2009》一书，并先后在上海、天津和北京举办了高端论坛——“并购贷款与融资研讨会”，会议对并购贷款的规则及实际运用进行了探讨。在天津和北京的会议上，还分别发出了关于“支持成长企业并购贷款，将天津打造成为全国成长企业并购融资基地”和关于建立专业化平台推动国有企业并购整合的倡议书。共计约800人参加本次系列会议。

3. 协办中国并购贷款操作讲习班

2009年7月23日，由亚洲商学院主办，并购公会协办的为期两天的“中国并购贷款操作讲习班”在北京举办。本次讲习班以国内刚刚获批不久的商业银行发放并购贷款业务为主要讲习内容。来自包括商业银行、企业、中介机构在内的近四十名学员参加了本期讲习班。

4. 主办中国本土产业整合研讨会

2009年8月22日，中国人民银行上海总部、上海市金融服务办公室及全国工商联并购公会联合主办的“中国本土产业整合研讨会”在上海成功召开。本次研讨会介绍了本土企业并购的发展对本土产业整合与经济结构调整起到了促进作用。

5. 主办两岸投资与并购研讨会

2009年8月31日，由全国工商联并购公会主办的“两岸投资与并购研讨会”在北京成功召开。研讨会对台湾总体经济环境、赴台投资相关法令、税务处理准则、并购交易规定、会计财务报告、投资方式等两岸政策环境、法律问题以及最佳操作实务进行了深入剖析，这是有意进军或拓展台湾市场的企业去深入了解大陆及台湾相关政策、法律法规及市场环境一次难得的机会。

6. 支持协办第二届金融服务外包交易会

2009年9月19日，全国工商联并购公会支持的“中国企业国际融资洽谈会第二届金融服务外包交易会”在沈阳成功召开。国内相关金融机构、国际私募股权投资机构以及IT企业负责人近700人参加了会议。中共辽宁省委常委、沈阳市委书记曾维，辽宁省政府副省长陈超英等领导出席大会。

7. 协办第四届“上市公司并购重组与操作实务研讨会”

由深圳证券交易所主办，全国工商联并购公会深圳办事处协办的“第四届上市公司并购重组与操作实务研讨班”于2009年10月27日在深圳隆重举行。200多位来自全国各地的上市公司高管、券商、律师等中介机构专业人士参加了培训。

五、开拓国际交往，提升国际影响

1. 举办《2008中国投资政策评估报告》发布会

2009年3月21日，由经济合作与发展组织（OECD）与并购公会联合主办的《2008中国投资政策评估报告——鼓励负责任的商业行为》发布会在北京举办。会上，并购公会向OECD递交了“呼吁全球企业抵制保护主义，实施负责任的全球商业行为”的公开信，此信由OECD广泛传递给各国商会组织和跨国公司，引发强烈关注。经合组织秘书长Angel Gurria和《报告》主要编撰人Kenneth Davies先生出席了当天的发布会。

2. 参加澳中投资论坛

2009年9月24日，由澳大利亚中国总商会（CCCA）和澳大利亚中国工商业委员会（ACBC）联合主办的“2009年澳中投资论坛”（Australia-China Investment Forum 2009）在悉尼举行。来自两国政界、工商界、学术界的代表300多人出席了论坛。本次论坛增进了两国专业人士间的理解和共识，增强了两国企业对于双向投资的信心，取得了圆满成功。

3. 德法并购之旅

应并购顾问联盟（AM&AA）和经济合作与发展组织（OECD）的邀请，由并购公会发起组织的“德法并购之旅”于9月29日前往德国和法国进行并购商务实地考察。此次活动旨在考察欧洲地区投资与并购环境，推动中国与欧洲地区金融机构的深层交流合作。这是并购公会在次贷危机后首次实地考察欧洲，对推动中国与欧洲的并购机会起到了积极的促进作用。

六、办好并购刊物，树立杂志品牌

1. 中国并购丛书

《中国并购报告》(2009) 继续记录着中国并购业界正在发生的历史和现实，继续努力把握产业动态、引领并购潮流和规范并购市场行为。

《并购贷款图解2009》是在并购贷款规则出台，中国金融观念、制度和行为模式经历转变的背景下，为配合并购贷款工作的开展，帮助因金融危机而陷入困境的广大中小企业而量身定制的。本书的发布，获得了业界的广泛认可，且普遍认为该书对于了解并购与贷款的关系，理解并购贷款风险管理指引，以及银行建立内部风控体系，开展并购贷款业务具有非常现实的指导意义。

2.《资本交易》杂志

由并购公会协办的《资本交易》杂志是专注并购、基金与产业整合的高端行业杂志。自2007年12月创刊以来，《资本交易》在业界的影响力日益扩大，直投量目前已经达到12000册/月。

七、积极开展办理社团法人登记工作

2009年6月，在全国工商联转发了《民政部关于国务院授权全国工商联作为全国性社会团体业务主管单位有关问题的通知》后，并购公会即把做好申请登记工作作为本年度一件主要工作，并积极配合全国工商联各项工作要求。

2009年11月，全国工商联副主席宋北杉，会员部部长刘红路，会员部组织处处长李兵书等领导在并购公会会长王巍的陪同下，专程到中国人民银行就并购公会成立社会团体征求意见。中国人民银行苏宁副行长高度评价全国工商联和并购公会为中国经济发展作出的贡献，指出经济发展不仅仅是要素的增长和资源的投入，更是要素重组、并购和产业整合的作用，并购公会在这个领域的工作推动了社会对可持续增长模式的理解。会谈中，苏宁副行长就并购公会办理社团法人登记一事表示积极支持。

2009年12月，中国人民银行办公厅对全国工商联并购公会申请社团法人登记出具正式意见，对全国工商联并购公会申请社团法人登记事宜无不同意见。

八、稳健发展会员群体，逐步壮大公会规模

公会成立至今，一直遵循稳健发展会员群体，逐步壮大公会规模，定位高端的会员发展路线。截至2009年12月31日，并购公会有会长1名，荣誉会长2名，副会长4名，轮值主席1名，首席经济学家1名，监事3名，常务理事19名，理事35名，会员54名，成员共计120名。

重要活动

2007年

主办2007年“中国并购年会”

“中国并购年会”由全国工商联并购公会主办，年会注重专业性、高端性以及高质量的会议成果。历届年会政府官员、学者专家以及来自投行、证券、会计事务所、律师事务所和企业领袖等业界精英聚集一堂，紧扣世界及中国并购重组领域的重大问题，总结中国并购重组格局、探讨中国并购重组发展趋势。中国并购年会业已成为中国并购业界乃至中国经济界的年度盛事。

6月6日，2007中国并购年会在天津召开，中央统战部副部长、全国工商联第一副主席胡德平为此次年会致开幕词，中国人民银行副行长吴晓灵、社保基金理事会副理事长高西庆分别以“发展私募股权投资基金，提升企业价值”和“产业投资基金与中国的收购兼并现状”为题做主题演讲。

一年一度的“中国十大并购人物”颁奖同期举行，轮值主席荣誉杯的现场颁发仪式强化了此次年会盛典的含义，而新鲜出炉的首届“中国并购专项奖”更是把此次年会推向了高潮。

此外，本届年会重点讨论“全球与中国：并购环境”、“并购的融资制度”、“战略产业与国家经济安全”、“并购与中国经济发展”等议题。

本届年会现场观众人数超过1500人次，创历年之最，同时邀请了多达45家媒体，参会记者达到267人，媒体会后报道无论从数量还是质量上看都超越了以往。

举办2007年中国十大并购评选活动

“中国十大并购”评选活动由全国工商联并购公会、全球并购研究中心、中国并购交易网共同举办，已连续进行8年。“2007年中国十大并购评选”特邀《中国金融》杂志作为“独家战略合作媒体”，新浪网作为网络支持。

本次评选由“提名”和“评选”两部分组成，评选“提名参考名单”由评选委员会整理提供（包括人物30位，事件30例），公众认为“提名参考名单”之外还有重要人物和事件，可另行自荐或推荐。社会各界依据“2007年中国十大并购评选参考指标”，通过网络投票方式分别从“提名参考名单”中最终选出10个事件和10个人物，作为评选委员会最终评选的候选依据。然后由评选委员会全体成员依据“2007年中国十大并购评选参考指标”进行最终投票，选出“10个事件和10个人物”，作为本次评选的结果。

本次评选自2007年11月开始，12月初在新浪网、《中国金融》、《资本交易》等杂志上公示提名名单，进行正式评选，并接受各界增补提名。

此次评选根据开创性、责任感、影响力、推动力及阳光并购等一级指标以及创新精神、社会责任、行业发展、社会影响、价值创造等二级指标，经过专家书面评选、推荐评选、公众网络评选等方式，最终选出“2007中国十大并购人物”和“2007中国十大并购事件”。

促成中国企业国际融资洽谈会

并购公会积极开展对外交流合作。并购公会与美国企业成长协会合作，促成了“融洽会”在天津的举行，并取得了圆满成功。参会人数总计约5500人，其中商务人员为3347人，大会邀请嘉宾1800人，大会工作人员400人；涉及五大洲的17个国家，国内31个省、市、自治区及香港、台湾地区。注册参会企业、机构共计1556家，其中基金类投资机构223家（管理着4712亿美元基金），融资工商企业952家（拥有总资产8387亿元人民币），中介机构类381家（包括会计事务所、律师事务所、评估事务所、投资银行及商业银行类金融机构类、产权交易机构、商会、开发区等组织）；其中参展企业380多家，展位407个。

本次会议宗旨是促进国内外投资机构与融资企业加强接触和交流，促进相互联系，会上通过“资本对接”进行深度接触共计7400余家/次，通过“快速约会”确定初步合作意向的共计1045家/次，还举行了若干场次工作协议签署。会议期间共举办大型会议活动17场，举办分论坛及推介会17场，总听众数累计超过13000人次。

举行首届中国并购专项奖评选活动

为展现并购业界的高超财技，并树立公开透明的并购典型，来达到表彰先进、建立标准、刻度并购里程的目的，2007年4月，并购公会推出了中国并购专项奖的评选。

本次评选为首届评选，奖项包括：最佳并购律师奖、最佳并购财务奖、最佳并购研究奖、最佳并购融资奖、最佳并购交易奖、最佳并购整合奖、最佳并购网站奖等。全球并购研究中心指定传媒独家发布机构：《证券市场周刊》。

为了体现“中国并购专项奖”的权威性，邀请了并购领域中最有影响力的专家们来组成此次评选委员会，所有专家均为全球并购研究中心的学术委员，评选委员会主任是年度轮值制。首届并购专项奖评选委员会主任是汤世生，评选委员会委员是王巍、余永定、夏斌、张克、聂庆平、葛明。

经过三个阶段为期两月的紧张评选，最终15位个人分享了首届中国并购专项奖。分别是最佳并购律师奖：吕红兵、谢思敏、张晓森；最佳并购融资奖：陈文才；最佳并购整合奖：王宪亮；最佳并购财务奖：孙月焕、孙建民，郑建彪，最佳并购网站奖：王阳；最佳并购研究奖：《中国并购报告》编委会；最佳并购交易奖：熊焰、马德有、张云岭；并购公会贡献奖：宫少林、冯兵。

重要文献

2007 年

2007 并购融资的突破

全国工商联并购公会会长 王 巍

（2007 年 1 月 22 日）

与往年不同的是，今年并购的的确确已经成为中国经济的主流工具和观念了。“城头变幻大王旗”，几乎各行各业、上上下下都在主张并购，鼓吹整合。舆论是强大的，激情是汹涌的，手段是泛滥的。但是，如同行驶在没有多少加油站的高速公路一样，无数架并购引擎正在急切的危险的轰鸣中。终于，在经历了如此多年的宏观呼吁和商业期盼之后，并购交易中金融制度的安排“犹抱琵琶半遮面”地婀娜而出，成为业界关注的焦点。

当然，我们还有无数多的基础要素，无数多的配套条件，无数多的综合考量需要中央银行和不断与时俱进地涌现出来的各个监管机构的协调和平衡。但是，引擎没有真正启动，所有并购要件和并购环境不过是纸上谈兵的摆设，所谓的和谐发展也是一个永远的设计。

不久前，中国证监会副主席屠光绍主张建立传递宏观政策的“微观基础”，包括资本市场中股市、债市的结构，多层次市场结构，上市公司的资产结构，投资人结构和私人理财需求以及金融产品结构等，便是点到了穴位。同样，中央银行副行长吴晓灵在第四届“中国并购年会”上提倡“阳光并购”和规范并购融资的说法，受到了人们的普遍关注。可以预见，在 2007 年，并购融资将有重大的突破。以笔者之见，应该源于近年的以下几个重大的市场动向。

国家经济安全的讨论

2006 年初的“两会”期间，全国工商联关于“建立国家经济安全体系”的提案受到社会各界的高度关注。在媒体急切的推波助澜下，这个动议一度被误解为一时甚嚣尘上的外资并购威胁论，舆论以激烈抨击“斩首式收购”为主题，要求反思多年来引进外资的政策。事实上，笔者参与起草的全国工商联提案的核心有三个基本的要义：第一，中国经济的安全必须建立在加入全球化的基础上，没有全球化过程就没有我们的经济安全；第二，在经济高速增长的今天，中国政府应当更多地扶植本土的全球化公司；第三，所谓国家经济安全问题，不应当仅仅由政府说了算，市场也应当有发言权。建立国际经济安全体系便是平稳地加入全球化的重要保障，也是真正实现中国经济崛起的基础。

所有成熟的市场经济国家都有保障国家经济安全和公共秩序的特殊要求，不受国际商业法律惯例的左右，尽管其监管范围、方式和手段有所不同。提倡国家经济安全与排斥外资风马牛不相及，更与所谓极左派经济学主张格格不入。2006 年得到社会广为关注的徐工集团和苏泊尔集团的两大并购事件便集中体现了当下各种观念的交锋，其结果也体现了国家经济安全观念和体系的必要：第一，所有重要并购交易应当公开操作，提高透明度，体现真正的市场价值；第二，单单政府部门不应简单判定安全性，市场的力量和行业协会的力量应当得到合理体现；第三，外资长期在中国如入无人之境般的资本洗牌终于得到关注和制约。

更为重要的是，国家经济安全和两个案例的全社会参与让我们更加清晰地体会到，中国市场、资源、企业品牌、消费者和管理者都已经成熟了，只是融资制度的不完善和畸形使得我们无法施展身手，常常不战而屈人之兵。

国企并购势能迸发

相对于民营企业的偃旗息鼓，外资企业的低调潜行，在近两年里，国有企业在并购市场上一派高歌猛进。从几年前宣传“国退民进”和“抓大放小”的悲怆抉择到今天志在必得的豪情壮志，国资委统领众多中央企业，也鼓舞无数地方国有企业正在大张旗鼓地出手重整产业山河。显然，每年几千亿元的账面利润，上万亿单位国家外汇储备的支撑，特别是在10月初国务院常务会议上，温总理提出了建立国有企业在整个中国经济中的“控制力、领导力和带动力”这样的国有资本战略，巩固了国有企业的并购势能。

若干国有企业在海外大举并购的受挫没有被视为失败，却是殊荣备至，成为业界英雄。许多国有企业麾下的本土资源不断被海外资本蚕食，也没有多少失责愧疚，倒是振振有词地批评诸多内部体制的钳制。特别地，国资委负责人坚定地否认中央企业具有垄断性，许多拿全国独家牌照的企业也在高谈阔论自己的核心竞争力。在这种意识形态下，国有企业的并购当然会独步天下，一发而不可收拾。

但是，海外资本市场毕竟表达了全球市场体系对国有资本如此单刀切入的深厚疑虑，特别对于外汇储备注资和政策融资的强烈抵触。同样，过度依赖行政权力整合地方资源也会遭遇本土诸侯们的抵制。因此，如何动员金融体系进行资本市场的运作，成为国有企业推动并购融资体制改革的基本诉求。事实上，国有企业群体高速增长和产业整合所形成的融资压力，构成了今年以来中央银行进一步开放直接融资市场、企业债券和衍生金融产品的所有动作的背景。同时，开放资本市场的入世规则也迫使我们重新改造融资体制，创新融资工具。

笔者不久前在巴黎参加欧洲经济合作与发展组织（OECD）关于国家经济安全与战略产业讨论会，许多国家代表指出掌握在国家政权手中的巨额资本的运作方式值得高度关注，超出商业利益的考虑和不符商业规则的动作，将会形成可怕的影响全球经济运行的能量。也许我们的超过万亿美元国际储备的国际影响力并没有西方人士估计的那样强大，但是，这种对国有企业集团整合产业的金融支撑，显然将决定性地左右中国本土经济格局的再造，中国国有企业并购的势能不可等闲视之。

全流通资本市场的实现

在不到一年的时间内，中国股市指数翻了一番，而且全流通顺利实现。可以说，中国资本市场与国际资本市场全面对接的条件基本成熟。中国资本市场的体制改革使命开始淡化，资源配置功能正在启动。在这样的背景下，几个层面的结构调整不可避免：

第一，公司价值重新评估。面向历史的建立在自然经济使用价值理念上的公司价值评估方式，正在受到巨大的挑战，全球投资者正在对中国经济和企业进行全面的价值评估，面向未来的建立在商品经济交换价值理念上的公司价值评估方式，获得越来越多的市场理解和运用。国有资产保值增值的政治底线，结果往往成为国有资产流失的最大机会，基于净资产的转让规则，往往将几十年来艰苦奋斗形成的国民经济基础设施和战略产业廉价拱手于人。经济转型产生的巨大利益差距正在成为无数对冲基金逐鹿中原的动因。

第二，公司股东全面洗牌。1400余家本土上市公司以及相关上下游企业集群即将或者正在经历一个股东全面调整的时机。战略投资者、金融买家以及有机会从事管理者收购的经理们摆脱了原有国有股锁定的约束，开始动员相关利益群体启动洗牌过程了。可以预见的两三年内，第一轮股东洗牌将会完成，依靠上市额度而形成的第一代上市公司不得不将命运交给金融资本和产业资本。我们熟悉的原有产业格局和产业地图将在这一轮洗牌后变得面目全非，上市公司市场价值的提升是否必然意味着中国经济整体价值的提升，这对业界是一个战略问题。

第三，投资银行主导整合。在商品经济日益提升为服务经济的过程中，中介机构也日益成为支配资源配置的决定力量。全球化和全流通市场实现后，国家监管机构对于资本产品（包括上市公司，交易品种和衍生产品等）的立项权、定价权和交易权将大大减弱，投资银行中介机构将成为市场配置力量。资本市场建立15年来，本土投资银行相对中国企业界的成长需求而言显然十分落后。那么，谁来推动这一产业整合的过程呢？

亟须创新的融资制度

值得重视的是，全球的融资制度已经充分准备加入中国资本市场的洗牌过程。近年来，全球资本力量不仅将中国最好的企业安排到国际市场上市，连中期的私募资本，早期的创业资本都从四面八方涌入中国境内安营扎寨。针对中国产业整合的并购融资已经在全球市场上全面展开，大量的出身于中国的海外金融高手正在为全球投资者收购中国最好的企业，而这些收购资本也许正是源于我们的外汇储备。面对这样的局面，我们的融资制度还能够继续慢条斯理、按部就班地讨论观念，研究方向，琢磨手段和安排进程吗?

上述几个环境压力加上中国经济强大的内在融资冲动，使得长期压抑的金融市场和融资制度不得不有所回应。近年来的银行股权开放，公司债券放行，产业基金提倡，特别是对私募股权基金的宽容和重视，中国金融管制高层的意识形态已经与全球对接。在所谓非法集资的阴影下，民间金融长期受到压制，动辄得咎。事实上，民间金融，只是管制之外的金融，并非非法金融。金融如同光谱一样，具有非常丰富的表达形态。在不同经济发展阶段，金融进入管制的范围有所不同。越近成熟的业态，其管制越提升到高端，越将技术和操作市场化。制造业、流通业和能源业如此，金融业、通信业、传媒业也会如此。没有开放的空间，金融业永远是没有市场精神的，也终究不会产生真正的金融企业家。

可以理解，中国的金融制度改革具有强烈的经济体制改革的色彩，从一个军事化管理的中枢机关转变到依靠几件效力有限的政策调整工具，来影响大部分已经市场化了的企业融资需求，的确是力不从心的过程。一谈到金融改革，大家本能地更关注宏观调控的方式，如银行管理体制、利率控制方式、股权产权、外汇储备等与企业融资相距甚远的东西。在成熟的市场经济里，人们也谈金融制度改革，被称为“金融自由化”。但这个改革的内容却更与企业语言密切相关。

金融改革的核心问题是如何将稀缺的金融资源有效地引导到最有创新能力和发展潜力的中小企业群体中。融资途径（Access）和融资成本（Cost）成为最核心的考量金融改革效果的两个指标。一个国家的中小企业群体是国家经济持续成长的基础，是创造最大就业机会，保持增长能力，维持创新能力，支撑大企业大产业的真正基础。能否为中小企业建立通畅的融资途径，能否以最低的成本融资，这是所有国家金融制度最关注的事情。也是中央银行和监管部门是否以民为本的试金石。令人感慨的是，当年的一个中央银行的非银行机构管理司在10年时间里居然孕育并衍生出了银监会、证监会和保监会3个正部级单位，而同期的中国中小企业的融资环境却未有多大的改善。

俱往矣，笔者热烈祈望中国的金融制度在颇为动听地与全球市场国际标准接轨之前，还是先脚踏实地与中国的本土市场企业需求接轨。并购融资的制度安排正是中国中小企业最为迫切的发育养分，我们需要为几十万快速增长的企业引擎建立充裕的加油站，而不是将油库直接与国际接轨，注入庞大的全球公司在中国的无数收购大鳄的巨型引擎中。不言而喻，并购融资的制度安排关系到全流通后时代中国上市公司和上下游关联企业的持续成长动力，并购融资的制度安排也关系到中国国有企业实施“控制力、领导力和带动力”这样的国有资本战略，更重要的是，并购融资的制度安排关系到中国中小企业的基本生存环境，关系到本土并购机会的主导能力，也关系到国家的经济安全。

关于建立加入全球化的国家经济安全体系的提案

商会通过全国工商联向“两会”提交的提案

（2007年2月）

去年我们提出了《关于建立国家经济安全体系的建议》，受到了政府有关部门的高度重视，也引起了社会各界广泛的关注。基于WTO保护期已经结束以及一年来的实践，我们认为有必要进一步就落实国家经济安全体系的构建提出我们的建议。

一、一年来的实践及面临问题

去年建议之后，引起社会各界持续广泛的讨论，既有理性的民主争论，也有关心国家和民族发展的大义。讨论中的一些不同看法，有些是属于概念混淆导致的，有些是偏激的民族情绪引起的，有些则是利益博弈的反映。而重要的是，虽然对在哪些产业保持和扩大利用外资存在不同认识，但应当通过立法形式保障国家经济安全已经有了市场共识。这为落实国家经济安全法律体系的构建奠定了社会基础。

第一，我们注意到在去年修订的与外国投资

有关的并购等规章中，国家经济安全问题已经受到了主管部门的重视，在具体的外资并购案件审查中也反映了这些因素。但这些规章缺乏系统性安排，缺少透明度和操作性，更缺少必要的监督和制衡安排，导致在实践中或推诿或争抢解释和审批权，致使审批质量和效率低下，使得市场缺乏预见性和可控性，增大了交易成本，降低了提高利用外资的质量和效益。

第二，国家经济安全关乎一国未来的国际经济地位，如果将国家经济安全这一个战略问题的立法权和管理权，也通过授权、再授权的层层授权形式下移，必然会因为行政部门之间的利益博弈，既难以完成系统构建，也难以形成国家经济安全的长效机制。甚至出现了以国家经济安全为由无限扩大监管范围，维持垄断格局，破坏市场公平竞争环境的情形。

令人担忧的是，以国民经济命脉等口实，制定类似外资并购的"战略性、敏感性"企业清单的倾向，必然会导致主管部门的监管权和自由裁量权无限扩大。这类行为不仅有设租之嫌，而且必然会进一步增加市场的交易成本，降低交易的效率。而可能滋生的道德风险已经引发了境内外市场的抱怨，更与《行政许可法》的宗旨不相一致。

二、坚持开放环境中的国家经济安全观

我们坚持在推进全球化的进程中应维护国家经济安全和明确产业战略，但并不代表我们对于外资进入或者全球化进程的排斥，也不代表民族本位思想的抬头。

第一，中国经济的安全必须建立在加入全球化的基础上，没有全球化过程就没有我们的经济安全。以国家经济安全为名排斥外资进入和全球化，是将中国经济推向倒退和不安全境地的危险举动。妖魔化外资是维护落后利益格局的表现，值得特别警惕。主张国家经济安全，应该是在继续深化改革开放和加速推进全球化进程的前提下维护基本的国家经济利益。

第二，中国应当更多地扶植本土的全球化公司。大国经济发展必须有大批主导本土产业整合和提升的本土全球化公司群体的崛起，这不是简单依赖全球资本就可以完成的过程。中国国有企业的机制转换和市场化改造将成为关系到中国本土经济生死存亡的基础，这不是依靠政府部门画地为牢地维持垄断格局就可以实现的。同样，中国民营企业的壮大和整合也是中国经济安全平稳进入全球化的决定因素。

第三，国家经济安全问题，除了政府之外，市场也应享有发言权。充分发挥现有行会的积极作用，积极培育中介组织，是吸纳市场智慧，发扬民主法治的重要举措，也是监督政府部门公正执行监管政策的有效形式。在制度制定和制度中，使市场的相关利益者通过行会等各种形式参与政策的制定和实施，对于防止政府部门之间的分歧意见和政策冲突，增加监管透明度，公正决策是非常必要的。去年受到社会广为关注的徐工集团和苏泊尔集团的两大并购事件便集中体现了当下各种观念的交锋，其结果也体现了国家经济安全观念和体系的必要。行业协会走向前台，调整了政府的合理位置，与全球化接轨。

第四，用科学发展观界定国家经济安全在不同市场环境下的不同特征。重新审视全球产业结构变动中的国民经济内涵和外延，分清反垄断与产业安全之间的不同侧重，制定基础产业、金融安全、国际贸易和投资、信息和网络等新环境下的国家经济安全战略和反垄断法。

三、具体建议

基于我国建立保护国家经济安全体系的必要性和紧迫性，在坚持以上几点基本立场和去年的提案的基础上，提出以下进一步的建议：

第一，尽快成立吸纳了行会等民间组织参加的国家经济安全咨询委员会。

第二，由国家经济安全咨询委员会每年对国家经济安全立法和执行、利用外资的情况进行安全和效益评估并向两会报告。

第三，国家经济安全咨询委员会定期评价其他国家的外资政策，提出对等的经济贸易政策建议；发布跟踪评估报告和预警指标。

第四，尽快建立保护国家经济安全的投资法律，规范外资并购行为，提高吸收外资的质量。由于我国缺乏统一的《外国投资法》，无法有效建立外资并购或直接投资的有效审查机制，也无法对保护国家经济安全问题做出全局性的统筹安排，因此，建议将现有的与外国投资有关的法律合并修订为《外国投资法》，对于外资并购的产

业准入、审查机制等问题做出全面规定。与此同时应当尽快制定中国的《海外投资法》，引导中国企业积极参与全球竞争，保护中国企业的海外投资权益，在竞争中维护国家经济安全。

第五，防范金融风险，改善金融环境，制定全球化的产业战略体系。我们建议国家相关部门和协会积极制定培育本土企业全球竞争能力的产业战略，这一战略至少应该包括：本土市场化企业未来全球竞争力基础的目标和措施；优化金融资源配置，支持旨在维护本土市场化企业全球竞争能力的金融政策；从市场准入、公平交易条件、可持续发展等各种可能妨碍企业全球竞争力因素入手，围绕提升本土市场化企业全球竞争力，改善制度和政策环境；在WTO框架下，改善税务和投资政策，鼓励具备全球竞争能力的企业积极参与全球竞争。

第六，构筑国有企业为主导的国家经济安全产业基础，培育和发挥民营企业的全球竞争能力。以国家经济安全为战略目标，发挥国有企业对国民经济的控制和主导作用，这种作用既不是对垄断行业的主导，也不是对非竞争行业的控制，而是参与并引领与国家经济安全有关的行业的充分竞争。开放一些所谓的非竞争领域，鼓励和培育民营企业共同参与和国有企业的竞争，促进国有企业、逐步培育民营企业的全球竞争力。

关于完善我国企业并购融资制度的提案

商会通过全国工商联向“两会”提交的提案

（2007年2月）

随着WTO的加入，中国经济的全球化步伐加快，全球并购浪潮对中国的影响日益加大。在此环境下，保护国家的经济安全至关重要。而有效的保护措施之一就是通过融资制度与融资方式安排的完善，增强我国本土企业并购能力和市场竞争力，确保国家经济在全球并购浪潮中立于不败之地。

一、并购融资制度对产业整合的意义

我国经济增长速度很快，但经济增长质量并不高。一个重要原因是产业组织处于比较分散的状态。分散的市场组织结构，抑制了规模经济效益，企业无法形成规模竞争优势，在全球化的市场竞争中难以应对跨国公司的强力挑战。而市场化的企业并购活动，是产业进行整合的有力武器。

并购融资制度在企业并购活动中起着核心作用。通常而言，企业并购需要较多的资金支持，如果没有良好的融资渠道，不可能正常进行。长期以来，由于我国企业并购的融资制度不完善，导致融资渠道不畅，资金来源不足成为制约企业战略性并购的主要“瓶颈”，抑制了我国企业在开放经济环境中国际竞争力的提高。

二、我国并购融资制度存在的不足

从资金来源看，企业的并购融资渠道主要有：债务融资、股权融资以及由债务与权益衍生的一些融资工具。而目前我国的融资制度不完善，阻碍了各种融资工具在企业并购活动的灵活运用。

一是贷款方面。银行的贷款是企业融资的重要渠道，也应该成为并购融资的主要渠道。在欧美等经济发达国家，银行等金融机构可以在并购活动中为买方提供巨额的贷款资金支持，并购方可以从银行获得交易总额80%左右的信贷资金。而我国的《贷款通则》等法规实际上禁止金融机构为股权交易的并购活动提供资金。外资并购我国的企业能充分运用国外的银团贷款，而我们却没有相应的制度支持，在并购浪潮中将落后于人。

二是公司债券方面。公司债（企业债）是国外成熟市场上融资的主要方式之一，为并购活动提供了大量的融资。但我国对企业债的发债主体有着严格的限制，多是一些国有大型企业和基础设施企业；同时，债券的发行还有年度总额度的控制，利率水平的管制和用途的限制。种种限制阻碍了债券市场的发展，更遑论在国外企业并购中大量使用的垃圾债券。

三是权益融资方面。在国外，使用公开发行方式募集并购资金的做法非常普遍。国外市场普遍实施注册资本制和发行备案制，公开发行的效率很高，可以满足并购发生的及时要求。但是在我国由于公开发行需要通过中国证监会发行审核委员会的核准，效率较低。

由于我国并购融资制度存在严重不足，导致

企业在并购活动中无法根据自身的实际情况灵活的使用各种融资工具，抑制了企业并购业务的发展，也限制了我国企业的发展，使之在全球并购浪潮中处于不利之地。因此，亟须完善企业并购融资制度，拓宽并购融资渠道。

三、借鉴国外经验，完善我国并购融资制度

为了推动我国企业并购活动，该当有步骤地放松金融管制，有选择地创新金融工具，允许各种资金进入并购融资领域。为此建议：

一是修改《贷款通则》，引导信贷资金进入并购市场。修改《贷款通则》的相关规定，允许商业银行等金融机构对股权交易的并购发放贷款，允许商业银行考虑开办并购专项贷款等业务。目前已经允许开办股票质押贷款业务，允许券商开展融资融券业务，这些都是涉及股票的高风险业务，应该可以考虑允许商业银行开办并购贷款业务。银行参与并购融资可以采取先间接（专业机构打理），后直接，在风险管理到位的情况下，逐步地参与并购融资。同时，可以辅以相应的限制条件，比如融资额度的限制、独立机构的信用评级限制等。

二是尽快出台新的《企业/公司债券管理条例》，加快债券市场的建设。现行法规对企业发行债券的严苛条件使得大多数企业无法通过债券进行融资，即使是资质较好的上市公司也只有发行可转换债券这一条途径。建议通过修改《公司法》、《证券法》和《企业债券管理条例》的相关条例，就公司债的一些基本原则、发债主体资格、发债额度限制、发债审批程序等问题做出突破，放宽债券的发行条件，扩大企业融资的渠道；允许信用债券、高息债券等新型债券发行，构建多品种的债券市场，为并购活动提供资金支持。

三是完善权益融资渠道，创新融资工具。目前上市公司可以通过发行新股的方式为并购募集资金，或是通过换股的方式进行并购。但是由于审批环节复杂，导致效率低下，使公司无法在需要并购资金时及时获得资金，往往会错过最佳的并购时机。建议相关管理部门简化审批环节，加快审批步骤，以适应公司并购业务发展的需要。

四是制定《投资基金管理办法》，引导社会资金参与并购。欧美国家发达的私募股权投资基金经验值得借鉴。一方面，私募基金集富人之财，具有资金量大、风险承受能力强的特点；另一方面，它属于专家理财，投资分析能力强，有利于发现企业价值。根据《证券法》、《公司法》和最近修订的《合伙企业法》，私募基金的设立已经具备法律依据，但还需要制定具体的实施办法。建议尽快制定出台《投资基金管理办法》等配套政策，允许合格的机构发起设立专业化的并购融资基金。基金可以是综合性的，行业性的、区域性的乃至专题性的（如并购过桥贷款基金），专业从事并购项目的权益性投资和债权性投资。将社会的有闲资金，特别是有风险承受能力的资金聚拢起来，提高社会资金的使用效率，为企业并购活动提供高效的融资渠道，支持我国企业并购业务的发展。

产权市场　中国创造

全国工商联并购公会第三届轮值主席　熊　焰

（2007 年 6 月 28 日）

中国正在大力进行创新型国家建设，需要产品创新、技术创新，更需要制度创新。产权市场是中国对国际资本市场的创造性贡献，是在制度创新方面的一项中国创造。

一、公有产权流转——一个国际性难题

自 20 世纪 70 年代起，国际上掀起一股公有产权私有化的潮流，一类是前苏联等转型国家国有经济的退出，另一类是市场经济国家的国有资产私有化。经过考察我们不难看出，上述两类公有产权流转的效果都不尽理想。前苏联等国家采取的在一夜之间将国有资产打碎分净的“休克疗法”，导致资源配置严重失衡，产业寡头迅速崛起，引起社会各方的严重不安，以至于普京政府今天还不得不为此付出沉痛的代价。而德国、英国、法国等市场经济国家由少数官员主导国有产权私有化，出现了私有化部门官员频繁落马、丑闻不断，引起政敌攻击、民众不满的情况。应该说，公有产权如何流转在国际上仍然是一个尚未破解的难题。

中国自 20 世纪 80 年代起，随着经济体制改革的推开，国有企业改制重组成为引人注目的一项改革实践。我们在如何处置企业国有产权方面进行了大量的实践，其中也遇到了一些困难，出现了一些问题。在改革开放的早期，国有产权的处置大多采取行政化的手段，一个企业卖不卖、卖给谁、卖多少钱都由政府官员说了算。实践证明，政府部门更擅长于公共服务体系的建立和对市场进行监管，而不擅长直接从事具体的商品买卖。国有产权转让由行政主导，轻则导致资产盲目流动，重则出现权力“寻租”、“暗箱操作”、国有资产流失、员工权益得不到保障等问题。

随着国有经济战略性调整的不断深入，国有资产流动重组的需求越来越强烈。一些地方采取较为市场化的办法来处理，但受到国资改革、市场环境的影响，效果也不理想。主要体现为：一是出资人不到位，国有产权交易过程中的利益关联不正常，即国有产权转让的决策者和操作者的个人利益与国有产权转让的收益不相关，国有资产卖多卖少一个样，有时甚至是卖的价格低一点可能对决策人和操作人个人更有利。二是处于转轨过程中的中国，并购市场环境差强人意，主要体现在中介服务机构的水平与职业道德上。产权转让是一种特殊的交易行为，涉及面广、环节多、过程复杂，必须通过专业的中介机构完成。但现实情况是，我们的会计师事务所、律师事务所等中介机构的职业素质与从业人员个人素质参差不齐，以至于上届政府总理在给国家会计学院题词的时候写的是“不做假账”。在这样的环境下，完全采用市场化方式进行国有产权交易的条件还不成熟。此外，中国企业并购的法律体系不完善，金融支持不够等原因都影响了国有资产流动重组的效果，不规范行为和国有资产流失现象较为普遍，也引发了一些社会矛盾。因此可以说，国有资产的特殊性和中国的并购市场环境决定了国有产权还不能完全按照纯市场化的原则进行自由交易。

如何寻找到一条符合中国实际情况、保证国有资产流动但不流失的路径，人们在认真地进行着制度创新的思考。第一，企业产权是一种商品，是稀缺的、有价值的，其价值只有通过市场才能真正被发现，资源只有通过市场来配置才能达到最优。第二，国有产权从理论上讲是属于全中国人民的，在国有产权处置过程中，价值最大化与社会公平同样重要。我们当前应注意的倾向，就是接近权力的人利用国有资产流转的机会迅速暴富，导致弱势群体利益受到伤害，引起人民群众的不满，这是与我们建设和谐社会的要求格格不入的。第三，充分利用市场机制来实现国有产权的有序流转，而不是通过行政审批来管理国有产权的交易。国有产权转让本质上是一种商品买卖，是经济行为，要利用市场机制，要改变以前我们所习惯的领导拍板、行政决策的做法。

二、产权市场——中国创造

中国产权市场自 20 世纪 80 年代末萌芽初露，90 年代中期迅速发展，跌宕起伏，21 世纪开始进入了一个新的发展阶段。特别是国务院国资委、财政部联合颁布的《企业国有产权转让管理暂行办法》自 2004 年 2 月 1 日实施以来，产权市场架构了一个有中国特色的市场制度。中国产权市场架构的基本原则：第一，尽可能缩小行政操作的空间，尽可能不由官员拍板，尽可能启动市场机制。第二，在中国的并购市场环境不理想且短期内又不可能全面改善的情况下，不妨营造一个小环境，营造一个并购市场的“特区”，以法令的形式要求国有产权进场交易。第三，在强制要求国有产权进场的同时，也安排了例外，比如：主辅分离的部分业务、经批准的协议转让、无偿划拨都可以不进场。但所有这些不进场的项目，在场内交易的强大声势和示范效应下也都更加谨慎严格。第四，产权市场实行了简洁有效的市场制度。

制度经济学告诉我们，好的制度都是简洁实用的。中国产权市场的基本制度模式也非常简洁，只有两个主题词，即“公开”、“竞争”。按照《企业国有产权转让管理暂行办法》的规定，转让国有产权要经历五个阶段。第一阶段是做好转让的基础工作，包括内部决策、制订转让方案并报批、审计评估、出具法律意见等；第二阶段是到国有资产监督管理部门选定的产权交易机构公开挂牌转让，通过产权交易机构网站和指定的媒体公开披露转让信息、广泛征集意向受让人，而且披露时间不得低于 20 个工作日；第三个阶段是在披露期结束之后，要对产权的受让人进行登记，如果产生两个以上的受让人，必须采取拍卖、招投标或网络竞价等竞价方式确定最终受让人和交易价格；第四个阶段就是在产权交易机构的组织下签订产权交易合同、办理交易价款结算和出具产权交易凭证；第五个阶段是交易双方拿着产权交易机构出具的交易凭证去办理相关的变更登记手续。整个交易过程都充分体现着“公开”和“竞争”的原则。也可以说，《企业国有产权转让管理暂行办法》规范下的国有产权转让行为，实质上是一种在政府部门有效监管下采用市场化手段实现国有资产流动重组的行为。

“公开”和“竞争”看似简单，但是作用还是很明显的：首先，“公开”改变了过去私下寻找投资人渠道窄、效果差的做法，通过公开的市场渠道广泛地征集受让人，可以发现更多的潜在投资人。其次，“公开”割断了特定的利益输送通道，让所有的意向受让人在同等的条件下公平地竞买标的企业，如果某一位意向受让方要想通过与转让方私下勾结的方式低价购买标的企业，就必须把其他意向受让方全部“摆平”，这显然缺乏操作性，从而有效地避免了“暗箱操作”，将国有产权转让过程中发生腐败行为的可能性降到最低。第三，公开有利于充分发现投资人，进而通过引入竞价机制充分发现价格，让国有资产卖一个好价钱。第四，“公开”保证了公众的知情权。国有资产的性质是全民所有制，可以说全国人民都是老股东，他们对国有资产的处置有知情权和优先受让权。通过公开披露国有产权转让信息，充分地满足了公众的知情权。最后，“公开”也有效地保护了国有产权交易双方当事人。国有产权转让，尤其是国有产权的定价是一个非常复杂的经济问题，正如专家所说，“政治上很敏感、技术上很复杂、质疑起来很容易、辩护起来很困难”。如果通过行政化处置方式而不是通过市场公开转让，即便是卖了一个高价，这个价格也不是经过市场形成的，容易让人想象到可能还应该卖一个更好的价格，使决策者陷入尴尬的境地。此外，通过公开和竞争形成市场价格，给了所有人参加竞买的机会，没有买到标的企业的人只能怪自己没有参加竞买，或者参加了竞买而没有出最高价，没有了发牢骚的理由。因此也可以说，国有产权的公开处置有利于和谐社会的建设。

多年的探索实践证明，国有产权通过产权市场公开进行转让取得了理想的效果。从实际的运行效果来看，2004 年全国产权市场共完成产权交易项目 23025 宗，成交额达到 1913.84 亿元，并在促进国有企业改制重组和国有经济战略性调整、促进国有资产在流动重组过程中保值增值、实现社会公众对国有产权处置的知情权、防止国有产权交易过程中的商业贿赂行为等方面起到了重要的推动作用。根据国务院国资委统计结果，2005 年，北京、天津、上海三家产权交易机构完成的企业国有产权项目 3622 宗，成交金额 1080 亿元，与资产评估值相比平均增值 6.4%；2006 年京津沪三加一共转让资产项目 3168 宗，成交金额 910 亿元，增值率 18.8%。从个案上看，北京产权交易所完成的双汇股权转让项目，通过公开征集受让方和组织竞价，评估值 6.68 亿元的产权，成交额高达 20.1 亿元，增值 200%；在福建产权市场完成的雪津啤酒产权转让项目评估值 6 亿元，成交价 58.86 亿元，增值 881%。产权市场规范国有产权转让、发现投资人和发现价格的功能得到了充分的体现。

中国产权市场另外一个登标式的项目是雪津啤酒。当时它是净资产 6 个亿，最后卖到了 58.86 亿元。六家国际国内大的产业投资人，战略投资人进来，最后百分之八百多的增值。国有产权的进场交易，不仅促进了国有产权的有序流转，促进了国有资产的保值增值，更对防止国有产权交易过程中的商业贿赂和腐败行为起到了创造性的推动作用。透明国际组织腐败指数总负责人约翰·兰斯多夫对产权市场曾做如下评价：“我们深刻地感受到你们在所献身的反腐斗争中所取得的成绩。政府采购和国有资产转让，在全世界都是滋生腐败的土壤。但在这里，你们用复杂而成熟的技术、透明的程序和明确的指导把这项工作组织得很好。我们钦佩你们如此迅速地在反腐败斗争中进行了最好的实践，相信其他国家可以从你们的经验中学到很多。”

三、产权市场——多层次资本市场的重要组成部分

中国经济发展的一个重要“瓶颈”是资本市场建设问题。一个完善的资本市场体系，不但应该满足不同企业不同发展阶段的不同融资需求，也应该满足投资偏好不同的各类投资人群体的多样化投资需求。而中国目前的资本市场仍存在着结构性缺陷，还不能满足企业融资与投资人投资的多样化需求。

产权市场自觉承担了中国多层次资本市场体系中基础性市场平台的责任。目前中国产权市场在服务于企业国有产权转让的同时，还为金融资产处置、科技企业投融资、知识产权交易和非上市股份公司股权登记托管提供专业化服务，业务覆盖了物权、债权、股权和知识产权各个方面。产权市场除掉不买卖上市公司股票外，可以交易企业财产权益的所有权项，并逐步形成了经纪机构代理交易制，建立起覆盖全球的信息披露网络，聚拢了大量的国际和国内投资人，构建了产权交易结算服务平台。中国产权市场的健康发展，客观上满足了企业融资与投资人投资的多样化需求，已经成为中国资本市场的重要组成部分。

我们在与外国朋友交流时，外方的一个共同表述是，虽然发达市场经济国家的资本市场相对成熟，但产权市场是中国的首创。中国与一般市场经济国家相比，国民财富的积聚、增长、配置与流动规律有较大的差异，因此中国资本市场的发展路径与表现形态也肯定会有所不同。其中最大的差异在于，中国选择了社会主义市场经济的道路，中国的国有资产将会长期存在，日益壮大，并且扮演着关键的角色。在中国总体市场环境短期无法根本改善的条件下，在中国出现产权市场这样一种资本市场的特殊形态有其必然性。当然我们也意识到，我们的产权市场模式，有些无可奈何、不得不这样做的味道，还有些略显粗糙。比如：重大项目在公示 20 个工作日内无法完成尽职调查和决策过程；事先谋划好的“手拉手”交易还占较大比例等。但所有这些都无法改变这样的一个结论，即中国产权市场不一定是一个最优的制度设计，但的确是在现实条件下的一个“不坏”的制度设计，它体现了民主、开放、和谐的时代精神，它有着学习、改造、适应的巨大空间。《企业国有产权转让管理暂行办法》颁布实施以来，国资委等部门陆续颁布的将近十个配套文件以及各个产权市场进行的制度建设，都在向着这个方向发展。

产权市场的未来发展将在三轴体系中展开：一是横向展开，增加交易品种。品种越多市场越红火，物权、债权、知识产权以及其他同类业务资源应更多导入，并在业内形成一家开花、其他机构积极跟进的局面，形成联盟合力，以期产生市场外部经济规模效应。二是纵向发展，向多层次资本市场的高端靠拢。目前的产权市场从事的产权交易服务，正是推进国有企业及其他各类企业股份制改造的过程，也是为高端的股票市场培育拟上市企业资源的过程，从这个角度讲，产权市场是股票市场的基础。另外，现有的股票市场还远远不能满足股份制经济发展的要求，大量的非上市股份公司缺乏一个专业、高效的融资平台和股份转让服务场所。市场有这个需求，产权市场就有责任，也有驱动力，要去填补这个市场空白。非上市股份公司的股权托管和交易是中国产权市场目前最艰深的一个课题，但是一旦突破，产权市场将发生一个质的飞跃。三是深度挖掘，进一步挖掘市场潜力，充分发挥市场的价格发现功能，提高竞价率，提高竞价水平。

资本市场是最为国际化的市场。资本市场的一个平台一经出现，就会不自觉地向成熟资本市场的某种形态靠拢。就像中国的股票市场源自为国企脱困服务，最后逐渐演变为各类企业上市融资的服务平台一样，中国产权市场已经起步了，无论多难，它都将按照资本市场发展的一般规律走下去。产权市场作为多层次资本市场不可或缺的组成部分，应是一个多交易品种的基础性资本市场平台，应该纳入中国多层次资本市场的总体规划，实现与其他资本市场形态的协调发展，进而为建设社会主义市场经济和构建和谐社会作出更大的贡献。

2008 年

关于建立健全小股东权益保障机制的提案

商会通过全国工商联向“两会”提交的提案

建议承办单位：证监会

小股东权益保护既是我国公司治理中的一项不容回避的焦点问题，也一直是证券市场良性发展的一大障碍。小股东虽然人数众多，但在资金数额、信息渠道、行权能力等方面处于弱势地位，其依法拥有的基本权益，比如受益权、知情权、参与决策权等，往往无法有效保护和行使。小股东的合法权益被漠视、边缘化、牺牲，甚至被故意侵害的情况十分普遍。

当前小股东权益受侵害的表现主要有：一是不少公司的大股东一人说了算，股东会形同虚设，小股东缺乏实际的话语权和表意权。二是一些公司的大股东利用经营控制权，一方面肆意侵害公司利益；另一方面又采取各种手段变相剥削小股东，侵害小股东的经济利益。三是经营者持大股，利大险小；小股东持小股，险大利小。

如果继续忽视对小股东权益的切实保护，使他们的投资难以收到回报而不敢、不愿去投资的话，轻则会使公司难以融得所需资金，严重损害公司利益；重则会使社会丧失投资诚信环境，使投资安全受到威胁，严重妨碍证券市场的正常运行和发展。

为解决此问题，包括证监会等政府主管部门多年来推出了各种法规和管理措施，取得一定成效，但问题却一直难以根治。究其原因，主要有三：

1. 股权过于集中，大股东操纵股东会，“资本多数决”原则被滥用

现时，我国多数上市公司股权结构高度集中，大股东处于绝对控制地位，可以独自决定重大决策。一些公司的“股东大会”变成“大股东会”，缺乏公平公正性，无法履行其应有的对小股东的诚信与责任。

2. 现有制度不能保证小股东表决权的充分行使

“法律的生命在于其实施。”现行《公司法》虽然在立法中确立了诸如累计投票制、代理权征集、代位诉讼等多项保护小股东权益的法律制度，但缺乏具体可行的操作方法和实施途径，小股东权利不能得到有效行使。

3. 小股东权益受损后，缺乏相应救济机制

“无救济即无权利”，现有法律恰恰在这方面缺乏相关具体规定。另外，由于小股东人数众多，分布极为分散，大范围的共同诉讼的联系成本费用极为高昂，受害的中小股东很难自发形成有效的共同意志表达，因此，中小股东无法组织有效的共同诉讼。

党的十七大报告中明确提出了“要创造条件让更多群众拥有财产性收入”并保护合法收入。当前，股票证券已经成为中国老百姓的一项重要财产。为切实保护人民群众特别是普通老百姓的财产权益，应当尽快建立健全小股东权益保障机制。为此，我们建议：

1. 对大股东的表决权加以适当限制

①对持有公司特定比例以上，能有效地影响，甚至控制公司决策的股东所持有股份的表决权应进行一定限制。如比利时公司法规定，单个股东在股东会上表决票数，不得超过表决总票数的20%，也不得超过与会表决总票数的40%。②进一步明确规定有利于小股东权益保护的“关联股东的表决回避”和“分类表决”制度。如韩国商法第368条第4项规定，对于股东大会的决议有利害关系的股东不能行使其表决权。

2. 为小股东参与公司治理创建平台

①进一步完善独立董事运作机制。将原来独立董事的产生由大股东提名、按投票权表决的产生方式，修改为一定比例股东提名、大股东回避、其他股东表决的方式来产生独立董事；或专门设立由中小股东选出的代表其利益的独立董事，以保障独立董事真正成为中小股东利益的代表。同时，在制度上注重独立董事的勤勉义务，提升独立董事的勤勉程度，使其在中小股东权益保护方面发挥更大的作用。②建立针对各类中介机构的诚信评价体系。从中小股东的利益出发，建立各种针对投行、律师、会计师、企业高管、相关政府官员的道德诚信评价指标，对监管者的进行社会监督。这样避免了中小股东在面对企业各种眼花缭乱的财技的时候的信息和知识劣势，也有效扩大了对中小股东权益的保护面。

3. 建立小股东权益受损后的救济机制

①建立“独立董事代位诉讼”法律制度。当董事会无法做出公司对侵害小股东利益的行为是否起诉的集体决议或集体决议不起诉时，董事会中持反对意见的独立董事可以单独行使职权决定提起代位诉讼。②在“代表诉讼”制度之外，设立“集团诉讼”制度。集团诉讼不仅是单独诉讼的合并或共同诉讼的特殊形式，而是专门救济群体性纠纷的独立的当事人代表诉讼制度。除了救

济群体单个利益损害，集团诉讼更成为以刺激个人诉讼动因来实现一定公共政策和公共利益的手段。③对被严重非法损害的小股东进行救济性补偿。从证券保障金中拿出部分资金，对其进行先期救济性补偿，再依法追究损害者的法律责任。

4. 建立小股东权益保护的民间组织机构

小股东权益保护问题不能只靠政府来解决，还要依靠各种社会力量。①允许符合一定条件的民间团体、机构和个人成立代理中小股东权益的组织机构。此机构在获得授权的情况下，可代表小股东行使权利：如发起知情质询，征集投票权，推荐独立董事或罢免建议，甚至对上市公司侵犯损害小股东权益的行为提起法律诉讼等。②允许具备专业知识和技能的、有代表性的、非营利性民间机构，研究提出小股东权益保障的量化性评价指标，如在知情权、参与决策权、收益权、公司治理等方面的评价指标，以衡量上市公司对小股东权益的保障程度。这可使小股东对自己权益保障情况易于了解、评判和实施监督，对大股东和董事会也是一个对照并推动其改进小股东权益保障措施。

并购与新金融

全国工商联并购公会会长　王　巍

（2008 年 6 月 27 日）

2008 年 6 月 27 日，全国工商联并购公会、中国人民银行上海总部及上海市人民政府金融服务办公室联合主办的“2008（第六届）中国并购年会”在上海香格里拉大饭店隆重举行。本届年会主题是《全球金融动荡中的产业整合机遇》。以下为全国工商联并购公会会长王巍的主题演讲实录。

今天有这样的机会和并购公会的全体会员，包括关心并购业界，参与并购业的很多企业家一起，高朋满座，讨论十年来积极的变化，十分感慨。十年前我们不知道什么是并购，今天并购从旁门左道已经进到中国金融市场的主流。这是我们在座的所有同人的努力的结果，也是整个中国经济崛起，中国资本市场和全球化对接的一个必然结果。所以我们非常荣幸有这样的机会，躬逢盛世一起来推动中国的并购和新金融发展。

我今天要谈的主题是并购和新金融。“并购”这么多年来在中国词汇当中长期以来都是相当负面的一种说法，特别在传媒、学术界、知识分子圈里，“并购”不是一个非常正面高尚的词汇，因为它创造的环境我们不熟悉，我们对它很陌生，感到很惶恐，人们声称绝大多数并购都是失败的。事实上，全球一百年来并购发展，中国三十年来高速成长都与并购息息相关。充满市场经验的企业家们前赴后继地投入并购活动，显然不是奔向失败。不可否认，并购当然会带来一些企业破产，带来一部分人失业，也带来一些管理权利的转换，甚至是一些人获得暴富的机会，使另一些人失去了财富。但客观来讲，这不是并购的失败，恰恰是并购的成功。由于并购，一大批具有才智的企业家，无论是产业企业家，还是经营企业家有机会运用自己的能力和财技配置生产资源，把最有效的生产要素集中在最有效能发挥它们的管理人手里。并购使得市场资源配置更加合理，让那些浪费资源的企业和产业主动退出市场，将资源转移到新产业和创新企业。实际上中国企业家的十年并购使企业增加了核心竞争能力，使产业建立了完整的链条，使国家建立了更加稳健的金融体系，这都是并购的成功，而不是并购的失败。所以我们这批人十年前被歧视，被认为是旁门外道，是巧取豪夺，甚至是空手套白狼，但今天能够与我们国家的主力军国家开发银行、光大集团等金融领导同台畅谈未来并购前景，这就是时代的变化。所以我感到非常荣幸，而且愿意与大家共勉。

我们谈了并购之后，谈一下新金融。全球的金融包括中国的金融正在经历一个变迁的大格局。大家都看得到，从 20 世纪 70 年代以来创造财富的主体已经不在是生产商品，而是服务，服务已经成为全球财富形成的主流。我们看到，包括惠普、微软，中国的蒙牛、尚德等一大批数不清的新兴企业，它们都在服务业当中产生，而且它们创造的财富不再是依靠商业银行和传统的保险证券经纪等业务，它们是依靠新的金融产品发展起来。它们是一批新生代，新的金融。过去金融是产业的一个支撑，是产业发展的润滑剂，五十年来这种情况已经完全改变了，金融在创造产业，金融在引导社会的整个需求。今天我们看到的统计和我们经历的现实就是如此。

新金融正在创造我们的社会环境。这一新的金融与传统的商业银行、证券公司，传统的基金完全不同，它们在传统之上进行衍生、发展，而且它们置于传统监管之外。新金融很重要的特点，不仅在中国，在全球都是在监管之外生存的一个群体。而且它们不再是以资金或资源为中心来凝聚，而是以人才和服务为中心来生存。新金融不再靠传统的资本，不再靠传统的特权，或者执照来发展，而是靠人才与服务。它们发展的趋势首先是现金流驱动，它们关注现金流，不再像传统金融一样关心净资产，关心抵押贷款，关心担保，这都是面向历史的金融。那么新金融不看这些东西，它看的是未来，看的是现金流。新金融关心市场份额，不计一时得失，不在乎？每天的收支平衡，而是致力于创造一个市场的份额，它可能为一个市场份额承受十年、二十年的亏损，而且新金融能力创造市场标准。

新金融正在主导着全球金融市场和中国的产业格局。我们今天离得太近，可能还无以明知到底是什么，但是我们正在熟悉这样一些品种。就是大家看到的股权投资基金，包括早期的 VC，中期的 PE 和并购基金，也包括国家财富基金，它们都是以股权为主投资的基金。再一类就是衍生产品，包括期权，包括对冲基金。再一个就是使我们这批人聚到一起的并购和产业整合。所有这三大类，基金、衍生产品和并购都是建立在传统之上，游离在监管之外，而且是以人才为中心的新的时代。今天全球面临着一个金融的大变局，我们是否还熟悉今天的金融版块地图，我们是不是以监管为中心，以传统的净资产为中心，这是值得我们思考的问题。

今天我们正在一起努力来创造新金融的市场，我们首先希望这个市场是一个和监管正常博弈的市场，是一个互动的市场。第一，监管当局要体贴新金融。当我们大量金融创新产生的时候，监管部门的想法，是鼓励，是宽容，还是压制，还是排斥，这大有不同。

我注意到人民银行的凌涛主任的一个讲演，他提出大量的衍生产品金融创新会影响中央银行的政策，我觉得这是一个很准确的判断。因为我们今天的中央银行的金融政策都建立在传统金融的基础上，大量的金融创新无论是期权、期货、基金并购都可能在很大程度上冲击这个中央银行的政策。那么你怎么来判断这个问题，我觉得这是金融家和管制者之间需要交流和探讨的一个格局。这里没有结论，但是这是整个社会的大问题，不仅在中国，在美国，包括美国次贷危机之后，美国也出现问题，到底这么多年来政策是对的还是错的，对大的金融中心如何来判断，这是一个问题。最主要是我们更加宽容的监管环境。中国人历来讲魔高一尺道高一丈，魔是创新，道是监管，道太高了，魔就没有机会了。不应当小荷才露尖尖角，早有蜻蜓立上头，甚至是蛤蟆立上头。我们能不能是魔高一尺道高八寸五，给社会一点创新的空间？我们希望新金融未来能够获得宽松的空间。

第二，要创造这种新金融市场，这个社会文化要宽容新金融，不能动辄就非法集资，什么叫非法集资？谁来解释非法？我觉得这是问题。我们要与时俱进，不断调整法律空间，给新金融以试错的空间，要相信市场的能力并不亚于政府的监管能力。

第三，传统的金融体系要参与竞争和进化，在目前中国主流还是传统经济的情况下当然有重要意义，但是迎合全球化，迎合市场化要考虑竞争，要参加进化，要自已创造新的生长空间。刚才与陈元行长交流，陈行长非常希望能够以并购公会为代表的并购界共同讨论如何来推动主体经营的发展，包括开发银行的机制和金融创新，我觉得这是一个非常让我们感到鼓励的姿态。

第四，如果新的金融能发展起来，产业企业家要拥抱新金融，要理解新金融。这么多年来，不仅是美国，全球新的高科技企业发展都是靠新金融发展起来的，有几个靠商业银行发展的？有几个靠保险公司发展起来的？那么产业经济下如何能学会把你的眼光不是看中央银行，不是看四大商业银行，看更多的这些代表新金融的中介机构，我觉得这是一个巨大潜力的发展空间。另外当然新的金融企业家要严格致力于建立职业规则，这也是我们包括全国工商联并购公会所要建立的平台，我们一起推动社会给新金融市场一个空间。

另外最近天津和北京都成立了股权投资基金协会，这样一些生力军，就是注意到新金融正在形成一个板块，正在自发地自下而上地发展。这个自下而上发展需要有很多的自律一起来探讨，我想这就是我们希望并购公会到上海来开这个年会，我们也是希望上海与国际接轨，与中国市场化接轨，给彼此更大的合作空间。

最后做几分钟广告，并购公会的使命，是要建立一个有效率，有能力的专业协会，维护全体成员的正当权益，提升成员为自已、为股东、为社会创造最大财富的能力。结党不营私，结党没有意义，结党是要为自已、为股东、为社会创造最大的财富，这是这个协会很简单的一个标准，没有特别崇高的使命感，但是我们希望这样。

第二句话自然就是希望凝聚专业人士，推动本土的并购市场，建立标准和规范，维护金融体系的健全与安全，与全球的新金融合作竞争。所以在这样一个从底线生长的民间团体，我们希望能够有更多人加入我们，一起来推动这样的事情。比如我们在天津做了融洽会，这样融洽会实际上就在事实上建立一个 OTC 市场，尽管天津谈 OTC 市场谈了很多年了，但是过去谈 OTC 市场都是期望中央政府给支持，指望监管机构给命名，但今天 OTC 市场在新金融的环境下不是与中央政府对接，也不是与证监会监管部门对接，重要的是与市场对接，与企业家对接，与投资家对接，与新金融这个群体对接，这是重要的。所以我们相信并购公会起到了一定的作用。

第三个我们是希望一起来分享持续创新的快乐生活。因为我们是个协会，我们不是政府监管机构，我们只是希望交流，增加亲情，分享创业过程中的各种快乐和痛苦，共同来推动这个社会的发展，特别是在并购市场上。所以我非常感谢所有加我们会议的人，并购公会在 4 年的发展当中，我们得到了社会各界的支持，包括政府监管机构，我们自已同人的努力，我们相信并购将提升中国企业的核心价值，更高层面上将健全中国的产业价值链，或者更高的层面上提升中国本土金融安全。所以让我们联合起来共同推进中国的新金融，与大家共勉。

加大“走出去”步伐，参股欧美实体公司

全国工商联并购公会会长　王　巍

金融海啸波及全球，改变了世界经济格局与走势，给我国带来的负面影响也初见端倪。但它是否也给我国带来新的发展机遇？北京并购界和 PE 界人士经过多次讨论和分析，认为制造业在较长时期内仍将是中国立国之本，而快速提升我国主要制造行业实力的最有效方法，是与欧美国家的行业领先企业进行股权层面的深度合作。欧美公司参股中国企业比比皆是，而中国企业参股欧美大公司却屈指可数，如今这种局面可能出现转机。

一、对外参股是“走出去”的必经之路

“走出去”战略，是改革开放新阶段的必然选择，也是中国经济增长的一个客观要求，对于我国企业参与国际竞争、获取外部资源、提升自身实力具有重大意义。

“走出去”作为我国的一个国家战略，目的就是希望中国企业通过“走出去”的方式，缩短与国外先进企业之间的技术差距、管理差距、运营差距以及风险规避能力的差距。改革开放到现在，尽管我国企业的发展已取得长足进步，但与国外相比，主要企业之间的核心技术、管理水平的差距仍在十年到二十年。要缩小这种差距，只靠国内企业“闭门单练”是不行的，它会导致国内企业像“中国男足”一样陷入越练越被动的境地。中国企业必须“走出去”，通过参股国外先进企业的方式与其形成紧密的股权合作关系，靠近到这些企业身边学习长处，才能缩短两者间的差距。只有这样，中国企业才能从产业链低端逐步走向中高端，进入全球市场的“主流阶层”，进而提升中国制造业的整体水平。

但实际运作中，参股欧美实体公司的征途困难重重。首先是中国企业缺乏经验，不熟悉国外的经济、法律环境，准备不足；其次是欧美国家刚开始也不愿接受这种方式，2005 年中海油竞购优尼科败北的案例就是明证，显示了西方国家在经济上的民族主义和保护主义。

二、金融危机带来了“百年一遇”的机会

今年发生的金融危机，在一定程度上改变了这种局面。欧美众多企业由于受金融危机的影响陷入资金困境，股价一泻千里，以美国汽车行业为例：美国汽车行业龙头企业股价目前已跌至八十年来的最低，以10月9日股票价格计算，福特、通用两大汽车公司合计市值只有74亿美元！

为缓解这些企业的资金压力，以美国为代表的欧美国家不得不降低对外国企业的投资门槛要求，美国能源部高官最近就公开对媒体表示：美国欢迎中国对其石油和天然气领域进行投资。中国企业对外并购的阻力陡然减轻。

对于有“走出去”打算的中国企业而言，当前的国际市场为它们提供了一个百年难得的机遇。中国的巨额外汇也有了更好的分流选择，参股欧美领先企业成为中国的战略性优先选择。

在欧美发生金融危机、企业普遍陷入资金困境的时候，中国政府应该鼓励更多的国内企业积极参股欧美实体公司，一方面帮助这些欧美企业渡过难关，改善中国企业在国际上的整体形象，从而获得西方企业和社会的认同；另一方面我们也可以借此获得我们想要的技术和管理要素，获得战略性资产，形成一个“双赢”的格局。

这种参股行为是一种中长期的战略性投资，重在形成股权的深度合作关系，而不是短期炒作式的买入卖出；同时它也不是财务投资意义上的“抄底”，而是产业投资意义上的对接。

三、对目标企业的选择

这一轮的参股，应以行业龙头企业、技术领先企业、资源类企业为主要选择对象。

1. 行业龙头企业

欧美行业中龙头企业的股权是我们此次“走出去”购买的一个重要目标，如参股“世界500强”企业等。购买此类股权的目的，是争取使中国企业获得在行业龙头企业中的“话语权”，进而使我们在国际上获得更多资源，在竞争中占据主动。

由于这类欧美跨国企业的股权结构非常分散，拥有小比例股权就可能成为该企业的主要股东，因而只要我们收购其较小比例的股权即可达成目的。

2. 技术领先企业

欧美国家技术领先企业的股权是中国企业“走出去”收购的又一个目标：如软件、计算机、精密仪器、通信技术等产业中的领先企业。通过股权收购，进而取得对目标企业高端技术的学习权，以及高端技术企业转向中国的“产业转移权”，这是中国企业“走出去”的最大收获，是政府最希望看到的结果。

3. 资源类企业

资源类企业股权也是“走出去”收购的一个重要目标。中国是发展中国家，我们的比较优势在短期内不会改变，“世界工厂”、“中国制造”的发展主题短期内也不会改变，对“工厂”、“制造”所需的各种资源的依赖当然也不会改变。

这两年的铁矿石进口价格谈判，就凸显出我们对国外资源性企业的严重依赖程度，中国对资源的需求仍是第一位的。中国企业“走出去”后，如能收购一些资源类企业，就可在一定程度上缓解目前国内存在的资源紧缺困难。目前中石化和中海油就利用国外企业股价大跌、收购阻力减轻的时机，与美国马拉松石油公司谈判收购其子企业股权事宜，谈判现已走到最后阶段。

凡是符合以上特征的欧美企业，无论其规模大小都有购买价值：对于标的规模为中小型的企业，可以进行整体收购；规模较大的企业，可以以参股形式购入；“五百强”企业则只要求购买少比例股权即可。

四、两路出击　产融结合

国内的收购主体主要包括国有企业和民营企业两类。国有企业与民营企业相比，具有资金实力强，容易获得政府和银行支持等优势；但它也具有明显的缺点，如决策慢、激励约束不足、人才不足、在国外并购阻力较大等。

有些国有企业如中国铝业、中钢集团等，前段时期就积极进行跨国并购，受到了全球市场的瞩目；但国内多数有实力的国企都还没有行动起来，许多国企日子过得较舒适，经营作风上偏向于稳健，即使有机会也不愿外出并购。对这类企业，政府应该出台相应措施，鼓励和激励它们出去。

此外，跨国并购应该积极利用中信、光大这

样的国有窗口企业。这类企业经过在国际上多年的摸爬滚打，已经积累起丰富的外部经验和厚实的市场人脉，在国际上也已树立起较好的市场形象。政府在改革开放初期就是靠这类企业与外界接触打交道，现在也应充分发挥它们的窗口作用。

民营企业与国有企业相比，处于资金少、受扶持也少的劣势地位。但民营企业也有明显的优势：如产权清晰、机制灵活、决策快、在国外收购的阻力小等。

民营企业的嗅觉十分灵敏，极早就意识到金融危机所带来的并购契机，目前已有许多民营企业远征欧美，去寻找适合的投资对象。但民营企业有个最大劣势就是资金实力严重不足，对此政府应该积极扶持，帮助民营企业迈出“走出去”的步伐。

实际运作中，要引导、组织中国的实体企业与金融企业合作，组成联合体同船出海。实体企业与金融企业对投资对象的关注点有所不同：前者往往注重与标的企业进行战略合作以提升自身价值，对短期财务收益看得相对较轻；而后者则恰恰相反，金融企业在投资中更注重目标企业的财务回报。因而投资中如将这两类企业结合，组成收购联合体，可以起到取长补短、规避风险，在利益上各取所需的效果。目前，中投和几大保险公司等金融企业都有合作投资的可能。

五、政策配套

政府出台的配套措施是中国企业在此次“金融危机”中出海购买股权能否成功的关键。

1. 放宽对跨国并购的审批

我国政府对国内企业跨国并购的相关审批程序十分复杂，费时费力，这在当前国际市场剧烈动荡，机遇转瞬即逝的情况下会延误许多并购时机。

在目前这种国际特殊时期，政府相关部门可适当放宽有关审批条件，对于有时间要求的跨国并购申请，尤其是民营企业的并购，只要是合法的就可以放行，支持民营企业抓住机会走出去。

2. 设立“收购基金”，加大融资支持力度

专门设立一个“境外收购基金”，基金可由主权基金如中投公司出资或相关政府部门设立，对走出去并购的国内企业给予相应的资金支持，使产融结合有一个稳定的支点。

国家开发银行和进出口银行应加大对“走出去”参股境外实体公司的企业的贷款支持力度，特别是支持那些优秀的民营企业出海并购。此外政府可考虑由银行开放“专项贷款”，用以支持中国企业的跨国并购行动，从而鼓励更多的国内企业加入到“走出去”的行列中，营造一个好的投资氛围。

3. 与地方的产业升级相结合

“产业升级”是各地政府关注的热点问题，但计划的实施需要有相应可供“升级”的“产业”相匹配。如东部地区提出了“腾笼换鸟”，很多中西部则表示承接转移，但如果笼子腾出而新“鸟”不来，地方经济就会遭受巨大损失。许多优秀的“鸟”就在欧美龙头企业手中，它可以飞到中国，也可以飞到其他国家。

如果能将这次国内企业参股欧美实体公司与地方的“产业升级”结合起来，各地政府就会产生巨大热情，积极推动国外先进企业的并购，引导产业升级，从而实现“腾笼换鸟”的计划，这就与地方经济发展安排相适应，能充分调动地方政府参与并购的积极性。

4. 发挥 PE 作用

PE 是我国一个新型的集合投资模式，它具有传统企业所不具备的企业制度优势，目前在市场中正茁壮成长，逐渐发展成为一支极其重要的市场化投资力量。中国目前运作较好的 PE 都具有境外资本背景，充分利用好 PE 的作用，可以有效推动企业“走出去”进行跨国收购。弘毅投资携手中联重科收购意大利 CIFA 公司就是一个成功案例。

5. 相应中介机构应积极介入

跨国参股需要投资银行、会计师事务所、律师事务所的参与。投资银行要在目标选择和投资方式设计方面尽早行动，查明国情、企情和市情，深入调研，周密策划。律师要认真研究国外法律，为参股保驾护航。

参股欧美实体公司是个中长期战略性操作，早晚要做，但眼前是最好的时机。由于欧美市场的金融系统发生瘫痪，股市正处于恐慌性抛售阶段；实体企业的资金链断裂，纷纷陷入危机，股

价巨幅下跌，出海入市显现出一个良好的时点。未来一年是黄金时段，故企业应抓住时机，迅速启动。全国工商联并购公会和北京 PE 协会正在策划和推动若干项目，如收购汽车零部件企业、参股知名 IT 企业和收购资源类企业等。

当然客观上我国很多企业目前自身的日子也很难过，这在一定程度上增加了我们“走出去”的难度。但与国外企业相比，我们企业的困难少得多，优势也明显得多。这就需要政府的大力倡导与支持，帮助企业挺过难关，抓住机会，乘势一跃，通过参股迅速缩小我们与欧美领先企业的距离，大幅度提升我国制造业的水平。

2009 年

关于支持国内企业加快实施跨国并购战略的提案

商会通过全国工商联向“两会”提交的提案

建议承办单位：国家发改委、商务部、外交部、人民银行

通过跨国并购，以股权合作方式分享其他国家的自然资源、技术、品牌与销售渠道，是提升中国制造业国际竞争力、扭转中国制造业在国际分工链中的不利地位、增强中国制造业可持续发展后劲的有效途径。政府相关部门有必要出台配套政策措施，支持有实力的中国企业抓住机遇加大跨国并购的步伐。

海外并购是提升中国制造业国际分工地位的有效途径。改革开放三十年来，中国制造业取得了辉煌的成绩，对中国经济建设作出了突出贡献。但由于核心技术、品牌和销售渠道大多数掌握在发达国家实体企业手中，中国制造业长期以来始终处于国际产业分工链中的中低端，在利益分配中处于不利地位，以极大的劳动力资源消耗、能源与环境消耗，生产了全球约 30% 的商品，却只获得国际同类商品价值五分之一的回报，实物产出的份额与价值获得份额严重分离。

通过跨国并购，采取股权合作的方式，共享其他国家的自然资源、技术、品牌和销售渠道，特别是参股发达国家的技术领先企业、行业龙头企业，是提升中国企业国际竞争力、扭转中国制造业在国际分工链中的不利地位、增强中国制造业可持续发展后劲的有效途径。同时也使我国的巨额外汇储备多了一个安全长久的投资渠道，也必将倒逼国企加快改革步伐，是事关国运的大跨越。

建议：

1. 成立海外并购领导协调小组

建议由国家发改委或更高一级的部门牵头组建“海外并购领导协调小组”，由发改委、商务部、国资委、外交部、外管局等相关部门组成，具体负责各部门之间的政策衔接问题。

2. 简化跨国并购审批程序

相关部门对国内企业跨国并购的审批程序比较复杂，费时费力。这在当前国际市场剧烈动荡、机遇转瞬即逝的情况下，会延误许多并购时机。建议适当放宽有关审批条件，对于有时间要求的跨国并购申请，尤其是民营企业的并购，采取依法特事特办、快办的方式提高审批效率。

3. 设立“境外收购基金”

基金可通过社会募集、政府相关部门出资等方式设立，委托专业投资机构管理，对国内企业跨国并购给予相应的资金支持。

4. 鼓励银行加大跨国并购贷款支持力度

商业银行可以在银监会关于并购贷款风险指引的原则下，发放海外并购贷款，鼓励更多有条件的企业加入到“走出去”的行列中；国家开发银行和中国进出口银行可加大对中国企业境外并购的贷款支持力度，营造一个好的融资环境。

5. 与国家产业振兴计划以及地方的产业升级相结合

政府应当引导中国出海企业将并购重点放在产业振兴计划中涉及的行业，以及地方“产业升级”涉及的行业，从而使跨国并购行为符合国家产业发展的战略性安排和国民经济的可持续发展。

6. 加强对“走出去”企业的风险保障机制

进一步完善相关的风险评估与保障体系，鼓励中国进出口信用保险公司等机构向对走出去并购欧美实体公司的中国企业提供风险保障。

7. 加强政府与被投资国政府的交流和减轻企业境外收入税收负担

中国政府应当加强和被投资国政府的交往和

沟通，为出海企业创造良好的并购环境。同时加大对企业境外收入所得的倾斜力度，通过税收减免、亏损退税、关税优惠等方式降低企业的海外税收。

2010：国民共进，启动本土产业的全球整合

全国工商联并购公会会长　王　巍

全球金融危机，政府救助，甲子大庆等诸多国内的大事从各个角度推动中国投资的强劲发力，直至透支我们的储蓄能力。过去一年里，政府高调刺激增长要为全球经济复苏作出大国应有贡献，国有企业高歌猛进全面开拓，金融机构义无反顾保驾护航，如此景气复苏之中，所谓中小企业的“挤出效应”变成了小圈子的呢喃私语，无碍大观。对于商业而言，资本就是资本，并没有体制的属性，几万亿单位银子一拍，前途必定是一片光明。投资曾经是，现在是，也会长期是中国经济应付危机的最有效手段。值得庆幸的是，并购和产业整合已经成为投资的时尚替代，表达得更有文化，也更有内涵。

回顾2009年的并购圈子，除了并购贷款规则弄得几个有资格的大银行花拳绣腿了一番外，其他都是信心满满的收购或者是投资事件，本土的、全球的，直指一切资源能源和市场地位相关的企业或资产。从规模到品质，从边缘到核心，从历史到新潮，凡有价码、有意向、有可能的资产都在中国经济高速发展这个基本坐标体系中衡量一番翻检一遍、把玩一遭，不问来龙去脉，只求我之可用，“先踞要路津”。这个态度的背后便是我们史无前例的自信和阔绰，也引发了境外资本市场的惊恐和敌意。

多年以来，我们卖什么，价格就大跌，我们买什么，价格就大涨，这成了全球商品市场心照不宣的“中国定价权”。而在资产市场上，我们买什么，似乎都是人家的淘汰资产和落伍公司。我们卖什么，却总是“民族品牌”和产业龙头，动辄就有“国家经济安全”的问题。这不仅是让网络愤青们拍板砖流鼻血的话题，也是让企业家们郁闷无奈屡试不爽的法门，更是让永远有理的官府衙门说不清道不明的“软肋”。当中国的本土市场已经打通到全球市场的今天，无论道理是否清晰，企业家们还是要摸着石头过河了。

去年的并购风波不断，有汇源和力拓等案的被否，有悍马和沃尔沃等案的争夺，有五矿的完胜，也有建龙的惨败。在网络时空的当下，街谈巷议已经不再是小民百姓的声音了，完全可以轻易扳倒个把辜负了民意的大员，也可绑架涉及几百亿上千亿元跨国并购的审批大权。如此，所谓企业并购的运作已经大白于天下，多非少数专家运筹帷幄的财技，也非些许企业领袖英明决断的战略，而是垄断特权和廉价资本主导的收购角力，在本土吃得开，在国外也似乎行得通。

2009年的一年，相对西方各国的挣扎，我们看到了中国作为大国的崛起，更看到一个大国政府的崛起。请看我们刚刚公布的2009年中国十大并购事件，政府的并购力量之强大，昭然若揭。当然，国有企业的并购不等同于政府的并购，个中差别颇多，但一个基本点，市场价值要服从于政治价值，毋庸置疑。回顾一年，即便强调和谐发展，绿色低碳，但危机救亡毕竟是主旋律，容不得各界人士发言，不知不觉中，几万亿元投出去也。所谓的公共舆论不过是“流到溪前无半语，在山做得许多声”。

往昔不可追，来日尤可为。政府在危机时替我们做了许多大事，展望2010年，也许并购业界能不负使命，发挥些许专业特长，自下而上地积聚市场的动力，填平补齐，有所贡献。思来想去，大体有几个领域还是可以关注的。

第一，推动国民共进的局面　这一代人亲历三十年的改革历程，排除体制改革的思维确非易事，改革的弦绷得太紧，风吹草动都能发现阶级斗争，都要站稳立场。全球都在政府牵头救灾主导大银行大企业重组，偏偏在中国就要掀起一场“国进民退”的广泛质疑，民间企业担惊受怕尚可理解，国有企业巨头居然纷纷表白，声称没有实施垄断没有廉价融资没有欺行霸市，急于立牌坊，弄得民企企业没事找事罪加一等。

其实，全球一体化的今天，成败能力比体制颜色更在市场上有影响力，想想这么多年来，西方资本到我们这来基本不屑与他们在中国的阶级兄弟民营企业联手，还是愿意与拥有垄断利益的

国有企业和政府来分享利益。从大处着眼，因势利导地发展本土大企业的产业整合能力，于国于民皆大利也，何耻之有？

再者，三十年的博弈结果，国有企业控制上游高端，中小企业分布中下游低端的基本格局已经成熟，各有所好，各显其能，也颇融洽和谐。四万亿元从高端分下来，还是需要中下游接下去，从统计显示还是从笔者观察看，中小企业复苏也是相对强劲，并没有渲染得那样集体退出了多少产业。钢铁，煤矿等产业中民营企业的退出与多种商业因素相关，并非是简单政策使然。

最后，当体制因素被搁置后，大企业和中小企业在产业价值链上重新定位，将是新一年的一个关注焦点。大企业控制资源分布与产业格局，中小企业提升增值服务与创造变化，扬长避短，在竞争与博弈中提升整体产业能力和价值空间。如何创造一个国民共进的局面，也是给监管者提供了一个智慧空间。

第二，启动本土产业的全球整合　中国金融制度的严重滞后，导致中国庞大的储蓄能力无法在本土产业里消化，不得不被绑架在国际资本市场特别是美国经济上。在金融阴谋论一时盛行之下，国人多指责监管机构，哀其不幸怒其不争，即便匆匆搭起了充满精英人物的主权投资公司，拟将管理机关的本土经验翻译到全球市场，便大可随心所欲调拨全球利益资源。辛苦两年的结果，却是“堤外损失堤内补”，还是本土的钱最好赚哪。身已至此，建议国家监管机构，索性就放开手脚，多元开放储备管理，立足于本土的产业整合市场。次贷危机后，人民币升值，本土市场空间扩大，全球产业纷纷掉头向中国接轨，八方来朝，万事俱备：

其一，国策上以本土产业整合为优先目标，当下世界，中国的事情便是全球的事情，本土整合便是全球整合。不在正值青春期的本土市场上大显神通，跑到徐娘半老的美欧更年期市场上乱抛媚眼，颠人之颠也且？

其二，金融资本以扶植本土有市场能力的企业领袖为己任。都说中国企业家不成熟，怎么就把大量资本憋在储备上，流到国外，外国人转手再大把银子都送到我们企业家的府上，而且可能威胁我们的“国家经济安全”，为什么不自己直接就办了呢。

其三，企业领袖之有市场能力，显然不能单靠国家批文和历史吨位，这在国外市场是负面，对产业未来更是疑问。领袖产生必须有竞争环境和鼓励失败的宽松舆论，否则枪打出头鸟，逆向选择的机制只能将一个个永远正确的不倒翁人物放到产业整合的关键点上。还请国有投资机构避免近亲繁殖，邀请具有丰富江湖经验的市场人士入围，打造符合产业价值链方向的市场节点。

第三，促进股权基金与并购合流　股权基金（PE）市场热闹了几年，又低迷了两年，现在可以有新的契机了。记得前两年看着基金圈的海归们兴高采烈地检点投资的项目和产业，指点江山，攻城略地。而另一圈的老谋深算的本土企业家们则不动声色地彼此交流“套住那帮孙子们”的经验。在创业投资和网络传媒等新兴产业里，投资家可以用全球视野来安排资本，但投资到了资源，能源和传统产业里时，管理企业的功夫则成了成功的要害。

今天的股权基金已经不再炫耀身后有几十亿美金的支持了，而是更强调拥有多少老练的企业家担任合伙人，能够为企业带来多少客户资源、市场网络、技术能力和激励机制。年轻不再是资本了，资历才能开门。显然，当下的本土企业家需要的是有附加服务的资本，甚至能提供并购发展的操作。股权基金从融资延伸到管理，并购从操作延伸到融资，两个高度依赖人才资源和市场服务的新金融圈子的合流已经成为大势所趋。

实际上，全国工商联并购公会参与主导的中国企业国际融资洽谈会（融洽会）已经从天津的主场延伸到沈阳、深圳、西安等一系列二线城市，这本就是股权基金和并购界合作创造的民间金融市场和山寨版股权交易所，也是对主流市场和交易所的补充。并购创造价值，基金管理增值，双方彼此合作与渗透将是未来的趋势。

第四，提出并购的社会责任约束　2009 年一个具有全球意义的话题便是哥本哈根论坛，低碳生存和绿色经济观念迅速扩散成为企业界的共识。并购交易也会改变人类的生产方式和消费方式，接受社会责任的约束，就是要在企业重组，并购和产业整合中加入绿色经济和环境成本指标的考量。这不仅仅是企业宣传的新噱头和软广告，而是共同生存在同一产业价值链上企业群体的商业行为约束。

不参与导致环境成本提高，降低企业社会责任，威胁消费者权益的企业重组，并购和产业整合行为与过程，这是第一步要求。提升客户群体的社会责任意识，改善产业价值链系统的环境指标，参与其他公益组织的整体行动，这也许是并购界人士可以推动改变社会的生产方式，消费方式乃至生活态度的起点。

最近，笔者参与起草了一份“两会”提案，希望用本土资本帮助本土企业，进行全球产业整合，得到全国工商联并购公会诸多同人机构的响应。对我而言，本土的就是全球的，不代表民族主义色彩，而且也没有体制的差别。无论国有企业、民营企业还是在中国经营的外资企业都是本土企业。把握中国市场的历史机遇，本土企业应该为老百姓的富足，国力提升和全球经济的发展作出更多贡献。中国的金融机构应当有能力把握本土市场和全球市场，将更多的资本投向最有希望成为全球产业领袖的中国本土企业，我以为，这也是中国金融界的社会责任。

大事记

2007 年

1 月 5 日下午，“2006 年中国十大并购”评选揭晓新闻发布会在京召开，会上揭晓了“2006 年中国十大并购事件”及“2006 年中国十大并购人物”。

2 月 12 日，全国工商联直属行业商会“2006 年度综合评价”考核工作正式启动。并购公会高度重视此次工作，积极配合全国工商联旅游业商会、全国工商联汽车（摩托车）配件用品业商会进行了交叉检查。

3 月 7 日，由并购公会部分理事联合署名的 2007 年“两会”提案：“关于建立加入全球化的国家经济安全体系的提案”、“关于完善我国企业并购融资制度的提案”通过全国工商联，正式向“两会”提交。

3 月 22 日，王巍与诺贝尔经济学奖获得者、哥伦比亚大学经济学教授、“欧元之父”蒙代尔教授，以及著名银行家、美国公共电视网制片人和主持人、《他改变了中国：江泽民传》的作者库恩会面，共同就中国并购市场的现状与前景以及与并购公会的合作机会等交换了意见。

4 月 16 日，公会第三届轮值主席换届选举工作正式启动，并于 6 月上旬圆满结束。最终常务理事、北京产权交易所总裁熊焰当选第三届（2007）并购公会轮值主席。

4 月 30 日，王巍、夏斌、冯兵、马卫京等积极参加“中国企业国际融资洽谈会”在美国、日本和国内主要城市的系列路演，发布系列演讲，在推广天津融洽会的同时，大大提升了并购公会的形象和影响，获得全国工商联和天津市领导的好评。

5 月，中国证券监督管理委员会第九届发行审核委员会委员选举结果揭晓，并购公会常务理事郑建彪入选发审委专职委员，理事单位北京君合律师事务所王志雄、北京竞天公诚律师事务所白维、中联资产评估有限公司高忻等也同时入选。

5 月 19 日，王巍、谢佳扬、冯兵等出席由晨曦孤儿救助中心（The Morning Sun Center of Hope）主办的慈善晚宴，并代表并购公会进行慈善募捐。

5 月 25 日，由并购公会和全球并购研究中心主办的首届中国并购专项奖揭晓，共有 15 位会员及单位代表获得了首届中国并购专项奖。

6 月 5 日，并购公会第一届第五次全体会员代表大会在北京王府井大饭店召开。

6 月 6 日，由并购公会主办的“2007（第五届）中国并购年会”圆满召开，本届年会主题为“全球与中国并购环境”，参会人数超过了 1500 人次。

6 月 8 日，“中国企业国际融资洽谈会”成功在天津滨海新区落下帷幕。

7 月 20 日，并购公会与并购公会轮值主席单位北京产权交易所联合举办《物权法》学习座谈会，全国人大法工委民法室主任姚红、并购公会常务理事张晓森参加主讲。

7月24日，并购公会会长王巍出席国务院国资委研究中心、中外名家研究院主办的“中外名家系列讲座”，并做“并购的前沿：机遇与安全”主题演讲。

7月，《中国并购盛典》出版。全书详细介绍了第五届中国并购年会、首届中国企业国际融资洽谈会的内容与成果，撷取了历届中国并购年会的精彩瞬间，简述了中国并购里程，是一本不可或缺的典藏图书，受到读者广泛好评。

8月2日，国家发改委财政金融司马季华副司长访问并购公会，就并购公会通过全国工商联向2007年“两会”提交的《关于完善我国企业并购融资制度》的提案征询意见。并购公会会长王巍、副会长葛明与来访客人就国家有关政策法规及现状作深入交流和讨论。

8月7日，并购公会监事会正式成立，监事会对理事会、常务理事会的重大决策和日常工作进行监督，维护广大会员的合法权益，促进公会健康发展。

8月9日，《关于完善我国企业并购融资制度》的提案主牵头人、并购公会常务理事、招商证券董事长宫少林一行回访发改委财政金融司，与马季华副司长对该项提案做进一步探讨。

8月17～19日，并购公会参加“2007资本中国年会暨中国证券市场十八年庆典”活动，公会会长王巍应邀参加庆典并主持“私人股权投资与并购”论坛，并购公会荣誉会长朱利，常务理事宫少林、汤世生及理事田溯宁等也出席了庆典活动并参加了论坛对话。

8月22日，由姜炳秀次长带领的韩国大韩贸易投资振兴公社考察团一行，在并购公会理事单位韩国M&A公司陪同下，访问了并购公会秘书处。

8月25～26日，公会会长王巍、公会理事田溯宁出席中国企业家论坛第四届深圳高峰会，王巍应邀在论坛开幕式上致辞，并主持了本届高峰会主题论坛“什么支撑中国经济的未来”的对话讨论。

9月5日，国际知名未来学家、《大趋势》作者约翰·奈斯比特访问并购公会，王巍会长与奈斯比特进行了深入交流。

9月13日，由董事总经理Naoki Kamiyama带领的摩根士丹利日本公司以及日本投资机构一行访问了并购公会，并与会长王巍进行了会谈。

9月16日，国内首家股权投资基金协会在天津成立，公会理事田溯宁当选为会长，王巍担任监事会主席。

9月21～22日，由并购公会参与支持、《中国外汇管理》杂志社携手摩根大通、中国外汇网共同举办的股权投资基金国际研讨会在云南昆明举行。

9月24日，并购公会中秋联谊暨成立三周年庆典在北京皇城艺术馆举行。

10月，由并购公会、全球并购研究中心、中国并购交易网共同举办的“2007中国十大并购”评选活动正式启动。

11月2日，并购公会第二届会长副会长竞选演讲会在轮值主席单位北京产权交易所举行。

11月25～27日，由中国冶金报社主办的“钢铁行业兼并重组与企业发展研讨会”在北京举办。并购公会受邀与中国钢铁工业协会、中国工业经济联合会共同作为本次会议的支持单位。

12月2日，“2007中国金融人才战略高峰论坛暨第六届国际金融中心研讨会”于上海金茂君悦大酒店召开，并购公会受邀担任本届会议的协办单位并主办“并购人才与整合”专场论坛。

12月5日，由并购公会主办，亚洲商学院、全球并购研究中心承办的《资本交易》杂志创刊。

12月17～18日，由北京市国资委、市发改委、市商务局、市工业促进局、市投资促进局等相关委办局联合北交所共同组织的，并购公会支持举办的“2007北京国际并购论坛”如期举办。

2008年

1月7日，在并购公会轮值主席单位北京产权交易所揭晓“2007年中国十大并购人物”和“2007年中国十大并购事件”。3月6日，并购公会通过全国工商联向“两会”递交提案：关于建立健全小股东权益保障机制的提案。

6月，中国国际金融有限公司总裁朱云来当选并购公会第四届（2008）轮值主席。

6 月，由并购公会发起并主办的“全国工商联并购公会欧洲并购考察团”赴英国进行商务考察。考察团在欧洲期间，分别参加了伦敦召开的由并购公会主办的“博鳌亚洲论坛——国际资本峰会”及在利兹召开的“并购全球论坛”。

6 月 10 日，由全国工商联并购公会主办的“第二届中国企业国际融资洽谈会——并购高峰恳谈会”在天津举办。恳谈会已成为融洽会的重要组成部分。

6 月 26 日，全国工商联并购公会上海并购俱乐部成立仪式即揭牌酒会在上海滩花园洋房会所举办。

6 月 27 日，由全国工商联并购公会、中国人民银行上海总部、上海市人民政府金融服务办公室共同主办的“2008 中国并购年会”在上海浦东香格里拉大酒店召开。本次年会还举行了 2008 年中国并购专项奖的颁奖仪式，本次评选共产生 25 个奖项。

6 月 28 日，王巍、田溯宁应邀随国家发改委考察团奔赴四川灾区，参加了国务院震后恢复调研与筹资工作组，并以专家身份深入已经封闭的灾区考察，包括什邡、北川、都江堰、郫县和绵阳。在两次工作会议上，并购公会提出了关心民营企业的恢复和利用市场力量救灾，利用民营力量参与重建等建议，得到与会者高度重视。

7 月 31 日在并购公会新任轮值主席单位——中国国际金融有限公司召开了并购公会第九次联络人会议。会上轮值秘书长李弘代表轮值主席介绍了公会本年度工作计划。

9 月 18～19 日，由中国冶金报社主办，中国钢铁工业协会、全国工商联并购公会支持的“2008·中国国际钢铁并购重组论坛”在北京举办。

9 月 25 日，由并购公会轮值主席单位中金公司组织的全国工商联并购公会四周年庆祝活动在北京观复博物馆举行。

10 月 17 日，由并购公会支持的“中国企业国际融资洽谈会暨沈阳金融服务外包交易会”成功举办。

11 月 14 日，轮值主席单位中国国际金融有限公司和国际著名业务及战略咨询公司 Stonebrige International 主办的“金融危机对中国影响”的主题论坛在中国国际金融有限公司举办。

12 月，全国工商联授予全国工商联并购公会等 198 个单位“抗震救灾先进集体”荣誉称号。

12 月 6～10 日，经过前期的组织和筹备，由并购公会王巍会长、轮值主席单位李弘秘书长率领的并购公会台湾并购考察团前往台湾进行商务访问。这是并购公会自成立以来，第一次组团访问台湾地区。

2009 年

1 月 7 日，由全国工商联并购公会、全球并购研究中心、中国并购交易网发起主办的 2008 年“中国十大并购”评选揭晓新闻发布会在并购公会轮值主席单位中国国际金融有限公司举行。

1 月 11～12 日，由深圳证券交易所主办，全国工商联并购公会协办的“第三届上市公司并购重组与操作实务研讨会”在深圳召开。

2 月 5 日，由全国工商联并购公会与上海市人民政府金融服务办公室、中国人民银行上海总部联合主办的“中国并购贷款与融资研讨会”在上海成功召开。会上发布了《并购贷款图解 2009》一书。

2 月 8 日～10 日，中国企业家论坛第九届年会在亚布力召开，本届年会主题是“大变局时代下的中国企业”。并购公会作为支持单位参与了本届年会。王巍会长主持“开幕主题论坛：大变局时代，宏观经济形势与金融业发展趋势”。2 月 10 日上午，在 NGO 研究成果发布会上，由温州市信用担保行业协会会长郭志超公布了全国工商联并购公会和温州市信用担保行业协会联合署名的《鼓励民间正当金融行为，加快培育中小企业银行》的提案建议书。

3 月 9 日，由天津市人民政府金融服务办公室、中国人民银行天津分行、天津银监局及全国工商联并购公会联合主办的“中国并购贷款与融资研讨会”在天津成功召开。

3 月 20 日，并购公会 2009 年第一次常务理事会会议在北京召开。会议就并购公会去年的工作进行了总结，并就近期工作进行了说明。会议特邀全国工商联孙安民副主席光临参加会议，并购公会王巍会长、葛明副会长、宫少林副会长及诸位常务理事参加了会议，会议由费国平副会长主持。

3 月 21 日，由经济合作与发展组织（OECD）撰写的《2008 中国投资政策评估报告——鼓励负责任的商业行为》在京发布。为使更多的中国本土企业能够从《报告》中受益，在与经合组织成功合作出版《中国跨国并购政策报告》的基础上，全国工商联并购公会再次受邀翻译并发布《2008 中国投资政策评估报告》中文版。

4 月 28 日，由北京市金融工作局和全国工商联并购公会联合主办，北京产权交易所、全球并购研究中心、北京 CBD 金融商会承办的“并购贷款与融资（北京）高层论坛”在京成功召开。北京市委常委、常务副市长吉林，全国工商联副主席孙安民出席了会议并讲话。

4 月 30 日，上海并购俱乐部正式揭牌。上海市委副书记、市长韩正到会，上海市委常委、副市长屠光绍致辞。政协主席冯国勤与全国工商联并购公会会长王巍共同为试运行一年后的“上海并购俱乐部”正式揭牌。

6 月 10～12 日，由天津市人民政府、中华全国工商业联合会和美国企业成长协会共同主办的第三届“中国企业国际融资洽谈会”在天津举办。作为“融洽会”的重要组成部分，由全国工商联并购公会主办，主题为“中国杠杆收购的时代”的并购高峰恳谈会于 6 月 10 日成功举办。

6 月 11 日，由第三届“融洽会”组委会主办的中美破冰 30 年“真相与感悟”对话讨论在天津大礼堂一楼中剧场成功举行。对话论坛邀请了中国前国家主席刘少奇之女刘亭女士和美国前总统尼克松的女婿爱德华·F·考克斯先生现场就中美建交 30 年来两国关系的发展进行了精彩的对话。全国工商联并购公会会长王巍主持了讨论。

6 月 22 日，全国工商联并购公会全体会员（代表）大会在北京举行。会议由并购公会副会长葛明主持，会上对过去一年的各项工作进行了总结；通报了第五届轮值主席的选举过程并公布选举结果。会后在香水餐厅举办了北京并购俱乐部之夜酒会。

6 月 23 日，由全国工商联并购公会、北京市金融工作局和北京市朝阳区人民政府共同主办的 2009（第七届）中国并购年会在北京召开。本届年会的主题为“国际经济新秩序——并购创造价值”。中国人民银行副行长兼上海总部主任苏宁，北京市委常委、常务副市长吉林，全国工商联副主席孙安民，中国银行业监督管理委员会副主席蔡鄂生出席会议并发言。

8 月 22 日，中国人民银行上海总部、上海市金融服务办公室及全国工商联并购公会联合主办的“中国本土产业整合研讨会”在上海成功召开。研讨会对本土企业并购及本土产业整合进行了研讨。

8 月 25 日，全国政协副主席，全国工商联主席黄孟复接见王巍，听取并购公会的工作汇报和参与主办中国企业国际融资洽谈会（融洽会）的情况汇报。当天下午，全国政协经济委员会副主任胡德平主持部分工商人士参加关于中小企业金融服务的座谈会，银监会副主席王兆星带领该会主要司局主管到会，征求业界意见。王巍会长应邀出席并发言。

8 月 31 日，由全国工商联并购公会、德勤会计师事务所联合主办的“两岸投资与并购研讨会”在北京成功召开。

9 月 19 日，全国工商联并购公会支持的“中国企业国际融资洽谈会——第二届金融服务外包交易会”在沈阳万鑫国际酒店成功召开。国内相关金融机构、国际私募股权投资机构以及 IT 企业负责人近 700 人参加了会议。开幕式由沈阳市副市长邹大挺主持。

9 月 29 日，应并购顾问联盟（AM&AA）和经济合作与发展组织（OECD）的邀请，由并购公会发起组织的“德法并购之旅”启程，前往德国和法国进行并购商务实地考察。此次活动旨在考察欧洲地区投资与并购环境，推动中国与欧洲地区金融机构的深层交流合作。

10 月 15 日，法国驻中国大使馆政府投资部首席代表 Pascal Gondrand 先生一行访问并购公会，王巍会长与法国客人就中国企业到欧洲和法国投资的热点问题进行了深入交流。

10 月 23 日，并购公会 2009 年第二次常务理事会会议在北京召开。会议主要通报了五周年庆典筹备进展情况；通报了“中国并购代表团——

德法并购之旅”考察情况及成果，并就并购公会进一步加强国际交流与合作进行了讨论；通报了上海并购俱乐部的工作进展。

10月27日，由深圳证券交易所主办，全国工商联并购公会深圳办事处协办的“第四届上市公司并购重组与操作实务研讨班”在深圳隆重举行。

10月28日，由并购公会主办、北京天安时间当代艺术中心承办、德勤会计师事务所协办的并购公会五周年庆典活动在北京天安时间当代艺术中心成功举办。来自全国工商联领导、相关部委及市政府领导、并购公会会员、部分十大并购人物、知名企业家及社会各界人士150余人齐聚一堂，共同庆祝全国工商联并购公会成立五周年。

11月，由全国工商联并购公会、全球并购研究中心、中国并购交易网举办的“中国十大并购”评选活动启动。

11月9日，全国工商联副主席宋北杉，与会员部部长刘红路等人员，同并购公会会长王巍，专程到人民银行就并购公会成立社会团体征求意见。人民银行副行长苏宁，办公厅副主任孙辉，征信局局长邵伏军，金融市场司副司长霍颖励和人事司副司长齐小东等领导出席会见。2009年12月，中国人民银行正式回函表示，对并购公会申请社团法人登记事宜无不同意见。

12月23日，并购公会迎新联谊暨“西藏历史、文化和宗教”座谈会在本届轮值主席单位德勤华永会计师事务所举办。座谈会特邀光大银行董事俞二牛先生作为主讲嘉宾。

中华全国工商业联合会石油业商会

CCPI

全国工商联石油业商会

全国工商联石油业商会会标取石油（Petroleum）的英文首字母“P”变形成的三个油滴造型，形成一股聚合的力量，形象生动，易于理解和传播；三为众，有众多的意思，象征凝聚众多民营石油化工企业力量，提升竞争优势和核心竞争力；油滴从点到面的变化、交织旋转的造型极具动感，代表了各企业之间相互沟通、相互促进，更有不断发展、生生不息的意念；圆形和经纬线组合成地球，代表全国工商联石油业商会凝聚国内石油化工企业力量，全方位、多层次地参与全球市场竞争，在国际市场占据一席之地。

商会简介

中华全国工商业联合会石油业商会（简称全国工商联石油业商会）是由中国民营石油企业发起，依照国家法律、法规，经中华全国工商业联合会批准，于2004年12月11日在北京成立的。全国工商联石油业商会是在全国工商联领导下的石油业及相关行业的会员组织。

商会宗旨：坚持党的路线、方针、政策。教育会员爱国、敬业、守法。积极维护会员的合法权益。以“推动我国石油管理体制改革，实现我国石油市场主体多元化，石油来源多样化，石油价格市场化，稳定国内石油市场，保障国家能源安全”为己任。商会组织带领全国非公有制石油企业，以及联合与石油产业相关的企业，中外合资企业和不同经济成分的经济组织，共同构建我国和谐的多元化石油市场。

商会的主要任务：向会员宣传、贯彻党和国家的方针、政策，引导会员遵守国家法律法规，规范企业行为，促进行业自律；组织会员学习党和国家的方针、政策，积极参政议政；为会员提供经济、技术、信息、生产、管理、融资、法律法规等咨询服务；组织会员参观、考察或举办各类展销会、交易会等活动，增进会员与行业间的交流与合作；广泛联系国际与中国香港、澳门特别行政区、台湾地区的商会、同业公会等组织和机构，组织会员开展交流、互访、考察等活动，促进会员的国际经贸交流与合作；维护会员合法权益，反映会员的困难、意见和要求，帮助会员排忧解难；教育引导会员热心社会公益事业；组织会员参加工商联开展的各项活动；承办政府及全国工商联委托交办事项。

会员服务：①提供行业信息：建立并维护商会网站，编辑报纸、会刊，及时地为会员收集石油行业的最新信息。实现信息交流、资源共享，团结联系会员。②组织行业调研：组织业内专家，收集、分析市场信息，出版具有行业指导意义的

会长

张　跃

执行会长兼副会长

齐　放

钱其连

王有德

郑金泉

副会长

陈环英

陈建民

高　岩

韩宝林

雷　虹

李国强

中国石油业年度报告，为民营石油业的发展提供有价值的观点、数据、事实与思路。③开辟参政议政渠道：根据会员的要求，代表广大会员，向政府提出合理化建议、议案，传达民营石油业的心声，促进行业的不断发展；参与制定行业法规，行业标准与行业自律规则，强化行业自律，规范市场秩序，促进中国民营石油业的良性发展。参与、组织展会：组团参与国内外的各种石油行业展会，积累、摸索展会举办经验，以推出全国性的、有一定影响与实力的石油业展会，为中国民营石油业提供一个高效的展示自身形象、交流经验与信息的平台。④加强国际交流：组织国内民营石油业精英，访问国外著名石油企业，学习国外同行经验、了解国际石油市场动态，积极促进国内民营石油业与国际石油大公司合作。⑤提供学习平台：利用现有资源优势，提供信息咨询、市场研究等服务，举办各种形式的培训和交流活动，帮助会员提高业务素质与综合能力。⑦保护企业权益：立足会员企业，依法保护企业的合法权益。

会长、副会长、秘书长名单

会长

张　跃　中国·泰地集团有限公司董事长

执行会长兼副会长

齐　放　张家口联合石油化工有限公司董事长

钱其连　南京蓝燕石化储运有限公司总经理

王有德　山东恒源石油化工集团有限公司董事长

郑金泉　厦门海澳集团有限公司董事长

副会长

陈环英　新疆维吾尔自治区石油商会会长

陈建民　港丰集团董事局主席

高　岩　天则经济研究所副所长

韩宝林　天津泰达蓝盾集团发展有限责任公司总经理

雷　虹　智慧谷企业家学习俱乐部主席

李国强　国务院发展研究中心中小企业研究所企业管理研究室主任

李　靖　江西三源（集团）有限公司董事长

梁金达　滁州市金达石油有限公司董事长

林瑞辉　香港经久企业有限公司董事长

刘家庚　海南国际侨华石油化工开发总公司董事长

李　靖

梁金达

林瑞辉

刘家庚

刘　璇

任保林

任文达

孙珩超

薛光林

张成如

张士英

郑桂泉

秘书长：马莉

刘　璇　昆明旭然石化有限公司总经理
任保林　山西和田物资集团有限公司董事长
任文达　中球冠集团有限公司董事长
孙珩超　宁夏宝塔石化集团有限公司董事长
薛光林　深圳光汇石油集团股份有限公司董事长
张成如　山东省工商联石油与清洁燃料业商会会长
张士英　北京市润福通商贸中心董事长
郑桂泉　深圳市庆鹏实业集团有限公司董事长

秘书长

马　莉

联系方式：
电话：010－51234805/06/07/09
传真：010－51234818
地址：北京市东城区安定门外大街东后巷28号1号楼433室
邮编：100710
网址：www. cccpi. org
邮箱：office@ cccpi. org

工作综述

2007 年

2007 年是不平凡的一年，商会面对成立以来的重重困难和艰巨繁重的换届工作，在全国工商联的正确领导下，在国家有关部门的大力支持下，在社会各界的关心呵护下，全体会员企业无私奉献，奋力拼搏，以贯彻落实党和国家大力发展非公有制经济的方针政策，积极推动我国石油市场化改革进程，构建和谐现代化石油市场为己任，完成了预定工作任务。

一、做好换届工作，加强自身建设

按照《中华全国工商业联合会石油业商会章程》（以下简称章程）第十七条“会员（代表）大会每三年召开一次。因特殊情况需提前或延期换届的，须由理事会表决通过，报全国工商联批准同意”的规定，商会按规定应于2007年12月进行换届工作。但在年初，商会的工作遇到了特殊的困难，难以为继。为此我们于2007年1月召开会长办公会议，经研究并报全国工商联批准，将商会的换届工作提前到上半年进行。按会长办公会拟定的标准，完成了会长、副会长、常务理事、理事推荐名单，提交会长办公会议审定；负责章程修改的同志认真总结章程执行两年多来的情况，结合商会的工作实际和管理部门的要求，积极收集、整理会员企业的意见，有理有据地编写了修改建议。2007年6月，商会第二次会员代表大会在北京香山如期举行，与会代表按照会议的议程，选举产生了商会新一届领导集体。这是石油业商会成立以来的第一次换届，对于保证石油业商会可持续发展具有十分重要的意义。换届工作的提前完成对迅速扭转商会的被动局面奠定了良好的基础。

二、做好参政议政工作，发挥商会作用

2007年是施行《成品油市场管理办法》和《原油市场管理办法》的第一年，也是国务院《关于鼓励、支持和引导个体私营等非公有制经济发展的若干意见》（简称“非公经济36条”）颁布的第三个年头，但是由于当前石油流通体制存在市场体系不完善，竞争机制作用有限，相关的法律、法规不健全，不协调，政府监管体系需进一步完善，价格形成机制存在诸多问题的因素，非公有制石油经济发展受到严重束缚，针对以上存在的问题，在全国工商联的领导下，在深入调查研究的基础上，商会以“非公经济36条”为依据，针对改进原油进口政策，放宽国内石油市场限制和民营企业“走出去”等问题，向“两会”提出进口原油自主交易和允许地方和民营炼油企业在国内市场上自主采购原油以及支持民营企业“走出去”寻找油源的建议。

国家发改委收到提案后，专门指派中小企业司王黎明司长和综合司林卫东处长到商会和会员企业进行调研。在充分调研的基础上，于7月给商会的提案进行答复。由于建议涉及我国石油工业管理体制、贸易政策等问题，不能得到及时解决，但问题的提出得到政府部门的重视，并表示认真研究商会提出的关于我国石油流通体制改革问题，根据职能分工，将积极配合有关部门认真做好相关改革工作。

商会收到国办发〔2007〕12号文件，《关于开展行政法规规章清理工作的通知》和国务院法制办《关于清理工作的有关问题通知》后，认识到此项工作是深入贯彻落实毫不动摇地鼓励、支持和引导非公有制经济发展的最重要、最生动、最具体的体现，需要认真对待，积极配合，于是我们及时地在网站上公布文件精神，收集广大会员企业的意见。在征求会员企业意见的基础上，商会于10月12日，以全国工商联石油文字〔2007〕9号文件，向国务院法制办呈送了《关于认真贯彻落实国办发〔2007〕12号文件，清理国办发〔1999〕38号等文件》的建议，文件阐述了国办发〔1999〕38号文件已失去清理主体，严重阻碍了民营石油经济发展要求，要求废止的意见。

三、加强对外交往，提高商会的知名度

2007年，商会还注重搭建平台和利用各种机会，组织专业活动，将会员企业的资源与专家们的专业优势和社会资源相结合，提升商会的服务水平，商会与山东省工商联石油与清洁燃料业商会、广州息旺公司、北京科博会等单位共同组织的联谊、商贸、发展论坛等活动，都是这一方式的体现。商会成立以来，基本形成区域性活动、国家级活动和国际区域的经济活动，为会员企业提供信息服务，并且注重组织资源大省的会员企业与资源较为稀缺的省份会员交流沟通，力求达到商务合作。

四、搞好信息建设，搭建宣传平台

商会利用网络优势，在商会的网站上定时定期发布油价信息、时事新闻、招商项目、产品推介等信息。商会网站还与数十家会员企业和经济组织建立了链接，方便会员企业及广大民营企业了解相关的行业信息。

10月，商会一报一刊一网的信息网络已初步形成，广大会员企业可以通过自己的报纸、会刊、网络，解读发展政策，掌握信息，寻求合资合作伙伴，搭建一个属于会员企业的宣传平台。

五、狠抓秘书处建设，培养一支能为会员企业服务的团队

建设一支能为会员企业服好务的团队，是商会生存和发展的基础，商会完成换届选举后，商会秘书处就将组织建设列入议事日程。根据商会章程的规定，商会多次召开会长办公会议，讨论研究此事。经过考核和征求会员企业的意见，会长办公会经过无记名民主选举，全体会长办公会议成员一致选举马莉担任秘书长。

商会根据日常工作的实际情况和发展的需要，在总结过去工作的基础上，重新修订了商会各项工作规章制度，并对秘书处工作人员全部实行聘用制，严格实行定岗定责，严格考核工作实效。建立激励机制，充分发挥每位同志的工作才能。

在对上届商会财务进行全面审计的情况下，秘书处重新修订了财务管理规定，按照节约办商会，勤俭办事的原则，严把财务关。根据会长办公会的决定，对商会财务实行月检查，季考核，半年审计一次的规定，从而有效地控制费用的支出，让每一分钱都用在为会员企业服务上。

经过调整建设后的秘书处工作人员，在人员减少、工作量增加的情况下依旧恪尽职守，积极工作，团结一致，圆满地完成了工作任务。

2008年

2008年，在全国工商联的领导下，商会坚持以党的基本路线和科学发展观为指导，认真贯彻落实党的十七大和十七届三中全会精神，以"稳定国内石油市场，保障国家能源安全，推动我国石油体制改革，实现我国石油市场主体多元化，石油油源多样化，石油价格市场化"为己任，参政议政，做好政府助手，充分发挥商会的桥梁纽带作用，为广大会员交流合作搭建平台、排忧解难。各项工作都取得了新进展。

一、积极做好参政议政工作，发挥商会助手作用

（一）配合全国工商联做好政协提案工作

根据全国工商联对提案工作的要求，商会积极听取、收集企业的意见，组织商会会长、副会长以及常务理事共同商讨，并邀请专家对提案进行修改，于2008年1月15日向全国工商联提交了《关于完善国内石油流通体制，加快实现"市场经营主体多元化、石油油源多样化、石油价格市场化"新格局的提案》和《关于藏油于民，完善国家石油储备体系的提案》。

国家发改委于2008年8月21日和9月13日分别就商会提交的两项政协提案给予了答复。答复虽然未能解决民营石油企业经营所面临的种种困难，但充分说明商会的提案得到了国家相关部门的重视。商会秘书处收到答复后迅速以传真形式转发给会员企业，并在11月的《商会会刊》上予以登载，同时征求企业对答复的意见和建议。

（二）配合国务院开展“安全生产百日督察专项行动”

4月24日，全国工商联向各直属行业商会转发了国务院办公厅“安全生产百日督察专项行动”的通知，并召开会议部署相关工作。随后，商会秘书处结合石油行业的特点，迅速制定了《全国工商联石油业商会会员企业安全生产自查自纠情况表》并下发至各会员企业，组织会员企业开展安全生产检查工作。

（三）多渠道反映民营石油企业的发展现状和有关建议

1. 2008年1月份，国家能源领导小组办公室向商会了解2007年全国地方炼厂的生产、经营、发展情况，以及面临的问题。商会立即就以上问题对地方炼厂进行了全面细致的情况调查和资料收集，将情况汇报和相关建议及时整理成文提交国家能源办，部分建议已被相关部门采纳。

2. 2008年3月3日，国家发展和改革委员会、商务部联合发布了《关于民营成品油企业经营有关问题的通知》（以下简称《通知》）。《通知》发布后，商会接到很多会员企业反映，《通知》的发布并没有改变民营石油企业的生存与发展现状。商会立即派出工作人员，走访会员企业。秘书处将收集的资料整理形成建议，于2008年4月18日正式向国家发展和改革委员会、商务部递交了《关于尽快出台发改经贸〔2008〕602号通知实施细则的建议》。

3. 7月13日，全国工商联经济部应邀参加国家发展和改革委员会召开的经济形势分析座谈会。全国工商联经济部要求商会提供民营石油企业的情况以及相关建议。商会第一时间向会员企业收集当前的生产、经营状况，及时地提交了报告。

（四）召开“2008——新阶段的能源价格研讨会”

2008年10月19日，商会在北京召开了“2008——新阶段的能源价格研讨会”。会议以“改进国内石油流通体制”、“成品油定价机制”作为主要议题，以推进中国石油体制改革为目的，邀请国家相关部门领导、石油业商会各地企业代表参加了会议。会上，领导和企业代表就“如何建立市场主体多元化和竞争主体多元化的问题以及拓宽原油和成品油的进口渠道”等问题进行了研讨，共同为中国的能源价格改革建言献策。同时，这次会议也就2009年商会政协提案工作做好了选题准备和研究。会后，商会秘书处根据会议内容，整理形成了《关于完善相关体制政策，构建和谐的石油流通秩序的报告》，于2008年11月20日提交全国工商联，并请全国工商联转呈国家发改委、国家商务部等相关部门。商会也通过其他渠道及时将报告递交中共中央政策研究室和国家能源局等相关部门。

二、认真搞好宣传，扩大商会影响

2008年，商会充分利用会刊、报纸和网站相结合的方式，为会员企业提供较全面、实用和权威的行业资讯和信息，同时也给会员企业提供了展示企业风采的重要平台，最大限度地实现了行业资源的共享和利用。

1. 2008年，商会编辑出版了12期报纸、6期会刊，并且在会员企业中逐步建立通讯员网络，以便商会能更快更多地获得会员企业的相关信息和资讯。

2. 3～6月，商会进行了网站改版。改版后的商会网站，新增国内外石油行业发展动态与趋势、政策深层解读、分析评论，石油产品市场价格行情等多个板块、栏目，实现全面的综合服务功能。

3. 商会通过电子邮件的方式每日向会员提供国内外石油价格行情及资讯，切实帮助会员企业了解国际原油以及国内油品的价格走势、发展趋势，为企业经营决策提供信息支持。

三、引导会员企业自觉履行社会责任，积极参与社会公益和慈善活动

2008年初，我国南方各省遭遇了几十年不遇的雨雪冰冻灾害，商会组织会员企业积极捐款捐物，在寒冷的冬天为灾区的人民送出温暖，献出爱心。

2008年5月12日，汶川发生了里氏8.0级的大地震。5月13日，商会通过网站、传真等渠道发出了《抗震救灾　援助同胞　重建家园——致全国民营石油行业的倡议书》，号召商会下属的所有会员企业组织开展向四川地震灾区人民捐款捐物的活动。同时商会及时与地处灾区的会员企业联系，了解各会员企业受灾情况和生产经营状况。

倡议书发出后，商会秘书处工作人员与广大会员企业积极响应。据统计，截至5月23日，共有78家会员企业向四川地震灾区捐款，总计金额达1405万多元。

10月9～15日，马莉秘书长组织武汉三丰石油商贸有限公司、瑞达石油公司等会员企业，参加了由全国工商联组织的“民营企业灾区行”活动，赴陕西汉中和甘肃天水灾区，对适合民营企业参与的灾后重建项目进行了考察和调研。

四、拓展国内外经贸交流与合作，打造对外交往平台

为了解决民营石油企业发展的“融资难”问题以及鼓励、支持、引导会员企业“走出去”，商会进一步加强与国际同行业之间的广泛联系，积极组织会员企业参加各种经贸活动，拓展商务圈。

1. 2008年，商会组织会员企业参加了“2008年第十三届中国LPG国际会议”暨“2008中国石油贸易峰会”、“第二届中国企业国际融资融洽会”、2008海内外知名企业家“齐鲁行”暨中国济宁投资经贸洽谈会、“第三届泛成渝经济区商会合作峰会”等会议，大家在会上面对面深入交流、了解信息、开阔视野、探讨合作，为企业与企业间搭建了一个良好的沟通、交流、合作的平台，对会员企业的发展十分有益。

2. 7月17日，美国驻华使馆经济处官员到商会拜访。双方就两国石油企业互访、合作进行了探讨。

3. 7月19日，阿联酋PETRO ALLIANCES LIMITED执行总裁CAPTAIN KOH先生、江西三源（集团）有限公司李靖董事长、陕西宝姜石化有限责任公司陈晖副总经理、泰达蓝盾集团（天津）有限公司韩宝林总经理、商会秘书长马莉共同就石油资源、资金风险、燃料油运作交易规则和贸易流程等合作问题进行了友好、深入的探讨。

五、与会员企业加强沟通联系，增加商会凝聚力

2008年，商会主要从会员需求出发，力求工作实效，不断提高服务会员企业的水平。

1. 3月8～13日，马莉秘书长前往襄樊、上海、泉州、厦门、深圳等地拜会会员企业、了解情况，认真听取他们的意见或建议，与会员企业建立更加广泛、密切的联系。

2. 8月26日，副会长泰达蓝盾集团（天津）有限公司韩宝林总经理和秘书长马莉等前往山东恒源石化集团拜访，并走访了山东东营的部分地炼企业，深入会员企业，了解其生产和经营情况。

3. 9月19日，商会在成都与来自成都各区、县的十几位民营加油站代表进行了座谈。在座谈会上，民营加油站的代表介绍了成都民营加油站的经营现状以及所面临的困境。商会表示，将向国家相关部门切实反映当地民营石油企业发展所遇到的各种问题，并提出实现民营石油企业健康、可持续发展的意见或建议；并表示全国工商联石油业商会将在成都民营加油站商会的筹备和成立期间，给予大力支持。

4. 为了全面提升会员企业的整体实力和市场竞争力，推动民营石油行业健康发展，经过第二届第四次会长会议讨论，研究决定开展行业评选活动，设立“中国民营石油行业十大最具影响力企业”、“中国民营石油行业十大杰出企业”两个奖项。此次评选活动得到会员企业的大力支持和积极参与。此次活动不仅肯定了企业、企业经营者在行业发展中的突出作用以及对整个行业发展所作的较大贡献，还强化了商会的自身建设，提高了商会的影响力和凝聚力，使商会与会员企业的联系与合作更加紧密，同时大大提高了商会的行业影响力和社会声誉。

六、协助地方各石油业商会建设，不断壮大商会力量

2008年初，商会确定了今年会员发展的大方向，把发展会员的重点放在协助地方石油业商会的建设以及对本届副会长班子的调整上，新吸收了一批具有经济实力、社会影响力，并具有一定规模的石油企业。商会的队伍不断壮大，会员的结构不断优化，商会的影响不断扩大。

七、加强商会内部组织建设，推进商会自身发展

1. 2008年初，根据商会的工作实际情况和发展的需要，在总结过去工作的基础上，商会重新修订了财务管理制度和财务报销制度。商会在税务部门办理了登记注册手续，取得了税务登记书，购买了正式发票，进一步规范了会费收缴工作。

2. 严格实行周工作会议制度，每周一开员工例会布置工作，周五检查工作进度以及解决工作中遇到的问题。不仅加强了员工之间的沟通、交流，还提高了工作效率。

3. 邀请专家、副会长来商会，为秘书处员工培训，指导秘书处员工正确认识商会工作的意义和价值，并在工作中树立良好的作风和保持积极的态度。

4. 秘书处按照规定为员工办理了四险，保障了员工的合法利益、加强了劳动用工管理、构建了和谐劳动关系。

5. 商会秘书处按照全国工商联会员部的工作要求，依据《全国工商联直属行业商会章程范本》，结合商会的工作实际，对商会的《章程》进行了比较大的修改，修改内容包括总则、职能与任务、会员、组织机构和负责人的产生和罢免、资产管理及使用原则等共七章，涉及32项条款。

在全国工商联领导的指导下，在广大会员企业的支持下，商会在2008年开展了一系列活动，为会员提供了更好的服务，扩大了商会的影响力，取得了一定的成绩。在新一年的工作中，我们将会按照科学发展观的要求，认真总结经验，克服困难，抓住机遇，切实发挥商会的作用，当好政府助手，为会员企业服务，为构建我国多元化和谐石油市场而努力。

2009年

2009年，全国工商联石油业商会深入学习实践科学发展观，紧紧围绕全国工商联工作安排部署以及商会的工作计划，坚持开展丰富多彩的活动，积极发展会员，努力提高商会服务水平，发挥商会的桥梁和纽带作用，切实帮助会员企业解决生产经营中遇到的各种问题，较好地完成各项工作任务。有关情况如下：

一、配合政府有关部门开展行业调查研究，反映行业、会员诉求

（一）积极参政议政，配合全国工商联做好政协提案工作，发挥商会纽带作用

商会通过多种形式调研，向会员企业征询意见和建议。在全国工商联研究室的指导下，于2009年2月25日提交了《关于抓住机遇　完善石油储备体系建设的提案》，建议政府充分发挥民营企业的作用，利用民营石油企业现有闲置的储备设施，实行“藏油于民”，打造多元化的石油储备体系。该提案以全国工商联团体提案的形式于“两会”期间提交，得到国家领导人的亲笔批示，转发国家能源局、住房和城乡建设部等相关部门，并刊登在全国政协第44期“重要提案摘报”，并荣获“全国工商联系统2009年优秀调研成果评选”一等奖。

商会于10月20日在北京召开第二届第八次会长办公会议，会议专门就如何推进该提案后续工作进行了全面、深入的讨论。

（二）多渠道反映民营企业现存问题和有关建议

1. 2009年3月份，商会陆续接到诸多地方炼厂的电话，反映自2009年1月1日正式实行的燃油税以及燃油税率的提高，对企业生产经营造成了明显的直接影响。山东地方炼厂已有超过50%的企业处于停产或半停产状态。马莉秘书长一行紧急前往山东省调研。调研结束后，商会立即将调研情况以及相关建议迅速整理形成《关于我国地炼行业生存现状的紧急报告》，于2009年3月23日上报全国工商联，并请转呈黄孟复主席以及国家相关部门及领导。此份报告得到了国家商务部产业损害调查局的高度重视。

2. 2009年4月23日，商务部产业损害调查局与商会在北京联合召开“中国民营石油行业安全发展调研会”。会议就中国民营石油行业凸显的安全发展隐患进行专题调研，对民营石油行业的健康发展提出了新思路。会后，根据商务部、国家能源局相关司局和张跃会长的要求和部署，商会工作人员再赴山东地炼调研，了解地方炼厂近期生产、经营情况。商务部产业损害调查局对商会工作给予了充分肯定，认为商会充分发挥服务职能作用，及时汇报行业情况，为行业健康发展作出了积极贡献。

3. 8月25日，商会根据全国工商联要求在会员企业进行问卷调查，主要就民营企业市场进入、公平竞争的情况，特别是在国家4万亿元投资和大规模信贷投放中，民营企业获得的发展机遇、遇到的主要问题和困难进行调研，此次调研得到了会员企业的积极响应和参与，商会秘书处

根据企业反馈的情况，及时将调研结果整理形成报告提交全国工商联。

（三）协助参与国家有关法律法规的制定和修改

1．5月26日，国家发展与改革委员会经济研究所致函商会，要求针对其《国家石油天然气法》立法准备工作，协助开展对我国石油、天然气行业发展情况的调研。商会立即指派专人负责，全力配合，并及时提供行业民营企业相关情况及数据。8月4日，商会派人专程陪同发改委经济研究所姜润宇副研究员，前往山东省部分会员企业调研，助其取得准确、有效的企业相关数据和信息，调研得到了会员企业的全力配合。

2．11月4日，第十一届全国人大常委会第十一次会议审议了《中华人民共和国石油天然气管道保护法（草案）》，为了能充分反映非公有制企业的诉求，全国工商联要求商会广泛征求各会员企业的意见，商会将草案以传真和邮件方式发至各会员企业，会员企业认真阅读、研究并提出了建议，商会秘书处将建议汇总，于11月11日以书面形式反馈至全国工商联法律部。

二、加强商会服务力度，扩展商会服务项目，增强商会凝聚力

为会员企业服务是商会的立足之本，2009年，商会不断了解企业情况和需求，提高服务质量和水平，为会员企业争取有利的生存环境。

1．1月4日，商会下发《企业基本情况调查表》至各会员企业，了解会员企业近年的实际生产、经营状况，更新和完善会员数据库资料，进一步加强商会与会员之间的联系。该调查为收集和提供民营石油行业真实、准确的数据和资料进行了有效的准备。

2．4月1日，商会在崇州召集成都各区、县的20多家民营加油站代表进行座谈，详细了解当地民营加油站的经营情况以及成都民营加油站商会的筹备情况，并就商会3月上旬对山东地方炼厂的调研情况以及向国家相关部门提交《关于我国地炼行业生存现状的紧急报告》等事项向与会者作了说明，表示将竭力为我国民营石油企业未来的长期发展争取有利政策，以缓解其所面临的艰难局面。

3．8月11日，商会与国家科技部中国科技金融促进会风险投资专业委员会签署“全国民营石油行业企业投融资工作平台”合作框架协议。

4．9月13日，商会在北京召开“全国民营石油行业企业投融资工作平台第一次工作会议”。全国工商联会员部副部长李树林、业内专家及领导，以及会员企业代表共计70人出席了此次会议。

会议介绍了“投融资工作平台”的意义和运作方法，投融资工作平台的专家团队介绍了风险投资、债权融资、设备贷款、银行贷款等多种融资方法的运用，阐述了风险投资、上市等金融工具介入对企业发展产生的战略意义。参会代表分别就企业的自身情况、目前资金的需求以及遇到的困难，与专家进行了单独交流和沟通，专家针对企业的不同情况，提出了建设性的意见和建议。

三、拓展交流合作，增进会员与相关行业间的交流与合作，扩大对外影响

在目前金融危机的大背景下，商会进一步加强与国内外同行业之间的联系，帮助企业在困难中不断寻找发展机遇，扩展海内外市场。

2009年以来，中国国际战略研究基金会副秘书长李新玉，中埃商业联合会会长卡尔特·阿勃·伊斯梅，韩国LG集团大中华区及北美区前任总裁、现任韩国首尔仁荷大学国际政治学系教授、博士千辰焕先生拜访了商会，并进行了友好的沟通、交流，为今后合作奠定了良好基础，对帮助企业促进国内外市场的拓展与开发具有积极意义。

同时，商会组织会员企业参加了“陕西省能源资源重大开发转化项目推介会”、“山东省首届成品油贸易洽谈会”、“2009海内外知名企业家齐鲁行”、“2009节能环保创新产品与技术推介会”、“伊朗炼油与销售项目投资洽谈会”、“日照临港产业暨化工产业推介会”等活动。通过这些活动，促进了行业的信息交流、为企业拓展海内石油市场搭建了一个交流、合作平台，为企业带来更多、更好的商机。

四、努力扩大行业宣传，及时发布权威信息

商会定期通过商会网站和刊物及时通报国内外行业最新动态、商会的近期工作状况、会员企业新闻等，据不完全统计，商会2009年撰写并发布关于商会工作、会员企业新闻100多条，以及来自国内外的行业动态、价格行情、分析评论、政策法规等近3万余条。

五、加强组织建设，积极发展会员，提高服务水平

（一）社团法人登记工作

2009年7月16日，全国工商联举办全国工商联行业商会专题培训班。会议要求认真贯彻落实民政部《国务院授权全国工商联作为全国性社会团体业务主管单位有关问题的通知》精神，切实做好全国工商联直属行业商会的申请登记工作。

商会非常重视此项工作，并在第二届八次会长会议上进行了专题讨论。同时根据全国工商联的要求，成立了工作领导小组，认真仔细准备了申报资料，积极与相关行业主管部门沟通，取得了行业主管部门的支持。

（二）会员发展

2009年，商会大力发展会员，吸收了山东、上海等地规模较大的几家石油企业，商会会员企业达到568家。同时，充分发挥副会长的作用，积极推进福建省油气商会的建立。

商会于2009年6月份向全国工商联会员部递交了《关于成立全国工商联石油业商会加油设备专业委员会的请示》，7月15日获全国工商联批准同意成立，并于10月27日在北京举行了“全国工商联石油业商会加油设备专业委员会授牌仪式”。

来自国内30余家加油设备行业的企业代表共同参加了此次授牌仪式。加油设备专业委员会的成立，不但对于行业的技术创新和健康发展具有重要的意义和作用，并且为商会筹建其他专业委员会打下了良好的基础。

重要活动

2007年

召开全国工商联石油业商会第二次会员代表大会

6月24日，全国工商联石油业商会第二次会员代表大会在北京香山饭店举行。会上宣布了全国工商联石油业商会关于换届选举工作的有关规定，选举出全国工商联石油业商会第二届理事、常务理事、副会长及会长人选。

召开全国工商联石油业商会2007年会

12月22日，全国工商联石油业商会“2007年会暨第三届中国民营石油经济发展论坛”在北京好苑建国饭店举行。国家能源领导小组办公室副主任徐锭明、全国工商联会员部部长刘红路、商务部商业改革发展司副司长王晓川、国家能源领导小组办公室司长周喜安、发改委基建物业管理中心副主任苏克杰，全国工商联会员部副部长赵岳仑等领导同志应邀出席了会议。会上，徐锭明、王晓川及国务院发展研究中心中小企业研究所副主任李国强分别发表了题为《中国石油体制改革方向》、《构建和谐的中国石油市场》、《学习十七大精神促进民营石油发展》的重要讲话。会议还安排企业与企业就炼油、技术与设备、项目与投资三个环节进行一对一的商务洽谈。最后，全国工商联石油业商会在饭店宴会厅设晚宴招待各位来宾。

2008年

召开中国民营石油行业安全发展调研会

2008年4月23日，商务部产业损害局与商会在北京好苑建国酒店，联合召开“中国民营石油行业安全发展调研会”。

商务部产业损害调查局、外贸司、商贸服务管理司、国家能源局综合司、油气司、科技局、全国工商联会员部、经济部、研究室，中国石油和化学工业协会，全国工商联石油业商会张跃会长、副会长、会员企业以及国内数家生产经营规模较大的地方炼化企业等共计50多位代表出席了此次会议。

会议代表阐述了目前国内民营石油企业发展所面临的艰难困境，详细汇报了各自所在企业的生产、运营情况，以及在经济发展、保障就业、维护社会安定等方面所发挥的积极作用。国家相关部门的领导对地方炼化企业代表汇报的情况，表示非常关注。今后，将继续深入了解民营石油行业的发展状况和困难，逐步从体制上解决目前的问题。

召开“2008年——新阶段石油行业发展方向研讨会”

2008年10月19日，全国工商联石油业商会在北京好苑建国酒店召开了“2008年——新阶段石油行业发展方向研讨会”。中央政策研究室、国家能源局、国家商务部、国家发改委、全国工商联等相关领导出席了此次会议。

2008年12月20日，全国工商联石油业商会“2008年会暨第四届中国民营石油经济发展论坛”在北京人民大会堂隆重举行。全国工商联副主席宋北杉，全国工商联直属会员商会会长瞿怀明，全国工商联经济部部长欧阳晓明、会员部副部长赵岳仑，著名经济学家、国务院参事任玉岭，国家能源局综合司司长周喜安，商务部对外贸易司副司长梁树和，全国工商联石油业商会副会长、国务院发展研究中心企业研究所企业管理研究室主任李国强，商务部商贸服务管理司行业二处处长怀欣应邀出席了会议。上午11时，2008年度“中国民营石油行业十大最具影响力企业”与“中国民营石油行业十大杰出人物”颁奖仪式隆重举行。下午，在北京好苑建国酒店二楼会议大厅，中央财经大学危机管理学院董传仪教授为本届论坛作题为《右手创造财富 左手保住江山》的专题演讲。会议还安排与会人员根据自身不同的项目需求，就各自感兴趣的问题进行热烈讨论。

2009年

召开全国民营石油行业企业投融资工作平台第一次工作会议

2009年9月13日，“全国民营石油行业企业投融资工作平台第一次工作会议”在北京隆重召开。它标志着“全国民营石油行业企业投融资工作平台”（以下简称“投融资工作平台”）已经进入实质性运作阶段。马莉秘书长出任“投融资工作平台”工作小组组长。此次工作会议主要面对有资金需求，并及时提交“项目投资需求书”的商会会员企业，全面听取企业代表的需求，借助工作平台的功能、作用和金融专家的特长为企业出谋献策。

全国工商联会员部副部长李树林，中国科技金融促进会风险投资专业委员会副秘书长、“投融资工作平台”工作小组副组长蒋国平，中国科技金融促进会风险投资专业委员会副秘书长林宁，中国科技金融促进会风险投资专业委员会债权融资部主任管济伍、投资银行执行主任薛文涛，中国成长基金CEO陈文娟，中信证券股份有限公司债券部项目经理郭冰等领导、业内专家，以及诸多会员企业代表参加了本次会议。

此次会议的模式是“投融资工作平台”开展工作的初步尝试，它得到了与会企业代表的高度认可和充分肯定。他们表示，此次会议为企业提供了一个学习了解融资手段、与投融资专家进行直接咨询交流的难得机会。同时，结合企业自身项目情况，使企业对如何使用金融工具、运用何种金融工具解决资金困难等问题有了初步的认识，对于企业今后逐步解决融资困难、满足资金需求有着非常重要的实践意义。

全国工商联石油业商会加油设备专业委员会成立

2009年10月27日，全国工商联石油业商会加油设备专业委员会在北京海南大厦举行授牌仪式，标志其正式成立。来自国内30余家加油设备行业的企业代表参加了此次授牌仪式。

加油设备专业委员会前身为“石油设备新产品洽谈会”，是由全国300多家民营石油辅助设备生产和销售企业，自发成立的“沙龙”性质的联谊会组织，遵照“增进友谊，调剂设备，加深信任，探讨市场，共同发展”的宗旨，活跃在我国石油市场。近年来，共举办了十届全国性的同行业联谊会、展销会，已成为我国石油设备市场不可或缺的新兴力量。

马莉秘书长代表张跃会长致辞，她对加油设备专业委员会的美好未来寄予深切的希望，希望各企业代表发扬团结、互助、自律的精神，积极、正确引导行业的健康发展，与商会共同为促进民营石油行业的快速发展而努力。

主办第五届中国民营石油经济发展论坛

2009年12月18～20日，由全国工商联石油业商会、厦门海沧台商投资区管委会、厦门大学中国能源经济研究中心主办，厦门市海沧区人民政府办公室、厦门海澳集团、中国泰地集团承办的“第五届中国民营石油经济发展论坛”暨

“首届海西石油市场高峰论坛”及“福建省油气商会成立大会”与海澳集团25周年庆典和海澳码头仓储工程落成典礼在福建省厦门市成功举行。

12月18日，120多家福建省民营油气企业负责人聚首厦门温德姆和平国际大酒店，福建省油气商会成立大会和首届理事会就职典礼隆重召开。商会副会长陈建民当选福建省油气商会首任会长。

12月19日，“第五届中国民营石油经济发展论坛”暨“首届海西石油市场高峰论坛”，在福建省厦门市海沧区人民政府行政中心大会议厅隆重举行。此次论坛以“在全球金融危机蔓延与经济复苏的挑战和机遇下，海西石油产业如何把握国际市场脉搏，实现民营石油企业自身持续、稳定、健康地发展，为补充国家能源安全建设贡献力量”为主题，邀请了中共中央政策研究室、国家能源局、国家商务部、国务院发展研究中心等有关部门领导及国内、国际知名行业专家、学者、商会会员企业、国内外石油企业和相关企业代表、国内外金融、地产、物流等行业人士约350人参加了本届论坛。商会会长张跃在论坛发表了题为“合理诉求，为民营石油企业创造发展空间”的演讲。国家能源局综合司司长周喜安在致辞中充分肯定并高度评价了商会在服务、推动、促进国内民营石油行业发展乃至我国非公经济长足发展中所发挥的积极作用和出色成绩。商务部商贸服务管理司处长怀欣在致辞中简要阐述了我国国内石油分销市场的进程、多元化格局的形成等论题。

12月20日，海澳集团在厦门海沧区海澳码头仓储工程举行了隆重的落成典礼。会上，海澳集团总裁、海澳码头仓储工程建设指挥部总指挥李林，商会副会长李国强，商会会长张跃，厦门市委常委、海沧投资区党工委书记、海沧区委书记钟兴国以及厦门海澳集团董事长郑金泉分别发表热情洋溢的讲话并为海澳码头仓储工程剪彩。

重要文献

2007年

关于改进原油进口政策，放宽国内石油市场限制的提案

商会通过全国工商联向“两会”提交的提案

商务部于2006年12月发布的《原油市场管理办法》和《成品油市场管理办法》，对推进石油流通体制改革产生了重要作用。从2007年1月1日起，无论是国外企业还是国内各种所有制的企业，原则上都将享有同等的石油市场准入条件。这两个“管理办法”的实施，将有助于打破计划统一配置原油资源和两大集团集中批发成品油的格局，允许具备条件的企业在我国从事原油、成品油批发经营，推动我国石油市场逐步形成国有大型石油公司、跨国石油公司和民营石油企业共同参与竞争、相互促进发展的局面。

石油来源多元化和市场竞争主体多元化是石油产业市场化的重要标志，也是保证我国石油安全的两个重要方面。从长远看，这将加快推进我国石油流通领域的市场化进程，逐渐形成油源和经营主体多元化、品牌和服务差异化的市场竞争格局。

但是，由于历史和政策原因，我国石油市场流通体制至今尚不完善。按照1998年我国进行的石油流通体制改革政策的要求：国家原油资源由国家统一配置，进口原油须交中国石油和中国石化两大集团炼厂炼制；国家严格控制新增炼油能力，地方炼厂生产的成品油一律交由两大集团销售；成品油由中石油、中石化两大集团集中批发；新建加油站必须由两大集团全资或控股建设。这一政策在当时是必要的，但在中国进入WTO过渡期结束和国内石油市场逐步放开的今天，它严重限制了中石油、中石化、中海油（以下简称三大石油集团）以外的民营石油企业的生

存与发展空间，不利于石油市场的健康发展。

民营石油企业现已成为我国石油行业的一支重要生力军。截至2006年11月底，三大石油集团公司以外的石油批发企业占国内成品油批发企业总数的33.4%，加油站占国内加油站总数的56.3%。尽管民营石油企业数量多、分布区域广，但其成品油的销售总量只占市场份额的不到30%。三大石油集团之外的石油批发零售企业无油可卖、成品油价格批零倒挂的现象存在已久，这是汽柴油市场长期供应紧张的重要原因之一。

目前，三大石油集团以外的各类地方和民营炼厂的一次加工能力超过8000万吨/年，占全国炼油能力的1/4以上，是我国成品油供应的重要力量。但其中只有少量的炼厂能够得到国家配置的原油，且实际得到配置量不到其加工能力的1/10。长期以来这些炼厂处于半停产状态，造成现有生产能力的大量闲置，这迫使相当一部分企业使用进口高污染低收率的燃料油替代原油，生产低品质油品以供应紧缺的成品油市场。

综上所述，油源供应政策不合理已成为我国石油产业发展和管理体制改革的一个突出矛盾。国产原油由国家统一配置，进口原油必须交出两大石油集团公司炼制，市场上成品油80%以上由两大集团供应，在成品油上非国有贸易进口经营单位只能进口燃料油等，这一切都导致了对原油、成品油的来源的严格限制。应当逐步放松对油源的控制，取消不合理限制政策，加快推进我国石油流通体制的市场化进程。为此，我们建议，应尽快调整有关政策规定：

一是放宽享有“原油进口配额”资质企业的原油批发权和自主经营权。允许这些企业将进口原油拿到国内石油市场上进行自主交易流通，取消原油进口后必须交出中石化、中石油两大公司进行二次计划分配、包销、包购的政策规定，允许符合国家产业政策的地方炼油厂在国内原油流通市场上自主采购资源、自主加工和销售产品，以补充国内油品市场的不足。

二是允许地方和民营炼油企业在国内市场上自主采购原油。为构建节约型社会、和谐石油市场，提高国有炼油企业的生产效率，保障国内成品油市场的供应，使国有资产的利用率达到最大化，应当允许因中石油、中石化的计划配置原油资源的短缺造成开工不足的地方和民营炼油企业，进入国内原油流通市场自主采购原油，并可为系统外企业开展来料加工，以促进国内石油市场公平竞争与稳定发展。

三是支持民营企业“走出去”寻找石油资源。国家在开拓国际石油资源方面，应采取“两条腿走路”的方针，在大力鼓励国有石油公司出外找油源的同时，也要在政策上积极支持民营企业出外找油源。支持民营企业“走出去”找油源，在相当大的程度上可以避免国际石油政治矛盾给中国带来的歧视和压力。

（2007年2月）

民营石油：改革春风就要到来

——在石油业商会2007年年会上的开幕词（摘要）

全国工商联石油业商会会长　张　跃

（2007年12月22日）

2007年夏天，全国工商联石油业商会在全国工商联的正确领导下，在国家有关部委的亲切指导下，在社会各界和各兄弟商会以及全体会员企业的支持下，克服重重困难，圆满完成了换届选举和今年的工作任务。这一年，商会认真贯彻落实党中央、国务院关于促进非公有制经济发展的方针政策，针对多年来困惑民营石油企业原油进口政策，市场限制、油源紧张、批零倒挂以及走出去等问题，在深入调查研究的基础上，多次向国家有关部委提出了提案和专题报告，商会还专门向国务院法制办呈送了要求废止1999年38号文件的建议。商会还举办了不同形式、不同专题、不同层次的专业活动，并发行了商会的会刊，帮助会员企业开拓市场，解读政策，扩大商圈，反映非公有制石油经济发展中遇到的各种问题，呼吁社会各界予以关注和支持，取得了较好的效果。

全国工商联石油业商会在新的领导集体的带领下，团结广大会员企业，努力拼搏、与时俱进，圆满完成了工作任务。这对扭转商会的被动局面，促进商会的建设，构建和谐商会，和谐石油发展环境，奠定了良好的基础。现在，大家比较关心的就是石油公平贸易，自由、平等、公正、合理，这是商品经济最基本的属性和诉求，而中国的石油市场严重不公平、不公正。近日商会领导班子拜访了商务部、发改委以及能源办的有关领导以及国务院的个别领导，我们深深感觉到，改革的春风就要到来。

近几年在商务部、发改委以及国务院有关领导的重视下，石油的改革步伐虽然慢了一点，但是还在推进。涉及石油五大领域的改革：第一，成品油市场批发；第二，成品油市场零售；第三，定价机制；第四，原油进口；第五，成品油进口。近几年的发展，零售放开了，批发放开了，据最近了解，国家有关部门正在讨论定价机制。如果定价机制跟国际接轨，民营石油发展空间就更大。目前石油市场中的运营模式，大家都看到了，2006 年出现了油荒，2007 年出现了油荒，中国 55% 的原油是自产的，而 45% 的原油是进口的。但大家要问，日本没有油，韩国没有油，它为什么没有油荒？改革开放这么多年，建立了良好的市场经济，粮食放开了，粮食紧张吗？不紧张。钢材放开了，钢材紧张吗？不紧张。水泥放开了，水泥紧张吗？不紧张。市场经济有它特殊的规律，市场经济的潮流势不可当。

事实上，商务部和能源办的有关领导已深深感到石油业改革的重要，特别是石油市场改革的迫切性。应该说，民营企业，特别是 1999 年之后，民营企业发展是非常艰难的，但在艰难的环境当中，很多民营企业已经走入了上游，我们商会的会员中有一位一年开采原油 1 万吨。他告诉我，再过两三年就能够达到 4 万吨的采油能力。目前，民营企业中有 78 家炼油企业，这两年规模都扩大了 1 倍。原来是 100 万吨，现在都到 200 万吨、300 万吨、400 万吨，我知道的一家民营企业就达到了 500 万吨。如果市场允许，那他们会成为很大的石油企业。但就是市场机制约束他们，他们发展不起来。尽管走得很艰苦，但在零售行业还有 45% 的加油站都批发给民营企业。民营企业在非常艰难的政策环境与不公平的市场道路体制下怎么发展？如果有一个合理、公正、公平的市场机制和市场环境，我相信民营石油企业就会发展得更大。

2008 年，全国工商联石油业商会要认真贯彻落实中央十七大和全国工商联“十大”精神，在今后的工作中要坚持以科学发展观促进民营石油经济发展的原则，把作为政府的助手作为第一责任，努力学习，掌握为会员企业服务的本领，在全国工商联的领导下，加强与国家有关部委的联系、沟通、交流，积极促进我国石油体制的改革，我们在交流、联系、沟通过程当中，一定是非常合理的诉求，加强为石油产出国和国际石油公司的友好合作，为公有制石油企业能够顺利地走出去，寻找油源，做好前期工作，加强为会员企业的维权工作，努力创建一个公正、公平、透明的市场竞争环境，为构建我国和谐工业化、现代石油体制作出贡献。

在全国工商联石油业商会
2007 年年会上的讲话（摘要）

全国工商联会员部部长　刘红路

（2007 年 12 月 22 日）

11 月，全国工商联刚刚召开了第十次会员代表大会，黄孟复主席在工作报告中回顾了工商联五年的工作，肯定了“五个新”：

一、全国工商联组织在积极建言献策、参政议政中取得的新成效。

二、紧紧围绕经济建设中心，为经济社会发展作出的新贡献。

三、加强宣传引导思想政治工作取得的新进展。

四、密切与政府部门合作，为会员服务工作取得的新突破。

五、壮大会员队伍、基层组织和行业商会建设，迈出的新步伐。

在这些工作成绩中，也包含了石油业商会所作出的贡献，包含了石油业商会会长、副会长、常务理事、会员及秘书处全体同志的辛勤努力。

借此机会，我对大家这一年来对全国工商联和会员部工作的支持，表示衷心的感谢。同时，也对关心石油业商会成长、给予商会工作大力支持的国家发改委、商务部等政府部门、业内同仁及社会各界朋友，表示衷心的感谢。今后，希望大家一如既往地关心和支持工商联工作、关心和支持石油业商会的工作。

2007 年，我国的民营石油企业，在党中央、国务院促进非公有制经济政策的指导下，有了蓬勃发展。民营石油企业，已成为我国能源战略发展中不可忽视的重要力量。党的十七大提出的促进各种所有制发展的方针政策，为我们指明了发展方向，我们要用科学的发展观，来指导发展，促进民营石油经济又好又快地发展。

今年6月，石油业商会召开了换届大会，实现了领导班子的平稳过渡。

换届后，在新一届领导班子的带领下，商会认真贯彻党中央国务院关于促进非公经济的发展政策，在交流信息、维护会员合法权益、加强企业间的联系与合作、向党和政府反映民营石油企业发展中的问题、提出实现民营石油企业健康发展的政策建议等方面，积极开展了各项工作，取得了一定的成绩。

希望商会以本次年会为契机，深入贯彻十七大精神，认真总结过去、科学谋划未来、解放思想、开拓创新、求真务实、锐意进取，使商会的工作，迈上一个新台阶。

最近，全国工商联机关召开了局级干部务虚会，把认真贯彻党的十七大精神，全面落实全国工商联“十大”任务，设定为2008年工作的总目标。

工商联作为党领导下的人民团体和商会组织，具有五大作用：

一、非公经济参政议政的主渠道作用；

二、做好非公经济代表人士思想政治工作的重要作用；

三、政府管理非公经济的助手作用；

四、建立和谐劳动关系的协调作用；

五、充分发挥工商联在我国行业协会、商会改革发展中的积极作用。

目前，各级工商联组织已经建立行业商会8611家，我们做的许多工作，都是具有开创性的工作。如：积极参与“两会”提案议案的准备，编写行业商会发展报告。

做好商会的工作，需要社会各界的支持，首先是商会全体会员的关心、支持和努力。

在促进行业发展外，我们还要积极开展行业自律、努力加强行业商会秘书处建设。

希望石油业商会在今后的工作中，创新观念、创新体制、创新内容、创新载体，在大家的共同努力下，进一步开创商会工作的新局面，为我国民营石油业的健康有序发展，作出新的贡献。

中国石油体制改革方向
——民营石油企业如何又好又快地发展（摘要）

国家能源管理领导小组办公室副主任　徐锭明

（2007年12月22日）

当前全国上下正在兴起学习党的十七大精神的热潮，各行各业都在全面贯彻落实党的十七大精神，在以胡锦涛同志为总书记的英明领导下，全国人民意气风发，斗志昂扬，高举中国特色社会主义伟大旗帜，以邓小平理论和“三个代表”重要思想为指导，深入贯彻落实科学发展观，坚持改革开放，推动科学发展，促进社会和谐，为构建全面小康社会而奋斗。党的十七大报告强调指出，要加快发展现代能源产业，建设科学合理的能源资源利用体系，提高能源资源利用效率，发展清洁能源和可再生能源。可再生资源显著上升，积极开展能源自愿互利合作，建设生态文明基本形成能源资源和保护生态环境的产业结构、增长方式、消费模式。党的十七大报告就我国的能源发展指明了方向，又给今后的能源发展提出了新的更高的标准和要求，按照党的十七大精神，我认为今后我国能源发展的目标，已经不仅仅是建一座发电厂、开发一座油田、建一座煤矿的项目工程问题了，而是立足于建设能源生态体系，促进能源生态文明。因为能源的生态文明是建设全社会生态文明的基础，促进能源事业是实现又好又快发展的基本保证，建设能源生态体系、促进能源生态文明是贯彻落实科学发展观、构建社会主义和谐社会的必然要求。在这里，我希望同志们进一步深入学习党的十七大精神，把全体会员的思想统一到党的十七大精神上来，把力量凝聚到实现党的十七大确定的各项任务上来，坚持学以致用，用以致学，用党的十七大精神武装头脑、指导实践、推动商会工作。党的十一届三中全会以来，我们党正确分析国情，做出了我国正处于并将长期处于社会主义初级阶段的科学论断，党的十五大从社会主义初级阶段的基本国情出发，根据解放和发展生产的要求，明确提出要坚持完善社会主义公有制为主体，多种所有制经济共同发展的基本经济制度。1999年，宪法修正案把国家在社会主义初级阶段的基本经济制度在《宪法》中明确确定下来，使之得到了国家根本大法的保证。党的十六大坚持完善社会主义基本经济制度，进一步提出两个毫不动摇的方针，即必须毫不动摇地巩固和发展非公有制经济；必须毫不动摇地支持、引导非公有制经济。把坚持公有制为主体和促进非公有制经济发展统一到社会主义现代化建设进程中，有利于各种所有制经济在市场经济中发挥各自的优势，共下决心，共同发展。

今年10月份，中国共产党第十七次代表大会通过了中国共产党党章修正案决议中，把“中国共产党领导人民发展社会主义市场经济，毫不动摇地巩固和发展公有制经济，毫不动摇地鼓励、支持、引导非公有制经济的发展”写入党章。有了党章的规定，有了宪法的保障，我相信我国非公有制经济发展的道路将会越走越宽广。

学习贯彻党的十七大精神，最根本的就是要坚定不移地高举中国特色社会主义的伟大旗帜，坚持中国特色社会主义道路和中国特色社会主义理论体系不动摇。在党和国家政策的正确指引下，我国非公有制经济获得了长足发展，已经成为我国国民经济新的增长点，成为推进社会主义市场经济体制完善的重要力量，成为吸纳社会就业重要渠道，成为为市场发挥群众智慧重要力量，成为对外经贸制度的积极参与者，成为科技创新的统领军。我们要充分认识非公有制经济在建设中国特色社会主义事业中的重要作用，进一步增强发展非公有制经济的自觉性和坚定性。

改革开放使我们党在新的时代条件下，带领人民进入了一次新的伟大革命。改革开放近三十年来，我国现代化建设取得的成就举世瞩目，改革开放是发展中国特色社会主义实现中华民族伟大复兴的必由之路，历史的发展证明，没有思想解放和改革开放，就不会有我国能源工业辉煌、灿烂的今天。同样，我们也可以预言，没有继续思想解放，深化改革开放，就不会有我国能源工业更加美好的明天。

党的十七大报告指出，坚持解放思想、实事求是、与时俱进，勇于变革、勇于创新、永不停止，不畏任何风险所惧，不被任何干扰所惑，使中国特色社会主义道路越走越宽广。思想解放不能停顿，改革开放不能停顿，思想解放停顿了人的头脑就会死亡，改革开放停顿了我们的事业就会衰亡。完善社会主义市场经济体制是一个长期的过程，需要继续付出艰辛的努力。实践表明，改革开放、推进体制创新是解决经济社会发展诸多矛盾的必由之路，也是贯彻落实科学发展观的必然要求。改革开放建立和完善社会主义市场经济体制，带给人们的不仅仅是物质上的丰富，更多的是广泛的发展空间。改革开放的伟大实践，铸就了以改革创新为中心的精神，并将有利于激发全民族的创造热情，把改革开放同社会主义现代化建设不断推向前进。我相信，今后石油业商会在石油体制机制改革过程中，在落实充分利用两个市场、两种资源的方针中，将会发挥积极的推动作用。

石油业商会成立以来，做了大量扎实有效的工作，为商会成员提供政策咨询，加强行业自律，促进行业发展，维护企业合法权益等方面发挥了积极作用。在党的十七大报告中，胡锦涛同志强调，要发挥社会组织在扩大群众参与、反映群众诉求方面的积极作用，增强社会自治功能。希望石油业商会的同志们，在新的一年里，坚持以邓小平理论和“三个代表”重要思想为指导，全面贯彻落实科学发展观，按照完善社会主义市场经济的总体要求，继续发挥好桥梁纽带作用，加强行业自律，继续履行好服务企业宗旨，积极帮助企业开拓国内、外两个市场，充分发挥商会在经济建设和社会发展中应有的作用，把石油业商会办得更好。

构建和谐的中国石油市场
——在全国工商联石油业商会2007年年会上的讲话（摘要）

商务部商业改革发展司副司长　王晓川

（2007年12月22日）

在举国上下认真全面地学习党的十七大文件精神的热潮中，我们和中国民营石油企业的朋友们一起在这里齐聚一堂，认真地领会十七大文件中所明确的科学发展观、建设和谐社会的重要战略思想，我觉得意义十分重大。大家都知道，能源在今天中国持续快速稳定的经济发展进程中，扮演着越来越重要的角色。我们期望，也期待着，社会各种资本倾其全力，以自身经营的优势和你们所拥有的潜力，为国家的经济发展、为我国全面建设小康社会作出贡献。

在这里，为了与同志们一起共同地探讨这样一个深刻的题目，我想就近几年来，我国石油市场管理工作的有关情况，向大家做一简要的汇报，并以此与同志们开展探讨。我们也期望，在今后的工作过程中，能够得到在座的朋友们真诚的支持，以你们在本领域内睿智的见解、丰富的经验和有效的做法共同将中国石油市场管理体系建设得更好。

大家都知道，我国经济持续多年一直在稳步快速地发展，我国石油行业，包括在座的中国民营石油企业的朋友们，以你们自身的努力，为我国的经济发展作出了应有的贡献。我们简略地回顾这一进程，就会清楚地看到，自20世纪90年代以来，我国民营资本开始逐步进入石油行业，这一领域也逐渐地发生着重大变化。

举例来讲，到去年底，我国汽车保有量已经超过4000万辆，国民经济一直持续在8%～10%的增长。在这样一个快速发展的经济下，能源，特别是以石油为代表的能源，在这一发展进程中的作用越来越重要。在我国的石油行业，特别是在成品油的行业内，大家以自身的经营，充分地认真地满足了这方面发展的需要。我们以自身的努力配合了也实现了国民日益增长的物质和文化方面的需要。大家都知道，在二三十年以前，中国人对汽车还仅仅是一个梦想，能够拥有一部自己的汽车，我们还无法实现。但是，在我国经济持续快速发展的形式下，在制造业和第一产业的全力努力下，我们的国民的愿望实现了。伴随着汽车时代的来临，成品油市场的作用就出现了，我们需要一个遍布城乡的石油供应网络，我们也需要一个有现代化建设水平支持和充分物流配送体系支撑的石油市场体系，我们也需要一个以法制、制度化管理、现代化管理为特征的石油市场经营体系。在近几年的发展过程中取得了进步，在这里向同志们做如下几点报告：

第一，我国石油市场管理体系日臻完善。随着我国经济改革开放的逐步深入，自20世纪90年代以来，我们在原有的石油市场体系基础上开放了其他资本进入这一领域，民营资本开始进入了加油站这一石油销售板块，从此，这一板块内开始发生了变化。民营企业以自身在这领域内的努力，做出了成绩，并且逐步占据了市场份额，在将近20年的发展进程中，已经取得了将近一半的经营企业份额和1/3的市场份额。

进入2000年以后，我国为加入WTO和2004年以后为履行WTO的一系列承诺，我们开始在这一领域内进行了一系列的对外开放。2004年12月11日，我国正式承诺在零售领域对外资开放。这就意味着，在成品油的零售领域允许外国资本在中国建立加油站或类似的零售企业。按照这一承诺，我们政府认真履行，我们在2004年底和2005年初正式在这一领域进行开放。2006年12月11日，我国又正式地对外承诺和完成了批发领域和仓储领域对各种资本全面开放。这一市场在发生着重大的变化，按照这样的承诺和管理，改革的进程，我们在这一领域内相应地调整了管理和审批的程序、规则、做法。到2007年11月为止，已经批准的民营企业遍布了加油站、仓储企业、批发企业，虽然仓储企业和批发企业民营资本进入的时间比较短，但是我们已经欣喜地看到这一进程是令人高兴的。各种资本有序地进入石油市场，是我们国家经济发展的需要，也是我国经济体制改革和全面对外开放的必然结果。

这样一个格局将会为我国石油市场的健康有序发展，打下一个比较好的资本基础，形成一个比较合理的市场主体结构。我们将按照这样的方式，在各种资本的认真配合下，将这一工作认真地进行下去。

第二，近几年来，为了配合改革开放的进程，为了适应中国石油市场管理体系建设的需要，我们在法制化建设方面加快了工作。大家都清楚地看到，自2004年我国23号令公布之后，23号令是成品油市场管理暂行办法，从那一时刻开始，我国石油市场的法制化工作就在抓紧进行，我们按照我国经济改革的总体设想和我国对外开放的基本需要，在这一领域内广泛认真地征求同业的意见，在总结前些年，我国在管理工作中已经形成的经验和做法的基础上，认真地参考和参照国际通行惯例，特别是认真利用WTO承诺，在法制建设方面取得了一定的进展。大家都知道，在刚刚说过的23号令的基础上，我们在2006年底完成了《成品油市场管理办法》的修订，完成了《原油市场管理办法》。在两个《办法》的基础上，我们又陆续出台了《成品油经营企业直营手册》、《原油经营企业直营手册》，我们还出台了《成品油零售企业管理技术规范》。可能在座的朋友也参加过正在制定的《成品油批发企业管理技术规范》、《成品油仓储企业管理技术规范》的征求意见。我们还通过网络的方式征求意见，为加油站服务技术规范做准备，为原油经营企业管理技术规范做技术方面的准备。这一系列的工作都是在按照我们既定的，将成品油市场和原油市场的管理逐步、最终纳入到法制化的进程中进行的艰苦的努力。

众所周知，我们的市场是由一个计划经济体制下比较垄断的体制过渡而来，在这样一个前提和基础上，我们没有经验，或者说经验还比较少、还不够丰富，但是我们本着大胆改革、加快改革，尽快地适应国际通行的办法等一系列的目标，在推进着这方面工作的进程。我们承认，我们还有大量的工作要做。比如说，同志们已经看到，为了配合政府公务公开、加快审批改革和让审批阳光化，我们在配合政务公开的进程中已经建成了信息管理系统，在网上运行已经作为商务部网站最最重要的一部分。但是，由于网站建设的时间还相对比较短，这方面的网站容量能够提供的服务板块和功能还需要基础。但是，目标在此，我们会不懈地努力。

此外，我们还指导地方加快出台或加快形成《成品油行业发展规划》和《成品油仓储企业发展规划》，按照这样的思路指导和帮助省级、市级商务主管部门建立适合本地成品油市场发展的管理办法和管理规定。这些规定有一定的效果，相当多的省、市，甚至于一些县都已经出台了这方面的管理规定。我们承认这些规定还有一系列的完善之处，但对于构成和逐步形成一个全国石油市场管理法制体系的目标和基本考虑，作为基础工作是十分必要的。

第三，推动现代石油市场化进程。大家都知道，作为一个基础性非常强的商品之一，我们有必要，到目前为止，我们也有能力，认真而有针对性地采取国际通行的商业组织形式和商品传输方式来开展我们的业务。这些年来，在业界的全力支持和认真努力下，我们在这方面取得了一定的成效。大家都知道，遍布群众城乡的石油、零售网点终端已经大大地改变了我国在20世纪80年代和90年代中石油网点不足的状态，这种情形是我们需要的，也是我国经济发展所提出的必要要求。这些网点的形成和有效的运转，保证了我国石油消费的正常运行，保证了汽车消费商品和消费经济出现的一系列势头和发展趋势。与此相适应，我们参照国际通行的做法，甚至在相当多一些有实力、有前瞻见解的企业内物流配送体系建设是令人刮目相看的，这些物流配送体系以现代化的管理手段、管理理念和配置，相应的与国际基本接轨的现代化设施、设备、流程，保证了终端的需求。我们还看到在我国西南和东南部地区都已经出现了与国际先进水平相一致的管输体系，两个一千公里以上的管输系统极大地改变了我们在传输过程中的障碍，降低了成本，提高了效率。这些也是我们在推动和发展的。在这一进程中，我们还看到很多企业的领导人、CEO，以你们对国际的认真了解和大胆的采纳，开始在我们零售终端中吸收和新建的一系列便利店、餐馆、汽车旅馆、汽车修配设施，这些符合石油商品消费的发展趋势。大家知道在西方发达国家，伴随着石油消费和以石油消费为平台的终端，带来了一定规模的商品销售和其他的服务销售，我们的企业管理人员和经营者们也将这一方面作为我们发展的亮点和潜在势力在发掘。

我们了解到，在欧盟，加油站的收入仅仅占到石油企业的1/3。毫无疑问，它的经营利润来源2/3是来自非油行业。我们的很多行业已经在做这方面的准备，并且进行大胆的实践，效果非常好，受到了消费者的欢迎。在我们的经营过程中，大家还大胆地引入连锁经营、特许经营等一系列组织经营形式，西方在战后50多年后形成的非常有效的商业组织形式。由于时间关系，我不展开。

我仅仅向同志们介绍，我们在这方面的努力是有成效的，我们的这些成效在发展壮大我们自身的同时，还服务了消费者、服务了社会、服务了国民经济的发展。我们已经甚至可以在相当多的环节和领域，与其他的国际资本展开竞争和较量。我个人认为在下一步的工作中我们将致力于如下三方面的工作：

第一点，我们将进一步加强市场管理。我们将在现有以行政为主要特点和特色的管理手段的基础上，加大或加强以法律的手段、以经济的手段来管理这一市场，以适应这一市场不断表现出的市场化程度的特点。

第二点，我们将加强监管。本着为社会服务，为各种资本的企业服务的目标和要求，在全力建设服务型政府的进程中，以我们在这一领域内的各种服务产品为各类资本在这一领域有序的开展经营和业务做出工作。此前我们已经在网上公布，结合石油运转的市场，我们发表了400多篇调研报告、分析评论等。我们将在未来的工作中，继续加强这方面的工作。我们认为，政府有责任就全行业的发展，向这一领域内的企业，和关心这一领域的社会各界提供我们的情况和我们的服务。

第三点，我们将认真和全力地致力于全行业的管理，将在本行业内的投资指引、投资指南和业务经营中做出我们进一步的努力。我们知道，这一重要的行业，需要资本的投入。而且作为这一行业，还表现出比较明显的技术投入和管理投入。但是，任何的行业都有自身的容量和饱和度，我们将针对某些地区已经出现的行业投资的饱和，对这一地区的相关行业的投资提出我们的意见。

以上是我们对前一段工作的基本情况所做的简略报告。其中也涉及我们对下一步工作的重点和努力方向。在这里向给予过我们业务帮助及建议的同志表示我们的感谢。

山东地方炼油石化行业发展的启示

——在全国工商联石油业商会2007年年会上的发言（摘要）

山东省经济贸易委员会经济运行局副局长　丁志强

（2007年12月22日）

第一部分：山东省地方炼油石化企业的基本情况

2000年经国家清理整顿，我省有21家地方炼油企业符合国家政策被保留下来。这些保留下来的企业，在国家政策的指导下，抓住生存和发展的机遇，不断提高管理水平，加大技术改造力度，广泛应用新技术和新工艺，进一步抓好调整产品结构、提升产品质量和档次、强化环境保护和安全生产四个环节，无论是深加工能力，还是装置配套水平、技术和管理水平继续保持在全国地方炼油企业的前列。近几年，国家有关部委多次组织调研组到山东地方炼油企业进行实地考察调研，对山东地方炼油企业给予了较高的评价。

企业规模较大，产业链较长，资源综合利用效果显著，综合实力不断增强。目前，山东省地方炼油企业共有职工近3万人，总资产380亿元，原油一次加工能力已达4500万吨/年，催裂化能力1600万吨/年，沥青能力450万吨/年，焦化能力1600万吨/年，加氢装置能力1300万吨/年，气体分离310万吨/年，MTBE装置48万吨/年，还有芳构化、异构化、铂重整等装置，具备了一定的生产规模，形成了装置基本配套，产品品种明显增多的格局。主要产品有汽油、柴油、液化石油气、沥青、石油焦、聚丙烯、纯苯、甲苯、二甲苯、溶剂油、润滑油、基础油，还有环氧丙烷、乙烷、油田化学品等几十种产品。保留的21家企业中，山东滨化集团有限责任公司、山东垦利石化有限责任公司、正和集团股份有限公司、利华益集团股份有限公司、山东东明石化集团有限公司、潍坊联弘化工有限公司、山东京博石化有限公司、山东昌邑石化有限公司、山东金诚石化集团、东营华联石油化工厂有限公司和山东华星石油化工集团公司共11家企业已进入全国工业企业500强和中国化工百强企业。这些企业已成为山东石油化工行业中的骨干企业，为地方的经济建设作出了巨大的贡献。

山东地方炼油企业经营状况良好并持续发展。2000年，山东地方炼油企业总资产27亿元，职工人数2.1万人，原油一次加工能力1588万吨/年，催裂化能力380万吨/年，气体分离能力20.8万吨/年，沥青生产能力280万吨/年。2000年原油加工量619万吨，实现销售收入127亿元，利润3亿元。2006年，山东省地方炼油企业完成原油及燃料油加工量2100万吨，成品油产量860万吨，实现销售收入770亿元，利税59亿元，利润23亿元，与2000年相比增幅较大，以上可以看出，地方炼油企业无论从加工能力、装置水平、销售收入、利税、利润都有了较大幅度提高，当之无愧地成为当地政府的财政支柱企业。

山东地方炼油企业已扎实地迈出了与大集团

合作的步伐。山东滨化集团与中海油的成功合作，为我们提供了很多很好的经验，部分企业与中国化工集团的合作也解决了一些企业的困境。目前中海油又与东营市进行了全面的战略合作接触，正向有利的方向进行。我有幸参与了中海油与山东近期合作的牵头工作，这些合作既表明了一种新的市场框架需要，也充分说明了山东有能力和真诚接纳大集团的介入。

第二部分：山东成品油市场供应形势

一、供应渠道。山东成品油市场主要通过中石化山东分公司、中石油山东销售公司提供，2006 年分别占市场需求量的 50% 和 20%，其余靠用户自采。

二、当前成品油市场供应状况。据统计，2007 年前 11 个月，中石化山东分公司、中石油山东销售公司累计投放山东市场成品油 1102.12 万吨，其中汽油 358.14 万吨，柴油 743.98 万吨，同比略有下降。其中：中石化山东公司 804.56 万吨，汽油 275.37 万吨，柴油 529.19 万吨；中石油山东公司 297.56 万吨，汽油 82.77 万吨，柴油 214.79 万吨。1～11 月社会批发企业经营量 77.29 万吨，同比增长 22.6%，其中汽油 23.69 万吨，柴油 53.6 万吨。

预计 2007 年全省成品油消费 1920 万吨。两大公司可提供 1200 万吨，占消费总量的 62.5%。用户自采 720 万吨，自采比例进一步提高。

三、2008 年市场需求预测。预计 2008 年全省成品油市场需求总量 2100 万吨，两大公司可提供 1200 万吨，需用户自采 900 万吨，市场供应难度进一步加大。

当前影响成品油市场供应的主要因素是价格形成机制不顺，造成生产、销售环节价格倒挂。随着石油资源对国际市场依赖程度的进一步提高，应考虑逐步放开成品油价格。我们认为，比较可行的办法是，首先将供应于工矿企业的生产用油价格放开，使其随行就市，然后逐步放开零售环节。

地方炼油企业为油品市场的供应起到了有益的补充作用。山东地方炼油企业每年的原油计划指标为 179.3 万吨/年，实际供应 168.84 万吨，中海公司供应近 300 万吨。2006 年实际加工量 2100 万吨，成品油产量 860 万吨。由于地方炼油企业的成品油投放市场，山东省的油品市场供应没有出现过大起大落，市场供应比较平稳，同时还调剂供应了周边各省（如河南、河北、山西、安徽、江苏、广东等）部分成品油，为国民经济建设和发展作出了重要贡献。

第三部分：几点启示

山东地方炼油企业在困境和夹缝中的生存与发展至少使我感觉到如下几点启示：

一是法律面前人人平等，而政策面前不是人人平等。当你要享受国民待遇的同时，首先你遇到的是政策问题，所谓政策本身就制造了不平等。

二是无论是中央企业还是地方企业，无论是大企业还是小企业，都是以发展为第一要务，都是在争取利益最大化，都是在为地方和国家的经济建设和发展作出贡献，因此对地方炼油企业不能有任何的政策、经济运行环境等方面歧视。

三是要发展就要科学发展、和谐发展。从目前看，高层次地与大集团战略合作，争取手中有粮、心中不慌，横向、纵向地整合山东地方炼油企业势在必行，也大有作为。

四是在巩固炼油的基础上，加大向石化产业链的拓展、配套，向精细、特色化工发展是地方炼油企业长远的战略。

第四部分：存在的困难、问题及建议

生产原料缺口较大。山东地方炼油企业原油一次加工能力已达 4000 万吨/年，国家计划内原油配置指标 179.3 万吨/年，实际供应 168.84 万吨，中海公司供应 300 万吨，原料缺口较大，这部分缺口主要靠加工进口燃料油来补充，但没有正常的供应渠道，企业的稳定生产难以保证。

地方炼油企业没有原油、燃料油进口权和成品油经营批发权，一定程度上影响了企业的生存和发展。按照国家现行政策，地方炼油企业生产所需的原料，国内供应计划数量很少，国外采购又没有配额和进口权，通过各种渠道采购也存在着质量差和成本高的问题，正常生产得不到保障。企业高成本生产出来的成品油，因为没有经营批发权，只有通过有资质的中间环节层层让利来销售，销售渠道不畅。地方炼油企业虽然是国家的合法企业，但处于一种既没有原料采购权，也没有产品销售权的尴尬局面。地方炼油企业在夹缝中生存，非常艰难。

地方炼油企业用燃料油生产的成品油存在重

复纳税问题。从2006年4月1日起，国家税务总局调整消费税税目以来，在地方炼油企业出现了购买燃料油缴纳消费税，又要在成品油销售环节再次缴纳消费税的重复纳税问题，这种做法违背了国家同一税目不重复纳税的原则。由于重复纳税，我省地方炼油企业每年向国家多缴纳消费税达3.5亿元。

为地方炼油企业提供公平竞争的环境。随着我国入世进程的深入，油品市场已对外资企业逐步开放。地方炼油企业将面临着更加激烈的竞争，在授予外资企业国民待遇的同时，也应给予地方炼油企业同样的权益。

解决地方炼油企业的原料供应，疏通成品油销售渠道。我省地方炼油企业已形成规模，综合实力较强，为保证地方炼油企业生产经营活动的正常进行，建议在山东进行试点，解决原料供应问题或给予原油、燃料油进口经营资格和成品油批发经营权。

建议将地方炼油企业纳入国家石化行业的发展规划中，推动国家石油化工行业和谐发展。

2008年

关于将民营石油企业纳入国家石油储备体系的提案

商会通过全国工商联向“两会”提交的提案

建议承办单位：发改委、商务部

近年来，国际石油价格在振荡中不断走高，加强国家石油储备体系建设对维护国家能源安全意义十分重大。建立国家石油储备体系，无论是完善国家石油储备还是商业储备，都应重视发挥民营企业的作用。

生产、供应等各因素都会对油价造成影响，而保持一定量的石油储备，可以减弱油价波动所带来的影响。石油究竟储备多少合适，目前还没有统一的说法，通常视各国的需要和实际能力而定。国际能源机构规定，其成员国的石油储备应相当于该国90天原油或成品油净进口量。欧盟规定，成员国的石油储备应相当于该国90天原油或成品油内部平均消费量。各国石油储备的数量还会根据情况变化不断作出调整。法国是世界上最早建立石油储备的国家，目前主要储备的是成品油，其储备量约2000万吨，大约相当于全国98天的消费量；美国《能源政策与储备法》授权政府建立最高容量为10亿桶（1吨约合7.35桶）的国家石油战略储备。美国目前的石油储备足够满足国内158天的需求；日本的石油储备分为民间储备和国家储备两部分，目前的石油储备能够供应全国170天所需。

中国石油储备体系起步较迟，1993年建立战略石油储备的动议才被提出。目前中国战略石油储备量在200万~300万吨之间；2010年前计划将增至1200万吨，相当于1个月的进口量；2020年，将增至相当于3个月进口量的水平，基本达到国际能源署（IEA）建议标准。

随着经济的快速发展，中国石油需求持续快速增加，对外依赖度不断提高。为保证石油供应不断，稳定石油价格，保障国家石油安全，促进经济持续健康发展，建立和完善石油储备体系刻不容缓。我国《能源发展十一五规划》以应对石油天然气供应中断等为核心，提出建立完善的能源安全预警机制和应急机制，除政府石油储备和鼓励国有石油企业发展商业石油储备外，还必须鼓励藏油于民，实行国家储备与民间储备相结合，发挥民营油企的力量，建立多元化国家战略石油储备机制，完善石油储备体系。

从国际发展经验来看，打造多元化的石油储备体系是主要方向。像体制比较健全的欧美、日韩等国家，都有商业石油公司、民间组织机构的参与，并占据着很大的份额。据悉，德国施行“联盟储备”机制，官民联盟储备量、政府储备、民间储备比率为57:17:26。日本166天的石油储备天数中，民间储备为77天，占国家总储量的46.4%。

在中国油气领域，中石油、中石化、中海油是三大主体，在完成国家石油储备方面，有着不可推卸的责任和义务。同样，民企也有着不可推卸的责任和义务。民企参与国家石油储备，可以使国家受益、民企获取合法的生存发展空间。

实行“藏油于民”，打造多元化的石油储备体系，是一件利国利民的大事。对于国内，有利于减少国家财政支出，降低国家石油储备成本。对于国外，可以使民企发挥其经营灵活、信息灵通、目标小的优势，形成多元化、多成分的海外兵团，使收购油源的行为更灵活。

中国民营油企的自身实力也为“藏油于民”提供了有利条件。截至2006年底，中国民营石油企业近6万家，加油站5万多家，约3000万吨仓储能力和2500万吨码头吞吐量。其中部分上规模的民营石油企业已经具备参与国家石油储备建设的能力基础。

在中国未来的石油战略储备事业中，民营企业将成为一支不可忽视的力量，对中国石油安全将起到重要作用。尽管人们对“藏油于民”表示了不同程度的支持，但直至目前，尚未有相关政策规定。为尽快完善国家石油储备体系，我们建议：

1. 国家相关部门抓紧制定国家石油储备相关的法规政策，并在制定过程中充分考虑支持民营企业参与国家石油储备建设。

2. 拓展政府采购的内涵，借鉴采用国际上一种新型的政府购买服务的方式——公私伙伴关系（PPP），切实降低石油储备体系成本，提高效率。

3. 建议在制定《国家石油储备管理条例》和《能源法》时，将上述有关内容作出相应的明确规定。

（2008年1月15日）

关于深化石油流通体制改革，推进实现“市场经营主体多元化、油源渠道多样化、油品价格市场化”的提案

商会通过全国工商联向“两会”提交的提案

建议承办单位：发改委、商务部

2007年，我国实施《原油市场管理办法》和《成品油市场管理办法》，允许具备条件的企业在我国从事原油、成品油批发经营，我国石油市场正在逐步形成国有大型石油公司、跨国石油公司和民营石油企业共同参与竞争的局面。这有利于打破国家统一配置原油资源以及中石油、中石化两大集团集中批发成品油的格局，对推进国内石油流通体制改革产生了积极作用。但是，由于历史和政策原因，我国石油市场流通体制至今尚不完善。目前，中国油价与国际油价之间是“有限接轨”，即原油价格已与国际油价接轨；而成品油价格变化则由国家发改委调控，内地成品油零售价格在中央政府控制下一直低于国际水平，但也因此导致国内油价与国际市场的“倒挂”和国内炼油企业的大面积亏损，致使国内民营石油企业失去了正常的供油渠道，生存与发展空间受到严重限制。

认真贯彻执行国务院“非公经济36条”，应当抓紧制定支持符合条件的民营企业进入国内石油流通行业的相关配套政策，在保持国家对石油领域有效控制的前提下，进一步强化市场竞争机制，逐步实现“市场经营主体多元化、油源渠道多样化、油品价格市场化”。为此，我们曾两次提出政协提案，向国家有关部门反映民营油企的现状、困难和政策建议．但是，目前民营油企的现状并没有得到基本改变，存在的大量问题也没有得到真正解决。

一是价格批零倒挂。市场上成品油80%以上由中石油、中石化两大集团供应，资源不能按真正的市场需求进行配置。成品油定价机制只是确定了可以上下浮动8%的成品油零售基准价格，却没有确定成品油批发价格。而石油资源完全受控于两大集团，成品油出厂价和批发价实际上是由两大集团制定，因而出现国内成品油价格批零倒挂等畸形现象，导致国内汽柴油市场长期供应紧张。目前在国内成品油批发企业中，民营企业约占1/3，加油站占56%左右，但其成品油销售总量只占市场份额的不足30%。民营石油批发零售企业无油可卖、油价批零倒挂的现象存在已久，很多民营加油站无奈被两大集团收购或外嫁，留下的多数经营惨淡，生存状况每况愈下，有些被迫关门歇业。油荒的根本原因并不是真正缺油，而是成品油价格低于原油价格，无利可图的民营油企无法继续生产销售，导致整个市场油品紧缺。

二是生产资源浪费。由于缺乏油源，国内民营石油企业开工规模不到产能的1/10，生产设备大量闲置，有相当一部分民营企业被迫使用进口的高污染、低收率的燃料油替代原油，生产低品质油品以供应紧缺的成品油市场。很多民营油企的加油站和仓储都是1992年石油市场放开后投资十几亿元建成的，如今多数处于半闲置状态。同时，由于很多民营油企处于停产或半停产状态，造成大量工人待岗、失业，对社会稳定带来

隐患。

三是油源问题依旧。《原油市场管理办法》和《成品油市场管理办法》的实施，只是给出了成品油批发经营和原油销售的市场准入条件，却并未解决油源这一核心问题。原油和成品油的进口权都未完全放开，民营企业很难越过两大集团直接从国际市场上批发进口原油和成品油。

为进一步推动国内石油流通体制改革，逐步实现“市场经营主体多元化、油源渠道多样化、油品价格市场化”，我们建议：

1. 允许民营油企国内自主采购。可以考虑在每年成品油零售总量中，切出适当一部分给予民营石油流通企业进行经营，这样既可保证供需矛盾突出时依托两大集团稳定市场油价的要求，又能够更好地发挥市场机制作用。还应该允许符合国家产业政策条件的地方和民营炼油企业在国内原油流通市场上自主采购资源，自主加工、销售其产品。这有利于充分利用国内产能，提高国有炼油企业的生产效率和民营炼油企业的开工率，保证国内成品油市场的供应。

2. 适当放宽对原油进口企业的限制。应放宽享有原油进口配额资质的企业原油批发权和自主经营权，允许这些企业将进口原油拿到国内石油市场上自主交易流通。《原油市场管理办法》中规定，具有原油进口经营资格的企业要从事原油销售，年进口量还必须在50万吨以上，拥有库容不低于20万立方米的原油油库。在原油进口配额资质和原油销售资质双重限制之下，能够从事原油经营的民营企业就所剩无几了。

3. 改革成品油定价机制。解决国内油市供需矛盾的根本办法是要让成品油价格真正反映其价值和供求关系。我国现行成品油定价机制已经与国际接轨，但是政府在执行的时候考虑到防止通货膨胀，一直在控制价格。成品油价格扭曲带来的恶果要远远大于成品油价格与国际接轨后带来的问题，成品油价格扭曲也不利于转变经济发展方式。因为高能耗企业在依靠廉价能源即可获利的情况下，决不会多花钱引进技术来提高能效实现增长。建议按照每年两大集团的赢利比例，合理确定成品油出厂价格，为民营石油流通企业正常经营创造基本条件。

（2008年1月15日）

2009年

关于抓住机遇 完善石油储备体系建设的提案

商会通过全国工商联向“两会”提交的提案

2008年，国际油价出现大幅动荡，从1月份的每桶100美元涨升到7月11日的每桶147.27美元，再跌落到12月份的每桶42.04美元，目前国际油价在每桶40美元以下徘徊。这为我国建立和完善多元化的石油储备体系提供了一个千载难逢的好机会。

我国的石油储备工作从1993年开始酝酿，到2003年中央正式批准，前期工作共花了10年时间。自2003年起，我国开始在镇海、舟山、黄岛、大连四个沿海地区建设战略石油储备基地，储备能力相当于约10余天消费量的石油战略储备。据已公布的信息显示，第一批四个战略石油储备基地兴建历时5年，并已于2008年全面投入使用。

2009年中国将开建第二批锦州等八个战略石油储备基地，设计容量为2680万立方米。根据规划，我国战略石油储备在2020年，将增至相当于3个月进口量的水平，达到国际能源署的建议标准。目前，二期工程刚刚起步，几大石油公司的商业基地，也需要一个漫长的建设周期，但这一轮原油低价很可能至多持续一年，不能等到我国建好油库。在可能稍纵即逝的国际低油价面前，国家原油储备能力依然遭遇很大挑战。

在构建国家石油储备体系的过程中，民营企业应发挥重要作用。依据政府规划，中国要建立起由国家战略石油储备、各个地方政府的石油储备、三大石油公司的商业石油储备和中小型公司的石油储备构成的四级石油战略储备体系。目前中石化、中石油已经展开商业储油行动，但民营企业却基本被排除在体系之外，仍在等待政策开闸。

按照现行的成品油非国营贸易进口政策，民营企业从国际上进口原油受到诸多限制，原油进口权基本为大型国企所专有。2008年，39家企业获得1915万吨的原油进口配额，多集中在中石化、中石油、中海油、中化系统的公司，民营企业只有少数几家。国内油品市场的油源全部掌握在国有石油企业手中，民营石油企业拥有的具备相当规模的油库由于没有油源，大多长期处于闲置状态。

实行“藏油于民”，打造多元化的石油储备体系，是一件利国利民的大事。在我国油气领域，中石油、中石化、中海油是三大主体，但如果只依赖三大公司，不但使得他们负担过重，也让国际市场对我国的储备“家底”一目了然。民企参与国家石油储备，既有利于减少国家财政支出，降低国家石油储备成本，又可以让民企发挥其经营灵活、信息灵通、目标小的优势，形成多元化、多成分的海外兵团，使收购油源的行为更灵活；而且，石油储备只有分散，安全性才会更高。我国民营油库大大小小分布在沿海和内陆各个省份，这样的分布更具灵活性和战略意义。

目前我国民营企业拥有很大的储备空间。据统计，截至2007年底，全国共有民营成品油仓储企业139家、民营成品油批发企业563家和民营加油站59085个，约3000万吨仓储能力，其中部分上规模的民营石油企业已经具备参与国家石油储备建设的能力基础。据估算，民营石油企业现有储备能力的50%以上即可用于国家石油储备。如国家实行相关政策，鼓励民营资金投资国家石油储备设施，估计在短时间内还能增加至少10%的可用于国家石油储备的能力。为此，提出以下建议：

1. 将符合条件的民营油企纳入国家石油战略储备体系。要紧紧抓住当下原油低价的时机，将信誉好、实力强的民营油企纳入石油战略储备体系，充分利用民营石油企业大量闲置的储油设施，起到节约时间、双管齐下的作用。可以由政府租赁民营储油设施，长期使用，待国家石油储备基础设施建成，从民营油企的储备库倒库即可。

2. 将国家二期工程的部分储备计划，交与具有进口牌照资质的民营企业。

3. 把“民营油企参与石油储备”写入正在起草《国家石油储备法》。通过立法，给民企以合法“名分”；并对企业在储备中的责任、义务作出明确规定，确保在紧急时刻有油，且能够顺利调用。

（2009年2月25日）

关于我国地方炼油行业生存现状的紧急报告

（2009年4月3日）

一、我国地方炼油发展的基本状况

随着地方炼油厂自有资本实力的增强，加上各级地方政府重点扶持，地方炼厂逐步发展壮大，成为中国成品油供给的一支重要力量。我国地方炼油企业大多集中在石油产地的周边或者接近港口的地区，比较集中的省份有山东、辽宁、陕西、广东、河北、河南等省。据统计，截至2008年底，国内地方炼油企业共有99家，总炼油能力达8805万吨/年。2008年全国原油加工量为3.42亿吨，其中的4400万吨由地方炼厂生产。

目前，山东是地方炼厂最多的省份，现原油加工能力4500万吨/年、催裂化能力1366万吨/年、原油罐容260万吨、成品油罐容184万吨等，企业数量占全国的34%，加工量占全国地炼总能力的55%以上，占全国的8%～10%，成品油产量占全国的5%～6%，综合实力位居地方炼油企业之首。其经营生产状况直接反映民营地方炼厂的生存状况。

部分地方炼厂经过多年激烈的市场竞争，通过资产重组和技术改造，进行炼油深加工，生产高附加值产品，已拥有雄厚的技术力量、先进的生产工艺与完备的设备设施，以及高水平的管理团队，正逐步发展成为综合性现代化的炼化企业，能向市场提供合格的油品，并为国家提供大量就业岗位，多数地炼企业都是地方名列前茅的利税大户，对中国成品油供应和保障石油市场的稳定起到了重要的补充作用，为国家和地方经济的发展作出了应有的贡献。

二、国家燃油税政策对地方炼油行业的影响

燃油税是造成地炼出现全行业亏损的主要根源。2009年1月1日正式实行的燃油税以及燃油税率的提高，对以加工燃料油为主的地方炼油企业造成了严重的影响，使其生产和经营遭遇到巨大的困难和压力。2月份，山东、广东两省地方炼厂开工率不足15%，创历史新低，3月份开工率还在降低，出现全行业亏损。

1. 造成地方炼油企业的生产成本增加

长期以来，地方炼油企业受国家政策的影响，获得的原油配置指标远远不能满足生产的需要，装置开工率严重不足。山东地炼行业原油一次加工能力达到4500万吨/年，而国家原油配置指标只有179.3万吨/年，没有进口原油资质也不得加工进口原油，只能进口燃料油加工。

燃料油作为加工原料，收率低于原油，最高为60%～65%，造成地方炼厂所缴纳税额的30%～35%不能抵扣，油品成本直接增加30%～35%，出现严重亏损。按照目前的国际燃料油价格计算，每吨燃料油估计有200～400元的税额不能抵扣，按照山东省全年加工进口燃料油1500万吨计算，仅山东省的地方炼厂最低亏损额就将达30亿元。

2. 加大了地方炼厂的资金占用及利息支出

由于燃料油的消费税在进口时上缴，按照45天生产周期计算，将大大增加流动资金占用（1500万吨/365天×45天×812元/吨＝15亿元），致使企业流动资金运转困难，由此产生的利息近亿元，增加了地方炼厂的运营成本，进一步加大了企业的负担。

三、地方炼厂全行业亏损状况将导致严重后果

1. 社会不稳定因素增加

目前地方炼厂亏损状况继续发展，国内地方炼化企业、炼厂大部分将面临被迫停产、关闭的极端情况。地方炼化企业从业人员以及相关行业从业人员近100万人，这将牵涉到广大从业人员正常生活、就业和社会稳定的大问题，从落实科学发展观和建设和谐社会的角度来讲，解决当前国内地方炼化企业所遭遇的困难尤为重要和迫切。

2. 地方炼厂竞争力的削弱，将使得本来就缺乏竞争的市场更加趋于垄断

地方炼厂一直是三大国有石油集团之外一个重要的成品油供应来源，是油荒时期民营加油站及民营石油经营企业的主要油源，同时也是系统外油价的主要风向标。地方炼厂具备了顽强的自我生存能力和市场适应能力，是具有健康、良好、可持续发展能力的有效的市场竞争主体。

如国内地方炼厂全面停产或关闭，民营加油站将失去赖以生存的主要油源，这将加剧民营油企长期油源不足的矛盾，一旦油价上升，国内油品供应紧张，下游的民营加油站以及其他民营石油经营企业将失去油源，民营石油行业将面临全军覆没的命运，这将直接影响到民营石油行业中游、下游300多万从业人员的就业问题。

四、地方炼厂存在具有积极的意义和作用

从设备装置来看，地方炼厂的设备装置都是近几年全新建成，多以最大化生产汽柴油为设计基础，技术先进，符合后石油时代炼油工业配置的趋势。

虽然大多数地炼企业的一次加工能力与两大石油集团炼化企业相比仍有差距，但二次加工装置的规模并不存在明显劣势，而且业已改变了效率低下、技术落后、污染严重的问题；同时，在生产装置的工艺技术、自控水平等方面两者也不存在明显差距。

从原料供应来看，地方炼厂大量使用进口燃料油作原料，避开了国内紧缺的原油资源，避免了与大型国有石化集团在原材料方面的竞争。

从成品油供应市场来看，国内地方炼厂是对国家紧缺的战略资源的有益补充，对稳定市场、促进区域经济发展具有非常重要的意义，这完全符合现阶段中国国情的需要和未来国内成品油市场的发展趋势。

从企业规模而言，地方炼厂管理层次相对简化，技术革新和工艺调整能及时适应市场变化。比如，地炼企业常减压装置单套生产能力一般在200万～300万吨/年，较大企业生产规模达到500万吨/年以上，常减压装置为两套，能够通过切换生产以适应原料质量的变化，从而获得更高的资源综合利用率。即使由于原料性质差异过大，不得不停产进行操作参数和辅料调整，其装置启动费用也远较大装置低。从某种意义上说，体现了国内地方炼厂“小中见大”的独特优势。

五、解决办法和建议

根据我们最近的调研，提出以下政策建议，希望能够维护地炼的生存和发展。

1. 允许地方炼油企业自主进口原油，这既可以保证这些企业的生存，更可盘活社会库存，在低油价时为国家石油储备出力，符合中央政府关于建立原油三级储备的思路。如考虑国际原油供应秩序，可由全国工商联石油业商会统一协调组

织采购，再供应各地方炼油企业。

2. 准许非国营原油进口配额在市场上自由流通，可以卖给两大集团之外的地方炼油企业。

3. 对作为加工原料的燃料油按照收率60%~65%征收燃油税。

4. 用石脑油、溶剂油作化工原料的，免征其燃料油消费税。

5. 燃油消费税实行价外征收。

在第五届中国民营石油经济发展论坛暨首届海西石油市场高峰论坛上的讲话（摘要）

国家能源局综合司司长 周喜安

（2009年12月19日）

民营石油经济作为我国石油产业的有机组成部分，在国民经济当中发挥着越来越重要的作用。

全国工商联石油业商会作为行业的服务机构，在张跃会长的领导下、在马莉秘书长具体的工作班子辛勤努力下，石油业商会在国民经济中，特别是在石油市场方面的作用，也越来越显著。

民营石油经济在经历了国际金融风暴、全球经济下滑的状况，不仅站稳了脚跟，而且取得了长足的发展，这是可喜可贺的。石油业商会在服务行业方面不断完善服务功能，并且从整个国民经济和全局的高度，结合行业的具体情况，积极提出富有建设性的建议，得到了中央领导的重视。国家能源局也做出了积极的回应和支持。

在石油市场方面，美国经济指标制造业经济指数在前段时间不断回升，上个月有所回落，说明经济还是乍暖还寒，我们普遍感觉总的趋势向好，但是由于产能在增加，国际经济的不确定性，有可能对我国明年的石油市场造成什么样的影响？是积极的、高昂的或是有什么波折？大家应该要有充分的认识。

国家能源局作为能源行业管理部门，石油业商会是我们工作的支点和服务的对象，除我刚刚提到在提案上的积极回应以外，目前，全国工商联行业商会申请独立法人征求意见事宜，国家能源局已先后出具了新能源和石油业商会的回函，从石油业商会反馈的意见来看，我们回复的速度还不慢，我们做了应该做的事情。

政府就是为社会服务的，在今后的工作中，希望石油业商会把国家能源局当做自己的家，有问题就提出来。改革的过程，是一个不可逆转的过程，同时，也是循序渐进的过程，我们能够体会石油业商会为企业表达诉求的心情，我们会将心比心、设身处地、换位思考为大家搞好服务工作。

大事记

2007年

1月10日，巴基斯坦民营石油巨头Shahzad国际集团总裁Zaheeruddin先生和副总裁Tariq Fatemi先生拜访了商会。

1月14日，全国工商联石油业商会2007年第二次会长办公会议在北京召开。20名副会长同秘书长出席了会议。

3月6日，河北省石油商会向“两会”提交了《拓宽原油进口渠道保障国内石油市场稳定》的建议书。

3月19～23日，“2007中国石油贸易峰会”在中国广州召开。商会副会长齐放出席峰会并作题为《如何应对中国石油市场变局——推动石油管理体制改革、加快市场化进程》的发言。

3月30日，山东省工商联石油与清洁燃料业商会在山东济南成立。300多家企业代表参加了会议。

4月16日，全国工商联研究室、国家发改委中小企业司与商会共同举办民营石油企业座谈会。到会的代表就民营石油企业积极投身国家“走出去”战略中所遇到的问题以及我国成品油市场存在的行业性问题等专题发表了自己的看法。

4月22日，全国工商联石油业商会2007年第三次会长办公会议在浙江省杭州市召开。

6月24日，在北京香山饭店召开了商会第二次会员代表大会。大会经过民主选举，产生出新一届商会领导集体。中国·泰地集团有限公司董事局主席张跃被选为新任会长。

8月25日，江西省庐山召开的2007第二次会长办公会议上选举通过了新一届秘书处秘书长和会长助理人选，并报请全国工商联会员部批准。

10月12日，商会向国务院法制办和全国工商联等相关部门提交了《关于认真贯彻落实国办发〔2007〕12号文件清理国办发〔1999〕38号等文件的建议》。

10月29日，商会内部报纸《中华石油商报》第一期面世。

11月14日，全国工商联正式批复马莉为商会新一届秘书处秘书长，王俊杰为新一任会长助理。

11月19日，商会执行会长、广东油气商会会长吴清标，借来京参加全国工商联第十次会员代表大会之际，亲临商会指导工作。

12月17日，《全国工商联石油业商会会刊》第一期出版。

12月22日，“商会2007年会暨第三届中国民营石油经济发展论坛”在北京好苑建国酒店召开，会议主题为“学习贯彻十七大精神 促进民营石油企业健康发展”。

2008年

1月15日，商会向全国工商联提交《关于完善国内石油流通体制，加快实现“市场经营主体多元化、石油油源多样化、石油价格市场化”新格局》和《关于藏油于民，完善国家石油储备体系》的“两会”提案。

3月6～8日，商会执行会长钱其连，副会长韩宝林、李靖、郑桂泉，秘书长马莉以及会员代表参加了在湖北省武汉市召开的、由广东油气商会主办的“2008年第十三届中国LPG国际会议暨2008中国石油贸易峰会”。

3月29日上午，商会应邀出席由中国—欧盟能源与环境项目办公室组织、在北京兆龙饭店召开的中国石油天然气立法研讨会。下午，商会受邀参加由全国工商联金银珠宝业商会举办的2007年度“中华金银珠宝品牌工程”颁奖授牌大会。

4月8日，商会参加由法国油气供应商协会(GEP)、法国驻华大使馆商务处、中国石油和石油化工设备工业协会联合举办的“中法海上和陆上石油天然气先进技术研讨会”。

4月9日，商会二届一次执行会长办公会在北京延庆召开。会长张跃，执行会长齐放、钱其连、吴清标、郑金泉，秘书长马莉，会长助理王俊杰等参加了会议。

4月16日，商会应邀出席上海浦东新区石油制品行业协会成立仪式，马莉秘书长在会上发言。

4月18日，商会正式向国家发展改革委员会和国家商务部递交了《关于尽快出台发改经贸〔2008〕602号通知实施细则的建议》。该建议旨在尽快推动《关于民营成品油企业经营有关问题的通知》的贯彻落实和有效执行，为国内民营石油企业争取有利政策。

4月24日，商会秘书处制定了《全国工商联石油业商会会员企业安全生产自查自纠情况表》，组织会员企业开展安全生产自查自纠的工作。

5月12～25日，商会号召所有会员企业积极发扬“一方有难，八方支援，团结一心，众志成城”的人道主义精神，组织开展向四川地震灾区人民捐款捐物的活动。商会及时与地处灾区的会员企业联系，了解各会员企业受灾情况和生产经营状况。截至5月25日，共有77家会员企业向四川地震灾区捐款，总计金额达1500多万元。

6月10～12日，商会组织会员企业赴津参加由天津市政府、全国工商联和美国成长协会共同主办的“第二届中国企业国际融资洽谈会”，借此契机，为会员企业搭建一个良好的融资平台，帮助有融资需求的企业，切实解决其融资难题。

6月20日，由中华全国工商业联合会、山东省人民政府主办，山东省工商业联合会、山东省济宁市人民政府承办的第六届“海内外知名企业家齐鲁行”暨中国济宁投资经贸洽谈会情况说明会在北京红墙饭店举行，商会应邀参加。

6月24日，商会完成网站改版工作，新版网站正式上线。

6月26日，“台州市总商会石油商会成立大会”举行，秘书长马莉代表全国工商联石油业商会和浙江省工商联石油业商会到会祝贺并发言。

7月1日，商会出席了全国工商联机关召开的直属行业商会会长、秘书长座谈会。马莉秘书长向到会领导详细汇报了震后商会的工作情况。

7月15日，为了进一步掌握当前经济走势，国家发展和改革委员会于7月13日召开经济形势分析座谈会，商会提交了《关于民营石油业的现状和建议的报告》，力争多渠道汇报民营石油企业的发展。

7月17日，美国驻华使馆官员一行4人拜访了商会。

8月5日，马莉秘书长接受了新华社记者的专访。在采访中，马秘书长就当前国内民营石油企业（包括成品油批发和零售企业）的经营状况提出自己的观点，并表示商会将坚持不懈地把民营石油企业的状况向相关部委反映，并提出建设性意见和建议，为民营石油企业争取政策上的支持，帮助民营石油企业能够更好地生存和发展。

8月20日，全国工商联会员部会员处刘云莲副处长一行来访商会。

8月21日，国家发改委就商会于"两会"期间提交的《关于完善国内石油流通体制，加快实现"市场经营主体多元化、石油油源多样化、石油价格市场化"新格局》的提案给予答复。

8月26日，商会副会长泰达蓝盾集团（天津）有限公司韩宝林总经理和秘书长马莉一行3人前往山东恒源石化集团走访。

8月27日，韩宝林副会长一行走访了山东东营的部分地炼企业，及时了解了企业的生产和经营情况。

9月4~5日，由全国工商联与挪威工商会合作举办的商会管理研讨会在京举行，商会参加了研讨会。

9月10日，2008海内外知名企业家"齐鲁行"暨中国济宁投资经贸洽谈会在山东省济宁市拉开帷幕。马莉秘书长与数家会员企业共同参加了此次活动。

9月13日，国家发改委就商会于"两会"期间提出的《关于藏油于民，完善国家石油储备体系的提案》给予答复。

9月17~18日，商会组织会员企业参加在四川遂宁召开，以"产业转移·合作发展"为主题的第三届泛成渝经济区商会合作峰会。

9月19日上午，商会与来自成都各区、县的十几位民营加油站代表进行了座谈。

10月19日，商会在北京好苑建国酒店春竹厅召开了主题为"以科学发展观为统领，推动中国石油体制改革，完善和谐石油市场体系"的"2008年——新阶段石油行业发展方向研讨会"。下午，第二届第四次会长（扩大）会议举行。商会会长、执行会长、副会长及部分会员企业代表30余人参加了会议。

10月20日，商会就10月19日在北京好苑建国酒店春竹厅召开的"2008年——新阶段石油行业发展方向研讨会"召开第一次新闻媒体见面会。

10月9~15日，商会与会员企业共同参加由全国工商联主办的"陕西省灾后重建工作会议"。商会对陕西汉中、甘肃天水等受灾地区进行实地考察，并就与石油行业相关的项目展开调研。

10月31日上午，全国工商联研究室刘檀处长和鲁咪咪博士前来商会调研。下午，全国工商联联络部吕绍欣副部长、黄珊处长等一行4人来商会调研。

11月，商会通过传真、短信和电子邮件的形式将国家发改委于2008年8月21日和9月13日分别就商会提交的两项政协提案——《关于完善国内石油流通体制，加快实现"市场经营主体多元化、石油油源多样化、石油价格市场化"新格局》的提案和《关于藏油于民，完善国家石油储备体系的提案》给予的答复发各会员企业，并登载于2008年第6期商会会刊，同时征求企业对提案答复的相关意见和建议。

11月9日，商会会长单位泰地集团与陕西延长石油集团签订了战略合作框架协议，双方的合作是一次沿海与内地、生产与销售的大对接，对于培育国内公平、有序、合理、多元化的石油市场格局具有积极意义。

11月20日，商会秘书处根据"2008年——新阶段石油行业发展方向研讨会"的研讨内容，整理形成了《关于完善相关体制政策，构建和谐的石油流通秩序的报告》，于11月20日提交全国工商联，并请全国工商联转呈国家能源局、国家发改委、国家商务部等相关部门。

12月19日，商会第二届第五次会长扩大会议暨第一次理事会议在北京好苑建国酒店春竹厅召开。出席会议的有会长、副会长、秘书长等商会领导及其50余家会员企业代表。

12月20日，商会2008年会暨第四届中国民营石油经济发展论坛上午9时在北京人民大会堂河南厅隆重举行。

2009年

1月8日，马莉秘书长一行3人前往中央财经大学危机管理学院，与董传仪教授、姚院长等人就双方合作进行了友好的会谈。双方均希望尽快确定双方合作项目的主要范围、基本方式、项目启动时间、操作规范，并确定下一步的具体实施方案。

1月9日，商会秘书处制定《会员企业员工失业统计表》，通过传真、电子邮件形式发给企业，得到会员企业的积极配合，截至1月8日，共有20家企业将统计表反馈至秘书处。

2月25日，商会根据当前国际、国内经济形势，以及行业所面临的突出问题，撰写了《关于抓住机遇　完善石油储备体系建设的提案》，提交至全国工商联。

2月28日，商会参加在山东省东营市由北京金凯讯信息咨询公司举办的“2009金凯讯石油贸易培训会”。此次培训会主要面对炼厂、石油终端用户、贸易公司等，目的在于帮助从业人员了解国际燃料油具体操作方法、国际原油实货、期货及衍生品交易的分析方法，以及如何认清市场、避免风险。

3月2日，陕西省能源资源重大开发转化项目推介会在北京国际饭店会议中心举行，商会秘书长马莉与部分会员企业代表参加了此次推介会。

3月4日，商会接待前来拜访的中国国际战略研究基金会李新玉副秘书长。

3月10日，商会参加商务部产业损害调查局和全国工商联经济部共同召开的“民营企业产业安全发展促进机制建设座谈会”。

3月10~14日，商会前往地方炼厂较为集中的山东省调研，以了解自2009年1月1日正式实行的燃油税以及燃油税率的提高对企业生产经营造成的影响。

3月23日，商会根据3月10~14日调研情况以及建议整理形成《关于我国地炼行业生存现状的紧急报告》，紧急上报全国工商联，并请呈送黄孟复主席以及国家相关部门。

4月1日，商会在崇州与成都各区、县的20多家民营加油站代表进行座谈，了解成都民营加油站经营现状以及成都民营加油站商会的筹备情况。

4月2日，BOI北京办事处成立典礼暨“开创泰国新商机”研讨会在北京金威万豪酒店隆重召开。商会副会长刘璇和秘书长马莉应邀参加会议。

4月3日，全国工商联会员部召开“关于清理规范评比达标表彰工作的文件依据与相关政策”的工作会议。商会马莉秘书长和韩蕾参加此次会议。商会将“中国民营石油行业十大最具影响力企业”与“中国民营石油行业十大杰出人物”两项奖项予以保留，并已将相关登记材料上报全国工商联。

4月8日，在上海森田科技有限公司田维成董事长的陪同下，美国THE DURANGO GROUP高级顾问KANG HSU博士与DAVE STRATTON先生专程拜访商会。商会秘书长马莉，商会副会长单位天津泰达蓝盾集团、山东恒源石化集团、昆明旭然石化及会员企业河南亚立石油等企业代表参加了此次会谈。双方就重、轻质原油的供应问题进行了初步探讨。

4月16日，由全国工商联、山东省人民政府主办，山东省工商联、山东省人民政府承办的“2009海内外知名企业家齐鲁行暨日照市建市二十周年庆典”推介会在北京工商联大厦举行，全国工商联石油业商会应邀参加该会。商会希望借此活动帮助会员企业在山东这一投资创业的热土下，寻找投资商机，拓宽发展途径，与山东企业实现“双赢”。

4月23日，商务部产业损害调查局与商会在北京好苑建国酒店联合召开“中国民营石油行业安全发展调研会”。商务部产业损害调查局、外贸司、商贸服务管理司，国家能源局综合司、油气司、科技局，全国工商联会员部、经济部、研究室，中国石油和化学工业协会，商会会员企业以及国内数家生产经营规模较大的地方炼化企业等共计50多位代表出席了此次会议。

4月23日，商会第二届第六次会长会议在北京好苑建国酒店召开。全国工商联会员部会员处王华鲜处长，商会会长、副会长及地方炼厂企业代表20余人参加了会议。会议由张跃会长主持。会议报告商会2009年下半年的工作计划，并就商会会员队伍建设、协助成立地方石油业商会以及新一届执行会长的选举等工作进行了安排，对商会副会长的增减及会费收缴工作进行了研究和讨论。会议还就“中国民营石油行业安全发展研讨会”会后工作进行了部署。

5月11~18日，商会再赴山东地炼调研，马秘书长一行分别走访了山东恒源石油化工集团有限公司、山东金诚石化集团有限公司、山东潍坊泓润石化助剂有限公司、鲁北化工、天宏能源公司和山东晨曦集团有限公司。

6月15日，“2009海内外知名企业家齐鲁行”活动在山东省日照市拉开帷幕。全国工商联石油业商会秘书处人员、中球冠集团有限公司董事长任文达、山西中油销售平遥有限公司总经理张有权、河南亚立石油化工有限公司董事长平怀亮等多家企业代表参加了此次活动。

7月1日，商会参加由中国石油和石油化工设备工业协会在北京举办的“2009节能环保创新产品与技术推介会”。

7月7日，全国工商联会员部李树林副部长、李兵书处长一行莅临全国工商联石油业商会调研工作。马莉秘书长简要说明了商会会员组成情况，详细汇报了商会今年以来的工作和思路、存在的困难和问题以及下半年商会的重点工作。

7月7日，由伊朗国家炼油与销售公司（NATIONAL IRANIAN OIL REFINING & DISTRIBUTION COMPANY，NIORDC）主办的“伊朗NIORDC项目投资洽谈会”，在北京凯宾斯基饭店隆重举行。马莉秘书长及商会部分会员企业代表参加了此次会议。

7月16~17日，全国工商联在京举办全国工商联行业商会专题培训班。马莉秘书长参加此次会议。

7月29日，由中国科学院信息咨询中心原总工程师李光旭先生陪同，韩国LG集团大中华区及北美区前任总裁、现任韩国首尔仁荷大学国际政治学系教授、博士千辰焕先生专程拜访全国工商联石油业商会。

8月5日，商会副会长、深圳庆鹏实业集团有限公司董事长郑桂泉一行3人到商会视察、指导工作。

8月7日，商会副会长、国务院发展研究中心企业研究所主任李国强到商会指导工作，并主持召开了商会秘书处周五的工作例会。

8月11日，商会与国家科技部中国科技金融促进会风险投资专业委员会在科技部火炬中心签署“全国民营石油行业企业投融资工作平台”合作框架协议。

8月17日，“临港产业暨化工产业推介会”在山东省日照市岚山区召开，商会为此次推介会的支持单位。来自全国十多个省、市以及香港特区200余位客商参加了推介会。天津泰达蓝盾集团总裁韩宝林、中球冠集团董事长任文达、山东晨曦集团有限公司、河南亚立石油化工有限公司、北京泰吉利石油化工有限公司等会员企业代表以及商会马莉秘书长参加了此次推介会。

8月21日，中埃商业联合会会长李佳峻（卡尔特·阿勃·伊斯梅）一行三人专程来商会拜访，希望在今后的工作中能够与商会进行合作，推动行业交流，共同促进中国与埃及企业海外市场的拓展与开发。商会秘书处予以热情接待。

9月13日，“全国民营石油行业企业投融资工作平台第一次工作会议”在北京召开。

9月16日，由全国工商联研究室、会员部共同举办的“2009全国工商联提案工作交流暨培训会”在北京国谊宾馆召开。

9月16日，全国工商联直属行业商会外事工作培训会议在全国工商联机关举行。此次培训的主要内容包括：直属行业商会在开展外事工作中涉及因公、因私出访，举办国际会议，从事涉外展览等方面的相关政策和具体要求、报文程序及外事纪律等。商会参加了此次培训。

9月26日，全国工商联办公厅信息处在全国工商联机关会议室组织召开了全国工商联网站建设专题座谈会，旨在进一步了解需求、提出问题、听取意见、汇总建议。全国工商联下属共18家行业商会的网络、网站负责人到会。商会综合管理部派员出席了此次专题座谈会。

10月20日，商会第二届第八次会长会议在北京召开。全国工商联研究室陈永杰主任，全国工商联会员部李树林副部长，全国工商联研究室刘檀处长，商会张跃会长、20多位副会长以及马莉秘书长等30余人参加了本次会议。会议由张跃会长主持。

10月27日，由全国工商联石油业商会筹备的加油设备专业委员会在北京海南大厦举行授牌仪式，标志其正式成立。来自国内30余家加油设备行业的企业代表共同参加了此次授牌仪式。

11月25日，商会副会长刘璇、秘书长马莉应邀走访商会副会长企业——深圳庆鹏集团，并在郑桂泉董事长的陪同下，参观考察其集团旗下位于广东省中山市的中桂公司的油库现场。秘书长一行还前往泰山石化、兰星石化、华泰兴、粤美特等公司，与其进行了初步沟通、交流。

12月，商会2009年《关于抓住机遇　完善石油储备体系建设》的提案在全国工商联系统2009年优秀调研成果评选中荣获一等奖。此奖项评选为全国性的，评选范围为全国工商联各行业商会、各级工商联组织和各级商会。

12月4～6日，"2009年第二届中国山东成品油贸易与油品（调油）技术论坛暨山东省工商联石油与清洁燃料业商会年会"在山东济南舜耕山庄召开。会议由山东省工商业联合会主办，山东省工商联石油与清洁燃料业商会和山东星火科学技术研究院承办。商会作为会议支持单位，秘书长马莉应邀出席并为会议致辞。

12月7日，全国工商联与挪威王国工商会在北京联合召开中挪商务网络大会。商会参加了本次大会。此次会议旨在进一步促进中挪两国企业在发展节能环保等战略性新兴产业领域的交流与合作，帮助中国国内相关企业瞄准产业发展方向和趋势，积极培育新的经济增长点，以推动中国经济的长期、可持续发展。

12月9日，商会秘书长马莉一行应邀出席在北京大学英杰交流中心新闻发布厅举行的北京大学公共经济管理研究中心新能源研究所揭牌仪式。

12月18～20日，由全国工商联石油业商会、厦门海沧台商投资区管委会、厦门大学中国能源经济研究中心主办，厦门市海沧区人民政府办公室、厦门海澳集团、中国泰地集团承办的"第五届中国民营石油经济发展论坛"暨"首届海西石油市场高峰论坛"及"福建省油气商会成立大会"与海澳集团25周年庆典和海澳码头仓储工程落成典礼在福建省厦门市成功举行。18日晚，商会第二届第二次理事会议举行。

全国工商联石材业商会

全国工商联石材业商会会标由象征中国传统石文化的石龙、石材的英文单词Stone、象征绿色环保与和平友谊的橄榄枝、人类居住的地球和代表全国石材企业的环形长城组成。

寓意为：全国工商联石材业商会以会员为主体，以服务会员为立足点，团结一致，共同奋斗，致力于提高我国石材行业整体水平，以实现中国跻身世界石材工业强国的目标。

商会简介

中华全国工商业联合会石材业商会（简称全国工商联石材业商会），成立于 2005 年 4 月 5 日。是由国内具有代表性的石材企业发起，经中华全国工商业联合会（简称全国工商联）批准成立的全国性行业组织，是全国工商联直属会员商会成员，是唯一代表中国石材行业的商会。

今后，商会仍将在主管部门的领导下，坚决执行党和国家的有关政策，依法沿着正确的方向健康发展，为引导、监督和规范中国石材工业的科学、健康发展作贡献。

商会宗旨：

遵守我国宪法、法律、法规和国家政策，遵守社会道德风尚。引导和教育会员加强行业自律、提高会员素质，促进行业繁荣、健康发展，代表和维护行业利益，培育、建立和完善石材行业市场运行机制，充分发挥联系政府与企业间的桥梁纽带作用。提供服务、反映诉求、规范行为，为推动我国石材行业可持续发展而奋斗。

商会业务范围：

1. 参与制定行业发展战略规划和年度计划，根据行业改革与发展的需求向政府提出建议，为政府决策提供依据；

2. 协调行业内部关系，制定行规行约，推动行业自律，平等竞争；

3. 组织石材产品交易活动，指导流通市场有序发展；

4. 开展行业检查、行业评比活动；

5. 负责企业统计和市场信息的收集、分析、发布，组建行业贸易流通网络；

6. 组织国际合作与交流协助会员单位开拓国际市场，引进国外先进技术、项目、招商引资等。

由此，使商会初步形成了在市场经济体制下

名誉会长

张文波

王楚尚

会长

吕安民

常务副会长

王清安

刘忠楠

副会长

丁勇云

王金沙

王金转

王荣平

王晓明

王得坤

独立开展工作的新机制。

全国工商联石材业商会的目标是提高我国石材产业整体水平，使中国跻身世界石材工业强国。

第二届会长、副会长、秘书长名单

名誉会长

张文波　全国工商联石材业商会

王楚尚　福建省溪石股份有限公司董事长

会长

吕安民　福建省万隆石业股份有限公司董事长

常务副会长

王清安　福建省华辉石业股份有限公司董事长

刘忠楠　莱州宇通国际物流有限公司董事长

副会长

丁勇云　云南砻红天然石材开发有限公司董事长

王金沙　福建省东升石业股份有限公司董事长

王金转　福建南安市鑫荣华石业有限公司董事长

王荣平　内外矿业股份有限公司董事长

王晓明　福建省溪石股份有限公司董事长

王得坤　山东冠鲁建材工业集团公司董事长

吕小辉　福建省南安市中阳石业有限公司董事长

安凤占　河北星烁锯业股份有限公司董事长

曲华民　山东港华石材有限公司董事长

李山丽　峻岩石业有限公司董事长

苏　东　中轻资源进出口公司董事长

苏永定　福建省晋江市盛达机器有限公司董事长

迟合德　莱州市玉泽石材有限公司董事长

卓布国　北京市西联宏星石材有限公司董事长

林时浮　北京中润东方石业有限公司董事长

林松江　福建宏发集团有限公司董事长

洪成设　浙江石材市场开发有限公司董事长

洪耀宇　上海久久石业有限公司董事长

曾贤明　福建三利源磨具制造有限公司董事长

曾活水　天津市盛辉石材有限公司董事长

童辉熟　昆明恒桑矿业有限公司董事长

蔡小楷　福建省南安市东星石材有限公司

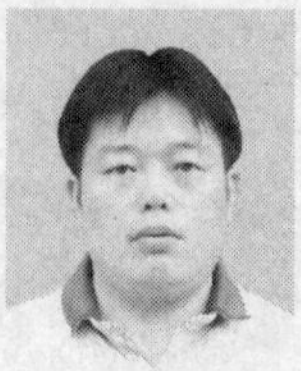
吕小辉

安凤占

曲华民

李山丽

苏　东

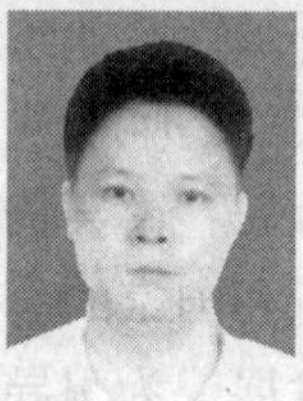
苏永定

迟合德

卓布国

林时浮

林松江

洪成设

洪耀宇

曾贤明

曾活水

董事长
蔡朝水　福建南安市勋达石材有限公司董事长
秘书长
赫延明　全国工商联石材业商会

附：
第一届会长、副会长名单
会长
金　键　莱州市玉磊石材有限公司总经理
代会长
王楚尚　福建溪石集团有限公司副董事长
常务副会长
张文波　全国工商联石材业商会
副会长
吕安民　福建省万隆石业股份有限公司董事长
万奕池　福建闽南建材第一石材市场董事长
王金转　福建南安市鑫荣华石业有限公司董事长
孙晓强　福建惠安县佳豪石材有限公司董事长
苏永定　晋江市盛达机器有限公司董事长
吴解放　福建凤山石材集团董事长
林松江　福建省宏发集团有限公司董事长
曾贤明　福建三利源磨具制造有限公司董事长
洪成设　浙江第一石材市场董事长
刘忠楠　莱州宇通国际物流有限公司董事长
曲华民　山东港华石材有限公司总经理
迟合德　山东莱州玉泽石材有限公司董事长
安凤占　河北星烁锯业股份有限公司董事长
甄彦苍　河北曲阳县新颖雕刻艺术中心董事长
韩志祥　中国国际石材大世界集团有限公司董事长

联系方式：
电话：010－88084348
传真：010－88084119
地址：北京市朝阳区望京西路48号院金隅国际E座1705室
邮编：100101
网址：www.acficstone.orgwww.scshstone.com
邮箱：scshstone@sina.com

童辉熟

蔡小楷

蔡朝水

秘书长：赫延明

工作综述

2007年

在党的方针政策的指引下，在全国工商联的支持、关怀和正确指导下，石材业商会的工作取得了一定的成绩，并就如何搞好商会工作吸取以往的教训，总结出了相应的工作经验。在过去的一年里，商会工作得到了全体会员的支持与配合，得到了各有关单位领导的积极支持和关心，经过全体工作人员坚定信心、克服困难，努力工作，团结协作，从而保证了商会的不断巩固与发展。主要做了以下几项工作：

一、从行业大局出发调查研究，积极参政议政，商会提案被全国政协十次会议采纳

在全国工商联的组织领导下，商会经过多方面听取意见，调查研究，起草了《合理引导石材矿山产业有序发展》的提案文本。在全国“两会”召开之际，经全国工商联上报全国政协十次大会审核后批转国家国土资源部办理。国土资源部于7月正式回复，评价提案内容是从“科学发展观”的高度对石材资源整合提出了很好的建议。《中国建材报》、《中国建设报》以及相关媒体详细报道了提案内容。同时，商会还分别向国家有关部门汇报了石材矿产资源开发利用情况和主要问题及建议。这是新中国成立以来首次由国家领导机构批准的石材业方面的提案，对石材矿产资源合理开发利用，对于石材业持续健康发展起了积极的推动作用。全国工商联给予该提案以较高的评价。

二、努力搞好为企业服务工作，积极建言献策，推进石材行业名牌建设工作健康发展

2007年是中国名牌战略推进委员会（简称名推委）评选石材名牌的年份。为了借此进一步推动全国石材品牌升级，增强石材业创名牌意识，商会工作人员克服重重困难开展了积极推进品牌升级工作。商会在进行普遍性宣传活动的同时，于2月在北京召开了“全国石材企业名牌战略研讨报告会”。国家质量技术监督部门、国土资源部、中国石材检测中心及有关科研单位、院校、重点石材企业领导，商会部分领导成员及各方面代表出席报告会。大会详细介绍了申报名牌的意义、程序以及国家名牌战略的相关政策与部署。向名推委和有关部门领导汇报了石材行业品牌情况，提出了本次评选名牌的具体意见，推荐了参加石材名牌评选的专家人选，积极协助重点石材企业做好申报指导工作。在此基础之上，商会全力支持了上海石材业商会及十几家媒体举办石材行业“年度风云榜”与“百强企业”的评选活动。

三、为石材市场提供更大的应用空间，精心组织多种展览展销、贸易洽谈活动

商会积极组织石材企业参加各类展贸活动，为石材企业搭建相互交流与贸易洽谈的平台。2007年，先后组织石材企业参加了“2007中国国际装饰材料博览会”、“国际装饰产业发展论坛”、“第三届东北亚投资贸易博览会”、“欧亚建材贸易与流通论坛”、“汉白玉大理石产业发展论坛”、“曲阳国际石雕艺术节”、“山东省嘉祥县国际石雕节”、“福建惠安石雕博览大会”。

商会领导先后接待了巴西、土耳其、美国、韩国、澳大利亚、西班牙、比利时等国家和地区的石材行业组织和石材企业代表，促进中国石材与国际石材业的交流与贸易。

12月3～8日，应越南驻华大使馆邀请，商会常务副会长张文波和秘书长赫延明到胡志明市参加了由越南国家贸易部、农业部、科技部、建设部联合举办的“2007越南国际贸易与投资博览会”。展会规模为400多个标准展位，主要参展国家有中国、韩国、巴基斯坦、马来西亚、印度尼西亚和越南。展品主要有轻工、建材、机械、服装、医药、保健品、木工艺品等种类。期间同参展国家和有关企业进行了交流，促进了相互了解，为本会今后与越南交往奠定了基础。

四、从基层会员需要出发，到生产一线组织调研，提供多方位的服务

2007年，商会还开展了为企业和基层行业组织服务的活动。应有关方面和单位要求，商会先后赴内蒙古、河北、山西、吉林、山东、河南等地区进行调研活动，协助进行制订石材发展规划、资源整合；争取金融机构的支持，为企业发展争取资金渠道；同哈尔滨工业大学合作制订石材综合利用加强环保研究项目，上报国家环保局；积极支持北京科技大学利用冶金工业废渣生产建筑装修材料和耐磨耐腐蚀材料的研究，协助举办了两次相关论证会议；协助山东省科委、山东技术监督局在烟台市召开了“蓬莱铸石薄板生产线及薄板铸石产品科技鉴定会”。铸石是一种耐磨耐腐蚀工业材料，薄板生产线的建成投产，对于节省原材料、降低成本、改善环境具有重要意义。哈尔滨工业大学博士生导师巴恒静、中国地质大学教授王南萍和山东省有关部门的专家学者出席会议，常务副会长张文波作为鉴定委员会成员参加鉴定。

五、加强组织建设和业务建设，在上级部门的领导下，平稳完成了商会主要领导的更换工作，积极支持基层商会建设

在全国工商联的支持和领导下于6月在北京

召开会长办公会议，经过民主协商，推选溪石集团王楚尚副董事长为石材业商会负责人，全面主持商会的工作。

9月，在山东省莱州市召开会长办公会议，由王楚尚提名，经与会代表表决，会议一致同意赫延明任本会秘书长职务（全国工商联会员部已经于2007年10月18日复函“同意你会聘任赫延明同志为商会专职秘书长”），主持秘书处工作。商会主要负责人的确定和秘书长的上任不仅在组织上完成了商会班子新老接替的工作，而且增强了商会领导力量和商会在全体会员中的凝聚力和向心力，为迎接商会第二次会员代表大会的召开奠定了坚实的组织基础。2007年商会协助成立了内蒙古自治区、山东省、河南省等省级石材业商会组织的组建工作。参加了全国工商联举办的相关重要活动。

六、履行行业商会职能，做党和政府联系非公有制经济人士的桥梁和纽带，当好政府管理非公有制经济的助手

王楚尚当选为中华全国工商业联合会第十次代表大会代表，并于11月17~19日参加了在北京召开的中华全国工商业联合会第十次代表大会。大会结束后，王楚尚对商会今后的工作提出了具体部署：

1. 商会要高举中国特色社会主义伟大旗帜，以邓小平理论和“三个代表”重要思想为指导，组织会员单位、机关工作人员紧密地联系工作实际开展多种形式的学习，贯彻党的十七大会议精神；

2. 接受和服从全国工商联在工作上的指导，引领会员积极促进社会和谐，服务行业工作大局，促进石材行业健康、有序、科学的发展；

3. 发挥行业商会的主渠道作用，就目前行业存在的共性问题，特别是石材矿山安全等问题组织调研，建言献策，以提案的形式建议有关部门加强管理、出台相关的制度措施；

4. 引导会员自觉地把自身企业发展与国家的发展结合起来，把个人富裕与全体人民的共同富裕结合起来，致富思源、富而思进，积极承担社会责任，热心公益事业，当好中国特色社会主义事业的建设者；引导会员按照科学发展观的要求，转变经营发展方式，加强能源资源节约，重视生态环境保护，建立和谐劳动关系；

5. 加强商会机关工作特别是秘书处的管理，转变工作作风，强化服务职能，扎扎实实地为企业、为会员、为行业服务，全面开创商会工作新局面。

七、关注行业发展焦点问题，努力为企业创造发展空间，积极开展多方位合作工作

在“十一五”期间，为了帮助石材企业更好地解决普遍存在的石材矿山管理无序、乱开乱采，监督无力、环境污染、成品率低、资源浪费严重等困扰石材矿山开采的实际问题。促进石材矿山的正规化管理，不断提高石材矿山开采的科技含量，从而使石材矿山的管理适应国民经济飞速发展的需要。

商会从实际出发、从行业发展需要出发，于11月16日与苏州中材非金属矿工业设计研究院有限公司签订“石材矿山服务合作协议书”。自协议签订之日起，商会就以下内容为会员和石材矿山企业提供规划、设计、咨询等多方面的服务。

对已经开采的矿山服务内容有：开发利用、废料处理、环境保护、预防自然灾害隐患。并可以具体协助企业联系进行以下工作：请地质部门补做地质资源核实工作、矿区现状及地形测量；请设计部门提供资源开发利用方案、开采设计方案，为矿山更换新的《采矿许可证》、《安全生产许可证》提供咨询、协调帮助。

对新建矿山的服务内容有：生产规模设计、开采技术咨询、环境保护规划、综合利用规划、项目投资预测、经济效益评估。可以具体到提供下列资料的服务：可行性研究报告；资源开发利用方案；安全预评价报告；开采方案设计。

2007年，石材业商会恢复了官方网站，与《中华建材报》筹备完成《石材周刊》出版发行的前期准备工作，为商会今后舆论宣传工作打下了坚实的基础。

总之，商会要加强自身建设，切实增强吸引力、凝聚力、影响力，努力把商会建成服务职能完善、运行机制健全，作用发挥充分的商会团体组织，以得到会员的认同为今后工作的核心内容。也希望广大会员对商会的工作提出意见和建议，商会将诚恳地接受来自各方关心商会发展的呼声。

2008 年

在党的方针政策的指引下，在全国工商联的支持、关怀和正确领导下，在过去的一年里，商会工作得到了全体会员的支持与配合，得到了各有关单位领导的积极支持和关心，经过全体工作人员坚定信心、克服困难、团结协作、努力奋斗，保证了商会的工作不断进步和发展。回顾2008 年，主要做了以下工作：

一、胜利召开第二届全国工商联石材业商会会员代表大会

2008 年 10 月 27 日，全国工商联石材业商会第二次会员代表大会在北京人民大会堂召开

在全国工商联的支持和领导下，全国工商联石材业商会第二次会员代表大会于 2008 年 10 月 27 日在北京人民大会堂召开。通过投票民主选举，福建万隆股份有限公司董事长吕安民当选为会长。同时选出 28 位企业家为副会长。

会议的胜利召开不仅在组织上完成了商会班子新老接替的工作，而且增强了商会的领导力量和商会在全体会员中的凝聚力和向心力。

二、在河南省创办石材专业学校

2008 年 1 月，全国工商联石材业商会、河南省石材商会与河南省建筑工程学校三方合作，创办石材技术培训学校。学历中专，首批 50 名学生，已于 2008 年 9 月开学授课，计划 2009 年下半年即可到石材企业进行毕业实习。此举重在培

2008 年 1 月，商会在河南联合创办石材技术培训学校

养石材专业人才，提高石材行业从业人员整体素质，为行业进一步发展打下坚实基础。

三、全国石材专业教材编写工作会议在京召开

为配合商会创办学校的石材专业教学，4 月 15 日，全国石材专业教材编写工作会议在京召开。本次会议是经主管教育部门批准，由商会与河南省石材工业协会联合召开。

会议决定由商会牵头组织成立“全国石材专业教材编写委员会”，编委会由全国知名学者、专家和相关专业人士组成，并根据需要进一步扩大，成立常设的编委机构。会议还就石材专业的专业名称、课程设置、教材内容、课时分配等问题进行了深入地探讨和论证；同时确认专业课程和公共课程的基本设置，课时的科学分配和各门教材的提纲，并按照讨论内容对教科书的编写工作进度、出版计划等事项作了详细安排。教材的编写和石材专业的设置是全国石材业的大事，将会对我国石材行业健康、有序和良性发展起到强有力的推动作用。

四、召开首届“同一个地球，共同的资源”世界石材经济论坛

2008 年 11 月 8 日，商会在福建举办首届“同一个地球，共同的资源”世界石材经济论坛，本次论坛的召开对促进我国乃至国际石材行业发展有着重要的意义。通过论坛达到与各国同行相互沟通、相互协作，从而提高整个行业的全球化竞争力与合作发展意识，为推动石材产业快速、

商会领导与嘉宾合影

2008 年 11 月 8 日，商会在福建举办“同一个地球，共同的资源”世界石材经济论坛

协调、健康可持续发展作出新的贡献。

五、商会再次就矿山问题提交全国政协提案

3 月 3 日，在全国工商联的组织领导下，经过多方面听取意见，调查研究，由商会起草的《关于改进和加强石材矿山安全生产工作的提案》提交全国政协会议，这是商会第二次提交“两会”提案。发展石材产业必须以矿山为本。石材矿山建设，石材矿山安全生产事关石材产业可持续发展和人民群众生命财产安全，是发展石材产业的基本条件。为了贯彻落实好党和国家关于加强矿山安全生产方面的法规政策精神，提案就改进和加强石材矿山安全生产工作提出建议。

国土资源部于 2008 年 7 月正式回复，评价提案内容是以“科学发展观”的高度对石材资源整合提出了很好的建议。同时，商会还分别向国家有关部门汇报了石材矿产资源的开发利用情况和主要问题及建议。

六、为石材企业提供更大的展示空间，精心组织多种展览展销、贸易洽谈活动

商会与北京中装华港建筑科技展览有限公司达成合作意向，共同举办“2009 北京国际建筑石材产品及设备博览会”。展会与第 16 届“中国国际建筑装饰及材料博览会”同期举行。时间为 2009 年 3 月 4 ~ 7 日，地点在中国国际展览中心（新馆）。届时，展会总面积达到 8 万平方米，到场观众 10 余万人。

展会以石材终端客户的直接贸易为核心驱动力，以石材成品贸易来促进整个石材行业的贸易交流。观众主要为石材工程承包、工程采购商、建筑装饰公司、房地产开发商、建筑设计及政府采购部门等综合建材贸易群体。

商会在 2008 年还为会员企业提供以下国外展会服务：

2008 拉斯韦加斯国际石材家具展：10 月15 ~ 18 日；

2008 意大利国际展：10 月 4 ~ 7 日；

2008 年迪拜建材五大行业博览会：11 月23 ~ 27 日。

七、建筑装饰石材行业开展信用体系评价工作

3 月 31 日，商会与中国建筑装饰协会联合发布了《关于开展“建筑装饰石材行业信用体系评价”的通知》，标志着信用体系评价正式进入装饰石材行业。商会与中装协联合制订了《建筑装饰石材行业信用评价标准》和《建筑装饰石材行业信用体系评价工作守则》，经国务院国资委协会办公室审核后，决定在全国石材行业正式开展企业信用评价工作。建筑装饰石材行业信用评价是我国社会信用体系建设的重要组成部分，是我国最高层次行业信用评价。行业信用评价对树立商会协会自身形象、推动行业自律、保障行业健康发展、促进社会信用体系建设有重要作用。

八、“中国石材与石文化产业发展高峰论坛”在深圳召开

为了推动我国石材与石文化产业的发展，由商会主办，汉玉矿业集团、深圳汉玉文化发展股份公司承办的“中国石材与石文化产业发展高峰论坛”，作为“中国（深圳）国际文化产业博览会”的主题分会，于 2008 年 5 月 15 ~ 17 日在深圳召开。同期还举办“中国石材与石文化产业品牌建设报告会”。

九、2007年度中国石材业风云榜揭晓上海滩

2008年3月12日，商会与上海石材协会共同主办的2007年度第四届“CISE中国石材业风云榜”颁奖大会在上海隆重举行，风云榜评选是以企业规模、市场占有率、企业与产品品牌知晓度及美誉度、技术与市场服务能力为指标，经过广泛的推荐和自荐、市场调查和综合分析、候选单位公示接受社会评议、专家组评审、组委会确认等程序最终确定的。

十、在京召开2008第一届全国石材行业组织秘书长高峰论坛

2008年2月29日，由全国工商联石材业商会主持召开了全国石材行业组织秘书长高峰论坛，京、津、沪、鲁、豫、苏、鄂、蒙等地区商会、协会秘书长参加。与会人员总结经验、表达期望，交流讨论工作中的困惑与难题。商会副会长、河南商会秘书长李山丽介绍了逐步建立各专业委员会和开展追讨欠款等项工作的经验。

2009年

2009年是全国工商联石材业商会换届后的第一年。在新的领导集体支持、关怀和正确领导下，经过商会全体人员努力工作，团结协作，在过去的一年里主要做了以下几项工作：

一、完成第五届“CISE中国石材业风云榜”评选活动

在商会与上海石材协会连续共同主办了四届“中国石材业风云榜”评选活动的基础上，2009年2月17日，2008年度第五届“CISE中国石材业风云榜”颁奖大会在上海浦东新锦江索菲特大酒店举行。全国工商联石材业商会会长吕安民、副会长洪耀宇、副会长吕小辉、秘书长赫延明、名誉会长张文波出席大会。风云榜评选是以企业规模、市场占有率、企业与产品品牌知晓度及美誉度、技术与市场服务能力为指标，经过广泛的推荐和自荐、市场调查和综合分析、候选单位公示接受社会评议、专家组评审、组委会确认等程序最终确定。

二、成功举办中国（北京）国际建筑石材产品及设备博览会

2009年3月4日上午，由全国工商联石材业商会、中国建筑装饰协会共同主办的中国（北京）国际建筑石材产品及设备博览会正式拉开了序幕。全国工商联石材业商会会长吕安民，秘书长赫延明、中国建筑装饰协会会长马挺贵、中国室内装饰协会会长傅立民、中国国际展览中心集团总裁孟文慧出席博览会并在开幕式上共同剪彩。吕安民会长在讲话中强调，希望石材企业通过这个平台与众多企业、设计师以及海外买家进行贸易交流，携手合作，共同促进我国石材行业的发展。作为一大亮点，Stone China石材展选择与北方建材大展——第十六届“中国国际建筑装饰及材料博览会”同期亮相，在实现观众资源共享的同时也起到了优势互补的作用，使得此次展会的内容更加丰富充实，也打破了单一石材展会的展贸效果。总计10万平方米的展示规模以石材成品贸易为导向，以推动石材全行业多方贸易为宗旨，为石材产品在建筑及装饰领域的应用搭建了理想的展示和交流平台，推进了石材行业的全面发展。展会展品分类包括：建筑装饰石材产品（板材、石砖、复合材料）、异形制品、石雕制品、环境装饰石材产品和设计、加工机械设备及工具、石材养护及黏结、密封材料等。

作为北方地区最具代表性和最高档次的石材展会，“Stone China”石材展正在向成为“立足北方，辐射全国，面向国际”的国际性石材展更加迈进了一步，它将是2009年中国北方地区最具规模和影响力的行业盛会。

三、成立全国工商联石材业商会矿山工作委员会

为加强全国工商联石材业商会组织机构建设工作和更好地履行商会为会员服务、为企业服务、为行业服务的职能，经二届二次会长会议决定，成立全国工商联石材业商会矿山工作委员会筹备领导小组。组长为王荣平，副组长为洪成设、洪耀宇、吕安泰、迟合德、曲华民、卓布国、林时浮。筹备工作已经完成，并于2009年11月8日在福建省南安市水头镇召开了成立大会。

四、全国工商联石材业商会锯业工程技术中心正式成立

6月13日，全国工商联石材业商会锯业工程技术中心在河北省唐山市正式揭牌成立。锯业工程技术中心由全国工商联石材业商会专家委员会的与河北星烁锯业股份有限公司联合创办。该中心的成立是我国石材锯切工具业一个具有划时代意义的重大事件，标志着我国石材锯切工具业由客观自在生存到市场自为发展进程的历史性蜕变。我国石材锯切工具业由过去单一的锯片生产发展为包含理论探索、材料研究、技术工艺更新、生产设备升级等全方位发展的新型产业。锯业工程技术中心将在全国工商联石材业商会专家委员会的指导与协助下开展相关科技研究工作。中心每年将提出国家、省市科研项目，国家或行业标准，产业化转化等项目不低于3项，正在实施的项目不低于1项，引领行业技术进步和发展，解决行业急需的技术难题。

五、11家优秀石材企业通过全国“建筑装饰石材行业信用体系评价”AAA认证

全国“建筑装饰石材行业信用体系评价”活动，是由全国工商联石材业商会与中国建筑装饰协会联合开展的在全国石材行业内长期进行的一项信用体系评价工作。2009年3月4日下午，“全国建筑装饰石材行业信用体系评价活动”颁证大会在北京国际展览中心新展馆隆重举行。商会会长吕安民、中装协副秘书长田万良等为首次通过认证企业颁发铜牌和证书。

此次活动是根据全国整顿和规范市场经济秩序领导小组办公室和国务院国有资产监督管理委员会行业协会联系办公室联合下发的《关于加强行业信用评价试点管理工作的通知》要求，按照参评企业“少而精”的文件精神，采用“三等九级”的评价方式。依据法定程序，通过专家组严格审核，评选出首批10家AAA级信用评价石材企业，1家AA级信用评价石材企业（其中石材加工类企业9家；机械制造类企业1家；石材养护类企业1家）。

全国建筑装饰石材行业信用体系评价活动为全国建筑装饰石材行业信用体系评价工作的全面开展拉开了序幕。填补了中国石材企业没有信用认证的历史空白。

六、成功举办“2009中国石材应用技术研讨会”

由全国工商联石材业商会、中国建筑装饰协会信息咨询委员会、中国建筑装饰协会施工委员会联合主办的“2009中国石材应用技术研讨会”在北京中国国际展览中心拉开了序幕，来自国内外石材行业的专家学者就石材工程应用技术的发展新趋势等课题发表演讲。参加研讨会的部分企业代表在听取了专家的演讲后纷纷表示，这是一次难得的机遇，使他们能够接触到来自国内外石材行业专家的具有针对性的讲解和指导，从而在生产和销售过程中提高企业自身产品的质量优势，大大增强了在行业中的竞争力。

七、“宏州杯”全国雕刻艺术大奖赛圆满落幕

由全国工商联石材业商会、世界艺术家协会和曲阳县人民政府主办的“宏州杯”全国雕刻艺术大奖赛于2009年10月15日圆满落幕。本届艺术大奖赛吸引了来自河北曲阳和易县及新集、福建惠安、浙江青田、北京等地主要雕刻基地的80余家企业150余件作品参赛。

10月15日在北京八大处举行的第四届中国曲阳雕刻艺术节的开幕式上为获奖者颁发了奖杯、证书和奖金。本次大奖赛商会未向参赛者收取任何费用，并在有限经费中拿出奖金奖励获奖个人。

国务院授予曲阳县“雕刻之乡”称号。为弘扬、发展、光大传统雕艺文化，同时为更充分、更好地挖掘、传承曲阳本地文化，并将这些宝贵的文化财富转化为经济发展的动力，促进社会文化、经济的进一步快速发展，再现曲阳历史的辉煌，由曲阳县人民政府及有关单位主办了第七届中国（曲阳）国际石雕艺术节。本次大奖赛作为艺术节的重要组成活动，目的是通过参加比赛提高工艺水平，培养技术人才，打造好企业品牌。

八、胜利召开“把握商机·共赢未来”世界石材装饰高峰论坛

“世界石材装饰高峰论坛”于2009年11月8日在福建省南安市水头镇隆重举行。本届“世界石材装饰高峰论坛”由全国工商联石材业商会、中国西部研究与发展促进会、福建省南安市人民政府联合主办，福建南安市水头镇人民政府、福建泉州电视台、“世界石材装饰高峰论坛”组委会承办，并有福建电视台、东南卫视、新华社、新浪网等多家主流媒体鼎力支持。

本届“世界石材装饰高峰论坛”借助“第十届中国（南安）水头国际石材博览会”的良好契机，以“把握商机·共赢未来”为主题，意在整合世界各地的资本资源、矿山资源、人才资源、市场网络资源等优势，建立一个全球石材界人士和企业及广大消费者交流、互动、推介的大平台。

2009 年是石材业商会全方位发展的重要一年。总之，商会要加强自身建设，切实增强吸引力、凝聚力、影响力，努力建成服务职能完善、运行机制健全、作用发挥充分的商会团体组织，以得到会员的认同为今后工作的核心内容。

重要文献

2007 年

关于合理引导石材矿山产业有序发展的提案

商会通过全国工商联向“两会”提交的提案

我国是石材资源大国，石材矿山遍及全国各地。全国现有商业与专业名称的各类花岗石材、大理石材、板石材、沙岩石材等品种超过 1800 种。国家技术监督总局颁布的《天然石材统一编号》标准已收纳常用的花岗石材 240 个品种、大理石材 58 个品种、板石材 8 个品种。汉白玉、金钻、黑金钻、蝴蝶蓝、紫金梅、云南砂岩等石材品种，都属于世界级的名贵石材品种。

改革开放以来，我国石材矿山建设快速发展，已经形成了包括天然大理石、花岗石材、石雕、人造石材、石材机械、石材磨具、金刚石工具、石材防护产品等 20 多个专业门类的综合性产业。2000 年以来，全国石材年产量年均增长 15%，2006 年全国产量约为 2.6 亿平方米，产值约 1700 亿元，国内消费 1.5 亿平方米，进出口贸易近 40 亿美元，其中出口 28.5 亿美元。全国约有 750 万人从事石材工作，全国石材矿山采点坑口超过 1 万个。在许多贫困山区，发展石材产业已成为脱贫致富的重要途径。我国石材的产量、进出口贸易、石材消费三项均居世界第一。展望未来，石材以其自然、美观、典雅、华贵等特点成为人们首选的建筑装修、装饰材料，石材产业在国民经济中的地位越来越重要，也是世界各国竞相发展的重要产业。石材矿山的开发建设是石材产业发展的重要物质条件。20 世纪 90 年代以来，各地区、各部门虽然不同程度地加强了石材矿山建设的审批和管理，矿山“小、土、散”的状况有所改变，但从总体上看，目前我国石材矿山建设仍然严重滞后，存在着一系列亟待解决的问题。

一是石材矿山普遍“小、土、散”。由于矿山开采企业进入门槛低，造成企业规模小，且长期以来矿山本身投入就不足，开采方法与技术装备水平不高。按石材矿山规模的划分，年产 10 万立方米左右才算是大型矿山，而这样规模的矿山我国只有 3 个，年产量在 1 万立方米的就已属于比较大的矿山。世界先进水平的矿山一般年产荒料为 15 万～20 万立方米，西班牙、意大利最大的矿山年产荒料在 30 万立方米以上，而且没有 1 万立方米以下的矿点。

二是粗放生产，资源浪费。我国石材荒料开采的成品率平均约为 20%，而意大利等石材业先进的国家荒料开采成品率为 85% 以上，我国每年约有 4 亿立方米的各种废石料积压，相当于约 3.2 亿元白白流失。我国石材行业劳动生产率为每年人均 25 立方米，而意大利为 180～200 立方米。

三是管理无序，乱开乱采。有不少矿点未作详细的地质勘探工作、化学分析、物理测试和前期市场调查就盲目上马，随意打眼放炮，造成人力、物力、资源和财力的浪费。全国约有 50% 的石矿开采点处于技术非常落后，甚至野蛮开采状；约有 30% 的矿点技术一般，且不具规模经济；约有 20% 的矿点虽有一定规模与技术，但与国际水准仍有很大差距。

四是监督无力，污染严重。由于缺乏必要的监管，全国每年数亿吨石材废料、泥沙被无序堆放或丢弃，造成严重环境污染，有的还带来了泥石流等自然灾害的隐患，且时有人员伤亡事故发生。

近年来，我国综合国力不断增强为石材产业发展和开拓国际市场创造了有利条件。为了加强石材矿山建设和合理开发利用资源，提高我国石材产业整体水平，推动我国由一个石材产业大国发展成为石材产业强国，提出如下建议：

1. 对石矿资源开发利用情况进行普查，制定产业发展规划。由国土资源部组织专业力量对全国石材矿山进行一次资源普查，真正掌握石矿资源总体储量、地区分布和品种分类。同时，对现有矿点的开采技术、规模、经营、执法等状况也要进行一次经济社会普查，为制定和完善相关法规和政策提供依据。要从产业长远发展的高度，对石材矿山建设和产业发展进行统一规划，引导石材行业加快结构调整，扶持优势企业，逐步改变石材企业“小、土、散”的状况。

2. 加快制定石材矿山资源开发利用的政策法规和技术管理规范。在政策法规中，要对矿山地质勘察、开发利用、废料处理、环境保护等做出明确规定；要对新上矿点年产规模以及技术条件、环保、综合利用、资金保证等相关事项提出明确要求，逐步提高石材矿山产业整体水平；对于列入国家级的名贵品种，采取严格限量开采的资源保护政策；对于粗放开采、浪费资源、环境破坏严重的矿点坚决关停整顿。目前，对于石材矿山企业，在开采当中应遵循什么样的标准来进行，尚缺乏技术规范的指导，应加快制定有关技术管理规范，促进石材业整体素质的提高。

3. 加强石材矿山开发监管工作。规范石材矿山资源开发秩序关系石材产业的可持续发展，任务非常艰巨。除政府部门要加强政策法规执行的监管力度外，要发挥石材商会、协会等行业经济组织的作用，通过行业自律等措施，协助政府抓好石矿资源的合理有序开发利用。

（2007 年 3 月）

2008 年

关于改进和加强石材矿山安全生产工作的提案

商会通过全国工商联向“两会”提交的提案

建议承办单位：国家安全生产监督管理总局

石材产业包括天然花岗岩、大理石、人造石、文化石和各类专业机械、金刚石机具等 20 多个产业门类。我国石材工业生产总值超千亿元人民币，进出口贸易额超 40 亿美元，石材生产规模、石材进出口贸易、石材消费均居世界第一位。从长远看，我国石材资源丰富，品种齐全，随着国民经济快速增长，人们生活水平与居住条件提高，石材产业在国民经济中的地位也会逐年提高。

发展石材产业必须以矿山为本。石材矿山建设和安全生产事关石材产业可持续发展。近年来，有关部门连续出台一系列有关矿山安全生产工作的法规政策。主要有：国务院办公厅《关于进一步加强安全生产工作的决定》和《关于印发安全生产“十一五”规划的通知》，国土资源部《关于印发 2007 年整顿和规范矿产资源开发秩序工作方案的通知》，国家安全生产总局《关于印发金属非金属矿山安全生产负责人安全生产管理人员培训大纲及考核标准的通知》、《关于开展安全生产培训专项监查调研的通知》和《关于加强农民工安全生产培训工作的意见》等。这些法规政策的制定对于加强安全制度建设、保护人民生命财产安全、维护正常生产与工作秩序与社会稳定具有极其重要的作用。

近几年来，虽然矿山治理整顿取得了一些成效，但部分地区的严重违法行为仍然存在。目前全国石材矿山开采矿点约有万家，遍及全国各地区，仅福建省就有 2500 家大小矿点，“小、土、散、乱”的状况仍然很严重。绝大多数矿山开采手段落后，约有 20% 的矿点无照营业，用原始方法进行开采，石材矿山生产安全事故时有发生。石矿资源开采成品率低，全国矿山开采成品率只有 15%，约有 85% 为废品，浪费严重，乱堆乱放，造成环境污染和安全隐患。有外国石材专家评价我国石材矿山生产时称，国外石材矿山生产像高层建筑，中国像考古现场。近几年来石材矿山安全生产事故频发。例如，福建省某市石材矿山无序多家开采，废石料各自随意堆放，瞬间造成大量废石滑坡，将山下一个自然村庄基本埋没，当场死亡18人，多人受伤，直接经济损失约1.5亿元；四川省某地区石材矿山发生严重坍塌，导致7人死亡，5人失踪。山东、河南、湖北、内蒙古、广西、新疆等地区每年也都发生石材矿山生产安全事故，造成程度不同的人员伤亡和损失。石材矿山生产及安全事故同时导致环境污染，生态破坏也十分严重。

针对石材矿山建设中的生产安全问题，商会曾于2007年提交了“关于合理引导石材矿山产业有序发展的提案”，受到了有关部门的重视，并在石材行业中产生了较大反响。为了贯彻落实好党和国家关于加强矿山安全生产方面的法规政策精神，现就改进和加强石材矿山安全生产工作提出以下建议：

1. 各级政府部门应重视石材矿山安全生产问题。应依据国家相关法律法规、结合石材矿山安全生产的实际和全国石材产业发展形式的需要，将石材矿山安全生产工作作为各级政府部门安全生产规划建设的一个重要内容。有关部门要组织专业力量，有重点地对石材矿山安全生产现状和存在的问题进行调查研究。要加快石材矿山安全生产法律法规建设步伐，修改、制定石材矿山安全生产专业规范和标准，把“安全第一、预防为主、综合治理”的方针落实到基层。在修改、制定石材矿山安全生产规范与标准，制订石材矿山安全生产工作规定时，要充分考虑石材矿山安全生产的基本特征，使其更加切合实际。

2. 建立石材矿山安全生产法律和技术知识培训制度。要组织编写石材矿山安全生产专业知识与规范，采取多种方式广泛宣传普及矿山安全生产法律法规和技术知识。要针对石材产业民营企业多、农民企业家多、农民工多和企业规模小、量大面广等特点，建立稳定的培训机构，有计划、分层次地开展石材矿山安全生产与法律法规知识培训活动，以提高其职业防护、应急能力和安全生产技能。要把取得矿山安全生产培训资格证书，作为企业负责人任职的条件之一，企业生产重要岗位及管理人员上岗也必须取得相应的培训资格证书，由此逐步形成石材矿山安全生产专业职工队伍，从各个岗位不断充实石材矿山安全生产骨干力量。

3. 要充分发挥行业组织在推动石材矿山安全生产中的重要作用。要在国家安全生产管理主管部门领导下，支持和指导石材行业协会组织组建石材矿山安全生产监控服务专业机构，建立石材矿山安全生产监管与信息交流报告系统，培育和发展矿山安全生产评价、认证、检测、检验、咨询与服务工作体系，协助政府部门抓好石材矿山安全生产监控与信息报告工作。

4. 加强国际石材矿山安全生产交流活动。世界各石材生产国都程度不同地面临着生产安全问题。应把加强石材矿山安全生产问题作为国际交流与合作的一个内容，通过有计划地加强和促进与国际相关社团和行业组织进行石材矿山安全生产、职业安全教育、石材矿山安全生产技术、管理与技术人才等方面的交流与合作，加快改变我国石材矿山安全生产的受人指责的被动局面。建议在我国举办一次以石材矿山安全生产为主要内容的国际性会议，邀请国内外相关企业和专家就石材矿山安全生产问题进行深入研讨。大会可由政府主管部门主办与指导，交由全国性石材行业协会商会组织来负责具体承办。

2009年

在“世界石材装饰高峰论坛”上的讲话（摘要）

全国工商联副主席　宋北杉

全国工商联石材业商会是全国工商联直属的28家行业商会之一，自从2005年6月成立以来，在向政府建言献策、参政议政方面，在做好政府协调和管理非公有制经济的助手方面，在反映会员需求、促进经济发展方面，在规范市场秩序、加强行业自律等方面，做了大量工作，影响力不断扩大，发挥了行业组织应有的作用。这次联合举办高峰论坛，在素有“中国石材之乡”美誉的水头镇构建起一个行业交流、行业研讨、合作互动、以商会友的平台，必将有助于地方经济的健康发展和中国石材行业整体水平的提高。

宏观地看，我国石材行业的整体水平，与西方发达国家相比，还有不小的差距，整体上表现为科技含量较低，开采和加工粗放，竞争力不强，生产方式还比较落后，资源浪费和环境污染比较严重。联系到这次论坛的主题，如果不改变以上状况，就谈不上抓住机遇，可持续发展，实现“共赢”。

这就要求我们，第一要着力提升石材产业的技术层次，这是增强企业发展后劲的长远选择，也是做好做强企业、实现科学发展的现实需要。要努力在改造提升传统产业，搞好产品升级换代上下工夫，实现产业结构由处于产业链低端的劳动密集型为主导，向资本、技术、知识密集型为主导的转变，不断提升我国在国际石材行业的地位。

第二要着力加强自主创新，提升石材行业的核心竞争力。自主创新是转变发展方式、提高产业质量的关键环节。要加强技术研发，形成一批具有自主知识产权的关键技术和石材产品，牢牢把握行业发展主动权。要加大技术改造力度，加快利用高新技术和先进适用技术，积极应用新石材加工工艺、新设备、新材料，促进相关技术和产品的开发和升级，全面推进资源综合和循环利用，为建设资源节约型、环境友好型社会作出积极贡献。

第三要着力实施“走出去”战略，努力开拓国际石材市场，积极在国外投资办厂，在巩固传统市场的基础上大力开拓新兴石材市场，在更大范围、更高层次上参与国际经贸合作，为企业赢得新的竞争优势，为石材行业拓展更大空间。

昨天，我实地参观了水头镇的几家代表性企业，并听取了企业负责人的介绍，它们都是全国工商联石材业商会的会长和副会长企业，我对它们的发展势头和未来前景很看好。今天上午我又现场观看了本届石材博览会，对参展的商家的产品和技术工艺很振奋。相信有在座的你们共同的不懈努力，中国石材的行业水平必定不断提升，中国石材的民族品牌必定越来越响，终将在世界产业界占有重要一席。

“把握机遇　共赢未来”
——在“世界石材经济论坛”上的讲话（摘要）

全国工商联石材业商会会长　吕安民

（2009 年 11 月 8 日）

从现在起，我们论坛组委会的主办单位全国工商联石材业商会、中国西部研究与发展促进会、南安市人民政府，将共同汇集在这世界石材最集中的生产加工基地——水头镇。在中国，水头是全国最大的石材产业基地，年产石板材 1.5 亿平方米、工艺石材 5000 万方，分别占到全国石材产量的 50% 和石材产品市场份额的 70%。经历改革开放以来近 30 年的发展，水头石材产业的质态和能级已经具备了加快国际化进程的众多优势和有利条件。打造世界级石材中心，已经成为水头石材产业问鼎世界的必然要求。国务院在《关于支持福建省加快建设海峡西岸经济区的若干意见》中提出：加快培育特色优势产业，着力培育产业集群，形成具有较强竞争力的现代产业体系。福建石材产业要加快以“资源为基础、加工为龙头、机具配套为支撑、市场为导向、生态环境和谐发展”的现代石材产业集群，大力延伸产业链，促进产业转型升级。重点培育泉州、厦门为龙头的石材加工和出口基地建设。必须抓住建设海峡西岸经济区发展传统产业和先进制造业为契机，全面落实科学发展观，走新型工业化发展道路。这就需要石材企业走差异化发展的路子，注重产品与装饰设计配套，从单一装饰产品向家居、城雕、园林等产品延伸，提高产品附加值，从而适应国内外石材的需求。因此我们选择这样一个契机，在中国水头举办高规格的“世界石材装饰高峰论坛”，通过论坛达到与各国同行相互沟通、相互协作、信息互通、技术交流，从而提高整个行业的全球化竞争力与合作发展意识，为推动石材产业快速、协调、健康可持续发展作出新的贡献，最终实现全球石材行业共同发展的宏伟目标。

近来国际经济形势出现了诸多不确定因素：次贷危机、银行业风险加大、房地产业受到金融风暴的冲击、建材行业销售和利润萎缩等。这些都给全球石材行业发展带来压力和挑战。这些问题的解决需要我们同行业各方力量共同协商和讨论。同时这也是今天论坛召开的意义所在。

这里，我就“石材业从地域优势到竞争优势”与大家进行探讨。当前，世界石材加工中心正加快向亚洲，特别是向中国转移，而中国最重要的石材产业基地在南安，其生产环节容纳了中国和亚洲石材业最具影响力的龙头企业，产品研发包罗了建筑的所有品种，技术标准占据了中国石材生产规范的最前沿，如今中国确已取代意大利成为世界上最大的石材原材料进口国和加工国，进口原材料的量是意大利的两倍。作为南安籍的石材企业家，我可以自豪地说南安已逐步形成世界石材加工中心的地域优势。下一步，我们这些石材人将充分利用该地域优势，不断提高本行业的自主创新能力，把石材的综合利用率全面提高；促进石材产业结构优化升级，把中国石材行业的“引进来”和“走出去”更好地结合起来，不断扩大出口领域，优化产品结构，提高产品质量，形成在经济全球化条件下，以期达到中国石材行业参与国际合作与竞争的新优势。

中国石材业的成功依附于国内高速发展的经济和建筑业，以及国外房地产业的持续增长。在当前金融危机的不利形势之下，我国石材业所赖以高速发展的基础已发生了根本性的变化，甚至出现了衰退。受劳动力、石材资源、环境成本大幅增长以及人民币升值等多重因素影响，中国石材业先是出口，后是国内销售均出现了下滑。在此背景下，我们有必要探究中国石材业如何面对危机，到底路在何方？在当前形势下，中国石材业面临的挑战主要来自于产业内部和外部环境两方面。但中国石材业如果能够顺势而为、把握得当，有可能会面临历史性的发展机遇。

如果从石材产业经营模式和赢利模式的角度，把中国石材产业的发展历程分为“传统石材产业”和“现代化石材产业”两个阶段的话，我认为我们仍处于“传统石材产业”阶段，在与世界顶级石材企业对比中我们发现，到目前为止，中国的石材尚没有一家上市企业，基本还没有资本运作，品牌营销、经营模式创新尚未得到业界普遍重视。据此来说，中国石材业的发展前景是远大的，因为我们仍有非常大的发展空间。必须加快创新主导产品，注重新产品研发，走差异化发展的路子，适应国内外市场需求。一是认真分析出口产品的市场定位以及发展潜力，尤其应对金融危机和出口降低退税后的影响，及时对出口产品结构、种类和出口地不断更新调整。如研发中西合璧的石雕制品、异型材系列，仿古、仿欧式建筑的石制品、墓石制品系列，新型石材、特种石材等系列产品，从单一花岗石品种向大理石、板岩、砂岩制品等多品种方向发展，进一步提高产品在国际市场的竞争能力。二是注重产品与装饰设计配套，从单一装饰产品向家居、城雕、园林等产品延伸。三是大力研发符合循环经济要求的产品，研发利用石材废弃物生产新型墙材。四是加强自主创新。要做好专利技术的申报工作，注重培育具有自主知识产权的产品。

中国石材业经过近30年的发展，已经积累了宝贵的经验和财富，如中国水头、莱州、云浮等石材产业集散地，行业细分已相当成熟，有实力的企业比比皆是。应该说，中国石材业已经具备了问鼎世界的实力，而此次世界性的金融危机恰恰给我们提供了这样的历史性机遇。据市场信息反馈，Antonili的高端品种出口量2008年已出现一定程度上的下滑，他们也试图进军中国市场。这说明了他们这种高价、高品位的市场定位正受到经济低迷的影响。同时，国内许多中小企业生存环境恶化，甚至面临倒闭的风险。基于上述分析，中国石材业行业整合的步伐将随着经济危机的发展而加快，从而促进产业的整体提升和升级。

我们要把握历史赋予我们的机遇，促进产业提升。目前中国“世界工厂”的经营模式已经遇到发展“瓶颈”，国家正逐步加大产业升级的调控力度，鼓励技术创新、培育民族品牌，在此背景下，中国“传统石材业”必将面临政策上的制约，如环保、资源、用工保护的加强等，因此，内在、外在的诸多因素都将促成“传统石材业”的转型。针对国际金融危机对石材产业的影响，我们必须调整对策，积极应对。一是引进国际大公司，承接来进料加工和工程外包业务，全方位开拓国外市场；二是结合我国石材加工能力强，原辅材料需求大的特点，吸引国外相关企业设立荒料和配套产品销售中心；三是与国外大企业联合采矿办厂，收购国外的中小企业，开采资源、市场和工程业务；四是抓住国际石材制造业转移的契机，主动对接国际石材产业的转移，通过并购、租赁或“三来一补”等形式合作“双赢”互利。

虽然金融危机在短期内尚未看到结束的征兆，但是中国石材业作为新兴的行业，其内在的朝气和活力以及石材人的拼搏精神，使我们坚信：中国石材业仍大有可为的。

大事记

2007 年

2月，商会在北京主办召开了“全国石材企业名牌战略研讨报告会”。

3月，商会“合理引导石材矿山产业有序发展”的提案被全国政协十次大会采纳。

4月，全国工商联批准金键同志不再担任会长职务的决定。

6月，在北京召开会长办公会议，经民主协商，推选溪石集团王楚尚副董事长为石材业商会负责人，全面主持商会工作。

9月，在山东省莱州市召开会长办公会议，由王楚尚提名，经与会代表表决，会议一致同意赫延明同志任本会秘书长职务。全国工商联会员部于10月18日复函同意商会聘任赫延明为专职秘书长，主持秘书处工作。

11月16日，商会与苏州中材非金属矿工业设计研究院有限公司签订“石材矿山服务合作协议书”。

11月17～19日，王楚尚当选为中华全国工商业联合会第十次代表大会代表，参加了在北京召开的中华全国工商业联合会第十次代表大会。

12月3～8日，应越南驻华大使馆的邀请，商会常务副会长张文波和秘书长赫延明到胡志明市参加“2007 越南国际贸易与投资博览会”。

2008 年

1月，全国工商联石材业商会、河南省石材商会与河南省建筑工程学校三方合作，创办石材技术培训学校。

2月29日，由石材业商会主持召开了全国石材行业组织秘书长高峰论坛，京、津、沪、鲁、豫、苏、鄂、蒙等地区商会、协会秘书长参加。与会人员总结经验、表达期望，交流讨论工作中的困惑与难题。

3月3日，商会在“两会”期间提交《关于改进和加强石材矿山安全生产工作的提案》。

3月12日，商会与上海石材协会共同主办的2007年度第四届“CISE 中国石材业风云榜”颁奖大会在上海隆重举行。

3月31日，商会与中国建筑装饰协会联合发布《关于开展“建筑装饰石材行业信用体系评价”的通知》，标志着信用体系评价正式进入装饰石材行业。并与中装协联合制订了《建筑装饰石材行业信用评价标准》和《建筑装饰石材行业信用体系评价工作守则》，经全国整规办和国务院国资委协会办审核后，决定在全国石材行业正式开展企业信用评价工作。

10月27日，全国工商联石材业商会第二次会员代表大会在北京人民大会堂召开。通过投票民主选举，福建万隆股份有限公司董事长吕安民当选为会长。同时选出28位企业家为副会长。

11月8日，商会在福建举办首届“同一个地球，共同的资源——世界石材经济论坛”，本次论坛的召开对促进我国乃至国际石材行业发展具有重要意义。

2009年

2月17日，完成第五届“CISE中国石材业风云榜”评选活动。

3月4～7日，由全国工商联石材业商会、中国建筑装饰协会共同主办的中国（北京）国际建筑石材产品及设备博览会成功举办。

3月4日下午，“全国建筑装饰石材行业信用体系评价活动”颁证大会，在北京国际展览中心新展馆隆重举行。十一家优秀石材企业荣获全国“建筑装饰石材行业信用体系评价”——AAA认证。

由全国工商联石材业商会、中国建筑装饰协会信息咨询委员会、中国建筑装饰协会施工委员会联合成功举办“2009中国石材应用技术研讨会”，来自国内外石材行业的专家学者就石材工程应用技术的发展新趋势等课题发表重要演讲。

6月13日，全国工商联石材业商会锯业工程技术中心在河北省唐山市正式揭牌成立。锯业工程技术中心由全国工商联石材业商会专家委员会与河北星烁锯业股份有限公司联合创办。

由全国工商联合会石材业商会、世界艺术家协会和曲阳县人民政府主办的“宏州杯”全国雕刻艺术大奖赛于2009年10月15日圆满落幕。本届艺术大奖赛吸引了来自河北曲阳和易县及新集、福建惠安、浙江青田、北京等地主要雕刻基地的80余家企业150余件作品参赛。

11月9日，在福建省南安市水头镇召开了全国工商联石材业商会矿山工作委员会成立大会。

廚具業商會

Kitchen Utensils Chamber of Commerce

全国工商联厨具业商会

中华全国工商业联合会厨具业商会会标以中国古代象形文字“厨”为基本形体，生动地刻画了它的历史由来。温情厨房里的炊具和抽象活泼的厨师形象，形成了强烈的视觉冲击力。同时，在会标的设计中，加入了机构性质“商会”拼音的首字母“SH”，形成火焰的动感，象征着厨具行业健康蓬勃发展，厨具业商会蒸蒸日上并具有凝聚力。整个标志运用古代象形元素，具有浓郁的文化底蕴，形体和色彩简约而富有时代气息。

商会简介 十年发展 重要活动 重要文献 大事记

全国工商联家具业商会

[illegible]

商会简介

中华全国工商业联合会厨具业商会（简称全国工商联厨具业商会，“Kitchen Utensils Chamber of Commerce of All-China of Industry and Commerce”，KUCC）是由国内民营厨具企业发起，依照国家法律法规，经中华全国工商业联合会批准建立的民间团体，于2005年9月16日在北京人民大会堂正式成立。

全国工商联厨具业商会作为全国性的、非营利性的厨具业及相关行业的会员组织，是行业内企业团体联系的纽带。

全国工商联厨具业商会作为全国工商联的直属行业商会，将在全国工商联的领导和监督下，全面致力于维护商会会员企业及全国厨具行业各厂商、消费者的合法权益，反对不正当竞争，发挥同业优势，协调同业关系。立足国内，面向国际，规范市场，维护信誉，促进我国厨具行业的健康、有序发展。做好政府的助手，为本行业企业服务，为社会服务，为政府服务。

第二届会长、副会长、秘书长名单

名誉会长

陈锦荣　广州威尔宝酒店设备有限公司总经理
纪志坚　辽宁省大连三洋冷链有限公司总经理
叶仙斌　广东省佛山市星星制冷设备有限公司董事长
周俊杰　浙江省杭州银都餐饮设备有限公司总经理
初建波　山东省博兴县县委书记
刘文忠　广东省恒联食品机械有限公司总经理
高小勇　湖北省武汉市中南厨具有限公司总经理
金文存　中国日用杂品流通协会专职副会长

会长

钟建民　北京市宣武康乐厨房设备公司董事长

名誉会长

陈锦荣

纪志坚

叶仙斌

周俊杰

初建波

刘文忠

高小勇

金文存

会长

钟建民

常务副会长

朱惠民

常务副会长

朱惠民　山东省澳博厨具商城有限公司董事长

执行会长

李文雄　北京市京广方园厨房设备有限责任公司总经理

吴　平　浙江省宁波南洋酒店用品制造有限公司总经理

焦建华　山东省青岛福华炊事机械公司总经理

唐立忠　黑龙江省齐齐哈尔市食品机械有限公司总经理

郭永双　广东省广州市新粤海西厨设备厂董事长

杨宝利　天津市塘沽区宏源厨业投资发展有限公司总经理

副会长

冯小伟　广东星星制冷设备有限公司总经理

陈永治　广东省广州市恒联食品机械有限公司常务副总

张竟浩　辽宁省大连三洋冷链有限公司总经理助理

陆谓舜　上海芙蓉实业有限公司董事长

阮占青　浙江省杭州凯利不锈钢厨房设备有限公司总经理

林建勇　浙江省杭州银都餐饮设备有限公司副总经理

施绍溪　云南省昆明市群泰机械设备有限公司董事长

李传光　山东省银鹰炊具机械有限公司支部书记兼厂长

许一宏　黑龙江省哈尔滨市恒联饮食机械厨具总汇总经理

林高乐　安徽省绿宝不锈钢设备制造有限公司总经理

范曰光　山东省鲁宝厨业有限公司董事长

杜安财　辽宁省沈阳市永大炊具商店总经理

唐树松　广东省广州赛思达机械设备有限公司董事长

秘书长

刘　明

联系方式：
电话：010－83550192
传真：010－63540059

执行会长

李文雄

吴　平

焦建华

唐立忠

郭永双

杨宝利

副会长

冯小伟

陈永治

张竟浩

陆谓舜

阮占青

林建勇

全国工商联厨具业商会

地址：北京市宣武区南滨河路31号华亨大厦A座216室

邮编：100055

网址：www.kucc.org.cn

邮箱：kucc@vip.163.com

附：

第一届会长、副会长、秘书长名单

名誉会长

陈锦荣　广州威尔宝酒店设备有限公司董事长

刘文忠　广东恒联食品机械有限公司董事长兼总经理

初建波　中共山东省滨州市委常委、博兴县县委书记

纪志坚　大连三洋冷链有限公司总经理

叶仙斌　广东省佛山市星星制冷设备工程有限公司董事长

周俊杰　杭州银都餐饮设备有限公司总经理

会长

高小勇　武汉市中南厨具有限公司总经理

常务副会长

钟建民　北京宣武康乐厨房设备有限公司总经理

副会长

吴　平　宁波南洋酒店用品制造有限公司总经理

冯小伟　佛山市星星制冷设备工程有限公司总经理

陈永治　广东恒联食品机械有限公司总经理

张竞浩　大连三洋冷链有限公司本部部长

陆谓尧　上海芙蓉实业有限公司总经理

焦建华　青岛福华炊事机械公司总经理

秘书长

朱惠民　山东澳博厨具商城有限公司总经理

执行秘书长

刘　明

施绍溪

李传光

许一宏

林高乐

范曰光

杜安财

唐树松

秘书长：刘明

工作综述

2007年

2007年，在中华全国工商联的领导下，在商会全体会员的支持与努力下，商会紧密围绕以服务会员，服务行业为中心的根本宗旨，抓住机

遇，克服困难，扎实工作，努力进取，充分发挥桥梁纽带和政府参谋助手的作用，积极展开各项推动行业发展的工作，进一步增强了商会的创造力、开拓力和凝聚力。

一、不断发展壮大商会队伍，健全商会组织

2007年，商会依靠成立以来在行业中不断凝聚的影响力，把握时机，发展壮大会员队伍，截至年末，商会会员已发展至206家。会员单位已从中心城市、沿海、内地地区逐步扩展到乡镇、青海、新疆等西部地区。在不断发展壮大会员队伍的同时，商会还进一步建立健全组织机构，加强会员管理。

1. 初步建立了专业技术委员会

为进一步推进厨具业的健康发展，以科技为第一生产力，经全国工商联同意，筹划建立了中华全国工商业联合会厨具业商会厨房设备及食品加工机械技术专业委员会和商用制冷及西餐厨房设备技术专业委员会。上述两个委员会的建立为会员单位提供了有力的技术咨询与技术指导服务，同时也弥补了商会专业技术机构的空白。

2. 建立中华全国工商业联合会厨具商会会员管理系统

随着商会会员人数的日趋增加，商会规模不断扩大，为了更有效地实施管理及开展年度综合考评工作，商会初步建设完成了会员信息化管理平台，经过近3个月的努力，建立起了“中华全国工商业联合会厨具业商会会员管理系统数据库”。

二、充分发挥商会作用，积极为政府发展经济出谋划策

2007年以来，商会领导分批走访山东、广州、哈尔滨等地厨具企业和政府，并对当地企业的发展及地方厨具产业的发展提出了许多有建设性的意见和建议，得到了当地政府以及企业的高度评价和肯定。

1. 深入考察，振兴厨都的再发展

就“中国厨都——兴福”的厨具业再次振兴、又快又好的发展问题，商会领导与山东省博兴县兴福镇党委同志以及兴福镇部分企业家进行了深入地座谈讨论与考察。

2. 积极为政府献计献策，无私帮助贫困地区企业发展

受山东阳信县人民政府的邀请，商会部分领导赴山东阳信县就阳信厨具业发展问题座谈讨论，考察企业。商会领导从知识产权保护、营销模式、规模效应等方面为当地政府建言献策，赢得当地政府和企业的一致好评。

三、打造品牌展会、推动行业发展

经山东省博兴县党和政府主要领导同志的力邀，报请全国工商联批准，商会2007年7月25日在杭州会长办公会议上形成决议，于2007年11月8～10日在山东省博兴县兴福镇由山东省滨州市人民政府、山东省滨州市博兴县人民政府、山东省滨州市博兴县兴福镇人民政府和商会共同主办“第二届中国（博兴）国际厨具节”。各界嘉宾、外宾、首都高校、新闻媒体积极参与，在北京组成“百人”参观团，由商会专人陪同前往厨都参观这次厨具节，并参观了当地部分会员企业，进一步扩大了厨具节的影响。

四、加强行业自律、整顿行业秩序

针对部分生产企业使用“邦迪管”制造商用制冷设备造成“部分商用冰箱寿命只有两三年”的问题，商会向全体经销商用冰箱的会员企业发出“三不”倡议：不经销用镀铜或镀锌铁管制作蒸发盘的商用冰箱；不与生产用镀铜或镀锌铁管制作蒸发盘管的商用冰箱厂达成经销合作协议；不做害人害己的经销商。同时建议全国商用冰箱生产企业立即停止生产镀铜或镀锌铁管制作蒸发盘管的商用冰箱；停止侵害经销商、坑害商用冰箱用户、损害行业声誉的行为；不挣黑心钱、不做害群之马。该倡议发出后，受到新闻媒体和制冷业界的高度重视，形成了良好的舆论氛围，并进一步推动了行业自律的深度。

五、积极开展2007年度中国厨具业优秀杰出企业和个人的评选工作

经全国工商联领导同意认可，商会厨房设备及食品加工机械技术专业委员会和商用制冷及西餐厨房设备技术专业委员会共同开展了评选“2006～2007年度中国厨具业十强优秀企业”、“2006～2007年度中国厨具业优秀经销商”、“2006～2007年度中国厨具业十位最具影响力人物”的活动。活动结束后，《中国消费者报》以整版报道的形式，向全国广大消费者隆重推出了被评选出的企业和个人。

六、秘书处积极贯彻实施商会各项工作

商会成功与中国饭店协会共同举办了第四届

中国国际饭店业博览会，为广大会员企业在北京参加展会打开绿色通道。商会还通过艰苦的努力初步开展了面向全体会员的企业质量管理体系认证咨询、产品3C认证咨询、参展及展位搭建、商标注册、专利申请、商业信誉调查、外文翻译、新产品上市订货会等八项服务工作。其次，坚持办好会刊，扩大商会影响力。最后，坚持“取之于商、用之于商”的原则，改革收费标准，严格会费管理。经秘书处提议，商会会长会议在听取2007年上半年财务报告的基础上，认真讨论研究了商会会费缴纳标准问题，以确保商会各项工作正常运转；秘书处在新标准执行之前，严格按照原有标准按期分批收取并管理会费；制定了“关于会领导报销手续的规定”，形成了会领导带头，共同开源节流的局面。多策并举，努力降低商会各项开支成本。

2007年，全国工商联厨具业商会在广大会员企业的大力支持下，开展了大量卓有成效的工作，得到了全国工商联领导的肯定和社会各界、新闻媒体的认可和赞扬。同时也为2008年商会的工作奠定了良好的基础，展望2008年，在全国工商联的领导下，在全体会员的支持下，商会工作将会再上一个新的台阶。

2008年

在听取商会秘书处工作汇报的基础上，会长会议认真总结了商会2008年的工作。认为在过去的一年里，厨具业商会在全国工商联的领导下，在广大会员单位的共同支持下，认真学习和贯彻科学发展观，响应党和政府的号召，积极战胜四川地震灾害，为北京奥运会作出了贡献。商会各项具体工作也取得了一定成绩。

一、一方有难，八方支援

2008年5月12日，四川汶川县发生8.0级强烈地震。地震发生后，商会及广大会员单位第一时间做出反应，响应中华全国工商业联合会的号召组织开展赈灾活动。

其中，北京宣武康乐厨房设备有限公司、杭州银都餐饮设备有限公司、中国温州五马中西餐厨房设备超市、山东汇泉厨业有限公司、宁波南洋酒店用品制造有限公司等多家会员企业纷纷在地震发生后的第一时间向四川灾区捐款。

广东恒联食品机械有限公司的上属公司青海华鼎实业股份有限公司董事长于世光先生通过电视了解到灾区学校食堂设备简陋的情况后，立即指示广东恒连食品加工机械有限公司向四川灾区学校捐赠广东恒联公司自己生产的食品加工机械。

此外还有多家会员企业本着做好事不留名的原则，没有上报捐款情况。

二、积极为奥运作贡献

2008年是不平凡的一年，从2001年奥运申办成功以来举国上下无一不期待奥运会的到来，厨具行业在全国工商联的号召下也作出了相应的贡献。

新粤海等一些西厨厨具厂家为奥运村提供了优良的烤箱等一系列西厨厨具，为国外的运动员提供优质的餐饮，得到运动员一致的好评。厨具行业能为奥运出力倍感荣幸。

于2008年3月26日全面投入使用的首都机场的3号航站楼，也是奥运会的重要配套工程，商会技术专业委员会的委员参加并组织了首都机场3号航站楼餐饮及各招投标。

三、“3·15”厨具业掀起诚信风暴

为进一步扩展商会影响，大力弘扬和宣传商会“2007年度中国厨具业最具影响力人物”、“2007年度中国厨具业十强优秀企业”、“2007年度中国厨具业优秀经销商”等正面人物和企业，并借助“3·15”国际消费者日，在业界再掀“诚信风暴”，商会与《中国消费者报》经过多次努力沟通，最终达成协议：商会通过《中国消费者报》在3·15期间掀起一场诚信风暴，由商会名誉会长陈锦荣、纪志坚、初建波作为发起人，向全国厨具业界的同仁、用户、消费者发出“诚信宣言”，由《中国消费者报》报道商会负责人专访。中国家电网、人民网家电频道等多家网络媒体转载了我商会负责人的专访。

荣膺“2006～2007年度中国厨具业十强优秀企业、优秀经销商”的企业以商会名义隆重向全国消费者推出，并集体占据该刊一版广告。为了做好此次宣传工作，秘书处不仅对专访报道数易其稿，并本着为会员服务的精神，为不具备设计广告能力的会员企业设计制作广告版面，以保证他们能够榜上有名。

四、进一步健全商会组织

1. 在2008年里，商会在不断发展吸收企业

会员的同时，积极协助安徽省工商联成立了安徽省厨具商会，该商会已成为我商会的团体会员。

2. 商会正式成立了厨房设备及食品加工机械专业技术委员会和两餐设备制冷机械专业技术委员会。这两个专业技术委员会的成立填补了商会专业技术机构的空白。

3. 积极准备召开会员大会，按照全联组织工作安排，经酝酿和充分讨论，2008 年 9 月 19 日，商会在山东召开了会长扩大会议和 2008 年度第一次常务理事会议。部分会长和常务理事参加了会长扩大会议，与会人员针对当前商会面临的重要工作开展了深入的讨论，通过了关于办好第三届厨具节、保持商会稳定团结、健康发展的决议。2008 年 9 月 20 日，商会在山东恒台召开了 2008 年度会员大会。

五、与山东地方政府主办厨具节

第三届“中国（博兴）国际厨具节”既是“中国·滨州博兴董永文化艺术节”的重要组成部分，也是商会在 2008 年度举办重要的活动之一，这次厨具节是由山东省滨州市人民政府和商会共同举办的第三届厨具节。

六、开拓渠道，为会员服务

1. 搭建网络平台，为会员服务

作为商会信息化工作的重要平台，网络平台为商会会员提供了及时准确的政策导向，发布商会最新工作动态及厨具行业最新的行业信息。使各会员单位第一时间了解行业各方面信息，时时掌握市场动向。

2. 会刊改版

商会会刊《看中华厨具》已经顺利连续出版了三年，三年来，会刊为广大会员及企业及时提供最新信息，介绍各优秀企业成功经验。会刊于 6 月改版，改版后继续为广大会员提供最新鲜、最迅速的行业信息。

3. 会员取得著名商标荣誉

在认真调查以及配合有关质检部门检验的基础上，商会协助银鹰等会员企业获得著名商标荣誉。

2009 年

2009 年是商会工作面临严峻考验的时期，一方面受国际金融危机的影响，部分会员企业出现成本上升，出口销售减少，利润下降的问题；另一方面商会组织受换届久拖未决的影响，凝聚力、向心力减弱，经费紧张。面对这两方面的不利因素，全国工商联的领导下，在全体会员的支持与努力下，商会围绕以“服务会员，服务行业”为中心的根本宗旨，迎接挑战，克服困难，扎实工作，努力进取，充分发挥桥梁纽带和政府参谋助手的作用，围绕开展调查研究扩大发展商会；服务会员、增强商会凝聚力；增强商会领导班子的团结，积极筹备召开第二次会员大会；积极展开各项工作。

一、开展关于吸纳家用厨具生产企业入会的调研、实施工作，取得阶段性成果

2009 年初，全国工商联领导考察广东省家用厨具企业时曾指示：家用厨具业也应纳入商会范畴。商会领导高度重视此项工作，安排秘书处工作人员自 4 月中旬起开展市场调研，实地调研北京大中电器、国美电器、苏宁电器、百安居、集美家具、东方家园、蓝景丽家等家用厨房电器及橱柜集中销售市场，以及家乐福、美廉美等一批销售家用厨具的超市，并经网上搜索、排查选出 30 家有代表性的驰名畅销品牌，包括华帝、帅康、方太、美的、老板、万家乐、苏泊尔等中国名牌，以及樱花、西门子、海尔、科宝博洛尼、澳柯玛、菲仕乐、双立人等国际知名品牌。4 月下旬以后，与上述知名企业打了上百次电话进行沟通，为了落实这项工作，秘书处还向这些厂家逐一发送了特快专递，诚恳邀请他们加入商会组织，但家厨企业对入会反应不积极。

经过几个月的调研发现，家用厨具属于日用消费品，而商用厨具是生产资料，因家厨与商厨的销售模式与服务对象大不相同，商会感到吸收家用厨具企业入会工作的难度确实很大，效果也不理想。7 月份，商会已将《关于吸收家用厨具企业入会情况的报告》上报全国工商联。

二、做好国家一级社团法人申请登记工作，两度召开 2009 年度会长办公会议

针对商会换届工作延迟、社团法人登记工作启动在即的情况，商会于 7 月 2 日在北京召开 2009 年度会长及部分常务理事办公会议。除商会领导以外，全国工商联也派员出席了会议，参与讨论、研究。会议主要讨论了以下事宜并形成相关决议：1. 传达了全国工商联办公厅 57 号文件精神；2. 听取《关于开展第三届优秀中国特色社会主义事业建设者表彰活动的通知》的精神及要求；3. 听取了关于家厨入会的报告。

按照全国工商联关于直属行业商会社团法人登记工作的部署及要求，商会于2009年8月11日在副会长单位宁波南洋酒店用品制造有限公司的赞助与支持下，在宁波召开2009年度第二次会长工作会议。全国工商联会员部派员出席了会议。会议主要就以下几项工作进行了研究与讨论：

1. 学习全国工商联、民政部等领导同志在全国工商联行业商会专题培训班上的讲话精神

根据全国工商联的要求，会议首先学习了全国工商联、民政部等领导同志在全国工商联行业商会专题培训班开班仪式上的讲话精神。通过学习，商会与会领导充分体会到了党中央对民营企业、非公经济的重视；商会通过登记注册工作要进一步规范各项工作，更好地体现统战性、民间性和经济性的统一；通过学习，商会与会领导们也一致认为商会领导需要不断提高自身的思想认识、思想境界和内在素质，不断增强自我认识能力、自我激励能力和自我控制能力，从而不断提高在商会的工作能力。

2. 研究讨论《厨具业商会社团法人登记注册工作方案》

按照全国工商联的要求，会议充分讨论了由秘书处起草的《厨具业商会社团法人登记注册工作方案（讨论稿）》。经与会领导深入研究讨论后，一致认为商会在工作中一定要在全国工商联的统一领导下主动争取得到民政部及相关方面的支持和指导，通过上下请示、左右求援，积极争取商会在全国28个直属行业商会中率先完成登记注册。会议讨论通过了《厨具业商会社团法人登记注册工作方案》，并要求秘书按照方案积极推进法人登记注册工作。

三、本着“以会员为中心，服务于会员”的宗旨，协助会员企业开展活动

商会继续本着“以会员为中心，服务于会员”的宗旨，积极为广大会员企业开展服务。在商会的大力协助、支持下，5月22日，广州威尔宝公司在北京举办了威尔宝品牌冷冻设备系列产品展示会；6月23日，广东星星“感恩·开拓·共赢”联谊晚宴在京隆重举办；7月1日，大连三洋冷链有限公司2009年NC－N新品华北区推广会在北京大观园酒店胜利召开。来自广东、北京、天津、河北、山东、辽宁、黑龙江、吉林、湖北、内蒙古等地区共计200余家工程商、经销商在京欢聚一堂，共创商机。

四、协助慧聪网开展“2009中国酒店用品行业十大评选”活动

2009年，中国酒店用品市场是充满着机遇与挑战。自金融危机爆发以来，企业开始压缩成本，商旅客数减少、商务会议和活动缩减，同时出行旅游人数也减少，酒店业面临“寒冬”。然而，广州亚运会、深圳大运会、上海世博会和北京奥运后旅游潮的区域性拉动，对酒店产业的供需又是一个很大的机遇。

在这个变化的年代，中国酒店用品行业大浪淘沙，一批技术实力、资本实力雄厚的企业强者恒强，继续保持高速增长，一批批锐意进取，勇于创新的企业逐渐壮大。与此同时，也有一批经不起风云的企业被市场所抛弃。为了树立行业品牌形象及提升企业知名度，推动行业纵深发展。商会协助慧聪酒店网举办2009中国酒店用品行业十大评选活动。商会秘书长刘明应邀以评审委员会专家身份出席该次评选活动，并全程监督该次活动评选历程。

五、成功举办第四届中国（博兴）国际厨具节

9月27日，由商会与山东省滨州市人民政府联合主办、博兴县人民政府承办的第四届“中国（博兴）国际厨具节”在中国厨都——兴福镇成功举办。厨具节规模盛大，具有一定的国际影响力，对于进一步拓展厨具产业的对外交流、增强国内外影响力、提高行业知名度和市场占有率，都起到了巨大的促进作用，更为我国厨具产业文化的形成和发展做出了有益尝试。

六、承前启后、继往开来——成功召开第二次会员大会

根据全国工商联《关于同意全国工商联厨具业商会召开第二次会员大会的批复》，按照商会《章程》之规定，于2009年12月9日在广东番禺召开第二次会员大会。在广东地区众多会员企业的大力支持下，这次大会是自商会成立以来规模最大的一次厨具行业盛会，是一次既往开来的大会，也是一次成功的大会，是胜利的大会，是

团结的大会。

这次大会得到了全国工商联的指导与支持，全国工商联会员部刘红路部长受宋北杉副主席委托出席大会并讲话，对厨具业商会成立以来的工作给予了充分的肯定，对今后的工作，特别是商会申请社团法人登记工作提出了要求。

大会上，会员认真学习了全国工商联关于直属行业商会申请社团法人登记工作的文件和有关指示精神，审议通过了关于授权理事会修改章程的议案，授权理事会按照全国工商联的工作部署和民政部对商会登记工作的要求，完成商会社团法人登记工作；审议通过第一届理事会工作报告和财务及审计报告。

按照全国工商联关于直属行业商会换届工作的有关要求，经民主选举，产生了由101名理事组成的厨具业商会第二届理事会。理事会通过无记名投票选举北京宣武康乐厨房设备有限公司总经理钟建民为会长，冯小伟、许一宏、李传光、李文雄、朱惠民、吴平、阮占青、杜安财、陈永治、张竞浩、杨宝利、陆谓舜、范曰光、林高乐、林建勇、郭永双、施绍溪、唐立忠、唐树松、焦建华等20人为副会长，并选举产生常务理事29人。

重要活动

2007年

第四届“中国国际饭店业博览会”成功举行

由中国饭店协会主办，商会参与协办的第四届“中国国际饭店业博览会”于2007年4月16～18日在北京举行。展会期间，京津唐地区的20余家会员单位参加展示活动。商会秘书处在展会上设立了宣传服务站。

商会宣传服务站累计接待观众800余人次，其中包括专业观众400余人次，会员50余人次。宣传服务站通过博览会将商会会刊等各种宣传资料，发放给关注厨具行业的上下游产业链上各环节的专业观众，共计发放宣传资料1000余册，为展示商会形象、提高会刊和网站等商会媒体覆盖面、宣传商会会员企业形象、推介产品等方面起到了良好的效果。

厨具业展开“加强行业自律、整顿行业秩序”活动

2007年9月底，商会就针对目前市场上“部分商用冰箱寿命只有两三年”的问题，通过商会会刊——《看中华厨具》进行了深刻剖析，并向全体经销商用冰箱的会员企业发出“三不”倡议：不经销用镀铜或镀锌铁管制作蒸发盘的商用冰箱；不与生产用镀铜或镀锌铁管制作蒸发盘管的商用冰箱厂达成经销合作协议；不做害人害己的经销商。同时建议全国商用冰箱生产企业立即停止生产镀铜或镀锌铁管制作蒸发盘管的商用冰箱；停止侵害经销商、坑害商用冰箱用户、损害行业声誉的行为；不挣黑心钱、不做害群之马。《中国消费者报》、《中华工商时报》相继对商会的倡议进行了报道，并就商会所发挥的自律作用给予高度评价。

举办“第二届中国（博兴）国际厨具节”

商会于2007年11月8～10日在山东省博兴县兴福镇由山东省滨州市人民政府、山东省滨州市博兴县人民政府、山东省滨州市博兴县兴福镇人民政府和商会共同主办“第二届中国（博兴）国际厨具节”。《中华工商时报》、《中国消费者报》、山东省地方电视台等多家媒体都相继对厨具节进行了转播及报道。本届厨具节共设标准展位226个，前来参加、参观厨具节的有来自国内外企业达1000多家。规模超过了第一届厨具节。本届厨具节促进了行业交流，推动了行业发展，为广大同人搭建起了相互学习借鉴的交流贸易平台。

评选2006～2007年度中国厨具业十强优秀企业、优秀经销商、最具影响力人物

为奖励先进，弘扬力争上游、争当行业先锋的精神，商会联合厨房设备及食品加工机械技术专业委员会和商用制冷及西餐厨房设备技术专业委员会共同开展评选“2006～2007年度中国厨具业十强优秀企业”、“2006～2007年度中国厨具业优秀经销商”、“2006～2007年度中国厨具业十位最具影响力人物”的活动。经过3个多月的紧张筹备策划，通过推荐与自荐相结合的提名、初步入围、全体会员投票选举、评选委员会最终审核四个阶段的工作，在行业内树立起了一批企业和个人榜样。

2008 年

"5·12"地震募捐活动

2008年5月12日，四川汶川县发生8.0级强烈地震。地震发生后，商会及广大会员单位第一时间做出反应，响应中华全国工商业联合会的号召组织开展赈灾活动。

"3·15"厨具业掀起诚信风暴

商会通过《中国消费者报》在"3·15"期间掀起一场诚信风暴，由商会名誉会长陈锦荣、纪志坚、初建波作为发起人，向全国厨具业界的同人、用户、消费者发出"诚信宣言"，由《中国消费者报》报道商会负责人专访。中国家电网、人民网家电频道等多家网络媒体转载了商会负责人的专访。

第三届中国（博兴）国际厨具节成功举办

9月21日，以"展示贸易、宣传品牌、传播文化、经贸洽谈、增进合作、共谋发展"为宗旨，突出"创新发展、追求卓越"为主题的第三届中国（博兴）国际厨具节在博兴县兴福镇澳博厨具城隆重开幕。

举办厨具节旨在汇厨具业精英，交五大洲朋友，着力弘扬厨都文化，扩大厨都影响，精心打造一流品牌，做大做强厨具产业。来自全国包括厨具业商会会员单位、国内外与厨具产业相关的企业、全国工商联下属有关商会、新闻媒体、外国驻华使馆商务参赞、首都各高校后勤管理部门的负责人等3000多人到会展销、采购、参观、洽谈业务。

2009 年

2009 品牌推广会活动

5月22日，广州威尔宝公司在北京举办了威尔宝品牌冷冻设备系列产品展示会；6月23日，广东星星"感恩·开拓·共赢"联谊晚宴在京隆重举办；7月1日，大连三洋冷链有限公司2009年NC－N新品华北区推广会在北京大观园酒店召开。

协助慧聪网开展"2009 中国酒店用品行业十佳评选"活动

2009年，中国酒店用品市场充满着机遇与挑战。自金融危机爆发以来，企业开始压缩成本，商旅客数减少，商务会议和活动缩减，同时出行旅游人数也减少，酒店业面临"寒冬"。然而，广州亚运会、深圳大运会、上海世博会和北京奥运后旅游潮的区域性拉动，对酒店产业的供需又是一个很大的机遇。

在这个变化的年代，中国酒店用品行业大浪淘沙，一批技术实力、资本实力雄厚的企业强者恒强，继续保持高速增长，一批批锐意进取、勇于创新的企业逐渐壮大。与此同时，也有一批经不起风云的企业被市场所抛弃。为树立行业品牌形象及提升企业知名度，推动行业纵深发展。商会协助慧聪酒店网举办"2009中国酒店用品行业十佳评选"活动。商会秘书长刘明应邀以评审委员会专家身份出席该次评选活动，并全程监督该次活动评选历程。

举办第四届"中国（博兴）国际厨具节"

9月27日，由商会与山东省滨州市人民政府联合主办，博兴县人民政府承办的第四届中国（博兴）国际厨具节在中国厨都——兴福镇成功举办。厨具节规模盛大，具有一定的国际影响力，对于进一步拓展厨具产业的对外交流、增强国内外影响力、提高行业知名度和市场占有率，都起到了巨大的促进作用，更为我国厨具产业文化的形成和发展作出了有益尝试。

重要文献

2007 年

加快产业集群发展，做大做强"中国厨都"品牌

中共博兴县委书记　初建波

以厨具生产闻名省内外的博兴县兴福镇，是全国最大的不锈钢厨房设备生产基地和长江以北最大的黑白铁批发加工集散地，连续荣膺"中国不锈钢厨房用具第一镇"、"中国黑白铁加工批发市场"、"中国厨都"三个国家级冠名，被誉为

"江北温州"。在目前各地大力发展具有区域特色及竞争优势的"拳头"产业和"块状"经济的形势下，将我县兴福镇厨具产业进一步做大做强，对于推动县域经济实现跨越发展具有十分重要的意义。

一、现状与机遇

博兴县兴福镇厨具产业起源于该镇20世纪70年代的木制笼屉、简易蒸箱的加工行业。经过20多年的发展壮大，目前，全镇厨具生产经营企业已发展到380余家，从业人员1万余人。产品包括20多个系列、200多个品种、800多种规格，创出了3个山东名牌、4个山东省著名商标、1个中国驰名商标，已进入世界30多个国家和地区的公用餐厅和星级酒店。2006年，全镇厨具产业实现产值28亿元，利税1.8亿元。厨具产业虽然已有了一个良好的发展基础，但制约其健康、快速发展的问题也日益显现，比如企业单体规模较小，产业规划不科学；布局比较散乱；管理欠规范，生产经营秩序较混乱，无序竞争现象严重；研发和配套生产能力薄弱，专业化程度不高，产品比较单一，缺少自主品牌，市场拓展非常有限；缺少真正意义上的"领军人物"和龙头企业，目前还未形成产业的核心竞争力。

同时，厨具产业的发展也面临难得的发展机遇。据国务院发展研究中心最新统计数据，在我国约1亿户城市家庭中，整体厨房设备的拥有率仅为6.8%，远远低于发达国家接近100%的水平。未来5年内国内市场总容量将达到2900万套，平均每年580万套；有29%的城市居民家庭有明确购买整体厨房设备的意愿。同时，兴福镇的厨具产业被列入滨州市十大产业链和我县六大产业链，这为加快发展步伐创造了条件。

二、方向与重点

以山东澳博厨具商城、中国兴福国际钢贸城为载体，以优势骨干企业为龙头，依托千家万户中小企业群体，整合、聚集、扩大、提高产业规模，提升技术水平，增强企业核心竞争力，拓宽和延伸产业链条，使之形成关联度紧密的企业网络，进一步增强集群优势，切实推动厨具产业科学发展、跨越发展，力争实现"产值过千亿元"，真正叫响"中国厨都"品牌，努力把兴福镇打造成为闻名全国乃至世界的厨具业生产重镇。

具体工作中，按照"整合资源、扩大规模、优化结构、拉长链条、提升档次、打造品牌"的思路，不断扩大提升厨具业规模，重点发展不锈钢厨具业，积极发展其他厨具加工业，逐步形成上、中、下配套衔接的产业链。重点引导扶持鲁宝厨业、皇冠厨业、汇泉厨业等6个骨干企业的发展壮大；培育发展配套加工企业，增加企业间协作配套能力，扩大零部件就地采购量，尽快完善产业链条；以厨房零部件加工制造为中心，重点培育发展汾王、赵马等20个厨房零部件生产专业村，不断壮大厨具产业镇规模。在生产与销售上，努力实现"一个延伸、两个转变"，即立足商用厨房，向家用厨房、民用厨房延伸；立足精细加工，向自动化、流水线生产转变；立足社会销售，向网上营售、市场集中销售转变。

三、做大做强"中国厨都"措施

强化规划布局，为做大做强产业集群提供先导。加快推进产业镇规划建设，实现产业集群发展，重点突出两个方面：一是镇域规划。包括对城镇出入口、道路、基础设施、服务设施等方面进行全方位的规划设计，从塑造全新的镇域形象入手，实施"绿色兴福"、"宜居兴福"、"实力兴福"、"和谐兴福"四大建设工程，努力把兴福镇建设成为环境优美、设施完备、发展协调、生态文明的现代化工贸型小城镇。二是产业规划。依据企业集中、产业集聚、资源集约的原则，进行适当的产业布局与规划，进一步强化功能分区，将厨具加工区和板材加工区严格分开，超前规划配套服务设施、生态设施建设和产业技术创新体系建设，提高规划区对产业集群的承载力。为此，近期将重点抓好三项工作：首先，聘请专家对厨具产业集群发展进行总体评估设计，力争早日制订出台总体规划方案；其次，聘请专家对重点龙头企业逐个集中会诊，帮助理清发展思路，确定好中长期发展规划；第三，引导中型企业做精做专做优，小家庭企业向零部件加工方向发展，尽快形成互相依托、互相补充、配套协作的大产业发展格局。

强化龙头带动，增强产业集群的综合实力。

一是创新机制，完善体制，培植壮大企业集团。通过深入解读广饶县“大王”现象，从体制机制创新入手，进行一场彻底革命，走镇企合一之路；从抓资源整合入手，集中优质生产要素和优秀企业家向大企业、大集团倾斜，迅速培植一批规模大、名声响、主业突出、具有跨国经营能力、核心竞争优势强的大企业集团，通过强强联合、重组兼并、股份制改造等多种形式，真正打造几艘厨具业的“航空母舰”。二是实施“能人战略”，培育、扶持一批产业发展的领军人物。首先，进一步建立与市场经济发展相适应的激励和约束机制。对企业家多帮助、少干预，多关心、少责难，创造优秀企业家创大业、干大事的良好氛围。其次，加强对企业家的培训。积极筹备、组织企业创新发展讲座，聘请高层次的专家授课，尽可能让更多的企业家参加，以观念的转变带动思路的转变、方法的更新和效益的提升。第三，充分利用清华大学、山东大学等省内外优势高校教育资源，加快企业经营人才和技术创新人才的培养。

强化自主创新，提高产业集群的科技含量。一是构建促进产业集群升级的创新体系。重点建设厨具产业集群共性技术和支撑服务平台，为厨具企业提供创新条件的公共资源服务和针对性的技术开发服务，鼓励采用国际标准和先进标准，引进开发市场前景广、技术含量高、产品效益好的新技术和新产品，不断增强产业集群的核心竞争力。二是鼓励和引导企业建立技术中心，加大技术开发和改造力度。大力实施科技兴企战略，发挥专业院所、大学的人才优势，做强山东省厨房设备技术研发中心，加快企业内部技术研发中心和省级厨具质量检测研发中心建设，瞄准机械、电子、设计等领域的发展趋势，广泛深入研究，实施联合攻关，破除企业技术发展“瓶颈”，积极推进企业机电一体化、智能化进程。制定专门政策，鼓励企业投入一定比例的研究开发经费用于产学研合作。促进技术转移和扩散，减少重复和低水平引进。制定加速折旧和无形资产投入成本列支等税收优惠措施，加大对重点产业设备投资贷款进行担保或贴息的扶持力度，支持企业技术升级。

强化品牌推进，提升产业集群的竞争力和影响力。一是鼓励龙头企业打造强势品牌。加大政策资金扶持力度，重点引导和扶持技术含量与附加值高、有市场潜力的名牌产品企业实施品牌发展战略，对正在申报相关名牌和商标称号的企业择优予以资金扶持，对评为名牌和商标称号的企业依据相关政策予以奖励。二是引导中小企业实施品牌策略。引导产业集群内的中小企业通过品牌特许经营、品牌租借、贴牌与创牌并行等多种途径，与国内外品牌公司合资合作，使自身的劳动力成本、经销渠道、客户资源等优势与知名品牌有机结合，借助知名品牌的影响力迅速拓展销售市场，扩大自身的规模和实力。三是努力塑造区域产业集群品牌形象。加大名牌推介力度，以名牌企业、名牌产品为依托，着力提升企业产品的国内外知名度、美誉度，塑造博兴区域产业集群品牌形象。以政府引导、中介促进、企业自主结盟为原则，推动企业建立营销联盟，共享营销资源。围绕厨具产业，统一有序地组织企业参加论坛、会展等各类交流活动，扩大博兴品牌在国内外的影响力与拓展力。

强化协调服务，优化产业集群的发展环境。一是健全完善配套服务。进一步加强基础设施建设，把提升城镇整体功能与促进厨具产业发展有机结合，切实加大对道路、供水、供电、排水、绿化、通信等设施的投入。逐步建立中小企业创业辅导、投资融资、技术支持、人才培训、管理咨询、信息咨询、市场开拓等服务平台，形成以综合服务为中心、专业化服务一条龙的社会化、网络化服务体系，促进产业集群健康发展。二是加快成立行业协会。以建立行业协会为载体，把集群内的各类企业凝聚起来，加强行业自律，广泛开展协作，实行优势互补，实现共同发展。加快成立厨具业商会山东分会和博兴钢铁协会的筹备工作，并尽快发展会员，着手准备召开两大行业协会第一次会议，为厨具产业集群发展出谋划策。三是加大规范整治力度。重点打击和整治仿冒名牌产品、侵害名牌商标企业权益的违法行为，加大打假治劣和综合执法力度，做到发现一处、查处一处，依法保护名牌的专利，为争创名牌工作创造良好的社会环境，推动厨具产业发展实现质的飞跃。

（摘自《看中华厨具》第三期
2007 年 9 月）

大事记

2007 年

1 月 31 日，商会组织会员参加了由全国工商联主办的“2006 年度中国民营经济发展形势分析会”。

3 月 9～15 日，商会接受全国工商联对商会工作的评测。

3 月 9～13 日，商会领导走访山东阳信等地的厨具企业，并对当地企业发展及地方厨具产业的发展提出建设性意见和建议。

3 月 11 日，商会同志赴中国厨都——山东博兴县兴福镇就兴福厨具业的发展问题进行深入座谈与考察。

3 月 30 日，全国工商联召开直属行业商会年度工作会议，2006 年度厨具业商会评议达优。

4 月 16～18 日，商会参与协办的第四届“中国国际饭店业博览会”在北京成功举行。

7 月 25 日，商会在杭州召开会长工作会议。

10 月 17 日，商会召开了全国工商联直属商会秘书长联谊会，更好地与各兄弟商会学习沟通，建立密切的合作伙伴关系。

10 月 19 日，全国工商联直属商会会长瞿怀明考察北京宣武康乐厨房设备公司。

11 月 8～10 日，山东省滨州市人民政府、山东省滨州市博兴县人民政府、山东省滨州市博兴县兴福镇人民政府和商会共同主办“第二届中国（博兴）国际厨具节”隆重举行。

11 月 9 日，商会参加“第二届中国（博兴）国际厨具节”的会长、副会长、秘书长及常务理事在山东桓台召开常务理事会。

12 月 13 日，在广州成功召开了 2007 年度理事会，并评选出 2006～2007 年度“中国厨具业十强优秀企业”、“优秀经销商”、“最具影响力人物”。

2008 年

“3·15”期间，与《中国消费者报》联合开展“厨具业诚信风暴”活动。

5 月 12 日，四川汶川县发生 8.0 级强烈地震。地震发生后，商会及广大会员单位第一时间做出反应，响应全国工商联的号召，组织开展赈灾活动。

9 月 21 日，与山东省滨州市人民政府联合主办“第三届中国（博兴）国际厨具节”。

2009 年

7 月、8 月，为完成国家一级社团法人申请登记工作，两度召开会长办公会议。

11 月 9 日，全国工商联召开厨具业商会工作座谈会，宋北杉副主席作重要讲话。

12 月 9 日，全国工商联厨具业商会第二次会员大会在广东番禺召开，理事会选举出北京宣武康乐厨房设备有限公司总经理钟建民为商会会长，冯小伟、许一宏等 20 人为副会长，并选举产生常务理事 29 人。

CGCC

全国工商联礼品业商会

商会简介

中华全国工商业联合会礼品业商会（简称全国工商联礼品业商会，China Gift Chamber of Commerce，CGCC）是在中华全国工商业联合会领导下的非营利性的礼品及相关行业的会员组织，于2005年9月21日在北京正式成立，是党和政府联系该行业的桥梁和纽带。商会会员分为三种，即企业会员、团体会员和个人会员。

商会成立以来，一直与众多会员企业保持着紧密联系，本着服务会员、促进行业发展的宗旨，切实为会员企业做各种服务性工作。商会不断吸收和借鉴国内外商会的运作模式，根据我国礼品业发展的现状和发展趋势，积极组织全国礼品企业，特别是商会会员企业参加有针对性、实用性、能够为企业带来更大经济效益的各项社会活动，真正发挥了商会的桥梁和纽带作用，使商会成为了“会员之家”。

随着商会的职能作用的日益凸显，逐渐吸收了一大批行业龙头企业成为会员，同时，商会通过多种形式，为会员企业融资贷款、协调关系、化解矛盾、沟通信息等提供服务，从而使商会的凝聚力和权威性大大提高。商会还不断推荐会员企业参与奥运、世博等大型项目，为会员企业之间、会员企业与政府和其他社会组织之间搭建了一个良好的交流、沟通、发展的平台。

作为行业的代言人，商会还在国际商贸交往中，积极招商引资，通过开展对外合作交流，充分地开发、引进、利用国外的知识、技术和资金等资源，极大地促进了我国礼品业的发展。

继往开来，商会将始终如一地为企业做好服务，做会员依法办事的监护人、公共关系的协调人，帮助会员企业充分开发人脉资源，发布和寻找商机，扩大会员企业的知名度。同时，商会还将帮助会员之间更好地交流沟通，以促成合作，壮大事业，共同进步。

会长

孙震

副会长

任洪逵

杨光远

杨怀宇

罗梓文

郑康淳

姚礼勤

姚春雨

徐坚一

高小群

彭善超

会长、副会长、秘书长名单

会长

孙　震　北京元隆雅图文化传播有限责任公司董事长

副会长

任洪逵　四川国广礼品工贸有限公司董事长

杨光远　北京励展华群展览有限公司董事、总经理

杨怀宇　深圳市巨和投资发展有限公司董事长

罗梓文　北京博奥通元文化艺术有限公司董事长

郑康淳　北京华流风尚文化发展有限公司董事长

姚礼勤　重庆勤情商贸有限公司执行董事

姚春雨　深圳市吉之礼实业有限公司总经理

徐坚一　上海坚一礼品设计有限公司董事长

高小群　陕西九和文化发展有限公司董事长

彭善超　北京怡莲礼业科技发展有限公司董事长

游绍民　伊泰莲娜首饰精品有限公司副总经理

蒋承文　励展华博展览（深圳）有限公司董事、总经理

廖燕纯　广州市好日子实业发展有限公司董事长

秘书长

李志彬

联系方式：

电话：010－58528259

传真：010－58528259

地址：北京市建国路88号现代城3号楼1903室

邮编：100022

网址：www. chinagift. org. cn

邮箱：qglpysh@126. com

游绍民

蒋承文

廖燕纯

秘书长：李志彬

工作综述

2007年

随着我国市场经济的快速发展，礼品企业也面临着更多的困难与机遇。2007年，商会积极创新工作思路，努力延伸服务网络，加强企业和政府的沟通联系，并进一步密切会员之间的联络、交流，既发挥了商会的桥梁纽带作用，又维护了会员的合法权益，受到了广大会员的好评。

一、品牌创新　提升产业文化

商会根据市场需求，本着为企业服务、促进行业发展的宗旨，启动了“首届中国礼品设计大赛”。大赛以“品牌、创新、提升产业文化”为主题，旨在提高我国礼品业自主创新能力，打造我国礼品企业合作、交流平台，以推动我国礼品文化的高度发展，促进礼品业经济的大发展。大赛在全国设了9个赛区，总部设在北京，面向全国的礼品相关企业、设计专业高校毕业生、社会个

人、广告设计公司，选手通过网络提交、直邮快递、各赛区推荐等多种形式参与，参赛作品必须符合时代创新、市场发展、艺术鉴赏、实用环保等设计理念。此举在设计界引起很大的反响，全国各地参与人数达400多人，共提交作品1137件，快递实物313件，图片样稿500多张。

为保证大赛的公平、公正、公开，大赛组委会专门制定了“首届中国礼品设计大赛评比标准”，由全国工艺美院著名教授、全国特级工艺大师和工艺美术专家组成大赛专家评委会，对千余件参赛作品进行认真、严格的评审，最终甄选出特等奖、金奖、银奖、铜奖、优秀奖及单项奖共计45个奖项。

商会主办的“首届中国礼品设计大赛”以“礼品”这个概念为设计对象，坚持“自主研发、前沿、时尚、创新”的内动力。大赛得到了人们的广泛关注，受到礼品界、设计界的一致好评。设计者利用先进的技术、包装理念，设计出构思独特的作品，还配以实物、设计稿等多种形式参与。这些充分体现了设计者对大赛的重视，也反映了设计师们的无穷创意的灵感魅力，对大力促进礼品行业技术性的飞跃发展起到了很好的推动作用。

8月29日，大赛在上海举行隆重的颁奖典礼，来自全国礼品行业的500多位企业代表参加了颁奖仪式，全国工商联原副主席、全国工商联直属商会会长瞿怀明，全国人大常委唐克美，上海市工商联副会长陈平田，上海世贸商城总经理田浩，全国工商联礼品业商会会长孙震等出席颁奖仪式并向获奖者颁奖，为这一中国设计史上的创意革命画上了一个圆满的句号。

二、聚焦展会　创造无限商机

参加各地大型礼品展会是全国各大生产商宣传新产品，各采购商寻找新产品最好的平台之一。北京、深圳展会为商会每年服务会员提供了便捷渠道。

随着会展业专业化、市场化和国际化水平的不断提高，展会经济在中国如火如荼，不少优质展会在带动行业整体健康发展的同时，更为企业和行业繁荣带来了新的经济增长点。

8月29日~9月1日，在商会会员企业资源及专业化服务的强势推动下，商会与上海世贸商城成功主办了“2007国际礼品、家居品跨国采购交易会”，亚洲礼品业600家企业齐聚一堂星光闪烁。展会期间，举行了多场大型招商推介会，其中专门安排了一场中、日、韩三地最顶尖的礼品、家用品企业的集体聚会，数百家明星企业使出浑身解数，展示出当今潮流的时尚新品。中国礼品业中的近50家强势企业的参展，在为交易会锦上添花的同时也借机向全球礼品业展示了中国的礼品。这次展会上“奥运会官方指定礼品供应商”亮相，在现场首次发售北京奥运会限量版黄金礼品。此外，还有日本展团的传统手工工艺“纸艺”和近年在全球人气急升的手工艺“拼布”同台亮相，韩国展团展示了具有本国风情的瓷器、绣品等手工工艺礼品以及高科技属性的现代化礼品。

孙震会长在接受媒体采访时说：“秉承提升行业产业发展，服务并帮助企业提升创新经营理念的宗旨，此次交易会无疑成为商会为所属会员提供优质专业化服务的平台。商会将立足上海这个国际化大都会的平台，在开辟全新展会模式的同时，带领中国礼品行业在不断创新企业运营机制与提升品牌文化内涵的过程中与国际市场接轨。商会主办展会的运作模式，不仅能直接推动整个行业的发展，更能为上海区域经济发展开辟出新的经济增长点。”

中国展会业相关资深人士对于商会主办礼品展给予了高度的评价，上海独特的文化背景与中国礼品业主流展会的理念碰撞，将在华东区域经济集群化高密度发展、长三角经济和全球经济一体化等宏观背景下，打造一个既属于中国，又属于世界的专业化国际礼品展会平台。随着2008北京奥运会和2010上海世博会的临近，中国礼品业与世界各国的融合必将加速，展望未来，中国礼品文化“走出去”势必将成为主流。由商会全力打造的礼品跨国采购交易会，不但将成为中国礼品行业的创新名片，更将成为中国华东地区的又一张文化名片。

三、对外交流　赴日考察成功

为了增进我国礼品企业与国外同业间的交流，使中国礼品企业更全面地了解国外同业的发展状况，学习和汲取其先进的经营管理经验，同时也为了帮助商会会员开拓更广阔的国外销售渠道，9

月，商会由孙震会长率团，组织商会部分优秀会员参观了“2007东京国际礼品博览会”。这是亚洲规模和影响力比较大的礼品展会，代表们就两国礼品的开发、加工、贸易合作等方面与日本同行面对面进行了交流。商会企业代表团还对日本礼品协会进行了友好访问，两国行业负责人就今后行业团体间的合作与交流达成一致意见。

通过在日本的考察，商会企业家们了解了日本礼品行业现状、运营体制、管理模式及先进的设计创新技术，同时更加了解了商会在行业发展中的重要作用，商会在与日本礼品协会交流学习过程中，也获得了很多宝贵的经验。

四、完善服务　重视网站建设

商会借助网站这个媒体平台，十分重视与礼品企业有关的各类信息的收集、整理和发布，并以此促进会员拓宽发展思路，立足市场竞争。商会网站除了为会员企业及时提供相关的政策信息外，还为企业提供各类管理信息、产品信息、礼品资讯和文化信息等，帮助会员从快捷通道获取国内外商情，帮助会员开拓眼界，捕捉商机。

商会改版网站全新上线以来，受到会员企业及各界人士的好评。网站改版后实现了会员间的信息交流和资源共享，使会员企业能够借助商会这一平台共同研讨生存环境，在促进各地礼品企业之间合作的同时，引导企业参与国家经济、社会、文化建设，推动会员企业在国内外的贸易与投资合作。新版网站增加了很多新的板块和服务项目，如：入会咨询服务、会员专属用户名及密码服务、会员企业产品供求信息及招聘信息发布服务、新品推荐及产品推荐服务等商会会员独享的专属服务。除此之外，商会还陆续开辟新栏目，内容包括：提供财经资讯、金融信息；为企业提供融资贷款资讯服务；帮助企业了解熟悉政策法规，详述政府部门办事程序，提高办事效率；提供海内外交流互动平台，让企业及时、全面、快捷地了解业界情况；为企业提供形象展示平台，扩大企业影响力和宣传面，提升企业知名度、美誉度；联合全国各地商协会，形成社会团体强大的凝聚力，为企业维权提供帮助与支持。

五、传递信息　拓宽发展思路

信息是无形资产，在现代经济发展中具有不容忽视的重要价值。为了满足生产商对新产品的及时宣传和销售商对新产品的需求，同时为了节约企业宣传费用，拓宽销售渠道，带来更多商机，积极推动整个礼品产业经营业绩的提升，2007年商会在往年的基础上，策划、设计、制作了《中华全国工商业联合会礼品业商会推荐产品画册3》。此画册是根据商会会员企业及市场的实际需求推出的礼品企业的工具书，它将礼品企业最新、经典产品汇集成册，产品涉及奥运礼品、工艺精品、家居用品、促销品等类别，汇集国务、政务、社交、公关、礼仪及促销等产品千种以上，清晰明了，方便实用，是销售企业不可或缺的好帮手、消费者的购物指南。经过商会的市场调查反馈，用户对由行业权威机构推荐的产品具有极高的认知度和信任度。

六、回报社会　推进光彩事业

大力弘扬光彩精神，深入推进光彩事业是商会工作的重要内容之一。商会从成立起，始终将光彩事业放在日常的工作议程中，在号召会员把发展企业与回报社会有机结合起来，以实际行动投身光彩事业的同时，在社会公众中树立了商会和礼品业人士关心社会公益事业、关爱弱势人群的形象。

2007年商会秉承这一宗旨，继续开展了形式多样的公益活动。7月25日，受中国儿童少年基金会之邀，商会积极参与了由中国儿童少年基金会举办的“第六届中国儿童慈善活动日”大型公益活动。作为本次活动的特别支持单位，商会代表全国礼品行业，对本次活动进行了捐助，表达了全国礼品行业人士对中国弱势儿童的一份爱心。9月12日，商会再次参与了由中国儿童少年基金会主办的“中华慈善书画名家爱心助学活动”慈善义卖会，并代表会员捐赠物品奉献爱心，将慈善的目光投向“留守儿童”。

七、疏通渠道　帮助会员融资

对部分会员企业存在的融资、招商等难题，商会都竭尽全力与有关部门协商，争取解决会员们的后顾之忧。为了解决会员企业在经营过程中遇到的资金周转困难的问题，商会一直把“搭建融资服务平台”作为促进行业发展、为会员做实事的一项重要举措。2007年，商会与北京某银行继续保持着合作伙伴关系，通过给银行写推荐函的方式，曾先后帮助北京区域的多家会员企业成功办理了融资贷款，累计达数千万元人民币。通过银行融资，使会员企业得以迅速疏通资金渠道，扩充规模。

2008 年

中国礼品业是新的市场经济发展的产物，于20 世纪 80 年代末 90 年代初开始迅速发展，目前国内礼品企业有十多万家，年营业额 1500 亿～2000 亿元。

2008 年，商会始终把服务会员作为中心工作来抓，积极发展会员，加强会员的队伍建设；同时在组织建设方面做了大量的工作，主要表现在以下几个方面：通过参与大型展会、主办品牌展会，为会员企业拓展市场、扩大贸易机会提供推销、展示自己产品的交流平台；通过与银行机构和担保公司沟通，为具备信用资质的会员企业提供融资贷款服务，帮助会员成功办理的贷款总额逾亿元，为会员企业开辟了融资绿色通道，解决了企业发展中资金不足的困难；通过提供行业资讯，促进会员企业参与奥运、世博等大型活动，拓展会员企业的经营项目，为企业带来商机；定期收集、制作会员企业的产品画册，使其成为供销双方的一本工具书，为生产、采购企业提供资讯平台；到会员企业中进行实地考察，了解企业的需求，为会员排忧解难，协调解决企业间的矛盾；此外，商会还在行业自律、产品研发、出国进行礼品行业考察、对外交流等会员相关服务方面以及在组织赈灾捐款等重大事件中，都充分发挥了积极作用。

2009 年

2009 年是商会的换届之年，10 月 23 日，“全国工商联礼品业商会第二次会员代表大会”在深圳隆重举行，选举产生新一届领导班子、理事会，商会换届工作圆满完成。换届之年，商会仍然把发展会员、服务会员作为中心工作。围绕服务会员着手，商会在组织建设方面成效显著，主要表现在：通过参与大型展会、主办品牌展会，为会员企业拓展市场、扩大贸易机会提供交流平台；通过与银行机构和担保公司沟通，为具备信用资质的会员企业提供融资贷款服务，为企业发展提供资金支持；通过提供行业资讯，促进会员企业参与世博等大型活动，拓展会员企业的经营项目，为企业带来商机；收集、制作会员企业的产品画册，使其成为供销双方的一本工具书，为生产、采购企业提供资讯平台；商会对网站进行了改版，新版网站《中国礼品网》，以崭新的版面，完善的功能，成为会员们交流、宣传的良好平台；商会内部会刊《中国礼品》也于2009 年 11 月正式创刊。此外，商会还在行业自律、对外交流等会员相关服务方面充分发挥了积极作用。

重要活动

2008 年

联合举办“2008 国际礼品、家居品跨国采购交易会”

2008 年 3 月 28～31 日，商会在上海主办“2008 国际礼品、家居品跨国采购交易会”

2008 年 8 月 28～31 日，由商会和上海世贸商城联袂倾力打造的华东地区礼品界的采购盛会——“2008国际礼品、家居品跨国采购交易会”再次在上海世贸商城展馆隆重举行。

展会期间，主办方举办了“中国2010年上海世博会特许产品分授权生产商招募暨2008世博特许产品创新设计大赛及新闻发布会”系列活动；为“世界500强企业”开设了采购专场配对会，生产商和供应商进行“一对一”的洽谈，达成意向当场签约。

三大展馆涵盖了主流商务礼品：一号馆齐聚百强企业；二号馆会聚中小企业的特色礼品；三号馆内，又细分出了上海、北京、东京、首尔四大城市馆和一个亚洲综合精品馆。

中、日、韩三国礼品界在当下的亚洲舞台上，正以各自独特的文化积淀和发展后劲，吸引着全球的目光，而作为这次礼品展的点睛之笔，日、韩馆的诞生更是将此次展会的视野从华东地区迅速延伸到了整个亚洲。

“第四届中国礼品行业高峰论坛”在上海举行

2008年8月28日下午，以“产权和品牌主导行业繁荣”为主题的“第四届中国礼品行业高峰论坛”在上海举行。

知识产权方面的几位专家就目前礼品行业的维权问题进行了深入、透彻的分析，还做了“关于品牌和知识产权方面的行业报告”、“产权决定寿命、品牌决定生命”的主题演讲。

2008年8月28日下午，以“产权和品牌主导行业繁荣”为主题的“第四届中国礼品行业高峰论坛”在上海举行

著名礼品企业就行业内遇到的一些产权和品牌形象问题与观众进行了面对面的座谈。座谈的内容包括：知识产品保护能为礼品行业的长远发展带来哪些价值？为什么应当鼓励民营企业自主创新？礼品行业的知识产权的主要需求有哪些？如何进行礼品行业的知识产权保护？礼品从业者获得知识产权服务的途径有哪些等。参加论坛的行业人士普遍达成共识：知识产权和著名品牌战略才是促进行业繁荣的根本。嘉宾精彩的发言不时博得观众的阵阵掌声。

帮助会员融资贷款逾亿元

截至2008年底，商会通过给银行写推荐函等方式，先后为22家会员企业提供了融资贷款帮助，成功办理贷款总额逾亿元，有效缓解了民营中小企业资金不足、贷款困难的问题。

由于金融政策、银行管理以及企业自身信用低等多方面因素，导致了长期以来中小企业融资难、贷款难。为了解决会员企业在经营过程中遇到的资金周转困难的问题，商会一直把“搭建融资服务平台”作为促进行业发展、为会员做实事的一项重要举措，竭尽全力地与有关部门协商，争取合情、合理、合法的破解会员企业的资金瓶颈。

从2007年开始，商会与北京银行建立了合作伙伴关系，召集优秀会员企业代表，携手银行相关负责人举办融资洽谈会，为银行与中小企业之间搭建破解融资难题的平台，帮助中小企业协调解决贷款融资工作中遇到的各种问题，推进了中小企业的发展。

目前，商会为会员融资方面所做的种种努力已初显成效。据统计，截至2008年底，商会通过给银行写推荐函等方式，先后为北京会员企业成功办理的融资贷款总额逾亿元。通过融资贷款，有效地解决了私营中小礼品企业发展中的资金难题，从而使企业得以迅速扩充规模，拓展项目，壮大发展。

继续推出《中华全国工商业联合会礼品业商会推荐产品》画册

信息是无形资产，在现代经济发展中具有不容忽视的重要价值。为了满足生产商对新产品的及时宣传和销售商对不断更新的新产品的需求，同时也为了节约企业宣传费用，拓宽销售渠道，带来更多商机，推动和提升整个礼品产业的经营业绩，商会在先后策划、设计、制作了三期《中华全国工商业联合会礼品业商会推荐产品》画册（以下简称《推荐产品》）的基础上，2008年6

商会继续推出《中华全国工商业联合会礼品业商会推荐产品》画册

月，继续推出第四期《推荐产品》。

组织灾后重建，推出《赈灾特刊》

“5·12”汶川特大地震发生后，全国工商联礼品业商会和广大会员积极响应号召，迅速投入到抗震救灾活动之中，表现出了空前的积极性和凝聚力，不仅努力做好本职工作来支援灾区，还以强烈的社会责任感，纷纷捐款捐物支援灾区。

在地震发生的第二天，商会便向全体会员发出《关于做好抗震救灾捐款的紧急通知》，要求各会员企业本着扶贫济困、救死扶伤的人道主义精神和发扬“一方有难，八方支援”的光荣传统，同心协力，伸出双手，奉献爱心，以高度的政治责任感和对人民生命负责的精神，积极投身到抗震救灾工作中，用实际行动体现礼品业人士对社会应尽的一份责任，同时也展现出我们礼品业人士的崇高风尚。与此同时，商会还向会员发出《倡议书》，呼吁礼品企业以捐款的方式给受灾地区提供经济援助，为重建灾区生活秩序尽自己的一份力量。

倡议书一经发出，立即得到礼品企业的积极响应，截至6月12日16时，商会会员企业向地震灾区捐款共计6999428.86元。其中：会员企业通过商会捐款397690元；会员企业通过当地政府、红十字会、扶贫办、基金会等其他途径捐款6601738.86元。另外，商会秘书处及员工捐款12000元。

商会会长、北京元隆雅图文化传播有限责任公司董事长孙震先生在商会发出《倡议书》的当天即表示，其所在的公司向灾区捐款10万元，此举为所有礼品企业树立了榜样！

会长的带头作用立即产生了很好的联动效应，大家纷纷通过各种途径奉献一份爱心。一些生产帐篷、衣被、雨伞、手电筒、文具等产品的会员企业纷纷开足马力，加紧生产，昼夜奋战，保质、保量地将物资运往灾区。

全国工商联副主席宋北杉一行到商会调研

2008年7月24日上午，全国工商联党组副书记、副主席宋北杉，会员部副部长马君、组织处副处长江建在孙震会长、李志彬秘书长的陪同下来到商会。他们首先听取了商会成立三年以来的工作汇报，就如何加强行业商会组织建设问题进行了座谈，并且就商会在体现“三性”（即统战性、经济性、民间性）、发挥五个作用（即在参与政治和社会事务中的主渠道作用、在民营经济人士思想政治工作中的重要作用、在政府管理民营经济中的助手作用、在构建和谐社会中的协调作用、在行业协会商会改革发展中的积极作用）、促进“两个健康”（即非公有制企业经营管理者健康成长和非公有制企业的健康发展）中所发挥的积极作用等方面进行了调研。

孙震会长汇报了商会工作，他表示，商会将在坚决贯彻工商联的方针政策的基础上，继续把服务会员作为中心工作内容，搞好商会的组织建设工作，广泛发展吸纳会员，同时，还要大力开发民间工艺礼品，并加强民间工艺品在品牌、外观等方面的知识产权保护。

宋主席对商会为企业提供各项专业服务的工作成绩予以肯定，认为商会发挥了自身的优势并体现出了特色，在坚持“三性”统一方面卓有成效，也充分发挥了它的“五个作用”。

宋主席在调研、参观考察和听取汇报后指出，商会要努力使我们的民营企业及其经营管理者成为既是物质财富的创造者，也是精神财富的创造者，同时还是中华民族博大精深文化的弘扬者。他认为，现在中国礼品企业的发展的确是朝气蓬勃，体现了民营礼品企业的崭新面貌，体现了“两个健康”，希望民营礼品企业在做大、做强以后，要更多地履行社会责任，为中国特色社会主义建设作出更大贡献。

参观法兰克福消费品展

为了增进会员与港澳台及国外同业间的交

流，使会员企业更全面地了解礼品市场，开拓更广的销售渠道，商会在组织会员去日本、韩国及我国台湾考察的基础上，又于2008年7月组织优秀会员企业参观了法兰克福消费品展，并对欧洲市场进行了为期12天的商务考察活动。

商会考察团与德国法兰克福工商会负责人及“德国法兰克福消费品展”主办方进行了交流与探讨。双方就深化对法兰克福国际消费品展会的认识、探讨中国和德国之间的商业利益、探索德国和中国之间在产品设计、进出口、合作生产以及分销管理领域的国际合作契机以及分享礼品行业的成功经验等议题方面达成共识，希望建立长期友好的合作关系，寻求下一步的国际合作机会。

参加此次参观和商务考察的会员代表均表示，我们国内的礼品展会和礼品市场与国外相比尚有很大差距，此行开阔了眼界，拓宽了思路，寻到了商机，收获很大，希望商会以后多组织一些类似的商务考察活动。

2009年

主办“2009国际礼品、家居品跨国采购交易会”

2009年8月6～9日，由商会和上海世贸商城有限公司共同主办的华东地区礼品界的采购盛会——“2009国际礼品、家居品跨国采购交易会”再次在上海世贸商城展馆举行。

本届展会共800个展位，50000件展品，展会规模创下历年之最，参加本届展会的买家突破5万人。此外，展会期间举办的多场高效商贸配对活动，集信息、交流、互动功效于一身，为中外采供商开通商洽“直通车”。

本届展会不仅在规模上创新高，在质量上也是高水准，众多“2010年世博会特许产品”在本届展会上演了“处女秀”，大量家居及服饰等原创产品纷纷亮相。

召开全国工商联礼品业商会第二次会员代表大会

根据《全国工商联礼品业商会章程》规定，经全国工商联批准，2009年10月23日，商会在深圳召开“全国工商联礼品业商会第二次会员代表大会”。

本次大会，代表们审议并通过了《商会第一届理事会工作报告》、《商会财务工作报告》、《商会关于授权理事会修改章程的决议》、《商会第二次会员代表大会选举办法》。大会代表以举手表决形式选举产生了理事会，商会第二届理事会114名理事候选人全部当选。

之后召开了第二届理事会全体会议，会议经过民主程序选举产生了第二届理事会常务理事、会长、副会长。北京元隆雅图文化传播有限责任公司董事长孙震先生再次当选为会长，同时还选举出马镇根、尹华、王建昌、任洪逵、刘国、宋建刚、杨光远、杨怀宇、罗梓文、郑康淳、姚礼勤、姚春雨、徐坚一、徐朝晖、高小群、彭善超、游绍民、董辉、蒋承文、谢海洲、廖燕纯、戴小龙共22人为副会长。

新的领导班子，召开了商会二届一次会长会议，会议作出继续聘请李志彬为商会秘书长的决议。会议还决定近期召开二届二次会长会议，研究商会新一届理事会工作计划及做好法人登记的准备工作。要求各副会长做好准备，号召常务理事、理事和广大会员积极建言献策，共同建设好商会，为行业发展作出贡献。

召开二届二次会长办公会议

2009年11月28日，全国工商联礼品业商会（以下简称商会）二次会长办公会议在北京召开。这是商会换届后新一届领导班子首次就未来发展的重大事项和举措进行研究决策的重要会议。

会议由孙震会长主持，副会长尹华、王建昌、任洪逵、刘国、宋建刚、杨光远、杨怀宇、罗梓文、郑康淳、姚礼勤、姚春雨、徐坚一、徐朝晖、高小群、彭善超、游绍民、董辉、廖燕纯、戴小龙、秘书长李志彬共21人出席了会议。

会议充分讨论了本届理事会工作计划及财务预算，制订了商会2010年的工作计划及年度财务预算，并就商会办理独立法人登记事宜进行重点规划。会议提出了新一届理事会在全国工商联的领导下要做好法人社团登记、完善商会自身建设、拓展服务业务的三项中心工作，代表们结合本会实际进行了系统的讨论。讨论中，每位班子成员结合登记注册工作的要求和商会今后工作的任务，对商会组织建设、扩大商会影响力、加强宣传工作、搭建服务平台、扩大内外交流等多方面的工作，提出了具体的建设性意见和方案；就本届理事会发展目标、2010 年工作计划、商会在民政部登记注册筹备工作方案等议题进行讨论。

《中华全国工商业联合会礼品业商会推荐产品》画册 5 推出

《中华全国工商业联合会礼品业商会推荐产品》画册 5 正式推出，成为业界新热点。

新书详细记录了《商会推荐产品》画册这一传统品牌在过去的一年中具突破性的项目。这本 200 页的新书，全方面描述了品牌独特的传奇故事，表达了商会为突破传统画册定义所作的不懈努力。

本期画册以满足生产商对新产品的宣传需求和销售商对新产品的不断更新需求为指导，以推动礼品业的经营业绩为目的，兼顾为企业节约宣传费用、拓宽销售渠道的利益点，是在前四期推荐产品画册的基础上，对商会会员企业产品的又一次全景式巡礼。由于商会的专业地位和权威性，画册 5 再度赢得了极高的认知度和信任。

本期画册不仅展示了商会及会员的整体形象，提高了商会的知名度，扩大了商会的影响，而且展示了中国礼品的文化品位和艺术品位。

“中国礼品网”改版上线，《中国礼品》正式创办

2009 年 12 年，商会官方网站改版上线，新网站命名为“中国礼品网”。

商会会员内部资讯《中国礼品》也于 2009 年 11 月正式创办。

改版后的“中国礼品网”和新创办的《中国礼品》会员内部资讯，在满足政府职能部门宣传需求方面，力求发挥贯彻党的方针政策，遵守国家法律法规，促进行业自律，规范行业行为的作用；在搭建商会与会员沟通渠道方面，积极协助商会承办各种活动的宣传推广工作，及时发布商会信息，反映商会动态，促进商会与会员，商会与政府的交流；在为会员提供良好服务方面，着力于为会员企业做好各种服务性工作，实实在在地发挥桥梁纽带作用。

重要文献

2007 年

中华全国工商业联合会
礼品业商会自律与诚信倡议书

（2007 年 1 月 31 日）

中国礼品行业，经过改革开放 20 多年的发展，现已形成颇具规模的行业，这是各位会员和全国同行们风雨同舟，携手奋斗的结果。当前，随着我国市场经济的深入发展，我国正在逐渐步入以信用交易为主导的“信用经济时代”。为此，党的十六届三中全会确定了“建立健全社会信用体系”的方针政策，胡锦涛总书记在关于树立社会主义荣辱观的重要论述中强调“以诚实守信为荣，以见利忘义为耻”，对于结合时代精神、弘扬传统美德，结合以德治国、推进依法治国，构建社会主义和谐社会，促进经济健康快速发展，有着重大意义。

因此，为推进我国礼品行业健康稳定向前发展，商会将开展以“自律与诚信建设”活动为载体，以科学发展观为指导，以服务社会，构建和谐社会为宗旨，完善管理体制，提高服务质量，全面提升我国礼品行业的社会公信力。中华全国工商业联合会礼品业商会特向全体会员，发出自律与诚信倡议，并向社会公众郑重承诺：

一、以科学发展观为指导，认真贯彻《公民道德建设实施纲要》。把开展自律与诚信建设活动与提高礼品行业整体能力结合起来，促进礼品行业健康发展，使礼品行业真正成为构建和谐社会的重要力量，成为我国全面建设小康社会的生力军。

二、以服务社会为己任，以人为本，公益先行。始终把社会公众利益放在首位，坚持为民服务公益性原则，开展形式多样的公益活动，积极为社会各界提供优质服务，为行业发展提供优质服务，为困难群众提供优质服务。

三、以法律法规为准绳，依法办事，遵纪守法。严格遵守宪法和国家有关法律规定，依照核准的章程开展活动，自觉接受政府有关部门和社会公众的监督，争当遵纪守法的模范。

四、以诚信为生命，诚实守信，有诺必践。树立“倡导诚信，服务社会”的理念，建立诚实守信的行规行约，形成诚信奖罚制度，恪守依法经营、公平交易、履行合同的原则。着力解决行业中假冒伪劣产品的问题，提高礼品行业的社会公信力，与社会各界共同构建诚信公平的社会环境。

五、尊重知识产权、不制假、不贩假；依法维护自身权益、自觉保护商标权、专利权、著作权等知识产权。

六、接受消费者监督，杜绝“三无产品”，不做虚假广告宣传；发挥优势、努力创新、拓展国内外市场，争创民族品牌；营造公平竞争环境，谋求合作，共同发展。

我们憧憬美好的明天，更加珍惜当前的发展机遇。我们真诚地希望全国同行携起手来，积极投身到“自律与诚信建设”活动中，为构建和谐社会，为建设社会主义现代化作出我们新的贡献。

2007 国际礼品、家居品跨国采购交易会在沪开幕

由中华全国工商业联合会礼品业商会和上海世贸商城联袂打造、华东地区首个礼品展会“航母”——“2007 国际礼品、家居品跨国采购交易会”今天在此正式拉开帷幕。

本届礼品展汇集了中、日、韩六百家礼品精英企业及十余万高端礼品，主办方希望通过对礼品展贸、礼品文化和情趣生活三者之间的互动，在华东地区打造一个既服务于行业的礼品展“航母”，又能为大众生活添彩的礼品采购“嘉年华”。

本届礼品展上，三大特色展区“星光大道”、“日韩馆”、“设计师走廊”精彩呈现于世贸商城的一、二、四楼，其中“日韩馆”内，富士克拼布、内野毛巾、下岛包装、上野忠食品等日本礼品精粹和以瓷器、绣品、饰品、高科技电子礼品为主的韩国礼品，首次携手亮相中国；“星光大道”上，大连翰泰、北京怡莲、中国红、深圳天工坊等多家中国礼品巨头，演绎着华彩之秀。

“设计师走廊”则凸显展会高端创意的品质服务。为更好地以设计创新来助力中国礼品行业整体设计向国际化水平迈进，以上海世贸商城冠名的“中国礼品首届设计大赛”获奖作品，将在展会期间向社会各界集中展示与推介。

此次大展还精心策划了四大主流议题、三十二场活动，为贸易双方创造了高附加值的效应，并向广大上海市民推广了现代礼品的消费理念。(姜煜)

（摘自中新上海网
2007 年 8 月 29 日）

大事记

2007 年

1 月，孙震会长、李志彬秘书长参加全国工商联直属行业商会会长、秘书长办公会议。

1 月 20 日，商会在安徽芜湖召开了第一届第四次会长办公会议。

3 月，孙震会长、李志彬秘书长参加全国工商联直属行业商会工作会议。

3 月 27～30 日，商会参加“第十五届北京国际礼品工艺品暨家用精品展览会”。

3 月 30 日，商会参加了在京举办的全国工商联直属行业商会年度工作会议。

4 月，商会参加在西安举办的西部经贸洽谈会。

4 月 19～23 日，商会赴深圳参加“深圳第十五届中国国际礼品、工艺品、钟表及家庭展览会”。

4 月，商会赴浙江平阳参加“第二届中国商务礼品文化节”。

5月，商会参加在成都举办的西部国际礼品、工艺品及家居精品展览会。

6月，商会编辑完成《中华全国工商业联合会礼品业商会推荐产品》画册3。

7月1日，商会主办的“首届中国礼品设计大赛”在京评选揭晓。

8月8~11日，商会参加北京“第十六届北京国际礼品工艺品暨家用精品展”。

8月29日，“首届中国礼品设计大赛”在上海举行颁奖典礼。

8月29日~9月1日，商会在上海世贸商城主办“2007国际礼品、家居品跨国采购交易会”。

9月3~10日，孙震会长应邀参观日本礼品展，访问日本礼品协会。

9月12日，商会参加了“中华慈善书画名家爱心助学活动”慈善义卖会。李志彬秘书长代表礼品业商会向留守儿童捐赠了物品。

9月，商会编辑制作《全国工商联礼品业商会成立两周年特刊》。

10月24~27日，商会参加深圳“第15届中国国际玩具及礼品展览会暨家庭用品、时尚用品、文具及旅游用品展览会”。

11月28日，商会授予广东省佛山市顺德区容桂街道“中国家电礼品模具城”称号。

12月5日，商会组织开展提交2008年度全国工商联在全国政协团体提案的工作。

12月6日，商会配合全国工商联编辑出版《2006中华全国工商业联合会直属会员商会年鉴》。

12月26~28日，李志彬秘书长参加了全国工商联举办的行业协会秘书长培训班。

12月29日，商会倾情制作《2008工作月历》，寄送给每位商会会员。

2008年

1月，主办2008上海展会宣传和招展工作，在北京组织融资洽谈说明会。

1月，参加“复兴讲堂”揭幕仪式及2007年度中国民营经济发展形势说明会。

2月，全国工商联到商会进行调研；商会接受会计师事务所和工商联财务双重审计。

3月，参加北京国际礼品、工艺品暨家用精品展览会；与武汉楚天绿发起奥运礼品万人签名活动。

4月，参加西安“第十二届中国东西部合作与投资贸易洽谈会旅游工艺品展”。

4月，商会赴深圳参加国际礼品、工艺品、家庭用品展览会。

6月，商会孙震会长、李志彬秘书长赴上海，与韩国COEX公司和上海世界贸易商城有限公司会面，三方达成商业合作意向。

5月，在发生“5·12”汶川特大地震灾害的第一时间，向会员企业发出募捐倡议书。

6月，“5·12”一月之祭，商会推出《5·12抗震特刊》。

6月，推出《中华全国工商业联合会礼品业商会推荐产品》画册4。

7月，组织优秀会员企业参观法兰克福礼品展并对欧洲礼品市场进行商务考察。

8月28日，商会在上海召开“一届七次会长工作会议”。

8月28~31日，商会在上海世贸商城主办“2008第二届国际礼品、家居品跨国采购交易会”。

8月28日，商会在上海主办以“产权和品牌主导行业繁荣”为主题的“第四届中国礼品行业高峰论坛”。

9月，商会参加北京（国际）礼品、工艺品暨家用精品展览会。

10月，商会参加深圳国际礼品、工艺品、钟表及家庭用品展览会。

11月，商会再次捐助“全国工商联思德光彩小学”。

12月，商会召开“一届八次会长工作会议”。

2009年

2月4日，商会在北京召开北京地区会员联谊会暨北京银行融资洽谈会。

3月，圆满完成全国工商联委托的利安达会计师事务审计工作。

3月9日，商会与群学展会举办答谢酒会，庆贺群学展举办十周年。

3月、4月，商会参加在北京、西安举办的大型礼品展会。

4月14～16日，会长、秘书长参加全国工商联组织的培训班。

7月3日，商会在北京召开第二届换届工作领导小组第一次工作会议。

7月29日，商会在兰州召开第二届换届工作领导小组第二次工作会议。

8月6～9日，商会在上海主办“2009第三届国际礼品、家居品跨国采购交易会”。

8月7日，商会一届五次理事扩大会议在上海召开。

8月21～24日，商会参加北京国际礼品、工艺品暨家用精品展览会。

8月22日，商会第二届换届工作领导小组第三次工作会议在北京召开。

9月23日，商会第二届换届工作领导小组第四次扩大会议在丽江召开。

10月23日，商会第二次会员代表大会在深圳召开。

10月22～25日，商会参加深圳国际玩具及礼品展览会，在展会上开展各项服务。

11月，商会网站改版，新版网站——中国礼品网成功上线。

11月15日，商会会员资讯《中国礼品》正式推出。

11月28日，商会二届二次会长办公会议在北京召开。

12月，推出《中华全国工商业联合会礼品业商会推荐产品》画册5。

CAICC

中华全国工商业联合会农业产业商会

全国工商联农业产业商会

中华全国工商业联合会农业产业商会会标由绿色字母和黄色麦穗图案构成。字母CAICC是商会英文名称China Agriculture Industry Chamber of Commerce的缩写，字母I变形为麦穗，麦穗寓意农业，黄色寓意丰收。绿色是生命的本源，象征生机、永恒和发展，象征着农业产业的勃勃生机，同时也象征着正在崛起的农业企业及其开拓前进、蓬勃发展的精神。

商会简介

全国工商联农业产业商会（以下简称商会）于2005年10月经全国工商联正式批准成立，是全国工商联直接领导下的唯一以农业龙头企业为主体的全国性产业商会。商会是中国农业领域由民营企业家自发组织的、与“三农”密切相关的全国性商会组织，是联系政府和企业的桥梁和纽带。商会代表中国农业产业广大非公有制企业的共同利益，以促进农业产业的可持续发展为己任，集中农业产业领域有代表性的企业，共同致力于推动会员企业健康发展、推动中国农业产业化进程、推动社会主义新农村建设，并在增加农民收入、带动农村富裕方面作出自己的贡献。

商会以三全、传化、新希望、韩伟、均瑶、大寨、奈伦、银桥、龙大、华农等一大批有影响力的农业企业为代表，集中了国家级和各省市的农业产业化龙头企业。参加本商会发起的91家企业代表中，有全国人大代表10人，全国政协委员5人，全国工商联执委11人，获全国劳动模范称号的13人。其他成员中，绝大多数是当地人大、政协委员、工商联成员及相关商会负责人、多数成员曾获得过省地级劳动模范和其他荣誉称号。

商会所从事的农业产业，包括农、林、牧、渔各业及禽、蛋、奶、菜、果、茶、花、饲料、酒业、家具、生态农业和其他经济作物等各个方面，具有很强的代表性。

2007年以来，商会秉承“服务会员企业，服务现代农业，服务新农村建设”的宗旨，按照“维权、协调、自律、服务”的八字方针，提供了政策传导、创新推广、市场信息、宣传推介、维权服务及培训等多方面服务，各项工作稳步推进，取得了新的成就。

名誉会长

陈耀邦

荣誉会长

刘永好

吴仁宝

会长

韩 伟

常务副会长

陈泽民

徐冠巨

副会长（以姓氏笔画为序）

王云飞

王均豪

白文忠

白瑞平

会长、副会长名单

会长

韩　伟　大连韩伟集团董事长

名誉会长

陈耀邦

荣誉会长

刘永好　新希望集团董事长

吴仁宝　华西集团副董事长

常务副会长

陈泽民　郑州三全食品股份有限公司董事长

徐冠巨　传化集团董事长

副会长（以姓氏笔画为序）

王云飞　杭州万事利生物科技股份有限公司董事长

王均豪　均瑶集团有限公司副董事长

白文忠　原农业部机关党委书记

白瑞平　河北黑马粮油工业有限责任公司董事长

刘华国　西安银桥股份公司董事长

刘延云　千喜鹤集团公司董事长

刘芳友　华隆（乳山）食品工业有限公司董事长

刘金虎　宁夏金龙集团董事长

刘跃进　河南省大程面粉实业有限公司董事长

刘嘉坤　山东九间棚农业科技园有限公司董事长

吴协恩　江苏省工商联副会长

张洪波　山东中澳农工商集团有限公司董事长

李正大　盘锦利是米业有限公司董事长

李安平　山西振东实业集团有限公司董事长

陈　丹　广东恒兴集团有限公司董事长

卓泽凡　陕西巨川富万钾股份有限公司董事长

孟祥林　挺宇集团有限公司总经理

林清辉　旺旺农业科技（惠州）有限公司董事局主席

郑跃文　科瑞集团董事长

宫学斌　龙大食品集团有限公司董事长

赵光学　河北大洋实业集团公司董事长

徐桂芬　江西煌上煌集团有限公司董事局主席

郭凤莲　山西大寨农牧开发有限公司董事长

郭占春　内蒙古奈伦集团有限公司董事长

刘华国

刘延云

刘芳友

刘金虎

刘跃进

刘嘉坤

吴协恩

张洪波

李正大

李安平

陈　丹

卓泽凡

孟祥林

林清辉

黄炳亮　山东六和集团有限公司副董事长
黄培劲　海南神农大丰种业科技股份有限公司董事长
温鹏程　广东温氏食品集团有限公司董事长
韩真发　吉林正业集团公司董事长

联系方式：
电话：010－65069093　65069835　65065619
传真：010－65066236
地址：北京市朝阳区东三环北路16号盛厦商务楼310室
邮编：100125
网址：www. china-aicc. org
E－mail：caicc@ china-aicc. org.

工作综述

2007年

2007年是农业产业商会成立的第三个年头，商会发展取得了重大进步，社会影响力进一步扩大，专业化服务水平也进一步得到提升，各项活动开展活跃，会员质量不断改善，会员队伍不断扩大，打开了商会工作的新局面。

商会名誉会长、全国政协经济委员会副主任、原农业部部长陈耀邦，一直热心于商会发展，对商会工作给予了全面而细致的指导，积极倡导商会走出去，加强与同业协会的沟通和交流，在他的直接指导下，农产商会与中韩中小企业协会、中国农机流通协会等先后建立了友好关系。中央统战部副部长胡德平对商会工作给予了极大的关心和支持，积极倡导商会工作与光彩事业的结合。全国工商联党组书记、副主席全哲洙，多次听取商会工作汇报，并亲自到会视察，围绕新农村建设和企业发展等问题与商会企业家进行了深入交流，对商会工作给予全面指导。

领导的关怀和评价，既是对我们工作的认可，更是对我们工作的激励，为我们下一步工作

郑跃文

宫学斌

赵光学

徐桂芬

郭凤莲

郭占春

黄炳亮

黄培劲

温鹏程

韩真发

的开展指明了方向和道路。回顾过去的一年，我们主要做了以下几项工作：

一、围绕中心，服务大局，积极参政议政，加强与政府部门的联系

工商联是政府和民营企业之间的桥梁与纽带，是政府部门工作的助手，是企业的帮手。商会在一年的工作实践中，密切围绕中心和大局，通过各种有效渠道，积极参政议政，不仅使商会成为政府了解行业状况的一个窗口，强化了商会在业内的发言权，也加强了与政府部门的联系和沟通，而且通过工作争取到信任，为今后工作的

开展创造了良好的条件。

3月2日，在商会主办的“2007新农村建设龙头企业高层论坛”上，各龙头企业家就进军现代农业的话题，畅谈我国农业的改革成就。在随后的“两会”上，商会的20余位全国人大、政协委员，从多个角度提交议案，为中国农业产业的发展建言献策。

自5月份以来，全国各地猪肉价格普遍上涨，带动相关农副产品、食品价格一路上扬，引起政府高度关注。针对这一情况，商会对会内企业进行了调研，并就调研所反映出的问题及企业建议形成内参，上报中央领导部门，以供决策参考，得到有关部门的高度重视。

二、充分利用公众平台，展示商会形象，扩大商会影响力

商会自身以及商会会员企业的宣传，一方面是建立与新闻媒体的良好关系，主动推介会员企业的新闻线索，同时通过商会网站建设自已的宣传阵地；另一方面，积极主动地参与各类社会活动，充分利用公众平台，展示商会形象，传播商会影响力。同时，通过这些活动，也为会员企业提供了展示形象、推销产品、开拓视野、拓展市场的机会。尤其参加各类国际活动，为商会走向国际化打下了良好的基础。

商会积极组织会员企业参加国内外各类活动。5月中旬，在商会会长韩伟的带领下，十多位农业产业企业家参加了由中央电视台和中共吉林省委宣传部等共同制作的“春暖黑土地，建设新农村”大型特别节目，并对吉林农牧资源进行了实地考察。

10月，先后组织行业内有代表性的企业参加德国科隆世界食品博览会和荷兰阿姆斯特丹市北京推介会。成功地把企业推向国际舞台，为企业参与国际大市场提供了多样化的通道，也通过活动的组织，扩大了商会影响力。

三、广泛对外合作，借助全社会力量，谱写商会工作新篇章

商会的发展不是闭门造车。仅靠商会一个轮子转不起来，还要广泛借助各社会团体的力量。一年来的实践，让商会更加坚定了联合求发展的信心。

商会通过与北京大学中国经济研究中心联合，将“新农村建设·龙头企业高层论坛”打造成为行业权威、高端、前沿的政策宣讲和解读平台。在第二届论坛上，国家发改委、商务部、农业部、科技部、财政部、国家税务总局、中国农业银行、中国农业发展银行等分管农业领导悉数出席，解读最新政策，成为“两会”前夕一大热点。

12月，商会又联合中国光彩事业促进会与北京大学中国经济研究中心，共同主办“2007农业产业年会”，本次年会是迄今为止国内最大规模的农业产业峰会，受到海内外企业家的欢迎，也受到国家相关政府部门的高度重视，政府领导、领军企业家、海内外知名学者、金融专家等近500人齐聚一堂，围绕大局，统一思想，凝聚力量，共肩责任，共商振兴中国农业产业。

农业产业与光彩事业有着天然的联系，商会积极配合中国光促会各项工作，得到中央统战部领导与光促会领导的高度赞扬。4月18日，中国光彩事业省级秘书长会议在京召开，商会应邀出席并做了主题发言。会上，各省光彩会秘书长纷纷表示将加强与商会合作，共同推动光彩事业与新农村建设。

为引导和支持我国涉农企业进行商标国际注册，推动农产品出口企业走出国门，商会联合联合国世界知识产权组织、国家工商总局商标局，于7月、9月分别在山东济南、吉林长春、安徽合肥、四川成都举办了“农产品出口企业商标及地理标志国际注册培训班”，受到与会企业及地方政府的热烈欢迎。以此为契机，加强了商会与国际间组织的合作，揭开了商会事业的新篇章。

四、加强调研能力，总结经验，提出建议，推动行业健康发展

作为农业领域的全国性行业商会，不断加强研究问题的能力，开展相关调查研究和行业分析，及时就新农村建设以及现代农业发展中的重大问题，就行业发展中存在的问题和会员企业以及广大涉农企业的意见呼声，向党和政府提出建议，是商会的一项重要职能。

商会年初成立了研究部。除开展各类日常性调研工作之外，密切配合各部委工作，承接各类行业报告，并在一些关键问题上，发出我们的声音。在去年配合商务部完成中国农业产业行业品牌发展报告的基础上，2007年，商会通过与商务部、国家商标局、农业部农产品加工局等部门的联系，对农业产业品牌建设状况进行细化研究，针对农产品加工企业的品牌发展进行了专门调研，并形成农产品加工企业品牌发展报告，受到商务部高度评价。

在国家建设社会主义新农村政策的号召下，5月，配合全国工商联光彩事业部在商会会员企业中开展了“民营企业参与社会主义新农村建设”调研，历时一个月，圆满完成调研任务。总结了涉农民营企业参与新农村建设的经验、方式方法，以及存在的问题，提出的建议等。为发动企业投身社会主义新农村建设、推动中国农业产业健康发展提供了科学依据。

五、围绕核心，突出重点，以专业素质为会员企业提供优质服务

今年，商会发展已经进入第三个年头。随着商会知名度的不断提高，“加强组织建设，提供专业服务”提上了商会工作日程，并进入实际推进阶段。商会在原有的政策信息传导平台，参政议政、建言献策平台，融资服务平台，产业发展平台，投资、合作平台，培训考察平台以及宣传推介平台的基础上，围绕全心全意为会员企业服务的核心，根据企业需求和行业发展特点，突出重点，极大提高了服务的质量和水平，受到企业欢迎。

1. 搭建完善的金融服务平台

3月，商会成立了金融事业部，通过与中国农业银行、中国农业发展银行、亚洲开发银行、美国AEA私募基金、法国里昂证券、日本大和证券等国内外金融组织、机构的联系与沟通，初步构建起一个商业银行、国家政策性银行、担保公司、国外与国内投资基金、租赁公司、信托投资公司、证券公司等互相补充的金融网络，在为会员企业提供专业金融服务方面迈出了坚实的一步。

4月16日，商会与中国农业发展银行联合举办银企座谈，了解企业困难，对接金融部门，解决企业资金难题，并对座谈进行延伸，到座谈企业实地走访，在企业组织现场会，实实在在解决企业困难。6月初，组织会员企业参加由天津市人民政府、中华全国工商业联合会、美国企业成长协会共同举办的“中国企业国际融资洽谈会”，为会员企业融资开辟了更专业、更多样的渠道。

2. 拓展多样化的市场对接服务平台

为促进农产品及其加工制品产销良性对接，实现农业企业与超市的“共赢”，2月17日，在农业部农产品加工局与中国连锁经营协会的大力支持下，商会主办了“全国农产品及其加工制品进超市高峰论坛暨对接洽谈会”。为期两天的论坛进行了针对性、实用性的演讲和商务洽谈交流，得到来自全国各地的100多家农产品加工企业及连锁零售商的认可，成功为农产品供应商和采购商打造了面对面对接洽谈的大平台，推动了安全优质农产品走上城市居民餐桌的良性快速通道。

为推动区域优势农产品资源的开发利用，6月上旬，商会与山东省农业技术推广协会、山东省质量技术监督局质检院、山东省广饶县人民政府等主办了“‘花官’牌天然富硒大蒜、蒜苔推介会”。这也是商会第一次与优势农业资源所在地地方政府合作，在增强企业市场竞争力的同时提高了地方农副产品的知名度，收效显著。

中央一号文件用较大篇幅强调了农业科技创新对发展现代农业的支撑作用。而农业龙头企业是科技创新的主体，因此，推动科技创新的企业发展也是我们今年服务的重点之一。通过我们的推广宣传，企业产品得到社会广泛认可，并成功进入国际市场。

六、联合各界力量，积极推动股份制商业银行构想

作为社会主义新农村建设的一支重要力量，农业中小企业普遍面临着贷款难的共同问题，其原因主要是由于农村金融供给体制不合理，供给与需求严重脱节。解决的根本途径是调整供给结构。由农业产业化龙头企业组建一家主要为农业中小企业服务的股份制商业银行，就是改善农村金融供给结构的一种体制创新。

七、广泛走访企业，积极征求意见，大家的商会大家办

商会是国内第一家企业家自发组织成立的农业行业商会，是企业家自己的商会。商会在工作开展中，注重调动各会员企业的参与性和主动性。在会长、副会长的带领下，秘书处兵分几路，走访会员企业单位。就企业发展状况、企业实际需求，以及商会年度工作报告、明年工作部署等听取各位会员单位意见。在实地走访中，也一并进行了商会人事考察，为明年换届的各项人事选举打下基础。此举极大地团结了广大会员单位，受到各会员企业的欢迎。在实地走访中，各会员企业都提出了十分中肯的意见，对商会工作开展有很大的帮助。商会明确了下一步工作开展的方向。

一年来，总结成绩，归结起来就是解放思想，与时俱进、开拓创新，坚定不移地贯彻落实商会八字工作方针，坚持企业家办会，坚持以服务为核心，坚持科学发展、和谐发展。虽然我们取得了一些成绩，但这仅仅是起步，是开端，面对新时代的要求，面对企业的迫切需求，面对社会的殷切期盼，我们从内心感到工作的不足，责任的重大。目前，商会的发展中还存在一些矛盾和问题，商会的工作中还有一些缺点和不足。

商会存在的最大矛盾是缺乏一套有效的议事制度，秘书处工作的主动性不够，专业化、职业化程度不够，组织工作、服务工作不足。这直接导致了各位会长领导意识不足，缺乏主动参与、指导商会工作的积极性，实际发挥作用不够，各位常务理事、理事发挥作用不足，对商会各项工作缺乏广泛参与。

在服务会员方面，商会的工作虽有一定的积累，但距离全国工商联的要求和会员企业的期望，还有较大的差距。

一年来，商会通过举办各项活动，积极争取实现收支平衡，保证商会各项工作经费，虽然取得一定成效，但情况仍不够理想。社会各方对商会的人力、财力的投入很大，如何实现这部分投入的效益化，有待进一步研究、探讨。商会通过各类活动，与社会各方面建立了一定的工作关系，如何进一步加强和巩固这些友好合作关系，也是目前需要考虑的问题。

2008 年

一年来，商会一如既往地秉承“服务会员企业，服务现代农业，服务新农村建设”的宗旨，按照“维权、协调、自律、服务”的八字方针，使商会的发展保持着积极、稳妥的态势，各项工作取得了新的进展。2008 年主要开展了以下方面工作：

一、支持主要部门工作，努力做好政府助手

1. 积极配合工商联完成各项工作

商会自成立以来，在各方面积极主动地与全国工商联进行沟通，主动承担全国工商联交办的工作，积极充当助手，取得了一定的成效，获得了有关部门的认可。作为全国工商联的直属商会，商会始终把完成全国工商联的各项任务作为工作的重点之一。

2008 年 1 月，应发改委及全国工商联的要求，商会在会员企业之间开展了关于《食品安全法草案》的修改意见征询活动。商会采取“广泛征询”与“重点征询”相结合的方式，获得了农业企业对《食品安全法草案》的宝贵意见和建议，以及在食品安全方面的大量一手信息，商会在对调研内容收集、整理、分析的基础上，形成征询报告上报到全国工商联。通过此次征询，真实地反映出农业企业在食品安全方面存在的问题、困难。一方面，作为政府与企业之间传递信息的桥梁，商会把企业的真实情况反映到相关主管部门；另一方面，有助于商会在今后工作中明确在食品安全方面的努力方向，更好地为企业服务。

2. 在提案工作上大力支持全国工商联的工作

2008 年 3 月，商会经过对部分从事养殖的会员企业的调研之后，完成提案，通过全国工商联向“两会”提交了题为《关于扶持生猪生产，稳定市场供应的提案》，提案中针对企业存在的问题提出了相应的意见和建议。此提案得到了农业部、财政部的详细回复。

3. 向全国工商联递交《涉农企业发展现状调查报告》

2008年7月，商会会员部通过对数百家涉农企业进行为期两个多月的精心调研，在分析总结的基础上，会员部向全国工商联递交了一份《涉农企业发展现状调查报告》。

4. 全国工商联农业产业商会参加全国工商联提案培训

2008年9月22日，由全国工商联研究室举办的“全国工商联提案工作座谈暨培训会”。全国工商联副主席谢经荣发表了重要讲话。全国政协提案委员会办公室巡视员张怡讲解了全国政协的提案工作办理情况。国务院研究室综合司司长刘应杰讲解了中国宏观经济现状及问题、国务院研究室2008年主要研究课题和调查研究方法等问题。中央政策研究室经济局局长李连仲则讲解了提案的特点和写作要领。期间各直属行业商会和全国工商联各工作部门的代表都相继进行了发言。全国工商联研究室陈永杰、黄文夫巡视员针对大家的发言进行了精彩点评，使大家获益匪浅。

二、坚持商会服务为主的理念，全力为会员企业服务

1. 举办政企见面会，搭建政府与企业间的互动平台

在政府与企业之间搭建面对面的沟通平台，一方面，可以让企业及时了解国家宏观政策的动向，把握国家政策脉搏，有助于企业更好地制定战略发展规划；另一方面，有助于政府直接、真实地了解企业发展中遇到的困难、问题，使双方能在面对面的沟通中互相了解，为今后的工作提供新的思路。

2008年3月2日，商会成功举办了第二届“2008新农村建设·龙头企业高层座谈会”，商会邀请会员企业中的“两会”代表以及相关部委领导进行座谈，共有将近30位企业家出席。会上，企业与政府之间积极互动，企业家畅所欲言，会议气氛非常活跃。此次在政府与企业之间搭建的平台，使企业面对面地与政府接触，并向相关领导汇报了各自的发展状况、自身的需求、存在的问题以及遇到的困难，得到了政府领导和各企业家的高度评价。

2. 组织考察交流活动，拓宽企业对外交流渠道

（1）江苏行

2008年4月，商会组织“企业家江苏行”活动，带领部分会员企业参加南京招商会，为企业与南京政府的接洽提供了机会，同时带领企业到华西村进行考察，学习华西村的成功经验，为企业寻找投资项目提供了机遇。

（2）西北行

2008年5月，商会组织“企业家西北行”活动，组织企业家赴中国的种业基地——酒泉进行为期一周的考察，此次考察活动使部分会员企业对投资西部地区产生了浓厚的兴趣，并在一些考察项目中建立了投资意向。

（3）齐齐哈尔行

2008年6月，应黑龙江省齐齐哈尔市政府的热情邀请，商会组织会员企业参加“齐齐哈尔·中国光彩事业振兴东北老工业基地鹤城行”活动。商会组织的企业赴各地的考察活动，把地方资源与企业资源之间进行了有效对接，为企业开拓各地投资项目提供了新的契机。

（4）阜新行

2008年9月5～6日，应阜新市政府、阜新市工商联的邀请，商会组织在东北地区有投资意向的企业到阜新进行考察。考察期间，举行了全国工商联农业产业商会阜新投资说明会暨项目签约仪式，部分会员企业当场表示愿意在某些项目上进行合作。

3. 与国外机构对接，为企业拓展海外机会

2008年9月25日，在北京王府半岛酒店，由商会联合中国光彩促进会、美国北卡罗来纳州政府和大生文化传媒有限公司共同主办的“投资北卡——2008美国北卡罗来纳州招商会议”隆重召开。本次北卡招商会美方代表团12人共带来100多项投资项目，部分企业代表参加了本次北卡招商会，为会员提供了与国外机构对接的平台。

4. 探求金融领域服务项目，协助企业拓宽融资途径

当前，资金短缺已经成为很多农业企业发展的瓶颈，拓宽融资渠道已经成为企业发展刻不容缓的任务。为了协助会员企业解决资金问题，商会积极探寻金融领域的服务项目，旨在协助企业拓宽融资的途径。

2008年6月10～12日，由天津市政府、全国工商联、美国企业成长协会共同举办的第二届"中国企业国际融资洽谈会"在天津召开，洽谈会邀请了欧洲货币基金组织和国内的创业投资基金和股权投资基金及其管理公司参会。商会组织部分会员企业赴天津参加此次"融洽会"，真正为会员企业提供了一次与国内、外双向融资机构对接的平台。

5. 举办"新农村建设政策商机解读与国家支农项目资金申报高级培训"

为了帮助涉农企业和各级地方政府全面掌握中央最新支农惠农政策，加快地方经济与企业自身发展，扎实推进新农村建设，商会举办了"新农村建设政策商机解读与国家支农项目资金申报高级培训班"。

本次培训具有权威性和针对性，授课师资由农业部、财政部、国家发改委、商务部、科技部、水利部、中国光彩事业促进会、中介机构等相关职能部门领导、专家等组成。培训从国家对新农村建设和农业项目资金的扶持范围、项目规格、申报对象、申报资格、申报程序和要求以及农业项目融资特点与技巧等方面对企业进行针对性指导。对企业如何申报支农资金、申报支农资金的流程及技巧等企业关心的问题做了详细的讲解。

6. 支持地方农业企业的发展

应宁夏回族自治区工商联主席、商会副会长刘金虎的邀请，2008年9月11日，在宁夏50周年大庆之际，商会会长韩伟等人一行来到宁夏回族自治区银川市，参加宁夏回族自治区"科技特派员培训基地"项目的揭幕仪式。银川市的"科技特派员"培训基地就落在商会会员单位——金龙集团投资建设的光彩学院基地内。

商会在"科技特派员"培训班中特别为大家介绍了商会的基本情况和对会员提供的各类服务。在交流会上，大家根据商会的为民营企业服务的宗旨，提出了很多有建设意义的想法。

7. 走访各地的会员企业

2008年以来，商会秘书处工作人员多次走进会员企业中，深入了解会员企业中存在的问题。2008年4月，商会走访了甘肃三鑫农林科技有限公司，实地了解了地处西部的会员企业的经营现状等方面。同年8月11日，商会依次到中澳集团、龙大食品集团有限公司、华隆（乳山）食品工业有限公司、山东六和集团、山东一品农产集团、雁领农牧业开发有限公司等几家企业进行了拜访。在一系列的走访过程中，秘书处对会员企业的情况更加熟悉和了解。

8. 举办大型展览会

由商会与甘肃省工商联共同主办的"中国河西走廊种业（国际）高峰论坛暨展览会"于2008年9月24日圆满落幕。论坛中，专家、学者、政府主管部门和企业交换意见，探讨企业可持续发展的全新理念，视野涵盖人才、生产品种、生产基地、以种子为起点的农业价值链、种子精加工技术装备等热点问题。

三、积极参与公益事业，商会多次组织"送温暖"活动

1. 雪灾送温暖

2008年1月份，在中国南方的大部分地区发生了大范围的低温、雨雪、冰冻等自然灾害天气。中国的上海、浙江、江苏、安徽、江西、河南、湖北、湖南、广东、广西、重庆等省市都受到灾害的影响。在雪灾发生之后，商会的会员企业积极行动起来，不断地捐钱捐物，为受灾地区奉献爱心，贡献企业的一份力量！

2. 慰问老工商业者

2008年1月，在全国政协副主席、全国工商联主席黄孟复率领下，商会代表和工商联会员企业代表冒着凛冽寒风，来到北京延庆县慰问当地老工商业者和生活困难的农民。

3. 抗震救灾捐款活动

2008年5月12日，四川省汶川县发生强烈地震，灾情传来，全国工商联农业产业商会会长

韩伟对此非常关切，迅速组织商会向商会所有会员单位乃至所有涉农企业发出向灾区捐款捐物的倡议。韩伟会长表示：“近30年来，民营企业受益于党和国家的改革开放政策，现在四川同胞遭受地震灾害，正是民营企业为国分忧解难、真情回报社会的时候。商会广大会员企业要积极行动起来，捐款捐物，帮助灾区人民渡过难关，恢复生产，重建家园。”

全国工商联农业产业商会的倡议一经发出就得到广大会员企业的积极响应，不少企业通过多种渠道纷纷捐款捐物，加入到支援灾区同胞的行列中去。据悉，仅8家企业就捐款捐物达到1948万多元。韩伟会长在接受记者采访时强调：全国工商联农业产业商会会员企业还应发挥关键作用，大力保障生产，稳定物价，为构建和谐社会而倾心竭力。

2009年

2009年商会在秉承“服务会员企业，服务现代农业，服务新农村建设”的精神，坚持八字方针“维权、协调、自律、服务”的基础上，以2009年“中央一号文件”内容为开展工作的宗旨，积极为企业发展谋机会建平台，为我国的“三农”发展添动力！2009年商会主要开展了以下方面的工作：

一、支持主要部门工作，努力做好政府助手

1. 5月20～22日，商会会员部参加全国工商联举办的关于2009年民营企业参与光彩事业统计工作培训班，并同期参加了关于做好2008年度民营企业参与光彩事业统计工作的培训会，商会秘书处在领会培训内容的基础上及时做好统计汇编工作并上报了全国工商联扶贫部。

2. 6月，商会应全国工商联要求，完善了商会会长、副会长的信息内容并汇报会员部并协助推荐商会会员单位参选“第三届优秀中国特色社会主义事业建设者表彰活动”。

3. 7月15～17日，商会常务副会长陈泽民、商会秘书处工作人员参加了“全国工商联行业商会专题培训班”。

4. 8月，填报《全国工商联直属行业商会简要情况表》，同时准备了提报民政部的文件材料并汇报了全国工商联会员部。月初参与全国工商联关于开展2009年工商联系统优秀调研成果评选表彰活动，提报商会《关于扶持生猪生产，稳定市场供应的提案》。

5. 9月16日，商会秘书处工作人员参加全国工商联举办的关于提案工作交流暨培训会议，会议提报了商会即将开展的提案议题范围。

6. 9月16日，商会秘书处工作人员参加全国工商联举办的关于外事活动培训会议，会上突出讲解了外事活动对商会工作的重要性，并要求各商会严格遵守全国工商联对外事活动的报批程序。

7. 10月13日，商会秘书处工作人员参加了全国工商联会员部组办的商会秘书长工作会议，期间汇报了商会社团法人登记工作进展等工作，同时汇报了会上提出的“27+1”商会互动工作。

二、坚持商会服务为主的理念，全力为会员企业服务

1. 商会分别于3月、4月、7月、8月、10月、12月份主办“2009年促进农业稳定发展暨国家农业政策和专项扶持资金申请介绍会”，数次邀请国家农业部、科技部、发改委、财政部的专家、领导，为来自全国的百余家农村企业就2009年国家农业政策和专项扶持资金进行了深入的解读。与会企业对国家农业综合开发产业化经营项目、中央环境保护专项资金、良种繁育及加工基地项目、星火、火炬、863、支撑计划项目、各部委相关扶持农民专业合作社的政策介绍以及农民专业合作社的信贷支持等方面的政策内容进行了深入学习，为提报项目资料打下了基础。

2. 11月8日，商会受邀参加在南京国际展览中心由中国连锁经营协会举办的“第十一届中国连锁业会议暨中国连锁店展览”，商会秘书处工作人员在商会展台上展示了商会会员企业的多项产品，其中包括北京红螺食品的老北京特产系列、福建元盛的海产品罐头、中华茂祥集团的野生山葡萄酒、江西煌上煌的卤鸭系列产品、河北大洋实业的山药饮品、吉林老参堂参特产、山东圣丰的豆浆、上海泓宝有机大闸蟹等产品，受到了诸多大中小型零售商、采购人员的关注。

重要活动

2007年

大力宣传新农村建设政策

3月2日，在“两会”召开前夕，由商会与北京大学中国经济研究中心联合主办的第二届“新农村建设·龙头企业高层论坛”召开，国家发改委、商务部、农业部、科技部、财政部、国家税务总局、中国农业银行、中国农业发展银行等部委分管农业领导，30多家国内外媒体记者，国内外农业、金融领域专家学者，农业龙头企业代表共200余人参加了本次论坛。

本次论坛旨在进一步宣传“十一五”规划和新农村建设方案，帮助商会会员企业家了解国家政策，打造新农村建设政策宣讲平台。

为会员企业开拓融资渠道

6月初，商会组织会员企业参加由天津市人民政府、中华全国工商业联合会、美国企业成长协会共同举办的中国企业国际融资洽谈会。200余家私募基金等投资机构及中信银行、渤海银行、盛京银行等一大批商业银行、保险公司及900余家工商企业参会。通过这次会议，商会与美国AEA私募基金、法国里昂证券等多家国际知名金融机构建立了初步联系，并与美国麦顿基金、日本大和证券等国际著名金融机构建立了合作伙伴关系，为会员企业融资需求开辟了更专业、更多样的渠道。

倾力提高商会知名度

7月2日、9月27日和9月29日，商会与世界知识产权组织和国家工商总局商标局合作，分别在济南、长春和合肥举办了“农产品出口企业商标及地理标志国际注册培训班”，世界知识产权组织和国家工商总局商标局相关负责人作为培训嘉宾应邀做培训演讲。共有来自全国各地的涉农企业负责人700多名参加培训，新华社、中央电视台、《人民日报》、《农民日报》、吉林电视台、安徽电视台等数十家中央和地方媒体对此次培训班进行了报道。

通过这三次有组织、有计划的活动，扩大了商会的影响力，提高了商会的知名度。

成功举办2007年农业产业年会

12月10～12日，商会与中国光彩事业促进会、北京大学中国经济研究中心，共同主办了“2007农业产业年会”，本次年会是迄今为止，国内最大规模的农业产业峰会，受到海内外企业家的欢迎，也受到国家相关政府部门的高度重视，政府领导、领军企业家、海内外知名学者、金融专家等近500人齐聚一堂，围绕大局，统一思想，凝聚力量，共肩责任，共商振兴中国农业产业之道。

2008年

成功举办“2008新农村建设·龙头企业高层座谈会”

2008年3月2日，商会成功举办了第二届“2008新农村建设·龙头企业高层座谈会”，商会邀请会员企业中的“两会”代表以及相关部委领导进行座谈，共有将近30位企业家出席。此次在政府与企业之间搭建的平台，使企业面对面地与政府接触，并向相关领导汇报了各自的发展状况、自身的需求、存在的问题以及遇到的困难，得到了政府领导和各企业家的高度评价。

组织“企业家江苏行”活动

2008年4月，商会组织“企业家江苏行”活动，由韩伟会长带领部分会员企业参加南京招商会，为企业与南京政府的接洽提供了机会，同时到华西村进行考察，学习成功经验，为企业寻找投资项目提供了机遇。

组织“企业家西北行”活动

2008年5月，商会组织“企业家西北行”活动，组织企业家赴中国的种业基地——酒泉进行为期一周的考察，此次考察活动使部分会员企业对投资西部地区产生了浓厚的兴趣，并在一些考察项目中建立了投资意向。

参加联合国可持续发展委员会第16届会议

2008年5月5日，联合国可持续发展委员会第16届会议在联合国总部纽约召开，商会应邀参加了此次会议。会上，商会会长韩伟代表中国农业企业家作了题为《中国农业企业家的历史使命》的讲话，之后还接受了联合国电台记者的专访，就环境、资源等问题表达了自己的看法。

参加“中国企业国际融资洽谈会”

2008年6月10~12日，由天津市政府、全国工商联、美国企业成长协会共同举办的第二届“中国企业国际融资洽谈会”在天津召开，洽谈会邀请了欧洲货币基金组织和国内的创业投资基金和股权投资基金及其管理公司参会。

组织会员企业参加中国光彩事业活动

2008年6月，应黑龙江省齐齐哈尔市政府的热情邀请，商会组织会员企业参加“齐齐哈尔·中国光彩事业振兴东北老工业基地鹤城行”活动。

组织企业考察

2008年9月5~6日，应阜新市政府、阜新市工商联的邀请，商会组织在东北地区有投资意向的企业到阜新进行考察。考察期间，举行了全国工商联农业产业商会阜新投资说明会暨项目签约仪式，部分会员企业当场表示愿意在某些项目上进行合作。

主办“中国河西走廊种业”（国际）高峰论坛

2008年9月24日，商会与甘肃省工商联共同主办“中国河西走廊种业（国际）高峰论坛暨展览会”

2008年9月24日，商会与甘肃省工商联共同主办“中国河西走廊种业（国际）高峰论坛暨展览会”。论坛涵盖人才、生产品种、生产基地、以种子为起点的农业价值链、种子精加工技术装备等热点问题。

主办“投资北卡——2008美国北卡罗来纳州招商会议”

2008年9月25日，在北京王府半岛酒店，由商会联合中国光彩事业促进会、美国北卡罗来纳州政府和大生文化传媒有限公司共同主办的“投资北卡——2008美国北卡罗来纳州招商会议”隆重召开。

2009年

海峡两岸农业交流与合作备忘录签约

2009年4月20日，为促进两岸农业交流及合作，加强友好关系和发展，中华全国工商业联合会农业产业商会与台湾光彩事业促进会农业委员会在台北举行海峡两岸农业交流与合作备忘录签约仪式。

会领导参与调研

5月24~27日，商会常务副会长陈泽民先生与全国工商联主席黄孟复、副主席孙安民等61人考察团赴贵州织金县进行扶贫工作考察调研。

举行友好合作座谈会

2009年7月22日，全国工商联农业产业商会与台湾光彩事业促进会农联会友好合作座谈会在农业部老干部会议中心举行。莅临此次会议的有台湾光彩农联会各委员会主委、中国光促会台商委员会人员等，农业产业商会韩伟会长、赵光学副会长、白文忠副会长，秘书处工作人员等也参加了会议。

“光彩事业黄南行”捐款

2009年7月30日，常务副会长陈泽民作为“光彩事业黄南行”河南考察团副团长赴青海省黄南藏族自治州考察，并代表企业向青海省黄南藏族自治州同仁县捐款30万元，用于光彩小学建设，支持该地区教育事业的发展。

召开会长办公会议

2009年8月9日，在北京兆龙饭店召开2009

年第四次会长办公会议，传达了全哲洙书记、民政部姜力副部长和宋北杉副主席等领导同志在“全国工商联行业商会专题培训班”的讲话精神；研究了商会如何做好向民政部的申请登记工作，并总结了2009年上半年的工作。

韩伟会长参加新中国成立60周年庆典活动

10月1日，韩伟会长代表商会及光彩事业促进会参加新中国成立60周年庆典活动并在天安门观礼。

重要文献

2007年

用现代产业体系提升中国农业
——在“2007新农村建设·龙头企业高层论坛”上的致辞（摘要）

全国政协常委、全国政协经济委员会副主任、全国工商联农业产业商会名誉会长　陈耀邦

（2007年3月2日）

在农业部农业产业化办公室的指导支持下，由全国工商联农业产业商会和北京大学中国经济研究中心共同主办的“2007新农村建设·龙头企业高层论坛”今天开幕了。首先，我代表两家主办单位，对参加本次论坛的各位领导同志、各位嘉宾、各位新闻界朋友，表示热烈欢迎和衷心感谢！

去年的今天，也是在这里，我们两家单位第一次举办了“新农村建设·龙头企业高层论坛”。5位部委领导、11位知名企业家和6位知名学者在论坛上发表演讲，向社会各界阐释了中央开展新农村建设的决策，使论坛初步形成为一个有影响的建设社会主义新农村的政策宣讲平台。

年前，中央连续召开经济工作会议和农村工作会议，不久前又发出了2007年中央一号文件，反复强调要把发展现代农业作为推进社会主义新农村建设的首要任务。因此，今年的论坛将以“进军现代农业”为主题，重点介绍国家有关部委在推进现代农业方面的政策和思考，以便帮助企业界更好地把握新农村建设中的机遇和方向。

刚刚过去的2006年，是我国农业和农村经济发展取得显著成绩的一年，也是社会主义新农村建设实现良好开局的一年。第一是粮食实现连续3年增产，第二是农民收入实现连续3年增幅超过6%，连续的增产增收，意义非常重大；同时，农村各业实现平稳协调发展，农业和农村经济运行质量稳步提高。特别是党中央、国务院出台的一系列促进农业、农村经济发展的激励政策、调控政策、支持政策和财政保障政策，极大地调动和激发了广大农民的积极性，为实现全年农业、农村经济发展任务提供了有力保障。

但当前农村发展仍存在许多突出矛盾和问题，农业基础设施依然薄弱，农民稳定增收依然困难，农村社会事业发展依然滞后，改变农村落后面貌、缩小城乡差距仍需付出艰苦努力。因此，中央提出发展现代农业是社会主义新农村建设的首要任务，必须把建设现代农业作为贯穿新农村建设和现代化全过程的一项长期艰巨任务，切实抓紧抓好。

推进现代农业建设，就是要用现代物质条件装备农业，用现代科学技术改造农业，用现代产业体系提升农业，用现代经营形式推进农业，用现代发展理念引领农业，用培养新型农民发展农业，提高农业水利化、机械化和信息化水平，提高土地产出率、资源利用率和农业劳动生产率，提高农业素质、效益和竞争力。

大家都已经看到，只有发展现代农业，才能保障粮食安全。近三年来，我国粮食生产有三方面情况值得注意：一是总产虽然逐年增加，但是增幅越来越小；二是单产虽然逐年增加，但增幅不大；三是种粮亩均纯收益不断下降，粮食增产增收潜力很有限，粮食增产增收的基础并不牢固。促进粮食生产稳定发展，一方面要稳定粮食

面积，稳定、完善和强化农业的扶持政策；另一方面也必须从强化科技、完善设施、优化结构、提高综合生产能力等方面入手，着力发展现代农业。实践表明，稳定粮食面积难度很大，发展现代农业才是提高粮食综合生产能力、保障粮食安全的根本措施。

同时，只有发展现代农业，才能提高农业的国际竞争力。在国际统一大市场背景下，必须提高我国农产品的国际竞争力。国家发展现代农业的政策措施，将促进中国农产品国际竞争力的提高。我国优势农产品的出口，在带动农村就业、增加农民收入、优化农业产业结构、推进现代农业建设方面发挥了重要作用，对解决“三农”问题意义重大。据测算，每 1 万美元的农产品出口，能直接和间接创造约 20 个就业岗位，以 2005 年的出口额计算，农产品出口共创造约 5400 万个就业岗位。

另外，只有发展现代农业，才能不断增加农民收入。一方面，只有发展现代农业，才能使农民通过农业产业本身增加收入，稳定农业生产，促进农业发展，才能对国民经济高速发展起到支撑作用。另一方面，发展现代农业，提高劳动生产率，有利于一些农村劳动力转入非农产业，增加从非农产业得到的收入。

根据中央的总体部署，当前和今后一个时期，发展现代农业将成为新农村建设和农业农村工作的主旋律，我想，这将为广大农业龙头企业带来三大新的发展空间。

一是龙头企业作为引导农民发展现代农业的重要带动力量，将获得国家的大力扶持。国家将通过贴息补助、投资参股和税收优惠等政策，支持农产品加工业发展；中央和省级财政将专门安排扶持农产品加工的补助资金，支持龙头企业开展技术引进和技术改造；国家将完善农产品加工业增值税政策，减轻农产品加工企业税负；金融机构将加大对龙头企业的信贷支持，等等。

二是国家发展现代农业的一系列政策措施，将进一步改善农业龙头企业的市场环境。中央已经明确了发展现代农业的 6 项重点工作，即切实加大对现代农业建设的投入力度、高度重视并切实抓好粮食生产、加快构筑现代农业的产业体系、着力提高现代农业的设施装备水平、不断强化现代农业的科技和人才支撑、大力加强现代农业的市场体系建设，这些工作付诸实施后，将进一步为龙头企业提供更加优良的生存和发展环境。例如，从 2007 年开始，财政部门将把新增政府投资的大部分用于社会主义新农村建设，创新财政扶贫开发机制，深化支农资金整合试点，促进深化农村金融体制改革等；科技部门也计划将工业领域和农业领域的经费比例从原来的 7: 3 调整到 5: 5，大幅度增加农业科技投入，等等。

三是国家健全现代农业市场体系的相关政策措施，将引导龙头企业发展新的产业领域。为健全发展现代农业的产业体系、市场体系、科技支撑体系，国家将鼓励龙头企业、中介组织帮助农户参加农业保险，鼓励农民和社会力量投资现代农业，鼓励发展特色农业、生物质产业，鼓励发展循环农业、生态农业、有机农业，鼓励发展现代流通方式和新型流通业态，培育多元化、多层次的市场流通主体等，相关的扶持政策必将为龙头企业带来新的发展机遇。

各位嘉宾，各位同志，全面落实科学发展观，积极发展现代农业，扎实推进社会主义新农村建设，促进农业又好又快发展，意义重大，任务艰巨。我们要以更大的决心，投入更多的力量，进行更扎实的努力，在推动现代农业建设上迈出重大步伐，取得新的突破，以优异成绩迎接党的十七大的胜利召开。

加快发展龙头企业
大力推进现代农业

——在“2007 中国农业产业年会”开幕式上的致辞

全国政协常委、经济委员会副主任、
全国工商联农业产业商会名誉会长　陈耀邦

(2007 年 12 月 10 日)

由中国光彩事业促进会、全国工商联农业产

业商会、北京大学中国经济研究中心联合主办的“2007中国农业产业年会”今天隆重开幕了！

在举国上下认真学习贯彻十七大精神之际，来自海内外的投身农业、关心农业的各界人士欢聚在此，共同庆祝此次农业盛会的召开，我谨代表主办单位，对各位嘉宾的光临表示热烈的欢迎！

本次年会得到中共中央统战部、国家发改委、农业部、科技部、商务部以及保监会、银监会、国家质检总局、中国海关总署、国家粮食局、中国农业银行、中国农业发展银行等单位的大力支持，本次年会也得到了各国驻华使领馆的热切关注，在此，我代表主办单位，对有关部门的热切关心和大力支持表示衷心的感谢！同时，对出席此次年会的新闻界朋友表示热烈的欢迎和感谢！

农民、农业、农村问题，是关系我国经济社会发展全局的重大战略问题，党中央、国务院历来高度重视“三农”工作。党的十六大以来，中央以科学发展观为指导，制定了加强“三农”工作的大政方针，形成了一系列指导“三农”工作的新理念、新认识，出台了许多符合我国国情、符合农村实际、符合国际惯例的新政策、新举措。中央十分鲜明地提出了把解决好“三农”问题作为全党工作重中之重的基本要求，明确了统筹城乡发展的基本方略，规划了发展现代农业、建设社会主义新农村的基本任务。

全国工商联农业产业商会紧跟国家政策步伐，在北京连续举办了两届“新农村建设·龙头企业高层论坛”。在论坛上，有关部委领导、专家学者发表精彩演讲，企业家们畅抒己见，使论坛成为一个探讨、剖析新农村建设话题的广阔平台，对推进我国新农村建设起到了很好的作用。

目前，在中央多项支农惠农政策的大力支持和全国上下的共同努力下，我国的农业农村发展取得了巨大的成就：

一是粮食连年增产。总产从2003年的8614亿斤增加到2006年的9949亿斤，3年增加了1335亿斤。今年粮食总产预计可以超过1万亿斤，实现了连续四年增产。粮食的稳定增长，保障了我国粮食的供应。

二是农村经济结构不断优化。这几年，主要经济作物和养殖业产品均创历史最高纪录，乡镇企业保持较快增长，质量、效益稳步提升。农产品布局进一步优化，优质产品比例不断提高。优质粮食生产基地的粮食产量已占全国产量的一半左右。乡镇企业的发展使第二产业的产值已占农村社会总产值的一半，同时促进了小城镇建设，展示了我国城乡一体化、农村工业化的前景。

三是农民收入连年快速增长。2003年，农民人均年纯收入为2622.2元，2004年增加314.2元，2005年增加319元，2006年增加332元，达到3587元。扣除物价因素，每年增长幅度都超过6%。今年农民人均年纯收入预计增长也比较快。此外，农民收入构成出现了新变化，虽然农产品生产等家庭经营性收入仍为主要来源，但工资性收入快速增长，转移性收入也稳步增长。

同时，我国农业龙头企业作为发展现代农业的主力军，也得到了迅速的发展，在数量和规模上都有了显著的增长，农产品加工业知名品牌数量逐年增加。党中央多年来对农业领域的政策支持，极大地推动了农业生产，也带来了农业产业化经营的飞速发展。

虽然农村经济这几年有了很大的发展，但正如今年中央一号文件讲的：“农业基础设施依然薄弱，农民稳定增收依然困难，农村社会事业发展依然滞后。”因此，“坚持解决好‘三农’问题是全党工作的重中之重的战略思想丝毫不能动摇，促进农业稳定发展、农民持续增收的重要任务丝毫不能放松，支农惠农的政策力度丝毫不能减弱，扎实推进新农村建设的各项工作丝毫不能松懈。”

在党的十七大上，胡锦涛总书记在报告中再次重申“三农”问题的重要地位，强调解决好“三农”问题事关全面建设小康社会大局，必须始终作为全党工作的重中之重，要加强农业的基础地位，走中国特色农业现代化道路，促进农业科技进步。十七大精神为我国农业现代化指明了方向，同时，对我国的农业龙头企业也起到了极大的激励和鼓舞作用。

在新的历史条件下，龙头企业作为农业产业化发展的主力军，是推进社会主义新农村建设的重要力量，肩负着带动农村经济、繁荣农村经济的光荣使命。当前，党中央对“三农”问题的高度重视，不仅为农业产业化发展提供了新的发展机遇，也为龙头企业的发展创造了好的环境。在这个新的机遇和挑战下，龙头企业应该更好地发挥带头作用，积极投身到社会主义新农村的建设中去，为提升中国农业现代化水平，带动农村经济发展，扎实推进新农村建设发挥重要的作用。

第一，加快产业化经营步伐，推动现代农业的发展进程

加强“三农”工作，积极发展现代农业，扎实推进社会主义新农村建设，是全面落实科学发展观、构建社会主义和谐社会的必然要求，是加快社会主义现代化建设的重大任务。党的十七大报告中指出，要坚持把发展现代农业、繁荣农村经济作为首要任务。

加快建设现代农业，就需要用现代物质条件装备农业，用现代科学技术改造农业，用现代产业体系提升农业，用现代经营形式推进农业，用现代发展理念引领农业。在发展现代农业的过程中，龙头企业起着举足轻重的作用，是发展现代农业的重要带动力量，是农业现代科学技术的重要传播者，是现代经营形式的重要实践者。因此，加快发展农产品加工企业，发挥龙头企业的带头作用，关系到我国建设现代农业的进程。要鼓励涉农企业与农民结合，与农民专业合作经济组织结合，建基地，发展产加销一体的产业化组织，设立农业科技示范园，开展农业现代化的示范，力争在推进农业现代化方面取得明显的进展。

第二，加强企业自主创新能力，打造创新型龙头企业

在党的十七大报告中，胡锦涛总书记强调要高度重视科技创新工作，强调坚持走中国特色的自主创新道路，把增强自主创新能力贯彻到现代化建设的各个方面，加快建设国家的创新体系。十七大报告中对科技创新的重视，对我国“三农”工作中的科技创新提出了新的要求，为推进农业科技进步指明了方向。自主创新是企业发展的命脉，龙头企业是农业产业链的核心环节。龙头企业要走向国际，必须加大自主创新的投入。只有通过培养自主创新能力，提升国际竞争力，才能在激烈的农业国际竞争中把握先机，赢得主动，跻身于世界农业强国之林。

第三，加强国际合作，发展具有国际竞争力的企业集团

十七大报告明确指出，我们要把“引进来”和“走出去”更好地结合起来，扩大开放领域，优化开放结构，提高开放质量，完善内外联动、互利共赢、安全高效的开放型经济体系，形成经济全球化条件下参与国际经济合作和竞争新优势。

进入21世纪以来，全球经济一体化已经带来了世界农业的深刻变革。因此，我国的涉农企业要积极拓展对外开放的广度和深度，全面提高开放水平，积极大胆地走出去，在更大范围、更广领域和更高层次上，加强农业的国际化交流，吸收国际先进经验、科学管理方法，加快打造具有国际竞争力的优秀农业企业。大胆创新与国外涉农企业的合作方式，在研发、生产、销售等方面开展国际化合作与经营，加快打造农业领域的跨国公司，培育农产品的国际知名品牌。同时，我们要积极吸引国外企业家走进中国，投资中国农业，大力推进我国现代农业的发展步伐。

各位嘉宾，各位从事农业、关心农业的朋友们，扎实推进社会主义新农村建设是建设中国特色社会主义的必然要求，关系到全面建设小康社会的进程，是一项长期、艰巨而意义重大的任务，而加快龙头企业的发展，则是推进新农村建

设的主要途径之一。

十七大的胜利召开，为我们进一步指明了建设社会主义新农村的方向，为龙头企业的发展营造了良好的环境。面对绝好的发展机遇，我们应该坚定走中国特色农业现代化道路的决心和信心，以更大的热情投入到现代农业中去，争取明年在农业产业化经营领域取得新的更大的成就！

在“中国农业产业年会”开幕式上的讲话（摘要）

全国人大常委、中共中央统战部副部长、中国光彩事业促进会副会长、中非商会会长　胡德平

（2007 年 12 月 10 日）

在 2007 年即将结束之际，农业部、科技部、发改委、商务部、国家税务总局、海关总署、质监总局、国家粮食局、保监会、银监会等有关领导和负责同志，致力于光彩事业的农业企业家，国内外金融界专家，70 多家跨国公司负责人，各国农业专业组织代表、驻华使领馆代表，新闻界的朋友们相聚在北京，共同分享世界农业发展取得的成果，共同分享“母亲产业”给我们带来的幸福，共同分享中国的发展成就，共同分享创造和经验。共同的语言，共同的理想，共同的话题，让我们相聚到一起。在此，我代表主办单位对各位嘉宾的到来表示热烈欢迎和真挚的祝愿。

本次会议的主题是：围绕农业产业加强中外企业之间的交流与合作，加强政府与企业的沟通和交流，探讨中国发展现代农业之路。从全球范围交流农业现代化发展进程中的先进经验，讨论中国民营企业怎样在新农村建设中发挥更大的作用，交流和研究光彩事业如何更好地为“三农”工作服务。

不久前召开的中共十七大充分总结了改革开放 30 年的成就和经验。刚刚闭幕的中央经济工作会议对明年工作做了全面部署。当前工作的重点是改善民生，促进社会和谐，使全体人民共享发展成果。做过农业部部长的新任中央统战部部长杜青林同志提出了 5 个思考课题和要求：1. 怎样把资产流动性过剩的压力转化为调整经济结构的动力；2. 怎样把节能减排的压力转化为转变发展方式的动力；3. 怎样把城乡二元结构的压力转化为城乡统筹发展的动力；4. 怎样把区域发展不平衡的压力转化为区域平衡发展的动力；5. 怎样把改善民生的压力转化为富民惠民的动力。作为有 13 亿人口的发展中大国，人多地少是基本国情，发展现代农业，确保粮食安全，增加农民收入，始终是我国经济发展的首要任务。中国的农业正处在一个难得的战略发展机遇期，推动传统农业向现代农业跨越，以现代产业体系提升农业，以现代物质条件装备农业，以现代科技改造农业，以现代经营形式发展农业，以现代新型农民建设农业，提高农业综合生产能力，促进社会稳定发展，这是中国特色的农业现代化道路。

中国从事农业产业的企业家们，大多数生长在农村，创业在农村，他们与农民血脉相亲，对农村有着魂牵梦萦的情感。他们想的和干的就是回报家乡，带领乡亲们致富。比如，国家级农业产业龙头企业山东龙大集团，主要从事食品加工，有蔬菜种植基地，产品有 8 大类 500 多个品种，在山东省开了 900 多个食品专卖店，产品出口日本、韩国、美国等 20 多个国家和地区，龙大集团带动 50 万农民走上了致富路。再如，广东温氏集团，这是一家以养鸡、养猪为主导的大型畜牧企业，是广东最大的养殖基地，合作农户有 3 万家。仅 2006 年全体合作农户获利就达 7.11 亿元，户均 23700 元。这样的一批批在农村从事农业的民营企业已经成为新农村建设的主力军。

最近全国工商联、中国光彩事业促进会对民营企业参与新农村建设的情况在全国做了一次问卷调查。调查显示，民营企业对新农村建设的认识、态度、重要性广泛认同；民营企业都在不同程度上参与了新农村建设。从农产商会的 70 份调查问卷的统计显示，平均每家企业有 2789.3

万元直接发放到农民手中，每家企业平均惠及农户8556户，惠及村69个。

以消除贫困、共同致富为目标的光彩事业与农村有着天然的联系。光彩事业的实施是从国家“老少边穷”地区开始的。光彩事业强调以市场手段，通过互利双赢的合作模式来消灭农村贫困问题，倡导民营企业家和弱势群体结成利益共同体。农产商会是光促会的团体会员，农产商会中又有90%以上的企业是光促会的会员，有的还是光彩事业的发起者，是光彩事业最热烈的响应者和实践者。这就不难理解我们为什么如此积极地来推动中国农业产业化发展；这也就不难理解从弱势群体中发展壮大起来的农民企业家为什么对弱势群体有着如此深厚的感情；这也就不难理解他们为什么对义利兼顾、德行并重、扶危济困的光彩理念有如此深刻的理解；这也就不难理解，他们为什么对回报社会、回报国家有那么高的热情。

作为人类文明中的第一大产业，农业历经千百年的发展，到今天依然是人们赖以生存的衣食之源。农业是最古老的产业但绝不应当是弱势产业、落后产业，应当是科技最集中和应用最广泛的产业，是朝阳产业，战略产业。现代农业之中凝聚了最多的现代科技成果，现代农业与人类社会的现代文明应当同步。

这次参会的有近百家跨国公司、国际金融机构、国外专业合作组织，你们参与、见证了中国的高速发展。像世界著名公司三井、孟山都、先正达、约翰迪尔、拜耳等。在这里我特别介绍一下韩国农协，本月《大生》杂志有详细报道。它是由240万农民出资成立，是韩国排名第一的企业，既是产业组织，同时也是金融组织，比较好地解决了农民和金融结合的问题。他们为我们提供了新的经验。

改革开放以来农业得到较快发展，生产水平不断提高，产业化进程不断加快，涌现出许多农业产业龙头企业。众多农业龙头企业、中小企业对农业产业化形成巨大的推动作用，形成从原料生产到产品加工再到商品销售，一、二、三产业高度关联的产业格局。龙头企业在自身发展和带动行业发展的同时已经与广大农民结成了真正的利益共同体，构建了和谐的生产合作关系，企业和农民既不是简单的雇佣关系，也不是简单的买卖关系，而是共同的利益关系。做到了共谋发展，共谋利益，共创利润，共享文明。

现在的世界是开放的世界，不仅对发达国家开放，也对发展中国家开放，既对外开放也对内开放。国外大企业不仅要请进来，国内的企业也要走出去。这就需要一个和谐稳定的环境，要做好和谐稳定就一定要有保障。其中一个重要的保证就是市场稳定。而最核心、对人民群众生活影响最直接的是物价，物价的稳定又需要有成熟的市场，成熟的市场需要健康的产业，需要有众多优秀的企业，需要健康安全、理性的消费习惯和观念。这样价格才不会忽高忽低，商品才不会忽多忽少，经济才不会忽冷忽热。战国前期的政治家李悝论述了“籴甚贵伤民，甚贱伤农”的道理，农产品价格太贵或太贱对消费者和农民都不利。这种事情我们也有不少例子。一个成熟的产业和市场应该摆脱这种状态。

我们的农产品要经过生产、流通、消费各环节。这里有政府监管，企业生产、流通，消费者购买。在这个过程中，中介组织也能发挥作用。商会要发挥积极作用，践行行业自律自治，不搞垄断，不操纵市场和价格。这样市场才能成为一个开放、透明、公正的市场。人们希望的秩序是有监管的、良性的、安全和健康的。这就是对广大消费者负责，也是对企业和产业负责。要建立一种良好的经济秩序特别是市场秩序，让人们脱离对食品价格波动的恐慌，告别对基本生活资料的担忧。成熟的农产品市场应该是价格稳定的、食品安全的。中国已经不再是短缺经济，消费者应有成熟健康的消费观，能兼顾自己当前和长远利益。

我们从事农业的企业家尤其是龙头企业要充分发挥龙头作用，坚持义利兼顾，诚实守信。食品产业是关系到国计民生的重要产业，而在中国从事食品产业的主要是民营企业，因此这些企业必须具有正义感和职业道德，要为人民的生命健康负责，因为我们是搞光彩的，就要追求正义。何为正义？给最广大的群众以最大的利益就是正义，最大的正义就是给全国人民带来最大的利益。

在经济全球化时代，国际经济互相依存，世界经济互相交融，国际市场密切联系。这次与会的跨国公司已经在中国投资并开展业务或成立合资企业。跨国公司有几十年上百年的发展，有资金、技术、管理优势。中国的广大龙头企业经过几十年的发展，具备了很强的实力，市场经验丰富。竞争与合作同在。国内外企业不仅着眼国内还放眼世界。加强国际间的合作，实现双方的互利共赢，这是大家都期待的结果。

随着我国政府对农业扶持力度的加大，各项惠农政策的逐步实施，中国农业迎来了对外开放的加速期，迎来了更好发展的机遇期。同时我们也须看到农业产业在发展过程当中存在的困难：大量的农业中小企业需要扶持，特别是金融方面的支持。针对中小企业的贷款门槛需要降低。最近刘永好调研后说，在国外，政府支持的产业，银行要给予保障。很多国家立法规定商业银行贷款总额的10%～20%必须用于农业等应扶持领域，在美国这一比例是20%，印度是18%，值得我们借鉴。我们应该通过广泛培育和发展农村金融机构、加大商业银行支农贷款比例等方式形成对农业产业的政策扶持体系。

发挥商会作用　带领企业做维护市场秩序的践行者（摘要）

全国工商联农业产业商会会长　韩　伟

（2007年12月11日）

今天，由中国光彩事业促进会、全国工商联农业产业商会、北京大学中国经济研究中心共同主办的“2007中国农业产业年会”隆重开幕了！作为主办方之一，能为关心农业、支持农业的各界人士提供此次交流的平台，我感到由衷的高兴！在此，我代表全国工商联农业产业商会对各位嘉宾的光临表示热烈的欢迎，对各位嘉宾对农业产业的关心和支持表示衷心的感谢！

我们农业产业商会是全国工商联直接领导的以农业龙头企业为主体的行业商会，是农业领域唯一一家全国性行业组织。2007年，是农业产业商会成立的第三个年头，三年来，在领导的关怀和支持下，商会密切围绕中心和大局，秉承“服务会员企业，服务现代农业，服务新农村建设”的宗旨，按照“维权、协调、自律、服务”的八字方针，在农业产业化领域发挥了特殊作用，商会的工作也取得了重大的进步，社会影响力进一步扩大，专业化服务水平继续提升，各项活动开展活跃，会员质量不断改善，商会通过各种有效渠道，积极参政议政，不仅使本会成为政府了解行业状况的一个窗口，强化了商会在业内的发言权，也加强了与政府部门的联系和沟通，而且通过工作争取到信任，为今后工作的开展创造了良好的条件。目前，商会的工作已经打开了一个全新的局面。三年的实践使我们坚信，在农业产业领域成立这样一家商会组织是党和政府特别重视和支持的，是农业企业家欢迎的，也是我们社会所需要的。

2006年以来，在党中央的号召下，“社会主义新农村建设”的号角已经吹响，构建和谐社会的步伐日益加快，谱写小康社会壮丽篇章的序幕已经徐徐拉开。在社会主义新农村建设的号召下，农业产业商会以促进我国农业产业可持续发展为己任，带领会员企业积极投身到新农村建设的巨大洪流中，共同为推动中国农业的产业化进程而不断努力着。

农业产业商会的会员企业，多数是国家级或省级的“龙头”企业，它们是我国农业企业中的优秀代表，是我国农业产业的主力军，承载着振兴农业产业的伟大使命，引领着农业产业的发展方向，在很大程度上影响着我国农产品市场价格的动荡与稳定。今年5月以来，全国各地猪肉价格普遍上涨，带动了相关农副产品、食品价格一路上扬，引起政府高度关注，为了积极应对此次农副产品涨价事件，商会对各会员企业进行了深入的调研，并就调研所反映出的问题及企业建议形成调研报告，上报中央领导部门，以供决策参考，调研报告已经得到了有关部门的高度重视。

我们都知道，在农副产品消费终端反映出来的价格上涨现象反映的是农民收入变化的一个侧面，确实能够给农民带来一定的收益，但是，要保证农副产品市场的健康、稳定发展，就必须要稳定农副产品的市场价格，就必须让农业龙头企业在稳定农副产品价格中发挥“龙头”作用。目前农副产品的价格波动比较大，比较难控制，其原因就在于行业过于分散，集中度非常低，组织化程度太差，规模小，盈亏的平衡点比较大，运销成本高，价格波动就比较大。在农副产品市场波动面前，农业产业商会和农业企业有责任、有义务承担起稳定市场物价、促进农民收入增长的双重重任，一方面，要通过多种方式帮助农民增加收入；另一方面，要号召企业通过内部挖掘，努力降低生产成本，决不把原料价格上涨等因素转嫁到消费者身上。要完成此双重重任，我们要积极引导农业企业发挥“龙头”企业的作用，要鼓励龙头企业和协会、合作社、规模养殖户等农业新兴合作组织对接，形成一个利益共同体，实现利益均沾，实现共同发展，利用品牌优势、渠道优势以及管理和技术优势把农民联合起来，从真正意义上发挥“龙头”企业的龙头作用。

同时，作为农业企业的领头人，农业产业商会已经针对农副产品涨价一事对农业企业发出倡议，号召农业企业采取积极措施稳定物价，保证商会的会员企业决不以行业联盟的名义趁机抬高物价，一定要兼顾国家、企业、人民各方的利益，应对好农产品涨价风潮，为稳定农副产品市场价格作出贡献！

这次农副产品的涨价风潮中，在商会的大力号召下，商会的绝大多数会员企业都表现出了优秀农业企业的风范，严格遵守市场秩序，不仅没有跟风涨价，而且在自己行业内对稳定物价都起到了积极的领头作用。

例如，商会的会员企业北京千喜鹤食品有限公司就成为优秀典型之一。在沸沸扬扬的猪肉事件发生之后，千喜鹤的刘延云董事长在分析了猪肉涨价的现状后指出，猪肉涨价暴露出了传统养殖模式的弊病，这种弊病的消除需要把现有的养殖模式进行转型，并表示千喜鹤集团将抓住时机，积极支持和推进养殖模式的变革，为农民积极参与到新养殖模式中来提供有力的支持。2007 年 8 月 26 日，千喜鹤集团副总裁徐树根做客中央电视台《对话》节目，与养殖户和专家一起探讨如何打破猪肉涨价的困局，怎样帮助农民摆脱困境，提高收入。不仅如此，千喜鹤集团还在提升猪肉的食品安全方面加大力度，在行业内起到表率作用，并经过努力，成为北京 2008 年奥运冷鲜猪肉及猪肉制品独家供应商。

在会员企业中，类似这样的优秀案例还有很多，在我国农产品市场出现波动的时候，他们抛弃企业的自身利益，在行业内部率先起到表率作用，对稳定农产品市场、提升农产品品质、帮助农民挖掘问题的根源，及时转变合作模式，对扭转不利现状都起到了积极的作用。

作为农业企业的带头人，农业产业商会愿意为维护农副产品市场的健康、稳定发展而努力，把稳定农产品市场价格视为义不容辞的责任，商会愿与众多优秀的农业企业携起手来：

一、共同担负起稳定农产品市场的责任。农产品市场的稳定与动荡影响着人们日常生活的稳定与否，关系着全面建设小康社会的进程，商会将号召会员企业从自身做起，自我约束，树立起与农业产业共存、共荣的意识，视维护农副产品市场稳定为己任，保证企业自身农产品价格的稳定。

二、坚决抵制哄抬物价的不良风潮。前一段时间，有些行业以联盟的名义抬高物价，在社会上带来了恶劣的影响，在社会不良风潮面前，商会号召农业企业要确立企业自身的原则，不盲目跟风，不侵害消费者利益，坚决抵制哄抬物价行为，企业之间互相监督，并且保证决不以行业联盟的名义抬高物价，商会将与会员企业一起努力，共同成为维护农产品市场秩序的践行者。

与此同时，农业产业商会也把食品安全看做是最重要的社会责任，把保证食品安全作为商会工作的重中之重，到目前为止，商会所有的会员企业单位，没有一家出现过食品安全问题。各位来宾，各位同仁，三年来，虽然我们取得了一些成绩，但这仅仅是起步，是开端，面对新时代的要求，面对企业的迫切需求，面对社会的殷切期望，我们从内心感到，越工作就越觉得不足，越前进就越觉责任重大。但是，我相信，经过大家的共同努力，我们的商会一定能成为一个为我国农业领域作出更大贡献的商会，这是我的理想和期望，相信也是大家的理想和期望。

在以往的工作中，农业产业商会始终视维护好农产品秩序为己任，在今后的工作中，农业产业商会将一如既往，在倡导会员企业稳定物价、保证食品安全生产等方面履行相应的职责和义务，为农业企业尽职、为农业产业尽责、为政府分忧、为振兴农业而奋斗、为回报社会而努力！

作为农业产业商会的会长，我深感肩上的责任重大，商会带领下的农业龙头企业发展的越好，就越能够促进我国农产品市场的健康、稳定发展。今年，十七大的胜利召开进一步为我们农业企业的发展提供了好的环境，为我们农业企业发展指明了方向，也为我们的农业企业提供了绝好的发展机遇，今后，我们将带领会员企业以更大的热情投入到社会主义新农村建设中去，争取明年在农业产业领域、农业企业发展上实现更大的突破！

相信在中央统战部、全国工商联、农业部领导的大力关怀和指导下，在各有关部门的积极支持下，依靠广大农业企业的全力参与，农业产业商会以全面贯彻落实党的十七大精神为动力，一定会为促进农产品市场稳定、健康发展，为建设社会主义新农村、为发展中国特色农业现代化作出自己的贡献！

龙头企业如何保证食品安全
——在“2007 中国农业产业年会”上的报告（摘要）

全国工商联农业产业商会常务副会长　陈泽民

一、当前的食品安全形势分析

保障食品质量和安全是一个国际性的课题，也是全人类共同关注的问题。英国“苏丹红”、美国“毒菠菜”和“肯德基反式脂肪油”事件、日本“不二家”过期原料糕点事件，以及在我国发生的福寿螺、瘦肉精、阜阳奶粉、红心鸭蛋、多宝鱼等一连串食品安全事件和风波都令人触目惊心。这清楚地表明，完善食品安全措施，强化食品安全监管，是世界各国所面临的共同挑战。

表 1　1996～2005 年国际食品安全形势

1996 年	英国疯牛病	2000 年	法国李斯特杆菌事件和日本雪印牌牛奶污染事件
1997 年	香港禽流感	2001 年	英国口蹄疫
1998 年	东南亚猪脑炎	2003～2004 年	东南亚禽流感
1999 年	比利时二恶英风波	2005 年	苏丹红事件

从表 1 中可以看出，1996 年～2005 年间世界上的重大食品安全事件接连不断，而且涉及的国家和地区分布极为广泛。

从去年至今，世界上的重大食品安全事故仍然频频发生：去年 9 月份，美国加利福尼亚州的自然精选食品公司生产的袋装新鲜菠菜受到大肠杆菌污染，掀起了席卷美国 26 个州的“毒菠菜”风波，结果导致 3 人死亡，另有 200 多人感染患病。

日本产品一向以制作严谨精良而享誉国际，然而，近年来日本在食品方面的连番丑闻使人们对日本食物安全的信心亮起红灯。比如有 97 年历史的日本著名西点老店“不二家”，在今年 2 月份就被曝出在生产过程中使用过期牛奶等原料进行生产的丑闻。其他象北海道肉类加工企业的食用肉掺假事件、北海道特产“白色恋人”巧克力点心过期事件、九州地区以进口廉价鳗鱼伪造“国货”事件等食品安全事故在日本也层出不穷。

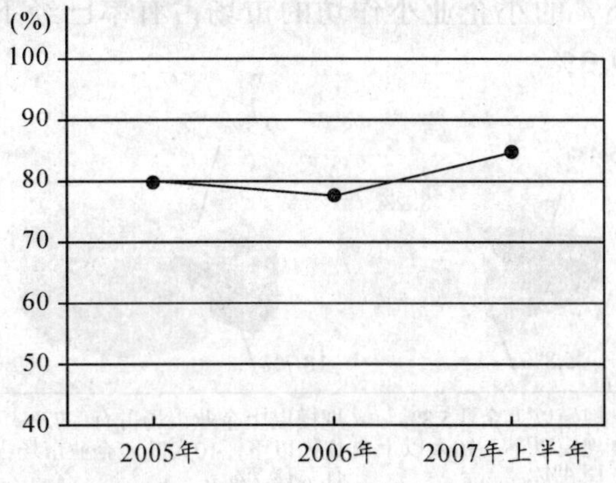

图 1　2005～2007 上半年食品抽查合格率

近年来，我国食品质量总体水平稳步提高，食品安全状况不断改善。

从图 1 中我们可以看出，2006 年全国食品国家监督抽查合格率达到 77.9%，2007 年上半年达到了 85.1%，食品质量安全水平呈稳定上升态势。特别是我国消费量最大的前 10 类食品除水产制品抽样合格率为 85% 外，其余 9 类食品专项抽查合格率均在 90% 以上，肉制品抽样合格率达到了 97.6%。

2004～2006 年间，中国对美国的食品出口合格率与美国对中国的食品出口合格率不相上下，甚至还略高一些（见表 2）。可见中国的出口产品，特别是食品出口，是有安全保障的。

表 2　2004～2006 年国际食品安全形势

	2004 年	2005 年	2006 年
中国对美国的食品出口合格率	99%	99%	99.2%
美国对中国的食品出口合格率	99.01%	98.85%	99.09%

二、理性看待我国的食品安全问题

我国是发展中国家，食品立法相对滞后。面对数十万家食品生产企业、数千条有关食品安全的标准、法规，如何进行高效监督、公正执法，保证食品安全，是我们面临的重要任务。

近年来，我国政府和社会各界在保障食品安全方面进行了不懈的努力，食品安全保障体系建设初见成效，食品安全状况日趋好转。但是，由于社会经济快速发展，新原料、新产品、新工艺、新技术不断出现，可能会造成新的食品安全问题；科学认知水平的提高、检测手段的进步也有可能发现以往没有发现的问题或者以往认为不是问题的问题。同时，不同国家、不同地区、不同社会、不同年代可能对食品安全会有不同的认识。而且世界各国的食品安全标准也不尽相同，这就需要按照 CAC（国际食品法典委员会）的标准要求来进行协调、统一。

1. 不科学的宣传使消费者产生了错觉

这几年我国社会各界对食品安全的关注度日益提高，对食品安全事件的报道越来越多。报道食品安全问题能够提醒广大的消费者更好地保护自己的权益，这体现了媒体的社会责任。但个别不科学的宣传报导和媒体炒作也使消费者产生了错觉，认为只是在近几年我国才开始出现食品安全问题，而且问题越来越严重，甚至于有些消费者认为“现在没有什么能吃的了”。今年 7 月北京发生了“纸箱馅包子”事件，某电视台生活频道《透明度》栏目播出了《纸做的包子》的报道，引起社会广泛关注，可是经过相关部门调查却发现“纸箱馅包子”是该栏目编导炮制的虚假新闻。

2. 消费者应该掌握基本的食品安全知识

食品安全只能是相对的，绝对的“零风险”是不存在的。科学家和企业只能尽量将风险降到最低水平，但不可能彻底消除。

一些消费者混淆了“食品中含有有害物质”与“食品有害”的涵义，他们认为含有致癌物的食品就是致癌食品，含有细菌的食物就会致病。在现实生活中，存在一个“量”和“度”的问题，只有摄入的物质达到了一定的量才有可能对人体产生危害。俗话说“病从口入”，由致病性微生物引起的食源性疾病是危害我国公众健康的最重要因素，也是全世界最普遍的食品安全问题。美国每年发生 7600 万例食源性疾病，造成 32.5 万人次住院和 5000 人死亡。中国每年大约有 3 亿人遭受食源性疾病的侵袭。但是我国的消费者对食源性疾病的重视程度普遍较低。包括食品龙头企业在内的社会各界应该通过报纸、广播、电视、网络等媒体和各种活动形式大力向消费者宣传食品安全方面的科普知识，使大众对食品安全问题有正确的认识和看法。

三、保障食品安全是龙头企业的义务和责任

近年来，我国食品工业呈现出良好的发展态势：食品企业规模不断扩大，生产集中度日益提高，大中型企业的产品获得了越来越多的市场份额，因于食品龙头企业的发展壮大所产生的引领作用使我国食品质量总体水平稳步提高，食品安全状况不断改善。

目前，我国食品生产加工企业已达44.8万家。其中规模以上企业2.6万家；规模以下、10人以上企业6.9万家；10人以下小企业小作坊35.3万家。我国食品行业的品牌建设也取得巨大成效，许多优秀企业的知名品牌产品由于具有良好的品质和美誉度，赢得了众多消费者的喜爱。比如在由世界品牌实验室（World Brand Lab）发布的2007年“中国500最具价值品牌”排行榜中，食品行业就占据了62个席位。

表3是我国食品行业获得“中国驰名商标”的情况表。

表3　我国食品行业获得“中国驰名商标”情况

“中国驰名商标”数（个）	食品行业“中国驰名商标”数（个）	所占比例（%）
1052	218	20.7

目前我国共有“中国驰名商标”1052个，其中食品行业的“中国驰名商标”218个，所占比例达20.7%。

表4是我国食品行业获得“中国名牌”的情况表。

表4　我国食品行业获得“中国名牌”情况

	“中国名牌”数（个）	食品行业“中国名牌”数（个）	所占比例（%）
2004年	271	57	21
2005年	501	114	22.8
2006年	556	85	15.3

食品行业集中度的提升和品牌效应使得市场份额与行业资源不断向龙头企业倾斜。

从图2中可以看出，目前占我国食品企业5.8%的规模以上企业的市场占有率达到72%，产量和销售收入占主导地位；而占我国食品企业78.8%的小企业小作坊的市场占有率已经下降为9.3%。

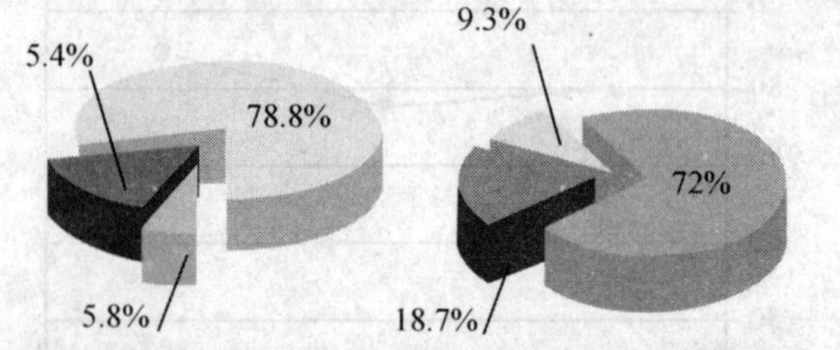

图2　中国各类食品企业及产品市场占有率状况

市场占有率的日益提高意味着龙头企业必须在保障食品安全方面承担更多的义务和责任，更好地发挥示范引领作用。

一般来说，龙头企业质量管理更加科学规范；拥有较好的人才和技术优势，自主创新能力强；品牌鲜明、社会形象良好；资金实力雄厚，因而能够向市场提供更加优质、安全的产品，对于引领整个食品行业的质量提高、技术进步和产业升级，带动我国食品质量总体水平的不断提升具有决定性作用。

由于食品安全问题往往是出在小企业、小作坊，因此，占市场份额达70%以上的大企业如果较好地解决好食品安全问题，将能够让我国有限的监管力量将工作重心用在治理小企业、小作坊的食品安全事务上，对我国食品安全将产生极大的推动作用。

从农田到餐桌、从原料生产到最后消费的任何一个环节发生问题都有可能带来严重的食品安全隐患。为了保证食品安全，食品企业必须在原材料使用、生产过程、产品标准、环境条件和检验检测等方面进行严格控制，抓好食品生产和流通工作，从源头上确保食品质量的合格，不断提高食品安全系数。

提高食品质量，保障食品安全是一项任重而

道远的事业，是世界各国需要共同面对的课题，需要包括政府、企业和消费者在内的社会各界共同参与。在这个过程中龙头企业更要义不容辞地发挥重要作用。

1. 塑造以“食品安全”为核心的公司文化和理念

龙头企业要积极树立食品安全法制意识和职业道德、诚信意识和品牌意识，提高保障食品安全的自觉性和主动性，使产品质量安全真正成为公司的文化理念，使“产品质量无小事，食品安全大如天”深深烙入每个员工的心里。

2. 构建严密的产品质量控制和监督体系

作为保证食品安全的重要主体，龙头企业应该始终将食品安全作为头等大事来抓，积极采取多种措施构建严密的产品质量控制体系，从整个生产链的每一个细小环节入手，从源头到流程环环相扣，实实在在地做好全过程控制，为广大的消费者提供安全、健康的产品。

3. 强化流通过程中的食品安全控制

产品出厂检验合格不等于消费者就可以获得合格的产品，运输、贮存、销售过程中的产品质量控制常常被忽视。而这些环节却也是影响产品质量极其重要的关键部位。

为了防止食品变质和污染，食品企业的产品必须有良好可靠的包装，必须具备相应的储存和运输条件，保证用于储存、运输和装卸食品的容器包装、工具、设备无毒无害，符合有关的卫生要求；特别需要注意的是要对装卸、倒装等作业过程进行标准化控制，防止食品包装破损遭到二次污染甚至变质。

4. 认真执行食品召回制度

为了给我国不安全食品的召回活动提供制度保障，国家质检总局于今年8月31日公布并正式实施《食品召回管理规定》。主动召回不合格食品是有社会责任感和讲商业诚信的表现。龙头企业应该在执行食品召回制度方面发挥“领头羊”作用，及时采取补救措施，降低不安全食品可能带来的危害，切实维护广大消费者的饮食安全。

5. 加强我国食品安全科技创新

食品龙头企业应该积极瞄准世界食品加工技术与产业发展前沿，对我国食品安全领域的难点问题进行重点研究，发展更加可靠、快捷、精确的食品安全技术，通过提升食品安全技术水平和推动食品标准体系的完善来提高我国食品安全质量水平，同时培养出食品安全领域的高级技术人才。

6. 推动完善我国食品标准体系

当前，龙头企业主要可以通过开展以下几个方面的工作在我国食品标准体系完善方面发挥作用：①与相关政府部门积极配合，加快我国食品标准制定和修订的步伐，进一步完善我国食品标准体系，提高标准的有效性；②积极跟踪国际和国外先进标准发展动态，重点研究国际标准化组织、美国、欧盟、日本等国际组织和发达国家食品标准，提升我国食品标准的整体水平；③大力提高标准意识和执行标准的自觉性，严格按照标准组织生产，确保产品质量符合强制性标准的要求。

7. 提高产品质量，保证食品安全是一项长期而艰巨的任务

龙头企业在促进食品安全方面的持续努力，将会带动整个食品产业的快速发展，中国的食品质量安全将会不断提高到一个新的水平，“中国制造”也将真正成为优质产品的标志。

2008年

关于扶持生猪生产、稳定市场供应的提案

商会通过全国工商联向“两会”提交的提案

2006年底以来，全国各地猪肉价格普遍上涨，带动相关农副产品、食品价格一路上扬。农产品价格上涨，在一定程度上加大了居民的生活开支，特别是增加了低收入群体的生活负担。

导致此次猪肉价格上涨的直接原因有三：一是由于2006年猪疫病严重，生猪死亡率升高，生猪存栏不足导致货源紧张；二是近年来玉米深加工快速发展，在增大玉米需求的同时抬高了玉米价格，导致以玉米为主要原料的饲料价格上

涨，养猪成本增加；三是农民养猪户减少。农民养猪减少的深层原因在于养殖积极性不高：一方面是因为养猪存在很大风险，突出的风险有科技风险、市场风险和防疫风险。而另一方面则更为重要，就是肉蛋等农副产品价格涨幅近年来持续低迷，严重地影响了农户的养殖积极性，很多农民放弃养殖，转而去城市打工，农村那种“富不丢书，穷莫丢猪”的传统被打破。

2007年以来，国务院及各部委、各级地方政府先后出台了一系列相关政策措施扶持生猪生产、稳定猪肉价格。这些措施主要包括实施能繁母猪补贴，启动母猪政策性保险，完善生猪良种繁育体系，支持标准化规模养殖场建设，给予生猪调出大县奖励，建立健全生猪疫病防控体系等。这些政策措施的落实，调动了广大农民发展养猪业的积极性，生猪生产正在逐步恢复，生猪存栏上升，母猪补栏增加，规模养猪发展加快，在一定程度上平稳了猪肉价格。但是随着冬季猪肉消费旺季的到来以及春节消费的拉动，猪肉价格在平稳两个月之后，又继续重提升势。

据我们调研，政策层面还存在一些亟待解决的问题，这直接导致当前生猪价格的持续走高：第一，国家的补贴资金到位时间稍长。根据地方财政计划安排，资金从中央到地方，再到企业，大致需要两个月左右。也有省市，自2007年7月至今，企业还没有享受到应得的扶持款项。这直接影响企业、农户扩大养殖的积极性，致使存栏增长速度缓慢，毛猪价格仍呈上涨趋势，从2007年8月的7.5元每斤到2008年1月的9元每斤。第二，在发展规模化养殖、产业化生产的过程中，企业存在的最大困难是难以获得银行贷款。虽然国家出台了相关的保险补贴政策，降低了银行放贷风险，但农业金融机构给企业放贷的积极性仍然不高，一是放贷给农业企业收益小，二是养殖企业的风险高。第三，推行定点屠宰，虽对规范市场秩序、确保肉品质量安全、推进猪肉安全质量追溯体系和责任追究体系建设方面取得了很好的成效，但对于大规模养殖企业而言却是弊大于利，一是无自主屠宰权，企业无法打造自主品牌，二是定点屠宰，生猪进入流通环节，加大了疫病传播概率，三是增加了中间环节，摊薄了企业利润，直接影响到企业积累资金、扩大规模生产。

今年春节期间，南方十几省市的特大雪灾，造成牲畜死亡7600万头只，直接损失98亿元。死亡的牲畜中，仔猪和鸡苗大概占85%，这些仔猪的正常上市时间是今年六七月份。此外，此次冻害造成母猪体弱、腹泻、流产、死胎等，直接影响母猪的配种，影响下一步发展生产。这些不利因素，必将阶段性、地区性加剧今年生猪市场的供给矛盾。

当前形势下，为了尽快恢复生猪生产，稳定市场供应，建立和完善保障生猪生产稳定发展的机制，满足城乡居民消费需求，我们建议：

第一，国家补贴资金分重点、分步骤实施。一是优先加大对南方灾区的补贴力度；二是从行业的角度出发，种猪是养殖业发展的源头和关键。目前每头种猪的养殖成本高于1万元，普通散养户难以承担，所以种猪主要由企业负责养殖。因此，相对于商品猪补贴，更应该加大对种猪的补贴力度；三是目前企业让利于农户，用企业资金补贴农户，这部分资金需求大，因此建议国家的补贴资金着重于企业，着重于生产环节。

第二，缩短中间环节，加快补贴政策落实速度，保证费用及时落实到位。国家补贴资金可以不经地方财政，直接下发到相关企业和个人，确保生猪养殖者能得到实惠。

第三，降低农业企业融资“门槛”，在信贷政策上给予一定优惠。同时要加强监管，确保把国家相关保险补贴政策落到实处，真正解决农业企业融资难的问题，为企业扩大生产创造条件。

第四，加大对龙头企业的政策扶持力度。相较于直接的财政补贴，对龙头企业而言，更希望得到国家有关的政策扶持。尤其在国家对整个行业严格要求的同时，相关扶持政策能及时跟上。

第五，授权部分大规模养殖场自主屠宰。这将有效减少、避免疫病传播，有助于企业扩大规模，提高猪肉供应量。

第六，引导发展规模养殖，扶持养殖产业

链。引导企业通过发展基地养殖，以“公司＋农户”的模式，成立养猪合作社。这不仅能带动农户致富，而且能稳定生猪供应，保证食品安全。

《关于扶持生猪生产，稳定市场供应的提案》得到了农业部的直接回复，农办案〔2008〕107号文件可查详情，农业部、财政部从以下五个方面予以了详细答复：

1. 关于对生猪生产给予大力扶持问题

2. 关于国家补贴资金分重点、分步骤实施问题

3. 关于降低农业企业融资门槛问题

4. 关于加大对龙头企业的政策扶持力度问题

5. 关于引导发展规模养殖，扶持养殖产业链

使会员不仅对国家大力扶持生猪生产、国家补贴资金实施问题以及降低农业融资门槛更加明晰，也使很多会员单位了解到中央的相关政策。

大事记

2007年

3月2日，商会与北京大学中国经济研究中心联合主办了第二届“新农村建设·龙头企业高层论坛”。

3月底，全国工商联党组书记、副主席全哲洙莅临商会进行调研指导。

4月16日，商会与中国农业发展银行联合举办银企座谈，了解企业困难，对接金融部门，解决企业资金难题。

5月中旬，在会长韩伟的带领下，十多位农业产业企业家参加了由中央电视台和中共吉林省委宣传部等共同制作的“春暖黑土地，建设新农村”大型特别节目，并对吉林农牧资源进行了实地考察。

6月初，组织会员企业参加由天津市人民政府、中华全国工商业联合会、美国企业成长协会共同举办的中国企业国际融资洽谈会。

6月上旬，商会与山东省农业技术推广协会、山东省质量技术监督局质检院、山东省广饶县人民政府等主办了“‘花官’牌天然富硒大蒜、蒜苔推介会”。

7月，商会金融事业部与著名金融机构中金产权交易有限公司建立了长期合作模式。

7月2日、9月27日和9月29日，商会与世界知识产权组织和国家工商总局商标局合作，分别在济南、长春和合肥举办了“农产品出口企业商标及地理标志国际注册培训班”。

9月，组织会员参加“2007中国‘五会’（南昌）经贸恳谈会”；组织会员参加山西临汾“第九届环渤海地区民营经济经贸洽谈会”。

9月，商会与新疆生产建设兵团进出口商会达成建立友好商会协议；商会还聘请了中国民（私）营经济研究会会长、全国政协委员、全国工商联原副主席、著名经济学家保育钧为商会的顾问，大大增强了商会的顾问力量。

12月，商会联合中国光彩事业促进会、北京大学中国经济研究中心，共同主办“2007农业产业年会”。

2008年

3月2日，商会成功举办了第二届“2008新农村建设·龙头企业高层座谈会”。

4月，商会组织“企业家江苏行”活动，同时带领企业家到华西村进行考察。

5月，商会组织“企业家西北行”活动，组织企业家赴中国的种业基地——酒泉进行为期一周的考察。

5月5日，联合国可持续发展委员会第16届会议在联合国总部纽约召开，商会应邀参加了此次会议。

6月10～12日，由天津市政府、全国工商联、美国企业成长协会共同举办的第二届“中国企业国际融资洽谈会”在天津召开。

6月，应黑龙江省齐齐哈尔市政府的热情邀请，商会组织会员企业参加“齐齐哈尔·中国光彩事业振兴东北老工业基地鹤城行”活动。

9月5～6日，应阜新市政府、阜新市工商联的邀请，商会组织在东北地区有投资意向的企业到阜新进行考察。

9月24日，商会与甘肃省工商联共同主办“中国河西走廊种业（国际）高峰论坛暨展览会”。

9月25日，在北京王府半岛酒店，由商会联合中国光彩促进会、美国北卡罗来纳州政府和大生文化传媒有限公司共同主办的“投资北卡——2008美国北卡罗来纳州招商会议”隆重召开。

9月26～28日，商会举办了“新农村建设政策商机解读与国家支农项目资金申报高级培训班”。

2009年

3月，在北京国品召开2009年第一次会长办公会议。

4月20日，与台湾光彩事业促进会农业委员会在台北举行海峡两岸农业交流与合作备忘录签约仪式。

5月，在大连召开2009年第二次会长办公会议，韩伟会长就商会今后的发展做出重要指示。

5月24～27日，商会常务副会长陈泽民与全国工商联主席黄孟复、副主席孙安民等61人考察团赴贵州织金县进行扶贫工作考察调研。

6月6日，在大连百年汇豪生酒店召开2009年第三次会长办公会议，宋北杉副主席、刘红路部长参会并就商会今后的发展做出重要指示。

7月22日，商会与台湾光彩促进会农联会友好合作座谈会在农业部老干部会议中心举行。莅临此次会议的有台湾光彩农联会各委员会主委、中国光促会台商委员会人员等，商会韩伟会长、赵光学副会长、白文忠副会长，秘书处工作人员等也参加了会议。

7月30日，商会常务副会长陈泽民作为“光彩事业黄南行”河南考察团副团长赴青海省黄南藏族自治州考察，并向青海省黄南藏族自治州同仁县捐款30万元。

8月9日，在北京兆龙饭店召开了2009年第四次会长办公会议。

9月23日，赵光学副会长、商会秘书处工作人员代表商会参加经叔平老先生的追悼会。

10月1日，韩伟会长代表商会及光彩事业促进会参加新中国成立60周年庆典活动并在天安门观礼。

中華新能源

China New Energy Chamber of Commerce

全国工商联新能源商会

中华全国工商业联合会新能源商会会标由大写字母N和E组成，意为New Energy，即新能源。标志中的蓝色和绿色代表了绿色环保新能源的主题思想，N和E更以象形的电力和水流代表了新能源所涉及的种类，中华新能源则涵盖了内地以及港澳台地区范围内的新能源领域。

商会简介

为促进国民经济可持续发展、社会主义和谐社会建设，在汉能集团（原华睿集团）等新能源企业的倡议下，中华全国工商业联合会新能源商会（简称全国工商联新能源商会）于 2006 年 1 月 13 日在京成立。商会现有 300 多个会员，涉及行业涵盖风力发电、水力发电、生物质能源、太阳能、燃气、CDM 项目开发、燃料电池和能源信息咨询等，是一个由新能源产业及相关行业企业、团体和个人组成的非营利性会员组织。

多年来，商会努力开发专家资源、政府关系和国际渠道，在政策、技术、市场、金融等方面为会员提供交流学习的机会，开展技术研讨、政策探讨、国际互访、公益沙龙、大型博览等活动，编辑发布会员通讯、电子期刊、产业报告等出版物，并把基金、基地、研究院、新能源产业园等重大项目纳入规划。商会的进步与发展，吸引了越来越多企业的支持与关注，我们抱着同样的信念共同发展——为产业尽微薄之力、为人类美好明天而努力。

第二届会长、副会长、秘书长名单

会长

李河君　汉能控股集团有限公司董事局主席/总裁

副会长

张征宇　恒基伟业董事长

施正荣　尚德电力控股有限公司董事长/CEO

徐新建　北京四季沐歌太阳能技术有限公司董事长

高元坤　力诺集团股份有限公司董事长/总裁

高纪凡　常州天合光能有限公司董事长

杨立友　浙江正泰太阳能科技有限公司 CEO

刘汉元　通威集团董事局主席

丁　强　保定天威薄膜光伏有限公司董事长

孙良欣　北京中联科伟达技术股份有限公司

会长

李河君

副会长

张征宇

施正荣

徐新建

高元坤

高纪凡

杨立友

刘汉元

丁　强

孙良欣

杨国明

董事长

杨国明　亿阳集团·黑龙江省华富电力投资有限公司总经理

谈岳明　江苏新源动力有限公司董事长

李业博　山东力诺新材料有限公司总经理

薛黎明　中海阳（北京）新能源电力股份有限公司董事长

孙建江　浙江精功科技股份有限公司董事长

孙海燕　天晷欧瑞康（上海）贸易有限公司董事总经理

林金锡　常州亚玛顿光伏玻璃有限公司总经理

瞿晓铧　常熟阿特斯阳光电力科技有限公司总裁/CEO

简　明　东莞宏威数码机械有限公司董事

李仙寿　浙江昱辉阳光能源有限公司 CEO

钮阿兴　江苏嘉盛光伏科技有限公司董事长

孙治安　安阳市凤凰光伏科技有限公司董事长

冯　磊　北京清华同仁科技有限责任公司总裁

秘书长

曾少军

附：

第一届会长、副会长、秘书长名单

会长

李河君　华睿投资集团有限公司董事局主席/总裁

副会长

施正荣　尚德太阳能电力有限公司董事长/CEO

徐新建　北京四季沐歌太阳能技术有限公司董事长

高元坤　力诺集团有限责任公司董事长/总裁

高纪凡　常州天合光能有限公司董事长

唐一林　济南圣泉集团股份有限公司董事长/总裁

李兆伟　亿阳集团股份有限公司投资部常务副主任

谈岳明　江苏新源动力有限公司董事长

张　希　南通锴炼风电设备有限公司董事长

秘书长

曾少军

谈岳明

李业博

薛黎明

孙建江

孙海燕

林金锡

瞿晓铧

简　明

李仙寿

钮阿兴

孙治安

冯　磊

秘书长：曾少军

联系方式：
电话：010－63100807
传真：010－63107703
地址：北京市宣武区宣外大街10号庄胜广场
中央办公楼南翼1243－1246室
邮编：100052
网址：www. cnecc. org. cn
邮箱：office@ cnecc. org. cn

工作综述

2007年

在全国工商联的指导和各领域专家的支持下，经过商会全体会员的努力，2007年商会工作进入稳步成长阶段，越来越多的组织和企业开始关注商会，并积极参与商会组织的各项活动；商会秉承求真务实的作风，努力为会员企业提供服务。

2007年商会主要工作成果

（一）举办第二届“中国新能源国际高峰论坛”

在首届论坛的基础上，商会于2007年12月在江苏无锡召开第二届中国新能源国际高峰论坛，本届论坛的主题为“全球气候变化与新能源的责任”，目的是通过对中国新能源产业的扶持政策、技术与市场、企业融资渠道、应对全球气候变化的机遇与挑战等热点问题，进行深入的沟通与探索，从而推动中国新能源产业健康、快速发展，为构建社会主义和谐社会作出贡献。

全国政协副主席、全国工商联主席黄孟复等领导出席开幕式并作了重要讲话；全国人大环资委主任毛如柏、国务院能源办公室副主任徐锭明、发改委能源局副局长吴贵辉、中科院院士严陆光、发改委能源研究所副所长李俊峰等各界领导出席；邀请国内外政府部门、科研机构、行业组织、企业代表的主讲嘉宾共计46人，就新能源产业政策、技术、市场以及投融资等方面做了精彩的专题演讲。

第二届论坛增设了“太阳能”、“风电”、“生物质能”和“气候变化与金融资本峰会”4个专题研讨会，突出了专业性，为与会者创造了更具针对性的交流环境，在业内引起了良好的反响。

（二）编撰《2007中国新能源产业年度报告》

2007年年报旨在剖析行业发展现状，展望行业发展趋势，展现企业经营风采，密切关注政策法规、资金渠道、项目信息，为企业提供宣传的窗口，为政策制定、投资决策等提供参考，广泛发送给相关的政府机构、企事业单位、国际组织等扩大年报在业界的影响。年报共分22个章节。

2007年年报无论从内容还是形式上都相较2006年年报有所提高，从栏目设置上进行了改动，更凸显了新能源产业的特色。在保持宏观分析、行业研究、商会调研三大栏目的基础上，增加了行业建设报告栏目，企业信息更新率达到30%，并增加了新能源项目合作信息栏目。充分体现了权威性、原创性、实用性，报告的发布得到了专业人士的好评。

（三）中国新能源产业投资基金的报审

在首届论坛上，商会发起了“中国新能源产业投资基金”的倡议之后，商会金融顾问团队一直进行筹备工作，在汉能控股集团有限公司、力诺集团有限责任公司、常州天合光能有限公司、尚德太阳能电力有限公司等新能源领域知名企业的共同支持下，《新能源发展产业投资基金设立方案》已于2006年11月正式报送国家发改委，并于2007年2月26日正式得到了国家发改委办公厅的函复，“中华新能源产业投资基金”正在待批。基金如能获得批准，将着力于促进新能源产业技术进步，扶持中小企业发展，从而促进新能源产业快速发展，为实现国家节能减排目标作出贡献。

（四）会员发展工作

随着商会服务内容逐渐完善及商会影响力的扩大，会员发展工作比2006年有了较大的进步，2007年申请理事以上单位的企业11家，申请副会长以上单位的企业4家，入会企业共计15家。

（五）中国新能源产业基地的规划

自“中国新能源产业基地”设想提出后，受到了各地政府的广泛关注，先后有辽宁阜新、云南、广东、江苏连云港、江苏南京、河南新乡及北京昌平等开发区表示希望能够与商会进行合作，建立新能源产业基地。基地将结合新能源产业基金对园内项目进行资金扶持，形成技术、政策、资金、人才全方位的发展环境，为会员企业服务，达到商会与企业“和谐共生、互惠双赢”的目的。商会将在条件成熟的地区先进行试点。

（六）参政议政

2007 年，商会经由全国工商联提交的第 2659 号（经济发展类 244 号）“关于完善太阳能产业发展政策的提案”得到了国家能源领导小组办公室的正式答复。此次答复较为全面地概述了太阳能产业的发展现状，并针对提案涉及的 6 个问题逐一进行了回答，体现了能源办对于该提案较高的重视程度。商会在第 26 期电子周刊《中华新能源》中全文刊发了答复内容。

（七）国际交流

商会积极与国外驻华机构开展国际交流与合作，并应国外相关机构的邀请出国考察并演讲，扩大了商会的国际影响，提升了商会的国际地位，为将来开展深入的交流与合作奠定了基础。

1. 先后与以下机构建立了持续合作关系：中国欧盟商会、联合国开发计划署中国代表处、法国驻华大使馆经济处、挪威能源环境联合会、德国政府投资促进署、德国技术合作公司、日挥株式会社等。

2. 合作申报欧盟项目。商会与法国 AETS 联合申请欧盟项目“推广《可再生能源法》之培训支持”。

3. 2007 年 10 月，商会应联合国环境规划署的邀请，出席了在墨尔本举行的全球可持续金融圆桌会议，会议期间向与会代表介绍了商会的性质、任务和发展状况，在“中国新能源产业基地”、“中国新能源产业投资基金”、“中国新能源利用标准建设”等方面，受到与会者的一致好评。

4. 2007 年 11 月，商会出席由新加坡国际资讯与交流中心举办的“2007 亚洲生物柴油国际研讨会”并做关于“中国生物柴油原料供应、产业机遇与挑战”的专题报告，该机构表示十分看好新能源在中国的发展，希望能够与商会加强相关领域的合作。

5. 与挪威能源环境联合会共同出版英文版年报，为有意投资中国新能源的国外企业提供了一本权威手册，也为会员企业提供了国际宣传平台。

（八）标准化体系建设

商会已与国家标准委、标准化设计研究院取得联系，确定了标准化建设工作流程；商会计划首先在光热利用领域开始标准化工作，已与商会副会长单位力诺集团初步接洽商谈，将联合光热利用领域的龙头企业和专家共同推动此项工作。商会将通过标准化体系建设工作，推动新能源产业的规范发展，促使企业与国际接轨，提高广大会员企业的国际竞争力。

（九）筹备成立专业委员会

根据商会专业特点，秘书处先后调研了其他行业商会成立专业委员会的经验，拟定了专业委员会管理条例草案，计划在光伏、光热、风能、生物质、气候变化、地热、建筑节能、新能源汽车等领域，在条件成熟的情况下设立专业委员会。专业委员会将重点在行业标准制定、技术创新、行业自律、品牌建设、经贸合作等领域开展工作，从而使会员企业能够得到有力支持。

（十）确立秘书长联席会议制度

为了加强秘书处对外联络和会员发展等方面工作的力量，由部分会员推荐并经商会确认，聘任了 7 名兼职副秘书长，主要职责是协助商会开展会员发展工作，确立了每季度召开秘书长联席会议的制度，讨论会员发展工作。2007 年 5 月在商会秘书处召开了首届联席会议。近一年来，各位兼职副秘书长大力宣传商会并向商会推荐会员，发挥了积极作用。

（十一）巩固与完善信息平台

信息服务是商会日常工作的一项重要内容。通过不断完善商会网站建设和商会刊物的质量，努力为会员服务。

1.《中华新能源》刊物。完善刊物的版面设计，新增“商会观察”等栏目，提高了期刊的独创性和专业性；全年出版刊物 20 期，广泛发送至商会会员单位、全国工商联、外国驻华使馆、外国商会、媒体、新能源相关企事业单位千余份，并就出版《中华新能源》月刊做了调研与准备，为刊物的正式出版做了铺垫。

2.“中华新能源”网站。不断完善与更新网站内容，进行了英文版网站建设、中文版改版，网站招商方案策划。商会网站已成为宣传商会的重要载体，成为外界了解商会的一个窗口，逐渐受到业内人士的关注和好评，浏览量已累计15万余次。

3.通讯员队伍逐渐壮大。截至目前有27位通讯员积极参与商会信息平台建设，定时提供企业资讯，但还远远不能达到网站需求，希望更多的企业通讯员加入进来，共同做好商会的信息平台。

（十二）积极进行新能源产业研究

完成学术论文两篇。第一篇——《中国生物柴油发展的现状与公共政策选择》，主要从产业规划、发展现状等方面展开论述，该论文同时作为国际会议的发言稿使用；第二篇——《节能减排的能源服务新路径》，着重对企业在节能减排领域的能源服务创新发展路径进行阐述。在《中华新能源》电子期刊中刊登相关专业文章五篇，为会员企业提供最新产业信息。

（十三）策划“中华新能源”推荐品牌活动

随着全球经济一体化的发展，新能源产业市场的竞争也将日益激烈。为了“鼓励非公有制企业实施品牌发展战略，争创名牌产品”，增强企业的整体素质和市场竞争力，提升企业的品牌形象，实现新能源产业的健康、有序、稳步发展，根据《中华人民共和国产品质量法》等相关法律法规，计划在新能源企业中进行“中华新能源推荐品牌”培育、评选和监督管理工作。现已按照全国工商联的批示，与中国名牌推进委员会等主管部门进行了沟通和协调，准备在个别产业领域，在条件成熟时在商会会员内部进行评选，利用商会渠道进行宣传和推荐。

（十四）加强秘书处自身建设、完善商会办事机构管理机制

随着商会在业界知名度和美誉度的不断提高，商会所承担的工作逐渐增多，对商会的执行机构秘书处提出了更高要求，为此秘书处在2007年又吸收了有良好教育背景和工作经验的新成员，并对原有人员进行了优化，根据员工特点，调整了工作岗位，形成了团结合作、积极向上的团队。在全体会员的不懈努力下，商会的各项工作均取得了一定的成绩，广大会员企业正成为中国经济发展中的一股重要推动力量。

2008年

在全国工商联领导和相关部室的关心指导下，在有关部委、专家学者和会员单位的支持帮助下，商会秉承求真务实的作风，努力通过各种手段为会员企业服务，积极拓展政府公关和国际交流合作，使商会工作有了较大进展。

一、主办第三届中国新能源国际高峰论坛

第三届中国新能源国际高峰论坛（以下简称论坛），如期于11月27日在北京钓鱼台国宾馆举行。全国政协副主席、全国工商联主席黄孟复参加论坛招待晚宴并会见有关代表，全国工商联副主席孙安民、全国人大环资委副主任袁驷、国家能源专家咨询委员会主任徐锭明、中国可再生能源学会理事长石定寰、国家能源局新能源司副司长史立山、新能源商会会长李河君等领导同志出席论坛并讲话，诺贝尔环境奖获得者、著名光伏专家马丁·格林出席论坛并作了题为《光伏：现状与前景》的演讲。

本次论坛参会人数达到420余人，规模创历史新高，取得了较好的社会效益。中央电视台、《人民日报》（海外版）、搜狐网等50余家国内外媒体对本次论坛进行了报道，与会代表对本次论坛给予了很好的评价，通过本次论坛扩大了商会知名度、影响力，使商会在获得经济效益的同时获得了良好的社会效益，为商会的可持续发展打下了良好的基础。

二、多种形式举办各类专业会展活动

举办各种活动，扩大商会知名度，以活动为平台服务企业，搞活商会，促进新能源行业发展。为了更好地服务会员，提升商会的知名度，促进商会会员发展工作的开展，2008年展览培训部广泛参与各类会展活动，在近一年的时间内主办、协办各种会展活动19个，基本做到月月有活动。通过这些活动提升了商会在业内的影响力，为发展会员打下了良好的基础，并取得了良好的经济收益。

参与举办的活动如下：

序号	时间／地点	活动名称
1	2008年3月5～7日／上海	亚洲太阳能光伏工程展会（共同主办）
2	2008年3月13日／北京	新能源商会光伏产业税收政策座谈会（主办）
3	2008年3月19日／北京延庆	北京市新能源和可再生能源示范县发展建设研讨会（主办）
4	2008年3月31日／搜狐网络大厦	“CDM访谈”活动（主办）
5	2008年4月23日／北京8号公馆	可再生能源＆清洁发展机制研讨会（共同主办）
6	2008年4月28日／北京·五洲皇冠假日酒店	首届中国清洁技术投融资峰会（协办）
7	2008年5月23日／北京	加拿大清洁能源和环境技术研讨会（协办）
8	2008年5月23日／北京	新能源商会光热产业税收政策座谈会（主办）
9	2008年6月5～7日／北京	2008·中国生物质能发展论坛（主办）
10	2008年6月7日／成都	四川中国西部太阳能与新能源论坛（协办）
11	2008年6月10日	天津融洽会（获得10余个免费的展位组织企业参展）
12	2008年6月10日	生物能源利用领域的中德合作研讨会（邀请企业免费参会与德方企业交流）
13	2008年6月26日／绍兴	多晶硅太阳能电池制备技术高层研讨会（主办）
14	2008年7月17日／北京	中日韩新能源与可再生能源科技合作论坛（协办）
15	2008年9月／常州	中国太阳能大会（支持）新能源公益展（主办）
16	2008年9月28日／保定	天威集团50周年庆典
17	2008年10月／上海	上海国际风能大会（支持）
18	2008年11月下旬／北京	第三届中国新能源国际高峰论坛（主办）
19	2008年11月／希腊	2008能源展光电展览会

三、组织编撰《2008中国新能源产业年度报告》

本报告由全国政协副主席、科技部部长万钢作序。报告邀请了国内外新能源与能源新技术领域的权威专家学者和知名企业家对国内外新能源产业宏观层面以及分行业层面进行了回顾和总结，并对技术开发、市场开拓以及发展趋势等方面进行了比较权威的分析。报告汇集了新能源商会各会员企业及其他相关行业组织在其专业领域内进行的专题调研成果，他们分析各自所在行业的发展现状与问题并提出解决方案，具有非常高的实践指导意义。同时，报告还探讨了如何提高行业组织管理服务水平以及参政议政能力等问题，为各个行业的商协会组织提供了一个交流探讨、互相促进的平台。全国工商联、能源局、科技部、财政部等部委领导对报告给予了较高的评价。

四、组织会员单位积极参政议政

2008年“两会”提案工作，经过组织汇集会员企业的意见，商会形成四个申报选题，其中两个选题是《关于完善太阳能热利用行业政策的提案》和《关于完善太阳能光伏利用行业政策的提案》，已纳入全国工商联团体提案上报“两会”；另外两个选题，已通过商会内部的全国政协委员向“两会”提出。除“两会”提案的工作外，商会参加了对《循环经济法》意见征集活动，参加了国家能源办组织的《能源法（征求意见稿）》研讨活动，以及国务院政策研究中心举行的创新需求鼓励政策座谈会。通过上述活动，反映了广大会员企业的呼声，发表了商会对有关政策法规的建议，充分发挥了商会参政议政的职能。

五、开展国际交流

按照会长会议提出的“加强国际交往活动的要求”，在不断加强与国内外行业组织联系的同时，首次独立组团参加希腊2008能源展，走出了国际交流的重要一步，通过这个活动既丰富了展会活动形式，也拓展了会员服务内容，最重要的是为下一步开展国外考察交流活动，积累了经验。此外，通过本次活动商会也获得了良好的社会效益，开辟了新的业务领域。

六、召开理事会和会长会议

1. 理事会。2008年3月，商会秘书处与延庆区政府合作，以理事会与研讨会相结合的方式召开，既完成了内部工作总结又节省了办会经费，并为会员单位提供了延庆开发区信息，会议比较圆满。

2. 会长会议。2008 年共召开两次会长会议，完成了既定研究内容。哈尔滨会长会还同时召开了风电研讨会，在时间紧任务重的情况下，会员部进行会议召集工作，参会人数达到规划人数。

七、稳步、扎实做好商会自身建设

1. 根据产业特点，建立商会自己的信息平台。商会秘书处建立后，先后建立了商会官方网站、编辑发行《中华新能源》电子刊物。目前，商会网站在新能源专业网站里点击量较高，排名在前几位；电子刊物已发行了 52 期，在广大企业里得到了认同。网站和电子刊物已成为商会一个最重要的展示窗口。

2. 通过各种方式，扩大商会组织规模。为了增加商会的会员数量，秘书处采取两种模式，一是在秘书处内部建立考核机制，要求每一个工作人员完成一定量的指标；二是设立兼职副秘书长机制，由在业内有一定资源关系的企业人士担任副秘书长，向商会推荐会员。随着商会主办活动的增加及商会影响力的扩大，商会在扩大组织规模方面取得了很好的成绩，目前商会已有理事以上级别会员 68 家，团体会员 3 家（共有会员数量 316 家），会员总数已超过 300 个。

3. 根据商会特点，调研筹备成立各专业委员会和分支机构。为了给会员提供专业性服务，商会根据自身发展的阶段，拟筹划成立太阳能光伏、光热、气候变化、风能、地热、新能源动力等专业委员会。通过走访兄弟商会，已拟定了《地方分会、联络处和专业委员会等分支机构管理办法》。目前，气候变化专业委员会正在筹备之中。

4. 聘请业内专家为商会主任科学家，增强商会专业领域的影响力。目前商会已聘请中科院院士严陆光等光伏、光热、生物质、地热等领域的专家共 7 位主任科学家，他们为商会的发展在专业方面提供了宝贵支持。

2009 年

2009 年商会在全国工商联的指导下，在各位会长的大力支持下，通过全体工作人员的努力，在参政议政、组织建设、服务会员、国际交流等方面，做了大量工作，尤其是成功完成了商会换届工作。同时，在全国工商联和民政部的指导下，顺利完成法人登记材料上报民政部工作。具体工作如下：

一、充分发挥参政议政职能，大力呼吁政府出台产业支持政策

1. 积极组织上报“两会”提案。2009 年商会提交了“光伏”、“生物燃料”、“氢燃料电池”三个专业提案，分别得到了国家能源局、国家财政部的答复。商会提案工作荣获了全国工商联优秀提案三等奖。

2. 通过上报全国工商联专项报告，进行高层政策沟通。2009 年 1 月上报“关于恳请黄主席呼吁将太阳能热水器列入家电下乡补贴政策产品目录的请示”，通过全国工商联的沟通，以及商会主要光热企业的努力，很快取得了成效。此项政策的实施，大大推动了光热产业的发展。

3. 积极参加全国工商联组织的政策座谈会，把商会及会员企业的建议向工商联主管部门进行反映，拓宽了建言渠道。2009 年秘书处先后参加了全国工商联会员部组织的“工商联系统网站建设座谈会”、扶贫与社会服务部组织的“行业商会及部分民营企业人力资源管理部门负责人座谈会”、研究室组织的“关于国家 4 万亿投资和大规模信贷投放中，民营企业获得的发展机遇、遇到的主要困难和问题座谈会”。

二、按照全国工商联的统一布置，推进商会法人登记工作

商会法人登记工作是秘书处 2009 年的一个重点工作任务，商会按照全国工商联的统一布置，积极准备，取得了阶段性的成果。

1. 成立法人登记工作小组。2009 年 4 月和 7 月先后两次参加全国工商联组织的工作会议，认真听取工商联和民政部领导对法人登记工作的安排和要求，在二届一次会长会议上成立由张征宇执行会长担任组长的法人登记工作小组，全面负责法人登记工作。

2. 征求行业主管部门的意见。在李河君会长的支持下商会先后取得了国家能源局和国家科技部的支持函。

3. 2009 年 12 月底，全国工商联会员部正式把商会的法人登记材料上报民政部民间组织管理局。

三、通过多种手段，加强组织建设，扩大会员组织规模

1. 筹建专业委员会。目前，着手筹建的专业委员会有气候变化专委会、二甲醚专委会、新能源动力与储能技术专委会、生物质专委会、热泵专委会。

2. 吸收地方协会作为团体会员，扩大商会在地方的影响力。目前已有 3 个地方团体会员（西宁市太阳能行业协会、四川新能源产业促进会、江苏省光伏产业协会），山东东营新能源协会等也正在协商当中。

3. 2009 年，商会企业会员总数达 127 家，仅 2009 年就新增企业会员 42 家，其中有多家实力雄厚的国内外知名企业。

四、积极组织各种活动，搭建交流平台，全面为会员提供服务

1. 策划组织以第四届中国新能源国际高峰论坛和首届中国新能源博览会为核心的各种论坛、培训会和展览会，为企业提供展示、交流机会。2009 年先后组织了 16 次活动，从技术、金融、贸易等多个领域为会员提供服务。第四届高峰论坛总规模达到 800 人，首届博览会第一笔意向订单金额高达 500 万元。

2. 策划组织公益性“中华新能源沙龙”。定期邀请有关政府行业主管领导、专家到会座谈，免费开放，吸引了众多企业、媒体和有志之士参与。

3. 组织编辑《2009 中国新能源产业年度报告》，为会员企业提供最新的产业权威报告和资讯。编辑印发“会员通讯”，增强了会员之间的了解，使会员更好地了解商会的工作。

4. 组织会员企业参与“2009 年度中华全国工商业联合会科技进步奖”评比活动，会员企业无锡尚德、亿阳集团、泰豪科技获一等奖，新奥集团获二等奖。

5. 与地方工商联和地方政府签署战略合作协议，尝试商会与地方合作的新模式。2009 年 8 月，商会与上饶市工商联签署战略合作备忘录，2009 年 9 月与四川双流县人民政府签署战略合作协议，将围绕地方特点开展相关活动。

五、组织召开商会内部工作会议

2009 年商会组织召开了第二届会员大会、三次会长会议、一次秘书长联席会议。商会组织工作会议的顺利召开和成功换届，保证了商会重大事项的落实、确保了商会工作的持续性，促进了会员企业之间的沟通合作。

六、积极开展国际交流活动

商会自 2006 年成立以来一直坚持打造“国际化新型商会”的理念，积极与国际组织、机构及公司建立联系、合作，为会员企业提供国际资讯，搭建国际交流合作的平台。目前，商会与 37 家国际组织、机构和公司保持着紧密联系及良好的合作关系，具体是：联合国工业发展组织、国际能源署、美国大使馆、法国大使馆、英国大使馆、德国大使馆、西班牙大使馆、丹麦大使馆、挪威大使馆、捷克驻华大使馆、土耳其大使馆、以色列大使馆、比利时大使馆、中国欧盟商会、中国美国商会、中国韩国商会、中国澳大利亚商会、英国工商业联合会、丹麦工业联合会、欧洲商业联盟、中国意大利商会、德国工商总会、荷兰中国商会、法国核工业协会、美国可再生能源学会、美国商会 21 世纪能源研究所、第三代环保主义组织、Evolution Markets、德国弗莱堡市经济旅游会展促进署、美国田纳西州中国发展中心、美国纽约州贸易及投资代表处、澳大利亚可持续能源商会、日中环境协力支援中心有限会社、加拿大中国工商业协会、英国投资贸易总署、Leaderexpo 希腊光伏展主办方、大韩商工会议所。2009 年商会举办、参加的国际交流活动共 27 个，扩大了商会在国际上的影响力。

重要活动

2007 年

首届“中国新能源国际高峰论坛”成功在京召开

1 月 13 日，由商会主办的首届“中国新能源国际高峰论坛”在北京钓鱼台国宾馆成功召开。全国政协副主席、全国工商联主席黄孟复，联合国原副秘书长、现任世界地球基金会理事会联合创始人兼荣誉理事长莫里斯·斯特朗，全国政协副主席张龙之，国务院能源办公室副主任徐锭明，全国人大环资委法案室主任孙佑海，财政部经建司司长胡静林，中央统战部五局局长王永庆，国家发改委能源研究所副所长李俊峰，清华大学高级客座研究员、世界观察研究所研究员 Eric Martinot，《中华工商时报》社副总编刘杉等出席了论坛。论坛开幕式由新能源商会常务副会长、尚德太阳能电力有限公司 CEO 施正荣主持。与会中外政府官员代表和演讲嘉宾作了精彩的讲话和专题报告，并呼吁政府应尽快把新能源产业相关政策落到实处，切实扶持产业发展。

商会提案上报全国政协

2007 年全国人大政协十届五次会议召开之际，商会与会员企业共同组织撰写的《关于完善太阳能产业发展政策》的提案正式作为全国工商联团体提案上报全国政协，并受到了众多新闻媒体的关注。力诺集团股份有限公司、常州天合光能有限公司、尚德太阳能电力有限公司等商会会员企业积极参政议政，从行业角度出发，结合自身实际情况，针对中国太阳能产业发展过程中遇到的问题各自提出了具有一定前瞻性的、有利于行业发展的可行建议。这些建议受到了全国工商联的高度重视，经全国工商联政策研究室修改之后，最终以《关于完善太阳能产业发展政策》的提案成功上报全国政协。

第六次会长会议锁定“中国新能源产业投资基金”

5 月 21 日，新能源商会第六次会长会议在江苏常州成功召开，新能源产业投资基金等热点议题的讨论，使得本次会长会议成果丰硕。江苏省政协副主席李仁，商会会长李河君、常务副会长高纪凡以及新入会的商会候选理事共 40 多人参加本次会议。全国工商联、江苏省工商联和常州市的相关领导也应邀出席了本次会议。会议审议通过了“第二届中国新能源国际高峰论坛”、《2007 中国新能源产业年度报告》、“中国新能源产业投资基金”，以及“中华新能源推荐品牌”等策划方案和“关于推进商会会员发展工作的建议”；同时，本次会议还介绍了“风光互补发电系统”和“钒电池绿色储能技术”这两种新技术。与会的领导和代表们对商会成立以来的工作所取得的成绩给予了充分的肯定，也对光热行业的标准体系、光伏行业并网发电、生物质能收集半径、风能电价确定机制等问题进行了深入分析。

首届秘书长联席会议成功召开

8 月 17 日，新能源商会首届秘书长联席会议在商会秘书处召开，就会员发展、“第二届中国新能源国际高峰论坛”、《2007 中国新能源产业年度报告》等工作进行了讨论，各位副秘书长畅所欲言，提出了许多建设性意见，会议成果丰硕，对商会下一步工作的开展具有重要作用。李河君会长出席了本次会议并讲话，李会长指出，会员发展是基础工作，要扩大会员数量，增强商会影响力和凝聚力；同时基金方案的审批要继续跟进，新能源基金发展潜力巨大；论坛演讲嘉宾的邀请要注意层次；第七次会长会议要做好筹备工作；中国新能源产业基地要继续推动。本次会议还请商会金融顾问李慈言向大家进行了产业投资基金基本知识讲解，同时介绍基金的进展情况。目前基金由商会 10 家会员单位出资作为发起人共同发起设立，并已报国家发改委待批。本次会议虽然时间短，但卓有成效，是一次很好的工作交流形式。会上大家达成一致意见，秘书长联席会议将根据工作需要不定期在各副秘书长单位轮流召开，讨论商会工作。

召开“第二届中国新能源国际高峰论坛”

12 月 11 日，“第二届中国新能源国际高峰论坛”在江苏无锡隆重开幕。会议呼吁中国新能源产业组织起来，更加积极地应对全球气候变暖。全国政协副主席、全国工商联主席黄孟复等领导出席开幕式并作了重要讲话；来自世界各地的政府官员、产业巨头、专家学者共 360 余人出席了论坛。本次论坛的主题为“全球气候变化与新能源的责任”，目的是通过对中国新能源产业的扶持政策、技术与市场、企业融资渠道、应对全球气候变化的机遇与挑战等热点问题，进行深入的沟通与探索，从而推动中国新能源产业健康、快速发展，为构建社会主义和谐社会作贡献。商会在会议上倡议成立“气候变化专业委员会”，并独家发布了《2007 中国新能源产业年度报告》。该论坛在中华全国工商业联合会、国家发展和改革委员会能源局和江苏省工商业联合会指导下，由商会和江苏省无锡市人民政府联合主办，尚德太阳能电力有限公司和无锡市人民政府新区管委会联合承办，联合国开发计划署中国代表处、中国欧盟商会、清华大学公共管理学院CDM 研发中心、法国驻华大使馆经济处、挪威能源环境联合会等单位共同协办。出席此次论坛的还有全国人大环资委主任毛如柏、国务院能源办公室副主任徐锭明、发改委能源局副局长吴贵辉、发改委能源研究所副所长李俊峰、新能源商会会长李河君等各界领导。论坛开幕式由新能源商会常务副会长、尚德太阳能电力有限公司 CEO 施正荣主持。

2008 年

举行“太阳能热利用产业税收政策高层研讨会”

2008 年 5 月 23 日下午在商会秘书处会议室举行了“太阳能热利用产业税收政策高层研讨会”。出席研讨会的相关领导和专家有国家税务总局政策法规司丛明司长，国务院办公厅科教领导小组综合局胡和力局长，全国工商联研究室陈永杰主任，全国工商联经济部罗力副部长，新能源商会主任科学家、中国可再生能源学会产业工

2008 年 5 月 23 日，举行“太阳能热利用产业税收政策高层研讨会”

作委员会罗振涛主任。新能源商会副会长徐新建等 10 余名代表参加了座谈。研讨会主要围绕三个方面的议题展开：太阳能热利用产业总体发展状况及展望，太阳能热利用产业面临的主要问题，特别是税收方面的问题，国外在税收政策方面的经验。在听取了行业专家和企业家的意见之后，来自国家税务总局政策法规司的领导认为，光热产品节能环保，非常好；光热产业处于爬坡阶段，需加大技术装备投入，需在世界范围内做大做强。他同时表示，对光热政策支持刻不容缓，支持的依据应该是该产业在国民经济中的重要作用以及良好的节能减排作用。

举行中国太阳能光伏产业与硅基电池技术绍兴研讨会

2008 年 6 月 26 日，由全国工商联新能源商会举办的“中国太阳能光伏产业与硅基电池技术绍兴研讨会”在浙江绍兴成功举行。国家能源专家咨询委员会主任徐锭明、绍兴市人民政府副市长陈月亮、国家税务总局政策法规司巡视员丛明等领导出席了本次研讨会。来自科技部、国家发改委能源研究所、绍兴市各政府部门的领导、专家学者、企业代表共 200 余人出席了研讨会。研讨会的举行旨在搭建光伏产业技术交流合作平台、推动产业技术进步、促进光伏产业健康快速发展。在此次研讨会上精工机电研究所发布了在年内推出具有世界领先水平的 500kg 级多晶硅铸锭炉的消息。目前，中国光伏产业正处于腾飞的起步阶段，大家一致认为光伏产业是最具增长潜力的新兴产业，前景无限光明，国家应该加紧出台一系列扶持政策，同时，光伏产业界应该联合起来，共同推动政策的逐步完善和技术及国产化装备的不断升级、开创中国光伏产业发展的新局面。

召开第九次会长会议暨 2008 年中国风电产业座谈会

2008 年 9 月 12 日，第九次会长会议在哈尔滨市报业大厦召开，同时举办了 2008 年中国风电产业座谈会。会长会议着重在建立产业危机冲突公关处理体系、筹备中国新能源发展产业投资基金；加强网站建设实现商务运作；扩大会员数量，建立专委会、地方分会等方面进行了交流讨论。会后的风能产业座谈会，打破了会长会议的传统模式，使会长们了解学习到了非本企业领域内的知识，同时也吸引了其他关注风电产业的相

关企业。

参加希腊“ENERTECH 2008 CONFERENCE”会议

2008 年 11 月 18 ~ 25 日，由全国工商联新能源商会组织的希腊访问团一行 19 人赴希腊参加了“ENERGY 2008 – Photovoltaic 2008”展览及“ENERTECH 2008 CONFERENCE”会议，部分商会领导和会员得到希腊政府官员的亲切接见，并参观了希腊享有国际声誉的可再生能源研究中心。此次访问团参加的希腊“ENERGY 2008 – Photovoltaic 2008”国际会展在希腊 MEC 会议中心举办。这是一届在希腊举办的最大的关于光伏系统技术的展览，会展的主题是“可再生能源——管理与节能”。有超过 200 家参展商，近 40 个国际展商以及超过万余名观众参加了展览。展览中的国际会议不仅为参观者们提供了一个技术咨询的极好机会，也为参与企业提供了一个良好的国际宣传机会。此次由商会秘书处组团赴海外参展和访问，是商会打造国际化新型商会的一个重要尝试之一，整个访问取得圆满成功，极大地增进了商会与国际新能源领域的交流与合作。根据与希腊展会组织方的合作协议，商会今后每年都将组织类似的访问团赴希腊进行交流。商会将在为会员企业充分争取权益的前提下，最大限度地为会员企业乃至中国新能源企业提供服务。我们相信，随着商会组织国际参展与访问经验的不断积累，商会必将为中国新能源企业打造出一流的国际交流平台。

2008 年 11 月 18 ~25 日，商会希腊访问团参加“ENERTECH 2008 CONFERENCE”会议

召开第三届中国新能源国际高峰论坛

2008 年 11 月 27 日，“第三届中国新能源国际高峰论坛”在北京钓鱼台国宾馆隆重开幕。来自世界各地的政府官员、产业巨头、专家学者共 420 余人出席了此次论坛。全国政协副主席、全国工商联主席黄孟复，诺贝尔环境奖获得者、著名光伏专家马丁·格林，全国人大环资委副主任袁驷，国家能源专家咨询委员会主任徐锭明，中国可再生能源学会理事长石定寰，国家能源局新能源司副司长史立山，新能源商会会长李河君等出席了论坛并作了演讲。本次论坛的主题为“全球变化背景下的新能源前景”，会议呼吁新能源从业者携起手来，积极应对全球变化危机，保持新能源产业的稳步、健康、快速发展。

发布《2008 中国新能源产业年度报告》

全国工商联新能源商会在论坛上独家发布了《2008 中国新能源产业年度报告》，该报告很好地宣传了我国新能源企业在构建和谐社会中的重要作用，为企业了解我国新能源产业发展现状和问题提供了权威数据，为政府出台新能源产业政策提供了全面的参考资料。由于年报兼具权威性、原创性、操作性、实用性和宣传性，一经发布便受到业界普遍关注和赞誉。

新能源商会作为全国工商联下属的行业组织，在组织行业调研、国际交流以及服务会员企业等方面发挥了重要作用，为推动我国新能源和可再生能源产业发展作出了突出贡献。

2009 年

商会应邀出席哥本哈根气候变化圆桌会议

2009 年 2 月 17 ~ 18 日，商会秘书长曾少军博士作为中国工商界首席谈判专家，出席哥本哈根气候变化圆桌会议，为政治谈判提供意见。本次会议是为 12 月召开哥本哈根世界气候大会（COP15）的一次前期接触，是中国工商界首次参与此类气候变化履约问题的国际交流，表达中国民营经济在气候变化问题上的意见和态度。

第四届亚洲太阳能光伏工业展览会在沪成功举行

2009 年 3 月 30 日 ~ 4 月 1 日，由商会与全国太阳光伏能源系统标准化技术委员会等四家单位联合举办的“第四届亚洲太阳能光伏工业展览会”在上海世贸商城成功举行。该展览作为商会在光伏领域重点参与、组织的活动，经过四届的发展，已逐渐成为光伏行业的品牌盛会，受到业界广泛关注。今年共有来自国内外362家知名企业参展，吸引了25000人次参观者，较2008年增加了一倍。

召开关于加快推进太阳能光电建筑应用座谈会

2009年4月10日，住房和城乡建设部联合商会，为促进行业标准的建立召开了“关于加快推进太阳能光电建筑应用座谈会”。本次会议吸引了数十家国内巨擘企业参与，分别与标准制定部门交换意见，是一次政府与企业的高效互动。

召开第二届会员（代表）大会

2009年6月27日，商会第二届会员（代表）大会在京隆重召开，本次大会经过选举产生了商会新一届领导成员。汉能控股集团董事局主席李河君连任会长，恒基伟业董事长张征宇、尚德电力控股有限公司董事长施正荣、北京四季沐歌太阳能技术有限公司董事长徐新建等13位副会长连任，另有保定天威薄膜光伏有限公司董事长丁强、天碁欧瑞康（上海）贸易有限公司董事总经理孙海燕等7位新当选副会长，曾少军博士连任秘书长。100多位新能源企业家及代表、著名专家学者、新闻界朋友，以及全国工商联有关部门负责同志参加了本次会议。全国工商联党组副书记、副主席宋北杉，直属会员商会会长瞿怀明出席了会议，宋北杉副主席发表了重要讲话。李河君会长在当选感言中承诺，新一届商会领导机构将在未来3年内主要做好以下几方面工作：将商会会员数量扩大到500家，申报“中国新能源产业投资基金”，将“新能源国际高峰论坛和新能源博览会”打造成国际知名品牌，建立光伏、光热、气候变化、生物质等专业委员会，适时推出“中国新能源之星”等公众评选活动。商会倡议广大新能源企业应该紧紧抓住目前这种国际、国内发展新能源的大好战略机遇，加强国际交流合作，疏通行业发展环境，促进产业良性竞争，共建和谐市场秩序，为中国经济成功转型、保障能源安全、应对全球气候变化作出更大贡献。

举办多晶硅铸锭工艺技术培训班

2009年7月24～26日，商会主办的国内首次多晶硅铸锭工艺技术培训班在绍兴举行，来自全国20多个省市的60多家太阳能光伏企业的200余名代表参加了本次培训。本次培训不仅赢得了业界的高度关注和认可，而且也为提升我国多晶硅铸锭从业人员的整体素质、推动和促进我国太阳能光伏行业的快速发展奠定了良好的基础。

发起成立首个专业委员会

2009年10月23日，商会在国家气候中心召开气候变化专委会发起大会，这是商会即将成立的首个专业委员会，标志着商会的发展进入到了更高的层次。本次专委会由国家气候中心副主任吕学都，清能投资咨询有限公司等的20余位专家、企业代表发起。

商会应邀出席全球主要经济体工商界论坛

2009年12月15日，商会应邀代表中国工商界率会员企业参加哥本哈根世界气候大会（COP15）外围会议——“全球主要经济体工商界论坛”，并对西方国家企图用“行业方法”取代CDM的做法进行了坚决抵制，为维护发展中国家利益做出了努力。

重要文献

2007年

发挥民营经济和民间商会作用 大力促进新能源发展
——在“首届中国新能源国际高峰论坛”上的致辞（摘要）

全国政协副主席、全国工商联主席　黄孟复

（2007年1月13日）

中国改革开放和经济发展中的最重大变化之一、最重大影响之一，就是民营经济的出现与迅速发展。民营经济已经成为国民经济的重要力量，成为经济增长的主要动力来源，民营企业家已成为构建和谐社会的重要力量。目前，中国民营经济的发展已经跨入到一个新的历史阶段，国家关于民营经济的法律政策有了根本性的转变，民营经济在整个国民经济的作用和地位发生了根本性的变化。民营经济已经并将继续改变中国。随着民营经济逐步“走出去”迈向世界，中国民营经济将推动世界的改变。

当前，能源和环境问题已经成为中国和世界都在面对和必须解决的极为突出、极为严重的问题之一。解决这个问题的一条根本出路是大力发展新能源。发展新能源，需要各国领袖的远大目光，需要各国政府的远见政策，需要世界各国的共同合作，也特别需要企业家的睿智和行动。我们十分欣喜地看到，中国的领导人和中国政府，已经认识到了新能源的重大战略地位，正在不断提出推进新能源发展的政策措施。中国的民营企业也是“春江水暖鸭先知”，成为最早进入新能源领域的一批力量。在国家新能源政策的推动下，从事新能源产业的民营企业数量和规模迅速扩大，现已成为新能源产业发展的重要推动力量。完全可以相信，与民营经济成为国民经济增长的最大动力来源一样，民营经济也将逐步成为中国新能源产业发展的最强大动力来源和主力军。

一个产业的发展，特别是新兴产业的发展，既要靠各个企业的自身力量，也要靠企业的联合力量。这就是行业协商、产业商会产生的重要原因。全国工商联推动建立新能源商会，目的就是响应国家的新能源发展战略，积极支持和大力推进中国的新能源发展。新能源商会成立以来，在有关政府部门和全国工商联的支持下，在李河君会长等商会领导的带领下，一直致力于建设一个与国际接轨的新型商会，团结广大新能源工作者，开展了一系列很有成效的调研、考察、培训、交流等活动，各方面工作有了一个良好的开端，较好地履行了民间行业商会的职能，逐步在新能源领域树立起了形象。我希望新能源商会在进一步努力学习与借鉴国内外成功商会经验的基础上，不断提高管理与服务水平，增强吸引力和凝聚力，不断壮大商会队伍，并积极为国家新能源发展建言献策，努力扩大国际交往。也希望能有更多的民营企业来关注、关心和支持新能源商会，积极参与到利国、利民、造福子孙后代的新能源事业中来，为改善能源结构、改善生态环境，为促进国民经济可持续发展和构建社会主义和谐社会而共同努力！

在“首届中国新能源国际高峰论坛”上的讲话（摘要）

全国工商联新能源商会会长　李河君

（2007年1月13日）

经过紧张筹备，由全国工商联新能源商会主办、中国可再生能源学会、全国工商联经济部等单位协办的“首届中国新能源国际高峰论坛”今天在这里隆重开幕，我谨代表新能源商会，对出席本次论坛的各位领导、专家、国际友人、企业代表和各位来宾表示热烈的欢迎！对为本次论坛的顺利召开提供大力支持的协办单位表示衷心的感谢！

本次论坛的主题是“新能源行业的政策与融资”，旨在通过这个行业交流合作平台，针对中国新能源行业发展的扶持政策、银企良性互助等热点问题，进行深入的沟通与探讨，借此推动中国新能源产业健康、快速发展，为社会主义和谐社会建设和人类社会可持续发展，作出我们新能源行业的应有贡献。

世界各国都把能源安全提升到国家战略高度，纷纷加大对新能源和能源新技术的开发利用，通过发展替代能源、改善能源结构，促进经济、社会的可持续发展。我国有丰富的太阳能、风能、生物质能、地热能和海洋能资源，加快新能源开发，对增强能源供给、改善能源结构、保障能源安全、保护生态环境具有重要意义。

全国工商联新能源商会自成立以来，始终致力于促进中国新能源产业的发展，为业界搭建一个信息沟通、技术交流、人才流动、资源共享、利益协调的平台。同时，充分发挥民间商会的自律、仲裁、维权、服务和行业标准制定等职能，先后开展了清洁发展机制（CDM）培训、欧洲新能源考察、行业专题调研、“两会”提案、现代商会制度研究、《新能源年报》编撰等工作，为营造良好的行业发展氛围进行了一些有影响的工作。

在本届会长任期内，我将与全国工商联新能

源商会的全体同仁努力探索开展如下工作：设立新能源产业投资基金，筹建新能源产业基地，建立新能源产品交易市场，促进国内外技术交流，为建设一个与国际接轨的新型商会而努力。

财政部高调支持新能源产业

“发展新能源是一项系统工程，需要政府各部门，石油石化企业和社会各界的密切配合，在新能源发展起步阶段国家财政部要给予坚定的支持，建立风险分担机制，为市场主体创造稳定的市场预期。通过政府和企业来共同分担风险，推进新能源企业的发展。”13日在由全国工商联新能源商会主办，本报等单位协办的“首届中国新能源国际高峰论坛”上，国家财政部经济建设司司长胡静林表示。

全国政协副主席、全国工商联主席黄孟复出席论坛并讲话指出，能源问题以及由此引起的环境问题已成为中国和世界都必须严肃面对并必须解决的重要问题之一，根本出路是大力发展没有环境污染的新能源。中国领导人和中国政府已经认识到了新能源的重大战略地位，不断提出新能源发展举措，在这一领域，中国民营企业已成为最早一批进入新能源开发的重要力量。他相信在国家新能源政策推动下，与民营企业已成为中国经济发展的最大动力来源一样，民营经济也将逐步成为中国新能源产业发展的最强大的动力来源。

本届论坛以“政策与融资”为主题，针对我国新能源企业普遍反映的《可再生能源法》中“实施细则不可实施”、“银企信息不对称”等问题，胡静林表示，最近几年财政部对石油替代方面做了大量的研究工作，财政支持新能源发展要坚持的原则是，一是要在战略上统筹规划，稳步推进，不能因为一时油价的高低和原料价格的涨落改变对新能源的发展判断；二是以市场为主，政府引导，建立财税政策保障机制和风险分担机制，完善公共服务，实施税收优惠；三是区别对待、分类指导，新能源品种太多，在各个阶段，所遇到的困难不相同，国家不可能采取统一的支持政策，要通过不同的有针对性的政策支持；四是突出重点，依次推进。新能源覆盖面很广，包括水利、风能、太阳能、生物质能、海洋能等，国家难以全面推进，只能在不同时期选择不同的重点，加以集中使用资金，逐步推进。

具体到生物质能，“我国将对生物能源与生物化工产业实施财税扶持政策，通过建立风险基金制度与弹性亏损补贴机制、原料基地补助、示范补助以及税收优惠四大基本措施促进产业发展”。胡静林指出，由财政部、国家发改委、农林部、国家税务总局、国家林业局联合印发的《关于发展生物能源和生物化工财税扶持政策的实施意见》已于近日发布，其中四项政策构成了国家财税扶持政策的核心。

“发展生物能源与生物化工对于替代化石能源，促进农民增收，改善生态环境等方面都具有重要意义，但中国人多地少，粮食安全始终是第一位的，因此，中国生物能源以及生物化工将以非粮作物为主，严格控制以粮食为原料生产安全前提下，稳步发展，防止一哄而起。”胡静林补充指出。

据胡静林透露，我国能源替代战略框架首先将以石油替代为中心，在努力提高石油安全保障问题上，同时积极开发再生能源，促进煤的替代，从总体上缓解我国能源紧缺和生态环境的压力。以此为思路，财政部将重点支持新能源在三方面的发展：一是石油替代的技术，主要是生物液体燃料和煤质油，二是技术成熟近期可替代煤炭的可再生能源，如风能、太阳能在建筑节能领域的应用，三是技术先进未来发展前景好的可再生能源，如太阳能光伏发电、浅层地能、海洋潮汐能的应用等。

据了解，全国工商联新能源商会会聚了100多家从事风能、太阳能、生物质能、地热能等可再生能源领域的知名民营企业，华睿、尚德、力诺、四季沐歌等一大批国内著名企业已成为中国新能源发展的主力军。

在论坛上，与会人员从法律手段、财政职能、节能政策、国际经验等角度，对中国新能源产业健康快速发展提出了中肯的意见和建议。联合国原副秘书长莫里斯·斯特朗，全国工商联副主席张龙之，国务院能源办公室副主任徐锭明，国家发改委能源研究所副所长李俊峰，华睿集团董事长、全国工商联新能源商会会长李河君，山东力诺集团董事长高元坤，无锡尚德集团董事长施正荣等出席。

论坛上，聘任了新能源商会的6位主任科学家，倡议设立中国新能源产业投资基金，独家发布了《2006中国新能源产业年度报告》。商会秘书长曾少军表示，今后商会每年将组织召开高峰论坛，发布新能源产业年度报告，并把“中华新能源”打造成中国该领域的第一品牌。

（摘自《中华工商时报》
2007年1月15日）

首届“中国新能源国际高峰论坛”在京开幕，新能源“年度报告”值得期待

日前，由全国工商联新能源商会主办的首届“中国新能源国际高峰论坛”在北京开幕。来自全球各地的政府官员、企业代表、金融巨头、专家学者共200余人，就新能源产业发展面临的政策与资金“瓶颈”问题展开了激烈的讨论，并呼吁政府应尽快把新能源产业相关政策落到实处，切实扶持产业发展。

本届论坛以“政策与融资”为主题，针对中国新能源企业普遍反映的可再生能源“实施细则不可实施”、“银企信息不对称”等突出问题，对中国新能源产业健康快速发展提出了建议。

该论坛由新能源商会主办，全国政协副主席、全国工商联主席黄孟复出席开幕式并作重要讲话。出席此次论坛的还有全国工商联副主席张龙之，国务院能源办公室副主任徐锭明，全国人大环资委法案室主任孙佑海，财政部经建司司长胡静林，新能源商会会长李河君等各界领导。论坛开幕式由新能源商会常务副会长、尚德太阳能电力有限公司CEO施正荣主持。

全国工商联新能源商会是由中国100多家从事风能、太阳能、生物质能、地热能以及分布式能源等新能源领域知名企业自发组成的民间行业组织。据新能源商会秘书长曾少军介绍，今后商会每年都将组织召开此类的高峰论坛，发布最新的产业发展“年度报告”，努力把“中华新能源”打造成为中国新能源产业发展的第一品牌。（赵谨）

（摘自《中国民营经济周刊》
2007年1月18日）

新能源产业发展渴望政策落实

由全国工商联新能源商会主办的“首届中国新能源国际高峰论坛”近日在京开幕。来自全球的政府官员、企业代表、金融巨头等200余人，就新能源产业发展面临的政策与资金“瓶颈”问题展开激烈的讨论，呼吁政府尽快把产业政策落到实处，切实扶持产业发展。

针对中国新能源企业普遍反映的《可再生能源法》“实施细则不可实施”，银企信息不对称等突出问题，论坛以“政策与融资”为主题，与会人员从国际经验、法律手段、财政职能、能源效率等视角，对中国新能源产业快速发展提出中肯的建议与对策。同期聘任“新能源商会主任科学家”；倡议设立“中国新能源产业投资基金”；独家发布《2006中国新能源产业年度报告》。（陈磊）

（摘自《中国工业报》
2007年1月30日）

政府应完善太阳能产业发展政策

商会通过全国工商联向全国政协提交的提案
（2007年3月15日）

进入21世纪以来，随着化石能源资源的日益减少和环境污染的日趋严重，发展新型、环保、安全的可再生能源已经成为世界各国能源战略的重要选择。太阳能以其无污染、无运输、无垄断、维护简单、运行安全和永不枯竭等特点，被认为是解决能源与环境两大问题的一个最佳选择。不少国家已将发展太阳能作为近中期的重要替代能源和中长期的主体能源。许多国家是法律引导、行政推行和经济鼓励三种手段并用，采取国家强制、政府推动的“准计划经济”措施，太阳能技术不断突破，成本大幅

度降低，技术设备日益商业化，市场不断扩张，太阳能产业已经形成大发展趋势，在能源供给中的比重迅速提高。

2006年正式实施的《可再生能源法》，对致力于太阳能产业的众多民营企业是极大的鼓舞，太阳能产业发展速度不断加快。然而，一年多来，一些重要的认识与政策问题仍然没有解决，不利于太阳能产业的正常发展。为此，我们建议：

第一，进一步提高对太阳能产业重要性的认识。国家对水能、风能、生物质能等产业已经有了比较高的认识，出台了一些扶持政策。但是对于太阳能发电的政策却比较笼统，缺乏可操作性。要提高对太阳能在能源，特别是在可再生能源中的重要地位与作用的认识，将其放到与风能、生物质能同样的地位，采取与其特点相适应的鼓励政策。

第二，确保国家对太阳能产业补贴政策到位。《可再生能源法》第二十条规定“电网企业依照本法第十九条规定确定的上网电价收购可再生能源电量所发生的费用，高于按照常规能源发电平均上网电价计算所发生费用之间的差额，附加在销售电价中分摊。具体办法由国务院价格主管部门制定”。这在实际操作当中很难实现，电网企业、用户从保护自身利益出发，谁都不愿意遵照规定执行，造成执行补贴政策的主体单位不明确，应进一步完善该政策执行的主体，执行程序和价格等。

第三，出台扶持太阳能产业的税收政策。太阳能企业只能在具体的项目上申请相关扶持，不能实现太阳能行业的普遍税收优惠，从而限制了太阳能行业的发展空间。要通过税收扶持鼓励信息、科技方面的提升，支持企业通过各种对外合作形式，获得和拥有自主知识产权。

第四，设立太阳能产业专项基金。太阳能尤其是光伏需要的投资很大，而从事这一产业的主要力量是民营企业，资金问题是制约其发展的主要“瓶颈”。解决这一问题，除采取必要的信贷优惠政策外，还应设立太阳能产业投资基金。目前设立公司型产业投资基金的法律环境已趋于成熟，如《创业投资企业管理暂行办法》已经开始施行，新《合伙企业法》将于今年6月施行。建议有关部门着手推动建立太阳能产业投资基金。

第五，制定发展国内太阳能电池市场的政策。目前国内太阳能电池的生产厂家和生产规模都在快速增长，但大多数产品都是出口，国内市场规模相对有限。这与国内缺少激励使用太阳能的政策有关。国家出台鼓励太阳能应用和市场发展的相关政策，将会唤醒国内市场的巨大潜力。

第六，制定我国太阳能产业和产品的国际、国内标准。欧美等太阳能产业发达国家已经形成了比较完善的标准，而国内太阳能市场处于相对混乱的状态，统一的行业标准很不完善，不能对整个行业进行有效的规范。尤其是太阳能热水器行业，由于行业标准缺失，市场主动权反而掌握在数量占优的中小企业手中。为了追求价格优势，大多数企业选择了不合格的生产配件。国际化是中国太阳能产业的必由之路，要与国际太阳能市场接轨，制定符合国际要求的统一的太阳能行业标准势在必行。

新能源发展和建设和谐社会
——人民网专访全国工商联新能源商会秘书长曾少军（摘要）

（2007年3月26日）

曾少军：关于新能源，实际上学术界的看法恐怕有些不同的观点，因为我来自全国工商联新能源商会，我想从我们商会对新能源这个产业的服务角度界定一下。所谓新能源，我们有两个概念：第一个叫做新出现的能源品种；第二个是传统能源的新技术利用形式。这两个是分别从不同的角度来讲的。传统能源的新技术的利用，实际上是从整个能源的存量角度来调整能源结构。所以我们说的新能源，第一个是指新出现的能源品种，第二个是指传统能源的新技术利用形式。

曾少军：新能源和传统能源相比，我个人理解，主要表现在两个方面：第一，主要是从能源和经济的可持续发展角度来讲的。为什么说在已经有了传统能源供给的情况下，人类还要寻求新能源供给方式的改变，主要是传统能源的不可持续。不可持续，包括总量的进一步消耗，能不能够保证人类生产生活的需要。另外，是技术开发等这些方面。第二，新能源和传统能源相比，就是你刚才提到的环境保护方面的问题，传统能源之所以不可持续，很重要的一点就是它给人类社会带来了很多的负面的治理成本。现在大家都在关注全球变暖的问题，过多的二氧化碳排放导致温室气体的产生，对整个人类的生存造成威胁，所以传统能源是不可持续的。新能源能够显示出自己的优势，既保证人类生产生活的可持续，同时又解决了环保问题。

主持人：其实，目前国内新能源产业发展还是十分火暴的。企业这么多，是不是存在一些泡沫企业？您觉得应该怎样规范新能源产业的发展呢？

曾少军：我在和新能源商会与企业接触的过程中，确实听到了一些说法。所谓的"泡沫"，我想大家可能关注的是两个方面：第一是关于太阳能的光伏发电这一块，第二是关于风电产业发展这一块。好多人认为光伏是"两头在外"，所谓"两头在外"，就是原材料来自国外，高纯度的多晶硅，我们生产的产品——电池，95%以上销往国外，所以，我们整个光伏能产品的市场实际上是建立在国外政策市场上，大家觉得不稳定。

风电的发展主要是我刚才谈到的应该基于政府激励的市场，而不是基于一种市场竞争投资主体的确定。这样的话，这个产业发展就会有这个问题。风电现在发展主要有这么几个奇怪的现象：第一个是原有的一些投资主体，发现游戏规则不太好玩，纷纷转让开发权；第二个是有些还不太清楚情况，但投资热情很高，纷纷进入；第三个是我们有些国有的传统能源大户的介入，他们可能出于完成减排指标，绿色配额指标等。

主持人：应该怎样规范新能源产业的发展？

曾少军：对这一块"泡沫"的规避，我认为光伏能的产品有两块要解决：我们说"两头在外"，我们就从两头解决。第一头是原材料，实际上真正光伏能的原材料应该来自于国内。我们把低纯度的粗硅矿大量出口到美国、日本，他们拿过去以后，通过自己的高技术提纯，然后用高于成本儿百倍的价格卖给中国，这个原材料在哪里？还是国内。国内为什么吃这个亏，主要就是技术不过硬，所以高纯多晶硅是国家级的课题，当然从更高的层面讲，还是涉及国防科技、军事科技方面的技术，我觉得还是集中国家的力量，取得根本性的突破。尤其是有些提纯技术和耗能量的降低。

光伏能的第二块"在外"是市场在外，我们国内能不能有这块市场？为什么有95%在外，5%在内。国内光伏能的阳光工程，大家看到公共产品里面使用了一些光伏，但是真正批量地使用光伏能产品还是靠并网项目的突破，如果没有并网项目的突破，中国光伏能的发展很难有突破。光伏能的价格，相对于传统能源的价格还是有些高，但是我们还是要坚定地支持它，还是应该让它尽快地走向社会、走向这个市场。这是关于光伏能泡沫的规避。

第二，关于风电发展的规避。我刚才已经谈到了，我核心的观点是提倡政府采取激励、扶持的政策，尽量减少初期市场竞争措施的使用。

主持人：目前，我国有没有一些比较成型的新能源产业？

曾少军：提几个，第一，大家可能都没有意识到身边的新能源即太阳能的热利用。最早的利用新能源就是把油桶放在屋顶上。太阳能热利用是为我们新能源立了功、增了光的，而且其市场前景也很广阔。目前全国太阳能热利用的厂家达到了5000家，如果把上下游的厂家算起来的话，其实也并不多。我们要做品牌，更多的时候太阳能是新一代的产业链，包括服务、营销等，所以这里面的企业再多一点也没关系。

第二，光伏能。光伏能国内利用得不多，但是作为一种技术的推进和产品的生产，无锡的尚德、常州天合等都做得很好。我们要逐渐地把这个市场转到国内来。

第三，风电。现在我们逐渐地把风电做了起来。自从我们民营企业华睿集团，第一个中标了如东的风电项目以后，整个风电项目就被带起来了，而且大家的发展积极性都很高。

第四，生物质能，包括垃圾发电等。《可再

生能源法》出台以后，第一个明确新能源的新的发电形式价格的就是有生物质能，所以这一块的发展潜力还是不错的。

主持人： 有人说，其实新能源在广大农村地区，特别是贫困的西部地区会有更大的市场，您觉得应该怎样把新能源产业和西部开发及新农村建设结合起来？

曾少军： 这也是我们产业界一直所关注的问题，刚才我也谈到了，光伏能的发电，有一部分市场是国家的工程，即"西部光明"工程等，我曾经去过新疆，他们把电池片放在马背上，这就相当于一个发电站。因为西部地区幅员辽阔，人口稀少，所以不便于电网的延伸，这个地方更多的是离网式发电，一家一户的户用能源利用比较集中的一个是风能。虽然西部地区的条件很艰苦，但是其新能源的资源是很丰富的。第二个是太阳能光热的利用。第三个是光电的利用。所以这几块在西部地区做得比较好。在贫困地区，农民还可以利用沼气发电，沼气发电就是把牲畜的粪便进行处理，通过沼气汽化。这一块的利用也将是一个很大的市场。新能源离网式的利用，加上适当的国家扶持政策，提高技术、降低成本，在不增加农民负担的前提下，我觉得新能源和"三农"的问题还是能够很好地结合起来的。

主持人： 我国目前太阳能生产企业，像您刚才所说的，大多数都是出口型企业，为什么国内市场就这种进入状态一直进展很慢，如何唤醒国内的市场？

曾少军： 太阳能分为光伏和光热。在国内，光热这一块主要是把行业标准做好，取得消费者的信任。从光伏来讲，还是要解决并网式发电的技术和政策。技术这一块主要是一个成本逐步降低的过程。关键是政策这一块，有的人认为现在没必要往前推，太阳能光伏发电成本相当于传统煤电发电成本的10倍，这给消费者带来很沉重的负担，但是我们终究要走这一步。如果算上环保的综合成本，我看传统煤电发电不一定会比太阳能发电电价低，所以如果从可持续和环保的角度，太阳能光伏发电还是应该尽快通过政策扶持的形式进行推广。

主持人： 国内市场有没有一些需要唤醒的方面？

曾少军： 国内的市场，我刚才提到政府工程、政府项目可以用国家的意志、国家的项目起用新能源产品。第二公共产品，包括公路、道路设施建设，实际上维护成本很低的，我昨天到北京西边的凤凰岭的时候，我看到宣传的奥运对象上用了太阳能产品，这些都挺好。并网项目如果没有政府的推动，实施起来恐怕会很困难。当然作为示范项目还是应该大胆地予以推进。

主持人： 听说您为我国新能源产业良性的发展积极地奔走呼吁，"两会"期间新能源商会也向政府有关部门提交了"关于完善太阳能产业发展政策"的提案，我们想知道提案动机是什么？这个提案具体包括哪些方面的内容？结果怎么样？

曾少军： 这个提案是综合了我们新能源商会的会员企业，特别是从事太阳能发电这一块的企业，包括我们常务副会长单位无锡尚德、常州天合等这些企业的意见，然后在全国工商联统一领导下，向政协提交的。我们这个议案的核心内容就是进一步落实太阳能发电的一些鼓励政策的到位，包括财政政策和税收政策。另外我们还提出了希望能够建立新能源产业基金，支持这个产业的进一步发展。应该说，我们商会很重要的一个职能就是带领广大的私营新能源企业积极地参政议政，这个提案的提出，也体现了我们的服务功能。

主持人： 作为新能源产业方面的专家，您怎样看待我国太阳能产业的政策？为什么说我国的新能源政策比较笼统，缺乏可操作性？您认为它应该怎么改正？

曾少军： 专家谈不上。专业领域的专业工作者，应该从这个角度讲。也谈不上改正，因为我们国家新能源的总体政策是好的，包括《可再生能源法》的出台和相关实施细则的落实等。现在的问题是，我们的产业发展步子很快，但是具体的实施细则和法规的具体落实条文配套的又太慢，所以这就产生了一个矛盾，产业在往前走，我们的规范还没有跟上，这就不可避免地导致问题的出现。所以，首先就是要把各种相关配套的法律法规尽快的完善。当然，这个完善也不要觉得就是一步到位，出台以后就能够管多少年，实际上新能源的发展，需要一个逐步完善的过程。先出台，然后根据实际情况进行修订，我想这应该是一个很理性的思路。

主持人：您认为我国的新能源产业发展目前最急需解决的是什么问题？

曾少军：第一，规划上，要有一个合理的、科学的和远景的目标。规划、目标确定了，所有的投资者心里才会安定，至少几年之内，我国的投资恢复和国家产业政策的方向，是在国家规划的范畴之内。因为能源产品的投资是一个长线投资，如果我们看不到远景的话，对投资者信心的稳定是不利的。

第二，在技术上，要尽快取得突破，要大胆地把国外的技术引进来，然后消化、吸收、利用。当然我们国家自己独立研发的技术，也应该尽快地跟产业结合起来，并推广。

第三，投资机制和融资体制方面，我们要尽快地完善和进一步与民营企业结合起来，或者更进一步让民营企业感觉到投资领域和融资领域是很亲切的，我们目前的投资领域，民营主体感觉这里面如果采取市场竞争策略的话是无利可图的，所以他进来的时候会很犹豫。从融资的领域来说，获得资金的渠道很有限，当然商业银行有自己的考虑，这方面如果我们没有国家的鼓励，投融资环节不解决好，对于这个产业的进一步发展还是会有影响的。

主持人：《可再生能源法》到现在已经正式实施一年多了，在这段时间内，它取得了哪些成绩，又暴露了哪些问题？

曾少军：《可再生能源法》的一个很重要的作用就是唤醒了全社会对新能源和可再生能源的认识与热情。我觉得这是功不可没的。因为，一般的宣传恐怕会起到一定作用，但是法律的引导影响力是其他任何宣传无法比拟的。当然特别是我们这个法律出台的前后，配套性地进行了很多舆论导向的宣传。

《可再生能源法》实施细则制定的步子要快一点，根据现实中出现的情况，有不符合的，再进行修订和完善。当然，这个法律制定的如果说还有问题的话，可以制定实施细则，因为东方的立法和西方的立法不完全一样，西方的立法恐怕是很厚的条文，那么一大本。我们就是弄一个原则性的规定，原则性的规定变成一种倡导，是一种宣言了，就不是一种可操作的。所以我们才要制定实施细则，这就是我们《可再生能源法》立法的考虑角度不一样，这是存在的一个问题。

积极面对机遇和挑战
大力推动新能源发展

——在“第二届中国新能源国际高峰论坛”上的致辞（摘要）

全国政协副主席，全国工商联主席　黄孟复

（2007 年 12 月 12 日）

中国经济的发展，引起了世界高度的关注，也推动了世界经济的强力发展。但是中国经济的发展也受到世界各国各种各样的议论。以前是说“中国军事威胁论”，后来转到“中国的经济威胁论”，现在又转到“中国的环境威胁论”。外部对我们的发展还是造成了很多的压力，中国经济发展的内部也遇到了很多的困难和问题，最大的问题是资源和能源的消耗，环境污染制约了我们经济的发展。因此，中国经济要进一步发展，必须转变发展方式，寻求新的发展道路。

近年来，党中央国务院把节能减排作为当前经济发展的一个重要的考核指标，各个地方政府在节能减排上实行一票否决。所以，从现在的形势发展来看，我们的新能源、可再生能源是作为节能减排的一个重要方面，引起了党中央国务院、各地政府的高度重视。当然，全国人大在三年前通过了《可再生能源法》，这从法律上和政策层面上给我们新能源的发展提供了广阔的空间。据我了解，现在我们的太阳能热利用产业居世界第一，为我国节能减排作出了突出贡献。我们是世界最重要的光伏组件生产国之一，我国的光伏企业推动了世界光伏事业的发展。我国也是世界最大的风能市场之一，我国的风能利用也推动了世界风能产业的快速发展。联合国秘书长潘基文在最近的会议上讲，德国和中国在新能源方面做出了突出的成绩。

我国关于新能源方面的规划，到2010年的时候，我们的可再生能源达到能源消耗总量的10%以上，2020年达到15%以上。从现在的发展态势来看，我认为很有可能会大大的突破，这个指标是预示着中国经济向又好又快发展的一个重要指标，尤其在好的方面。什么叫好？节能减排取得显著成绩，经济获得高速发展，这才叫好。所以，我们新能源的产业，在中国的经济发展中担负着非常重大的责任。我希望所有进入新能源领域的企业能够在当前这样一个大好的形势下，加速发展，把中国的新能源发展作为中国的产业结构调整的一个重要内容。

刚才我听毛主任讲，全国人大已经向国务院明确提出，要大量增加国家对新能源、可再生能源的支持，从超支预算中再拨200亿元，这样能够达到300多亿元，力度比以前大得多。所以，我们希望所有行业的企业能够抓住这个机遇加速发展。

全球气候变化与新能源的责任

——在“第二届中国新能源国际高峰论坛”上的讲话（摘要）

全国工商联新能源商会会长　李河君

（2007年12月12日）

本次论坛的主题为“全球气候变化与新能源的责任”，目的是通过对中国新能源产业的扶持政策、技术与市场、企业融资渠道、应对全球气候变化的机遇与挑战等热点问题，进行深入的沟通与探讨，达到高端交流、凝聚共识、促进合作、开拓共赢的目的，从而推动中国新能源产业健康、快速发展，为实现中国能源、环境、经济可持续发展，构建和谐社会，作出我们新能源行业应有的贡献。

目前，能源安全与全球气候变化问题已经成为世界关注的焦点，各国都在加大对新能源和能源新技术的开发利用。在我国，促进新能源产业发展已经成为了能源战略的重要组成部分。在一系列国家政策法规的指引下，我国新能源产业得到迅速发展，并成为各类能源中增长最快的领域。全国工商联新能源商会成立近两年以来，有幸成为了我国新能源产业蓬勃发展的见证者和践行者。

新能源商会始终致力于促进中国新能源产业的发展，努力地为会员企业乃至新能源产业的其他从业者提供一流的服务。商会始终围绕基础平台、新能源产业投资基金、新能源产业基地这“三基”开展工作。基础平台就是要打造一个有影响力的“新能源国际高峰论坛”，编撰一部权威的《产业年度报告》，建设经营好商会的官方网站“中华新能源网”，组织企业做好产业标准制定和品牌推广、组建专业委员会等。“新能源发展产业投资基金”是由商会牵头，部分会员企业共同倡议发起的一项重点工作，基金将重点扶持新能源中小企业的发展、促进大企业的横向联合，引导新能源关键技术的研发；申报材料已经通过全国工商联上报至国家发改委等待批复。“新能源产业基地”目标是争取国家的支持政策，在基地内培育中国新能源领域的百强企业，使整个新能源产业做大做强。项目目前正在积极筹备之中，已经有几个目标城市表示出强烈的参与意向。

今后，我们将始终坚持创新，继续深化“新能源发展产业投资基金”、“新能源产业基地”、“新能源产业标准和品牌推广”等主要工作，为把新能源商会建成一个现代的、与国际接轨的新型商会而努力。希望各位领导、专家继续支持我们，也呼吁更多的企业能够参与到我们的活动中来，大家共同推动新能源产业的发展。

新能源与可再生能源有望获国家更强力政策支持

中国对可再生能源的扶持力度有望显著加大。在昨天举行的“第二届中国新能源国际高峰论坛”上，全国政协副主席、全国工商联主席黄孟复透露，人大向国务院明确提出，要大量增加对新能源与可再生能源的国家支持力度。

此次论坛由全国工商联新能源商会与无锡市政府共同主办，尚德电力控股有限公司和无锡市政府新区管委会联合承办，主题为“全球气候变化与新能源的责任”。全国工商联新能源商会在论坛上倡议成立“气候变化专业委员会”，并独家发布了《2007 中国新能源产业年度报告》。

黄孟复在此次论坛上透露，全国人大已向国务院明确提出，在我国新增财政收入的分配方案中要大量增加对新能源与可再生能源的国家支持力度。明年，中国可能从超支预算中再拨 200 亿元人民币给新能源和可再生能源，达到总计 300 多亿元人民币的支持量。

“这样的扶持力度比以前大得多。为此，中国的相关企业应该在当前的大好形势下抓住机遇，加速发展，把中国新能源的发展作为中国产业结构调整的一个重要内容。”黄孟复说。

此前，时任国家发改委副主任的陈德铭曾在一次新闻发布会上表示，我国制定的《可再生能源中长期发展规划》，是 15 年左右或更长时间的关于可再生能源的规划，力争到 2010 年使可再生能源消费量占到能源消费总量的 10%，2020 年提高到 15%。

“从目前的发展态势看来，这一指标还有可能被大大突破。”黄孟复说。（陈其珏）

（摘自《上海证券报》
2007 年 12 月 12 日）

2008 年

《2008 中国新能源产业年度报告》序（摘要）

中华人民共和国科学技术部部长　万　钢

（2008 年 11 月）

能源安全和温室气体减排是全球能源产业面临的主要问题。从现有的“高碳”能源系统逐步向“低碳”能源系统过渡是现实的必然选择。新能源和可再生能源的大规模发展是未来实现这一过渡的必经之路。

近年来，我国经济持续高速增长，能源消费量不断增加，一次能源消费总量 2007 年达到了 26.5 亿吨标准煤，位居全球第二。自 1990 年以来，我国消耗了全球 50% 以上的新增能源消费、70% 以上的新增煤炭消费以及 40% 的新增石油消费。庞大的能源消费需求导致了能源供应的全面紧张，能源安全问题日益突出。

另一方面，我国的能源消费结构很不合理，2007 年煤炭消费量在一次能源消费中占了 69.4%，而水电、核电、风电消费量之和只占了 7.2%。由于单位热量燃煤引起的温室气体（CO_2）排放比石油、天然气分别高出 36% 和 61%，更远远高于低碳或无碳的新能源与可再生能源的温室气体排放，这导致了我国能源消费的温室气体排放强度比世界平均水平高出 30% 以上。

由于主要受能源需求快速增长和能源消费结构不合理所影响，自 1990 年以来，我国新增温室气体排放量有逐步加大的趋势，随着我国经济的进一步发展，如果不及时有所调整的话，我国有可能于 2020 年之后，成为全球最大的温室气体排放国家之一。届时，我国的能源安全问题将更加突出并面临着越来越大的温室气体减排压力。

温室气体过量排放正在引起全球气候变暖，农牧业、森林及其他自然生态系统、水资源、海岸带、社会经济及其他领域会逐渐遭受冲击。控制温室气体排放，将气候变化控制在合理范围内已经迫在眉睫。当前，大部分发达国家已经开始承受温室气体减排压力。这种压力主要通过《联合国气候变化框架公约》和《京都议定书》的合作机制形成。不过，随着全球气候变暖及其不利影响越发得到科学证明，减排压力已经在一些有条件的国家逐渐转化为寻求增长方式转变的内生动力。在第一期减排承诺还未到期的情况下，欧盟甚至单方面承诺到 2020 年将其温室气体排放量在 1990 年的基础上减少至少 20%。可以说，改变增长模式以降低碳依赖程度已经逐渐成为一个国家长远发展的大战略。

我国虽然不履行温室气体减排义务，但仍然本着负责任的态度，已经从自身实际出发，开始采取积极的措施。我国已将应对气候变化纳入到落实中央提出的“科学发展观”的框架内，温家宝总理亲自挂帅国家应对气候变化领导小组。我国已经开始实施《应对气候变化国家方案》，并于今年 10 月发布了《中国应对气候变化的政策与行动白皮书》。

与积极应对气候变化相一致的，寻求经济增

长模式的转变已经被提上议事日程。胡锦涛主席于2007年9月8日在亚太经合组织（APEC）第15次领导人会议上，本着对人类、对未来的高度负责态度，明确主张"发展低碳经济"。低碳经济的基础是低碳能源系统，实质是高能源利用效率和清洁能源结构问题。

新能源和可再生能源是低碳甚至无碳的能源品种，它是从现有高碳能源系统过渡到未来低碳能源系统的主要能源资源。虽然，目前大多数新能源和可再生能源的开发利用成本相对于传统化石能源昂贵许多，但是即便不考虑温室气体减排约束，其可再生性也足以保证其在化石能源面临枯竭的关头成为主力能源，何况低碳路线的需求还要将这一替代过程大大缩短。

我国拥有丰富的新能源和可再生能源资源，完全能够满足对传统化石能源的替代需求。只需用我国现有20%的屋顶面积和2%的戈壁和荒漠地区，便可安装约2.2万km^2太阳能光伏发电系统，装机容量约22亿kw，年发电量可达2.9万亿kwh。如果将我国技术可开发风能资源储量（7亿～12亿kw）完全开发，则可以每年产生1.4万亿～2.4万亿kw/h的电量。另外，我国水能、生物质能、地热能、海洋能等也具有很大的开发利用潜力。

成本问题是新能源和可再生能源大规模替代传统化石能源的瓶颈，突破途径则是技术创新和制度创新。良好的技术可以有效降低成本，而合理的制度安排则可以有力地推动技术进步。最近5年全球太阳能光伏产业实现了40%左右的年增长率，这充分展示了技术创新和制度创新的威力。一直保持住这种势头，那么新能源革命将比我们预想的还要提前。

我国新能源和可再生能源产业近几年蓬勃发展，这也是与良好的技术创新和制度创新密不可分的。随着《可再生能源法》及其相关配套法规的实施以及《可再生能源中长期发展规划》的颁布，我国为新能源和可再生能源产业发展提供了强有力的制度保障。良好的政策环境推动了技术进步，从而推动产业迅速发展。我国已是全球最大的太阳能电池制造国（2007年生产1088MW），最大的太阳能热水器生产和使用国（2007年生产2350万m^2），还是第五大风电开发利用国（2007年装机600万kw）。另外，水能、生物质能、地热能等其他一些新能源和可再生能源开发利用形式也展现出良好的发展势头。我们有理由乐观地估计，2020年可再生能源消费在能源消费总量中占15%的国家规划目标将成功实现。

目前，新能源和可再生能源产业总体上还属于技术密集型和资本密集型产业，民营经济凭借自身优势，逐渐成为了其中的生力军，一批具备竞争力的企业已经是世界闻名。全国工商联新能源商会作为党和政府联系非公经济的纽带，在近三年的工作中会聚了一批从事新能源和可再生能源产业的民营企业，并通过开展积极而有成效的工作，搭建了一个良好的产业平台，促进了企业与企业、企业与专家、企业与政府之间的交流对话，为积极引导企业和组织参与应对能源安全和气候变化问题，为推动新能源产业在我国持续、健康、快速发展作出了应有的贡献。

在第三届中国新能源国际高峰论坛上的致辞（摘要）

全国工商联新能源商会会长　李河君

（2008年11月27日）

大家知道现在的经济危机应该说突破三道防线，第一是投行，第二是银行，第三是实体经济。我在这儿简单地跟各位企业家分享一些观点，供大家参考。

现在的金融危机，实际上是经济危机了，影响深远，对我们新能源企业影响特别大。新能源产业市场小，国际化程度高，所以对我们的影响比其他的中小企业还要大。作为新能源商会，作为会长，我想谈三个应对危机的想法。

第一个，我觉得现在最大的问题就是生存下来，用我们的行话讲，企业要"猫冬"。大家知道一个企业的发展，最大的问题就是扩张。有一个资料表明，死亡的企业有很多很多原因，但是其中很重要的原因在于企业的过度扩张。在目前特殊的情况下，我觉得我们所有的新能源企业，因为大部分是中小企业，应该恪守一个保守的财务政策。企业的发展，应该有很好的、比较激进的战略、发展计划，但是应该有保守的财务政策。我觉得民营企业特别需要保守的财务政策。有一句话我觉得说得挺精彩："上帝想要谁死亡，必先让他疯狂。"企业家有两个最大的特点，第一就是爱自己的国家，第二就是有种创新精神。没有一个企业家是不想扩张的，在这种大的环境下，我的第一个建议是大家一定要盘算好自己的家底，守好自己最低的现金流，等待"过冬"。

第二个建议就是互救。中国民营企业，尤其我们新能源企业，大部分是中小企业，希望我们的企业家们能够改变或者改善这种环境。这个时间，这个阶段特别需要我们企业家互助。

第三个就是要抓住机会。我觉得在这个特殊情况下，有比较固定的现金流的企业，应该说是会有机会。昨天银行利息降了，对于我们一些比较好的企业来说那是一个调整结构、增加投资的好机会，但是大家记住了，千万不要头脑发热。

以上是我的三点建议。

在政府和产业界的共同推动下，中国新能源产业在短短几年内已经取得了瞩目的成就，中国已经是全世界最大的太阳能电池制造国，是最大的太阳能热水器生产和使用国，也是第五大风力发电国。

今年是我们《中华人民共和国可再生能源法》颁布的第三个年头，全国工商联新能源商会也正好创立三周年。商会三年来应该说发挥了桥梁作用，加强了企业和政府间的交流对话，为中国新能源产业的发展献计献策，同时在组织新能源高峰论坛、行业调研、国际交流等方面取得了一定的成效。新能源产业是充满希望和挑战的产业，我希望更多的同仁携起手来，我们坚信有了政府的支持，新能源产业必然越来越成熟。

我在这里给在座的朋友以及我们所有企业家送一句话：我们往往高估了一到两年的变化，我们往往低估了10年到20年的变化，我相信10～20年以后的中国新能源产业一定是超乎我们所有人的想象，我相信能源环境经济和社会可持续发展的美好前景将不再遥远。

《2008中国新能源产业年度报告》前言

全国工商联新能源商会会长　李河君

（2008年11月）

今年是《中华人民共和国可再生能源法》正式颁布实施的第三个年头，全国工商联新能源商会即将迎来三周年。作为一个全国性新能源行业组织，我们见证了"十一五"规划中节能减排战略的逐步贯彻落实，也践行了始终不渝全力推动新能源产业发展的承诺，同时也体味了新能源产业在我国蓬勃发展的喜悦。

短短几年，我国已是世界最大的太阳能电池制造国，最大的太阳能热水器生产和使用国，还是第五大风力发电开发利用国。我们在朝着2020年可再生能源消费在能源消费总量中占15%的国家规划目标稳步迈进。

为了书写中国新能源历史，宣传我国新能源企业在构建和谐社会中的重要作用，为政府出台新能源产业政策提供全面参考，为企业了解我国新能源产业发展现状提供权威数据，共同促进新能源产业健康快速发展，全国工商联新能源商会从2006年开始邀请国家有关部门的领导、专家学者及知名企业家，逐年编撰发布兼具权威性、操作性、实用性、宣传性和指导意义的《中国新能源产业年度报告》。

《中国新能源产业年度报告》的2006版和2007版分别于"首届中国新能源国际高峰论坛"和"第二届中国新能源国际高峰论坛"上隆重发布，《2007 ANNUAL REPORT ON CHINA'S NEW ENERGY INDUSTRY》（全英文版）也相继推出。这些年报得到了有关领导、专家、企业的高度肯定和赞赏。

《2008中国新能源产业年度报告》沿袭了2007版的编撰架构，分为"宏观分析报告"、"行业研究报告"、"产业建设报告"、"商会调研报告"、"附录"等5个栏目。

本报告邀请了国内外新能源与能源新技术领域的权威专家学者和知名企业家对国内外新能源产业宏观层面以及分行业层面进行了回顾

和总结，并对技术开发、市场开拓以及发展趋势等方面进行了比较权威的分析。本报告也汇集了新能源商会各会员企业及其他相关行业组织在其专业领域内进行的专题调研成果，他们分析各自所在行业的发展现状与问题并提出解决方案，具有非常高的实践指导意义。同时，报告还探讨了如何提高行业组织管理服务水平以及参政议政能力等问题，为各个行业的商协会组织提供了一个交流探讨、互相促进的平台。本报告的附录一“新能源政策法规汇编”紧接着上一版年报之后，汇编了新近颁布的一系列新能源相关政策法规，以方便大家随时把握最新的产业政策动态。附录二“新能源项目合作信息”有选择地推出了几个具有代表性的新能源企业以及他们的新能源项目，希望借此能够促成相关企业之间的交流与合作。附录三“新能源单位名录”则是紧密结合商会工作的特色，介绍了数家新能源行业的领跑企业，列举了上千家国内外优秀的新能源企业，并提供了大量新能源行业相关的组织机构名单。商会日常工作所积累的这些信息必将成为广大新能源从业者珍贵的行业信息数据库。最后，在附录四“中华新能源企业百强榜”中刊登了100家新能源企业上榜名录，该榜单是新能源商会在广泛调研和评比基础上独家发布的，我们力求入选企业具有广泛代表性，但我们不否认这张榜单会因为某种原因而漏掉一些有实力的企业，这种遗憾将在后续工作中不断进行弥补。

一年一度产业发展报告的编撰工作只是我们新能源商会众多服务工作的一部分。作为党和政府联系非公经济的纽带，在近三年的工作中，我们努力发挥桥梁作用，加强企业与政府间的交流对话，积极为我国新能源产业发展建言献策。同时，在组织新能源国际高峰论坛、行业调研、国际交流以及服务会员企业等方面取得了一些成效。今后，我们将一如既往，伴随着我国新能源事业不断成长和壮大。

回顾2008年，这注定是不寻常的一年。全球金融危机的余波仍未平息，其对世界经济造成的影响深度尚难断定。我们新能源从业者在这种大的宏观经济背景下，不同程度地承受了压力。不过我们相信，应对金融危机只是阶段性的、短期的，而解决能源安全和气候变化问题却是一个长期的任务。因此，我们目前的这种坚守，实则是决胜千里的壮举。

新能源事业是充满希望和挑战的朝阳产业，希望更多的同人能够加入进来。我们坚信，新能源事业必将在我们的手中变得更加强大，祖国的明天将在我们的手中变得更加美好！

2009 年

在全国工商联新能源商会第二届会员（代表）大会上的讲话（摘要）

全国工商联党组副书记、副主席　宋北杉

（2009 年 6 月 27 日）

新能源商会自 2006 年 1 月成立以来，在李河君等各位会长的带领下，通过商会全体会员的共同努力，取得长足发展，为加强政府、企业的沟通起到了桥梁和纽带作用。你们通过认真履行参政议政的职能，为政府促进科学决策、民主决策发挥了积极作用；在引导新能源企业的健康发展，提高自主创新能力，推动建立新型劳动关系，促进社会和谐方面，作出了贡献；同时在引导新能源企业“走出去”、加强国内外新能源业界的联系和交往、增进国际交流合作方面做了大量工作；你们坚持以服务会员为宗旨，不断拓宽服务领域、改进服务方式，维护会员合法权益，组织建设进一步加强，吸引力和凝聚力不断提高，代表作用凸显。实践充分证明，新能源商会作为党和政府联系新能源领域非公有制经济人士的桥梁和纽带，在协助政府管理新能源产业方面发挥了重要助手作用。在此，我谨向新能源商会的全体成员表示敬意和感谢！

推广使用新能源是我国能源发展的必由之路，是我国实现“节能减排”目标的重要手段和方式，是建设资源节约型和环境友好型社会的可靠途径。大力推进新能源产业发展，也是我国应对能源危机和气候变化的重大国家战略。

随着我国经济的快速发展，我国的能源需求量激增，自 1993 年起我国就成为石油净进口国，且石油进口量逐年增加，由于我国化石能源尤其是石油和天然气储量和产量的相对不足，我国能源供给对国际市场的依赖程度越来越高。今后很长一段时间内，国际石油市场的不稳定以及油价波动都将严重影响我国的石油供给，对我国经济发展造成很大的冲击。而大力发展新能源，可相对减少我国的能源需求中化石能源的比例和对进口能源的依赖程度，保障我国能源安全和经济安全。

大力推进新能源产业发展，也是缓解环境压力、应对国际气候变化谈判的需要。改革开放以来，随着经济的快速发展和人民生活水平的提高，由于使用常规能源造成的环境压力也不断增大，温室效应、臭氧层破坏等一系列连锁反应，使得我国某些地区局部气候剧变，给人民的生活带来巨大不便和财产损失。大力推广新能源应用，减少温室气体排放，对减轻我国环境压力将起到越来越重要的作用。

大力推进新能源产业发展，同时还是我国建设和谐社会、实现可持续发展的需要。可持续发展是新世纪党中央提出的立国战略，有关机构预测：常规能源预期将会在今后几十到一百年左右用完，要实现中国经济社会的可持续发展，推广使用新能源势在必行。

前不久，国务院授权全国工商联作为全国性社会团体业务主管单位，全国工商联所属的28个直属行业商会加上各级工商联所属的500多个商会，代表了全国相当大的一部分产业，但是长期以来，我们的各级商会都不是独立法人，给商会自身的工作带来不少问题，所谓名不正则言不顺。这次在各方努力下，新能源商会被接受为全国性团体，这是很好的加强规范化管理，提升影响力的机会，同时也给是商会的沉重考验，你们要通过积极工作，争取尽快登记成为具有一级法人资格的社团组织。一方面要尽量符合民政部关于社会团体登记的规定，当然作为主管单位，全国工商联对于所属的28家直属行业商会管理也要符合要求，在这次新能源商会修改的章程里面提到的《全国工商联直属商会管理办法》存在一些问题，对于直属行业商会，我们应该是积极开放，有效管理，不要统得太死，要根据不同行业情况的不同，制定柔性的规则。另一方面也要听取国家能源管理其他部门的意见。当然，在成为独立法人之前，还有大量的工作要去做，希望新能源商会按照国家对全国性商会的四点要求，扎实做好职能建设、组织建设、制度建设和作风建设，抓好在成为独立法人前的培训工作。这次申请登记工作也是对行业商会工作能力、规范化管理的一次检验。希望新能源商会充分重视这项工作，认真学习国家关于社团管理的有关规定，做好准备，争取尽早办理登记手续。

希望新一届理事会进一步增强大局意识，不负全体会员的信任，奋发有为，扎实工作，团结合作，不断开创新能源产业新局面。

在“第二届会员（代表）大会”上的讲话（摘要）

全国工商联新能源商会会长　李河君

（2009年6月27日）

今天大家选举我出任新能源商会第二届理事会会长，深感荣幸，更感觉责任重大。应该说，在过去的三年时间里，我们商会从零开始，在全体会员的支持下，打下了很好的基础。我们在建立一个与国际接轨的新型商会这一目标下，已迈出了第一步，在当前国际、国内经济形势下，我们商会有责任为广大会员企业提供优质服务、营造良好环境、促进合作发展。

我们刚刚召开了第二届理事会第一次会长会议，对今后三年的发展进行了研究，我们在此承诺，在第二届任期内重点抓好如下工作：

1. 商会会员数量达到500个；

2. 申报“中国新能源产业投资基金”；

3. 将新能源国际高峰论坛和展览打造成国际知名品牌；

4. 建立光伏、光热、气候变化、生物质、光热青年创业联盟、光电建筑应用等专业委员会；

5. 推出“中国新能源之歌”、“中国新能源之星”等公众评选活动。

另外，在今天报告里提到了很多设想，我们将一一去实现。

相信只要大家齐心协力、集思广益、热心参与，我们商会的未来、新能源产业的蓬勃发展的前景将会更加美好！

关于促进我国生物燃料产业发展的提案

商会通过全国工商联向“两会”提交的提案

生物燃料是可再生能源的一种，包括燃料乙醇和生物柴油。近年来，公众对生物燃料的兴趣日益增长，主要基于以下几点：首先，生物燃料是唯一可以大规模替代交通部门汽油和柴油的可再生能源；其次，生物燃料与目前的煤变油、煤基甲醇/二甲醚、汽车动力电能/氢能等替代模式相比具有更高的能源效率和生态环境友好性；另外，生物质制取物质性产品是目前石油化工产品生产的唯一替代渠道。

世界大国都出台了强有力的促进方案。美国2007年底提出到2022年以1．08亿吨生物燃料替代20%运输燃料的目标及逐年计划。欧盟2007年初提出了生物燃料不得少于运输燃料10%的目标。印度计划到2008年10月将乙醇在汽油中添加比例由目前的5%提高到10%，到2017年这个掺混比例要达到20%。

对比各国规划，我国2020年以液体生物燃料替代运输用石油只占2%。这只是欧盟的五分之一，美国的十分之一！中国石油比欧美国家更加紧张，生产生物燃料的原料并不比欧美国家贫乏，发展技术也并不存在实质性的障碍，而生物燃料规划却存在如此大的差距！

在世界大国策略中，中国的生物燃料产业已经显得裹足不前了，除了国家规划严重滞后以外，还存在如下几个主要问题：

第一，原材料供应问题严重。目前生物燃料的原材料生产的投入基本都是企业行为，由于缺乏基础配套设施，成本很难控制。而生物燃料的原料生产主要在“三农”，产值的六成在“三农”，发展能源农业在促进农业发展、农村城镇化、农民增收致富和解决剩余劳动力方面具有很大现实意义。然而，目前生物燃料产业似乎与农业关系并不大。

第二，转化技术比较落后。目前我国的燃料乙醇主要是利用糖和淀粉发酵来制取，技术比较成熟，但被誉为“第二代燃料乙醇技术”的纤维素发酵制乙醇技术进展缓慢，与国外差距较大。国外在利用环境非常友好的酶催化技术制取生物柴油方面进展迅速，并且在通过基因工程促进原料高产方面也有长足进展，相较而言，我国的生物柴油技术进展缓慢。

第三，资金投入明显不足。生物燃料的生产属于高新技术和新兴产业，其技术研发和市场培育需要大量资金投入，但目前投融资渠道较为单一，国家及地方政府财政投入严重不足，部分领域研发能力弱，技术水平较低，制约了技术创新和产业化发展。另外，原材料的种植是一项很大的系统工程，单个企业很难实现，这就需要国家相关部门、地方政府、企业等形成一个合作机制，共同推动产业发展。

发展生物燃料是保障国家能源安全的一个重要战略部署，针对目前我国生物产业面临的问题，我们觉得当前最紧迫需要做的事情有以下几点：

第一，应将生物燃料产业纳入基础产业的范畴，科学制定发展规划并建立产业发展体系，从根本上解决原材料的供应问题。应该将粮食种植和能源种植这两种相关度极高的产业进行整合，统一进行育种、栽培、收购、调配、销售、技术等综合服务，以最大可能地降低原材料供应成本。

第二，应大力促进生物燃料的研发与利用。国家应将生物燃料技术研究纳入国家重大科技专项之中，应从原料生产、收集、储存、运输、加工转换、市场流通、终端使用等全产业链考虑，系统地制订技术促进方案。首要解决原料供应、生物燃料制取以及副产物深加工等核心难题。

第三，应该积极完善财税扶持政策。由于先期进入生物燃料领域风险较大，市场难以预计，这很大程度上影响了产业发展初期企业进入的积极性。对于先期进入原料种植的企业，应该为其滚动开发创造条件，银行应该允许这些企业通过已经种植的植被进行抵押贷款。也可以建立生物燃料发展的风险基金制度，对生物燃料生产企业的亏损实施弹性补贴，以吸引足够多的企业进入生物燃料领域，随着产业不断发展该补贴可逐年降低。另外，应该对从事生物燃料原料生产的基地进行额外补贴以鼓励其在环境方面取得正效应。

关于促进光伏产业技术和市场发展的提案

商会通过全国工商联向“两会”提交的提案

能源安全和温室气体减排是全球能源产业面临的主要问题，大力发展可再生能源，已成为国家可持续发展的重要问题。太阳能是唯一能够最大规模满足未来人类能源需求的可再生资源。太阳能几乎存在于世界每一个地方，未来对于太阳能的控制主要体现在太阳能转化技术方面。因此能够将太阳能直接转化为电力的光伏技术从一诞生开始就备受追捧。可以说光伏技术构成了未来国家核心竞争力的重要部分。虽然目前光伏发电的成本较高，但是随着传统电力成本不断上升以及光伏发电成本的不断下降，光伏发电将变得越来越有竞争优势。目前，欧盟、日本和美国等发达国家从国家长远战略出发，相继出台“上网电价法”等优惠政策对光伏发电进行补贴。我国光伏产业适时抓住这个国际机遇得到了迅猛发展，太阳能电池产量从2002年的0.6万千瓦迅速增长到2008年的200万千瓦，跃居世界第一位，并与欧洲和日本三分天下。

不过，与生产规模快速膨胀相伴随的是诸多问题和障碍，主要体现在以下两方面：

第一，国内光伏市场发展缓慢。

我国目前光伏发电系统安装容量仅占生产容量的不足2%，绝大部分产品依赖出口。市场狭小已经严重阻碍我国光伏技术的跨越式发展。

由于目前光伏发电成本接近传统电力成本的6~10倍，德国、日本、西班牙等国纷纷出台电价补贴办法，使得本国的光伏产业得到了迅速发展，光伏技术不断提高，而光伏发电成本迅速下降。我国的光伏产业主要得益于国际市场，但受全球金融危机影响，短期内光伏产品供大于求已成定局。在新的形势下，各国很可能通过提高准入门槛来限制国外产品。国内大部分光伏企业还不具备过硬的质量和良好的品牌，它们将很难跟上国际市场标准的发展而被淘汰出局。因此快速启动国内光伏市场对于我国光伏产业来讲尤为迫切和重要。

目前国家只对风能和生物质能上网电价有补贴细则，而对光伏发电上网还是“一事一议”的方式，这将极大限制光伏市场的发展。我们认为，只有在市场形成的初期打破市场规律，积极对并网电价进行补贴，对国内太阳能企业给予实质性的激励，才能迅速培育市场，形成有自我完善机制的国内太阳能市场。

第二，研发和创新能力薄弱。

我国光伏产业尚未建立起全面的研发和创新体系，也缺乏一些高新制造产业的支撑，因此我国的太阳电池关键生产设备基本依赖进口。许多太阳电池生产企业全面引进国外生产线或基本采用进口设备。这种现状导致我国光伏产业被打上“代工车间”的烙印。另外，光伏生产技术更新换代较快，光伏技术已经在朝着全产业链优化、自动化的方向发展，面对我国目前主要靠进口生产线，并且各产业链单兵作战的现状，我们急需采取有效措施积极应对。

目前国家对于风电发展给予了极大的重视，但对于更具战略意义的光伏产业仍然存在认识不够、扶持力度不够的问题，我们觉得当前最紧迫需要做的事情有以下几点：

第一，迅速制定上网电价补贴细则，启动“上网电价法”。这不论从我国光伏产业的长远战略考虑，还是从顺利度过全球金融危机的短期策略考虑，都是科学的、可行的、必要的和迫切的！

第二，规划、管理、技术急需强化。首先，应该提高《可再生能源中长期发展规划》中有关光伏产业的发展规划；其次，应该组建更高级别的政府专门管理机构加强规划和管理；最后，应该在“973”和“863”等科研计划中给予光伏产业更多的资金投入，迅速建立起产、学、研紧密结合的国家光伏研发体系。

第三，迅速培育国内市场。首先，政府应该带头使用太阳能，在市政、交通照明等领域优先使用太阳能产品，并大力开展示范推广。可以在城市有计划地开展太阳能利用十万屋顶或百万屋顶计划等，在荒漠开展上规模大型并网电站的建设和研究。其次，在偏远农村地区充分使用太阳能电力能源。鉴于我国目前区域间经济发展不平衡的情况，许多边远地区缺乏必要的电力设施。相比投资巨大的传统电力网络，太阳能电力能在最快时间内，以较小的成本供给必要的生活电力。国家应积极发挥太阳能发电的这一优点，解决我们边远地区的基本电力供应。

抓住机遇加速氢燃料电池产业化步伐

商会通过全国工商联向“两会”提交的提案

一、利用氢能，加大洁净能源应用份额是发展趋势

氢可通过煤、石油、天然气、甲醇重整制氢；随着太阳能、风能等可再生能源发展，还可以通过电解水制氢、生物制氢等方法获取。氢气来源广泛，取之不尽、用之不竭，并具有重量轻、效率高、可储存的特点，是一种可再生、绿色能源，被视为21世纪最具发展潜力的能源。随着氢能技术的成熟，成本不断下降，价格“剪刀差”会缩小，氢能的应用和推广步伐将随之加快，“21世纪将是氢能的世纪，来源广泛的氢能将来会比汽油便宜，这是一种趋势”。

氢燃料电池是目前世界上最成熟的一种氢能利用手段，应用前景广阔，市场潜力巨大，对产业结构升级、环境保护及经济的可持续发展意义十分重大。为此国家在“十五”、“十一五”规划中在国家新能源电动汽车专项连续安排专项中予以重点支持。随着以燃料电池为核心的氢能发动机性能提高，向产业化迈进，以及不断降低制氢、用氢成本，人类将从目前使用碳氢燃料逐步转向使用氢燃料，从而告别化石能源而进入氢能经济时代，燃料电池的产业化目前正处于商业化推广的爆发临界点的历史机遇期。由于2008年金融危机的影响，整个世界经济发生了巨大的变化，国际和国内的经济形势将受到持续的影响，这使整个经济环境和产业结构转型面临巨大的挑战。但危机当中也有机遇，特别是传统汽车行业目前向电动汽车的转型和新一轮的能源革命又为我们提供了难得的机遇，而燃料电池正是国内外所要重点关注和发展的前沿技术，燃料电池行业将是下一轮产业革命的关键领域。2009年初美国三大汽车巨头在“寒流”下的北美汽车展上纷纷推出能进入商用的节能环保车，其中心以电池车为主流，其大规模商用时代来临已见曙光。

二、国内正在兴起氢能开发利用热潮

近年来我国政府越来越重视氢能及燃料电池技术的发展，并将其作为战略新技术而设立了相关研发计划和示范项目，探索新的制氢用氢途径，通过试点加速实现氢能源及燃料电池汽车商品化、产业化进程。国家科技部启动了“十五”863计划中的电动汽车重大科技专项。国家科技部与全球环境基金（GEF）、联合国开发计划署（UNDP）中国燃料电池公共汽车商业化示范项目，在北京成功示范一期基础上，又启动了上海二期，同时开通、成立国家863项目安亭加氢站和上海燃料电池汽车商业化促进中心。

国内相关省份也正在你追我赶扶持新能源汽车产业，纷纷利用各自优势上马新能源汽车，武汉投入2亿元进行油电混合、燃料电池汽车研发；深圳进行纯电池汽车的开发。科技部牵头的全国北京、上海、大连、武汉、长沙、深圳、重庆等13个城市“万台节能与新能源汽车示范运营计划”已启动，并得到各地政府的积极响应，均拿出亿元资金进行混合动力、燃料电池车和纯电动汽车的城市交通示范运行。上述表明中国发展燃料电池及燃料电池汽车带来前所未有的发展机遇。

三、国内燃料电池技术已经相当成熟，示范运行效果斐然

氢燃料电池研究一直走在国内前沿，连续承担国家“十五”、“十一五”电动汽车专项的新源动力股份有限公司，注册资金1.17亿元，是国内第一家专门从事燃料电池技术研发、产业化开发和商业化开拓的高技术股份制企业，和推动中国氢燃料电池产业化的先导企业，并承担“燃料电池及氢源技术国家工程研究中心”项目建设。公司集聚了以股东中科院大连化学物理研究所为主要后盾的大批高端专业人才，国内顶级首席科学家、中国工程院院士衣宝廉为领军人物，拥有国内数量最多的氢燃料电池专利。

新源动力公司开发的净输出功率55kW燃料电池轿车发动机、100kW城市客车发动机已经装车在运行，为2008绿色奥运发挥了出色成绩，取得了平均运行4800千米无一次故障的良好佳绩，获得了国家有关方面和世界友人的赞誉。现已成功开发第六代轿车、客车用燃料电池发动机样机，在最近通过的863“燃料电池轿车发动机”验收取得了91分好成绩，其中55kW发动机实现零下15度低温启动为国内唯一。新源动力是中国燃料电池技术的领跑者和产业化旗舰，某些技术居于世界先进水平。

四、氢燃料电池发展所存在的问题及发展需要做的重点工作

氢燃料电池技术含量极高，世界各国都投入巨资，并经长达30多年研究，我国虽然从技术层面研究取得了突破性进展，保持了与世界大致相同技术水平，但其仍为幼稚产业，其规模产业化（主要是批量生产装备的研发和成本的进一步降低）还有大量工作要做（国际也未真正实现批量产业化），单靠企业独立研发，由于资金瓶颈，进展速度有限，仍需通过政府大力支持，加大投入予以突破。

1. 国内诸多城市和企事业研究机构都不断加大投资力度，准备分享各种市场份额，上海、北京、大连、武汉、重庆、深圳、浙江等城市都加大了新能源和电动汽车的政策扶持力度，各个省份和城市都在积极发展、优化和整合当地的产业结构，我国面临着持续技术创新和产品开发的有限资金资源未能更好整合利用的问题。

2. 燃料电池还未真正产业化，目前企业的开发项目主要依靠国家科技部的示范项目资助，政策风险较高；企业技术进步速度与产能要求不匹配，导致生产任务非常重，而且由于合同的不确定性导致生产计划组织困难；由于金融危机的影响，既定任务的研究开发经费不能满足产业化开发的实际需求；导致产业化工程技术的开发工作进展缓慢，工艺技术水平满足不了产业化的要求，严重影响了产品的工艺性能的提高和生产成本的降低。

3. 主要产品材料依赖进口，采购周期不确定严重影响燃料电池的开发与生产进度，对企业造成非常大的压力；造成商业化应用成本高，整体推进速度缓慢。

4. 产能提升较慢，工艺水平成为制约企业分享产品市场份额的重要因素，需要加大各种燃料电池工艺装备的开发，开发燃料电池批量生产设备。

5. 燃料电池原材料国产化步伐慢，导致生产成本高。

五、为此提出以下建议

1. 落实国家“节能减排”、“科学发展观”的指导原则，制定中国燃料电池发展中长期发展规划和扶持该产业发展的政策。抓好氢燃料电池汽车的研发及产业化规划，将其和其他配套产业列入政府重点支持和优先发展产业目录，予以重点倾斜支持，让燃料电池产业享受节能、环保产业的优惠财税政策，从政策角度扶持产业的发展，促进燃料电池产业更好更快地发展。

2. 积极实施政府采购政策，加大财政补贴力度。客观上讲燃料电池成本仍然较高，目前国际通行做法是由政府采购做好示范，加速推广来扩大产量，促进技术向产业迈进。目前国家科技部牵头财政部已经启动在上海、大连、武汉、长沙、深圳、重庆等13城市推广使用燃料电池汽车。目前实施的对燃料电池轿车补贴25万元、公交客车补贴60万元的扶持力度远远不能有效推动运行积极性，而是应该对引领未来电动汽车发展方向的燃料电池汽车给予更加有魄力的资金支持。对燃料电池轿车补贴提高到60万元、公交客车补贴提高到160万元的水平。

3. 继续加大对我国自主知识产权创新能力建设的扶持力度。对承担国家科技部“节能与新能源汽车”、“863”计划的燃料电池技术项目单位，给予更大的资金支持，因为燃料电池技术是燃料电池汽车的最核心技术，它代表了一个国家燃料电池汽车的水平。而目前国家对863项目资金支持的金额太小，项目单位仅能采购些核心零部件，大量的研发资金需要企业自己负担。这样给企业造成相当大的资金负担，并挫伤了企业投入的积极性。因此，建议国家从对企业可持续发展支持的角度出发，加大对燃料电池技术"863"项目的资金拨付力度，在现有基础上，增加一倍资金支持企业进行自主研发和持续创新，最终真正地使我国的燃料电池新能源汽车技术达到世界一流水平，彻底避免重蹈传统汽车发展的覆辙，迎来中国汽车发展的真正春天！

大事记

2007 年

1 月 13 日，由商会主办的"首届中国新能源国际高峰论坛"在北京钓鱼台国宾馆成功召开。

1 月 18 日下午，南通碧路生物能源蛋白饲料有限公司董事长 Robert Baumgartner、执行总裁 Gerhard Halfer 一行拜访商会秘书处。

3 月 15 日，商会与会员企业共同组织撰写的《关于完善太阳能产业发展政策》的提案正式作为全国工商联团体提案上报全国政协，并受到了众多新闻媒体的关注。

3 月 26 日，应人民网邀请，曾少军秘书长做客人民网，就"新能源发展和建设和谐社会"话题接受人民网视频专访。

4 月 3 日下午，法中环境与能源协会秘书长苏比思（Didier Soubies）先生及国际能源与环境项目高级顾问 Kira Cusack 女士到访商会。

5 月 17～18 日，由《中国电力企业管理》杂志社和决策者经济顾问公司联合主办，动力工程学会和《中国能源》杂志协办的"第三届中国替代能源与电力国际峰会"在北京港澳中心瑞士酒店召开，商会作为本次峰会的国际授权支持机构积极参与了本次峰会的有关筹备工作。

5 月 21 日，新能源商会第六次会长会议在江苏常州成功召开，就新能源产业投资基金等热点议题进行讨论。

7 月 24 日，商会应邀参加在北京会议中心举行的"2007 年中国电力需求侧管理国际论坛"。

7 月 30 日下午，受国务院能源办有关人士邀请，商会信息研究部的研究人员前往全国工商联总部参加了对商会提交的《关于完善太阳能产业发展政策》提案的一次研讨活动。

8 月 8 日下午，美国知名投资管理公司 CN（Columbus Nova）公司代表 David M. Diwik 先生一行莅临商会，双方进行了友好商谈。

8 月 17 日，商会首届秘书长联席会议在秘书处召开，就会员发展、"第二届中国新能源国际高峰论坛"、《新能源产业年度报告》等工作进行了讨论。

9 月 24～28 日，商会秘书长曾少军博士受邀参加了"中亚国家商会合作研讨会"。

9 月 27 日，新加坡国际资讯与交流中心林珍珍女士拜访了新能源商会秘书处。商会秘书长曾少军对林女士进行了亲切接待，并向她简要介绍了商会的情况及主要工作。

10 月 4～6 日，新能源商会秘书长曾少军应联合国清洁发展机制委员会的邀请，参加了在埃塞俄比亚首都亚的斯亚贝巴举办的"第三届全球清洁发展机制（CDM）各国主管机构 DNA 大会"。

10 月 13 日，新能源商会第七次会长会议在连云港市云台宾馆召开。

10 月底，应联合国环境规划署金融行动机构（UNEP FI）邀请，商会秘书长曾少军博士参加了在墨尔本举行的全球可持续金融圆桌会议。

12 月 11 日，"第二届中国新能源国际高峰论坛"在江苏无锡隆重开幕。会议呼吁中国新能源产业组织起来，更加积极地应对全球气候变暖。

2008 年

1 月 11 日，曾少军秘书长应邀出席"搜狐 2008 中国新视角高峰论坛"，并接受搜狐财经频道专访。

1 月 16 日，受全国工商联外联部邀请，新能源商会常务副秘书长王月海和信息研究部主任李华林博士共同参与接见了英国工商联（Confederation of British Industry）总裁 Richard Lambert 一行。

1月31日，新能源商会举行新春茶话会，商会主任、科学家严陆光、罗振涛、赵玉文、施鹏飞、王孟杰、郑克棪、王振铭，企业包括亿阳集团、中海阳、新奥集团、亿能盛华、雨昕阳光、AAB、太阳帆等单位负责人参加。

2月22日，新能源商会向会员单位发出关于征询2008年商会工作意见的函，广泛征求会员单位对商会的意见与建议，以更地好服务会员、推动产业发展。

3月31日，商会与搜狐网共同举办的“CDM访谈”活动在搜狐网演播室举行。

4月，经新能源商会第八次会长会议决议，增选北京恒基伟业电子产品有限公司为新能源商会常务副会长单位，张征宇先生为新能源商会常务副会长；增选通威集团有限公司为新能源商会常务副会长单位，刘汉元先生为新能源商会常务副会长；增选北京四季沐歌太阳能技术有限公司为新能源商会常务副会长单位，徐新建先生为新能源商会常务副会长。

4月23日，由中国欧盟商会与新能源商会联合主办的可再生能源 & 清洁发展机制研讨会在朝阳公园西路8号公馆 i－Ultra 厅举行，商会秘书长曾少军博士应邀出席，并发表了“规划类CDM项目开发的公共政策选择”的主题演讲。

4月28日，新能源商会李华林副秘书长代替秘书长曾少军博士出席了首届中国清洁技术投融资峰会，并作了“全球气候变化与新能源的责任”的主题演讲。

5月9日，中共中央政治局常委、中央书记处书记、国家副主席习近平等中央领导莅临商会副会长单位山东力诺瑞特新能源有限公司视察指导工作。

5月14日，新能源商会秘书长曾少军博士应河南省发改委培训中心的邀请，出席了河南CDM研讨会，并发表了“全球气候变化与中国企业的减排管理”专题演讲。

6月5日，商会下发关于四川灾后重建征集太阳能热水器的紧急通知，号召会员企业积极参与灾后重建工作。

6月6日，首届“中国西部光伏产业与新能源发展论坛”在四川成都如期开幕，本次论坛由成都市人民政府主办。国务院参事、中国可再生能源学会理事长石定寰，全国工商联新能源商会副秘书长史利民，成都市委副书记唐川平，成都市副市长白刚等出席论坛开幕式。

6月10日，由中国电力企业联合会主办、商会协办的“第四届中国替代能源与电力国际峰会”在北京凯宾斯基大酒店如期举行，来自中国、美国、德国、印度等十余个国家的近百位代表出席了本次峰会。曾少军秘书长作为特邀嘉宾出席了本次会议，并作了题为“全球气候变化与中国新能源企业的减排管理对策”的专题演讲。

6月10日，由天津市政府、全国工商联和美国企业成长协会共同主办的“第二届中国企业国际融资洽谈会”在天津开幕。

6月25日，第五届亚洲风能大会在京召开。GE、西门子、Vestas、上海电气、ABB、施耐德、丰田、美孚、BP、中石化、中石油等共270多家企业参加展会。新能源商会应邀参加大会。

6月24日，财政部关于新能源商会在“两会”的提案答复全国工商联，对商会有关提案给予积极评价。

8月20日，新能源商会主任科学家严陆光院士、秘书长曾少军博士、执行秘书长王月海、副秘书长李华林博士一行应企业之邀，赴保定天威薄膜光伏有限公司调研。

8月22日，商会一届二次秘书长联席会议在中海阳公司召开，7位来自会员企业的兼职副秘书长参加会议。

9月12日，由亿阳集团·黑龙江省华富电力投资有限公司承办的新能源商会第九次会长会议在哈尔滨市报业大厦胜利召开。

9月18日，经日本日中环境协力支援中心有限会社介绍，日本国立山梨大学铃木嘉彦教授访问商会，商会企业代表亿能盛华、乡电电力、AREVA、合肥天炎、辉南宏日出席接待。双方就生物质能的开发和利用进行了交流。

9月25日，江西新余经济开发区管委会胡军副主任一行4人来访商会，商会执行秘书长王月海、副秘书长史利民接待了来访的客人。双方就进一步加强商会与新余经济开发区合作进行了交流，初步达成合作意向。

9月28日，为了更好地服务商会会员及广大新能源行业企业，促进新能源行业的交流与发展，商会秘书处设立全国工商联新能源商会上海联络处。

10月25～26日，安博思论坛——中欧经济的智慧对话在江苏常州溧阳天目湖涵田度假村酒店中心召开。高纪凡常务副会长和曾少军秘书长出席了论坛并分别做了专题报告。

10月27日下午，商会副秘书长李华林博士和国际事务专员吴丹应邀赴英国工商联北京代表处就全球气候变化问题进行了会谈。

10月29日，全国工商联联络部来访新能源商会，就如何开展国际服务问题展开调研。商会副秘书长史利民等有关负责人参加。

11月17日，First Climate公司CEO Markus Huwener先生、亚洲首席代表贾晓华女士来访商会。秘书长曾少军博士、副秘书长史利民等接待了来访客人，并就应对气候变化方面的现实举措以及相关政策进行了详细介绍。

11月20～21日，由世界风能学会和世界可再生能源理事会联合主办，商会协办的“2008中国国际风能大会”在上海举办。新能源商会秘书长曾少军博士在会上作了主题报告。

12月17日下午，新能源商会秘书长曾少军博士、执行秘书长王月海等一行应中轻太阳能电池有限责任公司之邀，赴公司进行了调研。

12月25日，全国工商联召开“抗震救灾先进集体”和“抗震救灾先进个人”表彰会议，商会会员单位恒基伟业、正泰集团股份有限公司、力诺集团股份有限公司和新奥集团股份有限公司董事长王玉锁获得表彰。恒有源科技发展有限公司、山东力诺新材料有限公司、恒基伟业获得2008年度全国工商联科技进步一等奖。

2009年

1月8日，全国政协副主席、全国工商联主席黄孟复一行到商会常务理事单位新奥集团视察，并与新奥集团负责人及新奥科技的十多位海外归国创业的博士代表进行了亲切的座谈交流。

2月17～18日，商会秘书长曾少军博士作为中国工商界首席谈判专家，出席哥本哈根气候变化圆桌会议。本次会议是为即将在12月召开的哥本哈根世界气候大会的一次前期接触，是中国工商界首次参与此类气候变化履约问题的国际交流，表达中国民营经济在气候变化问题上的意见和态度。

3月2日，由陕西省人民政府主办，陕西省商务厅、省发改委、省经合局承办的“陕西省能源资源重大开发转化项目推介会”在北京国际饭店会议中心举行。受主办方邀请，商会会员企业汉能控股集团有限公司、天暑欧瑞康（上海）贸易有限公司、浙江精功科技股份有限公司、北京天普太阳能工业有限公司、北京普能世纪科技有限公司等出席了本次会议。

3月10日，商务部产业损害调查局和全国工商业联合会共同召开“民营企业产业安全发展促进机制建设座谈会”，就民营企业产业安全发展促进机制的建设问题进行了探讨。商务部产业损害调查局杨益局长、全国工商联经济部欧阳晓明部长在会上发表重要讲话。会议由产业损害调查局李振中副巡视员主持，商会执行秘书长王月海、副秘书长陆剑参加了会议。

3月30日～4月1日，商会与全国太阳光伏能源系统标准化技术委员会等四家单位联合举办的“第四届亚洲太阳能光伏工业展览会”在上海世贸商城成功举行。该展览作为商会在光伏领域重点参与、组织的活动，经过四届的发展，已逐渐成为光伏行业的品牌盛会，受到业界广泛关注，共有来自国内外的362家知名企业参展，吸引了25000人次参观者。

4月8日，全国工商联副主席宋北杉等领导视察商会并听取李河君会长对商会一届理事会的工作汇报。

5月15日，全国工商联副主席沈建国等领导视察商会并听取了曾少军秘书长对近期工作的汇报，沈主席充分肯定商会成绩的同时也提出了非常有建设性的意见。

5月18～19日，商会秘书长曾少军博士应欧盟智库“Friends of Europe”的邀请，赴布鲁塞尔参加了“欧盟与中国战略对话”，就中欧气候变化合作问题发表了题为《支持发展新能源是协助中国应对气候变化的最佳选择》的英文演讲，并就清洁发展机制、低碳经济、商会合作、新能源技术转让等问题，与中外会议代表进行了广泛交流。

6月4日，商会参加了在中国国际展览中心举行的“中国国际新能源与节能环保高层论坛”。

6月5日，商会秘书处国际部人员参加挪威使馆举办的“挑战和机遇——中挪环境与能源管理研讨会”。

6月10日，土耳其爱琴海自由贸易区首席代表来访商会，共同商讨国际合作事宜。

6月27日，商会第二届会员（代表）大会在京隆重召开，本次大会经过选举产生了新一届领导成员。汉能控股集团董事局主席李河君连任会长，恒基伟业董事长张征宇、尚德电力控股有限公司董事长施正荣、北京四季沐歌太阳能技术有限公司董事长徐新建等13位副会长连任，另有保定天威薄膜光伏有限公司董事长丁强、天碁欧瑞康（上海）贸易有限公司董事总经理孙海燕等7位新当选副会长，曾少军博士连任秘书长。

7月14日，新能源商会气候变化专业委员会（筹）主办的“中国气候变化碳税探讨会”在北京召开。会议围绕如何应对《美国清洁能源安全法案》中的“碳关税”对中国出口业的影响进行了深入分析，与会代表还就是否要在中国开征碳税、开征时间、开征对象以及税率等问题展开讨论。

7月24～26日，商会主办的国内首次多晶硅铸锭工艺技术培训班在绍兴举行，来自全国20多个省市的60多家太阳能光伏企业的200余名代表参加了本次培训。本次培训不仅赢得了业界的高度关注和认可，而且也为提升我国多晶硅铸锭从业人员的整体素质，为推动和促进我国太阳能光伏行业的快速发展奠定了良好的基础。

8月18日，全国工商联新能源商会、上饶市人民政府共同主办“全国工商联（上饶）新能源产业发展研讨会”在上饶市政府会议厅成功举行。19日，全国工商联新能源商会第三届秘书长联席会议同期召开，会议重点讨论了商会下半年的重点工作和商会未来三年工作规划。

8月，商会组织部分会员企业参加全国工商联研究室组织的“关于国家4万亿元投资和大规模信贷投放中，民营企业获得的发展机遇、遇到的主要困难和问题”座谈会。

8月31日，秘书处组织会员企业代表参加南非贸易投资促进局在北京举办的“南非国际贸易投资推荐会”。

9月3日，商会二届二次会长会议在四川成都胜利召开。会议就商会法人登记工作、新能源产业投资基金申报工作、专业委员会设置筹备工作、第四届中国新能源国际高峰论坛及首届新能源博览会筹备工作等展开了研究讨论，并作了相应部署，会议通过了《全国工商联新能源商会预算管理制度（草案）》。

9月4～5日，会长集体出席了2009成都新能源国际论坛暨太阳能展览会。

9月18～19日，商会秘书长曾少军博士应邀出席由中国国际商会、江苏省对外贸易经济合作厅和无锡市人民政府共同主办的“中国（无锡）国际新能源产业峰会”。

10月12日，商会副秘书长史利民，国际事务部主任王海鹰在商会秘书处会见了来访的希腊驻华使馆商务处商务参赞康斯坦提诺斯·帕帕迪米特里奥和随行人员。双方就中国和希腊两国的新能源产业政策、发展状况进行了交流，并表示了发展双边合作关系的愿望。

10月15日，商会举办了“中国—西班牙新能源企业交流洽谈会”。会议期间，西班牙企业与商会会员企业签订了1MW光伏组件订购意向书，这是商会在国际业务方面取得的重大进展。

10月23日，商会在国家气候中心召开气候变化专委会发起大会，这是商会即将成立的首个专业委员会，标志着商会的发展进入到了更高的层次。气候变化专委会由国家气候中心副主任吕学都，清能投资咨询有限公司副总经理冯广华等20余位专家、企业代表发起。

10月22～25日，商会第二次组团赴希腊参加“4th ENERGY – PHOTOVOLTAIC 2009”，展会良好的展出效果和精彩的中国产业发展介绍，给代表们留下了深刻的印象。基于两次良好的合作，希腊主办方表达了长期合作意向，商会也因此成为该展会中国区独家代理单位。

10月28日，秘书处国际部人员参加欧洲商业联盟在布鲁塞尔举办的“经济与气候危机——哥本哈根能否指引明路？”会议。

11月2日，秘书处与土耳其伊斯梅尔市发展局共同举办“中国—土耳其新能源企业招商洽谈会”，为中—土双方企业搭建交流平台。

11月7日，第三届中国产学研合作（滨海）高峰论坛暨2009中国产学研合作促进会年会在天津滨海高新区召开。商会秘书长曾少军博士应邀参加会议并担任主持。

12月4日，商会国际事务部相关人员陪同欧洲商业联盟（Business Europe）代表拜访了全国工商联经济部。

12月7日，商会与全国工商联及挪威使馆共同在金茂威斯大饭店举办“中—挪商务会议”。

12月15日，商会代表中国工商界率会员企业参加哥本哈根世界气候大会（COP15）外围会议——“全球主要经济体工商界论坛”，并对西方国家企图用“行业方法”取代CDM的做法进行了坚决抵制，为维护发展中国家利益做出了努力。

12月21日，三届三次会长会议在浙江杭州召开。商会副会长以上单位负责人出席会议，全国工商联会员部李兵书处长和杭州高新技术开发区管委会副主任金志鹏应邀参加。会议主要对“第四届新能源高峰论坛暨博览会”、“2009新能源产业年报”、“商会专委会建设”、“商会会员发展和会费缴纳情况”、“商会法人登记”和“2010重点工作规划（草案）”等工作做了研究、讨论和部署。

全国工商联冶金业商会

商会简介

工作综述

重要活动

重要文献

大事记

“冶金”、“商会”两词汉语拼音的首字母“Y”和“S”组成了全国工商联冶金业商会的会标。其中，金色代表着有色金属行业，黑色代表钢铁行业。图标中间的黑色横线与金色的“Y”代表着冶金商会的主体——钢铁和有色两大行业；以“S”横线为中心，向两端延伸，标志着冶金商会以钢铁、有色行业为主，以“S”横线为中心形成的两个区域，象征着冶金主业与上下游相关企业的紧密联系，从而体现出冶金业商会以钢铁和有色金属产业为主，包括矿山、物流、辅助材料、机械设备等相关产业，形成了完整体系的行业商会。

商会简介

中华全国工商业联合会冶金业商会（简称全国工商联冶金业商会）成立于2006年6月26日，是在全国工商联领导下的全国性民营冶金产业为主的民间团体组织。现有会员单位68家（其中有钢铁、焦化、有色、钢铁贸易、物流等企业）。在第一届会员大会上，沙钢集团公司总裁沈文荣当选为冶金业商会会长。

本商会的宗旨是：高举邓小平理论伟大旗帜，认真实践科学发展观，遵循中国共产党的基本路线和纲领，遵守我国宪法、法律、法规和政策，遵守社会主义道德风尚；坚持企业办会、服务立会、诚信兴会，引导和教育成员爱国、敬业、诚信、守法、贡献，加强行业自律，提高企业素质，为促进民营冶金行业的繁荣和健康发展作出贡献。

本商会的职能与任务是：成为政府、企业、市场之间联系的纽带和桥梁，向政府及有关部门反映民营冶金企业的意见、要求和建议；发挥行业引领作用，深入调研，树立典型，对行业发展提出意见和建议，推动行业健康发展；维护行业、会员企业的合法权益，协助解决企业共同关心的问题，提升企业核心竞争力；整合社会资源，搭建行业平台，从信息、技术、商务和国际合作等多层面推进企业间的信息交流和合作，服务会员企业；倡导行业自律，规范市场秩序，树立行业信誉。诚信与维权并举。

依据商会章程，发展会员，组织会议，办好刊物、网站和蓝皮书，开展各项活动。定期为会员单位提供钢铁行业数据统计信息。根据冶金行业市场形势的变化，及时组织调研，做好分析研究工作，为会员企业提供信息和咨询服务。依据国家宏观经济调控政策，组织开展调整品种结构，提高产品质量，低成本运行模式和发展循环经济、节能减排、环境保护等活动。促进企业淘汰落后，联合重组。

会长

沈文荣

名誉会长

赵喜子

常务副会长

张伟祥

张　震

王子华

孙　翔

陈　昌

宋叔意

汤　亮

吴耀芳

在全国工商联指导下，动员会员企业搞好扶贫、慈善等社会公益事业。

发挥专家顾问作用，开展专家咨询活动，对企业生产经营进行技术诊断和指导，举办技术培训活动，为会员企业解决实际问题。

会长、副会长、秘书长名单

会长

沈文荣　沙钢集团董事局主席，总裁兼党委书记

名誉会长

赵喜子　原国家冶金局副局长，国有重点大型企业监事会原主席

常务副会长

张伟祥　（执行会长）浙江建龙控股集团有限公司董事长

张　震　（执行会长）唐山国丰钢铁有限公司总经理

王子华　北京京奥港集团董事长

孙　翔　新华联合冶金投资集团有限公司副董事长

陈　昌　番禺珠江钢管有限公司董事长

宋叔意　中达国际经贸集团有限责任公司总裁

汤　亮　上海奥盛投资控股（集团）有限公司总裁

吴耀芳　江苏永钢集团有限公司总经理

梁信军　上海复星高科技（集团）有限公司副董事长、首席执行官

涂建民　萍乡钢铁有限责任公司董事长、总经理

董才平　中天钢铁集团有限公司董事长

杨　毅　北京鑫恒集团董事长

禹作胜　通用钢铁控股有限公司

副会长

丁立国　德龙钢铁有限公司董事长

李安民　山西安泰集团股份有限公司董事长

李兆会　山西海鑫钢铁集团有限公司董事长

杨　敏　抚顺罕王实业集团有限公司董事长

席劲松　上海舜业钢铁集团有限公司董事长

姚四俊　美锦能源集团有限公司副总裁

韩敬远　河北津西钢铁股份有限公司董事长

马西波　河北前进钢铁集团有限公司董事长

张祥青　天津荣程联合钢铁集团有限公司

梁信军

涂建民

董才平

杨　毅

禹作胜

副会长

丁立国

李安民

李兆会

杨　敏

席劲松

姚四俊

韩敬远

马西波

董事长
王守东　山东泰山钢铁集团有限公司董事长、党委书记
吴岳明　江苏丰立集团有限公司董事长、总经理
项光达　青山控股集团有限公司董事长、总裁
游振华　瑞钢联集团有限公司总裁
杨雪岗　旭阳焦化集团董事长
朱书成　河南龙成集团董事长
秘书长
贾祥瑢　沙钢集团副董事长
常务副秘书长
耿炳玺　原国家冶金局计划司副司长

联系方式：
电话：010－64952497
传真：010－64919140
地址：北京市朝阳区惠新西街16号3单元501
邮编：100029
网址：www. cnyjsh. com
邮箱：yejinshanghui@ 126. com

张祥青

王守东

吴岳明

项光达

游振华

杨雪岗

朱书成

秘书长

贾祥瑢

常务副秘书长

耿炳玺

工作综述

2007年

在全国工商联领导及有关部门的关心、指导和帮助下，在会长的正确领导及广大会员单位的支持下，商会紧紧围绕我国民营钢铁企业的生存发展，以引导、维权、服务为手段，主要开展了以下工作：

一、发挥行业引领作用，充分发挥专家作用，深入调研，树立典型，推动行业健康发展

1. 引导企业发展循环经济，改善环境，降低成本

冶金商会组织专家深入企业进行调查研究，针对民营钢铁企业在资源利用、循环经济、环境保护、工艺技术等方面存在的共性问题和差距，

确定了《钢铁企业低成本运行模式》的调研主题。通过总结推广德龙和国丰节能降耗的先进经验，以典型引导和专家讲座相结合的形式，在去年4月上海召开的全体会员大会上进行交流。会后，先后有近20家企业的主要领导亲自率队，带领本单位所有部门和二级生产厂的领导、技术人员到德龙、国丰进行对口交流，学习经验，查找差距，制定改进措施。

2006年9月，在宁波召开的会长（扩大）会议上，国丰、沙钢、中天、达钢等企业分别介绍了学习典型、推进低成本运行模式，节能减排，发展循环经济的收获，取得较好效果。

国丰钢铁集团有限公司坚持环保与节能并重，加大对污染的治理力度，以污染治理促进节能降耗，通过淘汰落后产能，采用节能环保新技术，提高“三废一固”的回收利用，高炉增加除尘面积6290平方米，烧结机烟尘排放浓度从每立方米300多毫克降到每立方米100毫克以下，实现了主要污染物达标排放，2006年公司二氧化硫减排4922吨，烟尘减排1990吨，高炉休风率降到0.162%，位居全国钢铁行业第一；综合焦比518千克，同比降低6.14千克；6套高炉煤气压差发电机组（TRT）全部并网发电，创造直接经济效益439万元，节约标煤4万吨，增利5000万元，取得了较好的经济效益和社会效益。

江苏沙钢集团淮钢特钢有限公司组织20多名分厂及处室负责人赴河北德龙钢铁公司考察学习其低成本运行经验，在全公司范围内推行低成本战略，开展节能降耗、增产增效活动，2007年全年淮钢实现销售收入107.5亿元，同比增长30.28%；实现利税11.37亿元，同比增长87.98%；实现利润7.07亿元，同比增长83%。

2007年4月下旬，四川达州钢铁集团总裁带领管理部门和分厂负责人到德龙、国丰公司对口学习，开展以“学习德龙、国丰公司低成本运营模式，节能降耗，提高效益”为主题的降本增效活动，将自己的差距和制定的指标措施层层分解落实，量化到岗位、个人，细化工序考核指标体系，向管理要效益。2007年，达钢集团公司实现销售收入70亿元，同比增长26.21%；实现利税5.5亿元，同比增长37.5%，管理费用开支同比降低6.3%。

2. 充分发挥专家组作用，指导企业改进工艺，节能降耗，收到了很好的效果

2006年4月以来，商会专家组到沙钢进行技术诊断，通过现场调研、与企业领导和技术人员一起交流，提出改进意见，沙钢大高炉实现了高炉入炉焦比减少30千克/吨铁的显著效果；炼钢工序通过优化管理，优质钢水质量逐步稳定。专家的服务受到了企业领导的好评。

商会专家组在对河北、江苏、山西等地区企业调研过程中，十分注意对企业发展规划、思路，装备选配、技术工艺等问题的了解和相互交流，提出合理化建议，引导企业发展特色品种，提高质量，按市场需要，走高附加值发展道路，不盲目扩大规模，受到企业欢迎。

二、发挥商会参政议政职能，反映民营冶金企业的情况，维护会员企业的合法权益

根据全国工商联有关行业商会积极参与国家大政方针的参政议政和提案工作要求，商会在深入调研的基础上，针对《钢铁产业发展政策》第四章“产业技术政策”中关于“现有企业通过技术改造努力达标：建设烧结机使用面积180平方米及以上；高炉有效容积1000立方米及以上；转炉公称吨容量120吨及以上”的规定，提出对生产长材企业存在工艺不匹配、不科学、不合理的理由和修改建议：“转炉公称吨容量由原定标准120吨及以上，改为50吨及以上；高炉有效容积由原定标准1000立方米及以上，改为与转炉相匹配，一般应为450立方米及以上；烧结机使用面积由原定标准180平方米及以上，改为与高炉容积和合理的炉料结构相匹配，一般应为75平方米及以上的建议。”商会提出的这一议案，得到了广大民营钢铁企业的积极支持，纷纷反馈意见，认为这是维护民营企业合法权益很有价值的提案，此建议由全国工商联通过，作为政协提案报送全国工商联提交“两会”。

三、为会员单位解决实际问题，组织会员单位联合购矿

针对当前国际铁矿石大幅涨价，民营钢铁企业原材料成本大幅上升，钢铁企业面临生存的严峻形势，冶金业商会在充分准备的基础上，于2007年12月22日在北京国际会议中心召开了进口铁矿石及商会流通企业座谈会。商会副会长单位和流通企业共30家单位参加了会议，分析铁矿石进口形势，研究应对措施，对民营钢铁企业联合采购铁矿石的重要性和可行性取得了一致认识，商会已根据会议的决定，积极推进和落实各项具体工作，组建联合对外投资贸易公司的工作已取得重要进展。

四、建立健全商会信息工作，完善信息沟通渠道，为提高商会工作手段和进一步宣传会员单位，夯实基础工作

1. 编写2006年度冶金业商会蓝皮书，宣传民营企业

根据第三次会长（扩大）会议提出的“商会每年编写一个蓝皮书，把商会的工作、冶金行业民营企业的发展、对社会的贡献等内容向社会公告，大力宣传、树立民营冶金企业的全新形象”的要求，商会秘书处把《全国工商联冶金业商会蓝皮书（2006)》编写工作作为2007年商会的一项重要工作内容。2006年9月在宁波召开的会议上该书如期完成，并分发到各会员单位。

2. 建立统计月报和年报制度

建立月报年报统计制度是2007年度商会工作的一项重要工作内容，也是信息基础工作之一。建立统计月报和年报制度的目的是为了及时了解和反映会员单位生产经营动态，更好地为会员单位提供信息咨询服务，加强会员单位的信息交流与沟通，建立起比较全面、完整的反映冶金行业民营企业发展动态的信息统计体系。秘书处根据实际情况，本着从易到难，逐步完善的原则，以2003年版《中国钢铁工业生产统计指标体系》中规定的统计口径、计算方法、指标解释为蓝本，选择了部分反映企业生产经营动态，便于会员单位之间进行比对的指标，编制了冶金商会《统计年报》和《统计月报》，目标是逐步建立起商会的数据统计体系，填补国家关于民营钢铁企业统计的空白。从执行的情况看，由于各单位基础情况不一，目前不是很理想。我们应该认识到，数据统计是民营企业的一项基础工作、基本功。没有具体数字如何正确反映民营企业的情况，请各单位务必认真对待统计工作。

五、加强商会自身建设，完善管理制度，提高商会工作水平

1. 健全商会工作机构

根据需要，商会设立了秘书处、调研处、综合处、信息处等4个职能部门，进一步理清了工作分工，规定了各部门的职责，并把具体工作落实到人，各部门按分工对口开展工作。

2. 完善规章制度，加强管理，提高工作效率

2008年

2008年是中国钢铁发展史上不平凡的一年。上半年，钢铁行业在高产量、高价格、高利润、高增长的表面现象下，潜伏着高成本、低利润率、产能盲目扩张的危机。进入下半年，钢铁市场渐趋疲软，8月份世界金融风暴骤起，钢铁市场明显萎缩，价格大幅跳水，钢材大量压库，企业开始亏损。上半年与下半年，中国钢铁水火两重天，民营钢铁企业更是遭受严重的冲击。

一、调查研究工作

2008年以来，商会组织调研组，针对我国民营钢铁企业当前的发展状况、所面临的形势以及遇到的问题，深入企业生产经营第一线，以实地考察、座谈、调研表问卷等方式，展开了多轮调研。上半年，商会调研组对山西常平集团有限公司、山西宏达钢铁集团有限公司、河南龙成集团有限公司、江苏中天钢铁集团有限公司、江苏沙钢集团有限公司进行了实地调研，重点对如何应对原材料价格飞涨、如何优化产业结构、如何加强节能减排工作等问题进行了探讨。下半年，由于行业形势变数加大，更是加大了调研力度。2008年8～11月底，全国工商联冶金业商会由名誉会长赵喜子、常务副秘书长耿炳玺亲自带队，分别对江西萍乡钢铁有限责任公司、江苏中天钢铁集团有限公司、上海复星高科技（集团）有限公司、邯郸纵横钢铁集团有限公司、山东泰山钢铁集团有限公司、山西海鑫钢铁集团有限公司、天津荣程联合钢铁集团有限公司、德龙钢铁有限公司、唐山国丰钢铁有限公司、河南龙成集团有限公司进行了深入细致的调研；10～11月，分别对河北、河南、江苏、山东等4个民营产钢大省的冶金工业协会进行了走访，对以上四省的钢铁形势作了全面的了解，并针对建立以上四省的钢铁信息联络处及其业务运作开展了一系列实质性的工作。

调研组针对各企业的具体情况由专人分别撰写调研报告。在此基础上，召开了多轮碰头会，讨论问题、互通情况、总结经验、查找规律、各抒己见，提出了解决现存问题的许多相当有价值的应对策略，并汇总撰写了调研情况总报告，为召开“全国工商联冶金业商会生产经营形势分析及应对措施研讨会暨第一届第六次会长（扩大）会议”做了充分的准备。同时，冶金商会又及时地将相关成果反馈到被调研企业，收到了很好的效果，特别是在下半年全国钢铁形势急转直下时，其中的大部分企业能够冷静思考，沉着应

对，把损失降低到最大限度，取得了较好的经济效益与社会效益。

二、会议组织工作

提高认识、统一思想、研究问题、解决问题、推动发展、履行职能的重要途径就是召开多种形式的会议，组织会议是商会开展工作尤其重要的形式。

1. 冶金业商会第一届第五次会长（扩大）会议于2008年在河北唐山召开。此次会议是在民营钢铁企业面临国家宏观调控力度不断加大，矿石和煤、焦炭等资源价格不断攀升，企业直面严峻挑战的形势下召开的。会议主题是“应对挑战、共谋发展”。会上，国丰、沙钢、南钢联介绍了发展经验，冶金业商会专家作了专题报告。到会代表就如何应对严峻挑战，如何走健康持续发展道路，进行了研究和探讨。

2. 全国工商联冶金业商会生产经营形势分析及应对措施研讨会暨第一届第六次会长（扩大）会议于2008年12月19日至20日在北京召开。这次会议是在国际金融危机骤起、国内实体经济遭受冲击、我国钢铁工业面临困境的大背景下召开的。会议主要是针对目前我国民营钢铁所面临的严峻形势进行研究讨论，以进一步认清形势，增强信心，研究对策。

3. 2008年1月份冶金业商会在大连召开了商会成员单位办公室主任会议，就企业基础材料信息的沟通作了部署。2008年3月份由商会牵头，商会专家组成员在江苏沙钢集团举办了炼钢技术培训班，到会80多人。本次培训班对企业人员技术水平的提高起到了一定的促进作用。

三、信息与统计工作

做好民营钢铁企业生产经营基本信息的统计工作，是了解我国民营钢铁行业发展状况，进而帮助企业分析宏观、微观经济形势和行业形势，及时采取有效应对措施的基础性工作；及时而有效地做好国内外经济信息、政策信息、行业信息、产业信息等的收集与发布，为企业做好信息服务，是商会的重要工作。在信息与统计工作方面，商会做了大量开创性的工作，取得了显著效果。

1. 建立信息联络机制，逐步完善信息统计工作；

2. 完善网站建设，建立信息平台；

3. 定期编印商会简讯，成为民营钢铁企业好助手；

4. 编写全国工商联冶金业商会蓝皮书，树立民营企业正面形象；

5. 适时推出《专家视点》，为企业发展助力。

四、加强与国家政府部门联系，反映民营钢铁企业呼声

商会领导特别重视加强商会与国家政府部门，包括与全国工商联、国家发改委、国家工信部等主管部门的联系工作，以充分反映民营钢铁企业的呼声，并为政府相关主管部门的政策制定献计献策。特别是在召开“全国工商联冶金业商会生产经营形势分析及应对措施研讨会暨第一届第六次会长（扩大）会议”之前，商会向全国工商联、国家发改委、国家工信部等政府部门提交了反映我国民营钢铁企业现实发展状况的汇报材料，对民营钢铁企业为国民经济发展所作出的重大贡献以及应对国际金融危机冲击的实践经验进行了恰如其分的描述。

五、倡导企业责任，创建和谐社会

冶金业商会始终坚持倡导民营冶金企业勇担企业责任，为创建社会主义和谐社会作贡献。在今年年初的应对冰雪灾害和开展“5·12”抗震救灾行动中，冶金业商会及时发动全国民营冶金企业积极献爱心，与社会各界一道，捐款捐物，为国家和人民战胜自然灾害作出了重要贡献。在冶金业商会的倡导下，各民营冶金企业在谋求地方经济振兴发展的同时，积极参与地方扶危济困与社会公益事业，冶金业商会与各民营冶金企业已成为推动社会发展，创建社会主义和谐社会的重要力量。

六、努力打破民营钢铁企业发展瓶颈，组织会员单位联合购矿

自从2007年冶金业商会沈文荣会长提出联合购矿问题后，该项工作一直在有条不紊地进行着，商会成立了联合购矿筹备小组，确定了参加单位，调查统计了企业用矿情况，咨询了公司注册的相关事宜，掌握了部分国外矿石资源信息。目前该项工作正按照沈会长“事情不停，工作照做”的指示精神，持续不断地推进。

七、加强商会组织建设，完善各项规章制度

商会历来注重商会组织的自身建设工作。在进一步明确四个处室职能分工并加强协作的基础上，又筹建了河北、河南两省的商会联络处，明确了具体负责人。在商会人才队伍建设上，通过树立“商会是人的事业”的理念指引下，制订实施了人才队伍建设规划，人才队伍建设取得显著

成效。目前，商会大学本科以上学历人员占全体人员的87.5%，中高级职称员工占66.7%。今年以招聘、引进等方式，新增员工3名，经工作实践证明，以上3位同志全部合格并日益成为商会工作的骨干力量。

内部管理制度日益完善。在商会领导的推动和指导下，商会建立了人事制度、考勤制度、财务报销制度、会议制度、用章管理制度、用车管理规定和带薪年休假条例等。

2009年

在全国工商联的直接领导下，在工业和信息化部、商务部的支持指导下，2009年度，全国工商联冶金业商会秉承为企业服务、为政府服务、为社会服务的宗旨，积极贯彻党的十七大精神，坚持科学发展观，深入调查研究，创造性地开展各项工作，取得了一定成效，对推进民营钢铁健康发展发挥了重要作用。

一、加强与国家有关部门联系，撰写报告和文章，通过各种渠道反映民营钢铁企业的呼声

商会领导特别重视加强商会与国家政府部门，包括全国工商联、国家发改委、国家工信部、商务部等主管部门的联系，充分反映民营钢铁企业的呼声，为政府管理献计献策。

在国际金融危机对我国经济带来重大影响的背景下，我国钢铁行业在产业结构调整、国际铁矿石谈判、联合重组、节能减排、淘汰落后和环境保护等方面的问题更加突出显现。针对上述问题，商会及时调查研究，在详细了解我国中小冶金企业现实状况，充分听取民营冶金企业呼声的基础上，从中国钢铁工业全局出发，撰写了《对钢铁产业政策的意见和建议》、《钢铁发展大思路要符合有中国特色的市场需求——冶金业商会专家组暨秘书处学习温总理讲话对钢铁发展的思考》等政策建议文章，报送全国工商联、工信部、国务院参事室等重要部门，引起了领导的重视，认为有参考价值，这对钢铁产业政策的制定、调整和完善起到了积极的作用。

二、积极开展商会法人登记工作

按照《民政部关于国务院授权全国工商联作为全国性社会团体业务主管单位有关问题的通知》文件精神及全国工商联的部署，从今年6月开始，商会开展了法人登记工作。

首先，组织分工，明确责任。为保证法人注册工作的顺利进行，按照会长的批示，法人登记工作由商会名誉会长全面领导，商会秘书长、常务秘书长具体负责，成立了法人登记工作领导小组，下设文件资料组、联络组两个工作组，文件资料组负责商会自组建3年来所有规章制度的梳理登记，按照注册登记规范运作的要求进行修改补充以及章程修改，起草文件等工作。联络组负责对外联络，主要是对工业和信息化部、商务部、全国工商联、民政部的联络工作。两个工作组各司其职，群策群力。

其次，将登记工作通报全体会员。在今年8月份召开的第七届会长会议上，全国工商联宋北杉副主席应邀到会并就商会法人登记工作作了重要讲话，与会代表深化了对商会法人登记工作重大意义的认识，表示坚决支持商会法人登记工作。会后，商会秘书处将本次会长会议的纪要印发到各会员企业，从而赢得了广大会员对法人登记工作的理解与支持。

之后，文件资料组按照《社会团体登记管理条例》及全国工商联会员部的要求，及时整理撰写了《全国工商联冶金业商会情况报告》、《全国工商联冶金业商会简要情况》等重要材料，全面介绍了商会宗旨、业务范围、会员构成等基本情况，充分阐述了商会进行法人登记的必要性；同时，还对商会章程进行了初步的修订补充，大致形成了章程草案，从而为法人登记工作提供了必要的材料保证。按照民政部要求及全国工商联部署，法人登记工作需要充分征求商会相关行业主管部门的意见。在商会名誉会长、秘书长、常务副秘书长的亲自领导参与下，商会与工业和信息化部、商务部、国资委进行了沟通，目前已完成对工业和信息化部、商务部的征求意见工作，两部委给全国工商联的复函均表示对全国工商联冶金业商会申请法人登记无不同意见。商会按照国资委意见，也与中国钢铁工业协会就有关事宜进行了协商。

三、信息整理分析工作

1. 开展民营钢铁信息季报工作，为政府及会员决策提供参考

从2009年第一季度起，商会开始编撰《民营钢铁信息季报》，及时将季报寄发各会员单位，同时上报全国工商联、国家发改委、工业和信息化部、商务部、中国钢协等相关部门及主要领导。为会员企业生产经营和国家主管部门提供参考。有关领导和企业对季报给予了肯定，认为很

有参考价值，并要求季报信息能更细更全。目前，该信息季报已经出版3期，并在不断完善和改进中。

2. 建立信息平台，完善商会网站建设

2009年进一步完善了冶金业商会网站建设，建立及时发布信息的平台。商会网站以信息量大、发布及时、更新速度快、内容形式新颖为特点。目前，商会网站已成为国内民营钢铁及时获得信息和交流的重要信息平台。

3. 定期编印商会简讯，成为民营钢铁企业好助手

《冶金业商会简讯》是精选国内外最近经济形势和钢铁相关重要资讯编辑而成的半月刊内部刊物，全年共出24期，及时向会员单位和主管部门寄送，该刊物日渐成为民营钢铁企业发展不可缺少的好资料。

4. 高质量完成2009年度冶金业商会蓝皮书的编写

根据商会领导的指示精神，本着保证质量、节约经费、正面宣传的原则，冶金业商会同冶金经济发展研究中心，高质量完成了全国工商联冶金业商会蓝皮书（2009）的编撰工作，寄发会员单位、兄弟协会和国家主管部门领导，宣传中国民营钢铁企业正面形象，建立年鉴式的历史资料，收到了较好的效果。

四、加强调查研究工作

商会历来重视调查研究工作。本年度商会进行的调查研究主要有：

1. 关于钢铁生产企业调研方面

2009年11月9～12日，由商会赵喜子名誉会长、耿炳玺常务副秘书长带队前往山东进行了调研；12月8～10日，由商会赵喜子名誉会长、耿炳玺常务副秘书长带队赶赴江苏进行了调研。以上两次调研，共走访了山东、江苏两省的9家100万吨以上产能的会员或非会员企业，在调研过程中，扩大了对商会的宣传，增强了商会的影响力。

2. 在非钢铁生产企业调研方面

从2009年2月份到6月份，以调研科牵头，秘书科参与，完成了25家非钢铁生产企业会员的调研，增进了对在金融危机背景下这些企业基本情况的了解，加强了商会同非钢铁生产企业会员的沟通交流。每次调研，商会都认真撰写了有针对性的调研报告，依据调研过程中所了解的实际情况提出了应对当前形势、解决会员企业所面临实际问题及改进商会工作的对策性建议，并在定期刊物冶金业简讯上刊登。

3. 深入调研，努力摸清民营冶金企业现状，为政府决策提供科学依据

长期以来，关于进一步摸清民营冶金企业现实状况的工作一直是个空白。这包括弄清民营钢铁生产企业的大致数量，地域分布情况，企业产能、装备、品种结构、节能减排情况等方面的问题。2009年度，冶金业商会在以上方面做了大量工作。经冶金业商会深入调研，对我国民营钢铁企业的现实状况有了更为全面深入的了解。就我国民营钢铁产能分布来说，民营钢铁企业的产能主要集中在河北、江苏、山东、河南、山西五省，以及辽宁、湖南、陕西、四川、江西、黑龙江等省。产能100万吨以上的企业近80家，其产能占全国民营钢铁产能的80%。进一步摸清民营钢铁企业的现实状况，是做好整个钢铁行业工作的重要组成部分，冶金业商会将在现有基础上把以上工作做得更好。

五、及时召开会议，沟通信息，分析形势，推进商会各项工作

1. 第一届第七次会长会议

冶金业商会第一届第七次会长会议于8月21日在北京召开。商会29家会长（副会长）单位均派代表参加了会议，全国工商联宋北杉副主席、全国工商联会员部刘红路部长等领导出席了本次会议。通过酝酿讨论，本次会长会议在民营企业地位、淘汰落后产能、矿石谈判、民营冶金企业联合重组、民营冶金企业投资融资、冶金业商会建设等重大议题上达成了共识。会议还通过了关于提名江苏沙钢集团有限公司董事局主席、总裁沈文荣同志为冶金业商会第二届会长参选人的提议。

2. 商会联络处（筹备组）第一次工作会议

河北、河南、江苏、山东、山西是我国的五个民营钢铁产钢大省，做好这五省的工作尤为重要。为此，商会于今年3月18日在北京召开了上述五省联络处（筹备组）第一次工作会议。会议围绕如何摸清所在省份民营钢铁的基本情况、民营钢铁企业铁矿石代理需求的统计落实情况、建立民营钢铁信息季报等议题展开了讨论，统一了认识，促成了商会山东、河南联络处的成立，为五省联络处（筹备组）工作的进一步开展打下了基础，为商会信息季报的顺利编撰创造了较好条件。

六、努力打破民营钢铁企业发展“瓶颈”，增强民营冶金企业矿石谈判话语权

自从2007年冶金业商会沈文荣会长提出联合购矿问题后，该项工作一直在有条不紊地进行着，成立了联合购矿筹备小组，确定了参加单位，调查统计了企业用矿情况，咨询了公司注册的相关事宜，掌握了部分国外矿石资源信息。在2009年举行的第七次会长会议上，与会代表进一步重申，铁矿石谈判应该有民营冶金企业的代表参加。

七、加强商会组织建设，完善各项规章制度

在商会组织建设方面，一是加强了五省联络处（筹备组）的联系，为山西、江苏两省联络处的建立做了必要的准备。商会联络处在报送民营钢铁企业数据、发展商会会员上起到了应有的作用。二是积极发展新会员。通过积极主动的工作，通用钢铁控股有限公司、上海市工商业联合会钢铁贸易商会顺利加入商会，扩大了商会的会员队伍。三是会员管理工作。商会与各会员单位的联系正在日益加强，各项工作能够得以更加顺利的开展，商会满足会员单位服务需求的能力正在加强。

在商会制度建设方面，商会以法人登记为契机，对商会各项制度进行了补充完善。

总之，商会要以注册登记为契机，进一步提高商会的引领作用和凝聚力，充分发挥企业与政府间的桥梁作用，引领民营钢铁健康发展。

重要活动

2007年

召开商会第一届第三次会长（扩大）会议暨第一届第二次会员大会

4月16～17日，商会第一届第三次会长（扩大）会议暨第一届第二次会员大会在上海召开。会议由梁信军副会长主持，沈文荣会长参加了此次大会并作了重要讲话。

本次会议通过了增补天津荣程联合钢铁集团有限公司、山东泰山钢铁集团、旭阳焦化集团、安徽楚江投资集团有限公司、青山控股集团有限公司、瑞钢联集团有限公司、河北前进钢铁集团有限公司、山西宏达钢铁集团有限公司、江苏丰立集团有限公司、河南省南阳汉冶钢铁有限公司等10家公司负责人为副会长人选的议案，设立常务副会长的议案，进一步健全和完善了商会组织结构。

通报了第一届第三次会长（扩大）会议的情况后，《钢铁企业低成本运行模式》课题组向大会做了专题汇报，刘勇昌副秘书长，德龙钢铁有限公司负责人以及张志勋、刘琦、胥昌第等三位专家从不同的角度结合钢铁生产的主要生产环节讲述了钢铁企业通过合理配置资源、技术改造、充分回收资源，降低能耗、减少污染，达到降低生产成本，改善生产环境，增强企业市场竞争力，提高企业的经济效益，树立企业的良好社会形象的目的，专题汇报受到了与会代表的欢迎。商会将把《低成本运行》课题继续深入开展下去，结合企业发展解决实际问题，帮助企业更好更快的健康发展。

召开“后宏观调控时间中国民营钢铁发展之路”为主题的高峰论坛

沈文荣会长在论坛上致辞，各位与会的领导、集团总裁、专家学者都进行了精彩的演讲。上海宝山区副区长夏雨的《从上海城市功能定位，规划和推进钢铁服务业》，上海复星高科技集团副董事长、副总裁，全国工商联冶金业商会副会长梁信军的《会聚成长力量，共铸产业辉煌》，HATCH工程咨询公司资深研究员Terance Ko的《如何从小型企业成长为国际钢铁巨头——米塔尔成长之路对中国民营钢铁行业的启迪》，德邦证券副总裁林国春的《钢铁行业的估值、融资与产业整合》等，从与政府进行沟通、得到政府的支持，通过证券市场融资推动产业整合、企业兼并、并购案例分析等角度来拓宽企业家的视野，提升企业家的发展思路。

召开商会第一届第四次会长会议

9月19日上午，商会在宁波华侨豪生大酒店召开第一届第四次会长会议。

会议听取了商会上半年的工作汇报，明确了常务副会长，推举产生了执行会长。审定了商会专家组议案和商会组织专业会议及活动安排的议案。会议代表对上述议题进行了讨论，对商会下一步工作进行了研究。

会议总结了“深化低成本运行模式，推进节能减排，促进企业健康发展”工作的经验，近

20家企业到德龙、国丰进行对口考察学习，针对自身差距制定整改措施，在不到半年的时间里，在加强企业管理、降低生产成本、节约能源等方面都取得了可喜的成绩。

召开进口铁矿石及商会流通企业座谈会

12月22日，商会在北京国际会议中心召开了进口铁矿石及商会流通企业座谈会。商会副会长单位和流通企业共30家单位参加了会议。会议分析铁矿石进口形势，研究应对措施，探讨民营钢铁企业联合采购的可行性和方式方法。

会议认为，促成国际铁矿石涨价的因素是多方面的。外部因素是，国际铁矿石供应商为达到利益最大化，垄断国际铁矿石市场，对于小规模的散户，不签订长期协议，加大现货贸易矿比例，抬高矿价；国际海运商与矿石供应商联合哄抬海运费。内部因素是，由于我国民营钢铁企业没有联合起来，采购铁矿石是独立对外，力量分散，规模小，受国际铁矿石供应商的制约程度高，采购铁矿石只能以现货贸易矿为主，长期合同份额少；国内企业间的相互不沟通不协调，无序竞争，卖方得利；另外，我国企业到境外开矿少，对境外矿山公司参股控股少，船运力量小，目前我国钢铁企业能控制的国外矿石资源只有5200万吨，对国际三大矿主构不成制衡。

2007年12月22日，在北京召开进口铁矿石及商会流通企业座谈会

会议形成如下意见：一致赞同民营钢铁企业联合起来，统一对外、风险共担、利益共享、实现共赢，主动应对铁矿石涨价；同意成立中国民营钢铁矿山投资贸易公司的应对方案；同意由商会牵头成立公司筹备工作小组，开展前期工作，即开展对会员企业以及非会员民营钢铁企业生产现状、铁矿石需求、主要采购渠道、采购方式等的调查的同时，抓紧向有关政府部门汇报、沟通，争取得到政府的支持；将会议情况通报所有会员单位及部分非会员民营钢铁企业，欢迎非会员民营钢铁企业的加入。

2008年

召开全国工商联冶金业商会第一届第五次会长（扩大）会议

2008年4月25日在河北唐山市召开了冶金业商会第一届第五次会长（扩大）会议。出席会议的单位共54家，到会代表105人。会议由国丰钢铁公司承办。

2008年4月25日，在河北唐山召开冶金业商会第一届第五次会长（扩大）会议

这次会议是在民营钢铁企业面临国家宏观调控力度不断加大，矿石和煤、焦炭等资源价格不断攀升，企业直面严峻挑战的形势下召开的。会议的主题是“应对挑战、共谋发展”。会上，国丰、沙钢、南钢联负责人介绍了发展经验，李世俊、刘勇昌、刘琦、胥昌第等专家作了专题报告。到会代表就如何应对严峻挑战，如何走健康持续发展道路，进行了研究和探讨。

召开全国工商联冶金业商会第一届第六次会长（扩大）会议

2008年12月19日至20日上午，全国工商联冶金业商会生产经营形势分析及应对措施研讨会暨第一届第六次会长（扩大）会议在北京召开。这次会议是在国际金融危机骤起、国内实体经济遭受冲击、我国钢铁工业面临困境的大背景下召开的；会议主要是针对目前我国民营钢铁所面临的严峻形势进行研究讨论，以进一步认清形势，增强信心，研究对策。

参加本次会议的有会长及副会长单位28家，常务理事单位17家，理事单位9家，河北、河南联络处，山东冶金工业公司、江苏冶金协会和非会员冶金企业以及应邀到会的领导、来宾共138人。

2009 年

召开全国工商联冶金业商会第一届第七次会长会议

2009 年 8 月 21 日，全国工商联冶金业商会第一届第七次会长会议在北京召开。此次会议是在我国民营冶金企业面临联合重组、矿石价格谈判和国务院有关部门即将出台如何淘汰落后产能条例的背景下，以及冶金业商会法人注册登记工作开始启动的情况下召开的。

冶金业商会会长、名誉会长、常务副会长、副会长、秘书长、副秘书长及专家组顾问共 43 人参加了会议。商会会长及副会长共 29 家单位均派代表参加了此次会议，其中会长、副会长亲自到会的有 16 家。

应邀到会的领导有：全国工商联副主席宋北杉，全国工商联会员部部长刘红路，全国工商联会员部组织处处长李兵书。

重要文献

2007 年

关于对《钢铁产业发展政策》有关技术标准要求进行修改的提案

商会通过全国工商联向“两会”提交的提案

（2007 年 3 月）

国家发改委于 2005 年 7 月 20 日发布了《钢铁产业发展政策》。一年多来，钢铁企业（包括民营钢铁企业）都在认真贯彻这一政策，优化工艺结构，淘汰落后装备，取得了明显成效。但在执行中，不少企业对第四章“产业技术政策”提出了意见。产业技术政策规定：“现有企业要通过技术改造努力达标：建设烧结机使用面积 180 平方米及以上……高炉有效容积 1000 立方米及以上；转炉公称容量 120 吨及以上……”2006 年 9 月，国务院办公厅转发的国家发改委《关于完善差别电价政策意见》中规定，从 2006 年 10 月 1 日起，对 2005 年 8 月以后建设的 1000 立方米以下高炉和 120 吨以下转炉，作为限制类企业，提高差别电价。有些地区还按照这一政策，提出差别水价等限制措施。

从全国工商联冶金业商会的调查和钢铁企业（包括民营钢铁企业）反映的意见并邀请钢铁方面的技术、经济专家认真论证，一致认为，现有企业通过技术改造，转炉达到 120 吨以上、高炉达到 1000 立方米以上的技术政策，对生产热轧宽钢带、宽厚钢板等大吨位、大单重的品种，无疑是科学的、正确的；但对生产线材、钢筋、中小型材、棒材、中宽带钢、无缝钢管等众多品种，也采用 120 吨以上转炉，则与连铸机、轧钢机很不匹配，工艺流程不科学、不合理。这类钢材品种对于我们这个发展中的大国，不仅长期需要，而且消费量和生产量很大，要占全国钢材总量的一半以上（56.7%），涉及的企业很多，特别对民营钢铁企业影响更大。对此，提出以下意见和建议：

一是采用 120 吨及以上转炉和 1000 立方米及以上高炉，生产中小型材、棒线材、中宽带钢等钢材，因工艺不合理，反而增加能耗和物耗。钢铁工业是热状态下运行的长流程工业，尤其从炼钢到连铸到轧材，优化的工艺是一火成材、热装热送、直接轧制；转炉连铸坯的断面在保证压下量的前提下，要尽量减小，接近最终轧制成材的尺寸。过大的转炉和连铸坯，都要进行二次加热，二次开坯。因此，转炉的大小要与连铸机和轧钢机合理匹配，是选择转炉容量的基本原则，也是企业节能降耗的基本要求。用过大的转炉生产线材、小型材等品种，不是优化的工艺流程。例如：宝钢由于历史原因，用 300 吨转炉生产线材要先铸成大钢锭，再通过初轧加热轧成小方坯，才能进入线材轧机轧成线材；攀钢用 120 吨转炉、鞍钢用 100 吨转炉生产线材，必须先铸成大方坯，再经过二次加热开成小方坯，才能进入线材轧机。用 120 吨以上转炉生产线材、小型材、棒材、钢筋等产品，因受客观技术条件的制约，都要进行二次加热二次开坯，才能轧制成材。每多一次开坯，就得多消耗能源约 66 千克标准煤/吨钢，与一次轧制成材相比，吨钢可比能耗（行业平均 571 千克标准煤/吨钢）增加

11%。如果占全国钢产量一半以上的转炉都改成120吨以上，能耗、物耗将大量增加，同时，企业为达到政策规定的120吨以上转炉，必然导致产能大量扩张。

二是在现有的120吨以下转炉和1000立方米以下高炉中，既有落后产能，又有先进产能，不宜笼统按炉容大小划分先进与落后。产能先进与落后的划分，除由市场判定其产品外，国家应着重从能耗、物耗、环保、社会共用资源消耗水平等因素划分。目前我国的转炉大体可分三类：第一类是由原10吨左右小转炉扩容改造为20～30吨，这类转炉受厂房和转炉结构限制，烟罩不能升降，煤气无法回收，余热不能充分利用，环保难以达标，即使容积达到标准也应淘汰；第二类是原设计标准型15吨转炉，虽然有回收煤气、余热、烟尘装置，但由于近几年轧机不断改造，装备升级，转炉能力已不适应轧钢能力，多数企业采取超装和高强度冶炼，造成煤气、余热、烟尘回收率很低或不回收，这类转炉应予限制；第三类是50吨及以上的转炉，装备完善，技术结构合理，达到了先进的水平。其中50吨级别的转炉，同样可以与120吨以上转炉相媲美。如武钢二炼钢和马钢三炼钢的转炉属50～80吨级转炉，装备先进，煤气、余热、烟尘回收率高，做到了负能炼钢，属国际先进水平。民营企业中建龙、萍乡等企业的转炉均为50～65吨，工序能耗5～6千克标准煤/吨钢，比行业平均水平（11.07千克标准煤/吨钢）低46%～55%，属于先进和比较先进的炉型，同时与轧机相匹配，尤其适合多品种、小批量的优质钢和合金钢生产。在国际上，一些知名钢厂如日本的神户、富士、小仓，欧盟的奥钢联，澳洲的新西兰等钢厂，都采用60～80吨转炉生产优质线材、小型材。如果对小于1000立方米高炉、小于120吨转炉统统作为限制类装备在今后三年实行差别电价，每度电提价0.05元，按平均吨钢电耗400度计算，每吨钢将增加电费20元/吨钢。一个年产300万吨钢的企业，即使能耗、环保达到标准，也要多支付6000万元的电费，这是不公平的。至于高炉容积大小，应与转炉相匹配；烧结机的面积要与高炉容积和合理的炉料结构相匹配，不是越大越好。如果为了提高钢铁企业进入市场“门槛”，建议从能源、环保、社会共用资源（如水、电等）利用率上提高标准，不宜按单项装备设“门槛”。

三是对技术标准要求的修改建议。针对我国国情和钢铁产业的现实情况，建议对《钢铁产业发展政策》中的有关产业技术标准要求做适当修改，按不同的产品品种和合理的工艺流程，以及节能降耗、环境保护、循环经济的要求，规定技术装备的大小并作为产业政策的附件贯彻执行。具体的装备技术标准建议如下：

转炉公称吨容量：由原定标准120吨及以上，改为50吨及以上；

高炉有效容积：由原定标准1000立方米及以上，改为与转炉相匹配，一般应为450立方米及以上；

烧结机使用面积：由原定标准180平方米及以上，改为与高炉容积和合理的炉料结构相匹配，一般应为75平方米及以上。

第一届第三次会长（扩大）会议总结（摘要）

全国工商联冶金业商会会长　沈文荣

（2007年4月）

近年来我国民营经济发展迅速，已经成为调动民间投资，拓宽就业渠道，推动经济增长，优化所有制结构，增强发展后劲，推动城镇和工业化进程的重要力量，已成为中国经济发展最大的动力来源。截至2006年底，加上外商和港澳台投资经济，内资民营经济在GDP中所占比重超过50%，占到了GDP的大半江山，民营经济进出口总额达2436亿美元，占全国比重的13.80%。

在国家宏观经济政策的指导下，我国钢铁行业，尤其是民营钢铁，本着又好又快的精神，发挥自身优势，努力克服不足，认真贯彻国家提出的节能、减排、循环经济的可持续发展的工作方针，取得了瞩目的成绩。2006年全国产钢4.18亿吨，其中民营钢铁企业产钢达到1.64亿吨，占40%；产生铁1.65亿吨，占全国的41%。

商会根据第二次会长会议提出的“选择一两个关系民营钢铁企业发展的共性问题进行专题调研，并发挥专家作用，提出引领和推进企业健康发展”的意见，重点开展两项主要工作。一是对部分民营钢铁企业进行初步调研：民营钢铁企业多数是在近五六年快速发展起来的，这些企业主体设备建成后，抓住市场机遇，迅速投入运行。在市场旺盛的情况下，有产量就有效益，把追求产量成为首选目标。部分企业是在工艺不完善，设施不完备，工艺不配套的情况下投入了运行，留下了很大的成本潜力和高能耗、高物耗、高排放的问题。商会在调研的同时，组织开展以《低成本运行模式》为中心，引导企业完善工艺，节能降耗，降低成本，带动循环经济和环境保护水平的提高活动，力求通过推行低成本运行模式，以成本为主线，对生产工艺的全流程进行深入分析，从原料、技术装备、生产流程、三废回收、综合利用、节能、环保、产品品种、质量等环节深入分析，从而改进工艺、完善措施、加强管理，帮助企业健康发展。今天专家们精彩的演讲给了我们重要的启示，今后，这项工作还要继续深入开展下去，感兴趣的单位可以与专家进行座谈，或请专家到单位进行技术诊断和技术指导。二是根据调研情况，结合钢铁工业生产特点、工艺流程和主要产品，对《钢铁产业发展政策》中有关技术装备政策进行研究、论证，对不科学、不合理的规定，向国家发改委提出了意见和建议，并以全国工商联团体提案提交到全国政协。

各位代表，经过几年来发展和市场经济的考验，我国民营钢铁企业与发展初期相比，已具有一定的规模，总产量在稳步增长，工艺装备水平逐年提高，产品档次、品种结构随着企业规模的扩大在进行着调整。企业根据市场的需求，发挥自身的优势和特点，找准市场定位，以小批量、多品种、多规格的特色占领市场份额，努力开发、生产高附加值产品，不断提高经济效益和竞争力。目前，钢铁行业特别是民营钢铁企业，面临着国家宏观调控，压缩固定资产投资和过剩的生产能力，环保、土地使用等各项政策的实施。商会将把民营钢铁企业进一步完善工艺，加强管理，科学利用资源，提高循环经济水平，加强环境保护，大力降低成本，树立民营钢铁企业的新形象当做一项重点工作，商会将围绕建立三个体系，即低成本运行体系（低能低耗、循环经济、环境优良）、高附加值运行体系（特色、精品）以及和谐、和睦的企业运行体系开展工作。

2008 年

迎接挑战、共同发展
——在冶金业商会一届五次会长会议上的讲话（摘要）

全国工商联冶金业商会会长　沈文荣

（2008 年 4 月 25 日）

所谓“迎接挑战、共同发展”，根据当前国内外钢铁形势，我想首先要解放思想。党的十七大总结中国经济改革三十年的经验提出的一个口号就是要进一步解放思想。鉴于当前所面临的宏观经济发展趋势和国内外钢铁经济的发展趋势，我们中国的钢铁工业面临的一个问题，同样是要解放思想。

第一，关于中国钢铁出口问题。由于去年（2007 年）出台了许多政策，比如国家出台了对钢铁产品出口限制的政策，或者是叫不鼓励出口的政策，从去年下半年开始，钢铁出口形势急转直下，直到今年 1、2 月份，出口的形势还是下降。但是要看到，从今年 3 月份出口开始反弹。尽管出口税率上调，由于与国际产品价格的差距，出口同样有利可图。比如，螺纹钢现在出口的价格是 1000 美元/吨，我们国内的价格实际是 700 美元/吨，有 300 美元的差价。由于中国连续几个月出口的下降，导致国外钢材价格的反弹，所以说中国离不开世界，世界也离不开中国。尽管国家出台了一些政策，不但不退税，还要征税，但出口形势还是发生了变化，说明什么？这说明市场经济规律在起作用。国家调控与国家引导是一回事，但最后市场还是要按照市场规律去做。目前情况在变化，3、4 月份出口总量增加，国家又会出台新的政策，则另当别论。但像中国这么大的一个国家，不鼓励钢铁出口的政策是值得讨论的。怎么可能不出口？中国 5 亿吨钢，有 10% 出口，需要 5000 万吨，15% 出口，就是 7500 万吨，20% 出口，就是 9000 万吨。中国这么大的钢铁产量，我说有 10% 出口，这不是坏事，应该是正常的。因为世界需要中国市场，中国也需要世界市场。

第二，思维的方法。我认为对于中国钢铁，有一些人既不让出口，又反对进口，这种思想、思维方法，本身是错误的。可以说，自给自足是封闭的经济发展方式，现在改革开放了，按照与世界接轨的要求，我们的钢材怎么可能不出口？又怎么能够反对人家的钢材进口？我个人认为要按照市场经济规律办事，我们只要有能力出口，就应该出口。当然，首先要满足国内市场的需求。20世纪90年代初，我们的钢铁基本上是纯进口，国家还要补贴扶持钢铁企业，千方百计鼓励企业出口，但鼓励出口的时间仅有10~15年，现在出口已受到限制。从发展经济的角度来看，我们这么大的国家，这么大的钢铁产量，肯定是不平衡的。有些人说对于中国钢铁出口量增加，国家又要采取新措施，我看这些新措施未必都是有利于中国经济发展，有利于中国钢铁工业发展的。到底是不是有利？这留给专家们讨论。我个人认为出口是正常的。

第三，关于我国民营钢铁企业的发展。我认为，就目前的情况来说，不应该受到限制，而应该公平对待，给予机会。尽管十七大也好，十六大也好，都反复强调两个坚定不移：坚定不移地发展国有经济，坚定不移地发展非公有制经济。但从当前种种迹象来看，这一点在钢铁行业还没有得到真正落实，从国家政策的出台和项目的审批都反映出并不是鼓励民营企业发展的。从2005年以来，凡是批下来的钢铁项目没有一家是民营企业的，都是国有企业的。不是说民营钢铁企业没有项目申报，可是没有一家是通过国家审批的。这说明两个坚定不移在钢铁工业发展中没有得到公平对待。整个民营钢铁企业的发展趋势是不可逆转的。我们在5年前占的比重在25%~26%，以后逐渐发展到29%~30%，现在实际上已经超过40%，这个还不包括有些上市公司。一些国有企业的上市公司总是以国有企业的面孔对待我们民营企业，但25%~30%进入股市也是民营化的，加上这块儿的话民营钢铁企业会占到60%~65%，所以钢铁企业民营化的过程是不可逆转的。我认为未来的钢铁，民营企业是占主导地位的。我这次到俄罗斯看到他们的钢铁企业大部分都是民营企业。我们现在很多企业都股份化了，纵观世界，民营钢铁企业的发展是必然的。我认为民营钢铁的发展道路是坎坷的，但还可以发展，这是主流。

第四，迎接挑战，共同发展。我认为就是要解放思想。所谓解放思想，就是要重新认识。在新的历史时期，我们民营钢铁企业怎么把握自己？确立一些适应历史潮流的发展思路，也许能够解决我们民营钢铁企业存在的问题，特别是发展的问题。当然我的这些说法也不一定对，仅供大家参考。其中一个重要课题就是要正确认识做大做强的问题。当前一个明显现象就是中国的钢铁企业是过度分散了，特别是我们民营钢铁企业更加分散，民营企业的分散度要比国有企业大得多。现在的趋势就是要做大，100万吨变300万吨，1000万吨变1500万吨。有些是扩大生产规模，有些是收购一些企业重组，现在的政策导向是做大规模，增加集中度。钢铁工业做大，对于那些涉及专业性的小企业可能不需要千篇一律做大，但也不是说就像现在这样分散。能够通过兼并重组形成联合，形成规模对一部分企业来讲是合适的。应该走联合之路，走兼并重组之路，通过这个途径增加协作能力。但是根据中国的特点，根据民营钢铁企业特点，不是每个企业都能走这条路，或者必须要走这条路。应该能够保留相当大一批中小企业，小而精的企业，四五十万吨，一百万吨，只要形成特色，在中国大地上还是可以生存的，并且活的同样潇洒，关键是要看你管理的水平，看你的市场覆盖率。有些中小企业能够生存，比如在中西部地区，比如在贵州、新疆。我们的钢铁产品有多少能送到新疆去？因为距离太远，在新疆当地的一些200万~300万吨的钢铁企业同样得以生存。现在一些优钢、特钢企业同样活得很好，有竞争力。从一个厂子而言，他的绝对数是小的，但就一个产品来讲，他占的市场份额很高，达到30%~50%。就是在美国这样一个发达国家，20年前钢产量就超过1亿吨，他们同样也有50万吨，甚至还有30万吨的钢厂存在。分析研究他们的规模，为什么能存在？就是产品问题，它有专业化生产、有大的原料基地，既有1000万吨、1500万吨的大企业，也有30万吨、50万吨的小企业，而且不止一家。像中国这么大的国家，钢产量5亿吨、6亿吨、7亿吨，即使到2020年钢产量达到7亿吨，大企业钢产量占70%，也还会有2亿吨钢很可能就是由中小企业生产的。所以中国的钢铁肯定是上规模型企业和中小型企业共同发展。我讲的意思是中国的钢铁要做大做强，但不是所有企业都要做大做强，换句话说，不是每个企业都能够做大做强。有优势条件的企业形成规模，做大做强；中小企业形成专业化优势，形成产品特色，同样可以生存。

第五，原材料问题。发展钢铁工业，根据目前形势我的设想是：有多少原料，办多大的钢厂；有什么样的原料，办什么样的钢厂，形成什么样的工艺。现在办一个500万吨的钢厂是容易的，但是要办好一个钢厂是不容易的。特别要办成一个有核心竞争力的钢厂就更难。现在的问题是：很多因素是可变的，也有些是不变的。什么叫可变？没有人才，可以培养人才；管理上可以加强培训，提高管理水平。但是现在遇到了原材料问题，这一问题对于民营钢铁企业来说，是制约发展的关键，是影响核心竞争力的关键。建设一个300万吨、500万吨的钢厂，对有些企业来讲，通过努力组织，都能建成，但是建成以后能否有竞争力就很难说了。从很大程度上来说其中的制约因素是太多了：存在的制约、规律的制约，甚至于还有产品的制约（产品的档次不高，质量不好），还有建厂的地理位置的选择等种种因素。但是这些制约因素都是可以协调，可以改变的，唯独原材料因素很难改变。现在发展钢铁，要千方百计地组织好原材料。要想成功，首先要看你能否组织好原材料（例如，铁矿石、煤矿、焦炭、铁合金等），有没有生产钢铁的资源基地。你搞一个500万吨、1000万吨企业，原料没有落实，结果不可能好，甚至可能成为包袱。最近我对一些民营钢铁企业进行了一些分析调查，有些民营钢铁企业总体竞争力不差，规模也可以，成本控制也比较好。不抓原料，就没有核心竞争力。要想得到合理的价格原料，我们就要研究上下游原料的组织，而不是简单研究产量。在过去5年或10年中研究产量是可取的，但今后这条路很可能是走不通的。

第六，如何确立自身优势的问题。要形成有个性的独立的优势，才能在竞争中取胜。要有自身的竞争力就是要解决或基本解决原料问题，归根结底是解决成本问题。每个企业都要研究自己的特色，要形成自身的竞争力才能够生存发展。对于同样产品的投资成本来说，如果同样的产品别人要投资5000元，你能控制在3000元，甚至2500元就能搞好，这就使竞争力增加了。进行高产值的投资时，你投资50亿元，有人愿意花80亿元去买，说明你搞高产值投资搞得好；如果投资50亿元，卖40亿元或35亿元人家都不要，说明你搞的高产值投资是失败的。我讲的意思是，第一点，要投资资金最少，账目最好。第二点，要产品质量最好，形成个性化，形成谁都比不了的优势。第三点，是关于自身生产优势的。例如关于生产任务，同样的钢厂，使用不同的工人，结果是不一样的，而且差异很大。这说明什么问题？这是客观的存在，如果你能控制好这个客观的存在，这就是竞争力，并且这个竞争力不是三五年就能改变的。这个过程必须要花三年到五年才能形成，在没有形成之前，你何谈竞争？这些就是一个企业个性化的优势。要在竞争中提升自己，就是要研究自己，为自己创造优势，这个优势在你所在地区是只有你才拥有的，你就能成功。不要千篇一律，要有自己的特色，这就是核心竞争力，就是成功的关键。

“5·12”四川汶川大地震发生后，我国民营冶金企业立即行动起来，捐款捐物，支援灾区抗震救灾，充分体现了万众一心、同舟共济的伟大民族精神。尽管2008年国际金融危机给企业带来了巨大冲击，作为民营企业时刻牢记自己的社会责任，大部分会员企业做到了不减员、不降薪；与往年同样为捐资助学、为光彩事业和社会公益事业作出了很大贡献。表1仅为2008年的不完全统计数据。

表1　2008年会员企业抗震捐赠和社会捐助情况统计表

序号	单位名称	抗震捐赠	社会捐助
1	江苏沙钢集团有限公司	9550万元	113万元
2	德龙钢铁有限公司	1370万元	200万元
3	北京京奥港集团有限公司	60万元	5万元
4	河北纵横钢铁集团有限公司	222万元	300万元
5	番禺珠江钢管有限公司	190万元	150万元
6	山西安泰集团股份有限公司	979万元	650万元
7	山西海鑫钢铁集团有限公司	1219万元	
8	上海奥盛投资控股（集团）有限公司	100万元	1000万元

（续表）

序号	单位名称	抗震捐赠	社会捐助
9	抚顺罕王实业集团有限公司	200 万元	60 万元
10	唐山国丰钢铁有限公司	200 万元	48 万元
11	上海复星高科技（集团）有限公司	4017.26 万元	
12	通用钢铁控股有限公司	500 万元	3000 万元
13	萍乡钢铁有限责任公司	779 万元	733 万元
14	美锦能源集团有限公司	530 万元	470 万元
15	中天钢铁集团有限公司	1186.01 万元	2478.08 万元
16	河北津西钢铁股份有限公司	500 万元	
17	北京建龙重工集团有限公司	3000 万元	434.95 万元
18	北京鑫恒集团	150 万元	43 万元
19	河北前进钢铁集团有限公司	1072 万元	807 万元
20	天津荣程联合钢铁集团有限公司	10030 万元	
21	山东泰山钢铁集团有限公司	300 万元	180 万元
22	青山控股集团有限公司	177 万元	200 万元
23	瑞钢联集团有限公司	270 万元	500 万元
24	旭阳煤化工集团有限公司	432 万元	600 万元
25	南阳汉冶特钢有限公司	120 万元	52 万元
26	江苏亚青钢管制造有限公司	15.3 万元	1.1 万元
27	安徽楚江投资集团有限公司	230 万元	21 万元
28	江苏长城物资集团有限公司	5 万元	5 万元
29	江苏旋力集团股份有限公司	11 万元	500 万元
30	南通特钢有限公司	100 万元	100 万元
31	江苏物华科技贸易有限公司	60 万元	30.5 万元
32	河南济源钢铁（集团）有限公司	505 万元	125 万元

（续表）

序号	单位名称	抗震捐赠	社会捐助
33	山东石横特钢集团有限公司	144.71 万元	20 万元
34	广州裕丰企业集团有限公司	50 万元	800 万元
35	青岛通用铝业有限公司	30 万元	0.5 万元
36	包头华美稀土高科有限公司	50 万元	52 万元
37	包头市石宝钢铁集团有限责任公司	110 万元	200 万元
38	上海钢联电子商务股份有限公司	18 万元	
39	四川省达州钢铁集团有限责任公司	600 万元	200 万元
40	山西宏达钢铁集团有限公司	200 万元	820 万元
41	浙江永上不锈钢产业有限公司	30 万元	3 万元
42	江苏凯特尔工业炉有限公司	7 万元	13 万元
43	上海宝旺实业有限公司	40 万元	
44	德勤集团有限公司	15 万元	
45	明赋勤国际贸易有限公司	77.3 万元	
46	上海钢协实业有限公司	1 万元	
47	江苏沙钢集团淮钢特钢有限公司	67.5 万元	
48	河南安阳永兴钢铁有限责任公司	20 万元	
49	海亮集团有限公司	905 万元	944 万元
50	山西常平集团有限公司	300 万元	3000 万元
51	东方希望集团有限公司	1600 万元	
52	无锡中欧投资发展有限公司	2000 万元	1000 万元
53	温州市金属行业协会	122.6 万元	10 万元
54	河北新武安钢铁集团	17000 万元	3000 万元
	合计	61467.68 万元	22869.13 万元

增强信心渡难关，积极应对谋长远，努力开创民营钢铁新局面
——在冶金业商会一届六次会长会议上的讲话

全国工商联冶金业商会会长　沈文荣

（2008 年 12 月 19 日）

在严冬季节，又遇到经济“寒流”，我们相聚北京，召开“民营钢铁生产经营形势分析研讨会暨第六次会长（扩大）会议”。这次会议，把主要负责同志请来，为的是一起分析形势，研究对策，增强信心，渡过难关，谋划长远。这是一次重要的会议，希望能开好。受会议委托，我先做一个发言。

一、民营钢铁面临的形势和存在的主要问题

2008 年，国际环境波涛汹涌，国内市场波澜起伏，“两波”重叠对我国钢铁工业造成巨大冲击。6 月，我国日均产钢高达 157 万吨，创历史最高纪录；大中型钢铁企业上半年月均实现利润 164 亿元，创历史最好水平；7 月中旬钢材价格指数高达 162.26 点，也创历史新高；从 8 月份开始，价格开始下滑；9 月加速下滑，钢铁企业经营状况发生逆转，到 10 月份价格指数已降到 108.59 点，日均产钢也降到 116 万吨，全行业陷入大规模减产和亏损。从 6 月到 11 月，短短 5 个月时间，钢铁行业经历了“冰火两重天”的煎熬。

月圆则亏，物极必反。实际上在上半年一片繁荣的同时，市场萎缩已悄然开始。由于钢材价格不断上涨，下游行业无力承受，二季度开始市场渐趋疲软，虽然销售收入和实现利润增长仍然较快，但已呈下降趋势（销售利润率比一季度下降 1 个百分点），高利润是靠高产量实现的。

市场给出的这些信号没有引起我们的足够重视，误判形势，认为市场需求仍然强劲，继续开足马力生产，产能大量释放；与此同时，受矿石涨价预期的影响，企业超量进口矿石，1～9 月超量进口 6000 多万吨。8 月，世界金融风暴骤起，出口受阻，国际国内两个市场由疲软发展到萎缩，钢铁市场一蹶不振，钢材大量压库，价格大幅跳水，囤积的矿石形成巨额浮亏，企业开始亏损。

形势骤变，使许多企业措手不及。在严峻的形势下，商会从 8 月开始，对十多个重点企业和河北、江苏、河南、山东、山西等民营钢铁企业重点省份进行了调研，对企业生产经营情况、面临的问题和企业采取的措施作了认真的考察了解。

1. 从全行业情况看，不论国有还是民营钢铁企业都遇到了空前的困难

8 月开始，价格天天降，从平均 6000 元/吨直线下降到平均 3000 元/吨；订单迅速减少，最高月产和最低月产比，月减少 1126 万吨，下降 23.6%，企业普遍感到恐慌；8 月份利润同比下降 19.4%，9 月份同比下降 72.9%，大中型企业亏损面 32%，10 月，全行业亏损，亏损面近 60%，亏损额 77.74 亿元。

民营钢铁企业遇到的困难比国有企业更多一些：一是不少民营钢铁企业是 2001 年以后发展起来的，资本积累时间短，实力不雄厚，很难从银行贷到款，资金本来就紧张，“寒流”来后更难贷到款，现金流面临断裂危险，不仅新上项目无力支撑，日常资金周转也吃紧；二是基本没有自己的矿山，主要靠吃高价现货矿，成本远比国有企业高（当然，9 月开始现货矿价格反而比长协矿便宜，一些民营企业从中受益，但这种局面不会长久）；三是部分民营钢铁企业产品比较单一，企业缺乏核心竞争力，抗风险能力差。民营钢铁企业的这些问题，在“寒流”来后更加凸显，这可以从减产数据中看出：8 月以后，全行业钢产量负增长，具体数字是：8 月 1.3%，9 月增长 -9.1%，10 月增长 -17%；其中民营钢铁企业 8 月增长 -0.85%，9 月增长 -11.9%，10 月增长 -20.3%，民营钢铁企业减产幅度大于全行业。

河北是我国钢铁第一大省，也是民营钢铁第一大省。河北民营钢铁企业减产幅度也高于全省：去年全省产钢 10706 万吨，其中民营 7186 万吨，占全省的 67%；今年 1～10 月，全省产钢 9739 万吨，其中民营 6330 万吨，占 65%，降了 2 个百分点，其中 9、10 月减产幅度平均为 15.8%（不是社会舆论所说减产了 40%），大于全省 13.8% 的减产幅度。

江苏、山东、河南、山西是仅次于河北的四个民营钢铁大省，民营钢铁占全省的比重分别是：江苏 87%，山东 44%，河南 53%，山西 51%，受“寒流”影响情况与河北差不多。

但在调研中发现，9 月以后，多数民营钢铁企业都能迅速从惊恐中走出来，冷静思考，沉着应对，加强形势分析，加强市场调研，及时调整品种和营销策略，把冲击造成的损失减小到最低限度。还有一些企业，除应对当前困难外，把很大一部分精力放在长远考虑上。也有不少小企业，面临生存考验，

在这次风暴冲击中将面临重新洗牌。

这里顺便讲一下民营钢铁企业的集中度问题：2007 年民营钢铁企业产钢 1.97 亿吨，产铁 2 亿吨，分别占全国的 40% 和 42.7%，到今年 10 月止，还是保持这个比例。

全国民营钢铁企业的产能主要集中在河北、江苏、山东、河南、山西五省，以及辽宁、湖南、陕西、四川、江西、黑龙江等省的 97 家企业。这 97 家中，河北 31 家，江苏 21 家，山东 10 家，河南 10 家，山西 10 家，其他省 15 家。这 97 家绝大多数产能都在 100 万吨以上，钢产量占全国民营钢铁的 85% 左右；其中产能在 100 万吨以上的 62 家，产钢 16100 万吨，占全国民营钢铁的 81% 左右；规模在 200 万吨以上的骨干企业有 40 家，产钢约 14000 万吨，占全国民营钢铁的 70% 左右。

社会上流传说全国有 1000 家钢铁企业，这个概念不准，实际上是冶金企业，包括有色、矿山、加工、贸易等。生产铁和钢的企业没有这么多。

这 40 家骨干企业在 2008 年 10 月的主要技术指标是：入炉焦比：全国平均 396 千克，民营骨干平均 401 千克；钢铁料消耗：全国平均 1084 千克，民营骨干平均 1089 千克；吨钢综合能耗：全国平均 628.91 千克，民营骨干平均 615.42 千克；吨钢可比能耗：全国平均 605.83 千克，民营骨干平均 614.75 千克；耗新水：全国平均 4.81 吨，民营骨干平均 4.08 吨。可以看出，民营与国有企业的差距已不是很大，而且有些指标已进入先进水平。

除 100 万吨级以上的 62 家企业外，其他基本上都是小企业，总产能在 3600 万吨左右，主要分布在 15 个省区，它们不是钢铁工业协会和商会成员，绝大多数是落后产能企业，需要淘汰。这些企业类似“候鸟”，在成本高企、价格下滑时，纷纷焖炉停产，但到 9 月以后，矿石现货价降到 600 元/吨甚至 400 元/吨时，它们又恢复生产。这类问题的解决，需要综合手段，仅靠市场或仅靠行政手段都是不会奏效的。

2. 从民营骨干企业情况看，与全国大中型企业一样，受“寒流”冲击很大

国企与中小企业不一样，经过这些年的发展，已由过去的生产普通棒线材、窄带钢，向着生产高附加值产品的方向迈进。沙钢、国丰、德龙、建龙、津西、复星、萍钢、中天、汉冶、纵横、港陆、川威、普阳、泰山等企业，这些年陆续调整结构，投产了高线、中厚板、宽厚板、热轧薄板、冷轧板、中宽带、H 型钢、镀锌板等，沙钢 2006 年底投产的 5 米宽厚轧机是我国继宝钢之后的第二套宽厚板轧机。重点骨干企业正以科学发展观为指引，按照市场要求，调整结构，提高品种质量，并加大节能减排、循环经济的投入，走环保、创新、可持续发展之路。总的来看，这些企业发展势头较好，因此在“寒流”中，多数企业都能迅速调整品种和营销策略，紧盯市场变化，不断研究形势，增强信心，克服困难，把亏损降到最低限度。有的企业做到月度不亏，比如沙钢，10 月份赢利 2 亿元，南钢联赢利 5000 万元，汉冶赢利一直保持在全行业先进水平上，萍钢做到不亏。这是非常不容易的。

也有一些骨干企业品种比较单一，高价矿库存比较多，8 月以后产品订单少，加上在建项目摊子铺得大了些，占压资金较多，现金流出现问题，面临严峻的局面。

还有一些骨干企业，果断暂停新上项目，或只上部分项目，把钱袋子捂紧，留够资金保生产，保眼前。

还有少数骨干企业，几年前收购了国内的一些矿山，吃进口矿比例比较低，比如建龙、复星，它们的情况就不一样，效益要好一些，这是值得我们深思的。

二、增强信心，克服困难，把握形势，积极应对

1. 要坚定信念，增强克服困难的信心

面对突如其来的全球金融风暴，任何人都没有预料到；其来势之猛，覆盖面之广，危害之深更是始料不及。8 月，许多人都认为美国次贷危机对我国金融影响有限，实体经济影响不大；9 月开始认识到对我国实体经济影响很大；11 月党中央国务院很快调整方针，实行积极的财政政策和适当宽松的货币政策，前后出台 10 条措施和“国九条”政策，特别是 4 万亿元投资拉动。最近又刚刚开完中央经济工作会议，动员部署扩大内需，恢复消费和投资信心，这对钢铁行业来说无疑是增强信心的基石。

2008 年我国固定资产投资规模预计 15 万亿元，刺激投资政策出台后，2009 年投资规模估计 19 万亿元，比今年增加 4 万亿元；如果钢材投资强度按每 1 万亿元消费 3000 万吨计算，4 万亿元投资需要增加 1.2 亿吨钢；这两年我国钢材出口和间接出口平均每年 1.5 亿吨左右，即使明年减

少50%出口的话，减少0.75亿吨，国内消费增加1.2亿吨，可以抵消。因此，估计明年我国钢材表观消费量不会低于今年。

从长远看，我国工业化进程还没有完成，距离人均GDP翻两番的目标还有很大距离，我国钢材的消费还没有达到顶点，有人估计2020年我国消费钢材折合粗钢将会达到7亿多吨，因此，我国钢铁工业的发展空间还有，虽然不可能再有前6年的增长速度，但钢的需求仍然是增长的趋势。现在需要的是国民的信心，我们搞钢铁的也是如此，为此大家一定要对大局有一个基本的判断，坚定对未来的信念，增强应对当前困难的信心。

2. 渡过难关要有充分思想准备，解决问题要从长远着想

任何事物都有它自身的发展规律，经济发展也有它自身的规律。是规律就有周期性，这次金融危机就是周期性体现；规律客观存在，不为人的意志所左右，我们只能顺应它而不能改变它。我国在本轮经济周期中快速发展了6年，处于波峰时间比较长，现在慢了下来，开始处于波谷，这个趋势是谁也改变不了的，我们能做的只能是减小它的波幅，改变不了它的周波。因此，这次寒流，不可能很快就过去。那么何时见底？底部是“V”形还是“L”形？都在议论。有一条是肯定的：要看全球的变化，不只是看中国。全球一体化的今天，任何一个国家都不可能独善其身。胡锦涛总书记最近在中央经济工作会议上指出：“在国际金融危机冲击下，实体经济增速大幅下滑。目前这场金融危机不仅本身尚未见底，而且对实体经济的影响正在进一步加深，其严重后果还会进一步显现”。因此，渡过难关，大家要有充分的思想准备。

即使有了刺激投资的利好，但项目立项，前期工作做完，再快也得到明年四五月份才能对钢材提出需求。其次，投资对象主要是保障性住房、铁路、高速公路、机场、核电、地震灾区、农村等，可能对建筑材料是好消息，其他品种不敢盲目乐观。对钢铁本身来说，属于“两高一资”项目，国务院明令一个不准上，就连已经批准的湛江和防城港项目也暂缓。因此，对于过了几年好日子的中国钢铁企业来说，明年是最难过的一年。

度过当前困难，除了建立信心外，建议大家一定要结合本企业的情况，不断分析研究形势，不断收集掌握相关信息，因为现在形势经常在变。其次，当前还是要捂紧钱袋子，特别是新上项目，尽可能缓建，看清楚再说。另外，要注意现在的价格走势，在一系列政策出台后，人们一旦恢复信心，钢材市场就可能回暖上升，因为国内市场毕竟很大，这段时间里人们的恐慌心态从一定程度上放大了市场萎缩，我们的下游行业没有“硬伤”。这次我们请来了几个下游行业的专家领导来给大家介绍情况，分析市场，想必会有启发。

如果从长远角度看，明年难关过了，以后将会面临更加严峻的考验，这是因为摆在我们面前的艰巨任务是战略转型。说战略转型也好，转变增长方式也好，一句话，就是沿着过去的老路走是不行的了。

过去六年，正值我国经济迅速发展时期，钢材需求强劲，中国钢铁从2001年的15000万吨迅速上升到去年的48900万吨，其中民营钢铁也从2001年的1860多万吨迅速发展到去年的19700万吨，平均每年增加3000多万吨，民营钢铁占据了小半个天下，为国民经济发展作出了重要的贡献。但是也应看到，由于我国钢铁工业发展很快，产能开始过剩。按已投产和2007年在建项目统计，2010年我国钢铁综合产能将达到6.65亿吨，按现在表观消费能力计，过剩1亿多吨；其中板材，2007年底热轧薄板产能12463万吨，2008年在建产能8532万吨，过剩1亿吨；2007年中厚板产能4530万吨，2008年在建2630万吨，过剩40%多。这些问题，企业老总都清楚，但就一个企业来说，他上板管项目是为了提高板带比，追求差异化竞争，但最终结果是大家都上，反而使产品同质化的问题和矛盾越来越严重，大家在同质化竞争的道路上拼命挣扎。这里的问题主要出在产品缺乏自主创新上，说到底是没有核心竞争力，你能上我也能上，结果重复建设不可避免。

实际上我们还有许多钢铁产品不能满足国内市场需求，譬如机械制造，重大装备，高速铁路，机车，飞机制造，炼化装备，超临界发电，核电，风电，抗震，节能，重型钢结构、特大型造船等领域都向钢铁提出要求。自主创新，做强做精，循环经济，节能环保的路子很宽，我们要在克服当前困难的同时，立足长远，为转变增长方式做铺垫。我还是那句在唐山会议上讲过的话：我们民营钢铁企业一定要定好自己的位，能做大的做大，不能做大的做强做精，未来民营钢铁企业不可能都是大的，也不可能都是小的，一定是大中小共存。不能走老路，要走提高质量，发展品种，有特色，有优势，可持续发展的路。

3. 要推进联合重组，推进联合投资办矿

这次“寒流”，将会有一批企业重新洗牌，特别是中小企业。不论从提高行业集中度的角度还是资本扩张的角度看，都是联合重组的好机会，有条件的企业应联合起来。中央在〔2008〕11号《关于上半年形势和做好下半年经济工作的通知》中明确指出：“要加大企业重组和改造力度，鼓励支持煤电、铝电企业上下游企业联合。努力在钢铁、装备制造、纺织领域形成一批竞争力强的大型企业集团。”文件下发后，中央和地方的国有钢铁企业联合重组的步伐开始加快。这次中央经济工作会议又强调了这一问题。国企重组得越大越快，对本来就小的民营钢铁企业就越构成威胁，我们要从战略上予以重视。

中央在同一个文件中还指出“要继续完善促进企业走出去的各项政策措施，加大信贷、用汇等方面的支持力度，鼓励国内企业到境外开发资源，承包重大工程，建立研发机构和分销网路”，要“加大财政对结构调整，自主创新，节能减排，中小企业发展，改善民生等方面的支持力度”。

温家宝总理前不久去宝钢视察时对徐乐江董事长说，“有条件的大企业要去境外买企业，办企业”。这次中央经济工作会议也强调了这一问题。这些文件和讲话精神表明，国家很重视联合重组和境外开发两件事，我们民营钢铁企业也应当从战略上予以重视。出去办矿，单个办力量不够，可以联合，在这个问题上，我们相信一定会得到国务院有关部门的支持。这次会议结束前，我们还要再统一一次思想。

4. 要坚持节能减排，淘汰落后

随着国家经济和社会的进一步发展，对“两高一资”的钢铁工业的发展，制约条件日趋严峻。这几年民营钢铁企业节能减排和生态环境已经有明显改善，有的企业已达到行业先进水平，但还有差距。国家为加大节能减排力度，已经出台《粗钢生产主要工序单位产品能源消耗限额》，按此标准衡量，有30%多的民营钢铁企业将达不到准入标准，因此我们要继续加倍努力，争取达标，同时也是企业有效利用资源，降低成本的需要，要把工作做好。节能减排与淘汰落后相关联，为把节能减排工作做好，必须淘汰落后产能。我们民营钢铁企业要坚决响应国家的号召。

三、商会和会员单位当前要配合做好的几件工作

1. 要做好调查研究，及时向国务院有关部门汇报情况

中央经济工作会议以后，国务院有关部门将对钢铁工业的一些具体政策进行研究落实，比如钢材出口政策，兼并重组政策，技术改造政策等，企业要配合好，特别是技术改造和兼并重组政策，要争取做到国有民营一视同仁。

2. 商会要进一步做好信息沟通工作

一是数据统计工作，特别是骨干民营钢铁企业的数据统计分析，要做到每月向成员企业提供，每季度向国务院有关部门报送。要创造条件，尽可能多地掌握97家民营钢铁企业情况。二是要进一步完善现在的《商会简讯》和网站，加大企业重要信息、企业慈善事业信息和社会责任方面的信息量。商会现在已经在三个省设立了联络处，还有两个省不久也会建立，为数据统计工作打下了基础，企业要积极配合，及时向商会提供有关数据。要争取更多企业入会，提高信息覆盖面和信息质量。

3. 探索做好铁矿石现货采购协调工作

我国钢铁企业吃现货矿多，转手矿多，又分散采购，往往被国际矿石巨头利用，使协议矿价格飞涨，于企业于国家都不利。国务院有关部门今后可能要采取必要的调控措施，这对民营钢铁有利，我们要响应号召，积极配合，加强联合协调。如何配合协调，商会要注意做好调研，拿出意见。

2008年中国民营钢铁业情况报告

一、民营钢铁发展规模

中国民营钢铁是在国民经济快速发展，钢材供不应求的特定历史环境下发展起来的。尤其从2000年到2005年期间，全国累计消费钢材折合粗钢10.7亿吨，而同期国内生产粗钢9.67亿吨，短缺1.03亿吨，不仅高档钢材要依靠进口，普通钢材也大量进口，平均每年净进口钢材、钢坯折合粗钢2064万吨，最高年份2003年进口粗钢4548万吨。

在钢铁市场供不应求的环境下，一批民营钢铁企业应运而生，发展很快，弥补了供应缺口，直到2006年我国实现了供需总量基本平衡，改变了长期净进口钢材的历史，民营钢铁企业为此

作出了历史性贡献。

2002 年我国民营钢铁企业钢产量仅 2941 万吨，占当年全国钢产量 1.81 亿吨的 16%，到 2007 年民营钢铁企业钢产量达到 1.97 亿吨，占当年全国钢产量 4.89 亿吨的 40.8%。民营钢铁企业五年时间产钢增加了 1.68 亿吨，平均每年增加高达 3340 万吨，而同时期国有钢铁企业平均每年增长 2800 万吨，民营钢铁增速比国有钢铁快 19%。

二、民营钢铁发展质量

民营钢铁企业经过这几年的发展，由小到大逐渐形成了一批上规模的企业。目前产钢能力超过 100 万吨的企业有近 80 家，产能超过 1.8 亿吨，占民营钢铁总产能近 80%，构成了民营钢铁的主体；其中能力大于 200 万吨的企业有 40 家，总能力 1.35 亿吨，占全部民营钢铁的 67% 左右，这些企业是民营钢铁的骨干企业。

近几年民营钢铁企业，特别是骨干钢铁企业在发展规模的同时，注意发展质量。新建了一批大高炉、大转炉和先进轧机，并按市场需求不断调整产品结构，提高产品质量。过去只生产普通棒线材、窄带钢，现在不少企业已经转向板材、管材和优钢特钢。如沙钢、日照、国丰、建龙、津西、德龙、纵横、恒通、普阳、复星、港陆、汉阳、川威等企业。一批钢厂已经先后投产了特厚板、宽厚板、中厚板、热轧薄板、中宽带钢、冷轧板、镀锌板、H 型钢等生产线。中天、淮钢等一批企业转向生产优钢特钢，在优化装备结构和产品结构的同时，按照国家产业政策要求，注重节能减排，发展循环经济，走可持续发展道路。目前民营骨干企业的经济技术指标和能源消耗指标平均已达到或接近全国大中型钢铁企业平均水平，有的处于领先水平。沙钢、淮钢、永钢、文丰、前进等一批企业实现了负能炼钢，标志着这些企业的技术装备水平和管理水平进入了先进行列。

三、民营钢铁分布情况

2008 年民营钢铁企业产钢 2.04 亿吨，产铁 1.98 亿吨，分别占全国的 40%、42.7%。民营钢铁企业的产能主要集中在河北、江苏、山东、河南、山西五省，以及辽宁、湖南、陕西、四川、江西、黑龙江等省。

河北是我国钢铁第一大省，也是民营钢铁第一大省。去年全省产钢 11500 万吨，其中民营 7395 万吨，占全省的 63%。江苏、山东、河南、山西是仅次于河北的四个民营钢铁大省，民营钢铁占全省的比重分别是：江苏 91.9%，山东 44.28%，河南 58.68%，山西 50.89%。

产能 100 万吨以上的近 80 家企业，占全国民营钢铁产能的近 80%。其中河北 21 家，江苏 15 家，山东 10 家，河南 6 家，山西 10 家，其他省市 15 家左右。

产能 200 万吨以上的企业 40 家，占全国民营钢铁产能的 67%。还有 3000 万吨左右的产能分布在 50 多家产能在 50 万～100 万吨之间的企业。另外 3000 万吨左右的产能分布在 50 万吨以下的小企业群。

四、民营钢铁企业对社会的贡献

2001 年到 2008 年，民营钢铁企业累计产钢 8.6 亿吨，上缴国家税收 1700 多亿元，直接安置就业职工 60 多万人，带动就业 200 多万人。各民营钢铁企业在兴建民生工程、发展公益事业等方面每年少则捐助百万元，多则数百万元，甚至上千万元，是地方光彩事业主要支持者和带头人。四川汶川地震救灾中，民营钢铁企业捐款达 5 亿多元。我国民营钢铁企业为国家和社会作出了重要贡献。

五、民营钢铁呈现出的主要特点

1. 决策快，机制灵活

2002 年至 2007 年五年间，民营钢铁之所以能快速发展，一个根本原因是民营钢铁企业决策快，机制灵活。一个百万吨级的企业，从立项到投产，快的一年多时间就可以建成，投产三年就能收回投资，决策程序少，决策链条短，决策效率高，筹措资金快，上马快，投产快，投资汇报快。这在国有企业是很少见的。

2. 建设资金主要靠自筹和社会融资

不论建设资金还是经营周转资金，民营钢铁企业都很难从银行借到钱。前几年由于原燃材料价格较低，钢材利润较高，很多企业把有限的财力集中用于扩大主体设备和增加产量上，而设备配套、完善工艺、提高质量、开发品种和节能环保方面投入较少，因此有相当一部分企业现在已经不能适应科学发展形势要求。企业在解决这些问题时，遇到的最大难题是资金筹措。

3. 节能减排、淘汰落后任务重

按国家即将颁布的《粗钢生产主要工序单位产品能源消耗限额》要求对照，烧结能耗为 60 千克/吨，76 家全国大中型企业中有 26 家不达标；

炼铁能耗为430千克/吨，78家中有46家不达标；转炉能耗为10千克/吨，71家中有34家不达标。以上不达标的企业中有19家是民营骨干钢铁企业；200万吨规模以下的民营钢铁企业的节能减排和淘汰落后的任务会更重。加快转变经济增长方式，淘汰落后，完善工艺，加强能源资源节约和环境保护，无疑是民营钢铁企业的必经之路。

2008年民营国营钢铁企业粗钢、生铁、轧材产量

1. 粗钢

表1 2008年民营、国营粗钢产量表

（单位：万吨）

全国总产量	50048.8
国营产量	29607.31
民营产量	20441.49
民营产量比（%）	40.84

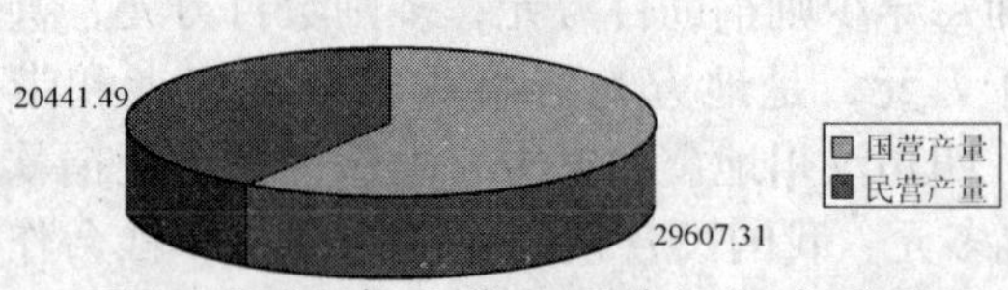

图1 2008年民营、国营粗钢产量图

2. 生铁

表2 2008年民营、国营生铁产量表

全国总产量	47067.41
国营产量	27190.90
民营产量	19876.51
民营产量比（%）	42.23

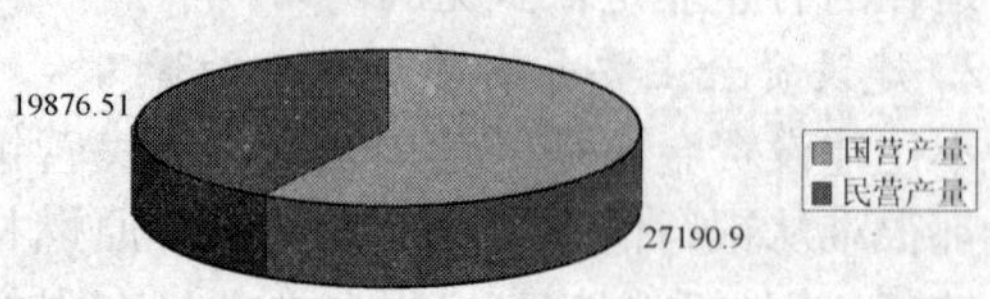

图2 2008年民营、国营生铁产量图

3. 轧材

表3 2008年民营、国营轧材产量表

全国总产量	58177.3
国营产量	28364.62
民营产量	29812.68
民营产量比（%）	51.24

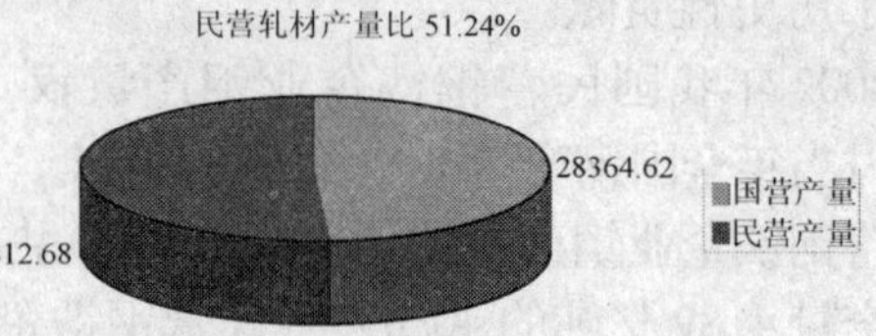

图3 2008年民营、国营轧材产量图

2009年

全国工商联冶金业商会第一届第七次会长会议纪要

（2009年8月21日）

2009年8月21日下午，全国工商联冶金业商会第一届第七次会长会议在北京召开。此次会议是在我国民营冶金企业面临联合重组、矿石价格谈判和国务院有关部门即将出台如何淘汰落后产能条例的背景下，以及冶金业商会法人注册登记工作开始启动的情况下召开的。冶金业商会会长、名誉会长、常务副会长、副会长、秘书长、副秘书长及专家组顾问共43人参加了会议。商会会长及副会长共29家单位均派代表参加了此次会议，其中会长、副会长亲自到会的有16家。

应邀到会的领导有全国工商联副主席宋北杉、全国工商联会员部部长刘红路、全国工商联会员部组织处处长李兵书。首先，赵喜子名誉会长对当前中国钢铁行业所呈现的新形势，所涌现出来的新问题作了总的描述。赵会长指出，围绕我国钢铁工业发展问题，近期出现不少社会舆论，希望各位会长充分发表自己的意见。他还提醒大家，国务院有关部门不久将出台淘汰落后办法，主要标准是环保、能耗，这是正确的，我们拥护。各企业要高度关注。联合重组条例也将出台，这些重要政策，对民营钢铁企业有很大影响，希望会长们予以足够重视。

冶金业商会会长、江苏沙钢集团有限公司董事局主席兼总裁沈文荣和冶金业商会副会长梁信军、张震、张伟祥、丁立国、禹作胜、涂建民等分别谈了自己对有关问题的看法。在会议的第二时段，宋北杉副主席就行业商会法人登记工作做了重要讲话。宋副主席强调指出，冶金业商会是个大商会，是专门为民营冶金企业服务的，民营

冶金企业的健康发展离不开冶金业商会的工作，只有成功完成法人登记工作，冶金业商会才能更好地发挥应有的作用，冶金业商会必须也必能顺利完成法人登记工作。商会的换届工作也应当以有利于法人登记工作为原则，围绕法人登记工作进行。沈文荣会长强调，冶金业商会要充分代表民营冶金企业的合法利益与诉求，向国家与社会充分反映民营冶金企业，特别是中小企业的呼声。与会代表一致同意冶金业商会可以先进行法人登记工作，之后再开展换届工作。会上，冶金业商会下发了《关于冶金业商会推迟换届工作及相关问题的意见》。

与会代表就如下问题取得了共识：

1. 关于民营企业地位问题

民营企业也是国民经济体系不可或缺的一部分，具有强烈的社会责任感，为社会作出了巨大的贡献，应该受到国家与社会的公平对待而不应该有所歧视或偏见。

2. 关于淘汰落后产能问题

与会代表认为，衡量先进与落后产能的标准，不是看单体设备的大小，也不能只看产品品种。衡量是否先进产能，要看市场，要看节能环保。赞成以冶金业商会名义就全国冶金企业今后如何做好环境保护、节能减排工作及冶金行业如何健康发展等问题向全社会发出倡议，以响应工信部的正确号召。

3. 关于矿石谈判问题

与会代表认为应当以冶金业商会的名义向社会及相关政府主管部门就此问题说明情况并提出合理化建议。与会代表建议可以由冶金业商会牵头组建一个矿石股份公司，代表中国广大中小冶金企业参与铁矿石谈判，铁矿石谈判应该有民营冶金企业的代表参加。

4. 关于民营冶金企业联合重组问题

与会代表认为民营冶金企业可以由具备坚实基础和正确经营方向的大型企业为主体，进行联合重组，整合资源，增强效益。

5. 关于民营冶金企业投资融资问题

与会代表认为，应当抓好当前有利时机，恰当选择投资领域。民营冶金企业可以在投资融资方面加强协作，取长补短，优势互补。

6. 关于冶金业商会工作

与会代表认为，冶金业商会是沟通会员企业的好平台，应该在加强民营冶金企业相互合作上发挥更大的作用；冶金业商会要充分代表民营冶金企业的合法利益与诉求，以更强音向国家与社会充分反映民营冶金企业，特别是中小企业的呼声。

会上，与会代表以热烈的掌声通过了关于提名江苏沙钢集团有限公司董事局主席、总裁沈文荣同志为冶金业商会第二届会长参选人的提议。

大事记

2007 年

2月6日，全国工商联研究室陈永杰主任、刘檀处长、岳公正处长一行3人来商会进行调研，指导工作，就商会提出的《关于对〈钢铁产业发展政策〉有关技术政策做适当修改的意见》政协提案交换了意见。

4月16～17日，在上海召开商会第一届第三次会长（扩大）会议暨第一届第二次会员大会。

5月18～22日，商会专家组刘勇昌、张志勋、刘琦、胥昌第、张琀以及商会秘书长助理王向东一行6人，前往江苏沙钢集团有限公司进行《低成本运行模式》的调研和指导。

6月30日～7月1日，商会办公室主任及信息联系人会议在广州番禺宾馆召开。

8月，编辑完成《全国工商联冶金业商会蓝皮书（2006）》，印发后受到了社会各界和会员单位的好评。

9月19日上午，在宁波华侨豪生大酒店召开了商会第一届第四次会长会议。会议由沈文荣会长主持。

12月22日，商会在北京国际会议中心召开了进口铁矿石及商会流通企业座谈会。

2008 年

3月23～24日，商会专家组成员在江苏沙钢集团举办了炼钢技术培训班，到会80多人，本次培训班对企业人员技术水平的提高起到了一定的促进作用。

4月24～25日，在河北唐山国际大酒店召开了第一届第五次会长（扩大）会议。

4月出版了《全国工商联冶金业商会蓝皮书（2008）》。

8月6日，冶金业商会常务副秘书长耿炳玺参加了全国工商联会员部召开直属商会秘书长会议。

10月份开始，结合钢铁企业遭遇空前困难的形势，冶金业商会推出了《专家视点》系列文章，供会员单位参考，对企业克服当前困难，思考今后发展起到了一定的作用。

10月19～21日，冶金业商会名誉会长赵喜子、常务副秘书长耿炳玺等一行4人走访了河北、河南两个民营钢铁企业重点省份，与两省冶金行业（钢铁）协会进行座谈，了解2008年下半年民营钢铁企业生产经营情况，先后建立了商会河北省、河南省两个联络处。

10月28日，转发商会副会长、河南龙成集团董事长朱书成撰写的“丰富品种、提高质量、降低成本”一文到各会员单位。

10月29～30日，冶金业商会名誉会长赵喜子参加全国工商联组织工作会议。

12月19～20日，商会在北京凯迪克大酒店召开了生产经营形势分析及应对措施研讨会暨第一届第六次会长（扩大）会议。

2009年

2～6月，以调研科牵头，秘书科参与，商会完成了对29家非钢铁生产企业的走访工作。

3月18日，全国工商联冶金业商会五省联络处（筹备组）工作会议在北京成功召开。本次会议的主题是“完善组织，加强联络，落实工作”。

3月19日，全国政协副主席、全国工商联主席黄孟复一行莅临中钢参观考察。全国工商联冶金业商会常务副秘书长耿炳玺陪同参加了该项活动。

4月15～16日，冶金业商会名誉会长赵喜子、常务副秘书长耿炳玺参加了全国工商联在北京通州召开的全国工商联直属商会工作会议。

6月9～10日，耿炳玺常务副秘书长前往天津参加了“第四届民营经济发展·天津论坛”。

7月16～17日，赵喜子名誉会长、耿炳玺常务副秘书长、秘书科陈卫亚参加了全国工商联在通州培训基地举办的“全国工商联行业商会专题培训班”。这次培训班主要探讨了全国工商联组织建设问题，重点讨论了全国工商联直属行业商会法人注册登记事宜。

8月10日，赵喜子名誉会长、贾祥璐秘书长、耿炳玺常务副秘书长、秘书科陈卫亚到全国工商联会员部汇报了商会法人注册登记等相关工作。

8月21日，冶金业商会第一届第七次会长会议在北京召开。全国工商联宋北杉副主席、全国工商联会员部刘红路部长等领导出席了本次会议。会议在民营企业地位、淘汰落后产能、矿石谈判、民营冶金企业联合重组、民营冶金企业投资融资、冶金业商会建设等重大议题上达成了共识。会议还通过了关于提名江苏沙钢集团有限公司董事局主席、总裁沈文荣同志为冶金业商会第二届会长参选人的提议。

8月29日，耿炳玺常务副秘书长参加了在北京举行的中国投资协会举办的年会。

9月2～3日，耿炳玺常务副秘书长参加了在上海举行的第二届国际不锈钢会议。

10月10～14日，国际钢协43届年会在北京召开。商会会长沈文荣、名誉会长赵喜子、秘书长贾祥璐参加了此次年会。

10月14日，贾祥璐秘书长参加了全国工商联会员部举办的秘书长工作会议。

11月5日，工业和信息化部邀请相关专家召开座谈会，就我国钢铁产业政策修订等重大议题征求专家意见，商会专家刘勇昌受邀参加，所发表观点受到李毅中部长及在座专家的认同。

12月22日，商会常务副秘书长耿炳玺参加了北京金属材料商会成立10周年年会。

全国工商联纸业商会

商会简介

工作综述

大事记

中华全国工商业联合会纸业商会的中英文全称、商会的英文缩写CPICC和“三棵大树”在两个圆圈的围绕下共同构成了全国工商联纸业商会的会标。会标整体采用绿色，体现出商会节能环保的方针，“三棵大树”形象地展示了中华全国工商业联合会纸业商会“林纸一体化”的特征，同时说明了纸业商会在全国工商联的领导下，紧密结合纸业及相关行业的会员，共同发展，推动中国纸业的现代化进程。

商会简介

中华全国工商业联合会纸业商会（简称全国工商联纸业商会，英文 China Paper Industry Chamber of Commerce，CPICC）成立于2006年7月6日，是我国造纸及相关行业龙头企业发起成立的一家全国性行业组织，是党和政府联系该行业的桥梁和纽带。

纸业商会在全国工商联的领导下，以促进中国造纸及相关产业可持续发展为己任，集中该领域有代表性的龙头企业，共同致力于推动会员企业健康发展，推动中国纸业现代化进程，引导行业发展循环经济，为构建资源节约型和环境友好型社会作贡献。

纸业商会将面向全行业开展以下工作：引导会员企业遵守国家法律法规，规范企业经营行为，促进行业自律；积极引导会员企业参政议政；推动会员企业与政府相关职能部门之间的沟通与联络；为会员提供经济、技术、信息、生产、管理、融资、法律法规等咨询服务；加强海外交流与合作；维护会员合法权益；加强行业宣传，提高会员企业形象。

商会由山东太阳纸业、华泰集团、湖南泰格林纸集团、广东维达纸业、玖龙纸业、山东华金集团、山东博汇纸业、北京金冠方舟、中国制浆造纸研究院、东莞建晖纸业、云南新兴仁恒、宁波三A、杭州华章电气、浙江传化集团、新亚纸业、江苏胜达集团等300余家会员企业组成，遍及全国20多个省、市、自治区。涉及造纸、造纸化工、造纸机械、包装、印刷、林业、科研、传媒、贸易等多个行业，代表着中国造纸及相关行业的主要力量和发展趋势。

第二届会长、副会长名单

会长

李洪信　山东太阳纸业股份有限公司董事长

会长

李洪信

副会长

李建华

吴佳林

李朝旺

张　茵

曹振雷

宋散志

杨延良

邢东尚

马　清

朱根荣

副会长

李建华　华泰集团有限公司董事长

吴佳林　湖南泰格林纸集团有限责任公司董事长

李朝旺　维达纸业（广东）有限公司董事长

张　茵　玖龙纸业（控股）有限公司董事长

曹振雷　中国制浆造纸研究院党委书记、中国轻工集团公司副总经理

宋敬志　新乡新亚纸业集团董事长兼总经理

杨延良　山东博汇纸业股份有限公司董事长兼党委书记

邢东尚　山东华金集团有限公司董事长、总裁

马　清　云南新兴仁恒包装材料有限公司总经理

朱根荣　浙江华章科技有限公司董事长

朱　勇　北京金冠方舟纸业物流有限公司董事长

附：

第一届会长、副会长名单

会长

李洪信　山东太阳纸业股份有限公司董事长

副会长

李建华　华泰集团有限公司董事长

吴佳林　湖南泰格林纸集团有限责任公司董事长

曹振雷　中国制浆造纸研究院院长、中国轻工集团副总经理

李朝旺　维达纸业（广东）有限公司董事长

宋敬志　新乡新亚纸业集团董事长兼总经理

黎祖球　广东东莞建晖纸业有限公司董事长

马　清　云南新兴仁恒包装材料有限公司总经理

景华南　宁波三A集团有限公司董事长

联系方式：
电话：010－84980531　68411160　68410225
传真：010－84980531　68411160　68410225
地址：北京市海淀区西三环北路50号豪柏公寓A1座2109室
邮编：100048
网址：www. cpicc. org
邮箱：cpicc@ cpicc. org
0531@ vip. 163. com

朱　勇

工作综述

2007年

2007年是纸业商会巩固发展的一年，在全国工商联的领导下，在政府相关部门、行业组织及全体会员的关心支持下，结合行业特点和需求，本着为会员服务，为行业发展服务的原则，努力夯实基础，认真履行服务职能，为开创商会工作局面，推动行业健康发展做了许多务实而积极的工作。一年来，我们主要做了以下几方面的工作：

一、发挥商会优势，协调各方关系

纸业商会始终坚持全力为会员企业服务，通过工商联和商会的自身优势，加强与党和政府的沟通，建立了较为通畅的沟通渠道，能够及时获得国家发改委、商务部、环保总局、林业局等有关部委的最新政策，通过全国工商联等多种渠道提交议案，不断上传行业和企业的声音。

二、保持与会员联系，持续发展新会员

2007年，商会继续按照“巩固老会员、发展新会员、抓住龙头企业、打造产业链条”的发展思路开展会员工作。一年来，商会通过电话、传真和邮件等多种形式，保持与会员企业的联系，加深了彼此的了解和认识，培育了会员与商会的感情，提高了老会员对商会的忠诚度。同时通过年度发展报告、纸业商会参考、报纸、网站、会议等多种渠道，培育非会员企业，使这些企业感受到了商会开展的各项实实在在的服务，

对商会有了认同感，一些原来对商会不认可甚至有排斥心理的企业开始接受并信赖商会，这些工作最突出地体现在会员会费缴纳逐渐主动，会费收入不断提高上。

三、继续加强宣传调研，树立商会在行业中的地位

研究和探讨行业发展、为企业提供决策参考一直是商会的重要工作。在2006年为商务部编制中国首部《造纸行业自主品牌发展报告》之后，2007年上半年，商会重点进行了《中国纸业年度发展报告》的编制工作，并深入到企业一线进行调研，获得大量的资料和数据。这是中国造纸行业第一份综合性年度发展报告，5月份正式印刷，6月4日在上海发行，在业内引起较大的反响，已经成为会员和业内企业的重要资料工具和工作参考。

下半年，商会继续加强专项调研，并与媒体进行合作，以调研报告为基础，联合记者深入到企业进行采访并写了一系列主打报道。这些调研和报道工作，不但强化了舆论宣传，也使社会和公众对行业有更深入的了解，引起多方关注。

四、组织会务活动，增强商会凝聚力

2007年6月是商会成立一周年，商会在上海召开了年会和《纸业年度发展报告》发布会，就商会一年来的工作进行汇报总结，正式发布了《中国纸业年度发展报告2007》。并召开会长会，对下一年的工作进行了部署。100多名会员和代表到会，并积极建言献策，就商会建设和行业发展，提出了很多建设性的意见和建议。

年会之后，商会与美国RISI公司联合召开了第八届亚洲浆纸产业前景展望大会，来自全球浆纸行业的专家共同深度研究探讨未来亚洲及中国浆纸产业的前景和机遇，商会30多位会员参加会议，李洪信会长、曹振雷副会长、李朝旺副会长等作为大会嘉宾进行了演讲和对话，向世界同行传达了中国的声音。

五、完善商会服务内容，开拓国际交流平台

商会在做好日常工作的同时，积极开展对外活动。先后与丹麦造纸协会、芬兰M－real林纸公司、Chempolis技术有限公司、芬兰Moventsaoy公司、POM技术有限公司、北欧林纸集团等有关机构负责人，就国际纸张生产及消费情况进行了交流，并就中国厂商产品出口相关事宜进行了探讨。

此外，商会还积极为会员“走出去”和“引进来”服务，为会员与国外公司的合作提供沟通平台，受到了会员的认可。

六、加强宣传工作，办好内刊、会刊和网站

经过一年来的努力，商会宣传联络工作形成了一报、一刊、一网、一内参的基本格局。商会与《中华工商时报》合作出版的《中国纸业新闻》受到了会员和社会的普遍关注，宣传了企业文化，树立了行业形象。《纸业商会参考》（下简称《参考》）作为会员了解国家和行业信息的平台，突出了“有用、及时、便捷”的特点，精选国家当前最新政策，解读宏观环境变化，分析行业发展趋势，传递企业经营动态，是企业决策者了解信息的参考平台。《参考》每10天出版一期，经过一年的连续出版，已经受到业内的广泛关注。商会会刊《智汇》与《新远见》杂志进行合作，采写了“可怕的预言”系列报道，就中国造纸大企业的发展环境，和内外资企业的竞争进行了分析，为国家领导人和相关部委提供了解造纸行业的渠道，为企业提供决策参考。《智汇》会刊出版后受到欢迎，反映良好，有望成为业内唯一一份以研究行业深层次问题、涉及上下游产业、提高行业地位和形象的财经类杂志。商会官方网站今年进行了改版，完善了信息发布功能，增加了交流功能，已成为国内外人士了解中国纸业的重要窗口。

造纸行业是一个传统行业，也是一个资金、技术密集的行业，受政策、外部环境影响较大，一年来的工作使我们充分认识到责任的重要和任务的繁重，由于时间短，加之经验不足，纸业商会工作距离工商联领导和会员企业的要求还有一定差距，同时从商会内部和整个行业来讲，行业、会员和商会相互之间还有一个了解熟悉的过程，所以纸业商会的工作好比万里长征刚刚走出了第一步，前面的任务很重，困难很多，作为这个由业内巨头组成的商会领导团队，纸业商会非常清醒地认识到这一点，有充分的思想准备和坚定的工作信心，脚踏实地地，一步一个脚印地，将纸业商会打造成一个常青品牌，为中国造纸行业带好头，为中国民族造纸工业的持续、快速、健康发展作出自己的贡献。

2008 年

在全国工商联的直接领导下，在各会长单位和会员的大力支持下，全国工商联纸业商会认真履行职责，全面完成了2008年的各项工作计划，一年来，主要做了以下几个方面的工作：

一、积极发挥在政府与企业之间的桥梁纽带作用

作为商会组织，发挥政府与企业间的桥梁作用是我们的重要作用之一。提供信息和平台加强政府对行业的了解，及时将行业企业的情况反馈给相关部门，争取行业企业的健康发展，是我们2008年的重要工作之一。

"首届中国纸业发展大会"上，商会邀请与行业密切相关的政府部门领导参加了"中国纸业发展论坛"的政策板块，与企业家们进行面对面交流。

11月，面对全球经济危机的严峻形势，为了及时了解、客观分析当前形势，商会紧急召开"重点造纸企业负责人暨纸业商会会长扩大会议"，邀请商务部等有关领导和专家到会，了解企业困难，听取企业呼声。并在会后迅速形成报告上报到相关政府部门，请求国家支持，解决企业困境，并提出一系列针对性强、可操作性强的意见和建议。其中《关于解决造纸业严重困难的紧急报告》引起国务院重视，批转至国家发改委、工信部等有关部门。报告引起这些部门的高度重视，部分建议被采用，纳入《轻工业调整振兴规划》中。

通过这些工作，不但增强了相关部门对行业的了解，转变了部分领导一提"造纸"就认为"污染"的观念，能够倾听企业呼声，并尽力想办法帮助企业；同时，企业通过商会能够及时了解行业困难，获得政府的关注，也更加相信和依赖商会，提高了商会的凝聚力和公信力。

二、积极发展会员，扩大商会覆盖面

商会成立两年来，通过年度发展报告、纸业商会参考、会刊、网站、会议等多种渠道积极宣传商会，吸纳会员，使这些企业感受到了商会开展的各项服务，对商会有了认同感。会员单位增加到现在的300多个，扩大了商会组织的覆盖面，健全了商会网络体系。商会组织各项活动，积极联系会员企业，加深了彼此的了解和认识，培育了会员与商会的感情，提高了老会员对商会的忠诚度。来函、来电、来访咨询入会的企业逐渐增多。

三、加强行业调研，办好内刊、会刊和网站，为政府、企业提供决策参考

研究和探讨行业发展、为企业提供决策参考一直是商会的重要工作。商会认真总结编制《中国纸业年度发展报告2007》的经验，并深入到企业一线进行调研，获得大量的资料和数据，同时听取企业的意见和建议，邀请行业专家和重点企业共同编制了《中国纸业年度发展报告2008》，在业内引起较大的反响。《中国纸业年度发展报告》已经成为业内企业重要的工具书，并成为各级政府相关部门、科研、金融、证券机构了解造纸行业的主要渠道和重要资料。

经过两年多的努力，商会宣传联络工作形成了一刊、一网、一内参的基本格局。《纸业商会参考》作为会员了解国家和行业信息的平台，突出了"有用、及时、便捷"的特点，精选国家当前最新政策，解读宏观环境变化，分析行业发展趋势，传递企业经营动态，是企业决策者了解信息的参考平台。商会会刊《智汇》2008年出版了"中国纸业30年"特刊，总结了首届中国纸业发展论坛的实况。又在金融风暴来临之际，出版了"我们在行动"特别报道，鼓舞企业增强信心，携手越冬。《智汇》会刊出版后受到欢迎，反映很好，有望成为业内唯一一份以研究行业深层次问题、涉及上下游产业、提高行业地位和形象的财经类会刊。

商会官方网站于2008年进行了改版，完善了信息发布功能，增加了交流功能，已成为国内外人士了解中国纸业的重要窗口。

四、积极组织会务活动，提高商会影响力

2008年是中国改革开放三十周年，也是造纸行业复苏壮大的30年。商会经过近十个月的紧张筹备，于9月21～22日在北京香格里拉饭店隆重召开了“纪念改革开放三十周年——首届中国纸业发展大会”。大会包括“首届中国纸业发展论坛”、“首届中华蔡伦奖”颁奖盛典、“福伊特之夜——中国纸业辉煌三十年”文艺招待晚宴和“改革开放三十年中国纸业成就图片展”几部分。全国人大副委员长周铁农、相关部委领导、专家及260多位国内外纸业精英齐聚一堂，共同回顾改革开放30年来中国纸业所取得的辉煌成就，从全球视角解读中国纸业发展模式，谋划中国纸业发展战略，以创新的形式探讨中国纸业发展面临的机遇与挑战，使之成为一个具有影响力和知名度的行业活动标志。

这一年商会还举办了众多的活动，包括：

6月，商会同美国RISI公司在上海四季酒店联合召开了第九届亚洲浆纸产业前景展望大会。

11月，由商会主办，成都环龙工业用呢集团协办，四川省造纸学会、四川省中小企业造纸协会、成都市天一展览服务有限公司共同承办的“2008年中国西部纸业产品及技术装备展览会”在成都天府博览中心举办。

11月19日，面对全球经济危机的严峻形势，为了及时了解、客观分析当前形势，统一思想，共同行动，携手自救，商会在北京临空皇冠假日酒店紧急召开“重点造纸企业负责人暨纸业商会会长扩大会议”。

12月13日，由商会与大连海事大学联合主办，诺德英物流（中国）有限公司承办的“首届中国纸业物流创新论坛”在济南山东大厦举办。

五、密切与业内同行、商（协）会沟通与合作

商会成立时间较晚，为了更快熟悉行业，为企业提供更多务实的服务，商会广泛联系各地的造纸协会、商会，虚心请教，友好合作。《中国纸业年度发展报告2008》得到十多家地方协会、商会的支持，把当地的造纸行业发展状况提供给商会，并对商会主办的“中国纸业发展大会”给予高度关注，安排专人到会，甚至有些地方协会、学会提出以团体会员的身份加入商会，商会能在这么短的时间内，得到同行社团的认可，我们深深地体会到，只要一心为行业办事，为企业服务，就会得到拥护和尊重。

六、引导组织会员投入公益事业，增强社会责任

2008年初南方发生雪灾，商会迅速向灾区企业去电慰问，了解企业受灾情况，并号召会员企业积极支援受灾企业；2008年5月四川汶川大地震，商会迅速启动，积极响应全国工商联的“抗震救灾捐赠献爱心”活动，向会员企业发出“倡议书”，号召企业捐款、捐物支援灾区，会员企业通过各级工商联、慈善机构、民政等捐款、捐物数亿元。

2009年

2009年，在全国工商联的直接领导下，在各会长单位和广大会员的大力支持和参与下，纸业商会围绕全国工商联关于行业商会工作的一系列工作精神，坚持“会员办会、服务立会、创新兴会”的宗旨，认真开展为会员的各项服务工作，在推动企业健康成长和推进行业企业的健康发展方面发挥了自己的作用。回顾过去的一年，我们主要做好以下几方面的工作：

一、认真贯彻全国工商联关于商会法人登记工作的精神，积极做好法人登记工作

2009年以来，全国工商联在行业商会管理体制上有了重大突破，对全国工商联的行业商会工作具有重要的意义，也为纸业商会的发展创造了良好的发展条件和外部环境，商会上下深受鼓舞和振奋，明确把登记工作当做今年的头等大事抓紧抓好。7月份，宋敬志副会长代表商会专门参加了全国工商联关于登记工作的培训会议后，纸业商会马上召开会长会议，登记工作作为会议一项重要议题进行了研究，并根据全国工商联部署，成立了登记工作领导小组，提出了登记工作方案，由秘书处负责具体准备工作。会后，李洪信、李建华、曹振雷等会长分别就登记工作向国家发改委、工信部领导进行汇报，获得了有关领导对商会工作的认可。

10月，纸业商会召开第二届中国纸业发展大会期间，包括新当选的会长在内，全体会长共同向国家发改委主管造纸的贺燕丽副司长汇报了商会工作，表达了尽快实现法人登记的强烈愿望，贺司长表示会积极支持纸业商会的登记工作，并同意全国工商联向发改委正式行文征求意见。

12月31日，李洪信会长在征求意见的文件正式送发改委后，再次到发改委汇报登记工作，同时向发改委对商会工作的支持表示感谢。发改委工业司领导于2010年1月给予正式回复。

二、顺利完成换届选举工作，进一步巩固了商会的组织基础

2009年适逢纸业商会第一届理事会任期届满，需要进行换届选举，经过精心筹备和周密组织，商会第二次会员代表大会于10月16日在北京召开。会上，第一届理事会会长和秘书长分别作了商会工作报告和财务报告，向到会的207名会员代表汇报了三年来商会工作情况、取得的成绩以及财务收支状况。全国工商联沈建国副主席亲临会场祝贺，并对商会工作提出期望。

在会员部的具体指导下，本次大会采取了无记名投票的形式，选举新一届商会领导机构，由于会员部的精心指导，票选工作程序严谨、过程顺利，充分体现了民主办会的特点，真实地反映了行业的诉求，提升了商会在行业中的权威和影响。

大会高票选举出由82家会员组成的第二届商会理事会，选举出43名常务理事和新一届会长、副会长，山东太阳纸业股份有限公司董事长李洪信连任会长，李建华等11人当选为副会长。大会通过了授权理事会修改章程的决议，表决通过聘请商会第二届名誉会长、秘书长名单。新一届商会领导班子的顺利产生，为商会工作的快速稳健发展奠定了坚实的组织基础。

三、成功举办第二届“中国纸业发展论坛”，强化商会品牌活动

第二次会员代表大会召开的第二天即10月17日，商会召开了以“变革与跨越”为主题的第二届“中国纸业发展论坛”。

本届论坛是在总结首届中国纸业发展论坛成功经验的基础上联合业内19家企业共同主办的。论坛邀请了国家统计局总经济师姚景源、国家发改委产业协调司副司长贺燕丽、全国工商联副秘书长王忠明等领导、专家作为主讲嘉宾，有300余位国内外纸业企业的代表参加了商会论坛。本届论坛继续保持首届论坛形式创新、内容务实、理念前卫、贴近参与的特点，受到与会代表和业内的广泛好评，成为业内有影响力和知名度的行业活动。

四、加强与企业和政府的沟通，发挥桥梁作用，助推行业发展

纸业商会发挥与企业沟通联系紧密的优势，及时将行业、企业的情况反馈给相关部门，为政府制定有关行业政策提供依据，做好政府的参谋和助手。

3月份，《轻工业调整与振兴规划》出台后，商会向会员单位发出征集《轻工业调整和振兴规划》细则的意见函，并将企业的反馈形成了《消除行业积弊，期待六大突破——轻工业规划实施细则企业调查综述》，并在商会会刊《智汇》第八期上刊登，真实反映了企业困难，发出了企业对规划六大期待的声音。

2009年末，商会根据会员企业反映及全年国内纸浆市场的走势，对我国纸浆生产、进口及消费情况进行了调研，形成了《我国纸浆生产及进口情况调查与建议》的报告报送到商务部产业损害调查局，反映了对进口纸浆反倾销将极大影响中国造纸业发展的客观现实，引起关注。

商会积极与有关部委进行沟通联系，不论是涉及全行业的大事，还是会员企业的具体事情，都全力以赴，调动相关资源，提供联络沟通工作的便利，减少企业沟通成本，提高工作效率，帮助企业解决问题。

五、突出优势服务项目，继续做好商会常规服务工作

商会自成立以来，商会的信息服务受到业内

外的普遍赞誉。2009 年商会继续做好《纸业商会参考》编辑工作，在内容和形式上进行调整和创新，突出了“有用、及时、便捷”的特点，是企业决策者了解信息的参考平台，成为会员企业决策层依赖的必读物。

商会精心打造了《智汇》会刊，并将其定位为以研究行业深层问题、涉及上下游产业、提高行业地位和形象的财经类刊物，是造纸行业唯一一份以造纸产业经济为主要内容的刊物，受到企业和行业相关部门、机构的关注，在一定程度上加深了外界对纸业的认识和了解。

同时，商会对会员企业的个性化需求也积极给予协助，有企业需要与同行沟通信息化管理方面的经验，商会积极推荐并进行联系，为企业间沟通交流牵线搭桥。

商会的服务使会员切身感受到商会确实为会员办实事，让会员感受到参加商会对发展企业有帮助，赢得了企业对商会的信任和赞誉，商会的影响力和凝聚力不断提高。

大事记

2007 年

1 月 18 日，《纸业商会内参》正式编印，这是商会为会员企业提供的又一份内部资料，计划 10 天出版一期，以适时的经济新闻、行业动态、会员信息为主，为会员提供及时的信息参考。

2 月 31 日，李洪信会长出席了在北京五洲大酒店举行的“全国工商联 2006 年度中国民营经济发展形势分析会及 2007 年新春招待会”。

3 月 30 日，李建华副会长参加了全国工商联直属行业商会年度工作会议，并代表商会作述职报告。

5 月中旬，由商会组织编制的《中国纸业年度发展报告》正式定稿付印。这是中国造纸行业第一份综合性年度发展报告。

6 月 4 ~ 5 日，在上海陕西大厦召开《中国纸业年度发展报告》发布会暨商会年会。李洪信会长在会上做了 2006 年度商会工作报告。

6 月 6 ~ 7 日，商会同美国 RISI 公司在上海四季酒店联合召开了第八届亚洲浆纸产业前景展望大会，来自全球浆纸行业的专家共同深度研究探讨未来亚洲及中国浆纸产业的前景和机遇。

8 月 1 日起，商会秘书处办公地址变更为北京市海淀区西三环北路 50 号豪柏公寓 A1 座 2109 室。

8 月 13 日下午，商会副会长、中国制浆造纸研究院曹振雷院长出席了全国工商联会员部召开的直属行业商会会长座谈会。

9 月，商会秘书处正式开始内资大企业调研报告和产业集群研究报告工作。

9 月 18 ~ 20 日，商会参加了在北京中国国际展览中心举办的“第十五届中国国际纸浆造纸、林业展览会及会议”。

10 月 16 日，商会就调研报告召开座谈会，邀请《新远见》杂志总编郭晓东，中国轻工业信息中心主任助理郭永新等与会。

11 月 9 日，M-real 芬兰林纸公司销售副总裁 Juha Yrjonen 先生、Chempolis 技术有限公司技术总监 Pasi Rousu 先生、芬兰 Moventsa oy 公司亚太地区销售经理 Vesa-Pekka. Heikkinen 先生、POM 技术有限公司市场总监 Topi Helle 先生、北欧林纸集团总裁胡琦寅先生等一行 9 人到访商会秘书处。

12 月初，商会会刊《智汇》与《新远见》杂志合作采写的“可怕的预言”系列报道正式出版，报道就中国造纸大企业的发展环境，和内外资企业的竞争进行了分析，为国家领导人和相关部委提供了了解造纸行业的渠道，为企业提供决策参考。

12 月 18 日，《纸业商会参考》第 26 期全新改版。不仅为会员提供了内容丰富、时效性强的信息，并且成为商会在社会和行业中的一张名片。

2008年

1月15日，一届四次会长会在山东省济南市山东大厦召开。会议审议通过了商会2007年工作报告、秘书处2007年财务收支情况和2008年财务预算，研究通过了湖南泰格林纸集团现任董事长吴佳林接任副会长职务和增补新乡新亚集团董事长兼总经理宋敬志同志为商会副会长的人事变动建议，审议通过任命韩雪、迟玉祥、王峰为秘书处副秘书长。

2月28日，商会旬刊《纸业商会参考》总第32期刊出纪念改革开放30周年系列活动公告，正式拉开纸业商会纪念改革开放30周年活动的序幕。

4月22～24日，商会到山东济宁参加了山东省造纸行业会议，并与山东、河南、江苏、浙江、四川造纸协会及部分造纸及相关企业人员就“首届中国纸业发展大会”一事进行了探讨。

6月3～4日，商会同美国RISI公司在上海四季酒店联合召开了第九届亚洲浆纸产业前景展望大会。

6月10日，商会邀请造纸界专家胡楠、郭永新等人共同研讨“首届中国纸业发展论坛”主要题目及主讲嘉宾。

9月22～23日，经过近十个月的紧张筹备，由商会主办的“首届中国纸业发展大会”在北京香格里拉饭店隆重召开。大会包括“首届中国纸业发展论坛”、“首届中华蔡伦奖”颁奖盛典、“福伊特之夜——中国纸业辉煌三十年”文艺招待晚宴和“改革开放三十年中国纸业成就图片展”几部分。

11月4～6日，由商会主办，成都环龙工业用呢集团协办，四川省造纸学会、四川省中小企业造纸协会、成都市天一展览服务有限公司共同承办的“2008年中国西部纸业产品及技术装备展览会”在成都天府博览中心举办。

11月19日，面对全球经济危机的严峻形势，为了及时了解、客观分析当前形势，统一思想，共同行动，携手自救，商会在北京临空皇冠假日酒店紧急召开“重点造纸企业负责人暨纸业商会会长扩大会议”，商讨当前形势与行动策略，力争尽快提出对行业、企业有针对性的解决方案和应对措施，并上报政府部门，寻求政府的政策和资金支持。

11月21日，商会根据“重点造纸企业负责人暨纸业商会会长扩大会议”上商务部领导指示和企业代表建议，修改形成了《关于落实国务院促进轻纺工业发展六项措施　解决造纸行业严重困难的紧急报告》，通过全国工商联的影响和渠道优势，转呈国家有关领导。并同时分别呈送商务部、发改委、工业和信息化部、环境保护部四部委。

11月22～23日，根据商务部产业损害调查局杨益局长对报告的反馈意见，商会迅速对10多家大企业进行紧急调研，根据企业所报资料和数据，立即形成《关于对造纸企业当前困境紧急调研情况的汇报》的报告。并与修改后的《解决造纸行业严重困难的紧急报告》，一并呈送至商务部。商务部产业损害调查局24日对报告进行了研究。

12月1日，全国工商联主席黄孟复对商会的报告做了重要批示，并要求经济部通过纸业商会了解更多情况。

12月4～5日，商会根据全国工商联经济部要求，对报告进行了修改、补充，重点介绍了受经济危机最严重的包装纸和新闻纸，并再次上报至全国工商联。全国工商联通过渠道将报告直接送至国家扩大内需工作小组，并转到发改委、财政部和央行等部门。

12月8日，由商会和中国轻工信息中心支持，上海易贸资讯主办的“经济震荡期的形势与对策——造纸产业链高层研讨会”在上海古井酒店举办。

12月13日，由商会与大连海事大学联合主办，诺德英物流（中国）有限公司承办的“首届中国纸业物流创新论坛”在济南山东大厦成功举办。

12月25日，全国工商联十届二次执委会在北京开幕，全国工商联十届执委、商会会长李洪信、副会长李朝旺出席了本次会议。

12月26日，由全国工商联和北京大学共同主办的“中国民营经济发展30年高层论坛”在北京人民大会堂举行。商会领导李洪信、李朝旺、宋敬志参加论坛。

2009年

1月15日，部分会员单位代表参加了全国工商联直属会员商会在北京五洲大酒店举办的宏观经济形势分析报告会。

1月31日，商会出版第七期《智汇》会刊，推出“我们在行动”特别报道，全面展示了商会、政府、行业和企业积极行动，共同面对危机所做的各项工作。

3月12日，商会向会员单位发出征集《轻工业调整和振兴规划》细则的意见函，得到20多家企业的积极反馈，形成了《消除行业积弊期待六大突破——轻工业规划实施细则企业调查综述》，并在商会会刊《智汇》第八期上全文刊登，真实反映了企业困难，发出了企业对规划六大期待的声音。

3月30日，商会出版第八期《智汇》会刊，推出“猜想与期待”特别报道，分析了国家出台轻工规划的相关政策对造纸业的影响。

5月8日，全国工商联纸业商会第六次会长工作会议在西安召开，商会主要领导和部分会长单位的代表出席会议，美卓公司为会议提供了大力支持。本次会议主要任务是总结商会成立三年以来的工作，研究商会办会方向及主要工作重点，研究召开第二次会员代表大会和第二届中国纸业发展大会方案，研究新增名誉会长、副会长人选提名方案，听取秘书处经费收支、预算情况汇报，研究会费及章程修改方案等。

7月6日，商会李洪信会长专程赴全国工商联，向全国政协副秘书长、全国工商联党组副书记、副主席宋北杉、会员部刘红路部长、李兵书处长汇报了纸业商会“第二届会员代表大会”和“第二届中国纸业发展大会”的筹备工作情况。经全国工商联领导批准，两次会议的召开时间定在10月16～17日。

7月16～17日，商会宋敬志副会长参加全国工商联举办行业商会专题培训班。

9月30日，全国工商联办公厅做出《关于同意全国工商联纸业商会召开第二次会员代表大会的批复》。

10月10日，秘书处向全国工商联会员部刘红路部长、李兵书处长汇报第二次会员代表大会换届选举工作。

10月16日，全国工商联纸业商会第二次会员代表大会在北京市政协会议中心召开，审议商会三年工作报告，选举成立第二届理事会，选举会长、副会长、常务理事；通过秘书长、名誉会长、顾问名单。

10月17日，由纸业商会联合业内17家大企业共同主办的以“变革与跨越”为主题的“第二届中国纸业发展论坛”在北京国际饭店召开。本届论坛是在总结首届中国纸业发展论坛成功经验的基础上，由商会与大企业联合主办、美卓集团公司独家赞助的行业盛会。论坛邀请了政府领导、经济学家、行业专家、管理专家作为主讲嘉宾；论坛的4个板块——“宏观与战略”、“震荡与博弈”、“结构与转型”、“效率与成本”分别由四大主流财经媒体总编担纲主持人，同时邀请业内领袖企业家参与互动交流，专家、嘉宾和代表就热点话题发表各自观点。本届论坛聚焦我国纸业中长期发展大势，探讨可实施方略，且在形势上创新，理念高端，受到与会代表和业内的高度关注。

11月17日，第十一期《智汇》出版第二次会员代表大会与第二届中国纸业发展大会特刊。

12月7～8日，朱勇副会长参加由全国工商联、美国全国商会主办的中美商会合作发展论坛，论坛的主题是“通过企业社会责任构建和谐社会”。

12月9日，总部位于加拿大蒙特利尔的浆纸联合会主席兼首席执行官 Kevin Mcelhatton 和副主席 Timothy Brown，以及加拿大天柏浆纸公司北京办事处首席代表兼总经理黄铁安先生一行到访商会。

12月10日上午，泰国亿王亚哥集团北京代表处事业发展及政府事务总监赵大鲲和达伯埃商贸（上海）有限公司资深顾问助理李洁到访商会，客人表达了拟在中国建立生产工厂的设想，表示愿意与商会加强合作。下午，秘书处向朱勇副会长汇报了代表大会和发展大会的情况，并听取朱会长对新一届商会工作的要求。

12 月 12 日，朱勇副会长、韩雪副秘书长出席全国工商联书业商会第二次会员代表大会。会上，朱勇副会长代表全国工商联 27 个直属行业商会致辞。

12 月 17 日，全国工商联十届三次执委会在天津召开，全国工商联十届执委、商会会长李洪信、副会长李朝旺出席了本次会议。商会《关于对造纸企业当前困境紧急调研情况的汇报》获 2009 年全国工商联系统优秀调研成果二等奖。

12 月 29 日，商会向商务部产业损害调查局提交《我国纸浆生产及进口情况调查与建议》报告，并向预警处张勇处长、朱小娟调研员汇报了国内纸浆的相关情况。

12 月 31 日，李洪信会长在商会法人登记征求意见的文件正式送发改委后，再次到发改委汇报登记工作，同时向发改委对商会工作的支持表示感谢。

全国工商联医药业商会

商会简介

工作综述

重要文献

大事记

全国工商联医药业商会会标是由商会英文名称的缩写CMP和一个“十字”组合而成的。以蓝色为底色，给人以自由、放松、快乐的感觉。CMP和“十字”是白色的，代表着医药业商会是整个医药系统的重要组成部分。中英文的商会名称包含在两个圆圈之间，说明全国工商联医药业商会在全国工商联的领导下，紧密地团结医药业及相关行业的志士同仁们，促进国内医疗卫生事业及医药行业发展。同时，加强国际交流与联系，实现医药行业共同发展和繁荣。

商会简介

中华全国工商业联合会医药业商会（简称全国工商联医药业商会）成立于2006年，是由国内医和药及相关行业领域龙头企业为主要发起单位成立的全国性行业组织，是全国工商联领导下的全国性医药行业及相关行业的直属商会。

商会宗旨：做好政府的助手，工商联的抓手，会员的帮手；促进我国医疗事业和医药行业的改革和多种所有制医药经济的和谐与协调发展；维护会员的合法权益，坚持以人为本、服务第一的原则，紧密团结全体会员，广泛联系国际同业商会和医疗机构、医药企业，不断提高我国医疗行业、医药产业的竞争力，做大做强我国医疗事业和医药产业。

商会的任务：积极维护会员企业合法形象，及时客观和正确反映本行业的诉求和呼声，充分代表本行业的意志；加强行业内企业间的联系和协调，增强行业内的自律；从整体和全局出发推动和促进我国医疗健康事业和医药产业的协调发展，主要致力于把医和药两大领域在内涵上结合起来，把多种所有制医疗医药经济联合起来，把地区与地区之间医药与医疗资源联合起来，共同面向国际，形成整体发展态势，加速我国医疗健康事业和医药产业现代化发展的历史进程；以科学发展观为指导，坚持以人为本、服务第一的原则，紧密团结全体会员，深入研究医疗和医药行业的发展新趋势、新机遇和新途径，积极应对各种挑战，为广大会员单位排忧解难；创造条件成为医疗机构和医药企业与政府沟通的桥梁，特别是通过多渠道建言献策，积极协助政府解决好我国医疗体制改革中与广大人民群众切身利益、健康保障有关的问题，把商会办成为全体会员与广大医疗和医药企业提供有效服务的具有创新能力和协调能力的会员之家，成为推动医疗和医药行业集约化发展、创新成果应用和资源优化配置的

会长

卫华诚

副会长

赵晓鸣

范　棣

修涞贵

雷菊芳

吴一坚

柳秉乾

陈保华

韩宏伟

王明辉

余金琦

平台；充分发挥中介的各种职能和形式，从卫生和医药经济出发，开展与国际同业商会和医疗机构、医药企业的广泛联系，为我国医疗单位和医药企业对外寻求资金、技术合作和信息交流，提供卓有成就的服务，为我国医疗事业和医药产业的发展作出贡献。

第三届会长、副会长名单

会长

卫华诚　北京医药集团有限责任公司党委书记、董事长

副会长（排名不分先后）：

赵晓鸣　中国医药企业管理协会副会长

范　棣　DC资本管理有限公司董事长

修涞贵　修正药业集团董事长

雷菊芳　奇正藏药集团董事长

吴一坚　金花企业（集团）股份有限公司董事长

柳秉乾　上海第一人民医院院长

陈保华　上海医药集团副董事长

韩宏伟　中华中医药学会民营医院管理分会副会长

王明辉　云南白药集团股份有限公司董事长

余金琦　上海医药股份有限公司总经理

高　翔　哈尔滨圣泰制药股份有限公司董事长

王　军　安徽华源医药股份有限公司董事长

杨大陆　四川大陆集团董事长

陈　军　四环生物产业集团有限公司董事长

于清明　中国医疗器械工业公司总经理

王茂祥　中华茂祥集团董事局主席

仝小林　中国中医研究院广安门医院副院长

闫希军　天津天士力集团有限公司董事长

任晋生　先声药业有限公司董事长

刘忠良　浙江维康药业有限公司董事长

邹　翔　深圳市朗欧生物医药有限公司董事长

刘享平　武汉爱民制药有限公司董事长

刘兰奇　山东国青医药有限公司董事长

高　翔

王　军

杨大陆

陈　军

于清明

王茂祥

仝小林

闫希军

任晋生

刘忠良

邹　翔

刘享平

刘兰奇

附：

第二届会长、副会长名单

会长

周玉成　中国华源集团董事长

代会长

卫华城　北京医药集团有限责任公司董事长

副会长（排名不分先后）：

赵晓鸣　中国医药企业管理协会副会长

范　棣　DC 资本管理有限公司董事长

修涞贵　修正药业集团董事长

雷菊芳　奇正藏药集团董事长

吴一坚　金花企业（集团）股份有限公司董事长

周一晨　泰富德实业有限公司董事长

凌剑辉　中国高新技术投资发展有限公司副董事长

姜在旸　中国中医研究院广安门医院副院长

柳秉乾　上海第一人民医院院长

陈保华　上海医药集团副董事长

韩宏伟　中华中医药学会民营医院管理分会副会长

王明辉　云南白药集团股份有限公司董事长

余金琦　上海医药股份有限公司总经理

高　翔　哈尔滨圣泰制药股份有限公司董事长

王　军　安徽华源医药股份有限公司董事长

杨大陆　四川大陆集团董事长

陈　军　四环生物产业集团有限公司董事长

于清明　联邦制药（香港）集团有限公司执行总裁

王茂祥　中华茂祥集团董事局主席

联系方式：
电话：010－65853513
传真：010－65853513
地址：北京市朝阳区向军北里 28 号院 1 号楼 107 室
邮编：100020
网址：www.cmp.org.cn
邮箱：cmp@cmp.org.cn

工作综述

2007 年

2007 年是医药业商会快速发展的一年。一年来，在全国工商联的领导和支持下，商会以科学发展观为指导，坚持以人为本、服务第一的原则，紧密团结全体会员，深入研究医疗和医药行业的发展新趋势、新机遇和新途径，积极应对各种挑战，创造条件成为医疗机构和医药企业与政府沟通的桥梁，成为推动医疗和医药行业集约化发展、创新成果应用和资源优化配置的平台；充分发挥中介的各种职能和形式，开展与国际同业商会和医疗机构、医药企业的广泛联系，为我国医疗单位和医药企业对外寻求资金、技术合作和信息交流，提供卓有成效的服务，向提高我国医疗事业和医药产业的国际竞争力，做大做强我国医疗事业和医药产业的目标努力。

一、向全国政协十届五次会议提交了两份有分量的提案，受到好评

1.《建议将有条件的民营医院纳入基本医疗保障体系的提案》

2006 年以来，由国务院 11 个部委联合成立的医改协调小组正在着手研究制订主要由政府承担全民基本医疗的医改新方案，我国民营医院面临着生存和发展的新压力，为此商会根据近十多年来我国民营医疗机构已发展成为我国医疗卫生事业的重要组成部分的实际情况，向全国政协十届五次会议提交了建议有关部门在制订新的医疗体制改革方案时，重视民营医疗机构这一优质资源，将有条件的民营医院纳入基本医疗保障体系，为它们的发展创造条件的提案。该提案是由全国工商联以团体提案的形式提交的。

2.《关于及早制订〈国家药物经济学评价指南〉的提案》

针对我国医疗卫生服务当前正面临的单位成

本和总成本加速上升的问题，为从整体上提高我国医疗卫生和药物资源的配置效率和经济性，以最少的投入获取最好的医疗效果，减轻医药费用和报销负担，商会提交了加快建立符合我国国情的药物经济学评价体系，及早研究制订《国家药物经济学评价指南》的提案。

以上两个提案于“两会”期间在《中国医药报》和《健康报》都作了重点报道。2007年10月，国家发改委就上述第一个提案给予了正式回复（发改提案〔2007〕294号）。回复中分析了我国民营医院的基本情况和存在的问题，进而提出了今后的工作重点，最后对商会给予充分的肯定，并表示在今后研究制定相关政策措施时，积极吸纳、反映商会所提的意见和建议。

二、为会员单位陕西九州制药公司负债濒临破产提供紧急救助

2007年“两会”前夕，商会会员单位陕西九州制药有限公司因4年来未能拿到国家药监局“氨酚双氢可待因复方制剂”生产批文，面临银行索债股东退股共计1.4亿元，陷入绝境，向商会告急求助。商会核实情况后，首先通过商会顾问、全国政协委员冯理达教授于3月3日向全国政协十届五次会议提交了《加快陕西九州制药有限公司“氨酚双氢可待因片”审批工作的提案》，全国政协提案办公室收到提案后，于3月6日转国家药监局研究解决。“两会”结束后，商会又于4月19日向国家药监局吴浈副局长呈报了《关于加快审批“氨酚双氢可待因片”的请示》，吴浈副局长作了“请注册司加快审批，并给全国工商联医药业商会一个明确的答复”的重要批示。5月14日，商会收到了国家药监局发来的“关于氨酚双氢可待因片审批情况的复函”（食药监办函〔2007〕84号），复函中明确表示“即可办理核发药品注册批件手续”。10月24日获得国家药监局药品批准文号“国药准字H20073626”。由于商会采取连续紧急救助措施，有效缓解了陕西九州制药有限公司所面临的危机。

三、举办“《药品注册管理办法（征求意见稿）》研讨会”，受到国家药监局高度重视

近年来，因药品注册不规范、不公正、不透明和缺乏监督机制的严重问题，引起社会公众的强烈不满和不良国际影响。国家药监局为了扭转这种局面，准备出台新的《药品注册管理办法》，并于2007年3月1日公示了《药品注册管理办法（征求意见稿）》。对此商会高度重视，及时作出反应，于4月24日在京召开了由来自全国的60多家本商会会员单位和科研单位负责人参加的研讨会。与会代表分别对《药品注册管理办法（征求意见稿）》逐条发表了观点和提出了意见，研讨气氛异常热烈，主要希望新的办法的出台应吸取前车之鉴，体现出科学、高效、透明，要保障药品的安全性、有效性和可控制性。

国家药监局注册司的主要负责人及有关处室负责人出席了研讨会，并在研讨会结束时要求商会连夜汇集整理出研讨会的所有发言，第二天中午前报送到注册司，以供参考。

四、举办“首届健康健美长寿促进大会”，受到党和国家领导人高度重视

全国政协副主席、全国工商联主席黄孟复在多次重要场合包括商会汇报工作时表达了对工商业界人士身心健康的关心，担忧他们“不要事业成功了而把身体搞垮了”。为贯彻黄主席的重要指示，商会采纳了商会顾问冯理达教授编著的五卷本《健康健美长寿学》所阐述的人不但要健康，而且要健美，只有健康健美，才能实现长寿的健康保健主题和理念，于2007年6月10日在北京人民大会堂举办了“首届健康健美长寿促进大会”，并对出席会议的20名90～103岁的党政军和科技文化界的长寿名星举行了颁奖仪式。

大会评选出了20位“中国健康长寿明星”并为其颁奖。其中，有96岁的老红军王定国、95岁的彭真夫人张洁青、92岁的王稼祥夫人朱仲丽、103岁的著名骨伤科专家罗有名、97岁的国学大师文怀沙等。这些长者曾经在我国政界、军界、文化艺术、科技、体育、医学界等各行各业中奉献青春。他们豁达、乐观、积极向上，并且始终保持着良好的生活习惯，尽管年事已高，但浑身仍充满着年轻向上的力量，他们是最有说服力的健康榜样。

维护人的健康进而延长其寿命是古往今来人

类所追求的生命和生活目标。在我国科学进步、物质昌盛，已进入老龄社会的当代就更是如此。然而现代工业文明带来的疾病谱的复杂变化、种类更多的疑难杂症的出现，特别是亚健康问题日益严重地困扰着勤奋学习、勤勉工作和为一定的事业奋发的人们。为此，新的健康长寿要求不仅需要促进全民体育运动，而且需要融入多方面的因素，特别是要自觉掌握多种养生、保健知识。我国著名免疫学家、全国政协委员冯理达教授所创建的“健康健美长寿学”不仅对解决以上健康问题有了较为系统的科学探索，而且具有很强的可操作性。冯理达教授的“健康健美长寿学”，兼容并蓄了中国传统医学和现代医学的优秀成果，从人的生命的终极关怀和终身健康出发，既具有科学理性，又具有实践理性，并且易学易练，符合“天道至简”的原则，适合于各界、各阶层、各行业和各年龄段的人群，从而使更多的人们“共跻春台、同登寿城”。

在会议召开前夕的5月31日，冯理达教授代表商会向胡锦涛总书记和温家宝总理分别寄送了她所著的五卷本《健康健美长寿学》和大会请柬。6月6日收到温总理向出席大会老人表示亲切问候的亲笔信，6月8日接到胡锦涛总书记办公室打来“受胡主席委托预祝大会圆满成功”的电话。在京各大媒体均报道了这次活动，中央电视台在当天的晚间新闻作了报道。

五、承办“中医药高峰论坛（2007）”，就如何发展中医药事业建言献策

网络上声势浩大的中医废存大论争引起党和国家对我国中医药发展缓慢、面临濒危的高度重视，年初，国务院16部委联合颁布了《中国中医药创新发展规划纲要（2006~2007）》，成立了由吴仪同志为组长、19部委参加的国务院中医药发展部际协调小组。在中医药废存之争发生之初，商会就给予了高度关注，而面对各地门类纷呈的中医药论坛，商会则更多地在酝酿如何能充分发挥全国工商联参政议政的职能，经过多方努力，终于促成了由全国政协教科文卫体委员会、中国农工民主党、全国工商联、国家中医药管理局四家为主办单位，2007年11月联合主办“中医药高峰论坛（北京2007）”，商会为主要承办单位。这次中医药高峰论坛主要在战略层面、体制层面、政策层面和学术层面研讨影响中医药发展带有全局性的问题，呼吁全社会重视和关注中医药，推动中医药自身的改革创新。

全国政协副主席周铁农在讲话中指出，党中央、国务院历来十分重视中医药工作，我国中医药事业的发展取得显著成绩，并且在国际上的影响日益扩大。中医药文化是我国优秀传统文化的重要组成部分，作为一份宝贵的文化遗产，中医药学是在融合了传统文化中的哲学、天文学、气象学、地理学、生物学、人体学、心理学、语言文字学等诸科知识，形成了自己的医学理论体系，是一个思想严密、结构完整的科学体系。中医药事业要随着现代科学的发展而发展，要广泛运用现代化科技手段，继承和发展中医药理论，深入研究新的适用于现在人类的治疗方法，用创新的思维，研制更加科学有效的中药产品。

全国政协副主席、全国工商联主席黄孟复在讲话中指出，中医药是中华民族创造的医学科学，是我国优秀传统文化的瑰宝，至今仍然在保障人民群众健康方面发挥着重要作用，是我国医疗卫生服务体系的重要组成部分。中医药的历史地位、现实作用和科学价值是客观存在并经过长期实践检验证明的。中医药的群众与社会基础广泛、深厚，不仅在医学科学上具有巨大价值，而且在文化精神方面和生产力发展方面也有巨大价值。要坚持以预防为主，坚持以农村为重点，坚持中西医并重，发挥中医药的重大作用。

全国政协委员、中华中医药学会会长佘靖在论坛上建议，我国应把发展中医药纳入国家基本卫生制度建设的战略重点，加快制订扶植中医药发展的政策措施，促进我国中医药事业的进一步发展。

论坛为期两天。来自政府主管部门、中医药界和国内外学术界的近300名代表，就中医药的发展创新进行了深入研讨。

六、商会其他活动

1. 2007年5月，商会受河南省洛阳市政府邀请，与洛阳市政府联合主办了“2007全国健康产业名品联展暨医药保健品博览会”。

2. 2007 年 5 月，商会与中国非处方药物协会、中国民族医药学会、全国卫生产业企业管理协会等单位联合主办了“第三届中国健康产业商机交易大会”。

3. 2007 年 6 月，商会作为主办单位之一参与了由国家发改委为第一支持单位，科技部、商务部等 17 个部级单位为支持单位，由中国生物工程学会、河北省人民政府等 15 个单位为主办单位，由石家庄市政府为承办单位，于 6 月 16～18 日在河北省石家庄市联合主办“中国生物产业大会·2007”。这次大会是我国生物产业界的一次盛会，来自国际国内的参会代表 2000 多人。

4. 商会作为主办方，联合中国医药企业管理协会和北京医药集团于 2007 年 9 月在北京中关村生命科技园召开了“中国医药发展峰会·北京 2007”。

2008 年

医药业商会自 2006 年成立以来，在全国工商联的支持和广大会员的共同努力下开展了许多工作，取得了一定的成效，但在发展过程中也存在组织建设不适应商会发展需要的问题，在全国工商联的领导下，医药业商会根据商会章程，本着实事求是的原则，于 2008 年 2 月开始进行了医药业商会内部整改工作。2008 年医药业商会的主要任务是整改和加强组织机构建设，制定和完善商会工作的各项规章制度，在全国工商联领导的关怀和帮助下，医药业商会在整改工作中积极抓紧组织建设，努力秉承医药业商会“做好政府的助手、工商联的抓手、会员的帮手”的办会宗旨，严格按照全国工商联领导对商会工作提出的要求，做好医药行业领域的统战性工作，团结更多的人，反映行业诉求，在严格实现行业自律的前提下认真履行商会职能，使商会各项工作步入了健康发展的轨道，商会的凝聚力、影响力得到了明显增强。全国工商联领导对医药业商会的关心及所寄予的厚望，为办好有特色的医药业商会明确了方向。

在认真完成整改工作的同时，医药业商会还在 2008 年努力完成了各项重要的职责工作并积极应对突发性事件，同时也加强了对外合作项目的联络。

一、向全国政协十一届一次会议提交了两个提案

改革开放以来，我国中医药事业虽然取得了很大发展，但相对于西医发展和中医药内在潜能而言，中医药事业发展明显滞后。其原因很多很复杂，一个很重要的原因是，对中医药事业的民间行为限制过多，对中医药产业的民营经济支持不足。贯彻党的十七大提出的“中西医并重”和“扶持中医和民族医药事业发展”的方针政策，振兴中医药事业，必须高度重视民营经济的重要作用。因此商会经过认真调研提出充分发挥民营经济在中医药事业发展中重要作用的建议，并由全国工商联以团体提案形式提交。

中医药作为我国优秀传统文化的瑰宝，不仅是中华民族优秀传统文化的杰出代表，更是我国文化软实力的重要体现。改革开放 30 年来，中医药对外交流与合作不断深入，中医药被越来越多的国家接受和认可，越来越多的各国民众选择中医药作为医疗保健手段。为了贯彻落实党的十七大关于“促进社会主义文化大发展大繁荣”和“扶持中医药和民族医药事业发展”的精神，充分利用中医药已在国际彰显的有利条件，把弘扬中医药文化作为繁荣中华文化、建设中华民族共有精神家园、增强中华文化国际影响力的重要组成部分和载体，通过造福人类健康，促进中华文化在世界的大发展。为此，我们建议充分发挥中医药作为中华文化国际交流重要载体作用，并由全国工商联以团体提案形式提交至政协会议。

二、履行社会责任，支援灾区建设

履行社会责任是医药企业发展的内在要求，医药业商会注重引导会员企业履行社会责任。在我国南方遭遇冰雪灾害和四川汶川发生大地震后，率先向会员企业发出紧急倡议，及时组织了各种募捐活动，先后募集价值 1.14 亿元的资金和物品支援灾区。

年初，我国南方很多地区出现罕见的冰雪天气，冰雪灾害给人民生活带来了严重的威胁，给

人民财产带来了巨大的损失，2月7日，医药业商会率先发出紧急倡议，向南方受冰雪灾害地区进行募捐活动，一批会员企业单位积极参加救灾捐赠工作。共募集价值超过1000万元。

2008年5月12日，四川省汶川地区发生大地震，给人民生命和财产带来了前所未有的损害，医药业商会在第一时间向会员单位发出向四川地震灾害地区进行募捐活动的倡议，一个多月来，商会会员通过各种渠道共捐赠总价值10412.33万元款项和物资，其中，捐助资金1208.48万元和药品等物资价值9204万元。为抗震减灾和帮助地震灾区重建家园作出了应有的贡献。

三、与德国医药企业协会签署合作协议

3月2日，在随北京医药集团赴欧洲商务访问期间，卫华诚代会长与德国医药企业协会会长Rudolf先生进行了友好会谈，并签署了双方协会、商会之间的合作协议，增进了中德医药企业的相互交流与合作。

四、主办了第二届中国生物产业大会

6月21日，医药业商会联合生物工程学会等16家国家级（协）会、科学时报社在湖南长沙共同主办了第二届中国生物产业大会，大会由湖南省人民政府，长沙市政府和湖南省发改委承办。

此次大会以“引领生物产业发展、助推两型社会建设”为主题，聚焦我国生物产业发展政策、基地建设等核心问题，围绕国家生物产业发展“十一五”规划的贯彻实施，力争在国家宏观指导层面、区域性战略层面和企业发展微观层面提供战略建议和智力支撑。22个国家级生物产业基地、500多家生物产业企业代表及百余名院士、专家与会。

大会紧密结合2007年年底国家确定湖南省长株潭城市群及武汉城市圈为全国资源节约型和环境友好型社会建设综合配套改革试验区的契机，以生物产业发展与“两型社会”建设为主题，邀请部分院士专家进行恳谈，大会共设11个专业论坛，包括医药生物技术前沿及其产业开发前景、医药产业发展、节能减排与环境保护、生物农业产业、生物能源与工业生物技术、中德生物技术合作等主题，国家部委有关负责人和有关院士专家分别担任专业论坛主席，有100多名专家学者和企业家分别在专业论坛上发表主旨演讲。

此次大会还同时举行了重大项目签约仪式和展览活动，22个国家生物产业基地以及500多家研究机构和生物产业企业全部参展，展览面积达10000平方米。

五、主办了第四届中国国际生物医药发展峰会

第四届中国国际生物医药发展峰会由医药业商会与中国医药企业管理协会、杭州市人民政府和浙江省药学会联合主办，于2008年9月22～25日在杭州成功举行。

本次峰会以促进中国生物医药产业国际化进程为核心，帮助中国的医药企业学习和掌握国家医药市场的新情况、新问题。与前三届相比，今年论坛还增加了两大亮点：受三鹿事件启发，论坛将专门就“医药原料供应面”展开讨论。同时，鉴于今年中国医药中小企业不景气现象，包括摩根士丹利在内的十几家风投公司将为中小企业出谋划策，共探融资难题。本次峰会有三个特点：一是峰会议题新颖，信息量大，针对性强；二是峰会的演讲嘉宾档次高、国际化程度高；三是峰会结合杭州实际，努力为杭州“新药港”建设服务。

此次峰会吸引了国际上众多知名的医药公司、华尔街知名风投公司的CEO和高管，以及国内外医药界知名专家、学者等60多位嘉宾到会做主题演讲，参会代表500余人。

2009年

2009年商会完成了全面的整改，各项工作逐步进入正轨，商会进入了稳步发展时期，在全国工商联的正确领导下，在各行业商会及友好单位的帮助和支持下，在广大会员的努力下，医药业商会秉承做好“政府的助手、工商联的抓手、会员的帮手”的办会宗旨，认真履行职能，积极开展工作，使商会工作步入了健康发展的轨道，商会的凝聚力、影响力得到了明显增强。2009年医药业商会主要进行了以下四个方面的工作：

一、加强组织建设，完善商会管理

1. 适应发展需要，完成商会整改工作

医药业商会自2006年成立以来，在全国工商联的支持和广大会员的共同努力下开展了许多工作，取得了一定的成效，但在发展过程中也存在组织建设不适应商会发展需要的问题，在全国工商联的领导下，医药业商会根据商会章程，本着实事求是的原则，于2008年开始进行内部整改工作，2009年重点开始整改后的恢复性工作，商会先后召开了两次常务副会长会议和两次会长会议，重点研究和解决了商会组织机构变动、秘书长调整、制度建设、办公地点等问题，提出了商会未来几年的工作计划纲要。2009年3月17日，全国工商联宋北杉副主席和会员部刘红路部长等领导莅临商会考察指导工作，并对医药业商会的恢复性工作给予了充分的肯定。宋北杉副主席在听取汇报后做了重要讲话，指示商会抓紧组织建设，发挥好商会作用，做好医药行业领域的统战性工作，团结更多的人，反映行业诉求，实现行业自律。全国工商联领导对医药业商会的关心及所寄予的厚望，为办好有特色的医药业商会明确了方向。

2. 进行法人登记工作

2009年7月，全国工商联组织行业商会的专题培训班，对于全国工商联直属商会的法人登记工作进行了专门部署，医药业商会积极响应全国工商联指示，高度重视法人登记工作，于8月份召开了会长会议对法人登记工作进行了专题研究，提出了落实方案，把这项工作作为当前商会各项工作的重中之重，认真谋划，积极应对，并成立了专门的工作小组负责法人登记工作。

3. 积极扩大会员队伍，筹备组建专业委员会

为了更好地拓展医药业商会事业，积极发展会员组织，不断壮大组织规模，为整合资源，共同为非公有制医疗卫生和医药经济发展服务，2009年8月，商会将以民营医药企业为主体的中国成长型医药企业发展论坛整体吸收为医药业商会团体组织，同时，还吸纳了天士力集团、先声药业等国内有影响的医药企业加入商会，并开展了省级团体会员吸纳工作的前期准备，通过这一系列的会员组织建设工作，大范围地推动了医药企业间的沟通、交流、合作、共赢，同时也使我们的民营医药企业可以通过全国工商联参政议政渠道更有效地反映自身的诉求与呼声，对更好地发挥非公有制医药企业在产业发展中的作用有着重要的意义。发展会员是开展商会工作的组织基础，而建立专业委员会机构是提升商会专业服务能力的现实需要，从去年初开始，医药业商会本着成熟一个组建一个的原则，以行业分工为基础，筹备组建了医药工业委员会、医药经销商委员会、医药连锁药店委员会等3个专业委员会，并按程序向全国工商联呈报了组建情况的报告。

二、强化商会职能，发挥桥梁纽带作用

2009年国家发布了《中共中央国务院关于深化医药卫生体制改革的意见》，陆续出台了实施国家基本药物制度等相关配套政策，面对这一新的形势，医药业商会密切关注国家有关政策取向和措施部署以及市场发展趋势，多次举办新医改政策座谈会，与其他医药管理协会一道开展调查研究，引导企业提前制定应对策略，代表行业积极开展建言献策。

三、组织和举办多种活动，搭建行业交流合作平台

随着国家医疗体制改革等诸多政策相继出台实施，医药产业将迎来新一轮的调整和变革，在新形势下，医药业商会先后主办和联合举办了多次有重大影响的活动，为企业搭建交流、沟通、协作平台，促进医疗业和医药业两大领域的有机结合及沟通与发展作出了积极贡献。

四、扩大国际交流，增强商会国际影响

医药业商会在推动会员单位国际化发展方面有其特殊的角色和作用，2009年以来，医药业商会多次派员和行业内企业组团到美国和欧洲等国家开展参观考察和访问，与国外大型医药企业的管理高层、投资者及中国留学生代表进行了交流，宣传介绍全国工商联和医药业商会的性质、功能，积极发展他们作为医药业商会的成员。

医药业商会在2009年利用各种活动的机会，积极邀请了国外知名学者、专家、高层管理人员到国内开展交流，努力为会员企业扩大国际交往

和合作创造条件，共同促进中国医药产业的国际化发展。

重要文献

2007 年

关于及早制定《国家药物经济学评价指南》的提案

商会通过全国工商联向“两会”提交的提案

如何衡量、评价和保障、提高药物经济性，是我国医疗卫生工作面临的一个大问题。特别是当前在制定和实施新的医疗卫生改革方案时，更要将药物经济性作为一个重要考虑因素。建议有关部门及早研究制定《国家药物经济学评价指南》。

一、西方国家政府高度重视药物经济学

药物经济学是以现代卫生经济学为基础发展起来的一门重要的新兴学科，它将经济学的原理、方法和分析技术，运用于研究如何提高药物资源的配置效率。重点分析药物治疗的成本与效果及效益的关系，提倡合理用药，以控制药品费用的过快增长，并以此为出发点评价临床治疗过程，指导临床医师制定合理最佳治疗方案，确保用药的安全性、有效性、合理性和经济性。它通过优化治疗成本与效果的结构，为政府管理部门、医疗提供单位、制药企业、医疗保险公司提供决策依据。它的主要研究方法包括：成本分析（CA）、最小成本分析（CMA）、成本—效益分析（CBA）、成本—效果分析（CEA）、成本—效用分析（CUA）、生命质量分析（AOLA）等。

药物经济学形成于20世纪80年代，是欧美等国为控制医疗保健费用过度增长而创立的一门应用性新学科。20世纪70年代以来，这些国家药品支出远远超过其他卫生支出的增长速度。如美国药品支出从1990年的400亿美元，增长到了2002年的1624亿美元，增长了3倍多，年均增长12.7%。同一时期卫生支出中其他两个主要部分医师和医院的支出增长了1倍左右（分别为115%和92%）。美国是唯一主要依赖私人筹集卫生经费、购买和提供卫生服务的医疗保险制度国家，已深感压力之大，而其他西方福利国家则更不堪承受药品花费超速增长给政府带来的沉重负担。因此，旨在遏制药品费用不合理增长、合理利用有限的医疗资源的药物经济学，受到了西方各国政府的高度重视。大部分西方国家都已制定了药物经济学评价指南，或采取了相应的政策措施，取得了控制药品费用增长的显著效果。

二、我国医疗卫生服务正面临着单位成本和总成本加速上升的问题，应当加快建立符合我国国情的药物经济学评价系统的指导

我国是当今世界第四经济大国，而在人均医疗费用上却是倒数第四位，医疗卫生资源总体短缺。尽管如此，我国医疗资源也存在配置不合理和严重浪费现象，某些方面比西方国家更甚。如医药企业舍得花巨资搞广告大战，舍不得花钱搞新药研发，医疗系统普遍讲究经营赢利，政府部门又监管不力或监管无效，导致老百姓“看病难、看病贵”。特别是搞“一刀切”的6个P，造成制药企业普遍生产能力过剩和生产不足，以及日益严峻的中医药西化。这一切都反映出我国医药资源的巨大浪费和流失，药物资源配置不合理、不经济的矛盾非常突出。尽管近年来有关政府部门通过推行城镇居民和企业职工医疗保险制度，重视城市社区医院和农村合作医疗的发展，以及加大力度打击医疗领域的商业贿赂，建立药品分销、连锁店经营等现代药品物流体系，上述情况有一定好转。但由于覆盖面有限，根本问题尚未解决。因此，建立以成本与效果（益）比较分析为主旨的药物经济学评价体系很有必要。

药物经济学从20世纪90年代就传入我国，不少学者结合中国国情为之做出了积极的探索、研究和推广，但未受到有关部门的重视和得到社会的必要支持。

三、制定《国家药物经济学评价指南》，有利于顺利推行我国医疗卫生体制改革

当前国务院有关部门正在加紧制定新的医改方案。方案的制定和实施将带来我国医疗卫生事业整体上的全新变化：政府承担起全民基本医疗，从而使得人人能享有卫生和保健；我国多元医疗保险制度的覆盖面将迅速向全国扩大；医疗卫生资源得到合理配置，医疗医药资源浪费现象和医疗机构片面追求利益最大化等行为将受到严格限制。也必须看到一些不可忽视的问题：一是政府承担全民基本医疗，这是一笔巨大的财政投入，并由各级财政分摊，是否能完全到位，同时也存在成本与效果（益）的关系问题；二是医疗保险单位与医院以及投保人的利益关系问题，能否处于和谐状态；三是中西医并重发展和中西药合理使用的优势互补问题；四是如何保障制药企业有一定的利润空间，使其有研发新药和制造所需价格低、疗效好的各类药品的高度积极性；五是未雨绸缪，防止随着不同人群健康要求的不断提高，可能出现类似西方国家那种药物费用支出猛增以至于难以控制的局面。为了处理好以上问题，该当尽快组织相关专家制定《国家药物经济学评价指南》，推动从整体上提高我国有限医疗卫生和药物资源的配置效率，优化多元医疗卫生结构，以最少的投入获取最好的医疗效果，减轻各方面药物支出费用和报销的负担和压力，使医改新方案得以顺利推行和有效实施，保障我国医疗卫生事业的可持续发展。

（2007 年 3 月）

关于建议将有条件的民营医院纳入基本医疗保障体系的提案

商会通过全国工商联向“两会”提交的提案

近十多年来，我国民营医疗机构迅速发展，已形成一支成规模的医疗队伍和力量，成为公立医院的重要补充。建议有关部门制订新的医疗改革方案时要充分考虑这一因素，重视合理配置民营医疗机构的优质资源，并将其纳入基本医疗保障体系，充分发挥民营医疗机构的积极作用，给予其平等政策，为其更好发展创造条件。

20 世纪 90 年代末，国家医疗卫生管理部门提出了区分营利性医院和非营利性医院的改革措施，各地卫生部门相继出台了发展民办医院和民办医疗机构的有关政策和办法，由此推动了我国民办医疗机构包括民营医院和民营诊所如雨后春笋般的兴起和发展。我国民营医院的总数现已达到全国医院总数的 10% 以上，上规模的医院已达到 500 多家，其他绝大部分为中小医院，而各类诊所则不计其数。发展最快的江苏省，民营医疗机构已达到 5500 多所，仅南京市民办医院就已达 638 家；在北京市卫生局注册的民营医院总数已达 2096 家；在青岛市核定的 3313 家营利性的医疗机构当中，民营医疗机构就有 1869 家。民营医疗机构已成为我国医疗卫生事业的重要组成部分。

我国的民营医疗机构，主要包括由私人诊所发展起来的有一定规模的医院；企业和个人通过兼并、注资改制发展起来的自主经营或股份制医院；有国外资金注入而建立起来的合资合作医疗机构；原政府办医疗机构改制而成的医院等。其中，由私人诊所发展而来的医院占绝大多数，而且多数是中医医院。民营医院的分布特征是：根据当地卫生部门的规划和要求，绝大部分中小民营医院和诊所分布在农村乡镇、城乡结合部和城市开发新区。

民营医院在发展我国医疗卫生事业上发挥着重要的作用：一是减轻了政府新办医院的财政困难，以其疗效好、服务优、价格廉等优势，在相当程度上缓解了老百姓“看病难、看病贵”的问题；也有效地解决了不少农村地区的医疗资源短缺的问题；二是积极挖掘我国的民间中医药资源，在推进传统中医药的传承与发展上发挥了重大作用。

当前民营医院发展存在两个方面的问题：一方面，尽管各地在发展民营医疗机构的有关政策和措施中，都要求民办医院在申请城镇职工基本医疗保险定点医疗机构资格、加入急救医疗网络、人才引进、技术职称评定以及业务培训、参加学术活动、科研立项等方面，与公立医院享受同等待遇。但在实际执行中，由于政策不配套、措施不到位，普遍存在公私立医院厚此薄彼的不公平、不公正现象，严重制约了民营医院的正常发展。另一方面，一些民营医院也存在自身素质的问题：有的为了追求利润最大化，搞“院中院”，即把医院科室租赁给他人经营，收取高额租金，不顾医疗质量；有的缺乏医风医德，搞假冒伪劣，搞虚假广告，欺骗患者；有的投资人与管理者矛盾激化，严重影响医院的正常运行。但是，不能因为这些问题而从根本上否定民营医院在参与基本医疗保障事业发展中可以而且应当发挥的重要作用。

目前，国务院有关部门正在研究制订新的医疗改革方案。改革的一个主要内容是，由政府承担起全民的基本医疗，并通过大力发展城市社区医院和农村合作医疗机构，建立覆盖全国城乡居民的基本医疗保障制度。为了更好地推进这项改革，我们建议，在制订新的医疗改革方案时，应当充分考虑把拥有优质医疗资源、医院管理规范、在服务与疗效上受群众好评的有条件的民营医疗机构，正式纳入基本医疗保障体系之中，由政府有关部门进行统一规划、指导和整合，或对有条件的民营医疗机构加以改进和提高，或吸收有特色的民营医疗机构，将其办成可以由政府埋单的民营医疗机构。

将有条件的民营医院纳入国家基本医疗保障体系之中，有着很重要的作用与意义：

一是有利于促进民营医疗机构健康发展，充分体现政府对民营医疗机构的政策扶持，以及对公立医院与民营医院的一视同仁。

二是有利于减轻政府在承担基本医疗方面的前期投入，为政府主办的基本医疗增加了生机和活力。

三是有利于减轻老百姓的医疗负担。民营医疗机构分布于广大农村和城市社区，在提供方便、快捷、低价的初级和一般医疗服务方面具有明显优势，能有效解决公立医院鞭长莫及的问题，也能解决低收入和弱势群体的一般疾病的治疗问题。

四是有利于促进中医药发展，弥补公立医院中医力量的严重不足。长期以来，我国中医药发展不尽人意，处于弱化地位，某些方面甚至已经处于濒危境地。而我国中小民营医疗机构许多都是中医机构或中西医并重机构，是挖掘、保存和发展民间传统中医药资源的一支主要力量。中医药不但具有防病和治愈疑难杂症的显著疗效，具有“简、便、效、廉”的治疗特征，在许多方面具有西医不可比拟和替代的优势。将拥有中医药优势的民营医疗机构纳入基本医疗保障，能极大地弥补我国公立医院中医力量的严重不足，促进我国中医药事业发展，推动中医药走向国际。

（2007年3月）

对《药品注册管理办法（征求意见稿）》的建议

全国工商联医药业商会

（2007年4月24日）

一、关于限制改剂型药品的注册申报（第十三条）

针对第十三条“对已上市药品改变剂型但不改变给药途径的注册申请应由原剂型批准证明文件持有者申报。采用新技术、新方法和新材料，可以提高药品质量，减少毒副反应，降低成本，且与原剂型比较有明显优势的改剂型除外。

建议：

1. 明确新技术、新方法和新材料的概念。

理由：概念不明确，可操作空间大，导致申报混乱。

2. 集团内企业应区别对待，集团公司性质的生产企业，其中一家子公司取得某一制剂品种上市批准，其他子公司该品种改变剂型申报，应等同于第十三条要求的由原剂型批准证明文件持有者申报。

理由：对于集团内部品种改剂型，利于资源共享，利于集团重组、行业结构调整、社会资源优化，避免不必要的资源浪费。

3. 建议修改为对改剂型药物进行分类。

理由：限制低技术含量的普通改剂型，对有较高科技含量、较大剂型优势、较好用药安全性的新剂型应该鼓励。

4. 支持对改剂型品种进行严格的临床评价。

对于“中药保护品种申请受理之日起，暂停受理该品种的仿制申请”。

建议：对中药保护品种应该及时公告受理目录。

二、药品再注册（第一百三十八条、第一百四十四条）

在药品批准文号有效期内，申请人应对药品的安全性、有效性和质量控制情况，如监测期内的相关研究结果、不良反应的监测、生产控制和产品质量的均一性等进行系统评价，为药品的再注册提供依据。

国家食品药品监督管理局接受第三方对相关药品的评估报告，并作为再注册的参考。

建议：

1. 制定实施细则，进一步明确申请人在药品批准文号有效期内的工作内容以及再注册申报资料的要求，明确规定不予再注册的规定情况。

2. 制定实施细则具体解释进行第三方评估的评估报告的形式和内容。

三、生产工艺核查（第六十九条）

在国家技术审评完成后，增加现场生产检查，药品的现场生产检查是指根据确定的生产工艺，对三批样品的批量生产过程进行现场检查，新药批准上市前的现场生产检查由国家局组织实施，仿制药、补充申请的现场生产检查由省局负责组织实施，在现场生产检查的过程中抽样。

建议：对现场生产检查的时限做出规定；对现场生产检查的具体程序细化，使其具备可操作性，如企业应向谁提出现场检查申请，具体时限等；省局现场核查仅对原始资料进行核查，现场部分改到现场生产检查时一并进行；现场生产检查对三批样品的批量应做出切合实际的要求。

理由：对于原辅料价格昂贵的药品，目前要求现场生产的样品批量造成申请人和社会的资源浪费。

四、药品注册的时限和一般规定（第十二章）

《征求意见稿》将仿制药的技术审评时限由原来的80个工作日延长至160个工作日。

建议：

1. 不应通过降低行政效率的手段来控制仿制药的数量。

2. 建议通过定价等其他市场手段解决仿制药数量过多的问题。

3. 如果一定要通过降低行政效率的手段来控制仿制药的数量，就要体现公平的原则，不要出现不同企业申报的品种审评时间差距过大的情况。

五、对创新药物实行特殊审评（第四条、第五十四条、第五十五条）

国家食品药品监督管理局对下列申请可以实行特殊审批：

1. 未在国内上市销售的从植物、动物、矿物等物质中提取的有效成分及其制剂，新发现的药材及其制剂；

2. 未在国内外获准上市的化学原料药及其制剂、生物制品；

3. 用于治疗艾滋病的新药；

4. 优于已上市治疗恶性肿瘤、罕见病等疾病药品的新药；

5. 治疗尚无有效治疗手段的疾病的新药；

6. 突发事件应急所必需的药品。

省、自治区、直辖市（食品）药品监督管理部门在受理本办法第五十四条所列药品的注册申请后，应当就该申请是否符合特殊审批的条件进行审查并提出意见。国家食品药品监督管理局收到省、自治区、直辖市（食品）药品监督管理部门报送的资料和意见后，确定是否对该申请实行特殊审批。特殊审批程序的具体实施办法另行制定。

建议：

1. 进一步明确创新药物的概念与分类。

2. 优于已上市同机理的治疗恶性肿瘤、罕见病等疾病药品的新药。优于已上市新药，建议对其参比药物做出一定的规定。

3. 建议明确罕见病的定义。

4. 尽快出台关于特殊审批适用的范围，采取的审批程序。对于已经在其他国家批准的疗效优于现有药物的抗恶性肿瘤新药采取一些“提前使用程序”或者“有条件批准”（可参照EMEA的规定）程序。

5. 对于新药国际多中心临床试验的申请，能否纳入特别审批程序，给予审批时限上的重新考虑，缩短现有审批时限和程序。

六、药品注册过程中的专利纠纷（第十六条）

申请人应当对其申请注册的药物或者使用的处方、工艺、用途等，提供申请人或者他人在中国的专利及其权属状态的说明；他人在中国存在专利的，申请人应当提交对他人的专利不构成侵权的声明。

建议：国外具有专利的药，在中国进行研发、注册，目前《办法》中无相应管理细则，建议在《办法》中增加。

七、技术转让和委托生产（第二十九条）

新药《药品注册批件》的持有者可以根据国家的相关法律法规和国家食品药品监督管理局的相关规定进行技术转让或委托生产，技术转让和委托生产的具体办法另行制定。

建议：

1. 应明确技术研发单位可以拥有新药证书，并在GMP药厂委托生产，尽早与国际接轨。

2. 鼓励委托生产，提高GMP车间的利用率，避免社会资源的浪费，有利于建设节约型社会。

3. 建议尽快出台技术转让和委托生产的具体办法，以便企业确定研发方向。

4. 建议新药监测期允许转让，使研发投资者尽快收回投资，以鼓励创新。

八、药品说明书的管理（第十一章第三节）

药品说明书各项目和内容的设定，应符合国家食品药品监督管理局发布的说明书管理规定，并参照相关技术指导原则撰写。

建议：

1. 加强申请人对说明书内容负责以及上市后跟踪药品安全性和有效性及时修改说明书的责任。

2. 审评人员也应该对说明书的正确性与准确性负责。并在不同的审评人员中具有统一的标准和尺度，按照统一尺度审评。

3. 对国外已上市药品国内申报或国内已上市药品的改剂型申报，原说明书中的如果有多个适应证，SFDA应出台统一的标准，建议根据不同药物类别，对多个适应证是否全部或部分进行临床试验进行规定，以便于申请人合理选择适应证。

九、关于承担药物临床试验的机构（第三十五条）

药物临床试验批准后，申请人应当从具有药物临床试验资格的机构中，选择承担药物临床试验的机构，商定临床试验的负责单位、主要研究者及临床试验参加单位。

建议改为：药物临床试验批准后，申请人应当从具有药物临床试验资格的机构中，选择承担药物临床试验的机构，商定临床试验的负责单位、主要研究者及临床试验参加单位。参加Ⅳ期临床研究的机构不受此条限制。

不具有药物临床试验资格的机构参加Ⅰ、Ⅱ、Ⅲ期临床研究，需要申请人提前提交书面申请说明理由，SFDA在20个工作日内给予批准或不批准的答复；不具有药物临床试验资格的机构参与试验的研究者必须接受过GCP培训且所承担病例数不得超过全部试验的1/3。

理由：《办法》只允许具有药物临床试验资格的机构参加临床试验，目的本是保证试验的质量可控。但目前已公布的200多个具有药物临床试验资格的机构，远远不能满足现在每年同时进行临床试验的要求；尤其是某些特殊病种。

现有某些临床机构某些临床科室内项目数量过多，相互竞争病源，是导致临床试验质量下降的重要原因之一。

十、《药品注册批件》附件（第二百零六条）

《药品注册批件》附件应包括药品质量标准/质检规程、说明书，原料药的制备工艺，制剂的处方工艺及原辅料、直接接触药品的包装材料来源、执行标准和批准文号。

建议：

1. 除原内容外，建议允许企业拥有多个符合条件的原料药、辅料及包材的供应商。

理由：企业拥有多个供应商，以备供应商无法及时供货时选择。固定供应商，申办者受到此限制，来源、价格、质量、供货及时性都受到了限制。

2. 建议将原料药的制备工艺，制剂的处方工艺部分的附件单独盖骑缝章，商业流通过程中可以免予提供；辅料、直接接触药品的包装材料来源、执行标准和批准文号不加到附件中。

理由：辅料、直接接触药品的包装材料来源、执行标准和批准文号对药品质量的影响相对较小，加上变数较多，势必带来大量的补充申请工作。建议增加可操作性，既便于监管又兼顾企业的技术保密。

十一、公示药品注册受理、核查、检验、审评、审批人员名单及相关信息，注册的检验、审评、审批进展情况（第一百六十八条）

国家食品药品监督管理局和省、自治区、直辖市（食品）药品监督管理部门应当在其行政机关网站和药品注册办公场所公示药品注册所需的条件、程序、期限、需要提交的全部材料目录和申请书示范文本。

国家食品药品监督管理局和省、自治区、直辖市（食品）药品监督管理部门应当在其行政机关网站和药品注册办公场所公示药品注册受理、核查、检验、审评、审批人员名单及相关信息。

建议：

1. 除与申报资料有关的信息外，其他信息应尽可能全部公开。

理由：药审与药监局的新药公开信息不完整。

2. 建议自受理之日起根据法规公示并及时刷新审评时限。

其他意见：

一、临床试验用药物不得销售（第五十二条）

临床试验用药物的使用由研究者负责。研究者必须保证所有临床试验用药物仅用于该临床试验的受试者，其用法与用量应当符合临床试验方案。研究者不得把试验用药物转用于任何非临床试验参加者。临床试验用药物不得销售。

建议：在“临床试验用药物不得销售”后，增加“Ⅳ期临床试验用药物除外”。

二、药品注册检验报告报送程序（第六十一条）

省、自治区、直辖市（食品）药品监督管理部门应当在规定的时限内将审查意见、核查报告、药品注册检验报告和复核意见以及申报资料报送国家食品药品监督管理局，并通知申请人。

强烈建议：按原《办法》执行，申报资料先报送 SFDA，先开始审评，检验报告可随后单独报送。

理由：目前我国注册审批的时限很长，如果按照新流程，会进一步延长时限。

三、建议增加商品名管理的相关规定

四、对临床研究的提前介入

建议效仿美国 FDA 的做法，规定药品技术审评部门有责任在某些药品（化学药 1、2 类；中药 1～6 类）的临床研究中对申办者就试验方案的咨询给予及时的、明确的反馈意见。

理由：避免申报生产时因临床试验方案不合格而退审，减少企业损失和风险。在中国，临床各期仅仅是备案，药监局不参与不控制不审查，而目前中国多数申办者的技术力量偏弱，导致临床过程中的不正确方案和异常情况不能及时被纠正和发现，待所有试验都做完后，已无可挽回，既给企业造成损失，又浪费了大量社会资源。

五、对中药的注册管理

建议：修改中药保护条例，延续保护时限，或允许增加续保次数。

六、取消试行标准一节

建议：

1. 新药获准生产后，其药品标准一般为试行标准，试行期两年。

2. 已批准的试行标准到转正时限时给予及时转正；取消试行标准无监测期的新药是否可直接仿制请明确。

七、下放部分审批权限到地方局

建议：慎重考虑。不宜轻易下放。

理由：并不是所有省局都具有药品审评所需

的技术、设备、人员的要求，且各省之间水平参差不齐，将很难统一把握审评尺度。如果只是将审批权限下放给部分符合条件的省，由于目前中国地方保护主义还普遍存在，可能会出现审批权限下放的省仿制申报过多、过滥的现象，不利于医药市场的整顿。

八、建议对超出法规审评时限的情况实行行政人员问责制，以扭转目前大量出现的企业正当权益受到损害而无人负责的情况

九、建议建立严格的保密体系，确保申请人的技术秘密不外泄

2008 年

关于充分发挥民营经济在中医药事业发展中重要作用的提案

商会通过全国工商联向“两会”提交的提案

改革开放以来，我国中医药事业虽然取得了很大发展，但相对于西医发展和中医药内在潜能而言，中医药事业发展明显滞后。其原因很多很复杂，一个很重要的原因是，对中医药事业的民间行为限制过多，对中医药产业的民营经济支持不足。贯彻党的十七大提出的“中西医并重”和“扶持中医和民族医药事业发展”的方针政策，振兴中医药事业，必须高度重视民营经济的重要作用。

一、民营经济在中医药领域的命运与其在整个经济社会中的作用反差巨大

民营经济已经成为国民经济的重要组成部分。我国大多数竞争性行业和服务领域，都是以民营经济为主打天下。但是，在医疗卫生服务领域，特别是中医药领域，民营经济发展缓慢，地位作用低下。

一是全国各类单位机构中，私营占极大比重，而在医药卫生和中医药领域中则占极小比重。目前全国私营企业已占全国企业法人单位总数的70%以上。与此相对照，2005 年全国共有18703 家医院，其中私营 2027 家，占 10.8%；中医医院 2620 家，其中私营 165 家，占 6.3%。全国有卫生院 41694 家，其中私营 271 家，占0.65%；门诊部 5895 家，其中私营 2043 家，占34.7%。2006 年全国各类医疗机构诊疗人次为24.46 亿人次，其中营利性的（可将其基本视为私营性质）为 0.88 亿人次，占 3.6%；中医医院诊疗为 2.29 亿人次，其中营利性的为 0.04 亿人次，占中医医院的 1.75%。

二是在全国各类私营单位机构中，私营医药卫生和中医药机构比重极低。2006 年全国私营企业 498 万家，其中卫生类私营企业 5545 家，投资者人数 1.15 万人，雇工 6.3 万人，注册资本金 84.45 亿元，营业收入 28.86 亿元，分别只占全国私营企业的 0.11%、0.09%、0.12%、0.11%和 0.08%。全国个体工商户为 2595 多万户，其中卫生类个体工商户 5.3 万多户，从业人员 9.8 万人，资金 41.2 亿元，营业收入 45.3 亿元，分别只占全国个体工商户的 0.2%、0.19%、0.64%和 0.18%。

三是在医药制造业和中药产业中，私营经济比重不高。据 2004 年全国经济普查数据，全国医药制造业的单位总数为 12213 家，其中私营5512 家，占 45.13%；中成药饮片加工和中成药制造企业 3788 家，其中私营 1609 家，占42.5%。医药制造业就业人数为 136.87 万人，其中私营 27.8 万人，占 20.3%；中成药饮片加工和中成药制造就业 44.69 万人，其中私营 9.05 万人，占 20.3%。医药制造业营业收入为 3199 亿元，其中私营 431 亿元，占 13.5%；中成药饮片加工和中成药制造营业收入 909 亿元，其中私营 137 亿元，占 15%。

以上数据说明，在医疗卫生服务领域，非公有制经济数量少、力量弱、地位低，西医是如此，最具有民间特点、最具有民营属性的中医药也是如此。之所以如此，主要原因是，有关管理部门对医疗卫生服务领域民办机构、民营经济普遍采取了限制的政策和管理。

二、中医药事业的基础在民间，中医药产业的主体是民营

对这一判断许多人并不赞同。因为目前我国中医药事业发展的主要资源基本上都集中在官办即国有机构手中，不管是医院、医生、师资、设备、投资等，都是如此。这就像在 20 年前，如果有人说解决中国就业问题必须主要依靠民营经济，一定会受到批评反对一样。中医药事业发展的基础在民间，中医药产业的主体是民营，可从几个方面来说明：

首先，从几千年中医药历史看，它产生于民间，发展于民间，成熟于民间。民间是中医药的根、中医药的源、中医药的基。中国的历朝历代均设有官方医药机构，有官医、有官药，但中医药的主体、基础仍在民间。

其次，从20世纪50～70年代农村情况看，中医药在农村医疗卫生事业发展中扮演了主要角色。农民主要依靠在中国传承几千年、具有“简便效验”优势、为老百姓熟知的中医药。“文革”期间的赤脚医生，其医疗技术手段主要是中医药，为几亿农民解除了病痛。

第三，从改革开放以来30年的医疗服务情况看，民间中医作用日益扩大。尽管受到种种不合理的限制，民间中医的作用与影响日益扩大，有的争得了合法地位，正式开诊所办医院行医。

第四，从中医药在境外的情况看，都是在民间生存与发展。港澳台地区承认中医药的重要作用与合法地位，中医行医、中医药诊所开办基本都是私营。日本、韩国、泰国等受中国文化影响较大的国家，承认或部分承认中医药，中医药是私营。欧美国家，从过去否认到现在部分地承认中医药，中医药是私营。

第五，中医药产业具有市场性的根本特征，更适合以民营经济为主体。从上述数据可以看到，中医药产业中的私营、外资已经占相当比重。如果将中医药产业延伸到中草药种植、中草药中成药流通领域，民营经济的作用更大。从总体上看，民营经济已经成为中医药产业的重要发展主体，随着改革开放的深化，其地位作用将更加提高。

三、充分发挥民营经济在中医药事业中重要作用的建议

一要树立新观念。树立中医药事业的基础在民间、中医药产业发展的主体是民营的新观念；树立发展中医药事业必须是私立与公立、民营与国有，一视同仁、平等对待、公平准入的新观念；树立公共医疗卫生服务的公益性、非营利性要求，与发展私立、民营医疗卫生机构并行不悖、相互兼容的新观念。

二要制定新政策。在中医药服务领域对民间中医、民营诊所、民营医院采取放手发展的新政策。主要是放宽限制，同时改进监管办法，建立适合中医药自身特点、有利于民营发展的监管办法，给民营中医药以自由生存和发展的空间。在中医药产业发展领域对民营企业采取大力支持的新政策。中医药产业是我国最具有自主创新潜力的重要产业，又是与解决“三农”问题紧密相关，要将高新技术产业、新农村建设的许多支持政策用于中医药产业和民营企业。对国有中医药服务机构进行改革，将现有相当一部分国有中医药机构逐步改制为民营机构，或改制为混合所有制机构。地市县一级中医药机构，可以逐步改制为民办、或民办公助机构。要对提供公益性服务的中医药民营机构，采取公平准入、一视同仁的新政策。

三要建立新体制。在中医药教育方面，实行学校教育与师徒传承双轨并行制，制定一套适合现代条件下以师带徒、师徒传承特点与要求的专门制度。在中医药科研管理方面，实行民间专门机构研究、企业研究机构与国有医疗机构研究三驾马车并行、平等竞争、相互促进的体制。在行政管理方面，要坚持中医“姓中”的原则，建立相对独立的中医药管理体制。这一体制要适应民间医生、民营诊所、民营医院、混合所有医院、外资医院与公立医院多个主体平等竞争、相互促进、共同发展的要求。

（2008年3月）

关于充分发挥中医药作为中华文化国际交流重要载体作用的提案

商会通过全国工商联向“两会”提交的提案

中医药凝聚着中华民族独有的自然观念和人文情感，灿烂辉煌的中华文明孕育了博大精深的中医药文化，其源于华夏文明的东方哲学思维、崇尚人与自然和谐的理念、系统整体的养生防病思想、独特的保健治疗方式等传统文化的元素，深深融入人民群众的日常生活中，反映着中华传统文化的本质与特色。中医药作为我国优秀传统文化的瑰宝，不仅是中华民族优秀传统文化的杰出代表，更是我国文化软实力的重要体现。

改革开放30年来，中医药对外交流与合作不断深入，中医药被越来越多的国家接受和认可，越来越多的各国民众选择中医药作为医疗保健手段。目前，中医药已经传播到世界上160多个国家和地区。我国与70多个国家（地区）签订了含有中医药合作内容的政府协议91个，专门的中医药合作协议42个；与世界卫生组织及42个国家和地区开展的中医药合作项目有274项。到2006年，全世界中医医疗（针灸）机构达8万多家，针灸师超过20万人，全世界每年约有30%的当地人、超过70%的华人接受中医医疗保健服务。中医药对外教育正在兴起，泰国、新加坡、马来西亚、澳大利亚及英国、法国、德国、意大利等亚欧各国均与我国联合举办了中医学院或系、专业，其中在美国、加拿大分别开办有30余所中医和针灸学校。此外，加拿大的卑诗省府于1999年6月开始接受针灸师注册申请，2003年6月起颁发注册中药师、注册中医师和高级中医师牌照；2004年美国宣布“针灸与东方医学日”的州有6个州，各州不同程度地实施了针灸师资格考试制度和许可证颁发制度；2004年6月，英国政府首次考虑确立中医的合法地位。近年来，许多国家通过立法承认中医的法律地位，有的国家还设立了专门的中医药管理机构，将中医服务纳入医疗保险范围。所有这些，都反映了中医药的国际地位正在日益提高。

为了贯彻落实党的十七大关于“促进社会主义文化大发展大繁荣”和“扶持中医药和民族医药事业发展”的精神，充分利用中医药已在国际彰显的有利条件，把弘扬中医药文化作为繁荣中华文化、建设中华民族共有精神家园、增强中华文化国际影响力的重要组成部分和载体，通过造福人类健康，促进中华文化在世界的大发展。为此，我们建议：

第一，采取有力政策措施，促进中医药服务贸易和文化贸易发展。要把推进中医药国际贸易与服务同宣传中华文化结合起来，在宣传中华文化中扩大中医药国际贸易与服务，在推进中医药国际贸易与服务中扩大中华文化宣传。要确定中医药对外交流与合作的优先发展领域，在对外援助、政府合作项目中增加中医药内容，把中医药的交流与合作纳入国家外交、文化、科技、贸易等发展战略，要加强与各国政府和卫生组织在传统医学方面的交流合作，探索交流合作的新方式、新途径，提高合作质量与水平。要加快中医药国际标准与规范建设，积极参与国际传统医药标准的制定工作，加强资质认证与品牌建设的力度，推动中医药更好地服务于人类健康。

第二，鼓励和扶持中医药文化创意产业的创新和发展。广泛搜集和集中整理中医药传承和发展了2000多年的历史文化资源和遗产，经过艺术创新和形象再造，集中再现中华民族中医药的伟大文化瑰宝，满足中国和世界广大多种群体对中医药文化瑰宝的悬念，揭开中医药博大精深的原始、原创、原型和发生学的谜底，以及与中国古代宗教、哲学、礼仪和文化艺术的内在因果联系，使中国和世界广大热爱健康的人们了解我国中医药自身规律和特色，以中医药文化的化成天下，推动和促进我国中医药事业的繁荣发展和国际化发展。在政策上要积极鼓励和扶持这方面的中医药文化创意产业的创新开发和发展。

第三，鼓励和发展具有中医药理念和功能的新型旅游业、休闲业、饮食业等服务行业。除了大力发展与医疗卫生保健有关的中医药事业外，还应扩大健康新视野，以贴近生活、贴近实际、贴近消费需求为要义，以提高生活质量和日常健康水平为目的，鼓励和支持具有中医药健康保健养生理念和功能的新型旅游业、休闲业和饮食业的开发和发展，并对其加强规范和管理，使更多的人群在日常生活和工作中了解和接受中医药，体会和运用中医药。特别是运用中医药的原理，引导人们正确处理生活与工作，事业与健康的关系，使中医药文化在人类实际生活中得到弘扬。

第四，设立公益性的国家中医文化学院。借鉴国家兴办孔子学院经验，在有条件的国家建立中医文化学院，在提供基本中医药文化教学和医疗保健服务的同时，着重围绕健康促进开展中华文化的系统宣传，逐渐扩大世界人民对中华文化的全面认知和认同。

（2008 年 3 月）

大事记

2007 年

3 月，商会向全国政协十届五次会议提交了两份有分量的提案，受到好评。

3 月，商会接受河南省洛阳市政府邀请于 5 月在洛阳市与洛阳市政府联合主办了“2007 全国健康产业名品联展暨医药保健品博览会”。

4 月 24 日，举办了“《药品注册管理办法（征求意见稿）》研讨会”，受到国家药监局高度重视。

5 月，与中国非处方药物协会、中国民族医药学会、全国卫生产业企业管理协会等单位联合主办了第三届“中国健康产业商机交易大会”。

6 月 10 日，在北京人民大会堂举办了“首届健康健美长寿促进大会”，大会评选出了 20 位“中国健康长寿明星”，并为其颁奖。

6 月，商会作为主办单位之一参与了由国家发改委为第一支持单位，科技部、商务部等 17 个部级单位为支持单位，由中国生物工程学会、河北省人民政府等 15 个单位为主办单位，由石家庄市政府为承办单位，于 6 月 16 ~ 18 日在河北省石家庄市联合主办的“中国生物产业大会 2007”。这次大会是我国生物产业界的一次盛会，来自国际国内的参会代表 2000 多人，全国政协副主席李蒙出席了大会，河北省省委书记、省长等主要领导均出席了大会。

9 月，商会作为主办方，联合中国医药企业管理协会和北京医药集团在北京中关村生命科技园召开了“中国医药发展峰会北京 2007”。

11 月，承办近年来最高规格的“中医药高峰论坛（北京 2007）”，就如何发展中医药向中央和国务院建言献策。

2008 年

1 月 5 日，医药业商会召开 2008 年第一次会长办公会议，会议根据商会章程通过了关于秘书长任命和增补商会副会长的若干决议。

2 月 2 日，医药业商会正式进入整改阶段。

2 月 7 日，医药业商会率先发出紧急倡议，向南方受冰雪灾害地区进行募捐，医药业商会会员包括双鹤药业、安徽华源医药公司、修正药业集团、联邦制药集团等企业共捐款、捐物超过 1000 万元。

3 月 2 日，在随北京医药集团赴欧洲商务访问期间，卫华诚代会长与德国医药企业协会会长 Rudolf 先生进行了友好会谈，并签署双方协会、商会之间的合作协议，增进了中德医药企业的相互交流与合作。

3 月，全国“两会”召开期间，医药业商会通过全国工商联提交了两份提议案，并在“两会”上呈交给相关部委。会后商会获得了国家相关部委的正式答复函。

5 月 13 日，医药业商会发出向四川地震灾害地区进行募捐活动，一个多月来，商会会员通过各种渠道共捐赠总价值 10412.33 万元款项和物资，其中，捐助资金 1208.48 万元和药品等物资价值 9204 万元。

6 月 21 日，医药业商会联合生物工程学会等 16 家国家级（协）会、科学时报社在湖南长沙共同主办了第二届中国生物产业大会，大会由湖南省人民政府，长沙市政府和湖南省发改委承办。此次大会以“引领生物产业发展、助推两型社会建设”为主题，聚焦我国生物产业发展政策、基地建设等核心问题，围绕国家生物产业发展“十一五”规划的贯彻实施，力争在国家宏观指导层面、区域性战略层面和企业发展微观层面提供战略建议和智力支撑。22 个国家级生物产业基地、500多家生物产业企业代表及百余名院士、专家与会。

6月7～14日，医药业商会派员随北药集团到美国其他城市展开访问期间，多次与美国大型医药企业的管理高层、投资家及中国留学生代表交流，宣传介绍全国工商联和医药业商会的性质、功能，积极发展他们作为医药业商会的成员，共同促进中国医药产业的快速发展。

9月22日，在获得全国工商联会员部的批准下，医药业商会与杭州市人民政府、中国医药企业管理协会在杭州举办了第四届中国国际生物医药发展峰会，此次峰会吸引了国际上众多知名的医药公司、华尔街知名风投公司的CEO和高管，以及国内外医药界知名专家、学者等60多位嘉宾到会做主题演讲，参会代表500余人，会议获得了参会代表们的一致好评，形成了行业品牌性会议。

10月，应全国工商联会员部、宣教部的要求，医药业商会组织安排了新华社记者就国务院新的医改方案相关政策的相关采访，商会于明德顾问就医改政策做了精彩的解读。

2009年

3月17日，全国工商联宋北杉副主席和会员部刘红路部长等领导莅临商会考察指导工作，并对医药业商会的恢复性工作给予了充分的肯定。宋北杉副主席在听取汇报后做了重要讲话，指示商会抓紧组织建设，发挥好商会作用，做好医药行业领域的统战性工作，团结更多的人，反映行业诉求，实现行业自律。全国工商联领导对医药业商会的关心及所寄予的厚望为办好有特色的医药业商会明确了方向。

3月，“两会”期间，医药业商会与中国医药企业管理协会共同举办了医药界人大代表、政协委员医改政策座谈会，参加座谈的医药界“两会”代表们就医改政策中的一些备受民众和企业关注的焦点问题展开了卓有成效的交流和讨论，座谈会客观地反映了医药行业的发展现状、存在的突出问题、面临的实际困难，充分反映了医药行业的呼声，通过座谈会代表（委员）的呼吁，营造了更有利于企业发展的政策环境和社会氛围。

4月23日，医药业商会组织企业代表参加了全国第61届药品交易会。通过活动使企业拓展了商机，拓宽了视野，并对中国医药领域行业脉动及最新趋势有了深入准确的了解和把握。

5月30日，医药业商会作为重要支持单位支持举办了第五届中国健康产业商机交易大会。本次会议参会规模达2万多人，是迄今为止行业内参会人员规模最大的一次商业活动。

6月16日，医药业商会邀请了各行业专家和来自包括香港地区在内的全国各地具有代表性的大、中型民营医院、民营医院投资管理集团的院长、董事长和总裁参会，同时邀请了《中华工商时报》等多家媒体参会支持。到会代表对如何进一步发挥民营医疗机构的功能，促进医疗体制改革提出了很多建设性的意见，并对医药业商会做好民营医疗机构的组织建设提出了希望和建议。

6月18日，医药业商会与中国生物工程学会等单位共同主办了第三届中国生物产业大会，并组织了几十家医药企业代表参加了大会。在论坛上医药业商会向广大医药企业和相关单位介绍了商会的性质、职责及发展情况，得到了到会代表的赞赏和积极评价，为会员发展工作奠定了良好的基础。

8月15日，召开了第二次会长会议，会议听取了卫华诚会长2009年上半年工作总结和下半年工作计划的汇报，并调整和增补了部分副会长单位，对法人登记工作进行了专题研究，提出了落实方案。会议同时表决通过将以民营医药企业为主体的中国成长型医药企业发展论坛整体吸收为医药业商会团体组织的决定。

9月21日，医药业商会召开了“医药流通企业医改政策座谈会”，来自全国医药流通企业50多名代表参加了座谈会，与会人员围绕基本药物制度实施后给医药流通企业带来了哪些影响和机遇，企业应采取什么措施适应新医改政策实施的需要，以及对在实践过程中应如何完善国家基本药物目录管理办法等新医改政策问题展开了讨论，对在流通医药企业推进新医改政策的具体实施提出了许多建设性意见。

11月5日，医药业商会与中国医药企业管理协会、北京生物技术和新医药产业促进中心两家单位，在京共同主办了“北京国际生物医药产业发展论坛”，论坛主要围绕区域发展、研发服务、技术转移、生物医药产业投融资、仿制药专题、医药招标采购政策等议题展开了热烈讨论，大会还举办了各种形式的展览活动和参观交流，国内外专家和国内企业500多名代表出席了本次会议。

11月8日，主办以中小医药企业为主体的第四届中国成长型医药企业发展论坛，重点研讨了在当前医改政策不断深化的大背景之下，市场变革、产业发展的主流趋势和中小型医药企业的应对战略。

11月9日，医药业商会在人民大会堂举行2009年工作年会，卫华诚会长在会上总结了2009年工作，并就2010年工作计划做了部署，全国工商联宋北杉副主席出席会议并做了重要讲话。

11月24日，医药业商会作为主办单位之一与中国医药企业管理协会倡议并联合多家协会共同主办了“60年·60人——搜寻新中国成立六十年药业历史人物”活动，并根据活动评选工作流程，推荐入围人选。本次评选活动通过网络展示、媒体报道后，最后由专家委员会确定60人名单，商会会员中多名民营医药企业家的突出代表光荣入选，在成都召开了表彰大会，大会还举办了“药业60年回顾展览”活动。

全国工商联汽车经销商商会

中华全国工商业联合会汽车经销商商会会标由两个同心圆组成，标准色为橙色和蓝色。

内圆中央部位突出的是商会英文简称CADCC，并镶嵌在汽车造型的前脸，象征着商会作为汽车行业组织将协同全体会员同心同德，致力于推进整个汽车经销业的成长与发展；而橙色的实心圆更是寓意商会事业如同朝阳般充满活力，蒸蒸日上。

内、外圆之间为商会中文名称，并缀以五星，代表商会将通过提供五星级的会员服务标准，打造一流的行业组织。

商会简介

中华全国工商业联合会汽车经销商商会（简称全国工商联汽车经销商商会），英文名称为 CHINA AUTO DEALERS CHAMBER OF COMMERCE（简称 CADCC），成立于 2006 年 12 月 3 日，是中华全国工商联直属行业商会。

商会定位： 以会员需求为导向，创建学习型商会组织。

服务理念： 营建汽车经销企业共同的家。

商会业务范围： 促进会员间交流学习与合作；代表会员向政府及汽车生产企业等相关部门提出合理化建议，维护会员合法权益；为会员提供金融及法律事务服务；组织会员参加国内或国际性行业会议；为会员引进管理和技术人力资源，帮助会员培训相关人才。

商会宗旨： 通过为会员提供多种形式的服务项目，搭建汽车经销企业的互动交流、提升的平台，反映行业诉求，维护会员权益，加强行业自律，谋求汽车社会的和谐发展。

会员发展对象： 汽车经销商及与汽车销售、服务相关的骨干企业或组织。

会员服务项目：

1. 反映行业诉求，积极参政议政，为行业政策的制定和完善，起积极的推动作用；
2. 提供、发布行业发展动态数据服务；
3. 提供培训、行业间互访与学习、出国考察等服务；
4. 提供法律、金融、合资合作咨询等相应支持；
5. 提供会员在商会网站及会刊上的宣传推广服务。

会长、副会长、秘书长名单

名誉会长

何光远　原机械工业部部长

包叙定　全国政协常委、原机械工业部部长

会长

李响

副会长

蔡英杰

何连义

陈全

贾捍东

李润平

吕伟民

柳东雳

梁女

秦敏智

孙强

邵奇惠　全国政协常委、原国家机械局局长
于　珍　全国政协常委、机械工业联合会会长
李庆文　《中国汽车报》社社长
会　长
李　响　华星北方汽车贸易有限公司董事长
副会长
蔡英杰　上海永达（集团）股份有限公司总经理
何连义　北京众义达商贸集团有限公司董事长
陈　全　成都三和企业集团有限公司 COO
贾捍东　内蒙古利丰企业集团有限公司总裁
李润平　山西新发展汽车贸易集团有限公司董事长
吕伟民　安徽汽贸投资有限公司董事长
柳东雳　广汇汽车服务股份公司 COO
梁　女　广东合诚集团有限公司董事长
秦敏智　深圳市新大兴工贸发展有限公司董事长
孙　强　山东润华集团股份有限公司总裁
隋剑光　浙江物产元通机电集团有限公司董事长
王　健　上海东昌企业集团有限公司董事长
辛　宁　《中国汽车报》社副社长
杨　鹏　徐州润东实业集团有限公司董事长
赵秦洲　陕西省汽车贸易公司总经理
秘书长
王晓丹

联系方式：
电话：010－58395102、58395006
传真：010－58395006
地址：北京市西城区金融街丰融园15号丰侨公寓2座2604室
邮编：100032
邮箱：cadcc@126.com
网地：www.cadcc.com.cn

隋剑光

王　健

辛　宁

杨　鹏

赵秦洲

秘书长:王晓丹

工作综述

2007年

2007年，在全国工商联的领导下，相关部门的大力支持和协助下，商会把“以会员需求为导向，创建学习型商会组织”作为服务理念，以“营建中国汽车经销商共同的家”为发展愿景，“一手抓建设，一手抓发展”，取得了可喜的成绩，赢得了会员的高度认同。

一、创建商会秘书处，夯实服务基础

商会成立的最初三个月中，先后完成了商会秘书处的组建，商会组织机构代码证、税务登

记、各种办公用章等办理工作，创建了商会官方网站中国车商网，推出了商会会刊《中国车商》杂志（月刊）。目前商会网站流量每天逾万次，商会会刊已成功创办11期。商会秘书处员工共有14人，本科以上学历8人，平均年龄28岁，队伍稳定，充满活力。

商会创始会员有600余家，为了更好地服务于创始会员，商会就"商会服务工作要点、行业培训、行业提案"三个主题，先后进行了三次会员问卷调查、走访会员企业20余家；同时秘书处主要人员到全国工商联家具装饰业商会、烘焙商会、新能源商会等兄弟商会观摩学习，借鉴分析他们成功办会的经验和做法，为探索符合行业发展需要的商会发展模式，提供了很好的参考依据。

二、立足创始会员，开展多主题交流活动

2007年共举办六次异地交流学习活动：4月组织会员企业到上海东昌汽车集团，重点学习其"绩效考核管理办法"；6月组织会员企业到深圳深业汽车集团，重点学习其"阳光企业文化"；8月组织会员企业到山东润华汽车集团，重点学习其"市场营销策划经验"；11月上旬组织会员企业到杭州物产元通汽车集团，重点学习其"大型汽车集团管理模式"；11月下旬组织会员企业到成都三和汽车集团，学习其"双品牌营销策略"。

三、开展行业评比与培训，提高会员企业整体服务素质

提升整个行业营销服务水准、加强行业自律是商会的主要职责。为充分履行这一职责，2007年4月，商会启动了"汽车经销商优秀营销策划案例"和"行业十佳雇主"两大评选工作，并分别于8月、12月揭晓颁奖。共有20个会员单位在"2007年度全国汽车经销商优秀营销策划案例评选"中获奖，10个会员单位获得"2007年度全国汽车经销商十佳雇主单位"称号。

另外，商会还为会员高层管理者量身定做，举办了两次主题培训。2007年6月3日，邀请国家宗教局局长叶小文，为理事以上企业老总，举行以"和谐社会从心开始"的主题演讲；6月23日，邀请著名的国学文化大师中国政法大学方尔加教授，为部分会员企业领导人做"儒家文化与企业管理"的主题培训，在会员中产生积极的影响。

同时，为提高企业中高层管理人员的素质，商会在2007年8月、11月连续两次举办"汽车营销经理人沙龙联谊会"，切磋业内先进的销售服务理念和做法，分享彼此精彩各异的一线营销经验，在激烈的脑力激荡中，对接、碰撞智慧和灵感的火花。

四、完善组织建设，坚持企业家办会宗旨

商会是企业家自治组织，按章程办会，加强会员间团结与合作，通过必要的各种会议，共同商议商会的发展大计，是商会全体会员的共识。

共开展的主要会议有：一次理事会（2007年6月3日）；两次会长会议（2007年6月2日，2007年11月3日）。通过这些会议，把各阶段工作重点反复在理事中讨论和修改，最后形成大家共同的决定。充分体现了企业家自主办会的宗旨。

五、积极参政议政，努力成为行业代言人

为全面反映行业诉求，2007年商会通过会员问卷调查、会员理事会、常务理事会、会长会议、会员企业走访等多种形式，收集会员对政府及汽车生产企业的意见与诉求，引导会员积极参政、议政，推动行业政策的制定和完善工作。特别就《汽车品牌销售管理办法》的修改，在核心会员企业浙江物产元通、山东润华、成都三和等企业的大力支持配合下，提出了切实可行的修改意见，得到商务部主管部门的高度认同，与商务部市场体系建设司、国家工商总局市场规范管理司、国家发改委政策法规司建立了良好的沟通渠道。同时以"两会"提案形式，报与全国工商联，得到全国工商联研究室的大力支持和协助。

六、及时完成全国工商联交办的各项任务

2007年商会按照全国工商联的要求，参加了直属行业商会年度工作总结会、全国工商联迎新茶话会、民营经济分析会、民间商（协）会论坛、直属会员工作大会、换届大会、秘书长培训等多个会议，及时提交了全国工商联十届代表大会的各种资料。李响会长当选为全国工商联执委。并受会员部委托，与全国相关部门工作人员取得密切联系，建立了良好的沟通渠道。

2008年

2008年是商会发展的第二年，根据商会创建之初确定的三年发展战略规划，2008年商会的主要工作任务是"提高商会美誉度，扩大商会会员队伍"。尽管受到2008年的雪灾、汶川大地震、金融危机等一系列国内外不利因素的影响，会员企业都经受住了考验，商会也在各会员单位的大力支持和帮助下，在全国工商联的正确指导下，通过开展一系列卓有成效的活动，迅速壮大会员队伍，并实现了走出国门，同国际顶尖同业组织和企业的直接交流和往来。队伍不断壮大，影响不断深入，较好地实现了平衡发展。

一、举办“首届中国汽车经销商年会”，扩大商会行业知名度

2008年1月，由全国工商联汽车经销商商会（CADCC）主办的“首届中国汽车经销商年会”在北京召开，年会邀请了各地主流汽车经销商二百余家，汇集政府、汽车生产企业、学术、媒体等各界精英人士，以及国外相关组织、机构代表，围绕“中国汽车经销商的现在与未来”这一主题，以高峰演讲会、主题论坛会、新闻发布会等多种活动形式全面展示中国车商的当代精英形象，探讨分析行业发展总体趋势，在全国车商中产生很大影响，迅速提高了商会的行业知名度。

二、提交“两会”议案、积极参政议政，为行业发展建言献策

2008年2月，商会在广泛征集会员意见基础上，通过全国工商联提交了“关于修订完善《汽车品牌销售管理办法》，促进汽车经销行业和谐健康发展”的提案，商务部先后三次召集商会相关人员参加《办法》修订工作的意见征询会。在成都三和、山东润华、浙江物产元通等十余家会员企业的积极参与下，商会向商务部提交了“汽车品牌销售管理实施办法”（修改稿），受到国家商务部、发改委等相关部门的高度重视。2008年11~12月，发改委和商务部先后召集商会代表性企业座谈，听取关于扩大汽车内需的意见，商会在参政议政方面迈出了可喜的一步。

三、参与主办区域性汽车文化活动，扩大商会地方影响力

2008年3月，商会与重庆市工商联、重庆汽车商业协会联合主办，并由重庆中汽西南汽车有限公司承办了“2008首届重庆汽车文化节”，参展车辆达到300余辆，创重庆车展历年之最。文化节期间还组织部分会员企业参观学习，并到承办单位——重庆市中汽西南汽车集团学习其集团化企业发展模式。并以“中国车商营销对策”为主题，主办了“西部汽车论坛”。2008年9月，在安徽汽贸的积极努力下，商会与安徽省工商联、安徽省工商联汽车经销商商会联合主办了“2008安徽国际车展”，为展示地方主流车商的风采搭台唱戏。

四、加强组织建设，体现民间商会企业家办会主旨

为充分体现商会企业家办会的主旨，2008年5月，商会召开了“一届三次会长办公会议”，以“如何建树商会核心竞争力，加强会员企业间广泛合作”为主题，商讨商会未来发展战略。同期，商会召集50余家理事单位负责人齐聚江苏徐州，在徐州润东实业集团有限公司的大力协助下，召开了全国工商联汽车经销商商会一届三次理事会议。与会人员以“2008年宏观经济对汽车经销业的影响”为主题，对商会全年工作做了认真的商讨。

2008年9月，经商会会长电话通信会议研究决定，增设浙江物产元通集团董事长隋剑光、山东润华集团总裁孙强、上海东昌汽车董事长王健、北京众义达集团董事长何连义、深圳新大兴集团董事长秦敏志为商会常务副会长，协助会长开展商会工作，加强商会组织建设。

五、履行社会责任，积极完成全国工商联下达的各项任务

按照全国工商联的指示精神，在“5·12”四川汶川大地震发生后的第二天，商会通过中国车商网向全国车商发出倡议，为抗震救灾奉献爱心。会员企业积极行动起来，企业、员工积极捐款，集体献血；企业组织志愿者，个人自愿请缨，提供车辆供抗震救灾指挥部调配，自费购买物资送达灾区……通过不同渠道、不同方式，向地震灾区捐款捐物，以表达对灾区人民的支援。据不完全统计，截至5月29日商会会员企业向灾区捐款捐物逾890万元。

2008年12月，根据全国工商联指示精神，商会在所有理事单位中发出通知，进行企业人员就业状况的统计汇总，并及时向全国工商联反映了行业员工在金融危机影响下的企业现状、员工就业情况。

六、努力扩大在非会员企业中的影响力，大力发展新会员

2008年7~9月，奥运会举办前后，按照北京市政府有关精神，停止大型商业聚会活动。利用这段时间，商会通过网络、电话、信函等多种通信方式，对非会员企业进行了集中整理，共整理全国各地汽车经销商有效信息近7000家，并通过邮寄会刊《中国车商》杂志及传发商会宣传单等方式，全面扩大商会在全国车商中的宣传，及时向他们传递商会的动态发展信息，为吸纳新会员创造了有利条件。2008 年共吸纳新理事单位 60 余家，团体会员 12 家（均为各省商、协会组织），直属会员单位 800 余家。到目前为止，商会共拥有副会长单位 17 家，理事单位 110 家，团体会员 12 家，直属会员单位 1800 余家。

七、成功举办两大评选，提升车商营销策划和管理能力

继 2007 年之后，2008 年 7 ~ 10 月，商会又主办了“2008 年中国车商营销策划案例评选”活动。与上年不同的是，此次评选活动不仅针对会员，更是面向全国近万家优秀汽车经销商征集营销案例评选，覆盖范围广，社会影响力大，更得到了汽车生产厂家和行业内相关机构的大力支持。历时 3 个多月中，共有全国 21 个省、市、自治区三百多家汽车经销企业选送参评案例。共有 40 家企业和 3 个优秀职业经理人荣膺大奖。

为帮助汽车经销商打造自己的品牌，2008 年 6 月，商会主办了“2008 年中国汽车经销商十佳雇主”评选活动。来自全国各地百余家主流车商报名参评。两大评选为广大车商搭建了一个相互交流、学习的平台，既提高了广大车商的整体营销策划水平，推动汽车经销行业健康、持续的发展，又极大地提升了商会的业内影响力。

八、组团到美国商务考察，实现了与国际同业组织的对接和往来

为学习美国汽车经销商协会如何服务会员和发展会员的经验，了解美国汽车经销商与生产企业的关系现状，以及美国汽车销售集团的发展模式和发展方向，2008 年 10 月，由会长带队、18 人组成的商会商务考察团在美国进行了为期 10 天的商务考察活动。期间访问了美国汽车经销商协会 NADA 和美国独立汽车经销商协会，并到美国大型新车经常商达卡斯汽车集团和二手车商美翰公司参观学习，实现了与国际同业组织和同行的直接交流和往来。

九、举办行业培训和联谊会，为会员企业间搭建交流学习平台

2008 年年初，通过问卷调查，许多会员企业希望商会拓展二手车培训业务，交流二手车经营成功经验，于是，在 3 月的重庆文化节期间，商会与美国美瀚公司联合举办了为期两天的二手车系列业务知识培训，精心编制培训课程与教材，并由美瀚投资管理咨询（上海）有限公司二手车专业培训师讲授，得到学员的广泛认可。

11 月 22 日，商会协同北京汽车流通协会，在北京众义达商贸集团有限公司协助下，举办了“2008 全国车商市场营销经理人联谊会”。同期还举行了“2008 年中国车商优秀营销策划案例”评选活动颁奖典礼，商会部分会员代表、获奖企业代表等近百人参加联谊会。众多来自营销一线的策划精英，纷纷展示高超的营销理念，给与会人员如何在萎缩的车商中逆势飞扬建立了极大的信心。

会后，商会把“2008 年中国车商营销策划案例评选”活动中优秀的参选案例，编辑印刷成册——《2008 年中国车商经典营销案例 48 例》，在全国车商中广为传发，不仅为会员企业，也为全国的广大车商搭建了一个横向交流学习的平台。

十、改版会刊和商会官方网，发挥好商会对外宣传的窗口作用

2008 年商会对商会会刊《中国车商》杂志和中国车商网，进行了全新改版，及时准确地传递商会信息，展示会员形象，会刊发行量和网站的点击率不断攀升，使其成为商会不可或缺的传播途径，受到会员企业及广大车商的普遍好评。

2009 年

2009 年是全国工商联汽车经销商商会发展的第 3 年，在全国工商联的正确指导下，在商会各理事单位大力支持下，商会在加强组织建设、发挥群体作用、服务好会员方面真抓实干，多管齐下，通过开展一系列卓有成效的活动，使商会各方面工作稳步推进。

一、举办“车商经济论坛”，开行业之先河

6 月 13 日，由商会主办的“2009 首届中国车商经济论坛”在安徽黄山隆重举行。本次论坛邀请到著名经济学家、国务院发展研究中心金融研究所副所长巴曙松博士，汽车业界知名专家、国家信息中心信息资源开发部主任徐长明，世界知名汽车品牌宝马汽车（中国）副总裁傅彬，以及全国各地百余家汽车经销商集团的投资、决策人和新浪网、易车网等各路媒体精英共襄盛举。论坛围绕“中国汽车经销商的投资策略与安全”等议题，以高峰演讲会、主题论坛会等多种活动形式，全面分析了当前中国宏观经济，深入探讨了车市现状与企业投资策略，在全国车商中产生很大影响。既迅速提高了商会的行业知名度，又为当前不少陷入迷茫、缺乏长远投资策略的车商提供了有利参考。“2009首届中国车商经济论坛”由商会和安徽省工商联共同主办，安徽省汽车行业协会协办，开创了商会与地方工商联组织和商会合作办会的新模式。

二、组织会员异地交流，增强学习互动的针对性

2009年以来，商会组织会员进行了三次较大规模的交流学习活动。3月28日，商会组织50多位会员代表到山东青岛福日汽车集团，开展了以“提升售后服务利润、加强4S店团队建设”为主题的交流学习活动，围绕“如何更加有效地降低成本、如何通过汽车后市场寻找新的利润增长点、如何稳定扎实地做好经理人团队建设”等议题展开了深入探讨。8月1日，商会组织了赴贵阳交流考察活动。交流考察团一行考察了有“森林之城”美誉的贵阳车市，并就“如何提升三、四级汽车市场服务竞争力”进行了主题研讨。10月18日，商会组织了赴广西机电交流学习活动。30余名来自全国各地主流汽车经销集团的市场营销策划经理人聚焦在广西最大的汽车经销集团广西机电汽车现场观摩，并就如何持续提升销售业绩展开了广泛而深入的切磋和讨论。

三、加强组织建设，体现企业家共同办会主旨

为推进商会各项事业更好发展，2009年先后召开三次会长会议。2009年2月22日，商会一届四次会长会议在北京召开；3月27日，商会一届五次会长会议在山东青岛举行；8月15日，商会一届六次会长会议在北京举行。三次会议着重对商会如何实现可持续发展，以及全年各阶段工作要点进行规划布置。

四、连续举办营销案例评选，提升车商营销策划能力

商会继2007年、2008年连续两年举办“中国车商营销策划案例评选”后，2009年度评选于4～7月举办，面向全国近万家优秀汽车经销商征集营销案例评选，覆盖范围广，社会影响力大，得到了汽车生产厂家和行业内相关机构的大力支持。共收到全国20多个省、市、自治区车商报送的案例360多件，为历年之最。在组织该活动的过程中，商会本着服务会员的宗旨，本着提升行业营销素质的公益之心，将活动宣传和评选范围扩大到整个行业，既提高了广大车商的整体营销策划水平，推动汽车经销行业健康、持续的发展，又极大地提升了商会的业内影响力。该活动已经成为汽车经销行业全国性营销策划评选的一个品牌活动。

五、加强信息统计工作，服务好会员企业

根据全国工商联的要求，也为了进一步详细掌握会员企业的经营情况，商会自年初开始系统地对会员单位下属企业基本信息进行重新统计整理。2009年已统计60余家集团企业逾1800家下属企业信息，并及时将商会和各个信息传递到这些企业中。

六、做好会刊和商会官方网站，更好发挥对外宣传的窗口作用

2009年，商会会刊《中国车商》杂志和中国车商网在操作上更加规范和成熟，共创办会刊11期，能够在每月上旬准时寄达会员手中，同时在内容上进一步加大原创文章的比例，在排版上下大力气推陈出新，向专业的行业杂志看齐。在网站方面，做到每天定时、定量上传信息，及时准确地传递全国工商联的指示精神、商会信息和行业信息，同时展示了会员企业形象。随着会刊发行量和网站点击率的不断攀升，一网一刊正在成为商会不可或缺的传播渠道。

七、联合强势媒体，宣传行业优秀企业

在新浪汽车频道，与其联合推出《车市访谈》，针对行业热点问题，组织近20家全国优秀汽车经销企业老总发表个人观点和评述，纵论当前车市，展示了当代中国车商良好的精英形象，同时提升商会的行业知名度。

重要活动

2007年

到上海东昌学习先进的员工绩效考核管理办法

为满足会员企业“增进同行间学习与交流、互动与合作”的需求，2007年4月22日，在汽车商会秘书处组织下，由19家会员企业组成的观摩团来到上海东昌，并重点针对东昌汽车的“绩效考核管理方法、客户关系管理、二手车市场开拓、市场营销”经验进行交流学习。

东昌汽车成立于1999年，在上海率先建立“东昌汽车文化休闲一条街”4S集群的销售新模式，是上海通用、上海大众、一汽丰田、北京现代、长安福特、东风日产、一汽奥迪、雷克萨斯、广州本田、雪佛兰等十多个知名品牌代理商，连续六年销量以30%以上的增幅速度递增。

“东昌之行”共收到19个会员单位70人报名，成功地拉开了商会全年会员活动的序幕。

4月22日上午，会员代表们分别参观了东昌别克花木店、上海大众店、一汽丰田店、东昌雷克萨斯店，并就会员关心的问题与各店负责人展开了具体切磋与交流。下午，交流座谈会在东昌培训中心举行，会议由经销商商会秘书长王晓丹主持，东昌汽车人力资源部副主任徐隽、市场部张妮、市场营销副总监陈华、市场营销经理杨科分别做主题演讲，东昌汽车董事长王健就大家提出的热点问题，分别做以详细阐述。商会会长华星北方汽贸公司董事长李响特别到会“取经”，并对东昌汽车给予商会工作的大力支持，以及对同行的无私传授表示感谢。

到深圳深业探讨“阳光车友文化”

2007年6月23日，商会组织18家企业到深圳深业汽车参观学习，这是我们年内企业交流互访系列活动之一，不同的是这次观摩的重点是深业汽车的企业文化建设。一天下来，深业汽车朝气蓬勃的员工，尤其是平均年龄不到31岁的年轻总经理团队，所散发出的阳光般的真诚与活力感染着每一位参观者，也让我们产生很多的思考。企业的竞争说到底是企业文化的竞争，到底什么样的企业文化才是我们想要的？如何把企业文化这种无形的东西根植于企业有形的销售服务行为中？深业汽车给了我们一个很好的答案：注重和谐、责任、创新、培育、尊重，以科学的产权制度，形成团队战斗力，就会有强有力的企业凝聚力，就会有一个感召员工、感染客户的良好工作氛围。

到山东润华交流先进的市场营销策略

2007年8月25日上午，由全国工商联汽车经销商商会全程策划主办、山东润华集团全力协办的“2007汽车营销策划案例评选颁奖典礼暨汽车营销经理人沙龙联谊会”在风景如画的泉城山东济南隆重召开。全国工商联汽车经销商商会会长李响、秘书长王珊，济南润华集团总裁孙强，上海长昌集团董事长王健，浙江宝利德董事长余海军，以及其他来自全国各地的汽车营销精英共50余人参加了此次会议。

会议首先是由商会会长李响为获得单项奖的5家企业颁奖；接着是副会长王健、孙强为获得优秀奖的15家企业颁奖。颁奖典礼在热烈的气氛中把活动逐渐拉向高潮。第二个议程是由优秀的营销经理人作经验介绍。最后，润华集团总裁孙强作了关于《汽车营销业态及4S店的管理》的精彩演讲，孙总以自身在汽车销售行业内15年的经验积累，为在场的全体汽车销售营销职业经理人上了生动而精彩的一课，赢得了满堂掌声。、

到浙江物产元通学习大型集团内部管理结构的经验

2007年11月2~4日，由全国工商联汽车经销商商会主办、浙江物产元通集团承办的“2007年全国汽车经销商商会第二次会长办公会议”在秀丽清雅的杭州西湖畔的西子宾馆隆重拉开帷幕。全国工商联汽车经销商商会会长李响，浙江物产元通集团董事长隋剑光，《中国汽车报》社副社长辛宁等15位副会长领导，以及其公司高管人员等近30人出席了此次会议。

2007年11月上旬，组织会员企业到杭州物产元通汽车集团，重点学习其“大型汽车集团管理模式”

11月3日上午，全体与会代表在浙江物产元通隋董事长的陪同下，参观了物产元通AUTOBACS汽车用品店、雷克萨斯4S店。当日下午，在物产元通集团的元通大厦九楼会议室，召开了汽车流通企业“集团化发展研讨会”。会上，物产元通集团董事长隋剑光作的报告赢得了全体与会代表的阵阵掌声。

到成都三和汽车探讨双品牌文化

2007年11月16日，全国工商联汽车经销商

商会“成都三和集团经验交流会暨商会经理人沙龙联谊会”在成都三和汽车园成功举行。近30名经理人，在成都三和集团董事长黄小毛、总裁张德鹏的热情接待和陪同下，参观了三和英菲尼迪展厅、劳斯莱斯展厅等旗下公司。

参观期间，三和集团国际化的经营管理模式、完善的产业服务链以及专业化的员工职业素养，给代表们留下深刻印象。特别是在参观完三和十余个自主品牌项目后，这些来自全国各地、多年从事汽车服务的汽车营销精英，更是赞不绝口。

当天下午，商会第二次经理人沙龙联谊活动拉开序幕，三和集团总裁张德鹏及4位高级管理人员就“集团化管理、双品牌建设、集团经营差异化竞争以及人力资源管理”等问题与各位经理人展开了热烈、深入的交流与探讨。

2008年

主办“2008首届中国汽车经销商年会”

由全国工商联汽车经销商商会主办的汽车经销行业年度盛会——“2008首届中国汽车经销商年会”，于2008年1月20日在北京香格里拉大酒店隆重召开。

首届中国汽车经销商年会汇集了政府、汽车生产企业、学术、媒体等各界精英人士，以及国外相关组织、机构代表和全国各地百余家汽车经销企业家，以“中国汽车经销商的现在与未来”为主题，通过高峰演讲会、主题论坛会、酒会、新闻发布会等多种活动形式，探讨分析行业发展总体趋势，共谋和谐汽车发展之路，全面展现中国车商当代精英形象。

2008年1月20日，在北京香格里拉大酒店隆重召开“2008首届中国汽车经销商年会”

上海通用汽车副总经理孙晓东、长江商学院战略学教授滕斌圣博士、商务部研究院跨国公司研究中心主任王志乐、全国工商联并购公会会长王巍、美国美瀚公司代表马修、浙江物产元通集团董事长隋剑光、山东润华集团总裁孙强、成都三和汽车集团总裁张德鹏、北京众义达汽车集团董事长何连义等分别在年会上做主题演讲。

瞿怀明会长到商会走访调研

2008年3月10日，全国工商联直属会员商会会长瞿怀明、会员部部长刘红路一行四人来到商会，就商会组织建设、秘书处运作情况进行走访和调研。商会副会长北京众义达汽车集团董事长何连义、商会秘书长王晓丹围绕商会2007年开展的各项会员服务活动、秘书处团队建设以及2008年工作计划和目标等全国工商联领导关心的问题，做了认真详细的汇报。

瞿会长一行充分肯定了过去一年来商会开展的各项会员服务活动。尤其对商会组织的会员间多主题异地交流学习表示赞赏，对商会坚持企业家自主办会的一系列工作做法表示认同。同时就商会在地方组织建设中遇到的困难、秘书处员工劳动用工合同签订及社会保障问题等提出具体解决方案。

参与主办“2008首届重庆汽车文化节”

2008年3月28～30日，由全国工商联汽车经销商商会与重庆市工商联联合主办，重庆市工商联汽车商业商会、重庆汽博中心承办，重庆大渝网及重庆商报亲情打造的“2008首届重庆汽车文化节”在重庆汽博中心隆重举行。

本次文化节主要由汽车及相关产品展销、汽车文化活动和主题为“中国车商营销对策”的西部汽车论坛三部分活动内容构成。在汽车及相关产品展示部分设置了2008新车展、汽车装饰美容用品展、汽车养护用品展、汽车音响展、二手车展；在汽车文化活动部分安排了汽车模特大赛、老爷车鉴赏、“二战”军用吉普及设备展、汽车贴膜大赛、安全驾驶培训、汽车电影派对、二手车拍卖和二手车经营管理的培训等互动活动；在论坛部分，邀请了国内外在经销商自主品牌、经销商发展战略、二手车经营管理及汽车后市场方面做得比较强的实战专家来和重庆的汽车经销商共同分享经销商发展的成功经验，提升重庆市汽车经销的营销管理水平。

参加本次活动的汽车品牌一共有300多个，是重庆汽车市场有史以来规模最大、参展品牌最齐、活动内容最丰富、影响力最为深远的汽车文化活动。

商会代表团赴徐州润东集团参观学习

2008年5月24日，商会代表团一行来到徐州润东集团总部，受到润东集团董事长杨鹏及工作人员的热烈欢迎。杨鹏向来自全国各地的嘉宾致欢迎辞，并介绍了这些年来润东在大型汽车销售集团管理方面的成功经验；润东旗下广本4S店总经理王守徐专门介绍了广本店在业务运营，尤其是“企业标准和流程再塑”方面的先进措施，在与会代表中引起了强烈反响。

接下来，代表们在工作人员的引领下到润东集团旗下一汽丰田、广汽丰田店进行观摩。在观摩现场，代表们对润东集团独特、精细化的销售和服务有了更深刻的了解，纷纷表示润东的经验非常具有代表性，很值得借鉴学习。

润东集团是一家以汽车销售为主营业务的大型民营企业集团，先后荣获徐州十强民营企业、徐州市诚信单位、徐州市十大行业最受消费者欢迎单位、徐州市“重合同、守信用”单位等称号。2006年又荣膺“全国十佳汽车营销集团”，并成为全国工商联汽车经销商协会副会长单位。集团目前经营广州本田、东风日产、上海通用等21个汽车品牌，年销售收入逾20亿元，占有徐州中高档汽车市场70%以上的份额，同时营销服务网络已覆盖淮安、连云港、宿迁、淮北等区域。

参与主办2008“安徽国际汽车展览会”

2008“安徽国际汽车展览会”于9月30日~10月4日在安徽国际会展中心隆重举行。

本届车展由合肥市人民政府、安徽省经济委员会、安徽省工商业联合会（总商会）、全国工商联汽车经销商商会和中国汽车工业国际合作总公司主办，安徽省汽车行业商会、安徽省汽车记者协会、包河区人民政府和合肥佳德会展服务有限公司、中汽博览（北京）国际会展有限公司承办。

9月30日上午，2008“安徽国际汽车展览会”在安徽国际展览中心隆重开幕。安徽省人大、省政府、省政协、省工商联有关领导共同出席了开幕式。合肥市人民政府市长吴存荣在开幕式上发表了热情洋溢的讲话。全国工商联汽车经销商商会秘书长王晓丹出席开幕式并致辞。开幕式由合肥市人民政府常务副市长张晓麟主持。

本届车展适逢十一黄金周，几乎所有的厂商均在现场拿出了令人心动的参展方案。刺激的营销价格、精彩的试乘试驾、纷繁的系列活动，把车展搭建成一个观众看车、试车、购车的互动、宽泛的平台，成为广大市民和爱车一族在节日生活里的一道闪亮风景。

10月4日，2008中国安徽国际汽车展览会在人们的热情参与和充满新期待中完美落幕。

商会代表团赴美国考察交流

他山之石，可以攻玉。美国车市虽然因金融危机陷于困境，但依然是世界上最大的汽车市场，其积累的百年经验依然值得尚不成熟的中国汽车同行学习。

2008年10月中旬，全国工商联汽车经销商商会一行十余人，由会长带队，到美国进行了为期10天的商务考察，亲身感受了世界上最大的汽车市场的魅力，美国汽车经销商成熟的汽车销售模式、完善的售后服务系统、发达的二手车网络交易平台令大家受益匪浅。在华盛顿，拜访了拥有91年历史的全美汽车经销商商会（NADA），并与主要部门负责人进行了深入交流。NADA在维护行业利益、开展行业培训、为汽车经销商提供金融和法律援助等方面的经验，给中国同行留下了深刻印象。

2008年10月，由会长带队、18人组成的
商会商务考察团在美国进行了
为期10天的商务考察活动

主办“2008中国车商市场营销经理人联谊会”

2008年11月22日，由全国工商联汽车经销商商会主办，北京汽车流通协会和北京众义达商贸集团有限公司协办的“2008中国车商市场营销经理人联谊会”在京隆重举行。全国工商联直属会员商会会长瞿怀明，会员部部长刘红路莅临。商会副会长、北京众义达商贸集团董事长何连义，商会副会长、山西新发展汽车贸易集团董事长李润平，北京汽车流通协会秘书长吴刚、副秘书长李曼丽等领导，获奖企业和个人，商会会员代表等近百人参加了该联谊会。同期还举行了“2008年中国车商优秀营销策划案例”评选活动颁奖典礼。

会上，刘部长充分肯定了商会成立两年多以

2008 年 1 月 22 日，“2008 中国车商市场营销经理人联谊会”在京隆重召开

来为汽车经销行业做出的努力与成绩，并高度评价了本次联谊会。协办单位领导，北京众义达商贸集团董事长何连义、北京汽车流通协会秘书长吴刚先后致辞，欢迎全国的优秀汽车营销策划经理人与会。

联谊会进行了“2008 年中国车商优秀营销策划案例”颁奖仪式。该评选历时 3 个月，共有全国 21 个省、市、自治区三百多家汽车经销企业选送参评案例。评选设置最佳创意奖、最佳执行奖、最佳效果奖、优秀组织奖和优秀营销策划人等五大奖项，共有 40 家企业和 3 个个人荣膺大奖。瞿怀明会长和出席会议的领导，为获奖单位和个人颁奖，并合影留念。据了解，撷取评选部分优秀案例的汇编集《2008 年中国车商经典营销案例 48 例》同期装订成册。

重要文献

2008 年

关于“修订完善《汽车品牌销售管理办法》，促进汽车经销行业和谐健康发展”的提案

商会通过全国工商联向“两会”提交的提案

由国家商务部、发改委和工商总局联合颁发的《汽车品牌销售管理办法》（以下简称《办法》）实施已近三年，其强化流通领域管理、理顺汽车交易秩序、建立健康汽车市场环境的初衷是好的，但在实践中也暴露出了许多问题，导致现今汽车市场畸形发展。

主要问题有：

一、抑制汽车市场多元化发展，不符合市场经济多元化、竞争性的发展规律

《办法》规定汽车经销商销售汽车必须由生产厂授权，却没有授权相应实施细则，导致生产企业拥有高度的控制权，直接表现为：无一例外地在全国强行推行汽车品牌 4S 店模式（即融汽车销售、汽车维修、零配件供应、信息反馈为一体的专卖店形式）。这不仅抑制了处于成长期、有巨大潜力的二、三级汽车消费市场的发展，也抑制了便于消费者选车、购车的有形汽车市场和其他符合市场需要的经营业态的发展，完全不符合社会主义市场经济多元化、竞争性的发展规律。

二、强化了厂家的垄断地位，不利于建立平等的厂商合作关系

《办法》对厂家的责任和义务缺乏必要的监督和制约，对经销商的诉求和权益缺乏必要的维护和保障，导致经销商的建店规模及标准、服务范围、网络布局等发展命脉完全由厂家控制。巨额的建店费用，以及由此带来的巨大经营压力和风险，也全部由经销商自行承担，实质上也是把本应由市场来调控的自由竞争环境变成了由厂家审批认可的“准行政管理机制”。客观上强化了厂家的强势或垄断地位，使本来已处于弱势地位的经销商地位更加弱化，不利于建立平等的厂商合作关系。

三、盲目追求建店规模和标准，造成国家土地资源巨大浪费

汽车生产厂向经销商授权时，强制要求以规模化的 4S 店模式经营，建店奢华之风愈演愈烈。多数 4S 店要求不能超过两层，建筑容积率极低，目前全国有近 1 万个汽车品牌专卖店，每个 4S 店占地少则几千平方米，多则上万平方米，且只能服务于一个品牌，耗费了惊人的土地资源。尚有两万余家汽车经销商为获得厂家授权四处找地圈地，这完全有悖于国家建设节约型社会的号召。

四、经销商压力加大，消费者权益无法得到有效保障

《办法》规定，汽车质量保证和售后服务的责任完全由经销商来承担。事实上，大多数经销

商并不具备这个实力，特别是涉及重大质量事故、产品退换、重大索赔事件等，经销商往往在得不到厂家实际支持的情况下，只能采取推、拖、赖的办法，消费者的权益根本无法得到保障。4S店高昂的建店成本，经销商最终也通过销售或维修等环节转嫁到消费者身上，使得消费者利益无法得到保障。

《办法》推行以来，在关税大幅下降、配额取消的情况下，消费者购买进口车并又享受到市场开放、竞争升级带来的好处。相反国外汽车厂家更关注销量和赢利的增加，造成了维修服务滞后、配件供应不足、价格昂贵等现象，直接导致进口车价格居高不下。

五、不利于民族汽车产业和品牌发展，危害国民经济安全运营

《办法》对进口车授权经营条款缺乏可操作的细则，实际上把进口车的经营主导权交给了国外汽车厂商，使国外汽车厂商通过成立独资或控股销售公司作为进口汽车总经销商，从而在我国进口汽车市场获得了主导地位，通过并网销售等方式，轻而易举地控制了需要投入巨资打造的销售网络，客观上使外国汽车品牌在我国的地位更强，民族汽车厂家及经销商品牌地位更弱。

同时，《办法》规定的授权制度为一些进口汽车总经销商少缴关税、增值税和消费税提供了可能，总经销商和国外汽车厂商很容易构成一种公司内贸易（关联交易），将利润转向国外，国内经销商则沦为低附加值的劳动力。

《办法》强调建立统一汽车品牌识别形象，无疑使在我国占90%以上的国外汽车品牌销售网络得到免费宣传，而汽车经销商自身品牌形象却无法得到宣传，从而侵占了我国经销商的利益。

六、政府管理缺位，政府相关文件的权威性和严肃性无法保证

《办法》赋予了厂家高度控制权，等同于由厂家管理汽车流通市场，代替了政府的一部分职能，使政府管理缺位，把社会的汽车市场变成了厂家的汽车市场。

有些多年来一直奉公守法的经销商，由于没有得到厂家的品牌授权，合法商户一夜之间变成了非法商户。而在有些地方，还没有《办法》的操作细则，使品牌授权工作不能得到有效的落实，造成授权和没授权的经销商都在进行汽车销售，市场管理混乱，影响了政府文件的权威性和严肃性。

建议：

应把兼顾国家、企业、消费者等社会多方利益均衡发展放在首位，鼓励节约社会资源、建立有利于竞争和多元化发展的汽车销售体系，政府有关部门及行业商会、协会进行监督与评估，对现行的《汽车品牌销售管理办法》加以修订和完善。

建议一：拟定厂商授权经营合同书范本

汽车供应商授权汽车经销商从事其产品销售和服务活动的合同，应体现汽车供应商与签约汽车品牌经销商之间权利与义务对等原则。国务院商务主管部门和国家工商行政管理部门，以及汽车行业商会、协会应共同制定合同书范本，规范厂商经营行为，保护多方利益。

建议二：出台汽车品牌授权经营实施细则

国家应尽快出台《品牌授权经营实施细则》和《国家有关进口汽车管理细则》，对汽车供应商制定的汽车销售和服务的网络规划及标准，包括：经营规模、布局方案、建设进度、软硬件要求、服务标准、服务三包，以及企业并购和转产、经销商退出机制、压库行为等，做以具体限定。并授权汽车行业商、协会等专业机构，对汽车供应商和经销商的经营行为、网络规划、网点布局等进行调查、评估、监督，防止行业垄断行为。

建议三：打破4S店独有经营模式格局

政府应制定相关规定，鼓励汽车营销业态多元化发展，除品牌授权的4S店之外，应允许和支持汽车连锁经营、快修网络、汽车超市、汽车综合服务园区、多品牌维修等业态的建设和发展。

建议四：鼓励汽车供应商和汽车经销商的双品牌建设战略

政府应从保护消费者利益出发，鼓励汽车经销商采用各种手段，在汽车消费者群体当中建立汽车供应商和汽车供应商的双品牌忠诚度。

（2008年2月）

共谋和谐汽车生活

——在“2008首届中国汽车经销商年会”上的致辞（摘要）

全国工商联副主席　宋北杉

（2008年1月20日）

汽车经销商是一个新兴的，但是发展很快，

壮大很快的行业群体，在推动中国汽车产业发展和汽车消费方面，发挥着越来越突出的作用。也涌现出了一大批具有较高营销服务水准和雄厚经营实力的优秀企业，以及具有非凡人格魅力的优秀企业家。本次年会的召开，为大家搭建了一个相互交流学习的很好平台，应该说全国工商联汽车经销商商会，为广大汽车经销企业做了一件好事、一件实事。

汽车经销商95%以上是民营企业，全国工商联是非公有制经济和政府之间的桥梁和纽带，在前不久召开的全国工商联第十次会员代表大会上，贾庆林主席代表党中央在讲话中强调，加强发挥工商联在行业协会、商会改革发展中的积极作用。希望全国汽车经销商商会以此为契机，在未来服务全行业中，团结广大汽车经销商，更好地反映汽车经销商群体的声音，同时要加强行业自律，促进诚信经营，还要引导会员加强服务，遵守国家法律法规和有关政策，发挥好在生产企业和消费者之间的桥梁作用，更好地保护消费者和经销商的合法权益，努力促进汽车经销业的和谐发展和企业家们的健康成长。同时，也希望商会能够加强自身建设，多考虑更好地为会员服务，引导会员为消费者更好服务。在推动生产销售和消费之间的关系，理顺关系，推动政府对有关法律、法规的深化改革，健全法规方面，能够发挥更好的作用，同时也希望商会能够为发挥自身作用，拿出切实可行的，能够落实好职能的计划。

建设节约型品牌销售网络
——在“2008首届中国汽车经销商年会”上的致辞（摘要）

商务部市场体系建设司副司长　李文明

随着我国汽车产业消费的快速增长，汽车经销企业近年来得到较快发展，并将发挥越来越重要的作用，今天全国工商联汽车经销商商会在这里隆重举行“2008首届中国汽车经销商年会”，为大家搭建平台，共建交流经验、沟通信息，探讨汽车产业发展的有关问题，对推动我国汽车产业持续健康发展具有重要意义。

近年来，我国汽车市场需求容量不断扩大，巨大的潜在需求，已经开始转化为现实，2008年汽车产销量有望达到900多万辆，我国已成为汽车消费大国，汽车市场的快速发展，必将为汽车经销企业提供广阔的发挥空间，商务部作为汽车流通主管部门，非常重视汽车市场培育和发展，既注重按照社会主义市场经济规律发挥市场资源配置中的技术作用，又积极发挥政府职能作用，规范汽车市场秩序，建立和完善现代汽车市场体系。近年来，我们会同有关部门先后发布了《汽车贸易管理政策》、《汽车品牌销售管理办法》、《二手车流通管理办法》等一系列政策规定，开展了全国汽车市场秩序专项整治，对建立统一、开放、健康、竞争、有序的汽车流通市场，维护汽车消费者合法权益，推动我国汽车产业健康发展、扩大内需起到积极作用。同时我们也注意到，汽车流通领域在汽车经销商和供应商之间的不合谐；品牌销售店盲目追求奢华、浪费资源；二手车市场准入和经营行为不规范等突出问题，在一定程度上影响了汽车产业发展，针对上述问题，我们将在深入研究的基础上，抓紧会同有关部门，进一步制定完善的相关政策规定和标准，积极引导建立节约型汽车品牌销售网络，促进汽车供应商与经销商构建和谐共赢的合同关系，推动汽车经销产业健康、有序发展。

吹响汽车经销商赈灾集结号
——全国工商联汽车经销商商会抗震救灾倡议书

全国工商联汽车经销商商会各会员、理事单位：

5月12日下午，四川汶川发生了8.0级的强烈地震，大半个中国都有明显震感。对于大部分地区的百姓来说，一阵眩晕过后，我们的生活依然如常，可是四川、甘肃等地震重灾区的无数居民却在这一瞬间痛失亲人，甚至长眠于废墟之下。

截至5月13日晚，受难的同胞已经达到12012人，而且伤亡人数还可能继续增加。那些受灾的同胞正在经受身体和心理的巨大痛苦！那些仍然被埋在废墟里的同胞正等待我们伸出温暖的双手！

全国汽车经销商同仁们，此时此刻，让我们积极行动起来，向灾区伸出援助之手。不论是捐赠财物，还是诚心祈福，都是我们的心意。是安享太平的我们，为蒙受不幸的同胞献上的真挚爱心！

全国工商联汽车经销商商会现已开通向四川

地震灾区的捐赠通道，鉴于灾区交通运输渠道尚不畅通，目前以捐款为主。请各单位将款项汇至全国工商联，并将单位名称、汇款底单、单位联系人、联系电话传真至全国工商联汽车经销商商会。

全国工商联汽车经销商商会

2008 年 5 月 14 日

将抗震救灾进行到底

“5·12”四川汶川 8.0 级大地震发生后，社会各界都积极向灾区伸出援手，汽车行业也在第一时间行动起来。在全国工商联汽车经销商商会的倡议下，全国各地汽车经销商慷慨解囊，企业、员工积极捐款；集体献血，血库满了留下联系方式；企业组织志愿者，个人自愿请缨；提供车辆供抗震救灾指挥部调配，自费购买物资送达灾区……通过不同渠道、不同方式，向地震灾区捐款捐物，以表达对灾区人民的支援，在抗震救灾中发挥了非常重要的作用。据不完全统计，截至5 月 29 日汽车经销行业已累计向灾区捐款捐物逾 5000 万元。

商会各理事单位更是起带头表率作用，体现了主流车商在行业中应当起到的作用，大家不图名、不图利，只为将自己的爱心传递。

更加难能可贵的是，本身就处在灾区、在不同程度上遭受损失的川渝汽车经销商们，在抗震救灾方面一点没有落后，并且利用区位优势，第一时间冲到了最前线。成都三和、四川申蓉、四川置信·经典、重庆中汽西南、重庆百事达……他们都以不同方式在赈灾、灾后重建中贡献着力量。

成都三和，在震后第一时间捐款 70 万元。旗下各个品牌店都采取了捐款、献血、抽调车辆等赈灾行动。例如三和英菲尼迪店得知血库 AB 血型紧缺，5 月 15 日，三和英菲尼迪职员组织车队前往红十字会献血点进行集体献血。得知血库已满，职员们纷纷留下联系方式，“就让献给灾区同胞的血液在我的身上多存几天，他们什么时候需要，我们就什么时候贡献出来!”

四川申蓉集团董事长王常裕 5 月 15 日上午亲往捐赠点，代表公司向成都红十字基金会捐赠人民币 60 万元，用于灾后重建学校之用。并向1500 余名申蓉员工发出号召，倡议大家捐款捐物，为灾区献力；第二天，组织了超过百名员工的自愿者到血站献血；同时，公司紧急联系了抗灾指挥办，提供 5 台奇瑞厢式工作车，并另外组织了 20 台工作车随时接受指挥中心调配；立即宣布放弃精心准备了两个多月的 2008 全国拉力锦标赛（CRC）上海站比赛，并将车队维修区帐篷、雨伞第一时间直接送往了最需要帐篷的灾区。

5 月 13 日早晨 9:30，四川置信·经典高层召开紧急会议，确定 5 月 13 日、14 日、15 日，在成都市三环以内对所有求救车辆实施免费救援，要求公司职员全员待命，并马上组织集结了 150 余名维修人员组成应急小组，发挥自身的连锁网络优势，遍布全城的 35 家连锁店在近三天内 24 小时执守，并开通了 10 条 24 小时救援热线。

从 5 月 15 日开始，中汽西南集团下属公司的全体员工都自发为灾区捐款，他们都希望自己贡献的这点微薄的力量可以帮助到四川的受灾同胞。5 月 15 日通过红十字总会捐赠 50 万元；次日又通过重庆经开区慈善会为灾区追加 50 万元，并号召各 4S 店按照实际情况捐款捐物。截至目前的统计，中汽西南的员工捐款已达到80656 元。

重庆百事达从 5 月 13 日开始陆续派出数批车辆，供抗震救灾指挥部统一调配使用，并先后组织了四批义务志愿者赴灾区一线参与救援和重建。百事达方璐总监说，“最开始我们的做法是能贡献什么贡献什么，接下来我们车商应该更多结合行业和企业自身的特点，灾区需要什么我们尽可能提供什么，这样能够更有针对性地帮助灾区人民。”

大事记

2007 年

1 月，秘书处创建。

2 月，商会官方网站中国车商网投入运营。

3 月，商会会刊《中国车商》杂志创刊。

4 月，商会组织会员赴上海东昌汽车观摩交流。

4 月，商会主办“2007 年中国车商十佳雇主评选”和“2007年中国车商营销案例评选”活动。

6月，商会在北京国际饭店召开一届二次理事会。

6月，商会组织会员赴深圳深业汽车观摩交流。

8月，商会组织会员赴山东润华集团观摩交流。

9月，商会与合肥市政府联合主办“2007年安徽汽车展示交易会”。

11月，商会在杭州召开一届二次会长会议。

11月，商会组织大型汽车集团赴杭州物产元通观摩交流。

11月，商会组织会员赴成都三和观摩交流。

2008年

1月，商会主办“中国首届汽车经销商年会”。

2月，商会向全国工商联提交“关于修订完善《汽车品牌销售管理办法》，促进汽车经销行业和谐健康发展”的提案。

3月，商会与重庆市工商联联合主办“首届重庆汽车文化节”。

5月，商会在徐州召开一届三次会长会议，一届三次理事会议。

7月，商会主办“2008年中国车商十佳雇主评选”和“2008年中国车商营销策划案例评选”活动。

9月，参与主办2008“安徽国际汽车展览会”。

10月，商会美国考察团赴美国进行为期十天的商务考察，拜访了美国汽车经销商协会和美国独立汽车经销商协会。

11月，商会主办的“2008全国车商市场营销经理人联谊会”在北京隆重举行。

2009年

2月，商会召开一届四次会长会议（北京）。

3月，商会召开一届五次会长会议和一届一次会长办公会议（青岛）。

3月28日，商会组织会员代表到山东青岛福日汽车集团，开展了以“提升售后服务利润、加强4S店团队建设”为主题的交流学习活动。

4～7月，商会主办“2009年中国车商营销策划案例评选”。并将参选的获奖的优秀案例编辑成书《中国车商经典营销案例40例》在业内宣传推广。

6月13日，商会在安徽黄山主办“2009首届中国车商经济论坛”，围绕“中国汽车经销商的投资策略与安全”等议题，全面分析了中国宏观经济，深入探讨了车市现状与企业投资策略，在全国车商中产生很大影响。

8月1日，商会组织会员赴贵阳交流考察活动。并就“如何提升三、四级汽车市场服务竞争力”进行了主题研讨。

8月15日，召开商会一届六次会长会议。

10月18日，商会组织会员赴广西机电交流学习活动。在广西最大的汽车经销集团广西机电汽车现场观摩，并就如何持续提升销售业绩展开了广泛而深入的切磋和讨论。

全国工商联科技装备业商会

商会简介

工作综述

大事记

全国工商联科技装备业商会会标是由齿轮、五角星、橄榄枝和两个圆圈组合而成的。齿轮作为所有机械最基本的元件，既代表行业，也代表商会的每个企业；齿轮还象征着商会随着科技发展生生不息，永远前进。五角星代表军队，橄榄枝代表和平，两个圆圈将齿轮、五角星及橄榄枝紧紧地围绕在一起。其寓意为：在和平年代成立的科技装备业商会将在全国工商联的领导下，紧密联系会员企业，努力成为在科技装备行业中的领导组织。

商会简介

中华全国工商业联合会科技装备业商会（以下简称全国工商联科技装备业商会）是全国工商联领导下非营利性的行业商会及相关行业的会员组织，于 2007 年 2 月 8 日在北京人民大会堂正式成立。

全国工商联科技装备业商会的宗旨：高举邓小平理论伟大旗帜，遵循中国共产党的基本路线和纲领，遵守我国宪法、法律、法规和政策，遵守社会主义道德风尚，积极贯彻落实“军民结合、寓军于民”的方针；坚持会员办会、服务立会、诚信兴会，引导和教育会员爱国、敬业、诚信、守法、贡献，维护会员的合法权益，提高会员素质，为非公有制经济领域科技装备行业的规范与发展作出贡献。

会长、副会长、秘书长名单

会长

黄代放　泰豪集团有限公司董事长

副会长（按姓氏笔画排序）

王宝和　陕西省宝鸡专用汽车有限公司总经理

严望佳　北京启明星辰信息技术有限公司首席执行官

陈志列　深圳市研祥智能科技股份有限公司董事长

张　君　南京才华科技集团有限公司总裁

杨桂生　上海杰事杰新材料股份有限公司董事长

金景善　青岛金华工业集团有限公司总裁

郑　琛　大连淡宁实业发展有限公司董事长

赖国贵　浙江春风动力股份有限公司董事长

詹纯新　长沙中联重工科技发展股份有限公司董事长

简政荣　北京市环球电器设备有限公司总裁

会长

黄代放

副会长

王宝和

严望佳

陈志列

张　君

杨桂生

金景善

郑　琛

赖国贵

詹纯新

简政荣

秘书长：罗会炳

秘书长
罗会炳

联系方式：
电话：010－65261536
传真：010－65261537
地址：北京市丰台区六里桥北里莲香园小区16号楼108室
邮编：100161
网址：www.cst168.cn
邮箱：webmaster@cst168.cn

工作综述

2007年

商会于2007年2月8日成立以来，在全国工商联领导的关怀和总装备部、国防科工委等有关部门的指导下，按照全国工商联直属行业商会工作会议精神和对行业商会工作提出的指导意见，以及商会会长会议的具体要求，以加强自身建设、开展会员服务、推动商会发展为重点开展了商会的工作。

一、开展专项调研

1. 2007年4~6月，商会秘书处协助全国工商联经济部“民营企业进入军品市场条件研究”课题组在北京、上海、陕西等地进行了7次实地调研，涉及近50家民营企业。在调研过程中，课题组详细了解了会员单位和相关企业科研和生产能力的实际情况，并认真听取了会员单位和相关企业的具体意见和建议。目前该课题已结题，并已形成专门报告。

2. 2007年12月，配合总装备部全军装备采购管理专家咨询组就“非公有制企业参与装备科研生产竞争管理及对策”在北京组织了两次专题座谈会，共有12家北京地区会员单位参加。大家就民企参与装备建设的可行性、民企参与军品科研生产的现状以及政策制度障碍、军方对鼓励民企参与竞争应采取哪些特殊措施、民企承担军品任务的管理有何其他意见和建议等问题进行了深入的探讨。通过座谈，使专家咨询组对非公企业的情况有了更深的了解，而且也有效增进了商会和军方之间的联系。

3. 2007年秘书处共完成了10家会长单位、6家理事单位、12家会员单位的实地走访工作。并组织多次座谈会，利用商会快讯、网站等方式积极为会员单位互通信息，提供合作的机会。

通过相关的调研，商会收集了不少民企参与军品过程中碰到的实际困难情况，诸如靠自身打开市场后所面临的融资难问题、对军品采购信息的不固定获取性问题、对科研项目的总体需求了解不够问题、作为配套厂家在军品免税政策的享受上还存在阻碍等。这些在商会的快讯、课题组的报告和各类汇报材料上均有反映，同时，商会也借座谈会、培训学习等各种机会，将这些情况向总装备部和国防科工委等相关部门进行了汇报，充分发挥了商会的联系作用。

二、开展专项培训学习

2007年9月20~21日，由全国工商联经济部和科技装备业商会共同主办的“非公有制经济参与国防科技工业建设政策解读学习会”在北京国谊宾馆举行。本次学习会邀请了国防科工委政策法规司、经济协调司、综合计划司和体制改革司的领导分别就近期出台的《非公有制经济参与国防科技工业建设的指导意见》、《武器装备科研生产许可办理程序和实施办法》、《武器装备科研生产协作配套管理办法》、《关于非国有企业军工项目投资管理有关问题的意见》、《深化国防科技工业投资体制改革的若干意见》、《关于推进军工企业股份制改造的指导意见》等相关政策进行了详细解读。

在为期一天半的学习期间，共有来自全国十多个地区的40余家企业代表参加，学习会得到了参会代表的一致好评，认为在学习会上较为全面地了解了各项政策，对企业更好地参与国防建设将发挥指导作用，而且也使会员单位有了和主管部门的主管领导直接交流的机会，希望今后商会能多举办类似活动。

三、发挥政府助手作用

商会成立之初就积极联络有关政府部门，建立了与国防科工委经济协调司、总装综合计划部、信息产业部军工电子局等有关政府部门的沟通渠道。目前通过商会的平台，不仅能在第一时间获取国家相关政策信息、行业动态，而且还能为代表非公领域的高科技企业向有关主管部门直接反映实际需求。先后就《中华人民共和国节约能源法（修订草案）》、《国防科技工业社会投资项目核准和备案管理暂行办法（征求意见稿）》等多个相关法律法规等，进行了认真研究，并提出了商会的意见，充分发挥了商会的助手作用。

四、发展会员

在和军方的交流过程中，对于发展会员的工作，其要求商会应在切实了解企业的基础上，发展优质会员，不盲目追求数量上的壮大。据此原则，商会现已发展会员93家。

五、主要会员单位及负责人成绩斐然

在2007年里，相关会员单位在各自的领域努力拼搏，均取得了可喜业绩，销售收入达300多亿元，其中较为突出的有：

会长黄代放作为非公经济领域的杰出代表，在8月24~25日召开的江西省工商业联合会第九次会员代表大会上，全票当选为江西省工商联主席。

泰豪公司成功获批国家级电站动员中心并入选国家创新型试点企业，其智能化和应急备用电源系统全面参与奥运工程。

北京启明星辰信息技术有限公司作为国内信息安全的领军企业，注重科技创新，并获“自主创新十大影响力品牌”大奖及2006~2007年中国IT市场IDS、UTM类两项最高奖项。副会长严望佳女士荣获“北京市十大杰出青年”称号。

研祥智能入选国家级创新型试点企业，并荣获福布斯“中国最具潜力企业榜”。副会长陈志列先生高举“中国制造”大旗，荣获2007“CCTV中国经济年度人物年度创新奖”。

上海杰事杰新材料股份有限公司不断扩大产业发展，在合肥成立新基地，成为上海市知识产权示范企业，并荣获2007年度民营科技发展贡献奖。副会长杨桂生先生荣获“优秀民营科技企业家”称号。

青岛金华集团荣获“中国十佳汽保设备制造商”称号及中国汽车维修与保养行业“十大企业”之榜首，并着力开拓国际市场。副会长金景善获中国汽车维修与保养行业“十大风云人物”之榜首。

六、商会自身建设和管理

1. 完成了商会组织机构代码证注册、银行开户、税务登记证的办理。建立了商会的人事管理、财务管理、行政管理以及档案管理等制度。

2. 按照章程规定，组织召开了相应的各级会议，尤其是各会长单位对商会的工作极为关心，利用各种碰面的机会，或以开会或以通信方式举行了二次会长会议，认真而详细地布置好商会成立第一年的各项任务。

3. 为今后能更好地开展服务，商会秘书处全体人员参加了由北京楚星融智咨询有限公司主办的军工企业技术创新体系建设的培训。

七、信息平台建设

1. 完成商会网站的建设。2007年6月商会网站正式开通，网址：www. cst168. cn。

2. 完成商会刊物《商会快讯》的创立。2007年6月商会快讯第一期印发，截至2007年底共印发4期，并专门印发了《商会成立特刊》，将商会的动态随时展现在会员及相关主管部门面前。

3. 信息沟通渠道不断完善，会员单位基本都确定了相关人员作为联系人与商会进行日常联系，以商会为载体，扩大了会员单位的宣传影响，增强了军方对会员单位的了解，起到了很好的沟通作用。

4. 商会工作得到了全国工商联主要领导人以及相关部门，尤其是会员部在商会成立和开展自身建设等工作上的大力指导和帮助，在开展军民融合调研活动得到经济部、总装综合计划部、国防科工委相关部门的大力支持，借此表示衷心感谢！

2008年

全国工商联科技装备业商会在全国工商联和黄代放会长的领导下，认真贯彻全国工商联的各项政策、文件精神，秘书处认真履行职责，开展商会日常工作。广大会员企业在做好自己企业经营活动的同时，积极参与政府的重大活动，如年初的雪灾、“5·12”四川汶川特大地震救灾、奥运会保障、光彩事业等，取得物质文明和精神文明双丰收。

一、商会发展良好

科技装备业商会在全国工商联、总装备部、国防科工局领导关心支持下已经走过了近2年的发展历程。商会各会员企业怀着一颗为国防建设出力的赤胆忠心，积极参与国防装备建设，在各自的战线为部队提供先进的配套装备，总体发展状况是“三多”、“三好”。

“三多”：参与国防装备配套的民营企业越来越多；参与国防装备建设的民间资金越来越多；会员企业有竞争力的高新技术产品越来越多。

“三好”：会员企业参与装备配套的产品越来越好；“参军”企业对军方用户的服务质量越来越好；军方对民营企业的看法越来越好。

目前商会会员参与国防装备配套的产品就达数十亿元。越来越多的有志参与国防建设的民间企业要求加入科技装备业商会，2008年增加了20多家新会员，至2008年12月底共有会员企业98家。

二、企业家积极、主动参与国家重大活动，积极参政议政，提高了知名度

2008年，国家经历了南方大雪灾、汶川大地震、夏季奥林匹克运动会等大事件。在这些大是大非面前，全国工商联科技装备业商会秘书处遵照会长的指示，利用商会网站、电话、传真等多种方式号召会员迅速行动，积极参与国家抗震救灾大行动，有钱出钱，有物出物，有的还组织突击队上地震灾区服务。据不完全统计，捐献钱物达3500多万元。为保障奥运会顺利进行，商会多家会员单位派出精兵强将为奥运场馆保驾，受到奥组委表彰。不少会员单位积极参与社会公益活动，受到人民群众称赞。许多企业成为当地明星企业，老总成为知名企业家，不少企业家进入各级政府领导班子。

商会会长泰豪集团董事长黄代放2008年3月当选为第十三届全国政协常委。

商会副会长上海杰事杰新材料有限公司董事长杨桂生被评为“全国十大杰出青年”。

商会副会长单位中联重科被授予“全国抗震救灾英雄集体”荣誉称号。

商会副会长单位启明星辰信息技术有限公司在奥运信息安全保障工作中作出突出贡献，被评选为“奥运政务网络与信息安全优秀服务单位”。

商会副会长陈志列领导的研祥集团在北京举行的第二届“哈佛《商业评论》管理行动奖”评选活动中，赢得了管理金奖。

民营企业在改革开放的大环境中诞生、发展、壮大，造就了一大批优秀的企业家，上面列举的几位是科技装备业商会会员积极参与重大活动、参政议政的代表。

三、积极参加全国工商联相关学习培训，不断完善商会规范化管理

1. 2008年商会秘书处和部分会员积极参加全国工商联会员部、经济部、法律部、政策研究室等部门主办的各种学习活动，如“企业风险管理培训班”、“关于提案工作的培训”，使参加培训的人员了解了新政策，增长了新知识，提高了综合能力，指导商会工作顺利开展。

2. 完善规范管理，重大事件或及时向全国工商联相关主管部门请示汇报，或及时召开会长会议协商讨论。2008年以不同的方式开了四次会长会议，一次会员大会。平时秘书处通过多种方式听取（收集）会员们对商会的意见和建议，及时向会长汇报并积极落实好各项意见和建议，受到会员好评。

3. 商会成立时间不长，会员不多，会费收入有限，为了节省开支，又方便与军方机关联系，由会长单位提供办公场所，会长会议同意将商会秘书处迁址到六里桥北里莲香园办公，2008年给商会节省了近十万的房租费开支，黄会长的支持得到会员们的赞赏。

四、组织编辑出版《军民两用高新技术企业及产品推荐目录》

为了较全面地反映科技装备业商会会员现有的高新技术与相关产品，便于军方科研、设计、物资采购部门及时了解企业的产品，入选军方装备配套，在总装备部相关部门的大力支持下，科技装备业商会与全国工商联经济部合作，组织编辑出版一本《军民两用高新技术企业及产品推荐目录》，全国有192家民营企业分别向商会和全国工商联经济部科技处交来了相关资料，商会秘书处承担了所收集材料的编辑、整理。

2008年12月，配合全国工商联经济部工作，组织了“全国工商联军民融合发展研究专家组”的评审活动，对192家企业上报材料进行了认真严格的评审、筛选。确认66家企业与相关技术产品编入第一期《军民两用高新技术企业与产品推荐目录》，即将出版。为民营高新技术产品进入国防装备建设领域探索了一条较为合适的希望之路，受到有志为国防建设出力的民营企业热列欢迎。

五、积极向政府相关部门反映会员面临的困难

通过调查了解，商会会员面临的主要困难表现在：

1. 在国防装备配套产品上做到亿元规模的不多；

2. 好项目很难得到国家资金扶持（在科研投入上远不及国家对国有军工企业的投资）；

3. 国有军工集团通过重组，力量越来越雄厚，民营军工企业多为散兵作战，游击战术，充当的多为小配角；

4. 民营军工企业拿到的几个配套科研项目也多为难啃的“硬骨头”；

5. 技术上有竞争力的企业因规模小，融资非常困难，好技术难形成大产业；

6. 承担了装备配套任务的民营企业在享受相关税收政策上受到不公正待遇。

商会就上述问题及时向政府相关部门反映，要解决这些困难还得依靠政府政策的支持，依靠全国工商联领导的关心，依靠民营企业自身定位的调整。

六、积极“学习实践科学发展观”，树立“创新意识”，寻求走出困境之路

在2008年11月1日召开的商会会员大会上，会长要求大家：

1. 要积极参加各种形式的“学习实践科学发展观”活动，用发展的眼光看待当前民营军工企业面临的困难。困难可以锻炼意志，可以激活思维。

2. 要用科学的手段充分利用现有的好政策，如国发〔2005〕3号文件《国务院关于支持和引导个体私营等非公有制经济发展的若干意见》、国防科工委出台的《关于非公有制经济参与国防科技工业建设的指导意见》及其配套规则。

3. 要在实践中充分发挥自身的优势，如机制灵活、决策快、办事效率高、效益好等。

4. 要在战术上稳打稳扎，以蚂蚁啃骨头的精神一个一个攻坚。

5. 要在战略上形成团队，加强各种形式的合作或主业的融合，形成合力去争取更大的装备配套任务。

6. 要树立“创新意识”，创新有三层含义：第一，更新；第二，创造新的东西；第三，改变。要思维“创新”、方法“创新”，通过创新求同存异，通过创新形成一个有竞争力、有战斗力的团队。

2009年

黄孟复主席在全国工商联十届三次执委会议上的工作报告中指出，2009年是新世纪以来我国经济发展最为困难的一年。面对国际金融危机的严重冲击和国内经济形势的复杂状况，党中央和国务院及时出台了一系列强有力的正确的政策措施，经过举国上下的共同努力，有效遏制了经济长期明显下滑的势头，率先实现经济形势总体企稳回升向好，取得了令世界瞩目的伟大成就。

一年来，全国工商联科技装备业商会在黄代放会长的领导下，按照科学发展观的要求，遵循“军民结合、寓军于民”的方针，密切结合会员企业参与国防装备建设的现实问题，配合全国工商联经济部深入民营企业开展调查研究，秘书处认真履行职责，积极为会员企业牵线搭桥，给会员企业提供比往年更实际、更有效的服务，不断取得新的成效，商会的影响力进一步扩大。

一、开展专项调查研究

2009年，参与装备配套的民营企业普遍遇到装备配套任务萎缩的问题，有的被国有大集团行业垄断，有的企业融资困难，不少企业在国防装备配套的夹逢中求生存。也有不少民营高科技企业“参军”欲望强烈，有能力在国防装备配套方面提供产品，因对进入国防装备产业的相关政策法规不太清楚，不知如何进去。针对这种状况，商会配合全国工商联经济部组成了以全国工商联军民融合发展研究专家组组长为首的“民营企业进入国防科技工业领域情况调研组”，选择了湖南、河北两个省份，对相关情况进行了调研。在两地与25家当地有实力的民营企业进行了面对面交流，宣讲相关政策，还到部分企业生产现场考察。商会看到了民营企业家参与国防科技工业建设的热情、企业的竞争实力，了解了民营企业的需求与愿望。这次活动得到地方工商联经济部门的支持和民营企业家的积极参与，企业非常欢迎全国工商联军民融合发展调研组多下基层，组织相关政策法规培训，指导民营企业早日进入国防科技工业领域，为国防建设作贡献。这次调研活动形成的《关于湖南、河北两省民营企业进入国防科技工业领域情况的调研报告》已上报至国家相关部委。

二、积极参政议政、发挥政府部门的助手作用

2009年，全国工商联、工信部、总装相关部门给科技装备业商会参政议政提供了不少机会，秘书处把这些活动看成及时了解重大政策、直接反映民情的好机会，每次都积极参与，商会秘书处根据活动的相应要求，采取召开座谈会、传真、电话等多种方式，认真组织，宣传意义，广泛听取会员企业的意见。先后收集各种意见建议共96条，其中对《武器装备采购供应法》提出了44条修改意见，会员企业的这些意见、建议，都分门别类按时上报至全国工商联相关部门或政府、军方相关部门，充分发挥了商会的助手作用。

三、《军民两用高新技术企业与产品推荐目录》第一册出版发行

2008年12月，全国工商联军民融合发展研究专家组评审确认66家企业与相关技术产品，编入第一册《军民两用高新技术企业与产品推荐目录》。2009年一季度按专家评审组意见，对推荐企业分类，制作正式电子文档，二季度交1206印刷厂排版、印刷。在总装有关部门的大力支持下，第一册《军民两用高新技术企业与产品推荐目录》已发至部队装备采购部门，成为装备竞争性采购参考资料。这一举措为企业高新技术产品宣传推介提供了一条快捷的重要渠道，深受会员企业的欢迎。

《军民两用高新技术企业与产品推荐目录》的继续编辑出版已列为商会每年重要工作任务之一，在全国工商联经济部支持下，《军民两用高新技术企业与产品推荐目录》第二册的基本素材征稿工作已经顺利展开，企业参加踊跃。它作为一种向国防装备配套单位宣传推广民营企业新技术、新产品的重要方式，被越来越多的民营企业认可。

四、为会员企业开展专项培训、参展等多种形式的服务

商会根据会员企业的需求，举办了一期装备市场准入相关政策学习班，分别邀请总装装备资格认证中心、国防科工局军品配套与监管司、国军标质量管理体系认证咨询部门的专家讲授相关法律、法规、程序、制度等知识，答疑解惑，参加培训的企业来自全国各地，收到预期效果。

商会组织会员参加招商引资洽谈会、“中美商会合作发展论坛”、“中国河北国防民用科技成果展示洽谈会”等活动，免费为会员提供参展服务。这些服务活动得到会员企业的一致好评。

五、开展商会法人登记相关工作

商会秘书处遵照黄会长和全国工商联会员部领导的指示，按照商会法人登记会议要求，就商会法人登记征求行业主管部门意见事宜，先后向工信部国防科工局、人教司、工信部军民结合推进司、人教司等相关领导、相关处室主办人员进行了多次汇报与交流，争取早日完成法人登记工作。

大事记

2007年

2月28日，中华全国工商业联合会科技装备业商会在北京成立，并召开第一次会长会议及全体会员大会。

3～5月，根据全国工商联经济部安排秘书处在北京和上海进行调研。

3～5月，商会秘书处完成商会注册登记等自身建设工作。

4月23日，参加中国保护知识产权高层论坛。

4月28日，召开一届二次会长会议。

6月，和全国工商联经济部赴陕西调研。

6月19日，随同全国工商联经济部参加中国和平利用军工技术协会主办的论坛。

7月，与江西省国防科工办进行交流，赴山东济南调研。

9月20～21日，在国防科工委的大力支持下，商会和全国工商联经济部联合主办了《非公有制经济参与国防科技工业建设政策》解读学习会。

10月，走访副会长单位及部分理事单位。

10月30日，参加科工委主办的军工发展研讨会——基金与军工发展。

12月，参加全国工商联国家科技进步奖的申报。

12月，商会秘书处协同全军装备采购管理专家咨询组就民营企业进入军品市场问题开展调研。

2008年

3月13日，黄代放会长当选为第十三届全国政协常委。

3月，召开了一届三次会长会议。

3月，组织会员企业参加山东省梁山县招商会。

4～11月，收集《军民两用高新技术企业及产品推荐目录》材料。

5月15日，商会办公场所迁至新址。

5月16日，参加全国工商联抗震救灾会议及捐款仪式。

6月5日，参加全国工商联、中纪委组织的座谈会。

6月12日，参加创新政策与知识产权管理的培训。

6月30日，参加全国工商联关于灾后重建的座谈会。

7月14日，参加全国工商联经济部、法律部组织的企业风险管理培训班。

8月6日，参加全国工商联秘书长会议。

8月，会长单位泰豪集团、副会长单位启明星辰圆满完成奥运设备的运行保障任务，受到国家奥组委表彰。

9月1日，走访国防科技工业局军品配套监管司配套科研处、监管处。

9月22日，参加2009年全国工商联提案工作培训。

11月2日，在北京铁道大厦召开2008年度商会会员代表大会及一届四次会长会议，全国工商联黄孟复主席和总装综合计划部首长莅临大会并发表重要讲话。

11月13日，参加"军民结合创新发展高层论坛暨中国军民两用技术成果推广交易会"。

11月20日，参加全国工商联2009年科技进步奖评选工作培训班，组织会员积极参加申报活动。

11月26日，参加和平利用军工协会组织的军民结合实践与发展论坛。

12月24～25日，在总装天竺苑宾馆举办《军民两用高新技术企业及产品推荐目录》专家评审活动，66家企业及产品入选。

2009年

3月23日，参加总装、财政部相关部门召开的装备产品税收座谈会。

5月9日，参与《中华人民共和国国防动员法（草案）》征求意见活动。

5月11日，配合全国工商联办公厅就2008年下半年国际金融危机下民营企业现状、面临困难和国家、地方促进就业优惠政策的落实情况，以及保就业、促增长的建议等方面的调查。

5月21日，配合全国工商联开展民营企业参与光彩事业统计调查。

6月25日，配合全国工商联开展第三届"优秀中国特色社会主义事业建设者"表彰活动的申报。

8月5日，商会作为民营军工企业的代表，参加总装备部召开的全军《关于加强竞争性装备采购工作的意见》宣贯会。

8月10日，参与《武器装备采购供应法》征求意见活动。

8月28日，召开会长会议传达总装《关于加强竞争性装备采购工作的意见》宣贯会精神；传达全国工商联行业商会法人登记专题学习班会议精神，全书记、宋副主席、民政部姜副部长重要讲话。

10月11日，配合全国工商联经济部起草有关民营军工产品享受相关政策待遇方面的提案。

10月22日，商会陪同军民融合发展研究专家组赴湖南调研，并参加“国内外百家商会长沙行”活动。

11月2日，商会陪同军民融合发展研究专家组赴河北调研，并组织会员企业组团参加“中国河北国防民用科技成果展示洽谈会”。

11月6日，黄代放会长荣获“优秀中国特色社会主义事业建设者”荣誉称号，获贾庆林主席亲手颁奖。

12月24日，参与国家《关于鼓励和促进民间投资健康发展的若干意见》征求意见活动。

CECC

环境商会

China Environment Chamber of Commerce

全国工商联环境服务业商会

CECC是环境服务业商会英文名称“China Environment Chamber of Commerce”的首字母缩写，体现出本商会的国际化。图片由下至上绿色渐进为蓝色，增加了美感，同时也体现出本商会的环保理念，塑造出青草绿地、碧海蓝天的美丽世界。

商会简介

中华全国工商业联合会环境服务业商会（简称环境商会）是在全国工商联领导下的非营利性的会员组织。环境商会致力于推动中国环境服务业及相关行业的发展和管理，所涉及的业务包括供水、污水处理、垃圾及固废处理、大气污染治理、循环经济、低碳经济等领域。

环境商会于 2007 年 6 月 12 日正式成立，由桑德环境集团、首创股份、金州环境集团、威立雅水务、中法水务等国内知名的环境公司和全球领先的水务企业发起成立。目前，环境商会拥有 80 多家会员企业，覆盖了项目投资、项目运营、工程建设、设备供应、咨询服务整个产业链。

环境商会致力为会员企业提供一个平台，通过这个平台，会员企业可以分享知识和经验，讨论主要技术和政策问题。另一方面，环境商会利用这个平台引领会员企业为社会作出更大贡献。同时，环境商会帮助会员企业维护权益和利益，促进企业的文化交流，提升企业业绩，为树立中国环境产业的标准和推动产业发展作出贡献。

针对中国环境产业的热点问题，环境商会开展专项政策和战略研究，向相关政府部门提供建设性意见。环境商会已经与国家发改委、财政部、环保部、住建部、水利部、商务部、工信部等主要政府部门建立起紧密联系。

环境商会怀着开放的心态，愿意与任何致力于推动中国环境产业发展的企业和机构开展广泛合作。

第二届会长、副会长、秘书长名单

名誉会长

曲格平　中华环保基金会理事长

毛如柏　全国人大环境与资源保护委员会原主任委员

陈吉宁　清华大学常务副校长

名誉会长

曲格平

毛如柏

陈吉宁

会长

潘文堂

荣誉会长

文一波

副会长

蒋　超

黄晓军

孙明华

傅　涛

会长

潘文堂　北京首创股份有限公司董事、总经理

荣誉会长

文一波　北京桑德环保集团有限公司董事长兼总裁

副会长

蒋　超　金州环境集团股份有限公司总裁

黄晓军　威立雅水务中国区副总裁

孙明华　中法水务投资有限公司执行副总裁

傅　涛　中国水网顾问总编、清华大学水业政策研究中心主任

黄卫华　中环保水务投资有限公司总经理

顾启峰　天津创业环保集团股份有限公司总经理

胡晓勇　北控水务集团有限公司执行董事兼总裁

戴日成　同方股份有限公司水务工程公司总经理

刘德冰　中国通用技术咨询顾问有限责任公司董事长

刘正洪　中国水务投资有限公司总经理

金　坚　北京中科通用能源环保有限责任公司总经理

贾　康　财政部财政科学研究所所长

刘俊杰　多元环球水务有限公司总经理

秘书长

骆建华　中国环境科学学会理事、中国环境保护基金会理事

黄卫华

顾启峰

胡晓勇

戴日成

刘德冰

刘正洪

金　坚

贾　康

刘俊杰

秘书长：骆建华

附：

第一届会长、副会长、秘书长名单

名誉会长

曲格平　中华环保基金会理事长

陈吉宁　清华大学常务副校长

会长

文一波　北京桑德环保集团有限公司董事长兼总裁

副会长

潘文堂　北京首创股份有限公司董事、总经理

蒋　超　金州环境集团股份有限公司总裁

黄晓军　威立雅水务中国区副总裁

孙明华　中法水务投资有限公司执行副总裁

傅　涛　中国水网顾问总编、清华大学水业政策研究中心主任

黄卫华　中环保水务投资有限公司总经理

顾启峰　天津创业环保集团股份有限公司总经理

胡晓勇　北控水务集团有限公司执行董事兼总裁
戴日成　同方股份有限公司水务工程公司总经理
刘德冰　中国通用技术咨询顾问有限责任公司董事长

秘书长
傅　涛（兼）

联系方式：
电话：010－84640865、84640245
传真：010－84649343
地址：北京市朝阳区育慧南路1号中日友好环境保护中心A栋1104
邮编：100029
网址：www.cecc－china.org

工作综述

2007年

商会自2007年6月12日成立以来，根据全国工商联对直属行业商会的指导精神和工作要求，坚持"自律、维权、议政、共赢"原则，在各位会长、副会长、常务理事、理事和会员的大力支持下，结合行业特点，主要开展了秘书处建设、宣传平台搭建、参政议政、国际合作、行业自律、权益维护等工作。目前，这些工作已经取得初步进展，为今后的发展奠定了良好的基础。

一、完善组织内部建设，搭建商会服务平台

商会成立伊始，为力求会员组织系统的完善，完成了组织机构代码证、银行开户、税务登记证等相关手续的办理，完善了商会组织架构；商会秘书处建立并健全了各项管理制度，以优化组织的自身建设。"没有规矩，不成方圆"，商会现已制定了行政管理、人事管理、财务管理、会员管理等各项管理制度，确保了商会各项组织管理工作有章可循，有力地保证商会各项工作的开展，为商会工作的正规化和制度化建设打好基础。

目前商会秘书处下设5个部门，分别为信息部、综合部、国际合作部、政策研究部和自律维权部：现有专职工作人员10人，绝大多数为本科以上学历。其中博士学历2人，硕士学历3人，本科学历4人，专科1人，平均年龄34岁，是一支既有丰富工作经验又充满活力和凝聚力的年轻团队。

会员服务是商会发展的根基，商会秘书处全体工作人员以做实服务、做好服务和创新服务为商会工作的立脚点和着眼点。为了切实做好会员服务工作，商会秘书处在成立初期，于8月对在京会员企业进行了"面对面"的走访交流。此次活动不仅让秘书处工作人员对会员企业以及行业的发展情况有了进一步的了解；同时，会员单位也为商会秘书处的工作及服务提出了宝贵意见和建议。

二、通过媒体与信息平台，搭建与会员沟通的渠道

信息的及时沟通是信息时代的重要特征之一，而媒体、网络、杂志等渠道是公众信息沟通的重要媒介。商会利用自身良好的信息渠道，通过搭建"媒体＋网络＋平面"三位一体的信息平台，及时、准确地向行业及会员单位发布信息。

为了增强商会与会员的联系，形成良好的会员管理机制，商会创建了会员管理信息系统，记录并建立会员服务信息数据库。通过数据信息的查询，商会工作人员能够随时查询会员企业的资料、近期动态、需求、存在问题和工作建议等，加深商会工作人员对会员企业的了解，从而增强商会对会员服务的针对性和有效性。

2007年8月，商会网站（www.cesia.org）正式开通，根据商会的主要工作内容，页面分设了商会介绍、商会动态、建言献策、会员服务、自律维权、商会分会以及商会在线问答等栏目，及时而准确地对外发布会员及商会各项工作进展等。

《环境商会资讯》（半月刊）是商会为全体会员提供的电子期刊，秘书处每半个月对商会的工作内容和动态进行汇总，并通过电子期刊的形式提供给所有会员，以保证会员及时了解商会工作情况。

内刊是商会与会员、全国工商联、兄弟商会以及其他有关组织部门进行信息沟通的重要渠道。9月24日上午，商会召开“环境商会会员通讯《境界》试刊暨环境商会信息座谈会”，就环境商会内刊成立编委会达成共识，并对人员组成和工作内容提出了建议。《境界》是环境商会内刊试刊，内容以资讯类信息为主，包括商会报告、商会动态、总裁一席谈、专家访谈、会员信息、企业之窗、媒体看商会、政策前沿等栏目构成，目前《境界》已发送3期。

此外，为了增进媒体对环境服务行业的认识和了解，同时促进会员单位与媒体的交流，商会成立之后充分发挥自身优势，与数十家媒体建立了广泛的联系。12月15日，商会举办了首次“媒体沙龙”活动，共邀请综合类、经济类、环保类及科教类等十余家媒体参与，取得了良好的效果。

三、参政议政，向政府建言献策

参政议政、建言献策是全国工商联的重点工作之一，环境商会结合环境服务业的行业特点，一直将参政议政、建言献策作为秘书处工作重点，以充分发挥商会在企业和政府之间的桥梁作用。2007年，商会除积极与相关各部委保持沟通和联系以外，还积极参与全国工商联“两会”提案工作。目前，商会已经完成的政策研究工作如下：

6月，商会与原国家环保总局举行座谈，为国务院印发的《节能减排综合性工作方案》的落实工作建言献策。这是商会首次参与国家重大政策制定的座谈会。

7月，商会在主要会员企业中就如何落实国家节能减排战略发起讨论，并综合相关意见和建议，撰写了《全国工商联环境服务业商会关于实现国家减排战略的建议》，于27日报送国家发改委环资司、建设部城建司、国家环保总局污控司，抄送全国工商联。

自2002年中央政府开始全面推动市政公用事业的市场化改革以来，我国城市水业的市场化改革已经从改革初期逐步进入到改革的提升期，改革为这个市场带来需求的资金和技术，同时也暴露了不少问题。为此，商会组织部分会员对改革中存在的问题进行讨论分析，并做出客观评价，撰写了《水业市场化过程中企业遇到的典型问题》一文，于8月1日发函给国家发改委环资司。同时，针对业内企业关注的税收问题，商会撰写了《对于污水及垃圾处理行业税收优惠的建议报告》一文，并致函国家发改委环资司。2007年，在中国城市水业市场上出现了多起自来水公司股权高溢价并购项目，引发了行业内外的震动和社会的高度关注，为此，商会特发布《关于城市水业资产溢价转让行为的公告》，并致函建设部、商务部、国家发改委等有关政府部门。

9月，商会提出《中华人民共和国水污染防治法（修订草案）》修改建议，并致函全国人大法律工作委员会。

9~12月，商会积极组织有关会员企业，配合清华大学水业政策研究中心，参与由国家发改委价格司委托的《城市供水定价成本监审办法（试行）》（征求意见稿）修改工作，先后召开两次专题工作会议，于2007年12月底完成修改意见稿并提交发改委价格司。

11月15日，商会组织十余家会员企业学习十七大精神，探讨环境服务业如何落实科学发展观、促进行业持续协调发展。会议就引入竞争、完善市场机制、深化行业改革、改善融资条件、财税制度、政府信用、水质检测，以及科技创新、提高商会地位等方面进行了讨论，并提出四点建议：第一，改革投融资政策，加大政府投入，吸引社会各类资本，同时使国债成为支持行业先进企业发展的重要力量；第二，在产业界定明晰化的前提下完善财税制度，建立健全资源有偿使用制度和生态环境补偿机制，并利用财政补贴、转移支付、税收优惠等多种方式加强业内企业规范运营的积极性；第三，提高“特许经营”的行业地位，使其由部门规章上升为国务院条例，从而规范业内企业行为；第四，强调政府职能转变，如加强诚信、明确责任、专业化管理等，以此更加有效地促进行业发展。

12月5日，商会积极响应全国工商联政协提案准备会议的要求，结合商会11月15日“落实科学发展观座谈会”的有关建议，商会向全国工商联提出了7项提案建议，包括《关于改变自来水水质自检自查检测方式，切实保障饮用水安全的提案》、《关于鼓励非公企业对环境领域政策性资金利用的提案》、《关于拓宽社会资金进入渠道，试点设立环境产业基金的提案》、《关于将环境领域财税优惠政策向产业后端倾斜的提案》、《关于将市政公用事业特许经营制度提升为国务院法规的提案》、《关于顺应国际化趋势，将环境服务业作为一个独立行业门类的提案》和《关于改“谁污染、谁治理”为“谁污染、谁负责”，引入竞争机制全面推行专业化环境设施运营服务的提案》。最终全国工商联确定了其中的3条建议作为全国工商联的团体提案。

四、自律维权，促进行业共同发展

环境商会按照规范发展的要求，认真履行行业自律和维权职能，充分利用媒体平台，促进企业自律、维护行业权益，取得了显著成效。

9月，商会针对四平市政府在四平市自来水公司合资运营项目中多次违约并严重侵犯合资方利益的事件完成了《四平自来水项目维权报告》，先后得到中国水网、《中华工商时报》的支持，并予以报道。同时，美国《商业周刊》驻华记者与商会多次接洽，并进行了多方采访和调研后，其撰写的英文报道引起了强烈反响。四平自来水项目事件是在城市水业市场化进程中属于非常典型的负面案例，针对它的维权实践将对中国市政公用行业改革与发展产生影响。此篇报告标志着环境商会正式拉开维权序幕。

9月20日，商会举办“企业维权与政策修订工作座谈会”，对“四平自来水合作运营项目”案例展开讨论，并筹建了“法律工作委员会”。“法律工作委员会”的主要工作职责是策划、组织相关座谈，并组织会员单位及业内律所撰写《行业法律事务手册》，计划2008年出版。

五、积极组织多样化的主题活动，提高行业凝聚力

商会充分利用自身在政府、企业、学术界的资源优势，结合行业特点和需求，组织了多种形式的主题活动，包括战略沙龙、体育活动、座谈会等。

7月，商会与清华大学环境科学与工程系、中国水网共同举办主题为“工业废水处理机制与专业化运营服务”的第十八次水业战略沙龙。11月14日，商会与水利部水资源司举行座谈，增进了商会与国家水利部相关部门之间的工作联系和相互交流。11月15日，商会召开“落实科学发展观，促进环境服务业持续协调发展”座谈会，就影响行业发展的9个方面向广大会员企业征集建议，撰写相关提案，为2008年在北京召开的“两会”做好议案递交的准备工作。这些沙龙和座谈会立足于服务，通过对行业热点问题开展的深入讨论，有力地推动了中国环境服务行业的市场化进程，同时，进一步推动了市场的规范与成熟。

2007年“西部水业万里行”活动在9月26日正式起程，并于10月13日圆满结束。本活动由中国水网、清华大学水业政策研究中心和环境商会联手金州环境集团、天津创业环保和长沙水业集团共同发起，北京排水集团、威立雅水务、同方水务、汇津水务、国美水务等单位共同参与。全程共有30余位水业企业家、学者及各类专业人士参加。活动以“关注西部发展、推进解决西部水问题”为主旨，在半个多月时间里，车队探访了内蒙古西部、新疆北部的地质地貌变迁与城市沿革、水文化与民族习俗、水资源与经济发展，一路穿行内蒙古、宁夏、甘肃、新疆等地。

9月8~23日，由商会和中国水网共同主办的“2007环境杯”足球友谊赛在中国矿业大学举行。本届友谊赛共有行业内10支球队参赛，历时3周，分为两组进行。比赛结束后，商会以文艺会演和颁奖相结合的方式举办了隆重的颁奖典礼。这种文艺和体育的结合，最大程度地为会员企业员工创建出“快乐工作，健康生活”的环境。

六、增强国际合作，扩大商会会员与国际同行的交流

随着全球化经济时代的到来，世界各国之间的影响、合作、互动愈益加强，一些共性逐渐普及和推广，并成为全球通行的标准。我国环境服务行业进入市场化进程仅仅五年时间，也已经受到了全球化的多方面影响。商会增强与国际机构和国际同行之间的交流和合作，将有利于国内行业市场化改革的专业化、规范化、国际化，同时也有利于保护国内企业的整体利益、国家和社会的公共利益。

为了把商会建设成为与国际接轨的新型商会，商会积极开展与一些外国机构进行国际交流与合作，扩大商会国际影响，为进一步合作和交流奠定了良好的基础。商会目前已经与法国驻华使馆经济处、IWA国际水协、Aquatech国际水展、法国工商会的机构建立了合作关系。

11月26～27日，商会参加了法国企业国际发展局和法国驻华大使馆经济处在北京主办的“2007中法企业论坛”。作为本次论坛的主要合作伙伴之一，商会积极组织会员企业参加国际交流活动。

2008年

中华全国工商业联合会环境服务业商会于2007年4月29日经中华全国工商业联合会（以下简称全国工商联）正式批准，并于2007年6月12日在北京人民大会堂正式成立。

中华全国工商业联合会环境服务业商会（以下简称商会）自成立以来，在全国工商联的有力指导下、在会长办公会的正确领导下、在会员企业的积极配合下，商会始终坚持自律、维权、议政、共赢的办会宗旨，以服务会员企业的共同利益为根本，顺应国内外形势，结合国家重大政策出台，积极推进环境行业市场化、专业化、产业化和国际化进程，促进产业整合，倡导市场规范化运作，追求企业规模化成长，推动环境产业的健康、持续发展。

一、加强政策研究，积极建言献策、推动环境产业可持续发展

商会自成立以来，一直将参政议政、建言献策，参与行业政策和标准的制定，作为商会的工作重心，充分发挥商会在企业和政府之间的桥梁作用，谋求行业健康发展，并以此作为对会员企业最有效的服务和维权。

1. 抓准时机，积极参与国家重要环境法律和政策的制定

环境产业是新兴的朝阳产业，国家政策的导向对行业的发展影响巨大。为了及时向政府有关部门反映会员企业的共同诉求，商会创造各种条件，积极参与到国家重大政策的讨论和制定工作之中。

一是参与国家发改委《城市供水定价成本监审办法（试行）》的修改工作。2007年9～12月，商会积极组织有关会员企业，配合清华大学水业政策研究中心，参与由国家发改委价格司委托的（征求意见稿）修改工作，先后召开两次专题工作会议，于2007年12月底完成修改意见稿并提交价格司。随后，应国家发改委要求，2008年3月商会与清华大学再次召集供水成本监审座谈会，对《城市供水定价成本监审办法（试行）》进行调整，《办法》修改稿于4月15日报送价格司。

二是参与国家《节能环保产业发展规划》的编制工作。早在国家宣布将陆续出台十大产业振兴规划时，环境商会就向有关部门呼吁，国家应出台环保产业振兴规划，并开始着手起草《关于进一步促进环境产业发展的若干意见》和《关于进一步促进环境产业发展的建议》。通过半年来的实地调研，并广泛征求会员企业意见，环境商会形成了上述意见和建议，并将其报送至国家发改委，得到了有关负责同志的高度重视，批示由国家发改委环资司在起草国家《节能环保产业发展规划》时参阅。目前，国家发改委在该规划征求意见稿时，大部分吸收了商会所提的建议。

2. 审时度势，为环境行业产业化发展建言献策

2008年以来，全球性的金融危机对我国经济发展造成严重影响，同时国家作为应对措施出台的4万亿投资政策中强调要加强生态环境建设。对环保企业而言，正处于一个危机与机遇并存的时期。在这种形势下，商会积极应对，为了能使会员企业“安全过冬”，推进环境行业的健康发展，有针对性地开展了一系列工作。

一是在国家扩大内需政策刚刚出台时，商会及时对相关信息进行解读，撰写出《环境时评》系列文章发送各会员企业，帮助大家了解国家政策动向。

二是从反映会员企业整体利益诉求、促进环境产业健康发展的角度，结合国家4万亿投资政策对环境行业造成的影响，商会撰写出《关于加强环境基础设施建设投资增强投资效益的建议》、《关于加大对环境基础设施市场化财政信贷支持的建议》、《关于当前污水处理设施建设中值得注意的问题》、《关于建立环保企业贷款抵押担保机制的建议》、《关于完善公用环境设施用地用电优惠政策的建议》、《关于完善环保产业税收优惠政

策的建议》、《关于完善污水垃圾处理收费机制的建议》以及《关于进一步促进环境产业发展的建议》等对策建议，以《环境商报》的形式报送给相关主管部门和领导。

三是邀请环保部总量司赵华林司长、环保部污防司凌江副司长等主管部门官员以及财政部财政科学研究所贾康所长、天则经济研究所盛洪所长等著名经济学家参加商会组织的“总裁圆桌会议”，与企业家们面对面进行交流，共同探讨在全球金融危机的背景下环境企业如何突围，中国如何发展绿色经济，进而带动全球经济复苏。同时，也多次向国家发改委有关负责同志汇报，提出大力发展环境产业的建议。

3. 借助媒体，大力宣扬环境公用事业市场化改革之路

近年来，我国环境公用事业市场化改革进展迅速，特别是城市水业，在提高整个行业技术水平、服务质量和环境质量等方面取得显著成效。我们通过事实对比和大量数据分析，在媒体上发表专访或专文，全面客观地评价环境公用事业市场化改革的成效和问题。

一是针对社会上出现的外资水务公司在中国供水行业并购项目的偏激评论，2008 年 7 ~ 12 月，商会配合清华大学水业政策研究中心，组织调研组前往会员企业进行实地调研，对外资水务企业的供水并购项目进行客观评价和分析，并撰写出《中国城市供水市场外资并购研究报告》提交相关部委。

二是为使有关部门及社会公众了解环境公用事业市场化改革的进程和成效，商会组织专门力量，通过收集整理国内外有关环境公用事业市场化改革的资料和数据，以《环境产业研究》的形式系统地编写出一组文章提供给决策部门及业界参考。至今已编写出四个系列，共 16 篇文章，分别为《环境产业研究系列一：国内外水业市场化改革模式研究》、《环境产业研究系列二：国内外水价形成机制研究》、《环境产业研究系列三：国内外环保投融资体制研究》和《环境产业研究系列四：国内外水务行业监管体制研究》。

三是针对一些媒体以偏概全，对环境公用事业市场化改革进行质疑的情况，商会特组织力量撰写出《环境公用事业：不搞市场化改革就没有出路》一文，并召开新闻发布会对社会发布。强调环境公用事业市场化改革方向是正确的，改革的成效也是显著的。我国环境公用事业要想走出“投资靠政府、运行靠补贴、亏损靠涨价”的怪圈，就必须要开展市场化改革。

4. 主动参与，认真做好全国工商联政协会议团体提案工作

通过全国工商联团体提案这个渠道反映行业热点、焦点问题及会员企业发展过程中遇到的共性问题，一直是商会政策研究工作的重点。自商会成立以来，商会按照全国工商联的要求，组织会员企业进行充分酝酿，撰写出多份“两会”提案，并以全国工商联团体提案的名义上报全国政协，得到了积极反响，取得了良好效果。

在 2008 年 3 月的全国政协十一届一次会议上，商会提交的《关于严格水质标准完善检测监管切实保障饮用水水质安全的提案》、《关于以行政法规规范市政公用事业特许经营制度的提案》和《关于调整环保领域财税优惠政策方向的提案》等三项提案作为全国工商联的团体提案被纳入报送目录。其中，《关于严格水质标准完善检测监管切实保障饮用水水质安全的提案》被改编成题为《加快采用新标准开展第三方检测切实保障饮用水水质安全》的提案作为全国工商联三项重点提案之一，提交大会作书面发言。

2008 年5 月，原建设部和财政部对《加快采用新标准开展第三方检测切实保障饮用水水质安全》提案分别做出了回复，2008 年7 月，住宅和城乡建设部对《关于以行政法规规范市政公用事业特许经营制度的提案》做出了回复，上述行业主管部门对提案内容均给予了充分肯定。

二、加强国际合作，实施“走出去”战略，推进环境产业国际化发展

为了将商会建设成为与国际接轨的新型商会，扩大商会的国际影响，同时为环境行业及会员企业国际化发展道路开辟途径，商会积极开展双边和多边国际交流与合作工作。

1. 举办环境企业国际发展战略专题座谈会

为了帮助会员企业了解如何参与中国政府的对外援建贷款项目，了解相关政策法规及商务部和进出口银行的项目审批工作流程，建立起商会与相关政府机构的战略合作关系等，商会和中国通用技术（集团）控股有限责任公司于 2008 年 2 月 29 日共同主办了“环境企业国际发展战略

专题座谈会”，讨论环境企业的“走出去”战略，30多位会员代表参加了此次座谈会。

2. 参加“目标中国”北京会议

2008年1月22日，应中国法国工商会的邀请，商会代表参加了在北京举办的“目标中国”委员会北京会议，并在会议上作了发言。“目标中国”北京会议是由法国工商联合会发起，旨在帮助法国地区商会和法国企业了解中国，以便更好地开展对华业务。商会代表在会议上介绍了中国环境服务业的发展情况、环境商会的成立背景、会员情况，以及商会的主要工作和计划。本次会议加深了国际商会对商会的了解，对促进日后进一步合作打下良好的基础。

3. 与日中经济协会进行交流

2008年3月25～26日，商会安排到访的日中经济协会代表团与部分会员单位进行了交流访问。双方就中国的环境问题、发展方向、合作机会等议题进行了广泛交流，加深了联系并建立了紧密沟通渠道，为双方今后在环境领域开展更多合作打下坚实的基础。

2008年12月15～17日，日中经济协会代表团再次访问商会，希望通过走访中国有关政府部门、水务企业、水业专家来了解中国水业相关政策法规、企业经营情况以及市场发展的现状和前景，以便日本企业能在资金、技术、设备、系统、原材料等方面参与中国水业市场的建设。为此商会特别安排代表团访问了国家发改委环资司、水利部水资源司、环保部污防司等政府部门，走访了桑德集团、首创股份、中国水网等商会会员企业，并参观了桑德集团肖家河污水处理厂。

4. 举办中国环境产业国际投融资论坛

在当前环境产业成为资本市场高度关注的投资热点的大背景下，为探讨环境产业的重大投资机会，搭建中国环境企业与国内外相关投资机构的有效沟通平台，2008年9月9日，商会会同联合国工业发展组织中国投资与技术促进处、中国产业（股权）基金与创业投资协会（筹）及北京市发展和改革委员会联合主办了“中国环境产业国际投融资论坛”。来自全国政协人口资源环境委员会、中国证券监督管理委员会、联合国工业发展组织等机构的高层官员，中国环境产业领先企业以及海内外多家资本市场顶级投资机构的高层管理人员出席了本次论坛。

三、加强信息建设，完善商会形象，提升商会服务质量和水平

为了能向会员企业提供更优质的服务，同时能够提升商会的知名度和影响力，商会对内刊和网站进行了改版，并加强了与媒体的联系。

一是创办《环境界》内刊。为了集中反映会员企业诉求，加强对会员企业集体形象的展示，突出表现会员企业对国家环保工作大局的参与，商会自2008年创办了《环境界》内刊，至今已发行了8期。并不断根据形势的需要，对内刊栏目进行了调整和完善。一方面增加“聚焦”和“观点”栏目的内容，就产业投融资、节能减排、应对金融风暴等问题进行探讨；另一方面在“特别策划”栏目中着重介绍会员企业参与国家工作大局，相继策划了“抗震救灾环保企业在行动”、“重点流域治理环保企业在行动”等系列报道。

二是创办“中国环境界”域名的商会网站。网站立足于体现商会特色、跟踪行业发展、反映企业诉求、提供信息服务的宗旨，对频道和内容不断进行调整和规范，保持简洁明了风格，力求把商会网站打造成展示会员企业风采的窗口，服务会员企业利益的平台，沟通企业与政府、企业与企业的桥梁。调整后，网站共设7个频道：首页、产业资讯、商会资讯、政策法规、节能减排、会员之窗、关于商会，并分别根据内容设置了二级、三级页面。今后，视形势的发展，将在现有基础上再作进一步的调整和完善。

三是开展媒体沙龙活动，紧密联系媒体。为了增进媒体对环境行业的认识和了解，同时促进会员企业与媒体的交流，商会充分发挥自身优势，与20余家综合类、经济类、环保类及科教类等主流媒体建立广泛联系，不定期组织“媒体沙龙”活动，取得了良好的效果。

四、加强公益工作，开展文体活动，提升行业凝聚力

商会结合行业特点和需求，组织了多种形式的主题活动，促进会员企业之间的交流与协作。

1. 积极组织会员企业参与汶川地震援助行动

2008年5月12日，我国的四川省汶川县发生8.0级特大地震。灾情发生后不久，商会和中国水网即联手向全体会员企业发出倡议书，倡议会员企业团结起来向灾区同胞伸出援手，以帮助灾区人民渡过难关、重建家园。据不完全统计，各会员企业积极响应倡议，通过各种渠道向地震灾区捐款捐物总额逾32486650元，包括18214650元的现金、价值1093万元的药品物资以及334.2万元的应急设备等。与此同时，商会从行业的角度出发向政府有关部门提出关于灾区环境设施重建和服务恢复的一系列建议，包括供水、污水处理应急措施，供水管网重建，水源地建设，水质监测等诸多方面。

2. 举办2008环境杯乒乓球友谊赛

2008年10月，由商会和中国水网共同举办的2008环境杯乒乓球友谊赛在天坛体育场乒乓球馆举行。共有14家会员企业代表队参加了本次比赛。在友好、激烈的比赛气氛中，各参赛球队充分表现出良好的团队协作精神，充分体现了环境产业界蓬勃向上的精神面貌。

五、加强自身建设，逐步建章立制，提高秘书处的服务能力和水平

为确保商会各项组织管理工作顺利进行，商会秘书处建立并逐步健全了各项管理制度，以优化组织的架构和加强自身能力建设。

商会现已制定了行政管理、人事管理、财务管理、会员服务管理等各项管理制度，并不断地根据实际情况进行修整和完善，有力地保证了商会各项工作的开展。根据商会工作的内容和需要，商会秘书处广泛延揽人才，充实新鲜血液。在经过不断地调整和整合后，现下设五个部门，分别为综合部、政策研究部、信息部、国际合作部和联络部，共有专职工作人员12名。

服务会员是商会的宗旨，同时也是商会发展的根基。商会秘书处全体员工以做实服务、做好服务和创新服务为开展各项工作的立足点和着眼点，在科学发展观的指导下，不断地学习新知识和先进工作经验，提高自身的工作能力和服务水平。目前，商会根据全国工商联的统一安排，正积极开展民政部门的登记工作。

2009年

一、强化政策研究和参政议政，推动环境产业可持续发展

1. 积极参与国家重要环境法律和政策的制定

环境产业是新兴的朝阳产业，国家政策的导向对行业的发展影响巨大。为了及时向政府有关部门反映会员企业的共同诉求，商会创造各种条件，积极参与到国家重大政策的讨论和制定工作之中。

一是参与国家《节能与环保产业发展规划》的编制工作。早在国家宣布将陆续出台十大产业振兴规划时，环境商会就向有关部门呼吁，国家应出台环保产业振兴规划，并开始着手起草《关于进一步促进环境产业发展的若干意见》和《关于进一步促进环境产业发展的建议》。2009年6月，经过近半年时间的实地调研，并广泛征求会员企业意见，环境商会形成了上述意见和建议，并将其报送至国家发改委，得到了有关负责同志的高度重视，批示由国家发改委环资司在起草国家《节能环保产业发展规划》时参阅。目前，国家发改委在该规划征求意见稿中，大部分吸收了商会所提的政策建议。

二是起草《关于进一步深化市政公用事业市场化改革的若干建议》。2009年5月，国务院转发国家发改委《关于2009年深化经济体制改革工作的意见》，明确要求“加快推进市政公用事业改革，扩大城市供水供热供气、污水处理、垃圾处理等特许经营范围”。据此，环境商会多次召开企业座谈会，就市政公用事业特别是水务行业深化改革问题进行深入研讨，并在此基础上起草《关于进一步深化市政公用事业市场化改革的若干建议》（环境商会建议稿），报送国家发改委、环保部、建设部等行业主管部委参阅。

三是着手撰写“‘十二五’环保产业发展规划”环境商会建议稿。国务院将环保产业明确为战略性新兴产业和新的经济增长点，国家发改委据此拟编制“‘十二五’环保产业发展规划”，并委托环境商会开展相关研究工作并提出建议稿。为及时系统地提出“‘十二五’环保产业发展规划”建议稿，同时也为提交2010年“两会”议案做好准备，商会现正依托大型环保企业成立课题组，开展“‘十二五’环保产业发展规划”课题工作，着手撰写“‘十二五’环保产业发展规划”（环境商会建议稿）报送国家发改委参阅。

2. 为环境行业产业化发展建言献策

2009年，面对全球性的金融危机的持续影响，国家出台一系列经济刺激政策作为应对措施，加快我国经济的复苏，其中，进一步强调要加强生态环境建设。在这种形势下，商会积极应对，有针对性地开展了一系列工作。

一是从反映会员企业整体利益诉求、坚持市场化改革方向、促进环境产业健康发展的角度，结合国家相关政策对环境行业造成的影响，商会撰写出《关于进一步促进环境产业发展的建议》、《关于落实脱硫电价政策确保脱硫设施稳定运行的建议》、《关于减免脱硫专业公司增值税的建议》、《关于免征脱硫专业公司进口环节税的建议》、《关于统一规定脱硫效率和投运率处罚标准的建议》、《关于给予脱硫特许经营试点项目上网电量优惠的建议》、《关于给予脱硫专业公司贷款扶持政策的建议》以及《关于进一步深化市政公用事业市场化改革的若干意见》等建议，以《环境商报》的形式报送给相关行业主管部门。

二是邀请住房和城乡建设部政策法规司徐宗威副司长等行业主管部门官员以及财政部财政科学研究所贾康所长、天则经济研究所盛洪所长等著名经济学家参加商会组织的“总裁圆桌会议”，与企业家们面对面进行交流，共同探讨在全球金融危机的背景下环境企业如何突围，中国如何发展绿色经济，进而带动全球经济复苏。

3. 明确坚持环境公用事业市场化改革之路

近年来，我国环境公用事业市场化改革进展迅速，在提高整个行业技术水平、服务质量和环境质量等方面取得显著成效。我们通过事实对比和大量数据分析，在媒体上发表专访或专文，全面客观地评价环境公用事业市场化改革的成效和问题。

一是通过国内外环境公用事业市场化改革的进程和成效的对比，使有关部门及社会公众了解环境公用事业市场化改革的必要性和紧迫性。

二是本着澄清认识、凝聚共识的目的，商会就如何评估过去七年水务行业市场化改革的成败、如何选择下一步水务行业改革的路径和方向以及改革中的一些热点问题进行辨析，撰写出《关于水务行业市场化改革的若干问题》一文，以期进一步推动市场化改革走向深入。

4. 认真做好全国工商联政协会议团体提案工作

通过全国工商联团体提案这个渠道反映行业热点、焦点问题及会员企业发展过程中遇到的共性问题，一直是商会政策研究工作的重点。自商会成立以来，商会按照全国工商联的要求，组织会员企业进行充分酝酿，撰写出多份“两会”提案，并以全国工商联团体提案的名义上报全国政协，得到了积极反响，取得了良好效果。

在2009年3月的全国政协十一届二次会议上，商会共提交了《关于进一步完善污水处理设施建设运营机制的提案》、《关于建立环保企业贷款抵押担保机制的提案》、《关于鼓励民营企业作为研发主体参与国家重大专项课题的提案》等三份提案和《进一步推动环境服务业的健康发展有效解决日益严重的环境污染问题》、《鼓励民营企业参与国家重大专项课题进一步调动民营企业自主研发积极性》等两份政协会议书面发言稿。其中，《关于鼓励民营企业作为研发主体参与国家重大专项课题的提案》被确定为重点提案，并获全国工商联优秀调研成果二等奖。

截至2009年9月1日，银监会、环保部分别对环境商会在政协十一届二次会议上提交的《关于建立环保企业贷款抵押担保机制的提案》和《关于鼓励民营企业作为研发主体参与国家重大专项课题的提案》进行了答复。

二、拓展信息渠道，完善商会服务质量和服务内容

为了能向会员企业提供更优质的服务，同时能够提升商会的知名度和影响力，商会对内刊和网站进行了改版，并加强了与媒体的联系。

为了增进媒体对环境行业的认识和了解，同时促进会员企业与媒体的交流，商会充分发挥自身优势，与20余家综合类、经济类、环保类及科教类等主流媒体建立广泛联系，不定期组织与媒体记者的交流活动。

三、举办大型会议，提升会员企业和行业整体凝聚力

商会结合行业特点和需求举办和参与了多种形式的大型会议和文体活动，组织会员企业积极参与，促进会员企业之间的交流与协作，提升行业的整体凝聚力。环境商会自2008年10月始，截至2009年底共召开六期“总裁圆桌会议”。总裁圆桌会议的目的是更好地增进政府和企业之间的沟通，就行业政策等对企业进行解读或就行业热点和焦点问题深入征求企业意见，反映行业诉求。

其中，第一期总裁圆桌会议于2008年10月15日召开，主题为“全国污染减排进展及相关政策”，由中华人民共和国环境保护部总量司司长赵华林主讲。第二期总裁圆桌会议于2008年11月26日召开，主题为“环保企业如何‘过冬’”，由财政部财政科学研究所所长贾康解读中央扩大内需政策。第三期总裁圆桌会议于2008年12月23日召开，主题为“重点流域治理进展及相关政策”，由环境保护部污染防治司副司长凌江主讲。第四期总裁圆桌会议于2009年4月21日召开，主题为“全球经济及中国经济走势”，由著名经济学家、中国经济50人论坛成员、天则经济研究所所长盛洪解读全球及中国经济形势和发展趋势。第五期总裁圆桌会议于2009年7月22日召开，主题为国家发改委《节能环保产业发展规划》征求意见。第六期总裁圆桌会议于2009年10月13日召开，主题为“市政公用事业市场化改革评析”，由住房与城乡建设部政策法规司副司长徐宗威、财政部财政科学研究所所长贾康主讲。

四、加快发展会员，提升会员服务质量

会员企业是商会生存的基石、发展的原动力，为了更广泛地团结和吸收行业企业加入，商会于2009年成立联络部，负责会员企业发展。商会的会员发展工作以加快会员发展、优化会员结构、优质会员服务为宗旨，以竭力巩固会员服务，扩大会员网络，拓宽会员构成领域，争取吸纳更多的、多行业的环保企业加入商会为目标，重点发展水务、垃圾处理、脱硫脱硝企业。

经过努力，2009年商会新吸收副会长单位2家：中国水务投资有限公司、北京中科通用能源环保有限责任公司；常务理事单位3家：黑龙江国中水务股份有限公司、北京三泰正方生物环境科技发展有限公司、施耐德电气（中国）投资有限公司；理事单位1家：北京江河博华会展有限公司；会员单位4家：北京博朗环境工程技术股份有限公司、美陵环境科技（淄博）有限公司、南京金州城北污水处理有限公司、苏州天和自动化系统有限公司。

重要活动

2007年

合办“水业战略沙龙”聚焦工业废水处理机制

7月14日下午，由清华大学环境系、中国水网以及商会共同举办的第十八次水业战略沙龙在清华大学节能楼召开。此次沙龙的主题是“工业废水处理机制与专业化运营服务”，主要内容包括：国家减排目标下的工业废水处理控制；工业废水的专业化服务机制；专业化运营服务的模式与责任体系；工业废水处理的主要市场模式。

来自国家政府部门的主管领导、企业家和专家共20多位嘉宾共聚一堂，剖析讨论工业废水处理中遇到的问题和对策措施。沙龙开始后由国家环保总局科技标准司副司长胥树凡、建工金源副总经理张翼飞以及金州恒基环保副总经理左卫分别从环保市场化、工业废水处理运营机制等不同角度作了主题发言。沙龙由清华大学水业政策研究中心主任傅涛博士主持。

环境杯足球赛：快乐工作，健康生活

9月，由中国水网和商会共同主办了“2007环境杯”足球友谊赛。比赛秉承“快乐工作，健康生活”的活动理念，旨在通过倡导员工积极参与行业活动的同时，丰富各会员单位的企业文化，构建良好的行业氛围，提升员工的快乐指数，为员工创建快乐工作、健康生活的环境。

足球是一项充满魅力的运动，是世界上最受人们喜爱、开展最广泛、影响最大的体育运动项目，被誉为“世界第一运动”。它体现出的是球员之间的团队精神、拼搏精神和敬业精神。

本届比赛共有行业内10支球队参赛，历时3周，分为两组进行。比赛结束后，主办方以文艺会演和颁奖相结合的方式举办了隆重的颁奖典礼。这种文艺和体育的结合，构成了本届足球杯的主旋律，最大程度地为员工创建出“快乐工作，健康生活”的环境。

2007“西部水业万里行”活动

9月26日，由中国水网、清华大学水业政策研究中心和环境服务业商会联合举办的2007“西部水业万里行”活动拉开了序幕。参加万里行活动公司包括：天津创业环保股份有限公司、金州环境集团、北京排水集团、清华同方等。

2007“西部水业万里行”活动是2005年、2006年“西部水业万里行”的继续，活动以“关注西部发展、推进解决西部水问题”为主旨。在半个多月时间里，西行车队一路穿行了内蒙古、宁夏、甘肃、新疆等地，探访了内蒙古西部、新疆北部，实切了解了当地地质地貌变迁与城市沿革、水文化与民族习俗、水资源与经济发展等课题。

环境服务业商会与水利部水资源司举行座谈

11月14日上午，商会会长文一波，副会长兼秘书长傅涛一行6人前往水利部与水利部水资源司有关领导举行座谈。水利部水资源司副司长程晓冰，水务处处长石玉波接待了商会代表们。

11月14日，商会与水利部水资源司举行座谈的合影

商会会长文一波和副会长兼秘书长傅涛分别介绍了商会的大致情况以及成立目的，并表示环境服务行业与政府之间的关联十分密切，行业的发展离不开政府的支持，希望能与有关政府部门加强沟通；程晓冰副司长表示，水资源司也非常希望能与商会建立起一个良好的沟通渠道，政府的监管实际上也是一种服务，是通过制定市场规则、规范市场行为来为社会和企业服务；行业商会组织的成立很有必要也很有作用，能为政府制定市场规则提出能具体使用的建议。

双方接下来就原水工程建设和水资源费的管理方面的议题展开了深入的讨论，讨论涉及原水工程成本、水资源费能否进入水价，如何进入水价等问题。程晓冰副司长和石玉波处长希望委托商会整理出目前我国水源地的现状及问题，分析其经营模式及价格制定情况，为政府制定相关政策提出建议。文一波会长和傅涛副会长兼秘书长表示协助政府政策制定实现科学监管是商会的办会宗旨，商会一定要尽力做好此项工作。

落实科学发展观，商会组织会员单位“参政议政”

11月15日下午，在清华大学环境系，来自多家会员单位代表讨论如何更加有效落实科学发展观，促进行业持续协调发展。全国人大环资委出具了书面报告并对行业未来发展做出了相关指示，国家环保总局官员也出席了本次会议。会议由商会副会长兼秘书长傅涛主持。

会议首先由商会工作人员对环资委代表报告内容进行了简要说明并对目前环境领域存在的主要问题进行综合阐述，同时针对本行业如何切实有效学习十七大精神、落实科学发展观提出了9条建议。

桑德集团董事长兼商会会长文一波、大通水务董事长兼任清华水业中心高级顾问梁相钦、天津创业环保副总经理朱雁伯以及来自金州环境、威立雅水务、桑德集团、得利满等公司相关职能部门的负责人分别从加强政府诚信、明确部门权责、对等国民待遇、标准制定、水价定价、污染控制、规范运作、提高运营效率等多方面、多角度提出了各自看法。出席会议的环保总局代表张化天也积极参与讨论并提出自己的看法与见解。

最后，傅涛秘书长提出4点建议：①改革投融资政策，加大政府投入，吸引社会各类资本，同时使国债成为支持行业先进企业发展的重要力量；②在产业界定明晰化的前提下完善财税制度，建立健全资源有偿使用制度和生态环境补偿机制，并利用财政补贴、转移支付、税收优惠等多种方式加强业内企业规范运营的积极性；③提高“特许经营”的行业地位，使其由部门规章上升为国务院条例，从而规范业内企业行为；④强调政府职能转变，如加强诚信、明确责任、专业化管理等，以此更加有效地促进行业发展。

环境商会组织首次“媒体沙龙”活动

12月15日，由商会组织的首次“媒体沙

龙”活动正式启动。本次活动的目的是增进与众多媒体的沟通，使其对环境服务业的现状有更加直观和深入的了解。本次活动共邀请综合类、经济类、环保类及科教类等十余家媒体参与。

在商会副秘书长景星、马勒思的陪同下，来自中央电视台、新华社、经济参考报、科学时报、中华工商时报、第一财经日报、经济观察报、中国建设报、中国环境报、北京青年报、中国投资杂志、中国经济周刊、科技中国杂志、中国水网、中国环保网等单位的记者和媒体工作人员，于12月15日上午9点来到位于北京通州区国家环保产业园区的北京桑德环保集团。他们首先听取了两位副秘书长对环境商会从成立到目前的工作进展情况的介绍，其后参观了桑德集团总部基地。

下午，大家来到金州集团旗下的北京建工金源环保集团位于亦庄开发区的北京金源经开污水处理有限公司实地考察。金源经开总经理助理田宁等陪同大家参观了污水处理的整个流程，并进行了座谈，多数媒体记者之前并未实地参观过污水处理企业，此次对污水处理厂在节能减排及处理工业及生活污水方面所起的重要作用留下深刻印象。

考察完毕后，大家再次回到桑德集团，环境商会会长、桑德集团董事长文一波与商会副会长兼秘书长傅涛也同记者见面并相互交流，大家就水质与水价、管网二次污染、政府部门诚信、行业垄断、专业化运营、融资渠道、研发投入等多个问题展开热烈讨论，记者们对国内当前水业所面临的巨大机遇及水资源的严峻形势有了更加深入的理解。

2008年

环境商会举办第二次“媒体沙龙”活动

2008年2月28日上午，由环境商会主办的第二次“媒体沙龙”在清华大学环境节能楼举行。

来自多家媒体的记者，包括新华社、中国新闻社、《光明日报》、中央人民广播电台、《经济参考报》、《科学时报》、《中华工商时报》、《财经》杂志、《第一财经日报》、《瞭望东方周刊》、《中国建设报》、《21世纪经济报道》、《科技中国》杂志、中国水网、中国环保网等媒体单位人员和商会会员代表欢聚一堂，参加行业信息交流以及参观考察活动。

环境商会副会长兼秘书长傅涛、商会副秘书长马勒思、景星、钟丽锦出席了沙龙座谈会。沙龙由环境商会副秘书长景星主持，大家首先听取了商会秘书长关于商会所撰写的“两会”提案情况、商会针对广州一污泥处理厂臭源事件发表的声明、有关2007年度中国水业十大影响力企业颁奖典礼情况的介绍，之后，由商会工作人员对广州一污泥处理厂臭源事件进行了补充说明。商会副秘书长钟丽锦也对该事件交流了观点。与会人员相互交流，大家就污泥处理、《关于切实保障饮用水水质安全的提案》、水业战略沙龙等多个问题展开热烈讨论。傅涛特别邀请与会记者参加4月举办的水业战略沙龙活动。威立雅水务也派代表出席了沙龙。

举办“环境服务业国际发展战略专题座谈会”

实施“走出去”战略，鼓励和支持有优势的企业参与国际经济技术合作和竞争，是经济全球化发展的大趋势和国内进一步改革开放的需要。同时，中国企业加快实施“走出去”战略，也是中国主动参与国际经济合作的重要战略决策。在政府大力推进和鼓励国内优势产业实施“走出去”战略的大背景下，中国的环境服务业如何才能顺利地走出国门，立足国际市场?

2月29日，由全国工商联环境服务业商会和中国通用技术（集团）控股有限责任公司联合主办的“环境服务业国际发展战略专题座谈会”在通用技术大厦隆重举行，座谈会由清华大学水业政策研究中心主任、环境服务业商会秘书长傅涛博士主持。本次座谈会旨在帮助会员企业了解如何参与中国政府的对外援建贷款项目、如何更有效在华开展业务、了解相关政策法规及商务部项目审批工作流程，并建立起环境商会与商务部相关机构的战略合作关系。

举办“环境媒体俱乐部”筹备会

2008年6月6日，在一个阳光明媚的日子，由中华全国工商业联合会环境服务业商会（以下简称商会）发起成立的“环境媒体俱乐部”（以下简称俱乐部）筹备会在北京延庆县野鸭湖湿地自然保护区圆满举行。

筹备会由商会副秘书长景星主持。参加筹备会的嘉宾有：中国新闻社、中央电视台、中央人民广播电台、《经济日报》、《经济参考报》、《瞭望东方周刊》、《中国环境报》、《中国建设报》、《第一财经日报》、《21世纪经济报道》、《中国经济时报》、《科学时报》、《中国企业家杂志》、《中国产经新闻》、中国水网、中国环保网、《中国环境保护》杂志等17家媒体代表。北京野鸭湖湿地自然保护区领导、北京市延庆县工商业联合会领导莅临会议，并首先致辞。致辞后，商会副会长兼秘书长傅涛博士介绍了目前我国环境工作存在的困境和不足。之后，在傅涛博士的提议下，与会的嘉宾踊跃发言，响应环境界新闻联动的倡议，现场气氛活跃起来。

"环境媒体俱乐部"由关注环保的国内外媒体工作者按照自愿原则组成，旨在通过会议、培训、调研及考察等多种方式活动加深媒体与相关政府、媒体与环保行业企业以及媒体之间的沟通与交流。

2008环境服务业商会年会在珠海、澳门举行

2008年7月16～18日，中华全国工商业联合会环境服务业商会（以下简称商会）年会活动在珠海、澳门圆满举行。来自商会各会员企业的近90位代表欢聚一堂，总结商会成立一年以来的工作成果，交流商会的办会体会，共商商会及行业发展大计，展望中国环境服务业的发展前景。

本次年会，商会组织参会代表参观了威立雅亚太污水技术中心、珠海市北区污水处理厂、澳门自来水厂和澳门污水处理厂。相关单位负责人和工作人员热情接待了商会代表，为参会代表详细介绍发展历史和主要处理工艺，并耐心解答参会会员提出的问题。

17日上午，商会年会在珠海中邦酒店正式召开，环境商会名誉会长、中华环保基金会理事长曲格平，中华环保基金会副秘书长徐光，全国人大环资委研究室原副主任骆建华，珠海水务集团总经理李东义等嘉宾受邀出席了年会。为了更广泛地征求各会员企业对商会工作的意见和建议，此次年会特别安排了小组自由讨论时间，共分为三组，分别由会长文一波、副会长黄晓军和副会长兼秘书长傅涛主持。分组讨论中，参会代表畅所欲言，就如何办好商会，如何提高商会会员服务等议题进行了充分讨论，对加强商会信息平台建设、提高会员企业在参政议政工作中的参与度、进一步规范市场、建立商会良好内部机制、深化会员服务等方面提出了具有建设性的意见。

举办环境投融资论坛

在当前中国环境产业成为资本市场高度关注的投资热点的大背景下，2008年9月9日，在中秋节前夕，"中国环境产业国际投融资论坛"在北京香山饭店成功举办。

本次论坛由全国工商联环境服务业商会（以下简称商会）会同联合国工业发展组织中国投资与技术促进处、中国产业（股权）基金与创业投资协会（筹）及北京市发展和改革委员会联合主办，旨在探讨环境产业的重大投资机会，搭建中国环境企业与国内外相关投资机构的有效沟通平台，交流有关创投/产业基金的发展动态及方向。

来自全国政协人口资源环境委员会、中国证券监督管理委员会、联合国工业发展组织等机构的高层官员，中国环境产业领先企业以及海内外多家资本市场顶级投资机构的高层管理人员出席了本次盛会。

2008"环境杯"乒乓球友谊赛隆重开幕

2008年10月11日秋高气爽，是2008北京奥运会结束的第48天，虽然圣火在华夏大地上已经熄灭，但是奥运余晖仍然照耀着这座美丽的城市。由中国水网和中华全国工商联合会环境服务业商会联合主办的2008"环境杯"乒乓球友谊赛在崇文区体校乒乓球馆隆重开幕，中国水网顾问总编、清华大学水业政策研究中心主任傅涛博士做了精彩的开幕式致辞，北京桑德环保集团有限公司董事长文一波宣布开赛。

全国工商联环境服务业商会是行业内企业的家，中国水网是行业内的第一网络媒体和资讯服务商，这两家机构共同主办本届赛事，其主要目的是为参赛企业搭建起一个文化交流、信息互通、携手合作的平台，以强健体魄、重在参与、友谊第一为准则，推动行业及企业文化发展。本届比赛也是继2006年、2007年"环境杯"足球友谊赛之后的第三次业内大型赛会。本次比赛得到了业内企业的积极响应，共有14家企业参赛。

比赛所设奖项为团队冠军、亚军、季军，最佳组织奖，最佳拉拉队奖，最佳拼搏精神奖，最佳团队协作奖，最佳体育道德风尚奖，最佳人气奖，最佳球技奖，最具潜力奖，魅力运动员，最佳搭档等多项奖项。

骆建华秘书长会见日中经济协会代表团一行

2008年12月15日，环境商会秘书长骆建华先生会见了来访的日中经济协会代表团。来访人员包括：造水促进中心常务理事秋谷鹰二先生、双日株式会社事业一部部长加藤笃司先生、太比雅株式会社中国事业部部长内藤康行先生、川崎市建设局下水道部经营策划主管课长辅佐大河内孝先生、川崎市建设局下水道部经营策划主管主查田之仓诚先生、日中经济协会企划调查部次长中岛俊辅先生、日中经济协会企划调查部课长山本佑子女士、日中经济协会北京事务所所长代理伊藤智先生、翻译吉永叶子女士。骆秘书长对代表团的来访表示欢迎，并解答了日本考察小组关心的问题，同时就日本企业参与中国水务市场提出了一些建议，包括管网建设、工业废水处理、中小城镇污水处理解决方案等。双方就中国的环境问题、发展方向、合作机会等议题进行了广泛交流。日中经济协会代表还提出了希望环境商会组织中国水业专业人士在2009年3月访问日本的提议，骆秘书长表示将就此议题与日中经济协会进行深入沟通，双方将通过紧密合作推动中日两国在环境领域的合作。

2008年12月15～17日，日中经济协会组织一个9人日本考察小组访问北京，希望通过走访中国有关政府部门、水务企业、水业专家来了解中国水业相关政策法规、企业经营情况以及市场发展的现状和前景，以便日本企业能在资金、技术、设备、系统、原材料等方面参与中国水业市场的建设。为此环境商会特别安排了日本考察小组访问国家发改委环资司、水利部水资源司、环保部污防司等政府部门，走访了桑德环保集团、首创股份、中国水网等商会的会员企业，并参观了桑德集团的肖家河污水处理厂。此次日本考察小组来访，环境商会作为接待单位协助日中经济协会圆满完成了考察任务，双方加深了合作关系，并确定今后在环境领域开展更多、更广泛的合作。

2009年

举办2009年环境商会新春酒会

为建立和发展环境商会与各国驻华使馆、商会及相关国际组织的工作关系，促进国内与国外环境企业之间的交流与合作，环境商会以“交流·合作·共赢”为主题，于2009年2月18日在中国大饭店举办了“2009年环境商会新春酒会”。应邀参加酒会的有奥地利、比利时、巴西、捷克、丹麦、芬兰、法国、希腊、印度、韩国、新加坡、西班牙、英国等国家驻华使馆的代表，德国工商总会、中国美国商会、中国法国工商会、中国欧盟商会、日中经济协会、英中贸易协会等国外商会的代表，联合国工业发展组织中国投资促进办事处、联合国开发计划署、亚洲开发银行等国际组织的代表，此外，环境商会还特别邀请了香港贸易发展局的代表。商会30余家会员企业的代表参加了此次酒会。参加酒会的外国嘉宾及国内企业代表纷纷对环境商会举办此次活动表示赞赏，认为这为国内外环境企业的交流与合作创造了一个很好的平台。

组织中国环境产业考察团出访日本

应日中经济协会邀请，商会组织中国环境产业考察团于2009年3月10～17日和11月30日～12月4日两次前往日本进行访问。考察团分别与日本经济产业省、相关地方政府部门、日中经济协会、关西经济联合会座谈，并与日本的环境企业进行了广泛交流，考察团还参观了自来水场、污水处理场、固废循环利用生态工业园、海水淡化中心等设施。通过交流，考察团成员重点学习和了解日本环境服务业的发展情况、相关政策法规、成功经验以及最新环保技术，并对中日双方今后在环境领域的合作进行了探讨。

组织中国水务企业代表团出访法国

2009年5月中旬，应威立雅水务的邀请，环境商会组织中国水务企业代表团对法国的水务管理进行了考察。代表团一行拜访了法国大巴黎区东部SIARV水资源管理委员会，与该委员会主管领导及相关官员进行了深入的沟通交流，系统调研了该地区的水管理体系，探讨了流域管理模式等问题。此外，代表团一行还参观考察了位于尼斯市的威立雅水务的棕榈泉供水厂。

举办环境商会第二届会员代表大会暨 2009 年年会

2009 年 7 月 29 日，环境商会组织的第二次会员代表大会在三峡拉开帷幕。有 41 家会员单位代表共 120 余人参加了会议。年会首先召开了第二次会员代表大会第一次全体会议。全国工商联会员部刘红路部长宣读了全国工商联办公厅关于环境商会换届的批复。环境商会首届会长文一波作了环境商会首届理事会工作报告。骆建华秘书长作了环境商会上一年度的财务报告及审计报告。会议选举产生了环境商会第二届理事会成员。

随后举行的第二届环境商会一次理事会议和第一次会长会议，进行了环境商会第二届名誉会长、理事会会长、荣誉会长、执行副会长、副会长、秘书长、常务理事等的聘任以及选举工作。北京首创股份有限公司董事、总经理潘文堂当选为环境商会第二届理事会会长，会议聘任毛如柏为名誉会长，文一波为荣誉会长，骆建华为秘书长。此次选举，新增中国水务投资有限公司总经理刘正洪、北京中科通用能源环保有限责任公司总经理金坚、财政部财政科学研究所所长贾康为副会长。

参与主办第四届“中国（国际）水务高峰论坛”

2009 年 11 月 19 日，环境商会与中国水利学会联合主办了第四届“中国（国际）水务高峰论坛”，论坛主题为“中国城市污水处理与回用——挑战与机遇”。环境商会领导，首创股份总经理潘文堂、威立雅水务全球副总裁梅杰卡麦斯、威立雅水务集团（中国）副总裁黄晓军、通用技术咨询顾问有限责任公司董事长刘德冰、环境商会秘书长骆建华作为嘉宾出席了论坛。骆建华在致辞中指出，七年来的市场化改革，总体上看利大于弊，成绩是主要的，问题是次要的，改革给水务行业带来了深刻变化，水务行业呈现出前所未有的繁荣景象。随后环境商会会长、首创股份总经理潘文堂作了题为“深化水务市场化改革的探索与实践”的主题发言。威立雅水务集团（中国）副总裁黄晓军、通用技术咨询总经理刘昆、中国水网顾问总编傅涛也分别作了主题演讲。

承办 2009“中国环境服务国际合作论坛”

2009 年 11 月 24 日，中国国际贸易促进委员会与商务部等机构合作共同举办了“中国服务业国际合作论坛”，包括环境服务和金融服务两个平行论坛，其中“中国环境服务国际合作论坛”由环境商会承办并组织策划。论坛第一节“发展绿色经济应对全球挑战”由环境商会会长潘文堂主持，第二节“中国环境产业发展与国际合作”部分由环境商会秘书长骆建华主持。来自环境服务业的领先企业代表们分析了环境产业发展中以及企业发展中的热点问题。

举办“2009 环境杯羽毛球赛”

2009 年 12 月 26 日，由商会举办的 2009 环境杯羽毛球友谊赛在地坛体育馆举行。共有 7 家会员企业代表队参加了本次比赛。在友好、激烈的比赛气氛中，各参赛球队充分表现出良好的团队协作精神，充分体现了环境产业界蓬勃向上的精神面貌。

重要文献

2007 年

环境服务业企业今日“握指成拳”
——在全国工商联环境服务业商会成立大会上的讲话（摘要）

全国政协副主席、全国工商联主席　黄孟复

（2007 年 6 月 12 日）

“十五”计划以来，我国环境服务业得到了迅速的发展，许多非公有制民营企业以国家建设为己任，利用其灵活的体制、充裕的资本、高新的技术积极参与了城市水业和固体废弃物行业的发展，加速了国家建设的步伐，为我国的现代化建设作出了很大的贡献。

2002 年 8 月，国家计委（现为发改委）、建设部、国家环保总局联合下发《推进城市污水、垃圾处理产业化发展的意见》，要求建立城市污水、垃圾处理产业化新机制。“意见”明确指出，推进城市污水、垃圾处理产业化的方向是，改革价格机制和管理体制，鼓励各类所有制经济积极参与投资和经营，逐步建立与社会主义市场经济体制相适应的投融资及运营管理体制，实现投资主体多元化、运营主体企业化、运行管理市场化，形成开放式、竞争性的建设运营格局。

随着改革开放的不断深入和市场经济的快速发展，我国非公有制经济从“拾遗补阙”到“必要的有益补充”，再到“社会主义市场经济的重要组成部分”，与此同时产品已由一般性的产品发展到了一些高科技产品。实践证明，我国非公有制经济给中国经济和社会发展注入了新的活力，已经成为促进国民经济和社会发展的重要力量。

为了进一步有序地引导非公有制企业参与城市水业、固体废弃物行业建设，在非公有制经济领域成立一个全国工商联环境服务业商会是十分必要的。目前我国国内上市公司、外资、民营资本等多方投资主体积极活跃于城市水业、垃圾处理领域，并成为新生力量不断发展壮大。一个真正代表行业、致力于行业发展长远利益的行业组织，将有效服务于政府进行改革的探索，最快、最有效地建立符合共同利益的投资和发展环境。维护公众利益，促进政府对行业的有效监管，有益于政策体系的更加完善。通过商会组织，方便了解行业内企业，熟知行业的需求，从而促进企业参与国家环保政策、产业政策的制订，引导行业健康发展。应该说全国工商联环境服务业商会的成立具有现实意义和深远的历史意义。

下面对全国工商联环境服务业商会提儿点希望：

1. 环境服务业商会在全国工商联的领导下，高举邓小平理论伟大旗帜，遵循中国共产党的基本路线和纲领，遵守我国宪法、法律、法规和政策，遵守社会主义道德风尚；坚持会员办会、服务立会、诚信兴会，引导和教育会员爱国、敬业、诚信、守法、贡献，维护会员的合法权益，提高会员素质，为行业的规范与发展作出贡献。

2. 环境服务业商会要充分发挥其职能作用，加强与各部委的联系，引导会员有序地参与建设；为会员提供经济、技术、信息、生产、管理、融资、法律法规等咨询服务，以及会员间的科研合作、产业资源整合等服务；组织会员参观、考察或举办各类展销会、交易会，增进会员与行业间的交流与合作。

3. 环境服务业商会要做好政府与企业、企业和企业之间的桥梁，按照“十一五”规划的总体要求，努力把各方面的智慧和力量凝聚到加强和促进国家建设上来。以“科学发展、构建和谐、社会责任、价值共创”服务于国家建设，为我国的环境服务行业作出贡献。

4. 商会要继续发展企业会员、壮大商会组织，把一些优秀的、实力很强的，特别是一些高科技非公有制企业吸收到商会来，打造一支优秀的团队。

5. 认真履行商会职能。商会不是以营利为目的，而是以服务、自律、维权为宗旨。一定要围绕国家发展大局，贴近市场、贴近企业、贴近会员，在加强会员联系的同时，发挥好连接政府与企业，企业与公众的桥梁纽带作用，促进会员企业的健康发展和会员企业家的健康成长。

加强行业自律维权　促进环境服务业有序发展

——在全国工商联环境服务业商会成立大会上的讲话（摘要）

全国工商联环境服务业商会会长、
北京桑德环保集团董事长兼总裁　文一波

（2007年6月12日）

环境服务业包括环境设施运营、环境技术服务、环境工程建设、环境咨询服务、环境研究开发、环境监测与信息、环境贸易服务等多个产业环节，在我国以城镇供水服务、城市污水处理服务，以及城市垃圾处理与综合利用为重点领域。目前，我国环境服务行业发展迅速，由政府服务向企业服务的转型已基本完成，市场格局初步形成。

近年来，中国城市供水、污水和垃圾处理服务已经从单一的产品竞争、要素竞争，过渡到整个系统的竞争，市场竞争的核心逐渐由单个“环节”的竞争升级为“产业链”的竞争。大家深刻认识到：环境服务业企业最终向市场提供的产品和服务，是产业价值链中各环节企业共同创造的，环境服务业的健康发展主要来源于这些环节的效率和它们之间的协同效率。建立一个良好的竞争秩序、注重发展、关注品牌、提高效率，为中国环境服务业的发展作出各自的贡献，已经成为企业共同的呼声。

作为中国环境服务业领域的优秀企业，不能仅仅满足于已取得的竞争优势和领先地位，同时还要密切关注产业的发展和演进，主动承担起管理整个水务产业链的责任，主动帮助和改善制约价值链效率的上下游企业的运作效率，从而在合作的进程中提高整个产业链的运作效能，这样才能获得产业的合理结构和高效的协同效率，引领整个产业应对其他相关行业的竞争冲击或发展要求，以保持整个行业的竞争力，谋求产业链的利益最大化。

环境服务行业发展到目前取得了一定的成绩，然而，与行业和企业的迅猛发展势头不相匹配的是，目前行业内、企业间缺乏沟通的有效平台，行业与国际交流也缺乏相应的平台，行业缺乏统一规范的标准。这些都直接制约了整个产业的发展。环境服务行业的无序发展也引起了国家主管部门的高度重视，业界的专家、企业管理者对此提出了诸多建设性意见。其中，成立一个以促进本行业维权自律、交流合作的行业商会，成为了业界人士的共识。

同时，在环境服务业不断发展的背景下，一个旨在加强企业和政府沟通协调，加强企业之间的合作，加强行业自律、规范市场秩序，加强与国际交流合作，以企业为核心的利益群体已经产生。无论是从环保业自身良性发展的需要角度，还是从已具备的发展基础而言，环境服务业商会已经是呼之欲出，整个行业共同期待着环境服务业商会的诞生。

在商会相关发起单位的积极努力下，已经形成了良好的企业之间交流协作氛围，企业共同参与政府政策制定与协商，社会公益活动和企业间联谊活动开展活跃，为商会的成立奠定了良好的行业基础。如“城市水业战略论坛”，是已经连续举办了四年的高层行业论坛，由商会发起单位中国水网和清华大学组织，每年有400人以上的参加者，成为具有深远影响的战略大会；连续举办了十几届的“水业高级战略沙龙”，通过政府、企业、学术三界交流和沟通，有针对性地对环境服务业的问题提出了系列建议，社会影响巨大。

由北京桑德集团、北京首创股份、金州环境集团、威立雅水务集团、中法水务、中国水网等近80家行业领军企业和组织共同发起的行业组织——中华全国工商业联合会环境服务业商会，其发起成员覆盖了中国环境服务业绝大多数最具实力的代表性企业，有遍及全国26个省、市、自治区，涵括了环境服务行业上、中、下游领域各个环节的会员企业代表，是名副其实的行业先进的代表。商会筹备得到了国家相关部委的重视，以及社会各界的支持，企业参加积极踊跃，社会反响热烈。在商会的发起成立过程中，尤其得到了全国工商联的积极回应和支持，并于4月29日被正式批复同意成立。而今，环境服务业企业终于“握指成拳”，这艘环境服务业航母顺势起航了。

环境服务业商会在政策制定等方面，将积极协助政府部门，提供第一手的行业企业资料，使政府的政策更到位、更科学、更利于行业发展。同时，商会也将致力于推进环境服务业市场化进程，促进产业整合，倡导市场的规范化运作，追求企业规模化、品牌化服务，成为以加强政府、企业和学术界的协调发展，促进国际同行交流合作、规范行业市场秩序、加强行业自律为目的的行业组织。

全国工商联环境服务业自律公约

（2007年6月12日）

以引入市场机制为主导的改革催生了环境服务业的成熟，和谐发展的国家战略为环境服务业的发展提供了机遇。市场主体在改革与发展中迅速壮大，一个生机蓬勃的产业群体已经呈现。

环境服务业需要一批有责任感、有品牌的企业主体来支撑。作为主业从事环境服务业的企业，我们从事着城市污水处理、供水服务和垃圾处理等关系国计民生的基础性服务，可持续、高质量、稳定收益是我们的产业追求；我们面临着一个复合型的市场结构，政府和公众是最重要的关联。

但是，处于产业化初期的环境服务业，受到产业分散的困扰，市场秩序不健全，参差不齐的企业主体，在短期恶性竞争中沉浮。这种局面不利于行业的长效服务，不利于企业的长远发展。

在全国工商联环境服务业商会隆重成立之际，我们自发而起，共同签署行业自律公约。我们郑重承诺：

企业之间相互理解、团结协作、公平竞争，不恶意诋毁和中伤同业其他企业

共同谴责和抵制恶性竞争，拒绝提供低价而劣质的服务

倡导企业协同下的合理收益，拒绝牟取暴利的价格同盟

自觉遵守行业竞争规则，不做扰乱市场，不做误导政府和用户的行为

本自律公约向社会公开，由环境商会对自律行为进行监督和奖惩。对恶意违反公约的企业，从公约发起企业中除名，由商会通过有关媒体向社会公告。

我们以从事环境服务业为荣，作为有责任感、谋求长远发展的环境服务业企业，我们期望通过自律，倡导理性的竞争，获得合理的收益，为企业发展留下空间，为高质量的服务留有余力。

欢迎更多的企业加入自律公约，共同迎接环境服务业百花齐放的春天。

全国工商联环境服务业商会成立

黄孟复出席成立仪式强调要把环境问题提到政治高度。在国务院办公厅发布《关于行业协会商会改革和发展的若干意见》(即国办发〔2007〕36号文件）后，各种行业协会、商会组织的改革全面启动。经中华全国工商业联合会批准，6月12日由80家环境服务企业发起的全国工商联环境服务业商会正式成立。

全国政协副主席、全国工商联主席黄孟复出席成立仪式并讲话，他指出，工商联通过环境服务业商会可以引导企业做环保产业，进行环保生产。要把环境问题提到政治高度，落实贯彻到各企业的发展战略中。环境问题为全民关注，所有企业应该参与其中。他说，我们在发展经济的同时，还要建立环境友好型社会。黄孟复表示，相信经过几年的努力，环境服务业商会能够在中国的环境保护事业，在中国的环境产业作出更大的贡献。

全国工商联副主席褚平出席成立大会并讲话。出席会议的还有中华环保基金会理事长曲格平、国家环保总局副局长吴晓青、全国工商联直属商会会长瞿怀明。

会上，北京桑德集团董事长文一波当选为首届环境服务业商会会长。大会通过表决产生了常务理事、会长、副会长、名誉会长，并提名聘任秘书长，同时成立了执行委员会。

据介绍，环境服务业商会是全国工商联领导的非营利性的环境服务业及相关行业的会员组织，商会的成立预示着中国环境服务行业企业之间战略联盟的形成，有利于规范行业竞争、保障行业权益、促进环境服务行业的健康和规范发展，还将有利于提高政府的监管效率。

据了解，环境服务业主要包括城市供水服务、城市污水处理服务、城市垃圾处理服务以及相关产业环节，关系着公众利益和国家资源，是处于政府严格监管下的开放领域，而企业是环境服务业的主要参与者，所以环境服务业的健康发展需要来自政府和企业长期、有效的协调配合。

（摘自《中华工商时报》2007年6月12日）

陈吉宁谈全国工商联环境服务业商会

6月12日，中华全国工商业联合会环境服务业商会在京宣布成立。全国政协副主席、全国工商联主席黄孟复，中华环保基金会理事长曲格平出席大会。北京桑德集团董事长文一波当选为首届商会会长，曲格平理事长和清华大学陈吉宁副校长担任商会名誉会长。5月23日在商会筹备组扩大会议，陈吉宁对商会的成立发表了自己的看法。

陈吉宁说，策划商会这个平台是为大家能够公平地进行交流、进行考证。他说：“解决环境问题要靠政府出钱，靠公共机制支持，其实我们忽略了一个很重要的问题，我们需要一个非常健康、非常强大的产业。对于环保的投资是不能完全靠政府的。”解决环境问题还要依赖

技术进步，技术是靠企业来实现的。如果环境服务行业本身不健康发展，行业本身力量不强，那么它将要付出的社会代价还是非常大的。陈吉宁说，要解决今天所面临的环境问题，我国可能要比别的国家付出更多，我国老百姓要付出更多，这是不值得的。所以，商会的成立对于国家、对于行业整体、对于清华大学来讲是一件很大的事。

陈吉宁还谈到了环境专业教育问题，他说，“大家可能都知道，现在网上在传大学里有多少烂专业，环境专业被认为是其中最烂专业之一，最主要的原因是我们的学生毕业后不知道要做什么，因为你这个行业让学生找不到希望。这样对于我们吸收一些非常优秀的人才是不利的，对于我们行业的发展是不利的”。因此，他希望商会的成立能够促进行业的健康发展，能够吸收接纳优秀人才。

同时，陈吉宁认为环境服务业商会有自身鲜明的特点。他说，环境商会是地地道道的从民间自主发展的商会，这是非常困难的。商会维护行业整体的利益，这是非常重要的一个方面。希望大家都来帮助这个商会。会有一些竞争，会有一些矛盾，但是没关系，最重要是需要大家维护我们整体的利益。

最后，陈吉宁表示，清华大学很支持商会的工作。作为学校不卖东西，也不搞投资，学校就是培养人的地方。清华大学愿意为商会长期地提供各种方便，比如说办公室、各种人力、相应的服务等，目的也是把环境商会做好。

（摘自中国水网
2007 年 6 月 12 日）

2007 环境杯足球友谊赛拉开战幕

9 月 8 日上午 9 点，“2007 年环境杯足球友谊赛”，即“第二届环保足球世界杯”在中国矿业大学足球场开赛。本次足球友谊赛是由中国水网、中华全国工商业联合会环境服务商会（以下简称商会）主办。

“环境杯”足球友谊赛是环保行业内的一次盛赛，旨在通过倡导员工积极参与行业活动的同时，尽可能丰富各企业的企业文化，构建良好的行业氛围，提升员工的快乐指数，充分体现了“快乐工作，健康生活”的活动理念。

当天，国家环境保护总局机关党委副书记王赣江，主办方中国水网总经理张丽珍、中华全国工商业联合会环境服务商会会长文一波、清华大学环境系水业政策研究中心主任傅涛以及 10 家参赛队所在单位的领导：首创股份总经理潘文堂、董事副总经理张恒杰，桑德集团总裁文一波、副总裁马星明，中法水务执行总裁郭仕达、执行副总裁孙明华，中环水务总裁王晓冬，同方水务总经理戴日成，天津创业环保副总经理朱雁伯，通用技术咨询董事薛涛，威立雅水务公关政府事务经理蒋影华，北京建工金源环保副总裁彭锦根，北京排水集团副总经理李怀瑛出席了开幕式，全国人大环境与资源委员会处长王建礼应邀参加了开幕式。开幕式上，中国水网总经理张丽珍、环境商会会长文一波、国家环保总局王赣江副书记分别为大会致辞，他们为本次比赛提出了要求：发扬“友谊第一，比赛第二”的道德风尚，开创良好和谐的竞赛环境。

嘉宾在致辞中说，去年的金秋，我们在这里成功举办了“第一届环境足球赛”，以“创建和谐环境，提升快乐指数”为主题，8 支精英球队驰骋绿茵赛场，展现了环保人士阳光、健康、拼搏、进取的精神风貌，促进了参赛单位间的真挚友谊，影响广泛，成为环境行业的佳话。今天，我们很高兴和全国工商联环境服务业商会共同主办这次“2007 环境杯足球友谊赛”，本次比赛由 10 支环境行业的著名企业和权威机构组成。

嘉宾在致辞时强调：在第一届足球赛上，我们郑重地发布了联合倡议书，倡导所有环保行业的单位积极响应和践行国家对和谐发展的号召，为国家和社会的和谐发展作出贡献；倡导企业间以和谐协作作为主题的交流；倡导将“以人为本”落实到单位自身；倡导快乐地工作，幸福地生活。本次球赛，我们依然秉承以上倡议精神，以“足球为媒，友谊先行，环境服务，和谐旋律”为主题，展现我们环境人高超的竞技水平和优良的精神风貌，为社会之先，做行业表率。

王赣江特别指出全体队员要弘扬奥林匹克精神，树立人文、绿色奥运理念。他还认为本次活动对于宣传环境保护，弘扬人文、绿色奥运，构建环境友好型社会，促进和谐社会建设，向社会展示环保服务业的精神风采，增强环保服务业的向心力、凝聚力和亲和力，具有十分重要的意义。

本届足球邀请赛是继2006年“环保世界杯”后举办的第二届比赛，在秉承了上届“为2008年绿色奥运加油”，弘扬“绿色奥运、人文奥运”精神的同时，进一步扩大了赛事规模，共邀请了10家环保队伍参与。他们分别来自环境服务业的不同产业链环节，包括国家行政机关、战略投资、专业运营公司、工程公司以及中介咨询顾问公司等。数月来经过精心准备，他们今天开始在赛场上各显神通，逐鹿冠军。

在本届比赛中，为了更好地丰富活动的内容，使更多的人员参与到比赛中来，更好地展示各参赛企业的文化和风采，主办方在比赛区的旁边还设立了游戏区，准备了“点球大战”和“足球保龄”等小游戏，可以方便来为比赛加油的小球迷在比赛间歇也能过一过球瘾。

此外，为加强活动的趣味性，专门设计了有奖竞猜。每一位参与开幕式的人员都可以参加这个活动，我们采用现场发卡，现场竞猜的方式，在卡片上写出前三名的球队名称，待比赛结束后，我们将根据最后的名次选出竞猜正确的人员，然后在晚会现场给予奖励。

“2007环境杯”足球友谊赛除了非常具有关注度的足球比赛本身以外，“快乐足球，颁奖盛典”——闭幕仪式暨颁奖晚会，同样也是本次活动非常重要的组成部分。晚会除了颁发最佳拉拉队，体育道德风尚奖，最佳组织奖，金靴、银靴、铜靴奖，最佳战报奖，最佳阵容奖，最佳摄影奖，金、银、铜奖等奖项以外，各参赛球队还会奉献上最精彩、最具有活力的节目来展现企业风采。通过舞蹈、歌曲、情景剧、小品、戏曲、足球宝贝秀等形式，充分体现各企业员工才艺和风采。

文艺和体育的结合，再次奏响了本届足球杯的主旋律，主办方希望本届足球友谊赛能够最大程度地为员工创建出“快乐工作，健康生活”的环境，同时，也希望和欢迎同业的企业也能够加入到这个阵营中来，一起分享快乐。

本次比赛，将继续倡导主办方在上一届比赛发布的联合倡议书，倡导所有环保行业的单位积极响应和践行国家对和谐发展的号召，为国家和社会的和谐发展作出贡献；倡导企业间以和谐协作作为主题的交流；倡导将“以人为本”落实到单位自身；倡导“快乐地工作，幸福地生活”。本次球赛，参与球队依然秉承以上倡议精神，以“足球为媒，友谊先行，环境服务，和谐旋律”为主题，展现我们环境人高超的竞技水平和优良的精神风貌，为社会之先，做行业表率。

（摘自中国水网
2007年9月8日）

城市水业企业改革陷入困境
——一份调研报告的启示

“这段时间很忙，我们主要针对国内水业企业市场化运作中出现的一些问题进行专题调研，分析国有公用事业企业在改革过程中所暴露出的一些弊端，供有关政府部门参考，同时也为会员企业进行维权。”全国工商联环境服务业商会高级项目经理刘晓明对记者说。作为一个全国工商联直属商会，环境服务业商会自6月成立以来，记者第一次对它进行了走访。

“目前，涵盖了城市供水和污水处理的城市水业在环境服务业是最受关注的领域，同时也是市政公用事业市场化改革的主要方面。其中出现了一些问题，有的企业改革失败了，有的企业需要维权，这就成为了我们商会主要的工作方向之一。”水是人类生存和发展的必需品，城市供水系统、污水处理系统一直都属于市政项目，在它的市场化过程中必然会遇到一些障碍，怎样有效地跨越这些障碍？政府在其中应该发挥怎样的职能？怎样使市场公平原则得到更好的发挥？这些都是国内水业不得不思考的问题。

尴尬的战略联姻

“城市水业不同于一般的竞争性行业，它受到管网的限制，具有天然经营、自然垄断的特征，所以成为了市政公用事业市场化改革进程中问题最多、系统最为复杂的领域。”刘晓明说道。她接着又给记者举了手头的一个例子，希望国内的城市水业企业能从这个案例中汲取经验。“我们已经对吉林省四平市自来水公司与中法水务合作运营项目进行了调研，同时完成了该项目的初步分析报告。”

据环境服务业商会的一份调研报告描述，四平市自来水公司始建于1948年，隶属于四平市公用事业管理局，是四平市区的城市统一供水企业。2000年6月，四平自来水公司与由法国苏伊士环境集团和香港新创建集团有限公司合资组成的中法水务投资有限公司签约设立合作公司，联合对四平市区实施供水。

政府通过承诺函，对合同水量、水价、水费以及3年内关闭相关地下井群等事宜做出了承诺。但是，由于承诺未能兑现，自2002年初四平自来水公司即开始拖欠合作公司的水费，2004年中外双方两次签约修改了合作条款，四平市政府再次出具了督促四平自来水偿还欠款、确保合作公司补水收入等内容的政府承诺函。但新的承诺又成为空话，合作公司的经营状况始终未得到改观。2006年四平自来水公司在未事先通知合作公司的情况下向四平市中级人民法院申请破产，而四平中院仅用短短两天就裁定其破产。

“对于四平市合作供水项目我们以极大的诚意和耐心坚持了七年多时间，而当地某些职能部门和相关企业的做法令我们一次次地陷入失望之中。”中法水务一位高层人员慨叹。

失败后的经验教训

商会副会长兼秘书长傅涛告诉记者，商会之所以把四平自来水公司合作运营项目的“维权”工作作为商会成立之后第一件重点开展的业务，是因为该项目在城市水业市场化进程中属于非常典型的负面案例，针对其进行的维权实践将对中国市政公用行业改革与发展产生影响。调研报告分析提出了这一事件主要存在的两点问题：

政府的社会信誉危机。中国现已进入社会主义市场经济体制，“契约”是市场经济的主要经济形式之一。政府作为契约一方，订立约定前必须考虑周全，不能轻易承诺，而约定一旦成立，则理当守约，不可能凌驾于契约之上，否则就会受到市场的冷落。

市政公用事业企业的蓄意破产。城市供水作为市政公用事业的核心内容，传统的自来水公司并不是一般意义上的有限责任公司，而是政府责任的具体承担主体，其亏损主要是政策性亏损，如果选择破产也属于技术性破产，当地政府应承担连带责任，而不能把责任单方面推向社会或者推给某几家债权企业，这不符合行业改革和发展的政策方向。如果由此引发业内企业为了脱逃债务等原因而实施恶意破产，其后果相当严重。

环境服务业商会的这项报告还指出，四平自来水合作运营项目以及几年前出现的“长春汇津污水处理事件”、“沈阳供水改革反复”，均暴露出近年来国内尤其是东北地区推进城市水业改革的一些问题，而且其危害性已经显现。许多投资市政公用事业的公司尤其是外资公司对东北地区的相关政府部门及业内企业均持退避或观望态度，这对该行业在当地良性发展非常不利，也对整个东北地区的招商引资情况造成极其不良的影响。

2007年8月20日，国务院振兴东北办正式出台《东北地区振兴规划》，而“诚信东北”是其主要理念。四平自来水合作运营项目情况已由环境商会提交国务院振兴东北办和全国工商联。环境商会希望能够引起相关政府部门的关注和重视，从而采取补救措施，促进城市水业在东北地区健康规范发展。

城市水业改革的出路

由此不难看出，政府在城市供水企业改制中担负两种义务和责任：一方面是实现引入多元投资主体，带动供水企业经济效益和服务质量的提高，充分利用市场机制，激活沉淀的国有资本和资源。另一方面是政府要改变管理方式，用“政府之手”防止“市场失灵”的问题发生。“由于如何管好今后供水生产、经营的办法不多，对制度资源、管制方法准备不足，使产权转让或合资、合作后的矛盾不断出现，甚至导致类似‘中法四平事件’的发生。”刘晓明对记者说。

城市水业是市政公用事业的核心内容，是城市经济和社会发展的载体，直接关系到社会公共利益、人民群众生活质量以及城市经济和社会的可持续发展。同时，城市水业不同于一般竞争性行业，其准公共产品特性、生活必需品特性以及垄断经营特点都使政府无法完全卸掉自身责任。

调研报告最后分析指出：城市水业改革只是政府出让部分公共资源，是公共利益责任主体的改变或分担，而不是全部责任的转移，无论何种形式的改革只有不改变城市水业的市政设施性质，就不能免除城市政府的最终责任。但是个别地方政府由于对市政公用事业市场化改革缺乏系统认识和规划，或者因害怕出现不确定性因素而萎缩不前，或者急于甩脱“包袱”而草率决策。

光明的未来

随着我国市场经济体制的逐步完善，城市水业改革的逐步深入，国家发改委、建设部、环保总局等政府职能部门陆续制定并出台了一系列相关政策，指导着国家城市水业改革的方向，加快城市水业市场化的进程。

据了解，未来15年我国环境服务业的服务人口将增加到10亿，自来水、污水、垃圾处理服务的覆盖率将进一步提高，环境服务业主业收入将超过每年3000亿元，环境服务业将成为国民经济中举足轻重的产业。

（摘自《中华工商时报》
2007年9月13日）

融资大门要向环保企业敞开
——全国工商联环境服务业商会战略座谈会召开

为切实解决中国的资源环境问题，促进环境服务业持续协调发展，全国工商联环境服务业商会近日在北京清华大学召开了战略座谈会，相关行业的专家学者及商会的会员企业代表等参与了本次会议。

规范发展行业协会和市场中介组织

全国工商联环境服务业商会的秘书长傅涛首先介绍了科学发展观内涵里关于环保方面的指示精神。他说，在十七大的报告里有关环境保护及环保产业的阐述，如今处处可见。报告中提倡要大力推进经济结构战略性调整，注重提高自主创新能力，提高节能环保水平；要加强能源资源节约和生态环境保护，增强可持续发展能力；积极发展环保产业，加大节能环保投入，重点加强水、大气、土壤等污染防治，改善城乡人居环境。

与会的相关专家代表纷纷表示，环境商会作为行业企业的联合，要加强行业市场规范，指导强化企业自律，配合国家政策的推广实施，使商会及相关会员单位发挥更为有效的作用，成为市场经济的重要补充。

加速环境服务业产业化的形成和发展

在座谈会上，相关专家也指出了我国现阶段环保工作存在的主要问题，如政府缺乏实际指导和监管举措，环保产业特别是变革中的城市水业，其产业定性并不清晰；环境保护更多地被当作一个政策举措，而不是一个产业，国家目前尚未有环境服务业的概念；环保企业社会融资存在一定困难，对于环保产业的市场化改革存在一定质疑；同时，环保行业的平等竞争、相互促进的格局尚未形成，缺乏必要的法律、政策和经济手段来规范社会企业的环保责任。

在谈到如何将发展观落实到环境服务业时，部分企业代表提出，要充分引入市场经济体制，加速环境服务业产业化的形成和发展。政府应建立适合的产权制度体系，建立健全的环境责任法律法规，创建一个平等竞争、相互促进的行业环境。考虑到行业的公共事业性质，应设立市场准入的资金、技术、服务水平等方面的标准。在投资环节也应强调政府责任，通过竞争机制选择经营者，这也是环境服务行业产业化发展的必然趋势。

企业代表和有关专家也表示，目前企业的融资难问题极大地制约着企业的发展，影响企业的服务水平，政府应出台相应政策，允许社会企业作为承债主体使用国债资金，低成本的社会资金进入环境服务业成为产业基金，要通过一系列措施增强环境企业的融资能力，降低融资成本，从而有效地控制环境服务价格，提高环境服务的效率。（张黎）

（摘自《中国环境报》
2007年11月29日）

2008年

第三期总裁圆桌会议热议“重点流域治理”：一场惊心动魄的持久战

目前，国家环保工作有两个重要的抓手，一个是节能减排，一个是重点流域治理。在国家不断加大对流域治理力度的背景下，投资力度和管理力度也呈增加态势。先有今年3月启动的为期十三年的水体污染控制与治理科技重大专项，其中的“河流主题”和“湖泊主题”就是为了治理流域水体污染，开发和集成湖泊污染控制与水体修复急需的关键技术，选择太湖和滇池开展工程规模的综合技术示范，形成适合我国国情的湖泊污染治理成套技术及治理方案；近期，中央为扩大内需促进经济增长，出台了4万亿的投资计划，其中强调加强生态环境建设，加快城镇污水、垃圾处理设施建设和重点流域水污染防治。这些投资和政策的相继出台，对于环境保护特别是重点流域治理无疑是重大利好消息，重点流域治理必将更受关注和追捧。那么，重点流域治理的进展及相关政策如何？存在哪些问题？在治理重点流域问题上，企业的力量如何显现？12月23日，由中华全国工商业联合会环境服务业商会（以下简称“商会”）主办的第三期“总裁圆桌会议”为您一一解读。

（摘自中国水网

2008年12月25日）

助环保企业过冬 环境商会吁请政策支持

在扩大内需背景下，环保企业如何“过冬”？26日，全国工商联环境服务业商会（下称环境商会）向国家发改委、财政部等10部委密集提交了4份建议书，建议建立环保企业贷款抵押担保机制、完善公用环境设施用地用电优惠政策、完善环保产业税收优惠政策和完善污水垃圾处理收费机制等。

成立信用担保基金

据介绍，尽管国家确定的4万亿元投资计划中，有数百亿元资金用于环保投入，但真正能让环保企业尝鲜的少得可怜。环境商会秘书长骆建华称，眼下环保企业从商业银行贷款较为困难，非公有制中小环保企业更加困难。

环境商会的调查显示，由于大多数环保企业目前还处于中小型规模，仅仅是保本微利，银行一般都不愿意提供贷款。此外，担保体系也不健全。由于城市基础设施建设贷款额一般较大，地方难以找到合适的企业担保或者企业不愿为其提供担保，而地方财政担保又与我国现行《担保法》规定国家机关不得为保证人的条款相违背，因此担保方面存在缺陷。

环境商会建议，结合国家投融资体制改革，在推行项目业主制和项目经营权转让制度的基础上，落实环保项目融资的资本金制度，以吸引银行信贷资金投向环保项目，也可以将更多的环保项目纳入国家开发银行的城市综合开发贷款项目；在规范环保企业财务制度的基础上，扩大贷款抵押品范围，允许划拨土地及地上的建筑物、地面和地下管网、设备设施抵押融资，并适度提高现有资产抵押率，允许特许经营权抵押贷款。

环境商会还建议，成立专门为环保企业融资服务的信用担保基金和担保公司，由国家每年从财政中拿出资金，或者将收取的主要污染物排污权有偿使用资金、排污费等作为引导基金注入。

减免环保企业所得税？

从2001年起，国家陆续出台了一些环境保护方面的税收优惠政策，但相关政策零星分散在各税种的具体规定中，且大多以部门文件的形式出台，有的还是临时性措施。税收政策的不稳定，致使各地执行环保税收优惠政策时往往出入很大。

“首先是税收政策体系空白点多，部分概念界定不清。”骆建华举例称，如企业流转税中就存在着污水处理行为是属于营业税征税范围还是增值税征税范围的争议。同时，由于污水、垃圾处理收费不足，大多数运营企业难以达到既正常纳税，又实现投资回报的水平。

环境商会建议，明确统一流转税的税种，将企业的流转税明确统一为税率较低的营业税，并在运营初期5年内免征；减免环保企业所得税，对环保企业所得税比照高新技术企业15%的税率征收，并在设施开始投入运营5年内免征，5～10年减半征收。

污水处理费每吨0.8元起

环境商会的调查发现，目前全国城市生活污水处理费开征面仅在60%左右，垃圾处理费的征收面也仅在16%左右。

而一些重点流域要求污水处理厂出水标准须达到一级A标准，即污水处理厂必须进行脱磷除氮和污泥处理，其成本将达到1.5元/吨，而目前城市收费标准一般在0.2～1.2元/吨之间，难以满足污水处理厂的正常运营需求。

"污水垃圾收费一直是环保产业发展的瓶颈问题。"骆建华称，环境商会为此建议提高收费标准，每吨污水处理费起码征收0.8元，对于提高出水标准的地区，污水处理费应根据实际成本相应提高。

而对于公用环境设施用地用电问题，建议书提出应免交城市基础设施配套费，减半收取城市规划综合技术服务费等，降低企业用地成本。并建议各地污水处理设施运行电价执行大工业电价政策，根据污水处理厂COD削减绩效进行电价补贴奖励，以发挥污水处理设施的减排潜力。

（摘自《第一财经日报》
2008年12月29日）

2009年

进一步推动环境服务业的健康发展，有效解决日益严重的环境污染问题

商会通过全国工商联向"两会"提交的提案
（2009年3月5日）

面对国际金融危机全球的蔓延，中国政府以4万亿投资来拉动内需、带动经济发展，这对缓解我国经济压力具有非常积极的作用，其中，环境服务业的发展和推动应当作为中央投资拉动内需的一个重要领域。发展环境服务业、有效解决环境污染问题、提高环境质量不仅是我国社会经济发展的必然需求，同时也是我国节能减排、建设"两型"社会政策背景下的必然选择。

一、我国环境服务业现状

环境服务业是环境保护产业的一个重要组成部分。随着经济全球化、环境全球化的迅猛发展，环境服务业在国际环境市场中的份额不断提高，已成为最具发展潜力的环境保护产业领域。环境服务业在我国起步较晚，20世纪90年代中期之前，我国环境服务业从业单位主要是各种科研设计单位，服务业也相应以开发、设计等技术性服务为主。20世纪90年代后期，随着工程项目增加，以工程为基础的环境工程公司大量进入服务业，环境服务业的内涵也从单一的技术服务向决策、管理、金融等综合、全方位的智力型服务发展，结构性调整明显加快。

1. 随着我国环境设施的加快建设，环境服务业获得了迅速发展

近年来，随着中国环境投资的加大，中国环境设施建设有了长足的发展。城市自来水用水人口3.48亿人，用水普及率93.8%，近十年来我国城市用水人口总数平均每年增长3.54%，城市供水综合能力为2.7亿立方米/日。2007年底，城市污水年处理量达到226.8亿立方米，近十年平均增长率为9.68%；2008年7月全国运营污水处理厂数量达到近1500座，而2000年不足200座；城市污水处理厂污水处理能力已达到7137.5万立方米/天，十年污水处理厂处理能力的平均增长率高达19%；2007年底，全国城市污水处理率62.8%。十年平均增长率为3.7%。中国政府在2005年年底提出了城市污水处理率2010年要达到70%的目标，重点城市的污水处理率在2010年要达到80%，中小城市达到60%~70%，2008年底已经接近这一目标。与此同时，从事供水、污水处理的环境服务企业无论是数量上还是规模上都有很大的提升。

2. 环境服务业市场机制体系初步建立

2002年以来，建设部等有关部门开始推进引入市场机制的改革，先后颁布《关于加快市政公用行业市场化进程的意见》(2002) 和《市政公用事业特许经营管理办法》(2004)，通过5年的努力，我国在环境产业初步建立了以特许经营为核心的市场引入机制体系。在全国市政公用行业内迅速涌现出大量的市场化改革项目，根据建设部2005年、2006年的调研，全国市政公用行业（供水、污水、垃圾、供气、供热、公共交通）共上报调研所涉及的各类市政公用行政事业项目近2000个，其中各行业均有超过半数以上的项目都已经开展了以特许经营制度为核心的引入市场机制的改革，而且特许经营所涉及特许经营制度的项目数每年仍在逐年迅速的增长之中。

3. 环境服务业市场主体得到发展

大量的社会企业开始进入环境产业的投资、建设、运营、管理环节，在我国公共服务领域逐步形成了一支初步健全的产业队伍，也形成了一定的产业基础。经过五年多的实践，特许经营制度已经在我国市政公用行业的改革中发挥了巨大的积极作用，尤其是在引入资金和提高行业服务

效率方面，促进了行业市场的良性发展。例如，在供水和污水行业，目前由非传统企业处理服务的供水量和污水量已经分别超过了全国 2007 年总供水量的 20% 和总污水处理量的 70%；社会企业所提供的垃圾处理服务比例也得到迅速增加；而且很多非传统企业提供的服务，在服务质量上得到了地方政府和公众的普遍认可。

4. 环境产业的服务业转型加快，运营服务比例逐步提高

随着环境设施的增加，环境产业的重心逐渐由工程服务、设备服务向运营服务转移，以运供服务为核心的环境服务业比重逐渐加大。到 2008 年底已经形成的供水服务、污水处理服务和垃圾处理服务的总服务业理论产值分别达到约 700 亿、100 亿和 50 亿。一批中国环境服务业在环境产业中的比重达到约 30%。

二、环境服务业的主要问题

我国的环境服务业发展尚处在产业化的初期，产业转型没有完成，产业体系很不完善。

1. 服务业比重仍然偏低

环境服务业的比重是环境产业成熟的标志，发达国家一般在 50% ~60% 之间，我国由于仍然处在环境设施的建设时期，环境服务业的比重较小，也反映出产业初期的基本特点。

2. 市场机制没有完善

虽然中国已经开始建立和完善市场机制体系，但是受到立法体制的限制，中国的特许经营制度还没有完成立法，虽然已经有 7 个地方性《特许经营条例》发布，但是在国家层面，特许经营目前仍然停留在部门规章的层次，对特许经营所涉及的产权、税收、土地、价格等综合问题难以协调。

3. 设施运营的系统效果差

环境设施"晒太阳"已经成为社会关注的重点。据有关报道，河南省在 2008 年 5 月份有 30 座污水处理厂由于没有稳定运行受到环保部门通报批评；在污水处理费收缴情况相对理想的山东省，其已建成的 151 座污水处理厂中有 42 座运营负荷低于 75%。根据中国水网的研究，2007 年全国城市污水处理设施平均利用率仅为 60.32%。环境设施较差的运营表现与产业化程度密切相关。

4. 环境设施服务的标准化差，服务不规范

环境设施近年来迅速增长，但是管理难以跟上，大部分设施停留在粗放的管理水平之上，健全了 ISO 质量管理体系的污水处理厂不超过 10%，管理水平差异极大；垃圾处理的产业化程度更加低下，由于服务标准的缺乏和监管的缺位，垃圾处理的服务费出现了从 40 元/吨到 300 元/吨的巨大反差。同时，由于环境设施绩效管理工具的缺失，企业管理水平高低不能达到有效甄别，也制约了政府的监管。

5. 产业分散，市场集中度差

目前的环境设施基本停留在当地企业分散经营方式上，市场份额最大的公司所运营的项目数量也不超过 30 个，全国 1500 个污水处理厂和几百个垃圾处理厂，分散在近千个运营主体之中。清华大学的调研发现，产业化程度相对较高的无锡市所属 64 个污水厂由 40 多个不同的企业主体经营。经营主体的分散造成了市场主体服务意识和品牌意识淡薄，造成技术支撑和人才支撑的滞后，严重制约了服务质量的提高，也加大了政府的监管成本。

三、主要建议

针对上述我国环境服务业发展的现状和问题，我们提出以下几点建议：

一是改变环境领域"谁污染，谁治理"的原则为"谁污染，谁负责"，为了保证环保设施的运行质量和效率，强化推进环境治理设施运营服务的市场化进程，推行专业化运营服务，制定政策促进污水处理运营服务领域的产业整合，鼓励有品牌的环境企业适当扩大市场规模，提高市场的集中度。同时，政府所属的事业单位等非市场主体应该彻底从建设运营主体中推出。

二是完善特许经营制度，推行市场机制的投资运营模式。对于市政环境基础设施，政府能够出资的，鼓励采取 DBO（设计—建设—运营）的建设模式；政府资金困难的，采用 BOT（建设—运营—移交）建设模式，选择专业化企业进行经营。对于已经建成的环境设施，优先采用委托经营的模式，交由专业化的、有品牌的运营服务商运营；对于资金困难的政府，可以将已经建成的环境设施，以 TOT（移交—运营—移交）模式在一定时期内转让经营权，但是也必须由专业

化的、有品牌的运营服务商运营，特许期结束后要将设施无偿交还给政府。

三是在特许经营体系中，环境服务项目仍然是公用事业的性质，且属于政府购买服务的产业性质，需要财税政策的支持。建议将目前集中在设备制造环节和污染产生环节的税收优惠政策向环境治理服务环节转移，环境设施运营企业的营业税、土地使用税、房产税、所得税等建议进行明确而适当的减免或免收，同时适当降低环境设施的土地和用电费用。这些减免可以降低政府的服务费支付压力，控制服务价格，同时可以鼓励专业服务公司向品牌化、规模化发展，提高产业化水平。

四是环境设施的建设是一个必要的过程，而设施的有效运营才是真正的目的。建议在国家层面建立基于环境设施治理效果的政府财政补贴机制，即动用专向财政资金对环境设施运营环节给予补贴，这样可以有效提高设施运营者积极性，并能够保证设施正常运营，切实实现减排目标，改善环境质量。同时，建议将有限的国债资金集中投向污水处理管网、农村环境设施等市场机制不能覆盖的领域，与市场资金形成有机的补充。

环境公用事业
不搞市场化没有出路

——全国工商联环境商会回应有关环境公用事业改革质疑

全国工商联环境商会（下称环境商会）14日召集在京媒体，首度对外界有关环境公用事业改革的质疑进行回应。

环境商会秘书长骆建华对 CBN 记者表示，“我们不应主观地将局部地区出现的个别问题上升为普遍性问题，进而怀疑甚至否定市场化改革方向”。

近日，一些媒体以市场化进程中个别项目出现供水质量下降、外资水务企业进入中国市场势头较猛等为由，对环境公用事业市场化改革进行质疑。

骆建华称，“这种以偏赅全的做法是不恰当的，也是不客观的”。他认为，有关各方应通过事实对比和大量数据分析，来全面客观地看待和评价环境公用事业市场化改革。而对于改革中出现的问题，必须用改革的办法加以解决。

市场化改革不可逆

在回答 CBN 记者有关环境公用事业为何要进行市场化改革时，骆建华表示，市场化改革之前，中国环境公用事业都是由地方政府直接投资并进行垄断经营，政企不分，效率低下。公用设施老化、技术水平落后，“跑冒滴漏”现象较为普遍。中国公用事业要想走出“投资靠政府、运行靠补贴、亏损靠涨价”的怪圈，就必须要开展公用事业市场化改革。这是大势所趋，不可逆转。

据介绍，中国公用事业市场化改革始于2002年。党的十六届三中全会明确提出对公用行业进行开放，允许包括外资、民间资本等社会资本进入，同时要求垄断行业放宽市场准入，引入竞争机制。

2005 年，以供水、污水处理和垃圾处理为主体的中国市政环境行业逐步进入产业化时代。随着政府投资体制的改革，专业化运营服务企业初步获得市场认同，企业的竞争与合作成为环境公用市场的主流趋势。

骆建华介绍，几年来，以特许经营制度为核心的环境公用事业改革，极大地提高了行业的服务效率和服务质量。政府大包大揽环境公用设施建设和运营体系被打破，包括外资、民间资本在内的多元化投资体系逐步形成。在城市供水和污水处理领域，外资和民营企业的服务市场覆盖率已经分别接近 20% 和 50%，而在新建环境设施服务市场中，外资和民营企业的覆盖率则超过 60%。

据统计，1998 年到 2002 年的 5 年间，中国城市环境基础设施建设投资总额仅为 2835 亿元。而在市场化改革后的 5 年间，市政环境基础设施投资总额达到 6285 亿元，是此前的 2.2 倍。同时，水的生产和供应业投资也达到了较高水平，年平均增长率由市场化改革前的 2.8% 激增到改革后的 25.9%。

在城市污水处理方面，1998 年到 2002 年中国城市污水处理厂年平均增长约 35 座。市场化改革后经过 5 年的发展，2007 年末中国已运营的城市污水处理厂总数为 883 座，与 2002 年的 537 座相比平均每年增加约 70 座。截至 2008 年 6

月，中国运营的城市污水处理厂数量达1043座，在5个月的时间里数量又增加了160座。

外企尚未形成垄断

经过几年的实践，一些国际资本已进入中国环境产业市场，并获得较快发展。以供水行业为例，2007年，威立雅水务、中法水务等6家外资企业所形成的供水能力达到全国供水总能力的8%。

骆建华指出，“我们应该看到，外资企业在中国水务行业的市场地位离垄断仍遥不可及，更不可能对中国的供水安全造成影响”。

他分析说，一是从外资企业签约项目的处理能力来说，在华主要外资企业目前所有签约项目的供水总能力不到全国供水总能力的10%，排名第一的威立雅水务实际市场占有率不到3%。可见，目前外资企业在中国供水市场尚未形成垄断地位。

二是从水价来说，在中国供水价格的制定权归政府所有，并且价格的变动必须要召开听证会进行听证，任何企业仅是根据与政府签订的服务合同获得服务报酬，并不具有定价权。

环境商会在提供给记者的一份材料认为，“外资企业进入中国水业市场，对中国政府的水务管理模式起到了促进作用”。

环境商会认为，外资水务的进入打破了中国供水行业传统的垄断局面；开创了中国“政府—企业”合作关系的建立；促进了中国供水行业市场化改革的发展；促进了中国水业市场的培育；对中国水务管理的法制化建设，尤其是特许经营制度的发展起到了积极的促进作用；促进了水务管理的系统化和透明化，提高了政府的水务管理能力。

“总体来说，外资企业进入中国水业市场之后对中国的水务管理带来很多积极的影响。”骆建华称。

仅靠市场机制不够

自2003年，中国拉开环境公用行业市场化改革的帷幕以来，改革逐渐深化，引发产业结构、监管体系、公众参与和国际参与等多方位的升级。

环境商会表示，经过几年来的实践，从实现改革目标（如引进有效的资金、提高服务质量和效率、推进行业的可持续发展等）角度看，城市环境公用设施市场化改革方向是正确的，改革的成效也是显著的。

据介绍，目前国际上许多国家的环境公用行业尤其是水务行业都采用了市场化机制，比较典型的有英国模式、法国模式和荷兰模式。其中，英国是水务行业市场化改革的先行者，采用的是环境公用环境设施完全民营化管理模式；法国城市水业模式是在保留产权的公有性质前提下，通过委托经营合同引入私营公司参与水务设施的建设和经营。

针对环境公用行业市场化改革出现的一些问题，环境商会表示，有些“改革不仅仅是简单地引入市场竞争机制，而是一个复杂的系统改革，涉及政府、公众和企业多方面的角色转变和新的制度安排，涉及产权、价格、资源等多部门协调，以及不同级政府的事权划分。仅仅靠目前的部门规章难以实现有效保障，因此需要尽快完善特许经营立法”。

骆建华称，“特许经营制度成为适合环境公用行业特点的一种引入市场机制的方式，而且该制度适用于大多数地区的改革”。

但他同时表示，“成功的特许经营制度是以完善的监管体系为保障，以科学的制度安排和法制体系为基础的。针对目前中国政府缺乏有效监管工具的状况，开展专题研究，建立适应于中国特点的供水和污水垃圾处理的绩效系统是非常必要的，而且是非常迫切的”。

（摘自第一财经网
2009年7月17日）

全国工商联环境商会：澄清水务行业市场化改革六问题

如何评估过去7年水务行业市场化改革的成败？如何选择下一步水务行业改革的路径和方向？目前行业内甚至社会上众说纷纭，莫衷一是。目前，全国工商联环境商会秘书长骆建华接受CBN记者独家专访，就水务行业市场化改革中的一些热点问题进行辨析。

7年是“黄金时期”

CBN：目前有一种观点认为，市场化改革带来了许多弊端，问题与经验交织，且问题大于成绩，现在已经到了改弦更张、更旗易帜的时候。请问，7年来市场化改革是利大于弊还是弊大于利？

骆建华：7年来的市场化改革，总体上看利大于弊，成绩是主要的，问题是次要的。理由是，这场改革给水务行业带来了深刻变化，水务行业呈现出前所未有的繁荣景象，过去7年是我国水务行业快速发展的“黄金时期”。

至于改革中出现这样那样的问题，我们认为是难免的，其原因在于我们对于水务行业市场化改革还知之不深、知之不多。改革中出现的问题必须用改革的办法来加以解决。那种想让改革停滞不前甚至走回头路的做法是行不通的，也是无济于事的。

我们应当注意防止那种把改革政策不配套、改革措施不到位所带来的问题归咎于改革本身，进而对改革产生质疑，甚至否定的倾向。

改革不应一刀切

CBN：现在业内有一种观点，认为过去7年改革出现的问题主要是产权制度改革带来的。因此认为下一轮改革的着力点不在产权，而在经营权。下一步改革走向是行政主导还是市场主导？

骆建华：从目前已有的案例来看，实行市政公用设施产权转让的项目，并没有出现问题丛生的局面。相反，大部分项目在产权转让后，出现了许多积极的变化，特别是在企业管理水平、服务效率、财务状况、员工培训、技术引进和管网漏损率方面，都有了明显改善。应该说，正是由于社会企业的进入，使得市政公用事业焕发出前所未有的活力和朝气。

我们认为，下一轮改革不应以行政命令的办法，采取一刀切的方式，强行推行某一特定模式，而应把改革目标作为改革的前置条件和指向。改革目标应在原有“促进发展、提高效率”的基础上，拓展为“扩大供给能力、提高经营效率、提升服务质量、保障运行安全”，加快建立“充足、高效、优质、安全”的市政公用事业服务体系。至于改革的基本路径，可明确为运行机制市场化、投资主体多元化、运营主体专业化、政府监管规范化。因此，各地应结合实际情况，灵活多样地选择改革模式。至于是以产权改革为主导，还是以经营权改革为主导，应当按照因地制宜、因事制宜的原则，由各地自行加以选择。

引入市场机制

CBN：水务企业利益与公众利益是对立的还是内在统一的？

骆建华：水务改革对经济学家提出了严峻挑战。因为水务行业所承载的两个目标似乎是不可兼容的，既要照顾社会福利的最大化，又要满足企业利润的最大化。为了协调两者之间的矛盾，欧美发达国家在水务改革方面进行了大胆的探索，逐渐形成了所谓的英国模式和法国模式。所谓英国模式，就是政府放松规制，取消企业进入水务行业的壁垒，打破国家资本对水务行业的垄断，实现投资主体多元化。所谓法国模式，就是政府部门将水务行业经营权交给私人机构，允许承租方通过对用户征收租金获取利润，对所承租的水务行业进行开发管理。

无论是英国的民营化，还是法国的特许经营，都是促进竞争的有效手段。这些国家在引入市场机制以后，企业在获取利益最大化的同时，也因效率和质量的提高而给公众带来了最大福利。因此，政府在水务行业引入市场机制，是可以平衡好资本逐利性与行业公益性之间关系的。政府一方面可以通过放开市场来提高行业效率和竞争力，另一方面则可以通过价格监管、建立企业补贴机制和社会补助机制来保障公众利益，使水务行业的经济属性和社会属性得到有机统一。

放手不等于甩手

CBN：水务产品服务是由政府提供还是由市场提供？

骆建华：在市场化改革进程中，政府自始至终应起主导作用。但需要强调的是，政府主导不等于政府建设、政府运营、政府提供，而应是政府规划、企业生产、政府采购、保障供给。这就要求政府应积极引入市场机制，充分发挥市场在提升服务效率和服务质量方面的先导作用，充分发挥企业在市政公用行业投资、建设和运营中的主体作用。不论市政公用设施产权性质如何，都应逐步实施市场化运营。政府和投资运营者之间应逐步形成利益共享、风险共担、责任共负的合作伙伴关系。

但是，政府放手让企业经营公用事业，不等于政府可以甩手不管，而是要求政府必须转换角色，合理界定政府和企业的边界。政府的着力点应该放到完善法律、加强监管、促进竞争、防止垄断上，既要促进企业提高服务效率、优化产品质量，又要保证企业的经营活动不偏离公用事业的公益性。因此，政府应进一步强化监管，尤其是在完善特许经营制度、设立严格的市场准入与退出机制、加强运行安全的监管、加强产品与服务质量的监管、制定合理的价格和收费机制、维护良好的市场竞争秩序等方面发挥更加积极的作用。

国民共进意义更大

CBN：去年以来，中央实行的经济刺激计划，使中国经济在很短的时间内出现可喜的复苏迹象，今年“保八”任务已无悬念。但是，我们也看到，经济刺激计划在带动经济复苏的同时，客观上催生了国进民退现象。水务行业是选择“国进民退”还是选择“国民共进”？

骆建华：由于经济刺激计划投资的着力点在于包括市政公用设施在内的基础设施建设，而参与基础设施建设的大部分企业又是国有企业，客观上造成财政供给和信贷资金供给同时倾斜于国有企业。民营企业虽然也分得了一杯羹，但相较于国有企业来说，其受惠程度明显较低，民营企业贷款难、融资难的问题并没有从根本上得到解决。同时，政府部门又从主观上抱有打造具有国际竞争力的大企业的迫切愿望，对国有企业的行政扶持力度明显强化，一定程度上加速了国进民退现象，其表现形式是国企兼并民营已经在多个行业中上演。

就水务行业而言，现在也有一种观点认为，出于供水安全的考虑，必须把水务行业牢牢掌握在国有企业手中，这和上述的多个行业出现的国进民退现象有着不谋而合之处。但是，国进民退无论对中国经济来说，还是对水务行业发展来说，是否能带来积极的影响还有待进一步观察。国进民退能否打造中国的世界级水务企业，真正形成核心竞争力也令人质疑。在水务行业下一步改革中，能否给予民营水务企业平等竞争权利，已经不仅仅是关乎民营企业本身发展的问题，而是关系到整个行业健康有序发展的问题。我们认为，选择国民共进而不是国进民退，对于未来的中国水务行业加快发展可能意义更为重大。

狼来了并不是坏事

CBN：水务行业是改革开放并举还是只要改革不要开放？

骆建华：改革和开放两者是相辅相成，不可分割的。扩大开放是为了推动改革，深化改革也必须坚持对外开放。中国自 2001 年加入 WTO 以来，社会上一直弥漫着一种情绪，总是担心对外开放会引狼入室，对外商外资怀有一种本能的排斥心理，欲迎还拒。事实证明，外资特别是大型跨国企业的进入，不仅带来了发展急需的资金、先进的技术和高效的管理，更主要的是营造出一个充分竞争的市场环境，促进国内企业强身健体，增强市场竞争力。水务行业市场化改革也不例外，正是由于一些大型国际水务公司的进入，客观上推动了国内水务企业的成长和壮大。

有时候，狼来了并不是一件坏事，挡住狼并不能保护羊，走一狼则有可能失千羊。因此，我们应以敢于竞争的胸怀和更加开放的心态来对待外商外资，用开放来促改革，用改革来促发展。至于外商的引入是否影响到城市供水安全，取决于民族水务企业是否足够强大，取决于政府监管是否到位。

（摘自第一财经网
2009 年 11 月 27 日）

大事记

2007 年

4 月 29 日，全国工商联批准中华全国工商业联合会环境服务业商会成立。

5 月 23 日，商会第一次筹备组扩大会议在新大都饭店召开。

6 月 12 日，商会在人民大会堂召开成立大会，全国政协副主席、全国工商联主席黄孟复，中华环保基金会理事长曲格平出席了大会，环保总局等相关部门领导一并出席了大会。

6 月 27 日，商会首次组织参与国家重大政策制定的座谈会。商会的名誉会长、清华大学常务副校长陈吉宁，商会会长、桑德集团总裁文一波以及多位副会长和副会长单位代表参加了本次座谈会。会议的主题是为国务院印发的《节能减排综合性工作方案》的落实工作建言献策。

7 月 14 日，环境服务业商会召开了第一次会长办公会，与会人员有：文一波、潘文堂、黄晓军、傅涛、景星。会议由商会副会长兼秘书长傅涛主持。

7 月 14 日，由清华大学环境系、中国水网以及环境商会共同举办的第十八次水业战略沙龙在清华大学节能楼召开。

7 月 27 日，商会综合各主要会员单位的意见，为促进国家污染减排目标的顺利实现，构建中国资源节约型、环境友好型社会而撰写《全国工商联环境服务业商会关于实现国家减排战略的建议》一文，并报送国家发改委环资司、建设部城建司、国家环保总局污控司，抄送全国工商联。

8 月 1 日，商会在综合一些会员企业的意见后整理出《水业市场化过程中企业遇到的典型问题》一文，并发函给国家发改委环资司。

8 月 13 日，根据第一次会长办公会议和第二次会长办公会议的决议，商会任命了 6 位副秘书长，他们是马勒思（桑德集团）、杨斌（首创股份）、景星（金州环境）、蒋影华（威立雅）、周永强（中法水务）、张丽珍（中国水网）。

8 月 13 日，环境服务业商会召开了第二次会长办公会，会议由副会长兼秘书长傅涛主持，与会人员有会长文一波；副会长傅涛、潘文堂、黄晓军、孙明华、蒋超。

8 月 22 日，本着维权、自律、议政、共赢的商会服务目标，商会网站（http：//www. cesia. org）开通运行。

8 月 29 日，第六届亚太地区基础设施发展部长级论坛暨第二届中国城镇水务发展国际研讨会在北京国际会议中心闭幕，商会副会长兼秘书长傅涛在会议上作了发言。

9 月 4 日，商会发布了《关于城市水业资产溢价转让行为的公告》致函建设部、商务部、国家发改委。

9 月 6 日，商会整理出《对于污水及垃圾处理行业税收优惠的建议报告》一文，上交发改委环资司。

9 月 8 日，由商会和中国水网共同举办的“2007 环境杯足球友谊赛”在北京矿业大学开幕。

9 月 8 日，商会第一次会长会议暨第三次会长办公会在北京召开。

9 月 20 日，由商会举办的“企业维权与政策修订工作座谈会”在金州集团会议室隆重召开。

9 月 23 日，“2007 环境杯足球友谊赛”闭幕仪式暨颁奖晚会在桑德集团二层礼堂隆重举办，同时此届足球友谊赛也正式画上了圆满句号。

9 月 24 日，由商会举办的“环境商会会员通讯《境界》试刊暨环境商会信息座谈会”在环境商会召开，来自桑德集团、威立雅水务、中法水务、中国水网、创业环保、建工金源、得利满、美华博大等多家会员单位的信息和内刊代表出席本次座谈会。

9 月 26 日，由中国水网、清华大学水业政策研究中心和环境商会联合举办的 2007 年“西部水业万里行”活动起程。参加万里行活动的公司包括天津创业环保股份有限公司、金州环境集团、北京排水集团、同方股份等。

10 月 9 日，商会提出《中华人民共和国水污染防治法（修订草案）》修改建议，致函全国人大法律工作委员会。

10 月 13 日，2007 年“西部水业万里行”活动圆满结束。

10 月 25 日，商会召开编撰《城市水业企业法律实务手册》的工作会。金州环境集团、桑德集团、中法水务、首创股份的法律部高管，国浩律师集团与中咨律师事务所共同出席了本次工作会。

10 月 26 日，商会第四次会长办公会在北京召开。

11 月 14 日，商会会长文一波，副会长兼秘书长傅涛一行 6 人前往水利部与水利部水资源司有关领导举行座谈，就原水工程建设和水资源费的管理方面的议题展开了深入的讨论。

11 月 15 日，商会组织会员单位讨论如何更加有效落实科学发展观，促进行业持续协调发展。

11 月 16 日，商会参加“第二次城市供水定价成本监审办法研究会议”，讨论供水定价成本监审办法。

12月5日，应全国工商联政协提案准备会议的要求，向全国工商联研究室报送了七项提案选题。

12月15日，由商会组织的首次“媒体沙龙”活动正式启动。本次活动的目的是增进与众多媒体的沟通，使其对环境服务业的现状有更加直观和深入的了解。

12月29日，商会参加由清华大学环境系、中国水网共同举办的第十九期水业战略沙龙，与会员单位共同探讨“关于设立环境产业投资基金的可行性分析”。沙龙由环境商会副会长兼秘书长傅涛主持。

12月，商会向全国工商联推荐会员单位参加“2008年度国家科学技术进步奖”的申报工作。

2008年

1月18日，全国工商联环境商会、农业产业商会、新能源商会等三个行业商会与台湾光彩促进会在北京举行座谈会。

2月28日，商会在清华大学环境节能楼举办了第二届“媒体沙龙”活动。

2月29日，由全国工商联环境服务业商会和中国通用技术（集团）控股有限责任公司联合主办的“环境服务业国际发展战略专题座谈会”在通用技术大厦隆重举行。

4月2日，由清华大学、中国水网、全国工商联环境服务业商会联合主办的“2007年度水业企业评选颁奖仪式暨总裁战略论坛”在国谊宾馆举行。

5月6～10日，商会代表前往德国慕尼黑考察IFAT环境博览会，并与该展会主办方德国慕尼黑国际博览集团高层进行了会谈。

5月14日，四川汶川强烈地震牵动全国人民的心，一方受难，八方支援。环境商会和中国水网联合向会员单位发出抗震救灾的倡议书。倡议书倡议会员单位和环境服务从业人员向灾区同胞伸出援手，以帮助灾区人民共渡难关、重建家园。

5月28日，环境商会回应外资进入导致水价被操控的质疑。

7月，环境保护部对城镇污水处理设施建设进展缓慢的几个省份进行节能减排方面的检查。为配合环境保护部的此次工作，全国工商联环境服务业商会特别推荐了8位污水处理运营管理专家。据悉，8位专家于7月6～16日期间赴辽宁、吉林、黑龙江、湖北、湖南、广西、海南等省份进行为期十天的检查工作。

7月9日，由商会举办的“环境商会内刊《环境界》评刊会”在环境商会召开。

7月16～18日，商会年会活动在珠海、澳门圆满举行。

7月24日，全国工商联副主席宋北杉、会员部副部长赵岳仑等一行莅临商会会长单位——桑德集团，就如何加强全国工商联行业商会组织建设，行业商会如何更好地体现“三性”以及行业商会遇到的困难和障碍等问题与商会会长、桑德集团总裁文一波和商会副会长代秘书长傅涛进行了座谈。

9月9日，由环境商会主办的“中国环境产业国际投融资论坛”在北京香山饭店成功举办。

9月22～24日，商会应德国慕尼黑国际博览集团邀请，前往上海参观并考察了“IFAT中国环博会”。

10月11～12日，由环境商会主办的“2008环境杯乒乓球友谊赛”在崇文区体校乒乓球馆开赛。本次比赛共有14支球队参赛。

10月17日，由环境商会主办的第一期总裁圆桌会议在中国通用技术集团301会议室举办。会议的主题为“全国污染减排进展及相关政策”，主讲嘉宾为环境保护部总量司司长赵华林。

10月30日，全国工商联研究室黄文夫巡视员一行4人走访环境服务业商会，并邀请商会会员企业代表召开座谈会，听取商会及会员企业对2009年提案工作、行业商会健康发展等方面的意见和建议。

11月13日，环境商会第一期环境商报出版，题目为《关于加大环境基础设施建设投资增强投资效益的建议》。

11月26日，环境商会第二期总裁圆桌会议在中日友好环境保护中心举行。主题为“环保企业如何‘过冬’”，同时邀请财政部财政科学研究所所长贾康解读中央扩大内需政策。

12月1日，环境商会第二期环境商报出版，题目为《关于加大对环境基础设施市场化财政信贷支持的建议》。

12月15日，环境商会秘书长骆建华会见了来访的日中经济协会代表团。

12月18日，环境商会第三期环境商报出版，题目为《关于当前污水处理设施建设中值得注意的问题》。

12月23日，环境商会在中国通用技术集团举办第三期总裁圆桌会议。主题为“重点流域治理进展及相关政策”，主讲嘉宾为环境保护部污染防治司副司长凌江。

2009年

1月12日，财政部对环境商会所提《关于调整环保领域财税优惠政策方向的提案》给予答复。

1月16日，环境商会撰写出《环境产业研究报告系列之二：水价形成机制研究》。

2月9日，环境商会电子期刊《环境政策月刊》正式开始对会员发布。本刊分5个栏目：国家环境政策法规、地方环境政策法规、环境投资信息、全球碳市场、中国CDM。

2月18日，环境商会在中国大饭店举办了“2009环境商会新春酒会”。主题为“交流·合作·共赢”。共有20多个国家驻华使馆、国外商会、国际组织和30余家商会会员企业的代表参加了此次酒会。

3月，全国政协十一届二次会议上，商会共提交了《关于进一步完善污水处理设施建设运营机制的提案》、《关于建立环保企业贷款抵押担保机制的提案》、《关于鼓励民营企业作为研发主体参与国家重大专项课题的提案》等三份提案和《进一步推动环境服务业的健康发展有效解决日益严重的环境污染问题》、《鼓励民营企业参与国家重大专项课题进一步调动民营企业自主研发积极性》等两份政协会议书面发言稿。

3月10~17日，应日中经济协会邀请，商会组织中国环境产业考察团前往日本进行访问。

3月19日，环境商会撰写出《环境产业研究系列三：国内外环保投融资体制研究》。

3月30日，环境商会第一任会长文一波、秘书长骆建华与香港贸易发展局华北和华东首席代表陈海劲先生、驻北京高级研究主任陈碧君举行了会谈。双方就香港如何与内地深入合作，香港贸发局如何与环境商会开展合作，以及2009年京港经济合作研讨洽谈会的合作进行了探讨。

4月，为了解目前污水处理设施建设和运营中存在的实际问题，特别是地方相关投融资、财税、用地用电等政策，同时为提出有关环境产业的政策建议提供有力支撑，环境商会相关人员赴江苏淮安进行实地调研。

4月10日，全国工商联环境服务业商会名誉会长曲格平、第一任会长文一波、秘书长骆建华在北京会见了来访的日中经济协会理事长清川佑二一行，双方就如何促进中日环境合作与交流进行了友好会谈。

4月21日，环境商会在中国通用技术集团301会议室举办第四期总裁圆桌会议。主题为“全球经济及中国经济走势”，由著名经济学家、中国经济50人论坛成员、天则经济研究所所长盛洪解读全球及中国经济形势和发展趋势。

5月中旬，应威立雅水务的邀请，环境商会组织中国水务企业代表团对法国的水务管理进行了考察。

5月12日，环境商会秘书长骆建华在北京会见了来访的越南热带技术与环境保护学会副会长Phung ChiSy博士一行。

5月14日，环境商会秘书长骆建华应英国驻华大使馆邀请，参加英国女王伊丽莎白二世生日酒会，受到了大使及大使夫人的热情接待。

6月，环境商会参与国家《节能与环保产业发展规划》的编制工作，并起草《关于进一步促进环境产业发展的若干意见》和《关于进一步促进环境产业发展的建议》报送至国家发改委，得到了有关负责同志的高度重视，批示由国家发改委环资司在起草国家《节能环保产业发展规划》时参阅。

7月22日，环境商会在中日友好环境保护中心201会议室召开第五期总裁圆桌会议暨《节能环保产业发展规划》征求意见座谈会。

7月29日，环境商会精心组织的第二届会员代表大会在三峡游船上拉开帷幕。有41家会员单位代表，共120余人参加了会议。出席年会的嘉宾有原全国人大环境与资源保护委员会主任委员毛如柏，全国工商联会员部部长刘红路，中科院科技政策与管理科学研究所副所长王毅，全国工商联会员部会员处处长王华鲜等。

8月31日，日本代表团特别就环境保护主题与全国工商联环境商会在北京长富宫饭店进行座谈。

9月1日，银监会、环保部分别对环境商会在政协十一届二次会议上提交的《关于建立环保企业贷款抵押担保机制的提案》和《关于鼓励民营企业作为研发主体参与国家重大专项课题的提案》进行了答复。

9月15日，环境商会秘书长骆建华会见了来访的丹麦环境部对华项目负责人 Niels Henrik Mortensen 一行，来访人员还包括丹麦 Blue China 成员企业的代表以及丹麦驻华大使馆商务参赞 Henrik Martens 等。

10月13日，环境商会在桑德集团六楼会议室举办第六期总裁圆桌会议。主题为“市政公用事业市场化改革评析”，由住房与城乡建设部政策法规司副司长徐宗威、财政部财政科学研究所所长贾康主讲。

11月19日，环境商会与中国水利学会联合主办了“第四届中国（国际）水务高峰论坛”，论坛主题为“中国城市污水处理与回用——挑战与机遇”。

11月24日，中国国际贸易促进委员会与商务部等机构合作共同举办了“中国服务业国际合作论坛”，包括环境服务和金融服务两个平行论坛，其中“中国环境服务国际合作论坛”由环境商会承办并组织策划。

11月30日至12月4日，应日中经济协会邀请，商会组织中国环境产业考察团前往日本进行访问。

12月9日，环境商会骆建华秘书长会见了日中经济协会的访华小组，此次日方访问的目的是面向下一个五年规划，进一步了解中国水业市场和有关政策的动态，探讨和促进日本对华水业合作的契机和战略。

12月18日，在天津召开的全国工商联十届三次执委会议上，环境商会2009年提交的《关于鼓励民营企业作为研发主体参与国家重大专项课题的提案》被评选为全国工商联系统2009年优秀调研成果二等奖。

12月26日，由商会举办的2009环境杯羽毛球友谊赛在地坛体育馆举行。共有7家会员企业代表队参加了本次比赛。

全国工商联城市基础设施商会

中华全国工商业联合会城市基础设施商会会标以楼房和飘带为设计原形，直观地表达了城市基础建设的含义。上方的金色图形代表了积累财富，促进发展；下方的飘带紧密相连代表了合作联合、团结，红色和绿色体现了热情和自然环保。

商会简介

中华全国工商业联合会城市基础设施商会（简称全国工商联城市基础设施商会，英文 All－China Federation of Industry & Commerce Chamber of urban Infrastructure），是在中华全国工商联合会领导下非营利性的城市基础设施建设及相关行业的会员组织，于2007年6月24日在北京人民大会堂正式成立，是政府与城市基础设施行业、基础设施行业内部之间沟通、交流的桥梁和纽带。

全国工商联城市基础设施商会由哈尔滨翔鹰集团、霍英东集团、科瑞集团、新奥集团、香港地铁集团、科达集团、大通投资等基础设施行业领跑企业共同发起成立的，成员覆盖了中国城市基础设施建设绝大多数最具实力的代表性企业，遍及国内26个省、市、自治区，具有广泛的代表性，是名副其实的行业先进代表。

商会将始终奉行以服务为本，引导路桥、港口、码头、燃气、供热、供水等城市基础设施建设行业健康发展为已任，协助和配合政府科学监管；引导和教育会员爱国、敬业、诚信、守法、贡献；维护会员的合法权益。努力成为规范行业竞争，保障行业权益的联合体。

商会将致力于推进城市基础设施建设市场化进程，促进产业整合，倡导市场的规范化运作，追求企业规模化、品牌化服务，加强政府、企业和学术界的协调配合，加强与国际间沟通合作，规范行业市场秩序，加强行业白律。

商会将本着服务会员，促进行业交流及发展的宗旨，致力于接纳中国更多的城市基础设施行业的有实力、有代表性的企业加盟，加强交流与合作，共同发展，共创辉煌！

会长

刘迎霞

副会长

郑跃文

霍震宇

郭为

冯仑

傅军

董文标

张征宇

胡国光

余渐富

熊贤林

第一届会长、副会长名单

会长

刘迎霞　全国政协委员、全国工商联副主席、哈尔滨翔鹰集团股份有限公司董事长、翔鹰投资股份有限公司董事长

副会长

郑跃文　全国政协委员、南昌科瑞集团董事长

霍震宇　霍英东集团公司董事、香港青年联会董事

郭　为　神州数码董事局副主席兼总裁

冯　仑　万通集团董事局主席、北京万通实业股份有限公司董事长

傅　军　全国工商联副主席、新华联集团董事长兼总裁

董文标　中国民生银行董事兼行长、党委书记

张征宇　北京恒基伟业电子产品有限公司总裁

胡国光　南昌市政公用事业管理局局长、党委书记

余渐富　全国政协委员、全国工商联常委、安徽省工商联副会长、安徽省光彩事业促进会副会长、安徽南翔贸易（集团）有限公司董事长

熊贤林　全国工商联常委、深圳华隆投资集团董事局主席

刘双珉　山东省政协委员、山东省工商联副主席、科达集团股份有限公司党委书记、董事长

李　杰　准信投资控股有限公司董事长

李占通　大通企业董事长兼总经理

杨　涛　山东让古戎投资控股集团有限公司董事长

张维刚　北京中关村电子城建设有限公司董事长

秘书长

潘朝晖

联系方式：
电话：010－85153568
传真：010－85152178
地址：北京市东城区东方广场 C1 座 1104
邮编：100738
网址：http：//www．acfic－ccoi．org．cn
邮箱：csjcss@126．com

刘双珉

李杰

李占通

杨涛

张维刚

秘书长：潘朝辉

工作综述

2007 年

全国工商联城市基础设施商会成立之后，在会长刘迎霞的领导下，开展了卓有成效的工作，现将商会自 2007 年 6 月成立以来完成的主要工作总结汇报如下：

全国工商联城市基础设施商会于 2007 年 6 月迅速建立了日常机构，在天辰大厦租赁了办公室，配备了必要的办公设备及工作人员，确定了秘书长、副秘书长，同时建立了会员部、联络

部、国际部、会务部、投融资部等部门，并积极开展了工作。

1. 2007年7月商会组织了优秀会员天津考察活动。2007年7月17~20日，在商会的组织下，商会部分会员如霍英东集团、科瑞集团、科达集团、大通集团等会员单位纷纷派出了董事长，随全国政协徐匡迪副主席率领的政协（常委代表）考察团前往天津滨海新区考察城市基础设施的总体环境和有关项目。该团受到了天津市市委、市政府及滨海新区各部门的热情接待，部门会员对天津滨海新区的开发项目表示了浓厚兴趣，在考察后，商会联络部还跟天津滨海新区各部门与考察会员保持着密切的沟通，为促进滨海新区的开发与会员的对外投资作出积极的贡献。

2. 全国工商联城市基础设施商会投融资部设立后，积极与国内外一批金融机构、基础设施投资基金联系、沟通，并形成了紧密的合作关系。

积极促进金融机构及投资基金向会员企业的在建基础设施建设项目提供债权及股权融资，或者直接参股收购会员企业正在经营的基础设施建设项目，为会员企业的融资难问题作出贡献。在进行了充足的前期筹备后，商会分别于2007年8月及9月向会员单位下发了两期《关于申报拟融资基础设施项目的通知》，各会员单位踊跃申报，商会收到数十家拟融资的项目，并已经积极向金融机构与投资基金推荐。

3. 商会于2007年9月通过全国工商联向发改委呼吁设立城市基础设施投资基金、切实解决基础设施融资难的问题，同时全国工商联城市基础设施商会投融资部向部分有实力、有信誉的会员进行了初步投资意向的征询。部分商会会员表示，如果商会设立基础设施投资基金，将积极向基金投资，以争取在行业内通过投资基金方式融通资金，为会员投资建设、为地方基础设施改善提供支持。

4. 2007年10月，中共十七大成功召开，城市基础设施商会积极向全体会员下达了十七大精神，并组织了部门在京的会员单位对党的十七大精神进行了学习、讨论，受到了企业的好评。

5. 2007年11月底，城市基础设施商会开始与会展公司合作，探讨举办全国基础设施国际论坛的可行性。于2008年举办第一届城市基础设施建设国际论坛，并争取将其办成常设性的、全球性的、基础设施领域中具有相当影响力的国际论坛。

6. 2007年12月，在新年到来之际，城市基础设施商会会员部组织了部门会员企业家年终聚会。本次聚会共有20多名企业家参加，会员企业就投资合作进行了充分的交流，增进了彼此之间的了解与感情。

7. 2008年1月，城市基础设施商会会长刘迎霞随全国工商联一并参加了国务院温家宝总理政府工作报告的意见征求会，之前，城市基础设施商会联络部征集了广大会员对民营企业发展、基础设施建设的意见，并将这些意见汇集起来，反映到国务院。

2008年

2008年，在全国工商联的指导下，商会工作围绕“抗震救灾”、“基金筹备”、“参政议政”等几个重点展开，主要工作内容如下：

一、积极组织广大会员单位参与抗震救灾

“5·12”汶川地震发生后，商会积极组织会员单位捐款捐物，商会会长刘迎霞通过中华慈善总会等机构个人捐款人民币600万元。其他会员企业也积极行动起来，商会副会长单位新奥集团在震后短短三天，捐出和筹集的赈灾款项累计已达314万多元。副会长单位万通集团捐款200余万元；副会长单位安徽南翔捐款100余万元；副会长单位科达集团捐款捐物合计近百万。会员单位四川本土企业蓝光集团在地震灾害中遭受较大损失，在积极恢复经营的同时，蓝光集团以强烈的社会责任感捐资1000万元用于灾区抢险救援和重建工作，以实际行动为抗震救灾尽一份力，更成为本土企业抗震救灾重建家园的典范。

其他会员企业也纷纷组织捐款捐物，还有企业采取其他行动积极加入到抗震救灾当中，如西安海星科技投资控制有限公司全体员工400多人无偿献血。

据初步统计，截至6月10日，商会会员企业捐款数额已过亿元。

二、认真筹备城市基础设施产业投资基金

商会成立之初即通过全国工商联向国家发改委呈报了设立城市基础设施产业投资基金的申请。历经一年多的努力，2008年8月19日，国

家发改委正式下发了《国家发展改革委员会关于同意开展城市基础设施产业投资基金筹备工作的批复》（以下简称《批复》），基金设立得到正式批准。按照《批复》要求，基金总规模为100亿元人民币，主要募集对象为投资机构、银行、社保基金、保险公司及工商企业。

基金批复后，商会成立了基金筹备工作小组。截至目前，办公场所已租赁并装修完成，硬件条件已经具备。商会认真组织学习、研究相关法律法规及政策，集中精力确定发起人构架、组建团队，现主要工作人员已基本到位，招募说明书正在制作当中。募集谈判工作同时推进。

在基金申报与筹备过程中，商会与发改委、全国工商联保持密切联系，随时沟通情况、请示汇报，确保基金筹备工作顺利推进。

三、积极参与，为国家建设建言献计

2008年1月商会会长刘迎霞随全国工商联参加国务院温家宝总理政府工作报告的意见征求会时，代表商会会员单位为国家建设建言献计。

2008年3月8日，在全国政协十一届一次会议上，刘迎霞会长提交了“关于实施积极的就业政策”等3项提案。

在《关于实施积极的就业政策的提案》中，她指出，宏观调控的各项政策要有灵活性和弹性，避免经济的急刹车和硬着陆导致增长速度明显减缓从而并影响就业目标的实现；其次，要为各类创业活动和非正规就业提供更好的政策和市场环境。

在《关于鼓励民营企业参与基础设施投资和运营的提案》中，她提出，民营企业对城市基础设施的广泛参与，促进了基础设施建设资金来源的多元化和基础设施运营机制的市场化，提高了基础设施的运营效率，为迅速改变我国城市基础设施发展滞后的局面，为国民经济持续健康稳定发展作出了积极贡献。但从民营经济参与基础设施建设和运营的政策环境看，在发展理念、市场准入和融资政策方面，还存在一些不尽合理的障碍和问题。为了更好地发挥民营经济参与城市基础设施领域建设和运营的积极作用，国务院有关部门和监管机构应该在舆论引导、市场准入、融资环境等方面，进一步改善发展环境。

四、牵线搭桥，积极组织会员企业参与商务活动

联系会员企业参与各类商务活动，如组织会员企业与GreenDock Asia联系，就“绿色船坞”项目投资进行洽谈；联系台湾企业，就LED节能灯、UV涂料等项目进行洽谈等，帮助会员企业拓展商机、开阔视野。

2009年

2009年，在全国工商联的指导、帮助下，在会长、各位副会长和广大会员的支持下，商会工作有了新的发展，主要体现在以下几个方面：

一、认真筹备城市基础设施产业投资基金

2008年8月19日，国家发改委正式下发了《国家发展改革委员会关于同意开展城市基础设施产业投资基金筹备工作的批复》（以下简称《批复》），按照《批复》基金规模为100亿元人民币，主要募集对象为投资机构、银行、社保基金、保险公司及工商企业。该基金的筹备工作全部由商会组织实施。从《批复》下发至今，经过一年多的努力，相关筹备工作已经基本完成，基金管理公司人员已基本到位，目前已进入登记注册阶段。在基金完成注册之后，将向全国工商联做专题汇报。

二、积极参政议政，为国家建设建言献计

2009年3月7日，全国政协十一届二次会议在人民大会堂举行第二次全体会议，会长刘迎霞集思广益、广泛征求会员意见，作了“为流动人口提供更宽松的自主就业和自谋职业的环境”的提案。建议政府应在创业扶持、税费负担、职业培训、城市管理等方面提供更好的服务。特别强调，要提高中央财政用于直接支持就业和创业的预算收入比例。

2009年7月31日全国政协在京召开专题协商会，围绕“加快发展方式转变和结构调整，提高可持续发展能力”问题建言献策。全国工商联副主席、商会副会长傅军同志代表全国工商联出席会议并作了题为“中小企业融资难，难在小企业”的发言，并且提出，要调整对中小企业融资问题的认识角度和政策思路，将解决中小企业融资问题调整为着力解决小企业融资问题。上述提案和发言，受到各界广泛关注，影响深远，意义重大。

三、加强与港澳台地区的交流与互访，帮助会员拓宽视野，创造商机

2009年2月，刘迎霞会长随同全国政协副主席、全国工商联主席黄孟复同志参加了第九届海峡两岸和香港、澳门经贸合作研讨会，在台湾访问6天，取得了圆满成功。此次出访台湾的全国工商联代表团包括来自商会相关行业的企业家，他们与台湾工商界人士进行了广泛的接触和交流，为会员企业和台湾工商界的交流合作揭开了崭新的一页。出访活动结束之后，台湾部分企业家对商会进行了回访、交流，今后的相关互动合作活动也在酝酿之中。

四、积极参加全国工商联组织的培训学习，认真完成全国工商联布置的各项工作

4月15～17日期间，商会秘书处负责人员和相关副会长参加了“全国工商联直属行业商会工作（培训）会议”。7月16～18日，又参加了“全国工商联直属行业商会专题培训班”。上述培训结束之后，商会秘书处立即组织学习、落实，并将全哲洙书记、宋北杉主席的重要讲话整理编辑，及时下发到会员单位。

2009年6月，全国工商联下发了《关于在非公有制经济人士开展第三届优秀中国特色社会主义事业建设者评选表彰活动的通知》。商会接到任务后，第一时间利用电话、传真通知会员积极参与，并在商会网站进行大力宣传。商会会员企业接到通知后积极报名、踊跃参加，整个活动收到了良好的效果。

8月，商会根据全国工商联政策研究室的布置，对中央政府四万亿投资在城市基础设施行业领域民营企业受益情况及是否存在“挤出效应”的情况进行调研，经过认真调研，商会向政策研究室呈报了《城市基础设施商会关于四万亿投资对其行业内民营企业“挤出效应”的调研报告》。并得出以下调研结论：①国家4万亿投资对基础设施建设领域民营企业的发展直接和间接的带动作用不明显。②在4万亿投资项目中，基础设施建设领域中的颇具规模的民营企业，尚只有极少数直接拿到项目，参与项目建设。目前民营企业与国有企业在本行业中的比重无太大变化。③国家推出4万亿投资计划和十大产业振兴规划以来，民营企业在本行业出现了政府投资或国有企业投资对民企投资的“挤出效应”。④国家应在基础设施建设领域进一步调动民间资本投资，并对相关融资机构提供政策、税收等方面的扶持。

上述调研情况基本反映了商会会员企业对中央政府四万亿投资是否受益的真实情况，这项工作也得到了全国工商联政策研究室的认可。

2009年10月底，商会已经按照全国工商联会员部的布置，完成了年鉴文稿的提交工作。

五、商会在民政部的注册登记工作

从全国工商联下发通知伊始，商会就由会长牵头组成筹备组，刘会长指示要做好与全国工商联、住建部和民政部的沟通工作，在他们的指导下做好注册登记的工作；要依法修订好章程，准备好相关文件资料；要办理好相关手续，确保在六个月内注册登记的成功。商会为此于2009年11月13日召开会长会议，宋北杉副主席在会上就充分重视商会进行社团注册登记事宜作出重要讲话，广大副会长对宋主席的讲话表示赞同，纷纷表示全力支持商会民政部社团登记一事。

此后，由刘迎霞会长亲自带队与住建部相关部门接洽并征询意见，经过沟通，住建部相关部门初步表示支持，但对于作为行业主管单位一事提出几个问题，即为什么要住建部做行业主管单位，作为业务主管单位有什么权利和义务和责任，有无具体条例规定。于是商会带着问题和全国工商联会员部沟通，“只是征询住建部的意见，并非找住建部做行业主管单位”，会员部刘红路部长的一番话让大家茅塞顿开，在李树林副部长和李兵书处长的协调和支持下，商会重新调整了思路，步步为营，从准备文件到与各方面沟通协调，都做到及时汇报全国工商联会员部，并做到一丝不苟，力争完美。征询意见函由全国工商联发至住建部后，经过层层审批，住建部已正式发文至全国工商联，提出对商会在民政部注册登记无不同意见，为其他兄弟商会的注册登记工作做了铺垫。在随后的准备材料过程中，由于时间紧，任务重，商会上下齐心合力，献计献策，积极发动会员。其中社团负责人备案表需要法人的身份证复印件和单位公章，商会秘书长提出为了能尽快完成任务专门安排专车前往在京的副会长单位，上门填写此表，为商会的注册登记材料的及时上报争取了宝贵的时间。在这里特别感谢全

国工商联会员部的各位领导，正是在他们的耐心指导和督促下，商会注册登记的材料才能保质保量地完成。

到目前为止，商会注册登记相关文件在全国工商联会员部的指导下，在广大会员的鼎力支持下已全部完成，下一步将由全国工商联向民政部报文递交申请登记材料。

在做出一些工作成绩的同时，也看到一些需要改进的地方：

1. 进一步完善商会组织建设

本着功能齐备、人员精干、制度健全的原则，完善内部结构，强化内部管理，打造一支团结、进取、高效、务实的工作团队，为商会的全面发展奠定坚实的基础。

2. 大力加强对商会及优秀会员的正面宣传，扩大行业影响，促进商会发展

正面宣传商会在协助政府工作中的作用，将是商会近期的工作重点之一。现通过新闻媒体、网站大力宣传报道商会的工作、职能和政府助手作用，同时对会员企业在发展中取得的成绩、承担的社会责任进行宣传报道，扩大商会的社会影响，同时通过解决问题、提供信息、维护权益等方式向会员企业提供优质服务以吸引更多的行业企业加入商会，扩大队伍，促进商会发展。

重要文献

2007 年

全国工商联城市基础设施商会成立

中华全国工商业联合会城市基础设施商会6月24日在人民大会堂举行成立大会，全国政协副主席、全国工商联主席黄孟复出席大会。哈尔滨翔鹰集团董事长刘迎霞当选首届城市基础设施商会会长。

全国工商联城市基础设施商会是全国工商联领导下、非营利性的城市基础设施建设及相关行业会员组织，由哈尔滨翔鹰集团、霍英东集团、科瑞集团、香港地铁集团等行业知名企业共同发起，成员覆盖了中国城市基础设施建设绝大多数具实力的代表性企业，遍及26个省、自治区和直辖市。

主办方介绍，在过去相当长一段时间，中国城市基础设施的投资、建设由于国家资金投入不足，许多城市的基础设施建设难以满足城市现代化发展的需要。随着中国社会主义市场经济体制的逐步建立和完善，特别是《关于鼓励支持和引导个体私营等非公有制经济发展的若干意见》出台后，越来越多的民营企业开始逐渐进入路桥、市政、燃气、供热、供水等城市基础设施领域，为垄断行业的改革注入了活力，为国民经济的持续健康稳定发展作出了贡献。

城市基础设施商会将奉行以服务为本，引导路桥、港口、码头、燃气、供热、供水等城市基础设施建设行业健康发展为己任，协助和配合政府科学监管；引导和教育会员爱国、敬业、诚信、守法、贡献；维护会员合法权益，努力成为规范行业竞争、保障行业权益的联合体。

中共中央统战部副部长、全国工商联副主席胡德平，全国工商联副主席张龙之，国家发改委、建设部等相关部门领导，相关行业商会负责人，以及有关方面的专家和80余家业内知名企业代表出席了成立大会。

简　报

（2007年7月20日）

商会由常务理事、副会长企业等十余家国内外基础设施建设的龙头企业组成的企业家考察团一行于7月17日随同全国政协徐匡迪副主席率领的政协（常委代表）考察团抵津，本次考察由会长刘迎霞向全国政协积极争取，并由副会长冯仑亲自带队，就天津市滨海新区的城市基础设施建设情况进行专题考察，此行受到了天津市委书记张高丽、市长戴相龙及副市长陈质枫等市领导的热烈欢迎，市政协副主席曹秀荣全程陪同考察。

17日下午，天津市市长戴相龙在迎宾馆贵宾厅主持召开了天津滨海新区开发开放情况汇报会，

商会考察团全体人员出席大会并认真听取了报告，天津市常务副市长黄兴国在会上作了详细介绍，并就滨海新区建设过程中遇到的实际问题与政协委员进行了交流，徐匡迪副主席、全国政协人口资源环境委员会主任陈邦柱、经济委员会副主任叶连松、外事委员会副主任赵启正等委员在会上发表了看法，表示支持和推动滨海新区的金融创新、先行先试等综合配套改革试点工作。

到会的委员还有：全国政协秘书长郑万通，全国政协经济委员会副主任、银监会原副主席阎海旺，全国政协人口资源环境委员会副主任、原地质矿产部副部长陈洲其，全国政协经济委员会委员王基铭，外事委员会委员、渤海银行股份公司董事会主席羊子林等。考察团特邀的部委人员和专家有：国土资源部副部长鹿心社，商务部副部长马秀红，证监会副主席范福春，国务院研究发展中心金融研究所所长夏斌等。

18 日，在曹主席的带领下，考察团一行参观了滨海新区规划建设展馆、海河规划建设展览馆，并与滨海新区有关部门和渤海产业投资基金管理有限公司进行了座谈，经过天津方详细介绍，考察团对天津各区得天独厚的地理条件和优惠的投资政策有了细致的了解，并与中国首批私募基金——渤海基金高层人员进行热烈讨论，使与会人员对渤海基金的创建过程及机构设置有了正确的认知并提出了益于基金长足发展的良性建议。考察活动卓有成效，当天就有五家企业分别在房地产、港口、燃气、水务等项目上形成了初步的投资意向，商会决定组织一个项目跟进组进一步推进项目工作投资，个别项目 3 个月内就会有初步成效。

19 日上午，在迎宾馆会议厅举行了视察团与天津市交换意见会，由郑万通秘书长主持。会上，与会同志就搞好滨海新区的体制改革、自主创新、招商引资、发展现代服务业、环境保护、节能降耗、土地规划与管理、对外宣传和软环境建设等建言献策，提出了宝贵的意见建议，徐匡迪副主席就天津滨海新区的发展方向做了重要指示，全国政协委员、商会会长刘迎霞代表企业家考察团向徐主席、张高丽书记、戴相龙市长及来宾汇报了考察心得，并代表商会就基础设施建设方面向大会做了表态，将通过商会秘书处与滨海新区保持长期的沟通机制，积极组织会员企业到天津投资发展。

总的来说，这次考察学习，使参会企业对天津滨海新区产生了浓厚的投资兴趣，今后，商会将以多种形式为各级会员企业积极争取这样难得的投资考察机会，为加入城市基础设施商会的会员企业投资兴业创造更多的机会，做到会内企业相互扶持、共同发展。

2009 年

城市基础设施商会关于四万亿投资对其行业“挤出效应”的调研报告

8 月 24 日，在参加了全国工商联关于国家推出 4 万亿投资计划和十大产业调整振兴规划对于行业相关发展情况的座谈会后，商会积极响应上级号召，对所属规模较大的会员做了调研（新华联集团、新奥集团、科瑞集团、宁夏亚太市政府工程有限公司、安徽南翔贸易集团有限公司、天津大通投资集团、科达集团、北京中马电缆桥架制造有限公司、神州数码、深圳华隆投资集团等）。

现根据调研结果和实际情况作出以下结论：

一、国家 4 万亿投资对基础设施建设领域民营企业的发展直接和间接的带动作用不大

经电话询问商会的下属企业能从四万亿投资中获益的民营企业屈指可数，四万亿投资主要流向大型国有企业的央企项目，而为配合四万亿投资相关城市设立的城投融资平台，也都为政府背景。有关城市基础设施行业，四万亿涉及城镇、污水垃圾处理设施和污水管网工程的 130 亿元投资，业内民营企业珠海名门水务没有拿到一个项目，珠海名门水务所在地海南省，已宣布省内所有污水处理厂均由政府来投资。在其他省份，民营企业也很难得到机会，如湖南，该省水务项目已经全部打包被国企北控水务全部拿下。据了解，在四万亿投资计划中占据重要地位的污水处理系统领域，地方政府基本采用两种模式，全部由政府投资建设，或者通过其他方式转让给国有企业投资。另外商会的一些和基础设施相关产业的会员单位，如北京中马电缆桥架制造有限公司抱怨根本看不到四万亿投资的效果在哪里，订单没有增加，更未见四万亿投资直接所带来的项目或收益。深圳华隆投资集团相关负责人表示本行业除了在金融风暴中未受太大影响外，四万亿投资未给公司带来任何项目。

二、在4万亿投资项目中，基础设施建设领域中的颇具规模的民营企业，尚只有极少数直接拿到项目，参与项目建设。目前民营企业与国有企业在本行业中的比重无太大变化

据了解城市基础设施商会下属会员企业只有位于山东东营的科达集团拿到了四万亿投资项目中高速路将近10个亿的项目（青临高速项目、日照疏港公路项目和国家高速公路网福银线三福高速福州南连接线工程）。目前在城市基础设施行业中，因为准入门槛较高，民企与国企的比重无太大变化，维持原状。主要由以下四个因素制约了民营经济进入城市基础设施建设领域：一是资质审批困难。二是信息不透明。各类基础设施建设项目一般都是政府有关部门或特许公司发起、规划，民营企业难以获得充分、完善、及时、准确的信息，在项目决策时缺乏信息支持。三是前置审批多，手续繁杂，效率低下，导致民营企业对参与基础设施建设可望而不可及。四是内外有别。在电力、公路、水利、能源、市政等一些垄断和半垄断行业，在项目审批、资金安排、项目设计、原材料供应以及项目运行后的维护等方面都是向本系统国有企业倾斜，民营企业很难进入。

三、国家推出4万亿投资计划和十大产业振兴规划以来，民营企业在本行业出现了政府投资或国有企业投资对民企投资的“挤出效应”

所谓国企对民企投资的挤出效应，是指国企支出对减少民企支出，尤其是减少民企投资支出的影响。在城市基础设施行业中，挤出效应是存在的。如不断扩大的信贷规模，对于与四万亿投资密切相关的国有大型企业而言，信贷资金供给蜂拥而至，甚至出现不惜以极低优惠率恶性竞争的情形；但另一方面，对于同样嗷嗷待哺的民营企业，信贷资金大多求之不得，甚至贷款审核进一步强化，信贷市场规模在萎缩。众所周知，城市基础设施行业的特点就是所需资金规模大、建设周期长，而资本回收期较长。民企在信贷资金方面如不能得到相关部门的有力支持，或顾此失彼，势必会打击民企对基础设施产业的信心，从而造成“挤出效应”。

四、国家应在基础设施建设领域进一步调动民间资本投资，并对相关融资机构提供政策、税收等方面的扶持

近来中央连续实施扩大内需的政策，特别是放宽对中小型民营企业贷款的限制，一些民营企业的经营环境尤其是融资环境有了一定的改善。先是2005年国务院出台“非公经济36条”，明确提出“允许非公有资本进入垄断行业和领域，加快进行改革，引入市场竞争机制”。紧接着，《反垄断法》和《关于2009年深化经济体制改革工作意见》的相继面世，为民营资本进入垄断行业扫清了制度上的障碍。就城市基础设施建设行业来说，民企的参与将会产生以下积极影响：

1. 政府直接投资城市基础设施目前在机制上还有不完善之处

投资决策、资金使用都由政府某部门官员决定，在一定程度上还存在政府官员任期制的短期行为，比如说，城市的规划往往随着某个政府领导的意图而随意修改，项目成败难以与决策者利益挂钩，企业只有投标权，各个环节透明度较低，监督力度不强，特别是由于资金是来自政府财政预算或政府融资，往往考虑资金成本和机会成本的较少，所以在工程质量、工程进度、资金使用效率等方面容易发生问题，也容易滋生腐败现象。民营企业参与基础设施投资可以有效避免上述问题。由于民营投资者都是以合同的形式同地方政府、同其他合作单位发生关系，各方责、权、利以合同界定，受国家法律保护，责任分明、管理相对较规范，为了自身利益最大化迫使他们提高运作效率。

2. 民营企业参与基础设施投资可以实现政府的风险转移

民营企业参与基础设施投资除减轻政府财政负担外，由于民营投资风险为商业风险，政府可以实现风险转移，将自身承担的风险转移给民营企业。

3. 民营企业参与基础设施投资可以促进社会信用的提高

由于民营投资具有较高的效率、清晰的激励机制和较佳的风险管理，可使项目运作的整体风险降低。消费者的合法利益受政策保护而得到保障，有利于在社会上树立依法按章办事的理念，促进社会信用的提高。

但是，制度的出台并不等于政策可以完全落实，民营企业在基础设施建设领域仍是凤毛麟角、举步维艰。下面针对从本行业目前存在的一些问题提出几点建议：

1. 政府推出的一揽子刺激投资计划有近一半是基础设施建设项目，但这些项目基本上是面向大型垄断国企，民营企业能得到的份额并不多。建议政府部门在落实经济振兴计划时，应拿出一定比例的投资额度支持民营企业。

2. 政府应当逐渐从直接参与基础设施投资中解脱出来，传统的政府直接投资项目的做法还有待于建立一套有效的监督机制作保障。

3. 政府应加快职能的转变，以监管代替对资产的实际拥有，为民营企业参与基础设施投资创造条件，积极鼓励推广 BOT、TOT 等项目运作方式。

4. 有效的监管必须具备坚实的法律基础。国内要加快完善现有法律框架和出台相应政策，增加法律透明度。同时要减少审批程序，推广建立一站式审批制度，为民营企业参与基础设施投资增强信心。

5. 民营企业可以以特许权合同权益作担保进行银行融资，也可考虑其他融资渠道（如项目债券、股票上市、租赁经营等），降低融资成本。

根据国家工商总局的资料，截止到 2008 年底，实体性民间资本大概有 11 万亿元。此外，存在于股票市场、房地产市场、期货、外汇等市场的虚拟性民间资本总规模也在不断扩大。如何利用这一规模庞大的社会闲散资金？商会于 2008 年 8 月发改委批准设立的城市基础设施产业投资基金，一旦走入正轨，也将为目前民营经济涉足基础设施建设领域提供有力支持。国外投融资实践表明，发展基础设施投资产业基金，是一种理想而卓有成效的融资方式，对于集中社会闲散资金，缓解政府财政压力，推动城市基础设施建设具有积极作用。另外还可以改善我国基础设施以政府单一投资为主体的产权结构，建立国家、法人为持股主体，结合中小投资者的产权明晰、股权分散、资源配置效率较高的产权模式；可以改善现有投资体制在风险控制和风险约束机制中的缺陷。对于城市基础设施产业投资基金，政府在资金来源、税收及制度上应给予基金管理公司大力扶持，保证其顺畅运行，从而吸引更多的社会闲散资金及中小投资者的加入。

大事记

2007 年

6 月 24 日，全国工商联城市基础设施商会在人民大会堂正式成立。

7 月 17 ~ 20 日，全国工商联城市基础设施商会组织了优秀会员天津考察活动。

9 月，全国工商联城市基础设施商会通过全国工商联向发改委呈报了设立城市基础设施投资基金的申请，旨在切实解决基础设施融资难的问题。

12 月，城市基础设施商会会员部组织了部门会员企业家年终聚会，本次聚会共有 20 多名企业家参加，会员企业就投资合作进行了充分的交流，增进了彼此之间的了解。

2008 年

1 月，城市基础设施商会会长刘迎霞随全国工商联一并参加了国务院温家宝总理政府工作报告的意见征求会，之前，城市基础设施商会联络部征集了广大会员对民营企业发展、基础设施建设的意见，并将这些意见汇集起来，反映到国务院。

1 月，商会会长刘迎霞随全国工商联一并参加国务院温家宝总理政府工作报告的意见征求会时，代表商会会员单位为国家建设建言献计。

3 月 8 日，在全国政协十一届一次会议上，刘迎霞会长提交了“关于实施积极的就业政策”等三项提案。

“5 · 12”汶川地震发生后，商会积极组织会员单位捐款捐物，据初步统计，截至 6 月 10 日，商会会员企业捐款数额已过亿元。

8 月 19 日，国家发改委正式下发了《国家发展改革委员会关于同意开展城市基础设施产业投资基金筹备工作的批复》(以下简称《批复》),基金设立得到正式批准。按照《批复》要求,基金总规模为100亿元人民币,主要募集对象为投资机构、银行、社保基金、保险公司及工商企业。基金批复后,商会成立了基金筹备工作小组。

2009年

2月,刘迎霞会长随同全国政协副主席、全国工商联主席黄孟复同志参加了第九届海峡两岸和香港、澳门经贸合作研讨会,在台湾访问6天,取得了圆满成功。

3月7日,全国政协十一届二次会议在人民大会堂举行第二次全体会议,会长刘迎霞做了“为流动人口提供更宽松的自主就业和自谋职业的环境”的提案。

4月15～17日,商会秘书处负责人员和相关副会长参加了“全国工商联直属行业商会工作(培训)会议”。

7月16～18日,参加“全国工商联直属行业商会专题培训班”。

7月31日,全国政协在京召开专题协商会,围绕“加快发展方式转变和结构调整,提高可持续发展能力”问题建言献策。全国工商联副主席、商会副会长傅军同志代表全国工商联出席会议并做了《中小企业融资难,难在小企业》的发言。

8月,商会对中央政府四万亿投资在城市基础设施行业领域民营企业受益情况及是否存在“挤出效应”的情况向全国工商联政策研究室呈报了《城市基础设施商会关于四万亿投资对其行业内民营企业“挤出效应”的调研报告》。

11月13日,召开会长会议。表决通过了商会注册登记的布置方案,选出新任商会秘书长潘朝辉同志。

CWCC

CHINA WOMEN'S CHAMBER OF COMMERCE

全联女商会

全国工商联女企业家商会

商会简介

工作综述

重要活动

重要文献

大事记

全国工商联女企业家商会会标由一个红色的“地球”和女企业家商会的名称及英文名称的首字母组合而成。

地球的经线和纬线组合成一个“女”字。地球的颜色采用红色，代表女企业家商会热情、奔放、活力四射。黑色的“CWCC”与红色形成明显的对比，代表商会的沉着与稳重。女企业家商会旨在联合全国优秀女企业家，为其提供一个发展、合作、交流的平台，凝聚各自优势，实现更好发展。

商会简介

中华全国工商业联合会女企业家商会（简称全国工商联女商会）于1995年5月25日正式成立（原名全国工商联女企业家联谊会，2004年12月更改为现名），是全国工商联直属并直接领导的、由全国范围有代表性的女性企业家自发组建的非营利性组织机构。

全国工商联女商会内集中了各行各业一大批有代表性的由女性掌舵的优秀企业，形成了以北京联亚投资有限公司董事长刘亭为会长，以香江集团总裁翟美卿为名誉会长，以美国中南有限公司董事长张茵、中恒集团股份有限公司董事长许淑清、广西金嗓子有限公司总裁江佩珍、德恒律师事务所全球首席合伙人王丽等为副会长的领导班子。目前商会会员总数200余人。且大多为大学以上学历，其中硕士以上学历的约占会员数的25%。其中资产过亿的占会员总人数的30%左右。会员担任各级人大代表、政协委员等社会职务的占80%以上，商会理事中有全国人大代表、全国政协委员、全国工商联执常委10多名。

全国工商联女商会的团体会员遍布18个省市及澳门地区，目前还有多个省市正在当地工商联和商会指导下筹备成立省、市级女企业家商会，成立后也将成为全国工商联女企业家商会的团体会员。目前，各地团体会员在名称、标识、章程、组织形式等方面都与商会保持一致，并协调有序地发展。

近几年，商会引导会员弘扬中华民族传统美德，热心社会公益事业，积极参与“光彩事业”，致富思源、富而思进，扶危济困、共同富裕，义利兼顾、德行并重，发展企业、回馈社会；主动承担社会责任，为构建社会主义和谐社会尽心出力。女企业家们为慈善事业作出了突出贡献，累计捐款近7.3亿元人民币。2008年在四川汶川地震后，商会会员捐款捐物1.1亿多元。同时，商

会长

刘　亭

名誉会长

翟美卿

副会长

王　丽

王凤之

王庆玉

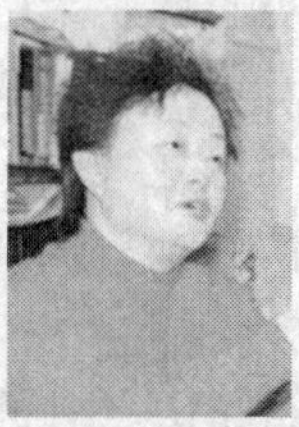

王起群

白　涛

刘公勤

刘庆瑞

江佩珍

会根据会员需求组织了多次高层次活动（包括国内外投资考察），这些活动不仅受到广大会员的欢迎，还大大提高了女企业家商会的知名度与社会影响力，树立了女企业家商会的良好口碑，促使女企业家商会会员队伍不断壮大。

会长、副会长名单

会长

刘　亭　北京联亚投资有限公司董事长

名誉会长

翟美卿　香江集团 CEO

副会长

王　丽　北京德恒律师事务所主任

王凤之　内蒙古焱太集团董事长

王庆玉　湖南王一实业集团有限公司董事长

王起群　贵阳商晔房地产开发有限公司董事长

白　涛　广东省广业资产经营有限公司副总经理

刘公勤　中通诚资产评估有限公司董事长

刘庆瑞　重庆庆瑞集团董事长

江佩珍　广西金嗓子有限责任公司董事长

江美芬　伟联达洋行董事长

张　茵　美国中南有限公司董事长

张树珍　日照华泰食品有限公司董事长

李彬兰　新一佳超市有限公司董事长

芦新菊　河北亨豪企业集团有限公司董事长

陈　丽　上海新丽装饰工程有限公司副董事长

麦可君　广东合力汽车贸易有限公司董事长

郑　敏　南京香江华建工程有限公司董事长

赵　静　邢台德龙钢铁实业有限公司董事

萧七妹　金锋湖实业发展有限公司董事长

雷菊芳　奇正藏药集团董事长

方　娟　深圳市亨吉利世界名表中心有限公司总经理

汤燕雯　常州市长兴集团有限公司总经理

徐桂芬　江西煌上煌集团有限公司董事局主席

许淑清　广西梧州中恒集团股份有限公司董事长

萧　霞　深圳奥特迅电力设备股份有限公司董事长

黄雅静　天方集团（香港）投资有限公司总裁

江美芬

张　茵

张树珍

李彬兰

芦新菊

陈　丽

麦可君

郑　敏

赵　静

萧七妹

雷菊芳

方　娟

汤燕雯

徐桂芬

孙迎霞　大连新星房地产开发集团有限公司董事长
刘书英　河北斯特龙装饰工程有限公司董事长
郭丽双　东方美亚投资有限公司董事长
李　弘　中国国际金融有限公司融资委员会副主席、董事总经理
吴建平　长沙市岳麓山建筑工程公司董事长
贾旭芝　陕西宏府怡悦制药有限公司董事长

秘书处联系方式：
电话：010－63109249
传真：010－66573598
地址：北京市东城区工体北路新中西街8号亚洲大酒店写字楼405室
邮编：100027
网址：www.cwcc.org.cn
邮箱：bjcwcc@126.com

许淑清

萧　霞

黄雅静

孙迎霞

刘书英

郭丽双

李弘

吴建平

贾旭芝

工作综述

2007年

2007年是商会发展中重要的一年，也是本届商会的最后一年。一年来，在全国工商联的领导下，商会秉承“凝聚产生力量，创新通向辉煌”的理念，大力加强全国各地女企业家会员之间的相互联系与交流，维护女企业家的合法权益，在会员中提倡自尊、自信、自立、自强的精神，不断提高自身素质，同时为会员搭建与各方沟通的桥梁，促进会员企业的健康发展。商会围绕着几个主题，开展了如下具体工作：

一、商会网站大幅改版，实现商会网络化管理

信息技术的突飞猛进，网络的便捷性、灵活性使得网络已成为很多人生活工作的重要组成部分，走在社会浪潮前端的女企业家更应该充分利用网络，为此商会进行网络化管理，对商会网站进行大幅度改版。网站本着“以会员服务为中心、以信息交流为基础”，通过网络吸收会员，为会员建立网上家园，促进商会品牌的传播；通过网站发布商会与女企业家们有关的大量信息，使各界人士、组织机构与女性民营企业家关注商会、关注女企业家的成长历程与生存现状；建成网站商务信息交流平台，使会员通过网站寻找商机、达成合作。网站采用会员制，为中英文双语。

二、加强商会培训工作，全面提高会员素质

为了能给会员提供全面的、革命性的学习体验，使大家具备超越自我并领导企业取得可持续竞争优势的能力，8月，商会和北京大学联合举办了首届“国学精粹与现代管理”高级研修班的培训活动。共有近30位女企业家参加了此次培训。由于师资力量雄厚、课程安排的恰到好处，通过后来的调查问卷分析，广大学员对于此次培训的效果是十分满意的。

三、善始善终完成使命，积极筹备换届工作

2007年是本届商会届满换届之年，换届工作是商会2007年的重点工作。

新一届商会的会长、副会长、常务理事、理事等均要本着“民主公正”的原则选举产生，使那些真正愿意也有能力为商会作贡献的会员担任商会领导职务。同时要大量吸收精英会员，并加强团体会员管理，使商会上下一心，统一管理，共建一个和谐美好的女企业家商会。

四、组织商务考察活动，为促进区域经济发展作贡献

4月，商会组织了为期4天的郑州与洛阳考察活动。

在河南省政府邀请下，全国工商联女企业家商会参加了4月18～19日在河南省郑州市举行的“郑州·中华炎黄二帝巨型塑像落成庆典”及主题为“和谐中原、和谐中国”丁亥年黄帝故里拜祖大典活动。商会组织50余位优秀的女企业家参加了此次活动。

10月9日，商会组织女企业家赴南昌进行商务考察活动。商会三届四次会长办公会议在滨江宾馆会议厅召开。此次活动由南昌市人民政府、全国工商联女企业家商会共同主办，得到了南昌市委及工商联、统战部的大力支持。这次南昌活动的成功举办必进一步加速南昌市开放型经济的大发展，同时也一展商会巾帼女杰们的风采。

2007年度，商会在工作中虽然取得了一定的成绩，但是距离广大会员的要求还是有很大的差距，我们一定要认真总结经验，把商会工作做得更好更实些，把更多的民营女企业家姐妹吸收到商会，团结在全国工商联的周围，真正成为政府与企业家之间的桥梁。

2008年

一、加强组织建设，完善组织结构，提高组织能力

2008年，在全国工商联的领导下，商会积极加强自身的组织建设，入会会员稳步增加，会员覆盖面不断扩大，到目前为止，全国工商联女企业家商会拥有200余名会员和16个省市级团体会员。在此基础上，我们积极在开辟组织渠道、完善组织结构上着眼，增加了企业会员等组织形式，为商会建设注入新鲜血液。在直属会员中，各级人大代表、政协委员占80%左右，商会这支奋战在我国社会主义经济战线的生力军，正在为社会主义建设谱写新的篇章。

二、搭建沟通交流的平台，使会员开阔眼界、提高素质、增强创新能力，为推进会员企业的科学发展出谋献策，搭桥铺路

全国工商联女企业家商会充分发挥工商联直属商会的统战性、经济性、民间性的综合优势，坚持会员办会、服务立会、诚信兴会的宗旨，通过组织论坛、办会刊、出国考察、组织培训等形式，使会员认真领会国家战略方针政策，解决企业成长中的难题和发展中的困惑，引导和教育会员爱国、敬业、诚信、守法、奉献，进一步增加商会的整体凝聚力。2008年商会组织论坛3次，慈善募捐4次，国际商务交流5次，出国商务考察1次，此外还配合广东、澳门、湖南、山东等地方团体会员成功举办了换届大会和各项论坛活动。

国际交流活动如下：

2008年3月，全国工商联女企业家商会代表团赴越南进行了为期8天的商务访问。这是商会创立以来第一次出国访问，受到了越南妇联、团中央及胡志明市市长的接见。不久，越南商务考察团一行来商会进行了回访。此次访问活动，增进了中越人民友谊，加强了两国的商务了解，为构建两国文化与商务交流平台起到了积极的促进作用。

2008年4月，应法国企业家协会APM的邀请，由赵静会长安排，商会会见了法国企业家代表团。法国代表团有43位企业家参加，中法双方进行了富有成效的座谈交流。

2008年5月，第四届东亚投资论坛在北京举行，全国工商联女企业家商会部分会员应邀与300多位中外政府官员、企业家和专家学者共同出席了会议。本届论坛主题为“全球经济震荡背景下的东亚投资合作”，内容涉及越南、老挝、柬埔寨和缅甸四国新兴市场的投资机遇与挑战，以及对东亚地区投资潜力的探讨。

2008年5月14日，主题为“发展与可持续性：女性的力量”的世界女性论坛首届亚洲大会在上海举行。由女企业家商会组织30余名女企业家参加了盛会，并取得圆满成功。会上商会王丽、陈丽、许淑清副会长先后发言。会议正值汶川地震后第3天，商会召开了特别会议筹集款项，当场女商会代表们和秘书处工作人员捐款达32万元，令与会各国代表肃然起敬。

2008年11月17日，“全球金融危机对中国之影响”的论坛在京举办。此论坛由全国工商联经济部主办，商会承办。此次论坛请到美国花旗集团前CEO查理斯先生做主讲人。来自金融风暴源头华尔街的当事人——查理斯先生的演讲独到而精辟，使身处大洋彼岸的中国民营企业家受益匪浅，多位工商联常委参加了论坛。

2008年12月21日，商会在北京举办了“投融资服务咨询洽谈会”。全国工商联党组副书记、副主席宋北杉，副主席沈建国，全国工商联会员部部长刘红路、法律部部长王媛，以及特邀的来自国务院发改委、大型金融机构、财务公司、投资基金的中外嘉宾，全国工商联兄弟商会代表和与投融资相关的金融、评估、财会、审计、法律方面的专家学者50余人出席了此次活动。此次活动旨在引导民营女企业家积极应对危机利用我们商会内部资源互补，为会员企业提供及时有益的融资、投资及相关的法律、财务等咨询服务；为会员企业在当前全球金融危机的不利形势下如何自救、转危为机、化险为夷出谋献策；30多位参会代表欣然在筹备“投融资俱乐部”的征询意见表上签名、表示同意参加。全部费用完全由赞助商支付。

三、引导会员企业关心社会、回报社会、为构建和谐社会作贡献

热心社会公益与慈善事业是商会的优良传统。近四年来，商会积极推动、感召会员关心社会、回报社会。到目前为止，商会会员的累计捐款已经达到了8.5亿元人民币。这不仅是一个数字，更是一颗颗博大爱心的体现。女企业家商会的每一位会员都将继续本着“致富思源，富而思进”的精神，为构建社会主义和谐社会贡献自己的一份力量。

以下是四次慈善活动的汇报：

2008年1月，由全国工商联女企业家商会主办的第三届“心美丽·自非凡”慈善晚会在北京钓鱼台国宾馆隆重举行。300余位女企业家会聚一堂，纷纷解囊共襄善举。全国人大常委会副委员长、全国妇联主席顾秀莲，全国政协副主席、全国工商联主席黄孟复以及全国政协外事委员会、国务院侨务办公室等单位和部门的领导出席了晚会。在晚会上，由商会名誉会长翟美卿带头，女企业家们当场认捐善款，并将晚会上拍卖所得的101万元款项通过中国光彩事业基金会捐给贵州贫困地区兴建爱心图书室。

2008年4月，由中国光彩事业促进会、中国人口福利基金会、幸福工程组委会联合发起主办，联亚集团、商会协办的“光彩与幸福2008慈善之夜”晚宴在北京举行。此次活动旨在借助社会力量，救助雨雪冰冻灾区贫困母亲。全国政协副主席、中共中央统战部部长杜青林，全国政协副主席、中华全国工商业联合会主席黄孟复，全国妇联主席、幸福工程组委会主任顾秀莲，以及国家人口和计划生育委员会、中国人口福利基金会等单位的领导出席了会议，商会副会长许淑清、王丽、赵静、张树珍，常务理事李弘等也参加了这次活动或慷慨解囊。当晚共募集资金561万多元。商会副会长许淑清，商会常务理事李弘女士，被授予“光彩与幸福2008慈善大使”。到2007年底幸福工程已经救助国内19万贫困母亲，惠及人口88万人。

5月8日是世界“红十字”日。是日，由中国红十字会主办，商会副会长许淑清领导的中恒集团、广西梧州制药（集团）股份有限公司独家赞助的“红十字与奥运同行”大型公益晚会在人民大会堂隆重举行。多位在京理事出席晚会。2007年至今，中恒集团在女商会许淑清副会长的主持下，先后向中国红十字会捐赠了价值达3600万元的物与款。2008年又给灾区捐了845万元。

2008年5月，四川汶川发生了8.0级大地震。为了给予灾区人民及时救助，商会第二天就呼吁会员立即行动起来，灾后第三天，第一批捐款就报上来了。截至2008年8月，商会会员共捐款捐物达1.12亿元，充分体现了女企业家们的姐妹情深以及对灾区人民血浓于水的深情。政协副主席全国工商联黄孟复主席在全国工商联十届二次执委会工作报告中特别提道："全国工商联女企业家商会主动捐款上亿元，我们要认真学习和大力弘扬她们在抗震救灾中表现出的同舟共济、甘于奉献、以人为本、国家为重的崇高精神。"

2009年

全国工商联女企业家商会自成立以来，在全国工商联的直接领导和全国妇联的亲切关怀下，认真学习贯彻党的十六大以来几次重要会议特别是党的十七大的精神，遵循全国工商联的宗旨、职能、地位、任务，根据商会统战性、经济性、民间性的特点，在会员中提倡自尊、自信、自立、自强的精神，积极开展活动，不断开拓创新，在努力加强全国各地女企业家之间的沟通联系，维护女企业家的合法权益，不断提高自身素质，促进会员企业的健康发展等方面，都取得了显著的成绩。

一、立足为会员搞好服务，坚持会员办会，提高会员总体素质

1. 为深入贯彻党的十六大和十六届六中全会精神，扎实推进"巾帼建功"活动在"十一五"期间的创新发展，2009年3月19日，商会在京召开巾帼建功颁奖暨座谈会。商会推荐的6家单位和3位同志获得"全国巾帼文明岗"、"全国巾帼建功标兵"和"全国巾帼建功活动先进工作者"荣誉称号。

2. 2009年10月，商会按照全国工商联指示精神，对下属会员单位本年度的现状，进行了一次广泛深入的调查。此次调查便于了解、掌控会员单位的现状、需求和问题，更好地共同研究、应对经济金融大潮后期的发展策略，迎来新一波的经济新的繁荣。

3. 2009年11月7～9日，商会与清华大学管理学院共同举办了"清华大学女性领导力研修班"，与会女企业家和女职业经理人与著名学者、北大学子们会聚一堂，就如何提高女性领导力和解决女性领导者职业发展中的问题展开了热烈、深入地讨论。这期研修班给卓越女性提供了一个不断提升领导能力、增强职业女性魅力、加强沟通交流机会与平台。

二、引导会员热心社会公益事业，建立信息服务平台，积极倡导现代慈善理念和慈善文化

2009年5月15日，"心美丽·自非凡"爱心晚宴在京举行——晚宴上表彰了在汶川大地震中踊跃捐赠、奉献爱心的突出女企业家个人及单位，以鼓励为"光彩事业"作出杰出贡献的女企业家。

三、加强商会自身建设，发挥会员主体作用，塑造商会品牌，扩大商会影响

女企业家商会通过一年的高质量活动吸纳了更多高素质会员加入，为商会注入新鲜的血液，积极发展团体会员，构建全国女企业家组织网络。使商会的活动能够深入各地，塑造商会品牌，扩大商会影响。同时，商会加强自身建设，制定了一系列重要的规章制度，商会秘书处建立了岗位责任制、绩效考核制度、财务管理制度等，保证商会工作机构稳定有序，调动了工作人员的积极性，推动商会的快速发展。

2009年5月17日，广西工商联女企业家商会成立，商会应邀组织商会部分女企业家出席了成立大会。成立大会举办了以"凝聚力量，共克时艰"为主题的论坛，刘亭会长在"中国—东盟女企业家商会论坛"上发表了题目为《发挥女企业家商会作用，助推巾帼英雄共克时艰》的演讲。

2009年9月8日，为庆祝北京工商联女商会成为商会团体会员，举行了盛大联谊活动。

2009年9月24～26日，商会组织了部分女企业家、央企负责人，由刘亭会长带队到山东泰安市进行了为期3天的商务考察和调研活动。女企业家考察团的到来，受到了泰安市政府和有关方面负责人的热烈欢迎。市委书记杨鲁豫、市长李洪峰会见了刘亭会长和企业家一行。

2009年12月6日，全国工商联女商会组织的“年终投融资恳谈会”在北京隆重举行。刘亭会长讲述了召开此会的目的、意义，说明了投融资工作的重要性，取得很好的成效。

四、加强会员间的相互联系与交流，活跃商会内部文化生活，提高商会凝聚力

为了发扬自尊、自信、自立、自强的人格精神，商会组织了“优秀论文评选”、“卓越女性领导力研修班”、“企业调查问卷”和“投融资恳谈会”等一系列活动。

10月1日是中华人民共和国的60年大庆。经刘亭会长同意并报全国工商联批准，商会本着参与、节俭、品位的原则，利用网站的“女企业家论坛”，举办“献论文，迎国庆”女企业家优秀论文有奖征集评选活动，以此来抒发女企业家姐妹们对祖国母亲生日的祝愿与庆贺。

五、全面推动商会注册登记工作

女企业家商会严格执行商会章程，牢记商会宗旨，积极主动配合全国工商联的各项工作，尤其是国务院正式授权全国工商联成为全国性社会团体业务主管单位后，全会上下，积极行动，全力以赴投入商会的登记工作中。

2009年7月31日，商会在北京召开了全国工商联女商会四届五次会长办公会议。会议主要动员副会长及团体会员会长对商会独立注册要高度重视，深入到各级会员之中，推进此项工作进展，商讨了全国工商联女企业家商会注册相关事项，并讨论拟定以“中国女企业家商会”为名进行注册等事宜。

之后，在全国工商联会员部领导和刘亭会长的带领下，商会多次到行业对口单位全国妇联进行反复多次的协调和沟通。在沟通过程中，妇联逐渐对女企业家商会有了更深刻的了解，充分认识到女企业家商会存在的必要性，最终给予了大力支持，使商会登记工作顺利进行。

2009年11月份，全国工商联女企业家商会发出关于商会成员单位重新登记的通告，在会员单位中增大宣传力度，扩大登记工作的影响力，得到会员单位的大力支持，积极配合。全国工商联女企业家商会重新申请登记工作，截止到12月底，商会按照全国工商联会员部的要求完成了登记材料的基础准备工作，全部文档、案卷已获全国工商联会员部核准并已上报民政部待批，重新申请登记工作总体进展顺利。

重要活动

2007年

亥年黄帝故里拜祖大典

2007年4月，在河南省政府邀请下，全国工商联女企业家商会参加了4月18～19日在河南省郑州市举行的“郑州·中华炎黄二帝巨型塑像落成庆典”及主题为“和谐中原、和谐中国”丁亥年黄帝故里拜祖大典活动。商会组织50余位优秀的女企业家参加了此次活动。

4月18日上午，万众瞩目的“郑州·中华炎黄二帝巨型塑像落成庆典”在郑州黄河岸边炎黄广场隆重举行。坐落在郑州黄河风景名胜区的炎黄二帝塑像高106米，以山为体，山人合一，浑然天成。塑像左侧为炎帝，广额淳朴，智慧慈爱，右侧为黄帝，威武刚强，气宇轩昂。炎黄二帝塑像包容了中华民族的崇高品质，体现了不屈不挠、勤劳勇敢和开拓前进的宏伟气概。此情此景感染了参加落成典礼的女企业家们，女企业家们纷纷合影留念。

18日下午，河南省省长李成玉会见了由全国工商联女企业家商会会长翟美卿带队的二十多位优秀女企业家。会见结束后，翟美卿会长和商会的女企业家们对李成玉省长的会见表示感谢，并表示，通过参加拜祖活动，感到河南的变化非常大。这次到河南拜祖既增强了民族责任感和自豪感，又寻到了一些商机，希望通过共同努力在经贸合作上取得实质性进展。

4月19日上午，农历三月初三，相传这天是轩辕黄帝的生日，后人为纪念轩辕黄帝的丰功伟绩，每年的三月初三人们都要举行各种祭拜活动。上午 9：50 在河南省新郑市轩辕黄帝故里——丁亥年黄帝故里拜祖大典隆重举行，商会会长翟美卿代表商会的女企业家们在拜祖大典上敬香。参与这次庆典的有来自海内外的各界人士三万余人。全国人大常委会副委员长、中华炎黄文化研究会会长许嘉璐，全国政协副主席、中国河洛文化研究会特邀顾问张思卿，全国政协副主席周铁农、张怀西及中国国民党荣誉主席连战等领导参加了拜祖大典。

举办“全国知名女企业家南昌经贸合作恳谈会”

2007 年 10 月 9 日，被誉为“动感都会”的南昌迎来了全国工商联女企业家商会一行 200 多位女企业家的到来。

10 月 9 日晚 8 点，全国工商联女企业家商会三届四次会长办公会议在滨江宾馆会议厅召开。翟美卿会长向大家介绍了此次南昌活动的筹备情况，称赞了南昌市委及工商联、统战部对此次活动的大力支持，并表扬了秘书处在此次南昌活动中所起的协调及策划作用。

10 日上午，江西省工商联女企业家商会成立大会在红谷滩会展中心东厅召开，全国工商联直属商会会长瞿怀明，全国工商联女企业家商会会长翟美卿，江西省人大常委会副主任蒋如铭、副省长孙刚，江西省政协副主席、江西省委统战部部长王林森等领导出席。

江西省工商联女企业家商会选举产生了 57 名理事，江西煌上煌集团董事会主席徐桂芬当选第一届女企业家商会会长，江西民生集团副董事长丁玲等 11 名女企业家当选副会长。

下午，由全国工商联女企业家商会和南昌市人民政府共同主办的“全国知名女企业家南昌经贸合作恳谈会”在滨江宾馆盛大开幕。会上举行了隆重的项目签约。本次会议共签约 10 个项目，投资总额 10.28 亿元人民币，涉及商务宾馆酒店、汽车配件制造、动漫创意产业等多个领域。

10 月 11 日上午，与会嘉宾代表分赴各开发区、红谷滩新区进行实地考察、洽谈。实地考察了东元电机、煌上煌集团、奥克斯等企业发展情况，在了解南昌市优越的投资环境的同时，也为自己的企业寻求发展商机。下午，女企业家们又参观了滕王阁、象湖公园、八一广场等地，亲身感受了英雄城南昌的独特魅力。南昌电视台、南昌日报、南昌晚报等媒体对这次考察进行了全程报道，并采访了商会的女企业家们。大家对南昌的魅力及投资环境交口称赞，表示会做进一步考察，以期发现商机。

2008 年

举办“心美丽·自非凡”慈善晚会

1 月 11 日晚，由全国工商联女企业家商会主办的第三届“心美丽·自非凡”慈善晚会在北京钓鱼台国宾馆隆重举行。300 余位女企业家会聚一堂，纷纷解囊共襄善举。

在感人而热烈的晚会上，女企业家们当场认捐 1182.5 万元善款，认捐款项将定向捐给全国各贫困地区。女企业家商会还向贵州省另行捐赠 20 万元，晚会上拍卖所得的 101 万元款项将通过中国光彩事业基金会，用于贵州贫困地区兴建爱心图书室。

1 月 11 日晚，由全国工商联女企业家商会主办的第三届“心美丽·自非凡”慈善晚会在北京钓鱼台国宾馆隆重举行

召开全国工商联女企业家商会第四次（会员）代表大会

2008 年 1 月 12 日上午，中华全国工商业联合会女企业家商会第四次会员（代表）大会，在北京国宾酒店会议厅隆重开幕。

大会原则通过了修改后的商会新章程，选举产生了新一届理事会。

联亚集团董事长、总裁刘亭女士当选为新一届商会会长，香江集团总裁翟美卿女士为商会名誉会长。在热烈的掌声中，全国工商联党组副书记、副主席宋北杉，全国工商联直属会员商会会长瞿怀明分别为翟美卿名誉会长、刘亭会长及商会副会长授牌。

中华全国工商业联合会女企业家商会第四次会员（代表）大会合影
2008.1.12 北京

2008 年 1 月 12 日上午，中华全国工商业联合会女企业家商会第四次会员（代表）大会在北京国宾酒店会议厅隆重开幕

此次会员（代表）大会确定了“充分尊重、广泛联系、加强团结、热情帮助、积极领导”的 20 字办会方针。商会将大力培养中国女企业家队伍并积极引导她们当好中国特色社会主义事业的建设者，以强国富民为己任，自觉承担社会责任，为我国经济社会的发展作出应有的贡献。

会上，还对商会上年度评选出的优秀会员、优秀团体会员进行了表彰。

参加 2008（北京）贵阳经贸洽谈暨旅游推介会

2008 年 3 月 19 日下午，受贵州省贵阳市邀请，全国工商联女企业家商会代表团参加了在北京世纪金源大饭店举行的“2008（北京）贵阳经贸洽谈暨旅游推介会”。

贵州省副省长蒙启良出席推介会并讲话。到会的贵州市市政府领导还有市委副书记、市长袁周，副市长季泓。推介会由市委常委、副市长王方主持。国家旅游局纪检组长王军、国家科技部、国家信息产业部等相关部门负责人及相邀而来的北京地区各行业重要客商、媒体代表也到会助兴。

女企业家商会代表联亚集团执行董事马晶晶（代表刘亭会长）、北京东方园林有限公司总裁方怡、北京中俊酒店管理有限公司总经理崔春婷及商会有关人员出席了推介会。

全国工商联女企业家商会赴越考察

在全国工商联会员部的大力支持以及刘亭会长精心安排下，全国工商联女企业家商会代表团，于 3 月 25 日起程赴越南进行为期 8 天的商务访问。

此次赴越代表团是以中华全国工商业联合会女企业家商会会长为团长，以北京市德恒律师事务所主任王丽，南京香江华建工程有限公司副董事长郑敏，天方集团（香港）投资有限公司总裁黄雅静，德恒律师事务所（纽约）合伙人王卫东，中华全国工商业联合会女企业家商会代理秘书长、北京华美杰尔教育咨询中心执行主任张鼎政，中华全国工商业联合会女企业家商会副秘书长李兆荣一行 7 人组成。行业涉及风险投资、钢铁、建筑、制药、汽车制造、法律等多个领域。目的在于增进中越人民友谊，加强商务了解，构建两国妇女界文化与商务交流平台。

代表团于 3 月 27 日上午与越南西贡市女企业家商会进行了商务会谈。西贡市女企业家商会对于商会到访得到了高度重视，西贡市女企业家商会会长、西贡商人报总编辑阮氏华女士，西贡妇联主席、胡志明市市委委员、越南妇联中央主席团委员张氏应女士，越南中央妇女联南方办公室副主任阮越红女士以及越南中央妇女联主席、国会代表等 20 余人在座。午宴过后，商会考察团拜会胡志明市人民委员会副主席（相当于副市长）阮氏秋河女士。

参与举办“光彩与幸福2008慈善之夜”活动

4月12日，由中国光彩事业促进会、中国光彩事业基金会、中国人口福利基金会、幸福工程组委会联合发起主办，联亚集团、全国工商联女企业家商会协办的“光彩与幸福2008慈善之夜”晚宴在北京金融街威斯汀酒店举行。此次活动旨在借助社会力量，救助雨雪冰冻灾区贫困母亲。不少社会知名人士、爱心明星、成功企业家纷纷赶赴活动现场，慷慨解囊。截至当晚21时，共募集资金561万多元。

2008年4月12日，“光彩与幸福2008慈善之夜”晚宴在北京金融街威斯汀酒店举行

2008年伊始，我国南方大面积遭受50年不遇的雨雪冰冻灾害，人民的生产生活受到严重损失。虽然国家调动大量财力物力用于救灾赈灾，但由于受灾面积过大，仍有不少灾民有待救济。动员社会力量赈灾，成为一种不可或缺的现实需求。本次慈善活动，即是在灾后恢复重建过程中为企业积极履行社会责任、社会各界人士踊跃奉献爱心搭起一座平台。

中国光彩事业和幸福工程一直视扶贫济困为己任，采取多种措施对贫困地区、贫困母亲进行救助，成为中国慈善事业中的重要部分。截止到2007年10月31日，已在全国29个省设立415个幸福工程项目点，累计投入救助资金5亿元，救助贫困母亲19万余人，受惠人口达88万人。

在13年的发展历程中，幸福工程得到了爱心企业和爱心人士的关注，特别是得到了中央直属机关和中央国家机关的大力支持。每年母亲节期间，上至总书记、国家主席、国务院总理，各部部长，下至普通员工、离退休干部，都积极向贫困母亲伸出援手。截至2008年3月，两大机关共为幸福工程捐赠善款3160余万元，为贫困母亲脱贫致富带来了希望，增添了信心。

此次采用的慈善晚宴方式是国际通行的募集善款方式之一，所得善款将全部通过中国光彩事业基金会和幸福工程组委会捐赠给受灾严重的湖南、贵州灾区的贫困母亲，以帮助她们走出困境，早日过上幸福生活。

商会副会长、中恒集团董事长许淑清女士被授予“光彩与幸福2008慈善大使”。商会常务理事、中国国际金融有限公司董事总经理李弘个人以及中国国际金融有限公司也双双被授予“光彩与幸福2008慈善大使”。

刘亭会长接见越南商务考察团

2008年4月30日，全国工商联女企业家商会刘亭会长在北京接见了越南商务考察团一行的来访，并设宴款待越南友人。

这次访问是在商会考察团本年3月越南访问的基础上，双方领导人的又一次高层会晤。双方就两国女性创业问题及一些商务项目的合作展开讨论，认为这样的交流很有必要，并希望能够经常保持信息的畅通。

访问结束时，刘亭会长向胡志明市副市长赠送纪念品“小火炬”，因为她是胡志明市2008奥运的火炬手。同时，向代表团成员赠送了精美的2008年北京奥运会纪念品，并请代表团转达她对胡志明市副市长亲自传递奥运火炬的由衷感激之情。双方表示，将为促进中越女企业家健康稳步的合作而共同努力。

全国工商联女企业家商会出席“世界女性论坛亚洲大会”

2008年5月14日，主题为“发展与可持续性：女性的力量”的世界女性论坛首届亚洲大会在上海举行。由全国工商联女企业家商会组团，30名女企业家参加了此次盛会。

世界女性论坛首创于法国，2005年以来已连续举办了三届，形成了从创新角度探讨议题的鲜明特色，引起世界各国瞩目。2007年被英国

《金融时报》评为世界上最具影响力的五大论坛之一。本次论坛聚集35个国家的逾700名代表，围绕"发展与可持续性：女性的力量"这一会议主题展开热烈讨论。

借助世界女性论坛这样一个交流的平台，商会女企业家们与90多位来自世界各地的学者、专家就经济发展、宏观经济、领导力、企业社会责任、社会财富分配及教育等主题进行互动讨论。

刘亭会长、陈丽、许淑清、王丽副会长以及常务理事中国互动媒体集团总裁洪晃、俏江南集团董事长张兰分别在分论坛上作精彩发言。面对记者与有关人士的提问，女企业家们侃侃而谈，充分展现了中国当代女性企业家独有的智慧、仁爱、敏锐的精神风采，更体现了中国女企业家们心心相通的团队精神。会议期间，得知四川灾情严重的消息，企业家们心忧灾区，情感沉重。刘亭会长当即召集特别会议筹集款项，支援灾区，体现了中国女企业家们高尚的爱国情怀和民族意识，令与会各国代表肃然起敬。当晚参加晚宴的女商会代表们向全国工商联捐款达32万元。

此次活动得到了商会各级领导的高度重视，陈丽副会长热情邀请女企业家们在游船上共进晚餐，观赏美丽的上海夜景。上海市妇联领导、名媛孙穗芬（孙中山的曾孙女）等知名人士也登船助兴。宾主载歌载舞，互叙衷肠，结下深厚的友谊。此外，企业家们此行还受到全国工商联家具装饰业商会会长、月星集团董事长丁佐宏先生的热情接待。

举办中挪商会管理研讨会

2008年9月4~5日，由全国工商联与挪威工商会联合举办的商会管理研讨会在京举行。

全国工商联副主席谢经荣在致辞中向挪威工商会副总裁博格一行的到来表示欢迎，并对自1996年双方签署合作协议以来所开展的卓有成效的合作表示赞赏。

据了解，挪威工商会是挪威最大的企业家组织，包括制造业、服务业等23个行业协会和17个区域联合会，共有16000家会员企业。此次研讨会主要围绕挪威及欧洲的商会管理模式、商会的定位及职能，商会与政府及工会间的三方合作协商机制等领域进行研讨。双方并就如何促进两国商会及企业间的国际合作等问题进行了交流。

来自挪威工商会的专家围绕挪威的自然环境、经济状况、工作生活及政治制度；挪威工商会的历史、组织结构以及在挪威社会生活中的地位与作用；挪威的协议、谈判制度及相关立法工作；挪威近年来的重点政策领域；挪威工商界工作中的合作、管理及员工参与制度等议题进行了讲解。

全国工商联机关干部、各直属行业商会及地方工商联有关负责人参加了研讨。

协办"全球金融危机对中国的影响"讲坛

2008年11月17日，全国工商联经济部于北京朝阳区东四环中路华业国际中心举办了一个题为"全球金融危机对中国的影响"的讲坛。全国工商联女企业家商会协办，中植企业集团有限公司承办。主讲人是美国花旗集团的前任首席执行官（CEO）查理斯先生。在座的有全国工商联经济部部长欧阳晓明女士、全国工商联女企业家商会会长刘亭女士、亿阳集团董事长邓伟、德龙控股主席丁立国先生、中国国际金融公司总经理李弘、博龙基金蒋申兰、中通诚董事长刘公勤、德恒律师事务所首席主任王丽，以及全国工商联女企业家商会的正副秘书长张鼎政、赵小光等人。

讲坛由中金公司李弘总经理主持，她首先向大家介绍了查理斯先生，然后由查理斯先生发表演讲。查理斯先生就此次源自美国华尔街的金融海啸导致的全球经济危机的发生、发展以及对中国的影响发表了精辟的演讲。之后，邓伟董事长、王丽律师、丁立国总裁等分别向查理斯先生提问。讲坛始终充满了严肃、热烈、积极的气氛，取得了预期的效果。

举行全国工商联女企业家商会投融资服务咨询洽谈会暨圣诞晚宴

2008年12月21日，在北京城西的首创缘溪堂3号楼PANHOUSE内，全国工商联女企业家商会"投融资服务咨询洽谈会暨圣诞晚宴"正在这里举行。

此次活动旨在利用商会内部现有资源，发挥商会优势，为会员企业提供及时有益的融资、投资及相关的法律、财务等咨询服务；为会员搭建互为依托、互相交流、互通有无、互惠共赢的平台；为会员企业如何在当前全球金融危机的不利形势下转危为机、化险为夷出谋献策；同时，在2008的年末岁尾，圣诞节前，联络感情，坚定信心，共迎来年。

活动由全国工商联女企业家商会策划并主办。女企业家商会副会长王丽主持会议。

期间，刘亭会长介绍并邀请全国工商联副主席沈建国做指示。沈副主席是全国工商联唯一的女性副主席，所以她讲话时会场气氛格外热烈。沈副主席代表工商联领导对我们的这个活动表示祝贺，对刘亭任会长后女企业家商会的工作进行了表扬，向女企业家们以及全体与会代表们表示节日的祝贺，会议圆满结束。

2009 年

商会召开四届一次理事会

5 月 15 日、16 日中华全国工商业联合会女企业家商会四届一次理事大会及系列活动在京城东北顺义区的春晖园温泉度假村成功举行。活动由两部分组成：15 日晚举行的“心美丽·自非凡”爱心晚宴——表彰汶川大地震时踊跃捐赠，奉献爱心的突出女企业家个人及单位，鼓励为“光彩事业”作出杰出贡献的女企业家。全国政协副主席郑万通，中央统战部副部长、全国工商联党组书记兼第一副主席全哲洙，全国工商联副主席宋北杉，全国工商联会员部副部长马君和全国妇联有关部门的领导及一些男企业家嘉宾莅临晚宴，与来自全国各地的 100 多位女企业家联欢。

16 日全天为理事大会——由刘亭会长作工作报告、审议通过新增补的理事以上会员、权威专家的时政报告，以及“女企业家论坛”组成。国家发改委宏观经济研究院副院长马晓河及中金公司研究部执行总经理刘奥琳的演讲深得女企业家的欢迎。女企业家论坛上，西藏奇正药业董事长雷菊芳和东方美亚集团董事长郭丽双先后发表了题为“在胜者为王的经济社会里寻求智慧指引内心”和“运用儒家伦理指导企业经营管理的几点体会”的演讲，同样得到女企业家姐妹们的欢迎和共鸣。代表们提议“论坛”在女商会网站上继续进行。

广西工商联女企业家商会举行成立庆典大会

2009 年 5 月 17 日，广西工商联女企业家商会在南宁成立。广西工商联女企业家商会是广西壮族自治区工商业联合会直属商会。会员由广西工商联会员中企业规模较大、代表性强、社会形象好的优秀女民营企业家组成。商会第一次会员大会选举产生了以广西梧州中恒集团股份有限公司董事长许淑清女士为会长的首届商会领导班子。

同日，隆重举行了广西工商联女企业家商会成立庆典活动。全国工商联副主席沈建国，自治区人大常委会副主任刘新文，自治区政协副主席、自治区妇联主席蒋培兰，自治区党委统战部副部长、工商联党组书记冯成善，自治区工商联主席、广西总商会会长磨长英，南宁市副市长黄焕升等有关领导，以及来自老挝、菲律宾、印尼、越南、泰国、柬埔寨、马来西亚等东盟国家和港澳台及国内 18 个省的女企业家代表共 120 多人参加庆典大会。

全国工商联副主席沈建国及自治区政协副主席、自治区妇联主席蒋培兰在庆典上作重要讲话，对广西工商联女企业家商会的成立致以热烈祝贺，寄予了高度信任和殷切期望。全国工商联女企业家商会会长刘亭也到会诚挚祝贺广西工商联女企业家商会成立并致辞。

全国工商联副主席沈建国、自治区人大常委会副主任刘新文为新成立的广西工商联女企业家商会揭会匾，翻开了广西女企业家商会崭新的一页。沈建国、刘新文、蒋培兰等领导为当选的第一届广西工商联女企业家商会会长、常务副会长、副会长授匾。

庆典大会之后，广西工商联女企业家商会举行招待晚宴。

开展“中国—东盟知名民营女企业家南宁行”活动

2009 年 5 月 18 日，南宁市政府、自治区工商联共同组织来自国内 19 个省的知名民营女企业家和港澳台地区、菲律宾、印尼、柬埔寨、老挝、马来西亚、泰国、越南等东盟七国商会代表和企业一行 60 多人在南宁开展“中国—东盟知名民营女企业家南宁行”考察活动。南宁市六景工业园、高新开发区领导分别介绍了工业园、开发区的投资环境，发展规划、园区定位和已进入园区投资的企业等情况。下午南宁市政府在红林国际大酒店举行南宁市投资环境推介会，南宁市委常委、统战部胡建华部长介绍南宁市经济社会发展情况，在会上还介绍了南宁市投资环境及政策、工业发展情况、商贸物流行业发展情况及重点投资项目等情况。

通过考察和推介，东盟国家女企业家认为，中国—东盟博览会在南宁永久举办，与东盟国家的经贸往来日益增多，为东盟与南宁的企业合作提供了有利条件，表示要加强与南宁市的合作，推动东盟国家企业到南宁投资发展。

在考察期间，自治区党委常委、南宁市委书记车荣福等市领导分别会见国内和东盟的女企业家代表。车书记在会见中说，欢迎女企业家们前来南宁考察。

会见完后，南宁市委、市政府宴请女企业家一行。自治区工商联领导出席会见和陪同考察。

“商业女性的形象与成功之本”——清华大学女性领导力研修班结业

全国工商联女企业家商会和清华大学继续教育学院联合举办的“商业女性的形象与成功之本”——清华大学女性领导力研修班于2009年11月7日至11月9日在清华大学顺利结业。

全国工商联女商会的精心、细致的组织下，刘亭会长，许淑清、刘书英、陈丽、徐桂芬副会长及其他会员20余人参加了研修班的学习。

研修班由清华大学的教授和有关方面的著名专家教授了色彩诊断与服饰搭配、婚姻家庭与亲子教育、人力资源开发与管理、性格与领导力和职业女性口才与社交礼仪等方面的课程与知识。这期研修班给卓越女性提供一个不断提升领导能力、增强职业女性魅力、加强沟通交流机会与平台。

召开年终投融资恳谈联谊会

由全国工商联女商会组织的年终投融资恳谈联谊会于2009年12月6日晚在朝阳区“健一公馆”隆重举行。

出席的领导有：全国工商联女企业家商会会长刘亭；全国工商联会员部部长刘红路；全国工商联法律部部长王瑗；全国妇联组织联络部部长张黎明；中联部协调局局长沈蓓莉；全国工商联女商会副会长，中国国际金融有限公司融资委员会副主席、董事总经理李弘；东方美亚投资有限公司董事长郭丽双；大连新星房地产开发集团有限公司董事长孙迎霞；邢台德龙钢铁实业有限公司董事赵静；北京德恒律师事务所主任王丽；河北斯特龙装饰工程有限公司董事长刘书英。此外，副会长赵静的先生丁立国、中国国际金融有限公司董事总经理冯丹云、北京鑫恒铝业有限公司董事长李涵以及中国国际金融有限公司方面邀请的专家、学者也出席了会议。

会长刘亭讲述了召开此会的目的、意义，说明了投融资工作的重要性，最后还通报了“中国女商会”独立注册工作的进展情况。与会的每个人都作了自我介绍，并就投融资、企业情况、商会工作以及国内外的经济形势发表了见解。

重要文献

2007年

全国工商联女企业家商会第三届理事会工作报告（摘要）

全国工商联女企业家商会会长　翟美卿

（2008年1月12日）

全国工商联女企业家商会自2004年12月28日经第三次会员代表大会正式更名为全国工商联女企业家商会以来，在全国工商联的直接领导和全国妇联的亲切关怀下，认真学习贯彻党的“十六大”以来几次重要会议，特别是党的十七大的精神，遵循全国工商联的宗旨、职能、地位、任务，根据商会统战性、经济性、民间性的特点，在会员中提倡自尊、自信、自立、自强的精神，积极开展活动，不断开拓创新，在努力加强全国各地女企业家之间的沟通联系、维护女企业家的合法权益、不断提高自身素质、促进会员企业的健康发展等方面都取得了显著的成绩。

一、贯彻落实科学发展观，引导会员推动区域经济协调发展，当好党和政府联系女企业家的桥梁和纽带，充分发挥女企业家在中国特色社会主义建设中的作用

为了帮助会员企业积极开拓市场，开阔女企业家的视野，引导有实力的会员企业积极投身中西部地区的经济建设，让女企业家商会的姐妹们在最短的时间里、最直接地了解市场信息和各地投资情况。3年来，女企业家商会在各地政府的大力支持下，积极组织各种形式的商贸考察活动。

2005年7月，应内蒙古女商会的邀请，全国工商联女企业家商会一行20余人在内蒙古3个地区进行了为期4天的商务考察活动。会员们充分了解当地经济投资环境，同时也领略了大草原的美丽风光。此次活动中，会员为当地教育事业捐赠19万元。女商会会员们所到之处不仅带去了先进地区的经济发展的经验，更带去了慈善之心，这些都得到了当地政府和群众的一致好评。

推介会取得了良好的效果和反响，推动了内蒙古招商事业的发展。考察之余，商会代表团与内蒙古自治区领导及内蒙古女企业家姐妹们一起，参加了“内蒙古十大优秀民营女企业家、十大民营女慈善家”颁奖晚会，还向内蒙古女企业家商会和希望工程捐款。

全国工商联女企业家商会第三届第二次会长办公（扩大）会议于2005年9月25日在湖南衡阳召开。湖南省衡阳市委、市政府对此次会议高度重视，拨出专款作为接待经费补贴，全国工商联领导及多位部门负责人到会指导。会后与会人员进行了商务考察活动，加深对当地投资环境的了解，会员做出了投资决策，支持当地经济社会发展，深受当地政府和市民的欢迎。

2006年12月，在全国工商联副主席沈建国的率领下，商会30余名代表到广州参加“广东省工商联女企业家商会成立十周年庆典”。庆典之前，女企业家们参观了当地的知名企业，受到广东省委、省政府领导的接见。

2007年4月，女企业家商会组织了为期4天的郑州与洛阳考察活动，受到了河南省、郑州市、洛阳市等省市领导的接见和大力支持。在郑州，李成玉省长与会员们进行座谈；在洛阳，连维良书记详细介绍了洛阳的投资环境。女企业家们对郑州和洛阳两市的投资环境进行了认真考察。

2007年10月9日，由全国工商联女企业家商会与南昌市人民政府共同主办的“全国知名民营女企业家南昌经贸合作恳谈会”在南昌隆重举办。在本次会上共签约10个项目，投资总额10.28亿元人民币。活动期间，与会代表分赴各开发区、红谷滩新区进行实地考察、洽谈。实地考察了东元电机、煌上煌集团、奥克斯等企业发展情况，在了解南昌市优越的投资环境的同时，也为自己的企业寻求发展商机。南昌电视台、南昌日报、南昌晚报等新闻媒体对这次考察进行了全程报道。

通过这些活动，大家广结好友、互通商机，共同合作和发展，也为企业在各地的发展铺路搭桥。

二、坚持为会员搞好服务，培养一支坚决拥护党的领导、走中国特色社会主义道路的积极分子队伍，把工作重点放在提高会员总体素质上，促进非公有制经济健康发展，争当优秀中国特色社会建设者，为推动经济又好又快发展贡献力量

1. 为深入贯彻党的“十六大”和十六届六中全会精神，扎实推进“巾帼建功”活动在“十一五”期间的创新发展，全国“巾帼建功”活动领导小组决定，于2007年“三八”妇女节期间表彰全国“巾帼文明岗”和全国“巾帼建功标兵”。商会共推荐的“巾帼文明岗”6个，“巾帼建功标兵”10个，全部成功当选。3月28日，召开了表彰座谈会，全国工商联张龙之副主席、全国妇联赵少华副主席、全国工商联直属会员商会会长瞿怀明参加了座谈会，张龙之副主席亲自为获奖者颁奖并发表重要讲话。

2. 举办中国女企业家领导力高层论坛、创业论坛和培训活动。

2005年5月25日，女企业家商会和北京大学光华管理学院联合主办“2005中国经济高峰会——中国女企业家领导力”高层论坛，共同探讨如何提升女企业家的领导艺术。在此次论坛上企业家们精彩的演讲吸引了多家媒体的关注，北京日报、中国经济时报、参考消息、中国日报、人民网、新浪网等都进行了报道。

2006年1月，女企业家商会与北京大学光华管理学院共同举办了“光华新年论坛——女性领导力专场”。与会的女企业家和女职业经理人，与著名学者、北大学子们会聚一堂，就如何提高女性领导力和解决女性领导者职业发展中的问题，展开了热烈、深入的讨论。作为北大新年论坛的一部分，本次论坛取得了巨大成功，大家都感到收获很大。

2006年6月，女企业家商会与全国妇联组织联络部、中华工商时报社、北京大学民营经济研究院共同举办“女企业家创业论坛”。在论坛活动中，日照华泰食品有限公司董事长张树珍、北京盈之宝董事长李莹、校园在线CEO郗慧琳等商会领导分别做了精彩演讲，并同与会大学生们展开精彩对话。参会人员都认为大有收获，终生难忘。

三、引导会员弘扬中华民族传统美德，热心社会公益事业，积极参与光彩事业，致富思源、富而思进，扶危济困、共同富裕，义利兼顾、德行并重，发展企业、回馈社会，主动承担社会责任，为构建社会主义和谐社会尽心出力

女企业家商会成立以来一直在会员中大力倡导主动承担社会责任，热心社会公益事业，这既体现了我们女企业家商会会员应有的高素质、高品格以及社会价值，同时也为构建社会主义和谐社会贡献自己的一份力量。

1. 会员们一直都把“扶贫济困”当做自己的使命，为慈善事业作出了突出贡献。商会会员近年来累计捐款人民币近7.3亿元。作为会长单位，香江集团近些年也累计捐款达4亿元。这里不仅是一个个数字，更是每一位捐款者的爱心、善心以及回报社会的责任心，是每一位女企业家会员“致富思源，富而思进”的精神，和为构建社会主义和谐社会贡献自己的一份力量真实的体现。

2. 2005~2006年连续两年，女企业家商会在北京举办“心美丽·自非凡”慈善晚会，会员企业踊跃参与，献上自己的一份爱心。为了表彰这些优秀的女企业家及其先进事迹，全国工商联女企业家商会于2006年底在北京举办首届“十大优秀民营女企业家”、“十大民营女慈善家”评选及颁奖典礼，300多名来自全国各地及港澳台地区的女企业家参加了这次晚会，全国工商联主席黄孟复等领导人也出席了晚宴，使广大会员在这些活动中深受鼓舞，更加坚定了女企业家们回报社会的决心。

四、扩大开放，活跃对外交流，加强与港澳地区的联系，帮助会员拓宽视野，增长才干

开展与港澳地区的合作与交流。2005年7月14~15日，商会应澳门贸易促进局邀请，组团参加了由澳门贸易促进局举办的澳门经济环境介绍会。此次澳门之行，商会代表团全体成员受到澳门行政长官何厚铧、财政司长谭伯源等政府官员的亲切接见，扩大了商会在港澳地区的影响。

中日女企业家交流活动。2005年，中日女企业家交流活动是由商会与日本贸易振兴会、日本世界经济信息服务中心（WEIS）和中华全国工商业联合会信息中心共同发起，通过交流，加深了中日两国之间女性企业家及职业女性之间的相互了解，促进两国企业的合作，从一个侧面提高女性在经济界和企业界的地位。

中美女企业家交流座谈活动。2006年12月12日，以美国妇女商会首席执行官多夫曼（DORFMAN）为首的美国妇女商会代表团访华，本会代表全国工商联接待了该代表团。当天下午在北京香格里拉饭店举行了交流座谈会。商会20名代表和美方20名女企业家进行了交流，两国的女企业家们分别介绍了自己的企业。大家一致表示，希望双方每年互访，保持信息交流，加强双方的合作。

五、以“团结凝聚力量，创新通向辉煌”为商会核心理念，广泛团结全国各地的女企业家，加强商会组织建设，扩展联系网络，壮大队伍，充实力量

广纳精英，内强素质，外树形象。通过三年的高质量活动吸引了大批高素质会员加入，使理事会核心层逐渐形成一个有实力、有能力、有使命感和责任感、有奉献精神和爱心的精英女企业家群体。精英会员的不断增加，也为商会注入新鲜的血液，促进了会员队伍整体素质的提高，同时也为商会的长足发展奠定了坚实的基础。

构建全国女企业家组织网络。女企业家商会是一个团结的大家庭，商会积极支持知名会员在当地发展和建立女企业家组织，并与各地女企业家组织形成一个紧密团结的全国性的女企业家组织网络，使商会的活动能够深入各地，在全国产生广泛影响。因此，使各省市女企业家商会团结到全国工商联女企业家商会的团队中来是女商会的一项重要工作。2005 年 10 月 21 日，澳门女企业家商会在全国工商联女企业家商会的协助下隆重成立，内地 100 多位会员组成代表团参加；2006 年 8 月 19 日“内蒙古工商联女企业家商会年会暨内蒙古女企业家商会揭牌仪式”隆重举行；2007 年 10 月 10 日，江西工商联女企业家商会成立，全国各地近 300 位女企业家参加了成立大会。目前，江西、内蒙古、湖南、山东、广东、澳门、深圳、衡阳等地都已建立女企业家商会组织。

加强自身建设，努力实现科学管理，完善制度，提高工作效率。商会制定了一系列重要的规章制度，其中有会长办公会议制度、商会各层级领导选拔标准、团体会员管理制度等，有效地推动了商会的组织建设。商会秘书处建立了岗位责任制、绩效考核制度、财务管理制度等，保证商会工作机构稳定有序，调动了工作人员的积极性，推动商会的快速发展。

六、创新思维，根据女性特点，开展特色活动，搭建交流平台，提高精品意识，打造品牌商会

1. 女企业家商会的工作是以活动为载体，通过优质活动建立一流的会员交流平台。全国工商联女企业家商会会员共有 200 多名，她们是全国不同地区、不同行业的佼佼者，她们在经营理念、运作模式等方面也都各有特色，互有优势。商会通过各种活动为女企业家搭建沟通交流的平台，使大家增加接触机会，在融洽的气氛中亲切交流切磋，互相借鉴经验。

2. 商会坚持“以活动促进会员发展”的思路，通过成功举办一系列的高品质活动，如首届“十大优秀民营女企业家”、“十大民营女慈善家”评选、慈善晚会、高端讲座、女性领导力论坛、商务考察等，不仅受到广大会员的欢迎，增强了商会凝聚力，而且大大提高了女商会的知名度及良好的口碑，吸引了众多企业家入会。

3. 组团参与国内重大活动。例如 2007 年 4 月 19 日河南省政府主办丁亥年黄帝故里拜祖大典，以“和谐中原，和谐中国”为主题，此次拜祖大典在河南新郑举办，这是近年来规模最大、规格最高、最为隆重的一次盛会。来自海内外的两万多名炎黄子孙共拜人文始祖。全国工商联女企业家商会的姐妹们有幸组团参与了这一普天同庆的盛事。活动期间，得到了河南省委省政府的高度重视及高规格的接待，我作为全国企业家的代表之一登台参与了祭拜活动。参加有影响力的公众活动对提高商会知名度，扩大商会影响具有积极的意义。

在肯定成绩的同时，我们也看到工作中的不足。一是在加强国际交流和国际合作的环节比较薄弱；二是制度建设有待进一步完善，自身建设的构想有些开始实施，但还没有最后完成；三是在维护女企业家的权益方面，主动性不够，成效不很显著；四是部分会员组织观念比较薄弱，缴纳会费和参加商会活动不够主动积极等，这些都是比较突出的问题，有待下一届理事会加以解决。尽管这样，我们的成绩仍然是主流，值得认真总结。三年来女企业家商会的工作使我深深体会到，要想服务好广大女企业家姐妹们，要让女企业家这个群体有所作为，工作中一定要把握好几个要点：

1. 女企业家商会的工作只有坚持正确的政治方向才能持续发展。我们所取得的成绩，离不开党和政府的正确领导，离不开邓小平理论、“三个代表”重要思想和科学发展观的指引。今后，我们要更加自觉地学习、更加坚定地贯彻党的十七大精神，为全面实现小康、为构建和谐社会、为中华民族的伟大复兴，做出我们中国女企业家应尽的努力。

2. 女商会的活动一定要围绕中心，服务大局，顺民心、得众望。商会开展工作要紧紧围绕党和国家的工作重心，只有在会员需求和社会期盼中找准结合点和切入点，把女企业家为社会作贡献的愿望与社会对民营企业的期盼紧密地结合在一起，才能得到社会各方的有力支持。

3. 女商会的活动一定要以服务会员为根本。作为女企业家的组织，我们非常了解女企业家在创业过程中付出常人难以想象的艰辛。女企业家要办好企业，迫切需要在繁忙的工作中开阔眼界，需要了解国家宏观经济政策，需要学习企业的经营管理知识。女企业家商会三年来组织了许多贴近女企业家需求的活动，受到了女企业家热烈欢迎，今后将继续为会员提供优质的服务。

4. 树立品牌商会意识，继续加强慈善事业的建设与宣传。透过慈善事业，充分展现女企业家的爱心、善心及社会责任心，用“爱”和“善”将女企业家与社会大众紧密地联系在一起，用最直观的方式塑造女企业家商会美丽、健康、积极的公众形象，使女企业家商会的社会影响力及号召力不断增强。

全国工商联“巾帼建功”表彰暨座谈会会议纪要

（2007年3月28日）

2007年3月28日上午10时，全国工商联“巾帼建功”表彰会隆重召开。会议表彰了荣获“巾帼建功标兵”的10名先进个人和“巾帼文明岗”的6个先进集体。全国工商联会员部副部长马君主持了此次会议，全国妇联副主席赵少华、全国工商联副主席张龙之、全国工商联直属会员商会会长瞿怀明、全国工商联女企业家商会会长翟美卿等领导参加了这次座谈。

“巾帼建功标兵”的6位获奖代表在各自的发言中，首先介绍了自己本着“诚信、正直、守法”的和谐经营理念、不输须眉的拼搏精神和对商机的敏锐把握与过人的聪明才智，在各自领域中取得成功的经历，并充分肯定了全国工商联女企业家商会近年来作出的成绩。同时，代表们还提出目前切实存在的女性在创业、维权及政治地位上的不平等现象，建议全国工商联与全国妇联能否联合起来给予女性在政治上更宽松的环境、更多的发言权与有效的发言途径。

女企业家商会会长翟美卿在随后的讲话中肯定了与会获奖者做出的成绩，并对于女企业家构建小康与和谐社会的新的历史时期，如何贡献自己的一份力量提出了自己的看法。

1. 和谐企业的理念，即企业中要创造尊重与培养员工、引导员工正确的价值观，并树立诚信、有爱心、对社会有责任感的优秀企业文化。

2. 和谐家庭的理念。一个和谐的家庭对于女性来说是一件很重要的有意义的事，而每个家庭又是整个社会组成的单元，和谐家庭对于整个和谐社会的构建具有重要意义。

3. 作为成功的女企业家，要有回报社会的理念，致富思源，热心公益事业，关注和扶持弱势群体和需要帮助的人，并用自己的行动带动更多的人。

全国妇联副主席赵少华赞扬了以上获奖人员与翟美卿会长的发言，肯定了全国工商联给予“巾帼建功”活动的支持与女企业家商会在活动中取得的良好社会影响。对于女企业家们提出的关于女性政治权益建议，给予了充分的重视。随后，赵主席对“巾帼建功”活动还提出几点希望：

1. 要围绕促进社会和谐，推进“巾帼建功”活动创新发展；

2. 要围绕城乡统筹发展，推进“巾帼文明岗”进行业、进社区、进村镇；

3. 要围绕创业就业工作，搭建妇女互动发展平台；

4. 要围绕迎奥运主题，提升“巾帼文明岗”活动创建水平；

5. 要以先进典型为榜样，提高参与和谐社会建设的能力。

最后，张主席表示全国妇联一定在今后的工作中给予大家更有力的支持。

接下来，全国工商联副主席张龙之对“巾帼建功”活动发表了自己的看法。

1. 对这次获奖人员及代表表示祝贺，肯定了获奖人员做出的成绩，并希望大家再接再厉、戒骄戒躁，以自己的行动带动更多的女企业家作出更大的贡献。

2. “巾帼建功”是在全面建设小康社会、构建和谐社会的新时期中，是广大女性建功立业和岗位成才的机会。张主席提出女性事业成功具有的“五个力”，即：

（1）诚或敬业，事业成功的支撑力；

（2）苦或勤奋，事业成功的推动力；

（3）情或激情，事业成功的爆发力；

（4）劲或忍耐，事业成功的穿透力；

（5）良或宽容，事业成功的融合力。

对于女企业家，张主席还提出四点希望：

1. 每个企业把坚持科学发展放在第一位，做强、做大、做久、做精；

2. 企业尽可能拿出岗位，扩大就业；

3. 企业要做长久必须坚持自主创新，科技创新；

4. 注重企业的社会责任及为构建和谐社会作出贡献。

2008 年

全国工商联女企业家商会第四届会长就职致辞（摘要）

全国工商联女企业家商会会长　刘　亭

（2008 年 1 月 12 日）

女企业家及专业女性这一群体艰苦奋斗、务实创新、开拓进取，为建设中国特色社会主义伟大事业发挥了半边天的作用。商会在引导非公有制企业健康发展，积极组织慈善捐助、开展表彰优秀劳动建设者的活动中又有长足的发展。尤其在过去的三年中，商会的队伍不断扩大，现有会员 200 余名。省级工商联已成立女企业家商会等女企业家的组织由 5 个扩大到 13 个，引导会员推动了区域经济协调发展。女企业家商会已成为政府联系非公有制经济、女企业家的桥梁和纽带，赢得了社会各界的广泛认同。

在此让我们以热烈的掌声向翟会长及上届女商会的领导致以衷心的敬意！

非公有制经济的蓬勃发展，充分证明了非公有制经济是适应社会主义初级阶段发展要求的最具活力的新兴产力。我国私营企业现已达 538 万家，占全国法人企业的 80% 以上，成为我国最大的企业群体；非公有制经济的就业人数占全国就业的 70% 以上，成为社会就业的主要渠道。非公有制经济的蓬勃发展，也带动了女企业家商会工作的历史性转变。毫不动摇地鼓励、支持和引导非公有制经济发展，既是党和国家的重大方针，也是我们姐妹的光荣职责。

今后三年中，我们要更加坚定地贯彻落实党的十七大精神，贯彻“充分尊重，广泛联系，加强团结，热情帮助，积极领导”的二十字方针，继续发扬上届商会的优良传统和工作作风。全面加强商会自身组织建设，切实提高商会自身素质能力，将服务会员，促进会员企业健康发展，与自觉承担社会责任，为全面建设小康社会、和谐社会作贡献有机结合起来，更好地发挥女企业家在中国特色社会主义建设中的重要作用。着重从以下几个方面做出新的努力：

1. 全面加强组织建设。要在全国工商联的领导下，依靠地方工商联的丰富资源，积极吸收会员，不断扩大会员覆盖面，上规模，上层次，进一步提高商会的社会影响力。切实抓好商会领导班子建设，完善管理运作机制，提高商会自治水平、职业操守和服务意识能力。

2. 充分发挥工商联下属商会的统战性、经济性、民间性的综合优势。坚持会员办会、服务立会、诚信兴会，引导和教育会员爱国、敬业、诚信、守法、奉献，进一步增强商会的整体凝聚力。

3. 充分发挥工商联在非公人士参与政治和社会事务中的主渠道作用，积极参与工商联履行参政议政、民主监督的职能，反映来自女企业家群体的心声，在促进科学决策、民主决策中发挥应有作用。

4. 继续推动、感召、宣传和鼓励姐妹们热心公益与慈善事业，主动承担社会责任，关心社会弱势群体疾苦，向社会奉献爱心。我们商会的优良传统定会持之以恒。

5. 针对会员需求，通过各种形式，开展与其他商会的交流互动。积极推荐会员参加世界妇女精英活动，搭建对外沟通与交流的国际化平台，为会员创造和发现新商机。同时，积极组织开展学习和培训工作，掌握时代的脉搏，促进会员专业素质和个人修养的不断提高。

作为本届新当选会长，在深感荣幸的同时，我更深深地感受到一份沉甸甸的责任。我在此郑重承诺，我将团结理事会全体成员，带领新一届商会领导班子，虚心向各位前任学习，认真倾听会员、理事们的建议和意见，按照商会章程，尽心尽责，恪尽职守，热心服务，扎实工作，带领全体会员不断开创商会工作新篇章！

2009 年

发挥女企业家商会作用，助推巾帼英雄共克时艰
——在“中国一东盟女企业家商会论坛”上的讲话（摘要）

全国工商联女企业家商会会长 刘 亭

（2009 年 5 月 16 日）

在全国工商联的带领下，全国工商联女企业家商会在四年的成长过程中覆盖面不断扩大。经过不断的努力和完善，正发展成拥有千余名民营女企业家董事长、总经理会员和 14 个省级团体会员的组织，企业资产的总额约 2000 亿。在直属会员中，各级人大代表、政协委员占 80% 左右。女企业家商会这支奋战在我国经济战线的生力军，为促进我国非公有制经济的健康发展作出了积极贡献，目前非公企业已吸收了全国近 70% 的就业岗位。

2009 年在世界经济衰退的严峻形势下，中国政府的刺激计划应该引领中国第一个走出低谷。根据 2009 年 4 月 22 日 IMF 在最新公布《全球经济展望》报告中预计，全球经济将萎缩 1.3%，但 2010 年可能脆弱复苏增长 1.9%。相比之下，新兴经济总体包括东盟国家 2009 年将增长 1.6%，2010 年增长 4%。IMF 对中国经济预计是分别增长 6.5% 和 7.5%。而预计中国 GDP 增长率最高的是美国高盛投资行，分别是 8.3% 和 10.9%。这一预测的差异，主要是中国政府 4 万亿投资的刺激计划将完成 2 万亿左右，将拉动今年投资增长 11.6%，拉动今年 GDP 增长约 3.8%。

经济危机呼唤改革，在某种意义上为商会系统的发展创造了机遇和条件，商会的平台以企业家为主体，工商联搭台，企业家唱戏。商会的活力来自企业，有企业家的需求和努力，商会的良好初衷就能有事半功倍的效果。我们也可以牵头组织会员单位中服务行业联合打折卡，为会员提供打折服务。今年商会要组织会员参加地方交易会和投资会。同时搭建国内外交流与沟通的平台，去年 3 月我们女企业家代表团曾出访越南，受到越南妇联、团中央及胡志明市领导的热情招待。越南女商会也到中国来进行了回访。为会员企业“走出去”创造机会，促进非公有制经济的发展和社会的长治久安。

积极搭建女企业家互动发展的平台是工商联开展经济服务功能工作的突出经验。商会将加强企业自救，争取最大力度的政府政策及相关金融机构的支持。我们去年创建了投融资俱乐部，帮助那些最有发展潜力和需要改制的企业开拓融资渠道，发挥体改带动就业的倍增效应。中小企业融资难题是一个世界性的难题，破解这一难题应成为政府、各商会共同努力的目标，要从体制、机制和服务上进行改革。从体制上大金融强国，小金融富民，要发展直接、间接融资等多层次的多方位的工具和金融产品。从机制上，推动商业银行设立中小企业信贷服务专营机构。从服务上，我们应首先加强商会资源整合，优势互补，将企业需求和金融服务通过商会投融资俱乐部对接。我们可以作银企对接、项目推荐、公司改制上市辅导等多种形式的、有针对性的活动，筛选有信誉、有发展潜力的企业向融资机构推荐，帮助金融机构挖掘和培养优质客户，有效地防范和降低风险；可以探讨与其他商会合作组织会员企业以联保和互保的方式向银行申请贷款。

热心社会公益与慈善事业是女商会的优良传统。近四年来，商会积极推动、感召会员关心社会、回报社会。到现在，商会会员的累计捐款已

经达到了8.5亿元人民币，这里不仅是一个数字，更是博大爱心的表率，我们女企业家商会的每一位会员都会继续本着“致富思源，富而思进”的精神，为构建社会主义和谐社会贡献自己的一份力量。在去年的汶川赈灾活动中，女商会会员共捐款捐物1.12亿元。

加大对妇女实习就业和创业工作的支持力度，注重辅助性和有效性。要充分发挥非公有制经济实体的作用，在全国开展各种形式的就业实习服务等专项活动；要积极引导和扶助妇女创业，从过去主要为下岗失业妇女服务扩大到为全社会具有创业意愿和创业能力的女性劳动者服务，从长远扩大女企业家的队伍。全国妇联诚邀女商会参与“女大学生创业实践基地”，目标是在三年内在全国建立5000个基地，为10万名女大学生提供创业指导和就业服务。

我在一年的商会领导工作中体会到，商会的姐妹们有三个突出的特点：一是勤奋敬业，在发展非公有制经济的过程中，优化企业管理和进行技术开发都是极具挑战性的工作。二是富有开放性和开拓性，女企业家的工作是复杂和多变的，面对严峻的市场形势和复杂的工作环境，我们更要有对事业无限的热爱和超强的创造力。我们锐意进取、不断创新。三是忍耐和宽容，商会的姐妹们，大多数是“孩子、家庭、事业一肩挑”。根据人民大学社会学专家分析，现在社会中中国女性最适合的社会性工作竟然是商业和政治。女性敏感而现实，情商普遍要比男性高。我们女企业家相对天然地倾向道德与秩序。我们的优势是具有母性、现实性、包容性和韧性，因此我们的生存概率高，和男企业家相比，更在乎打造百年老店。虽然我们的生存状况需要事业、家庭两线作战，现代社会的女企业家应有的生存方式是不断寻求母性、包容性、自主性、开放性和开拓性的动态平衡。

朋友们，我们女性所处的社会环境、地位比男性更复杂一些，我们的困惑，还是在事业、家庭和终极关怀上找平衡。事实证明，只要具有良好的心态，客观分析自身的特点和优势，坦坦荡荡，把握自己，就可以在合理的定位中展现女性工作的能力和人格的光华。

全国工商联女企业家商会四届一次理事大会会长工作报告（摘要）

全国工商联女企业家商会会长　刘　亭

（2009年5月16日）

过去的一年里，在全国工商联的亲切关怀下，商会的姐妹们坚持从国家和人民利益的大局出发，尽职尽责，奋发进取，在促进我国非公有制经济健康发展、抗击自然灾害、化解金融危机等方面作出了积极贡献。商会的成员分布在各行各业，兢兢业业地承担着企业建设和社会责任双重使命，在企业建设取得显著成绩的同时，女企业家的社会角色和地位也日益加强，在各项社会事业中发挥着举足轻重的作用，赢得了社会各界的充分肯定和广泛赞誉。在以往的工作中，商会会员坚持把科学发展放在第一位，坚持自主创新、科技创新，以创新带动企业发展，为社会提供了大量就业机会，创造了可观的物质财富。与此同时，我们十分注重企业文化和精神文明建设，积极引导员工树立正确的价值观和职业道德观，诚信经营，爱岗敬业，为全国妇女起到了示范作用。很多女企业家成功不忘回馈社会，热心社会公益事业，扶持弱势群体，用自己的行动带动更多的妇女参与到创业致富和社会公益活动中，为构建和谐社会发挥了积极作用，作出了引人瞩目的贡献。

我在一年的商会工作中体会到，商会的姐妹们有三个突出的特点：一是勤奋敬业。在发展非公有制经济的过程中，优化企业管理，加强技术创新，这些都是极具挑战性的工作，然而商会的姐妹们却知难而进，无不将满腔的热情和精力倾注到自己的事业上。大家不辞辛苦，不怕寂寞，这种超乎寻常的敬业精神为我国非公有制经济的健康发展注入了新的生机与活力。二是富有开放性和开拓性。企业经营是复杂而多变的，面对严峻的市场形势和复杂的创业环境，商会的姐妹们以积极开放的胸襟，以对事业无限的热爱和超强的创造力，锐意进取，不断创新，鲜活生动地展现出女企业家独有的才智和英姿。三是忍耐和宽容。商会的姐妹们，大多数是“孩子、家庭、事业一肩挑”，在单位要领导企业，回到家中“上有老、下有小”，取得同样的成绩，我们往往比男同志付出的要更多。在这里，我代表全国工商联女商会向所有奋战在经济领域的姐妹们，深深道一声：你们辛苦了！

大事记

2007 年

3 月，“三八”妇女节期间，配合全国工商联召开表彰全国“巾帼文明岗”和全国“巾帼建功标兵”活动。

4 月，女企业家商会组织了为期 4 天的郑州与洛阳考察活动。

4 月 19 日，组成女企业家商会代表团参加河南省政府主办的丁亥年黄帝故里拜祖大典。

8 月，女企业家商会和北京大学联合举办了首届国学精粹与现代管理高级研修班的培训活动。

10 月 9 日，组织女企业家赴南昌进行商务考察活动。

10 月 10 日，江西工商联女企业家商会举行成立大会。

2008 年

1 月 11 日，由全国工商联女企业家商会主办的第三届“心美丽 · 自非凡”慈善晚会在北京钓鱼台国宾馆隆重举行。

1 月 12 日，中华全国工商业联合会女企业家商会第四次会员（代表）大会在京举行。

1 月 12 日，全国工商联女企业家商会四届一次会长办公会议在京举行。

1 月 19 日，刘亭会长、许淑清副会长出席广西南宁十一届人大、政协十届一次会议。

3 月 19 日，2008（北京）贵阳经贸洽谈暨旅游推介会在京举行。

3 月 21 日，全国工商联女企业家商会四届二次会长办公会议在京举行。

3 月 25 日，全国工商联女企业家商会代表团起程赴越南进行为期 8 天的商务访问。

4 月 12 日，由中国光彩事业促进会、中国光彩事业基金会，中国人口福利基金会、幸福工程组委会联合发起主办，联亚集团、全国工商联女企业家商会协办的“光彩与幸福 2008 慈善之夜”晚宴在京举行。

4 月 30 日，刘亭会长接见越南商务考察团。

5 月 8 日，商会会长、联亚集团董事长刘亭女士，副会长许淑清女士及多位在京理事出席“红十字与奥运同行”大型公益晚会。

5 月 14 日，全国工商联女企业家商会出席“世界女性论坛亚洲大会”。

9 月 4 ~ 5 日，全国工商联与挪威工商会联合举办的商会管理研讨会。

10 月 14 日，全国工商联女企业家商会四届三次会长会议在广州举行。

10 月 22 日，第五届中国—东盟博览会在南宁国际会展中心隆重开幕。商会会长刘亭，副会长许淑清、江佩珍出席了博览会开幕仪式。

10 月 24 日，商会会长刘亭，副会长陈丽、江佩珍应邀出席澳门女企业家商会第二届理监事就职典礼。

10 月 28 日，全国工商联法律委员会第四次全体会议在京召开，法律委员会副主任、商会会长刘亭出席会议并发表讲话。

11 月 17 日，商会协办的“讲坛：全球金融危机对中国的影响”在京举办。

12 月 2 日，召开执行会长会议。

12 月 21 日，全国工商联女企业家商会投融资服务咨询洽谈会在京举行。

2009 年

3 月 19 日，商会在京召开全国工商联“巾帼建功颁奖暨座谈会”。

5 月 15 日晚，“心美丽，自非凡”爱心晚宴在京举行。

5月17日，广西工商联女企业家商会成立，商会应邀组织商会部分女企业家出席了成立大会。

7月31日，商会在京召开四届五次会长办公会议。

9月8日晚，为庆祝北京工商联女企业家联合会成为商会团体会员，商会在京女企业家与北京市女企业家在北京举行了联谊活动。

9月24~26日，商会组织了部分女企业家、央企负责人，由刘亭会长带队到山东泰安市进行了为期3天的商务考察和调研活动。

10月1日，为庆祝中华人民共和国成立60周年，举办“献论文，迎国庆”女企业家优秀论文有奖征集评选活动。

10月，商会按照全国工商联指示精神，对下属会员单位本年度的现状进行了一次广泛深入的调查。

11月7~9日，商会与清华大学管理学院共同举办了“清华大学女性领导力研修班”。

7月至今，商会积极筹备申请登记注册相关事宜。

12月6日，商会组织的“年终投融资恳谈联谊会”在北京隆重举行。

中华全国工商业联合会直属会员商会会员资料

序号	企业名称	地址	邮编	主要业务
1	东方集团实业股份有限公司	北京市丰台区西三环南路55号	100071	金融、房地产、商品流通，高科技产品制造
2	四通集团公司	北京市中关村南大街甲18号北京国际大厦D座五层	100080	电子产品的生产与分销及其相关业务，包括打印机产品、商用机器、电工产品、图文产品、电源产品、电脑产品、工控产品，分别在相应的部门和专业公司体制下独立运营，客户基础主要是财税、邮电、银行、交通、建筑等行业企业及国家的事业机关
3	科瑞集团有限公司	北京市朝阳区望京中环南路甲2号佳境天成B座2101	100102	制造业：高压电气开关、血液制品、浓缩苹果汁；资源产业：土地资源投资（南昌旧城区改造、土地平整）、矿产资源投资（钨钼矿、铅锌矿、金矿等）；金融业：商业银行、保险、房地产金融
4	光彩事业投资集团有限公司	北京市朝阳区建外大街22号赛特大厦20层	100020	工业，农业，商业，科技，文化教育项目筹资、投资与经营，新技术，新产品投资与经营，房地产开发，经营，物业管理，咨询服务
5	北京中华民族园有限公司	北京市朝阳区民族园路1号	100101	开发、建设北京中华民族园、北京中华民族博物院、出租园内附属设施
6	北京康得投资（集团）有限公司	北京上地信息产业基地上地6街17号康得大厦	100085	涉及预涂膜产品的研发及产业化、工业清洁设备与快装脚手架生产制造、粉尘、废气治理、电力优化运行与状态监测软件开发应用以及高压变频调速节能产品
7	华睿投资集团有限公司	北京市西长安街88号首都时代广场十一层北区	100031	电力、房地产、高科技能源、能源技术开发和能源服务
8	北京汇源饮料食品集团有限公司	北京市顺义区北小营	101305	销售包装食品、饮料，果蔬种植，花卉种植，技术开发、技术咨询，技术转让，技术服务，投资及投资咨询
9	北京燕山华尔森实业集团	北京市丰台区菜户营58号财富西环大厦18层	100054	销售钢材、木材、建筑材料、啤酒、矿泉水、果汁、针纺织品、家用电器、电子计算机、化工，机械设备加工，电子计算机软件开发，房地产咨询，餐饮人员技术培训，自营和代理除国家组织统一联合经营的出口商品和国家实行核定公司经营的进口商品以外的其他商品及技术的进出口业务，经营进料加工和“三来一实”业务，经营对外贸易和转口贸易，提供互联网服务，数据与固定通信业务，互联网业务及综合电信业务，系统集成及网络、计算机软硬件的技术开发、技术咨询、技术转让、技术服务、维护；通用航空知识咨询

（续）

序号	企业名称	地址	邮编	主要业务
10	北京强力家具有限公司	北京市通州区梨园镇政府大街云景东路20号	101101	家具研发、生产、销售
11	北京北方亚事资产评估有限责任公司	北京市宣武区广内大街6号枫桦豪景A座7单元5层	100053	国有资产和非国有资产评估
12	北京天祥创新潜能教育咨询有限责任公司	北京首体南路20号国兴家园5号楼1805	100044	教育培训，企管顾问，国内外培训咨询，大型会议承办及与教育培训的项目开发、研制等
13	北京太空板业股份有限公司	北京市丰台桥南中核路一号北楼五层	100070	工业及民用建筑材料
14	北京恒基伟业电子产品有限公司	北京市海淀区中关村东路18号财智国际大厦C座10层	100083	生产通信、电子产品及办公、教学设备，销售自产产品，通信、电子产品及办公、教学设备技术开发、技术咨询、技术服务和技术培训（未经专项许可的项目除外）
15	北京华普产业集团有限公司	北京市朝外大街19号华普大厦17层	100020	房地产、超市、电子泊车
16	北京中创信测科技股份有限公司	北京市海淀区知春路118号A座7层	100086	通信网测试、维护，管理产品的研发、生产、销售
17	德隆国际战略投资有限公司	北京市东三环中路39号8号楼603室	100022	投资
18	北京新浪互联信息服务有限公司	北京市海淀区北四环西路58号理想国际大厦20层	100080	互联网信息服务，计算机互联网技术服务及培训，互联网站设计、安装、调试服务，销售计算机软件、硬件及外围设备，五金交电，机械电器设备
19	北京章光101集团	北京市经济技术开发区永昌中路4号	100176	特殊类型化妆品，保健食品，化妆品的技术开发、生产、销售等
20	北京京奥港集团	北京市朝阳区北四环鼎成路9号世纪宝鼎大厦	100101	建筑钢材流通，矿业开发，房地产开发，市政基础设施建材，金融投资
21	北京同仁堂（集团）有限责任公司	北京市崇文区东兴隆街52号	100062	授权内的国有资产经营管理，投资及投资管理，加工、制造中成药，销售中药材、中成药，货物储运、药膳餐饮（公限公司经营），货物进出口、技术进出口、代理进出口
22	民生证券有限责任公司	北京市朝阳门外大街16号中国人寿大厦1901	100020	国内高成长型企业和个人客户的开发，为其提供各种有效的投融资工具和个性化的投资银行专业服务

（续）

序号	企业名称	地址	邮编	主要业务
23	乾博投资集团有限公司	北京市北三环东路37号华世隆大厦818室	100027	对能源、交通、水利、农业、房地产、机械、高科技、电子、文化、体育、广告、商贸等投资管理，销售汽车配件、百货、五金交电等
24	北京唐朝电子集团	北京市海淀区联慧路99号海云轩B座012	100088	计算机软件及外部设备，仪器仪表，建筑材料，电子产品及通信设备，承接计算机网络工程等
25	唐龙国际传媒集团	北京市宣武区广安门外南滨河路1号高新大厦802室	100055	文化艺术交流服务、综艺、纪录片、卡通节目制作、投资等
26	恒有源科技发展有限公司	北京市海淀区杏石口路102号	100093	研究、开发、生产新型采暖和制冷装置，承接采暖、制冷装置成套工程安装，提供自产产品的技术、服装、技术咨询、技术转让、技术培训，销售自产产品
27	北京嘉鑫新世纪科贸发展有限公司	北京市建国门内大街19号中纺大厦5层	100005	金属材料，矿产品，机械电器设备，建筑材料，橡胶制品，电子计算机，化工产品，通信器材，自营和代理各类商品及技术的进出口业务，技术开发、转让等
28	北京桑德环境工程有限公司	北京市通州区马驹桥国家环保产业园区	101102	城市自来水，城市污水，城市生活垃圾处理厂，工业废弃物处理厂投资、建设、运营；各类工业给水的工程承包、设施运营
29	北京中经美惠企业管理顾问有限公司	北京市东城区东中街58号美惠大厦A-1202	100027	信息咨询、企业策划、公关策划
30	互润（国际）食品集团有限公司	北京市崇文门外大街5-1号新世界太华办公楼501	100062	生产藕粉、蜂蜜、果酱、保健品等系列产品
31	爱家投资控股集团有限公司	北京市海淀区颐和园路福缘门甲1号达园宾馆内福缘楼	100091	投资管理咨询、经济信息咨询、组织承办展览展示活动、文化交流活动、承办消费市场、室内装饰、销售家具、建筑材料等
32	利安达会计师事务所有限责任公司	北京市八里庄西里100号住邦20001号楼东区2008	100025	审查企业会计报表，出具审计报告；验证企业资本，出具验资报告；办理企业合并、分产、清算事宜中的审计业务，出具有关的报告；承办会计咨询、会计服务；资产评估
33	旭阳煤化工集团有限公司	北京市丰台科技园南四环西路188号五区四号楼	100070	精煤、冶金焦、煤气、煤焦油、粗苯的生产及销售，煤炭、生铁、钢材、铁精粉、铁矿石的销售等
34	北京市中咨律师事务所	北京市西城阜城门北大街6-9国际投资大厦C座16-17	100034	法律服务
35	北京市共和律师事务所	北京市朝阳区麦子店街37号盛福大厦1930室	100026	法律服务

（续）

序号	企业名称	地址	邮编	主要业务
36	北京新奥特集团	北京市海淀区西草场1号硅谷电脑城6层	100080	电子产品、图形图像产品、财务软件、技术服务、销售、财务管理咨询、货运咨询等
37	新华联集团有限公司	北京市朝阳区东四环道家园18号新华联大厦18层	100025	产品制造、销售、综合贸易、房地产开发、餐饮
38	北京众义达商贸集团有限公司	北京市丰台区花乡马家楼4号	100070	汽车销售、租赁、维修，进出口贸易，餐饮等
39	北京汉邦国信国际集团有限公司	北京市朝阳区北三环东路2号	100028	投资及投资管理，信息咨询，专业承包
40	北京帝诚广告有限公司	北京市朝阳区团结湖南里17号团结湖大厦9层	100026	广告业务
41	北京华京五方实用纳米科技开发公司	北京市海淀区蓝旗营成府路77号二层	100084	纳米技术及材料的开发、咨询、培训、服务、转让、销售
42	北京恒峰集团	北京市朝阳区建国路81号华贸中心3号楼901B	100025	影视策划、电影、电视、文化交流、广告设计、技术开发、高科电子、保健品、建筑材料、国有收购、创业投资、地产开发
43	北京美加投资有限公司	北京市东城区工体北路新中西街2号新中大厦7层	100027	楼宇机电设备的设计、安装、批发及佣金代理（拍卖除外）
44	中国瑞联实业集团有限公司	北京市东城区建国门内贡院西街6号E座6层	100005	承包成套电子系统工程和设备；组织电子系统工程和装备的出口及有关新技术、新设备、关键零部件及电子机械、仪器仪表的引进；承担电子工程的建筑、设计、施工管理、内外装修和设备安装；从事有关电子的机械加工、物资储运；生产经营各类机电产品、家用电器
45	中国和平（北京）投资有限公司	北京市东长安街6号	100006	植物生长调节剂、农药、肥料的研究、开发、经营；生物制品（不含管理商品）的研究、开发、生产、经营、销售；化工产品及原料（不含管理商品）的生产、经营；农业机械、农业生产资料的生产、经营；新技术在农业上的应用；农业技术培训；农副产品、林产品（不含管理商品）
46	北京艾托板业有限公司	北京市大兴区榆垡镇工业区榆垡路1号	102602	生产、销售艾托板、木丝水泥板（非承重制品）；开发销售建筑材料；房地产开发；保健品；技术开发、服务

（续）

序号	企业名称	地址	邮编	主要业务
47	中通诚资产评估有限公司	北京市朝阳区樱花西街胜古北里27号楼	100029	各类单项资产评估、企业整体资产评估、市场所需的其他资产评估或者项目评估
48	北京中马电缆桥架制造有限公司	北京市朝阳区十八里店大羊路横街子张家店甲318号	100023	加工、制造电缆桥架；网络技术服务；销售机械设备、电器设备、五金交电、汽车配件、化工产品（不含化学危险品）、金属材料、装饰材料、劳保用品、电子计算机、百货
49	北京市君佑律师事务所	北京市海淀区中关村南大街2号数码大厦A座30层	100083	法律咨询、仲裁诉讼代理、金融证券房地产税法知识产权等及投资、贸易洽谈律师见证等
50	北京顺美服装股份有限公司	北京市顺义区南关	101300	产销中、高档男女西装为主体，并经营男女时装、休闲装、高科技辅料西装，以及服装辅料，服饰产品等
51	北京东泽达科技有限公司	北京市西城区新外大街28号普天德胜科技孵化基地E座423-425	100088	铁路信息技术产品，铁路机车高新技术产品自营和代理各类商品和技术的进出口
52	帝恒投资集团	北京市中关村大街28号帝恒大厦16层	100086	房地产开发，销售商品房，开发经营石油天然气，研制生产葡萄酒，开发经营葡萄庄园，矿产资源开发
53	北京星牌体育用品集团有限责任公司	北京市大兴区黄村西大街99号	102600	体育用品制造与销售；房地产开发；酒店、高尔夫球场投资与经营
54	东方美亚投资有限公司	北京市顺义区后沙峪西嘉浩商住别墅城4020	101300	项目投资管理、兼并重组、房地产开发、销售自行开发的商品房，物业管理、装饰、建筑、建材
55	环球嘉年华（北京）投资有限公司	北京市建国门内大街18号恒基A1309	100005	娱乐
56	北京联亚投资有限公司	北京市朝阳区光华路7号汉威大厦西区1601	100004	销售百货、五金、交电、化工、民用建材、电子计算机软硬件、工艺美术品等，房地产咨询、投资管理、企业管理策划、信息咨询（不含中介服务），市场调查，技术开发、咨询、转让、培训、服务、网络技术服务
57	北京纤丝鸟服饰有限公司	北京市朝阳区光华路9号世贸天阶D座天阶大厦8层	100020	目前，经营的范围包括内衣、袜子、羊毛裤、羊毛衫、平脚裤、沙滩裤等品种；随着企业规模的不断壮大及无形资产价值的持续攀升，企业将迈步挺进家纺、休闲系列、羽绒、皮革等更为广阔的领域
58	北京世豪房地产开发有限责任公司	北京市密云鼓楼东大街25号	101500	房地产开发；销售商品房；房地产信息咨询（中介除外）；出租房屋；提供住宿、洗浴、台球、美容、美发、会议服务、餐饮服务，经营射箭馆、健身房、保龄球、沙弧球、乒乓球、游泳馆；零售国产卷烟、进口卷烟、雪茄烟

（续）

序号	企业名称	地址	邮编	主要业务
59	双全控股有限公司	北京市北三环中路3号双全大厦8层	100029	产业投资，科技软件开发与经营，健康产业投资与开发房地产开发与经营
60	悦康药业集团有限公司	北京市北京经济技术开发区景园街6号	100176	生产小容量注射液（含抗肿瘤药），冻干粉针剂（含抗肿瘤药）、粉针剂（含头孢菌素片）、片剂、胶囊剂 、颗粒剂、原料药（胸腺五肽）；货物进出口、技术进出口、代理进出口；技术开发、技术转让，技术咨询、技术服务；销售化工（不含危险化学品及一类易制毒化学品）
61	君合律师事务所	北京市东城区建国门北大街8号	100005	法律服务
62	北京天河良子健身有限公司	北京市朝阳区建外大街甲一号	100020	健身服务、浴池服务、零售食品，经济信息咨询服务，盲人按摩服务
63	北京仁创科技集团有限公司	北京市海淀区上地三街九号嘉华大厦B座508室	100085	精密铸造材料的研发、生产、销售；石油开采压裂材料的研发、生产、销售；生态环保建材的研发、生产、销售
64	北京市乾坤律师事务所	北京市东直门外大街23号东外外交办公大楼	100600	房地产、知识产权、投资、证券、企业并购改制，IT、涉外、涉港澳台侨，金融、国际贸易、劳动及社会保障，政府，机关行政，诉讼，仲裁，常年法律顾问
65	北京国瑞兴业地产有限公司	北京市崇文区朱市口东大街15号	100062	房地产开发、销售自行开发的商品房、机械电器设备、建筑材料、家居装饰
66	北京嘉寓幕墙装饰工程（集团）有限公司	北京市顺义区牛栏山镇牛富路1号	101301	专业承包制造金属门窗、防火门、防盗门、塑钢、木制门窗；销售建筑材料、装潢设计、建筑幕墙设计、加工、安装
67	北京双鹤药业股份有限公司	北京市朝阳区望京利泽东二路1号	100102	加工、制造原料药、注射剂（水针、粉针、输液）、片剂、胶囊剂、颗粒剂、软胶囊、制药机械设备；销售公司自产产品、机械电器设备、医疗器材、保健产品；技术开发、技术转让、技术服务；自营和代理各类商品及技术的进出口业务，但国家限定公司经营或禁止进出口的商品及技术除外
68	北京北大纵横管理咨询有限责任公司	北京市海淀区科学院南路2号融科资讯中心A座	100080	咨询服务
69	北京民族唐宫海鲜舫有限公司	北京市复兴门内大街51号	100031	餐饮服务，向在本公司就餐的客人零售烟、酒、包装饮料、包装食品

（续）

序号	企业名称	地址	邮编	主要业务
70	北京元隆雅图文化传播有限责任公司	北京市宣武门外平原里21号亚泰中心6层	100054	组织文化艺术交流咨询活动；承办展览展示活动；美术装潢设计；电脑图文设计；技术开发、技术咨询、技术服务；企业管理咨询；商贸信息咨询；购销五金交电、电子计算机及外围设备、工艺美术品、百货、针纺织品、民用建材、通信器材、化工产品、首饰、办公用品；广告设计、制作；市场调查
71	金联通信用担保有限公司	北京市西城区西直门南小街国英1号9层902室	100035	为中小企业提供贷款，融资租赁及其他经济合同担保；个人住房、信贷、消费贷款担保；投资
72	北京甄氏房地产开发集团有限公司	北京市顺义区馨港庄园二区28号楼3层	101304	房地产开发；销售商品房，自有房产的物业管理，土地整理，租赁房屋，家居装饰
73	北京国顺泰商贸有限责任公司	北京市海淀区永定路长银大厦4A05	100039	办公通信设备、文化办公用品机械、家用电器产品、音响、灯光、工程建造、会议、广播系统、传输工程
74	北京科技职业学院	北京市昌平区沙河沙阳路18号	102206	高等职业教育、学历教育、助学
75	北京市环球电器设备有限公司	北京市昌平区东小口镇店上村	100096	旅居房车、改装车给军方生产、加工以及科研、销售
76	北京大北农饲料科技集团有限责任公司	北京市海淀区中关村大街27号中关村大厦14层	100080	销售饲料、兽药；动物营养保健品的技术开发；农业信息技术的开发、服务；饲料加工；出口本企业生产的饲料、动物营养保健品；进口企业生产、科研所需的原辅材料、机械设备、仪器仪表及零配件
77	中国世纪新城建设集团有限公司	北京市西城区南长街2号	100031	城市规划、设计、开发、建设与经营；工程的规划、设计；城市基础设施建设、房地产、能源、旅游、体育、文化、农业、电力及采掘项目的投资与管理；酒店娱乐业、高科技项目、物流运输业与制造业的投资与管理；铁路通信信号系统研发与建设；铁路专用设施、设备的安装与施工；资产受托管理；园林绿化；进出口业务；建筑材料与矿产品的销售；与上述业务相关的咨询服务
78	泰富德投资集团有限公司	北京市朝阳区望京利泽中二路1号中辰大厦601室	100102	房屋出租、销售房地产
79	品牌联盟（北京）咨询有限公司	北京市海淀区中关村南大街甲6号铸诚大厦B座16层	100086	平面设计、装饰工程、广告代理、管理咨询、公共关系、礼品饰品、市场营销、形象研究、影视传媒
80	北京科艺嘉宁投资有限公司	广西南宁市七星路137号广西外经贸大厦16层	530022	投资、营销、广告、地产、酒店、学校教育等

（续）

序号	企业名称	地址	邮编	主要业务
81	北京盛兴伟业投资管理公司	北京市昌平区北七家镇王府街九号	102209	建筑材料
82	华夏时代投资集团	北京市海淀区西直门北大街32号枫蓝国际中心B座606A	100082	医院投资、咨询管理、投资咨询、生物制药研究、传媒、国际贸易、网络信息、建材制造
83	北京经济技术开发区实验学校	北京市经济技术开发区天宝北街甲2号	100176	教育
84	北京京汉投资集团有限公司	北京市石景山区八大处高科技园区实兴东街8号京汉大厦	100041	投资管理、投资咨询，房地产信息咨询，经济信息咨询，企业管理咨询，企业形象策划，技术开发、转让，服务，培训，房地产开发
85	北京日东升投资有限责任公司	北京市石景山区古城南大街日东升企业基地	100043	销售五金交电、百货、钢材、汽车配件、建筑材料、电子产品、技术培训、技术咨询、专业承包、出租房屋
86	北京鑫恒集团	北京市宣武区长椿街1号	100053	进出口贸易、投资、酒店、房地产、餐饮等
87	北京俏江南餐饮有限公司	北京市朝阳区姚家园路105号观湖国际写字楼一座16层	100025	饮食服务
88	北京市大地律师事务所	北京市西城区金融大街27号B－2103	100037	法律服务
89	北京市新发地农产品有限公司	北京市丰台区花乡新发地市场	100070	销售水果、蔬菜、调味品、鲜肉、熟肉、豆制品、水产品、饮料、包装食品、干鲜果品，技术开发，技术服务，技术培训，技术转让，技术咨询，信息咨询
90	北京恒远经贸有限责任公司	北京市朝阳区马甸裕民路12号元辰鑫大厦616室	100029	销售金属材料、建筑材料
91	北京残疾人服务中心	北京市朝阳区外馆斜街1号	100011	代理中国名牌嘉陵、宗申二轮摩托车华北区域的销售；残疾用品用具的技术合作开发、销售和维修服务；餐饮工业化高科技食品的研制生产及销售
92	北京亿都川服装集团有限公司	北京市顺义区马坡聚源工业基地聚源东路4号	101300	制造服装，销售服装、服饰、日用百货，经营本企业和成员企业自产产品及技术出口业务，本企业和成员企业生产所需的原辅材料、仪器、仪表、机械设备，零配件及技术的进口业务（国家限定公司经营和国家禁止进出口的商品除外），经营进料加工和“三来一补”业务，贸易方面从事内贸和外贸

（续）

序号	企业名称	地址	邮编	主要业务
93	中经国际招投标有限公司	北京市东城区滨河路1号航天信息大厦7层	100013	自营和代理各类商品及技术的进出口业务，但国家限定公司经营或禁止进出口的商品及技术除外；国际、国内建筑招投标；法律、行政法规、国务院决定禁止的，不可经营；法律、行政法规、国务院决定规定应经许可的，经审批机关批准并经工商行政管理机关登记注册后方可经营
94	恺王科技（北京）有限公司	北京市通州区台湖镇郑庄工业园1号	101111	科技开发、加工服装、销售服装服饰、针纺织品、日用百货、建筑材料、机械电器设备、汽车配件、五金交电、装饰材料、信息咨询
95	青牛（北京）技术有限公司	北京市海淀区阜成路73号裕惠大厦七层	100036	拥有自主知识产权的统一服务核心技术，为基础电信运营商、增值业务运营商、内容提供商及大型企事业单位在现有网络上创建、部署、管理运营增值业务和交互式服务提供统一的业务支撑环境地，并提供跨平台的多网融合解决方案
96	北京桓丰苑投资管理有限公司	北京市东城区朝阳门内大街75号8号楼A座	100010	投资管理；投资咨询；房地产信息咨询；技术咨询、服务；销售建筑材料、机电设备及产品、化工产品
97	山水文园集团	北京市朝阳区小武基路甲8号	100023	金融、房地产、旅游、环保、建材、传媒广告等
98	涞源县鑫大矿业有限责任公司	北京市朝阳区四季星河中街畅园二栋1单元901室	100025	铁矿石、加工、精选、运输，矿产品购销（凭环评报告经营）
99	比尔普瑞医药科技（北京）有限公司	北京市朝阳区朝阳北路199号摩码大厦1812室	100026	生物工程、生物医学工程技术和中西新药技术的研究、开发；自有技术的技术转让、技术咨询、技术服务
100	北京市必鹤鹏物业管理有限公司	北京市朝阳区王四营乡南花园村168号	100023	物业管理
101	北京市金诚同达律师事务所	北京市建内大街22号11层	100005	法律服务
102	北京市洪范广住律师事务所	北京市朝阳区北辰东路8号汇宾大厦A座6层	100101	提供法律服务
103	凤凰城房地产开发集团有限公司	北京市中关村东66号世纪科贸大厦B座28层	100080	房地产开发、销售商品房、物业管理
104	北京中瑞投资（集团）有限公司	北京市海淀区西三环北路100号金玉大厦1108室	100037	项目投资与管理、房地产开发与销售、公路经营与维护、酒店开发与管理、建筑材料、金属材料、汽车配件、纺织原料

（续）

序号	企业名称	地址	邮编	主要业务
105	北京亚星集团	北京市朝阳区霄云路36号国航大厦510	100027	农业观光旅游、体育健身、餐饮、住宿、度假、高尔夫运动
106	华永投资有限公司	北京市海淀区阜成路58号新洲商务大厦	100036	项目投资与投资管理、房地产开发、工业生产与制造、计算机软件开发及系统集成、酒店投资与管理、海外农业开发与矿产资源开采
107	北京东方园林股份有限公司	北京市朝阳区来广营西路5号森根国际3B－3C	100012	园林绿化工程的设计、施工与养护，主要包括各类市政公共绿化工程、高端休闲度假工程和大型景观地产项目工程；以及工程所需园林植物的研发、种植与销售，主要包括各类地被、灌木和乔木等
108	北京格林威尔科技发展有限公司	北京市海淀区上地西路38号	100085	服务于电信运营商及各大专用网络的光传输、综合接入设备、宽带接入设备等的设计开发，制造和营销服务
109	北京迪信通商贸有限公司	北京市海淀区北洼路西里颐安嘉园18号C座颐安商务楼4层	100089	移动电话及配件、SIM卡、UIM卡、充值卡、数码产品、MP3、MP4、个人通信产品的零售、维修等产品及服务、SMS、MMS、IVR、彩铃、流媒体、WAP、手机游戏、GPRS及CDMA1X、BREW等增值服务及多功能应用内容提供
110	北京汉鼎联合律师事务所	北京市海淀区西三环北路87号国际财经中心D座606	100089	法律服务、公司业务、诉讼业务、知识产权业务、房地产法律业务、上市法律服务
111	中材高新材料股份有限公司	北京市朝阳区望京新技术产业区利泽中园106号楼309室	100102	
112	中港泰富（北京）高科技有限公司	北京市海淀区车公庄西路甲19号华通大厦A座8层	100044	生产经营农药、肥料、货物进出口、技术进出口
113	北京文豪永联科贸有限公司	北京市海淀区北蜂窝2号中盛大厦1503室	100038	闭路电视监控系统，网络技术的技术开发、技术咨询、技术服务、技术培训、技术转让；销售计算机及外围设备，机械电器设备，通信设备（除无线电发射设备）
114	北京银行股份有限公司	北京市西城区金融大街丙17号北京银行大厦	100032	
115	北京更香茶叶有限责任公司	北京市宣武区马连道甲10号	100055	销售茶叶、调味品、干鲜果品、包装饮料、食品、百货、工艺美术品、分装茶叶、技术咨询、技术服务
116	北京润发投资集团有限公司	北京市海淀区大柳树路17号富海国际港1002室	100081	城市燃气、石油产品及设备、物资贸易、石油化工、房地产、制造业、矿业、投资管理、投资咨询等

（续）

序号	企业名称	地址	邮编	主要业务
117	北京绿得食品有限责任公司	北京市丰台区西罗园二区甲七号	100077	木糖醇无糖健康系列食品生产、销售；外贸出口业务；科普杂志《糖尿病新世界》编辑；糖尿病非药物治疗法研究所；木糖醇无糖健康食品研发中心
118	北京神州泰岳软件股份有限公司	北京市海淀区万泉庄路28号万柳新贵大厦5层	100089	业务服务管理（也称作IT运营维护管理），为客户提供企业级的运维管理咨询、解决方案，软件产品和服务；业务方向集中在系统网络管理、服务管理、安全管理和数据管理四大业务方向上
119	德龙控股有限公司	北京市丰台区南四环西路188号五区五号楼	100070	中宽带钢、钢坯的生产、销售
120	北京鑫福海工贸集团	北京市丰台区永定门外高庄138号	100075	服装制造；粮油工业专用设备制造；淡水鱼养殖；销售：百货、五金交电、化工、金属材料、木材、机械设备、电气设备、建筑材料、家具、汽车配件、针纺织品、家庭装饰服务、日用电器、日用电子器具修理；信息咨询服务，提供劳务服务
121	爱华投资集团	北京市西城区新外大街28号普科技园C座216室	100088	医药生物技术、保健品、建材、装饰装潢、广告
122	北京千禧年代投资有限公司	北京市朝阳区八里庄西里远洋天地61号楼2701室	100060	开发、建设、出租，出售规定范围内的房屋及规划范围内房屋的物业管理
123	北京万通实业股份有限公司	北京市西城区阜外大街2号万通新世界广场B座6层	100037	房地产开发
124	北京新中实经济发展有限公司	北京市西城区阜外大街九号	100037	房地产、科技实业、酒店经营管理、物业管理、信息技术等
125	中国食品工业投资管理有限公司	北京市建外大街光华西里6号保罗大厦6层	100020	皮革服装制造、销售百货、针织品、纺织品、五金交电、化工、工艺美术品、建筑材料等
126	北京中联信业科技发展有限公司	北京市朝阳区东三环中路9号富尔大厦506室	100020	开发销售电子通信产品、项目投资、企业形象策划
127	世贸天阶投资（北京）有限公司	北京市朝阳区光华路9号天阶大厦23层	100020	实业项目投资管理，物业管理，经济信息咨询，房地产开发，销售自行开发的商业房，健力服务，管理技术培训
128	联想控股有限公司	北京市海淀区中关村科学院南路2号融科咨讯中心A座10层	100190	信息及通信产品生产、销售

（续）

序号	企业名称	地址	邮编	主要业务
129	北京联合智业企业发展研究院	北京市朝阳区北苑路170号凯旋中心17层	100101	标准应用研究；企业管理咨询，投资咨询，经济信息咨询（不含中介服务）；认证培训，人才培训，组织展览展示，会议服务，企业形象策划，广告设计制作
130	中睦（控股）有限公司	北京市朝阳区朝外大街18号丰联广场A座2010室	100020	轻工产品、机电产品、电子产品及汽车和汽车零部件的业务联络与投资咨询
131	北京东方泰洋装饰工程有限公司	北京市大兴区旧宫镇工业区南区甲2号	100076	承担建筑幕墙、金属门窗、塑钢门窗、钢结构、建筑装修装饰工程施工（以建筑业企业资质证书为准）、建筑幕墙工程设计，制造，销售，建筑幕墙，金属门窗，加工、销售、安装、石材、铝材、不锈钢材料、玻璃建筑装饰材料，技术咨询
132	安永华明会计师事务所	北京市东城区东长安街1号东方广场东方经贸城东三办公楼15、16层	100738	为国内企、事业单位、外商投资企业、经济组织和个人提供会计、审计、财务、税务方面的查账、验货、清算、可行性研究评估、资产评估、账务处理、财务分析、纳税计划编制的咨询服务
133	巨人投资有限公司	上海市卢湾区打浦路1号金玉兰广场26层	200023	实业投资，计算机网络开发、服务
134	长泉实业集团	北京市通州区马驹桥环科中路一号	101102	生产环保塑料、食品容器、绿色节能保温、隔热材料，各类电子工业包装及高档专制产品
135	经纬集团有限公司	上海市沪太路3888号	200444	房地产、物业管理、纺织、会展、物流等
136	可口可乐（中国）投资有限公司	上海市仙霞路28号丽晶大厦17楼B	200336	从事中国饮料工业投资和再投资，国内外销售企业自产品等
137	美特斯邦威集团有限公司	上海市南汇区康桥东路800号	201319	休闲系列服饰
138	中国吴泰集团有限公司	上海市虹桥路2188弄虹桥商务别墅35号	200336	发电站成套设备、船舶动力、机械电器、化工稀土、皮革制品、电脑单片机控制器及软件、石英晶体元件、机电设备、金属材料、建筑材料、批发零售、技术经济咨询服务、建材制造、建筑机械制造、工程施工、建筑材料销镶、仓储业
139	东方控股集团有限公司	上海市仙霞路319号A栋28楼	200051	实业投资，资产管理，企业收购兼并，资产重组，国内贸易等
140	上海胜华电缆（集团有限公司）	上海市浦东区新场镇奉新路102号	201314	电线电缆及配件、实业投资、国内贸易、进出口业务、铜材加工、化工材料、地产开发
141	上海中房置业股份有限公司	上海市延安东路222号外滩中心49楼	200002	房地产开发与销售，房屋出租，物业管理，装饰装潢，建筑工程施工，建筑材料销售

（续）

序号	企业名称	地址	邮编	主要业务
142	上海舜业钢铁集团有限公司	上海市中山北一路1250号2号楼7F	200437	冶金炉料、金属材料、建筑材料、化工原料及产品（除危险品）、电子元器件及产品、百货、办公设备批兼零，代购代销；自营和代理各类商品及技术的进出口业务（不另附进出口商品目录），但国家限定公司经营和国家禁止出口的商品及技术除外，经营进料加工和“三来一补”业务
143	上海阿帝兰实业发展有限公司	上海市伊犁南路34弄3号楼9D	201103	水性涂料、建筑装潢材料、五金交电、销售、水性涂料、油漆生产（涉及许可经营的凭许可证经营）
144	上海中发电气（集团）有限公司	上海市普陀区真南路1370号A幢17楼	200331	实业投资，国内贸易（除专项规定），经营本企业和本企业成员企业自产产品及相关技术的出口业务（出口商品目录见附件，国家限定公司经营或禁止出口的商品除外），经营本企业和本企业成员企业生产、科研所需的原辅材料、机械设备、仪器仪表、零配件及相关技术的进口业务（国家限定公司经营或禁止进口的商品除外）；经营本企业的来料加工和“三来一补”业务；输配电成套设备、环保设备、自动化电工控制系统、电器开关制造，电气设计，电力设备安装，电子信息系统工程（以工商局核准为准）
145	上海人民企业（集团）有限公司	上海市南京西路881号16楼	200041	制造、加工、销售输配电成套设备、高低压电器元件、仪器仪表、电线电缆、泵阀轴承、金属材料、装潢建材、化工原料及产品（除专项审批），上述业务的咨询服务、房地产咨询、实业投资、经营本企业自产产品及技术的出口业务和本企业所需要的原辅材料、机械设备、零配件
146	远成集团有限公司	上海市普陀区真南路2339号	200331	经营和代理各类商品及技术的进出口（国家限定公司经营或禁止进出口的商口及技术除外），项目的投资和管理（须审批的项目除外），经济信息交流与合作服务，汽车货物运输、仓储；代办各类货物储运；国际货物代理，计算机软件硬件开发，计算机网络工程技术服务，国内贸易
147	富国基金管理有限公司	上海市花园石桥路33号花旗集团大厦五层	200001	发起设立基金、基金管理业务
148	沪港国际咨询集团	上海市成都北路333号招商局广场南楼15楼	200041	建筑工程咨询、建设工程招标投标代理、企业代理登记、会计、审计、资产评估、工程审价、监理、招标投标的“四技”服务
149	申万巴黎基金管理有限公司	上海市淮海中路300号40楼	200021	基金管理业务、发起设立基金以及经中国证监会批准的其他业务（包括销售其本身发起设立的基金）

（续）

序号	企业名称	地址	邮编	主要业务
150	上海盛大网络发展有限公司	上海市浦东新区碧波路690号1号楼	201203	经营本企业自产产品及技术的出口业务和本企业所需的机械设备、零配件、原辅料及技术的进口业务等
151	上海国泰创业建设（集团）有限公司	上海市浦东新区合庆镇前哨路59号	201201	建筑、装潢、安装、市政、公路、水利工程、园林绿化及养护、机电设备安装、自动化仪表安装（凭资质）、室内装潢、金属门窗的加工、花卉、苗木的种植、销售、盆景制作、销售、园艺工具，机电设备，工程设备，建材、装潢材料、金属材料、水暖卫生器材，五金交电，木制品的销售、实业投资、房地产开发经营、基础设施投资
152	上海姚记扑克股份有限公司	上海市曹安路4218号	201804	扑克牌制造和销售、包装印刷、房地产开发
153	上海服金机电（集团）有限公司	上海市宝山区共祥路198号	201901	建筑工程机械制造、销售、租赁、机械配件及相关产品专业领域内的“科技”服务；经营各类商品和技术进出口，冶金辅料销售，金属制品加工、销售；热压铁球生产、销售
154	东方高尔夫国际集团有限公司	上海市长宁区兴国路338号1栋	200052	从事高尔夫球场和相关的体育休闲娱乐业务的经营、各种体育球类比赛、训练场、网球场、会议、住宿、餐饮、水上运动、俱乐部以及相关配套设施
155	东方希望集团有限公司	上海市浦东松林路57号	200120	饲料生产加工销售，饲料原料，农产品的销售，有色金属生产、经营，房地产开发经营，物业管理，实业投资，资产营运（非金融业务）
156	天津津海集团公司	天津市静海县大邱庄镇黄山路8号	301606	钢铁、有色产品制造、进出口贸易、房地产、机电
157	天津鑫茂科技投资集团有限公司	天津市华苑产业园区榕苑路16号	300384	技术开发、转让、服务；用自有资金对科技企业投资；文化艺术交流服务；房地产开发及销售，商品房销售代理，房地产信息咨询，自有房屋租赁
158	天津太平洋制药有限公司	天津市解放南路外环线17号桥	300385	生产、销售中西药制剂（按药品生产许可证规定的经营范围生产和销售），自有商业设施租赁
159	天津天狮集团有限公司	天津市新技术产业园区武清开发区源泉路6号	301700	保健食品、医疗器械、洗涤化妆、零售、房地产、期货、金融、物流运输、教育、工业园开发
160	天津德利得集团有限公司	天津市南开区黄河道38号永信大厦A座11层	300101	进出口业务；自产产品，机械设备、仪器仪表零配件、木材、本企业生产科研所需原辅料及相关技术；本企业的进料加工和“三来一补”；物产供销、石材制造、销售、仓储运输，建材租赁、技术转让与咨询服务
161	天津市津兰集团公司	天津市西青区李七庄街王兰庄	300381	钢及有色金属压延加工，钢丝制造，经营本企业产品及相关技术出口，所需原辅材料，机械设备等

（续）

序号	企业名称	地址	邮编	主要业务
162	华星北方汽车贸易有限公司	天津市河西区太湖路6号	300210	主要代理品牌包括：一汽奥迪、雷克萨斯、一汽丰田、一汽大众、北京现代、上海大众、天津一汽品牌车的销售；自营和代理部分进口汽车品牌的进出口业务；汽车装饰、汽车美容养护；旧机动车交易；机动车车务服务及代理、机动车保险及拖车服务
163	神威药业有限公司	河北省石家庄市栾城县城南一公里	051430	中成药、化学药制剂的研发、生产和销售
164	河北吉运集团股份有限公司	北京市丰台区总部基地七区8号楼	100070	煤炭运销、铁路发运、汽车货运、汽车租赁、销售、维修、配件及餐饮、住宿
165	河北千喜鹤饮食股份有限公司	北京市平谷区兴谷开发区9区	101200	方便主食品、肉制品、豆制品的批发、零售；集体食堂
166	康德实业有限公司	河北省邯郸市和平街122号	056002	机电产品（不含轿车）、钢材、建材、装饰材料、生铁、焦炭、铁矿产品、五金、交电产品、副食品、百货、针纺织品、服装、计算机及附助设备、软件的批发、零售，服装加工，日用品修理，清洁服务，仓储，养殖，设计、制作、发布户外广告
167	河北大洋实业集团公司	河北省保定市蠡县郭丹镇国家科技园区	071403	能源、纺织、食品、化工、医药
168	河北滏瑞特装饰有限公司	河北省邯郸市滏河南大街288号	056001	建材、五金、家电、家具、房屋租赁
169	河北星烁锯业股份有限公司	河北省玉田县鸦鸿桥镇	064102	各种锯片；数控机床刀具；金刚石工具；机床的制造、批发、零售；三座标测量机的生产、销售
170	武安市文安钢铁有限公司	河北省武安市南环路	056300	冶炼生铁、钢坯、轧钢（按国家核定的许可项目生产经营）；加工烧结团球，铁精粉洗选、销售；进出口货物贸易（法律、行政法规禁止的项目除外）
171	河北津西钢铁股份有限公司	河北省迁西县三屯营镇东	064302	矿山的开发、开采、矿石遴选；炉料的加工生产；生铁、钢坯冶炼，钢材轧制、H型钢
172	河北亨豪企业（集团）有限公司	河北省蠡县城内北关紫薇西路005号	071400	服装、日化系列、购销纺织原料，进行中医研究、再生胶、橡胶机带、市政工程、房地产开发、矿业开发、有色金属回收、宝玉石加工等
173	衡水众凯实业集团有限公司	河北省衡水市火车站广场8号楼众凯大酒店	053000	房地产开发、房屋销售、物业管理、建筑设计、宾馆酒店、节能环保技术研发
174	三河汇福粮油集团有限公司	河北省三河市燕郊经济开发区汇福路8号	065201	汇福系列食用油、豆、米等

（续）

序号	企业名称	地址	邮编	主要业务
175	山西常平集团有限公司	山西省壶关县常平经济开发区常平村	047300	冶金、化工、建材、煤气发电等
176	山西省灵石通宇实业有限公司	山西省灵石县新建街南144号	031300	运输煤炭、精煤、焦炭、矿渣、中煤、煤泥；加工水矿；原煤开采；洗精煤；汽车修理、汽车货运、零售；汽车配件、百货、生活日杂、食品、饮料、煤焦化验测试、中餐、住宿、桑拿、干洗服装、美容美发、歌厅、植树、育苗、种药材、花卉、养殖家畜、家禽、出租站台
177	山西盛华煤气焦化集团有限公司	山西省潞城市潞华办事处五里后村	047500	焦炭、苯
178	山西阳行投资管理有限公司	山西省太原市小店区亲贤北街梅园大厦A座2606	030006	投资管理、房地产服务、煤炭化工；脐血造血干细胞冻存、研发；医学生物工程、医药试剂、器械研制；计算机网络信息交流开发；建筑装饰工程施工
179	山西阳光焦化集团股份有限公司	山西省河津市煤焦化工业园区	043300	焦炭、洗精煤、硫酸铵、煤焦油、煤气、电力
180	山西沁新煤焦股份有限公司	山西省长治市沁源县李元镇韩家沟村	046502	原煤开采、加工及产品销售、汽车公路货运，普通机械修理，饮食服务；林木种植，批发零售，代购代销工矿设备及配件，日用百货，五金交电，矿用机械制造及维修；水暖安装，水泥制品制造；煤矸石发电，电石、硅铁、无机非金属高性能耐火材料生产，焦炭生产及余热发电、焦炭、无机非金属高性能耐火材料、铝矾土、硅铁的进出口贸易
181	亿利资源集团公司	内蒙古鄂尔多斯市鄂尔多斯西街30号	017000	投资与科技开发；生态建设与旅游开发；医药产品、保健食品的科技开发；能源化工开发
182	内蒙古伊利实业集团股份有限公司	内蒙古呼和浩特市金川开发区金四道八号	010080	乳制品制造，食品，饮料加工；农畜产品及饲料加工、牧畜、家禽饲养，经销食品、饮料加工设备，生产销售，包装材料及包装用品、五金工具、化工产品（专营除外），农副产品，汽车货物运输，日用百货，饮食服务；本企业生产的乳制品、食品畜禽产品，饮料
183	内蒙古西蒙科工贸集团有限公司	内蒙古呼和浩特市赛罕区丰州路34号	010011	煤炭产运销；高活性腐植酸有机、无机复混肥生产与销售；通用航空；房地产；电子信息工程
184	沈阳翔凤房地产（集团）有限公司	辽宁省沈阳市农业高新区冯道街33号	110164	普通房地产开发、建设
185	沈阳协合集团有限公司	辽宁省沈阳浑南高科路30号	110179	生物工程、生物制药、中药、化学药品、保健品制造及销售

（续）

序号	企业名称	地址	邮编	主要业务
186	辽宁省蚁力神天玺集团有限公司	辽宁省沈阳市和平区长白街122号	110166	蚁力神牌系列产品制造、批发、零售（限持证经营）；金属材料、建筑材料、机械电子设备、汽车配件、五金交电、土产品饲料批发、零售，以直销方式销售本公司及其控股公司生产的保健食品，直销区域及具体产品以商务部直销行业管理网公布的为准
187	大连泽华房地产开发有限公司	辽宁省大连市中山区虎滩路226号3－3－1	116001	房屋开发、销售，房屋建筑工程，住宅小区，建筑群体，建筑装饰、装修
188	辽宁禾丰牧业股份有限公司	辽宁省沈阳市浑南开发区67号	110179	饲料、饲料添加剂加工、生产、销售及饲料销售；家禽、牲畜饲养及海、淡水养殖；农副土特产品加工；经营本企业自产产品和相关技术的出口业务（国家限定公司经营和国家禁止出口的商品及技术除外），经营进料加工和“三来一补”业务
189	沈阳和佳道桥工程有限公司	辽宁省沈阳市东陵区方凌路37甲	110043	各等级公路、桥梁、机场勘测施工、城市道路、公共广场工程施工，各等级道路排水，工程施工、交通工程设计施工，公路工程机械租赁
190	大连博金企业集团有限公司	辽宁省大连市庄河市前进街52号	116400	项目投资及管理；农业技术开发、畜禽繁育、养殖、收购、加工；农产品收购、加工；面食品加工；水产品冷冻加工；国内贸易（限成员单位，凭许可证经营），日用百货、家用电器、服装鞋帽、食品、珠宝手饰、灯具销售、汽烫、柜台（摊位）出租
191	富祥集团公司	辽宁省沈阳市沈河区青年大街167号北方传媒大厦2101室	110016	中餐
192	大连国域无疆传媒有限公司	辽宁省大连市中山区人民路68号宏誉大厦8层	116001	提供从户外媒介咨询、策划、购买到设计、制作、监测与评估全方位的“一站式”专业服务
193	大连韩伟企业集团有限公司	辽宁大连市旅顺口区连三涧堡镇东泥河村	116043	畜牧养殖、鲜蛋销售；海珍品养殖、海洋系列保健品生产及销售；饲料、肥料生产及销售
194	盼盼安居股份有限公司	辽宁省大石桥市水源镇前沟村	115116	盼盼牌安居产品研发、制造、销售、安装
195	吉林正业集团有限责任公司	吉林省长春市辽宁路322号	130051	商业、生物制药、农业产业化
196	吉林神华工贸（集团）有限公司	吉林省吉林市高新区深圳街106号	132013	汽车销售与维修，中药制造
197	长春迈灵生物工程有限公司	吉林省长春市人民大街7043号南波大厦C座3层	130022	医药；医疗用品及医用材料；生物工程技术，有机中间体研制、开发；农牧新产品、新型生物化肥技术开发、转让；绿色食品、营养食品研制、开发、生产；图书选题策划，图书编辑

（续）

序号	企业名称	地址	邮编	主要业务
198	哈尔滨翔鹰集团股份有限公司	黑龙江省哈尔滨市南冈区天顺街8号	100005	房地产开发、筑路、水利、装饰、国际贸易
199	黑龙江华鸿投资有限公司	黑龙江省哈尔滨市开发区长江路99号A座6层	150090	从事房地产开发、路桥、贸易、高科技方面的投资；出租、销售机械设备，购销钢材、建筑材料
200	黑龙江筑安建筑集团有限公司	黑龙江省大兴安岭地区加格达奇区西一街99号	165000	建筑、房地产开发、绿色食品开发、北药开发、生态旅游、林木产品深加工、种植、养殖
201	黑龙江葵花药业股份有限公司	黑龙江省哈尔滨市香坊区横山路18号B区10楼	150036	生产片剂、胶囊剂、软膏剂、栓剂、丸剂（蜜丸、水丸），散剂、颗粒剂、口服液
202	齐齐哈尔百花集团有限公司	黑龙江省齐齐哈尔市龙华路158号	161000	日用百货、品牌服装、IT商品、餐饮、房地产开发、建筑工程、建筑工程装饰、水电安装、农业科研、亚麻生产加工
203	大庆亚兴安全科技有限公司	大庆市开发区创业园B座419室	163316	工程系统安全预评价、验收评价、安全现状评价和安全生产、环境保护等项目的评审工作
204	红豆集团有限公司	江苏省无锡市港下镇	214199	纺织服装、机械车辆、橡胶轮胎、房地产
205	扬州欣欣食品有限公司	江苏省扬州市二畔铺1-1号	225003	粥类、汤类罐头食品及豆奶粉、乳饮料及乳制品、销售本公司产品
206	红星家具集团有限公司	江苏省常州市北环路32号	213017	提供品牌化连锁大卖场的服务及专业家具产品的生产
207	江苏雨润食品产业集团有限公司	江苏省南京市建邺区雨润路17号	210041	肉制品加工、销售
208	江苏苏宁环球集团	江苏省南京市鼓楼区广州路188号苏宁大厦17楼	210024	房地产开发、高档购物中心、五星级酒店、汽车贸易、投资等
209	波司登股份有限公司	江苏省常熟市波司登工业园区	215532	羽绒服装、男装、针织系列、床上用品、运动服装等
210	南京联创科技股份有限公司	江苏省南京市中山南路弓箭坊40号	210006	提供电子信息领域领先的自主应用软件开发、系统集成和网络设备制造服务，BPO与软件外包，现代信息服务业，软件人才教育等领域
211	月星集团有限公司	江苏省常州市新北区通江大道588号	213004	家具制造、家具销售、家居用品销售等
212	常州启星鞋业有限公司	江苏省常州市武进区郑陆镇	213114	鞋业

（续）

序号	企业名称	地址	邮编	主要业务
213	南京才华科技集团有限公司	江苏省南京市中山门外马群青马北街1号	210049	微波通信电子类，文化艺术，软件
214	江苏新丽华企业集团有限公司	江苏省南京市江东南路8号新丽华大厦7楼	210036	建筑用陶瓷制品及卫生搪瓷制品、五金、铝型材、工艺装饰墙纸、地毯、涂料、黏合剂、金属加工机械、民用灯具、交电产品（不含助力车），厨房用具、家用电器、日用百货、玻璃制品、家具、木材、地板、建筑装饰材料、园林花卉销售；室内装潢；市场服务管理、摊位租赁管理；投资咨询（不含证券、期货业务）；家用电器设备安装与维修
215	黄海洋南京鸿国实业集团有限公司	江苏省南京市中山东路18号南京国际贸易中心31楼	210005	生物工程技术、新型药物及其他新产品的技术研制、开发；计算机及应用系统、辅助系统、软件、测量、探测仪器及电光源产品的研制、开发、生产、加工、销售；鞋、帽、服装、玩具、玻璃器皿、家用电器、通信产品（不含卫星地面接收设施），文化用品、皮革及制品、土畜产
216	南京斯威特集团有限公司	江苏省南京市集庆路198号	210006	信息通信、电力自动化、环保、纺织机械、异型钢管、家电、新闻传媒、体育等领域
217	江苏省宜兴市万福生态观光园	江苏省宜兴市新街镇枫岭齐	214200	炼焦、电石、碳素制品，硅胶制品的制造，冶金炉料、钢材、煤炭、五金、耐火耗材，塑料制品的批发，钢材，观光旅游
218	江苏沙钢集团有限公司	江苏省张家港市锦丰镇	215625	钢铁冶炼、钢材轧制、金属结构及构件制造、废钢收购加工、本公司产品销售、经营本企业及成员企业自产产品出口业务、本企业和成员企业所需的原材料及设备零配件及相关技术进口业务
219	江苏新日电动车股份有限公司	江苏省无锡市锡山区查桥新世纪工业园新日路8号	214104	电动自行车、电动车轻便自行车、电动摩托车、电动三轮车、电动小汽车及电动特种车辆的研发、生产与销售
220	均瑶集团有限公司	上海市肇嘉浜路789号均瑶国际广场	200032	航空包机及客货代理，房地产开发，宾馆及餐饮服务，旅游服务等
221	江苏黄埔再生资源利用有限公司	江苏省南京市汉中路89号金鹰国际商城23楼	210029	致力于发展循环经济，主要承担废旧设施爆破、大型高技术含量机械设备拆除、高层建筑拆除、桥梁拆除等复杂施工，并进行各类生产性和非生产性废旧设备和金属、橡胶及塑料的回收利用
222	丹阳市天怡房屋建设开发有限责任公司	江苏省丹阳市新民中路61号	212300	房地产投资、开发；旧城改造、代建工业与民用建筑；铝合金门窗安装；餐饮服务；建筑材料、装潢材料、日用百货、烟、酒、蔬菜、肉禽蛋类、水产类、花鸟鱼虫、工艺品的销售

（续）

序号	企业名称	地址	邮编	主要业务
223	江苏理士科技有限公司	江苏省淮安市金湖县工业园区	211600	生产及销售各类铅酸免维护蓄电池、锂电池、充电器、控制器、电源、汽车配件、电动车配件、机电设备及配件、应急灯、电动工具等
224	恒力集团	江苏省吴江市南麻经济开发区	215226	纺织、织造、热电、进出口业务
225	苏宁电器集团	江苏省南京市淮海路 68 号	210005	家用电器、电子产品、办公设备、通信产品的连锁销售和服务等
226	江苏天地龙集团有限公司	江苏省宜兴市徐舍工业区	214241	有色金属加工、生产；废铜的整理、熔炼、精炼加工制造电线电缆用铜杆线，深加工成各种用途的精密铜丝线；各种高中低白酒包装：纸盒、马口铁罐、纸箱、酒业投资、酒业贸易；各种商住房地产、工业园整体工业地产开发
227	神力集团有限公司	浙江省温州市巨江东路 12 号	325003	印刷包装机械、环保工程、锁具、房地产开发
228	浙江双羊集团有限公司	浙江省宁波慈溪观海卫镇	315315	电线电缆、定时器、钢管
229	万向集团	浙江省杭州市萧山经济技术开发区	311215	汽车零部件制造与销售
330	华立集团股份有限公司	杭州市余杭区五常大道 181 号华丽科技园	310023	医药、电能计量仪表及电力自动化系统、无线及宽带通信、电子材料、工业房地产、高科技农业、石油化工、矿产开采加工
231	德力西集团有限公司	浙江省乐清市柳市镇柳青路 1 号德力西大厦	325604	生产销售低压电器、高压电器、高低压成套电气（设备）、建筑电器、交通电器及设备等
232	人民电器集团有限公司	浙江省乐清市柳市镇车站路 555 号	325604	高低压电器、机电产品、成套电控设备、电线电缆、电力金具、五金交电、家用电器、矿山电器、通信设备、电子元器件、机械零件及设备、仪器仪表、服装、鞋革、工艺品的制造、加工、销售
233	正泰集团	浙江省温州市乐清市柳市镇	325603	高低压电器，电气机械及器材，自动化产业，计算机软硬件，电子元器件，仪器仪表，建筑电器，通信设备的研制、开发、设计、制造、安装、调试、加工、销售及技术服务，物业管理，经营进出口业务（国家法律法规禁止、限制的除外），信息咨询服务
234	精益电器集团有限公司	浙江省乐清市柳市镇东站路 287 号	325604	机电产品、低压电器及成套设备、电子元件、仪器仪表、煤矿配件的加工及制造，出口企业自产机电产品和进口本企业生产、科研所需的原辅材料
235	温州吉尔达鞋业有限公司	浙江省温州经济技术开发区 35 号小区	325011	生产、销售皮鞋、皮革制品

（续）

序号	企业名称	地址	邮编	主要业务
236	雨田集团有限公司	浙江省平阳县敖江镇兴敖东路8号雨田大厦	325401	经营和建造104国道拓宽工程，交通道路工程、桥梁工程投资、海洋生物和土地资源开发、印刷机械、塑料机械、农业机械的制造等
237	宝业建设控股集团有限公司	浙江省绍兴杨汛桥	312028	工业与民用建筑工程、设计，工程所需设备、材料出口，劳务输出，古建施工，园林绿化等
238	长城电器集团有限公司	浙江省乐清市柳市长城大厦	325604	机电产品，高低压电器及元件、成套电控设备，电子元件，仪表仪器等
239	广厦控股投资有限公司	浙江省杭州市玉古路166号	310013	建筑、房地产
240	宁波波导股份有限公司	浙江省宁波市奉化市大成东路999号	315500	电子通信产品、通信系统、计算机及配件、现代办公室设备、太阳能电源研究开发、制造、维修；信息服务（除期货、证券信息）、进出口业务
241	杭州娃哈哈集团有限公司	浙江省杭州市清泰街160号，北京市西城区车公庄大街3号新华里16号院10号楼3单元1602	310009，100044	娃哈哈系列产品的生产、销售；按经贸部批准的目录，以原杭州娃哈哈集团公司名义经营集团公司及成员企业自产产品、相关技术出口业务和生产所需原辅材料、机械设备、仪器仪表、零配件等商品及相关技术的进口业务，开展“三来一补”业务，商业、饮食业、服务业的投资开发经营
242	宁波大发化纤有限公司	浙江省宁波市慈溪市胜山工业区	315323	涤纶短纤维、废旧塑料加工、专用机械设备制造
243	耀华电器集团有限公司	浙江省乐清市柳市东风工业区耀华大厦	325604	高低压电器及元件，成套电控制备，仪器仪表，通信设备，电子产品及元器件，建筑电器
244	浙江珍贝有限公司	北京市崇文区珠市口东大街6号珍贝大厦6层	100062	羊绒衫制品、羊毛制品、真丝服饰、大麻服饰、纯棉服饰的生产及销售
245	浙江利时投资集团股份有限公司	浙江省宁波市鄞州区下应投资创业中心诚信路518号	315104	浙江利时集团成立于2002年，是一家以家庭日用品、商贸、置业、印务和投资等五大产业结构为核心、资本运营与实业经营互动发展的现代企业集团
246	华通机电集团有限公司	浙江省乐清市经济开发区华通大厦	325604	机电产品、高低压电器及文化、成套电气、电子元部件、仪器仪表、建筑电气、电线电缆、电力及电工设备，焊接设备，船用电器、矿用电器、通信设备，电动元器件开发设计加工制造，批发零售，代购代销，技术咨询服务及科研协作
247	海亮集团有限公司	浙江省诸暨市店口镇解放路386号	311814	制造、加工：有色金属材料及其制品（除贵金属）、机械设备，模具、服务；经销：化工原料（除危禁品），建筑装潢材料，家用电器，日用五金，日用杂品，文化用品，副食品，汽车修理；废旧金属回收利用；种植业；养殖业；科技开发；文化教育；出口本企业自产的钢制品

（续）

序号	企业名称	地址	邮编	主要业务
248	浙江中天通塑胶工业有限公司	浙江省衢州市经济开发区建新路39号	324000	塑料管道制品制造和销售，化工原料及产品，建筑材料，金属材料的销售
249	红蜻蜓集团有限公司	浙江省温州市永嘉瓯北东瓯工业园王家圩路	325105	生产销售皮革制品、服饰、鞋材辅料；销售针纺织品、日用百货、五金电器；经营本企业及成员企业生产的皮革制品、服装、鞋材辅料的出口业务；经营本企业和成员企业生产、科研所需的原辅材料、机械设备、仪器仪表、零配件及相关技术的进口业务
250	浙江金乌集团有限公司	浙江省义乌市大陈镇	322000	服装、针织品、日用百货、五金交电、工艺品、饰品、皮具箱包、化工原料、棉纱、纺织原料、金属材料批发、零售；袜子（不含染色定型）、服装、建筑防水材料制造销售；农业开发、种植、养殖；货物进出口，技术进出口（以登记机关核定为准）
251	绍兴县旺家纺织有限公司	浙江省绍兴市杨汛桥镇	312028	棉纺织、轻纺面料、自行进出口
252	金轮集团股份有限公司	浙江省慈溪市金轮开发区	315301	帘子布、房产
253	杭州嘉利房地产开发有限公司	浙江省杭州市中河北路69号意盛商务大厦18－19楼	310003	房地产开发、建材、商贸、文化项目、汽车修配、建筑等
254	宁波沁园环保科技有限公司	浙江省宁波慈溪市桥头镇工业开发区	315317	净水器、饮水机、净水机械、空气净化器、空气调节机、家用小电器、五金件、塑料制品制造、加工；塑料、化工原料（除危险品）批发、零售；按照外经贸发展登字〔2002〕417号规定经营的进出口业务；普通货运
255	金洲集团有限公司	浙江省湖州市二里桥路57号	313000	金属管件管材、塑料管材管件、复合管材管件、防腐管材管件、螺旋埋弧焊钢管的制造、销售，钢材轧制，建筑用金属制品及金属加工机械的制造销售，化工产品（除危险品），金属材料（除贵稀金属），建筑材料、装饰材料、一般劳保用品的销售，经营进出口业务
256	宁波市鄞州昌盛粮油有限公司	浙江省宁波市鄞州区邱隘镇盛莫路367号	315101	粮油加工、铝制品生产加工、房地产、正在投资兴建公益性项目东钱湖国际老年公寓
257	东阳市露欣实业有限公司	浙江省东阳市中山路西庄	264000	房地产开发、建筑施工、电子电器、针织服装、五金制品、安全带
258	宁波韵升股份有限公司	浙江省宁波市江东区民安路348号	315040	钕铁硼永磁材料、汽车电机、伺服电机、紧密纺设备、八音琴等产品的生产、销售及进出口贸易
259	杭州金沙置业投资有限公司	浙江省杭州市江干区下沙村3组	310018	房地产、物流园、标准厂房
260	浙江宝利德控股集团有限公司	浙江省杭州市求是路8号公元大厦南楼1001		

（续）

序号	企业名称	地址	邮编	主要业务
261	温州市华晨金属材料有限公司	浙江省温州市新城中天大厦2102室	325000	金属材料、建筑材料、机电设备的销售，并涉及房地产、矿业投资等各个领域
262	颐高集团有限公司	浙江省西湖区黄姑山路29号	310007	技术开发、咨询、服务，电子商务工程，实业投资，物业管理、市场经营管理
263	宁波长城精工实业有限公司	浙江省余姚市阳明科技工业园区江丰路1号	315400	金属制品、塑料制品、仪器仪表、电子元器件、文具、焊接面罩、金属表面处理剂（不含危险化学品），扳手及钢卷尺、钢直尺、钢角尺、纤维卷尺、水平尺制造
264	泰地控股集团有限公司	浙江省杭州市西湖大道35号万新大厦1号楼23层	310009	石油、化工产品仓储、中转、销售；房地产开发、经营
265	安徽迎驾集团	安徽省霍山县佛子岭镇	237271	酿酒，食品，野生绿色饮料，加工生产、包装印刷，金属制罐，制塑，陶瓷工艺，房地产开发
266	阜阳华联超市有限公司	安徽省阜阳市清河东路580号华联大厦	236041	日用百货、日用杂品、食品、饮料、烟（零售）、酒、纺织品、服装鞋帽、五金、交电、工艺美术品、图书、报刊的批发和零售；面包、糕点制作；仓储；农副产品（国家专项规定除外）购销
267	厦门荣滨集团股份有限公司	福建省厦门市湖滨南路69号419#	361004	高科技产品研发、制造、货物仓储，交通基础设施投资等
268	泉州寰球鞋服有限公司	福建省泉州市晋江池店寰球工业园	362212	生产各种鞋类、鞋用材料、运动服装及包装，从事非配额许可证管理，非专营商品的收购出口业务及参加自产产品的出口配额招标
269	利嘉实业（福建）集团有限公司	福建省福州市五一中路169号大利嘉城25层	350009	房地产综合开发，商品房销售，出租及相应的物业管理，代购代销成员企业的原辅材和产品，协调管理成员企业的经营活动，等等
270	福建省神龙企业集团有限公司	福建省福州市古楼区东街123号航空大厦13A	350001	对教育业、旅游业、证券业、农业、交通运输业的投资，房地产的开发与经营
271	惠尔康集团有限公司	福建省厦门市湖滨南路57号金源大厦27层	361004	对食品行业的投资；生产销售乳制品、饮料、果汁饮料、液体饮料、八宝粥；牲畜及家禽（不含种畜）饲养；纺织品、服装、鞋帽、日用百货、五金交电、日用杂品、工艺美术品（不含金、银首饰），建筑材料批发、零售；出口本企业生产加工的产品和进口本企业生产所需的生产技术
272	厦门金腾装饰集团有限公司	福建省厦门市莲花南路18号6楼	361009	室内外装饰、装修工程设计、施工；民用建筑工程设计、装饰；水电安装批发零售建筑装潢材料，冷气设备安装（法律法规规定必须办理审批许可证，才能从事的经营项目，必须在取得审批许可证明后方可营业）

（续）

序号	企业名称	地址	邮编	主要业务
273	溪石集团发展有限公司	福建省南安市柳城帽山工业区	362300	加工、销售：石板材及其建筑用石、石材工艺品、普通机械配件；销售：百用百货、针织品、服装
274	福耀玻璃工业集团股份有限公司	福建省福清市福耀工业村二区	350301	汽车玻璃、浮法玻璃
275	宏发集团（中国）有限公司	福建省泉州市水头镇大盈工业区	362342	生产速食品、速食米粉、调味品、饮料、饼干、其他面制品、淀粉糖、糖果、果冻、代购代销、成员企业辅料和产品，并协助成员企业开展企业的经营活动
276	兴业皮革科技股份有限公司	福建省晋江安海（庄头）第二工业区	362261	生产皮制品、鞋服及销售自产产品，是世界品牌包、鞋、ECCO 及中国十大鞋品牌的供应商
277	泉州东海开发有限公司	福建省泉州市东海滨城嘉吉北路1#	362000	成片开发经营东海开发区
278	港峰实业公司	福建省莆田市荔城大道南端	351100	房地产、集装箱码头、电子产品、贸易等综合性经营
279	泉州市恒隆石业发展有限公司	福建省南安市水头镇福山工业区	362342	生产销售各种石材制品
280	江西开心人控股股份有限公司	江西省民营科技园高新大道918号	330029	企业管理咨询；产业投资；经济贸易咨询；国内贸易（以上项目国家有专项规定的除外）
281	泰豪集团有限公司	江西省南昌市高新开发区泰豪大厦	330096	智能电气产品及软件产品
282	山东新光股份有限公司	山东省临沂市罗庄区罗六路	276017	纺织品，服装的生产、销售，棉花收购、加工、经营；批准范围内的进出口业务
283	山东日升环保科技股份有限公司	山东省淄博市张店区中心路188号	255086	环保产品销售
284	山东齐峰特种纸业股份有限公司	山东省淄博市临淄区朱台镇朱台路22号	255432	生产、销售、装饰原纸系列特种工业用纸，微电脑防盗报警器智能型系列产品，工业自动化控制系统及设备安装，顺丁烯二酐化工产品
285	力诺集团有限责任公司	山东省济南市经十东路力诺科技园	250100	生产经营太阳能光热、光伏系列产品，中西制药（生物工程），玻璃新材料，油漆涂料、精细化工等
286	山东让古戎投资控股集团有限公司	山东省济南市山大路178号银座数码广场20层	250013	项目投资、管理及相关咨询服务；房地产的开发、销售；物业管理；钢材、木材、建筑材料的销售（不含金融业务；须经许可经营的，须凭许可证经营）

（续）

序号	企业名称	地址	邮编	主要业务
287	山东爱书人音像图书（集团）有限公司	山东省济南市山大南路10－18号	250013	科研器材、电教教材、网络连锁、文化科技研发；文化办公用品、百货电器等；全国音像连锁经营、电子出版物批发、国内出版图书批发
288	山东宏源集团有限公司	山东省寿光市寿尧路中段	262731	承担各类钢结构工程（包括网架、轻型钢结构工程）的制作与安装经营本企业自产产品及技术的出口业务；经营本企业生产、科研所需的原辅材料、仪器、仪表、机械设备，零配件及技术的进口业务（国家限定公司经营和国家禁止进出口的商品及技术除外）
289	济南中安置业有限公司	山东省济南市历下区经十路65号三庆汇文轩西16层C	250014	房地产开发、装饰装修工程，计算机软件、硬件开发，销售，网络工程；经济信息咨询服务；建材、装饰材料、五金交电、电子产品、节水设备、机械设备、通信器材（不含无线电发射）、工艺品、日用百货的销售
290	山东CEPA商务中心有限公司	山东省济南市历下区泉城路318号丰利大厦	250014	房地产开发经营、设备、工程安装；香港CEPA系列大陆策划及销售，农业开发
291	华仁世纪集团有限公司	山东省青岛市南区东海西路12号浮山湾花园12号楼	266071	项目投资、经营管理；销售五金、家用电器、日用百货、服装、化工产品（不含危险品）；房屋租赁，研制、开发、生产、销售网络设备、计算机软硬件；技术信息咨询、开发、培训服务；室内装饰装潢（须经许可经营的，须凭许可证经营）
292	青岛海众锅炉有限公司	山东省青岛市松岭路52号	266101	工业锅炉、水煤浆环保锅炉、水煤浆垃圾焚烧炉、污泥焚烧炉、热电锅炉及其辅助设备的开发、设计、制造、销售；洁净煤技术产品的开发生产，设计安装承建锅炉工程；机械设备，电气设备加工制造
293	寿光阳光房地产开发集团有限公司	山东省寿光市温泉街99号	262700	房地产开发、销售、建筑材料、纯碱（以上范围涉及许可经营的，凭许可证核准的范围和期限经营）；（以下范围仅限温泉大酒店经营）客房、中西餐、酒吧；洗浴、健身、娱乐、录像、放映；票务代理；写字楼、汽车租赁
294	日照钢铁	山东省日照市沿海路600号	276806	
295	山东太阳纸业股份有限公司	山东省兖州市友谊路1号	272100	机制纸，纸板制造；纸制品制造、加工；建筑材料、五金交电化工产品销售
296	山东长城实业集团总公司	山东省济南市经十西路165号	250022	商业、教育业、地产业
297	王守义十三香调味品集团有限公司	河南省驻马店市十三香路1号	463000	调味品
298	河南省仁豪实业有限公司	郑州市郑汴路东段郑州农机市场3号楼二层	450047	花木种植、房地产开发、经营、方位租赁及批发市场建设与管理

（续）

序号	企业名称	地址	邮编	主要业务
299	河南省前卫实业有限公司	河南省新密市超化镇圣帝庙村	452370	耐火材料、玻璃制品、建筑材料等生产、销售、煤气发生炉的制造销售
300	湖南拓展集团有限公司	湖南省长沙市芙蓉中路518号	410007	房地产、建筑施工、建筑设计、广告发布、酒店经营、游乐、材料销售
301	红桃K集团股份有限公司	湖北省武汉市东湖新技术开发区光谷大道58号	430070	药品、保健品、生物技术等
302	湖北多人多实业发展（集团）有限责任公司	湖北省武汉市武昌民主路786号华银大厦25楼	430071	生物农业、生物医药、环境工程、餐饮娱乐业
303	武汉北斗集团有限公司	湖北省武汉江大路111号北斗大厦	430019	房地产开发、商品房销售及租赁、物业管理、进出口、生物制品、电器机械、饮料生产与销售
304	中博绿色科技股份有限公司	湖北省武汉市洪山区珞狮南路571号国家农业科技园创业中心1068室	430071	农业种植，农产品精深加工
305	襄樊钱塘潮实业有限公司	湖北省襄樊市樊城区汉江大道特1号闽发汉江国际	441000	房地产开发
306	国创高科实业集团有限公司	湖北省武汉市武昌关东科技园高科大厦17层	430074	公路建设与经营管理，公路路用产品的研发、生产、销售；公路工程的施工，地产项目的开发、销售；机电产品的研究、开发、销售；机电设备、仪器仪表、零配件的技术贸易、酒店餐饮
307	侨兴集团有限公司	广东省惠州市小金口汤泉侨兴科技工业园	516023	本企业自产产品及技术的出口、生产所需原辅材料、仪器仪表等商品及技术的进口，研制、开发、销售通信设备及器材、仪器、仪表、电子产品，销售稀土金属材料及产品，物业管理、生产、销售水、气净化设备
308	香江集团	广东省广州市海珠区江南大道南411号	510000	项目投资、策划、企业经营管理，批发和零售贸易（国家专营专控商品除外）
309	广东省运通投资有限公司	广东省揭阳市区西关路689号	522000	本企业和本企业成员企业自产产品及相关技术的出口业务、生产、科研所需原辅材料、机械设备、仪器仪表等
310	华人汇利集团	广东省深圳市深南东路信兴广场地王商业中心G401	518001	食品工业、文化娱乐、商业投资
311	富绅集团有限公司	广东省惠州市惠台工业区56号小区惠台路38号	516001	各类服装及日常衣装配套商品制品

（续）

序号	企业名称	地址	邮编	主要业务
312	深圳海王集团股份有限公司	广东省深圳市南山区南海大道海王大厦A座27层	518054	生产销售康复仪器、医疗器械、电子产品、保健品和精细化工产品、副食品、纺织品、工艺品等
313	广东省吉荣空调设备公司	广东省揭阳市榕城区吉荣路	522000	集科研、生产、销售、安装服务于一身的工业空调、中央空调生产基地
314	安利（中国）日用品有限公司	广州市天河北路233号中信广场41楼，北京市东长安街1号东方广场E1座11层（100738）	510613	开发、生产、销售家庭清洁用品、个人护理及化妆品、保健食品、维生素和矿物质营养补充食品、特殊营养食品、蛋白饮料和功能食品、厨房用具（含厨用净水器）以及辅助产品等安利系列产品；研究开发新产品，提供与产品及销售相关的服务；印刷及提供合作公司和介绍合作公司产品的刊物；以直销方式销售本企业生产的保健食品、化妆品、保洁用品、母公司生产的小型厨具
315	深圳市华隆投资集团有限公司	广东省深圳市深南中路1099号商业银行大厦10层	518031	基础产业、商业酒店、同仁医疗、房地产业、城市经营、金融证券
316	广州宏宇集团	广东省广州市天河北路189号中国市长大厦18F1803	510075	铝型材，不锈钢型材，金属材料加工、制造，房地产开发，木制品加工等
317	深圳创维——RGB电子有限公司	广东省深圳市南山区科技园南一路创维大厦A座13楼	518000	彩电、显示器、视听器材、通信器件等
318	广东锦田集团投资有限公司	广东省广州市寺右新马路5号五华友大厦1201室	510600	投资兴办实业，销售电器机械及器材、五金、交电、仪器仪表、化工原料（不含化学危险品），建筑材料、金属材料（不含金银），汽车零部件，矿产品（不含稀贵金属），电子产品及通信设备（不含移动通信终端设备），日用杂货、副食品，针、纺织品，其他食品
319	广东长江集团有限公司	广东省阳江市东风1路东岳公园内	529500	房地产开发、旅游业、酒店娱乐业、建筑装修工程、路桥工程、商业贸易
320	星震宇电子（深圳）有限公司	广东省深圳市宝安区福永同富裕工业区惠明盛工业	518103	生产、经营键盘、机箱、电源、多媒体音箱、DVD家庭影院
321	广东燕通建设工程有限公司	广东省珠海市景山路92号东大商业中心901	519015	机电工程安装、设计、咨询、服务，生产空调，环保技术的开发生产，国内贸易，机电设备生产、销售
322	珠海市汕业房地产开发有限公司	广东省珠海市明珠南路2158号华业大厦五楼	519070	在获得使用权的土地上开发、建设、出售出租、物业管理
323	深圳市铜锣湾百货有限公司	广东省深圳市深南中路2070号电子科技大厦C座五楼	518031	美式购物中心、大型综合百货店

（续）

序号	企业名称	地址	邮编	主要业务
324	恒大地产集团	广东省广州市天河路天伦大厦19－23号	510060	房地产开发经营（持资质证经营），室内装饰，安装制冷空调设备，园艺工程
325	大连万达集团股份有限公司	辽宁省大连市中山区解放街9号	116001	房地产开发、建筑装修、建筑装饰材料经销、汽车出租，商场、餐饮、娱乐
326	君华集团有限公司	广州市天沙北路233号中信广场5806－5807	510620	房地产开发经营，批发和零售贸易，货物、技术进出口，投资研究、咨询
327	广州观音山国家森林公园	广东省东莞市樟木头镇石新区笔架山大道	523635	观音山森林公园的投资，园林绿化，销售，旅游商品
328	东莞市迈科科技有限公司	广东省东莞市大朗镇犀牛陂工业区迈科工业园	523700	电池、电子产品生产、销售、开发；经营进出口业务
329	华鼎担保有限公司	广州市天河北路233号中信广场41楼4603	510620	为企业及个人提供商业性融资担保（不含金融业务），以自有资金进行投资，企业重组、转让、收购、兼并、资产托管的策划咨询，经济信息咨询 w
330	台山市金桥铝型材厂有限公司	广东省台山市大江镇石桥工业区	529261	生产经营各种铝合金锭、铝合金棒、铝型材、异型材、铝板墙、铝、铁、不锈钢剪摺板、铝门窗、铝幕墙、铝制品及其喷粉、喷油、氧化着色等表面处理和铝质工程及模具制造、新型铝合金型材和异型材
331	深圳市博康科技控股有限公司	广东省深圳市福田区车公庙天祥大厦5D－503	518040	投资兴办实业（具体项目另行申报）；计算机软件开发及技术服务；计算机系统集成；国内贸易（不含专营、专控、专卖商品）；经济信息咨询；企业形象设计，企业营销策划
332	深圳市创茂投资有限公司	深圳市福田区侨香路宏新花园3期6楼	518040	住宅地产、商业地产物业、酒店、建筑工程和装饰工程、园林绿化工程、金属制品，建筑材料等
333	广东力图建设置业有限公司	广东省广州市天河北路255号2905－2906	510607	房屋建筑、市政公司工程、建筑装修装饰、钢结构、机电安装、建筑幕墙等各类工程总承包、工程招标及施工管理顾问咨询、技术培训、工程设备、材料销售、房地产投资开发
334	深圳市嘉创利实业发展有限公司	广东省深圳市罗湖区东门商业步行街	518001	投资兴办实业；国内商业，物资供销业；物业管理、房地产、货物及技术进出口、贸易服装
335	深圳市朗朗投资集团有限公司	深圳市南山区深南大道朗景园C栋一、二层	518000	从事担保业务；风险投资、创业投资；兴办实业（具体项目另行申报）；国内商业、物资供销业（不含专营、专控、专卖商品）；计算机网络及软件开发（不含限制项目）

（续）

序号	企业名称	地址	邮编	主要业务
336	TCL集团股份有限公司	广东省惠州市鹅岭南路六号TCL大厦	516006	研究开发、生产、销售电子产品及通信设备；五金、交电、VCD、DVD视盘机，家庭影院系列、电子计算机及配件，电池以及相关元器件和原辅材料；上述产品类同商品的批发及相关配套服务；电子计算机技术服务、货运仓储、影视器材维修
337	深圳市研祥智能科技股份有限公司	北京市北三环中路三号双全大厦三层	100029	研究、开发、生产经营计算机硬件、通信、信息系统网络技术产品、支撑通信网络的新技术设备、数字交叉连接设备、自动化控制系统及其配套设备、新型电子元器件、电子专用设备、仪器、工模具；计算机软件开发；以上相关产品的售后维修服务；经营进出口业务；税控收款机的销售、技术开发及相关技术服务；税控收款机的生产；物业管理
338	深圳市庆鹏实业集团有限公司	广东省深圳市福田区红荔路1号银盛大厦8楼	518027	石油化工行业、房地产行业、文化产业（刺绣和文化创意园区）、航运物流
339	深圳市泰基然实业有限公司	广东省深圳市深南西路天安数码时代A座1402	518000	房地产开发、酒店经营、建筑装饰
340	珠海市新海利实业发展有限公司	广东省珠海市夏湾新海利大酒店	519020	房地产、物业代理、旅业、饮食、健身、日用百货
341	东莞玖龙纸业有限公司	广东省东莞市麻涌镇新沙港工业区	523147	生产和销售高档纸和纸板（新闻纸除外）
342	中山皇冠皮件有限公司	北京市朝阳区东土城路8号2F2A	100013	生产各类塑料手提箱及旅行箱、包，各类布面手提箱及布面旅行箱、包
343	湛江国联水产开发股份有限公司	广东省湛江开发区平乐工业区永平南路	524022	水产种苗的引进、繁育、养殖及销售；水产品的研究、开发、养殖、收购、冷冻、加工及销售（不含外商投资产业指导目录中禁止外商投资的产业）
344	广西金嗓子有限责任公司	广西省柳州市跃进路28号	545001	金嗓子喉宝、片剂、冲剂、胶囊剂、糖果、果茶汁饮料、固体饮料等
345	广西泰富黄金矿业开发有限公司	广西壮族自治区南宁市江南路7－1号泰富大厦	530031	稀贵金属矿、房地产
346	广西东方银联投资有限公司	广西省北海市长青路11号，北京市西城区木樨地甲11号国宏大厦B座2012室	536000，100038	对高新技术项目、公路、港口、码头、机场、电站、交通能源、旅游业、农林牧业、房地产业、宾馆、建筑业、教育业、娱乐业、饮食业、文化影视产业的投资；五金交电、家用电器、成套机械、电子产品、农副土特产品、文化用品、日用百货、机电设备、办公自动化设备、通信设备器材等销售
347	海南珠江控股股份有限公司	海南省海口市滨海大道珠江广场帝豪大厦29层	570125	房地产开发经营、工业投资、热带种植业、物业管理、酒店投资与管理、旅游娱乐、物资供应、建筑设备采购、建材

（续）

序号	企业名称	地址	邮编	主要业务
348	三亚嘉宾国际酒店有限公司	海南省三亚市榆亚路33号嘉宾国际酒店	572021	房地产开发经营、旅游服务、饮食业、文化娱乐，美容美发、桑拿保健、旅游产品销售、物业管理
349	先声药业有限公司	海南省海口市金盘工业区金濂路3号	570216	药品研发、生产及销售
350	重庆协力达科技集团有限公司	重庆市沙平坝区沙中路214号	400030	开发、生产、销售、生物化工产业、机电产品及零部件、经营酒店业，职工培训等，批发、零售五金、交电、化工产品等
351	重庆陶然居集团	重庆市高新区南方花园科园三街46号	400039	饮食服务（中餐、火锅）
352	四川大陆集团有限公司	四川省成都市东胜街2号	610015	工程建设、房地产开发、制药、水产、新能源、租赁、建筑材料、物业管理、广告、印刷、装饰等
353	四川省瑞云集团股份有限公司	四川省邛崃市东星大道438号	611530	生产、销售建筑材料、金属材料（不含稀贵金属）、电器机械及器材、普通机械、竹木制品、化工产品（不含危险品）、能信器材（不含无线电发射设备），计算机软件开发，水产品、建筑装饰材料的高新技术开发、研究，经营企业自产产品及技术的出口业务
354	成都乐斯实业集团	四川省成都市外东东洪路桃花源别墅1号门	610110	房地产业、建工建材、装饰、物业、酒店服务、策划咨询、金融投资担保等
355	四川新中源投资集团有限公司	四川省成都市高新区二环路南四段2号	610041	房地产开发、经营，房地产的销售代理、经纪、咨询、策划、房屋租赁，建筑工程，道路工程，桥梁工程施工，室内外装饰装修工程施工、设计，销售建筑材料，研究、生产、销售、安装、设计安全技术防范系列产品，电子产品，计算机软硬件产品，销售办公机械，文化用品等。
356	四川海特高新技术股份有限公司	四川省成都市高新区高朋大道21号	610041	飞机修理（通用飞机、大飞机）、发动机修理、航空附件修理（电子设备、机械设备）、航空制造、航空工程、航空培训、航空技术研发；经营企业自产产品及技术的出口业务；经营本企业生产所需的原辅材料、仪器仪表、机械设备、零配件及技术的进口业务（国家限定公司经营和国家禁止进出口的商品及技术除外）；经营进料加工和“三来一补”业务；物业管理；房屋租赁
357	四川忠信建设工程有限公司	四川省成都市龙腾西路1号	610041	房屋建筑工程、公路工程、市政公用工程、桥梁、隧道工程；建筑装修装饰工程、钢结构工程、水电安装工程、园林古建筑工程；体育场地设施工程、堤防工程专业承包、电力工程

（续）

序号	企业名称	地址	邮编	主要业务
358	四川宏达集团	四川省成都市锦里东路2号宏达大厦26楼	610041	冶金、矿山、化工、房地产、贸易、金融、酒店和旅游开发
359	四川金广实业（集团）股份有限公司	四川省广汉市苏州路北二段1号	618300	冶金、矿产、电力等
360	贵州威门药业股份有限公司	贵州省贵阳市国家高新技术开发区工业园区火炬大道	550018	胶囊剂、颗粒剂、片剂、粉针剂、冻干粉针剂的自产自销；经营本企业自产产品及技术的出口业务；经营本企业所需的原辅材料、仪器仪表、机械设备、零配件及技术的进口业务（国家限定和禁止的除外）；从事国家规定的贸易进出口业务；中药材种植（杜仲、厚朴、甘草、麝香除外）、原料药（具体以许可证为准）（含中药提取）
361	贵州博士化工有限公司	贵州省贵阳市延安东路9号	550001	文化体育用品、办公用品、化工产品、电脑耗材、辣椒系列制品等
362	贵州利美康医疗股份有限公司	贵州省贵阳市中华北路101号	550001	医疗设备
363	陕西秦阿房宫旅游发展股份有限公司	陕西省西安市西郊红光路西段44号	710086	秦锦绣阿房宫旅游开发、住宿、餐饮，老年公寓，风力发电等
364	陕西艺林实业有限责任公司	陕西省西安市经济技术开发区凤城四路91号	710016	建筑幕墙，室内装修、铝合金门窗、纳米材料
365	西安荣华集团有限公司	陕西省西安市未央路130号凯鑫国际	710016	商品房开发、销售，房地产咨询服务；国内商业贸易（除易燃易爆品和国家专项控制及审批商品）；高科技产品的研制、开发，电池材料的开发、生产、销售（限分支机构经营）
366	现代新农业（集团）股份有限公司	陕西省西安经济技术开发区凤城二路经发大厦11层	710021	种鸡繁育，饲料兽药生产，老年公寓开发，旅游开发，IT产业等
367	甘肃盛达集团股份有限公司	兰州市城关区天水中路3号	730000	矿产品加工及批发零售，化工产品的研究开发、批发零售，橡胶制品、金属材料、建筑材料、装饰材料、普通机械、电子产品及通信设备的批发零售；经营本企业自产产品就相关技术的出口业务，经营本企业生产、科研所需的原辅材料、机械设备、仪器仪表、零配件及相关技术的出口业务；经营本企业的进料加工和“三来一补”业务
368	青海晶珠藏药高新技术产业股份有限公司	北京市新世界太华公寓D座505室	100001	中藏药、医疗器械、药材种植、保健品、化妆品

（续）

序号	企业名称	地址	邮编	主要业务
369	宁夏金龙集团	北京市通州区玉桥西路75号	101101	光彩工业园区开发，再生能源开发生产，公路工程、桥梁、建筑工程、市政公用工程开发建设，光彩职业学院、酒店服务等
370	宁夏宝塔石化集团有限公司	宁夏银川市金凤区宁安大街88号宝塔石化大厦	750002	批发、零售汽油、柴油、液化气、溶剂油、凝析油、石脑油、重油、渣油、脱蜡柴油、重柴油、丙烯、甲醇、甲基叔丁基醚、石蜡、润滑油、五金交电、办公用品、针纺织品
371	香港益业投资集团有限公司	北京市建国门内大街18号恒基中心办公1座603室	100005	建设开发新时代广场；开发、经营房地产及配套服务；开发、建设、出售、出租、管理规划确定范围内的低密度住宅；经营休闲、娱乐、健身设施
372	美心发展（中国）有限公司	香港中区置地广场告罗士打大厦3503室		投资控股
373	卡森国际控股有限公司	香港湾仔菲林明道8号大同大厦1605室 浙江省海宁市钱江西路259号	314400	沙发革、汽车坐垫革的研发、生产及销售；沙发套及成员沙发的开发、生产、销售

附录二

《中华工商时报》关于全国工商联直属商会的系列报道

参政参到点子上　议政议到关键处

——全国工商联直属行业商会踊跃参政议政

本报记者　高春颀

日前，记者从全国工商联召开的提案工作交流暨培训会上获悉，今年全国工商联在政协十一届二次会议上提交的《关于鼓励民营企业作为研发主体参与国家重大专项课题的提案》、《关于抓住机遇，完善石油储备体系建设的提案》、《关于积极促进绿色建筑发展的提案》分别被全国政协《重要提案摘报》第14期、第44期和第45期选登，呈阅有关中央领导，并得到有关中央领导的批示。

同时，记者也了解到，这三份提案的完成者分别是全国工商联环境商会、石油业商会和房地产商会。

“参政参到点子上，议政议到关键处”，是这几年全国工商联直属行业商会参政议政工作的很好总结和概括。自2006年以来，全国工商联积极探索行业商会在参政议政和提案工作方面的作用，充分发挥商会行业优势，发动商会就行业发展中一些比较迫切需要解决的重要问题撰写提案。不仅是环境商会、石油业商会和房地产商会这三家商会，在全国工商联28家直属商会中，每家商会都根据自己的行业特点，反映行业发展问题，提出了有针对性的建设性意见。仅石油商会在2005－2009年期间，就共提交了6份提案。目前，各直属行业商会参与提案工作的热情不断高涨，已成为工商联提案工作队伍的一支主要力量。据了解，2010年提案工作已列入各直属商会的工作日程，部分商会已开始向全国工商联递交选题。

据统计，2006年有5个直属行业商会报送了提案稿7件，2007年共有12个直属行业商会报送了提案稿27件，2008年共有20个直属行业商会报送了提案稿43件。三年来共有36件提案稿经与研究室反复座谈、提炼、论证和修改，形成为全国工商联团体提案，占六年来全国工商联团体提案总数的53%。

提案有力地推动政府部门相关政策制定

进入新世纪以来，全国工商联越来越重视提案工作，重视通过提案提高工商联的社会影响，发挥工商联的优势作用。对每年的重点调研课题，全国政协副主席、全国工商联主席黄孟复，中央统战部副部长、全国工商联党组书记全哲洙都亲自带队进行调研。对行业商会的参政议政工作也十分重视，指出只有切实做好提案工作，行业商会才能真正做到服务好企业，服务好行业，发挥好作用，才能真正成为党和政府联系行业企业的桥梁和纽带。

来自全国工商联直属行业商会的几十个提案集中反映了党和政府亟待解决、行业内普遍关心、民营企业广泛关注的问题，具有较强的针对性、可行性、前瞻性。这些提案有些已在国家有关方针政策中得到了体现，有些为制定和修改相关法律法规提供了重要参考，有些引起了有关部门的重视，引起了社会的关注，直接推动了有关部门在制定相关政策时，认真研究吸纳，着手解决相关问题。

如今年房地产商会在全国政协十一届二次会议上提交的书面发言《我国房价何以居高不下》，由于调研深入、资料翔实，得到了主流媒体的大范围报道，在社会上引起强烈反响，对推动政府部门信息公开，规范房地产市场秩序，促进房地产行业的健康发展起到了积极作用。这个提案质量高，分量重，极大地扩大了工商联的社会影响力。

再如，今年3月12日，在全国工商联研究室和新能源商会的沟通推动下，国家税务总局政策法规司和国务院科教领导小组办公室综合局有关负责同志走访了全国工商联新能源商会，与部分企业家就商会提案中涉及的光伏产业税收政策问题进行了座谈；新能源商会的《关于进一步完善新能源产业政策的提案》，国家发改委答复："我们将认真研究提案的建议，加快制定和完善促进我国可再生能源发展的政策和措施，努力做好可再生能源的开发利用工作"。

全国工商联书业商会自2003年成立以来，一直致力于政策开放呼吁。2008年《对有条件的民营书商给予出版权试点》的提案，2009年《关于鼓励、扶持和引导民营书业发展》的提案，受到国家有关部门和媒体的广泛关注。在今年全面落实科学发展观"十行百家"的调研中，国家新闻出版总署将非公有书业作为了重要调研对象，书业商会积极促成了今年4月6日出台的《关于进一步推进出版体制改革的指导意见》中对非公有书业"新兴生产力"的定性和"解决出版通道问题"的确定。

2007年，国家发改委在收到医药业商会《关于建议将有条件的民营医院纳入基本医疗保障体系的提案》后答复："您们在提案中对民营医院的发展现状、存在问题分析客观全面，我们完全赞同，相关政策建议也很有针对性，具有积极的参考借鉴作用。我们将在工作中认真研究，在研究提出相关政策措施时，积极吸纳、反映您们所提的意见和建议"。

全国工商联会员部刘红路部长认为："通过这些提案，全国工商联直属行业商会引起政府部门的关注和重视，进一步加强了与承办提案的相关政府工作部门的联系和合作，扩大了商会在政府决策上的影响力。"

参政议政提升了商会话语权

成立于2004年6月的全国工商联并购工会，在其所开展的各项工作中，通过全国工商联向"两会"提交提案无疑是最受瞩目的工作之一。历次提案均受到两会参会代表、政府相关职能部门、社会公众和新闻媒体在内的社会各界的热切关注，并引发强烈反响。

2006年，针对并购公会提交《关于建立国家经济安全体系的建议》提案后，中国人民银行特邀并购公会参加了规范民间金融发展的座谈会。结合提案内容，并购公会提出了要鼓励民间的金融创新，拓宽中小企业的融资途经，降低成本等问题。时任央行副行长的吴晓灵对此给予高度肯定，并鼓励进一步研究民间融资行为的合法化等问题，使民间金融最终实现阳光化操作。同年，国家有关部门出台《关于外国投资者并购境内企业的规定》，并购公会向"两会"提交的提案无疑对规定的出台产生了积极的影响。2007年，并购公会提交了《关于建立加入全球化的国家经济安全体系的提案》和《关于完善我国企业并购融资制度的提案》。2008年，提交了《关于建立健全小股东权益保障机制的提案》。提案通过对小股东权益受损的现状、原因及解决的建议等进行了全方位的解析。2009年2月，在中国企业家年会亚布力论坛的NGO研究成果发布会上，由全国工商联并购公会和温州市信用担保行业协会联合发布了《鼓励民间正当金融行为，加快培育中小企业银行》的提案建议书。这也是首次将民间金融正式提到"前台"，且引发了社会各界的积极关注。新浪网全文发表了"提案"及《调研报告》。2009年3月4日，国务院总理温家宝在参加全国政协会议讨论时表示，应对金融危机必须有大规模的政府投入，同时要重视引导社会资金、民间资金投入。同年3月，由并购公会常务理事执笔的《关于支持国内企业加快实施跨国并购战略》的提案由并购公会通过全国工商联向"两会"提交。

"随着并购公会两会提案受关注度的日益提升，媒体的对提案内容本身和并购公会所折射出的并购行业话语的主导权也愈发重视。同时，在媒体的报道形式上，从简单的对提案内容的表述；到对提案内容深层的探究；再到开展广泛的讨论，也进一步说明了并购公会两会提案的影响力正向更广、更深层次逐步延伸。"身为金融领域的专家，全国工商联并购公会会长王巍深刻分析了参政议政给并购公会带来的影响力。

行业商会具有参政议政的天然优势

全国工商联直属行业商会是代表行业利益、集中反映行业诉求的经济组织，具有参政议政的天然优势。近两年来，在全国工商联研究室和会员部的指导帮助下，各直属行业商会对做好提案工作非常重视。有的商会进行集体讨论、专家论证，有的商会主要负责人亲自动手撰写，还有的商会负责人为修改提案多次前来与全国工商联研究室进行认真讨论。直属商会的提案不但数量上一年超过一年，而且质量逐年提高，提案水平已达到专家标准，房地产商会会长聂梅生、环境商会副会长傅涛已被聘任为全国工商联参政议政委员会委员。

"全国工商联注重发挥工商联系统的自身优势，调动方方面面的力量，形成了工作部门、直属行业商会、企业会员与地方工商联联合互动的局面，尤其是地方工商联的潜力得到激发，行业商会的优势更加明显。"全国工商联研究室主任陈永杰话语中充满对直属行业商会提案工作的肯定。

全国工商联在2009年的提案工作总结中提到，"今年的参政议政工作在社会舆论影响、党政部门关注、中央领导重视等各方面均比往年有了明显进步，这代表着，我们的参政议政工作已经站上了一个新的高度。之所以取得这么多的成绩，与各工作部门和行业商会的努力分不开。"

（刊载于2009年12月1日《中华工商时报》）

服务立会　和谐发展

——全国工商联直属行业商会扎实做好服务工作

本报记者　高春颀

"商会新一届班子要坚持立会为公、服务兴会，提高服务能力，在信息交流、教育培训、国际合作、专业技术、生产营销、品牌建设等方面，建立若干个服务平台，为会员提供更好的服务。"日前，全国工商联金银珠宝业商会新任会长钟永森在接受记者采访时，再三强调商会工作要落实在"服务"二字上。

不仅是金银珠宝业商会，"服务兴会，服务立会"一直是全国工商联28家直属行业商会工作的出发点。多年来，全国工商联直属商会不断创新服务方式，搭建多种服务平台，不断壮大会员队伍，增进行业团结，为非公有制经济健康发展作出了突出贡献。

日前，全国工商联党组副书记、副主席宋北杉在行业商会年度工作会议上对商会工作给予了充分肯定。他指出，全国工商联直属行业商会围绕工商联中心工作，坚持服务立会的宗旨，扎实做好服务工作，取得了良好的效果。

"整合服务"为行业发展注入不竭动力

今年是全国工商联房地产商会成立10周年，商会由弱到强，历经风雨终见彩虹，目前已成为国内房地产界颇具影响和实力的行业组织。在会长聂梅生的带领下，充分发挥行业组织的服务功能，敏锐观察、紧跟形势，积极向政府及有关部门建言献策，推动了金融、税收、管理等政策环境的改善和舆论对于房地产行业的深度了解。

2008年和2009年连续两年，商会提出以"整合服务"为工作中心，将"整合"与"服务"继续推向深入，提出围绕技术服务、金融服务和品牌三个重点来深化服务。

1. 技术服务——立身之本

在中国全面推广绿色地产是商会不变的工作重心，商会围绕绿色地产开展技术服务，不断提升服务标准、完善服务质量，促进中国房地产业和产品实现以绿色地产为代表的全面升级和转型。

2. 金融服务——发展动力

金融属性是房地产业的本质，在以产品为中心的初期发展阶段之后，中国房地产业必然进入房地产金融时代。商会在工作中历来强调金融的重要性。2009年，商会在金融服务方面的工作重点包括：参与策划和筹建中国第一支房地产信托基金（REITS），通过中国绿色不动产基金为绿建提供有效客户，通过与国内外房地产金融机构、基金管理公司广泛合作，建立战略合作伙伴关系，不断推进中国地产金融创新，为行业发展注入不竭动力。

3. 品牌服务——价值提升

2009年，商会加强整合品牌服务体系，在办好《中国不动产》、"中国不动产网"的同时，全面整合媒体资源、国际资源、学术资源，不断组织国际化行业交流、考察活动，通过迪拜生态人居国际峰会、世界城市大会、中国绿色地产万里行、中国建筑文化万里行等品牌性行业交流活动的开展，打造中国房地产企业及其产品的价值提升和品牌推广平台。

通过提升三大服务，全国工商联房地产商会组织持续扩大，从会员的数量和质量，到服务流程和服务质量层面，都达到了一个全新的高度。仅2008年商会直属会员新增59家，其中副会长4家，常务理事16家，理事39家。

办展会　走出去　为会员创造商机

办展会不仅是全国工商联各直属商会创品牌的需要，更是商会为会员搭建交流平台、创造商机的重要服务手段。烘培公会的中国国际烘焙展览会、新能源商会的新能源国际博览会、五金机电商会的全国五金机电展等行业知名展会，已成为全国工商联直属行业商会服务会员紧密联系会员的重要平台。

“走出去”是商会服务另一个侧面。2008年，在北京奥运会成功召开的背景下，全国工商联旅游业商会会长王平带领会员参加了由英国奥委会、英国旅游局举办的多项活动，广交“新朋友”，增进了相互沟通和合作。同时，商会加强与世界旅游旅行理事会（WTTC）的联系，组团参加了在迪拜召开的第八届峰会。

新能源商会已连续两年与上海贸促会浦东分会合作举办“亚洲太阳能光伏工程展览会”；还多次组织会员企业与法国、西班牙、希腊等商务考察团进行合作洽谈，增加了会员企业对外合作的渠道。商会还组织会员企业出国参展，2008年11月组织部分会员企业参加了希腊新能源展览，为“走出去”积累了经验。

成立专业委员会　细化行业服务

针对不同行当，在商会内成立专门委员会的做法，也颇受会员欢迎。目前在全国工商联28个直属行业商会中，每个商会都有专委会。其中美容化妆品业商会就有近20个专业委员会和一个由200余位学者组成的专家委员会。

这种将行业服务精细化细分的办法，也是全国工商联家具装饰业商会服务会员的重要特色，他们力争在家具装饰的每个专业都成立专业委员会。2009年商会继续完善了商会组织网络的建设，在原有专委会的基础上，筹备成立了地板、门窗、木工机械等专业委员会，进一步打造完整的中国家居行业产业链。商会副会长张传喜表示，目前家具装饰业商会已经成立的专业委员会，形成了覆盖整个家居产业的组织构架。今年商会全力加强各专委会的自身建设，按照各个行业的特点开展具有实际效果的活动，争取把专委会打造成行业最具影响的组织。

办好刊物　树立会员形象

办好一网一刊是全国工商联各直属商会服务会员工作的一部分，《中华水产》、《中华珠宝通讯》、《中华烘焙》、《中国不动产》等一本本各具行业特色的刊物充分显示全国工商联直属商会的风采，扩大会员企业影响，每一篇访谈、每一条消息都是商会真诚为会员服务的写照。

特别一提的是，随着市场经济的快速发展，全国工商联并购公会近年来以其强大的专业能力在国内金融并购组织中独占鳌头，公会不仅成功地汇聚了大量高端专业金融人士，而且创办了《资本交易》这一高端行业杂志。自2007年12月创刊以来，《资本交易》直投量已经达到每月12000册。杂志以服务会员为原则，承担着宣传并购公会和会员单位的使命。在每期的相关栏目上安排杂志记者采写会员单位的文章，报道会员单位重大资讯，发布会员单位项目信息等。杂志曾先后为并购公会25家理事单位分别赠送了一次或多次的广告，并通过多种方式为理事单位提供更多的宣传机会，受到会员的一致好评。

“服务　发展　提升　和谐”：建设商会的指导方针

自1995年全国工商联第一家直属行业商会——金银珠宝业商会成立以来，树立商会服务意识，加强服务功能，始终是工商联商会工作的宗旨。五金机电商会原会长朱文江提出，商会的基本功能就是服务，商会就是一个服务型的社会中介组织，行业商会就是为本行业的企业或企业家服务的社会中介组织。

全国工商联会员部作为直属行业商会的工作联系部门，对直属商会建设常抓不懈，强调商会是企业与政府之间沟通的桥梁纽带，是会员之间增进了解、加强交流、共谋发展的重要平台。刘红路部长认为，在全国工商联的领导和支持下，直属行业商会工作要在“服务、发展、提升、和谐”四方面多下功夫，紧紧依靠会员，争取政府支持，才能增强商会的凝聚力、吸引力和影响力，壮大商会组织，不断开创直属行业商会各项工作新局面。

（刊载于2010年1月16日《中华工商时报》）

勇担社会责任　共促行业健康发展

——全国工商联直属行业商会热心社会公益事业纪实

本报记者　高春颀

今年4月14日，青海玉树发生强烈地震，在第一时间全国工商联副主席、全国工商联城市基础设施商会会长、哈尔滨翔鹰集团董事长刘迎霞携带首批25吨灾区急需物资抵达玉树救灾。“玉树地震，数夜难眠。……愿以此尽绵薄之力。盼天亮，盼玉树重展笑颜。”这是会长刘迎霞在去玉树之前发给好友短信中的真情表示。

在灾难面前，不仅是城市基础设施商会，全国工商联直属的28家行业商会都积极响应号召，迅速向会员发出倡议，踊跃捐款捐物，全力投入到玉树抗震救灾的壮举中，在地震发生后的短短几天时间里，就通过民政部、中华慈善总会、中国红十字会等渠道捐款到账人民币数额逾6000万元，其中纸业商会共捐款1100万元，医药商会捐款超过500万元，农业产业商会捐款超过200万元，科技装备业商会会长单位、泰豪集团捐款200万元，纺织服装商会会长单位、波司登国际控股有限公司捐款100万元。

无论是青海玉树还是四川汶川，全国工商联直属行业商会都站在救灾的前线，勇于承担起社会责任。在记者手边，有两份材料，分别是2008年《全国工商联直属会员和直属行业商会向四川汶川地震灾区援助、捐助情况》和《汶川地震捐款捐物材料再补充》，其中详细记录了全国工商联28家直属行业商会的会员抗震救灾的过程，通过各机构向灾区捐款33.26亿元，港币21227元，捐赠价值6515万元的物品。

如美容化妆品业商会在都江堰市举办“情系灾区”现场招聘会，21家会员单位共提供了300多个就业岗位，帮助地震灾区群众就业；旅游业商会副会长单位、东星集团派出一架物资运输飞机和机组人员帮助运送救灾物资；厨具业商会会员、广东恒联食品加工机械有限公司积极捐赠炊事设备，帮助解决灾区人民吃饭问题；新能源商会常务副会长单位、江苏太阳雨集团援助建设了灾区首个太阳能“浴室”；房地产商会在聂梅生会长的带动下，全体员工积极响应每人捐出一个月工资赈灾；环境服务业商会多家会员单位向灾区派出了数十名志愿者，为保障灾区人民的饮水安全提供设备和技术支持。

全国工商联党组副书记、副主席宋北杉多次在会上指出，行业商会工作的出发点和落脚点是积极引导非公有制经济人士健康成长，促进非公有制会员企业健康发展，以达到促进行业的健康发展。多年来，全国工商联直属行业商会始终热心于社会公益事业，树立了强烈的社会责任感，积极引导会员参与社会公益活动和社会公益事业，为构建和谐社会做出了不懈努力。

女企业家商会情寄慈善

全国工商联女企业家商会自成立以来就一直在会员中大力倡导履行社会责任，热心社会慈善事业，体现女企业家们自有的高素质、高品格，她们不仅实现自身社会价值，也为构建和谐社会奉献自己的一份力量。

两年前，四川汶川“5·12”大地震震撼了华夏大地。灾难面前女企业家商会呼吁会员企业家积极行动起来，与社会各界一起伸出援助之手，为赈灾奉献一份爱心。截至2008年8月，女企业家商会会员共捐款捐物达1.12亿元，体现了女企业家们姐妹情深、血浓于水的深厚感情。全国工商联主席黄孟复在全国工商联十届二次执委会工作报告中特别提到：“全国工商联女企业家商会主动捐款上亿元，我们要认真学习和大力弘扬她们在抗震救灾中表现出的和衷共济、甘于奉献、以人为本、国家为重的崇高精神”。

2008年4月，女企业家商会承办的“光彩与幸福2008慈善之夜”晚宴上，为救助雨雪冰冻灾区贫困母亲，当晚共募集资金561万元。商会副会长、中恒集团董事长许淑清女士，商会常务理事、中国国际金融有限公司董事总经理李弘女士，双双被授予“光彩与幸福”2008慈善大使。在今年5月9日，“大爱礼赞”2010幸福工程慈善之夜暨“幸福工程”15周年母爱芬芳真情盛典活动上，全国工商联并购公会监事会主席、全国工商联女企业家商会会长刘亭女士还特别邀请了全国工商联并购公会部分理事参加了活动，继续为贫困母亲献出一份关怀和爱心。

东方美亚奉献爱心

2006年就荣膺全国首届“十大民营女企业家、女慈善家”称号的东方美亚公司董事长郭丽双，既是全国工商联女企业家商会的副会长，也是全国工商联书业商会的副会长，东方美亚公司的爱心事业奉献爱心、回馈社会、构建和谐，是郭丽双和所有员工的共同心愿。

2000年，东方美亚成立了“中国救灾孤儿院”，并在承德、山东建立了孤儿养育基地，使多批孤儿脱离贫困，走进课堂，体会到了社会的温暖。2002年以来，公司还救助在校特困大学生150余名；为北京电视台捐资筹办了“大宝真情互动肌无力三兄妹”、“大宝真情互动残儿千手观音”等特别节目；通过同一首歌节目向残联捐款200万元；2008年公司积极承担社会责任，捐赠30万元人民币支持中国红十字会农民医疗救助行动，年底启用“东方美亚博爱卫生院”。2008年向四川灾区共捐款捐物达250.47万元，在2009年中国慈善排行榜位列第42位。2009年5月、6月分别向四川什邡市中学、贵州省织金县中学各捐赠了价值100万元的图书。

为此，郭丽双获得了“中国百名杰出女企业家”荣誉称号，荣获全国工商联与全国总工会共同颁发的“关爱员工优秀民营企业家”称号，同年12月被评为“抗震救灾先进个人”。

“光彩文库”散发书香

由全国工商联书业商会牵头承办的“光彩文库”2007年在广西南宁启动，这项全国性的公益活动在全国工商联、国家新闻出版总署和中国光彩事业促进会联合领导和指导下，动员全国社会力量，在老少边穷地区农村中小学中建立“光彩文库图书室”，解决学校图书馆书籍和学生课外读物不足的问题，使学生们有书读、读好书。书业商会为做好这项活动，倾注了大量的人力物力。

2008年5月，广西玉州建起了首个“光彩文库”图书室，玉州区仁厚中心小学400名小学生获得一份珍贵的儿童节礼物——由书业商会联合赠送的价值6.5万元的5639册“光彩文库”图书，有科普、少儿文学、艺术、卡通漫画等，学校利用这批图书建起玉州区首个“光彩文库”图书室，丰富了师生们的课外阅读。

“光彩文库”活动被评为2008“中华慈善奖”项目，得到了中央领导的高度评价，日前中央政治局常委、中央政法委书记周永康视察了书业商会在广西百色捐建的“光彩图书室”。

爱心不分大小，捐赠不分多少，全国工商联28家直属行业商会在各级领导的关心支持下，始终以行业健康发展为己任，勇担社会责任，不仅提升了广大非公有制经济人士的良好形象，也为建设和谐社会作出了广大非公有制经济人士应有的贡献。

（刊载于2010年6月30日《中华工商时报》）

发展中的红旗连锁

成都红旗连锁有限公司成立于 2000 年 6 月，现已发展成为中国西部最具规模的以连锁经营、物流配送、电子商务为一体的商业连锁企业。目前在四川省内已开设上千家连锁超市，员工上万人，累计上缴税收 6 亿元以上。公司拥有两座现代化的物流配送中心，与上千家供货商建立了良好的互利双赢的商业合作关系，2002 年“红旗”商标经国家工商总局商标局核准注册，并被评为成都市著名商标、四川省著名商标。

公司经营业绩跨入中国服务业企业 500 强、全国商业企业百强、中国零售百强企业、中国连锁百强企业、中国零售业区域明星企业、中国百家快速消费品连锁零售企业、全国食品商品流通百强骨干企业、四川企业 100 强、四川商业企业最大规模 10 强；荣获中国“最具成长性企业”、中国优秀诚信企业、中国消费者协会全国商业服务业“诚信单位”、全国商务系统先进集体、全国和谐商业企业；四川省现代流通先进企业、四川省优势商业零售企业、成都市首批大企业大集团培育企业、成都市民营企业 50 强、成都市再就业工作先进集体、成都市纳税先进企业等荣誉。

红旗连锁党委书记、董事长、总经
曹世如总经理担任的主要社会职务

- 全国第九、十次妇代会代表
- 四川省第九次党代会代表
- 四川省第十、十一届人大代表
- 中央党校研究班学员
- 四川省第十次妇代会代表
- 四川省妇联常委
- 四川省中小企业促进工作委员会理事
- 四川省企业家协会副会长
- 四川省泡菜协会会长
- 四川省企业经济促进会副会长
- 四川经济网总顾问
- 成都市第十、十一次党代会代表
- 成都市第九、十届人大代表
- 成都零售商协会会长
- 成都市商标协会副会长
- 成都市工商联副主席
- 中国连锁经营协会第三届理事

杜克荣，1954年生于江苏省邳州市，大学文化。1972年加入中国人民解放军，1992年中校军衔转业，分配在天津市服装集团公司任基建处处长，同年成立民营企业天津市鑫茂建筑装饰公司，任总经理；2000年组建天津鑫茂科技投资集团，任董事长。2009年，任鑫茂集团董事局主席至今。2001年荣获“全国模范军队转业干部”荣誉称号；2004年5月，因其业绩卓著，被列入天津市杰出人才档案；2005年跻身“2005全国房地产创新十领袖”；2006年被评为全国科技产业园先进管理者，并荣获全国优秀民营科技企业家奉献奖；2007年被评为全国优秀民营科技企业家；2008年—2009年连续被评为中国民营科技发展杰出贡献优秀企业家。

鑫茂企业始建于1992年，历经十几年的创业积累，现已投资参、控股企业60家，拥有在深交所上市的股份有限公司——鑫茂科技（股票代码：000836）。企业注册总资本12.3亿元，总资产近50亿元，现有员工近5000人。

鑫茂集团秉承“国家提倡的、政府支持的、市场需求的”投资理念，坚持适度多元化发展战略，现已构成“一主两翼”即以科技园开发为基础，高科技产业、工程服务业为两翼的产业格局。产业涉及工业地产、光通信、风电、军工、IT等22个行业，形成以科技园开发为特征的高科技产业集团。中央及天津市领导人先后莅临鑫茂集团考察调研，并对鑫茂的发展给予了高度评价和充分肯定。

科技园开发：领军工业地产

1995年至今，鑫茂不断深化科技园开发与探索，现已建成鑫茂科技园——南开园、华苑园、军民两用技术产业基地、绿色能源产业基地、光电产业园等总占地1136亩，总建筑面积138万平米的8大连锁园。吸引1000余家中小科技型企业入驻，截止2009年底科技园年产值已突破100亿元，形成了全国最大的民营科技园。鑫茂成为领军天津乃至中国工业地产发展趋势的企业之一。

十几年间，鑫茂开创了工业物业管理先河，首创了65项基础服务及延伸服务。鑫茂还为中小企业搭建了全国首家民营科技园信用共同体平台，帮助企业解决资金难的瓶颈性问题。鑫茂科技孵化器为驻园企业搭建的六大孵化服务平台，于2006年鑫茂民营科技园被国家科技部认定为国家级高新技术创业服务中心（国家级孵化器），从而实现了鑫茂科技园建设的历史性跨越。

高科技产业：形成集群效应

截止目前，鑫茂高科技产业投资已涉及光通信、风电、军工、IT等领域。形成以风机叶片研发、风力发电场及风电主控系统为主要发展方向的风电产业；打造了光纤、光缆及光缆盘等上下游产品的光通信产业链。投资建立的全国最大单体光缆生产基地，全国单体第二大光纤厂，将为鑫茂打造“天津光谷”奠定坚实的基础。鑫茂培育了多家行业龙头企业，产品涉及安防、系统集成、电子报税、管理平台与财税通等领域，先后服务于上海世博会、奥运“鸟巢”、中国国家博物馆等国家重点工程以及全国多家高等院校。与此同时，鑫茂高科技产业还涉及并应用于军工领域的稀土永磁机及其控制系统，大容量、高功率、高能锂电池等产品。2008年鑫茂开始涉足生物医药行业，使所拥有产业更加多元。

工程服务业：立足本土向外埠输出

近年来，鑫茂不断向外输出“鑫茂模式”，先后承接了河北、深圳、内蒙古、山东等地工程，领域涉及科技园建设、污水处理厂及供热管网工程等。

未来，鑫茂集团将继续以“实现自我，奉献社会”的企业宗旨为指导，倡导“激情创业，理性经营，永不满足”的企业精神，着力建设以“讲政治、讲奉献、以人为本”为核心的企业文化，立足做精做强现有产业，保持全国一流的民营科技孵化器品牌，打造全国最具规模实力以科技园开发为特征的高科技产业集团。

山东世纪天鸿书业有限公司

公司董事长任志鸿先生

天鸿外景

山东世纪天鸿书业有限公司是志鸿教育集团旗下的全资子公司，坐落于淄博高新区，主要从事助学读物的发行，是国内首家同时获得“出版物国内总发行权”和“出版物全国连锁经营权”两项最高图书发行资质的民营书业企业，在国内出版发行业中首家通过ISO9001质量体系认证，是目前国内规模最大的民营书业企业。

公司以“继承文明，传播文化，严谨务实，追求完美”为企业精神，以“志鸿教育，永远提供更新的”为品牌理念，成功塑造了“志鸿优化”这一文教图书第一品牌，研发了“优化设计”、“全优设计”、“赢在课堂”等17个子品牌共3000种图书，已基本满足了小学、初中和高中学生同步学习及复习备考的需求，并向电子产品、教育网站等信息化领域发展，赢得了新闻出版和教育主管部门及广大师生的广泛好评。公司在全国29个省、直辖市、自治区设立了区域中心，建立了IT网络支撑的全国1500多家代理经销网点，销售网络遍及全国，2009年实现图书销售码洋12亿元，居全国民营书业龙头地位。

现代物流印刷项目是山东省首届文博会签约的重点文化产业项目，总投资4.5亿元，一期工程已于2008年3月1日竣工并投入使用。整个项目建成后，将成为国内规模最大的集书业物流、印刷、图书配送于一体的民营文化产品物流处理中心，可满足未来5~10年年发货30~50亿码洋的远景目标。

“关心每一个角落、每一个人的教育”，是天鸿人共同的心愿。“志鸿优化爱心万里行”大型公益助学活动已持续8年，向全国20个省的贫困地区和学校捐助图书和现金价值3000万元。2006年6月，公司斥资100多万元参加山东首届文博会，并赞助孔子文化论坛。为了支持新农村建设，公司计划自2007年起三年内捐资500万元，在山东全省农村援建300家“农家书屋”，现已援建“农家书屋”280家。

一分耕耘，一分收获。公司先后荣获“版权保护示范单位”、“全国文明诚信（窗口）单位”、“全国维护消费者权益诚信服务满意单位”、“山东省发行业百强企业”、“山东省正版产品经营示范单位”、“山东省文化产业示范基地”、“淄博市百强民营企业”、“市级文明单位”等荣誉称号。公司董事长任志鸿先生担任中华全国工商业联合会书业商会执行会长、中国书刊发行业协会副会长、中国出版工作者协会常务理事、山东省政协委员、淄博市政协常委，获评“山东十大财经风云人物”、首批“齐鲁英才”、新中国60年百名优秀出版人物、中国百名优秀出版企业家、农家书屋建设十佳个人等荣誉称号。

天鸿鸟瞰图

北京京奥港集团

事长：王子华

62 年生于福建莆田

96 年创立北京京奥港集团

00 年进入澳门公开大学攻读商管理专业 MBA

04 年被评为"优秀中国特色会主义事业建设者"

05 年被评为"北京市劳动模"

08 年其企业被《中华工商时》评为"改革开放 30 年最成长性民营企业"

08 年其企业被评为"北京市思政治工作优秀单位"

09 年其企业被评为"首都文单位"

为全国工商联执委、北京市商联常委，是北京市政协第届、十一届委员会委员

运输车整装待发

由王子华先生创立的北京京奥港集团成立于 1996 年，注册资金为 3.1 亿元，年销售收入达 50 多亿元。多年来，京奥港集团凭借在商贸流通领域的坚实基础和雄厚实力，成为集建筑钢材流通、房地产开发、金融股权投资等多领域经营的综合性企业集团。

集团与首钢、唐钢、宣钢、包钢、九江、敬业、建龙、德龙等国有或民营钢铁集团保持紧密的战略合作伙伴关系。钢材公司年销售量达 100 多万吨，连续 9 年位居华北地区建筑钢材流通企业 50 强榜首。拥有二、三级批发商、直销客户 1500 多家，是城建、建工、住总、中铁、市政等大型建筑集团的主要供应商，也是目前入围铁道部重点工程招投标系统的唯一一家民营钢材物流企业。

集团利用资金优势和钢材物流品牌形象，开发了北京亦庄"天鹅堡"别墅区，项目开发面积 18 万平方米，成为北京地产高端产品的典范。在立足北京开发房地产的同时，在包头市推出了 56 万平方米的"京奥港花园"住宅项目，目前该项目正处于紧张建设和热销阶段。在福建莆田投资建设了该市第一个五星级酒店，项目总面积 6 万平方米，聘请了亚州一流的酒店服务公司进行管理，成为当地酒店旅游业发展的新亮点。

在多元化经营理念的引导下，集团投资参股了北京银行、北京农村商业银行、首汽股份、珠宝城、上海中金钢铁交易中心、闽兴恒昌投资公司、东方诚信投资公司、福建莆田燃气股份等多家企业。

2004 年，在王子华先生的支持下企业相继成立了党支部和工会，集团先后为希望小学、抗击非典、抗震救灾和家乡基础设施建设等社会公益事业作出贡献。即使在面临世界金融危机的挑战之际，集团毅然捐款 50 万元为贵州织金县建设了 10 所"光彩卫生所"，青海玉树发生地震后捐款 50 万元用于救灾。做为全国工商联执委、北京市政协委员和北京市工商联常委，王子华董事长积极参政议政，献计献策，履行职责，他个人和企业分别获得了全国"优秀中国特色社会主义事业建设者"、"全国工商联抗震救灾先进个人"、"北京市劳动模范"、"北京市劳动关系和谐企业"、"首都文明单位"、"北京市思想政治工作优秀单位"和"朝阳区先进基层党组织"等荣誉称号。

展望未来，集团将坚持科学发展理念，诚实守信，合法经营，在现有产业的基础上，上台阶谋发展，继续为社会主义市场经济建设作贡献。

中国吴泰集团

中国吴泰集团创建于1979年10月，为我国改革开放后最早期民（私）营企业创业者并保持持续发展的幸存者之一，在参评全国民（私）营企业规模排序时被评为“全国民营五百强第135位企业”。

主要经营现代商贸及服务业、工业开发及服务业、机械设备制造业、钢结构建筑业，主要基地分布在浙江、上海、江苏、广东、山东、内蒙古等，系跨行业、跨国界的大型企业集团。三十年来在积累了丰富的经营管理经验和具备了多产业（项目）经营管理能力的基础上，确立了“产业集群运营商”和“城市运营商”的市场地位。

项目一：由吴泰集团自主发明投资的全球通用商务平台

“任何一笔成功的交易必须路径信息对称、信用生成、利益达成、交割选择等四大环节”，通过该四大环节信息处理技术与线下多种商业业态（场所）链接起来，实现统一规划下的“多维的、全覆盖的、通用性的全球化贸易渠道”，简称《全通商》。见右图（原理图）

全通商原理图

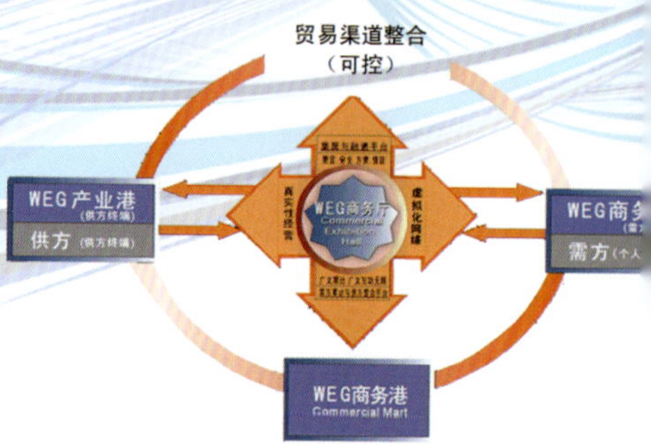

项目二：全通商（海门）城：

全通商（海门）城是《全球通用商务平台》线下若干个商业业态（场所）之一，总建筑规模258万平方米。首期已投资2亿美元，拟以海峡两岸农产品；艺术家居；礼品等行业为市场切入，分批、分阶段地发展全球所有行业（产品）在此设立各优势品牌的交易终端，并将交易终端的商品（信息）通过《全球通用商务平台》的信息处理系统链接数千万个网店以及线下各实体渠道，直接形成庞大的体内消费和延伸消费力，最终打造一个集交易经济、文博经济、创意经济、总部经济、物流经济以及虚拟工业所形成的“产业集群”和在同一区域内的“商务迪斯尼”（即商务性吃、喝、玩、乐、住）溶为一体的商业综合体，为北上海聚人、聚商、聚税做出贡献。见下图（全通商夜景图）

齐齐哈尔市百花集团

丛林

百花集团总裁，法人代表。

黑龙江省政协委员、省工商联常委。

齐齐哈尔市政协常委、市工商联副主席、市劳动模范。

齐齐哈尔市百花集团是与台商合资、合作企业。所属百花园商场主营小商品，兼营针纺、服装、鞋帽、床上用品；百花购物广场主营国内外品牌服装、鞋帽、皮草、金银珠宝；百花电子城主营家用电器、品牌电脑、IT产品；百花餐饮业主营风味小吃、自助火锅、正宗川菜。商场（餐饮）总营业面积超过12万平方米，经营商家2000多户，从业人员1万多人，经营200多种品类、8万余种商品，商品辐射内蒙古自治区、吉林省、黑龙江省三省地六个行政区34个县（市）、区、旗和俄罗斯、蒙古、韩国、日本、朝鲜等东北亚地区。被省工商行政管理局、省精神文明建设办公室授予“五星级文明市场”，黑龙江省商务厅授予“龙江老字号”，市委、市政府授予“改革开放30年30强民营企业”。集团于2004年通过了ISO-9001国际质量管理体系认证。

2004～2009年，经国家商务部批准，由国家商业发展中心和齐齐哈尔市人民政府主办、百花集团承办的连续六届“中国（齐齐哈尔）国际小商品交易会”的成功举办，拉动了区域的客流、物流、信息流、资金流，促进了齐齐哈尔的经济发展，提升了齐齐哈尔的知名度和百花品牌。“小交会”已被齐齐哈尔市人民政府定为齐齐哈尔市三大会展之一。

为了进一步扩大、发展和提升“中国（齐齐哈尔）国际小商品交易会”的规模，做大做强小商品产业，集团规划用3～5年时间把百花园扩建成面积为20～30万平方米、功能齐全的小商品交易中心，为打造“南有义乌、北有鹤城”的新格局奠定坚实基础。

多年来，企业在发展中始终坚持积极参加抗震救灾、抗洪救灾、扶贫济困、助学助教和大学生创业就业等社会公益与光彩事业活动，累计捐款捐物达500万元，多次被省、市政府授予“光彩事业先进单位”称号，集团总裁丛林也多次被省、市政府授予“光彩企业家”称号。

地址：黑龙江省齐齐哈尔市铁锋区龙华路158号　传真：0452—2148167　网址：www.bfxsp.com

華夏時代（中國）投資集團

華夏時代
CHINATIMES

清华大学工商管理硕士研究生创业实习基地
上海张江高科技园区生物博士后流动站
国家人事部就业与社会保障先进企业
中华全国工商联直属会员单位

诚信为本　勇于创新　以人为本

——记华夏时代（中国）投资集团总裁兼董事长陈建煌

陈建煌，1964年出生于莆田市秀屿区东峤镇，毕业于清华大学经济管理学院，取得高级管理人员工商管理硕士研究生（EMBA）学位。现任华夏时代（中国）投资集团总裁兼董事长,兼职清华大学工商管理硕士研究生班主任、导师，精密仪器与机械学系工程教育总监，中国WTO研究院研究员，中国管理科学研究院终生研究员，北京市科技实业商会执行会长，同时兼任经济、管理、科技商会等20多个社团的组织领导职务，2002年入选“中国21世纪管理专家”，并兼任多个政府部门经济、战略顾问。2009年当选莆田（北京）商会会长。

1990年，他开始担任上海市第二医科大学济南光明医院临床合作部主任。1995年，收购济南华夏医院，将其改造成为山东省首家民营医院，此后创立济南唯特奇传播有限公司、山东华夏医院科学院，并担任董事长。2003年，创立中美合资上海美迪西生物股份有限公司，担任副董事长。同年，先后创办北京鼎安脚手架有限公司、北京华夏世通信息技术有限公司、山西黄河医院、北京远时华夏投资公司等。2005年，成立华夏时代投资集团，陈建煌担任董事长、总裁职务。

立志回报社会，实现产业报国，这是陈建煌及其集团、商会的共同愿望。在事业取得成功同时，陈建煌热心家乡的各项公益事业。2007年初，在莆田市红十字会举办的″奉献爱心，共创光明″晚会上，陈建煌一次性捐款150万元，用于救治因为贫困而长期得不到治疗的白内障患者。得知那些与黑暗相伴数十年的老人们重见光明，他的心里充满了阳光，为自己能够照亮别人的世界而感到高兴。2008年，陈建煌被评为“福建省十大红十字爱心公益人物”。

他为学生因贫困辍学而惋惜，更为贫困生顽强求学的意志所震撼，毅然伸出援助之手。几年来，已有200多名贫困学子在他的资助下学有所成、走向社会。近年来，陈建煌通过各种公益活动向全社会捐资300多万元。同时，积极参与莆田市的经济建设，为未来发展出谋献策，引进项目、人才，为产品的推广作出贡献，展现出一位企业家关爱社会的博大胸怀。

华夏时代投资集团地处政治经济文化发达的北京市海淀区，是一家集投资管理、项目咨询、生物制药研究、传媒、医院管理、国际贸易、建材为一体的综合性集团。集团注册总资本为2.8亿元，现有总资产40多亿元，全资和控股等60多家子公司。集团下属的“动物实验”、“医疗健康”两个项目正处于各自融资、评估上市阶段。集团拥有员工5000余人，其中博士后23名，博士60余名，硕士研究生600多名，拥有高级职者近千人，大专以上学历员工占员工总人数的85%。

华夏时代投资集团秉承“以人为本、共铸辉煌、创造财富、造福社会”的企业为宗旨，以高效、稳健、开拓、进取的精神，科学规范的管理，形成了产业多样化、结构集团化、管理科学化的经营格局与管理模式，形成了独具特色的华夏时代文化，以良好的内部环境和有效的机制吸引了大批人才。集团董事会拥有资深的经营、财务和法律专家作为独立董事，以保障其经营决策的可靠性，是民营企业最早采用此运作模式的企业之一。集团完善的组织决策机构，为企业的务实稳健发展提供了有力的保证，使企业步入一个健康的发展轨道。

华夏时代投资集团以“诚信、高效、创新、务实”为经营理念和“以人为本、创建文明”的管理方针，取得了良好的经济效益和社会效益，深得政府和社会各界的高度评价和赞誉，集团荣获“中国诚信经营企业”、2006年获国家社会和劳动保障部“全国劳动就业先进单位”等称号。

扬帆行万里，华夏时代集团正以和谐发展重要思想为指导，与时俱进，加快发展，铸就品牌产业，实施优势扩张，增强集团核心竞争力和抗市场风险能力，倾力构建集团新一轮经济发展的更高起点，用发展统一思想，用文化凝聚人心，用思想构建文明，用诚信打造市场，用创新成就未来。

華夏時代

華夏時代

神力集团有限公司

神力集团有限公司是多元化集团公司，由三大产业结构组成。一是高科技机电制造业，印刷、包装轻工、建材等大型机械成套设备，安全电气和新型锁具等产品的研发制造；二是工业园区、大型商业房地产、旅游度假区的开发和经营；三是重化工矿产资源开发。企业先后被评为中国大型乡镇企业全国优秀包装企业、中国包装龙头企业、中国十佳包装机械企业、国家级 CAD 示范企业、全国先进基层党组织；浙江省"五个一批"重点企业、浙江省高新技术企业、浙江省非公有制经济"双文明"企业、省级信用"AAA"级企业、省行业最佳经济效益工业企业、省先进基层党组织、省精神文明建设先进单位、省廉政文化建设示范单位、温州市明星企业、先进企业、文明单位、重点骨干乡镇企业和温州市连续 12 年守合同重信用企业，1999 年起跨入中国民营企业 500 强行列，2006 年排名第 234 位。

企业创建于 1984 年，1994 年 10 月组建温州神力集团有限公司，2000 年升格为神力集团有限公司集团注册资金为 1.1 亿元，公司总部座落在温州市巨江东路 12 号。集团下辖神力机械制造有限公司、神力数控精机制造有限公司神力集团新型墙材工程有限公司、神力锁业有限公司、广东神力印刷包装机械有限公司、山东莘县神荣盐化工有限公司、神力集团房地产开发有限公司、青海神力房地产开发有限公司、常州神力德汇房地产开发有限公司等多家企业。神力集团以"人才为本，科技兴业、诚信服务、报效社会"为企业理念，弘扬"坚韧不拔、开拓创新"的企业精神，贯彻"用户需要是神力永恒的追求，顾客满意是我们神圣的职责的企业质量方针。已通过 ISO9001 质量体系认证，拥有进出口自营权。

⊙ 高科技机电制造业

集团机械制造有限公司（温州市鹿城印刷机械厂）占地面积 112000 平方米，建筑面积 54000 平方米。拥有进口大型数控加工中心等主要动力、生产设备 120 多台（套）。以"神力牌"为注册商标的印刷、包装、轻工、环保、建材设备等九大系列 148 种大型成套、整厂设备和机械产品，两获国际银奖，十摘国家金牌，四次填补亚洲空白，五次填补国内空白，畅销全国，远销亚、非、欧、中东等二十几个国家和地区。其 THZ1200PVDC 高阻隔涂布生产线、QFJZ1250（B）型盘纸分切机、CGZ1200 彩钢板生线 2004 年一季度通过省级鉴定，PVDC 高阻隔涂布生产线与盘纸分切机技术水平居国内领先，彩钢板生产线技术水平居国内先进。高速无溶剂复合机，无溶剂复合技术具有环保、节能、低成本、高效率等特点，它将是未来复合工艺发展的主要方向。目前国内虽有几家公司也在开发该机，但均未开发成功，我公司开发的无溶剂复合机，生产速度能达 300M/MIN，开发成功能填补国内空白，将能替代进口并能扩大出口，具有很好的市场竞争能力。PVDC 高阻隔涂布生产线被国家科学技术部、商务部、国家质量监督检验检疫总局，国家环境保护总局授于 2005 年国家重点新产品，该生产线生产速度高达 200—250 米/分，涂布质量好，工艺适应性强等特点，具有特强的竞争能力。2008 年研发的新产品 WTO1200 型无溶剂复合机顺利通过省、市专家鉴定，高精度数控 TGG 革用光固化涂布机顺利通过市、区科技局专家评估，被列入市重点新产品项目。为了加快集团公司的自主创新能力和经济转型升级，2009 年神力精机制造公司又诞生了，它将企业发展再次引入创新的制高点。

神力锁业有限公司生产各种功能齐全、造型别致的新型锁具，出口国际市场。

⊙ 房地产开发

积极参加旧城改造和新城建设。已建成温州"神力大厦"、"21 世纪广场"、"典雅花园"及温州迄今为止最大的 30 万平方米商住综合社区"欧洲城"和苏州城市别墅"雅典花园"；在建项目有常州 35 万平方米大型商住社区"国际城"、常州 38.5 万平方米商住社区"典雅花园"、青海西宁市西大街整条商业街开发改造、温州最高尚楼盘"中瑞·曼哈顿"空中别墅及温州文成"天顶湖"旅游度假村和福建霞浦县高罗湾海滨度假区等项目。

⊙ 矿产资源开发及化工项目

能源、资源、矿产项目有盐化工项目的开发与生产及其下游产品如纯碱、烧碱、PVC 及高分子材料；煤化工与天然气化工项目的开发生产及其下游产品如甲醇、醋酸、二甲醚、合成氨等。矿山资源开发有西藏的铅锌多金属矿、青海的金铜多金属矿、新疆的钒矿、河南的钼矿等规模较大的矿山开发项目。

地址：浙江省温州市杨府山巨江东路 12 号　　电话：0577-88130898　0577-88130258
传真：0577-88138001　0577-88130899　　网址：www.shenli.com
E-mail:shenli@shenli.com

日照三木集团

日照三木集团有限公司成立于1992年，是集木材加工、热电、冶金为一体的大型企业集团，下设三木木业公司、投资公司、汾水储运公司、岚山热电厂、冶金矿业、美国纽约宝乐木制家具有限公司等子公司，主要生产经营木制家具、球团、铁合金、铁精粉、镍矿、铬矿等。公司占地面积106万平方米，现有员工2000余人，资产10亿元。

公司大力实施“走出去”战略，积极开拓海外市场，通过ISO9000国际质量管理体系认证，被授予“全国最佳经济效益乡镇企业”、“全国乡镇企业出口创汇先进企业”、曾连续8年被评为“全国外商投资双优企业”、被海关评为“AA”级管理企业、位列“全国家具制造行业效益十佳”第七位。公司生产的6大系列2500多种木制家具产品，全部远销亚、欧、美的20多个国家和地区。公司投资建设的2×1.2万千瓦热电厂、80万吨/年球团厂、200万吨/年选矿项目已建成投产，投资境外的两家矿业公司开采的镍矿、铬矿已运回国内，为公司多元化发展奠定了良好基础。

公司早在1993年就在美国设立了宝乐木制家具有限公司，确保了集团在家具产品的研发设计方面始终处于世界前沿，与时代潮流同步。三木-宝乐境内外一体化经营模式因在市场开拓、产品研发方面的优势，在全省外经贸系统推广。

“致富思源、富而思进”，在发展企业的同时，企业不忘国家，不忘当地人民，不忘一个社会主义建设者所担负的社会责任，在依法经营，照章纳税地同时，积极参与社会公益事业和救灾、助残、扶贫等光彩事业。几年来，先后累计为公益和光彩事业捐款1200多万元。

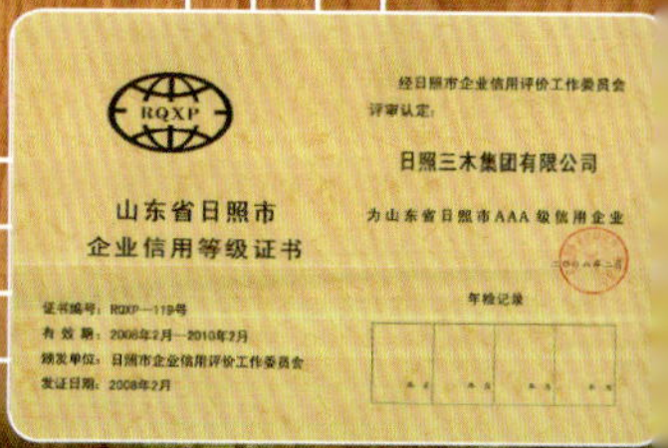

阳光集团
SUNSHINE GROUP

与您共享生活中的每一缕阳光

SUNSHINE

集团地址：山东省寿光市温泉街99号
集团电话：(0536) 5107006 E-mail：ygjtbgsh@163.com
集团网址：http://www.yggroup.net

董事长孙有华

集团简介

阳光集团成立于2005年，现有员工2000余人，注册资金2.1亿元，总资产数十亿元。集团下辖五大产业、20家公司。主要经营星级酒店、房地产、矿产及文化传媒、生物科技等产业。

阳光集团的前身是潍坊市圣方达建材化工有限公司，主要经营砂矿和化工建材；于2002年7月组建成立寿光阳光房地产开发有限公司，揭开了房地产开发的序幕；同年9月，投资1.6亿元开发建设四星级“寿光阳光温泉大酒店”，首次涉足酒店行业。

2005年12月，为适应飞速发展的新形势，实现公司的跨越式发展，公司注册成立“山东寿光阳光集团”，为快速膨胀和扩张铺平了道路。

集团公司成立后，认真贯彻“以人为本，追求卓越，顽强拼搏，事争一流”的企业精神，不断在企业内部和向社会输送“阳光产业”理念，努力提高效益，荟萃人才，使阳光集团很快步入了健康发展的快车道。

到目前为止，阳光集团已发展成以五大经营板块为主，经营范围涉及多个领域，经营区域横跨省内外的大型企业。下属星级酒店发展到5家，矿产6处，房产4处，安装、制造、化工等企业多处。具备了在经济市场上击水三千、超常发展的能力。阳光实业的“航母”开始驶向全国。

阳光集团主要产业一览

酒店：
山东阳光温泉酒店管理集团有限公司
寿光阳光温泉大酒店（四星）
（内蒙古）克什克腾旗阳光温泉大酒店（四星）
山东（济南）阳光温泉商务酒店（三星）
潍坊阳光温泉大酒店（三星）

文化产业：
北京阳光锐视文化传媒有限公司
山东阳光翰博文化艺术有限公司

房产：
山东寿光阳光房地产开发集团有限公司
内蒙克什克腾旗阳光置业开发有限公司
山东寿光物业管理有限公司
寿光市华阳建安设备有限公司

生物科技：
山东甘露源生物科技有限公司

矿产：
山东阳光振元矿业有限公司
内蒙古阳光振元矿业有限公司
内蒙阿鲁科尔沁旗阳光振元矿业有限公司

其他：
山东圣丰锅炉制造有限公司
山东圣丰锅炉安装有限公司
潍坊市圣方达建材化工有限公司

阳光集团企业、个人最高荣誉

2004年3月，阳光集团董事长孙有华被山东省人民政府授予“投资山东优秀民营企业家”称号。

2006年，阳光集团董事长孙有华被评为“感动寿光十大新闻人物”。

2007年6月，阳光集团被《山东经济研究》杂志社授予“山东经济重点调研基地”。

2007年10月，阳光集团董事长孙有华被授予“寿光市慈善总会创始人”称号。

2008年1月，阳光集团被评为“全国工商联直属会员单位”。

2008年5月，阳光集团董事长孙有华被推选为“中国人才理事会副理事长”。

2009年3月20日，阳光集团下属企业——寿光阳光温泉大酒店正式接受国际金钥匙组织“授徽”。

2009年11月28日，寿光阳光温泉大酒店被山东省旅游局评为金叶级绿色旅游饭店。

2009年12月，阳光集团董事长孙有华的事迹被收入中国住房和城乡建设部《中国城市建设60年人物志》，荣膺“中国城市建设60年杰出人物”称号。

ZB 珍贝 Zhenbei

湖州珍贝羊绒制品有限公司坐落在纺织业极为发达的江南名镇——织里，是一家以生产各种羊绒衫、真丝衫、丝绒衫等产品为主的重点民营毛纺织企业。

“珍贝”牌羊绒衫依托其过硬的质量、优雅的设计、时尚的款式、完善的善后服务和强大的销售网络，赢得了众多荣誉。公司销售网络遍及全国 30 多个省、市、自治区和直辖市，已形成了 400 多个县级以上营销网络，1500 多个营业网点，产品辐射面已延伸到美国、日本、欧洲及东南亚等20多个国家和地区。目前公司不仅通过了 ISO9001：2000质量管理体系认证，“珍贝”牌羊绒衫也获“产品质量国家免检”和“中国环境标志认证产品”称号，“珍贝”牌商标被国家工商总局评为“驰名商标”称号。公司还先后被评为“浙江省百强科技企业”、“中国民营企业品牌最具竞争潜力 100 家”、“世界生产率自主创新中国百强企业”等称号。

“打造国际化的珍贝品牌”，是公司多年来的不懈追求，并一直秉承“科技企业，质量立厂”的品牌发展战略。产品采用国际先进新技术、新工艺、新设备，实现材料创新、工艺创新、设计创新。通过引进先进设备，借鉴先进管理经验，形成了从原绒引进—分拣—洗涤—分梳—纺纱梳—成品出厂到销售的完整体系。公司设有分梳、纺纱、针织等部门的质检科，并配有各类检验设备和仪器仪表，确定合格后，产品才可放行进入市场。

“以质为本，以诚为信”作为珍贝的经营理念，始终把顾客的利益放在首位。目前公司已形成布局合理、覆盖广泛、服务及时的七大区域产品服务中心，拥有 160 余家产品维修服务站。建立以顾客满意为导向的质量管理体系，收集和检验顾客是否满意的信息，了解和分析顾客对产品质量或服务质量的满意度，并作为评估质量管理体系效果和改进的依据。

珍贝人深知，只有永不停步，才能与时俱进，攀登新的高度。我们将不断努力，保持和提高免检产品的质量，加强产品质量管理工作，以过硬的质量和良好的售后服务占领更大的市场。并不断推陈出新，开发研制新产品，引导消费新潮流，使珍贝产品向打造国际化的品牌不断迈进！

领导简介

邱金元是一名务实的企业家，吃苦耐劳、敬业实干，平时很少在办公室，而是奔波在生产销售的第一线，他身上有一股使不完的劲。多年来，他坚持质量立业，使珍贝品牌在激烈的市场况争中脱颖而出，赢得广大消费者认可；他是一位杰出的创业者，赢得荣誉不计其数；他更是一名慈善企业家，致富思源，积极参与各类公益慈善事业，用拳拳爱心回报社会！

他，资助贫困小学生，直至他们大学毕业；他，关心老人，逢年过节对村里的老年人给予补助；他，关心弱势群体，为聋哑学校、市残疾人福利基金会积极捐款，他正以拳拳爱心和实际行动回报社会。

主要荣誉

2007 年 ，浙江省优秀中国特色社会主义事业建设者、湖州市优秀企业家
2008 年 ，浙江省光彩事业奖
2009 年 ，织里镇 08 年度项目推进先进投资商
2009 年 ，织里镇 08 年度杰出优秀企业家
2009 年 ，首届“爱我织里”优秀企业家
2009 年 ，湖州市光彩事业奖

陕西天河企业集团

Shan' an xi Tianhe Enterprise Group

陕西天河企业集团始创于 1997 年，总
位于西安高新开发区高新六路 11 号。历
十几年的发展，逐步成为体制新、机制活
业态佳、业绩优的现代文化产业集团。
图书、报刊、电子音像、企业策划、演
经纪、卡通动漫、网络设计、计算机软
研发为一体，涉及纸业、印务、发行
软件和房地产等相关产业，有多个全资
控股公司的文化企业集团。

集团现下设陕西天河文化有限责
公司、陕西天鼎房地产开发有限公司
陕西海达文化教育开发有限公司、陕
天虹科教有限公司、陕西慧泽软件科
有限公司、陕西华虹医药控股有限公司
陕西银锭拍卖有限公司、西安大唐天
演出经纪机构等子公司和分支机构。

在未来的发展中，天河企业集团将
断拓展服务领域，进一步扩大业务范围
弘扬企业精神，为社会进步、科教强国作
更大的贡献。

重庆秋田齿轮有限责任公司

重庆秋田齿轮有限责任公司
董事长 -- 付中秋先生

重庆秋田齿轮有限责任公司由付中秋先生于 1993 年创建。建厂以来，公司秉承“专心、专注、专业”的经营理念，一直致力于摩托车、汽车及其它传动机械齿轮的研发与制造，并逐渐成长为中小模数齿轮行业的领先企业。经过 10 多年的不断发展，公司的生产规模和产品技术的研发能力都获得了极大的提升。目前秋田已成为一家集研发、制造、销售为一体的现代化民营企业，拥有员工 4000 余人，中高级技术人员 200 余人，公司年产齿轮上亿件，年销售额以 15% 以上的速度递增，公司已连续几年位居重庆市民营企业 50 强。

秋田拥有一流的生产设备，各型滚齿机、剃齿机、磨齿机（CNC）等加工检测设备总量达 2200 余台，进口设备有意大利 SU 剃刀磨、德国 P26 检测中心和德国“格里森—胡尔特”强力珩齿机、日本岛津光谱分析仪、瑞士莱斯豪尔磨齿机、艾协林热处理炉等，这些设备使公司的齿轮刀具修磨、齿轮检测能力及高精度齿轮的制造能力进入世界一流水平。

生产车间

秋田拥有独立的进出口经营权，产品赢得了国内外客户的广泛青睐，并与本田、铃木、雅马哈、大长江、长安、上汽、中国重汽以及美国 SPX、美国哈雷、美国博格华纳、德国博世、德国宝马、加拿大麦格纳、意大利比亚乔、土耳其农机、印度英雄本田等国际国内数十家知名企业建立了长期合作关系。秋田的产品，不仅遍布全国 30 多个省、市、自治区，还远销美国、日本、土耳其以及北美、欧洲、东亚等 30 多个国家和地区，外贸出口量占总销售额的 40% 以上。国际市场占有率与出口创汇位居同行业前列。

随着公司研发及生产能力的不断提升，我们热忱地希望与同行及广大客户建立更广泛的合作关系。秋田将一如既往地秉承“专心、专注、专业”的理念，为客户不断提供更加优质的产品和服务。

出口德国的 650CC 齿轮总成

重庆市汽车及零部件
Chongqing Automobile and Spare Parts
出口基地
Export Base
重庆市对外贸易经济委员会
Chongqing Foreign Trade & Economic Relations Commission
二〇〇六年

重庆秋田齿轮有限责任公司

地　　址：重庆市建桥工业园（大渡口区）建桥大道7号　　邮　　编：400084

联系电话：023-68908960　　网　　址：www.QiuTianGear.com

万隆建材集团（以下简称集团）是以万隆建材集团有限公司为母公司组建的大型综合性企业集团，目前集团拥有5家子公司和3家参股公司，总占地面积近30万平方米，总投资人民币16.8亿元，年产值人民币30多亿元。万隆建材集团旗下产业众多，尤以生产经营花岗岩、大理石板材、荒料石，矿山投资、开采，担保融资业务，商业贸易及房地产开发为主，是一家集建材、房地产、金融投资、光电技术进出口贸易等多种行业为一体的企业集团。其中的福建省万隆石业股份有限公司更是全国工商联石材业商会会长单位，石材产业的领军企业。

多年的诚信经营，万隆建材集团在海内外享有极高的美誉度，特别是建材和石材产品，多项重点工程均将其作为指定产品，并屡获殊荣。集团内企业先后获得建设部颁发的“中国建设推荐建材生产企业”、建材协会颁发的“中国建材百强企业”和“质量信得过产品”、“中国驰名商标”“福建省名牌产品”等荣誉。各种国内外石材产品畅销全国各地，并远销东南亚、欧美等国家和地区，深受广大客户的好评。

集团在致力于发展支柱产业的同时，不断拓展、探索新领域，走集团化发展道路，相继在全国各大中城市设立子公司及营销网络。在经济日益全球化的今天，集团扶持各子公司积极与海内外客商进行多领域、多层次的交流与合作，并成为欧美及中东地区多家矿业公司的中国总代理。万隆建材集团有限公司还在土耳其、意大利、希腊、西班牙、巴西、伊朗、埃及、沙特、印度等国家设有办事机构。目前万隆建材集团拥有丰富的矿山资源和充足的荒料库存，旗下万隆石业股份公司在国内已收购多座矿山，并将继续在海内外合资开采优质的石材矿山。

展望未来，前程似锦。立足当年，抓好开局。我们相信，在万隆集团公司董事长吕安民的领导下，集团公司更能取得快速、持续、长足的发展。

Wanlong Building Material Group (the 'Group' or 'Wanlong Group') is a large comprehensive enterprise group, with Wanlong Building Material Group Co., Ltd. as its parent company. The Group currently has five subsidiaries and three joint stock companies, with a total area of nearly 300, 000 square meters, total investment of RMB 1.68 billion, and annual output value of RMB 3 billion. The Group invests in many fields, especially the production and operation of granite, marble, stone blocks, mine investment , mining, secured financing, commercial and real estate development. It is a diversified enterprise group, whose business operation covers building materials, real estate, financial investment, optical technology, import and export trade and other industries. Fujian Wanlong Stone Co.,Ltd., one of its subsidiaries, is the president unit of the China Chamber of Commerce for Stone Industry, a member of the All-China Federation of Industry and Commerce Association.

After years of credit operation, Wanlong Group enjoys a high reputation at home and abroad, especially its building materials and stone products, which have been specified by a number of key projects as their designated products, and won enormous awards. Member companies of the Group have also won lots of honors, including 'Recommended Building Materials Manufacturer in China' by Ministry of Construction, 'Top 100 China Building Materials Enterprises' by Building Materials Association, 'Trustworthy Quality Product' , 'Famous Trademark of China' , 'Fujian Famous Brand Product' and so on. All stone products sell well all over China and worldwide, such as Southeast Asia, Europe, USA and other countries, and they are well received by clients.

Wanlong Group is committed to the development of its core business. Meanwhile, it continuously expands and explores new areas to develop as an integrated group. The Group has set up its subsidiaries and marketing network in most major cities in China. As the world economy is turning globalized , with the active support from the Group , its subsidiaries communicate and cooperate with home and abroad clients, in different areas and multi - level channels , and become the general agents in China of many mining companies from Europe , America and Middle East , Wanlong Group also sets up its own offices in Turkey , Italy, Greece, Spain, Brazil, Iran, Egypt, Saudi Arabia, India and other countries. The Group currently has a rich mining resources and adequate stone blocks, Wanlong Stone Co.,Ltd . has already acquired dozents of mines in China, and it will continue to invest, as joint-venture, and mine more high-quality stone mines at home and abroad.

Looking ahead, Wanlong Group has a bright and promising future. Based on present situation, it is high time to make a good start. We believe, under the leadership of Group chairman, Mr.Lv Anmin, the Group will undoubtedly achieve more rapid, sustained and sighificant development.

ADD:福建省南安市水头镇福山工业区　www.wanlong-stone.com　E-mail:CEO-VC@HOTMAIL.COM　wanlong01@126.com
TEL:+86-595-86081111 86095540　FAX: +86-595-86075555 86095540　Fushan Indistrial Zone, Shuitou Town, Nanan City, Fujian Province , China.

宁波市鄞州昌

周建平先生是宁波市鄞州昌盛粮油有限公司的董事长、法人。在公司近十年的发展中，周建平董事长一直注重自身及员工的学习提升，多次组织和选派优秀员工到各大高校举办的研修班学习新的管理模式、生产技术等。同时也很注重人才的引进，以新的知识、新的力量为公司创造一流的业绩。

坚持以人为本，精诚团结，形成公司独特的凝聚力；
坦诚相待，信誉至上，顾客第一，以服务吸引更多的客户；
敢于尝试，以实践为原则，激活整个公司的发展动力。